SMART 초등영어사전

노경희
서울교육대학교 영어교육과 교수

Brian Stokes
고려대학교 사범대학 영어교육과 교수

사전전문 민중서림

머리말

〈엣센스 Smart 초등영어사전〉은 학생들이 영어를 쉽고 재미있게 배울 수 있도록 다음과 같은 장점을 살려서 편찬하였습니다.

첫째, 초등학생에게 꼭 필요한 어휘를 엄선하였습니다.
학습자의 수준에서 필요한 단어를 유익한 내용으로 제공하는 것이 좋은 사전입니다. 본 사전은 국가 교육 과정에 제시된 어휘와 언어 형식을 모두 포함하였을 뿐만 아니라, 중학교 교육 과정과의 연계를 고려하였고, 영어 코퍼스(말뭉치) *The Bank of English*에서 사용 빈도가 높게 나타나는 단어(별표 4-5개)를 포함하였습니다.

둘째, 학생들이 영어 공부를 쉽고 재미있게 할 수 있도록 구성하였습니다.
사전은 모르는 단어를 찾기 위한 것이지만, 영어 공부에 도움이 된다면 금상첨화입니다. 본 사전은 학생들에게 필요한 영어 지식이나 문법, 문화적인 내용이나 한국어와의 차이 등을 Tip 코너에 학습자의 눈높이에 맞추어 쉽게 설명하였습니다. 또한 한국어와는 사용법이 다른 영어 단어를 뜻풀이만 제시하는 것은 의미가 없기 때문에 해당 단어의 전형적인 용례를 제공하였고, 회화체에 주로 쓰이는 단어의 경우에는 대화문을 제시하여 사용법을 익히도록 하였습니다.

셋째, 학생들이 사용하기 편하도록 만들었습니다.
유익한 내용일지라도 제시 방법에 따라서 학습 정도가 달라집니다. 본 사전은 알

맞은 크기의 글자체와 삽화를 이용하여 가독성을 높일 수 있도록 구성하였습니다. 또한 영어는 함께 나타나는 단어 집합인 연어(collocation)를 배우는 것이 중요한데, 이를 쉽게 배울 수 있도록 굵은 글자체로 표시하였습니다. 해당 단어의 변화형과 파생어, 학습에 도움이 되는 단어들도 보기 쉽게 박스 안에 정리해 제시하였습니다.

넷째, 학생이 단어를 쉽게 발음할 수 있도록 재철자법(respelling system)을 사용하여 발음을 표기하였습니다.
학생들에게는 암호와 같은 국제 음성 기호[tʃ, ʃ, dʒ, ð, θ, æ, ə, ɔ ...]를 사용하여 단어를 읽도록 하는 것은 효과적이지 못합니다. 국제 음성 기호는 세계의 다양한 언어의 발음을 표기하기 위해 만들어진 것이기 때문에 영어를 배우는 어린이들에게는 적절한 방법이 아닙니다. 본 사전에서는 미국 Scholastic 출판사의 Children's Dictionary에서 사용하는 재철자법을 제시하여 기초 파닉스에 기반하여 쉽게 읽을 수 있도록 하였습니다. 그리고 부모님을 위하여 국제 음성 기호도 함께 표기하였습니다.

학생과 학부모 여러분, 그리고 선생님들께 본 사전이 앞으로의 영어 공부에 많은 도움이 되기를 희망합니다.

저자 드림

사전 사용법

표제어 표제어는 찾기 쉽도록 색깔 띠로 표시하고 알파벳순으로 제시했어요.

별표 별표는 초등학교 권장 어휘임을 나타내요.

✱deep (deep) [diːp]

형용사 **1** (깊이·정도가) 깊은 (↔shallow)
The river is **deep**. 그 강은 깊다.
How **deep** is this river? 이 강은 깊이가 얼마나 돼?

2 (소리가) 낮은
The bass guitar makes a **deep** sound.
베이스 기타는 낮은 소리를 낸다.

3 (잠이) 깊은
I was in a **deep** sleep and didn't hear the phone ringing. 나는 깊이 잠들어서 전화벨 소리를 듣지 못했다.

4 (감정·생각 등이) 깊은
deep sorrow 깊은 슬픔

부사 깊이, 깊게
To find oil, you have to dig **deep** in the earth.
석유를 찾으려면 땅을 깊이 파야 한다.

비교급	deep**er**
최상급	deep**est**

➕ deep**en** 깊게 하다
deep**ly** 깊이, 매우
dep**th** 깊이

비교급	deep**er**
최상급	deep**est**

✱dentist (den-tist) [déntist]

명사 **1** ⓒ 치과 의사
The **dentist** said my teeth are in great shape.
치과 의사는 내 치아 상태가 굉장히 좋다고 말했다.

2 《the dentist 또는 the dentist's로 쓰임》 치과
I hate going to see **the dentist**.
나는 치과에 가는 것이 싫다.

복수형	dentist**s**

➕ go to the dentist 치과에 가다
go to see the dentist 치과에 가다

어깨번호 철자는 같지만 뜻이 다른 경우에는 어깨번호를 주고 독립 표제어로 구분했어요.

---

desert[1] (dez-urt) [dézərt]

명사 ⓒⓤ 사막
Very few plants grow in the **desert** because it is so hot and dry.
사막은 무척 덥고 건조하기 때문에 식물들이 거의 자라지 않는다.

복수형	desert**s**

---

desert[2] (di-zurt) [dizə́ːrt]

동사 버리다, 떠나다, 방치하다
Many people **desert** their pets when they move to a new city.
많은 사람들이 다른 도시로 이사할 때 그들의 애완동물을 버린다.

3인칭단수현재	desert**s**
현재분사	desert**ing**
과거·과거분사	desert**ed**

How to use

학생들이 단어를 쉽게 발음할 수 있도록 respelling system을 사용하여 발음을 표기했어요. 기초 파닉스(phonics)만 알면 쉽게 발음할 수 있어요. 또한 국제 음성 기호에 익숙한 부모님들을 위해 국제 음성 기호도 함께 표기했어요.

→ 발음 기호

강세는 굵은 볼드체와 이탤릭체로 표시했어요. 이탤릭체 음절은 굵은 볼드체 음절보다는 약하게 발음한다는 표시예요.

→ 강세 표시

December (di-**sem**-bur) [disémbər]

명사 ⓒ 12월 (줄임말 Dec.)
December is the last month of the year.
12월은 한 해의 마지막 달이다.

| 복수형 | Decembers |

daytime (**day**-*time*) [déitàim]

명사 ⓤ 낮 (시간), 주간 (≒ day)
We work in the **daytime**, and we rest at night.
우리는 낮에 일하고 밤에 쉰다.

| ➕ nighttime 밤, 야간 |

품사에 따라 발음이 다른 경우에는 'ǀ'로 구분하고 표제어 밑에 제시된 품사순으로 표기했어요. 그리고 다시 한 번 해당 품사에 발음 기호를 표시해 주었어요.

→ 발음 ǀ로 구분

decrease (di-**krees** ǀ **dee**-krees) [dikrí:s ǀ dí:kri:s]

동사 (di-**krees**) 감소하다, 줄이다 (↔ increase)
Air pollution will **decrease** if fewer people drive.
운전하는 사람이 적어지면 대기 오염은 줄어들 것이다.
The price of oil **decreased**. 석유 가격이 내려갔다.

명사 (**dee**-krees) ⓒⓤ 감소, 축소 (≒ reduction; ↔ increase)
The car company had a **decrease** in sales.
그 자동차 회사의 판매가 감소했다.

3인칭단수현재	decreases
현재분사	decreasing
과거·과거분사	decreased
복수형	decreases

같은 품사이지만 발음이 2개 이상인 경우에는 ','로 구분했어요.

→ 발음 ,로 구분

detail (di-**tayl**, **dee**-tayl) [ditéil, dí:teil]

명사 ⓒⓤ 세부 사항, 자세한 내용, 정보
Tell me quickly what happened—I don't need all the **details**.
무슨 일인지 빨리 말해 줘. 자세한 건 필요치 않아.
You will find more **details** on our website.
저희 웹 사이트에서 더 자세한 내용을 보실 수 있습니다.

| 복수형 | details |
| ➕ detailed 자세한, 상세한 |

ⓒ, ⓤ　ⓒ는 셀 수 있는 (countable) 명사, ⓤ는 셀 수 없는 (uncountable) 명사를 뜻해요.

* **deer** (deer) [diər]

명사　ⓒ 사슴
The hunter looked for **deer** in the forest.
사냥꾼은 숲에서 사슴을 찾고 있었다.

복수형　deer

data (day-tuh) [déitə]

명사　ⓤ《복수형임》자료, 정보, 데이터
Researchers collect **data** to solve problems.
연구원들은 문제를 해결하기 위해 자료를 수집한다.

단수형　datum

예문 볼드 표시　해당 단어와 자주 어울려 사용되는 단어들을 굵게 표기해서 학습에 도움이 되게 했어요.

예문 대화체　대화에 자주 쓰이는 표현들은 예문에서 대화체로 나타냈어요.

속담, 관용구, 숙어　자주 쓰이는 속담, 관용구, 숙어는 해당 뜻 아래에 제시했어요.

phone (fone) [foun]

명사　ⓒ 전화, 전화기 (= telephone)
What's your **phone number**?
네 전화번호가 어떻게 되니?
He **answered the phone**. 그가 전화를 받았다.

복수형　phone**s**

➕ pay phone 공중전화

* **day** (day) [dei]

명사　1 ⓒ 하루, 날, 일(日)
Make every **day** special. 하루하루를 특별하게 살아라.
It's my **day** to cook dinner.
오늘은 내가 저녁을 준비하는 날이다.
A: What **day** is it today? 오늘이 무슨 요일인가요?
B: It's Friday. 금요일이에요.

● ***day by day*** 나날이, 날마다
His English is improving **day by day**.
그의 영어는 **나날이** 좋아지고 있다.

복수형　day**s**

➕ the day before yesterday
그제, 그저께
yesterday 어제
today 오늘
tomorrow 내일
the day after tomorrow
모레

=, ÷, ↔　동의어, 유의어, 반의어를 표시했어요.

* **difficult** (dif-i-*kuhlt*) [dífikʌlt]

형용사　어려운 (≑ hard; ↔ easy)
The math test will be **difficult**.
수학 시험은 어려울 것이다.
A: **It's difficult** to use this remote. Could you show me how it works?
이 리모컨은 사용하기가 어렵네. 어떻게 작동하는지 보여 줄 수 있어?

비교급　more difficult
최상급　most difficult

바꿔 쓸 수 있는 단어를 〔 〕에 넣어 제시했어요. salad(soup)는 salad 대신 soup를 사용할 수 있다는 표시예요. 즉, 'a salad(soup) plate 샐러드(수프) 접시'는 'a salad plate 샐러드 접시' 또는 'a soup plate 수프 접시'라는 뜻이에요. 〔 〕

*plate (playt) [pleit]

명사 1 ⓒ (보통 납작하고 둥근) 접시
a salad〔soup〕 plate 샐러드〔수프〕 접시
Mary received a set of **plates** as a wedding gift.
메리는 결혼 선물로 접시 세트를 받았다.

2 ⓒ (요리의) 한 접시, 1인분 (≒plateful)
Anne has eaten two **plates of** spaghetti.
앤은 스파게티를 두 접시나 먹었다.

복수형	plate**s**
➕ plateful 한 접시 가득한 양	

명사의 복수형 또는 단수형, 동사의 활용형(3인칭단수현재, 현재분사, 과거·과거분사), 형용사·부사의 비교 변화형은 해당 품사의 오른쪽에 정리해 놓았고, 철자가 바뀌는 부분은 별색으로 표시했어요.

복수형, 동사 변화형, 비교급, 최상급 색으로 표시

drawer (dror) [drɔ́:ər]

명사 ⓒ 서랍
Put these in your sock **drawer**, Billy.
이것들을 양말 서랍에 넣어라, 빌리.
You can find some pencils in the **bottom drawer**.
맨 아래 서랍에서 연필을 좀 찾을 수 있을 거야.

복수형	drawer**s**
➕ top drawer 맨 위 서랍	

*paint (paynt) [peint]

명사 1 Ⓤ 페인트
All the classrooms had new **paint**.
모든 교실에 새 페인트를 칠했다.
Water-based **paint** is easy to clean up.
수성 페인트는 닦아 내기 쉽다.

2 ⓒ (paints로 쓰임) 그림물감
My mother uses oil **paints** when she paints pictures.
우리 엄마는 그림을 그릴 때 유화 물감을 사용하신다.

동사 1 페인트를 칠하다
Mary **painted** her bedroom pink.
메리는 자신의 침실을 분홍색으로 칠했다.
A: What color should we **paint** the living room?
거실은 무슨 색으로 칠해야 할까?
B: I'm not sure. How about white?
잘 모르겠어. 흰색은 어때?

2 (그림물감으로) 그림을 그리다
I am **painting** a picture of him.
나는 그의 모습을 그리고 있다.

복수형	paint**s**
❓ water-based 수성의	

3인칭단수현재	paint**s**
현재분사	paint**ing**
과거·과거분사	paint**ed**

*dark (dahrk) [dáːrk]

형용사 **1** 어두운, 깜깜한 (↔ light)
It's **dark** tonight because the clouds are covering the moon.
오늘 밤은 구름이 달을 가리고 있어서 깜깜하다.

2 (색깔이) 어두운, 진한 (↔ light, pale)
This blue is so **dark** that it looks black.
이 파란색은 너무 진해서 검정색처럼 보인다.

3 (피부색 · 머리카락 · 눈이) 검은
He has **dark** skin and eyes.
그는 피부와 눈동자가 까맣다.

명사 《the dark로 쓰임》 어둠, 암흑
She was sitting alone **in the dark**.
그녀는 어둠 속에 혼자 앉아 있었다.

● *after dark* 어두워진 후에, 밤에
Stay inside the house **after dark**.
어두워진 후에는 집 안에 있어라.

● *before dark* 해 지기 전에, 어두워지기 전에
Children must get home **before dark**.
아이들은 **어두워지기 전에** 집에 가야 한다.

| 비교급 | dark**er** |
| 최상급 | dark**est** |

➕ **darkness** 어둠, 암흑

It's **dark** tonight because the clouds are covering the moon.

➕ 해당 단어의 파생어와 학습에 도움이 되는 관련 표현들을 제시했어요.

disaster (di-**zas**-tur) [dizǽstər]

명사 **1** ⓒ 재해, 재난, 참사
Fire is a **disaster** that destroys homes and lives.
화재는 집과 생명을 파괴하는 참사이다.
Hundreds of people died in the **natural disaster**.
수백 명이 자연재해로 죽었다.

2 ⓒ 실패, 실패작
A: How did Betty's cake taste?
베티의 케이크는 어땠어?
B: Terrible. It was a **disaster**.
끔찍했어. 그건 실패작이었어.

| 복수형 | disaster**s** |

➕ **disastrous** 처참한
disaster area 재해 지역
disaster relief 재난 구호 (기금)

➕ **man-made disaster** 인재

passion (**pash**-uhn) [pǽʃən]

명사 **1** ⓒⓤ 열정, 정열
His **passion** for work is amazing.
일에 대한 그의 열정은 놀랍다.
She spoke in public **with passion**.
그녀는 대중 앞에서 열정적으로 연설했다.

2 ⓒ 매우 좋아함
She **has a passion for** playing the clarinet.
그녀는 클라리넷을 연주하는 것을 매우 좋아한다.

| 복수형 | passion**s** |

➕ **passionate** 열정적인
passionately 열정적으로

같은 의미의 다양한 표현을 제시해서 표현력과 어휘력을 기를 수 있어요.

plain¹ (playn) [pleɪn]

형용사 **1** 명백한, 분명한 (≒clear, obvious)
It's **plain that** she is angry.
그녀가 화가 난 것은 명백하다.
John **made it plain that** he didn't like me.
존은 나를 좋아하지 않음을 분명히 했다.
The elephants were **in plain view**.
코끼리들은 잘 보이는 시야 내에 있었다.

2 무늬가 없는, 수수한 (≒simple)
a **plain** white blouse 무늬 없는 흰색 블라우스
The interior of my house is **plain** and simple.
우리 집의 인테리어는 수수하고 깔끔하다.

3 (알기) 쉬운
The instructions are written in **plain** English.
그 설명서는 알기 쉬운 영어로 쓰여 있다.
Sam uses **plain** language so everyone can understand.
샘은 쉬운 말을 쓰기 때문에 모든 사람이 이해할 수 있다.

4 (음식이) 담백한, 간단한 (≒simple)
plain yogurt 아무것도 첨가하지 않은 요구르트
I like **plain** food: meat, vegetables, fruit, and nuts.
나는 고기, 야채, 과일, 견과류 같은 담백한 음식이 좋다.

5 (외모가) 평범한
Mary is **plain** looking, but she's very talented.
메리는 외모는 평범하지만 매우 재능이 있다.

비교급 plain**er**
최상급 plain**est**

➕ plainly 분명히

The elephants were **in plain view**.

✅ I like plain food.
= I like simple food.
= I like basic food.
= I like ordinary food.

plenty (plen-tee) [plénti]

대명사 많음, 다량, 충분함
America was once called the land of **plenty**.
미국은 한때 풍요의 땅이라고 불렸다.
You have **plenty of** time.
너는 시간이 충분히 있다.
A: Could I borrow some paper?
종이 좀 빌릴 수 있을까요?
B: Yes, I've got **plenty**.
네, 저는 아주 많이 있어요.

➕ plentiful 많은, 충분한

✅ You have plenty of time.
= You have a lot of time.

possible (pah-suh-buhl) [pάsəbəl]

형용사 가능한, 할 수 있는 (↔impossible)
I'll call you today, if **possible**.
가능하면 오늘 너한테 전화할게.
It is **possible** that he will be back by five.
그는 다섯 시까지 돌아올 수 있을 것이다.

• **as ~ as possible** 가능한 한 ~하게
You have to come back **as** soon **as possible**.
가능한 한 일찍 돌아와야 한다.

➕ possibility 가능성, 가망
possibly 아마

✅ I'll call you today, if possible.
= I'll call you today if I can.

※ 학습에 도움이 되는 정보를 제시했어요.

drug (druhg) [drʌg]

명사 1 ⓒ 의약품, 약
Aspirin is a very common **drug**.
아스피린은 아주 흔한 의약품이다.
The doctor prescribed me a **drug** for my headache.
의사는 내게 두통약을 처방해 주었다.

2 ⓒ 마약, 약물
The singer admitted that he was **on drugs**.
그 가수는 자신이 마약을 하고 있다는 것을 인정했다.

| 복수형 | drugs |

※ drug는 대개 '마약'이라는 의미로 많이 쓰여요. 보통 '약'이라고 할 때는 medication, medicine을 주로 사용해요.

 이해하기 어려울 수 있는 단어는 풀이를 했어요.

panic (pan-ik) [pǽnik]

명사 ⓒⓤ 극심한 공포, 공황
The fire alarm went off, causing **panic**.
화재경보기가 울렸고 극심한 공포를 불러일으켰다.
The passengers were **in a state of panic**.
승객들은 공황 상태에 빠져 있었다.

동사 당황하다, 당황하게 하다
She tried not to **panic** when her apartment caught on fire.
그녀는 아파트에 불이 나자 당황하지 않으려 애썼다.

| 복수형 | panics |

 공황 두려워서 어찌할 바를 모름

3인칭단수현재	panics
현재분사	panicking
과거·과거분사	panicked

Tip 문화적 배경, 표현의 차이, 단어의 쓰임, 혼동하기 쉬운 단어와 표현 등 영어 단어를 이해하는 데 도움이 되는 내용을 실었어요.

Tip 바지(pants)는 왜 복수 형태로 쓰나요?
pants(바지)는 한 벌이 다리 두 부분으로 이어져 있기 때문에 언제나 복수 형태로 써요. 같은 예로 pajamas, trousers, jeans 등이 있지요.

Tip '부모님'이라고 할 때 parent라고 하나요 아니면 parents라고 하나요?
parent는 부모님 중 한 분을 가리킬 때 써요. 따라서 부모님 두 분을 말할 때에는 반드시 복수형인 parents를 사용해야 합니다.
예 His **parents** live in Jeju-do.
그의 부모님은 제주도에서 사신다.

영어에도 비를 표현하는 단어가 다양한가요?
이슬비처럼 내리는 비는 drizzle, 소나기처럼 갑자기 내렸다 그치는 비는 shower, 억수같이 쏟아지는 비는 pour라고 해요.

철자는 미국영어를 원칙으로 했어요. 미국영어와 영국영어의 철자나 표현이 다른 경우에는 (미국영어) 또는 (영국영어)라고 표기했어요. —— 영국영어

program (proh-gram) [próugræm]

명사 1 ⓒ (방송·공연) 프로그램
What **program** are you watching now?
지금 무슨 프로그램을 보고 있니?
Did you see the **program** about (on) floods?
홍수에 대한 프로그램 봤어?

2 ⓒ 계획, 일정, 프로그램
There are many **programs** for children's swimming this month.
이번 달에는 어린이 수영을 위한 많은 프로그램이 있다.

3 ⓒ [컴퓨터] 프로그램
delete a **program** 프로그램을 삭제하다
I have to install a new **program** on my laptop.
내 노트북 컴퓨터에 새로운 프로그램을 설치해야 한다.

복수형 program**s**

➕ programme (영국영어) 프로그램
  programmer 프로그래머
  programming 프로그래밍

❓ delete 삭제하다
  install 설치하다

defense (di-fens) [diféns]

명사 1 ⓒⓤ 방어, 수비 (↔attack, offense)
The best **defense** is a strong attack.
최선의 방어는 강한 공격이다.
They fought in **defense** of their country.
그들은 조국을 지키기 위해 싸웠다.

복수형 defense**s**

➕ defence (영국영어) 방어; 변호; 수비
  defensive 방어적인; 수비의
  self-defense 정당방위

단어의 의미를 더 재미있게 이해할 수 있도록 주인공들이 등장하는 삽화를 활용했어요. —— 삽화 주인공

 Bora    Jinsu    Sally    Tony    Sam    Brian

재철자법 발음하는 법

기초 파닉스만 알면 재철자법(respelling system)에 따라 단어를 쉽게 발음할 수 있어요.

모음

a	at, dash, hammer
ah	honor, father, drama, rock
ahr	art, dark, far
air	air, care
aw	autumn, caught, raw
ay	ail, rain, pay
	(a-자음-e) made, ate
e	egg, men, insect
ee	each, beet, me
eer	ear, here, career
eye	item, iron
	(i-자음-e) file, ripe
	(자음-ye) rye, lie, my
i	it, still
oh	over, coat, foe, dough
	(o-자음-e) code, stone
oi	oil, coin, toy
oo	pool, rude
oor	poor, tour, rural
or	orbit, corn, more
ou	ouch, house, cow
u	put, book
uh	sun, about, comma, camel, lesson, circus
ur	earn, dirt, worker, fur
yoo	music, few, beauty, cue

자음

b	bad, rabbit, sob
ch	chip, nature, ditch
d	dip, ladder, red
f	fun, offer, laugh
g	get, tiger, beg
h	ham, who
j	jam, giant, page, edge
k	keep, car, ache, sack
l	lap, salt, tell
m	man, common, lamb, condemn
n	now, annoy, ten, gnat, know
ng	hanger, wink, song
p	pan, upper, sip
r	rib, arrow, pour
s	set, castle, yes, pass
sh	ship, gracious, nation, rash
t	tub, battle, rat
th	thin, method, bath
TH	this, mother, bathe
v	van, over, hive
w	well, aware, whale, awhile
y	yell, canyon
z	zip, dazzle, has, those
zh	measure, occasion, azure

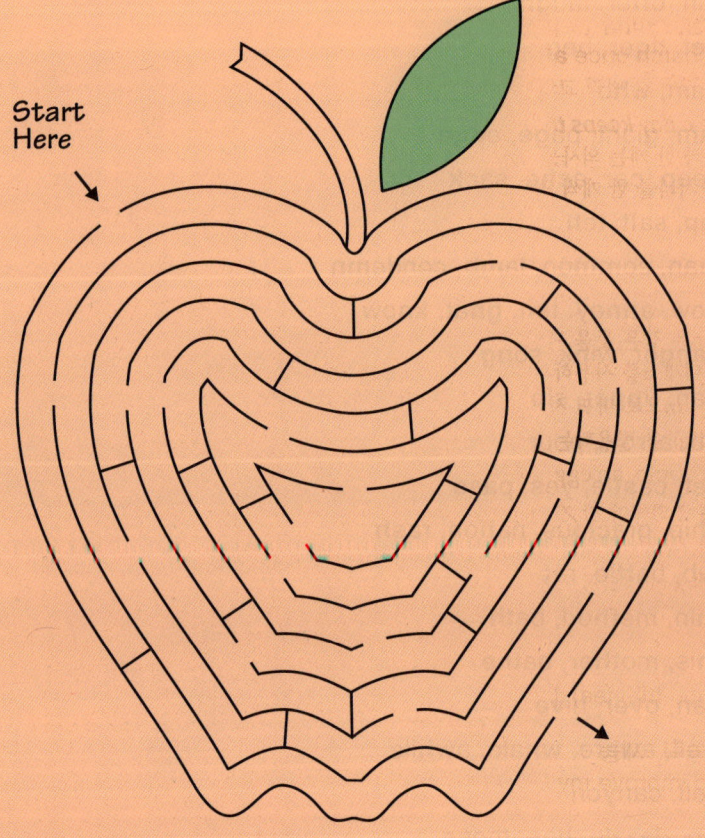

These apples are sweet and juicy.
··
이 사과들은 달고 과즙이 풍부해요.

apple

*a, an (uh | ay, uhn | an) [ə | ei, ən | æn]

부정 관사 **1** (막연한) 하나의
I need **a** pencil. 나는 연필이 필요해.
I want to be **an** artist. 나는 예술가가 되고 싶다.

2 한 명의, 한 개의, 단 하나의 (≒one)
I have **a** brother. 나는 남자 형제가 한 명 있다.
I need **an** egg. 나는 달걀이 한 개 필요하다.

● ***Rome was not built in a day.***
로마는 하루 만에 지어지지 않았다. 〈속담〉

3 ~에, ~당, ~마다 (≒per)
I go to church once **a** week.
나는 일주일에 한 번씩 교회에 간다.

● ***An apple a day keeps the doctor away.***
하루에 사과 한 개는 의사를 멀리하게 한다.
(= 하루에 사과를 한 개씩 먹으면 건강해진다.) 〈속담〉

☑ I have a brother.
= I have one brother.

☑ I need an egg.
= I need one egg.

☑ Rome was not built in a day.
= Rome was not built in one day.

Tip **a와 an을 어떻게 구별하여 사용하나요?**

▶ a와 an은 같은 뜻을 나타내지만 뒤에 나오는 단어의 첫 글자의 소리에 따라 구별하여 사용해요. 대개 a를 사용하지만, 뒤에 나오는 단어의 첫 글자의 소리가 모음(a, e, i, o, u)일 경우에는 an으로 바꿔 사용합니다. 그 이유는 '모음+모음(a + apple)'보다는 '자음+모음(an + apple)'을 발음하는 것이 자연스럽기 때문이에요.
　예 an apple, an egg, an inch, an orange, an umbrella

▶ 그런데 주의해야 할 것은 글자가 아니라 소리예요. 가령, an hour는 첫 글자는 모음이 아니지만 소리가 모음이기 때문에 an을 사용하고 a university는 첫 글자는 모음이지만 소리가 모음이 아니기 때문에 a를 사용하지요.

---

ability (uh-bil-i-tee) [əbíləti]

명사 ⓒⓤ 능력, 재능
I want to improve my English **ability**.
나는 영어 능력을 향상시키고 싶다.
John has great **ability** in math.
존은 수학에 뛰어난 재능이 있다.

복수형 abilit**ies**

---

*able (ay-buhl) [éibəl]

형용사 **1** 《be able to 형태로 쓰임》 ~할 수 있는
(≒can; ↔unable)
The boy **is able to** spell "luck."
그 소년은 'luck'이라는 단어의 철자를 말할 수 있다.

비교급 abl**er**, **more** able
최상급 abl**est**, **most** able

about

I'm not **able to** go to school today. I'm too sick.
나는 오늘 학교에 갈 수 없다. 너무 아프다.

2 유능한 (≒skillful), 재능 있는 (≒talented)
She is an **able** lawyer. 그녀는 유능한 변호사다.

※ 보통 be able to는 can으로 바꿔 쓸 수 있어요.

*about (uh-bout) [əbáut]

전치사 ~에 관하여, ~에 대하여
This book is **about** Korean history.
이 책은 한국 역사에 관한 것이다.

● How(What) about ~? ~는 어때?, ~할까요?
A: I'm tired. **How about** you? 난 피곤해. 너는 어때?
B: I'm okay. **What about** playing one more game?
난 괜찮아. 한 게임 더 할까?

부사 거의 (≒almost), 대략 (≒around), 약
It's **about** time to leave. 떠날 시간이 거의 다 되었다.
A: How long have you lived here?
여기에 얼마나 오랫동안 사셨어요?
B: For **about** ten years. 대략 10년 정도 됩니다.

☑ How about you?
 = What about you?

☑ What about playing one more game?
 = Would you like to play one more game?

above (uh-buhv) [əbʌ́v]

전치사 1 ~보다 위에 (≒over; ↔below)
The sun is still **above** the clouds.
태양이 아직도 구름 위에 있다.
No person is **above** the law.
어떤 사람도 법 위에 있지 않다.

● **above all** 무엇보다도, 그중에서도 특히
Above all, always be honest. 무엇보다도 항상 정직해라.

2 ~ 이상인 (≒more than; ↔below)
His height is **above** average. 그의 키는 평균 이상이다.

부사 위에, 위쪽으로
Read out the sentence mentioned **above**.
위에서 언급한 문장을 소리 내서 읽어 보아라.

The sun is still **above** the clouds.

 above와 **on**의 차이가 무엇인가요?

above와 on은 '위에'로 번역되지만 뜻은 달라요.
above는 '위쪽'을 의미하고, on은 물건에 닿은 채로 위에 놓여 있는 것을 의미해요.
예 The balloon is **above** the desk. 풍선이 책상 위에 있다.
    The balloon is **on** the desk. 풍선이 책상 위에 놓여 있다.

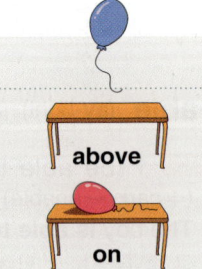

abroad (uh-brawd) [əbrɔ́ːd]

부사 외국에, 해외로 (↔home)
He worked **abroad** for two years.
그는 외국에서 2년간 일했다.
My little sister **went abroad** to study English.
내 여동생은 영어를 공부하러 외국에 갔다.
My dream is to **travel abroad**.
나의 꿈은 해외여행을 하는 것이다.

➕ be abroad 해외에 있다
  live abroad 해외에 살다
  study abroad 해외에서 공부하다

absence (ab-suhns) [ǽbsəns]

명사 ⓒⓤ 결석, 결근, 부재, ~이 없음 (↔presence)
The problem happened in my **absence**.
그 문제는 내가 없을 때 생겼다.
A: How many times have you missed school?
   학교를 몇 번이나 빠졌니?
B: I have three **absences** this year.
   올해 세 번 결석했어.

복수형 absence**s**

absence

*absent (ab-suhnt) [ǽbsənt]

형용사 결석한, 자리에 없는 (↔present)
Who is **absent** today? 누가 오늘 결석했지?
Sally **was absent from** school yesterday.
샐리는 어제 학교에 결석했다.

➕ absentee 결석자, 부재자
  absentee ballot 부재자 투표

absolute (ab-suh-*loot*) [ǽbsəlùːt]

형용사 절대적인, 완전한
a course for **absolute** beginners 완전 초보자 과정
I have **absolute** confidence in him.
나는 그를 절대적으로 신뢰한다.

➕ absolute power 절대 권력

absolutely (ab-suh-*loot*-lee) [ǽbsəlùːtli]

부사 완전히, 전적으로, 정말로
Steve trusted Jane **absolutely**.
스티브는 제인을 완전히 믿었다.
This is **absolutely** the worst food I've ever eaten!
이것은 내가 먹어 본 음식 중 정말로 제일 맛없다!

☑ Steve trusted Jane absolutely.
 = Steve trusted Jane completely.

absorb (ab-zorb) [æbzɔ́ːrb]

동사 1 빨아들이다, 흡수하다 (≒soak up)

3인칭단수현재 absorb**s**

abuse

The sponge will **absorb** the spilled water.
스펀지는 엎질러진 물을 흡수할 것이다.
Plants **absorb** water from the soil.
식물은 흙에서 물을 흡수한다.
This lotion is easily **absorbed** into the skin.
이 로션은 피부에 쉽게 흡수된다.

2 열중하게 하다, 몰두하게 하다
Tom **is absorbed in** his work. He even skipped lunch.
톰은 일에 몰두해 있다. 점심도 걸렀다.

| 현재분사 | absorbing |
| 과거·과거분사 | absorbed |

+ **absorbed** (사람이) 마음을 빼앗긴, 열중한
absorbing (사물이) 흡수하는; 열중케 하는, 무척 재미있는

---

abuse (uh-**byooz** | uh-**byoos**) [əbjúːz | əbjúːs]

동사 (uh-**byooz**) **1 남용하다, 오용하다**
Some teachers **abuse** their **power** and mistreat students.
몇몇 교사들은 자신들의 힘을 남용하고 학생들을 부당하게 대한다.

2 학대하다
He **abused** his wife both physically and mentally.
그는 아내를 신체적으로 정신적으로 학대했다.

명사 (uh-**byoos**) **1 ⓒⓤ 남용, 오용**
The **abuse** of alcohol or drugs can lead to addiction.
술이나 약물의 남용은 중독에 이를 수 있다.

2 ⓒⓤ 학대, 폭력
child abuse 아동 학대
The UN works to stop the **abuse** of human rights.
국제 연합은 인권 침해를 막기 위해 일한다.

3인칭단수현재	abuses
현재분사	abusing
과거·과거분사	abused

+ **abuser** (약·술) 남용자; 학대하는 사람
abusive 욕하는, 폭력적인
abusively 폭력적으로

| 복수형 | abuses |

---

academic (ak-uh-**dem**-ik) [æ̀kədémik]

형용사 **교육의, 학문적인**
In Korea, the **academic year** begins in March. In America, it begins in September.
한국에서 새 학년은 3월에 시작한다. 미국에서는 9월에 시작한다.

+ **academically** 학문적으로

---

academy (uh-**kad**-uh-mee) [əkǽdəmi]

명사 1 ⓒ 전문학교
I want to go to a military **academy**.
나는 (육군) 사관 학교에 다니고 싶다.
She studied drawing at the art **academy**.
그녀는 미술 전문학교에서 그림을 공부했다.

| 복수형 | academies |

2 ⓒ (예술·과학·문학 등의) 학회, 협회
the Royal **Academy** of Arts 왕립 미술원

➕ **Academy Award** (영화제) 아카데미상

accent (ak-sent) [ǽksent]

명사 **1** ⓒ 강세 (≒ stress)
The word "computer (kuhm-**pyoo**-tur)" has the **accent** on the second syllable.
단어 computer는 강세가 두 번째 음절에 있다.

2 ⓒ 억양
Bora speaks English with a Korean **accent**.
보라는 한국식 억양으로 영어를 말한다.

복수형 **accent**s

➕ **accent mark** 강세 표시

Tip 영어에서는 강세가 중요한가요?
영어로 말할 때는 단어에 강세를 넣어 말하는 것이 매우 중요해요. 강세 없이 한국어에서처럼 '컴퓨터' 라고 말하면 알아듣지 못한답니다.

accept (ak-sept) [æksépt]

동사 **1** 받다, 받아들이다 (↔ refuse)
Please **accept** this gift. 이 선물을 받아 주세요.
The teacher **accepted** the student's apology.
선생님은 그 학생의 사과를 받아들였다.

2 인정하다
You have to **accept** that you have done wrong.
너는 네가 잘못했다는 것을 인정해야 한다.

3인칭단수현재 **accept**s
현재분사 **accept**ing
과거·과거분사 **accept**ed

➕ **acceptable** 받아들일 수 있는; 그런대로 괜찮은

accident (ak-si-duhnt) [ǽksidənt]

명사 **1** ⓒ 사고
Jane broke her arm **in** a car **accident**.
제인은 자동차 사고로 팔이 부러졌다.
Steve **had an accident** and is in the hospital.
스티브는 사고를 당해서 병원에 있다.

2 ⓒⓤ 우연, 우연한 일
The discovery was just an **accident**.
그 발견은 단지 우연이었다.

● *by accident* 우연히
By accident I met him at the airport.
우연히 나는 그를 공항에서 만났다.

복수형 **accident**s

➕ **accidental** 우연한
accidentally 우연히

accident

accompany (uh-**kuhm**-puh-nee) [əkʌ́mpəni]

동사 1 함께 가다, 동행하다
I have to **accompany** my mother to the doctor.
나는 엄마가 병원에 가시는데 함께 가야 한다.

2 동반하다, 동시에 일어나다
The thunderstorm was **accompanied by** high winds. 강풍을 동반한 뇌우가 있었다.

3인칭단수현재	accompan**ies**
현재분사	accompany**ing**
과거·과거분사	accompan**ied**

accomplish (uh-**kahm**-plish) [əkámpliʃ]

동사 이루다, 성취하다 (≒achieve)
Bob **accomplished** his goal of saving $1,000.
밥은 1,000달러 저축이라는 자신의 목표를 이루었다.

3인칭단수현재	accomplish**es**
현재분사	accomplish**ing**
과거·과거분사	accomplish**ed**

according to (uh-**kor**-ding too) [əkɔ́ːrdiŋ tu]

전치사 1 ~에 따르면
According to the weather forecast, it will rain tomorrow.
일기 예보에 따르면 내일 비가 올 것이라고 한다.

2 ~에 따라, ~대로
We should play the game **according to** the rules.
우리는 규칙에 따라 게임을 해야 한다.

According to the weather forecast, it will rain.

account (uh-**kount**) [əkáunt]

명사 1 ⓒ 설명 (≒explanation), (자세한) 이야기
He **gave** the policeman an **account** of the car accident. 그는 경찰관에게 자동차 사고에 대해 설명했다.

2 ⓒ 은행 계좌
I have 100,000 won in my bank **account**.
내 은행 계좌에 십만 원이 있다.

● *open an account* 계좌를 개설하다
I am going to **open an account** at Happy Bank.
나는 해피 은행에 계좌를 개설하려고 한다.

● *close an account* 계좌를 해지하다
Yesterday I **closed my account** at Happy Bank.
나는 어제 해피 은행에 계좌를 해지했다.

동사 설명하다 (≒explain)
No one could **account for** her disappearance.
누구도 그녀의 실종을 설명하지 못했다.

복수형	account**s**

☑ He gave an account of the car accident.
= He explained how the car accident had happened.

I have 100,000 won in my bank **account**.

3인칭단수현재	account**s**
현재분사	account**ing**
과거·과거분사	account**ed**

accurate (ak-yuh-rit) [ǽkjərət]

형용사 정확한 (≒ exact, correct; ↔ inaccurate)
an **accurate** clock 정확한 시계
His pronunciation is **accurate**.
그의 발음은 정확하다.
The weather forecast wasn't **accurate**.
일기 예보는 정확하지 않았다.

| 비교급 | more accurate |
| 최상급 | most accurate |

➕ **accuracy** 정확함, 정확성

accuse (uh-kyooz) [əkjúːz]

동사 1 비난하다
Sally **accused** Tom **of** cheating.
샐리는 톰이 부정행위를 했다고 비난했다.
2 고소하다, 고발하다
He was **accused of** theft. 그는 절도죄로 고소당했다.

3인칭단수현재	accuse**s**
현재분사	accus**ing**
과거·과거분사	accuse**d**

➕ **accusation** 비난; 고소

achieve (uh-cheev) [ətʃíːv]

동사 이루다, 달성하다 (≒ accomplish)
To **achieve** success, you have to work very hard.
성공하기 위해서는 열심히 일해야 한다.
She **achieved** everything she wanted to.
그녀는 바라던 모든 것을 이루었다.

3인칭단수현재	achieve**s**
현재분사	achiev**ing**
과거·과거분사	achieve**d**

➕ **achievement** 업적; 달성

acknowledge (ak-nah-lij) [æknɑ́lidʒ]

동사 인정하다
Brian did not **acknowledge** his fault.
브라이언은 자신의 잘못을 인정하지 않았다.
She is **acknowledged** as the best chef.
그녀는 최고의 요리사로 인정받고 있다.

3인칭단수현재	acknowledge**s**
현재분사	acknowledg**ing**
과거·과거분사	acknowledge**d**

➕ **acknowleg(e)ment** 인정

acquire (uh-kwire) [əkwáiər]

동사 배우다, 습득하다, 얻다 (≒ get, obtain)
She **acquired** English when she was a child.
그녀는 어렸을 때 영어를 배웠다.
He **acquired** some bad habits from his friends.
그는 친구들로부터 안 좋은 습관을 배웠다.
My family **acquired** citizenship last year.
우리 가족은 작년에 시민권을 받았다.

3인칭단수현재	acquire**s**
현재분사	acquir**ing**
과거·과거분사	acquire**d**

➕ **acquired** 습득한, 취득한

across (uh-kraws) [əkrɔ́ːs]

전치사 1 ~의 건너편에, 맞은편에
There's a drugstore **across** the street.
길 건너편에 약국이 있다.

2 ~을 가로질러
Sarah swam **across** the lake.
사라는 호수를 헤엄쳐 건넜다.

부사 가로질러서, 건너서
The stream was too wide. I couldn't jump **across**.
개울의 폭이 너무 넓어서 나는 건너뛸 수가 없었다.

● **come across** 우연히 만나다, 우연히 발견하다
Yesterday I **came across** my teacher on the street.
나는 어제 선생님을 길에서 **우연히 만났다**.

There's a drugstore **across** the street.

 접두사 a-에 대해 설명해 주세요.

동사 앞에 a-를 붙여 그 동사의 모양을 나타내는 단어로 사용되는 경우가 많아요.
예) cross (건너다) → across (건너서)   live (살다) → alive (살아 있는)
    sleep (자다) → asleep (자고 있는)   wake (깨다) → awake (깨어 있는)

---

*act (akt) [ækt]

동사 1 행동하다
Think before you **act**. 행동하기 전에 생각하라.
Stop crying! Don't **act like** a baby.
그만 울어! 아기처럼 굴지 마!

2 연기하다
It's time to role play. Who can **act** the part of the rabbit?
역할극을 할 시간이에요. 누가 토끼 역할을 해 볼까요?
They **acted** in the school play.
그들은 학교 연극 발표회에서 연기를 했다.

명사 1 ⓒ 행동, 행위
a brave **act** 용감한 행동

2 ⓒ (연극의) 막
We arrived at the theatre late and missed the first **act**. 우리는 극장에 늦게 도착해서 1막을 놓쳤다.

3 ⓒ 법, 법률
I agree to an **act** against drunk driving.
나는 음주 운전을 금지하는 법안에 찬성한다.

3인칭단수현재	act**s**
현재분사	act**ing**
과거·과거분사	act**ed**

act

복수형 act**s**

➕ **acting** (연극·영화에서의) 연기
first act 서막
opening act 서막

action (ak-shuhn) [ǽkʃən]

명사 1 ⓒⓤ 행동, 행위, 조치
As a student, her **actions** are not acceptable.
학생으로서 그녀의 행동은 용납할 수 없다.
We have to **take actions** about global warming.
우리는 지구 온난화에 대한 조치를 취해야 한다.
● Actions speak louder than words.
말보다 행동이 더 중요하다.

2 ⓒⓤ 군사 작전, 전투
His brother was killed in the military **action**.
그의 형은 군사 작전에서 사망했다.

| 복수형 | action**s** |

➕ all talk and no action
말뿐이고 행동으로 옮기지는 않는

 Action!이 뭔가요?
영화를 촬영할 때 감독이 배우나 스태프에게 촬영 시작을 알리는 신호로 "Action!"이라는 말을 사용한답니다.

active (ak-tiv) [ǽktiv]

형용사 1 활동적인 (≒ energetic)
Bats, owls, and mice are **active** at night.
박쥐, 부엉이, 쥐는 밤에 활동적이다.
My aunt is over 80, but she's still **active**.
우리 이모는 여든이 넘으셨지만 여전히 활동적이시다.

2 적극적인 (↔ passive)
Anne is **active** in the group.
앤은 그 모임에 적극적으로 참여한다.

| 비교급 | more active |
| 최상급 | most active |

➕ activate 작동시키다; 활성화시키다

activity (ak-tiv-i-tee) [æktívəti]

명사 ⓒⓤ 활동
A: What after-school **activities** do you do?
너는 어떤 방과 후 활동을 하니?
B: I play tennis. 테니스를 쳐.
Children need a lot of physical **activity** every day.
어린아이들은 매일 많은 신체적 활동이 필요하다.

| 복수형 | activi**ties** |

➕ outdoor activities 실외 활동

actor (ak-tur) [ǽktər]

명사 ⓒ (남자) 배우
He is a famous **actor** in Japan.
그는 일본에서 매우 유명한 배우야.

| 복수형 | actor**s** |

Tip 성별에 따라 달라지는 단어가 있나요?

보통 actor는 남자 배우를 말하며, 여자 배우는 actress라고 해요. 남자 웨이터는 waiter, 여자 웨이터는 waitress라고 하지요. 하지만 최근에는 남성과 여성을 구별하지 않고 배우는 그냥 actor, 웨이터는 waitperson이라고 쓴답니다.

actress (ak-tris) [ǽktris]

명사 ⓒ (여자) 배우
She was the lead **actress** in the school play.
그녀는 학교 연극에서 주연 배우였다.

| 복수형 | actress**es** |

actually (ak-chool-uh-lee) [ǽktʃuəli]

부사 실제로, 사실은, 정말로
Did he **actually** push you, or just try to?
그가 실제로 너를 밀었니, 아니면 그저 밀려고 해 본 거니?
Actually, you still owe me $10.
사실은 너 아직 나한테 10달러 안 갚았어.

➕ actual 실제의, 현실의
☑ Did he actually push you?
= Did he really push you?

ad (ad) [æd]

명사 ⓒ 광고 (= advertisement)
Did you see this **ad** for new apartments?
새 아파트에 관한 이 광고 봤니?

| 복수형 | ad**s** |

adapt (uh-dapt) [ədǽpt]

동사 1 적응하다, 적응시키다 (≒ adjust)
Bora **adapted** easily to her new school.
보라는 새로운 학교에 쉽게 적응했다.

2 바꾸다, 개조하다
You can **adapt** the recipe to make it less spicy.
덜 맵게 하려면 요리법을 바꾸면 돼요.
Many stories in books are **adapted** so they can be made into movies.
책 속의 많은 이야기들은 영화로 만들기 위해 각색된다.

3인칭단수현재	adapt**s**
현재분사	adapt**ing**
과거·과거분사	adapt**ed**

➕ adaptation 적응; 각색

add (ad) [æd]

동사 1 더하다, 보태다, 추가하다
If you **add** more milk, the soup will be thicker.
우유를 좀 더 넣으면 수프가 더 진해질 거예요.

| 3인칭단수현재 | add**s** |
| 현재분사 | add**ing** |

Could you please **add** two more doughnuts to my order?
제 주문에 도넛 두 개를 추가해 주시겠어요?

2 [수학] (수를) 더하다, 덧셈을 하다, 합하다 (↔subtract)
A: Billy, please **add** 17 and 4.
빌리, 17과 4를 더해 보렴.
B: It's 21. 21이에요.

3 (말을) 덧붙이다, 덧붙여 말하다
They **added** that they would return two weeks later.
그들은 2주 후에 돌아올 것이라고 덧붙였다.

과거·과거분사 add**ed**

add

➕ divide 나누다
multiply 곱하다
subtract 빼다

addition (uh-**dish**-uhn) [ədíʃən]

명사 ① 덧셈 (↔subtraction)
Addition is easier than subtraction.
덧셈은 뺄셈보다 쉽다.

● **in addition** 게다가, 또한
The restaurant's food is delicious, and **in addition**, its service is good.
그 식당은 음식 맛도 좋은 **데다가** 서비스도 좋다.

● **in addition to** ~뿐만 아니라, ~ 외에도
In addition to swimming, he likes tennis.
그는 수영**뿐만 아니라** 테니스도 좋아한다.

➕ additional 추가의
division 나눗셈
multiplication 곱셈
subtraction 뺄셈

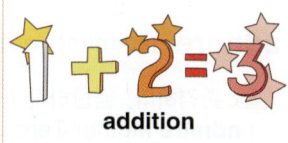

addition

*address (uh-**dres**, **ad**-res | uh-**dres**) [ədrés, ǽdres | ədrés]

명사 (uh-**dres**, **ad**-res) 1 ⓒ 주소
Please fill out the form. Write your name, **address**, and phone number.
서류를 작성해 주세요. 이름과 주소, 그리고 전화번호를 쓰세요.
What's your e-mail **address**?
이메일 주소가 어떻게 되나요?
I wrote the return **address** on the envelope.
나는 봉투에 발송인 주소를 썼다.

2 ⓒ 연설
The President gave an **address** to the people.
대통령은 사람들에게 연설을 했다.

동사 (uh-**dres**) 1 (청중에게) 연설하다
He **addressed** a crowd of thousands of people.
그는 수천 명의 군중에게 연설했다.

2 (편지 봉투에) 주소를 쓰다, (우편물을) ~ 앞으로 하다
I **addressed** the letter **to** my friend.
나는 내 친구 앞으로 편지를 보냈다.

복수형 address**es**

address

➕ closing address 폐회사
opening address 개회사
welcoming address 환영사

3인칭단수현재 address**es**
현재분사 address**ing**
과거·과거분사 address**ed**

adjective (aj-ik-tiv) [ǽdʒiktiv]

명사 ◎ [문법] 형용사
In the sentence, "Sally lives in a big yellow house," "big" and "yellow" are **adjectives**.
'샐리는 크고 노란 집에서 산다.'라는 문장에서 '크고'와 '노란'은 형용사다.

복수형	**adjective**s

❓ 형용사 명사를 꾸며 주는 말

adjust (uh-juhst) [ədʒʌ́st]

동사 1 조절하다, 조정하다
A: Mary, could you **adjust** the volume on TV?
메리, TV 소리 좀 조절해 줄래?
B: Up or down? 크게, 아니면 작게?
A: Please turn it down. 줄여 줘.

2 적응하다, 적응시키다 (≒ adapt)
Bill waited for his eyes to **adjust** to the darkness.
빌은 눈이 어둠에 적응될 때까지 기다렸다.

3인칭단수현재	**adjust**s
현재분사	**adjust**ing
과거·과거분사	**adjust**ed

➕ **adjustment** 조절, 적응

admire (ad-mire) [ædmáiər]

동사 존경하다, 감탄하다
I **admire** Mother Teresa. She helped many people.
나는 마더 테레사를 존경한다. 그녀는 많은 사람들을 도왔다.
We **admired** him **for** his honesty.
우리는 그의 정직함에 감탄했다.

3인칭단수현재	**admire**s
현재분사	**admir**ing
과거·과거분사	**admire**d

➕ **admiration** 감탄, 존경

admission (ad-mish-uhn) [ædmíʃən]

명사 1 ⓤ (입장·입학 등에 대한) 허가, 승인
You must have a ticket for **admission**.
표가 있어야 입장하실 수 있습니다.
She will apply for **admission to** Korea University.
그녀는 고려 대학교에 입학 원서를 제출할 것이다.

2 ⓤ 입장료
admission fee 입장료
Admission to the art museum is only $2.
그 미술관의 입장료는 2달러밖에 안 된다.

3 ⓒ 인정, 시인, 자백 (≒ confession)
Sally's **admission** that she cheated on the test shocked her mother.
시험에서 부정행위를 했다는 샐리의 자백에 그녀의 엄마는 충격을 받았다.

| 복수형 | **admission**s |

➕ **admission charge** 입장료
admission fee 입장료
admission free 입장 무료
open admission 학교 (무시험) 전원 입학제
university admissions 대학 입학 절차

admit (ad-mit) [ædmít]

동사 1 인정하다, 시인하다 (↔deny)
I **admit** you're faster than me.
네가 나보다 빠른 것을 인정한다.
He **admitted that** he broke the cup.
그는 자신이 컵을 깼다고 시인했다.

2 (입장·입학을) 허락하다, 허가하다
I can't **admit** you into the museum unless you show me your ticket.
티켓을 보여 주시지 않으면 박물관 입장을 허가할 수 없습니다.
Jack **was admitted to** Yale University.
잭은 예일 대학교로부터 입학 허가를 받았다.

3인칭단수현재	**admit**s
현재분사	**admit**ting
과거·과거분사	**admit**ted

He **admitted that** he broke the cup.

adopt (uh-dahpt) [ədápt]

동사 1 입양하다
My parents **adopted** me when I was two years old.
우리 부모님은 내가 두 살 때 나를 입양하셨다.

2 받아들이다, 채택하다
We should **adopt** the real name system for the Internet.
우리는 인터넷 실명제를 도입해야 한다.

3인칭단수현재	**adopt**s
현재분사	**adopt**ing
과거·과거분사	**adopt**ed

➕ **adoption** 입양; 채택

adult (uh-duhlt, ad-uhlt) [ədʌ́lt, ǽdʌlt]

명사 ⓒ 어른, 성인 (≒grown-up; ↔child)
If a child grows up, he becomes an **adult**.
아이가 자라면 성인이 된다.
A: How many tickets do you want?
표 몇 장을 원하세요?
B: One **adult** and two children, please.
성인 한 장과 어린이 두 장 주세요.

복수형	**adult**s

➕ **adult education** (야간 강좌 등과 같은) 성인 교육

advance (uhd-vans) [ədvǽns]

명사 1 ⓒⓤ 진보, 발전
a huge **advance** in medicine 의학의 커다란 발전

2 ⓒ 전진, 진격
the enemy's **advance** toward the capital city
수도를 향한 적군의 진격

• **in advance** 미리, 사전에
I always buy my movie tickets **in advance**.
나는 영화 표를 항상 미리 구매한다.

복수형	**advance**s

➕ **advanced** 발달한, 진보한; (학습 과정이) 상급의, 고급의

advanced

동사 **1** 진보하다, 발전하다
Einstein **advanced** our knowledge of the universe.
아인슈타인은 우주에 대한 우리의 지식을 발전시켰다.

2 전진하다, 나아가다
Everyone, **advance** by taking two steps forward.
여러분 모두 두 걸음씩 앞으로 가세요.

3인칭단수현재	advance**s**
현재분사	advanc**ing**
과거·과거분사	advance**d**

➕ **advancement** 진보, 발전

---

advanced (uhd-**vanst**) [ədvǽnst]

형용사 **1** 발달한, 진보한
Korea is an **advanced** country.
한국은 선진국이다.

2 상급의, 고등의
He was assigned into an **advanced** class.
그는 상급반에 배정되었다.

비교급	more advanced
최상급	most advanced

---

advantage (uhd-**van**-tij) [ədvǽntidʒ]

명사 ⓒⓤ 장점, 이점 (↔disadvantage)
Everybody has **advantages** and disadvantages.
모든 사람은 장단점이 있다.
Tall people have a big **advantage** in basketball.
키가 큰 사람들은 농구할 때 큰 이점이 있다.

• ***take advantage of*** (~을) 이용하다, 활용하다
Take advantage of every chance you get to improve yourself.
자신을 발전시킬 수 있는 모든 기회를 이용하세요.
Because he's a kind person, they **took advantage of** him.
그가 착한 사람이기 때문에 그들이 그를 이용했다.

복수형	advantage**s**

➕ **advantaged** (태생·환경 면에서) 혜택을 받은
advantageous 이로운, 유리한

---

adventure (uhd-**ven**-chur) [ədvéntʃər]

명사 ⓒⓤ 모험
Life is an **adventure**.
인생은 모험이다.
She told me about her **adventures** at sea.
그녀는 내게 바다에서 겪은 모험을 이야기해 주었다.

복수형	adventure**s**

➕ **adventurous** 모험심이 강한, 모험을 즐기는

---

adverb (**ad**-vurb) [ǽdvəːrb]

명사 ⓒ 〖문법〗 부사
In the sentence, "Start early," "early" is an **adverb**.
'일찍 시작하다'라는 문장에서 '일찍'은 부사다.

복수형	adverb**s**

❓ 부사 동사, 형용사, 다른 부사를 꾸며 주는 말

advertise (ad-vur-tize) [ǽdvərtàiz]

 광고하다

advertise for a babysitter 보모를 구하는 광고를 내다
Tom **advertised** his car **on** the Internet and sold it.
톰은 인터넷에 자신의 자동차를 광고해서 팔았다.

3인칭단수현재	advertise**s**
현재분사	advertis**ing**
과거·과거분사	advertise**d**

advertisement (ad-vur-tize-muhnt) [ædvərtáizmənt]

 ⓒ 광고 (=ad)

I saw an **advertisement for** the new car.
나는 그 신차 광고를 보았다.

| 복수형 | advertisement**s** |

> **Tip** advertisement와 commercial은 어떻게 다른가요?
>
> ad 또는 advertisement는 넓은 뜻의 광고를 말하고, TV와 라디오를 통한 광고는 commercial이라고 해요. 특히 TV 광고는 TV commercial이라고 하지요.

advice (uhd-vise) [ədváis]

 ⓤ 조언, 충고

Let me **give** you **a piece of advice**. 충고 한마디 할게.
A: Can you help me be a better tennis player?
제가 더 나은 테니스 선수가 되도록 도와줄 수 있나요?
B: My **advice** is to practice as much as you can.
제 조언은 할 수 있는 한 많이 연습하라는 것입니다.

Let me **give** you **a piece of advice**.

> **Tip** advice는 셀 수 없는 명사인가요?
>
> 영어는 셀 수 있는 명사와 셀 수 없는 명사를 구분해요. advice는 한 개, 두 개 셀 수 있는 단어가 아니에요. 그래서 '충고 하나'라고 할 때는 an advice가 아니라 a piece of advice라고 해요.
> ⓔ **a piece of** cake 케이크 한 조각, **a piece of** furniture 가구 한 점

advise (uhd-vize) [ədváiz]

 조언하다, 충고하다

I wish my mother was here to **advise** me. I can't decide what to do.
엄마가 내게 조언해 주실 수 있도록 여기 계시다면 좋을 텐데. 난 어떻게 해야 할지 결정을 못 하겠어.

3인칭단수현재	advise**s**
현재분사	advis**ing**
과거·과거분사	advise**d**

affect

I **advise** you **to** tell the truth.
나는 당신께 진실을 말할 것을 충고합니다.

⊕ adviser, advisor 조언자

affect (uh-fek) [əfékt]

동사 **1** 영향을 미치다
Smoking **affects** the functioning of the heart.
흡연은 심장의 기능에 영향을 미친다.

2 감동시키다
I was deeply **affected** by his life story.
나는 그의 인생 이야기에 깊이 감동했다.

3인칭단수현재 affects
현재분사 affecting
과거·과거분사 affected

⊕ affection 애정

afford (uh-ford) [əfɔ́ːrd]

동사 ~할 여유가 있다, ~할 수 있다
I wish I **could afford** a new car.
새 차를 살 여유가 있으면 좋을 텐데.
This bag is so expensive that I **can't afford to** buy it. 이 가방은 너무 비싸서 살 수가 없다.

3인칭단수현재 affords
현재분사 affording
과거·과거분사 afforded

afraid (uh-frayd) [əfréid]

형용사 **1** 《명사 앞에는 쓰이지 않음》 무서워하는, 두려워하는 (≒ frightened, scared)
Many children **are afraid of** the dark.
많은 아이들이 어둠을 무서워한다.
Jinsu **was afraid to** jump into the river.
진수는 물에 뛰어들기가 두려웠다.

2 걱정하는
He's **afraid** (that) everyone will laugh at him.
그는 모든 사람들이 자신을 비웃을까 봐 걱정한다.

● **I'm afraid (that)** 미안하지만 ~이다, 유감이지만 ~이다
I'm afraid that I can't help you with your homework. 미안한데, 너 숙제하는 거 못 도와주겠어.
I'm afraid that I have bad news for you.
유감이지만 너에게 나쁜 소식이 있어.
A: Can you join us? 우리랑 함께 할래?
B: **I'm afraid** not. 미안하지만 못할 것 같아.

비교급 more afraid
최상급 most afraid

Jinsu **was afraid to** jump into the river.

Africa (af-ri-kuh) [ǽfrikə]

지명 아프리카
Mount Kilimanjaro is in **Africa**.
킬리만자로 산은 아프리카에 있다.

⊕ African 아프리카의, 아프리카 인(의)

영어로 '흑인'의 올바른 표현이 뭔가요?

흑인(black American)이라는 표현은 피부색에 따른 인종 차별을 불러일으킬 수 있어요. 따라서 아프리카계 미국인(African American)이라고 하는 것이 좋습니다.

*after (af-tur) [ǽftər]

전치사 **1** (시간) ~ 후에 (↔before)
I play soccer **after** school. 나는 방과 후에 축구를 한다.
His birthday is the day **after** tomorrow.
그의 생일은 모레다.
I got better **after a while**.
시간이 좀 지나자 나는 몸이 좀 괜찮아졌다.
A: When are you going to school?
  학교에 언제 갈 거니?
B: At ten **after** nine. 9시 10분에.

2 (순서) 뒤에, 다음에
Seven comes **after** six. 7은 6 다음에 온다.
Everyone, listen carefully and repeat **after** me.
여러분, 잘 듣고 저를 따라 하세요.

- *after all* 결국, 어쨌든
  I decided to go **after all**. 결국 나는 가기로 했다.
- *after you* 먼저 ~하세요
  A: Please drink some water. 물 좀 드세요.
  B: **After you.** 먼저 드세요.
- *day after day* 매일같이, 날마다
  It rains **day after day** during the rainy season.
  장마철에는 매일 비가 내린다.
- *one after the other* 교대로, 차례대로 (=one after another)
  The students got on the bus **one after the other**.
  학생들은 차례대로 버스에 탔다.

3 ~을 쫓아
The dog ran **after** the ball. 그 개는 공을 쫓아 뛰었다.
The police are **after** him. 경찰이 그를 쫓고 있다.

접속사 ~한 후에 (↔before)
I'll call you **after** I've finished my homework.
숙제를 다 끝낸 후에 네게 전화할게.

➕ after-sales service 애프터서비스
aftereffect 후유증
afterlife 내세
after-school activities 방과 후 활동
aftershock 여진

☑ ten after nine
= ten past nine
= 9:10 (nine-ten)

The dog ran **after** the ball.

☑ The police are after him.
= The police are trying to catch him.

 in an hour는 '1시간 안에'가 아닌가요?

영어로 '1시간 후에'라고 말할 때는 after one hour라고 하지 않고 in an hour라고 해요.
예 I will come back **in an hour**. 한 시간 후에 돌아올게.

afternoon

*afternoon (*af*-tur-*noon*) [ǽftərnúːn]

명사 ⓒⓤ 오후
Good afternoon! (오후에 인사할 때) 안녕하세요!
I like to take a nap **in the afternoon**.
나는 오후에 낮잠 자는 것을 좋아한다.

| 복수형 | afternoons |

afterward(s) (*af*-tur-*wurd*(z)) [ǽftərwərd(z)]

부사 뒤에, 나중에, 후에 (≒ later)
First do your homework and **afterward** you can play computer games.
먼저 숙제를 해라. 그 후에 컴퓨터 게임을 할 수 있다.

※ 미국에서는 afterward를, 영국에서는 afterwards를 더 많이 써요.

*again (*uh*-*gen*) [əgén]

부사 1 다시, 또 (≒ one more time)
I hope to see you **again**. 또 만나길 바라.
Would you say that **again**, please?
다시 한번 말씀해 주시겠어요?

• *again and again* 몇 번이고, 되풀이하여
I had to say the poem **again and again** to remember it.
나는 그 시를 기억하기 위해 **몇 번이나** 읊어야 했다.

• *all over again* 한 번 더, 되풀이하여
Do this **all over again**. 이거 **처음부터 다시** 하세요.

2 원상태로, 제자리에
I hope you'll be back to health **again**.
네가 다시 건강해지면 좋겠다.

I hope you'll be back to health **again**.

against (*uh*-*genst*) [əgénst]

전치사 1 ~에 반대하여
Everyone was **against** me.
모두 내게 반대를 했다.
Smoking here is **against the law**.
여기서 담배 피우는 것은 법을 위반하는 것이다.

2 ~을 상대하여, ~에 맞서서
A: Who's playing in the game tonight?
   오늘 밤 경기는 누가 하니?
B: It's FC **against** LG. 서울 FC 대 창원 LG야.

3 ~에 기대어
The ladder was leaning **against** the wall.
사다리는 벽에 기대어 있었다.

☑ Everyone was **against** me.
= Everyone opposed me.

The ladder was leaning **against** the wall.

*age (ayj) [eidʒ]

명사 **1** ⓒⓤ 나이, 연령
What's your **age**? 몇 살이니?
Jane and I are the **same age**. 제인과 나는 동갑이다.
He died **at the age of** 50. 그는 50세에 사망했다.
Mary looks young **for her age**.
메리는 나이에 비해 어려 보인다.
They were 12 years **of age**. 그들은 열두 살이었다.
You should **act your age**.
너는 네 나이에 맞게 행동해야 한다.

2 ⓒⓤ 시대, 시기
I wonder what the Stone **Age** was like.
나는 석기 시대가 어떠했는지 궁금하다.

동사 **1** 나이가 들다, 늙다
She has **aged** gracefully. 그녀는 곱게 나이가 들었다.

2 늙게 하다, 노화시키다
Her troubles have **aged** her.
고민거리가 그녀를 늙게 했다.

복수형	age**s**

✓ What's your age?
 = How old are you?

✓ They were 12 years of age.
 = They were 12 years old.

3인칭단수현재	age**s**
현재분사	ag**ing**
과거·과거분사	age**d**

agent (ay-juhnt) [éidʒənt]

명사 **1** ⓒ 대리인, 중개인
I'd love to be a **travel agent** and see the world.
나는 여행사 직원이 되어 세계를 보고 싶다.

2 ⓒ 스파이, 요원
a **secret agent** 비밀 요원

복수형	agent**s**

➕ agency 대행사, 대리점

aggressive (uh-gre-siv) [əgrésiv]

형용사 **1** 공격적인
aggressive behavior 공격적인 태도
The dog is very **aggressive**. 그 개는 매우 공격적이다.

2 적극적인, 의욕적인
an **aggressive** campaign 적극적인 캠페인

비교급	**more** aggressive
최상급	**most** aggressive

*ago (uh-goh) [əgóu]

부사 ~ 전에
Our school vacation began three days **ago**.
우리 학교 방학은 3일 전에 시작됐다.
A long time ago, dinosaurs lived on the earth.
아주 오래전에 지구에 공룡이 살았었다.

➕ long ago 오래전에
 not long ago 얼마 전에
 some time ago 상당히 오래전에

Tip ago와 before는 뜻은 같은데 쓰임이 다른가요?

ago와 before는 둘 다 '전에'라는 뜻을 나타내지만 차이점이 있어요. '특정 기간'을 가리킬 때에는 ago를 사용하고 막연히 '전에'라고 할 때에는 before를 사용해요.
예) I saw him an hour **ago**. 나는 한 시간 전에 그를 보았다.
I have seen him **before**. 나는 전에 그를 본 적이 있다.

---

*agree (uh-gree) [əgríː]

동사 동의하다, 찬성하다 (↔disagree)
I **agree with** you. 나는 네 말에 동의한다.
We all **agreed to** have lunch first.
우리 모두는 먼저 점심을 먹기로 했다.
I **agree that** we should eat dinner now.
나는 우리가 지금 저녁을 먹어야 한다는 것에 찬성한다.
My mother and I **agree on** a few things.
엄마와 나는 몇몇 사안에 동의한다.

3인칭단수현재	agree**s**
현재분사	agree**ing**
과거·과거분사	agree**d**

➕ **agreement** 동의, 협정

---

agriculture (ag-ri-kuhl-chur) [ǽgrikʌ̀ltʃər]

명사 ⓤ 농업 (≒farming)
Without **agriculture**, we wouldn't have food to eat.
농업이 없다면 우리는 먹을 양식이 없을 것이다.

➕ **agricultural** 농업의

---

*ahead (uh-hed) [əhéd]

부사 1 앞에, 앞쪽에 (≒in front of; ↔behind)
He is running **ahead of** me. 그는 내 앞에 뛰고 있다.
2 미리 (≒in advance)
We need to plan **ahead**. 우리는 미리 계획을 해야 해.
• **go ahead** 계속 해라, 어서 해라, 먼저 해라
A: Can I use your pencil, please? 네 연필 좀 써도 돼?
B: Sure. **Go ahead**. 물론이지. 어서 써.

※ go ahead는 상황에 따라 '먼저 해', '계속 해', '어서 해' 등으로 사용해요. 두 사람이 동시에 말하게 될 때, 상대방 먼저 말하라고 할 때에도 go ahead라고 하지요.

---

aid (ayd) [eid]

명사 1 ⓤ 도움, 지원
The mayor requested **aid** for the victims of the fire.
시장은 화재 피해자들을 위해 지원을 요청했다.

2 ⓒ 보조 기구, 보조원
a hearing **aid** 보청기

동사 돕다, 원조하다 (≒assist, help)

| 복수형 | aid**s** |

➕ **first aid** 응급 처치
first aid kit 구급상자

| 3인칭단수현재 | aid**s** |

She **aided** me to move the garbage bags.
그녀는 내가 쓰레기 옮기는 것을 도와주었다.

현재분사	aid**ing**
과거·과거분사	aid**ed**

aim (aym) [əim]

명사 ⓒ 목표 (≒goal), 목적
The **aim** of this trip is to visit my cousin in Korea.
이번 여행의 목적은 한국에 있는 내 사촌을 만나기 위한 것이다.

동사 1 목표로 삼다
I **aim** to become a lawyer.
나는 변호사가 되는 것을 목표로 삼고 있다.

2 겨누다, (특정 사람 등을) 겨냥하다
Don't **aim** that gun **at** me. 그 총을 나에게 겨누지 마.

복수형	aim**s**
3인칭단수현재	aim**s**
현재분사	aim**ing**
과거·과거분사	aim**ed**

*air (air) [ɛər]

명사 1 ⓤ 공기, 대기
air pollution 대기 오염
Please open the window. We need some **fresh air**.
창문 좀 열어 주세요. 신선한 공기가 필요해요.

2 ⓤ 공중, 하늘
A balloon is up **in the air**. 풍선이 공중에 떠 있다.
Kites fly high **in the air**. 연들은 하늘 높이 난다.

➕ **air bag** (자동차의) 에어백
air conditioner 에어컨
air force 공군
airtight container 밀폐 용기

aircraft (air-*kraft*) [ɛərkrǽft]

명사 ⓒ 항공기, 비행기
The new **aircraft** used solar power to fly.
새로운 항공기는 비행에 태양 에너지를 사용했다.

복수형	aircraft

❓ **solar** 태양의, 태양열을 이용한

airline (air-*line*) [ɛərlàin]

명사 ⓒ 항공사
Airlines were first started to carry the mail.
항공사는 처음에 우편물을 배송하기 위해 시작되었다.

복수형	airline**s**

*airplane (air-*plane*) [ɛərplèin]

명사 ⓒ 비행기, 항공기 (≒plane)
It takes 10 hours to get to New York **by airplane**.
뉴욕까지 가는 데 비행기로 10시간이 걸린다.

복수형	airplane**s**

➕ **aeroplane** (영국영어) 비행기

airport (air-port) [έərpɔ́ːrt]

명사 ⓒ 공항
Our plane leaves from Incheon **Airport**.
우리 비행기는 인천 공항에서 출발한다.

| 복수형 | airport**s** |

aisle (ile) [ail]

명사 ⓒ 통로, 복도
I like to sit in the **aisle seat**.
나는 통로 쪽 좌석에 앉는 걸 좋아한다.
The classroom was so crowded that students were standing in the **aisles**.
교실이 너무 복잡해서 학생들은 복도에 서 있었다.

| 복수형 | aisle**s** |

➕ window seat 창 쪽 좌석

alarm (uh-lahrm) [əlάːrm]

명사 1 ⓒ 경보, 경보기
The **car alarm** went off when my car was hit by the motorcycle.
내 차가 오토바이에 받혔을 때 자동차 경보기가 울렸다.
The burning food set off the **smoke alarm**.
타고 있던 음식이 연기 경보기를 울리게 했다.

2 ⓒ 자명종 (= alarm clock)
My mom **sets the alarm** for six every day.
우리 엄마는 매일 자명종을 6시에 맞춰 놓으신다.

3 ⓤ 놀람, 불안
She turned around **in alarm**. 그녀는 놀라서 돌아보았다.

동사 놀라게 하다, 걱정을 끼치다
Mary was **alarmed** by a strange noise outside her window.
메리는 창가에서 나는 이상한 소리에 놀랐다.

| 복수형 | alarm**s** |

➕ alarming 놀라운, 불안스러운; (사태 등이) 급박한

alarm

3인칭단수현재	alarm**s**
현재분사	alarm**ing**
과거·과거분사	alarm**ed**

album (al-buhm) [ǽlbəm]

명사 1 ⓒ 앨범, 사진첩
She showed her wedding **album** to her friends.
그녀는 자신의 결혼 앨범을 친구들에게 보여 주었다.

2 ⓒ 음반, 앨범
My favorite singer's new **album** will be released soon.
내가 좋아하는 가수의 새 앨범이 곧 나올 것이다.
I'm going to buy their latest **album**.
나는 그들의 최신 앨범을 살 것이다.

| 복수형 | album**s** |

➕ yearbook 졸업 앨범

albums

alcohol (**al**-kuh-*hawl*) [ǽlkəhɔ(ː)l]

명사 1 ⓤ 술, 알코올
Do not drink **alcohol**. It's not good for your health.
술 마시지 마세요. 건강에 좋지 않아요.

2 ⓒⓤ [화학] 알코올
We always use **alcohol** to prevent infection.
우리는 감염을 방지하기 위해 항상 알코올을 사용한다.

| 복수형 | alcohol**s** |

➕ **alcoholic** 알코올이 든; 알코올 중독자[의존자]

alien (**ay**-lee-uhn, **ayl**-yuhn) [éiliən, éiljən]

명사 1 ⓒ 외계인, 외계 생명체
Many people believe that **aliens** exist.
많은 사람들이 외계인들이 존재한다고 믿는다.

2 ⓒ 외국인 (≒ foreigner)
Tom is an **alien** living in China.
톰은 중국에 살고 있는 외국인이다.

| 복수형 | alien**s** |

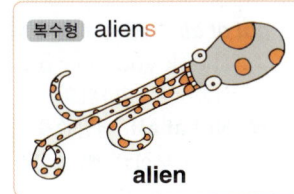
alien

alike (uh-**like**) [əláik]

형용사 ~와 같은, 비슷한, 닮은
John and James are twins and look exactly **alike**.
존과 제임스는 쌍둥이로 똑같이 생겼다.

부사 비슷하게, 똑같이
Lisa and I think **alike**. 리사와 나는 생각이 비슷하다.
Sam is very fair. He treats everyone **alike**.
샘은 아주 공평하다. 그는 모든 사람을 똑같이 대한다.

| 비교급 | **more** alike |
| 최상급 | **most** alike |

| 비교급 | **more** alike |
| 최상급 | **most** alike |

alive (uh-**live**) [əláiv]

형용사 1 살아 있는 (≒ living; ↔ dead)
The fish is still **alive**! Look at it move.
물고기가 아직도 살아 있네! 움직이는 것 좀 봐.

2 생기가 넘치는, 생동감 있는
The party was **alive** with music and dancing.
파티는 음악과 춤으로 생기가 넘쳤다.

| 비교급 | **more** alive |
| 최상급 | **most** alive |

*all (awl) [ɔːl]

형용사 전부의, 모든
Bora ate **all** the ice cream! There's none left.
보라가 아이스크림을 전부 먹었어! 남은 게 하나도 없네.
She worked **all** day. 그녀는 하루 종일 일했다.
All the students wear uniforms at my school.

Bora ate **all** the ice cream!

우리 학교의 모든 학생들은 교복을 입는다.
- **all day long** 온종일, 하루 종일
  It rained **all day long**. 하루 종일 비가 왔다.

대명사 모든 것, 전부, 전체
  All are welcome! 모두 환영합니다!
  This is **all** I have. 제가 가진 것은 이것이 전부입니다.

- **all of a sudden** 갑자기, 난데없이 (=all at once)
  All of a sudden, the dog disappeared.
  갑자기 그 개가 사라졌다.

- ⟪no, not과 함께 쓰여⟫ 전혀 ~이 아닌
  Tony had **no** money **at all**. 토니는 돈이 하나도 없었다.

- **not at all** 1 (감사 표현에 대한 답으로) 별말씀을요
  A: Thank you very much for the gift.
      선물 너무 고마워요.
  B: **Not at all**. 별말씀을요.
  2 (정중히 동의할 때) 괜찮아요
  A: Will it bother you if I open the window?
      창문을 열어도 괜찮을까요?
  B: **Not at all**. 괜찮아요.

부사 모두, 완전히 (≒completely, very)
  When your homework is **all** finished, you can watch TV.
  네 숙제를 다 하면 TV를 볼 수 있어.
  She was **all** alone. 그녀는 완전히 혼자였다.

☑ All are welcome!
 = Everyone is welcome!

Tony had **no** money **at all**.
 = Tony didn't have any money.

☑ Not at all.
 = You're welcome.
 = Don't mention it.

---

alligator (al-i-*gay*-tur) [ǽligèitər]

명사 악어
  The average lifespan for an **alligator** is 50 years.
  악어의 평균 수명은 50년이다.

복수형 alligator**s**

Tip 악어를 왜 **alligator** 또는 **crocodile**이라고 구분해서 부르나요?

alligator와 crocodile은 우리말로 하면 '악어'이지만 둘은 생김새가 달라요. crocodile은 alligator보다 주둥이가 훨씬 뾰족하고 길쭉하게 생겼지요.

alligator   crocodile

---

allow (uh-lou) [əláu]

동사 허가하다, 허락하다 (≒permit)
  Smoking is not **allowed**. 흡연은 금지되어 있다.

3인칭단수현재 allow**s**

She **allowed** me **to** use her computer.
그녀는 내가 그녀의 컴퓨터를 쓰는 것을 허락했다.
You **are not allowed to** feed the animals at the zoo.
동물원에서 동물들에게 먹이를 주어서는 안 된다.

| 현재분사 | allow**ing** |
| 과거·과거분사 | allow**ed** |

all right (*awl* **rite**) [ɔ́ːl ráit]

형용사 《명사 앞에는 쓰이지 않음》 **1** 괜찮은, 좋은
Is it **all right** to leave early? 일찍 가도 괜찮을까요?
The movie was **all right**. 그 영화는 괜찮았다.

2 건강한, 무사한, 괜찮은
You look so tired. Are you **all right**?
굉장히 피곤해 보이네요. 괜찮아요?

• *it's*(*that's*) *all right* 괜찮아요, 천만에요
A: Sorry that I'm late. 늦어서 미안해.
B: **It's all right**. 괜찮아.
C: Thanks for the ride. 태워다 줘서 고마워.
D: **That's all right**. 천만에.

부사 잘, 순조롭게
He did **all right** on the test. 그는 시험을 잘 봤다.

감탄사 좋아, 알았어, 알겠니
All right, I'll go. 좋아, 내가 갈게.

☑ **all right**
= alright
= okay

You look so tired. Are you **all right**?

*almost (*awl*-mohst) [ɔ́ːlmoust]

부사 거의 (≒ nearly)
We're **almost** at the top. 우리는 거의 정상에 다다랐다.
I'm **almost** finished. I just need five more minutes.
난 거의 끝났어. 5분만 더 있으면 돼.
Almost everyone read that book.
거의 모든 사람들이 그 책을 읽었다.

☑ We're **almost** at the top.
 = We're nearly at the top.
☑ I'm **almost** finished.
 = I'm nearly finished.

*alone (uh-**lone**) [əlóun]

형용사 **1** 《명사 앞에는 쓰이지 않음》 혼자인, 혼자의
He was **alone** in the woods. 그는 숲 속에 혼자 있었다.

2 《명사·대명사 뒤에서》 ~만, ~뿐, ~ 하나만으로도
You **alone** can decide your future.
너만이 너의 미래를 결정할 수 있다.

• *leave ~ alone* ~을 그대로 두다
Please **leave me alone**. Quit bothering me.
제발 나 좀 그냥 내버려 둬. 귀찮게 하지 마.

부사 혼자, 홀로 (≒ by oneself)

☑ He was **alone** in the woods.
 = He was in the woods by himself.
☑ You **alone** can decide your future.
 = Only you can decide your future.

Bill stayed home **alone**.
빌은 집에 혼자 있었다.

> ☑ Bill stayed home alone.
> = Bill stayed home by himself.

along (uh-lawng) [əlɔ́ːŋ]

전치사 ~을 따라
We walked **along** the street. 우리는 길을 따라 걸었다.

부사 1 (계속) 앞으로
We ran **along** slowly. 우리는 천천히 계속 뛰었다.

2 함께, 같이
Bora **brought** her dog **along with** her.
보라는 개를 함께 데리고 왔다.

• *get along with* ~와 잘 지내다
Lisa **gets along with** all her friends.
리사는 모든 친구들과 잘 지낸다.

Bora **brought** her dog **along with** her.

aloud (uh-loud) [əláud]

부사 소리 내어
Reading **aloud** can improve your speaking.
소리 내어 읽는 것은 말하기 능력을 향상시킬 수 있다.

read **aloud**

alphabet (al-fuh-bet) [ǽlfəbèt]

명사 ⓒ 알파벳
The English **alphabet** goes from A to Z.
영어 알파벳은 A부터 Z까지 있다.

> 복수형 alphabet**s**

already (awl-red-ee) [ɔːlrédi]

부사 이미, 벌써
I've **already** seen this TV show. It's a repeat.
나는 이 텔레비전 프로그램을 이미 봤어. 재방송이야.
A: Would you like to go eat lunch, John?
점심 먹으러 갈래, 존?
B: I'm sorry. I've **already** eaten lunch.
미안. 나 벌써 점심 먹었어.

> ☑ I've already seen this TV show.
> = I already saw this TV show.

also (awl-soh) [ɔ́ːlsou]

부사 또한, ~도 (≒ as well)
I'm **also** from Busan. 나도 부산 사람이다.

> ☑ I'm also from Busan.

My boyfriend is tall and **also** handsome.
내 남자 친구는 키도 크고 또한 잘생겼다.
A: I'd like a salad and iced tea.
　나는 샐러드랑 아이스티를 먹을래.
B: I'll have that **also**. 나도 그거 먹을래.

= I'm from Busan, too.

☑ I'll have that also.
= I'll have that, too.

alternative (awl-tur-nuh-tiv) [ɔːltə́ːrnətiv]

형용사 《명사 앞에만 쓰임》 대신의, 대안의
We have **alternative** plans in case it rains.
비가 올 경우를 대비한 대안이 있다.

➕ alter 변하다, 바꾸다

명사 ◎ 대안, 다른 방도
Wind and solar power are **alternatives** to energy from oil.
풍력, 태양열 발전이 석유 에너지에 대한 대안이다.
The **alternatives** are walking, taking the bus, or going by subway.
대안으로는 걷기, 버스타기, 지하철로 가기가 있다.

복수형 alternative**s**

➕ alternative energy 대체 에너지

although (awl-THoh) [ɔːlðóu]

접속사 비록 ~일지라도, ~이지만 (≒though)
Although they were poor, they were always happy.
그들은 가난했지만 늘 행복했다.

※ although와 even though의 차이 → even¹ (p. 303)

 although의 쓰임에 대해 알려 주세요.

although는 though, even though와 바꿔 쓸 수 있어요. 그렇지만 even though는 although보다 좀 더 강조할 때 써요. 또한 같은 의미로 in spite of, despite가 있어요. 그러나 although 뒤에는 '주어+동사'로 된 문장이 오지만 in spite of, despite 뒤에는 '명사형'이 오지요.

예) Although <u>the traffic</u> <u>was</u> bad, he arrived on time.
　　　　　　주어　　　동사
= In spite of <u>the traffic</u>, he arrived on time.
　　　　　　　　명사
교통이 안 좋았지만 그는 제시간에 도착했다.

altogether (awl-tuh-geTH-ur) [ɔːltəɡéðər]

부사 모두, 다 합쳐서 (≒in total)
Altogether, we have six dollars.
다 합쳐서 우리는 6달러가 있다.
He spent $100 **altogether**. 그는 총 100달러를 썼다.

※ 주의! all together는 '다 함께, 동시에'란 의미예요.

*always (awl-*wayz*) [ɔ́ːlweiz]

부사 항상, 언제나 (≒ all the time)
It **always** seems to rain on the weekend.
주말에는 항상 비가 오는 것 같아.
A: Are you going to exercise again today?
오늘 또 운동할 거니?
B: Yes. I **always** exercise on Wednesdays.
응. 난 수요일엔 항상 운동해.

I **always** exercise on Wednesdays.

am (am) [æm]

동사 《주어가 I, 시제는 현재일 때》 ~이다, 있다
I **am** a student. 나는 학생이다.
I **am** in Busan now. 나는 지금 부산에 있다.

과거	was
현재분사	being
과거분사	been

a.m., AM (ay-em) [éiém]

오전 (라틴 어 ante meridiem의 줄임말)
The sun rises around 5 **a.m.** 해는 오전 5시쯤 뜬다.

➕ am (영국영어) 오전

amateur (am-uh-chur, am-uh-tur) [ǽmətʃùər, ǽmətər]

명사 ⓒ 아마추어, 비전문가 (↔professional)
I'm a beginning guitar player, a real **amateur**.
나는 기타 연주를 처음 시작한 진짜 아마추어이다.
Amateurs sometimes make important scientific discoveries.
비전문가들이 가끔 중요한 과학적 발견을 한다.

형용사 아마추어의, 취미로 하는 (↔professional)
an **amateur** photographer 아마추어 사진작가

복수형 amateur**s**

➕ amateurish 이마추어 같은; 서투른

amazing (uh-**maze**-ing) [əméiziŋ]

형용사 놀라운, 굉장한
Your house is **amazing**. 너의 집은 굉장히 좋다.
It's **amazing** that nobody was hurt in the accident.
그 사고로 아무도 다치지 않았다니 놀랍다.

| 비교급 | more amazing |
| 최상급 | most amazing |

➕ amaze 놀라게 하다

ambassador (am-**bas**-uh-dur) [æmbǽsədər]

명사 ⓒ 대사

복수형 ambassador**s**

the U.S. **ambassador** to Korea 주한 미국 대사
Korea has **ambassadors** in countries all over the world.
한국은 전 세계에 대사를 두고 있다.

> ❓ 대사 다른 나라에 파견되어 국가의 의사를 표시하는 임무를 가진 외교관

ambition (am-**bish**-uhn) [æmbíʃən]

명사 1 ⓒ (이루고 싶은 목표에 대한) 포부, 야망
My **ambition** is to be a professional football player.
나의 포부는 프로 미식축구 선수가 되는 것이다.

2 ⓤ (성공이나 권력 등에 대한) 야심, 야망
She seems to lack **ambition**.
그녀는 야망이 부족해 보인다.

> 복수형 **ambition**s
> ➕ life's ambition 평생의 야망

ambitious (am-**bish**-uhs) [æmbíʃəs]

형용사 야망을 품은, 야심이 있는
ambitious politicians 야심에 찬 정치인들
Boys, be **ambitious**. 소년들이여, 야망을 품어라.

> 비교급 more ambitious
> 최상급 most ambitious

ambulance (am-**byuh**-luhns) [ǽmbjuləns]

명사 ⓒ 구급차, 앰뷸런스
He fell off the roof, and I called an **ambulance**.
그가 지붕에서 떨어져서 나는 구급차를 불렀다.

> 복수형 **ambulance**s

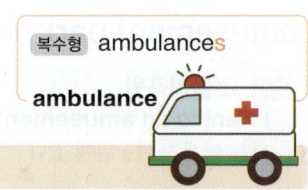
ambulance

America (uh-**mer**-i-kuh) [əmérikə]

국가명 미국
I visited **America** when I was young.
나는 어렸을 때 미국에 간 적이 있다.

> ➕ American 미국의, 미국인(의)

Tip '미국'의 영어 표현이 많아서 헷갈려요.

미국의 정식 명칭은 the United States of America로, 줄여서 the U.S., the US, the U.S.A., the USA로 줄여 사용하거나 the States라고 해요. 50개의 주(state)가 모여 미국이라는 나라를 만들었기 때문이지요.

American (uh-**mer**-i-kuhn) [əmérikən]

형용사 미국의, 미국인의
I have an **American** friend. 나는 미국인 친구가 있다.

> ➕ Native American 아메리카 원주민

명사 ⓒ 미국인
She married an **American**. 그녀는 미국인과 결혼했다.

| 복수형 | American**s** |

among (uh-muhng) [əmʌ́ŋ]

전치사 1 (셋 이상의 사람·사물) ~ 사이에
Sally was standing **among** the boys.
샐리는 소년들 사이에 서 있었다.

2 (셋 이상의 사람·사물) ~ 중에
Please choose one from **among** these pencils.
이 연필들 중에서 하나를 고르세요.

※ among은 사람이나 사물이 셋 이상일 때, between은 사람이나 사물이 둘일 때 사용해요.

amount (uh-mount) [əmáunt]

명사 ⓒⓤ 양
You have to add the right **amount of** salt.
알맞은 양의 소금을 넣어야 한다.

동사 총합이 ~이 되다
The time I spend on the Internet **amounts to** 20 hours a week.
내가 인터넷을 하는 시간은 일주일에 총 20시간이 된다.

복수형	amount**s**
3인칭단수현재	amount**s**
현재분사	amount**ing**
과거·과거분사	amount**ed**

amusement park (uh-myooz-muhnt-*pahrk*) [əmjúːzmənt pàːrk]

명사 ⓒ 놀이공원
I went to an **amusement park** yesterday.
나는 어제 놀이공원에 갔다.

| 복수형 | amusement park**s** |

ancestor (an-ses-tur) [ǽnsestər]

명사 ⓒ 조상, 선조 (↔descendant)
Our **ancestors** were wise. 우리 조상들은 지혜로웠다.
His **ancestors** came from Ireland.
그의 조상들은 아일랜드 인이다.

| 복수형 | ancestor**s** |

ancient (ayn-shunt) [éinʃənt]

형용사 1 고대의 (↔modern)
The Olympics were begun in **ancient** Greece.
올림픽은 고대 그리스에서 시작되었다.

2 매우 오래된 (≒old; ↔new)
The pyramids of Egypt are **ancient**. They are thousands of years old.
이집트의 피라미드는 아주 오래되었다. 수천 년이 된 것이다.

| 비교급 | more ancient |
| 최상급 | most ancient |

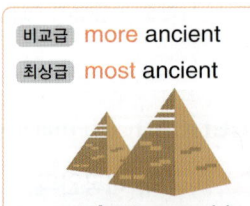

ancient pyramids

and (and, uhnd) [ænd, ənd]

접속사 **1** ~와, ~과, 그리고
I have a pencil **and** an eraser.
나는 연필과 지우개가 있다.
Tony waved **and** said hello.
토니는 손을 흔들며 '안녕'이라고 말했다.

2 그래서 (≒ as a result)
Mary stopped eating candy **and** lost five kilograms.
메리는 사탕 먹는 것을 그만둬 5kg을 뺐다.

3 ~ 더하기 (≒ plus)
Seven **and** three makes ten. 7더하기 3은 10이다.

Tony waved **and** said hello.

angel (ayn-juhl) [éindʒəl]

명사 ⓒ 천사 (↔ devil)
She is an **angel** from heaven.
그녀는 하늘에서 온 천사예요.

복수형 angel**s**

angel

anger (ang-gur) [ǽŋgər]

명사 Ⓤ 화, 분노
A: You have to control your **anger**. Stop yelling at your sister.
너는 화를 조절해야 해. 여동생에게 그만 소리 질러.
B: But she ruined my homework.
그렇지만 쟤가 내 숙제를 망쳤단 말이에요.

➕ anger management
화 다스리기

anger

angle (ang-guhl) [ǽŋgl]

명사 ⓒ 각도
Triangles have three **angles**. Circles have no **angles**.
삼각형은 세 개의 각이 있다. 원은 각이 없다.

복수형 angle**s**

*angry (ang-gree) [ǽŋgri]

형용사 화난, 성난 (≒ mad)
A: You look **angry**. What happened?
너 화난 것 같아 보이는데. 무슨 일이니?
B: My brother broke my cup.
내 남동생이 내 컵을 깼어.
A: Don't **be angry at** him. Accidents happen.
남동생에게 화내지 마. 사고는 나기 마련이야.

비교급 angr**ier**, more angry
최상급 angr**iest**, most angry

animal

*animal (an-uh-muhl) [ǽnəməl]

명사 ⓒ 동물, 짐승
There are a lot of **animals** in the zoo.
동물원에는 동물이 많이 있다.

| 복수형 | animal**s** |

animation (an-uh-may-shuhn) [æ̀nəméiʃən]

명사 1 ⓤ 만화 영화 제작, 동영상 제작, 애니메이션
The movie's special effects were made with computer **animation**.
그 영화의 특수 효과는 컴퓨터 애니메이션으로 만들어졌다.

2 ⓒ 만화 영화, 동영상
Walt Disney used his imagination to create many wonderful **animation** movies.
월트 디즈니는 멋진 만화 영화를 많이 만들기 위해 자신의 상상력을 활용했다.

| 복수형 | animation**s** |

❓ 애니메이션 그림 등을 이용해 대상이 살아 움직이는 것처럼 보이게 하는 기법

ankle (ang-kuhl) [ǽŋkl]

명사 ⓒ 발목
Anne sprained her **ankle** playing basketball.
앤은 농구를 하다가 발목을 삐었다.

| 복수형 | ankle**s** |

ankle

anniversary (an-uh-vur-sur-ee) [æ̀nəvə́ːrsəri]

명사 ⓒ 기념일
A: How long have you been married?
결혼하신 지 얼마나 되셨나요?
B: This Friday will be our 30th wedding **anniversary**.
이번 주 금요일이면 30번째 결혼기념일이 돼요.
A: Congratulations! 축하해요!

| 복수형 | anniversar**ies** |

➕ silver (golden, diamond) anniversary 결혼 25(50, 60)주년 기념일

announce (uh-nouns) [ənáuns]

동사 1 발표하다, 알리다
The government **announced** plans to create new jobs.
정부는 새로운 일자리를 창출하겠다는 계획을 발표했다.
The boss **announced that** tomorrow would be a holiday. 상사는 내일은 휴일이라고 발표했다.

2 중계하다
Bob is going to **announce** the baseball game.
밥은 야구 경기를 중계할 것이다.

3인칭단수현재	announce**s**
현재분사	announc**ing**
과거·과거분사	announce**d**

➕ announcement 발표, 공지

announcer (uh-**noun**-sur) [ənáunsər]

명사 ⓒ 아나운서
He is a TV **announcer** on KBS.
그는 KBS 방송국의 아나운서이다.

| 복수형 | announce**rs** |

annoy (uh-**noi**) [ənɔ́i]

동사 성가시게 하다, 짜증나게 하다 (≒ irritate)
That mosquito is really **annoying** me.
저 모기는 나를 정말 성가시게 하고 있어.
The dog's barking began to **annoy** the neighbors.
그 개의 짖는 소리는 이웃들을 짜증나게 하기 시작했다.

3인칭단수현재	annoy**s**
현재분사	annoy**ing**
과거·과거분사	annoy**ed**

 annoying과 annoyed의 차이를 알려 주세요.

짜증나게 만드는 일이나 상황은 annoying을 쓰고, 그로 인해 사람이 짜증이 난 경우에는 annoyed를 써요.
ⓔ The noise was **annoying**, so I was **annoyed**. 그 소리가 짜증스러워서 나는 짜증이 났다.

annual (an-**yoo**-uhl) [ǽnjuəl]

형용사 1 매년 열리는, 연례적인 (≒ yearly)
Are you going to the **annual** Christmas parade?
매년 열리는 크리스마스 퍼레이드에 갈 거니?

2 일 년간의, 연간의
annual rainfall 연간 강우량

➕ **annually** 일 년에 한 번 (= once a year), 매년(= every year)

*another (uh-**nuhTH**-ur) [ənʌ́ðər]

형용사 1 또 다른 하나의
May I have **another** cookie, please?
쿠키 하나 더 먹을 수 있을까요?

2 다른
I don't like this color. Do you have **another** one?
이 색깔은 마음에 들지 않아요. 다른 색 있나요?

대명사 1 또 다른 하나
Bora ate one hamburger, then ordered **another**.
보라는 햄버거를 하나 먹고 또 하나를 주문했다.

2 다른 것
I don't like this color. Show me **another**, please.
이 색깔은 마음에 들지 않아요. 다른 색을 보여 주세요.

Bora ate one hamburger, then ordered **another**.

- ***one after another*** 차례로
  The students got on the bus **one after another**.
  학생들은 **차례대로** 버스에 탔다.
- ***one another*** 서로 (≒ each other)
  Jack and Jill loved **one another**.
  잭과 질은 **서로** 사랑했다.

> ☑ Jack and Jill loved one another.
> = Jack and Jill loved each other.

*answer (an-sur) [ǽnsər]

[동사] 대답하다, 답변하다 (≒ reply, respond)
A: Please **answer my question**. What is the capital city of Holland?
질문에 대답해 보세요. 네덜란드의 수도는 어디죠?
B: Amsterdam. 암스테르담입니다.

[명사] 1 ⓒ 대답, 해답 (≒ response)
I don't know the **answer to** your question.
네 질문에 대한 답을 모르겠어.

2 ⓒ 해결책 (≒ solution)
Driving less is one **answer** to global warming.
운전을 덜 하는 것은 지구 온난화에 대한 하나의 해결책이다.

> 3인칭단수현재 answer**s**
> 현재분사 answer**ing**
> 과거·과거분사 answer**ed**
>
> 복수형 answer**s**
>
> ⊕ answering machine 자동응답기

*ant (ant) [ænt]

[명사] ⓒ 개미
Ants can carry 27 times their own weight.
개미는 자기 무게의 27배나 되는 무게를 나를 수 있다.

> 복수형 ant**s**

Antarctic Ocean (ant-ahrk-tik oh-shuhn) [æntáːrktik óuʃən]

[지명] 남극해
The Antarctic Ocean is home to penguins, whales, and seals.
남극해는 펭귄, 고래, 물개들의 서식지이다.

> ⊕ Arctic Ocean 북극해

anticipate (an-tis-uh-pate) [æntísəpèit]

[동사] 1 예상하다, 예측하다 (≒ expect)
I **anticipated** that Bill would be late.
나는 빌이 늦을 거라 예상했다.
We **anticipate** about 2,000 visitors this year.
우리는 올해 이천 명 정도의 방문객이 오리라 예상한다.

2 기대하다 (≒ look forward to)
Children all over the world **anticipate** Christmas day. 전 세계의 아이들이 크리스마스를 기대하고 있다.

> 3인칭단수현재 anticipate**s**
> 현재분사 anticipat**ing**
> 과거·과거분사 anticipate**d**
>
> ⊕ anticipation 예상, 예측; 기대

anxiety (ang-**zye**-i-tee) [æŋzáiəti]

명사 **1** ⓤ 걱정, 근심, 두려움
Many students have test **anxiety**.
많은 학생들이 시험에 대한 두려움이 있다.

2 ⓒ 근심거리, 걱정거리
I often discuss my **anxieties** with my friends.
나는 종종 근심거리를 친구들과 상의한다.

복수형 anxiet**ies**

※ anxiety에서 x가 [ㅈ]으로 발음되는 것에 주의하세요.

anxious (**angk**-shuhs) [ǽŋkʃəs]

형용사 **1** 걱정하는, 불안한 (≒worried)
She is **anxious about** her son's health.
그녀는 아들의 건강을 걱정한다.

2 몹시 원하는, 간절히 바라는 (≒eager)
It was cold, and we were **anxious to** get home.
날이 추워서 우리는 집에 빨리 도착하고 싶었다.
My parents are **anxious for** our happiness.
우리 부모님은 우리들의 행복을 간절히 바라신다.

비교급 more anxious
최상급 most anxious

➕ **anxiously** 걱정스럽게, 불안하게

*any (**en**-ee) [éni]

형용사 **1** 〖의문문〗 약간의, 조금의
Do you have **any** fresh peaches?
신선한 복숭아 좀 있나요?

2 〖부정문〗 전혀 없는, 전혀 아닌
I don't have **any** money. 나는 돈이 하나도 없다.

3 〖긍정문〗 어떤 ~라도
Take **any** book you like.
어떤 책이든 네가 좋으면 가져가렴.
Please come see me **any** time.
언제든지 나를 보러 오세요.

부사 **1** 〖부정문에서 강조의 의미로 쓰임〗 전혀, 조금도
Sam can't walk **any** further. 샘은 더 이상 걸을 수 없다.

2 〖의문문〗 조금이라도, 조금은
Is he **any** better now? 그가 이젠 좀 나아졌니?

대명사 어느 것, 누구나, 누구든지
They didn't answer **any of** his questions.
그들은 그의 질문 중 어느 것에도 대답하지 않았다.
Do **any of** you know the answer?
여러분 중에서 답을 아는 사람 (누구) 있나요?
I need some paper clips. Do you have **any**?
종이 클립이 필요한데, 너 가진 거 있니?

☑ I don't have any money.
= I have no money.

Sam can't walk **any** further.

anybody

Any of them could solve the question.
그들 중 누구든지 그 문제를 풀 수 있었다.
A: Is there any more soup? 수프가 더 있나요?
B: No, there isn't **any** left. 아니요. 조금도 안 남았어요.

☑ No, I'm afraid there isn't any left.
= No, I'm afraid there is nothing left.

TiP any와 some의 사용법에 대해 설명해 주세요.

'조금의, 약간의'라는 뜻으로 any와 some을 사용할 수 있으나 문장의 종류에 따라 구분해서 사용해야 해요. any는 부정문이나 의문문에 사용하고, some은 긍정문에 사용해요.

예) 부정문: 나는 돈이 조금도 없다. I don't have **any** money. (○)
　　　　　　　　　　　　　　　 I don't have some money. (×)
　　긍정문: 나는 약간의 돈이 있다. I have **some** money. (○)
　　　　　　　　　　　　　　　 I have any money. (×)
　　의문문: 너 돈 좀 있니? Do you have **any** money? (○)
　　　　　　　　　　　　 Do you have some money? (×)

anybody (en-ee-bah-dee) [énibὰdi]

대명사 누구든지, 아무나 (= anyone)
Anybody can join our cycling club.
누구든지 우리 자전거 동아리에 가입할 수 있다.
Is there **anybody** here who knows Jack?
여기 잭을 아는 사람 누구 있나요?

※ anybody와 anyone은 비슷한 말이지만 대화에서는 anybody를 더 많이 써요.

anymore (en-ee-mor) [ènimɔ́:r]

부사 더 이상 (= any longer)
I will not study **anymore**.
나는 더 이상 공부를 하지 않겠다.

※ anymore는 부정문과 의문문에 더 많이 쓰여요.

anyone (en-ee-wuhn) [éniwʌ̀n]

대명사 누구, 아무, 누구든지, 아무나 (= anybody)
A: Does **anyone** know Sally's phone number?
누구 샐리의 전화번호 아는 사람 있나요?
B: I do. It's 010-1234-5678.
제가 알아요. 010-1234-5678이에요.
Anyone can learn to drive a car.
누구든지 자동차 운전을 배울 수 있다.

☑ Does anyone know Sally's phone number?
= Does any one of you know Sally's phone number?

*anything (en-ee-thing) [éniθìŋ]

대명사 무엇, 아무것, 무엇이든지, 아무거나

Do you have **anything** to say?
뭐 말씀하실 것이 있으신가요?
My brother will eat **anything**.
내 남동생은 아무거나 먹을 것이다.
A: May I take your order? 주문하시겠어요?
B: I'd like an orange juice. 오렌지 주스 한 잔 주세요.
A: Okay. **Anything else**?
　네. 그 밖에 더 필요한 것은 없나요?

> ☑ (Do you need) anything else?
> = (Do you need) any other things?

anytime (en-ee-*time*) [énitàim]

부사 언제든지
Feel free to e-mail me **anytime**.
마음 내킬 때 언제든지 내게 이메일을 보내.

● *anytime soon* 곧, 금방
She will come **anytime soon**. 그녀는 곧 올 것이다.

> ☑ anytime
> = at any time

*anyway (en-ee-*way*) [éniwèi]

부사 1 어쨌든, 아무튼 (=anyhow)
I never liked you **anyway**.
어쨌든 나는 너를 결코 좋아하지 않았어.
Jinsu was ill but went to school **anyway**.
진수는 아팠지만 아무튼 학교에 갔다.

2 《화제를 바꿀 때》 그나저나, 그런데
Anyway, I have to go now. See you tomorrow.
그나저나 나 이제 가야 해. 내일 보자.

Jinsu was ill but went to school **anyway**.

anywhere (en-ee-*wair*) [énihwɛ̀ər]

부사 어딘가에, 아무 데나
A: Is there **anywhere** I can put my stuff?
　어딘가 제 물건을 놓을 곳이 있을까요?
B: Just put it **anywhere**. 아무 데나 놓으세요.
Sit **anywhere** you like. 아무 데나 좋을 대로 앉아.

> ☑ anywhere
> = (미국영어) anyplace

apart (uh-**pahrt**) [əpá:rt]

부사 떨어져서, 뿔뿔이
I stood **apart from** other people.
나는 다른 사람들과 떨어져서 서 있었다.
No one can keep us **apart**.
누구도 우리를 갈라놓을 수 없다.
Help me **take** this bookcase **apart**.
이 책꽂이 분해하는 것 좀 도와줘.

> ➕ far[wide] apart 멀리 떨어져서
> grow apart (사람) 사이가 멀어지다

apartment

My children were born two years **apart**.
우리 아이들은 2년 터울로 태어났다.

> ❓ 터울 먼저 낳은 아이와 다음에 낳은 아이와의 나이 차이

apartment (uh-**pahrt**-muhnt) [əpáːrtmənt]

명사 ⓒ 아파트
The **apartments** in this area are very expensive.
이 지역의 아파트는 매우 비싸다.

| 복수형 | apartment**s** |

ape (ape) [eip]

명사 ⓒ 유인원
The great **ape** pounded his chest.
유인원이 자신의 가슴을 두드렸다.

| 복수형 | ape**s** |
| | ape |

apologize (uh-**pah**-luh-*jize*) [əpɑ́lədʒàiz]

동사 사과하다
I **apologize** that I called you fat.
너한테 뚱뚱하다고 한 거 사과할게.
You have to **apologize to** me. 너는 내게 사과해야 해.
He **apologized for** being late. 그는 늦은 것을 사과했다.

3인칭단수현재	apologize**s**
현재분사	apologiz**ing**
과거·과거분사	apologize**d**

apology (uh-**pah**-luh-jee) [əpɑ́lədʒi]

명사 ⓒⓤ 사과
Please accept my **apology**. 제 사과를 받아 주세요.
I **made an apology** to my teacher.
나는 선생님께 사과드렸다.

| 복수형 | apolog**ies** |

apparent (uh-**par**-uhnt) [əpǽrənt]

형용사 분명한, 명백한
It's **apparent** Mary doesn't like me.
메리가 나를 좋아하지 않는다는 것은 분명하다.
The **apparent** winner of the race was Bella.
달리기 시합의 명백한 우승자는 벨라였다.

| 비교급 | more apparent |
| 최상급 | most apparent |

apparently (uh-**par**-uhnt-lee) [əpǽrəntli]

부사 아마 (~ 같다)
The thief **apparently** came in through the window.
도둑은 아마 창문을 통해 들어온 것 같다.
Apparently, she doesn't like her dress.
그녀는 자신의 옷을 마음에 들어 하지 않는 것 같다.

> ✅ The thief apparently came in...
> = It appears that the thief came in...

appeal (uh-peel) [əpíːl]

동사 1 간청하다, 강하게 요청하다
Sora **appealed to** the policeman **to** help her.
소라는 경찰관에게 도와 달라고 청했다.

2 마음에 들다
This music **appeals to** me. 이 음악은 내 마음에 든다.

명사 1 ⓒ 애원, 간청, 호소
Kimoon Ban **made an appeal for** peace.
반기문은 평화를 호소하였다.

2 Ⓤ 매력
What is the **appeal** of rock? 록 음악의 매력이 뭐니?

3인칭단수현재	appeals
현재분사	appealing
과거·과거분사	appealed

복수형 appeals

➕ appealing 매력적인

appear (uh-peer) [əpíər]

동사 1 나타나다, 출현하다, 나오다 (↔ disappear)
Suddenly the mountaintop **appeared**.
갑자기 산 정상이 나타났다.
Brad Pitt will **appear** at the movie opening.
브래드 피트가 영화 시사회에 나올 것이다.

2 ~인 듯하다, ~처럼 보이다 (≒ seem)
You **appear** to be sick. 너 아파 보인다.

3인칭단수현재	appears
현재분사	appearing
과거·과거분사	appeared

appearance (uh-peer-uhns) [əpíərəns]

명사 1 ⓒⓤ 모습, 외모
His **appearance** has changed since he lost 10kg.
10kg을 뺀 후로 그의 외모가 달라졌다.

2 ⓒ 출현, 등장
Her sudden **appearance** surprised me.
그녀의 갑작스러운 등장은 나를 놀라게 했다.

복수형 appearances

➕ physical appearance
신체적 외모

appetite (ap-uh-tite) [ǽpitàit]

명사 ⓒⓤ 식욕, 입맛
I **lose** my **appetite** when I am sick.
나는 아프면 입맛이 없다.

복수형 appetites

appetizer (ap-uh-tye-zur) [ǽpitàizər]

명사 ⓒ 전채, 애피타이저
We ordered two **appetizers** to have first.
우리는 먼저 먹을 애피타이저 두 개를 주문했다.

복수형 appetizers

*apple (ap-uhl) [ǽpl]

명사 ⓒ 사과
These **apples** are sweet and juicy.
이 사과들은 달고 과즙이 풍부하다.

> 복수형 **apple**s
> ⊕ Adam's apple 목젖

application (ap-li-kay-shuhn) [æplikéiʃən]

명사 ⓒⓤ 지원, 신청서
Please fill out this **application form**.
이 지원서를 작성하세요.
Applications are only accepted online.
신청서는 온라인으로만 접수됩니다.

> 복수형 **application**s
> ⊕ letter of application 지원서, 신청서

apply (uh-plye) [əplái]

동사 1 신청하다, 지원하다
I **applied for** a part-time job at a supermarket.
나는 슈퍼마켓 시간제 일에 지원했다.

2 적용되다, 적용하다
Those rules only **apply to** new students.
그 규칙들은 오직 신입생들에게만 적용된다.

3 (표면에) 바르다, (물건을) 대다
apply sunscreen 자외선 차단제를 바르다
The nurse **applied** a bandage to Sally's cut.
간호사는 샐리의 베인 상처에 붕대를 감았다.

> 3인칭단수현재 **appl**ies
> 현재분사 **apply**ing
> 과거·과거분사 **appl**ied

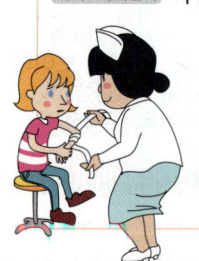

apply a bandage

appoint (uh-point) [əpɔ́int]

동사 1 임명하다, 지명하다
Our teacher **appointed** Anne class secretary.
우리 선생님은 앤을 학급 도우미로 임명하셨다.

2 (날짜·장소 등을) 정하다, 약속하다
Bill will **appoint** a time for our meeting.
빌이 우리의 회의 시간을 정할 것이다.

> 3인칭단수현재 **appoint**s
> 현재분사 **appoint**ing
> 과거·과거분사 **appoint**ed

appointment (uh-point-muhnt) [əpɔ́intmənt]

명사 ⓒ 약속, 예약
A: I'd like to see the doctor. Can I **make an appointment**?
진료를 받고 싶어요. 예약을 할 수 있을까요?
B: Can you make it at ten? 10시에 오실 수 있나요?

> 복수형 **appointment**s

appointment와 promise의 차이가 무엇인가요?

'약속'이란 의미로 appointment와 promise가 있어요. 그런데 두 단어는 뜻이 전혀 달라요. appointment는 시간 약속을 의미하는 것이고 promise는 서약이나 맹세처럼 어떤 일을 꼭 하거나 지키겠다는 약속을 의미해요.

예) I have an **appointment** with him at three.
나는 세 시에 그를 만날 약속이 있다.
I made a **promise** that I will never lie again.
나는 다시는 거짓말을 하지 않겠다고 약속했다.

appreciate (uh-pree-shee-ate) [əpríːʃièit]

동사 감사하다, 고맙게 생각하다
I **appreciate** your help.
도와주셔서 감사합니다.
I **appreciate** everything you have done for me.
당신이 지금까지 제게 해 준 모든 것에 감사합니다.

3인칭단수현재	appreciates
현재분사	appreciating
과거·과거분사	appreciated

 appreciate와 thank는 비슷한 말인데 쓰임이 다른가요?

둘 다 감사하다는 뜻이지만 thank는 사람에 대해서, appreciate는 어떤 것에 대해 고마워하는 표현이에요. 그래서 thank 뒤에는 반드시 사람이 오고, appreciate 다음에는 감사한 일이 오지요.

예) Thank you for your advice. 충고 고마워요.
= I appreciate your advice.

approach (uh-prohch) [əpróutʃ]

동사 다가오다, 다가가다, 접근하다
The final tests are **approaching**. 기말시험이 다가온다.
Look at that big wave **approaching** the beach.
해변으로 다가오는 저 큰 파도 좀 봐.

3인칭단수현재	approaches
현재분사	approaching
과거·과거분사	approached

명사 ① 접근
The dog barked at the stranger's **approach**.
그 개는 낯선 사람이 접근하자 짖어 댔다.

appropriate (uh-proh-pree-it) [əpróuprièit]

형용사 알맞은, 적절한 (≒ right), 적합한 (≒ suitable)
Please fill in the blank with the **appropriate** word.
알맞은 단어로 빈칸을 채우세요.

| 비교급 | more appropriate |
| 최상급 | most appropriate |

It's **appropriate** to wear black to a funeral.
장례식에는 검은색 옷을 입는 것이 적절하다.

➕ **inappropriate** 부적절한

approve (uh-**proov**) [əprúːv]

동사 1 찬성하다, (좋다고) 인정하다 (↔ disapprove)
I **approve** of your opinion.
나는 네 의견에 찬성해.

2 승인하다, 허가하다
The government **approved** the new education policy.
정부는 새로운 교육 정책을 승인하였다.

3인칭단수현재 **approves**
현재분사 **approving**
과거·과거분사 **approved**

➕ **approval** 찬성, 인정, 승인

approximately (uh-**prahk**-suh-mit-lee) [əpráksəmitli]

부사 대략, 약 (≒ about, around, roughly)
He has **approximately** 1,000 CDs.
그는 약 1000개의 시디를 가지고 있다.
The bus will be here in **approximately** 20 minutes.
버스는 약 20분 후면 도착할 것이다.

➕ **approximate** 근사치의, 대략의

April (ay-**pruhl**) [éiprəl]

명사 ⓒ 4월 (줄임말 Apr.)
Anne was born in **April**.
앤은 4월에 태어났다.

복수형 **April**s

aquarium (uh-**kwair**-ee-uhm) [əkwέəriəm]

명사 1 ⓒ 어항
Sally has about 25 fish in her **aquarium**.
샐리의 어항에는 약 25마리의 물고기가 있다.

2 ⓒ 수족관
It was amazing to see the sharks in the **aquarium**.
수족관에서 상어들을 볼 수 있다니 놀라웠다.

복수형 **aquarium**s, **aquaria**

aquarium

Arab (ar-**uhb**) [ǽrəb]

명사 ⓒ 아랍 인
A person from Saudi Arabia is an **Arab**.
사우디아라비아 사람은 아랍 인이다.

형용사 아랍의
Most **Arab** countries are surrounded by desert.
대부분의 아랍 국가들은 사막으로 둘러싸여 있다.

복수형 **Arab**s

➕ **Arabic** 아랍 어, 아랍 어의

architect (ahr-ki-*tekt*) [áːrkitèkt]

명사 ⓒ 건축가
An **architect** designs buildings.
건축가는 건물을 설계한다.

| 복수형 | architect**s** |

architecture (ahr-ki-*tek*-chur) [áːrkətèktʃər]

명사 1 ⓤ 건축학, 건축술
Tom is studying **architecture** at university.
톰은 대학에서 건축학을 공부하고 있다.

2 ⓤ 건축 양식
Many Spanish buildings are great examples of modern **architecture**.
많은 스페인의 건물들은 현대 건축 양식의 훌륭한 예이다.

➕ **architectural** 건축의, 건축학의
architecturally 건축학상으로

Arctic Ocean (*ahrk*-tik *oh*-shuhn) [áːrktik óuʃən]

지명 북극해
The **Arctic Ocean** is the smallest ocean.
북극해는 가장 작은 대양이다.

➕ **Antarctic Ocean** 남극해

are (ahr) [aːr]

동사 1 《주어는 you, we, they이고 시제는 현재》 ~이다
You **are** a handsome boy. 너는 잘생긴 남자아이다.
We **are** students. 우리는 학생이다.
They **are** brothers. 그들은 형제다.

2 있다
There **are** three dogs in the park.
공원에 개 세 마리가 있다.

현재분사	being
과거	were
과거분사	been

➕ aren't = are not

area (*air*-ee-uh) [ɛ́əriə]

명사 1 ⓒ 지역, 구역
I live in the southern **area** of the United States.
나는 미국의 남부 지방에 산다.
Insadong is my favorite **area** of Seoul.
인사동은 서울에서 내가 좋아하는 지역이다.
There is no smoking in this **area**.
이 구역에서는 흡연을 금지합니다.

2 ⓒⓤ 면적
Do you know how to figure the **area** of a square?
정사각형의 면적을 어떻게 구하는지 아니?

| 복수형 | area**s** |

➕ **area code** (전화의) 지역 번호
disaster area 재해 지역
local area network (LAN) 근거리 통신망
rest area (고속 도로) 휴게소

argue (ahr-gyoo) [áːrgjuː]

동사 **1** 말다툼하다, 논쟁하다
A: It's not my turn to wash the dishes.
내가 설거지할 차례가 아닌데.
B: Don't **argue with** me. Just do what I asked.
나랑 말씨름하지 말고 내가 시키는 대로 그냥 해.

2 의견을 말하다, (논거를 들어) 주장하다
I **argued for** buying new shoes, but he **argued against** it.
나는 새 신발을 사야 한다고 주장했지만 그는 반대했다.

3인칭단수현재	argue**s**
현재분사	argu**ing**
과거·과거분사	argu**ed**

※ 말로 싸우는 것은 argue, 신체적인 힘을 사용해서 싸우는 것은 fight라고 해요.

argument (ahr-gyuh-muhnt) [áːrgjəmənt]

명사 ⓒ 말다툼, 언쟁, 논쟁
The **argument** became a big fight.
말다툼은 큰 싸움이 되었다.
I **had** a big **argument with** my sister.
나는 언니와 크게 말다툼했다.

복수형	argument**s**

arise (uh-rize) [əráiz]

동사 **1** (문제나 곤란한 상황 등이) 생기다, 발생하다
New problems will always **arise**.
새로운 문제들이 항상 생길 것이다.

2 (잠자리에서) 일어나다, 일어서다
Sally **arose** from bed. 샐리는 침대에서 일어났다.
He **arose** from his chair. 그는 자리에서 일어났다.

3인칭단수현재	arise**s**
현재분사	aris**ing**
과거	arose
과거분사	arisen

arithmetic (uh-rith-muh-tik) [ərίθmətìk]

명사 ⓤ [수학] 산수, 계산, 셈
Students learn **arithmetic** in elementary school.
학생들은 초등학교 때 산수를 배운다.

➕ mathematics 수학

＊arm (ahrm) [ɑːrm]

명사 **1** ⓒ 팔
Bend your **arm**, Sally. 팔을 구부려 봐, 샐리.
Sam **took me by the arm**. 샘은 내 팔을 잡았다.
They walked **arm in arm**. 그들은 팔짱을 끼고 걸었다.

2 ⓒ《arms로 쓰임》무기 (≒ weapons)
The United States sells **arms** to other countries.
미국은 다른 나라에 무기를 판다.

복수형	arm**s**

➕ armed 무장한

army (ahr-mee) [áːrmi]

명사 ⓒ 군대, 육군
I served **in the army** for three years.
나는 3년 동안 군대에 복무했다.
A: Was your father **in the army**?
너희 아버지는 육군에 계셨었니?
B: No, he was in the navy. 아니, 해군에 계셨었어.

복수형	arm**ies**

➕ air force 공군
   navy 해군

*around (uh-round) [əráund]

부사 전치사 1 ~ 주위에, ~을 둘러, ~을 빙 돌아
The earth moves **around** the sun.
지구는 태양 주위를 돈다.
They sat **around** the table. 그들은 식탁에 둘러앉았다.

2 ~의 여기저기에
Bill traveled **around** a lot when he was young.
빌은 어렸을 때 여기저기 많이 여행했다.
She entered the room and looked **around**.
그녀는 방 안에 들어와서 이리저리 둘러보았다.

3 돌아서, 방향을 바꿔
Please turn **around**. 뒤로 도세요.
The bus stop is **around** the corner.
버스 정류장은 저 모퉁이를 돌면 있다.

4 대략, 약 (≒ about)
The bike I want to buy costs **around** $300.
내가 사고 싶은 자전거는 약 300달러 한다.

5 근처에, 가까이에
Is there a bank **around** here? 이 근처에 은행이 있나요?
She must be **around**. 그녀는 근처에 있을 것이다.

They sat **around** the table.

✓ Is there a bank around here?
= Is there a bank near here?

arrange (uh-raynj) [əréindʒ]

동사 1 계획하다, 준비하다
I've **arranged** to meet Lisa tomorrow.
나는 내일 리사를 만나기로 했다.
Could you help **arrange** Tony's birthday party?
토니의 생일 파티를 준비하는 것 좀 도와줄래?

2 배열하다, 정돈하다
The words here are **arranged** in alphabetical order.
여기 단어들은 알파벳 순서대로 배열되어 있다.
She **arranged** her books on the desk.
그녀는 책상 위의 책을 정리했다.

3인칭단수현재	arrange**s**
현재분사	arrang**ing**
과거·과거분사	arrange**d**

➕ **arrangement** 준비; 합의; 정리, 배열

arrest (uh-rest) [ərést]

동사 체포하다
The police **arrested** him **for** murder.
경찰은 그를 살해 혐의로 체포했다.

명사 ⓒⓤ 체포
You are under **arrest**! 당신을 체포합니다!

3인칭단수현재	arrest**s**
현재분사	arrest**ing**
과거·과거분사	arrest**ed**
복수형	arrest**s**

arrival (uh-rye-vuhl) [əráivəl]

명사 ⓒⓤ 도착 (↔departure)
Our flight's **arrival** time is 10:55 a.m.
우리 비행기의 도착 시간은 오전 10시 55분이다.

복수형	arrival**s**

*arrive (uh-rive) [əráiv]

동사 도착하다 (≒reach, get; ↔depart)
I **arrived** at work early. 나는 직장에 일찍 도착하였다.
They **arrived** in Seoul late at night.
그들은 밤늦게 서울에 도착하였다.

3인칭단수현재	arrive**s**
현재분사	arriv**ing**
과거·과거분사	arrive**d**

arrow (ar-oh) [ǽrou]

명사 ⓒ 화살, 화살표
Time flies like an **arrow**. 시간은 화살같이 날아간다.
A: Where is the meeting room? 회의실이 어디죠?
B: Just follow the **arrows** on the wall.
벽에 있는 화살표만 따라가세요.

복수형 arrow**s**

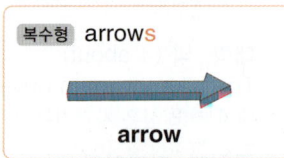
arrow

art (ahrt) [ɑːrt]

명사 1 ⓤ 미술, 예술
Art is long and life is short. 예술은 길고 인생은 짧다.

2 (영화·음악·미술 등을 다 포함하는 집합적인) 예술
increase funding for **the arts** 예술 지원금을 늘리다

3 ⓒ 기술
Making great kimchi is an **art**.
맛있는 김치를 만드는 것은 기술이다.

복수형 art**s**

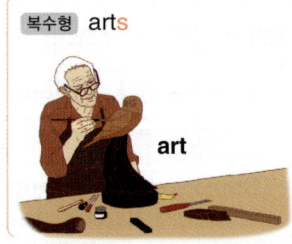
art

article (ahr-ti-kuhl) [ɑ́ːrtikl]

명사 1 ⓒ (신문 등의) 기사
I read an interesting **article** in the newspaper

복수형 article**s**

about blueberries.
나는 블루베리에 대한 흥미로운 신문 기사를 읽었다.

2 ⓒ [문법] 관사
"A" and "the" are **articles**. 'a'와 'the'는 관사이다.

※ 'a'는 부정관사, 'the'는 정관사라고 해요.

---

artificial (ahr-tuh-fish-uhl) [ɑ́ːrtəfíʃəl]

[형용사] 인공의, 가짜의 (↔natural)
an **artificial** heart 인공 심장
I hate those plastic, **artificial** roses.
나는 이런 플라스틱 인조 장미를 싫어한다.

➕ **artificially** 인위적으로, 부자연스럽게

---

*artist (ahr-tist) [ɑ́ːrtist]

[명사] **1** ⓒ 예술가
Leonardo da Vinci was a great **artist**.
레오나르도 다빈치는 위대한 예술가였다.

2 ⓒ 화가 (≒painter)
The **artist** always draws animals.
그 화가는 언제나 동물을 그린다.

[복수형] **artists**

➕ **artistic** 예술적인

---

*as (az, uhz) [æz, əz]

[부사] ~와 같은 정도로, 마찬가지로
Sora has many books, but I have just **as** many.
소라는 책이 많다. 그러나 나도 책이 그만큼 있다.

[전치사] (사람) ~로서, (사물) ~로써
She worked **as** a nurse. 그녀는 간호사로 근무했었다.
As your friend, my advice is to apologize to him.
너의 친구로서, 내 조언은 그에게 사과하라는 것이다.

[접속사] **1** ~할 때 (≒when), ~하는 동안에 (≒while)
Ben arrived just **as** I was leaving.
내가 막 떠나려 할 때 벤이 도착했다.
I listened to music **as** I wrote my report.
나는 리포트를 작성하는 동안에 음악을 들었다.
As the dog grew older, it got smarter.
그 개는 자라면서 영리해졌다.

2 ~대로, ~처럼
Do **as** you are told. 시키는 대로 해라.
Walk carefully **as** I do. 내가 하는 것처럼 조심해서 걸어라.

3 ~ 때문에 (≒because, since)
As it's raining today, we'll have to cancel our picnic.
오늘은 비가 오기 때문에 소풍을 취소해야겠다.

☑ Sora has many books, but I have just as many.
= I have the same amount of books that Sora has.

As the dog grew older, it got smarter.

- **as A as B** B만큼 A하는
  I am **as** strong **as** an ox.
  나는 황소**만큼** 힘이 세다.
  It wasn't **as** difficult **as** I thought.
  그것은 내가 생각했던 것**만큼** 어렵지는 않았다.
- **as ~ as possible** 최대한 ~하게
  Give me a call **as soon as possible**.
  최대한 빨리 저에게 전화해 주세요.
- **as if** 마치 ~인 것처럼 (= as though)
  It smells **as if** someone is cooking something delicious.
  누군가 맛있는 음식을 만들고 **있는 것 같은** 냄새가 난다.
- **as long as** ~하기만 하면, ~하는 한
  You may use a knife **as long as** you are careful with it.
  네가 조심**하기만 한다면** 칼을 사용해도 된다.
- **as many as** (무려) ~나 되는
  As many as 10 stores have closed over the past 6 months. 지난 6개월간 10개**나 되는** 가게가 문을 닫았다.
- **as soon as** ~하자마자
  I'll call you **as soon as** I get the news.
  소식을 듣**자마자** 너에게 전화할게.
- **A as well as B** B뿐만 아니라 A도
  She has a nice car **as well as** a beautiful house.
  그녀는 예쁜 집**뿐만 아니라** 멋진 차**도** 가지고 있다.

☑ Give me a call as soon as possible.
= Give me a call ASAP.

She has a nice car **as well as** a beautiful house.

ash (ash) [æʃ]

명사 ⓒⓤ 재
The **ashes** from the fire floated into the sky.
화재로 인해 생긴 재가 하늘에 떠다녔다.

복수형 ash**es**

ashamed (uh-**shaymd**) [əʃéimd]

형용사 창피한, 부끄러운
You should **be ashamed of** yourself for lying.
너는 거짓말한 것에 대해 부끄러운 줄 알아야 한다.
I was **ashamed to** ask for help.
나는 도움을 청하는 것이 부끄러웠다.

비교급 more ashamed
최상급 most ashamed

Asia (ay-**zhuh**) [éiʒə]

지명 아시아
Korea is one of the countries in **Asia**.
한국은 아시아 국가 중의 하나이다.

※ Asia에서 s는 [ㅅ]이 아니라 [ㅈ] 발음이에요.

Asian (ay-zhuhn) [éiʒən]

형용사 아시아의
China is the largest **Asian** country.
중국은 가장 큰 아시아 국가이다.

명사 ⓒ 아시아 사람
Many **Asians** bow instead of shaking hands.
많은 아시아 사람들은 악수를 하기보다는 절을 한다.

> ➕ **Asian-American** 아시아계 미국인
>
> 복수형 **Asians**

aside (uh-side) [əsáid]

부사 한쪽으로, 옆으로
Push that chair **aside**. 저 의자를 한쪽으로 밀어라.
Would you **step aside** to let them pass?
저 사람들이 지나갈 수 있도록 옆으로 좀 비켜 주시겠어요?

> ➕ **put [set] aside** (나중을 위해) 따로 떼어 두다

*ask (ask) [æsk]

동사 1 묻다, 질문하다
Can I **ask** you a **question**? 질문 하나 해도 될까요?
A: Could I **ask** you what time it is?
지금 몇 시인지 물어봐도 됩니까?
B: Sure, it's 3:30. 물론이죠. 3시 30분입니다.

2 부탁하다, 요구하다
Anne **asked** me **for** help.
앤은 나에게 도와 달라고 부탁했다.
A: Can I **ask** you **a favor**? 부탁 하나 해도 될까요?
B: Sure. What is it? 물론이죠. 뭔가요?

> 3인칭단수현재 **asks**
> 현재분사 **asking**
> 과거·과거분사 **asked**

Can I **ask** you a **question**?

asleep (uh-sleep) [əslíːp]

형용사 《명사 앞에는 쓰이지 않음》 1 잠든 (↔awake)
The baby is **asleep**. 아기가 자고 있다.
The boy **fell asleep** while he was watching TV.
소년은 텔레비전을 보다가 잠이 들었다.

2 감각이 없는, 저린
I can't walk. My foot fell **asleep**.
걸을 수가 없어. 발에 감각이 없네.

> ➕ **fast [sound] asleep** 깊이 잠든
> **half asleep** 잠이 덜 깬

assemble (uh-sem-buhl) [əsémbəl]

동사 1 조립하다
This model airplane is difficult to **assemble**.
이 모형 비행기는 조립하기 어렵다.

> 3인칭단수현재 **assembles**
> 현재분사 **assembling**

assignment

2 모으다, 모이다
The students **assembled** in the hall.
학생들은 홀에 모였다.

| 과거·과거분사 | assembled |

➕ **assembly** 모임; 집회; 조립

assignment (uh-**sine**-muhnt) [əsáinmənt]

명사 ⓒ 숙제, 과제 (≒ homework)
There's no **assignment** for tomorrow.
내일은 숙제가 없다.
My **assignment** was about recycling.
내 숙제는 재활용에 대한 것이었다.

| 복수형 | assignments |

➕ **assign** (일 등을) 맡기다

assignment에서 g는 발음을 안 하나요?

assignment처럼 g뒤에 n이 오면 g를 발음 안 하지요.
예) sign (sine) [sain]　foreign (**for**-uhn) [fɔ́(:)rin]　design (di-**zine**) [dizáin]

assist (uh-**sist**) [əsíst]

동사 ~을 돕다 (≒ aid, help)
A: Can I **assist** you in any way? 도와 드릴까요?
B: Yes. Could you tell me where the paper towels are?
네, 종이 수건이 어디 있는지 알려 줄 수 있나요?
A: They're on aisle 7. 7번 통로에 있습니다.
B: Thanks a lot. 고마워요.

3인칭단수현재	assists
현재분사	assisting
과거·과거분사	assisted

➕ **assistance** 도움, 지원

assistant (uh-**sis**-tuhnt) [əsístənt]

명사 ⓒ 조수, 보조
She works as a teacher's **assistant**.
그녀는 보조 교사로 일한다.

형용사 《명사 앞에만 쓰임》 보조의
Jane is an **assistant** manager at McDonald's.
제인은 맥도널드 가게의 부지배인이다.

| 복수형 | assistants |

➕ **sales assistant** 판매원

associate (uh-**soh**-see-*ayt*) [əsóuʃièit]

동사 연상하다, 연관해서 생각하다, 연관시키다
We often **associate** fall **with** fallen leaves.
우리는 흔히 가을하면 낙엽을 연상한다.
Many health problems **are associated with** smoking.
많은 건강상의 문제들은 흡연과 연관이 있다.

3인칭단수현재	associates
현재분사	associating
과거·과거분사	associated

association (uh-*soh*-see-*ay*-shuhn) [əsòusiéiʃən]

명사 ⓒ 협회 (≒ organization)
The American Heart **Association** educates the public about heart disease.
미국 심장 협회는 대중에게 심장 질환에 대해 알려 준다.

| 복수형 | **association**s |

assume (uh-*soom*) [əsjúːm]

동사 가정하다, 추측하다
Sora **assumed that** he would be older than her.
소라는 그가 자신보다 나이가 많을 것이라고 추측했다.

3인칭단수현재	**assume**s
현재분사	**assum**ing
과거·과거분사	**assume**d

assure (uh-*shoor*) [əʃúər]

동사 장담하다, 보장하다
I can **assure** you I will do well on the test.
나는 시험을 잘 볼 거라고 장담할 수 있다.
The mother **assured** the scared child that everything would be alright.
엄마는 모든 일이 괜찮을 거라고 겁먹은 아이를 안심시켰다.

3인칭단수현재	**assure**s
현재분사	**assur**ing
과거·과거분사	**assure**d

➕ **assurance** 보장, 확인

astronaut (*as*-truh-*nawt*) [ǽstrənɔ̀ːt]

명사 ⓒ 우주 비행사, 우주인
Korea's first **astronaut** was a woman.
한국의 첫 번째 우주인은 여성이었다.

| 복수형 | **astronaut**s |

astronomy (uh-*strah*-nuh-mee) [əstránəmi]

명사 ⓤ 천문학
I learned a lot about the stars in my **astronomy** class. 나는 천문학 수업에서 별에 대해 많이 배웠다.

➕ **astronomer** 천문학자

*at (at) [æt]

전치사 1 〖장소·위치〗 ~에, ~에서
I met him **at** the airport. 나는 그를 공항에서 만났다.

2 〖시간〗 ~에
Sam has a doctor's appointment **at** 9 a.m.
샘은 오전 9시에 의사와 약속이 있다.
Don't call me **at** night. 밤에는 내게 전화하지 마.

3 〖방향〗 ~에게, ~을 향해

※ 장소의 전치사
at: 특정한 장소
at school (학교에)
in: 공간의 안, 넓은 장소
in a room (방 안에)
in Seoul (서울에)
in Japan (일본에)

Take a **look at** the sky! 하늘 좀 봐!
Don't throw stones **at** the frogs.
개구리들에게 돌을 던지지 마.

4 〖능력〗 ~에 있어서
I'**m good at** driving. 나는 운전을 잘한다.
She **is good at** English. 그녀는 영어를 잘한다.

5 〖정도·비율〗 ~에, ~으로
She began to write poems **at** the age of 14.
그녀는 14살에 시를 쓰기 시작했다.
He drove **at** full speed.
그는 전속력으로 차를 몰았다.
I bought three apples **at** two dollars.
나는 사과 세 개를 2달러에 샀다.

● *at least* 적어도
You will have to wait, **at least** until tomorrow.
당신은 **적어도** 내일까지는 기다려야 할 것입니다.

● *not ~ at all* 전혀 ~이 아닌
I could **not** study **at all** last night.
나는 어젯밤에 공부를 **전혀** 할 수 없었다.

---

on: 표면에 닿아 있는 모양, 도로 이름
on the floor (바닥에)
on Apple Street (애플 가에)

※ 시간의 전치사
at: 정확한 시점
at midnight (자정에)
at 5:30 (5시 30분에)
in: 오전, 오후, 월, 연도, 세기, 계절 등
in the morning (아침에)
in January (1월에)
in 2009 (2009년에)
on: 날짜, 요일, 특정한 날
on March 12, 2010 (2010년 3월 12일에)
on Friday (금요일에)
on my birthday (내 생일날에)

---

ate (ayt) [eit]

동사 eat의 과거형

athlete (ath-leet) [ǽθliːt]

명사 ⓒ 운동선수
Yuna Kim is an **athlete** and an artist.
김연아는 운동선수이자 예술가이다.

복수형 athlete**s**

Atlantic Ocean (at-lan-tik oh-shuhn) [ətlǽntik óuʃən]

지명 대서양
The **Atlantic Ocean** lies between Europe and North America.
대서양은 유럽과 북아메리카 사이에 있다.

✚ Indian Ocean 인도양
Pacific Ocean 태평양

atmosphere (at-muhs-feer) [ǽtməsfiər]

명사 1 《단수로 쓰임》 대기, 대기권
The earth's **atmosphere** contains several parts.
지구의 대기는 몇 개의 층이 있다.

2 ⓒ (특정 장소의) 공기

복수형 atmosphere**s**

❓ 대기 지구 중력에 의하여 지구 주위를 둘러싸고 있는 기체

The **atmosphere** in many big cities is polluted.
많은 대도시들의 공기는 오염되었다.

3 ⓒⓤ 분위기 (≒ mood)
The **atmosphere** in fast-food restaurants is colorful and full of energy.
패스트푸드 식당의 분위기는 다채롭고 에너지로 가득 차 있다.

The earth's **atmosphere** contains several parts.

attach (uh-tach) [ətǽtʃ]

동사 1 붙이다 (≒ fix)
Please **attach** your name tags to your shirts.
셔츠에 이름표를 붙여 주세요.

2 첨부하다
Here I **attach** a file. 여기에 파일을 첨부합니다.

3인칭단수현재	attaches
현재분사	attaching
과거·과거분사	attached

attack (uh-tak) [ətǽk]

동사 1 공격하다 (↔ defend)
The robber **attacked** the policeman so he could escape. 강도는 도망치기 위해 경찰을 공격했다.

2 (신랄하게) 비난하다
John **attacked** Tony for his bad manners.
존은 토니의 무례함을 비난했다.

명사 ⓒⓤ 공격 (↔ defense)
The town **is under attack**. 마을이 공격받고 있다.
He died of a **heart attack**. 그는 심장 마비로 사망했다.

3인칭단수현재	attacks
현재분사	attacking
과거·과거분사	attacked
복수형	attacks

attempt (uh-tempt) [ətémpt]

명사 ⓒ 시도 (≒ try)
They **made no attempt to** stop us.
그들은 우리를 제지하려는 어떤 시도도 하지 않았다.

동사 시도하다 (≒ try)
Have you **attempted to** swim across the Han River?
당신은 한강 횡단 수영을 시도해 본 적이 있습니까?

복수형	attempts
3인칭단수현재	attempts
현재분사	attempting
과거·과거분사	attempted

attend (uh-tend) [əténd]

동사 1 참석하다, 출석하다 (≒ be present)
You have to **attend** every class.
여러분은 모든 수업에 출석해야 합니다.
I'm too busy to **attend** the concert tonight.
나는 너무 바빠서 오늘 밤 콘서트에 참석할 수 없다.

3인칭단수현재	attends
현재분사	attending
과거·과거분사	attended

2 (학교 등에) 다니다 (≒ go to)
Sam and Mike **attend** the same school.
샘과 마이크는 같은 학교에 다닌다.

> ☑ attend school
> = go to school

> **Tip** go 다음에는 to가 오는데 왜 attend 뒤에는 to가 안 오나요?
> attend를 우리말로 해석을 하면 '~에 참석하다'와 같이 되어 마치 그 다음에 at이나 to와 같은 전치사가 올 것처럼 보이지만 attend 다음에는 바로 명사를 써요.
> 예) attend the meeting 회의에 참석하다, attend school 학교에 다니다

attention (uh-**ten**-shuhn) [əténʃən]

명사 **1** Ⓤ 주의, 주목
Boys and girls, please **pay attention to** your teacher. 여러분, 선생님께 주목해 주세요.

2 Ⓤ 차렷 (자세)
Attention! Bow! 차렷! 경례!

➕ attentive 주의를 기울이는

Attention!

attitude (**at**-i-tood) [ǽtitjùːd]

명사 ⒸⓊ 태도, 자세
Bill has a positive **attitude** about his new job.
빌은 자신의 새로운 직업에 대해 긍정적인 태도를 가지고 있다.
Her **attitude** toward her teacher changed.
선생님에 대한 그녀의 태도가 바뀌었다.

> 복수형 attitude**s**

attract (uh-**trakt**) [ətrǽkt]

동사 **1** (주의·흥미 등을) 끌다, (사람을) 매혹하다
I'm very **attracted to** the color blue. Most of my clothes are blue.
나는 파란색에 매우 끌린다. 내 대부분의 옷이 파란색이다.
Everland **attracts** thousands of tourists every year.
에버랜드는 매년 수천 명의 관광객을 끌어모은다.

2 끌어당기다
A magnet **attracts** iron. 자석은 철을 끌어당긴다.

> 3인칭단수현재 attract**s**
> 현재분사 attract**ing**
> 과거·과거분사 attract**ed**
> ➕ attraction 매력; 명소

attractive (uh-**trak**-tiv) [ətrǽktiv]

형용사 매력적인, 사람을 끄는
Sam has a very **attractive** smile.
샘은 미소가 매우 매력적이다.

> 비교급 more attractive
> 최상급 most attractive

The new store is in a very visible and **attractive** structure.
새로운 상점은 눈에 잘 뜨이고 멋진 건물 내에 있다.

attractive

audience (aw-dee-uhns) [ɔ́ːdiəns]

명사 ⓒ 관객, 청중
The **audience** stood up and applauded at the end of the concert.
관객들은 콘서트가 끝나자 일어나서 박수를 쳤다.

복수형 audience**s**

audition (aw-**dish**-uhn) [ɔːdíʃən]

명사 ⓒ 오디션
Sally passed her **audition** to join the symphony orchestra.
샐리는 교향악단에 들어가기 위한 오디션에 합격했다.

동사 오디션을 보다, 오디션에 참가하다
He **auditioned** for "American Idol."
그는 '아메리칸 아이돌'의 오디션에 참가했다.

복수형 audition**s**

3인칭단수현재 audition**s**
현재분사 audition**ing**
과거·과거분사 audition**ed**

August (**aw**-guhst) [ɔ́ːgʌst]

명사 ⓒ 8월 (줄임말 Aug.)
I was born in **August**. 나는 8월에 태어났다.

복수형 August**s**

*aunt (ant, ahnt) [ænt, ɑːnt]

명사 ⓒ 이모, 고모, (외)숙모, 큰어머니, 작은어머니
Your **aunt** is your mother or father's sister.
너의 이모(고모)는 엄마나 아빠의 여자 형제다.

복수형 aunt**s**

 Tip 영어의 친척 표현은 별로 많지 않은 것 같아요.

영어에서 친척을 나타내는 용어는 우리와는 달라요. 우리는 친가이냐 외가이냐에 따라 이모, 고모, 큰어머니, 작은어머니, 숙모, 외숙모와 같이 구별하여 부르지만, 영어에서는 구별하지 않고 모두 똑같이 aunt라고 해요. 공통점은 모두 여자라는 점이지요. 친척 용어에 관한 한 영어가 한국어보다 훨씬 간단하답니다.

Australia (aws-**tray**-lee-uh) [ɔːstréiljə]

Australia

국가명 호주, 오스트레일리아

author

Australia was discovered by Dutch explorers in 1606.
호주는 1606년에 네덜란드 탐험가에 의해 발견되었다.

> ➕ **Australian** 호주(의), 호주 사람(의)

author (aw-thur) [ɔ́:θər]

명사 ⓒ 작가, 저자 (≒ writer)
She is a best-selling **author**.
그녀는 베스트셀러 작가이다.
Shakespeare is the most famous **author** in the world.
셰익스피어는 세계에서 가장 유명한 작가이다.

> 복수형 **author**s
>
> ➕ **coauthor** 공저자, 공동 집필자

authority (uh-thor-i-tee) [əθɔ́:riti]

명사 ⓒ 권위, 권한 (≒ power)
The school principal has the **authority** to punish students.
교장 선생님은 학생들을 처벌할 권한을 가지고 있다.

> ✅ have the authority to
> = have the power to
> = have the right to

auto (aw-toh) [ɔ́:tou]

명사 ⓒ 자동차 (= automobile, car)
My dad's company makes **auto** parts.
우리 아빠 회사에서는 자동차 부품을 만든다.

> 복수형 **auto**s
>
>
> auto

auto기 왜 지동차린 뜻이 되나요?

auto는 automobile의 줄임말로 주로 미국에서 사용해요. automobile은 스스로 움직이는 것이라는 의미로, auto는 '자동으로'라는 뜻이고 mobile은 '움직일 수 있는'이라는 의미랍니다.

automatic (aw-tuh-mat-ik) [ɔ̀:təmǽtik]

형용사 자동의
an **automatic** door 자동문
an **automatic** teller machine (ATM) 현금 자동 입출금기
I love our new **automatic** dishwasher. Now I don't have to wash the dishes anymore.
난 우리 새 자동 식기세척기가 참 좋아. 이제 설거지할 필요가 없거든.

명사 ⓒ 오토매틱 자동차
My car is not an **automatic**.
내 차는 오토매틱 자동차가 아니다.

> 비교급 **more** automatic
> 최상급 **most** automatic
>
> ➕ **automatic pilot** (배·비행기의) 자동 조종 장치
> **automatic washer** 자동 세탁기
>
> 복수형 **automatic**s

automatically (aw-tuh-**mat**-i-kuh-lee) [ɔ̀ːtəmǽtikəli]

부사 자동으로
The doors at the supermarket open **automatically**.
그 슈퍼마켓의 문은 자동으로 열린다.
This software **automatically** makes graphs.
이 소프트웨어는 자동으로 표를 만들어 준다.
I **automatically** said "Yes."
나는 무의식적으로 "응"이라고 말해 버렸다.

➕ automation 자동화
automatize 자동화하다

automobile (aw-tuh-muh-**beel**) [ɔ́ːtəməbìːl]

명사 ⓒ 자동차 (=auto, car)
Mike was injured in an **automobile** accident.
마이크는 자동차 사고로 다쳤다.
Some people believe electricity is the best way to power an **automobile**.
어떤 사람들은 전기가 자동차에 동력을 공급하는 가장 좋은 방법이라고 생각한다.

복수형 automobile**s**

automobile

*autumn (aw-tuhm) [ɔ́ːtəm]

명사 ⓒⓤ 가을 (=fall)
Autumn is my favorite season.
가을은 내가 가장 좋아하는 계절이다.
When **autumn** came she collected fallen leaves.
가을이 되자 그녀는 낙엽을 모았다.

복수형 autumn**s**

autumn

autumn과 fall의 차이점이 뭔가요?

autumn과 fall은 둘 다 '가을'을 뜻하지만 영국영어에서는 autumn이 많이 쓰이고 미국영어에서는 fall이 많이 쓰여요.

available (uh-**vay**-luh-buhl) [əvéiləbəl]

형용사 1 이용할 수 있는, 구(입)할 수 있는
There are no seats **available** in the library. I guess I'll have to study at home.
도서관에 이용 가능한 자리가 없다. 집에서 공부해야 할 것 같다.
That style of bag is no longer **available**.
그런 스타일의 가방은 더 이상 구입할 수 없다.

2 시간적 여유가 있는
Are you **available** on Saturday?

비교급 more available
최상급 most available

That style of bag is no longer **available**.

너 토요일에 시간 있니?
A: Can I talk to Mr. Jones? 존스 씨 좀 바꿔 주시겠어요?
B: I'm sorry, he is not **available** right now.
죄송하지만, 지금은 안 되겠습니다.

➕ **availability** 유용성

avenue (av-uh-*noo*) [ǽvənjùː]

명사 ⓒ 대로, 큰길, ~가 (줄임말 Ave.)
My house is on a pretty **avenue** with lots of trees.
우리 집은 나무가 많이 있는 예쁜 큰길가에 있다.
The hotel is located on Eleventh **Avenue**.
그 호텔은 11번가에 위치해 있다.

복수형 **avenue**s

avenue

 avenue, road, street의 차이가 뭔가요?

일반적으로 차나 사람이 다니는 큰길을 road라고 하고 도시나 마을에 있는 도로는 avenue, street 등으로 이름을 붙여요. avenue는 남북 방향으로 뻗은 길을, street은 동서 방향으로 뻗은 길을 가리키지만 요즘에는 구분 없이 자유롭게 쓴답니다.

average (av-ur-ij) [ǽvəridʒ]

명사 ⓒⓤ 평균
A: Minsu got an 80 in English, a 90 in math, and a 100 in Korean. What is the **average** of his grades?
민수는 영어 80점, 수학 90점, 한국어 100점을 받았어요. 그의 평균 점수는 얼마인가요?
B: It's 90. 90점이요.
An **average** of 1,000 people visit the museum each day. 하루에 평균 천 명 정도가 박물관을 찾는다.
• *on average* 평균적으로, 대체로
On average, men are taller than women.
평균적으로 남성이 여성보다 키가 크다.

형용사 평균의
The **average** temperature here is 22 degrees C.
이곳의 평균 기온은 섭씨 22도이다.
The **average** age of the children in this art class is 7.
이 미술반 아이들의 평균 나이는 일곱 살이다.

복수형 **average**s

➕ above average 평균 이상
  below average 평균 이하

On average, men are taller than women.

avoid (uh-*void*) [əvɔ́id]

동사 **1** 피하다
I **avoid** my brother when he's angry.

3인칭단수현재 **avoid**s

나는 오빠가 화가 났을 때면 피해 버린다.
Let's go early to **avoid** the crowds.
사람이 붐비는 걸 피하기 위해 일찍 가자.

현재분사	avoid**ing**
과거·과거분사	avoid**ed**

➕ **avoidable** 피할 수 있는

2 (일·사고 등을) 예방하다, 막다
Follow the rules when driving, and you can **avoid** hav**ing** an accident.
운전할 때 규칙을 지키면 사고가 나는 것을 막을 수 있다.

avoid 뒤에 동사가 올 때는 어떤 형태가 되나요?

avoid 뒤에 동사가 올 때는 -ing 형태로 사용해요.
📖 Try to **avoid** driv**ing** with one hand. 한 손으로 운전하는 것을 피하도록 하라.
이밖에 enjoy(즐기다), mind(주의를 기울이다), quit(그만두다) 등의 뒤에도 -ing 형태가 온답니다.

await (uh-wayt) [əwéit]

동사 기다리다
We **awaited** the train.
우리는 기차를 기다렸다.
They are **awaiting** our arrival.
그들은 우리가 도착하기를 기다리고 있다.

3인칭단수현재	await**s**
현재분사	await**ing**
과거·과거분사	await**ed**

awake (uh-wake) [əwéik]

형용사 《명사 앞에는 쓰이지 않음》 깨어 있는 (↔asleep)
Are you **awake**? 깼니?
Drinking coffee **keeps** me **awake**.
나는 커피를 마시면 잠이 안 온다.

동사 (잠에서) 깨다, (잠을) 깨우다
The baby **awoke** and began to cry.
아기가 깨서 울기 시작했다.
He fell asleep but **awoke** an hour later.
그는 잠이 들었지만 한 시간 후에 깼다.
Please **awake** me at 7.
7시에 나 좀 깨워 줘.

3인칭단수현재	awake**s**
현재분사	awak**ing**
과거	awoke
과거분사	awoken

award (uh-word) [əwɔ́:rd]

명사 ⓒ 상 (≒prize)
The **award** for best handwriting goes to Jane.
예쁜 글씨 상은 제인에게 주어졌다.

복수형	award**s**

aware

Bill won an **award** as an honor student this semester.
빌은 이번 학기 우등상을 받았다.

동사 (상·상금 등을) 주다, 수여하다
Doctors Without Borders was **awarded** the Nobel Peace Prize in 1999.
1999년에 국경 없는 의사회에 노벨 평화상이 수여되었다.
The principal will **award** a prize to the best speaker.
교장 선생님께서 연설을 최고로 잘한 학생에게 상을 수여하실 것이다.

3인칭단수현재	award**s**
현재분사	award**ing**
과거·과거분사	award**ed**

aware (uh-wair) [əwɛ́ər]

형용사 알고 있는, 눈치채고 있는 (↔unaware)
Are you **aware that** you're standing on my foot?
네가 지금 내 발을 밟고 있는 거 알고 있니?
Most people **are aware of** the global warming problem.
대부분의 사람들은 지구 온난화 문제에 대해 알고 있다.
I wasn't **aware that** he was following me.
나는 그가 나를 미행하고 있다는 것을 눈치채지 못했다.

비교급	**more** aware
최상급	**most** aware

➕ awareness ~에 대한 의식, 관심

*away (uh-way) [əwéi]

부사 저리로, 저쪽에, 멀리, 떨어져
Go **away**! 저리 가!
Did you hear that Tim **ran away from** home?
팀이 집을 나갔다는 얘기 들었니?
I live **far away** from the school.
나는 학교에서 멀리 떨어져 산다.
They walked **away**.
그들은 저쪽으로 걸어갔다.
Stay away from that big dog.
그 커다란 개에게서 떨어져 있어.

형용사 1 자리에 없는, 결석한
He's been **away from** school for two days.
그는 이틀 동안 학교를 결석했다.
A: Where is Lisa? 리사는 어디 있어?
B: She's **away** at the moment.
지금은 자리에 없는데.

2 〔시간〕 떨어진
Christmas is two weeks **away**.
크리스마스까지는 2주 남았다.

● **right away** 즉시, 곧바로 (≒ at once, immediately)
I'll be there **right away**. 그곳으로 바로 갈게.

Go **away**!

☑ He's been away from school for two days.
= He's been absent from school for two days.

☑ A: Where is Lisa?
B: She's away at the moment.
= She's not here at the moment.

awful (aw-fuhl) [ɔ́ːfəl]

형용사 끔찍한, 지독한 (≒ terrible, horrible)
The weather was **awful**.
날씨는 끔찍했다.
My hair looks **awful** today.
오늘 내 헤어스타일이 엉망이다.
My stomach feels **awful** after eating that fish.
그 생선을 먹고 난 후에 배가 너무 아프다.

| 비교급 | more awful |
| 최상급 | most awful |

The weather was **awful**.

awkward (awk-wurd) [ɔ́ːkwərd]

형용사 1 다루기 힘든, 난처한, 곤란한
This printer is very **awkward** to use.
이 프린터는 사용하기가 어렵다.
It was an **awkward** moment for me.
내게는 난처한 순간이었다.
Tony finds it **awkward** to eat with chopsticks.
토니는 젓가락으로 음식을 잘 먹지 못한다.

2 어색한
An **awkward** silence filled the room.
어색한 침묵이 방을 가득 채웠다.

3 서투른
John is **awkward** at dancing.
존은 춤이 서투르다.

| 비교급 | more awkward |
| 최상급 | most awkward |

Tony finds it **awkward** to eat with chopsticks.

ax, axe (aks) [æks]

명사 ⓒ 도끼
A mountain god appeared holding an **ax**.
산신령이 도끼를 가지고 나타났다.

| 복수형 | ax**es**, ax**es** |

*baby (bay-bee) [béibi]

명사 ⓒ 아기, 동물의 새끼
The **baby** needs milk. 아기는 우유가 필요하다.
I love **baby** birds. 나는 새끼 새를 좋아한다.

| 복수형 | bab**ies** |

babysitter (bay-bee-sit-ur) [béibisìtər]

명사 ⓒ 아기 돌보는 사람
My mother is looking for a **babysitter**.
우리 엄마는 아기 돌보는 사람을 구하고 있다.

| 복수형 | babysitter**s** |

*back (bak) [bæk]

명사 1 ⓒ 등
My **back** hurts. 등이 아프다.
She carried her baby **on her back**.
그녀는 아기를 등에 업었다.
Harry **lay on his back**. 해리는 (바닥에) 등을 대고 누웠다.

2 ⓒ 뒤쪽, 뒤, 뒷부분 (↔front)
There are some empty seats **at the back of** the room. 방 뒤쪽에 빈자리가 몇 개 있다.
I wrote her number **on the back of** the paper.
나는 종이 뒷장에 그녀의 전화번호를 적었다.

부사 1 뒤에, 뒤로 (≒backward, behind; ↔forward)
Could you **step back** a bit, please?
뒤로 조금만 물러서 주시겠어요?
Move your body **back and forth**.
몸을 앞뒤로 움직이세요.

2 되돌아와서, 제자리로
I'll **be back** in a minute. 금방 돌아올게요.
When did you **get back from** your trip?
여행에서 언제 돌아왔나요?
Give it **back** to me! 돌려줘!

3 다시, 답하여
I can **call** you **back** later if you're busy.
바쁘시다면 나중에 다시 전화하겠습니다.

| 복수형 | back**s** |

I wrote her number **on the back** of the paper.

☑ I'll be back in a minute.
 = I'll return in a minute.

☑ When did you get back from your trip?
 = When did you return from your trip?

background (bak-ground) [bǽkgràund]

명사 1 ⓒ 배경
She painted yellow stars across the blue **background**.
그녀는 파란 배경을 가로질러 노란 별들을 그렸다.

| 복수형 | background**s** |

backpack

2 ⓒ (사람의) 배경, 성장 환경, 경험
She **has a background in** cooking. She was the chef at a big hotel.
그녀는 요리에 경험이 있다. 그녀는 큰 호텔의 주방장이었다.

> ⊕ **background music** 배경 음악

backpack (bak-pak) [bǽkpæ̀k]

명사 ⓒ 배낭
Jinsu carries his books to school in a red **backpack**.
진수는 책을 빨간 배낭에 넣어 학교에 가지고 다닌다.

> 복수형 **backpack**s
> ⊕ **rucksack** (영국영어) 배낭

backward(s) (bak-wurd(z)) [bǽkwərd(z)]

형용사 **1** 《명사 앞에만 쓰임》 뒤쪽의 (↔forward)
a **backward** step 뒷걸음질
She left home without a **backward** look.
그녀는 뒤돌아보지도 않고 집을 나섰다.

2 진보가 늦은, 뒤진
a **backward** country 후진국

부사 **1** 뒤로 (↔forward)
He fell **backward** and hurt his head.
그는 뒤로 넘어져서 머리를 다쳤다.

2 거꾸로 (↔forward)
My little brother can say the alphabet **backward**.
내 남동생은 알파벳을 거꾸로 외울 수 있다.

> ※ 미국에서는 주로 backward를, 영국에서는 주로 backwards 를 써요.
>
>
>
> My little brother can say the alphabet **backward**.

backyard (bak-yahrd) [bǽkjá:rd]

명사 ⓒ 뒤뜰, 뒷마당
We have a swimming pool in our **backyard**.
우리는 뒷마당에 수영장이 있다.

> 복수형 **backyard**s

*bad (bad) [bæd]

형용사 **1** 나쁜, 좋지 않은 (↔good)
a **bad** smell 안 좋은 냄새, 악취
The weather was very **bad**. 날씨가 매우 안 좋았다.

● **(That's) too bad.** 그것 참 안됐다., 유감이다.
A: I have some bad news. My arm is broken.
  나쁜 소식이 있어. 내 팔이 부러졌어.
B: **(That's) too bad.** 그것 참 안됐다.

● **not bad** 그럭저럭 괜찮은, 나쁘지 않은
A: How are you today? 오늘 어때?

> 비교급 **worse**
> 최상급 **worst**
>
> ☑ (That's) too bad.
> = I'm sorry to hear that.

B: **Not bad.** 나쁘지 않아. (=괜찮아.)

2 지독한, 심각한, 심한 (≒serious)
I have a **bad** cold. 지독한 감기에 걸렸어.

3 잘 못하는, 서투른 (≒poor; ↔good)
He is **bad at** English. 그는 영어가 서투르다.

4 (음식이) 상한
The chicken has **gone bad**. I will throw it out.
닭고기가 상했네. 버려야겠다.

5 (몸이) 아픈, 건강하지 못한
Sally took the day off because she was **feeling bad**.
샐리는 아파서 하루 휴가를 냈다.

6 (성격·행동 등이) 못된, 나쁜 (↔good)
She's a really **bad** person. 그녀는 정말 나쁜 사람이다.

☑ He is bad at English.
= He is poor at English.

Sally was **feeling bad**.
= Sally wasn't feeling well.

badly (bad-lee) [bǽdli]

부사 1 나쁘게, 엉망으로 (↔well)
We did **badly** in the game. 우리는 경기를 엉망으로 했다.
He draws a picture **badly**. 그는 그림을 잘 못 그린다.

2 심하게, 심각하게
The town was **badly** damaged by the bomb.
폭탄으로 그 마을은 심하게 피해를 입었다.
Is Bill **badly** hurt? 빌이 많이 다쳤니?

3 몹시
The hiker wanted some water **badly**.
도보 여행자는 물이 몹시 마시고 싶었다.

비교급 **worse**
최상급 **worst**

☑ We did badly in the game.
= We didn't do well in the game.

badminton (bad-*min*-tuhn) [bǽdmintən]

명사 ⓤ 배드민턴
Many people **play badminton** in the park.
많은 사람들이 공원에서 배드민턴을 친다.

➕ **badminton racquet** (racket) 배드민턴 채
shuttlecock 셔틀콕

*bag (bag) [bæg]

명사 1 ⓒ 가방
I bought a new **bag** at the department store.
나는 백화점에서 새 가방을 샀다.

2 ⓒ 봉투
I try not to use **plastic bags**.
나는 비닐 봉투를 사용하지 않으려 노력한다.

복수형 **bag**s

➕ **baggy** (옷이) 헐렁한

baggage (bag-ij) [bǽgidʒ]

명사 ① 짐, 수하물 (=luggage)
How many pieces of **baggage** do you have?
짐이 몇 개인가요?
A: Where can I **claim my baggage**?
짐 찾는 곳이 어디죠?
B: Go straight and turn left. 쭉 가서 왼쪽으로 도세요.

> ☑ Where can I claim my baggage?
> = Where can I pick up my baggage?

 baggage는 복수형이 없나요?
baggage는 bag처럼 한 개, 두 개 셀 수 있는 단어가 아니에요. 그래서 '짐 두 개'라고 말할 때는 two baggages가 아니라 two pieces of baggage라고 말한답니다.

bake (bayk) [beik]

동사 굽다, 구워지다
She **baked** cookies for her brother.
그녀는 동생에게 주려고 쿠키를 구웠다.
I love **baked** potatoes.
나는 구운 감자를 좋아한다.

> 3인칭단수현재 bake**s**
> 현재분사 bak**ing**
> 과거·과거분사 bake**d**
> ➕ baker 빵 굽는 사람

bakery (bay-kur-ee) [béikəri]

명사 ⓒ 빵집, 제과점 (=baker's, baker's shop)
He bought a birthday cake at the **bakery**.
그는 제과점에서 생일 케이크를 샀다.

> 복수형 baker**ies**

balance (bal-uhns) [bǽləns]

명사 1 ① 균형, 평형
the **balance** of power 힘의 균형
Tom **lost** his **balance** and fell down the stairs.
톰은 균형을 잃고 계단 아래로 떨어졌다.

2 ⓒ 잔액, 잔고, 잔여분 (≒remainder)
Please check your **balance** before you transfer the money. 돈을 이체하기 전에 잔액을 확인해 주세요.

동사 균형을 잡다
She **balanced** the water jug on her head.
그녀는 물병을 머리 위에 놓고 균형을 잡았다.
I'm learning to **balance** on my bicycle.
나는 자전거를 타고 균형을 잡는 법을 배우고 있다.

> 복수형 balance**s**
>
> ❓ transfer 옮기다
>
> 3인칭단수현재 balance**s**
> 현재분사 balanc**ing**
> 과거·과거분사 balance**d**

bald (bawld) [bɔːld]

형용사 대머리의 (≒hairless)
Mr. Porter is **bald**. 포터 씨는 대머리다.
He is **going bald**. 그는 머리가 벗겨지고 있다.

| 비교급 | bald**er** |
| 최상급 | bald**est** |

ball (bawl) [bɔːl]

명사 1 ⓒ 공
Throw me the **ball**. 나에게 공을 던져.

2 ⓒ 구체, 공 모양의 것
My cat loves to play with a **ball** of wool.
우리 고양이는 털 뭉치를 가지고 노는 것을 좋아한다.

3 ⓒ 무도회
I have to wear a tuxedo to the **ball** tonight.
나는 오늘 밤 무도회에 턱시도를 입어야 해.

복수형 ball**s**

Throw me the **ball**.

ballet (bal-ay, ba-lay) [bǽlei, bæléi]

명사 1 ⓒ 발레
She was a **ballet** dancer. 그녀는 발레 무용수였다.
ballet shoes 발레 슈즈, 토슈즈

2 ⓒ 발레 공연
The Nutcracker is my favorite **ballet**.
〈호두까기 인형〉은 내가 가장 좋아하는 발레이다.
Mary and Bora enjoy going to the **ballet**.
메리와 보라는 발레 공연 보는 것을 좋아한다.

복수형 ballet**s**

※ ballet는 프랑스에서 온 말로 't'가 발음되지 않아요.

balloon (buh-loon) [bəlúːn]

명사 1 ⓒ 풍선
They blew up 100 **balloons** for the class party.
그들은 학급 파티를 위해 풍선 백 개를 불었다.

2 ⓒ (a hot-air balloon) 열기구
I want to travel around the world in a **balloon**.
나는 열기구를 타고 전 세계를 여행해 보고 싶다.

복수형 balloon**s**

balloon

bamboo (bam-boo) [bæmbúː]

명사 ⓒⓤ 대나무
Bamboo grows very quickly, so it is a good wood to use for furniture.
대나무는 매우 빨리 자라서 가구로 활용하기에 좋은 목재이다.

복수형 bamboo**s**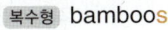

ban (ban) [bæn]

동사 금지하다 (↔allow)
Smoking is **banned** in most public places.
대부분의 공공장소에서 흡연은 금지되어 있다.

명사 ⓒ 금지
There is a **ban on** smoking in buildings.
건물 내에서 담배를 피우는 것은 금지되어 있다.

3인칭단수현재	bans
현재분사	banning
과거·과거분사	banned
복수형	bans

banana (buh-nan-uh) [bənǽnə]

명사 ⓒⓤ 바나나
a bunch of **bananas** 바나나 한 송이
Monkeys love to eat **bananas**.
원숭이는 바나나 먹는 것을 좋아한다.
Peel the skin off the **banana**. 바나나 껍질을 벗겨라.

복수형	bananas

bananas

band (band) [bænd]

명사 1 ⓒ 묶는 것, 밴드, 띠
I want to hold all the extra pens together with a rubber **band**.
여분의 펜을 고무줄로 한꺼번에 묶고 싶어.

2 ⓒ 악단, 밴드
Steve plays guitar in a **band**.
스티브는 밴드에서 기타를 연주한다.

복수형	bands

band

bandage (ban-dij) [bǽndidʒ]

명사 ⓒ 붕대
He **put a bandage** around his arm.
그는 팔에 붕대를 감았다.

동사 붕대로 감다
She **bandaged** my head.
그녀가 내 머리를 붕대로 감았다.

복수형	bandages
3인칭단수현재	bandages
현재분사	bandaging
과거·과거분사	bandaged

bang (bang) [bæŋ]

명사 ⓒ 쾅 (하는 소리), 쿵 (하는 소리)
The wind shut the door with a **bang**.
바람에 문이 쾅 하고 닫혔다.

동사 1 (문 등이) 쾅 하고 닫히다, 닫다
The door **banged** shut. 문이 쾅 하고 닫혔다.

복수형	bangs
3인칭단수현재	bangs
현재분사	banging

2 쾅 하고 치다, 세게 두드리다
Mark **banged** on his drums every afternoon.
마크는 매일 오후 드럼을 쳤다.
I **banged** my head on the ceiling.
나는 천장에 머리를 부딪쳤다.

| 과거·과거분사 | **bang**ed |

➕ the big bang 우주 탄생 때의 대폭발

*bank (bangk) [bæŋk]

명사 **1** ⓒ 은행
Which **bank** do you keep your money in?
너는 어느 은행에 돈을 예금하니?

2 ⓒ 둑, 제방
My father fishes from the **bank** of the river.
우리 아버지는 강둑에서 낚시를 하신다.

| 복수형 | **bank**s |

➕ bank account 은행 계좌
piggy bank 돼지 저금통

*bar (bahr) [bɑːr]

명사 **1** ⓒ 막대, 막대기 모양의 것
an iron **bar** 쇠막대
a **bar of** soap 비누 한 개
He bought a candy **bar**. 그는 초콜릿 바를 샀다.

2 ⓒ 술집, 바
The **bar** is full of drinkers on Friday night.
금요일 밤에 그 술집은 술 마시는 사람들로 꽉 찬다.

| 복수형 | **bar**s |

➕ bar chart (graph) 막대그래프
bar code 바코드

barber (bahr-bur) [báːrbər]

명사 ⓒ 이발사
I get my hair cut by a **barber** every three weeks.
나는 3주마다 이발사에게 머리를 깎는다.

| 복수형 | **barber**s |

➕ barber's (=barbershop) 이발소

bare (bair) [bɛər]

형용사 옷을 입지 않은, 안 가려진
She was standing in her **bare feet**.
그녀는 맨발로 서 있었다.
His new T-shirt left his stomach **bare**.
그의 새 티셔츠는 그의 배를 드러내었다. (배가 가려지지 않았다.)

| 비교급 | **bare**r |
| 최상급 | **bare**st |

barely (bair-lee) [bɛ́ərli]

부사 간신히, 가까스로, 겨우 (≒ hardly, scarcely)
Jane **barely** made it to class on time.

☑ Jane barely made it to

제인은 간신히 수업에 늦지 않게 왔다.
There's **barely** enough milk. I'll go to the store and buy some more.
우유가 거의 없네. 가게에 가서 좀 더 사 와야겠어.

= Jane almost was late for her class.

bargain (bahr-guhn) [báːrɡən]

명사 1 ⓒ 합의, 흥정, 거래
A: I **made a bargain** with my father.
아빠랑 합의를 했어.
B: What was it? 뭔데?
A: If I get all As, he'll buy me a new bicycle.
만약 내가 모두 A를 받으면 아빠가 새 자전거를 사 주시기로.

2 ⓒ 싸게 산 물건, 특가품
These shoes were a **real bargain**. They only cost $35. 이 신발은 정말 싸게 샀다. 35달러밖에 안 했다.

동사 흥정하다
Sora **bargained** with the shopkeeper for apples.
소라는 가게 주인과 사과 가격을 흥정했다.

복수형 bargain**s**

These shoes were a **real bargain**. They only cost $35.

3인칭단수현재 bargain**s**
현재분사 bargain**ing**
과거·과거분사 bargain**ed**

bark (bahrk) [baːrk]

동사 (개가) 짖다
The small dog **barked** all night long.
그 조그만 개는 밤새 짖었다.
The dog **barked at** me when I opened the gate.
내가 대문을 열었을 때 개가 나를 보고 짖었다.

명사 ⓒ (개가) 짖는 소리
The dog's **bark** is worse than its bite.
그 개는 마구 짖어 대지만 잘 물지는 않는다. (소리만 요란하다.)

3인칭단수현재 bark**s**
현재분사 bark**ing**
과거·과거분사 bark**ed**

복수형 bark**s**

barrel (bar-uhl) [bǽrəl]

명사 ⓒ (가운데가 볼록한) 큰 통
People used to make pickles in **barrels**.
사람들은 큰 통에다 피클을 만들곤 했다.

복수형 barrel**s**

barrier (bar-ee-ur) [bǽriər]

명사 ⓒ 장벽, 장애물
a language **barrier** 언어 장벽
The mountains form a natural **barrier** between the city and countryside.
산들이 도시와 시골 사이에 천연 장벽을 이루고 있다.

복수형 barrier**s**

base (base) [beis]

명사 1 ⓒ 토대, 기반, 바닥 (≒bottom)
The **base of** a lamp should be larger than the top.
램프의 바닥은 상단보다 더 커야 한다.

2 ⓒ (군대의) 기지
The U.S. Army has a large **base** in Seoul.
미군은 서울에 큰 기지를 가지고 있다.

3 ⓒ 본부, 본사, (야구의) 베이스, 루
The company's **base** is in Seoul.
그 회사의 본사는 서울에 있다.
He is on **third base** now. 그는 지금 3루에 있다.

동사 기초로 하다, 바탕을 두다
This movie **is based on** a true story.
이 영화는 실화에 바탕을 두었다.

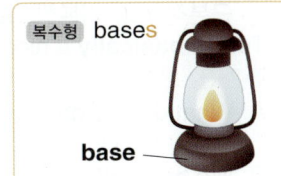

| 복수형 | base**s** |

☑ The company's **base** is in Seoul.
= The company's main offices are in Seoul.

3인칭단수현재	base**s**
현재분사	bas**ing**
과거·과거분사	base**d**

*baseball (base-bawl) [béisbɔ̀ːl]

명사 1 Ⓤ 야구
Tony plays **baseball** everyday. 토니는 매일 야구를 한다.
The New York Yankees are my favorite **baseball** team.
뉴욕 양키즈는 내가 제일 좋아하는 야구팀이다.

2 ⓒ 야구공
Chanho Park signed that **baseball**.
박찬호가 그 야구공에 사인을 했다.

| 복수형 | baseball**s** |

Tony plays **baseball** everyday.

basement (base-muhnt) [béismənt]

명사 ⓒ 지하실, 지하층
The heavy rains flooded the **basement**.
폭우로 지하실에 물이 찼다.
Bill has a ping-pong table in his **basement**.
빌의 집 지하실에는 탁구대가 있다.

| 복수형 | basement**s** |

basic (bay-sik) [béisik]

형용사 1 기본적인, 근본적인
Grammar is a **basic** skill for writing.
문법은 작문을 위한 기본적인 기술이다.

2 (수준 등이) 기본적인, 기초적인
I'm learning **basic** English.
나는 기초 (단계의) 영어를 배우고 있다.

| 비교급 | more basic |
| 최상급 | most basic |

➕ **basic right** 기본권

basically (bay-sik-kuhl-ee) [béisikəli]

부사 근본적으로, 기본적으로
Tom is **basically** a nice guy.
톰은 근본적으로 좋은 사람이다.
A: What do you do in your photography club?
  너희 사진 동아리에서는 뭘 하니?
B: We **basically** just take photographs.
  우리는 일단 기본적으로 사진을 찍어.

➕ **basically correct** 근본적으로는 옳은

basis (bay-sis) [béisis]

명사 ⓒ 기초, 토대, 근거
His life was the **basis** for his book.
그의 인생이 책의 토대가 되었다.

● **on a regular basis** 정기적으로
Sally exercises **on a regular basis**.
샐리는 정기적으로 운동을 한다.

● **on the basis of** ~을 근거로, ~을 기초로 하여
Students are evaluated **on the basis of** their test scores.
학생들은 시험 성적을 근거로 평가를 받는다.

복수형 bas**es**

Sally exercises **on a regular basis**.

❓ **evaluate** 평가하다

*basket (bas-kit) [bǽskit]

명사 ⓒ 바구니
There were three eggs in the **basket**.
바구니에 달걀이 세 개 있었다.

복수형 basket**s**

*basketball (bas-kit-bawl) [bǽskitbɔ̀ːl]

명사 1 ⓒ 농구
A: Bill, what's your favorite sport?
  빌, 네가 좋아하는 스포츠는 뭐니?
B: **Basketball**. I love to shoot the ball.
  농구야. 나는 공을 던지는 게 좋아.

2 ⓒ 농구공

복수형 basketball**s**

basketball

*bat¹ (bat) [bæt]

명사 ⓒ 방망이, 배트
a baseball **bat** 야구 방망이
The baseball players carry **bats** and gloves.
야구 선수들은 방망이와 글러브를 가지고 다닌다.

복수형 bat**s**

➕ **batter** 타자

bat² (bat) [bæt]

명사 ⓒ 박쥐
Bats can see in the dark.
박쥐는 어둠 속에서도 볼 수 있다.

복수형 **bat**s
bat

*bath (bath) [bæθ]

명사 ⓒ 목욕
I **took** a hot **bath**. 나는 뜨거운 물로 목욕을 했다.
We **give** the dog **a bath** in the bathtub.
우리는 욕조에서 개를 목욕시킨다.

복수형 **bath**s

➕ **bathe** 목욕하다

*bathroom (bath-*room*) [bǽθrù(ː)m]

명사 ⓒ 화장실, 욕실
A: Could you tell me where the **bathroom** is?
화장실이 어디 있는지 말해 주실 수 있나요?
B: Sure. It's the first door on the left.
물론이지요. 왼쪽 첫 번째 문입니다.
A: Thanks a lot. 감사합니다.

복수형 **bathroom**s

➕ **go to the bathroom** 화장실에 가다 (화장실에서 볼일을 보다)

Tip '화장실'을 영어로 뭐라고 하나요?

화장실은 영어로 bathroom, restroom, washroom, men's room, lady's room이라고 하는데, 영국에서는 toilet이라고도 한답니다.

battery (bat-ur-ee) [bǽtəri]

명사 ⓒ 건전지, 배터리
The **batteries** in the remote control must be dead.
It's not working.
리모컨의 건전지가 다 닳았나 봐. 리모컨이 작동하지 않아.

복수형 **batter**ies

battle (bat-uhl) [bǽtl]

명사 ⓒⓤ 전쟁, 싸움
Many soldiers died at the **Battle** of Waterloo.
많은 군사들이 워털루 전투에서 죽었다.
a **battle** against AIDS 에이즈와의 싸움

동사 싸우다
They always **battle over** the TV remote control.
그들은 TV 리모컨을 두고 항상 싸운다.

복수형 **battle**s

3인칭단수현재 **battle**s
현재분사 **battl**ing
과거·과거분사 **battl**ed

bay (bay) [bei]

명사 ⓒ 만
Mike and Tom went fishing in the **bay**.
마이크와 톰은 만에 낚시하러 갔다.

> **복수형** bay**s**
> ❓ 만 바다가 육지 속으로 파고들어 와 있는 곳

*be (bee) [bi:]

동사 1 ~이다, ~이 되다
My name **is** Mina. 나의 이름은 미나이다.
I want to **be** a teacher. 나는 선생님이 되고 싶다.
Be quiet! 조용히 해!

2 있다, 존재하다 (≒ exist)
The apples **are** in the refrigerator.
사과는 냉장고 안에 있다.
Sam **was** on the bus for two hours.
샘은 두 시간 동안 버스를 탔다.

● *there is [are]* ~이 있다
There is a bird in the tree. 새 한 마리가 나무 위에 있다.
There are flowers in the garden. 정원에 꽃이 있다.

조동사 1 《진행형》 ~하고 있다, ~하는 중이다
A: What **are** you do**ing** now? 너 지금 뭐하고 있어?
B: I'**m** watch**ing** TV. TV를 보고 있어.

2 《수동태》 ~되다, ~을 당하다
Harry Potter **was written** by J. K. Rowling.
〈해리 포터〉는 제이 케이 롤링에 의해 쓰여졌다.

3 《진행형으로 미래를 나타냄》 ~하려고 하다
We **are** leav**ing** for Busan tomorrow.
우리는 내일 부산으로 떠나려고 한다.

> ※ be동사의 변화
> I **am** a boy.
> You **are** a girl.
> He(She, It) **is** a boy.
> We **are** girls.
> They **are** boys.

> ※ **진행형** 지금·현재 어떤 일을 하고 있는 것을 '진행형'이라고 하고 'be 동사 + -ing' 형태로 써요.

> ※ **수동태** 수동이란 어떤 일을 하게 되거나 어떤 일을 당하는 것을 말하는데, 'be + 동사의 과거완료' 형태로 써요.
> She wrote *Harry Potter*.
> → *Harry Potter* **was written** by her.

*beach (beech) [bi:tʃ]

명사 ⓒ 해변, 바닷가
a white sand **beach** 백사장
I went to the **beach** yesterday and got a sunburn.
나는 어제 해변에 가서 햇볕에 탔다.

> **복수형** beach**es**

beak (beek) [bi:k]

명사 ⓒ (새의) 부리 (≒ bill)
Parrots have big, strong **beaks**.
앵무새는 크고 강한 부리가 있다.

> **복수형** beak**s**

beam (beem) [biːm]

명사 1 ⓒ 기둥
The **beams** of this house are made from antique oak. 이 집의 기둥들은 오래된 오크 나무로 만든 것이다.
2 ⓒ 광선, 빛줄기
A **beam** of light entered the room through the window. 빛줄기가 창문을 통해 방 안으로 들어왔다.

동사 환하게 웃다
Jim **beamed** with joy after winning the race. 짐은 경기에서 이긴 후 기뻐서 환하게 웃었다.

복수형	beam**s**

➕ **beaming** 빛나는; 기쁨에 넘친

3인칭단수현재	beam**s**
현재분사	beam**ing**
과거·과거분사	beam**ed**

bean (been) [biːn]

명사 ⓒ 콩
Jack traded his cow for some magic **beans**. 잭은 암소와 마술 콩을 바꾸었다.

복수형	bean**s**

＊bear¹ (bair) [bɛər]

명사 ⓒ 곰
a polar **bear** 북극곰
Brown **bear**, brown **bear**, what do you see? 갈색곰아, 갈색곰아, 넌 뭐가 보이니?

복수형	bear**s**

polar **bear**

＊bear² (bair) [bɛər]

동사 1 참다, 견디다 (≒ stand, tolerate)
I can't **bear** it when our team loses. I get so upset. 난 우리 팀이 지는 것을 참을 수가 없다. 너무 화가 난다.
2 낳다, (열매를) 맺다
My aunt **bore** a son. 우리 이모가 아들을 낳았다.
Our apple tree **bears** more apples than we can eat. 우리 사과나무에는 우리가 먹을 수 있는 것보다 더 많은 사과가 열린다.

● *bear in mind* 명심하다, 기억하다
Please **bear in mind** what I said. 제가 한 말을 **명심하세요**.

3인칭단수현재	bear**s**
현재분사	bear**ing**
과거	bore
과거분사	borne, born

➕ **bearable** 참을 수 있는

beard (beerd) [biərd]

명사 ⓒ 턱수염
Sam decided to grow a **beard**. 샘은 턱수염을 기르기로 결심했다.

복수형	beard**s**

➕ **mustache** 콧수염

beast (beest) [biːst]

명사 ⓒ (덩치가 큰) 짐승, 야수
The jungle is full of dangerous **beasts**.
정글은 위험한 짐승들로 가득하다.

| 복수형 | beasts |

beat (beet) [biːt]

동사 1 때리다, 연달아 치다
Teachers should not **beat** students.
교사는 학생을 때려서는 안 된다.
He **beat** a drum at the concert.
그는 연주회에서 드럼을 쳤다.

2 이기다, 패배시키다 (≒ defeat)
I can never **beat** him at chess.
난 체스에서 그를 결코 이길 수가 없다.

명사 ⓒ 박자 (≒ rhythm)
I danced **to the beat of** the music.
나는 음악의 박자에 맞추어 춤을 추었다.

3인칭단수현재	beats
현재분사	beating
과거	beat
과거분사	beaten

➕ **beating** 때림, 매질; 패배

| 복수형 | beats |

beaten (bee-tuhn) [bíːtn]

동사 beat의 과거분사형

*beautiful (byoo-ti-ful) [bjúːtəfəl]

형용사 1 아름다운 (≒ pretty; ↔ ugly)
My girlfriend is very **beautiful**.
내 여자 친구는 아주 예쁘다.

2 좋은, 멋진
It's a **beautiful** day, isn't it? 참 좋은 날씨야, 그렇지 않니?

| 비교급 | more beautiful |
| 최상급 | most beautiful |

➕ **beautifully** 아름답게

  beautiful과 **pretty**의 차이가 뭔가요?

둘 다 여자나 어린이, 물건이 아름답거나 예쁜 것을 나타낼 때 쓰는데, beautiful이 pretty보다 아름답다는 의미가 강해요. 남자에게는 handsome이라는 표현을 쓰지요. 남녀 모두에게 쓸 수 있는 말은 good-looking이랍니다.

beauty (byoo-tee) [bjúːti]

명사 1 ⓒ 미인, 미녀
She is a natural **beauty**. 그녀는 자연 미인이다.

| 복수형 | beauties |

2 ①아름다움, 미
The **beauty** of the music made us happy.
음악의 아름다움이 우리를 행복하게 해 주었다.

➕ **beauty salon** 미용실

became (bi-kaym) [bikéim]

동사 become의 과거형

because (bi-kawz, bi-kuhz) [bikɔ́ːz, bikʌ́z]

접속사 왜냐하면, ~이기 때문에
I study hard **because** I want to become a great scientist.
나는 열심히 공부한다. 왜냐하면 훌륭한 과학자가 되고 싶기 때문이다.
I couldn't sleep last night **because of** the noise.
난 어젯밤 시끄러운 소리 때문에 잘 수 없었다.

I couldn't sleep last night **because of** the noise.

become (bi-kuhm) [bikʌ́m]

동사 ~이 되다
We **became** friends. 우리는 친구가 되었다.
The farmer **became** rich. 그 농부는 부자가 되었다.
This tadpole will **become** a frog.
이 올챙이는 개구리가 될 것이다.
It is **becoming** difficult to see a clear blue sky.
맑고 파란 하늘을 보는 것이 힘들어지고 있다.

3인칭단수현재	become**s**
현재분사	becom**ing**
과거	became
과거분사	become

bed (bed) [bed]

명사 ⓒⓤ 침대
She lay on the **bed**. 그녀는 침대 위에 누웠다.
It's **time for bed**. 잘 시간이다.
● **be sick in bed** 아파서 누워 있다
My grandma **is sick in bed**.
우리 할머니는 아파서 누워 계신다.
● **go to bed** 자다, 잠자리에 들다
Tom **goes to bed** at 10 p.m.
톰은 저녁 10시에 잠자리에 든다.

복수형 bed**s**

➕ **bedtime** 잠잘 시간
bunk bed 이층 침대
double bed 이인용 침대
single bed 일인용 침대
twin beds 두 개의 일인용 침대, 트윈 베드

bedroom (bed-room) [bédrùːm]

명사 ⓒ 침실
Bora shares her **bedroom** with her older sister.
보라는 언니와 침실을 함께 쓴다.

복수형 bedroom**s**

We live in a two-**bedroom** apartment.
우리는 방 두 개짜리 아파트에 산다.

➕ guest bedroom 손님방

*bee (bee) [biː]

명사 ⓒ 벌
Bees make honey. 벌은 꿀을 만든다.
A **bee** sting can be dangerous. 벌침은 위험할 수 있다.

복수형 bee**s**
➕ beehive 벌집

*beef (beef) [biːf]

명사 ⓤ 쇠고기
I love **beef**steak. 나는 쇠고기 스테이크를 좋아한다.
Beef and milk come from cows.
쇠고기와 우유는 소에서 나온다.

➕ roast beef 쇠고기 구이

been (bin) [bin]

동사 be의 과거분사형

beer (beer) [biər]

명사 ⓤ 맥주
A: Would you like **a glass of beer**?
맥주 한잔 하시겠어요?
B: Why not? 왜 아니겠어요? (=물론이지요.)

a glass of beer

*before (bi-for) [bifɔːr]

전치사 1 〖시간〗 ~ 전에, ~ 이전에 (↔after)
Call me **before** 10. 10시 전에 전화해.

2 〖위치〗 ~ 앞에 (≒in front of) (↔after)
A comes **before** B in the alphabet.
알파벳에서는 A가 B 앞에 온다.
The teacher stood **before** the students.
선생님은 학생들 앞에 서 계셨다.

부사 이전에 (≒earlier)
the night **before** 그 전날 밤
I met him **before**. 나는 이전에 그를 만난 적이 있다.
Have you been to Paris **before**?
전에 파리에 가 본 적 있나요?

• *before long* 곧, 조만간
We will get married **before long**.
우리는 곧 결혼할 것이다.

➕ the day before yesterday
그저께
the day after tomorrow
모레

A comes **before** B.

☑ We will get married before long.
= We will get married soon.

[접속사] ~하기 전에, ~보다 전에 (↔after)
I wash my face **before** I eat breakfast.
나는 아침을 먹기 전에 세수를 한다.

☑ A before B = B after A

beg (beg) [beɡ]

[동사] **1** (음식·돈 등을) 구걸하다
They **beg** on the subway. 그들은 전철에서 구걸한다.
2 부탁하다, 간청하다
He **begged** me **for** help. 그는 내게 도와 달라고 간청했다.
● *I beg your pardon?* 다시 한번 말씀해 주시겠어요?
  A: The meeting begins at six sharp.
     회의는 6시 정각에 시작합니다.
  B: **I beg your pardon?** 다시 한번 말씀해 주시겠어요?

3인칭단수현재	beg**s**
현재분사	beg**ging**
과거·과거분사	beg**ged**

began (bi-gan) [biɡǽn]

[동사] begin의 과거형

beggar (beg-uhr) [béɡər]

[명사] ⓒ 거지
The **beggar** said he needed money to buy a bus ticket. 거지는 버스표를 살 돈이 필요하다고 말했다.

beggar

| 복수형 | beggar**s** |

*begin (bi-gin) [biɡín]

[동사] 시작하다 (≒start; ↔finish, stop, end)
A sentence **begins with** a capital letter.
문장은 대문자로 시작한다.
The movie will **begin** in 15 minutes.
영화는 15분 있으면 시작할 것이다.
● *to begin with* 우선, 먼저
  A: What are you going to do? 뭘 하실 건가요?
  B: **To begin with**, I want to take a rest. 우선 쉬고 싶어요.

3인칭단수현재	begin**s**
현재분사	begin**ning**
과거	began
과거분사	begun

Tip begin과 start의 차이가 뭔가요?

둘 다 '시작하다'라는 뜻이며 서로 바꾸어 쓰는 경우도 많아요. 하지만 start는 시작하는 동작을 좀 더 강조하는 의미가 있어요. 그래서 기계를 작동시키거나 어떤 일을 시작할 때에는 start를 쓰지요. 반면, 이야기나 사건 등의 시작은 begin을 쓴답니다.
㋐ He **started** his car. 그는 자신의 차에 시동을 걸었다.
   My English class **begins** today. 나의 영어 수업은 오늘 시작한다.

beginner (bi-**gin**-uhr) [bigínər]

명사 ⓒ 초보자, 초급자 (↔expert, veteran)
This class is for **beginners**.
이 반은 초급자들을 위한 반이다.
I'm a complete **beginner** at swimming.
나는 수영은 완전 초보이다.

| 복수형 | beginner**s** |

beginning (be-**gi**-ning) [bigíniŋ]

명사 ⓒ 시작, 처음 (≒start; ↔end)
It was just **the beginning of** the story.
그것은 이야기의 시작에 불과했다.
Let's do it again **from the beginning**.
처음부터 다시 합시다.
- *in the beginning* 태초에, 맨 처음에
In the beginning, God created the heavens and the earth. 태초에 신은 하늘과 땅을 창조하였다.

| 복수형 | beginning**s** |

☑ Let's do it again from the beginning.
= Let's do it again from the start.

begun (bi-**guhn**) [bigʌ́n]

동사 begin의 과거분사형

behave (bi-**hayv**) [bihéiv]

동사 행동하다, 처신하다 (≒act)
Mary **behaved like** a child.
메리는 어린아이처럼 행동했다.
You need to teach your son to **behave** better.
당신은 당신의 아들이 좀 더 바르게 행동하도록 가르쳐야 합니다.
- *behave oneself* 얌전하게 굴다
Sit down and **behave yourself**. 앉아서 얌전히 굴어라.

3인칭단수현재	behave**s**
현재분사	behav**ing**
과거·과거분사	behave**d**

behavior (bi-**hayv**-yuhr) [bihéivjər]

명사 Ⓤ 행동, 태도 (≒conduct)
Good **behavior** will be rewarded.
착한 행동은 보상을 받을 것이다.

➕ **behaviour** (영국영어) 행동, 태도

behind (bi-**hinde**) [biháind]

전치사 1 뒤에 (↔in front of)
The playing field is **behind** the school.
운동장은 학교 뒤에 있다.
Keep running! The mad dog is right **behind** us.

The mad dog is right **behind** us.

계속 뛰어! 미친개가 바로 우리 뒤에 있어.

2 늦어서, 뒤쳐져
My plane is an hour **behind schedule**.
내 비행기는 예정보다 한 시간 늦었다.
He was **behind** the other students in his studies.
그는 다른 학생들에 비해 공부가 뒤쳐져 있었다.

부사 **1** 뒤에, 뒤로 (≒back; ↔ahead)
She walked **behind**. 그녀는 뒤에서 걸었다.

2 뒤쳐져, 늦게
I'm really **behind** in my work. 나는 정말 일이 밀려 있다.

• ***leave behind*** ~을 두고 가다[오다]
They **left behind** some furniture when they moved.
그들은 이사할 때 가구 몇 점을 두고 갔다.

• ***stay behind*** 뒤에 남다
She **stayed behind** after the party.
그녀는 파티가 끝난 후에 남아 있었다.

☑ My plane is an hour behind schedule.
= My plane is an hour late.

They **left behind** some furniture when they moved.

being (bee-ing) [bíːiŋ]

동사 be의 현재분사형

believe (bi-leev) [bilíːv]

동사 **1** 믿다
I **believe in** God. 난 신을 믿는다.
I can't **believe that** she told a lie.
나는 그녀가 거짓말을 했다는 것을 믿을 수가 없다.

2 ~라고 생각하다
I **believe** it is going to rain today.
나는 오늘 비가 올 것이라고 생각한다.
I strongly **believe** in saving water.
나는 물을 절약해야 한다고 굳게 믿는다.

• ***believe it or not*** 믿지 않겠지만, 믿거나 말거나
Believe it or not, I won the lottery.
믿지 않겠지만 내가 복권에 당첨되었어.

• ***Seeing is believing.*** 보는 것이 믿는 것이다., 백문이 불여일견 〈속담〉

3인칭단수현재	believes
현재분사	believing
과거·과거분사	believed

➕ belief 믿음, 신념
believable 믿을 수 있는

I **believe** it is going to rain today.

bell (bel) [bel]

명사 ⓒ 종, 벨, 방울
The **bell** rang and the students ran out of the classroom. 종이 울리자 학생들이 교실 밖으로 뛰어나왔다.

| 복수형 | bells |

belong

Who will put the **bell** around the cat's neck?
누가 고양이 목에 방울을 달 것인가?

➕ **bell-bottoms** 나팔바지

belong (bi-lawng) [bilɔ́(:)ŋ]

동사 제자리에 있다
This book **belongs** on the top shelf.
이 책 자리는 책장 꼭대기이다.

● *belong to* ~의 소유물이다, ~에 속하다
This backpack **belongs to** Jack. 이 가방은 잭의 것이다.
My brother **belongs to** the Boy Scouts.
나의 동생(형)은 보이스카우트 소속이다.

3인칭단수현재 **belong**s
현재분사 **belong**ing
과거·과거분사 **belong**ed

➕ **belongings** 소지품, 소유물

below (bi-loh) [bilóu]

전치사 ~보다 아래에 (≒ lower than; ↔ above)
Your mouth is **below** your nose. 입은 코 아래에 있다.
My math score is **below** the average.
내 수학 점수는 평균보다 낮다.

부사 아래에, 밑에 (↔ above)
Please write to me at the address **below**.
아래 주소로 제게 편지를 보내 주세요.

➕ **from below** 아래로부터
I heard voices from below.
(나는 아래층에서 나는 목소리를 들었다.)

below와 **under**의 차이를 알려 주세요.

▶ **below**는 어떤 기준점보다 아래를 나타낼 때 써요.
 예 **below** sea level 해수면 아래, 10 degrees **below** zero 영하 10도
▶ 반면, **under**는 어떤 물건의 아래쪽 전체를 표현할 때 쓰지요.
 예 **under** the table 테이블 아래, **under** the bridge 다리 아래

＊belt (belt) [belt]

명사 ⓒ 허리띠, 벨트, 띠
My **belt** is too wide for my new pants.
내 허리띠는 새 바지에는 너무 넓다.
Please fasten your **seat belt**. 안전벨트를 착용해 주세요.

복수형 **belt**s

bench (bench) [bentʃ]

명사 ⓒ 벤치, 긴 의자
She sat on the park **bench** and fed the birds.
그녀는 공원 벤치에 앉아서 새에게 모이를 주었다.

복수형 **bench**es

bench

bend (bend) [bend]

동사 구부리다, 굽히다, 구부러지다, 휘다
Bend your arms, please. 팔을 굽혀 보세요.
James is so strong he can **bend** a nail.
제임스는 매우 힘이 세서 못을 구부릴 수 있다.
The road **bends** to the left. 길은 왼쪽으로 구부러진다.

> 3인칭단수현재 bend**s**
> 현재분사 bend**ing**
> 과거·과거분사 **bent**
> ⊕ bent 굽은, 구부러진

beneath (bi-neeth) [biníːθ]

전치사 ~의 아래에, ~의 밑에 (≒underneath; ↔above)
The dog slept **beneath** the table.
개는 테이블 밑에서 잠들었다.

부사 밑에, 아래쪽에
He stood on the bridge and looked down at the river **beneath**.
그는 다리에 서서 아래에 있는 강을 내려다보았다.

> ※ beneath는 under, below와 같은 의미로 쓸 수 있어요. 하지만 beneath는 under, below보다 좀 더 문학적이고 격식을 갖춘 표현이에요.

benefit (ben-uh-fit) [bénəfit]

동사 도움이 되다, 이롭다
Extra practice time **benefits** everyone.
보충 연습 시간은 모두에게 도움이 된다.
Many poor people **benefit from** government programs.
많은 가난한 사람들은 정부 프로그램으로 도움을 받는다.

명사 ⓒⓤ 혜택, 이득, 이익
This job has many **benefits**. 이 직업은 좋은 점이 많다.
It is to your **benefit** to get a good education.
좋은 교육을 받는 것은 너에게 이롭다.

> 3인칭단수현재 benefit**s**
> 현재분사 benefit**ing**, benefit**ting**
> 과거·과거분사 benefit**ed**, benefit**ted**
> 복수형 benefit**s**
> ⊕ beneficial 유익한

bent (bent) [bent]

동사 bend의 과거·과거분사형

형용사 굽은, 구부러진, 뒤틀린
The key was **bent** beyond repair.
그 열쇠는 수리할 수 없을 정도로 구부러졌다.

> ❓ beyond repair 수리할 수 없을 정도로

beside (bi-side) [bisáid]

전치사 ~ 옆에 (≒next to)
Jane's dog walked **beside** her.
제인의 개는 그녀 옆에서 걸었다.

> ⊕ besides ~ 외에; 게다가

- ***beside the point*** 요점을 벗어난, 중요하지 않은
  I'm sorry, but your remark is **beside the point**.
  미안하지만 너의 말은 **요점을 벗어났다**.
  The cost of the medicine is **beside the point**. I need it no matter how much it costs.
  약값은 **중요하지 않아요**. 그것이 얼마이건 간에 필요합니다.

> ➕ **beside oneself** (흥분하거나 화가 나서) 제정신이 아닌

besides (be-sidez) [bisáidz]

전치사 ~ 외에, ~을 제외하고
Besides Tom, who else knows the answer to the question? 톰 말고 또 누가 문제의 답을 알고 있나요?
I want to learn other languages **besides** English.
나는 영어 외에도 다른 언어를 배우고 싶다.

부사 게다가
I don't like cake. **Besides**, I'm on a diet.
난 케이크를 좋아하지 않아. 게다가 난 다이어트 중이야.

> ☑ I don't like cake. Besides, I'm on a diet.
> = I don't like cake. Moreover, I'm on a diet.

best (best) [best]

형용사 〖good의 최상급〗 가장 좋은, 최고의 (↔worst)
Sora is my **best** friend. 소라는 나의 가장 친한 친구이다.
He is the **best** basketball player.
그는 가장 훌륭한 농구 선수이다.

부사 〖well의 최상급〗 **1** 가장 잘
I can speak English **best** in my class.
나는 우리 반에서 영어를 가장 잘한다.

2 제일, 가장
I like spring **best**. 나는 봄을 제일 좋아한다.

명사 《단수로 쓰임》 최선, 최고
Sam and Tony are good at basketball, but Mike is **the best**. 샘과 토니도 농구를 잘하지만 마이크가 최고이다.

- ***at best*** 기껏해야, 잘해야
  Our chances of winning are slim **at best**.
  우리가 이길 가능성은 **기껏해야** 얼마 안 된다.
- ***do one's best*** 최선을 다하다
  Do your best. 최선을 다하세요.

> ※ good의 비교급과 최상급
> good-better-best
>
>
>
> He is the **best** basketball player.
>
> ☑ Do your best.
> = Do the best you can.

bestseller (best-sel-uhr) [béstsélər]

명사 ⓒ 베스트셀러, 인기 상품
Her novel is a **bestseller** in Korea.
그녀의 소설은 한국에서 베스트셀러이다.

> 복수형 bestseller**s**

bet (bet) [bet]

동사 **1** 돈을 걸다, 내기하다
He **bet** $100 **on** the baseball game.
그는 그 야구 경기에 100달러를 걸었다.

2 ~이 틀림없다, 분명하다
I **bet** I make an A⁺ on my science exam.
내가 과학 시험에서 A⁺를 받을 게 틀림없어.

- **you bet!** 물론이지
  A: Would you like to go for some ice cream?
  아이스크림 먹으러 갈래?
  B: **You bet!** 물론이지!

3인칭단수현재	**bet**s
현재분사	**bet**ting
과거·과거분사	**bet**

✚ **betting** 내기, 내기 도박, 내기에 거는 돈

better (bet-ur) [bétər]

형용사 **1** 〖good의 비교급〗 더 좋은, 더 잘하는 (↔worse)
Our new computer is **better** than yours.
우리 새 컴퓨터는 너의 것보다 더 좋다.

2 〖well의 비교급〗 (몸·기분이) 더 좋은, 나은
I was ill yesterday, but I **feel better** now.
나는 어제 아팠는데 지금은 많이 좋아졌다.

- **get better** 더 나아지다, 더 좋아지다
  A: How do you feel now? 이제 좀 어때?
  B: I'm getting **better**. 좋아지고 있어.

부사 〖well의 비교급〗 더 잘 (↔worse)
I can dance **better than** you.
난 너보다 춤을 더 잘 출 수 있어.

- **had better** ~하는 것이 낫다, ~하는 것이 좋다
  You **had better** stay home. 넌 집에 있는 게 더 좋겠어.
- **the sooner, the better** 빠르면 빠를수록 좋다
  A: When do you want to get your books back?
  당신의 책을 언제 돌려받기를 원하세요?
  B: **The sooner, the better.**
  빠르면 빠를수록 좋아요.

※ good의 비교급과 최상급
good - better - best

I **feel better** now.

※ well의 비교급과 최상급
well - better - best

※ **had better + 동사원형**
better 앞에 had를 붙이면 '~하는 것이 좋다' 라는 뜻이에요. had better 다음에는 반드시 동사원형이 오는 것을 기억하세요.

*between (bi-tween) [bitwíːn]

전치사 ~ 사이에, 중간에
The number 2 comes **between** 1 and 3.
숫자 2는 1과 3 사이에 온다.
It will take **between** two and three hours to finish my report.
내 보고서를 끝내는 데 2시간에서 3시간 정도 걸릴 것이다.

The number 2 comes **between** 1 and 3.

beverage (bev-rij) [bévəridʒ]

명사 ⓒ 마실 것, 음료
Iced tea is my favorite **beverage** on a hot day.
아이스티는 더운 날에 내가 좋아하는 음료이다.

| 복수형 | beverage**s** |

beware (be-wair) [biwέər]

동사 《동사원형으로만 쓰임》 조심하다
Beware of the dog! 개를 조심하세요!

※ beware, to beware 형태로만 쓰여요.

beyond (bee-ahnd) [bijánd]

전치사 1 〖위치〗 저쪽에, 너머에
The church is **beyond** the mountain.
그 교회는 산 너머에 있다.

2 〖시간〗 ~을 지나서
The project will continue **beyond** next year.
그 프로젝트는 내년이 지나서도 계속될 것이다.

3 〖정도·범위·한계〗 ~을 넘어서, 할 수 없는
The homework is **beyond** my ability.
그 숙제는 내 능력을 넘어선 것이다.

부사 그 너머에, 저 멀리에
From my room I can see the hills **beyond**.
나의 방에서는 저 멀리 언덕이 보인다.

The church is **beyond** the mountain.

☑ The homework is beyond my ability.
= The homework is too hard for me.

Bible (bye-buhl) [báibəl]

명사 《단수로 쓰임》 성경
My mother reads **the Bible** everyday.
우리 어머니는 매일 성경을 읽으신다.

➕ Biblical 성경의

*bicycle (bye-si-kuhl) [báisikəl]

명사 ⓒ 자전거 (≒bike)
I go to school **by bicycle**. 나는 자전거를 타고 학교에 간다.
I learned to **ride a bicycle** when I was five.
나는 5살 때 자전거 타는 법을 배웠다.

| 복수형 | bicycle**s** |

*big (big) [big]

형용사 1 큰 (≒large; ↔small)
Big cars use a lot of gas. 큰 차는 기름을 많이 쓴다.

| 비교급 | big**ger** |

A whale is **bigger** than a shark.
고래는 상어보다 더 크다.

2 **나이가 많은**
My **big** sister is a singer. 우리 언니는 가수야.
He is Sally's **big** brother. 그는 샐리의 오빠야.

3 **중요한 (≒important), (사고 등이) 큰**
I've got some **big** news. I'm getting married!
중요한 소식이 있어. 나 결혼해!
It was a **big** mistake. 그것은 큰 실수였다.

| 최상급 | big**gest** |

➕ **big brother** 형, 오빠
big sister 누나, 언니

big   small

✱ **bike** (bike) [baik]

명사 ⓒ **자전거** (≒bicycle)
I can **ride a bike**. 나는 자전거를 탈 수 있다.
I bought a mountain **bike** yesterday.
나는 어제 산악자전거를 샀다.

| 복수형 | bike**s** |

bill (bil) [bil]

명사 1 ⓒ **청구서, 고지서, 계산서**
Can I have the **bill**, please? 계산서 좀 주시겠어요?
I forgot to **pay** the electricity **bill**.
전기 요금 내는 것을 잊어버렸다.

2 ⓒ **지폐**
The new 50,000-won **bill** has the picture of Shin Saimdang on it.
새 오만 원권 지폐에는 신사임당 그림이 있다.

| 복수형 | bill**s** |

➕ **note** (영국영어) 지폐

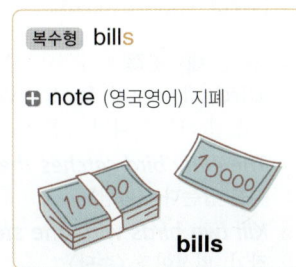

bills

billion (**bil**-yuhn) [bíljən]

명사 **10억**
More than one **billion** people live in India.
10억이 넘는 사람들이 인도에 산다.
● **a billion** 수많은, 수십억의 (=billions)
I've heard that song **a billion** times before.
나는 전에 그 노래를 **수없이 많이** 들었다.
billions of dollars 수십억 달러

☑ I've heard that song a billion times before.
= I've heard that song many, many times before.

bind (binde) [baind]

동사 **묶다** (=fasten)
Jane **binds** her hair with a rubber band.
제인은 고무줄로 머리를 묶는다.

3인칭단수현재	bind**s**
현재분사	bind**ing**
과거·과거분사	bound

binoculars (buh-**nah**-kyuh-lurz) [bənákjələr]

명사 《복수형임》 쌍안경
I could see the distant bear clearly through the **binoculars**.
나는 쌍안경을 통해 멀리 떨어져 있는 곰을 잘 볼 수 있었다.

➕ a pair of binoculars 쌍안경 한 개

biography (bye-**ah**-gruh-fee) [baiágrəfi]

명사 ⓒ 전기, 일대기
Sora is reading a **biography** of Admiral Sunshin Lee. 소라는 이순신 장군의 전기를 읽고 있다.

복수형 biograph**ies**

biology (bye-**ah**-luh-jee) [baiálədʒi]

명사 ⓤ 생물학
We learned about frogs in **biology** class.
우리는 생물 시간에 개구리에 대해 배웠다.

➕ biological 생물학의
biologist 생물학자

*bird (burd) [bəːrd]

명사 ⓒ 새, 조류
Birds fly south for the winter.
새들은 겨울을 나러 남쪽으로 날아간다.
- *The early bird catches the worm.* 일찍 일어나는 새가 벌레를 잡는다. 〈속담〉
- *Kill two birds with one stone.* 돌멩이 하나로 두 마리 새 잡기, 일석이조 〈속담〉

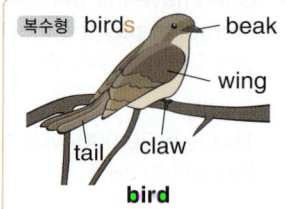

복수형 bird**s** — beak, wing, tail, claw
bird

birth (burth) [bəːrθ]

명사 ⓒⓤ 출생, 탄생 (↔death), 출산
the **birth** of a baby 아기의 탄생
A: What is your **date of birth**?
   당신의 생년월일은 언제입니까?
B: It is April 5, 1988. 1988년 4월 5일입니다.
- **give birth to** ~을 낳다
She **gave birth to** a boy. 그녀는 남자아이를 낳았다.

복수형 birth**s**

✓ What is your date of birth?
  = When is your birthday?
  = When were you born?

*birthday (burth-*day*) [bə́ːrθdèi]

명사 ⓒ 생일
Happy **Birthday**! 생일 축하해!
Are you giving a **birthday party** for Ben?

복수형 birthday**s**

➕ birthday card 생일 카드

벤 생일 파티 해 줄거니?
A: When is your **birthday**? 너는 생일이 언제니?
B: It's (on) April 5. 4월 5일이야.

birthday cake	생일 케이크
birthday present	생일 선물

biscuit (bis-kit) [bískit]

명사 ⓒ 작고 동그란 빵, 비스킷
I like to eat **biscuits** with honey on them.
나는 비스킷에 꿀을 발라 먹는 걸 좋아해.

복수형 biscuit**s**
➕ biscuit (영국영어) 과자

bit¹ (bit) [bit]

명사 ⓒ 작은 조각, 적은 양
The cup broke into **bits**. 컵이 산산조각으로 깨졌다.
● ***a bit*** 조금, 약간 (≒a little)
I'm **a bit** tired. 나는 좀 피곤하다.
A: Is there any milk? 우유 있니?
B: Just **a little bit**. 조금 있어.
● ***quite a bit*** 꽤, 상당한
We got **quite a bit** of rain last night.
어젯밤 비가 꽤 많이 왔다.

복수형 bit**s**

The cup broke into **bits**.

bit² (bit) [bit]

동사 bite의 과거형

bite (bite) [bait]

동사 물다, 깨물다
Adam **bit into** the apple. 아담은 사과를 베어 물었다.
Jane **bites** her fingernails when she is nervous.
제인은 긴장하면 손톱을 물어뜯는다.
A mosquito keeps **biting** me. 모기가 계속 나를 문다.
He was **bitten** by a big dog.
그는 커다란 개에게 물렸다.

3인칭단수현재	bite**s**
현재분사	bit**ing**
과거	bit
과거분사	bitten

명사 1 ⓒ (음식) 한 입
I will try **a bite of** that cake.
나는 그 케이크를 한 입 먹어볼 거야.
Can I have **a bite of** your hamburger?
네 햄버거 한 입 먹어도 돼?

2 ⓒ (벌레 등에게) 물린 상처, 쏘인 상처
mosquito **bites** 모기 물린 곳

복수형 bite**s**
➕ bite-size (sized) 한 입 크기의, 아주 작은

bitten (bit-uhn) [bítn]

동사 bite의 과거분사형

bitter (bit-ur) [bítər]

형용사 1 (맛이) 쓴
Some medicines taste **bitter**. 어떤 약은 쓴맛이 난다.

2 씁쓸한, 분개하는
Sam was **bitter** that he lost the election.
샘은 자신이 선거에 진 것에 분개했다.

| 비교급 | more bitter |
| 최상급 | most bitter |

*black (blak) [blæk]

형용사 1 검은, 흑색의
Please write in **black** ink. 검은색 잉크로 써 주세요.

2 흑인의
Martin worked for the rights of **black** people.
마틴은 흑인의 인권을 위해 일했다.

명사 ⓒⓤ 검정색, 흑색
The man in **black** is the thief.
검은색 옷을 입은 남자가 도둑이다.
The picture is in **black and white**. 그 사진은 흑백이다.

| 비교급 | black**er** |
| 최상급 | black**est** |

➕ **black eye** 맞아서 멍든 눈
black hole 블랙홀

| 복수형 | black**s** |

blackboard (blak-bord) [blǽkbɔ̀:rd]

명사 ⓒ 칠판 (≒ chalkboard)
The teacher wrote some numbers on the **blackboard**. 선생님은 칠판에 숫자를 적으셨다.

| 복수형 | blackboard**s** |

칠판은 초록색인데 왜 blackboard라고 하나요?

blackboard는 글자 그대로 '검정색 판'이라는 뜻이에요. 칠판이 처음 생겼을 때는 검정색이었기 때문에 그렇게 불렀는데, 요즘에는 검정색이 아닌 초록색 칠판이 많이 쓰이기 때문에 미국에서는 분필로 쓰는 판이라는 뜻의 chalkboard라는 단어를 선호한답니다.

blame (blame) [bleim]

동사 비난하다, ~의 탓으로 돌리다
Don't **blame** others **for** your mistakes.
= Don't **blame** your mistakes **on** others.
너의 실수를 다른 사람의 탓으로 돌리지 마라.

3인칭단수현재	blame**s**
현재분사	blam**ing**
과거·과거분사	blame**d**

Sam **blamed** his failure **on** Tiger.
샘은 그의 실패를 타이거 탓으로 돌렸다.
- *be to blame* 책임이 있다, ~의 탓이다
 I **am to blame** for it. 그것은 내 잘못이다.
- *I don't blame you(him, her, them)* 그럴 만도 해
 A: I was very angry! 나는 굉장히 화가 났었어!
 B: **I don't blame you.** He was really rude.
 그럴 만도 해. 그는 정말 무례했어.

명사 ⓤ 비난, 책임
He **took the blame for** the mistake.
그는 실수에 대한 책임을 졌다.

Sam **blamed** his failure **on** Tiger.

blank (blangk) [blæŋk]

형용사 빈, 백지의
a **blank** sheet of paper 백지
Leave the second page **blank**.
두 번째 페이지는 비워 두세요.

명사 ⓒ 빈칸
Fill in the **blank**. 빈칸을 채우시오.

➕ blank CD 공 (녹음 안 된) CD

복수형 blank**s**

blanket (blang-kit) [blǽŋkit]

명사 ⓒ 담요, 이불
I sleep under two **blankets** in the winter.
나는 겨울에는 담요 두 장을 덮고 잔다.

복수형 blanket**s**

bled (bled) [bled]

동사 bleed의 과거형

bleed (bleed) [bli:d]

동사 피가 나다
His knee was **bleeding**.
그의 무릎에서 피가 나고 있었다.
She almost **bled to death**.
그녀는 피를 너무 많이 흘려 거의 죽을 뻔했다.

3인칭단수현재 bleed**s**
현재분사 bleed**ing**
과거·과거분사 bled

bless (bles) [bles]

동사 축복하다
The priest **blessed** the baby. 목사는 아기를 축복했다.

3인칭단수현재 bless**es**

And God, please **bless** my son.
그리고 신이시여, 제 아들을 축복해 주소서.
- ***Bless you!*** (재채기를 한 사람에게) 감기 조심하세요!
  A: Aacchooo! 에취!
  B: **Bless you!** 감기 조심해!
  A: Thank you. 고마워.

| 현재분사 | bless**ing** |
| 과거·과거분사 | bless**ed** |

➕ blessing 축복(의 말), 신의 은총

 왜 재채기를 하면 사람들이 "Bless you!"라고 말해 주나요?

과거 유럽에서 흑사병이 유행했었어요. 그 당시 사람들은 흑사병의 초기 증상이 재채기라고 생각했대요. 흑사병에 걸렸을지도 몰라 '신이 너를 축복해서 병에 걸리지 않기를'이라고 했던 것이 관습적으로 굳어졌다고 해요.

blew (bloo) [blu:]

동사 blow의 과거형

blind (blinde) [blaind]

형용사 눈이 먼, 시각 장애의, 볼 수 없는
Dr. Kang is **blind**. 강 박사님은 앞을 볼 수 없습니다.
She **went blind** when she was young.
그녀는 어렸을 때 시력을 잃었다.

명사 ⓒ (창문에 치는) 빛 가리개, 발, 블라인드
Tony, please **close the blinds**. The sun is so bright I can't see the TV.
토니, 블라인드 좀 쳐 줘. 햇빛이 너무 밝아서 TV를 볼 수가 없네.

| 비교급 | blind**er** |
| 최상급 | blind**est** |

➕ color-blind 색맹의

| 복수형 | blind**s** |

blinds

block (blahk) [blɑk]

명사 1 ⓒ (사각형) 덩어리, 블록, 토막
wooden **blocks** (장난감용) 나무 블록
Use this **block** of wood to keep the door open.
문을 열어 두려면 이 나무토막을 사용하세요.

2 ⓒ (도시에서 도로로 둘러싸인) 구역, 구획, 블록
The bank is about three **blocks** from here.
은행은 여기서부터 세 블록 정도 더 가면 있다.

동사 방해하다, 막다, 가리다
The road was **blocked** by the heavy snowfall.
폭설로 도로가 막혔다.
The goalkeeper **blocked** the penalty kick.

| 복수형 | block**s** |

wooden **blocks**

3인칭단수현재	block**s**
현재분사	block**ing**
과거·과거분사	block**ed**

골키퍼가 페널티 킥을 막았다.
Could you move a little? You're **blocking** the view.
조금 비켜 줄래? 네가 내 앞을 가리고 있거든.

➕ **blockade** 봉쇄, 차단

blond, blonde (blahnd) [blɑnd]

형용사 금발의
Billy has **blond** hair. 빌리는 금발 머리이다.

명사 ⓒ 금발인 사람
She is not a natural **blonde**. 그녀는 원래 금발이 아니다.

복수형 **blond(e)s**

※ 남성은 blond, 여성은 blonde 라고 해요.

blood (bluhd) [blʌd]

명사 ⓤ 피, 혈액
My **blood type** is A. 내 혈액형은 A형이야.

➕ **bloody** 피가 나는, 피투성이의

bloom (bloom) [blu:m]

명사 ⓒ 꽃 (≒flower)
a garden full of **blooms** 꽃들로 가득한 정원
The roses are in **bloom**. 장미가 피어 있다.

동사 꽃이 피다 (≒blossom)
Roses **bloom** in May. 장미는 5월에 핀다.

복수형 **blooms**
3인칭단수현재 **blooms**
현재분사 **blooming**
과거·과거분사 **bloomed**

blossom (blah-suhm) [blásəm]

명사 ⓒ 꽃 (≒flower)
The cherry **blossoms** are in full bloom in Seoul.
서울에 벚꽃이 활짝 피었다.

동사 꽃이 피다 (≒bloom)
The apple trees **blossom** before they grow fruit.
사과나무는 열매를 맺기 전에 꽃이 핀다.

복수형 **blossoms**
3인칭단수현재 **blossoms**
현재분사 **blossoming**
과거·과거분사 **blossomed**

blouse (blous) [blaus]

명사 ⓒ 블라우스
Sora was wearing a pretty red silk **blouse**.
소라는 예쁜 빨간색 실크 블라우스를 입고 있었다.

복수형 **blouses**

blow (bloh) [blou]

동사 1 (바람이) 불다
It is **blowing** hard. 바람이 많이 불고 있다.

3인칭단수현재 **blows**

The wind **blew** from the north. 바람은 북쪽에서 불었다.

2 (바람 등에) 날리다, (바람 등에) 날려 보내다
My hat **blew off** in the wind. 모자가 바람에 날아갔다.
The fan **blew** the smoke. 환풍기가 연기를 날려 보냈다.

3 (입으로) 불다
Blow the whistle when you are in danger.
위험에 처하면 호루라기를 불어라.

● *blow one's nose* 코를 풀다
Stop crying and **blow your nose**. 그만 울고 코 풀어.

● *blow out* 불어서 끄다
Make a wish and **blow out** the candles!
소원을 빌고, 촛불을 불어서 꺼!

● *blow up* 1 (공기 등을 넣어) 부풀다
Let's **blow up** some balloons for the party.
파티에 쓸 풍선을 불자.
2 폭발하다, 폭발시키다
The soldiers **blew up** the bridge with a bomb.
군인들은 폭탄으로 다리를 폭파시켰다.

현재분사	blowing
과거	blew
과거분사	blown

My hat **blew off** in the wind.

blown (blohn) [bloun]

동사 blow의 과거분사형

*blue (bloo) [bluː]

형용사 **1** 파란, 푸른
blue sky 파란 하늘

2 우울한 (≒sad, unhappy)
Tony's poor grades made him **feel blue**.
좋지 못한 성적은 토니를 우울하게 만들었다.

명사 ⓒⓤ 파란색
The boy is dressed in **blue**.
그 남자아이는 파란색 옷을 입고 있다.

● *out of the blue* 갑자기, 난데없이
The storm came up **out of the blue**.
폭풍우가 갑자기 불어닥쳤다.

비교급	bluer
최상급	bluest
복수형	blues

blue

blush (bluhsh) [blʌʃ]

동사 (부끄러워서) 얼굴이 빨개지다, 얼굴을 붉히다
Steve **blushed** when he got the answer wrong.
스티브는 답이 틀리자 얼굴이 빨개졌다.
She **blushed** red. 그녀는 얼굴이 빨개졌다.

3인칭단수현재	blushes
현재분사	blushing
과거·과거분사	blushed

board (bord) [bɔːrd]

명사 1 ⓒ 널빤지, 판자
He built a TV stand from a wooden **board**.
그는 나무판자로 TV 받침대를 만들었다.

2 ⓒ 게시판 (≒bulletin board), 칠판 (≒blackboard)
The test scores were posted **on the board**.
시험 점수가 게시판에 붙었다.
Bora wrote the answer **on the board**.
보라는 칠판에 답을 적었다.

● *on board* (배·비행기 등에) 탑승한, 탄
Is the captain **on board** yet? 선장은 이미 탑승했나요?

동사 (배·비행기 등에) 타다, 탑승하다
We have to **board** the cruise ship by 1:30.
1시 30분까지는 유람선에 승선해야 한다.

복수형	board**s**

➕ **boarding** 스케이트보드나 스노보드 타기
boarding pass (비행기) 탑승권

3인칭단수현재	board**s**
현재분사	board**ing**
과거·과거분사	board**ed**

boast (bohst) [boust]

동사 1 자랑하다, 뽐내다
Mary **boasted** to everyone **about** her new car.
메리는 모든 사람들에게 그녀의 새 차를 자랑했다.
Jane **boasted** that she was the tallest girl in the school.
제인은 자기가 학교에서 키가 제일 큰 여자아이라고 자랑했다.

2 (장소를) 자랑거리로 가지고 있다
New Zealand **boasts** beautiful views.
뉴질랜드는 아름다운 경치가 자랑거리이다.

3인칭단수현재	boast**s**
현재분사	boast**ing**
과거·과거분사	boast**ed**

➕ **boastful** 자랑하는
boastfully 자랑하면서

boat (boht) [bout]

명사 ⓒ 배, 보트
Row your **boat** quickly. 배를 빨리 저어라.
● *be in the same boat* 같은 처지에 있다
We are all **in the same boat**.
우리는 모두 같은 처지이다.

복수형	boat**s**

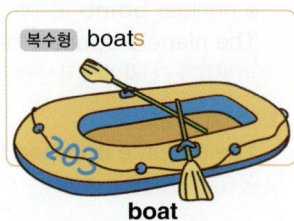
boat

 boat 말고 '배'를 뜻하는 단어로는 어떤 것들이 있나요?

배를 나타내는 단어로는 boat(보트), yacht(요트), ship(배) 등이 있지요. boat는 fishing boat(어선)처럼 작으면서 일반적인 배를 말하고, yacht는 크지는 않지만 주로 항해를 하는 고급스러운 배로 사람이 안에서 잠을 잘 수도 있어요. 반면에 ship은 여객선이나 화물선 같은 큰 배를 말한답니다.

*body (bah-dee) [bádi]

명사 1 ⓒ 몸, 신체
My **body** hurts all over. 온몸이 아프다.
- *A healthy mind in a healthy body.* 건강한 몸에 건강한 정신이 깃든다. 〈명언〉

2 ⓒ 시체
We found the **body** of a dead woman in the woods. 우리는 숲에서 죽은 여인의 시체를 발견했다.

| 복수형 | bodies |

➕ **body building** 보디빌딩
bodyguard 경호원
body language 신체 언어, 보디랭귀지

boil (boil) [bɔil]

동사 끓다, 끓이다, 삶다
Water **boils** at 100℃. 물은 섭씨 100도에서 끓는다.
Turn off the stove. The water is **boiling over**. 스토브를 꺼. 물이 끓어 넘치고 있어.
Let's **boil** some eggs and make egg salad. 계란을 몇 개 삶아서 계란 샐러드를 만들자.

3인칭단수현재	boils
현재분사	boiling
과거·과거분사	boiled

➕ **boiler** 보일러

bold (bohld) [bould]

형용사 1 대담한, 용감한
She was a **bold** explorer. 그녀는 대담한 탐험가였다.

2 (선·글자가) 굵은
The important words are in **bold** type. 중요한 단어들은 굵은 글자체로 되어 있다.

| 비교급 | bolder |
| 최상급 | boldest |

➕ **boldly** 대담하게, 뚜렷하게

bomb (bahm) [bɑm]

명사 ⓒ 폭탄
a nuclear **bomb** 핵폭탄
The plane dropped a **bomb** on the area. 비행기가 그 지역에 폭탄을 투하했다.

동사 폭격하다
The air force **bombed** the enemy army. 공군은 적군을 폭격했다.

| 복수형 | bombs |

3인칭단수현재	bombs
현재분사	bombing
과거·과거분사	bombed

bond (bahnd) [bɑnd]

명사 ⓒ 유대, 결속
I feel a strong **bond** with my brother and sister. 나는 내 형제, 자매에게 강한 유대감을 느낀다.

동사 접착되다, 접착시키다, 잇다

| 복수형 | bonds |

| 3인칭단수현재 | bonds |

The glue will **bond** the broken pieces together.
그 접착제는 부서진 조각들을 접착시켜 줄 것이다.

현재분사	bond**ing**
과거·과거분사	bond**ed**

bone (bohn) [boun]

명사 ⓒ 뼈, 가시
Minsu broke several of his **bones** in the car crash.
민수는 자동차 사고에서 뼈가 여러 개 부러졌다.
The dog was chewing on a **bone**.
그 개는 뼈다귀를 씹고 있었다.
Fish have many tiny **bones**.
생선은 작은 가시가 많다.

복수형	bone**s**
➕ bony 굉장히 마른	

*book (buk) [buk]

명사 ⓒ 책
Sally is always reading a **book**.
샐리는 항상 책을 읽는다.
● **open your books to ~** 책 ~을 펴라
Everyone, **open your books to** page 10.
여러분, **책 10쪽을 펴세요**.

동사 예약하다 (≒ reserve)
My parents **booked** a cruise to Alaska.
우리 부모님은 알래스카행 유람선을 예약하셨다.
The restaurant is **fully booked**.
식당은 예약이 다 찼다.
I **booked** a table at my favorite restaurant.
나는 내가 좋아하는 식당에 테이블 하나를 예약했다.

복수형	book**s**

books

3인칭단수현재	book**s**
현재분사	book**ing**
과거·과거분사	book**ed**

bookstore (buk-*stor*) [búkstɔ̀ːr]

명사 ⓒ 서점
The **bookstore** is across the street.
서점은 길 건너에 있다.
Many people buy books through online **bookstores**.
많은 사람들이 온라인 서점을 통해 책을 산다.

복수형	bookstore**s**

bookstore

*boot (boot) [buːt]

명사 ⓒ 장화, 부츠
In winter many women **wear boots**.
겨울에는 많은 여자들이 부츠를 신는다.
I bought **a pair of boots**. 나는 부츠 한 켤레를 샀다.

복수형	boot**s**

boots

booth (booth) [buːθ]

명사 ⓒ 작은 칸막이 공간, 부스
a telephone **booth** 공중전화 부스
an information **booth** 안내소

복수형	**booth**s

border (bor-dur) [bɔ́ːrdər]

명사 ⓒ 국경, 경계
Canada is on the northern **border** of the United States.
캐나다는 미국의 북쪽 국경에 인접해 있다.
The **border line** between South and North Korea is heavily guarded.
남한과 북한 사이의 경계선은 경비가 삼엄하다.

동사 ~에 접하다, 인접하다
Korea **borders** China. 한국은 중국과 접해 있다.

복수형	**border**s
3인칭단수현재	**border**s
현재분사	**border**ing
과거·과거분사	**border**ed

bore (bor) [bɔːr]

동사 bear² 의 과거형

bored (bord) [bɔːrd]

형용사 지루한, 싫증 나는
I am **bored** by most action movies.
나는 대부분의 액션 영화에 싫증이 났다.
That was terrible! It was like being **bored to death**.
끔찍했어! 지겨워 죽을 것만 같았어.

비교급	more bored
최상급	most bored

*boring (bor-ing) [bɔ́ːriŋ]

형용사 (책·영화 등이) 지루한, 따분한 (↔ interesting)
Most TV shows are **boring**.
대부분의 TV 프로그램은 지루하다.

비교급	more boring
최상급	most boring

---

 boring과 bored의 차이가 뭔가요?

boring과 bored는 똑같이 '지루하다'라는 뜻이지만 문법적으로는 다르게 사용되니 주의하세요. 영화나 소설과 같은 것이 재미없고 지루할 때는 boring을 사용하고, 사람이 따분하고 지루하게 느낄 때는 bored를 사용해요.

예 The story was **boring**. 그 이야기는 지루했다.
I was **bored** by the story. 나는 그 이야기가 지루했다.

born (born) [bɔːrn]

동사 《bear²의 과거분사형, be 동사와 함께 쓰임》 태어나다
I **was born** in 1997. 나는 1997년에 태어났다.
Where **were** you **born**? 너는 어디서 태어났니?
He was **born** blind. 그는 날 때부터 앞을 보지 못했다.

형용사 《명사 앞에만 쓰임》 타고난, 선천적인
Mark is a **born** singer. 마크는 타고난 가수이다.

> ➕ **firstborn** 맏이, 첫째
> **newborn** 갓 난, 새로 태어난

borne (born) [bɔːrn]

동사 bear²의 과거분사형

borrow (bor-oh) [bɔ́(ː)rou]

동사 빌리다
A: Can I **borrow** a pen? 펜 좀 빌릴 수 있을까?
B: Sure. What color? 물론이지. 어떤 색 빌려 줄까?
I **borrowed** these books **from** the library.
난 이 책들을 도서관에서 빌렸다.

> 3인칭단수현재 **borrows**
> 현재분사 **borrowing**
> 과거·과거분사 **borrowed**

boss (baws) [bɔ(ː)s]

명사 ⓒ 상사, 사장, 대장
I'll ask my **boss** if I can leave the office now.
지금 퇴근해도 될지 상사에게 물어볼게.
You've got to show the kids who's (the) **boss**.
누가 대장인지 아이들에게 보여 줘야 해.

> 복수형 **bosses**
>
> ➕ **bossy** 권위적인

*both (bohth) [bouθ]

형용사 양쪽의, 둘 다의
She hurt **both** her eyes. 그녀는 양쪽 눈을 다 다쳤다.
Use **both** your hands to hold the bowl.
그 그릇을 쥐려면 양손을 사용해라.

대명사 양쪽, 둘 다
Both of us agreed to go to Busan.
우리는 둘 다 부산에 가기로 동의했다.
I'd like **both**, please. 둘 다 주세요.

● **both A and B** A도 B도, A와 B 둘 다
Chinese food is **both** sweet **and** sour.
중국 음식은 달고 시다.
Both Anne **and** Tom are really nice.
앤과 톰은 둘 다 매우 착하다.

Use **both** your hands.

☑ **Both of us agreed to go to Busan.**
= We **both** agreed to go to Busan.

bother (bah-THur) [bάðər]

동사 **1** 귀찮게 하다, 성가시게 하다 (≒trouble)
Don't **bother** me. I'm so busy now.
귀찮게 하지 마. 나 지금 너무 바빠.
A: **Sorry to bother you, but** could you tell me where City Hall is?
성가시게 해서 죄송하지만, 시청이 어디 있는지 알려 주실 수 있나요?
B: Sure. Go two blocks and take a right.
물론이죠. 두 블록 가신 다음에 오른쪽으로 가세요.

2 신경 쓰이게 하다, 걱정시키다
What's **bothering** you? 무슨 걱정 있니?
It **bothers** them that there's no school nearby.
그들은 근처에 학교가 없어서 걱정이다.

3 ~하려고 애쓰다, 일부러 ~하다
He didn't **bother to** lock the window.
그는 굳이 창문을 잠그려 하지 않았다.
A: Shall I call you later? 나중에 전화할까?
B: No, don't **bother**. 아니, 그러지 않아도 돼.

3인칭단수현재	bothers
현재분사	bothering
과거·과거분사	bothered

Don't **bother** me. I'm so busy now.

*bottle (bah-tuhl) [bάtl]

명사 ⓒ 병
a **bottle** opener 병따개
He drank **a bottle of** wine. 그는 포도주 한 병을 마셨다.
Bill **opened a bottle**. 빌이 병을 열었다.

| 복수형 | bottles |

bottom (bah-tuhm) [bάtəm]

명사 **1** 《단수로 쓰임》 아랫부분, 밑바닥 (↔top)
The page numbers are **at the bottom of** the page.
쪽수는 쪽의 아랫부분에 있다.
The price tag is **on the bottom of** the box.
가격표는 상자 바닥에 붙어 있다.
The **bottoms** of your feet are dirty.
네 발바닥이 더럽다.

2 ⓒ 엉덩이
These hard chairs make my **bottom** sore.
이 딱딱한 의자는 내 엉덩이를 아프게 한다.

형용사 《명사 앞에만 쓰임》 맨 아래쪽에
The cup is on the **bottom** shelf.
컵은 맨 아래 선반 위에 있다.

| 복수형 | bottoms |

The price tag is **on the bottom of** the box.

bought (bawt) [bɔːt]

동사 buy의 과거 · 과거분사형

bounce (bouns) [bauns]

동사 **1** (공이) 튀다, (공을) 튀기다
Jack always **bounces** the basketball three times before he passes the ball.
잭은 패스를 하기 전에 항상 농구공을 세 번 튀긴다.

2 뛰다
Stop **bouncing** on the bed. 침대 위에서 뛰지 마라.

3인칭단수현재	bounces
현재분사	bouncing
과거·과거분사	bounced

bound (bound) [baund]

동사 bind의 과거 · 과거분사형

boundary (boun-dur-ee) [báundəri]

명사 ⓒ 경계, 경계선, 국경
The Rio Grande River marks the **boundary** between the United States and Mexico.
리오그란데 강은 미국과 멕시코 사이의 경계를 나타낸다.
Fences are **boundaries** between neighbors.
울타리는 이웃 간의 경계이다.

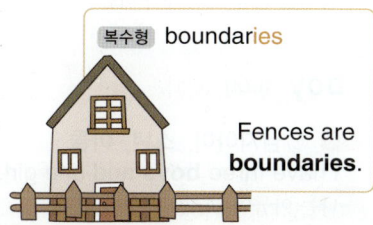

복수형 boundaries

Fences are **boundaries**.

bow¹ (bou) [bau]

명사 ⓒ 인사, 절
Attention! **Bow**! 차렷! 경례!

동사 머리를 숙여 인사하다, 절하다
He **bowed** low to honor his teacher.
그는 선생님께 경의를 표하기 위해 머리 숙여 인사했다.

복수형	bows
3인칭단수현재	bows
현재분사	bowing
과거·과거분사	bowed

bow² (boh) [bou]

1 ⓒ (무기로 쓰는) 활, (악기의) 활
Some African tribes still hunt with **bows** and arrows.
어떤 아프리카 부족은 아직도 활과 화살로 사냥을 한다.
a cello **bow** 첼로의 활

2 ⓒ 나비 모양 매듭
a **bow** tie 나비넥타이

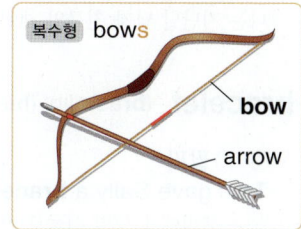

복수형 bows

bow
arrow

bowl (bohl) [boul]

명사 ⓒ 공기, 그릇
I ate **a bowl of** rice for breakfast.
나는 아침으로 밥 한 공기를 먹었다.
May I have another **bowl of** soup?
수프 한 그릇 더 먹어도 돼요?
Mary filled the **bowl** with cereal.
메리는 그릇에 시리얼을 가득 채웠다.

복수형 bowl**s**

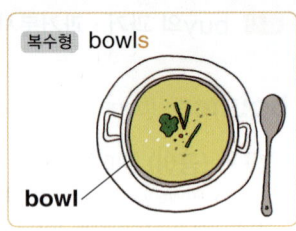
bowl

*box (bahks) [bɑks]

명사 ⓒ 상자
The **box** is full of books.
그 상자는 책으로 가득 차 있다.
Sam bought **a box of** popcorn at the movies.
샘은 극장에서 팝콘 한 상자를 샀다.

동사 권투하다
Billy liked to **box** for exercise.
빌리는 운동 삼아 권투하는 것을 좋아했다.

복수형 box**es**
3인칭단수현재 box**es**
현재분사 box**ing**
과거·과거분사 box**ed**

⊕ boxer 권투 선수
　boxing 권투

*boy (boi) [bɔi]

명사 ⓒ 남자아이, 소년, 아들
I have three **boys** and one girl.
나는 아들이 셋, 딸이 하나 있다.
A: What are you going to name your baby?
네 아이의 이름을 뭐라고 지을 거니?
B: If it's a **boy**, Brian, and if it's a girl, Helen.
남자아이면 브라이언, 여자아이면 헬렌.

복수형 boy**s**

⊕ boyish 소년 같은
　girl 여자아이, 소녀, 딸

boyfriend (boi-frend) [bɔ́ifrènd]

명사 ⓒ 남자 친구, 애인
My **boyfriend** is very handsome.
내 남자 친구는 매우 잘 생겼다.
I broke up with my **boyfriend** last month.
나는 지난달 남자 친구와 헤어졌다.

복수형 boyfriend**s**

⊕ girlfriend 여자 친구

bracelet (brase-lit) [bréislit]

명사 ⓒ 팔찌
Tom gave Sally a **bracelet** for her birthday.
톰은 샐리에게 생일 선물로 팔찌를 주었다.

복수형 bracelet**s**

brain (brayn) [brein]

명사 1 ⓒ 뇌
Scientists study the **brain** to learn how we think.
과학자들은 우리가 어떻게 생각을 하는지 알아내기 위해 뇌를 연구한다.

2 ⓒ 머리, 두뇌, 지능
John has a good **brain**. 존은 머리가 좋다.

> 복수형 brain**s**
>
> ➕ **brainy** 머리가 좋은
> **brain-dead** 뇌사 상태의
> **brain death** 뇌사

branch (branch) [bræntʃ]

명사 1 ⓒ 나뭇가지
The **branches** of the orange tree were heavy with fruit.
오렌지 나무의 가지에 열매가 주렁주렁 열려 있었다.

2 ⓒ 지점, 지사
Most banks have many **branches**.
대부분의 은행은 많은 지점이 있다.

> 복수형 branch**es**

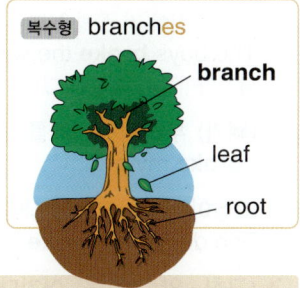

brand (brand) [brænd]

명사 ⓒ 상표, 브랜드
Which **brand** of cola do you prefer? Coke or Pepsi?
어떤 상표의 콜라를 좋아하니? 코카콜라 아니면 펩시?

> 복수형 brand**s**

brand-new (brand-noo) [brǽndnjúː]

형용사 아주 새로운, 신품의, 새것의
This computer is **brand-new**.
이 컴퓨터는 완전히 새것이다.

> ※ bran-new라고 쓰기도 해요.

brave (brave) [breiv]

형용사 용감한
He was **brave** to jump out of an airplane.
그는 비행기에서 뛰어내릴 정도로 용감했다.
He was a **brave** soldier. 그는 용감한 군인이었다.

> 비교급 brave**r**
> 최상급 brave**st**
> ➕ **bravely** 용감하게

Brazil (brah-zeel) [brəzíl]

국가명 브라질
Sugarcane is one of **Brazil**'s largest crops.
사탕수수는 브라질의 가장 많은 농작물 중 하나이다.

> ➕ **Brazilian** 브라질의, 브라질 사람(의)

bread

*bread (bred) [bred]

명사 ① 빵
My mom baked some **bread** for me.
우리 엄마가 날 위해 빵을 구워 주셨다.
I'm going to the bakery to buy **a loaf of bread**.
나는 빵 한 덩어리를 사러 제과점에 가려고 한다.

➕ a slice of bread 빵 한 조각
bread

*break (brayk) [breik]

동사 1 깨지다, 깨다, 부서지다, 부수다
If you drop that vase, it will **break**.
만약 당신이 저 꽃병을 떨어뜨리면 꽃병은 깨질 것이다.
The boys **broke** the window.
남자아이들이 창문을 깼다.

2 (뼈가) 부러지다, (뼈를) 부러뜨리다
I **broke** my arm. 나는 팔이 부러졌다.

3 고장이 나다, 고장을 내다
The doorknob **broke**. 문손잡이가 고장 났다.

4 (규칙·약속 등을) 어기다
If you **break the rules**, I will punish you.
규칙을 어기면, 난 너에게 벌을 줄 거야.
She never **breaks** her **promises**.
그녀는 약속을 절대 어기지 않는다.

• break down 고장이 나다
Bora's computer **broke down**.
보라의 컴퓨터는 고장이 났다.

• break out 일어나다, 발생하다
A war **broke out** in the Middle East.
중동에서 전쟁이 일어났다.

• break up (with) (~와) 헤어지다
She and her boyfriend **broke up** last week.
그녀와 그녀의 남자 친구는 지난주에 헤어졌다.

명사 ② 휴식, 쉬는 시간
Let's **take a break** for five minutes.
5분간 휴식하자.

3인칭단수현재 break**s**
현재분사 break**ing**
과거 **broke**
과거분사 **broken**

➕ breakable 깨지기 쉬운
breakdown 고장

Bora's computer **broke down**.

➕ break a habit 습관을 버리다
break the news 나쁜 소식을 전하다
break a record 기록을 깨다

복수형 break**s**

*breakfast (brek-fuhst) [brékfəst]

명사 ⓒⓤ 아침 식사
Breakfast is the most important meal of the day.
아침 식사는 하루 중 가장 중요한 식사이다.
I had cereal **for breakfast**.
나는 아침 식사로 시리얼을 먹었다.

복수형 breakfast**s**

breakfast, brunch, lunch, dinner, supper — 하루에 다섯 끼를 먹나요?

아침 식사는 breakfast, 점심 식사는 lunch, 아침 겸 점심 식사는 이 두 단어를 합친 brunch라고 해요. 그리고 저녁 식사는 supper 또는 dinner라고 하는데, dinner가 좀 더 격식을 차려서 먹는 저녁 식사를 뜻한답니다.

breast (brest) [brest]

명사 1 ⓒ (여성의) 유방, 젖가슴
The mother took the baby to her **breast** to feed it.
엄마는 아기에게 젖을 주기 위해 아기를 가슴 쪽으로 안았다.

2 ⓒ (몸의) 가슴 (부위) (≒ chest)
He held his toy bear against his **breast**.
그는 곰 인형을 품에 안았다.

> 복수형 breast**s**
> ⊕ chicken breast 닭 가슴살

breath (breth) [breθ]

명사 ⓒⓤ 호흡, 숨
Steve can **hold his breath** for two minutes underwater.
스티브는 물속에서 2분 동안 숨을 참을 수 있다.
The doctor asked Mary to **take a deep breath**.
의사는 메리에게 숨을 깊이 쉬라고 했다.
He was **out of breath** after running up the stairs.
그는 계단을 뛰어올라서 숨이 찼다.
She has **bad breath**. 그녀는 입 냄새가 난다.

> 복수형 breath**s**
> ⊕ breathtaking (너무 아름답거나 놀랍거나 아슬아슬해서) 숨이 막히는, 숨이 멎는 듯한

breathe (breeTH) [briːð]

동사 숨을 쉬다, 호흡하다
Breathe deeply and relax.
숨을 깊게 쉬고 긴장을 푸세요.
She **breathed** in some fresh air.
그녀는 신선한 공기를 들이마셨다.

> 3인칭단수현재 breathe**s**
> 현재분사 breath**ing**
> 과거·과거분사 breath**ed**

breathless (breth-lis) [bréθlis]

형용사 1 숨이 찬
Susan was **breathless** from running up the stairs.
수잔은 계단을 뛰어올라서 숨이 찼다.

2 (놀람·흥분으로) 숨을 쉴 수 없는
We were **breathless** with excitement.
우리는 흥분해서 숨을 쉴 수 없었다.

> ⊕ breathlessly 숨이 차서; 숨을 죽이고

bribe (bribe) [braib]

명사 ⓒ 뇌물
He gave a **bribe** to make his horse win the race.
그는 경주에서 자신의 말이 우승하도록 뇌물을 주었다.

동사 뇌물을 주다
I **bribed** her to say nothing.
나는 그녀에게 아무 말도 하지 말라고 뇌물을 주었다.

복수형	bribes
3인칭단수현재	bribes
현재분사	bribing
과거·과거분사	bribed

brick (brik) [brik]

명사 ⓒⓤ 벽돌
The little pig lived in a **brick** house.
아기 돼지는 벽돌집에 살았다.

복수형	bricks

bride (bride) [braid]

명사 ⓒ 신부
The **bride** wore a beautiful traditional wedding dress.
신부는 아름다운 전통 혼례복을 입었다.

복수형	brides

bridegroom (bride-*groom*) [bráidgrù(:)m]

명사 ⓒ 신랑 (=groom)
The **bridegroom** kissed his new bride.
신랑은 새 신부에게 키스했다.

복수형	bridegrooms

*bridge (brij) [bridʒ]

명사 ⓒ 다리
The children crossed the **bridge**.
아이들이 다리를 건너갔다.
A new **bridge** will be built over the river.
강에 새 다리가 놓여질 것이다.

복수형	bridges

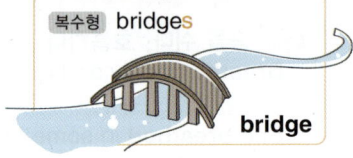
bridge

brief (breef) [bri:f]

형용사 1 (시간이) 짧은, 잠깐의
My meeting with my boss was **brief**. It lasted less than five minutes.
상사와의 회의는 잠깐이었다. 5분도 채 되지 않았다.

2 간결한
The report should be **brief**. It should be less than 200 words.

비교급	briefer
최상급	briefest

➕ **briefly** 간단히, 간단히 말해서; 잠시

리포트는 간결해야 합니다. 200자 이내여야 합니다.
- **in brief** 간단히, 간단히 말하면
  Please answer my question **in brief**.
  제 질문에 **간단히** 답해 주세요.

> **briefing** 브리핑 (정보나 지시를 전달하는 회의나 서류)

briefcase (breef-*kase*) [brí:fkèis]

명사 ⓒ 서류 가방
I carry my work papers and keys in my **briefcase**.
나는 서류와 열쇠를 서류 가방에 넣고 다닌다.

> 복수형 briefcase**s**

bright (brite) [brait]

형용사 **1** 빛나는, 눈부신, 밝은 (↔dark)
The **bright** light hurt my eyes.
밝은 빛은 내 눈을 아프게 했다.
I can't forget her **bright** smile.
나는 그녀의 밝은 미소를 잊을 수가 없다.

2 총명한, 똑똑한 (≒smart, intelligent)
Sally was a **bright** student and knew the answer to the question.
샐리는 총명한 학생이어서 그 문제의 답을 알고 있었다.

> 비교급 bright**er**
> 최상급 bright**est**
>
> ➕ **brighten** 밝아지다, 밝히다
> **brightly** 밝게, 환하게
> **brightness** 빛남, 밝음; 총명함

brilliant (bril-*yuhnt*) [bríljənt]

형용사 **1** 찬란한, 눈부신
The sunshine was **brilliant**. 햇빛이 눈부셨다.

2 총명한, 명석한
Edison was a **brilliant** man and invented the light bulb.
에디슨은 명석한 사람으로 전구를 개발했다.

> 비교급 **more** brilliant
> 최상급 **most** brilliant
>
> ➕ **brilliantly** 찬란히; 뛰어나게

*bring (bring) [briŋ]

동사 **1** 가져오다, 데려오다
You can **bring** a friend to the dinner party.
너는 저녁 파티에 친구를 데리고 와도 된다.
Could you **bring** me some water, please?
물 좀 갖다 주시겠어요?
I hope the mailman **brings** good news today.
나는 오늘 우편배달부가 좋은 소식을 가져오길 바란다.

2 초래하다, 일으키다
In my opinion, new technology **brings** new problems.
나는 새로운 기술은 새로운 문제점들을 만들어 낸다고 생각한다.

> 3인칭단수현재 bring**s**
> 현재분사 bring**ing**
> 과거·과거분사 **brought**

bring

- ***bring ~ back*** ~을 기억나게 하다, 생각나게 하다
  The movie **brought** the sad memories **back**.
  그 영화는 슬픈 기억이 생각나게 했다.
- ***bring up*** 1 기르다, 양육하다
  My mother **brought up** four children.
  우리 엄마는 4명의 아이를 키우셨다.
  2 (이야기 등을) 꺼내다
  I didn't know how to **bring up** the subject.
  나는 어떻게 그 이야기를 꺼내야 할지 몰랐다.
- **What brings you here?** 여기는 무슨 일로 왔니?

> ☑ My mother brought up four children.
> = My mother raised four children.

Britain (bri-tuhn) [brítən]

국가명 영국 (= Great Britain)
Britain is the ninth largest island in the world.
영국은 세계에서 9번째로 큰 섬이다.

> ※ 영국의 공식 명칭은 the United Kingdom of Great Britain and Northern Ireland예요.

British (bri-tish) [brítiʃ]

형용사 영국의, 영국 사람의
Anne speaks **British** English.
앤은 영국 영어를 한다.

명사 《the British로 쓰임》 (집합적) 영국인
The British ruled India for almost 100 years.
영국인들은 인도를 거의 백 년 동안 지배했다.

> ➕ **British Council** 영국 문화원
> **the British Embassy in Seoul** 서울의 영국 대사관

broad (brawd) [brɔːd]

형용사 1 폭이 넓은 (≒ wide; ↔ narrow)
This street is hard to drive on because it's not **broad** enough.
이 길은 충분히 넓지 않기 때문에 운전하기 어렵다.

2 광범위한, 폭넓은
a **broad** range of products 다양한 제품들

3 전반적인, 대략의
Jane gave a **broad** outline of the book she read.
제인은 그녀가 읽은 책의 전반적인 개요를 알려 주었다.

비교급 broad**er**
최상급 broad**est**

narrow
broad

broadcast (brawd-kast) [brɔ́ːdkæst]

동사 방송하다, 방영하다
The president's speech was **broadcast** last night.

3인칭단수현재 broadcast**s**

대통령의 연설은 어젯밤에 방송되었다.

현재분사	broadcasting
과거·과거분사	broadcast
복수형	broadcasts

명사 ⓒ 방송, 방영
A special TV **broadcast** reported the hurricane.
특별 TV 방송은 허리케인에 대해 보도했다.

broke (broke) [brouk]

동사 break의 과거형

broken (broh-kuhn) [bróukən]

동사 break의 과거분사형

➕ broken home 결손 가정

형용사 1 깨진, 부서진
The window was **broken** during the storm.
폭풍우에 창문이 깨졌다.

2 고장 난
My computer is **broken**. 내 컴퓨터는 고장 났다.

● *broken English* 엉터리 영어
Minsu speaks **broken English**.
민수는 엉터리 영어를 한다.

broken

bronze (brahnz) [brɑnz]

명사 1 ⓤ 청동
Susan has a **bronze** statue of Cupid in her garden.
수잔의 정원에는 청동으로 만든 큐피드 상이 있다.

| 복수형 | bronzes |

2 ⓒ 동메달
She won a **bronze** medal in swimming.
그녀는 수영에서 동메달을 땄다.

➕ gold (medal) 금메달
silver (medal) 은메달
bronze (medal) 동메달
Bronze Age 청동기 시대

형용사 청동색의, 구릿빛의
Bill's face was **bronze** from the sun.
빌의 얼굴은 햇볕에 그을려 구릿빛이었다.

broom (broom) [bru(:)m]

명사 ⓒ 빗자루
The worker used a **broom** to sweep the street.
청소부는 빗자루로 길을 쓸었다.

| 복수형 | brooms |

*brother (bruhTH-ur) [brʌðər]

명사 ⓒ 형, 오빠, 남동생

| 복수형 | brothers |

I have two older **brothers**. 나는 오빠가[형이] 두 명 있다.
I wish I had a younger **brother**.
나는 남동생이 있으면 좋겠다.

➕ **big brother** 형, 오빠

brought (brawt) [brɔːt]

동사 bring의 과거·과거분사형

*brown (broun) [braun]

형용사 갈색의
Bill has **brown** hair and brown eyes.
빌은 머리와 눈이 갈색이다.

| 비교급 | browner |
| 최상급 | brownest |

명사 ⓒⓤ 갈색
She looks good in **brown**. 그녀는 갈색이 잘 어울린다.

| 복수형 | browns |

brunch (bruhnch) [brʌntʃ]

명사 ⓒ 아침 겸 점심, 브런치
I like to sleep late on Sundays and go out for **brunch**.
나는 일요일에는 늦잠을 자고 아침 겸 점심을 먹으러 가는 것을 좋아한다.

| 복수형 | brunches |

※ brunch = breakfast(아침 식사) + lunch(점심 식사)

*brush (bruhsh) [brʌʃ]

동사 (솔로) 닦다, 빗다
I **brush** my **teeth** every morning.
나는 매일 아침 이를 닦는다.
Don't **brush** your **hair** during the class.
수업 중에 머리를 빗지 마라.

3인칭단수현재	brushes
현재분사	brushing
과거·과거분사	brushed
복수형	brushes

명사 ⓒ 솔, 붓, 빗
We use **brushes** to brush our hair.
우리는 머리를 빗는 데 빗을 사용한다.

➕ hairbrush 머리빗
paintbrush 페인트용 솔
toothbrush 칫솔

bubble (buhb-uhl) [bʌ́bəl]

명사 ⓒ 거품, 비눗방울
Look at me! I can **blow** big **bubbles**.
나 좀 봐! 난 큰 비눗방울을 불 수 있어.

| 복수형 | bubbles |

동사 거품이 일다, 보글보글 끓다
The hot soup **bubbled** in the pot.
뜨거운 수프가 냄비에서 보글보글 끓었다.

3인칭단수현재	bubbles
현재분사	bubbling
과거·과거분사	bubbled

bucket (buhk-it) [bʌ́kit]

명사 ⓒ 양동이, 물통
We carried water in a **bucket**.
우리는 양동이로 물을 날랐다.
He threw **a bucket of water** over the fighting dogs.
그는 싸우고 있는 개들에게 물 한 양동이를 들이부었다.

| 복수형 | bucket**s** |

bucket

buckle (buhk-uhl) [bʌ́kəl]

명사 ⓒ (허리띠 등의) 버클, 잠금장치
Bob's belt has a special **buckle** made out of silver.
밥의 허리띠에는 은으로 만들어진 특별한 버클이 있다.

동사 (버클로) 잠그다, 죄다, (버클을) 매다
Everyone, please **buckle** your seat belts.
모두 안전벨트를 매 주세요.

● *buckle up* 안전벨트를 매다
Buckle up before driving.
운전하기 전에 **안전벨트를 매세요**.

복수형	buckle**s**
3인칭단수현재	buckle**s**
현재분사	buckl**ing**
과거·과거분사	buckl**ed**

bud (buhd) [bʌd]

명사 ⓒ (식물의) 싹, 눈, 꽃봉오리
In the spring, trees are full of **buds**.
봄이면 나무는 새싹들로 가득하다.
flower **buds** 꽃봉오리

동사 싹이 트다, 꽃봉오리를 맺다
All of these trees will **bud** in the spring.
이 모든 나무들은 봄에 싹을 틔울 것이다.

| 복수형 | bud**s** |

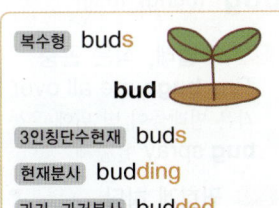
bud

3인칭단수현재	bud**s**
현재분사	bud**ding**
과거·과거분사	bud**ded**

Buddha (boo-duh) [búːdə]

명사 《the Buddha로도 쓰임》 부처, 석가모니
Buddha means "awakened one."
석가모니는 '깨어있는 사람'이라는 뜻이다.

➕ Buddhism 불교
  Buddhist 불교 신자, 불교의

budget (buhj-it) [bʌ́dʒit]

명사 ⓒⓤ 예산
Sally's **budget** has three parts: money she will spend, money she will save, and money she will give away.
샐리의 예산은 세 부분으로 되어 있다. 쓸 돈, 저축할 돈, 기부할 돈이다.

| 복수형 | budget**s** |

➕ budgetary 예산의

buffalo

| 동사 | 예산을 세우다
A: I didn't **budget** enough money for Christmas.
크리스마스를 위한 충분한 예산을 짜지 못했어.
B: So you're not going to buy me a Christmas present?
그래서 나한테 크리스마스 선물을 주지 않을 거라고?
A: I'm afraid that's correct. 유감스럽게도 그럴 것 같아.

3인칭단수현재	budgets
현재분사	budgeting
과거·과거분사	budgeted

buffalo (buhf-uh-loh) [bʌ́fəlòu]

| 명사 | ⓒ 들소, 물소
The **buffalo** was pulling a cart up a hill.
들소가 언덕 위로 수레를 끌고 가고 있었다.

| 복수형 | buffalo, buffaloes |

buffet (buh-fay) [bəféi]

| 명사 | ⓒ 뷔페
It's not a Korean tradition to have a **buffet** at weddings and on birthdays.
결혼식이나 생일날 뷔페를 먹는 것은 한국 전통이 아니다.

| 복수형 | buffets |

bug (buhg) [bʌg]

| 명사 | ⓒ 벌레, 작은 곤충
Tiny **bugs** are all over the wall.
작은 벌레들이 벽 위에 온통 붙어 있다.
bug spray 살충제

| 동사 | 귀찮게 하다
He kept **bugging** me. 그는 나를 계속 귀찮게 했다.
● *bug off!* 꺼져!

복수형	bugs
bugs	
3인칭단수현재	bugs
현재분사	bugging
과거·과거분사	bugged

*build (bild) [bild]

| 동사 | (건물 등을) 짓다, 건설하다
It took six months to **build** the house.
집을 짓는 데 6개월이 걸렸다.
His hobby is to **build** model ships.
그의 취미는 모형 배를 조립하는 것이다.

3인칭단수현재	builds
현재분사	building
과거·과거분사	built

*building (bil-ding) [bíldiŋ]

| 명사 | ⓒ 건물, 빌딩
This **building** is the tallest in the world.
이 건물은 세계에서 가장 높다.

| 복수형 | buildings |

built (bilt) [bilt]

동사 build의 과거 · 과거분사형

bull (bul) [bul]

명사 1 ⓒ 황소, 수소
That **bull** has very large and very sharp horns.
저 황소는 아주 크고 아주 날카로운 뿔을 가지고 있다.

2 ⓒ (코끼리 · 고래 같은 큰 동물의) 수컷
An angry **bull** elephant can hurt people.
화가 난 수코끼리는 사람을 해칠 수 있다.

복수형 **bull**s
⊕ bullfight 투우
bullfighter 투우사

bulletin board (bul-i-tin-bord) [búlətinbɔ̀:rd]

명사 ⓒ 게시판
I saw an advertisement for a part-time job on the **bulletin board**.
나는 게시판에서 시간제 일에 대한 광고를 보았다.

복수형 **bulletin board**s
⊕ noticeboard (영국영어) 게시판

bunch (buhnch) [bʌntʃ]

명사 ⓒ 다발, 묶음, 송이
Bella bought a **bunch of** lilies at the flower shop.
벨라는 꽃집에서 백합 한 다발을 샀다.
Tom brought a **bunch of** grapes to eat as a snack.
톰은 간식으로 먹을 포도 한 송이를 가지고 왔다.

복수형 **bunch**es

a **bunch of** grapes

burden (bur-duhn) [bə́:rdn]

명사 1 ⓒ (정신적인) 부담, 짐
share the **burden** 부담을 함께 나누다
We tend to regard homework as a **burden**.
우리는 숙제를 부담으로 여기는 경향이 있다.

2 ⓒ (무거운) 짐 (≒load)
He carried a **burden** on his back.
그는 짐을 등에 지고 날랐다.

복수형 **burden**s
⊕ burdensome 부담스러운

burglar (bur-glur) [bə́:rglər]

명사 ⓒ 도둑, 빈집털이범, 강도
The **burglar** broke into my house and took some jewelry.
도둑이 우리 집에 들어와서 보석을 훔쳐 갔다.

복수형 **burglar**s

burn (burn) [bəːrn]

동사 1 (불·햇볕에) 타다, 태우다
The logs were **burning** in the fireplace.
통나무가 벽난로 안에서 타고 있었다.
She **burned** all the papers.
그녀는 모든 서류를 다 태웠다.
The steak is **burning**! 스테이크가 탄다!

2 데다, 화상을 입다, 화상을 입히다
He **burned** his hand on the hot stove.
그는 뜨거운 난로에 손을 데었다.

명사 ⓒ 화상
The nurse put a bandage on my **burn**.
간호사는 내가 화상 입은 부분을 붕대로 감아 주었다.

3인칭단수현재	burn**s**
현재분사	burn**ing**
과거·과거분사	burn**ed**, burn**t**

※ burn의 과거형과 과거분사형으로 미국에서는 주로 burned를, 영국에서는 주로 burnt를 써요.

| 복수형 | burn**s** |

burnt (burnt) [bəːrnt]

동사 (영국영어) burn의 과거·과거분사형

burst (burst) [bəːrst]

동사 1 터지다, 터뜨리다, 폭발하다
The balloon **burst** when I stepped on it.
내가 발로 밟자 풍선이 터졌다.

2 갑자기 ~하다
The door **burst open** and the children ran in.
문이 갑자기 벌컥 열리고 아이들이 뛰어들어 왔다.
She **burst into tears**. 그녀는 갑자기 울기 시작했다.

명사 ⓒ (갑자기, 한바탕) ~을 함
a **burst** of anger 갑자기 분통을 터뜨림

3인칭단수현재	burst**s**
현재분사	burst**ing**
과거·과거분사	burst

burst

| 복수형 | burst**s** |

bury (ber-ee) [béri]

동사 묻다, 매장하다
Susan **buried** her dead hamster in the forest.
수잔은 죽은 햄스터를 숲 속에 묻어 주었다.
The treasure was **buried** in the grave.
보물은 묘지에 묻혀 있었다.

3인칭단수현재	bur**ies**
현재분사	bury**ing**
과거·과거분사	bur**ied**

bus (buhs) [bʌs]

명사 ⓒ 버스
I **go** to school **by bus**. 나는 학교에 버스를 타고 간다.

| 복수형 | bus**es** |

I usually **take the bus** to school.
나는 보통 학교에 버스를 타고 간다.
A: Why are you late, Mina? 미나야, 왜 늦었니?
B: **I missed the bus**. 버스를 놓쳤어요.

☑ I go to school by bus.
= I take the bus to school.

bush (bush) [buʃ]

명사 ⓒ 덤불, 수풀
Rose **bushes** need lots of sun and water.
장미 덤불은 많은 햇빛과 물을 필요로 한다.

복수형 bush**es**

business (biz-nis) [bíznis]

명사 1 ⓤ 사업, 장사, 거래
Korean companies **do business** all over the world.
한국 기업은 전 세계에 걸쳐 사업을 한다.
He works in the oil **business**.
그는 석유 사업을 하고 있다.
A: How's **business**, Jack? 사업은 어때, 잭?
B: Great. 아주 좋아.

2 ⓒ 기업, 회사
Samsung is the largest **business** in Korea.
삼성은 한국에서 가장 큰 기업이다.

3 ⓤ 업무, 일
a **business** trip 출장
- **none of your business** 당신이 상관할 일이 아니다
- **mind your own business** 참견 마라

복수형 business**es**

➕ business card 명함
businessman 남성 사업가
businessperson 사업가
businesswoman 여성 사업가

oil **business**

*busy (biz-ee) [bízi]

형용사 1 바쁜, 분주한 (↔ free)
I'm too **busy** to take a break.
난 휴식을 취하기에는 너무 바빠.
My dad's **busy with** work.
우리 아빠는 일 때문에 바쁘시다.

2 혼잡한 (≒ crowded)
Seoul Station is always **busy** with people.
서울역은 언제나 사람들로 혼잡하다.

3 (전화가) 통화 중인
I called Tom, but his phone was **busy**.
난 톰에게 전화했지만, 그의 전화는 통화 중이었다.
- **as busy as a bee** 몹시 바쁜
She was **as busy as a bee**. 그녀는 몹시 바빴다.

비교급 bus**ier**
최상급 bus**iest**

➕ busily 바쁘게, 부지런히

busy

*but (buht) [bʌt]

접속사 그러나, 그렇지만, 하지만
These shoes are great, **but** they're too expensive.
이 신발은 멋지지만, 너무 비싸다.

전치사 ~을 제외하고, ~을 빼고 (≒except)
No one **but** Sam knows how to fix the TV.
샘을 제외하고는 아무도 TV를 고치는 방법을 모른다.
Everyone **but** Mina is here.
미나를 빼고 모두가 여기 있다.
- **not A but B**   A가 아니라 B
He is **not** a teacher **but** a student.
그는 교사가 아니라 학생이다.

부사 단지 (≒just)
She is **but** a child. 그녀는 단지 어린애에 불과하다.
I can **but** wait. 나는 단지 기다릴 뿐이다.

☑ No one but Sam knows how to fix the TV.
= Only Sam knows how to fix the TV.

☑ Everyone but Mina is here.
= Everyone except Mina is here.

butter (buht-ur) [bʌ́tər]

명사 ⓤ 버터
My little brother loves peanut **butter**.
내 남동생은 땅콩버터를 좋아한다.
She **spread butter** on her toast.
그녀는 토스트에 버터를 발랐다.

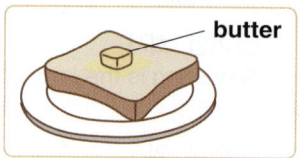
butter

butterfly (buht-ur-flye) [bʌ́tərflài]

명사 ⓒ 나비
A **butterfly** has four wings.
나비는 날개가 네 개다.

| 복수형 | butterfl**ies** |

*button (buht-uhn) [bʌ́tn]

명사 1 ⓒ (옷의) 단추
My coat has gold colored **buttons**.
내 코트에는 금색 단추가 달려 있다.
He undid the **buttons** of his shirt.
그는 셔츠의 단추를 풀었다.

2 ⓒ (기계 등의) 단추, 버튼
Press the **button** to ring the doorbell.
초인종을 울리려면 버튼을 누르세요.

동사 단추를 채우다
He **buttoned up** my coat. 그는 코트의 단추를 채웠다.

| 복수형 | button**s** |
| ➕ | **buttonhole** 단춧구멍 |

buttons

3인칭단수현재	button**s**
현재분사	button**ing**
과거·과거분사	button**ed**

*buy (bye) [bai]

[동사] 사다, 구입하다 (↔sell)
A: What did you **buy** at the supermarket?
슈퍼마켓에서 무엇을 샀나요?
B: I **bought** a bottle of milk **for** my son.
아들 주려고 우유를 한 병 샀어요.

3인칭단수현재	buy**s**
현재분사	buy**ing**
과거·과거분사	**bought**

*by (bye) [bai]

[전치사] 1 《위치》 ~ 옆에 (≒next to)
Don't sit **by** me. 내 옆에 앉지 마.
The remote control is **by** the lamp.
리모컨은 램프 옆에 있다.

2 ~의 옆을, ~을 지나 (≒past)
A car sped **by** me. 차가 내 옆을 빠른 속도로 지나갔다.

3 《시간》 ~까지
Please come back **by** 2:00. 두 시까지는 돌아오세요.

4 《수단》 ~에 의해서
I usually go to school **by bus**.
난 보통 버스로 학교에 간다.

5 《수동형을 만듦》 ~에 의해서, ~에 의한
a book **by** Hemingway 헤밍웨이가 쓴 책
I was bitten **by** a dog. 나는 개에게 물렸다.

● **by oneself** 1 혼자, 홀로 (≒alone)
He studies **by himself**.
그는 혼자 공부한다.

2 혼자 힘으로, 스스로
She made supper for us all **by herself**.
그녀는 혼자 힘으로 우리 저녁을 준비했다.

● **by the way** 《화제를 바꾸어》 그런데
By the way, have you heard the news?
그런데 그 소식은 들었나요?

[부사] 지나서
A bus passed **by**. 버스 한 대가 지나갔다.
Time goes **by** too quickly. 시간은 너무 빨리 지나간다.

The remote control is **by** the lamp.

※ 자전거, 버스, 기차 등을 교통수단으로 이용하는 경우에는 앞에 by를 붙여요.

※ **by** 그 시간까지 일이 끝날 때
I have to turn in my homework by 3:00. (나는 3시까지 숙제를 내야 한다.)
until 그 시간까지 일이 계속될 때
I have to study until 3:00. (나는 3시까지 계속 공부를 해야 한다.)

*bye (bye) [bai]

[감탄사] 안녕, 잘 가 (=goodbye)
A: I've got to go. **Bye**. 난 가야 해. 안녕!
B: **Bye**. See you later. 잘 가. 나중에 봐.

☑ bye-bye
= bye

cab (kab) [kæb]

명사 ⓒ 택시 (≒taxi)
a **cab** driver 택시 기사
John called a **cab**. 존이 택시를 불렀다.
- ***take a cab*** 택시를 타다
I **took a cab** because I was late for an appointment.
나는 약속 시간에 늦어 **택시를 탔다**.

[복수형] cab**s**

➕ go by cab 택시로 가다

cabbage (kab-ji) [kǽbidʒ]

명사 ⓒⓤ 양배추
You can make kimchi with **cabbage**.
양배추로도 김치를 담글 수 있다.
I like a **cabbage** salad. 나는 양배추 샐러드를 좋아한다.

[복수형] cabbage**s**

cabinet (kab-uh-nit) [kǽbənit]

명사 ⓒ 장 (≒cupboard), 진열장, 캐비닛
a **medicine cabinet** 약장
The trophy is in the **cabinet**.
트로피는 진열장에 있다.

[복수형] cabinet**s**

cable (kay-buhl) [kéibəl]

명사 1 ⓤ 유선 방송, 케이블 방송 (=cable television)
I watch the drama, "CSI," **on cable**.
나는 유선 방송으로 드라마 〈CSI〉를 본다.

2 ⓒⓤ 전선, 케이블
computer **cables** 컴퓨터 전선
Plug the printer **cable** into the computer.
컴퓨터에 프린터 케이블을 꽂으세요.

[복수형] cable**s**

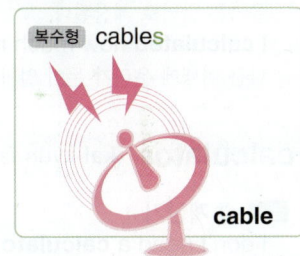
cable

cafeteria (kaf-uh-teer-ee-uh) [kæfitíəriə]

명사 ⓒ (구내)식당, 카페테리아
We usually have lunch at the school **cafeteria**.
우리는 보통 학교 구내식당에서 점심을 먹는다.

[복수형] cafeteria**s**

 cafeteria와 restaurant의 차이는 뭔가요?

cafeteria는 학교나 회사에서 본인이 음식을 직접 가져다 먹는 (구내)식당을 말하며, restaurant는 손님이 주문을 하고 종업원이 음식을 가져다주는 식당을 말해요.

cage (kayj) [keidʒ]

명사 ⓒ 새장, 짐승 우리
Two birds are singing in the **cage**.
새 두 마리가 새장 안에서 노래를 부르고 있다.
I feel pity for animals in **cages**.
나는 우리 안의 동물들이 불쌍하다.

복수형 cage**s**

cage

cake (kake) [keik]

명사 ⓒⓤ 케이크
Cake is made of flour, sugar, eggs, and milk.
케이크는 밀가루, 설탕, 달걀, 우유로 만든다.
- *It's a piece of cake.* 아주 쉬운 일이다, 누워서 떡 먹기다, 식은 죽 먹기다 〈속담〉
  A: Can you teach me how to make a cupcake?
  컵케이크 만드는 법을 가르쳐 줄 수 있나요?
  B: Sure. **It's a piece of cake**. 물론이에요. 아주 쉬워요.

복수형 cake**s**

cake

calculate (kal-kyuh-*late*) [kǽlkjəlèit]

동사 계산하다
A computer **calculates** complex numbers easily.
컴퓨터는 복잡한 수를 쉽게 계산한다.
Oil prices are **calculated** in dollars.
유가는 달러로 계산된다.
I **calculated** how much money we need for our trip.
나는 여행에 우리가 돈이 얼마나 필요한지를 계산했다.

3인칭단수현재 calculate**s**
현재분사 calculat**ing**
과거·과거분사 calculate**d**

➕ calculation 계산, 셈

calculator (kal-kyuh-*lay*-tur) [kǽlkjəlèitər]

명사 ⓒ 계산기
I don't need a **calculator** to add or subtract.
나는 더하기와 빼기를 할 때 계산기가 필요 없다.
You can't use a **calculator** on the test.
시험을 볼 때는 계산기를 사용할 수 없다.

복수형 calculator**s**

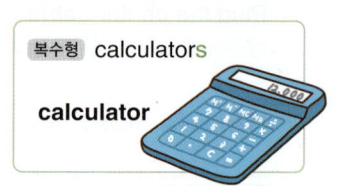
calculator

calendar (kal-uhn-dur) [kǽlindər]

명사 ⓒ 달력
I bought a **calendar** with pictures of sports stars.
나는 스포츠 스타들의 사진이 있는 달력을 샀다.
New Year's Day is a different date on a lunar **calendar** than on a solar **calendar**.
설날은 양력 날짜와 음력 날짜가 다르다.

복수형 calendar**s**

calendar

* call (kawl) [kɔːl]

동사 **1** (크게 소리 내어) 부르다
The teacher **called out** his name, and he stepped forward.
선생님이 그의 이름을 크게 부르자 그가 앞으로 나왔다.

2 전화하다 (≒ phone, telephone)
I'll **call** you later. 내가 나중에 전화할게.

• *call (~) back* (~에게) 다시 전화하다
A: Who's calling, please? 누구세요?
B: This is Minsu. Can I talk to Sora?
민수인데요. 소라와 통화할 수 있나요?
A: She's not in. Can you **call her back** later?
소라 지금 없는데요. 나중에 다시 전화하시겠어요?

3 ~라고 부르다 (≒ name)
My name is Elisabeth, but just **call** me Liz.
내 이름은 엘리자베스야. 그렇지만 그냥 리즈라고 불러.

4 불러내다
We had better **call** the doctor.
의사 선생님을 모셔 오는 게 낫겠다.

명사 **1** ⓒ 전화
I **got a call** from my teacher.
나는 선생님에게서 온 전화를 받았다.
Please **give** me **a call** tomorrow.
내일 전화 주세요.

2 ⓒ 부르는 소리, 외침
The police heard a **call for** help.
경찰은 도와 달라고 외치는 소리를 들었다.

3인칭단수현재 **call**s
현재분사 **call**ing
과거·과거분사 **call**ed

➕ call after ~을 따라 이름 짓다
call by (at) (지나가는 길에) 들르다
call for ~을 필요로 하다
call it a day 하루를 마치다, 하루의 일을 마치다
call names 욕하다
call off 취소하다
call on (upon) ~를 방문하다
call up 전화를 걸다

복수형 **call**s

➕ collect call 수신자 부담 전화
international call 국제 전화
wake-up call (호텔의) 모닝콜

---

 call one's name과 call one names는 뜻이 다른가요?
비슷한 표현이지만 뜻이 전혀 다르니 주의하세요.
They called **my** name. 그들은 나의 이름을 불렀다.
They called **me** names. 그들은 나에게 욕을 했다.

---

calm (kahm) [kɑːm]

형용사 **1** 침착한, 차분한 (≒ cool)
The nurse kept **calm** even in the emergency.
간호사는 위급 상황에서도 침착했다.
I took a deep breath and tried to keep **calm**.
나는 숨을 깊이 쉬고 침착하려고 애썼다.

비교급 **calm**er
최상급 **calm**est

➕ calmly 침착하게, 차분하게

2 고요한, 잔잔한
The skies were **calm** after the storm passed.
태풍이 지난 후에 하늘은 고요했다.

동사 **가라앉히다, 평온하게 하다** (≒ soothe)
The mother's singing **calmed** her baby.
엄마의 노래는 아기를 평온하게 했다.
A: I'm never going to pass my swimming test.
    나는 수영 시험을 절대로 통과하지 못할 것 같아.
B: **Calm down**, I'm sure you'll pass.
    진정해. 나는 네가 통과할 것이라고 확신해.

calmness 고요, 평온; 침착	
3인칭단수현재	calm**s**
현재분사	calm**ing**
과거·과거분사	calm**ed**

came (kame) [keim]

동사 come의 과거형

camel (kam-uhl) [kǽməl]

명사 ⓒ **낙타**
Camels carry people across the desert.
낙타는 사막에서 사람들을 태운다.
Camels can live in the desert without water for a long time.
낙타는 오랫동안 사막에서 물 없이 지낼 수 있다.

복수형 camel**s**

camel

camera (kam-ur-uh) [kǽmərə]

명사 ⓒ **카메라, 사진기**
Just look into the **camera** and talk.
카메라를 보고 말하세요.
I got a **digital camera** for my birthday.
나는 생일 선물로 디지털카메라를 받았다.
My **camera** is automatic. 내 카메라는 자동이다.

복수형 camera**s**

➕ cameraman 촬영 기사

camp (kamp) [kæmp]

명사 **1** ⓒⓤ**야영지, 캠프**
My brother went away to soccer **camp**.
내 남동생은(오빠는) 축구 캠프에 갔다.
They set up **camp** on the south side of the lake.
그들은 호수 남쪽에 캠프를 쳤다.

2 ⓒⓤ**(포로·난민 등의) 수용소**
The President visited several **refugee camps** in the area.
대통령은 그 지역에 있는 몇 군데의 난민 수용소를 방문했다.

복수형 camp**s**

➕ camping 야영
  campground 야영장
  campsite 야영장

campaign (kam-**payn**) [kæmpéin]

명사 ⓒ 캠페인, (사회) 운동
a **campaign against** alcohol 금주 운동
The **campaign against** poverty raised $250,000 to buy food for poor children.
빈곤 퇴치 캠페인에서 가난한 아이들을 위한 식품을 마련하기 위해 25만 달러를 모금했다.

복수형 campaign**s**

※ g 다음에 n이 오면 g는 발음하지 않아요.

campus (**kam**-puhs) [kǽmpəs]

명사 ⓒⓤ (주로 대학의) 교정, 구내, 캠퍼스
She likes to get around **campus** by bicycle.
그녀는 자전거로 캠퍼스를 돌아다니는 것을 좋아한다.

복수형 campus**es**

*can¹ (kan) [kæn]

조동사 1 〖능력·가능〗 ~을 할 수 있다 (≒ be able to)
I **can** speak English. 나는 영어로 말할 수 있다.
Bora **can** dunk a basketball. 보라는 덩크슛을 할 수 있다.

● **as ~ as one can** 될 수 있는 대로 (≒ as ~ as possible)
Please see the doctor **as** soon **as you can**.
될 수 있으면 빨리 의사에게 진찰을 받으세요.

2 〖허가〗 ~해도 좋다, ~해도 된다
You **can** have dessert if you eat all your supper.
저녁을 다 먹으면 디저트를 먹어도 돼.
Bob **can** drive his father's car on the weekends.
밥은 주말에 아버지 자동차를 운전해도 된다.

3 《Can you ~?의 형태로 부탁을 나타냄》 ~해 주시겠어요?, 해도 될까요?
Can you tell me your name?
성함을 말씀해 주시겠어요?
Can I borrow your pencil, please?
연필 좀 빌려 주시겠어요?

과거 could

⊕ can't = can not, cannot

Bora **can** dunk a basketball.

 Tip 공손한 표현에 쓰이는 **can**과 **could**의 차이점이 뭔가요?

흔히 영어에는 존대법이 없다고 생각하는데 그렇지 않아요. 명령문을 사용하여 말하면 매우 무례하게 느껴지고 듣는 이의 기분을 상하게 할 수 있어요. 따라서 can이나 could를 사용하여 의문문으로 표현하는 것이 예의 바르지요. 둘 중에서 can보다 could가 더 정중한 표현이에요.

◎ Open the door. (문 열어.)
Can you open the door, please? (문 좀 열어 줄래요?)
Could you open the door, please? (문 좀 열어 주시겠어요?)

can² (kan) [kæn, kən]

명사 ⓒ 깡통, 캔, 용기
This blue **can** is empty. 이 파란색 깡통은 비어 있다.
There are two **trash cans** in the classroom.
교실에는 쓰레기통이 두 개 있다.

복수형 **cans**

can

Canada (kan-uh-duh) [kǽnədə]

국가명 캐나다
Canada is the second largest country in the world after Russia.
캐나다는 러시아 다음으로 세계에서 두 번째로 큰 나라이다.

➕ **Canadian** 캐나다 사람, 캐나다의

 캐나다 사람들은 영어만 쓰나요?
캐나다는 영어를 주로 사용하지만 영어와 함께 프랑스 어도 모국어로 인정해요. 캐나다의 영어는 발음이 미국영어와 같지만 사용하는 단어는 영국영어에 가까워요.

cancel (kan-suhl) [kǽnsəl]

동사 취소하다 (≒ call off)
I have to **cancel** my reservation.
나는 예약을 취소해야 한다.
The baseball game was **canceled** because it was **raining**.
야구 경기는 비가 왔기 때문에 취소되었다.

3인칭단수현재 **cancels**
현재분사 (미국) **canceling**, (영국) **cancelling**
과거·과거분사 (미국) **canceled**, (영국) **cancelled**

 canceled가 맞나요, cancelled가 맞나요?
둘 다 맞아요. 영국에서 쓰는 영어와 미국에서 쓰는 영어는 거의 같지만 약간의 차이가 있어요. cancel의 과거형을 미국에서는 canceled, 영국에서는 cancelled라고 하죠. 영국영어에서는 "l"이 한 번 더 붙는 거죠. 이 같은 단어로 travel(여행하다) 등이 있어요.
　예) 미국영어: travel (현재), traveled (과거·과거분사), traveling (현재분사)
　　　영국영어: travel (현재), travelled (과거·과거분사), travelling (현재분사)

cancer (kan-sur) [kǽnsər]

명사 ⓒⓤ 암
lung〔stomach〕 **cancer** 폐〔위〕암
She died of **cancer**. 그녀는 암으로 죽었다.

복수형 **cancers**

candidate (kan-di-*date*) [kǽndədèit]

명사 ⓒ 후보자, 지원자
You should vote for the best **candidate**, not the most popular candidate.
가장 인기 있는 후보가 아니라 가장 뛰어난 후보에게 투표해야 한다.
There are fifty **candidates for** the job.
그 일에 50명이 지원했다.

> 복수형 **candidate**s
>
> ❓ vote 투표하다

candle (kan-duhl) [kǽndl]

명사 ⓒ 양초, 촛불
The room was lit by a single **candle**.
초 한 자루만이 방을 밝히고 있었다.
Blow out the candles on the cake.
케이크 위의 촛불을 불어서 꺼라.

> 복수형 **candle**s
>
> ❓ blow out (불 등을 불어서) 끄다

*candy (kan-dee) [kǽndi]

명사 ⓒⓤ 사탕, 캔디
Candy is very sweet. 사탕은 매우 달다.
We have four pieces of **candy**.
우리는 사탕이 네 개 있다.

> 복수형 **cand**ies
>
> ※ candy는 복수형으로 잘 쓰지 않아요.

cane (kane) [kein]

명사 1 ⓒ 지팡이
John had to walk with a **cane** after he injured his knee.
존은 무릎을 다치고 나서 지팡이를 짚고 걸어야 했다.
The old man hit the robber with his **cane**.
노인은 지팡이로 강도를 쳤다.

2 ⓒ (대나무·사탕수수처럼 속이 빈) 줄기
sugar**cane** 사탕수수
You can make a simple fishing pole from **cane**.
줄기로 간단한 낚싯대를 만들 수 있다.

> 복수형 **cane**s
>
> cane
>
> ❓ fishing pole 낚싯대

cannot (kan-aht, ka-naht) [kǽnɑt, kænɑ́t]

조동사 《can의 부정형, can not의 연결형》 ~할 수 없다 (=can't)
I am sorry that I **cannot** accept your invitation.
당신의 초대를 받아들일 수 없어서 미안합니다.
I **cannot** swim. 나는 수영을 못한다.

> ➕ cannot = can not = can't

- ***cannot help but ~*** ~하지 않을 수 없다, ~할 수밖에 없다
  (= cannot help -ing)
  Cow **cannot help but study** hard.
  카우는 공부를 열심히 하지 않을 수 없다.
  (= 공부를 열심히 할 수밖에 없다.)
  I **cannot help laughing**.
  나는 웃지 않을 수 없다.(= 나는 웃을 수밖에 없다.)

Cow **cannot help but study** hard.

cap (kap) [kæp]

명사 **1** ⓒ 모자
Jack **wears a cap** all the time.
잭은 항상 모자를 쓴다.
Please **take off** your **cap** in the classroom.
교실에서는 모자를 벗으세요.
A: Where is your son?
   당신의 아들은 어디 있나요?
B: He's the boy **in the cap** over there.
   저기 모자 쓴 아이요.

2 ⓒ 뚜껑 (≒ top)
I lost the **cap** to my pen. 나는 펜 뚜껑을 잃어버렸다.
Can you get the **cap** off this bottle?
이 병뚜껑 좀 따 줄래?

복수형 cap**s**

➕ baseball cap 야구 모자
  swimming cap 수영 모자

Tip **cap과 hat의 차이가 뭐예요?**
cap과 hat은 둘 다 '모자'를 의미하지만 cap은 야구 모자처럼 모자에 눈 위까지 오는 긴 챙이 붙어 있는 것이나 챙이 없는 털모자를, hat은 보통 챙이 있는 모자를 말해요.

capable (kay-puh-buhl) [kéipəbəl]

형용사 **1** 《보통 capable of -ing로 쓰임》 ~할 수 있는,
~할 능력이 있는
You're **capable of** pass**ing** the exam if you try harder.
너는 좀 더 노력하면 시험에 합격할 수 있어.
I don't think he's **capable of** murder.
나는 그가 살인을 할 수 있다고 생각하지 않는다.

2 유능한
Hillary Clinton is a **capable** politician.
힐러리 클린턴은 유능한 정치가이다.
He is a very **capable** teacher.
그는 매우 유능한 교사이다.

비교급 more capable
최상급 most capable

➕ capability 능력

❓ politician 정치가

capital (kap-i-tuhl) [kǽpitl]

명사 1 ⓒ 수도
Seoul is the **capital** of Korea. 서울은 한국의 수도이다.

2 대문자 (=capital letter)
A sentence begins with a **capital letter**.
문장은 대문자로 시작한다.

| 복수형 | **capital**s |

➕ **capitalize** 대문자로 쓰다

captain (kap-tuhn) [kǽptin]

명사 1 ⓒ (배의) 선장, (비행기의) 기장
The **captain** said the plane will land in 15 minutes.
기장은 비행기가 15분 내로 착륙할 것이라고 말했다.

2 ⓒ (팀의) 주장
Tom is **captain of** the volleyball team.
톰은 배구 팀의 주장이다.

3 ⓒ (육·공군) 대위, (해군) 대령
My father is a **captain** in the Air Force.
우리 아버지는 공군 대위이시다.

| 복수형 | **captain**s |

The **captain** said the plane will land in 15 minutes.

capture (kap-chur) [kǽptʃər]

동사 1 붙잡다, 생포하다 (≒catch)
The army **captured** the enemy leader.
군대는 적군의 지도자를 생포했다.

2 사로잡다, 끌다
Moviemakers have to **capture** the audience's attention.
영화 제작자들은 관객의 주의를 끌어야만 한다.

3인칭단수현재	**capture**s
현재분사	**captur**ing
과거·과거분사	**captur**ed

❓ **audience** 청중, 관객

*car (kahr) [kaːr]

명사 ⓒ 차, 자동차 (=auto, automobile), (열차의) 차량
A **car** has four wheels.
자동차는 바퀴가 네 개이다.
Our seats are in the second **car** of the train.
우리 좌석은 열차의 2호차에 있다.

• **by car** 자동차로
I go to work **by car**.
나는 **자동차로** 출근한다.

• **drive a car** 차를 운전하다
Sam is learning to **drive a car**.
샘은 **자동차 운전**을 배우고 있다.

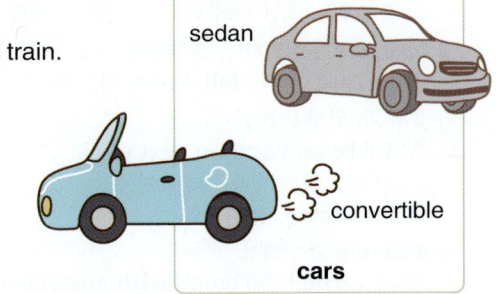

| 복수형 | **car**s |

sedan

convertible

cars

card

Tip 버스나 트럭도 car(차)에 속하나요?
car는 보통 승용차를 말하며, 이때에는 passenger car라고도 해요. 그러나 버스나 트럭은 각각 bus, truck이라고 하며 car에 포함되지 않아요.

C

card (kahrd) [kɑːrd]

명사 **1** ⓒ 카드
My grandmother sent me a **birthday card** with a $20 bill inside it.
우리 할머니께서 나에게 생일 카드와 함께 20달러 지폐를 보내주셨다.

2 ⓒ 엽서 (=postcard)
She sent me a **card** from Paris.
그녀는 파리에서 내게 엽서를 보냈다.

3 ⓒ 놀이 카드
We like to play **cards**. 우리는 카드놀이를 좋아한다.

4 ⓒ 명함
Can I get your **business card**?
당신의 명함을 얻을 수 있을까요?

복수형 card**s**

② bill 지폐

cards

➕ credit card 신용 카드
identity card 신분증
membership card 회원 카드

care (kair) [kɛər]

명사 **1** ⓤ 돌봄, 보살핌
Lisa's very sick. She needs a lot of **care**.
리사는 많이 아프다. 그녀는 많은 보살핌이 필요하다.

• **take care of** ~을 돌보다
My grandmother is **taking care of** us.
할머니께서 우리를 돌봐 주신다.
It's a lot of work to **take care of** a puppy.
강아지를 돌보는 것은 상당한 일거리다.

2 ⓤ 주의, 조심
The box was marked "Handle With **Care**."
그 상자에는 '취급 주의'라고 표시되어 있었다.

• **take care** 1 주의하다, 조심하다
Take care not to fall down. 넘어지지 않게 조심해.
2 잘 가, 안녕 (=bye)
A: I'll be on vacation next week.
  난 다음 주에 휴가를 떠날 거야.
B: **Take care**. 잘 다녀와.

• **with care** 조심해서
They carried the bomb **with** great **care**.

➕ careful 주의 깊은
carefully 주의 깊게
careless 부주의한
carelessly 부주의하게

Handle With **Care**

그들은 아주 **조심해서** 폭탄을 옮겼다.

[동사] 관심을 갖다, 신경을 쓰다
She doesn't **care about** money.
그녀는 돈에는 관심이 없다.
The thing I **care about** most is my family.
내가 가장 신경을 쓰는 것은 나의 가족이다.
- **I don't care** 조금도 상관없다, 신경 안 쓰다
  I don't care what you say.
  네가 뭐라고 말하든 **난 상관 안 해**.

3인칭단수현재	care**s**
현재분사	car**ing**
과거·과거분사	care**d**

➕ caring 배려하는, 관심을 갖는

---

career (kuh-reer) [kəríər]

[명사] ⓒ 경력, 직업
Tom has a wonderful **career**. 톰은 경력이 훌륭하다.
She is a **career** woman. 그녀는 직장 여성이다.

복수형	career**s**

---

*careful (kair-fuhl) [kέərfəl]

[형용사] 주의 깊은, 조심스러운, 신중한 (↔careless)
John **is** very **careful when** he uses a knife.
존은 칼을 사용할 때에는 매우 조심한다.
Be **careful with** your wallet on the subway. Someone might try to steal it.
지하철에서는 지갑을 조심해라. 누군가가 훔치려 할지도 모른다.

비교급	**more** careful
최상급	**most** careful

➕ carefully 주의 깊게, 신중하게

---

careless (kair-lis) [kέərlis]

[형용사] 부주의한, 조심성이 없는 (↔careful)
Tom made many **careless** mistakes on his homework. 톰은 숙제에서 부주의한 실수를 많이 했다.
A **careless** driver didn't see the road sign.
부주의한 운전자는 도로 표지판을 보지 못했다.

비교급	**more** careless
최상급	**most** careless

---

carpenter (kahr-puhn-tur) [káːrpəntər]

[명사] ⓒ 목수
My father is a **carpenter**. He builds things with wood. 우리 아버지는 목수이시다. 나무로 물건을 만드신다.

복수형	carpenter**s**

carpet (kahr-pit) [káːrpit]

명사 ⓒⓤ 카펫, 양탄자
We prefer wooden floors to **carpets**.
우리는 카펫보다는 나무 바닥을 더 좋아한다.
Aladdin flew over the castle on the magic **carpet**.
알라딘은 마술 양탄자를 타고 성 위로 날아갔다.

| 복수형 | carpets |

❓ prefer A to B B보다 A를 더 좋아하다

carrot (kar-uht) [kǽrət]

명사 ⓒⓤ 당근
carrot and stick 당근과 채찍
Rabbits love to eat **carrots**.
토끼는 당근 먹는 것을 좋아한다.

| 복수형 | carrots |

carry (kar-ee) [kǽri]

동사 1 운반하다, 나르다
The man **carried** the box to the car.
그 남자는 상자를 차로 운반했다.
Could you **carry** this chair for me?
이 의자 좀 날라 주시겠어요?

2 가지고 다니다, 휴대하다
John **carries** his cell phone everywhere.
존은 그의 휴대 전화를 어디든 가지고 다닌다.

3 (소리·소문 등을) 전하다
He **carried** the news to everyone.
그는 그 소식을 모든 사람에게 전했다.

4 팔다
Department stores **carry** many different brands of clothing. 백화점은 다양한 브랜드의 옷을 판다.

● **carry on** 계속하다
Just **carry on** with your homework. 숙제를 계속 하렴.

● **carry out** 실행하다, 수행하다 (≒ perform)
We have to **carry out** the project.
우리는 그 프로젝트를 실행해야 한다.

3인칭단수현재	carries
현재분사	carrying
과거·과거분사	carried

➕ carry-on (기내) 휴대용 가방

The man **carried** the box.

cart (kahrt) [kɑːrt]

명사 ⓒ 손수레, 수레, 카트
You need a coin to use a shopping **cart**.
쇼핑 카트를 사용하려면 동전이 필요합니다.
People push a **cart**, but horses pull a **cart**.
사람들은 수레를 밀고, 말은 수레를 끈다.

| 복수형 | carts |

cartoon (kahr-toon) [kɑːrtúːn]

명사 ⓒ 만화, 만화 영화
My hobby is drawing **cartoons**.
내 취미는 만화 그리기이다.
Snoopy is a famous **cartoon** dog.
스누피는 유명한 만화 속의 개다.

복수형	cartoon**s**
➕ cartoonist 만화가	

carve (kahrv) [kɑːrv]

동사 1 조각하다, 새기다, 새겨 넣다
The chef **carved** a swan out of ice.
요리사는 얼음으로 백조를 조각했다.

2 (고기 등을) 자르다, 썰다, 베다
My father always **carves** the turkey at Thanksgiving.
우리 아버지는 추수 감사절에 항상 칠면조 고기를 자르신다.

3인칭단수현재	carv**es**
현재분사	carv**ing**
과거·과거분사	carv**ed**

❓ **out of** (수단·재료) ~으로

*case (kase) [keis]

명사 1 ⓒ 상자, 용기, 케이스
I have some extra film in my camera **case**.
나는 내 카메라 상자에 여분의 필름을 가지고 있다.

2 ⓒ 경우, 예
In some **cases**, the illness spreads very quickly.
어떤 경우에는 질병이 매우 빨리 퍼진다.

● *in any case* 하여튼, 어쨌든
In any case, I will attend the meeting.
어쨌든 나는 회의에 참석할 것이다.

● *in case of* ~의 경우에는
In case of emergency, call 119.
비상시에는 119로 전화하세요.

복수형	case**s**
➕ carrying case 노트북 전용 가방, 케이스	
case study 사례 연구	
pencil case 필통	

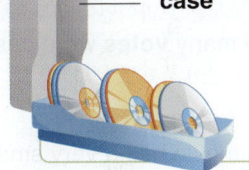
case

cash (kash) [kæʃ]

명사 ⓤ 현금
I like to **pay in cash**. I spend less that way.
나는 현금으로 지불하는 것을 좋아해. 그렇게 해서 돈을 덜 쓰게 되거든.
I don't have any **cash**. I left my wallet at home.
난 현금이 하나도 없어. 지갑을 집에다 두고 왔어.

동사 (수표 등을) 현금으로 바꾸다
I want to **cash** this check.
이 수표를 현금으로 바꾸고 싶어요.

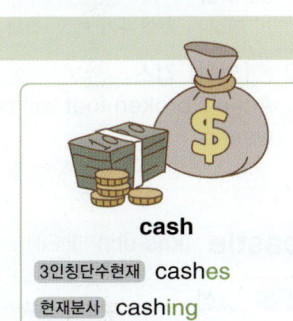
cash

3인칭단수현재	cash**es**
현재분사	cash**ing**
과거·과거분사	cash**ed**

cassette (kuh-set) [kəsét]

명사 ⓒ 카세트, 카세트테이프
Repeat after the voice on the **cassette**.
카세트테이프의 목소리를 따라 하세요.
We need a **cassette** player to record songs.
노래를 녹음하려면 카세트 플레이어가 필요해요.

| 복수형 | **cassette**s |

cassette

cast (kast) [kæst]

동사 1 배역을 맡기다, 캐스팅하다
The director **cast** Sally in his new movie.
감독은 샐리를 자신의 새 영화에 캐스팅했다.
They **cast** her as the queen in the play.
그들은 연극의 여왕 역할에 그녀를 캐스팅했다.

3인칭단수현재	**cast**s
현재분사	**cast**ing
과거·과거분사	**cast**

2 던지다
The fishermen **cast** their net into the sea.
어부들은 바다로 그물을 던졌다.
A little boy **cast** stones into the lake.
한 어린 남자아이가 호수에 돌을 던졌다.

● *cast a shadow over*(*across*) 《비유적으로 자주 쓰임》 ~에 그늘을 드리우다
The sad news **cast a shadow over** the rest of the holiday.
슬픈 소식은 남은 휴가 기간에 그늘을 드리웠다.

3 투표하다, (표를) 던지다
We all **cast** our **votes** for Brian.
우리 모두는 브라이언에게 투표했다.
How many **votes** were **cast**?
얼마나 많이 투표를 했나요?

The fishermen **cast** their net into the sea.

명사 1 ⓒ 출연자, 출연 배우
This movie has a very small **cast**—only three actors.
이 영화는 출연자가 매우 적다. 오직 세 명의 배우만 출연한다.

2 ⓒ [의학] 깁스
Anne's broken foot will be **in a cast** for three weeks.
앤의 부러진 발은 3주 동안 깁스를 해야 할 것이다.

| 복수형 | **cast**s |

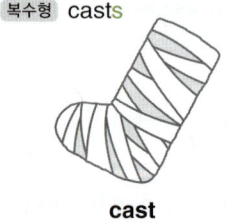
cast

castle (kas-uhl) [kǽsl]

명사 ⓒ 성
The king and queen lived in a great **castle**.
왕과 왕비는 거대한 성에 살았다.

| 복수형 | **castle**s |

't'를 발음하지 않는 경우도 있나요?

castle에서 't'가 발음이 되지 않는 것에 주의하세요. 이처럼 발음이 되지 않는 것을 묵음이라고 하지요. 't' 발음이 묵음인 단어의 예로는 listen(듣다), wrestle(싸우다, 레슬링하다), fasten(조이다), whistle(호루라기) 등이 있어요.

casual (kazh-oo-uhl) [kǽʒuəl]

형용사 **1** 격식을 차리지 않는, 편안한
Most software companies have a **casual** atmosphere.
대부분의 소프트웨어 회사들은 격식을 차리지 않는 분위기다.

2 평상복의, 캐주얼한 (↔formal)
The store sells **casual** clothing.
그 가게는 캐주얼한 옷을 판다.

| 비교급 | more casual |
| 최상급 | most casual |

? atmosphere 분위기

*cat (kat) [kæt]

명사 ⓒ 고양이
Cats like to catch mice.
고양이는 쥐를 잡는 것을 좋아한다.

| 복수형 | cats |

'고양이'와 관련된 표현에는 어떤 것들이 있나요?

새끼 고양이는 kitten 또는 kitty, 수고양이는 tom이라고 해요. 고양이가 기분이 좋아 목을 가르랑거리는 소리는 purr, '야옹' 하는 울음소리는 mew 또는 meow라고 한답니다.

catalog (kat-uh-lawg) [kǽtəlɔ:g]

명사 ⓒ 카탈로그, 목록, (도서관의) 도서 목록
The library **catalog** lists almost 10,000 books.
도서관의 도서 목록에는 만여 권의 책들이 있다.
Tim ordered a sweater from the store's **catalog**.
팀은 그 상점의 카탈로그에서 스웨터를 하나 주문했다.

| 복수형 | catalogs |

➕ catalogue (영국영어) 카탈로그, 목록

*catch (kach) [kætʃ]

동사 **1** 잡다, 붙잡다 (≒capture)
I will throw the ball. You **catch** it.
내가 공을 던질게. 넌 잡아.

| 3인칭단수현재 | catches |
| 현재분사 | catching |

Did the police **catch** the bank robber?
경찰이 은행 강도를 붙잡았나요?

> 과거·과거분사 **caught**
>
> ⊕ **catcher** (야구의) 포수

2 (나쁜 행동을 하는 사람을) 보다, 목격하다
I **caught** him cheat**ing** on the exam.
나는 그가 시험에서 부정행위를 하는 것을 보았다.

3 (버스·기차 등을) 잡아타다 (↔miss)
I'm in a hurry. I've got to **catch** the bus.
난 지금 바빠요. 버스를 타야 해요.

> ❓ **have got to** ~해야 한다
> (= have to)

4 이해하다, 알아듣다
I don't **catch** what you say.
네가 하는 말을 못 알아듣겠어.

> ☑ I don't catch what you say.
> = I don't understand what you say.

● *get*[*be*] **caught in** (비 등을) 만나다
I **got caught in** a shower on my way home.
집에 오는 길에 소나기를 **만났다**.

caterpillar (kat-ur-*pil*-ur) [kǽtərpìlər]

명사 ⓒ [곤충] 애벌레, 유충
The hungry **caterpillar** ate the plant leaves.
배고픈 애벌레가 나뭇잎을 먹었다.

> 복수형 **caterpillar**s

Catholic (kath-uh-lik) [kǽθəlik]

형용사 가톨릭교의, 천주교의
a **Catholic** school 가톨릭계 학교
Jane goes to a **Catholic** church.
제인은 천주교회에 다닌다.

> 복수형 **Catholic**s
>
> ⊕ **Catholicism** 천주교, 가톨릭교

명사 ⓒ 가톨릭교도, 천주교 신자
Most Italians are **Catholics**.
대부분의 이탈리아 인은 천주교 신자이다.

caught (kawt) [kɔːt]

동사 catch의 과거·과거분사형

cause (kawz) [kɔːz]

동사 일으키다, ~의 원인이 되다
The storm **caused** the flood.
폭풍우가 홍수를 일으켰다.
We learned about what **causes** earthquakes in science class today.
우리는 오늘 과학 시간에 무엇이 지진의 원인이 되는지를 배웠다.

> 3인칭단수현재 **cause**s
> 현재분사 **caus**ing
> 과거·과거분사 **caus**ed
>
> ❓ **earthquake** 지진

cause

명사 ⓒ 원인
cause and effect 원인과 결과
A cigarette is the **cause of** the fire.
담배가 그 화재의 원인이다.
A: What's the **cause of** all that noise?
이 모든 소음의 원인이 무엇이니?
B: I'm trying to fix my desk.
제 책상을 고치고 있어요.

복수형 **cause**s

A cigarette is the **cause of** the fire.

cautious (kaw-shuhs) [kɔ́:ʃəs]

형용사 조심하는, 신중한
He is a **cautious** driver.
그는 조심스러운 운전자이다.
He is a very **cautious** man.
그는 매우 신중한 사람이다.
Be **cautious** when approaching strange dogs.
낯선 개에게 다가갈 때는 조심해라.

비교급 more **cautious**
최상급 most **cautious**

➕ **caution** 조심
cautiously 조심스럽게

cave (kave) [keiv]

명사 ⓒ 동굴
Bats live in **caves**.
박쥐는 동굴 속에서 산다.
Caves are very dark inside.
동굴 안쪽은 매우 깜깜하다.

복수형 **cave**s

➕ **caveman** (석기 시대) 혈거인(동굴 속에 사는 사람)

CD (see dee) [síːdíː]

명사 ⓒ 시디, 콤팩트디스크 (compact disk의 줄임말)
CD shops are having a tough time because so many people download music.
CD 상점들은 어려운 시기를 맞고 있다. 왜냐하면 많은 사람들이 음악을 다운로드하기 때문이다.
My **CD** player is broken, so I bought a new one today.
내 시디플레이어가 고장이 나서 오늘 새것을 샀다.

복수형 **CD**s

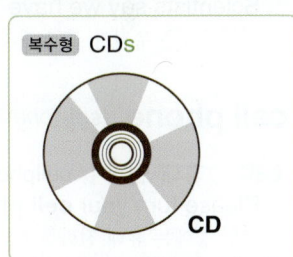

CD

cease (sees) [siːs]

동사 멈추다, 중지하다, 끝내다
Cease fire! 사격 중지!
The music has **ceased**. 음악이 멈췄다.
The company **ceased to exist** three years ago.
그 회사는 3년 전에 없어졌다.

3인칭단수현재 **cease**s
현재분사 **ceas**ing
과거·과거분사 **cease**d

ceiling (see-ling) [síːliŋ]

명사 ⓒ 천장

The **ceiling** was so high that I used a ladder to change the light bulbs.
천장이 너무 높아서 나는 전구를 갈기 위해 사다리를 사용했다.

Michelangelo painted the **ceiling** of the Sistine Chapel.
미켈란젤로는 시스티나 성당의 천장에 그림을 그렸다.

복수형	**ceiling**s

❓ **bulb** 전구

celebrate (sel-uh-brate) [séləbrèit]

동사 기념하다, 축하하다

My family **celebrated** Christmas with a tree and presents.
우리 가족은 나무를 장식하고 선물을 주면서 크리스마스를 기념했다.

We **celebrate** Thanksgiving by eating turkey.
우리는 칠면조를 먹으면서 추수 감사절을 기념한다.

We had a party to **celebrate** our team's victory.
우리는 우리 팀의 승리를 축하하는 파티를 열었다.

We **celebrated** his birthday with fireworks.
우리는 폭죽을 터뜨려 그의 생일을 축하했다.

3인칭단수현재	**celebrate**s
현재분사	**celebrat**ing
과거·과거분사	**celebrate**d

❓ **Thanksgiving** 추수 감사절
(기독교에서 한 해에 한 번씩 가을 곡식을 거둔 후에 하나님께 감사 예배를 드리는 날)

cell (sel) [sel]

명사 ⓒ 세포

All living things are made of **cells**.
모든 살아 있는 생명체는 세포로 만들어진다.

Scientists say we have 100 billion brain **cells**.
과학자들은 우리가 천억 개의 뇌세포를 가지고 있다고 말한다.

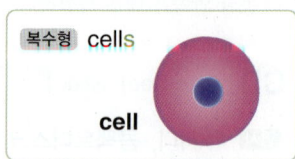

복수형 **cell**s

cell

cell phone (sel-fone) [sélfòun]

명사 ⓒ 휴대 전화 (=cellphone, cellular phone)

Please turn your **cell phones** off during class.
수업 중에는 휴대 전화를 꺼 주세요.

I always bring my **cell phone** with me.
나는 항상 휴대 전화를 가지고 다닌다.

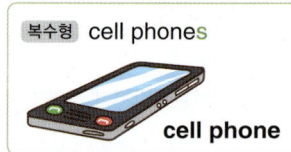

복수형 **cell phone**s

cell phone

'휴대 전화'면 핸드폰이 아닌가요?

우리는 휴대 전화를 핸드폰이라고 하는데, 이는 올바른 영어 표현이 아니에요. 영어로 말할 때에는 cell phone이나 cellular phone, 또는 mobile phone이라고 해야 한답니다.

cello (chel-oh) [tʃélou]

명사 ⓒ 첼로
You hold the **cello** between your knees when you play it.
첼로를 연주할 때는 무릎 사이에 첼로를 둔다.
He played the **cello** at the summer concert.
그는 여름 콘서트에서 첼로를 연주했다.

| 복수형 | cellos |

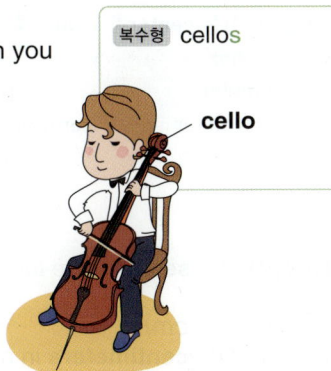

viloa(비올라)   viloin(바이올린)

Celsius (sel-see-uhs) [sélsiəs]

형용사 섭씨의 (줄임말 C) (=Centigrade)
A: It's really hot today! 오늘 정말 덥다!
B: Yes it is. It's almost 35 degrees **Celsius**.
응. 거의 섭씨 35도야.

➕ Fahrenheit 화씨의 (줄임말 F)
※ 1℃ ≒ 33.8 ℉

cent (sent) [sent]

명사 ⓒ 〖화폐 단위〗 센트
A dollar is one hundred **cents**. 1달러는 100센트이다.

| 복수형 | cents |

 숫자 100과 cent가 왜 관계가 깊다고 하나요?

cent는 숫자 100과 깊은 관계가 있어요. 1달러의 100분의 1을 1센트라고 하지요. centimeter는 100분의 1미터이고 century는 100년을 뜻한답니다.

center (sen-tur) [séntər]

명사 1 ⓒ 중앙, 중심
Peaches have a seed in their **center**.
복숭아는 중심에 씨가 있다.

● **in the center of** ~의 한가운데에, ~의 중심에
City hall is **in the center of** the town.
시청은 시내 중심부에 있다.

2 ⓒ 센터, 시설
My school is next to a shopping **center**.
우리 학교는 쇼핑센터 옆에 있다.

| 복수형 | centers |

➕ central 중앙의, 중심의
   centre (영국영어) 중앙, 중심

Peaches have a seed in their **center**.

Tip 미국영어와 영국영어는 철자가 다른 단어들이 있나요?

영국영어에서는 center를 centre로 표기하는데 아래 단어들도 그래요.

예) 미국 영국
meter → metre (미터)
centimeter → centimetre (센티미터)
theater → theatre (극장)

---

centimeter (sen-tuh-*mee*-tur) [séntəmì:tər]

명사 ⓒ 센티미터 (cm)
There are 100 **centimeters** in a meter.
1미터는 100센티미터이다.
I am 145 **centimeters** tall.
나는 키가 145센티미터이다.

복수형 centimeter**s**
⊕ centimetre (영국영어) 센티미터

---

central (sen-truhl) [séntrəl]

형용사 중심의, 중앙의
The post office is in the **central** part of town.
우체국은 시내 중심부에 있다.

⊕ center 중앙, 중심

---

century (sen-chur-ee) [séntʃuri]

명사 ⓒ 백 년, 1세기
The 21st **Century** will be a time of great change.
21세기는 대변혁의 시대가 될 것이다.
1999 was the last year of the 20th **Century**.
1999년은 20세기의 마지막 해였다.

복수형 centur**ies**
⊕ millennium 천 년

---

cereal (seer-ee-uhl) [síəriəl]

명사 ⓒⓤ 곡물, (아침 식사용) 시리얼
Rice and wheat are **cereals**.
쌀과 밀은 곡물이다.
Most people eat **cereal** with milk in a bowl.
대부분의 사람들은 시리얼을 그릇에 담아 우유와 함께 먹는다.

복수형 cereal**s**

cereal

---

ceremony (ser-uh-*moh*-nee) [sérəmòuni]

명사 ⓒ 의식, 예식
Anne and John's **wedding ceremony** was beautiful.
앤과 존의 결혼식은 아름다웠다.

복수형 ceremon**ies**

certain (sur-tuhn) [sə́:rtən]

형용사 1 《명사 앞에는 쓰이지 않음》 확신하는, 틀림없는 (≒sure, ↔uncertain)
Sally was **certain that** she had turned off the gas.
샐리는 가스를 껐다고 확신했다.
There's no one here. Are you **certain that** we were supposed to meet at 7?
여기 아무도 없는데, 우리가 7시에 만나기로 한 것이 확실하니?

2 특정한 (≒particular), 어떤
Some people are allergic to **certain** foods, like peaches and strawberries.
어떤 사람들은 복숭아나 딸기와 같은 특정한 음식에 알레르기가 있다.

비교급 more certain
최상급 most certain

❓ be supposed to do ~하기로 되어 있다
allergic 알레르기가 있는

certainly (sur-tuhn-lee) [sə́:rtənli]

부사 확실히, 물론
Today is **certainly** hot.
오늘은 확실히 덥다.
A: Can I use your pen, please?
당신의 펜을 사용해도 될까요?
B: **Certainly**. 물론이에요.

✅ A: Can I use your pen, please?
B: Certainly.
= Of course.
= Sure.

chain (chayn) [tʃein]

동사 1 ⓒⓤ 쇠사슬, 사슬, 목걸이
The prisoner was kept in **chains**.
그 죄수는 쇠사슬에 묶여 있었다.
Mary wears a gold **chain**.
메리는 금 목걸이를 하고 있다.
Man is at the top of the **food chain**.
인간은 먹이 사슬의 맨 꼭대기에 있다.

2 ⓒ 체인점
McDonald's is the most popular **restaurant chain** in the world.
맥도널드는 세계에서 가장 인기 있는 레스토랑 체인이다.

복수형 chain**s**

gold **chain**

*chair (chair) [tʃɛər]

명사 1 ⓒ 의자
This **chair** is very comfortable.
이 의자는 매우 편안하다.

2 ⓒ 장, 위원장 (≒chairperson, chairman, chairwoman)

복수형 chair**s**

chairman

Mary is the **chair** of our charity organization.
메리는 우리 자선 단체의 위원장이다.

> charity 자선

chairman (chair-muhn) [tʃɛ́ərmən]

명사 ⓒ 의장, 위원장, 총재, 회장 (≒chairperson)
The **chairman** called the meeting.
회장은 회의를 소집했다.
He was chosen to be committee **chairman**.
그는 위원회의 위원장으로 선출되었다.

> 복수형 chairmen
>
> call a meeting 회의를 소집하다
> committee 위원회

chalk (chawk) [tʃɔːk]

명사 Ⓤ 분필
My teacher uses blue **chalk** to draw pictures on the blackboard.
우리 선생님은 칠판에 그림을 그릴 때 파란색 분필을 사용하신다.

> a box of chalks 분필 한 상자
> a piece of chalk 분필 한 자루

challenge (chal-inj) [tʃǽlindʒ]

명사 ⓒⓤ 도전
accept a **challenge** 도전을 받아들이다
The math contest is a big **challenge** for many students.
수학 경시대회는 많은 학생들에게 커다란 도전이다.

동사 도전하다, (경기·싸움 등을) 걸다, 신청하다
He **challenged** me **to** fight. 그는 내게 싸움을 걸어왔다.
Anne **challenged** Sally to a badminton match.
앤은 샐리에게 배드민턴 시합을 신청했다.

> 복수형 challenges
>
> challenger 도전자
>
> 3인칭단수현재 challenges
> 현재분사 challenging
> 과거·과거분사 challenged

champion (cham-pee-uhn) [tʃǽmpiən]

명사 ⓒ 우승자, 챔피언 (≒winner)
He is the new boxing **champion**.
그는 새로운 권투 챔피언이다.
Yuna became a world **champion**.
연아는 세계 챔피언이 되었다.

> 복수형 champions
>
> championship 선수권 대회, 챔피언전

chance (chans) [tʃæns]

명사 1 ⓒⓤ 가능성, 확률
There's a good **chance of** snow today.

> 복수형 chances

오늘 눈이 올 확률이 높다.
There is no chance that Lion will come back.
라이언이 돌아올 가능성은 없다.

- ***by any chance*** 만일, 혹시
  Do you have a spare stamp **by any chance**?
  혹시 여분의 우표가 있니?
- ***by chance*** 우연히
  By chance, I met Tim on my way home.
  우연히 나는 집으로 가는 중에 팀을 만났다.

2 ⓒ 기회 (≒ opportunity)
miss a **chance** 기회를 놓치다
I had the **chance** to go up in a hot-air balloon in New Zealand.
나는 뉴질랜드에서 열기구를 탈 기회가 있었다.

There is no chance that
Lion will come back.

❓ hot-air balloon 열기구

---

*change (chaynj) [tʃeindʒ]

[동사] 1 바뀌다, 변하다
My hometown has **changed** a lot since I grew up there.
내 고향은 내가 거기서 자란 이후로 많이 변했다.

2 바꾸다, 변화시키다
The lottery win has **changed** her life.
복권 당첨이 그녀의 삶을 바꿔 놓았다.

3 (옷을) 바꿔 입다, 갈아입다
Jinsu has **changed** his shirt.
진수는 셔츠를 갈아입었다.

4 교환하다, 변경하다
Sora **changed** seats with Minsu.
소라는 민수와 자리를 바꿨다.

[명사] 1 ⓒⓤ 변화, 변경, 바뀐 것
There are some **changes in** the class schedule today.
오늘 수업 시간표가 약간 변경되었다.
The artist **made a change to** his sketch.
화가는 스케치를 조금 바꾸었다.

2 ⓤ 거스름돈, 잔돈, 동전 (≒ coin)
I need some **change** to buy some coffee from the vending machine.
자판기에서 커피를 뽑으려면 동전이 필요하다.

- ***Keep the change.*** 거스름돈(잔돈)은 가지세요.
  He told me to **keep the change**.
  그는 내게 거스름돈을 가지라고 말했다.

3인칭단수현재	change**s**
현재분사	chang**ing**
과거·과거분사	change**d**

change

복수형 change**s**

change

❓ vending machine 자판기

channel (chan-uhl) [tʃǽnl]

명사 ⓒ (텔레비전·라디오의) 채널
Don't change **channels**, please.
채널을 바꾸지 마세요.
What **channel** do you watch for news?
뉴스 볼 때 어느 채널을 보세요?

| 복수형 | **channel**s |

chant (chant) [tʃænt]

명사 ⓒ 챈트
English teachers often use **chants** to teach English rhythm.
영어 선생님들은 영어 리듬을 가르치기 위해 흔히 챈트를 이용한다.

| 복수형 | **chant**s |

 chant가 뭔가요?
원래 chant는 종교 의식에서처럼 단조로운 음과 반복되는 리듬으로 노래하는 것을 말해요. 그런데 이 챈트가 영어의 리듬을 가르치는 데 효과적이라서 영어 수업에 많이 활용한답니다.

chaos (kay-ahs) [kéiɑs]

명사 ⓤ 혼돈, 혼란, 무질서
Everything was **chaos** after the earthquake.
지진 이후 모든 것이 혼란에 빠졌다.
The war **brought chaos** to the country.
전쟁은 그 나라에 혼란을 가져왔다.

➕ **chaotic** 혼돈[혼란] 상태인, 무질서한
chaotically 무질서하게, 혼란스럽게

chapter (chap-tur) [tʃǽptər]

명사 ⓒ (책의) 장
Please read **Chapter** 7 in your textbook.
교과서의 7장을 읽으세요.

| 복수형 | **chapter**s |

character (kar-ik-tur) [kǽriktər]

명사 1 ⓒ 《단수로 쓰임》 성격, 기질
Bora's **character** is honest and friendly.
보라의 성격은 정직하고 다정하다.

2 ⓒ (책·연극·영화 등의) 등장인물, 배역
My favorite Harry Potter **character** is Ron Weasley.
내가 좋아하는 해리 포터의 등장인물은 론 위즐리이다.

| 복수형 | **character**s |

Bora's **character** is honest and friendly.

3 ⓒ 문자, 기호
There are 26 **characters** in the English alphabet.
영어 알파벳에는 26개의 문자가 있다.

characters

characteristic (kar-ik-tuh-ris-tik) [kæriktərístik]

명사 ⓒ 특징, 특성
The **characteristic of** Korean speakers is to stress the last syllable of a word.
한국 화자들의 특징은 단어의 마지막 음절에 강세를 넣는 것이다.
Anne's big eyes are her most striking physical **characteristic**.
앤의 큰 눈은 그녀의 가장 뚜렷한 신체적 특징이다.

형용사 독특한, 특징적인
Curly hair is **characteristic of** my family.
곱슬머리는 우리 가족의 특징이다.

| 복수형 | characteristics |

❓ 음절 소리마디. 예를 들면 empty는 emp-ty, 두 개의 음절로 되어 있다.

| 비교급 | more characteristic |
| 최상급 | most characteristic |

charge (chahrj) [tʃɑːrdʒ]

명사 ⓒⓤ 요금, 비용
There's an **admission charge** of $5.
입장료는 5달러입니다.
There is a three dollar **service charge** for all tickets purchased online.
온라인으로 구입한 모든 표에는 3달러의 봉사료가 있다.

● *free of charge* 무료로
If you buy five boxes, you can get a sixth one **free of charge**.
만약 당신이 다섯 상자를 사면, 여섯 번째는 **무료로** 받을 수 있습니다 (5+1).

동사 **1** 청구하다, 요구하다
This hotel **charges** 100 dollars a night.
이 호텔은 하룻밤 묵는 데 100달러를 받는다.
The art gallery **charges an entrance fee**.
그 미술관은 입장료를 받는다.

2 충전하다
I have to **charge the battery** for my cell phone.
내 휴대 전화 배터리를 충전해야 한다.

| 복수형 | charges |

free of charge

3인칭단수현재	charges
현재분사	charging
과거·과거분사	charged

❓ entrance fee 입장료

charity (char-i-tee) [tʃǽrəti]

명사 **1** ⓤ 자선, 자비심, 동정
She shows **charity** to people in difficult conditions.

| 복수형 | charities |

그녀는 어려운 처지의 사람들에게 자비를 베푼다.

2 ⓒ 자선 단체, 구호 단체
Habitat for Humanity is a great **charity**.
'해비타트 포 휴머니티'는 훌륭한 자선 단체이다.
This **charity** raises money to help flood victims.
이 자선 단체는 수재민들을 돕는 기금을 모으고 있다.

> ❓ Habitat for Humanity 빈곤층에게 무료로 집을 지어 주는 국제 봉사 단체로 우리나라에는 '한국 사랑의 집 짓기 운동 연합회'라는 이름으로 활동 중이다.

charming (chahr-ming) [tʃáːrmiŋ]

형용사 매력적인 (≒attractive), 멋진
She made a **charming** smile.
그녀는 매력적인 미소를 지었다.
I have a **charming** garden with many flowers.
나는 꽃이 많은 멋진 정원이 있다.

> 비교급 more charming
> 최상급 most charming

chart (chahrt) [tʃɑːrt]

명사 ⓒ 도표
a weather **chart** 일기도
This **chart** shows how many people live in different countries.
이 도표는 각각 다른 나라에 얼마나 많은 사람들이 사는지를 보여 준다.

> 복수형 charts
> ➕ bar chart 막대그래프
> pie chart 원그래프

chase (chase) [tʃeis]

동사 쫓다, 추격하다
A cat is **chasing** a mouse.
고양이가 쥐를 쫓고 있다.
The police **chased** after her.
경찰이 그녀를 추격했다.
I **chased** the bus but couldn't catch it.
나는 버스를 쫓아갔지만 잡을 수 없었다.

명사 ⓒ (흔히 the와 함께 쓰여) 추적, 추격
The **chase** ended when the robber stopped running.
추격은 강도가 도망치기를 멈췄을 때 끝났다.

> 3인칭단수현재 chases
> 현재분사 chasing
> 과거·과거분사 chased
>
>
>
> chase
>
> 복수형 chases

chat (chat) [tʃæt]

동사 **1** 수다를 떨다, 잡담하다
Mary and Anne **chatted** over coffee.
메리와 앤은 커피를 마시며 수다를 떨었다.

2 (컴퓨터) 채팅하다

> 3인칭단수현재 chats
> 현재분사 chatting
> 과거·과거분사 chatted

I like to **chat** with my friends on the Internet.
나는 인터넷으로 친구들과 채팅하는 것을 좋아한다.

명사 ⓒ 잡담, 수다
We had a long **chat** about the concert we saw last week.
우리는 지난주에 본 공연에 대해 오랫동안 수다를 떨었다.

복수형	**chat**s

➕ **chat room** (인터넷) 대화방, 채팅 룸

*cheap (cheep) [tʃi:p]

형용사 값이 싼, 싸구려의 (≒ inexpensive; ↔ expensive)
Apples are **cheap** now. 지금은 사과가 싸다.
The goods in that shop look **cheap**.
저 가게의 상품들은 싸구려처럼 보인다.
A: Look at this watch. It only costs $10.
　이 시계 좀 봐. 10달러밖에 안 해.
B: I wonder why it's so **cheap**.
　왜 이렇게 싼지 궁금한 걸.

비교급	**cheap**er
최상급	**cheap**est

➕ **cheaply** 싸게, 저렴하게
　cheapness 값이 쌈

cheat (cheet) [tʃi:t]

동사 1 부정행위를 하다
He **cheated on the** math **test**.
그는 수학 시험에서 부정행위를 했다.

2 속이다
She **cheated** me by telling a lie.
그녀는 거짓말을 해서 나를 속였다.

3인칭단수현재	**cheat**s
현재분사	**cheat**ing
과거·과거분사	**cheat**ed

 부정행위를 하다 — 영어로 cunning 아닌가요?
커닝(cunning)은 '교활한, 정교한'이라는 뜻을 가진 형용사로, '(시험에서) 부정행위를 하다'를 cunning이라고 하는 것은 잘못된 표현이에요. cheating을 써서 표현해야 맞아요.
예 You should not look at the answers — that's cheating. (○)
　You should not look at the answers — that's cunning. (×)
　정답을 봐선 안 돼. 그건 부정행위야.

*check (chek) [tʃek]

동사 1 확인하다, 점검하다
I **check** my e-mail everyday.
나는 매일 이메일을 확인한다.
Let's **check** the answers. 답을 확인해 봅시다.

2 표시하다, 체크하다

3인칭단수현재	**check**s
현재분사	**check**ing
과거·과거분사	**check**ed

If you agree, **check** the box.
동의하시면, 네모 상자에 표시해 주세요.

- **check-in time** (호텔의) 입실 시간; (공항에서의) 탑승 수속 시간
  Check-in time at our hotel is 2 p.m.
  저희 호텔의 입실 시간은 오후 2시입니다.

- **check in** (호텔에) 투숙하다; (공항에서) 탑승 수속을 하다
  We **checked in** at the hotel near the beach.
  우리는 바닷가 근처의 호텔에 투숙했다.
  How long will it take to **check in**?
  탑승 수속을 하려면 얼마나 걸리나요?
  Please **check in** at least an hour before the plane leaves.
  적어도 비행기가 출발하기 한 시간 전에는 탑승 수속을 해 주세요.

- **check out** (호텔에서 비용을 지불하고) 퇴실하다
  We **checked out** of the hotel at 10 a.m.
  우리는 오전 10시에 호텔에서 퇴실했다.

명사 1 ⓒ 확인, 점검
Our company does **regular checks** on our products.
우리 회사는 상품을 정기적으로 점검한다.

2 ⓒ 수표
A: Can I pay you with a **check**?
수표로 계산할 수 있습니까?
B: I prefer cash. 현금이 더 좋겠군요.

➕ **checkout** 계산대
checkup (병원) 정기 검진
cross-check 대조 검토하다
double-check 재확인하다

Please **check in** at least an hour before the plane leaves.

복수형 **checks**

➕ **cheque** (영국영어) 수표

우리나라 수표와 미국 수표는 다른가요?

우리나라 수표는 주로 은행에서 보증하여 현금처럼 사용하는 '자기앞 수표'를 일컫지만, 미국 수표는 주로 '개인 수표(personal check)'를 말해요. 본인의 개인 수표에 액수를 적고 서명을 하여 사용하면 나중에 자신의 은행 계좌에서 그 액수만큼 빠져나가는 식이에요. 하지만 은행 계좌에 돈이 없는 사람의 개인 수표를 받으면 휴지 조각이나 다름없으니 주의해야 해요.

예 Do you want to pay in cash, by check, or by credit card?
현금, 수표, 신용 카드, 어느 것으로 지불하길 원하십니까?

cheek (cheek) [tʃiːk]

명사 ⓒ 볼, 뺨
The girl has chubby red **cheeks**.
그 소녀의 볼은 통통하고 빨갛다.
She kissed me on the **cheeks**.
그녀가 내 볼에 키스했다.

복수형 **cheeks**

❓ **chubby** 통통한

cheer (cheer) [tʃiər]

동사 응원하다, 격려하다, 기분 좋게 하다
Cheer for our team! Help them win!
우리 팀을 위해 응원해요! 그들이 우승할 수 있도록 도와요!

- **cheer up** 격려하다; 《명령문으로 쓰임》 기운 내라, 이겨라
The coach **cheered** the players **up**.
코치는 선수들을 격려했다.
A: I lost my wallet! I have everything in it.
  지갑을 잃어버렸어! 모든 게 그 안에 있는데.
B: **Cheer up**! I'll help you find it.
  기운 내! 내가 찾는 걸 도와줄게.

명사 ⓒ 환호, 응원
The fans gave a big **cheer** after he hit a home run.
그가 홈런을 치자 팬들은 커다란 환호를 보냈다.

3인칭단수현재	cheers
현재분사	cheering
과거·과거분사	cheered

cheer

| 복수형 | cheers |

cheerful (cheer-fuhl) [tʃíərfəl]

형용사 명랑한, 쾌활한
Bora has a **cheerful** attitude, even when things go wrong.
보라는 일이 잘 안될 때조차도 명랑한 태도를 지닌다.
You seem very **cheerful** today.
너 오늘은 매우 명랑해 보인다.

| 비교급 | more cheerful |
| 최상급 | most cheerful |

cheese (cheez) [tʃi:z]

명사 ⓒⓤ 치즈
a piece of **cheese** 치즈 한 조각
The mouse loves **cheese**. 쥐는 치즈를 좋아한다.
Say **cheese**! '치즈' 하세요! (사진 찍을 때 '웃으세요!')

| 복수형 | cheeses |

cheetah (chee-tuh) [tʃí:tə]

명사 ⓒ 치타
Cheetahs are the fastest land animal in the world.
치타는 세계에서 가장 빠른 육지 동물이다.

| 복수형 | cheetahs |

chef (shef) [ʃef]

명사 ⓒ 요리사, 주방장
The **chef** added a secret spice to his special soup.
주방장은 자신의 특별한 수프에 비밀 양념을 넣었다.
The **chef**'s special dish is beef steak.
주방장 특별 요리는 쇠고기 스테이크이다.

| 복수형 | chefs |

chef

chemical (kem-i-kuhl) [kémikəl]

형용사 《명사 앞에만 쓰임》 화학의, 화학적인
chemical symbol 화학 기호
An explosion is a **chemical** reaction.
폭발은 화학적 반응이다.

명사 ⓒ 화학 물질
The **chemicals** in this lab can be dangerous.
이 실험실의 화학 물질들은 위험할 수 있다.

- **chemically** 화학적으로
- 복수형 **chemicals**
- lab 실험실

chemistry (kem-i-stree) [kémistri]

명사 ⓤ 화학
Chemistry is my favorite class.
화학은 내가 가장 좋아하는 수업이다.

- **chemist** 화학자

chess (ches) [tʃes]

명사 ⓤ 체스, 서양장기
My brother and I like to **play chess**.
내 동생과 나는 체스 두는 것을 좋아한다.

- **chessboard** 체스 판
- **chessman** 체스의 말

chest (chest) [tʃest]

명사 1 ⓒ 가슴, 흉부
The general placed a medal on the soldier's **chest**.
장군은 병사의 가슴에 메달을 달아 주었다.

2 ⓒ (뚜껑이 있는) 큰 상자
a treasure **chest** 보물 상자
I put my toys in a wooden **chest**.
나는 내 장난감들을 나무 상자 안에 넣었다.

복수형 **chests**

treasure **chest**

chew (choo) [tʃuː]

동사 1 씹다
I **chew gum** after meals. 나는 식사 후 껌을 씹는다.

2 물어뜯다
The dog **chewed** my shoe.
개가 내 신발을 물어뜯었다.

- 3인칭단수현재 **chews**
- 현재분사 **chewing**
- 과거·과거분사 **chewed**

*chicken (chik-uhn) [tʃíkin]

명사 1 ⓒ 닭
Ben raises **chickens**. 벤은 닭을 키운다.

복수형 **chickens**

Chickens lay eggs. 닭은 알을 낳는다.

2 ⓒ 닭고기
Tony loves to eat **fried chicken**.
토니는 닭튀김 먹는 것을 매우 좋아한다.

chicken

chief (cheef) [tʃi:f]

명사 ⓒ (단체의) 장, 우두머리
The new police **chief** was an expert in solving murders.
새로운 경찰서장은 살인 사건을 해결하는 데 전문가였다.

형용사 《항상 명사 앞에 쓰임》 가장 중요한, 주된 (≒main)
The **chief** goal of this music class is to help you enjoy listening to classical music.
이 음악 수업의 주된 목표는 여러분이 클래식 음악을 듣는 것을 즐기도록 돕는 것입니다.

복수형 **chief**s

➕ chief executive officer
최고 경영자 (줄임말 CEO)

*child (childe) [tʃaild]

명사 **1** ⓒ 아이, 어린이 (≒kid)
That **child** looks like he has lost his mother.
저 아이는 엄마를 잃어버린 것처럼 보인다.

2 ⓒ 자식, 아들딸
A: Is Jane your **only child**?
제인은 외동딸인가요?
B: No, we also have a son.
아니요, 우리는 아들도 하나 있어요.

복수형 **child**ren

➕ childish 어린아이 같은, 유치한
childlike 아이다운
childless 아이가 없는

 몇 살까지 **child**라고 하나요?

child는 대체로 갓난아기부터 10대 후반까지를 부를 때 쓰이며, kid라고도 해요. 아주 어린아이는 baby 또는 infant라고 하고, 갓 걷기 시작하는 아이는 toddler라고 하지요. 그리고 13세부터 19세까지를 teenager 또는 adolescent라고 한답니다.

childhood (childe-hud) [tʃáildhùd]

명사 ⓒⓤ 어린 시절, 유년기
childhood memories 어린 시절의 기억
A happy **childhood** often leads to success.
대개 행복한 유년기는 (사람을) 성공으로 이끈다.
I spent my **childhood** in America.
나는 미국에서 어린 시절을 보냈다.

복수형 **childhood**s

❓ lead to ~에 이르다

children (chil-drin) [tʃíldrən]

명사 child의 복수형

chilly (chil-ee) [tʃíli]

형용사 추운, 쌀쌀한
It's **chilly** today. Put on your coat, Sally.
오늘은 날씨가 춥다. 코트 입으렴, 샐리.
The wind is making it **chilly** today.
바람이 불어 오늘 날씨가 쌀쌀하다.

비교급	chillier
최상급	chilliest

chimney (chim-nee) [tʃímni]

명사 ⓒ 굴뚝
Smoke rose from the **chimney**.
연기가 굴뚝에서 피어올랐다.
Santa Claus comes down the **chimney**.
산타클로스는 굴뚝으로 내려온다.

복수형 chimneys

chimpanzee (chim-pan-zee) [tʃìmpænzíː]

명사 ⓒ 침팬지
A **chimpanzee** was Tarzan's best friend.
침팬지는 타잔의 가장 좋은 친구였다.
She is doing **chimpanzee** research in Africa.
그녀는 아프리카에서 침팬지를 연구하고 있다.

복수형 chimpanzees

chin (chin) [tʃin]

명사 ⓒ 턱
He cut his **chin** shaving in the morning.
그는 아침에 면도하다가 턱을 베었다.
I have a habit of resting my **chin** on my hand.
나는 턱을 괴는 습관이 있다.

● *keep one's chin up* 용기를 잃지 않다, 기운을 내다
Keep your chin up! Everything will be OK.
기운 내! 다 잘될 거야.

복수형 chins

❓ shave 면도하다
rest 두다, 기대다

China (chye-nuh) [tʃáinə]

국가명 중국
As the capital of **China**, Beijing has a history of thousands of years.
중국의 수도인 베이징은 수천 년의 역사를 지녔다.

➕ Chinese 중국 사람, 중국어, 중국의

Chinese (chye-neez) [tʃainíːz]

형용사 중국의, 중국인의, 중국어의
Chinese food is popular across the world.
중국 음식은 세계적으로 인기가 많다.

명사 1 ⓤ 중국어
I can speak **Chinese** as well as English.
나는 영어뿐만 아니라 중국어도 할 수 있다.

2 《the Chinese로 쓰임》 (집합적) 중국인
The **Chinese** like the color red.
중국인은 빨간색을 좋아한다.

+ Chinese characters 한자
Chinese medicine 한의학
overseas Chinese 화교

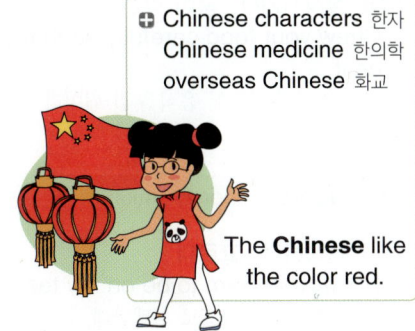

The **Chinese** like the color red.

 나라 이름 다음에 '-ese'가 붙으면 그 나라 사람을 나타내나요?

Chinese처럼 나라 이름 다음에 -ese를 붙여 그 나라 '사람, 언어, ~의'라는 뜻으로 쓰이는 경우가 있어요.
 예) Japan (일본) → Japanese (일본 사람, 일본어, 일본의)
  Taiwan (대만) → Taiwanese (대만 사람, 대만의)

chocolate (chaw-kuh-lit) [tʃɔ́ːkəlit]

명사 1 ⓤ 초콜릿
a piece of **chocolate** 초콜릿 한 조각

2 ⓒ 초콜릿 과자, 초콜릿 사탕
He gave me a box of **chocolates**.
그는 내게 초콜릿 사탕 한 상자를 주었다.

3 ⓒⓤ 초콜릿 음료, 코코아
I like to drink hot **chocolate** when it's cold.
날씨가 추울 때는 따뜻한 초콜릿 음료를 마시는 것을 좋아한다.

복수형 **chocolates**

chocolate

choice (chois) [tʃois]

명사 1 ⓒ 선택
You made a good **choice**. 잘 선택했어.
The restaurant menu lists many **choices**.
그 음식점은 선택할 수 있는 메뉴가 많이 있다.

2 ⓤ 선택권
I had no **choice**. 나는 선택의 여지가 없었어.
I have the **choice** of taking physical education or art class.
나는 체육 또는 미술 수업을 들을 선택권이 있다.

복수형 **choices**

The restaurant menu lists many **choices**.

choke (choke) [tʃouk]

동사 질식시키다, 숨이 막히다
Chew your food carefully so that you don't **choke** on it.
목이 막히지 않도록 음식을 잘 씹어라.

3인칭단수현재	chokes
현재분사	choking
과거·과거분사	choked

*choose (chooz) [tʃu:z]

동사 선택하다, 고르다
I'll **choose** Sam to be on my team.
나는 샘을 우리 팀으로 선택할래.
It's hard to **choose** one from such a big menu.
이 많은 메뉴 중에서 한 가지를 고르기는 어렵다.

3인칭단수현재	chooses
현재분사	choosing
과거	chose
과거분사	chosen

chop (chahp) [tʃɑp]

동사 1 (도끼 등으로) 자르다
Bill, could you **chop** some wood for the fire?
빌, 땔감으로 쓸 나무 좀 잘라 줄래?

2 (고기·야채 등을) 썰다
Sally **chopped** the vegetables for dinner.
샐리는 저녁 식사에 쓸 야채를 썰었다.

● *chop off* (날카로운 도구로) 잘라 내다
My father **chopped** a branch **off** the tree.
아버지는 나무에서 가지를 잘라 내셨다.

3인칭단수현재	chops
현재분사	chopping
과거·과거분사	chopped

➕ chopped 잘게 썬

chopstick (chahp-stik) [tʃɑ́pstìk]

명사 ⓒ《주로 chopsticks로 쓰임》 젓가락
My little brother cannot use **chopsticks** well.
내 남동생은 젓가락을 잘 사용하지 못한다.

복수형	chopsticks

chorus (kor-uhs) [kɔ́:rəs]

명사 1 ⓒ 합창단
The **chorus** sang three songs at the concert.
합창단은 공연에서 노래 세 곡을 불렀다.

2 ⓒ (노래의) 합창 부분, 후렴
A: Do you know the words to this song?
너 이 노래 가사 아니?
B: I can only remember the **chorus**.
후렴만 기억 나.

복수형	choruses

chorus

chose (choze) [tʃouz]

동사 choose의 과거형

chosen (choh-zuhn) [tʃóuzn]

동사 choose의 과거분사형

Christ (kriste) [kraist]

인물명 예수 그리스도
We celebrate **Jesus Christ**'s birth on Christmas.
우리는 크리스마스에 예수 그리스도의 탄생을 축하한다.

※ Christ = Jesus Christ = Jesus

Christian (kris-chuhn) [krístʃən]

형용사 기독교의
the **Christian** church 기독교 교회
a **Christian** minister 목사

명사 ⓒ 기독교 신자
I am a **Christian**. 나는 기독교 신자이다.

➕ Christianity 기독교

복수형 Christian**s**

Christmas (kris-muhs) [krísməs]

명사 ⓒⓤ 크리스마스, 성탄절 (12월 25일) (=Xmas, Christmas day)
A: **Merry Christmas**! 즐거운 성탄절 보내!
B: The same to you! 너도!
There were many presents under the **Christmas tree**.
크리스마스트리 아래에 많은 선물들이 있었다.
It's a tradition to open your presents **on Christmas**.
크리스마스에 선물을 풀어 보는 것은 전통이다.
They are spending **Christmas** with their parents.
그들은 부모님과 함께 크리스마스를 보내고 있다.
I had a very happy **Christmas**.
나는 매우 즐거운 크리스마스를 보냈다.

복수형 Christmas**es**

➕ Christmas stocking 크리스마스 양말

There were many presents under the **Christmas tree**.

Christmas는 어떻게 생겨난 표현인가요?

Christmas는 Christ's mass(그리스도의 미사)를 줄여 만들어진 말로 Xmas라고도 하는데, X는 고대 그리스 어에서 Christ의 줄임말이에요. 크리스마스 전날 밤을 Christmas eve라고 하는데, eve는 evening의 줄임말이랍니다.

*church (church) [tʃəːrtʃ]

명사 ⓒ 교회
I attend **church** downtown.
나는 시내에 있는 교회에 다닌다.
- **go to church** (교회로) 예배를 보러 가다
I like to **go to church** early in the morning.
나는 아침 일찍 예배를 보러 가는 것을 좋아한다.

복수형 church**es**

church

Tip **go to church**와 **go to the church**의 차이가 무엇인가요?

go to church(예배를 보기 위해 교회에 가다)와 go to the church(교회 건물을 방문하다)는 뜻이 다르니 주의하세요. go to school(공부하러 학교에 다니다)과 go to the school(학교 건물에 가다)도 마찬가지입니다.

cigarette (si-gah-ret) [sìgərét]

명사 ⓒ 담배
Smoking **cigarettes** is a bad habit.
담배를 피우는 것은 나쁜 습관이다.
Cigarettes may cause many health problems.
담배는 여러 건강상의 문제를 일으킬 수 있다.

복수형 cigarette**s**

➕ cigarette butt 담배꽁초

cinema (sin-uh-muh) [sínəmə]

명사 ⓒ (영국영어) 영화관
This **cinema** has 10 movie screens.
이 영화관에는 10개의 영화 상영관이 있다.
What's on at the **cinema** this week?
이번 주에 영화관에서는 어떤 영화를 상영하니?
- **go to the cinema** 영화 보러 가다
He **goes to the cinema** once a week.
= He goes to the movies once a week.
그는 일주일에 한 번 **영화를 보러 간다**.

복수형 cinema**s**
➕ movie theater (미국영어) 영화관

cinema

circle (sur-kuhl) [sə́ːrkl]

명사 ⓒ 원, 동그라미
A **circle** has 360 degrees.
원은 360도이다.
- **in a circle** 원형으로, 원을 이루어
Everyone, stand **in a circle**.
여러분, 원형으로 둥글게 서세요.

복수형 circle**s**

➕ circular 원형의, 둥근

circus (sur-kuhs) [sə́ːrkl]

명사 ⓒ 서커스, 서커스 공연
My favorite part of the **circus** is the lions and tigers.
서커스에서 내가 가장 좋아하는 것은 사자와 호랑이다.

| 복수형 | **circus**es |

citizen (sit-i-zuhn) [sítəzən]

명사 ⓒ 국민, 시민
I am a Korean **citizen**. 나는 대한민국 국민이다.
All **citizens** should vote.
모든 시민은 투표를 해야 한다.

| 복수형 | **citizen**s |
| ➕ | **citizenship** 시민권 |

*city (sit-ee) [síti]

명사 ⓒ 시, 도시
Seoul is the biggest **city** in Korea.
서울은 한국에서 가장 큰 도시이다.
Manila is the capital **city** of the Philippines.
마닐라는 필리핀의 수도이다.

| 복수형 | cit**ies** |
| ➕ | **city hall** 시청 |

claim (klaym) [kleim]

동사 1 (~이 사실이라고) 주장하다
Jane **claims** she saw a UFO.
제인은 UFO를 봤다고 주장한다.
He **claimed that** the lost cell phone was his.
그는 잃어버린 휴대 전화가 자신의 것이라고 주장했다.

2 요구하다, (권리를) 주장하다
I **claim** this land.
나는 이 토지에 대한 소유권을 요구한다.

명사 1 ⓒ 주장
Do you believe his **claim** that a ghost appears in the house?
집에 유령이 나타난다는 그의 주장을 믿니?

2 ⓒ (권리의) 요구
They **made a claim** for better working conditions.
그들은 더 나은 근로 환경을 요구했다.

3인칭단수현재	**claim**s
현재분사	**claim**ing
과거·과거분사	**claim**ed

| 복수형 | **claim**s |
| ➕ | **baggage claim (area)** 짐 찾는 곳 |

동사 동그라미를 하다, 원을 그리다
Circle T if the answer is true.
답이 맞으면 T에 동그라미 하세요.

3인칭단수현재	**circle**s
현재분사	**circl**ing
과거·과거분사	**circle**d

clap (klap) [klæp]

동사 박수 치다
Everyone, **clap** your **hands** three times.
여러분, 박수를 세 번 치세요.
The audience **clapped** after she finished playing the piano.
그녀가 피아노 연주를 끝내자 관객이 박수를 쳤다.

3인칭단수현재	clap**s**
현재분사	clap**ping**
과거·과거분사	clap**ped**

❓ audience 관객

clarinet (klar-uh-net) [klǽrənét]

명사 ⓒ [악기] 클라리넷
Our orchestra has three **clarinet** players.
우리 오케스트라에는 세 명의 클라리넷 연주자가 있다.

복수형 clarinet**s**

*class (klas) [klæs, klɑːs]

명사 1 ⓒ 반, 학급
Sam and I were in the same **class** last year.
샘과 나는 작년에 같은 반이었다.
Mary is at the top of her **class**.
메리는 반에서 1등이다.
Minsu's **class** went on a field trip to the history museum.
민수네 반은 역사박물관으로 현장 학습을 갔다.

2 ⓒⓤ 수업 (≒ lesson)
Bora is **in class** now. 보라는 지금 수업 중이다.
I **have** three English **classes** a week.
나는 영어 수업이 일주일에 세 번 있다.
He is **taking a class** on history.
그는 역사 수업을 듣는다.

3 ⓒⓤ (사회의) 계층, 등급
He grew up in a middle-**class** family.
그는 중산층 가정에서 자랐다.

4 ⓤ (비행기·기차 등에서의) 등급
It costs more to travel first **class**.
1등석을 타는 데는 돈이 더 든다.

복수형 class**es**

❓ field trip 현장 학습

Bora is **in class** now.

➕ business class (비행기의) 2등석, 비즈니스석
economy class (비행기의) 3등석, 일반석
the high class 상류층
the lower classes 하류층
the middle class 중산층

 미국에서는 '반'을 어떻게 표현하나요?

미국 학교의 학급은 1학년 1반, 3학년 2반과 같이 부르지 않고, 담임 선생님(homeroom teacher)의 이름을 붙여 말한답니다. 가령 선생님 성함이 Mr. Smith이면 Mr. Smith's class(스미스 선생님 반)라고 하지요.

classic (klas-ik) [klǽsik]

명사 ⓒ (책·영화·음악 등의) 고전
Hamlet is one of the **classics**.
〈햄릿〉은 고전 문학 중 하나이다.
I read Homer's poetry in my **classics** class.
나는 고전 문학 수업 시간에 호머의 시를 읽었다.

형용사 고전의, 고전적인
classic myths 그리스·로마 신화
The Burberry trench coat is a **classic** design.
버버리의 트렌치코트는 고전적인 디자인이다.

복수형	classics
➕ classicism 고전주의	
비교급	more classic
최상급	most classic

 호머(호메로스, Homer)가 누군가요?
호머는 고대 그리스의 작가예요. 대표 작품으로는 서양 문학에서 가장 오래되었으며 가장 훌륭한 작품으로 꼽히는 서사시 〈일리아스〉와 〈오디세이아〉가 있어요.

classical (klas-i-kuhl) [klǽsikəl]

형용사 1 고전적인
This museum has a large collection of **classical** art.
이 박물관에는 고전 예술품이 많이 있다.

2 고전 음악의, 클래식의
Beethoven composed **classical music**.
베토벤은 고전 음악을 작곡했다.

비교급	more classical
최상급	most classical
❓ compose 작곡하다	

 '클래식'은 영어로 classic이 아닌가요?
형용사 classic, classical 모두 '고전의'라는 뜻을 지니고 있지만 '고전 음악', '클래식'이라고 할 때에는 classic music이 아니라 classical music이라고 해야 합니다. 또 '클래식 기타'라고 할 때에도 classical guitar라고 해야 함을 기억하세요.
◎ I like **classical music**. 나는 클래식 음악을 좋아한다.

classify (klas-uh-fye) [klǽsəfài]

동사 분류하다
The doctor **classified** her sickness **as** serious.
의사는 그녀의 병을 심각한 것으로 분류했다.
He **classified** his stamp collection **by** country.
그는 우표 수집품을 나라별로 분류했다.

3인칭단수현재	classifies
현재분사	classifying
과거·과거분사	classified

We are **classifying** these books **according to** subject.
우리는 이 책들을 주제별로 분류하는 중이다.

➕ classification 분류
classified 분류된

classmate (**klas**-*mate*) [klǽsmèit]

명사 ⓒ 반 친구, 급우
Bob is one of my **classmates**.
밥은 내 반 친구 중 한 명이다.
I keep in touch with my old **classmates** through the Internet.
나는 인터넷으로 옛 반 친구들과 계속 연락한다.

복수형 classmate**s**

※ class(반, 수업) + mate(친구, 짝) → classmate(반 친구)

***classroom** (**klas**-*room*) [klǽsrù(:)m]

명사 ⓒ 교실
There are 35 students in the **classroom**.
교실에는 35명의 학생들이 있다.
The science **classroom** is full of equipment for experiments.
과학실은 실험 도구로 가득 차 있다.

복수형 classroom**s**

※ class(반, 수업) + room(방) → classroom(교실)

clay (**klay**) [klei]

명사 ⓤ 찰흙, 점토
I made a vase out of **clay**.
나는 찰흙으로 꽃병을 만들었다.

➕ claylike 찰흙 같은, 점토 같은

***clean** (**kleen**) [kli:n]

형용사 깨끗한, 청결한 (↔dirty)
a **clean** shirt 깨끗한 셔츠
Wash your hands and **keep** them **clean**.
손을 씻고 깨끗이 유지해라.

비교급 clean**er**
최상급 clean**est**

동사 깨끗이 하다, 청소하다, 닦다
I **cleaned** the bathroom in the morning.
나는 아침에 욕실을 청소했다.
I took my coat to be dry-**cleaned**.
나는 코트를 드라이클리닝 하려고 가져갔다.

3인칭단수현재 clean**s**
현재분사 clean**ing**
과거·과거분사 clean**ed**

***clear** (**kleer**) [kliər]

형용사 **1** 명료한, 분명한
He gave me a **clear** explanation.
그는 내게 명료하게 설명해 주었다.

비교급 clear**er**
최상급 clear**est**

Your question is not **clear**. I cannot understand it.
네 질문은 분명하지 않아. 이해가 안 가.

2 (하늘·날씨가) 맑은 (↔cloudy)
The sky is **clear** in fall. 가을에는 하늘이 맑다.

3 투명한
This window is **clear** so the light shines right in.
이 창은 투명해서 빛이 곧장 들어와 비친다.

This window is **clear**.

3인칭단수현재	clear**s**
현재분사	clear**ing**
과거·과거분사	clear**ed**

동사 1 맑게 개다
I think the sky will **clear up** this afternoon.
나는 하늘이 오늘 오후에는 맑게 개일 거라고 생각해.

2 깨끗하게 하다, 치우다
Sally, please **clear off** the table and get ready for dinner.
샐리, 테이블을 치우고 저녁 식사하게 상 좀 차리렴.

clearly (kleer-lee) [klíərli]

부사 분명히, 확실히
Please answer my question **clearly**.
제 질문에 분명하게 대답해 주세요.

비교급	more clearly
최상급	most clearly

clerk (klurk) [klə:rk]

명사 ⓒ 점원, 판매원 (=sales clerk)
The **clerk** helped me find my size.
점원이 내 사이즈를 찾는 것을 도와주었다.
I have a part-time job as a **clerk** at the supermarket.
나는 슈퍼마켓에서 판매원으로 아르바이트를 한다.

복수형	clerk**s**

➕ shop assistant (영국영어)
점원, 판매원

clever (klev-ur) [klévər]

형용사 똑똑한, 영리한, 총명한
John is very **clever**.
존은 매우 똑똑하다.
Pigs are **cleverer** than most people think.
돼지는 대부분의 사람들이 생각하는 것보다 더 영리하다.

비교급	clever**er**
최상급	clever**est**

click (klik) [klik]

동사 1 딸깍하는 소리를 내다
Her high heels **clicked** as she walked.
그녀가 걸을 때 하이힐에서 딸깍거리는 소리가 났다.

3인칭단수현재	click**s**
현재분사	click**ing**

2 (컴퓨터 마우스를) 누르다, 클릭하다
After you choose the image you want, **click** it twice.
네가 원하는 이미지를 선택하고 그것을 두 번 클릭하면 된다.

명사 **1** ⓒ 딸깍(하는 소리)
Bill heard the **click** of the light switch.
빌은 전등 스위치가 딸깍하는 소리를 들었다.

2 ⓒ (컴퓨터 마우스를) 클릭함
At our website, you can see the latest fashions with just the **click** of a mouse.
우리 웹 사이트에서는 마우스 클릭 한 번만으로 최신 패션을 볼 수 있다.

과거·과거분사 click**ed**

복수형 click**s**

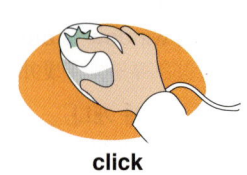
click

client (klye-uhnt) [kláiənt]

명사 ⓒ 고객, 의뢰인
She has been a **client** of this company for many years.
그녀는 수년간 이 회사의 고객이다.
Most of the lawyer's **clients** wanted divorces.
그 변호사의 대부분의 의뢰인들은 이혼을 원했다.

복수형 client**s**

❓ 의뢰인 남에게 어떤 일을 맡긴 사람

climate (klye-mit) [kláimit]

명사 ⓒⓤ 기후
The **climate** in Korea is usually mild.
한국의 기후는 대개 온화하다.
Carrots grow best in **cool climates**.
당근은 서늘한 기후에서 가장 잘 자란다.
Florida has a sub-tropical **climate**.
플로리다는 아열대 기후이다.

복수형 climate**s**

➕ cold climate 추운 기후
   dry climate 건조한 기후
   hot climate 더운 기후
   mild climate 온화한 기후

climax (klye-maks) [kláimæks]

명사 ⓒ (사건·극 등의) 절정, 최고조
The **climax** of the story is when the prince kisses the princess and wakes her up.
그 이야기의 절정은 왕자가 공주에게 키스하자 공주가 잠에서 깨어나는 부분이다.

복수형 climax**es**

climb (klime) [klaim]

동사 오르다, 올라가다
He **climbed up** the ladder.
그는 사다리를 올라갔다.

3인칭단수현재 climb**s**
현재분사 climb**ing**

I **climb a mountain** once a week.
나는 일주일에 한 번 등산을 한다.

> 과거·과거분사 **climb**ed

 climb a mountain의 정확한 의미는 무엇인가요?

climb a mountain은 '등산을 하다'라는 뜻인데, 이는 우리나라에서 가볍게 등산하는 경우와는 구별해야 해요. climb은 '손과 발을 사용하여 기어오르다'를 뜻하므로 climb a mountain은 '암벽 등반을 하다'는 의미이고, 장비 없이 산에 오르는 경우는 go hiking이라고 해요.

clinic (klin-ik) [klínik]

명사 ⓒ 병원, 진료소
Mary visits the skin **clinic** every week.
메리는 매주 피부과를 방문한다.
The doctor at the **clinic** gave me some medicine for my cold.
그 병원의 의사 선생님은 나에게 감기약을 주셨다.

> 복수형 **clinic**s
>
> ➕ **clinical** 임상의, 치료의

*clock (klahk) [klɑk]

명사 ⓒ 시계
The **clock** struck twelve. 시계가 12시를 쳤다.
The **clock** on the wall is five minutes **fast**.
벽에 있는 시계는 5분 빠르다.
My **clock** is ten minutes **slow**.
내 시계는 10분 늦다.

> 복수형 **clock**s
>
> ❓ **strike** (시계가 시간을) 치다, 알리다

 clock과 **watch**는 다른가요?

clock과 watch는 둘 다 '시계'라는 뜻이지만, clock은 벽시계나 탁상시계를 가리키고 watch는 손목시계를 말해요.

clockwise (klahk-*wize*) [klɑ́kwàiz]

형용사 시계 방향의
He gave the handle on the radio a **clockwise** turn.
그는 라디오에 있는 손잡이를 시계 방향으로 돌렸다.

부사 시계 방향으로
She turned the handle **clockwise**.
그녀는 손잡이를 시계 방향으로 돌렸다.

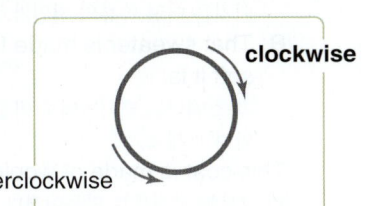

close¹ (kloze) [klouz]

동사 닫다, 감다, 덮다 (↔open)
Please **close** the **door**. 문을 닫아 주세요.
Close your **eyes** and write your name.
눈을 감고 네 이름을 써 봐.
Please **close** your **books**. 책을 덮어 주세요.
The store **closes** at 9 p.m.
그 가게는 저녁 9시에 닫는다.

3인칭단수현재	**close**s
현재분사	**clos**ing
과거·과거분사	**close**d

※ close가 동사일 때는 (kloze), 형용사나 부사일 때는 (klose)로 발음되니 주의하세요.

close² (klose) [klous]

형용사 **1** (거리·시간이) 가까운 (≒near; ↔far)
My house is **close to** the school.
우리 집은 학교에서 가깝다.
Christmas is getting **closer**.
크리스마스가 점점 다가오고 있다.

2 친한
Mary is my **close** friend.
메리는 나의 친한 친구이다.
We invited only **close** friends to the wedding.
우리는 결혼식에 가까운 친구들만 초대했다.

부사 가까이 (≒near)
Don't stand so **close** to the fire.
불에 너무 가까이 서 있지 마라.

비교급	**closer**
최상급	**closest**

My house is **close to** the school.

비교급	**closer**
최상급	**closest**

closet (klah-zit) [klázit]

명사 ⓒ 옷장, 벽장
Tony, hang up your clothes in the **closet**.
토니, 옷은 옷장에 걸어야지.
Bill's **closet** was full of toys.
빌의 벽장은 장난감들로 가득 차 있다.

복수형	**closet**s

cloth (klawth) [klɔ(:)θ]

명사 ⓤ 천, 직물
A: What type of **cloth** is this?
이것은 어떤 종류의 천인가요?
B: That sweater is made from cashmere. Feel how soft it is.
그 스웨터는 캐시미어로 만들어졌어요. 얼마나 부드러운지 만져 보세요.
This coat is made of woolen **cloth**.
이 코트는 모직물로 만들어졌다.

➕ cotton cloth 면직물
woolen cloth 모직물

※ cloth, clothes, clothing의 차이 → clothes (p. 177)

clothes (klohz) [klouðz]

명사 《복수형임》 옷
I wear different **clothes** at home than I do at work.
나는 집에서는 직장에서와는 다른 옷을 입는다.
A: I'm going shopping for new **clothes**.
새 옷 사러 쇼핑 가는 중이야.
B: What are you going to buy? 뭐 살 건데?
A: I'm going to buy some jeans and T-shirts.
청바지랑 티셔츠를 살 거야.

※ dress 드레스, 특별한 옷
suit 정장, 특정한 활동 때 입는 옷 한 벌

jeans hoodie jacket
clothes

cloth, clothes, clothing의 차이가 뭐예요?
일반적으로 옷은 clothes라고 하며, 옷의 재료가 되는 천은 cloth, 의류라는 의미로 집합적인 옷을 말할 때에는 clothing을 사용해요.

*cloud (kloud) [klaud]

명사 ⓒⓤ 구름
Look at the **clouds**. It's going to rain soon.
구름 좀 봐. 곧 비가 오겠어.
What a beautiful day! There's not a **cloud** in the sky.
참 멋진 날이다! 하늘에 구름 한 점 없네.

복수형	clouds

➕ cloudless 구름 없는, 맑게 갠

cloudy (klou-dee) [kláudi]

형용사 흐린, 구름 낀 (↔clear)
A: How's the weather? 날씨 어때요?
B: It's **cloudy**. 흐리네요.
The weather became **cloudy**, and it began to rain.
날씨가 흐려지더니 비가 오기 시작했다.

비교급	cloudier
최상급	cloudiest

clown (kloun) [klaun]

명사 ⓒ 광대
Clowns wear funny clothes.
광대는 우스꽝스러운 옷을 입는다.

복수형	clowns

club (kluhb) [klʌb]

명사 ⓒ 동아리, 팀
We joined the drama **club**.

복수형	clubs

우리는 연극 동아리에 가입했다.
Tom belongs to a football club.
톰은 미식축구 팀에 속해 있다.

> ❓ **belong to** ~에 속하다

clue (kloo) [klu:]

명사 ⓒ 실마리, 단서
Since no one knows the answer, let me give you a **clue**.
아무도 답을 모르니 여러분께 단서를 줄게요.

- *not have a clue* (~에 대해) 전혀 모르다
  A: Do you know who invented computers?
  누가 컴퓨터를 발명했는지 아니?
  B: No, I don't **have a clue**. 아니, 전혀 모르겠어.

> 복수형 **clue**s
>
> ➕ **clueless** 단서 없는
>
> ☑ I don't have a clue.
>   = I'm clueless.

coach (kohch) [koutʃ]

명사 ⓒ 코치, 지도자
Our baseball **coach** played in the big leagues.
우리 야구 코치는 최고의 프로 팀에서 활동했었다.

동사 지도하다 (≒ train)
Mr. Hong **coaches** our school soccer team.
홍 선생님이 우리 학교 축구팀을 지도하신다.

> 복수형 **coach**es
>
> 3인칭단수현재 **coach**es
> 현재분사 **coach**ing
> 과거·과거분사 **coach**ed

coal (kohl) [koul]

명사 ⓒⓤ 석탄, 석탄 덩이
Coal is burned to produce electricity.
석탄은 전기를 만들기 위해 연소된다.
He set a few **coals** under his small stove.
그는 작은 난로에 석탄을 몇 개 넣었다.

> 복수형 **coal**s
>
> coal

coast (kohst) [koust]

명사 ⓒ 해안, 연안
the **coast** guard 해안 경비대
The **coast of** California has some great beaches.
캘리포니아 해안에는 훌륭한 해변이 몇 개 있다.

> 복수형 **coast**s

coat (koht) [kout]

명사 ⓒ 코트, 외투
Sora **put** her **coat on** and went out.
소라는 코트를 입고 나갔다.

> 복수형 **coat**s

My brother helped me **take off** my **coat**.
형은 내가 코트를 벗는 걸 도와주었다.

> ➕ **coat hanger** (옷장의) 옷걸이

coffee (kaw-fee) [kɔ́ːfi]

명사 ⓒⓤ 커피
two cups of **coffee** (two **coffees**) 커피 두 잔
A: **A cup of coffee**, please. 커피 한 잔 주세요.
B: How would you like your **coffee**?
   커피는 어떻게 해서 드릴까요?
A: With cream and sugar. 크림과 설탕을 넣어 주세요.

> **복수형** **coffee**s
>
> ※ 아이스커피는 영어로 iced coffee라고 해요.

coin (koin) [kɔin]

명사 ⓒ 동전
I gave all my **coins** to the beggars on the subway.
난 내가 가진 모든 동전을 전철에 있던 거지들에게 주었다.
● *toss*(*flip*) *a coin* 동전을 던지다
A: Who will go first?
   누가 먼저 할래?
B: Let's **toss**(**flip**) **a coin** to decide.
   동전을 던져서 결정하자.

> **복수형** **coin**s
>
> ➕ 미국 동전 종류:
> **penny** 1센트짜리 동전
> **nickel** 5센트짜리 동전
> **dime** 10센트짜리 동전
> **quarter** 25센트짜리 동전

 '동전을 던지다'는 throw a coin이 아닌가요?

무언가를 결정하기 위해 '동전을 던지다'라는 표현은 toss a coin, flip, 또는 let's flip for it라고 해요. toss는 '가볍게 던지다', flip은 '툭 던지다'라는 의미가 있어요. '주사위를 던지다'라는 표현은 throw dice라고 해요. 만약 throw a coin이라고 하면 동전을 쓰레기통과 같은 곳에 버리는 것을 의미합니다. 이렇게 단어들 사이에는 짝이 있다는 것을 기억하세요.

*cold (kohld) [kould]

형용사 1 추운, 차가운 (↔hot)
The winters in Alaska are super **cold**.
알래스카의 겨울은 무지하게 춥다.
2 (성격이) 차가운, 냉정한 (≒unfriendly; ↔warm)
His manner was **cold**.
그의 태도는 차가웠다.
● *give somebody a cold look* ~을 냉정하게(차갑게) 쳐다보다
The policeman **gave me a cold look**.
경찰관은 나를 냉정하게 쳐다보았다.

명사 ⓒ 감기

> **비교급** **cold**er
> **최상급** **cold**est
>
> ➕ **coldly** 냉담하게, 쌀쌀맞게
> **coldness** 추위, 차가움; 냉정
>
> **복수형** **cold**s

collapse

- *have a cold* 감기에 걸리다 (=catch a cold)
  A: Tom, you look sick. 톰, 너 아파 보여.
  B: I **have a cold**. 나 감기에 걸렸어.

☑ I got a cold.
  = I caught a cold.

collapse (kuh-laps) [kəlǽps]

동사 1 무너지다, 붕괴되다
The building **collapsed** in the fire.
화재로 건물이 무너졌다.

2 (과로·병 등으로) 쓰러지다, 실신하다
Sally **collapsed** from overwork.
샐리는 과로로 쓰러졌다.

3인칭단수현재 collapses
현재분사 collapsing
과거·과거분사 collapsed
❓ overwork 과로

collar (kah-lur) [kálər]

명사 ⓒ 옷깃, 칼라
I unbuttoned my **collar** because the room was hot.
나는 방이 더워서 옷깃의 단추를 풀었다.
My coat has a fur **collar**.
내 코트에는 털로 된 칼라가 달려 있다.

복수형 collars
❓ unbutton 단추를 풀다

colleague (kah-leeg) [káli:g]

명사 ⓒ (주로 직업상의) 동료
My **colleagues** at work are all very helpful.
내 직장 동료들은 일할 때 도움이 많이 된다.

복수형 colleagues

collect (kuh-lekt) [kəlékt]

동사 모으다, 수집하다
I **collect** baseball cards.
나는 야구 카드를 수집한다.
(야구 카드에는 야구 선수들의 모습이 인쇄되어 있어요.)
Tom **collects** stamps from around the world.
톰은 세계 여러 나라의 우표를 모은다.

3인칭단수현재 collects
현재분사 collecting
과거·과거분사 collected
➕ collection 수집, 수집품
  collector 수집가

college (kah-lij) [kálidʒ]

명사 ⓒⓤ 대학, 단과 대학
John is a **college student**.
존은 대학생이다.
Yumi graduated from the Seoul National University **College** of Music.
유미는 서울 대학교 음악 대학을 졸업했다.

복수형 colleges

> **Tip** '대학'이란 단어에 **college** 말고도 **university**도 있잖아요?
>
> college는 좁은 의미와 넓은 의미가 있어요. 좁은 의미로는 university와 구별하여 사용하는 경우예요. 문과 대학(College of Liberal Arts)이나 이과 대학(College of Natural Sciences)과 같은 단과 대학을 college라고 하고, 단과 대학이 모여 있는 종합 대학을 university라고 해요. 넓은 의미로는 university를 포함하는 것으로 다음과 같이 사용해요.
> 예 I want to go to **college**. 나는 대학에 진학하고 싶다.
> He is in **college**. 그는 대학에 재학 중이다.

* color (kuhl-ur) [kʌ́lər]

명사 ⓒⓤ 색, 색깔
A: What **color** do you like? 무슨 색을 좋아해요?
B: I like red. 빨간색을 좋아해요.
John is **color** blind. 존은 색맹이다.
Leaves change **colors** in fall.
가을에는 나뭇잎의 색이 변한다.
My favorite **color** is blue. 내가 좋아하는 색은 파랑이다.

동사 색칠하다
Use the green crayon to **color** the grass.
잔디를 색칠하려면 초록색 크레파스를 사용해라.
The river is **colored** blue on the map.
강은 지도에서 파란색으로 칠해져 있다.

복수형	colors

➕ **colour** (영국영어) 색, 색깔; 색칠하다

3인칭단수현재	colors
현재분사	coloring
과거·과거분사	colored

colorful (kuhl-ur-fuhl) [kʌ́lərfəl]

형용사 1 화려한, 색채가 풍부한, 색색의
She usually wears a **colorful** scarf.
그녀는 평소에 화려한 스카프를 두른다.
The fields are full of **colorful** flowers.
들판은 색색의 꽃들로 가득 차 있다.

2 흥미로운
My little brother is a **colorful** character.
내 남동생은 흥미로운 성격이다.

비교급	more colorful
최상급	most colorful

➕ **colourful** (영국영어) 화려한; 흥미로운

column (kah-luhm) [kɑ́ləm]

명사 1 ⓒ 기둥
The **columns** in this building are made of concrete.
이 건물의 기둥들은 콘크리트로 만들어졌다.

2 ⓒ (신문의) 난, 칼럼, 특별 기고란
I read Professor Lee's **column** every Monday.

복수형	columns

※ column에서 n은 발음되지 않아요.

나는 월요일마다 신문에서 이 교수님의 칼럼을 읽는다.
Tom writes a sports **column**. 톰은 스포츠 칼럼을 쓴다.

3 ⓒ(책·신문 등의) 단, 세로줄
There are two **columns** on the front page of the magazine.
그 잡지의 첫 페이지는 2단으로 되어 있다.

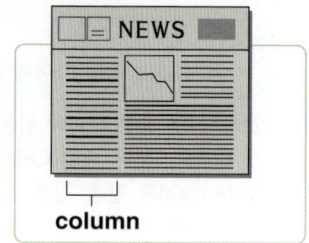
column

comb (kohm) [koum]

명사 ⓒ 빗, 빗질
Run a **comb** through your hair before you go out.
외출하기 전에 머리를 한번 빗고 나가거라.

동사 머리를 빗다
Have you **combed** your hair? 너 머리 빗었니?
Grandma **combs** my hair every morning.
할머니는 매일 아침 내 머리를 빗겨 주신다.

복수형	combs
3인칭단수현재	combs
현재분사	combing
과거·과거분사	combed

Tip 머리를 빗다 — comb hair, brush hair 어느 것이 맞나요?
빗의 모양에 따라 표현이 다르니 주의하세요. 이가 나란히 박힌 빗으로 빗으면 comb hair라고 하고 솔빗으로 빗을 때는 brush hair라고 해요.

combine (kuhm-**bine**) [kəmbáin]

동사 섞다, 결합시키다, 혼합하다
Combine blue and yellow together to make green.
초록색을 만들려면 파란색과 노란색을 함께 섞어라.
The child **combined** dirt and water to make mud.
그 아이는 흙과 물을 섞어 진흙을 만들었다.

3인칭단수현재	combines
현재분사	combining
과거·과거분사	combined

➕ combination 결합, 혼합

*come (kuhm) [kʌm]

동사 1 오다, (상대방이 있는 쪽으로) 가다 (↔go)
Please **come in**. 들어오세요.
He asked her to **come into** his office.
그는 그녀에게 자신의 사무실로 들어오라고 부탁했다.
I'm **coming** in a minute. 지금 바로 갈게요.

• ***come back*** 돌아오다
She **came back** home at six.
그녀는 여섯 시에 집에 돌아왔다.

• ***come from*** ~ 출신이다, ~에서 오다

3인칭단수현재	comes
현재분사	coming
과거	came
과거분사	come

Tom **comes from** America. 톰은 미국 출신이다.

2 도착하다, 도달하다 (≒ arrive)
The train is **coming** in now.
열차가 지금 들어오고 있다.
When will you **come home**? 언제 집에 도착하니?

3 ~하게 되다, ~하기에 이르다, ~이 되다
How did you **come to** know that?
어떻게 그것을 알게 된 거야?
The summer **came to end**. 여름이 끝났다.

- **come about** 생기다, 일어나다
  How did the accident **come about**?
  사고가 어떻게 일어난 거야?
- **come across** 우연히 만나다, 우연히 발견하다
  Bora **came across** Sam at the health club.
  보라는 헬스클럽에서 우연히 샘을 만났다.
  She **came across** a rare book.
  그녀는 우연히 진귀한 책을 발견했다.
- **come on** (재촉하거나 격려할 때) 자, 어서
  A: I'm never going to win the prize.
  　나는 상을 결코 탈 수 없을 거야.
  B: **Come on**! Cheer up. You can do it.
  　자! 힘내. 넌 할 수 있어.
- **come true** 실현되다, 이루어지다
  My dream **came true**. 내 꿈이 이루어졌다.
- **how come ~?** 어째서 ~?, 왜 ~?
  How come you're so late? 왜 이렇게 늦었어?

The train is **coming** in now.

Bora **came across** Sam at the health club.

☑ How come you're so late?
= Why are you so late?

---

 come이 '가다'로 해석되기도 하나요?

come과 go는 한국어로 '오다'와 '가다'를 의미하지요. 그런데 영어로 상대방과 대화를 할 때 한국어와는 사용법이 달라요. 한국어의 '가다'와 '오다'는 '나'를 중심으로 하지만 영어에서는 '상대방'을 중심으로 사용해요. 다음은 한국어('나'의 입장)에서는 '가다'를 사용해야 하지만 영어('상대방'의 입장)에서는 '오다(come)'를 사용하는 예입니다.

예 Can I come with you?
　나 너 따라가도 돼?
　A: Where are you? You are late.
　　너 어디야? 늦었는데.
　B: I'm coming. I'll be there in a minute.
　　가고 있어. 금방 도착할 거야.
　A: Can I come in?
　　저 들어가도 돼요?
　B: Sure. Come on in.
　　물론이죠. 어서 들어오세요.

A: Can I come in?
B: Sure. Come on in.

comedy (kah-mi-dee) [kάmədi]

명사 ⓒⓤ 코미디, 희극 (↔tragedy)
Which do you like better, **comedies** or fantasies?
코미디랑 판타지 중에서 무엇을 더 좋아하니?
I prefer romantic **comedies** to action movies.
나는 액션 영화보다는 로맨틱 코미디를 더 좋아한다.

복수형	**comed**ies
➕	**comedian** 코미디언
❓	**fantasy** 공상, 환상

comfort (kuhm-furt) [kΛmfərt]

명사 1 ⓤ (육체적인) 편안함, 안락
She **lived in comfort** all her life.
그녀는 평생 동안 편안하게 살았다.

2 ⓤ (정신적인) 위로, 위안
He **finds comfort in** religion.
그는 종교에서 위안을 찾는다.
She tried to offer a few **words of comfort** to me.
그녀는 나에게 위로의 말을 하려고 애썼다.

3 ⓒ 위안이 되는 것, 위안이 되는 사람
It's **a comfort to** hear your words.
네 말을 들으니 위안이 된다.
She is **a great comfort to** her parents.
그녀는 그녀의 부모님께 큰 위안이 된다.

동사 위로하다, 달래다
My mother **comforted** me when my cat died.
엄마는 내 고양이가 죽었을 때 나를 위로해 주셨다.
He **comforted** his crying baby.
그는 우는 아기를 달랬다.

복수형	**comfort**s
➕	**comforting** 위로가 되는
	comfortingly 위로가 되게
	discomfort 불편, 불안

My mother **comforted** me when my cat died.

3인칭단수현재	**comfort**s
현재분사	**comfort**ing
과거·과거분사	**comfort**ed

comfortable (kuhm-fur-tuh-buhl) [kΛmfərtəbəl]

형용사 안락한, 편안한, 편한 (↔uncomfortable)
This sofa is so **comfortable** that I often fall asleep on it.
이 소파는 너무 편안해서 나는 종종 소파 위에서 잠든다.
I don't feel **comfortable** when someone is watching me.
누군가 나를 쳐다보고 있으면 마음이 편하지 않다.

비교급	**more comfortable**
최상급	**most comfortable**
➕	**comfortably** 편안하게

comic (kah-mik) [kάmik]

형용사 웃기는, 희극의 (↔tragic)
The movie was both **comic** and touching.
그 영화는 웃기기도 하고 감동적이기도 했다.

❓	**touching** 감동적인

명사 ⓒ **(영국영어) 만화책** (=comic book)
Bill likes **comics** more than novels.
빌은 소설책보다 만화책을 더 좋아한다.

| 복수형 | **comic**s |

comma (kah-muh) [kámə]

명사 ⓒ **쉼표, 콤마 (,)**
While you are reading, pause when you see a **comma**. 글을 읽다가 쉼표가 보이면 잠시 멈추어라.
There are many ways to use **commas**.
쉼표를 사용하는 방법은 여러 가지다.

| 복수형 | **comma**s |

❓ **pause** 잠시 멈추다

command (kuh-mand) [kəmǽnd]

동사 1 **명령하다** (≒order)
He **commanded** the soldiers **to** attack.
그는 군사들에게 공격하라고 명령했다.

2 **지휘하다, 통솔하다** (≒lead)
The captain **commanded** his troops.
대위가 부대를 지휘했다.

3인칭단수현재	**command**s
현재분사	**command**ing
과거·과거분사	**command**ed

❓ **troop** 군대, 부대

명사 1 ⓒ **명령** (≒order)
The captain shouted **commands** to his men.
대위는 부하들에게 큰 소리로 명령을 내렸다.

2 ⓤ **지휘, 통제** (≒control)
The team captain was **in command of** the team while the coach was in the hospital.
주장은 코치가 병원에 있는 동안에 팀을 지휘했다.

| 복수형 | **command**s |

➕ **commander** 지휘관, 사령관

comment (kah-ment) [kámənt]

명사 ⓒⓤ **의견, 논평** (≒remark)
He **made a** nice **comment** about Mary's new dress.
그는 메리의 새 옷에 대해서 좋게 말했다.
I **made a** brief **comment on** the problem.
나는 그 문제에 대해 간단히 의견을 말했다.
No **comment**. 드릴 말씀 없습니다.

| 복수형 | **comment**s |

❓ **brief** 간단한, 짧은

동사 **논평하다, 의견을 말하다** (≒remark)
The reporter **commented on** the President's decision.
기자는 대통령의 결정에 대해 논평했다.
Many people **commented on** his new haircut.
많은 사람들이 그의 새로운 커트 머리에 대한 생각을 말했다.

3인칭단수현재	**comment**s
현재분사	**comment**ing
과거·과거분사	**comment**ed

commercial (kuh-mur-shuhl) [kəmə́ːrʃəl]

형용사 **1** 상업의, 무역의
The **commercial** part of this city has many shops and businesses.
이 도시의 상업 지구에는 많은 상점과 사업체가 있다.

2 상업적인, 이윤을 추구하는
The movie was good, but not a **commercial success**.
그 영화는 훌륭했지만 상업적인 성공을 거두진 못했다.

명사 ⓒ 광고
During a **commercial**, he went to the kitchen for a snack.
광고 중에 그는 간식을 가지러 부엌으로 갔다.

비교급	more commercial
최상급	most commercial

➕ commerce 상업, 무역
  commercialize 상업화하다
  commercially 상업적으로

복수형	commercial**s**

commit (kuh-mit) [kəmít]

동사 (잘못·죄 등을) 범하다, 저지르다
He **committed** murder.
그는 살인을 저질렀다.

• **commit suicide** 자살하다 (=kill oneself)
The actor tried to **commit suicide**.
그 배우는 자살을 시도했다.

3인칭단수현재	commit**s**
현재분사	commit**ting**
과거·과거분사	commit**ted**

committee (kuh-mit-ee) [kəmíti]

명사 ⓒ 위원회
a **committee** member 위원회 위원
The building **committee** decided they needed more money.
그 건축 위원회는 자금이 더 필요하다는 결정을 내렸다.

복수형	committee**s**

committee members

common (kah-muhn) [kámən]

형용사 **1** 흔한 (↔rare)
Bob is a **common** name. 밥은 흔한 이름이다.
Palm trees are very **common** in Florida.
플로리다에서 야자수는 아주 흔하다.

2 공통의
We became friends because of our **common** interest.
우리는 공통의 관심사 때문에 친구가 되었다.

3 《명사 앞에만 쓰임》 보통의, 평범한, 일반의

비교급	common**er**, more common
최상급	common**est**, most common

➕ commonly 흔히, 보통; 공통적으로

The **common** people go to work and raise families.
보통 사람들은 직장에 다녀서 가족을 부양한다.

- *common sense* 상식
It's **common sense** to look both ways before you cross the street.
길을 건너기 전에 양쪽을 살피는 것은 **상식**이다.

- *have ~ in common* 공통점이 있다
The twins **have** a lot **in common**.
그 쌍둥이는 **공통점**이 아주 많다.
Bill and Jim **have** nothing **in common**.
빌과 짐은 **공통점**이 전혀 없다.

The twins **have** a lot **in common**.

communicate (kuh-**myoo**-ni-*kate*) [kəmjúːnəkèit]

동사 **1** 의사소통하다, 대화하다
We can **communicate** through body language.
우리는 몸동작으로 의사소통할 수 있다.
E-mail makes it easy to **communicate** with people.
이메일은 사람들과 의사소통하는 것을 쉽게 만든다.

2 (감정·정보 등을) 전달하다
He is good at **communicating** his ideas to the team.
그는 팀원들에게 자신의 생각을 잘 전달한다.

3인칭단수현재 communicate**s**
현재분사 communicat**ing**
과거·과거분사 communicat**ed**

➕ communication 의사소통

community (kuh-**myoo**-ni-tee) [kəmjúːnəti]

명사 ⓒ 지역 사회, 단체, 공동체
He is a famous figure in the **community**.
그는 지역 사회에서 유명한 인물이다.
I joined an Internet **community** for travelers.
나는 여행자를 위한 인터넷 동호회에 가입했다.

복수형 communit**ies**

❓ figure 인물

*company (kuhm-puh-nee) [kʌ́mpəni]

명사 **1** ⓒ 회사 (≒ business, firm)
John works for a **company** that makes refrigerators.
존은 냉장고를 만드는 회사에서 일한다.

2 Ⓤ 친구들, 손님
I have to clean my house because I have **company** for dinner tonight.
나는 오늘 밤 저녁 식사에 손님이 오기 때문에 집을 청소해야 한다.

3 Ⓤ 함께 있음
I enjoy Sally's **company**.
나는 샐리와 함께 있는 게 좋다.

복수형 compan**ies**

John works for a **company** that makes refrigerators.

- **keep ~ company** ~의 곁에 있어 주다
  He **kept me company** while I waited to catch the train.
  그는 내가 기차를 기다리는 동안 나와 함께 있어 주었다.

  ☑ He kept me company.
  = He stayed with me.

 company, corporation, firm의 차이를 모르겠어요.

'회사'를 나타내는 영어 단어로는 company, corporation, firm 등이 있어요. company는 가장 일반적인 의미의 회사로 아주 작은 회사에서부터 큰 회사까지 모두 포함하지요. corporation은 매우 큰 회사를 말할 때 쓰고, firm은 작은 회사를 말할 때 주로 사용해요.

compare (kuhm-pair) [kəmpɛ́ər]

동사 비교하다, 대조하다
compare two documents 문서 2통을 대조하다
Have you been to Disney World? Nothing **compares to** it.
디즈니랜드에 가 본 적 있니? 어떤 것도 그것에 비교가 안 돼.
Mom, do not **compare** me **with** my friend.
엄마, 나를 내 친구랑 비교하지 마세요.

3인칭단수현재 **compares**
현재분사 **compar**ing
과거·과거분사 **compar**ed

➕ comparison 비교

compete (kuhm-peet) [kəmpíːt]

동사 1 경쟁하다
To be the best, you have to **compete against** the best.
최고가 되기 위해서는 최고와 경쟁해야 한다.
Our team **competes with** teams from other schools.
우리 팀은 다른 학교 팀들과 경쟁한다.

2 참가하다, 출전하다
Yuna **competes in** figure skating.
연아는 피겨 스케이팅 시합에 출전한다.

3인칭단수현재 **competes**
현재분사 **compet**ing
과거·과거분사 **compet**ed

※ **can't compete ~**: ~가 다른 것 또는 다른 사람보다 훨씬 더 뛰어나서 경쟁이 안 된다는 의미예요.

competition (kahm-puh-tish-uhn) [kàmpətíʃən]

명사 1 ⓤ 경쟁
Friendly **competition** helps students do their best.
우호적인 경쟁은 학생들이 최선을 다하는 데 도움이 된다.

2 ⓒ 시합, 대회
He won a prize in the swimming **competition**.
그는 수영 대회에서 상을 탔다.

복수형 **competitions**

➕ win(lose) the competition
시합에서 이기다(지다)

competitive (kuhm-pet-i-tiv) [kəmpétətiv]

형용사 **1** 경쟁의, 경쟁력이 있는
Advertising is a **competitive** business.
광고는 경쟁력이 있는 사업이다.

2 경쟁심이 강한
Tim is very **competitive** and always wants to win.
팀은 경쟁심이 매우 강해서 늘 이기고 싶어 한다.

| 비교급 | more competitive |
| 최상급 | most competitive |

competitor (kuhm-pet-i-tur) [kəmpétətər]

명사 **1** ⓒ 경쟁자, 경쟁 상대
Sam and Tony were **competitors** in the race.
샘과 토니는 그 경주의 경쟁자였다.

2 ⓒ (시합) 참가자
I am a first-time **competitor** in the piano competition. 나는 피아노 대회에 처음 나가 보는 참가자이다.

| 복수형 | competitors |

Sam and Tony were **competitors** in the race.

complain (kuhm-playn) [kəmpléin]

동사 불평하다, 불만을 호소하다
Don't **complain about** the food.
음식에 대해 불평하지 마.
Sam **complained to** the police that his neighbors made too much noise.
샘은 이웃이 너무 시끄럽다고 경찰에 호소했다.

● *complain of* (아픔이나 통증을) 호소하다
She **complained of** a headache.
그녀는 두통을 호소했다.

3인칭단수현재	complains
현재분사	complaining
과거·과거분사	complained

➕ complainer 불평가, 투덜대는 사람

complaint (kuhm-playnt) [kəmpléint]

명사 ⓒⓤ 불평, 불만, 항의
My **complaint** about the food upset my mother.
음식에 대한 내 불평은 엄마를 속상하게 했다.
Mike wrote **a letter of complaint** to the company about his broken microwave.
마이크는 그의 망가진 전자레인지에 대해 회사에 항의 편지를 썼다.

| 복수형 | complaints |

➕ make a complaint 항의를 하다
receive complaints 항의를 받다

complete (kuhm-pleet) [kəmplíːt]

형용사 **1** 완전한 (≒ total), 전부의 (≒ entire, whole)
the complete works of Shakespeare

| 비교급 | more complete |

completely

셰익스피어 전집
He was a **complete** stranger. 그는 전혀 낯선 사람이었다.
You are a **complete** fool. 너는 완전 바보야.
This is a **complete** kit and has everything you need to build a model ship.
이것은 완전한 세트로 모형 배를 만드는 데 필요한 모든 것이 들어 있다.

최상급 **most complete**

kit 조립용품 세트

2 《명사 앞에는 쓰이지 않음》 완성된, 끝난
The repair will be **complete** by Sunday.
수리는 일요일까지는 끝날 것이다.

☑ The repair will be complete by Sunday.
= The repair will be finished by Sunday.

동사 끝내다, 완성하다
I've **completed** painting the bathroom.
나는 욕실을 칠하는 것을 끝냈다.
When will the new building be **completed**?
새 건물은 언제 완성되나요?

3인칭단수현재 **completes**
현재분사 **completing**
과거·과거분사 **completed**

completely (kuhm-**pleet**-lee) [kəmplíːtli]

부사 완전히
I **completely** forgot that it was my mother's birthday yesterday.
나는 어제가 어머니 생신이라는 사실을 완전히 잊어버렸다.

☑ I completely forgot.
= I totally forgot.

complex (kuhm-**pleks** | **kuhm**-pleks) [kəmpléks | kámpleks]

형용사 (kuhm-**pleks**) 복잡한, 뒤얽힌 (≒complicated; ↔simple)
A car is a **complex** machine.
자동차는 복합한 기계다.

비교급 **more complex**
최상급 **most complex**

명사 (**kuhm**-pleks) 1 ⓒ (아파트) 단지
The apartment **complex** I live in has three buildings.
내가 살고 있는 아파트 단지에는 동이 3개 있다.

복수형 **complexes**

2 ⓒ 콤플렉스, 열등감
Sally **has a complex about** her chin.
샐리는 턱에 콤플렉스가 있다.

apartment **complex**

complicated (kahm-pli-*kay*-tid) [kámpləkèitid]

형용사 복잡한 (≒complex; ↔simple)
a **complicated** machine 복잡한 기계
The directions to Tim's house are very **complicated**.
팀의 집으로 가는 길은 매우 복잡하다.
The game's rules are too **complicated**.
게임 규칙이 너무 복잡하다.

비교급 **more complicated**
최상급 **most complicated**

➕ complicate 복잡하게 하다

component (kuhm-poh-nuhnt) [kəmpóunənt]

명사 ⓒ 구성 요소, 성분, 부품
the **components** of a machine 기계의 부품들
The main **component** of this juice is orange.
이 주스의 주요 성분은 오렌지이다.
There are three **components** to this math problem.
이 수학 문제에는 세 가지의 구성 요소들이 있다.

복수형	**components**

components

compose (kuhm-poze) [kəmpóuz]

동사 1 구성하다 (≒ make up)
A car **is composed of** many parts.
차는 많은 부품들로 구성되어 있다.

2 작곡하다, (시·글을) 쓰다, 짓다
Mozart **composed** symphonies and operas.
모차르트는 교향곡과 오페라를 작곡했다.
I'm **composing** my speech for tomorrow.
나는 내일 할 연설을 쓰고 있다.

3인칭단수현재	**composes**
현재분사	**composing**
과거·과거분사	**composed**

➕ **composer** 작곡가
composition 구성; 작곡, 작문

comprehend (kahm-pri-hend) [kàmprihénd]

동사 이해하다 (≒ understand)
He couldn't **comprehend** anything the teacher said.
그는 선생님께서 하신 말씀을 하나도 이해하지 못했다.
I didn't fully **comprehend** what had happened.
나는 무슨 일이 일어났는지 완전히 이해하지 못했다.

3인칭단수현재	**comprehends**
현재분사	**comprehending**
과거·과거분사	**comprehended**

➕ **comprehension** 이해

computer (kuhm-pyoo-tur) [kəmpjúːtər]

명사 ⓒ 컴퓨터
The **computers** at our school are all the latest models.
우리 학교에 있는 컴퓨터는 모두 최신 모델이다.
Your grades are processed by **computer**.
여러분의 성적은 컴퓨터로 처리됩니다.

computer

computer의 종류에는 어떤 것들이 있나요?
computer는 본체, 키보드, 모니터 등으로 구성되지요. 책상 위에 올려놓고 쓰는 일반적인 컴퓨터는 desktop computer라고 부르고, 가지고 다닐 수 있는 작은 컴퓨터는 무릎 위에 올려놓고 쓴다고 해서 laptop computer, 혹은 공책처럼 작고 편하다고 해서 notebook computer라고 부르지요. PC는 personal computer(개인용 컴퓨터)의 줄임말이에요.

concentrate (kahn-suhn-trate) [kánsəntrèit]

동사 **1** 집중하다
Concentrate on the basket and then shoot the ball.
골대에 집중한 다음에 공을 던져라.
I'm too tired to **concentrate on** this book.
나는 너무 피곤해서 이 책에 집중할 수가 없다.

2 (한곳에) 모이다, 밀집되다
The fish are **concentrated in** this part of the lake.
물고기는 호수의 이 부분에 모인다.
The population of Korea is **concentrated in** Seoul.
한국의 인구는 서울에 밀집되어 있다.

3인칭단수현재	concentrates
현재분사	concentrating
과거·과거분사	concentrated

➕ concentration 집중, 집중력

concept (kahn-sept) [kánsept]

명사 ⓒ 개념, 생각
Sally learns the basic **concepts of** design.
샐리는 디자인의 기본 개념을 배우고 있다.
What is your **concept of** peace?
너에게 평화란 어떤 개념이니?

복수형	concepts

concern (kuhn-surn) [kənsə́ːrn]

명사 **1** ⓒⓤ 근심, 걱정, 우려
He showed deep **concern** at the news.
그는 그 소식에 깊은 우려를 나타냈다.

2 ⓒⓤ 관심사, 중요한 것
His main **concern** is to feed his pet.
그의 주요한 관심사는 그의 애완동물에게 먹이를 주는 일이다.

동사 **1** 걱정시키다, 걱정하다
What **concerns** me is that we don't have any plan.
내가 걱정하는 것은 우리가 아무 계획도 없다는 것이다.

● **be concerned about** ~에 대해 걱정하다
I'm **concerned about** Tom. He's so stressed.
난 톰이 걱정이야. 그는 너무 스트레스를 받고 있어.

2 ~와 관계가 있다
This problem does not **concern** you.
이 문제는 너와는 관련이 없다.

복수형	concerns

➕ concerned 걱정스러운
concerning ~에 대해

3인칭단수현재	concerns
현재분사	concerning
과거·과거분사	concerned

I'm concerned about Tom. He's so stressed.

concert (kahn-surt) [kánsə(ː)rt]

명사 ⓒ 음악회, 연주회, 콘서트
have a free **concert** 무료 음악회를 열다

복수형	concerts

He is going to play the piano at this **concert**.
그는 이번 음악회에서 피아노를 연주할 것이다.

➕ **concert hall** 연주회장

 concert와 recital의 차이가 뭐예요?
concert는 여러 명의 가수 또는 연주자가 함께하는 연주회나 음악회를 말해요. 반면에 recital은 주로 한 명의 연주자나 가수가 하는 음악회나 연주회를 말한답니다.

conclude (kuhn-**klood**) [kənklúːd]

동사 결론을 내리다
After looking at my bank book, I **concluded** I had enough money to buy a new car.
통장을 살펴본 후에 나는 새 차를 살 돈이 충분하다고 결론을 내렸다.

3인칭단수현재	conclude**s**
현재분사	conclud**ing**
과거·과거분사	conclud**ed**

➕ **conclusion** 결론, 결말

condition (kuhn-**dish**-uhn) [kəndíʃən]

명사 **1** ① 상태, 건강 상태, 컨디션
The doctor told Jinsu he was in good **condition**.
의사는 진수에게 그의 상태가 좋다고 말했다.

2 《복수로 쓰임》 사정, 상황, 환경
The fishing trip was canceled because of the weather **conditions**.
날씨 사정으로 낚시 여행은 취소되었다.

3 ⓒ 조건
If you can meet my **conditions**, I will agree.
만약 당신이 내 조건들을 들어줄 수 있다면, 찬성하겠습니다.

● **on (the) condition that** ~라는 조건으로
My mother said I could have a dog **on (the) condition that** I take care of it.
우리 엄마는 내가 강아지를 돌본**다는 조건으로** 강아지를 기를 수 있다고 말씀하셨다.

복수형 condition**s**

The doctor told Jinsu he was in good **condition**.

conduct (kuhn-**duhkt** | **kahn**-duhkt) [kəndʌ́kt | kǽndʌkt]

동사 (kuhn-**duhkt**) **1** 실시하다, 처리하다
conduct tests 시험을 실시하다
He **conducted** the problems well.
그는 문제들을 잘 처리했다.

3인칭단수현재	conduct**s**
현재분사	conduct**ing**
과거·과거분사	conduct**ed**

conductor

2 (악단을) 지휘하다 (≒ direct)
A famous musician **conducted** the orchestra.
유명한 음악가가 오케스트라를 지휘했다.

3 안내하다, 인도하다
Every week, she **conducts** tours to Japan.
매주 그녀는 일본 여행을 안내한다.

명사 (kahn-duhkt) ⓤ (특정한 장소나 상황에서의) 행동
Tom's **conduct** in class needs to improve.
톰의 교실에서의 행동은 개선되어야 할 필요가 있다.

Every week, she **conducts** tours to Japan.

conductor (kuhn-**duhk**-tur) [kəndʌ́ktər]

명사 **1** ⓒ 지휘자
My goal is to be the **conductor** of the school band.
내 목표는 학교 밴드의 지휘자가 되는 것이다.

2 ⓒ (전차·버스 등의) 차장
The **conductor** asked for our tickets.
차장이 우리에게 표를 보여 달라고 했다.

3 ⓒ [물리] 도체, 전도체
Gold is an excellent **conductor** of electricity.
금은 전기가 잘 통하는 도체이다.

복수형 **conductor**s

conductor

confess (kuhn-**fes**) [kənfés]

동사 자백하다, 고백하다, 인정하다 (≒ admit; ↔ deny)
The man **confessed to** the murder.
그 남자는 살인을 했다고 자백했다.
She **confessed** her crime. 그녀는 범행을 자백했다.
He **confessed that** he loved her.
그는 그녀를 사랑한다고 고백했다.
Bob **confessed that** he cheated on the test.
밥은 시험에서 부정행위를 했다고 인정했다.

3인칭단수현재 **confess**es
현재분사 **confess**ing
과거·과거분사 **confess**ed

➕ **confession** 자백

confident (kahn-**fi**-duhnt) [kánfidənt]

형용사 **1** 자신 있는, 자신감 있는
I **am confident about** the math competition.
나는 수학 경시대회에 자신이 있다.

2 《명사 앞에는 쓰이지 않음》 확신하는
I'm **confident of** your success.
나는 너의 성공을 확신해.
I'm **confident that** our team will win.
나는 우리 팀이 이길 거라고 확신한다.

비교급 **more confident**
최상급 **most confident**

➕ **confidence** 자신감, 확신

confirm (kuhn-**furm**) [kənfə́ːrm]

동사 **1** (사실임을) 확인하다, 확증하다
The blood test **confirmed** the doctor's diagnosis.
혈액 검사는 의사의 진단을 확인해 주었다.
The test results **confirmed that** I'm weak in math.
시험 성적은 내가 수학에 약함을 확인시켜 주었다.

2 (날짜·예약 등을) 확인하다
I'd like to **confirm my reservation**.
예약을 확인하고 싶습니다.
I called the airline to **confirm** my seat on the flight.
나는 비행기 좌석을 확인하기 위해 항공사에 전화를 했다.

3인칭단수현재	confirm**s**
현재분사	confirm**ing**
과거·과거분사	confirm**ed**

➕ confirmation 확인

❓ diagnosis 진단

conflict (**kahn**-flikt | kuhn-**flikt**) [kɑ́nflikt | kənflíkt]

명사 (**kahn**-flikt) **1** ⓒⓤ (생각·의견 등의) 대립, 충돌
There has always been **conflict between** the two groups.
그 두 집단 간에는 늘 의견 충돌이 있었다.

● *in conflict with* ~와 상충하여, 대립하여
Their words are **in conflict with** each other.
그들의 말은 서로 맞지 않는다.

2 ⓒⓤ 싸움, 분쟁
Because of the **conflict between** the two countries, many people have died.
그 두 나라 사이의 분쟁 때문에 많은 사람들이 죽었다.

동사 (kuhn-**flikt**) 충돌하다, 대립하다
My opinion of the new mayor **conflicts with** yours.
새로운 시장에 대한 내 의견과 너의 의견은 대립된다.

복수형	conflict**s**

❓ 상충하다 서로 맞지 않고 어긋나다

conflict

3인칭단수현재	conflict**s**
현재분사	conflict**ing**
과거·과거분사	conflict**ed**

confront (kuhn-**fruhnt**) [kənfrʌ́nt]

동사 **1** 직면하다, 맞닥뜨리다, 대처하다
We have to **confront** the truth.
우리는 진실을 직면해야 한다.

● *be confronted with* ~에 직면하다
I **am confronted with** many difficulties.
나는 많은 어려움에 직면해 있다.

2 맞서다, 대항하다
Anne **confronted** Tony about the rumor.
앤은 그 소문에 대해 토니에게 따졌다.
He **confronted** his fears.
그는 자신의 두려움에 맞서 싸웠다.

3인칭단수현재	confront**s**
현재분사	confront**ing**
과거·과거분사	confront**ed**

➕ confrontation 직면, 대면; 대치, 대립
confrontational 대립을 일삼는

confuse (kuhn-*fyooz*) [kənfjúːz]

동사 1 혼란스럽게 하다, 당황하게 하다
She was **confused** by many of the scientific words in the book.
그녀는 책에 나오는 많은 과학 용어들 때문에 혼란스러웠다.
The teacher's question **confused** me.
선생님의 질문이 나를 당황하게 했다.

2 혼동하다 (≒ mix up)
Sally **confused** jam **with** jelly.
샐리는 잼을 젤리와 혼동했다.

3인칭단수현재	confuse**s**
현재분사	confus**ing**
과거·과거분사	confuse**d**

➕ confusing 혼란시키는
  confusion 혼란, 혼동

*congratulate (kuhn-*grach*-uh-*late*) [kəngrǽtʃəlèit]

동사 축하하다
The teacher **congratulated** all her students who did their best.
선생님은 최선을 다한 모든 학생들을 축하했다.
We **congratulated ourselves on** winning the game.
우리는 경기에서 이긴 것을 자축했다.

3인칭단수현재	congratulate**s**
현재분사	congratulat**ing**
과거·과거분사	congratulate**d**

congratulation (kuhn-*grach*-uh-**lay**-shuhn) [kəngrætʃəléiʃən]

명사 《congratulations로 쓰임》 축하의 말, 축사
Congratulations on your wedding, Jane!
결혼 축하해, 제인!
Give Tom my **congratulations**.
톰에게 축하한다고 전해 주세요.

복수형	congratulation**s**

 congratulate와 celebrate는 비슷한 표현인가요?
congratulate는 사람을 축하하는 표현이고, celebrate는 일이나 사건을 축하하는 표현이에요. 그래서 결혼을 하는 사람에게는 congratulate라고 하고, 결혼기념일은 celebrate라고 한답니다.

congress (**kahng**-gris) [káŋgris]

명사 1 ⓒ 《Congress로 쓰임》 의회, 국회
Congress voted against the new law.
의회는 새로운 법안을 반대했다.

2 ⓒ 회의, 집회

복수형	congress**es**

➕ congressman (남자) 국회의원

an international **congress** of labor union
국제 노동조합 회의

congresswoman (여자)
국회 의원

connect (kuh-**nekt**) [kənékt]

동사 연결하다, 잇다 (↔disconnect)
My room **connects with** his.
내 방은 그의 방과 이어져 있다.
A: What are you doing, Bora? 보라, 뭐하고 있니?
B: I'm trying to **connect** my computer **to** the Internet. 내 컴퓨터를 인터넷에 연결하는 중이야.
● **connect A with B** A와 B를 연결하다
A: May I speak to Mr. Johnson?
존슨 씨와 통화할 수 있을까요?
B: Yes, I'll **connect** you **with** him.
예, 그분과 연결해 드리겠습니다.

3인칭단수현재	connects
현재분사	connecting
과거·과거분사	connected

➕ connection 연결, 접속

I'm trying to **connect** my computer **to** the Internet.

conquer (**kahng**-kur) [káŋkər]

동사 1 (다른 나라·적 등을) 정복하다, 이기다
The Normans **conquered** England in 1066.
노르만 인들은 1066년에 영국을 정복했다.
2 (어려움·공포 등을) 이기다, 극복하다 (≒overcome)
Only love can **conquer** hate.
사랑만이 증오를 이길 수 있다.
Time **conquers** all. 시간은 모든 것을 극복한다.

3인칭단수현재	conquers
현재분사	conquering
과거·과거분사	conquered

➕ conquest 정복

conservative (kuhn-**sur**-vuh-tiv) [kənsə́ːrvətiv]

형용사 보수적인 (↔progressive)
My grandfather is very **conservative**.
우리 할아버지는 매우 보수적이시다.
The **conservative** teachers opposed getting rid of school uniforms.
보수적인 교사들은 교복을 없애는 것을 반대했다.

| 비교급 | more conservative |
| 최상급 | most conservative |

➕ conserve 보존하다
conservation 보호; 절약

consider (kuhn-**sid**-ur) [kənsídər]

동사 1 고려하다, 곰곰이 생각하다 (≒think over)
A: I think I'm going to move to Australia.
호주에 가서 살까 봐.
B: That's a big decision. You should **consider** it very carefully.

3인칭단수현재	considers
현재분사	considered
과거·과거분사	considering

그건 아주 큰 결정이야. 매우 신중하게 고려해 봐야 해.

2 ~라고 여기다, ~라고 생각하다
Many people **consider** Michelangelo the greatest artist who ever lived.
많은 사람들은 미켈란젤로가 지금까지 살았던 예술가 중 최고라고 여긴다.

3 (다른 사람의 감정을) 배려하다
Pig never **considers** others.
피그는 다른 사람들을 전혀 배려하지 않는다.

➕ consideration 숙고; 배려

Pig never **considers** others.

considerable (kuhn-**sid**-ur-uh-buhl) [kənsídərəbəl]

형용사 (양·크기 등이) 상당한, 꽤 많은 (≒significant)
A **considerable** amount of snow is still on the road, so drive carefully.
도로에 여전히 상당한 양의 눈이 있으니 운전 조심하세요.
They walked a **considerable** distance.
그들은 상당한 거리를 걸었다.

비교급 more considerable
최상급 most considerable

➕ considerably 상당히

considerate (kuhn-**sid**-ur-it) [kənsídərit]

형용사 사려 깊은, 배려하는 (≒thoughtful)
She is always **considerate** and polite.
그녀는 항상 사려 깊고 예의 바르다.

비교급 more considerate
최상급 most considerate

consist (kuhn-**sist**) [kənsíst]

동사 1 (부분·요소로) 구성되다
Our class **consists of** 35 students.
우리 반은 35명으로 구성되어 있다.
Peanut butter **consists of** peanuts and salt.
땅콩버터는 땅콩과 소금으로 이루어져 있다.

2 ~에 존재하다
Happiness **consists in** contentment.
행복은 만족에 있다.

3인칭단수현재 consists
현재분사 consisting
과거·과거분사 consisted

❓ contentment 만족

consistent (kuhn-**sis**-tuhnt) [kənsístənt]

형용사 (의견·행동 등이) 일치하는, 꾸준한
Your actions should be **consistent with** your words. 행동은 말과 일치해야 한다.
Consistent study habits will help you succeed.
꾸준한 공부 습관은 네가 성공하도록 도와줄 것이다.

비교급 more consistent
최상급 most consistent

➕ consistently 꾸준히

consonant (kahn-suh-nuhnt) [kánsənənt]

명사 Ⓒ 자음 (모음 a, e, i, o, u 외의 글자)

| 복수형 | consonants |

constant (kahn-stuhnt) [kánstənt]

형용사 끊임없는, 변함없는
Sally's puppy is either in **constant** motion or asleep.
샐리의 강아지는 끊임없이 움직이거나 자고 있거나 둘 중 하나다.
She tries hard to maintain a **constant** weight.
그녀는 변함없는 체중을 유지하려고 많이 노력한다.

| 비교급 | more constant |
| 최상급 | most constant |

➕ **constantly** 변함없이, 끊임없이

construction (kuhn-struhk-shuhn) [kənstrʌ́kʃən]

명사 1 Ⓒ 건축, 건설
My father works for a **construction** company.
우리 아빠는 건설 회사에 다니신다.
• **under construction** 건설 중인
The new school cafeteria is **under construction**.
새로운 학생 식당이 **건설 중**이다.

2 Ⓒ 건축물
That **construction** is the tallest in this city.
저 건축물이 이 도시에서 가장 높다.

| 복수형 | constructions |

➕ **construct** 건설하다

construction

consult (kuhn-suhlt) [kənsʌ́lt]

동사 1 상담하다
You should **consult with** a doctor **about** your skin problem.
네 피부 문제는 의사와 상담해야 해.
He **consulted with** his lawyer **about** the matter.
그는 그 문제에 대해 변호사와 상담했다.

2 상의하다
Have you **consulted** your parents **about** your future? 네 장래에 대해 부모님과 상의해 봤니?

3인칭단수현재	consults
현재분사	consulting
과거·과거분사	consulted

➕ **consulting** 상담역의, 자문의; 조언

consultant (kuhn-suhl-tuhnt) [kənsʌ́ltənt]

명사 Ⓒ 상담자, 자문 위원, 컨설턴트
A wedding **consultant** helped Jane plan her wedding.

| 복수형 | consultants |

웨딩 컨설턴트는 제인이 결혼 계획을 세우는 데 도움을 주었다.

consume (kuhn-**soom**) [kənsúːm]

동사 1 소비하다, 써 버리다
Humans are **consuming** all of the earth's natural resources.
인간은 지구의 모든 천연자원을 소비하고 있다.

2 먹다, 먹어 버리다
His friends **consumed** the large pizza in less than 10 minutes.
그의 친구들은 커다란 피자를 10분도 채 되지 않아 다 먹어 버렸다.

3인칭단수현재	consume**s**
현재분사	consum**ing**
과거·과거분사	consume**d**

➕ consumer 소비자
consumption 소비, 소모

contact (**kahn**-takt) [kántækt]

명사 ① 연락, 접촉
Eye **contact** is important when you give a presentation.
발표를 할 때 눈을 마주치는 것은 중요하다.

● *be in contact with* ~와 연락[접촉]하다
A: Have you talked to Jinsu lately?
최근에 진수랑 이야기한 적 있니?
B: No, I haven't **been in contact with** him.
아니, 그와 **연락하지** 않고 있었어.

동사 연락하다
I'll **contact** you by e-mail or telephone.
이메일이나 전화로 연락할게.

➕ contact lens 콘택트렌즈
eye **contact**

3인칭단수현재	contact**s**
현재분사	contact**ing**
과거·과거분사	contact**ed**

contain (kuhn-**tayn**) [kəntéin]

동사 포함하다, ~이 들어 있다
This hamburger **contains** 14 grams of fat.
이 햄버거는 14g의 지방을 함유하고 있다.
How much water does the ocean **contain**?
바다에는 얼마나 많은 물이 들어 있을까?

단수현재	contain**s**
현재분사	contain**ing**
과거·과거분사	contain**ed**

➕ container 통, 그릇; 컨테이너

content¹ (**kahn**-tent) [kántent]

명사 1 《복수로 쓰임》 내용, 내용물
Please let me know what the **contents** of the box are.
그 상자의 내용물이 무엇인지 알려 주세요.

복수형	content**s**

2 《복수로 쓰임》 (책) 목차, 내용
I always read the table of **contents** first when I buy a book.
나는 책을 사면 항상 목차부터 먼저 읽는다.

※ 명사일 때와 형용사·동사일 때의 강세 위치가 다름에 주의하세요.

content² (kuhn-**tent**) [kəntént]

형용사 《명사 앞에는 쓰이지 않음》 만족하는
Sam was **content to** stay at home on his vacation.
샘은 휴가 때 집에 머무르는 것에 만족했다.
She is **content with** her life now.
그녀는 지금 자신의 생활에 만족한다.
I would be **content** with a bar of chocolate.
초콜릿 한 개면 나는 만족이다.

동사 《주로 oneself와 함께 쓰임》 만족하다
He **contents himself with** small successes.
그는 작은 성공에 만족한다.

| 비교급 | more content |
| 최상급 | most content |

➕ content**ed** 만족해 하는
　content**ment** 만족

3인칭단수현재	content**s**
현재분사	content**ing**
과거·과거분사	content**ed**

 영어 단어는 강세의 위치에 따라 뜻이 달라지나요?
한 개의 단어가 여러 품사로 쓰이는 경우, 강세의 위치가 달라지는 경우가 있어요. 예를 들면 바로 위의 content와 conduct, conflict, export, import처럼요.

contest (**kahn**-test) [kántest]

명사 ⓒ 경기, 대회, 콘테스트
He won first place in the speech **contest**.
그는 웅변대회에서 1등을 했다.
Anne lifted 70 kilograms and won the Strong Woman **Contest**.
앤은 70kg을 들어 올려 힘센 여성 콘테스트에서 우승했다.

| 복수형 | contest**s** |

➕ contest**ant** (경기·대회 등의) 참가자

context (**kahn**-tekst) [kántekst]

명사 ⓒ 문맥, 맥락
A: What does "alien" mean?
　'alien'의 뜻이 뭐지?
B: It can mean several things. The meaning depends on the **context**.
　몇 가지 의미가 있을 수 있어. 의미는 문맥에 따라 정해져.
I found the meaning of the word from its **context**.
나는 문맥으로 그 단어의 의미를 알아냈다.

| 복수형 | context**s** |

➕ **in context** 전후 관계나 문맥을 고려하여
　out of context 전후 관계나 문맥을 무시하고

continent (kahn-tuh-nuhnt) [kántənənt]

명사 ⓒ 대륙
Korea is a part of the Asian **continent**.
한국은 아시아 대륙의 한 부분이다.
The European **continent** has many countries, including France.
유럽 대륙에는 프랑스를 포함해서 많은 나라가 있다.

| 복수형 | **continent**s |

➕ **continental** 대륙의

*continue (kuhn-tin-yoo) [kəntínjuː]

동사 계속하다, 지속하다 (≒ go on, carry on)
This road **continues** all the way to Busan.
이 도로는 부산까지 쭉 계속된다(뻗어 있다).
We have to **continue** work**ing** until we finish.
우리는 일을 끝낼 때까지 계속해야 한다.
I will **continue to** wait until you show up.
나는 네가 올 때까지 계속 기다릴 거야.

3인칭단수현재	**continue**s
현재분사	**continu**ing
과거·과거분사	**continue**d

➕ **continuous** 계속되는
continuously 계속해서

 '다음에 계속'을 영어로 어떻게 표현하나요?
TV 연속극이나 연재물에서 '다음에 계속'이라는 말을 쓰는데 이는 영어로 To be continued.라고 해요.

contract (kahn-trakt | kuhn-trakt) [kɑ́ntrækt | kəntrǽkt]

명사 (**kahn**-trakt) ⓒ 계약, 계약서
He signed the sales **contract**.
그는 판매 계약서에 사인했다.

동사 (**kuhn**-trakt) **1** 줄어들다, 수축하다 (↔ expand)
Metal **contracts** in cold weather.
금속은 날씨가 추우면 수축한다.
The sunlight makes the pupils of my eyes **contract**.
햇빛은 내 눈의 동공을 수축시킨다.

2 계약하다
He **contracted to** have the construction finished by winter. 그는 겨울까지 공사를 끝내기로 계약했다.

| 복수형 | **contract**s |

3인칭단수현재	**contract**s
현재분사	**contract**ing
과거·과거분사	**contract**ed

➕ **contraction** 수축, 축소, (isn't, can't 등) 축약형

contrary (kahn-trer-ee) [kɑ́ntreri]

형용사 완전히 다른, 반대의
My friend's opinion is **contrary to** mine.
내 친구의 의견은 내 의견과 완전히 다르다.

➕ **contra-** '반대', '대항'의 뜻을 나타내는 접두사

It is hard to act **contrary to** your parents' wishes.
부모님의 바람에 반대로 행동하는 것은 어렵다.

명사 《단수로 쓰임》 반대
The weather was **the contrary** of what we expected.
날씨는 우리가 예상했던 거와는 반대였다.

- **on the contrary** 오히려, 그와는 반대로
John is not stupid. **On the contrary**, he is very smart.
존은 어리석지 않다. **오히려** 매우 영리하다.

The weather was **the contrary** of what we expected.

contrast (kahn-trast | kuhn-trast) [kάntræst | kəntrǽst]

명사 (kahn-trast) ⓒⓊ 대조, 대비
The **contrast between** the two colors is obvious.
그 두 색깔의 대비는 뚜렷하다.

- **in contrast with(to)** ~와는 대조적으로
In contrast with that problem, this one is easy.
그 문제**와는 대조적으로** 이 문제는 쉽다.

동사 (kuhn-**trast**) 대조하다, 대조를 이루다
Anne's black blouse **contrasts with** her red pants.
앤의 검정색 블라우스는 그녀의 빨간색 바지와 대조를 이룬다.

복수형	contrasts
➕ contrasting 대조되는, 대비되는	
3인칭단수현재	contrasts
현재분사	contrasting
과거·과거분사	contrasted

contribute (kuhn-trib-yoot) [kəntríbjut]

동사 1 공헌하다, 기여하다
Immigrants **contributed to** American culture in many ways.
이민자들은 미국 문화에 여러 방면으로 기여했다.

2 기부하다
I **contribute** money every month **to** the homeless society.
나는 매달 노숙자 단체에 돈을 기부한다.

3 (원고를) 기고하다
Mary **contributes** a column **to** the monthly magazine.
메리는 월간 잡지에 칼럼을 기고하고 있다.

3인칭단수현재	contributes
현재분사	contributing
과거·과거분사	contributed
➕ contribution 기여, 기부, 기고	
❓ immigrant 이민자, 이주민	

control (kuhn-trohl) [kəntróul]

동사 통제하다, 지배하다
The new teacher couldn't **control** the noisy students.

3인칭단수현재	controls
현재분사	controlling

새로 오신 선생님은 시끄러운 학생들을 통제할 수 없었다.
Speed limits help **control** fast drivers.
속도 제한은 빠르게 운전하는 사람들을 통제하는 데 도움이 된다.

과거·과거분사 control**led**

❓ **in charge of** ~을 맡아서

명사 ① 통제, 제어
Bill was in charge of crowd **control** at the festival.
빌은 축제에서 군중 통제를 맡았다.

- *lose control of* ~을 제어할 수 없게 되다
Brian **lost control of** his skateboard and fell down.
브라이언은 스케이트보드를 제어하지 못하고 넘어졌다.

- *under control* 통제되는
You don't have to worry about the accident. Everything is **under control**.
사고에 대해서는 걱정 안 하셔도 됩니다. 모든 것이 **통제되고** 있습니다.

Brian **lost control of** his skateboard and fell down.

controversy (kahn-truh-*vur*-see) [kántrəvə̀ːrsi]

명사 ⓒⓤ 논쟁, 논란
a political **controversy** 정치적 논란
The **controversy about** the capital relocation will last for a long time.
행정 수도 이전에 대한 논란은 오랫동안 계속될 것이다.

복수형 controvers**ies**

❓ **relocation** 재배치

convenience (kuhn-*veen*-yuhns) [kənvíːnjəns]

명사 ① 편리, 편의 (↔inconvenience)
Many **convenience stores** are open 24 hours.
많은 편의점들이 24시간 동안 문을 연다.

- *at one's convenience* ~가 편리한 때에, ~ 형편 닿는 대로
Weekly meetings are always held **at his convenience**.
주간 회의는 언제나 그가 **편리한 때에** 열린다.
We can meet **at your convenience** next week.
다음 주에 네가 편한 때에 보자.

➕ **convenience food** 인스턴트식품, 간편식

☑ We can meet at your convenience.
 = We can meet at a time that is convenient for you.

convenient (kuhn-*veen*-yuhnt) [kənvíːnjənt]

형용사 편리한 (↔inconvenient)
A: Tom, I'd like to meet with you this afternoon.
톰, 오늘 오후에 널 좀 만나야 하는데.
B: Two o'clock is **convenient for** me.
나는 두 시가 편해.
A: Good. I'll see you then. 좋아. 그럼 그때 보자.

비교급 **more** convenient
최상급 **most** convenient

➕ **conveniently** 편리하게
convenient time 편한 시간

Fast food is **convenient**, but it's not healthy.
패스트푸드는 편리하지만 건강에 좋지 않다.

> convenient way 편리한 방법

conversation (kahn-vur-say-shuhn) [kɑ̀nvərséiʃən]

명사 ⓒⓤ 대화, 회화
Mr.Brown had a long **conversation** with Mr.Kim about his plans.
브라운 씨는 김 씨와 자신의 계획에 대해 긴 대화를 했다.

- **make conversation** 대화를 하다, 잡담하다
It is important to **make conversation** in a polite manner.
겸손한 자세로 **대화하는** 것은 중요하다.

> 복수형 conversation**s**

conversation

convince (kuhn-**vins**) [kənvíns]

동사 1 확신시키다, 납득시키다
Sally was **convinced** someone was following her.
샐리는 누군가가 그녀를 쫓아오고 있다고 확신했다.
He **convinced** me that he was telling the truth.
그는 진실을 이야기하고 있다는 것을 나에게 납득시켰다.

2 설득하다 (≒persuade)
He **convinced** Eric to calm down.
그는 에릭이 진정하도록 설득했다.

> 3인칭단수현재 convince**s**
> 현재분사 convinc**ing**
> 과거·과거분사 convinc**ed**
>
> ➕ convincing 설득력 있는

*cook (kuk) [kuk]

동사 요리하다
I like to **cook**. 나는 요리하는 것을 좋아한다.
I'm **cooking** some spaghetti.
나는 스파게티를 요리하고 있다.

명사 ⓒ 요리사
Anne works as a **cook** at a hotel restaurant.
앤은 호텔 레스토랑에서 요리사로 일한다.

- **Too many cooks spoil the broth.**
요리사가 많으면 국물을 망친다., 사공이 많으면 배가 산으로 간다. 〈속담〉

> 3인칭단수현재 cook**s**
> 현재분사 cook**ing**
> 과거·과거분사 cook**ed**
> 복수형 cook**s**
>
> ➕ cooking 요리, 음식 준비
> ❓ broth 맑은 국물, 육수

 Tip '요리사'는 영어로 **cooker**라고 안 하나요?

영어에는 baker(빵 굽는 사람), speaker(연설자)처럼 동사 뒤에 -er을 붙여 사람을 나타내는 경우가 많아요. 그래서 요리사를 cooker라고 생각하기 쉽지요. 하지만 요리사는 cook이라고 하는 것이 맞아요. 호텔이나 식당의 일등 요리사는 chef라고 하지요.

*cookie (kuk-ee) [kúki]

명사 ⓒ 쿠키
I'm baking chocolate chip **cookies**.
나는 초코칩 쿠키를 굽고 있다.

| 복수형 | cookies |

*cool (kool) [ku:l]

형용사 1 시원한, 서늘한 (↔warm)
The weather in fall is usually **cool**.
가을 날씨는 대체로 서늘하다.

2 멋진, 세련된
Brian is a **cool** guy. 브라이언은 멋진 아이다.

3 침착한, 냉정한 (≒calm)
She **looked cool** during the final exam.
그녀는 기말시험 동안 침착해 보였다.

| 비교급 | cooler |
| 최상급 | coolest |

➕ **cooler** 냉장고, 아이스박스

cooperate (koh-ah-puh-rate) [kouápərèit]

동사 협동하다, 협력하다, 협조하다
Our company is **cooperating with** another firm on this project.
우리 회사는 이번 프로젝트에서 다른 회사와 협력하고 있다.
All the students **cooperated** in cleaning up the town river.
모든 학생들이 마을 하천을 청소하는 데 협조했다.

3인칭단수현재	cooperates
현재분사	cooperating
과거·과거분사	cooperated

➕ **cooperation** 협동, 협력, 협조
cooperative 협조적인

cope (kope) [koup]

동사 잘 대처하다, 극복하다
I tried to **cope with** his bad manners.
나는 그의 불손함에 잘 대처하려고 애썼다.
Healthy people **cope** better **with** stress.
건강한 사람들은 스트레스를 더 잘 이겨 낸다.

3인칭단수현재	copes
현재분사	coping
과거·과거분사	coped

copy (kah-pee) [kápi]

명사 ⓒ 복사, 사본, 모방
This song is a **copy** of an old one that was popular 10 years ago.
이 노래는 10년 전에 유행했던 노래의 모방이다.

● *make a copy* 복사하다
Can I **make a copy** of your notes for math class?
너의 수학 수업 노트를 복사해도 될까?

| 복수형 | copies |

copy

동사 1 복사하다, 베끼다
He **copies** Tim's homework almost everyday.
그는 거의 매일 팀의 숙제를 베낀다.

2 모방하다, 따라하다 (≒ imitate)
Anne **copied** everything her older sister did.
앤은 그녀의 언니가 하는 모든 것을 따라했다.

3인칭단수현재	cop**ies**
현재분사	copy**ing**
과거·과거분사	cop**ied**

➕ copier 복사기
copyright 저작권, 판권

core (kor) [kɔːr]

명사 1 ⓒ 핵심, 중심
Belief was the **core of** his success.
믿음이 그의 성공의 핵심이었다.
The earth's **core** is about 1,200 kilometers across.
지구의 중심은 직경 약 1,200km이다.

2 ⓒ (과일 등의) 속, 심, 가운데 씨가 있는 부분
The seed is in the **core** of the peach.
복숭아 속에 씨가 있다.

복수형 core**s**
core

corn (korn) [kɔːrn]

명사 ⓤ 옥수수
White **corn** is sweeter than yellow corn.
흰 옥수수는 노란 옥수수보다 달다.
Chickens like to eat **corn**.
닭은 옥수수 먹는 것을 좋아한다.

corn

*corner (kor-nur) [kɔ́ːrnər]

명사 1 ⓒ 모서리, 구석
A square has four **corners**.
정사각형은 4개의 모서리가 있다.

2 ⓒ 길모퉁이
The bank is **on the corner of** the next street.
은행은 다음 거리의 모퉁이에 있다.

• *just around the corner* (어떤 시기가) 아주 가까워진
Winter is **just around the corner**.
겨울이 아주 가까이 왔다.

동사 궁지〔구석〕에 몰아넣다
The mouse was **cornered** and had nowhere to run.
그 쥐는 궁지에 몰려서 도망갈 곳이 없었다.
The police finally **cornered** the thief.
경찰은 드디어 도둑을 구석에 몰아넣었다.

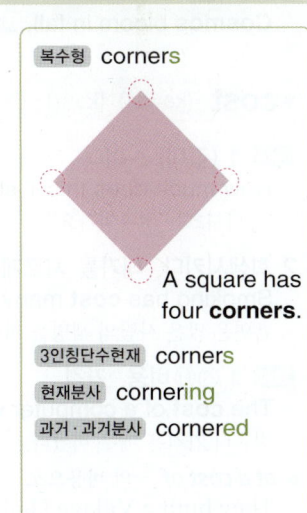
복수형 corner**s**
A square has four **corners**.

3인칭단수현재	corner**s**
현재분사	corner**ing**
과거·과거분사	corner**ed**

*correct (kuh-rekt) [kərékt]

형용사 정확한, 올바른 (≒ right; ↔ incorrect, wrong)
Seventeen is the **correct answer**.
17이 정확한 답이다.
Is the kitchen clock **correct**?
부엌에 있는 시계는 정확한가요?

동사 바로잡다, 고치다
Correct the errors, if there are any.
잘못이 있으면 고쳐라.
The editor **corrected** the writer's mistakes.
편집자는 필자의 실수를 바로잡았다.

| 비교급 | more correct |
| 최상급 | most correct |

➕ correction 정정, 수정

3인칭단수현재	correct**s**
현재분사	correct**ing**
과거·과거분사	correct**ed**

cosmetic (kahz-met-ik) [kɑzmétik]

명사 ⓒ 화장품
skincare **cosmetics** 기초 화장품
The **cosmetics** counters at department stores are always busy.
백화점 화장품 판매대는 늘 바쁘다.

| 복수형 | cosmetic**s** |

➕ cosmetically 화장용으로

cosmos (kahz-mohs) [kázməs]

명사 1 《the cosmos로 쓰임》 우주
We learned about the structure of **the cosmos** in the science class.
우리는 과학 시간에 우주의 구조에 대해 배웠다.

2 ⓒ [식물] 코스모스
Cosmos bloom in fall. 코스모스는 가을에 핀다.

| 복수형 | cosmos, cosmos**es** |

cosmos

*cost (kawst) [kɔːst]

동사 1 (값이) ~이다
How much does this T-shirt **cost**?
이 티셔츠는 얼마인가요?

2 희생시키다, 대가를 치르게 하다
Smoking has **cost** many people their lives.
흡연은 많은 사람의 생명을 희생시켜 왔다.

명사 1 ⓒⓤ 비용, 가격
The **cost** of a computer was very high.
컴퓨터 가격은 매우 비쌌다.

- **at a cost of** ~의 비용으로
They built a Village Hall **at a cost of** fifty million won. 그들은 5천만 원을 들여 마을 회관을 지었다.

3인칭단수현재	cost**s**
현재분사	cost**ing**
과거·과거분사	cost

| 복수형 | cost**s** |

➕ cost of living 생활비

2 ⓒⓊ 희생, 손실
That's the **cost** of being the boss.
그것은 상사(대장)이기 때문에 치러야 하는 대가다.

● *at the cost of* ~을 희생하여
It is foolish to study **at the cost of** your health.
건강을 희생하면서까지 공부를 하는 것은 어리석은 짓이다.

● *at all costs* 어떻게 해서라도 (= at any cost)
My secret must be kept **at all costs**.
어떻게 해서라도 내 비밀은 지켜져야 한다.

That's the **cost** of being the boss.

costume (kahs-toom) [kástju:m]

명사 ⓒ 복장, 의상
His movie **costume** included a sword and armor.
그의 영화 의상에는 칼과 갑옷이 포함되어 있다.
Bill wants to wear a magician **costume** for Halloween.
빌은 핼러윈에 마법사 복장을 하고 싶어 한다.

복수형 costume**s**

※ '관습, 습관'을 의미하는 custom과 혼동하지 마세요.

cottage (kah-tij) [kátidʒ]

명사 ⓒ 오두막, 시골집
Mr. Brown is building a **cottage** in the mountains.
브라운 씨는 산속에 오두막을 짓고 있다.

복수형 cottage**s**

cotton (kah-tuhn) [kátn]

명사 **1** Ⓤ 면, 면제품
The scarf is made of **cotton**.
그 스카프는 면으로 만들어졌다.

2 Ⓤ 목화, 솜
They worked on **cotton** farms in the southern part of the United States.
그들은 미국 남부 지방의 목화 농장에서 일했다.

➕ **cotton ball** 약솜, 솜뭉치
cotton candy 솜사탕
cotton swab 면봉

cough (kawf) [kɔ(:)f]

동사 기침하다
The smoke made me **cough**.
연기가 나를 기침하게 만들었다.
Please put your hand over your mouth when you **cough**.
기침을 할 때는 손으로 입을 가려 주세요.

3인칭단수현재 cough**s**
현재분사 cough**ing**
과거·과거분사 cough**ed**

명사 ⓒ 기침

복수형 cough**s**

Mark's **cough** made it hard for him to sleep.
마크는 기침 때문에 잠을 자기가 어려웠다.

➕ **cough syrup** 기침약

could (kud) [kud]

조동사 **1** 〖can의 과거형〗 ~할 수 있었다
He **could** sleep well because he was tired.
그는 피곤했기 때문에 잠을 잘 잘 수 있었다.
When I was younger I **could** swim fast, but I can't swim fast now.
내가 어렸을 적에는 수영을 빨리할 수 있었는데 지금은 수영을 빨리하지 못한다.

2 〖부탁·제의〗 ~해 주시겠습니까?, ~하면 어떨까요?
Could you please open the door?
창문을 좀 열어 주시겠습니까?
Could you pass me the salt? 소금 좀 주시겠어요?

When I was younger I **could** swim fast, but I can't swim fast now.

 과거와 반대되는 사실을 가정할 때 쓰는 '**could have + 과거분사**'가 뭔가요?

'could have + 과거분사'는 과거에 일어날 뻔했지만 실제 일어나지 않은 일을 나타낼 때 쓰지요.
- Bill fell off a ladder yesterday, but he is all right. He **could have broken** his leg.
빌은 어제 사다리에서 떨어졌지만, 괜찮다. 그는 다리가 부러졌을 수도 있었다.
(→ 그의 다리는 부러지지 않았다.)
You **could have told** me you were moving. 이사한다고 내게 말을 해 줄 수 있었잖아.
(→ 이사한다고 내게 말을 해 주지 않았다.)

council (koun-suhl) [káunsəl]

명사 ⓒ (지방) 의회, 위원회
The **city council** decided that students need to exercise outdoors more.
시 의회는 학생들이 실외 활동이 좀 더 필요하다는 결정을 내렸다.

복수형 **councils**

➕ **student council** 학생 자치 위원회

counsel (koun-suhl) [káunsəl]

동사 조언하다, 충고하다, 상담하다
The minister **counseled** the couple about their marriage problems.
목사는 결혼 문제에 대해 그 부부에게 조언을 해 주었다.
She **counsels** many middle school students.
그녀는 많은 중학교 학생들을 상담한다.

3인칭단수현재 **counsels**
현재분사 (미국) **counseling**, (영국) **counselling**
과거·과거분사 (미국) **counseled**, (영국) **counselled**

countryside

 Tip **counseled가 맞나요, counselled가 맞나요?**
counsel의 현재분사, 과거, 과거분사인 경우, 영국에서는 마지막 글자를 반복해서 사용해요. 즉, 영국영어에서는 "l"이 한 번 더 붙는 거죠. 이 같은 단어로 cancel(취소하다), travel(여행하다) 등이 있어요.
예) 미국영어: travel (현재), traveled (과거·과거분사), traveling (현재분사)
영국영어: travel (현재), travelled (과거·과거분사), travelling (현재분사)

*count (kount) [kaunt]

동사 **1** (숫자를) 세다, 계산하다
Close your eyes and **count to** ten while we hide.
우리가 숨는 동안 눈을 감고 10까지 세라.
I **counted** how many guests I have to invite.
나는 초대해야 할 손님들 수를 계산했다.

2 중요하다, 가치가 있다 (≒ matter)
Every opinion **counts**. 의견 하나하나가 다 중요하다.
Their opinions don't **count for** much.
그들의 의견은 그다지 중요하지 않다.

● *count on* 의지하다, 믿다, 기대다 (≒ depend on, rely on)
Don't **count on** others for help.
다른 사람들에게 도움을 기대하지 마라.
I'll **count on** your coming. 오시리라고 믿겠습니다.

3인칭단수현재	count**s**
현재분사	count**ing**
과거·과거분사	count**ed**

➕ **countless** 무수한, 셀 수 없이 많은

count

*country (kuhn-tree) [kʌ́ntri]

명사 **1** ⓒ 국가, 나라 (≒ nation)
Korea is the **country** I live in.
한국은 내가 살고 있는 나라이다.
Australia is a **country** and a continent.
호주는 나라이자 대륙이다.

2 《the country로 쓰임》 시골 (≒ countryside)
My uncle lives **in the country**. 내 삼촌은 시골에 사신다.
They prefer **the country** to the city.
그들은 도시보다 시골을 더 좋아한다.

복수형	countr**ies**

➕ **developed country** 선진국
developing country 개발도상국

countryside (kuhn-tree-side) [kʌ́ntrisàid]

명사 ⓤ 시골 (≒ the country)
I grew up **in the countryside**.
나는 시골에서 자랐다.
The **countryside** was full of lakes and forests.
시골은 호수와 숲이 넘쳐 났다.

✓ I grew up in the countryside.
= I grew up in the country.

couple (kuhp-uhl) [kʌpəl]

명사 1 ⓒ 둘, 한 쌍
Take **a couple of** aspirin — you'll feel better.
아스피린 두 알을 먹어. 몸이 좀 좋아질 거야.
I need **a couple of** hot dogs.
핫도그 두 개 주세요.

2 ⓒ 두어 명의, 두어 개의, 몇 명의, 몇 개의
I last saw him **a couple of** years ago.
나는 그를 2, 3년 전에 마지막으로 보았다.
A: How many books did you read?
책 몇 권 읽었어?
B: Oh, just **a couple**.
아, 두어 권 정도뿐이야.

3 ⓒ 부부, 연인, 커플
John and Anne make a good **couple**.
존과 앤은 잘 어울리는 커플이다.

복수형 **couple**s

a couple of aspirin

a couple of hot dogs

courage (kur-ij) [kə́ːridʒ]

명사 Ⓤ 용기 (≒ bravery)
Mary **showed** her **courage** by jumping off the 100-meter high dive.
메리는 100m 높이에서 다이빙을 해서 그녀의 용기를 보였다.
He did not **have the courage to** tell a lie.
그는 거짓말을 할 용기가 없었다.

➕ **courageous** 용감한
courageously 용감하게

course (kors) [kɔːrs]

명사 1 ⓒ 교육 과정, 강의, 강좌
Today is the first class of the cooking **course**.
오늘은 요리 강좌의 첫 번째 수업이다.

2 ⓒ (요리) 코스
The restaurant served French onion soup for the first **course** of the dinner.
그 레스토랑은 저녁 식사의 첫 번째 코스로 프랑스식 양파 수프를 내왔다.

3 ⓒ (운동 경기의) 코스
The resort contained four golf **courses**.
그 리조트에는 4개의 골프 코스가 있다.

4 ⓒ 진로, 방향, (배·비행기의) 항로
The plane **changed course** to avoid the typhoon.
비행기는 태풍을 피하기 위해 항로를 수정했다.

복수형 **course**s

The plane **changed course** to avoid the typhoon.

of course는 어느 때 쓰는 표현인가요?

대화를 할 때 흔히 쓰는 말인 of course는 '물론', '당연하지'라는 의미랍니다.
  A: Can I take this seat? 이 자리에 앉아도 될까요?
  B: **Of course**, you can. 물론이죠, 그래도 됩니다.

court (kort) [kɔːrt]

명사 1 ⓒⓤ 법원, 법정
John had to go to **court** because he was driving without a license.
존은 무면허로 운전했기 때문에 법원에 가야 했다.

2 ⓒ (실내) 경기장
The two teams walked onto the volleyball **court** to start the match.
두 팀은 경기를 시작하기 위해 배구 경기장으로 걸어갔다.

| 복수형 | **court**s |

➕ appear in court 법정에 출두하다
take ~ to court ~를 고소하다

*cousin (kuhz-in) [kʎzn]

명사 ⓒ 사촌
Both of my **cousins** are girls.
나의 사촌은 둘 다 여자이다.

| 복수형 | **cousin**s |

cousin의 정확한 의미는 무엇인가요?

cousin은 first cousin이라고도 하며 친가, 외가를 모두 포함하는 사촌을 말해요. 육촌은 second cousin, 팔촌은 third cousin이라고 한답니다.

*cover (kuhv-ur) [kʎvər]

동사 1 덮다, 가리다
The old car was **covered** with dirt.
오래된 차는 먼지로 덮여 있었다.
It is polite to **cover** your mouth when you yawn.
하품할 때 입을 가리는 것은 예의다.

2 다루다, 포함시키다
This course **covers** European history from the years 1500 to 2000.
이 과정은 1500년부터 2000년까지의 유럽 역사를 다룬다.
Our insurance **covers** hurricanes because we live near the beach.

3인칭단수현재	**cover**s
현재분사	**cover**ing
과거·과거분사	**cover**ed

➕ cover story (신문의) 1면 기사, (잡지의) 표지에 관련된 기사

우리는 바닷가에 살고 있기 때문에 보험에 허리케인이 포함된다.

명사 1 ⓒ 덮개, 뚜껑 (≒ lid)
He put a **cover** over his backpack.
그는 자신의 배낭에 덮개를 덮었다.

2 ⓒ (책의) 표지
the front(back) **cover** 책의 앞(뒤)표지

| 복수형 | **cover**s |

---

*cow (kou) [kau]

명사 1 ⓒ 암소
Anne milked a **cow** when she visited the farm.
앤은 농장에 방문했을 때, 암소의 젖을 짰다.

2 ⓒ (코끼리·고래 등의) 암컷
The seal **cow** was feeding her baby seal.
암컷 바다표범이 새끼 바다표범에게 먹이를 주고 있었다.

| 복수형 | **cow**s |

❓ **milk** 젖을 짜다; 우유

 cow, bull, ox, calf의 차이를 알려 주세요.

소는 성별을 구분하여 암소는 cow, 수소는 bull이라고 불러요. 이때 cow는 주로 젖소를 일컫는 말이에요. 수소는 ox라고도 하는데, 이는 주로 농장에서 일을 하거나 고기를 목적으로 기르는 소를 말해요. 송아지는 어미 소와 구분하여 calf라고 한답니다.

---

coward (kou-urd) [káuərd]

명사 ⓒ 겁쟁이
A **coward** is always scared. 겁쟁이는 늘 무서워한다.

| 복수형 | **coward**s |

---

cozy (koh-zee) [kóuzi]

형용사 아늑한, 포근한
It was **cozy** to sit by the fire.
난롯불 옆에 앉아 있으니 아늑했다.
I feel good when I lie down on my **cozy** bed.
나는 내 포근한 침대에 누우면 기분이 좋아진다.

| 비교급 | **coz**ier |
| 최상급 | **coz**iest |

➕ **cosy** (영국영어) 아늑한, 포근한

---

crash (krash) [kræʃ]

동사 1 (자동차 등이) 충돌하다, (비행기가) 추락하다
The car **crashed into** the fence.
차가 울타리를 들이받았다.
The airplane **crashed in** the forest.

3인칭단수현재	**crash**es
현재분사	**crash**ing
과거·과거분사	**crash**ed

비행기가 숲으로 추락했다.

2 (요란한 소리를 내며) 부서지다, 부수다
The tree came **crashing** through the window.
나무가 창문을 부수면서 날아들어 왔다.

명사 **1** ⓒ 충돌 사고
No one was hurt in the **car crash**.
그 자동차 충돌 사고에서 아무도 다치지 않았다.

2 ⓒ 요란한 소리, 굉음
The metal cans made a **loud crash** when they hit the floor. 금속 캔이 바닥에 떨어지면서 요란한 소리를 냈다.

car crash

| 복수형 | crashes |

➕ crash helmet (자전거·오토바이용) 헬멧

---

crawl (krawl) [krɔːl]

동사 **1** (네발로) 기다, 기어가다
The baby **crawled** to its mother.
아기가 엄마에게 기어갔다.

2 (자동차가) 천천히 가다, 서행하다
The cars are **crawling** due to the heavy traffic.
차들이 교통 체증 때문에 서행하고 있다.

3인칭단수현재	crawls
현재분사	crawling
과거·과거분사	crawled

---

crayon (kray-uhn) [kréiən]

명사 ⓒ 크레용
Many children use **crayons** to draw pictures.
많은 어린이들이 그림을 그리는 데 크레용을 사용한다.

| 복수형 | crayons |

---

crazy (kray-zee) [kréizi]

형용사 **1** 미친 (≒mad), 제정신이 아닌
The **crazy** man kept yelling for no reason.
미친 사람이 아무 이유 없이 계속 소리를 질렀다.

2 푹 빠진, 열광적인
I am **crazy for** shoes. I have at least 25 pairs of shoes.
나는 신발에 푹 빠져 있다. 나는 적어도 25켤레의 신발을 가지고 있다.

| 비교급 | crazier |
| 최상급 | craziest |

➕ crazily 미친 듯이; 열광적으로
craziness 미침; 열광

---

cream (kreem) [kriːm]

명사 **1** Ⓤ 크림, 유지방
fresh **cream** 생크림
I take **cream** with my coffee.
나는 커피에 크림을 넣는다.

| 복수형 | creams |

create   216

2 ⓒⓤ (화장품) 크림 (≒lotion)
She always puts some hand **cream** on her hands after washing them.
그녀는 손을 씻은 후 항상 핸드크림을 바른다.

➕ **creamy** 크림 같은

create (kree-ate) [kriéit]

동사 만들다, 창조하다
The band **created** a new sound with their music.
그 밴드는 자신들의 음악으로 새로운 연주를 만들었다.
We need everyone's help in **creating** a better society.
더 좋은 사회를 만드는 데 모두의 도움이 필요하다.
All men are **created** equal.
모든 인간은 평등하게 창조되었다.

3인칭단수현재	creates
현재분사	creating
과거·과거분사	created

➕ **creation** 창조, 창조물
creator 창조자

creative (kree-ay-tiv) [kri:éitiv]

형용사 창의적인, 창조적인, 독창적인
creative thinking 창의적 사고
Artists must be **creative**. 예술가는 독창적이어야 한다.

| 비교급 | more creative |
| 최상급 | most creative |

creature (kree-chur) [krí:tʃər]

명사 ⓒ 생물, 생명체
Owls, bats, and cats are **creatures** of the night.
올빼미, 박쥐, 고양이는 야행성 동물이다.
He said there's a **creature** living at the bottom of the lake.
그는 호수 바닥에 살고 있는 생물체가 있다고 말했다.

| 복수형 | creatures |

➕ **living creatures** 살아 있는 생물들, 생명체들

credit card (kred-it-kahrd) [krédit kà:rd]

명사 ⓒ 신용 카드
A: Can I pay with my **credit card**?
신용 카드로 지불할 수 있을까요?
B: No, this store only accepts cash.
아니요, 저희 가게는 현금만 받습니다.

| 복수형 | credit cards |

credit cards

crime (krime) [kraim]

명사 ⓒⓤ 범죄, 죄
commit a crime 범죄를 저지르다
Murder is a terrible **crime**. 살인은 끔찍한 범죄이다.

| 복수형 | crimes |

Tip crime과 sin의 차이를 모르겠어요.

crime은 법으로 처벌받을 수 있는 죄를 말해요. 반면에 처벌받을 만한 범죄는 아니지만 종교적으로나 윤리적으로 죄가 되는 것은 sin이라고 해요.

criminal (krim-uh-nuhl) [krímənəl]

명사 ⓒ 범인, 범죄자
The police caught the **criminal**.
경찰이 범인을 잡았다.
The **criminal** was in jail for five years.
그 범죄자는 5년간 감옥에 있었다.

형용사 《명사 앞에만 쓰임》 범죄의
Stealing is a **criminal act**. 도둑질은 범죄 행위이다.

복수형 criminal**s**

➕ **criminal record** 전과, 범죄 기록

crisis (krye-sis) [kráisis]

명사 ⓒⓤ 위기, 고비
The huge storm created a **crisis** situation.
거대한 폭풍우가 위기 상황을 만들었다.
There was an energy **crisis** in the early 1970s.
1970년대 초에 에너지 위기가 있었다.

복수형 crises

critical (krit-i-kuhl) [krítikəl]

형용사 1 비평의, 평론의
I wrote a **critical** essay on the novel *David Copperfield*.
나는 소설 〈데이비드 코퍼필드〉에 대한 비평문을 썼다.

2 흠잡는, 비판적인
Sally is **critical of** everything I do.
샐리는 내가 하는 모든 것에 대해 비판적이다.

3 위기의, 위독한
The patients are in **critical** condition.
환자들은 위독한 상태에 있다.
They suffered **critical** injuries in the accident.
그들은 사고로 큰 부상을 입었다.

4 중대한, 결정적인 (≒ crucial)
It is **critical** that you understand my words.
네가 내 말을 이해하는 것은 중요하다.
It is absolutely **critical** for you to come on time.
네가 제시간에 오는 것이 굉장히 중요하다.

비교급 more critical
최상급 most critical

➕ **critic** 비평가, 평론가
criticism 비판, 비난; 비평
criticize 비판하다

Sally is **critical of** everything I do.

criticize (krit-i-*size*) [krítisàiz]

동사 **1** 비판하다, 비난하다
Sam **criticized** Tony for playing poorly.
샘은 토니가 경기를 제대로 못한 것을 비난했다.
He always **criticizes** others.
그는 항상 다른 사람들을 비난한다.

2 (영화·책 등을) 비평하다
He **criticized** the movie for being too violent.
그는 그 영화가 너무 폭력적이라고 비평했다.

3인칭단수현재	criticizes
현재분사	criticizing
과거·과거분사	criticized

➕ critic 비평가
  criticise (영국영어) 비판하다, 비난하다, 비평하다

crocodile (krah-kuh-*dile*) [krákədàil]

명사 ⓒ 악어
The Nile River is home to many **crocodiles**.
나일 강은 많은 악어들의 서식지이다.

복수형 crocodiles

crop (krahp) [krɑp]

명사 ⓒ 농작물, 수확물
The main **crop** in Korea is rice.
한국의 주요 농작물은 쌀이다.
We had a good **crop** of wheat.
밀은 풍작이었다.

복수형 crops

❓ wheat 밀

cross (kraws) [krɔːs]

명사 ⓒ 십자형, X자 표시, 십자가
I drew a **cross** on the map to show where our school is.
나는 지도에 X표를 해서 우리 학교의 위치를 표시했다.

동사 **1** 건너다, 가로지르다
Only **cross** the street when the light is green.
신호등이 초록색일 때에만 길을 건너라.

2 교차하다, (손·발 등을) 꼬다
cross one's arms 팔짱을 끼다
She sat down and **crossed** her legs.
그녀는 앉아서 다리를 꼬았다.

- **keep one's fingers crossed** 행운을 빌다 (= cross one's fingers)
  A: I have an important test tomorrow.
     나 내일 중요한 시험이 있어.
  B: I'll **keep my fingers crossed**. 행운을 빌게.

복수형 crosses

3인칭단수현재 crosses
현재분사 crossing
과거·과거분사 crossed

I'll **keep my fingers crossed.**

Tip cross를 이용한 줄임 표현이 있나요?

단어 cross 자리에 대신 x를 쓰기도 합니다. 예를 들면 crossing은 x-ing, xing으로 씁니다. 동물이 잘 다니는 길목에는 다음과 같이 쓰여 있기도 해요.
예) Deer x-ing! 사슴이 건너다님!
　　Horse x-ing! 말이 건너다님!

crowd (kroud) [kraud]

명사 ⓒ 군중, 인파
The street was filled with **crowds of** people.
거리는 군중들로 가득 찼다.
There was a big **crowd** at the soccer game.
축구 경기에 많은 인파가 모였다.

동사 떼 지어 모이다, 붐비다
They **crowded around** her.
그들은 그녀 주위로 몰려들었다.
Hundreds of people **crowded into** the street.
수백 명의 인파가 거리로 몰려들었다.

복수형	crowds
3인칭단수현재	crowds
현재분사	crowding
과거·과거분사	crowded

crowded (kroud-id) [kráudid]

형용사 혼잡한, 붐비는
a **crowded** store 붐비는 가게
The hotel is **crowded with** tourists.
그 호텔은 여행객들로 붐빈다.

| 비교급 | more crowded |
| 최상급 | most crowded |

crown (kroun) [kraun]

명사 ⓒ 왕관
The king's **crown** was made of gold.
왕의 왕관은 금으로 만들어졌다.

동사 왕위에 앉히다, 즉위시키다
Victoria was **crowned** queen of England in 1837.
빅토리아는 1837년에 영국 여왕에 즉위하였다.

복수형	crowns
3인칭단수현재	crowns
현재분사	crowning
과거·과거분사	crowned

crucial (kroo-shuhl) [krúːʃəl]

형용사 중대한, 결정적인
He made a **crucial decision**. 그는 중대한 결정을 내렸다.
The operation has reached a **crucial** moment.
수술은 아주 중요한 순간에 이르렀다.

비교급	more crucial
최상급	most crucial
❓ operation	수술

cruel (kroo-uhl) [krúːəl]

형용사 잔인한, 무자비한
It's **cruel** to keep animals in cages.
동물을 우리에 가두는 것은 잔인하다.
Mary's **cruel** words hurt his feelings.
메리의 잔인한 말은 그의 감정을 상하게 했다.
The **cruel** boy liked to hit the smaller boys in his class.
그 잔인한 남자아이는 자기 반에서 (몸집이) 더 작은 남자아이들을 때리는 것을 좋아했다.

| 비교급 | (미국) **cruel**er, (영국) **cruel**ler |
| 최상급 | (미국) **cruel**est, (영국) **cruel**lest |

➕ **cruelly** 잔인하게
cruelty 잔인함

*cry (krye) [krai]

동사 1 울다
A: Why are you **crying**? 왜 울고 있어?
B: I fell and hurt my knee. 넘어져서 무릎을 다쳤어요.
● *It is no use crying over spilt milk.* 엎질러진 우유에 대고 울어 봤자 소용없다. 〈속담〉

2 소리치다, 외치다 (≒ yell)
The crowd **cried** "Hooray!" when Eric kicked the winning goal.
에릭이 결승 골을 넣자 군중들은 '만세'를 외쳤다.

명사 ⓒ 고함, 외치는 소리
He let out a **cry** when he hurt his toe.
그는 발가락을 다쳐서 소리를 질렀다.

3인칭단수현재	cries
현재분사	crying
과거·과거분사	cried

cry

| 복수형 | cries |

cuckoo (koo-koo) [kú(ː)kuː]

명사 ⓒ 뻐꾸기
Can you hear the **cuckoo**? 뻐꾸기 소리가 들리니?

| 복수형 | cuckoos |

cucumber (kyoo-kuhm-bur) [kjúːkəmbər]

명사 ⓒⓤ 오이
Pickles are usually made from **cucumbers**.
피클은 보통 오이로 만든다.
Cucumbers are good for your skin. 오이는 피부에 좋다.

| 복수형 | cucumbers |

cucumbers

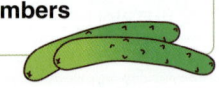

culture (kuhl-chur) [kʌ́ltʃər]

명사 ⓒⓤ 문화, 예술
It takes time to learn a different **culture**.
다른 문화를 배우는 데는 시간이 걸린다.

| 복수형 | cultures |

Kimchi is an important part of Korean **culture**.
김치는 한국 문화의 중요한 부분이다.

➕ cultural 문화의, 문화적인

cunning (kuhn-ing) [kʌ́niŋ]

형용사 교활한, 약삭빠른
The **cunning** thief escaped the police station.
교활한 도둑은 경찰서에서 도망쳤다.
She was as **cunning** as a fox.
그녀는 여우처럼 교활했다.

비교급 more cunning
최상급 most cunning

cup (kuhp) [kʌp]

명사 ⓒ 컵, 찻잔
This **cup** won't break.
이 컵은 안 깨진다.
This paper **cup** is made of recycled paper.
이 종이컵은 재활용 종이로 만들어졌다.
- *a cup of* ~ 한잔
Let's have **a cup of** tea. 차 한잔 하자.

복수형 cups

cup
saucer

cupboard (kuhb-urd) [kʌ́bərd]

명사 ⓒ 찬장
There are glasses in the **cupboard**.
찬장에 유리잔들이 있다.
My grandmother's **cupboard** is always full.
우리 할머니의 찬장은 항상 가득 차 있다.

복수형 cupboards

cupboard

cure (kyoor) [kjuər]

동사 (병을) 고치다, 치료하다
Doctors use medicine to **cure** their patients.
의사들은 환자들을 치료하기 위해 약을 사용한다.

명사 ⓒ 치료법, 치료제
Researchers are trying to find a **cure for** cancer.
연구진들은 암의 치료법을 찾기 위해 노력 중이다.

3인칭단수현재 cures
현재분사 curing
과거·과거분사 cured
복수형 cures

cure와 treat의 차이가 뭔가요?

cure는 병을 치료하는 행위보다는 병을 완전히 고쳐서 다 낫게 하는 것을 말해요. 그래서 의사가 환자를 치료할 때 cure라는 표현은 잘 사용하지 않고 treat라는 표현을 써요.
예 The flu can be **treated** with medicine. 독감은 약으로 치료될 수 있다.

curious (kyoor-ee-uhs) [kjúəriəs]

형용사 **1** 호기심이 강한, 궁금한
Cats are naturally **curious**.
고양이들은 선천적으로 호기심이 강하다.
A: Who's going to be our new boss?
우리의 새 상사는 누가 될까?
B: I'm not **curious about** it. 난 별로 궁금하지 않아.

2 이상한
Jellyfish are **curious**-looking sea creatures.
해파리는 이상하게 생긴 바다 생물이다.

| 비교급 | more curious |
| 최상급 | most curious |

➕ **curiously** 신기한 듯이, 호기심에서
curiosity 호기심

curly (kur-lee) [kə́ːrli]

형용사 곱슬곱슬한, 곱슬머리의
I have long, **curly** hair.
내 머리카락은 길고 곱슬곱슬하다.
Tony's hair is naturally **curly**.
토니의 머리카락은 원래 곱슬머리이다.

| 비교급 | curlier |
| 최상급 | curliest |

➕ **curl** 곱슬곱슬하게 하다; 곱슬머리, 컬

current (kur-uhnt) [kə́ːrənt]

형용사 **1** 《명사 앞에만 쓰임》 현재의, 요즘의
I read the newspaper to keep up with **current** events.
나는 요즘의 사건들을 알기 위해 신문을 읽는다.

2 통용되고 있는, 현재 유행하는
He wears clothes that are no longer **current**.
그는 더 이상 유행하지 않는 옷을 입는다.

명사 **1** ⓒ (물·공기의) 흐름
The **current** in the river moved our boat.
강의 흐름이 우리 배를 움직였다.

2 ⓒⓤ 전류
Electric **current** is the flow of electric energy.
전류는 전기 에너지의 흐름이다.

| 비교급 | more current |
| 최상급 | most current |

➕ **currently** 현재, 지금

복수형 **currents**

The **current** in the river moved our boat.

curtain (kur-tuhn) [kə́ːrtən]

명사 **1** ⓒ 커튼
open a curtain 커튼을 걷다
Could you **close the curtains** for me, please?
커튼 좀 닫아 주시겠습니까?

복수형 **curtains**

2 ⓒ (무대의) 막
The **curtain rises** at 6:30 p.m.
오후 6시 30분에 공연의 막이 오른다.
He clapped when **the curtain fell**.
막이 내리자 그는 박수를 쳤다.

➕ **curtain time** 개막 시간

curve (kurv) [kəːrv]

명사 ⓒ 곡선, 커브
a **curve** on a graph 그래프 상의 곡선
The car took the **curve** at a slower speed.
차는 낮은 속도로 커브를 틀었다.

동사 구부리다, 구부러지다, 곡선을 이루다
a **curved** line 곡선을 이루는 선
This road **curves** a lot, so drive slowly.
이 길은 많이 굽으니 천천히 운전하세요.

복수형	curve**s**
	curves
3인칭단수현재	curve**s**
현재분사	curv**ing**
과거·과거분사	curv**ed**

custom (kuhs-tuhm) [kʌ́stəm]

명사 **1** ⓒⓤ 관습, 풍습 (≒tradition)
Many people follow the **custom** of giving gifts on Christmas.
많은 사람들이 크리스마스에 선물을 주는 풍습을 따른다.

2 《단수로 쓰임》 습관 (≒habit)
It's my **custom** to drink coffee in the morning.
나는 아침에 커피를 마시는 습관이 있다.

복수형	custom**s**

※ '복장, 의상'을 의미하는 costume 과 혼동하지 마세요.

 customs는 custom(관습, 풍습)과는 의미가 다른가요?

custom의 복수형 customs는 '세관, 관세'라는 전혀 다른 뜻으로 쓰이기도 해요. 그래서 customs officer는 '세관원'이 돼요. 이처럼 원래 단어에 s가 붙어 전혀 다른 단어가 되는 경우가 있어요.
예) good (착한) → goods (상품), arm (팔) → arms (무기)

customer (kuhs-tuh-mur) [kʌ́stəmər]

명사 ⓒ 고객, 손님
The **customers** stood in line to pay for their purchases.
고객들은 자신들이 구입한 물건 값을 지불하기 위해 줄을 섰다.

● *The customer is always right.*
고객은 언제나 옳다., 손님은 왕이다. 〈속담〉

복수형	customer**s**

❓ **purchase** 구입한 물건

cut (kuht) [kʌt]

동사 **1** (칼·가위 등으로) 자르다, 베다
Use your scissors to **cut** the paper.
종이를 자르려면 가위를 사용하세요.
One of my chores is to **cut the grass**.
내가 하는 집안일 중의 하나는 잔디를 깎는 것이다.

2 줄이다, 깎다, 삭감하다
The store **cut** its prices by half during the sale.
그 가게는 세일 기간 동안 가격을 반으로 줄였다.
This drug **cuts** the risk of heart attack.
이 약은 심장 마비에 걸릴 위험을 줄여 준다.

● **cut down** (크기·양 등을) 줄이다
I'm **cutting down** on drinking coffee.
난 커피 마시는 것을 줄이는 중이다.

3 베다, 베이다
cut one's finger 손가락을 베다
Bill **cut** his chin while shaving.
빌은 면도를 하다가 턱을 벴다.

● **cut off** 1 베어 내다, 잘라 내다
Cut the sprouts **off** the potato.
감자에서 싹을 잘라 내라.

2 중단하다
The company **cut off** the supply of gas.
회사는 가스 공급을 중단했다.

● **cut in** 1 (사람 또는 자동차가) 끼어들다, 새치기하다
The driver **cut in**. 그 운전자는 차 사이로 끼어들었다.

2 (대화 중에) 말참견하다, 끼어들다
"What are you talking about?" she **cut in**.
"무슨 이야기하는 거야?"라며 그녀가 끼어들었다.

명사 **1** ⓒ 베인 상처
I got a **cut** on my finger while chopping a carrot.
나는 당근을 썰다가 손가락을 베였다.

2 ⓒ 감소, 삭감, 할인
The clothing store is advertising a **cut** in prices.
그 옷 가게는 가격을 할인한다고 광고하고 있다.

3인칭단수현재	cuts
현재분사	cutting
과거·과거분사	cut

❓ chore 집안일
sprout 새싹

※ cut은 동사 원형, 과거형, 과거분사형이 모두 같으니 주의하세요.

Cut the sprouts **off** the potato.

| 복수형 | cuts |

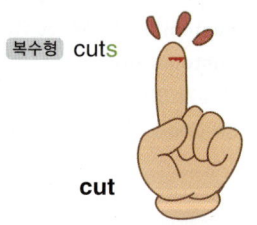

cut

---

 cut, slice, chop의 차이를 설명해 주세요.

cut, slice, chop은 모두 '썰다'를 의미하지만 자세히 살펴보면 뜻이 약간씩 달라요. cut은 고기를 1/2이나 1/4 등으로 크게 써는 것을 말하며, 무 등을 얇게 써는 것은 slice, 양파 등을 좀 더 작은 조각으로 다지는 것은 chop이라고 해요.(→ kitchen p. 509)

예 **cut** meat 고기를 자르다, **slice** the bread 빵을 얇게 썰다, **chop** an onion 양파를 다지다

cute (kyoot) [kjuːt]

형용사 귀여운
Anne looks really **cute** in her new dress.
앤이 새 원피스를 입은 모습은 정말 귀여워 보인다.
These clothes for the baby are so **cute**!
이 아기 옷 너무 귀엽다!

비교급	cuter
최상급	cutest

cycle (sye-kuhl) [sáikl]

명사 1 ⓒ 순환, 주기
Life is a **cycle**. 생명은 순환한다.
- *a life cycle* (동·식물의) 생애 주기, 생명 주기
This plant has **a life cycle** of six weeks.
이 식물의 생애 주기는 6주이다.

2 ⓒ 자전거, 사이클
I **go cycling** on weekends.
나는 주말마다 자전거를 타러 간다.

동사 자전거를 타다
She usually **cycles** to school.
그녀는 보통 자전거를 타고 학교에 간다.

복수형	cycles
3인칭단수현재	cycles
현재분사	cycling
과거·과거분사	cycled

cynical (sin-i-kuhl) [sínikəl]

형용사 빈정대는, 비꼬는, 냉소적인
She is **cynical about** marriage.
그녀는 결혼에 대해 냉소적이다.
You're just so **cynical**. Don't you believe in anything?
너는 참 냉소적이구나. 아무것도 믿지 않는다는 거니?

비교급	more cynical
최상급	most cynical

Dd

Start Here

What a cute little dog!
아주 귀엽고 작은 강아지군요!

dog

*dad (dad) [dæd]

명사 ⓒ 아빠 (≒ daddy, father, papa)
My **dad** is really tall. 우리 아빠는 정말 키가 크다.

복수형	**dad**s

daddy (dad-ee) [dǽdi]

명사 ⓒ 아빠 (≒ dad, father, papa)
A: **Daddy**, when will we get there?
아빠, 우리 언제쯤이면 도착할까요?
B: We will arrive soon, Tony. 곧 도착할 거야, 토니.

복수형	**dadd**ies

 dad와 daddy의 차이가 뭔가요?

dad는 '아빠'라는 의미로 어린이나 어른이 모두 쓸 수 있지만, daddy는 주로 어린아이들이 아빠를 부를 때 쓰는 말이에요. 아빠를 papa 또는 pa라고도 하는데 이것은 좀 옛날식 표현이에요. 격식을 차려 '아버지'라고 할 때에는 father라고 한답니다.

daily (day-lee) [déili]

형용사 《명사 앞에만 쓰임》 매일의, 일상의
daily life 일상생활
There's no **daily** flight to Seoul from Vancouver.
매일 밴쿠버에서 서울로 가는 비행기 편은 없다.

부사 매일, 날마다 (≒ every day)
The toy store is open **daily**. 그 장난감 가게는 매일 문을 연다.
The newspaper is delivered **daily**.
그 신문은 매일 배달된다.

명사 ⓒ 일간 신문 (=daily paper)
The interview was in all the **dailies**.
그 인터뷰는 모든 일간 신문에 실렸다.

☑ **daily** life
= everyday life

daily

복수형	**dail**ies

damage (dam-ij) [dǽmidʒ]

명사 ⓒ 손해, 피해, 손상
It will **cost** $1,000 to fix the damage.
피해를 복구하는 데는 1,000달러가 들 것이다.
The flood **caused** a lot of **damage**.
홍수는 많은 피해를 입혔다.

동사 피해〔손해〕를 입히다, 손상하다
The earthquake **damaged** the bridge.
지진은 다리를 파손시켰다.

3인칭단수현재	**damage**s
현재분사	**damag**ing
과거·과거분사	**damage**d

*dance (dans) [dæns]

동사 춤추다
Tom and Anne **danced to** the music.
톰과 앤은 음악에 맞추어 춤을 추었다.

명사 1 ⓒⓤ 춤, 무용
I learned to break **dance**. 나는 브레이크 댄스를 배웠다.

2 ⓒ 댄스파티, 무도회
I invited Mary to the New Year's Eve **dance**.
나는 새해 전야 댄스파티에 메리를 초대했다.

3인칭단수현재	dances
현재분사	dancing
과거·과거분사	danced
복수형	dances

➕ **dancer** 춤추는 사람, 댄서
dancing 춤

danger (dayn-jur) [déindʒər]

명사 1 ⓒⓤ 위험
Danger can be everywhere if you are not careful.
네가 조심하지 않는다면 위험은 어디에나 있을 수 있다.
The people in the burning building are **in danger**.
불타는 건물 안의 사람들이 위험하다.

2 ⓒ 위험한 것, 위험한 사람
The sharks are a **danger** to swimmers.
상어는 수영하는 사람들에게 위험하다.

복수형	dangers

➕ **endanger** 위험에 빠뜨리다

*dangerous (dayn-jur-uhs) [déindʒərəs]

형용사 위험한 (↔safe)
The broken ladder is **dangerous** to climb.
부러진 사다리는 올라가기에 위험하다.
It is **dangerous** for children to walk alone at night.
어린아이들이 혼자 밤에 다니는 것은 위험하다.

비교급	more dangerous
최상급	most dangerous

➕ **dangerously** 위험하게

dare (dair) [dɛər]

동사 1 감히 ~하다, ~할 용기가 있다
I did not **dare** to climb the tall tree.
나는 그 높은 나무에 올라갈 용기가 없었다.

2 ~해 보라고 하다, ~하도록 부추기다
I **dare** you to jump from this wall.
어디 한번 이 담에서 뛰어내려 봐.

● **don't you dare** 그러기만 해 봐, 감히 ~할 생각 마
Don't you dare tell my father about this!
우리 아버지께 이 일을 말하기만 했단 봐!
Don't you dare look at me like that!
감히 날 그런 식으로 쳐다보지 마!

3인칭단수현재	dares
현재분사	daring
과거·과거분사	dared

※ dare의 부정형은 dare not, daren't 또는 do not dare, don't dare로도 써요. 과거의 부정형은 did not dare, didn't dare지요.

- ***how dare you*** (화가 나서) 감히 네가 어떻게
  How dare you say such a thing?
  감히 네가 어떻게 그런 말을 하는 거지?

  ➕ **daring** 대담한; 용기

*dark (dahrk) [dá:rk]

형용사 **1** 어두운, 깜깜한 (↔light)
It's **dark** tonight because the clouds are covering the moon.
오늘 밤은 구름이 달을 가리고 있어서 깜깜하다.

비교급 **dark**er
최상급 **dark**est

➕ **darkness** 어둠, 암흑

2 (색깔이) 어두운, 진한 (↔light, pale)
This blue is so **dark** that it looks black.
이 파란색은 너무 진해서 검정색처럼 보인다.

3 (피부색·머리카락·눈이) 검은
He has **dark** skin and eyes.
그는 피부와 눈동자가 까맣다.

명사 《the dark로 쓰임》 어둠, 암흑
She was sitting alone **in the dark**.
그녀는 어둠 속에 혼자 앉아 있었다.

- ***after dark*** 어두워진 후에, 밤에
  Stay inside the house **after dark**.
  어두워진 후에는 집 안에 있어라.
- ***before dark*** 해 지기 전에, 어두워지기 전에
  Children must get home **before dark**.
  아이들은 어두워지기 전에 집에 가야 한다.

It's **dark** tonight because the clouds are covering the moon.

data (day-tuh) [déitə]

명사 ⓤ《복수형임》 자료, 정보, 데이터
Researchers collect **data** to solve problems.
연구원들은 문제를 해결하기 위해 자료를 수집한다.

단수형 **datum**

*date (date) [deit]

명사 **1** ⓒ 날짜
The **date** of the graduation ceremony this year is February 24.
올해 졸업식 날짜는 2월 24일이다.
A: What's the **date** today? 오늘이 며칠이에요?
B: It's October 9th. 10월 9일이야.

복수형 **date**s

➕ **blind date** 소개팅, 미팅
out of date 구식의
up to date 최신의

2 ⓒ 만날 약속, 데이트
A: I heard you're **going on a date** with Anne.
네가 앤과 데이트할 거라고 들었어.

B: Yes, we're going to the movies on Friday night.
응, 우리는 금요일 밤에 영화 보러 갈 거야.

[동사] **1** 날짜를 적다
The letter is **dated** May 2.
그 편지는 5월 2일 자로 되어 있다.

2 데이트하다, 만나다, 사귀다
How long have John and Mary been **dating**?
존과 메리는 얼마나 오랫동안 사귀어 왔어?

3인칭단수현재	date**s**
현재분사	dat**ing**
과거·과거분사	date**d**

 date와 day가 헷갈려요.

date와 day는 서로 잘못 사용하기 쉬운 단어이지요. date는 날짜를 말하고 day는 요일을 말해요.

예 A: What's the **date** today? 오늘이 며칠인가요?
B: It's December 11. 12월 11일이에요.
C: What **day** is it today? 오늘이 무슨 요일인가요?
D: It's Monday. 월요일이에요.

*daughter (daw-tur) [dɔ́:tər]

[명사] ⓒ 딸
I have three **daughters**. 나는 딸이 셋 있다.
My **daughter** graduates from university today.
내 딸은 오늘 대학교를 졸업한다.

| 복수형 | daughter**s** |
| ⊕ | daughter-in-law 며느리 |

*day (day) [dei]

[명사] **1** ⓒ 하루, 날, 일(日)
Make every **day** special. 하루하루를 특별하게 살아라.
It's my **day** to cook dinner.
오늘은 내가 저녁을 준비하는 날이다.
A: What **day** is it today? 오늘이 무슨 요일인가요?
B: It's Friday. 금요일이에요.

- **day by day** 나날이, 날마다
  His English is improving **day by day**.
  그의 영어는 **나날이** 좋아지고 있다.
- **one day** 1 (과거의) 어느 날
  One day, a letter arrived. 어느 날 편지가 왔다.
  2 (미래의) 언젠가 (≒ some day)
  I'd like to go to Paris **one day**.
  언젠가 파리에 가 보고 싶다.
- **some day** (미래의) 언젠가 (≒ one day)

복수형	day**s**
⊕	the day before yesterday
	그제, 그저께
	yesterday 어제
	today 오늘
	tomorrow 내일
	the day after tomorrow
	모레
	daybreak 동틀녘
	day care center 탁아소

Some day, I'll be a famous singer.
언젠가 나는 유명한 가수가 될 거야.
- ***the other day*** 며칠 전에 (≒a few days ago)
  I met him on my way home **the other day**.
  나는 **며칠 전** 집에 오는 길에 그를 만났다.
- ***these days*** 요즘
  A: How are you doing **these days**? 요즘 어떻게 지내?
  B: I am doing very well, thank you.
  아주 잘 지내. (물어봐 주어서) 고마워.

2 ⓒⓤ 낮 (≒daytime; ↔night)
It's getting dark. The **day** is almost over.
점점 어두워진다. 날이 거의 저물었다.
- ***day and night*** 밤낮으로, 끊임없이
  When I was in the hospital, he was with me **day and night**. 내가 입원했을 때 그는 **밤낮으로** 나와 함께 있었다.

☑ I met him on my way home the other day.
= I met him on my way home a few days ago.

The **day** is almost over.

daytime (day-*time*) [déitàim]

명사 ⓤ 낮 (시간), 주간 (≒day)
We work in the **daytime**, and we rest at night.
우리는 낮에 일하고 밤에 쉰다.

➕ nighttime 밤, 야간

dead (ded) [ded]

형용사 죽은 (↔alive, live, living)
The dog was **dead**. 그 개는 죽어 있었다.
We played **dead**. 우리는 죽은 척했다.

부사 완전히, 아주 (≒very)
I'm **dead** tired from playing soccer all morning.
나는 아침 내내 축구를 해서 아주 피곤하다.

➕ deadly 생명을 위협하는; 몹시, 대단히
dead end 막다른 길
the dead 죽은 사람들

deadline (ded-*line*) [dédlàin]

명사 ⓒ 마감, 마감 시간, 기한
The teacher said the **deadline** was tomorrow!
선생님께서 마감 시간은 내일까지라고 하셨어!

복수형 deadline**s**

deaf (def) [def]

형용사 귀가 먼, 귀가 들리지 않는
The **deaf** woman communicated with sign language.
귀가 먼 여인은 수화로 이야기했다.
Because he is almost **deaf**, he needs a hearing aid.
그는 귀가 거의 들리지 않아 보청기가 필요하다.

➕ the deaf 귀가 먼 사람들

❓ hearing aid 보청기

deal (deel) [diːl]

동사 다루다, 처리하다, 대처하다
Her business **deals in** school uniforms.
그녀의 사업은 교복을 취급하는 것이다.
Economics **deals with** the study of money.
경제학은 돈에 관한 연구를 다룬다.
He is a difficult man. I don't know how to **deal with** him.
그는 까다로운 사람이다. 나는 그를 어떻게 대해야 할지 모르겠다.
The fire fighters **dealt with** the emergency.
소방관들은 응급 상황에 대처했다.

명사 ⓒ 거래, 협상
business **deals** 사업 거래

- *a great(good) deal of* 아주 많은
  A great deal of rain has fallen. 아주 많은 비가 내렸다.

3인칭단수현재	deals
현재분사	dealing
과거·과거분사	dealt

The fire fighters **dealt with** the emergency.

복수형	deals

dealt (delt) [delt]

동사 deal의 과거·과거분사형

*dear (deer) [diər]

형용사 1 《편지 첫머리에 씀》 친애하는, 사랑하는
Dear Mr. Brown 친애하는 브라운 씨에게

2 소중한, 사랑스러운
Mary is a **dear** friend of mine.
메리는 나의 소중한 친구다.

감탄사 어머나, 이런
Oh **dear**, I've lost my car keys.
이런, 자동차 열쇠를 잃어버렸어.

비교급	dearer
최상급	dearest

※ 편지나 이메일을 쓸 때 가까운 사이에는 Hello 또는 Hi로 시작해요.

death (deth) [deθ]

명사 ⓒⓤ 죽음, 사망 (↔birth, life)
Death is the end of life. 죽음은 삶의 끝이다.
She died **a natural death**. 그녀는 자연사했다.
What was the cause of **death**?
사망 원인은 무엇이었습니까?

- *to death* 죽도록, 몹시, 아주
  The movie bored me **to death**.
  그 영화는 아주 지루했다.
  I am starving **to death**. 나는 배가 고파 죽겠다.

복수형	deaths

➕ dead 죽은
　 die 죽다

debate (di-**bate**) [dibéit]

명사 ⓒⓤ 토의, 토론
Our class had a **debate** about the Internet real name system.
우리 반은 인터넷 실명제에 대해 토론을 했다.

동사 토론하다, 논의하다 (≒ discuss)
We **debated** whether to go to the mountains or the beach for our summer trip.
우리는 여름 여행을 산으로 갈지 해변으로 갈지 논의했다.

복수형	debates
3인칭단수현재	debates
현재분사	debating
과거·과거분사	debated

debt (det) [det]

명사 ⓒⓤ 빚, 부채
My credit card **debt** gets larger every month.
내 신용 카드 빚이 매달 점점 많아진다.

- *in debt* (~에게) 빚을 진
He was still $500 **in debt**.
그는 여전히 500달러의 빚이 있다.
A: Thanks a lot, Sam. I'm **in** your **debt**.
고마워, 샘. 네게 빚을 졌어.
B: Think nothing of it, Bill. 괜찮아, 빌.

복수형	debts

➕ debtor 채무자, 빚을 진 사람
out of debt 빚이 없는, 빚을 갚은

decade (**dek**-ayd) [dékeid]

명사 ⓒ 10년, 10년간
The 1960s were a **decade** of great change.
1960년대는 큰 변화가 있은 10년이었다.
The building is now five **decades** old.
그 건물은 이제 지은 지 50년이 되었다.

복수형	decades

➕ century 백 년
millennium 천 년

deceive (di-**seev**) [disíːv]

동사 속이다 (≒ trick)
I was **deceived** by Bora's lies.
나는 보라의 거짓말에 속았다.
The salesperson **deceived** him into buying an expensive coat.
점원은 그를 속여 비싼 코트를 사게 했다.

3인칭단수현재	deceives
현재분사	deceiving
과거·과거분사	deceived

December (di-**sem**-bur) [disémbər]

명사 ⓒ 12월 (줄임말 Dec.)
December is the last month of the year.
12월은 한 해의 마지막 달이다.

복수형	Decembers

decide (di-**side**) [disáid]

동사 결정하다, 결심하다
We **decided** not to invite them.
우리는 그들을 초대하지 않기로 결정했다.
I've **decided** to become a doctor.
난 의사가 되기로 결심했다.

3인칭단수현재	decides
현재분사	deciding
과거·과거분사	decided

➕ decision 결정

declare (di-**klair**) [diklέər]

동사 1 선언하다, 발표하다
He **declared** he would run for mayor of Seoul.
그는 서울 시장 선거에 출마할 것이라고 선언했다.
The referee **declared** the game over.
심판이 게임이 끝났음을 선언했다.

2 (세관·세무서에) 신고하다
Do you have anything to **declare**?
신고할 과세품이 있습니까?

3인칭단수현재	declares
현재분사	declaring
과거·과거분사	declared

➕ declaration 선언, 발표; 신고

decline (di-**kline**) [dikláin]

동사 1 감소하다, 줄어들다
The population is **declining**. 인구가 감소하고 있다.

2 (정중히) 거절하다, 사양하다 (≒refuse)
decline an offer 제의를 정중히 거절하다

명사 ①《단수로 쓰임》감소, 하락
Last year, there was a **decline** in the crime rate.
작년에 범죄율이 감소했다.

3인칭단수현재	declines
현재분사	declining
과거·과거분사	declined

decorate (dek-uh-*rate*) [dékərèit]

동사 장식하다, 꾸미다
Sally **decorated** her apartment with plants and flowers. 샐리는 자신의 아파트를 식물과 꽃으로 장식했다.
The walls of our school **are decorated with** awards. 우리 학교의 벽은 상들로 장식되어 있다.

3인칭단수현재	decorates
현재분사	decorating
과거·과거분사	decorated

➕ decoration 장식

decrease (di-**krees** | **dee**-krees) [dikríːs | díːkriːs]

동사 (di-**krees**) 감소하다, 줄이다 (↔increase)
Air pollution will **decrease** if fewer people drive.
운전하는 사람이 적어지면 대기 오염은 줄어들 것이다.
The price of oil **decreased**. 석유 가격이 내려갔다.

3인칭단수현재	decreases
현재분사	decreasing
과거·과거분사	decreased

명사 (**dee**-krees) ⓒⓤ 감소, 축소 (≒reduction; ↔increase)
The car company had a **decrease** in sales.
그 자동차 회사의 판매가 감소했다.

복수형	decreases

*deep (deep) [diːp]

형용사 **1** (깊이·정도가) 깊은 (↔shallow)
The river is **deep**. 그 강은 깊다.
How **deep** is this river? 이 강의 깊이가 얼마나 돼?

2 (소리가) 낮은
The bass guitar makes a **deep** sound.
베이스 기타는 낮은 소리를 낸다.

3 (잠이) 깊은
I was in a **deep** sleep and didn't hear the phone ringing. 나는 깊이 잠들어서 전화벨 소리를 듣지 못했다.

4 (감정·생각 등이) 깊은
deep sorrow 깊은 슬픔

부사 깊이, 깊게
To find oil, you have to dig **deep** in the earth.
석유를 찾으려면 땅을 깊이 파야 한다.

비교급	deeper
최상급	deepest

➕ **deepen** 깊게 하다
deeply 깊이, 매우
depth 깊이

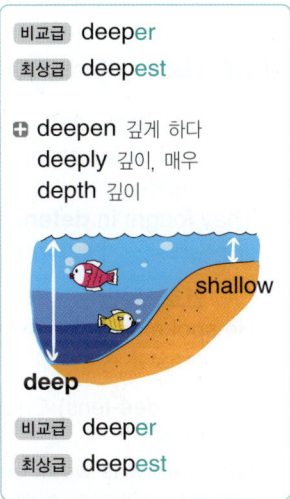

비교급	deeper
최상급	deepest

*deer (deer) [diər]

명사 ⓒ 사슴
The hunter looked for **deer** in the forest.
사냥꾼은 숲에서 사슴을 찾고 있었다.

복수형	deer

defeat (di-**feet**) [difíːt]

동사 이기다, 물리치다, 패배시키다
Our soccer team **defeated** theirs.
우리 축구팀이 그들 팀을 이겼다.
We should be ready to **defeat** our enemies.
우리는 적을 물리칠 준비가 되어 있어야 한다.

3인칭단수현재	defeats
현재분사	defeating
과거·과거분사	defeated

명사 ⓒⓤ (주로 단수로 쓰임) 패배 (↔victory)
The school's debate team suffered another **defeat**.
그 학교의 토론 팀은 또 한 번의 패배를 겪었다.

복수형	defeats

defend (di-**fend**) [difénd]

동사 **1** 방어하다, 지키다 (↔attack)
Our dog **defends** our apartment against robbers.
우리 개는 도둑들로부터 우리 아파트를 지켜 준다.

3인칭단수현재	defends
현재분사	defending

defense

2 변호하다, 옹호하다
Her lawyer **defended** her.
그녀의 변호사가 그녀를 변호했다.

3 [스포츠] 수비하다 (↔attack)
His job on the volleyball team is to **defend** the net.
배구 팀에서 그의 역할은 네트를 수비하는 것이다.

| 과거·과거분사 | defended |

+ defense 방어; 변호; 수비
  defensive 방어적인; 수비의

D

defense (di-**fens**) [diféns]

명사 1 ⓒⓤ 방어, 수비 (↔attack, offense)
The best **defense** is a strong attack.
최선의 방어는 강한 공격이다.
They fought in **defense** of their country.
그들은 조국을 지키기 위해 싸웠다.

2 ⓒⓤ 변호, 답변
He spoke up in his own **defense**.
그는 스스로를 변호해 말했다.

3 (di-**fens**, **dee**-fens) ⓤ [스포츠] 《단수로 쓰임》 수비 (↔offense)
Our team was weak on **defense**, but strong on offense. 우리 팀은 수비는 약했지만 공격은 강했다.

| 복수형 | defenses |

+ defence (영국영어) 방어; 변호; 수비
  defensive 방어적인; 수비의
  self-defense 정당방위

✓ He spoke up in his own defense.
 = He defended himself.

define (di-**fine**) [difáin]

동사 정의를 내리다, 뜻을 밝히다
Dictionaries **define** words. 사전은 단어의 뜻을 정의한다.
How do you **define** "friendship"?
너는 '우정'을 어떻게 정의하니?

3인칭단수현재	defines
현재분사	defining
과거·과거분사	defined

definitely (def-uh-nit-lee) [défənitli]

부사 분명히, 틀림없이
A: Are you sure about the movie time?
영화 시간 확실해?
B: The movie **definitely** starts at 9 p.m.
그 영화는 틀림없이 밤 9시에 시작해.

| 비교급 | more definitely |
| 최상급 | most definitely |

+ definite 분명한, 확실한

definition (def-uh-**nish**-uhn) [dèfəníʃən]

명사 ⓒ 뜻, 정의
What is the **definition** of love? 사랑의 정의는 무엇입니까?
If you don't know what the word means, look up its **definition** in the dictionary.
단어가 무슨 의미인지 모르겠으면 사전에서 그 뜻을 찾아봐.

| 복수형 | definitions |

degree (di-gree) [digríː]

명사 1 ⓒ (각도·온도 등의) 도(度)
A right triangle is a triangle with an angle of 90 **degrees**. 직각 삼각형은 한 각이 90도인 삼각형이다.
A: You're sweating. How hot is it outside?
너 땀을 흘리고 있구나. 밖은 얼마나 덥니?
B: It feels like 30 **degrees** C. 섭씨 30도는 되는 것 같아.

2 ⓒⓤ 정도, 수준, 단계
This position requires a high **degree** of skill.
이 자리는 높은 수준의 기술을 필요로 한다.
He is a third-**degree** black belt in taekwondo.
그는 태권도 3단이다.

● *to some degree* 어느 정도는, 약간은
I think what he said is true **to some degree**.
나는 그가 말한 것이 **어느 정도는** 사실이라고 생각한다.

3 ⓒ 학위
Tom earned a Bachelor of Science **degree** from Princeton University.
톰은 프린스턴 대학에서 과학 학사 학위를 받았다.

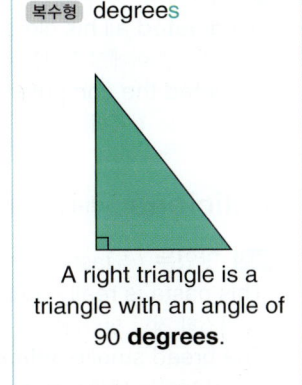

복수형 **degree**s

A right triangle is a triangle with an angle of 90 **degrees**.

● bachelor's degree
학사 학위
master's degree
석사 학위
doctor's degree
박사 학위

Tip '섭씨'와 '화씨'가 뭔가요?

한국은 섭씨온도를 사용하고 미국은 화씨온도를 사용해요. 섭씨온도는 천문학자 Celsius의 첫 글자인 C로 표시하고, 화씨온도는 물리학자 Fahrenheit의 첫 글자인 F로 표시해요. 물이 어는 온도를 살펴보면 섭씨로는 0 degree Celsius, 화씨로는 32 degrees Fahrenheit라고 하지요.

예 23℃ (23 degrees Celsius) 섭씨 23도
64℉ (64 degrees Fahrenheit) 화씨 64도

delay (di-lay) [diléi]

명사 ⓒⓤ 연기, 지연, 지체
Our **delay** at the airport made us late for the plane.
공항에서 지체해서 우리는 비행기 시간에 늦었다.
This homework has to be done without **delay**.
이 숙제는 미루지 말고 빨리 끝내야 한다.

동사 미루다, 연기하다, 지연시키다
I asked the teacher if I could **delay** my presentation.
나는 선생님께 내 발표를 미룰 수 있는지 여쭈어 보았다.
The delivery was **delayed** by bad weather.
배달은 기상 악화로 지연되었다.

복수형 **delay**s

3인칭단수현재 **delay**s
현재분사 **delay**ing
과거·과거분사 **delay**ed

delete (di-leet) [dilíːt]

동사 삭제하다, 지우다
Bill **deleted** all his old e-mails.
빌은 오래된 이메일을 모두 삭제했다.
I **deleted** the computer file by mistake.
나는 실수로 컴퓨터 파일을 삭제했다.

3인칭단수현재	delete**s**
현재분사	delet**ing**
과거·과거분사	delet**ed**

delicious (di-lish-uhs) [dilíʃəs]

형용사 맛있는 (≒ tasty, yummy)
This pasta is really **delicious**!
이 파스타 정말 맛있다!
The bread smells **delicious**.
빵에서 맛있는 냄새가 난다.

비교급	more delicious
최상급	most delicious

delighted (di-lite-id) [diláitid]

형용사 (사람이) 매우 기뻐하는, 즐거워하는
Anne was **delighted to** hear the good news.
앤은 좋은 소식을 듣고 매우 기뻐했다.
He was **delighted with** the news.
그는 그 소식에 매우 기뻐했다.

비교급	more delighted
최상급	most delighted

➕ delight 기쁨, 즐거움

deliver (di-liv-ur) [dilívər]

동사 1 배달하다, 전하다
The postman just **delivered** the mail.
우체부가 방금 우편물을 배달했다.

2 연설하다
The president **delivered** his speech at the summit talk. 대통령은 정상 회담에서 연설을 했다.

3 아기를 낳다, 출산을 돕다
She **delivered** twins at 6:00 this morning.
그녀는 오늘 아침 6시에 쌍둥이를 출산했다.

3인칭단수현재	deliver**s**
현재분사	deliver**ing**
과거·과거분사	deliver**ed**

The postman just **delivered** the mail.

delivery (di-liv-ur-ee) [dilívəri]

명사 ⓒⓤ 배달, 배송
The supermarket offers free **delivery** to its customers.
그 슈퍼마켓은 고객들에게 무료 배송을 제공한다.
This restaurant doesn't **do deliveries**.
이 식당은 배달은 하지 않는다.

복수형	deliver**ies**

➕ deliveryman 배달부

demand (di-mand) [diménd]

동사 **1** 요구하다
John **demanded** that I pay back the money.
존은 나에게 돈을 갚을 것을 요구했다.

2 필요로 하다
She is very sick and **demands** great care.
그녀는 많이 아파서 세심한 주의가 필요하다.

명사 **1** ⓒ 요구
a **demand** for a refund 환불 요구

2 ⓤ 《단수로 쓰임》 수요 (↔supply)
The **demand** for instant food is decreasing.
인스턴트식품에 대한 수요가 줄어들고 있다.

3인칭단수현재	demands
현재분사	demanding
과거·과거분사	demanded

| 복수형 | demands |

➕ **demanding** 요구가 많은, (일이) 힘든

democracy (di-mah-kruh-see) [dimákrəsi]

명사 **1** ⓤ 민주주의
Free elections are the heart of **democracy**.
자유선거는 민주주의의 핵심이다.

2 ⓒ 민주주의 국가
Korea is a **democracy**. 한국은 민주주의 국가이다.

| 복수형 | democracies |

➕ **democrat** 민주주의자

democratic (dem-uh-krat-ik) [dèməkrǽtik]

형용사 민주주의의, 민주적인
Korea has a **democratic** system of government.
한국은 민주적인 정치 제도를 갖추고 있다.

| 비교급 | more democratic |
| 최상급 | most democratic |

demonstrate (dem-uhn-strate) [démənstrèit]

동사 **1** 증명하다
Your good grades **demonstrate** your effort.
좋은 성적은 노력을 증명한다.
How can you **demonstrate** that the earth is round?
지구가 둥글다는 것을 어떻게 증명할 수 있는가?

2 (모형·실험 등으로) 설명하다, 보여 주다
The salesperson **demonstrated** how to use the juicer.
판매원은 주스기 사용법을 보여 주었다.

3 시위하다, 데모하다
The workers **demonstrated** for higher pay.
노동자들이 임금 인상을 위한 시위를 했다.

3인칭단수현재	demonstrates
현재분사	demonstrating
과거·과거분사	demonstrated

➕ **demonstration** 시위, 데모; 시범
demonstrator 시위자, 시위 참가자; 시범 설명자

dentist (den-tist) [déntist]

명사 1 ⓒ 치과 의사
The **dentist** said my teeth are in great shape.
치과 의사는 내 치아 상태가 굉장히 좋다고 말했다.

2 《the dentist 또는 the dentist's로 쓰임》 치과
I hate going to see **the dentist**.
나는 치과에 가는 것이 싫다.

| 복수형 | dentist**s** |

➕ go to the dentist 치과에 가다
go to see the dentist 치과에 가다

deny (di-nye) [dinái]

동사 부정하다, 부인하다 (↔admit)
Anne **denied** that she had broken the dish.
앤은 자신이 접시를 깼다는 것을 부인했다.
He **denied** breaking the window.
그는 유리창을 깬 것을 부인했다.

3인칭단수현재	den**ies**
현재분사	deny**ing**
과거·과거분사	den**ied**

depart (di-pahrt) [dipá:rt]

동사 출발하다, 떠나다 (↔arrive, reach)
The train **departs** at 10:30 a.m.
기차는 오전 10시 30분에 출발한다.
They **departed** Seoul yesterday.
그들은 어제 서울을 떠났다.

3인칭단수현재	depart**s**
현재분사	depart**ing**
과거·과거분사	depart**ed**

➕ departure 출발, 떠남

department (di-pahrt-muhnt) [dipá:rtmənt]

명사 1 ⓒ (정부·회사 등의) 부, 부서
She works in the export **department**.
그녀는 수출부에서 일한다.

2 (대학의) 학부, 과
the **department** of history 사학과
He teaches in the history **department** at the college. 그는 대학교 사학과에서 학생들을 가르친다.

3 ⓒ 매장
The perfume is in the cosmetics **department**.
향수는 화장품 매장에 있어요.

| 복수형 | department**s** |

✅ the department of history = the history department

❓ cosmetics 화장품

department store (di-pahrt-muhnt-stor) [dipá:rtməntstɔ:r]

명사 ⓒ 백화점
Mary went shopping at the **department store** with her mother. 메리는 엄마와 함께 백화점에 쇼핑을 갔다.

| 복수형 | department store**s** |

departure (di-**pahr**-chur) [dipá:rtʃər]

명사 ⓒⓤ 출발, 떠남 (↔arrival)
The **departure** of the plane was canceled because of bad weather.
거친 날씨로 인해 비행기 출항이 취소되었다.
A: What is your time of **departure**?
너희들 출발 시간이 몇 시야?
B: Our **departure** time is 10 a.m.
우리 출발 시간은 오전 10시야.

> **복수형** departure**s**
>
> ➕ point of departure (토론 등의) 출발점, (여행 등의) 출발지

depend (di-**pend**) [dipénd]

동사 《on과 함께 쓰임》 1 ~에 달려 있다
Success **depends on** how much you try to achieve it.
성공은 네가 그것을 이루기 위해 얼마나 많이 노력하느냐에 달려 있다.
A: What should I buy Sally for Christmas?
크리스마스 선물로 샐리에게 뭘 사 줘야 할까?
B: That **depends on** what she needs.
그건 그녀가 뭐가 필요한지에 달렸지.

2 의존하다, 의지하다 (≒ rely on)
Blind persons often **depend on** guide dogs when they go places.
맹인들은 보통 (집 밖에서) 돌아다닐 때 안내견에 의지한다.
Can I **depend on** your help?
당신의 도움을 기대할 수 있을까요?

> **3인칭단수현재** depend**s**
> **현재분사** depend**ing**
> **과거·과거분사** depend**ed**
>
> ➕ dependence 의존

A blind person **depends on** guide dogs.

dependent (di-**pen**-duhnt) [dipéndənt]

형용사 1 의지하는, 의존하는 (↔independent)
Babies are **dependent on** their mothers for everything. 아기는 모든 것을 엄마에게 의지한다.

2 ~에 달려 있는, ~에 좌우되는
Whether or not we go is **dependent on** the weather.
우리가 갈지 안 갈지는 날씨에 달려 있다.

> **비교급** more dependent
> **최상급** most dependent

depressed (di-**prest**) [diprést]

형용사 (사람이) 우울한, 의기소침한
Rainy weather makes me feel **depressed**.
비가 오는 날씨는 나를 우울하게 한다.
I felt a little **depressed**. 나는 좀 우울했었다.

> **비교급** more depressed
> **최상급** most depressed

depth (depth) [depθ]

명사 1 ⓒ (위에서 아래·앞에서 뒤까지의) 깊이
The **depth** of this swimming pool is 2.5 meters.
이 수영장의 깊이는 2.5m이다.
The **depth** of the box is 30 centimeters.
상자의 깊이는 30cm이다.

2 Ⓤ (지식·이해력 등의) 깊이
I was impressed by his **depth** of knowledge.
나는 그의 해박한 지식에 감명받았다.

● **in depth** 깊이 있게, 자세히
The matter will be discussed **in depth**.
그 문제는 깊이 있게 논의될 것이다.

| 복수형 | **depth**s |

➕ **deep** 깊은

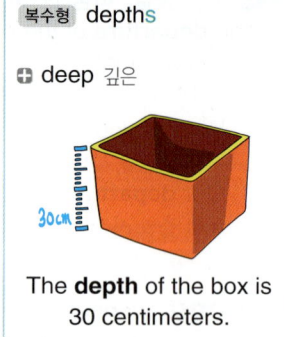

The **depth** of the box is 30 centimeters.

describe (di-skribe) [diskráib]

동사 묘사하다, 설명하다
A sunset is so beautiful it's hard to **describe** in words.
저녁노을은 너무 아름다워서 말로 표현하기가 어렵다.
Can you **describe** what he looks like?
그가 어떻게 생겼는지 설명할 수 있니?

3인칭단수현재	**describe**s
현재분사	**describ**ing
과거·과거분사	**describ**ed

➕ **description** 묘사, 설명

desert¹ (dez-urt) [dézəːrt]

명사 ⓒⓤ 사막
Very few plants grow in the **desert** because it is so hot and dry.
사막은 무척 덥고 건조하기 때문에 식물들이 거의 자라지 않는다.

| 복수형 | **desert**s |

※ dessert(후식, 디저트)와 혼동하지 마세요.

desert² (di-zurt) [dizə́ːrt]

동사 버리다, 떠나다, 방치하다
Many people **desert** their pets when they move to a new city.
많은 사람들이 다른 도시로 이사할 때 그들의 애완동물을 버린다.

3인칭단수현재	**desert**s
현재분사	**desert**ing
과거·과거분사	**desert**ed

deserve (di-zurv) [dizə́ːrv]

동사 ~할 만하다, ~을 받을 가치가 있다
They **deserve to** be punished.
그들은 벌을 받을 만하다.
You **deserve** an "A" since you studied so hard.
너는 매우 열심히 공부했으니 A학점을 받을 자격이 있다.

3인칭단수현재	**deserve**s
현재분사	**deserv**ing
과거·과거분사	**deserv**ed

design (di-zine) [dizáin]

동사 디자인하다, 설계하다
She **designs** clothes for children.
그녀는 아동복을 디자인한다.
Automatic dishwashers are **designed** to save time.
자동 식기세척기는 시간을 절약하기 위해 설계되었다.

명사 1 ⓤ 디자인, 설계(법)
interior **design** 실내 장식, 인테리어
The **design** of many modern cars is boring.
현대의 많은 자동차들은 디자인이 단조롭다.

2 ⓒ 설계도, 도안
He showed us a **design** for a bridge.
그는 우리에게 다리의 설계도를 보여 주었다.

3 ⓒ 무늬
a T-shirt with a star **design** 별무늬가 있는 티셔츠

3인칭단수현재	design**s**
현재분사	design**ing**
과거·과거분사	design**ed**
복수형	design**s**

※ g 뒤에 n이 오면 g는 발음되지 않아요.

He showed us a **design** for a bridge.

designer (di-zine-ur) [dizáinər]

명사 ⓒ 디자이너, 설계자
My cousin is a clothes **designer**.
내 사촌은 의류 디자이너다.
A famous **designer** helped create the new park.
한 유명한 설계자가 새 공원을 조성하는 것을 도왔다.

| 복수형 | designer**s** |

desire (di-zire) [dizáiər]

동사 바라다, 원하다
He **desired** to climb Mt. Everest.
그는 에베레스트 산에 오르기를 바랐다.
A lot of people **desire** wealth.
많은 사람들이 부를 원한다.

명사 ⓒⓤ 욕망, 욕구, 소망, 바람
a **desire** for peace 평화에의 갈망
She has always had a **desire** to travel the world.
그녀는 항상 세계 여행을 하고 싶다는 소망이 있었다.
I have no **desire** for wealth. 나는 부를 원하지 않는다.

3인칭단수현재	desire**s**
현재분사	desir**ing**
과거·과거분사	desire**d**
복수형	desire**s**

➕ desirable 바람직한; 탐나는

*desk (desk) [desk]

명사 ⓒ 책상
Mary keeps her pens and pencils in her **desk**.
메리는 자신의 펜과 연필을 책상(서랍)에 둔다.

| 복수형 | desk**s** |

despite (di-spite) [dispáit]

전치사 ~에도 불구하고 (≒ in spite of)
The children played outside **despite** the rain.
아이들은 비가 오는데도 불구하고 밖에서 놀았다.

☑ despite the rain
= in spite of the rain

dessert (di-zurt) [dizə́:rt]

명사 ⓒⓤ 후식, 디저트
Chocolate ice cream is my favorite **dessert**.
초콜릿 아이스크림이 내가 매우 좋아하는 후식이다.
I had apple pie **for dessert**.
나는 후식으로 사과 파이를 먹었다.

복수형 dessert**s**

dessert

destiny (des-tuh-nee) [déstəni]

명사 ⓒ 운명, 숙명 (≒ fate)
Jinsu believes it is his **destiny** to be a singer.
진수는 가수가 되는 것이 자신의 운명이라고 믿는다.

복수형 destin**ies**

destroy (di-stroi) [distrɔ́i]

동사 파괴하다, 부수다
The earthquake **destroyed** the village.
지진은 마을을 파괴했다.
The house was completely **destroyed** by fire.
집은 화재로 남김없이 다 타 버렸다.

3인칭단수현재 destroy**s**
현재분사 destroy**ing**
과거·과거분사 destroy**ed**
➕ destruction 파괴

detail (di-tayl, dee-tayl) [ditéil, dí:teil]

명사 ⓒⓤ 세부 사항, 자세한 내용, 정보
Tell me quickly what happened—I don't need all the **details**.
무슨 일인지 빨리 말해 줘. 자세한 건 필요치 않아.
You will find more **details** on our website.
저희 웹 사이트에서 더 자세한 내용을 보실 수 있습니다.
● **in detail** 자세히, 상세히
Could you tell me about the story **in detail**?
그 이야기에 대해 **자세히** 말씀해 주시겠어요?

복수형 detail**s**
➕ detailed 자세한, 상세한

detective (di-tek-tiv) [ditéktiv]

명사 ⓒ 형사, 탐정
The **detective** solved the murder case.

복수형 detective**s**

형사가 살인 사건을 해결했다.
There are many **detective** programs on TV.
TV 프로그램에는 탐정물이 많다.

➕ **detect** 알아내다

determine (di-**tur**-min) [ditə́ːrmin]

동사 **1** 결정하다
Her test scores **determined** the university she would attend.
그녀의 시험 성적은 그녀가 어느 대학에 들어갈지를 결정했다.
We have not yet **determined** what to do.
우리는 무엇을 할 것인가를 아직 결정하지 않았다.

2 알아내다, 밝혀내다
The doctors will **determine** the cause of death.
의사들이 사망 원인을 밝혀낼 것이다.

3 결심하다
I **determined** to study harder.
나는 공부를 더 열심히 해야겠다고 결심했다.

3인칭단수현재 **determine**s
현재분사 **determin**ing
과거·과거분사 **determine**d

➕ **determination** 결정, 결심

I **determined** to study harder.

develop (di-**vel**-uhp) [divéləp]

동사 **1** 발전하다, 발전시키다, 발달하다
Her tennis skills **developed** with practice.
그녀의 테니스 실력은 연습을 하면서 발전했다.

2 개발하다
They are **developing** a new shopping center near my house.
그들은 우리 집 근처에 새로운 쇼핑센터를 개발 중이다.

3 (병에) 걸리다, (증상이) 나타나다
She **developed** cancer. 그녀는 암에 걸렸다.

3인칭단수현재 **develop**s
현재분사 **develop**ing
과거·과거분사 **develop**ed

➕ **developed country**
선진국
developing country
개발 도상국

development (di-**vel**-uhp-muhnt) [divéləpmənt]

명사 **1** ⓤ 발달, 발전, 성장
economic **development** 경제 발전

2 ⓤ 개발
A new drug is still **under development**.
신약은 여전히 개발 중에 있다.

☑ **economic development**
= **economic growth**

devil (**dev**-uhl) [dévl]

명사 ⓒ 사탄, 악마
Do you believe in **devils**? 너는 악마가 있다고 믿니?

복수형 **devil**s

dial   246

- *Talk(Speak) of the devil, and he will appear.*
  악마에 대해 이야기하면 악마가 나타난다. (호랑이도 제 말 하면 온다.) 〈속담〉

  ➕ **devilish** 사악한, 악마 같은

dial (dye-uhl) [dáiəl]

명사 ⓒ (구형 전화기의) 번호판, (시계·기계 등의) 숫자판, 다이얼
turn a **dial** 다이얼을 돌리다
Sam looked at the **dial** to check his speed.
샘은 속도를 확인하기 위해 계기판을 보았다.

동사 전화를 걸다, 다이얼을 돌리다
Hurry up and **dial** the phone.
서둘러 전화를 걸어라.

복수형	**dial**s
3인칭단수현재	**dial**s
현재분사	(미국) **dial**ing, (영국) **dial**ling
과거·과거분사	(미국) **dial**ed, (영국) **dial**led

dialogue, dialog (dye-uh-lawg) [dáiəlɔ̀ːg]

명사 ⓒ 대화
I had a **dialogue** with my mother about my future.
나는 엄마와 내 미래에 대해 이야기를 나누었다.
We should practice our **dialogue** in the play.
우리는 연극 대사를 연습해야 한다.

복수형 **dialogue**s, **dialog**s

diamond (dye-muhnd) [dáiəmənd]

명사 1 ⓒⓤ [광물] 다이아몬드
a **diamond** ring 다이아몬드 반지
Diamonds are used to cut glass.
다이아몬드는 유리를 자르는 데 사용된다.

2 ⓒ 다이아몬드 모양, 마름모(꼴)
Draw a **diamond** on the paper.
종이에다 마름모꼴을 그려라.
The children cut the paper into **diamonds**.
아이들은 종이를 마름모꼴로 잘랐다.

복수형 **diamond**s

diamond ring

diaper (dye-pur) [dáiəpər]

명사 ⓒ 기저귀
Does your baby wear cloth **diapers** or disposable **diapers**?
당신의 아기는 천 기저귀를 쓰나요, 일회용 기저귀를 쓰나요?
I helped my mother **change** my little brother's **diaper**.
나는 엄마가 남동생의 기저귀를 가는 것을 도와주었다.

복수형 **diaper**s

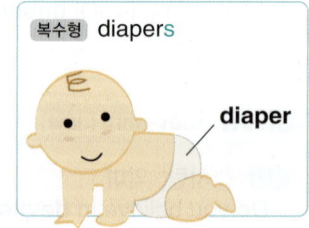

diaper

diary (dye-ur-ee) [dáiəri]

명사 ⓒ 일기, 일기장, 일지 (=journal)
She **kept a diary** during her trip to China.
그녀는 중국을 여행하는 동안 일기를 썼다.
Eric writes a training **diary** that records all his runs.
에릭은 자신의 모든 달리기를 기록하는 훈련 일지를 쓴다.

복수형	diaries

➕ diary (영국영어) 수첩

dice (dise) [dais]

명사 《복수형임》 주사위
Sally rolled the **dice** and got a seven.
샐리가 주사위를 던지자 숫자 7이 나왔다.
Throw the **dice** to see who plays first.
누가 먼저 시작할지를 정하게 주사위를 던져 보세요.

동사 깍둑썰기 하다
Dice the potatoes and then put them in the soup.
감자를 깍둑썰기 해서 수프에 넣어라.

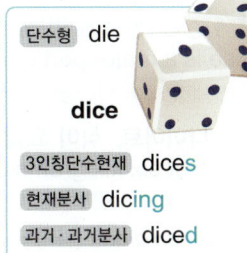

단수형	die

dice

3인칭단수현재	dices
현재분사	dicing
과거·과거분사	diced

dictation (dik-tay-shuhn) [diktéiʃən]

명사 ⓒⓊ 받아쓰기, 받아쓰기 시험
We had a **dictation** in English.
우리는 영어 받아쓰기 시험을 보았다.

복수형	dictations

➕ dictate 받아쓰게 하다

dictionary (dik-shuh-ner-ee) [díkʃənèri]

명사 ⓒ 사전
This **dictionary** is for children. 이 사전은 아동용이다.
Look up this word in the **dictionary**.
이 단어를 사전에서 찾아봐.

복수형	dictionaries

did (did) [did]

동사 do의 과거형

*die (dye) [dai]

동사 죽다, 사망하다
He **died** at the age of 83. 그는 83세에 사망했다.
They both **died** young. 그들은 둘 다 어린 나이에 죽었다.

● **be dying for** ~을 몹시 원하다
I'**m dying for** some cake.
나는 케이크가 먹고 싶어 죽겠다.

3인칭단수현재	dies
현재분사	dying
과거·과거분사	died

diet

- ***be dying to do ~*** ~을 하고 싶어 죽겠다
  I'm **dying to** read the new *Harry Potter* book.
  난 새로 나온 〈해리 포터〉 책이 읽고 싶어 죽겠다.
- ***die down*** (바람·소리 등이) 잠잠해지다
  The storm **died down**. 폭풍이 잠잠해졌다.
- ***Old habits die hard.*** 오래된 습관은 버리기 어렵다. (세 살 버릇 여든까지 간다.) 〈속담〉

> ➕ dead 죽은
>   death 죽음
>   dying 죽어 가는
> ☑ He died...
>   = He passed away...
>   = He passed on...

diet (dye-it) [dáiət]

명사 **1** ⓒⓤ (평소에 먹는) 음식
Rice is a major part of my **diet**.
밥은 내가 주로 먹는 음식이다.

2 ⓒⓤ 다이어트, 식이 요법
Lisa lost six kilograms on her **diet**.
리사는 다이어트를 해서 6kg을 뺐다.

- ***be(go) on a diet*** 다이어트를 하다, 식이 요법을 하다
  Jinsu has **been on a diet** for two weeks.
  진수는 2주 동안 다이어트를 하고 있다.

> 복수형 diet**s**
> ➕ dietary
>   음식의;
>   식이 요법의

> Jinsu has **been on a diet**.

differ (dif-ur) [dífər]

동사 **1** 다르다
My answer **differs from** yours. 내 답은 네 답과는 달라.

2 의견이 다르다
He **differs** with me. 그는 나와 의견이 다르다.

> 3인칭단수현재 differ**s**
> 현재분사 differ**ing**
> 과거·과거분사 differ**ed**

difference (dif-ur-uhns) [dífərəns]

명사 ⓒⓤ 차이, 다른 점
What's the **difference** between jam and jelly?
잼과 젤리의 차이점은 뭔가요?

- ***make a difference*** 차이를 낳다, 영향을 주다
  Your help **made** a big **difference**.
  너의 도움이 큰 차이를 만들었어.
- ***make no difference*** 차이가 없다
  It **makes no difference** to me.
  내게는 별 차이가 없어.

> 복수형 difference**s**
> ☑ It makes no difference to me.
>   = It doesn't matter to me.
>   = I don't care.

*different (dif-ur-uhnt) [dífərənt]

형용사 **1** 다른 (↔similar)
Sam's book is **different from** mine.
샘의 책은 내 것과 다르다.

> 비교급 more different
> 최상급 most different

2 《명사 앞에만 쓰임》 여러 가지의, 각각 다른
I have many **different** pairs of shoes.
나는 여러 켤레의 다양한 신발을 가지고 있다.
They sell 31 **different** kinds of ice cream.
그들은 31가지의 각각 다른 종류의 아이스크림을 판다.

different pairs of shoes

*difficult (dif-i-*kuhlt*) [dífikʌlt]

형용사 어려운 (≒hard; ↔easy)
The math test will be **difficult**.
수학 시험은 어려울 것이다.
A: **It's difficult** to use this remote. Could you show me how it works?
이 리모컨은 사용하기가 어렵네. 어떻게 작동하는지 보여 줄 수 있어?
B: Sure. Push this button first.
물론이지. 이 버튼을 먼저 눌러.

비교급 more difficult
최상급 most difficult

difficult

difficulty (dif-i-*kuhl*-tee) [dífikʌlti]

명사 **1** Ⓤ 어려움, 곤란 (↔ease)
Did you **have** any **difficulty (in)** find**ing** the way here? 여기 오는 길을 찾는 데 어렵지 않았니?
She **has difficulty** read**ing** without her glasses.
그녀는 안경 없이는 글을 읽기가 어렵다.

2 Ⓒ 어려운 일, 역경, 곤경
He overcame many **difficulties**.
그는 많은 역경을 극복했다.

복수형 difficult**ies**

☑ She has difficulty reading without her glasses.
= It is difficult for her to read without her glasses.

dig (dig) [dig]

동사 **1** (땅을) 파다, 파내다
Dig deep and you will find water.
땅을 깊이 파면 물을 찾을 수 있을 것이다.
I'm going to **dig** a hole to plant this tree in.
난 이 나무를 심기 위해 구멍을 팔 것이다.

2 캐다
He is **digging up** some potatoes.
그는 감자를 캐고 있다.

3인칭단수현재 dig**s**
현재분사 dig**ging**
과거·과거분사 dug

dig

digital (dij-i-tuhl) [dídʒitl]

형용사 **1** 디지털의, 디지털 방식의
a **digital** signature 전자 서명

➕ digit (0에서 9까지의) 아라비

diligent

My **digital** camera takes great pictures.
내 디지털카메라는 사진이 아주 잘 찍힌다.
2 숫자의, 숫자를 사용하는
Most people used to wear a **digital** watch.
대부분의 사람들이 한때는 전자 손목시계를 찼었다.

> ⓐ 숫자
>
> ❓ 디지털 여러 자료를 숫자로 나타내는 방식

diligent (dil-i-juhnt) [dílədʒənt]

형용사 부지런한, 근면한
Mary is a **diligent** worker. She never misses work.
메리는 근면한 직원이다. 그녀는 절대 결근을 하지 않는다.

> 비교급 more diligent
> 최상급 most diligent
> ➕ diligently 부지런하게

dime (dime) [daim]

명사 ⓒ 다임 (미국·캐나다에서 사용하는 10센트짜리 동전)
Can I borrow a **dime**? 1다임 좀 빌려 줄래?

> 복수형 dimes

dining room (dye-ning-room) [dáiniŋrùːm]

명사 ⓒ (집·호텔 등의) 식당
Minsu set the **dining room** table for dinner.
민수는 식당에 있는 식탁에 상을 차렸다.

> 복수형 dining rooms

*dinner (din-ur) [dínər]

명사 ⓒⓤ 저녁 식사, 만찬
My family usually eats **dinner** at 6:30.
우리 가족은 보통 6시 30분에 저녁을 먹는다.
I've already had **dinner**. 나는 이미 저녁을 먹었다.

> 복수형 dinners

dinner와 supper의 차이가 뭔가요?
둘 다 '저녁 식사'를 뜻하지만 이 두 단어에는 차이가 있어요. dinner는 하루 식사 중 '가장 풍성한 식사'를 말하고, supper는 하루 식사 중 '가장 마지막에 하는 식사'를 말해요.

dinosaur (dye-nuh-sor) [dáinəsɔ̀ːr]

명사 ⓒ 공룡
The stegosaurus is my favorite **dinosaur** because it only ate plants.
스테고사우루스는 풀만 먹기 때문에 내가 좋아하는 공룡이다.

> 복수형 dinosaurs

direct (duh-rekt) [dirékt]

형용사 **1** 똑바른, 직행의 (↔indirect)
Is there a **direct** train to Daegu?
대구로 가는 직행열차가 있나요?

2 직접적인, 직접의 (↔indirect)
These plants have to be kept out of **direct sunlight**.
이 식물들은 직사광선을 피해야 한다.
The weather has a **direct** effect on plants.
날씨는 식물에 직접적인 영향을 미친다.

3 솔직한 (↔indirect)
Sally is **direct** about her feelings.
메리는 자신의 감정에 솔직하다.

부사 **1** 곧장, 직행으로, 직항으로
Does your flight go **direct** to London?
당신의 항공편은 런던 직항입니까?
We flew **direct** from New York to Seoul.
우리는 뉴욕에서 서울까지 직항으로 왔다.

2 (다른 사람을 거치지 않고) 직접
I want to speak to her **direct**.
나는 그녀에게 직접 말하길 원한다.

동사 **1** (길을) 안내하다, 가리키다
The hotel clerk **directed** us to our room.
호텔 직원은 우리를 방까지 안내해 주었다.
Could you please **direct** me to the subway station?
전철역으로 가는 길을 알려 주실 수 있나요?

2 지휘하다, 지시하다, 감독하다
She **directed** her son to clean the window.
그녀는 아들에게 창문을 닦으라고 지시했다.
Anne **directed** a movie about a plane crash.
앤은 비행기 사고에 관한 영화를 감독했다.

비교급 more direct
최상급 most direct

These plants have to be kept out of **direct sunlight**.

3인칭단수현재 direct**s**
현재분사 direct**ing**
과거·과거분사 direct**ed**

☑ Could you please direct me to the subway station?
= Please tell me where the subway station is.

direction (duh-rek-shuhn) [dirékʃən]

명사 **1** ⓒ 방향
A group of people moved **in the same direction**.
한 무리의 사람들이 같은 방향으로 움직였다.

2 《directions로 쓰임》 지시, 설명서
Read the **directions** before you use the new computer.
새 컴퓨터를 사용하기 전에 설명서를 읽어 보아라.
She gave us **directions** to the post office.
그녀는 우리에게 우체국으로 가는 길을 알려 주었다.

복수형 direction**s**

➕ in the opposite direction
반대 방향으로
in the wrong direction
잘못된 방향으로
sense of direction 방향 감각

directly (duh-**rekt**-lee) [diréktli]

부사 바로
Jinsu was standing **directly** in front of me.
진수는 내 바로 앞에 서 있었다.
Sally was looking **directly** at Tony.
샐리는 토니를 똑바로 쳐다보고 있었다.

Sally was looking **directly** at Tony.

director (duh-**rek**-tur) [diréktər]

명사 ⓒ 감독, 지도자, (회사의) 이사, 단체의 장(長)
I've never heard of that movie **director**.
나는 그 영화감독에 대해 전혀 들어 보지 못했다.
He is our company **director**.
그는 우리 회사의 이사다.

| 복수형 | **director**s |

*dirty (**dur**-tee) [də́:rti]

형용사 1 더러운, 지저분한 (↔clean)
A: Tony, wash your hands for dinner.
토니야, 저녁을 먹어야 하니 손을 씻으렴.
B: My hands aren't **dirty**.
제 손은 더럽지 않아요.
A: They may not look **dirty**, but they have germs on them.
더럽지 않아 보이지만, 손에는 세균이 있단다.

2 비열한
He always uses a **dirty trick**.
그는 항상 비열한 수법을 쓴다.

| 비교급 | **dirt**ier |
| 최상급 | **dirt**iest |

➕ **dirt** 흙; 먼지, 때

❓ **germ** 세균

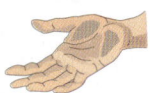
dirty

disabled (dis-**ay**-buhld) [diséibəld]

형용사 불구의, 장애가 있는
The **disabled** woman had to use a wheelchair.
몸이 불편한 여자는 휠체어를 이용해야 했다.

➕ **disability** 장애

disadvantage (**dis**-uhd-**van**-tij) [dìsədvǽntidʒ]

명사 ⓒⓤ 불리한 점, 불이익, 단점 (↔advantage)
The high price is a **disadvantage** of flying first class.
높은 가격은 비행기 일등석의 단점이다.
Too much rain can become a **disadvantage** for farmers.
너무 많은 양의 비는 농부들에게 불이익이 될 수 있다.

| 복수형 | **disadvantage**s |

➕ **disadvantaged** 불우한, 사회적 혜택을 받지 못한
disadvantageous 불리한

Tip dis-가 단어 앞에 붙으면 반대의 뜻이 되나요?

단어 앞에 dis-라는 접두사를 붙이면 반대말이 되는 경우가 많아요.
예) appear(나타나다) → disappear(사라지다)   agree(찬성하다) → disagree(반대하다)
    advantage(이익) → disadvantage(불이익)   cover(덮다, 감추다) → discover(발견하다)

disagree (dis-uh-gree) [dìsəgríː]

동사 (의견이) 다르다, 동의하지 않다, 반대하다 (↔agree)
They **disagreed** about how to help the environment.
그들은 환경을 보호하는 방법에 대한 의견이 달랐다.
I'm sorry, but I **disagree**.
미안하지만 나는 반대야.

3인칭단수현재 disagrees
현재분사 disagreeing
과거·과거분사 disagreed
➕ disagreement 의견 차이, 반대

disappear (dis-uh-peer) [dìsəpíər]

동사 사라지다, 없어지다 (↔appear)
The sun **disappeared behind** the clouds.
해가 구름 뒤로 사라졌다.
She suddenly **disappeared** before the meeting started. 그녀는 회의가 시작되기 전에 갑자기 사라졌다.

3인칭단수현재 disappears
현재분사 disappearing
과거·과거분사 disappeared

disappointed (dis-uh-point-id) [dìsəpɔ́intid]

형용사 (사람이) 실망한
Disappointed children slowly left the zoo.
실망한 아이들은 천천히 동물원을 떠났다.
I am **disappointed in** you. 너한테 실망했어.
John was **disappointed with** his bad grades.
존은 자신의 나쁜 성적에 실망했다.

비교급 more disappointed
최상급 most disappointed
➕ disappoint 실망시키다
   disappointing 실망시키는
   disappointment 실망

disaster (di-zas-tur) [dizǽstər]

명사 1 ⓒ 재해, 재난, 참사
Fire is a **disaster** that destroys homes and lives.
화재는 집과 생명을 파괴하는 참사이다.
Hundreds of people died in the **natural disaster**.
수백 명이 자연재해로 죽었다.

2 ⓒ 실패, 실패작
A: How did Betty's cake taste?
베티의 케이크는 어땠어?

복수형 disasters
➕ disastrous 처참한
   disaster area 재해 지역
   disaster relief 재난 구호 (기금)

B: Terrible. It was a **disaster**.
끔직했어. 그건 실패작이었어.

➕ man-made disaster 인재

discount (**dis**-kount) [dískaunt]

명사 ⓒ 할인
Students can get a 10% **discount**.
학생은 10% 할인을 받을 수 있다.
The store is offering a 25% **discount** on shoes.
그 가게는 신발을 25% 할인해 주고 있다.

동사 할인하다
These books have been **discounted** an extra 20%.
이 책들은 추가로 20%가 더 할인되었다.

복수형	discounts
3인칭단수현재	discounts
현재분사	discounting
과거·과거분사	discounted

discover (**dis**-**kuhv**-ur) [diskʌ́vər]

동사 1 발견하다
Sally **discovered** the cat hiding under the desk.
샐리는 책상 밑에 숨어 있는 고양이를 발견했다.

2 깨닫다, 알다
I **discovered that** I went there at the wrong time.
난 내가 좋지 않은 때에 그곳에 갔다는 것을 깨달았다.
He never **discovered** the truth.
그는 끝내 진실을 알아내지 못했다.

3인칭단수현재	discovers
현재분사	discovering
과거·과거분사	discovered

➕ discoverer 발견자

discovery (**dis**-**kuh**-vur-ee) [diskʌ́vəri]

명사 ⓒⓤ 발견
Many scientists have made important **discoveries**.
많은 과학자들은 중요한 발견을 했다.

| 복수형 | discoveries |

discrimination (**dis**-*krim*-uh-**nay**-shuhn) [diskrìmənéiʃən]

명사 ⓤ 차별, 차별 대우
Discrimination against others based on race, religion, sex, or age is wrong.
인종, 종교, 성별, 나이에 기초한 차별은 잘못된 것이다.

➕ discriminate 차별하다

discuss (**dis**-**kuhs**) [diskʌ́s]

동사 토론하다, 의논하다, 상의하다
Why don't you **discuss** this problem **with** your parents? 이 문제는 너희 부모님과 상의해 보는 게 어떠니?
Let's **discuss** where to meet. 어디에서 만날지 의논하자.

3인칭단수현재	discusses
현재분사	discussing
과거·과거분사	discussed

discussion (dis-**kuhsh**-uhn) [diskʌ́ʃən]

명사 ⓒⓤ 논의, 토론
We **had a** heated **discussion about** global warming.
우리는 지구 온난화에 대해 열띤 토론을 벌였다.

| 복수형 | discussions |

disease (di-**zeez**) [dizíːz]

명사 ⓒⓤ 병, 질병
My father suffers from **heart disease**.
우리 아버지는 심장병을 앓고 계신다.
Disease spread across the country.
질병이 전국적으로 퍼졌다.

| 복수형 | diseases |
| ➕ diseased 병에 걸린 |

disguise (dis-**gize**) [disɡáiz]

동사 변장하다, 위장하다
He **disguised himself** as a beggar.
그는 걸인으로 변장했다.
The robber **was disguised in** a wig and glasses.
강도는 가발과 안경으로 변장을 했다.

3인칭단수현재	disguises
현재분사	disguising
과거·과거분사	disguised

명사 ⓒⓤ 변장, 위장
No one knew who the man **in disguise** was.
아무도 변장한 남자가 누구인지 알아보지 못했다.

| 복수형 | disguises |

disgusting (dis-**guhs**-ting) [disɡʌ́stiŋ]

형용사 혐오스러운, 역겨운
The food was **disgusting**. 음식 맛은 역겨웠다.
The smell from the garbage was **disgusting**.
쓰레기에서 나는 냄새는 역겨웠다.

| 비교급 | more disgusting |
| 최상급 | most disgusting |
| ➕ disgust 혐오(감); 역겹게 하다 |

✱ dish (dish) [diʃ]

명사 1 ⓒ 접시, 그릇
a serving **dish** 음식 차림용 접시
an ovenproof **dish** 오븐 사용 가능 접시

2 《the dishes로 쓰임》 (사용한) 그릇, 설거지감
They cleared the table and washed **the dishes**.
그들은 식탁을 치우고 설거지를 했다.

3 ⓒ 요리
My mother prepared a chicken **dish** for dinner.
우리 엄마는 저녁으로 닭고기 요리를 준비하셨다.

| 복수형 | dishes |
| ➕ dishwasher 식기세척기 |
| main dish 주된 요리 |
| side dish 곁들이는 요리, 반찬 |

dish

dishonest

What's your favorite Korean **dish**?
당신이 가장 좋아하는 한국 요리는 무엇인가요?

☑ dish = food

dishonest (dis-ah-nist) [disánist]

형용사 정직하지 않은, 부정직한 (↔honest)
I was **dishonest** with her.
나는 그녀에게 정직하지 못했다.
It's **dishonest** to cheat on a test.
시험에서 부정행위를 하는 것은 부정직한 행동이다.

| 비교급 | more dishonest |
| 최상급 | most dishonest |

dislike (dis-like) [disláik]

동사 싫어하다 (↔like)
I **dislike** ketchup on my hot dog.
나는 핫도그에 케첩을 뿌려 먹는 것을 싫어한다.
Jenny **dislikes** basketball but enjoys baseball.
제니는 농구는 싫어하지만 야구는 좋아한다.

3인칭단수현재	dislikes
현재분사	disliking
과거·과거분사	disliked

dismiss (dis-mis) [dismís]

동사 1 해산시키다, 돌려보내다
After the lesson, the teacher **dismissed** the class.
수업이 끝나자 선생님은 학생들을 해산시켰다.
The class was **dismissed** early today.
오늘은 수업이 일찍 끝났다.

2 해고하다 (≒fire)
The company **dismissed** 2,500 workers from their jobs. 그 회사는 2,500명의 직원을 해고했다.

3인칭단수현재	dismisses
현재분사	dismissing
과거·과거분사	dismissed

➕ dismissal 해산; 해고

display (dis-play) [displéi]

동사 1 전시하다, 진열하다 (≒exhibit, show)
The department store **displayed** the new spring fashions in its windows.
백화점은 쇼윈도에 새로운 봄 패션을 전시했다.

2 보여 주다 (≒show)
John rarely **displays** his emotions.
존은 감정을 잘 드러내지 않는다.

명사 1 ⓒⓤ 전시, 진열 (≒exhibition, show)
There was a **display** of video art at the museum.
미술관에서 비디오 아트 전시가 있었다.
a **window display** 진열장의 상품 진열

● **on display** 전시되어, 진열되어

3인칭단수현재	displays
현재분사	displaying
과거·과거분사	displayed

➕ LCD (liquid crystal display) 액정 디스플레이

| 복수형 | displays |

Rodin's statues were **on display** at the city museum.
로댕의 조각상은 시립 미술관에 **전시되었다**.

2 ⓒ (컴퓨터 · 텔레비전 등의) 화면, 모니터 (≒screen)
The **display** on my notebook is too small.
내 노트북 화면은 너무 작다.

Rodin's statues were **on display**.

distance (dis-tuhns) [dístəns]

명사 ⓒⓤ 거리, 간격
How far is the **distance** between here and your home? 여기서 너희 집까지 거리가 얼마나 되니?
They live within **walking distance of** each other.
그들은 서로 걸어서 갈 수 있는 거리에 살고 있다.
The bank is some **distance** away.
그 은행은 좀 멀리에 있다.

- **from a distance** 멀리서
I saw him **from a distance**. 나는 멀리서 그를 보았다.
- **in the distance** 저 멀리, 저 먼 곳에
The hunter could see a deer **in the distance**.
사냥꾼은 저 멀리에 있는 사슴을 볼 수 있었다.

| 복수형 | distance**s** |

☑ The bank is some distance away.
= The bank is not nearby.

distant (dis-tuhnt) [dístənt]

형용사 (시간 · 거리 등이) 먼, 멀리 떨어진
the **distant** past 먼 옛날
Her family moved to a **distant** area.
그녀의 가족은 멀리 떨어진 지역으로 이사를 갔다.

| 비교급 | **more** distant |
| 최상급 | **most** distant |

distinguish (di-sting-gwish) [distíŋgwiʃ]

동사 구별하다, 식별하다
It was difficult to **distinguish** the houses in the dark.
어둠 속에서 집들을 구별하기는 어려웠다.
A: Are you Julie or Jill? 너 줄리니 질이니?
B: I'm Jill. 난 질이야.
A: Thanks. It's so tough to **distinguish** you **from** your twin sister, Julie.
고마워. 너와 너의 쌍둥이 자매 줄리를 구별하는 건 너무 어려워.

3인칭단수현재	distinguish**es**
현재분사	distinguish**ing**
과거·과거분사	distinguish**ed**

⊕ distinguishable 구별할 수 있는

disturb (di-sturb) [distə́:rb]

동사 **1** 방해하다 (≒interrupt)
Do not **disturb**. 들어오지 마시오., 깨우지 마시오.

| 3인칭단수현재 | disturb**s** |

divide

I'm sorry to **disturb you**, but I have a question for you.
방해해서 죄송하지만 당신에게 질문이 하나 있어요.

2 걱정을 끼치다, 불안하게 하다
The news **disturbed** them.
그 소식은 그들을 불안하게 만들었다.

| 현재분사 | disturbing |
| 과거·과거분사 | disturbed |

➕ Do not disturb. 호텔 방문 손잡이나 회의 중인 사무실 등의 문에 걸어 두는 팻말의 문구

divide (di-vide) [diváid]

동사 1 나누다
Students were **divided into** small groups.
학생들은 작은 모둠들로 나뉘었다.
If we **divide** the cake **into** eight pieces, everyone can have a piece.
케이크를 여덟 조각으로 나누면 모두가 한 조각씩 먹을 수 있다.

2 [수학] 나누다
Twenty-four **divided by** six is four.
24 나누기 6은 4이다.

3인칭단수현재	divides
현재분사	dividing
과거·과거분사	divided

➕ division 나눔; 나눗셈; ~ 부서

diving (dye-ving) [dáiviŋ]

명사 ⓤ [스포츠] 다이빙, 잠수
Diving is not allowed in this river.
이 강에서 다이빙은 금지되어 있다.
I enjoy scuba **diving**. 나는 스쿠버 다이빙을 즐긴다.

➕ dive 다이빙하다, 잠수하다
diver 잠수부, 다이빙 선수

divorce (di-vors) [divɔ́:rs]

명사 ⓒⓤ 이혼
His parents **got a divorce**.
그의 부모님은 이혼했다.

동사 이혼하다
She **divorced** her husband.
그녀는 남편과 이혼했다.
They **got divorced** ten years ago.
그들은 10년 전에 이혼했다.

| 복수형 | divorces |

3인칭단수현재	divorces
현재분사	divorcing
과거·과거분사	divorced

dizzy (diz-ee) [dízi]

형용사 어지러운, 현기증이 나는
The roller coaster ride made me **dizzy**.
롤러코스터를 탔더니 어지러웠다.
When I got up this morning, I **felt dizzy**.
오늘 아침에 일어날 때 현기증이 났다.

| 비교급 | dizzier |
| 최상급 | dizziest |

➕ dizziness 어지러움, 현기증

*do (doo) [duː]

동사 **1** (~을) 하다
Jane is **doing** her homework. 제인은 숙제를 하고 있다.
Are you **doing** anything now? 지금 뭐 하는 거 있어?
Tony **did** the dishes. 토니가 설거지를 했다.
What do you **do** at work? 직장에서 어떤 일을 하나요?

- *do one's best* 최선을 다하다
  Do your best for the final exam.
  기말고사에 **최선을 다해라**.

2 《have done, be done으로 쓰임》 다 하다, 끝내다
Bora **has done** her homework. 보라는 숙제를 다 끝냈다.
Are you **done** with this computer? 이 컴퓨터 다 썼니?

3 잘하다, 잘 지내다
She is **doing well** at school.
그녀는 학교에서 잘하고 있다.
A: How are you **doing**? 어떻게 지내니?
B: I'm **doing** fine. 잘 지내고 있어.

- *do without* ~없이 지내다
  Man cannot **do without** water.
  사람은 물 **없이** 살 수 없다.

4 적당하다, 충분하다
One piece of cake will **do** me.
나는 케이크 한 조각이면 충분해.

조동사 **1** 《의문문과 부정문에서》
Do you like oranges? 오렌지를 좋아하니?
What **did** you do last night? 어젯밤에 무엇을 했니?
I **don't** feel like sleeping now. 나는 지금 자고 싶지 않아.
Don't forget to call Sally. 샐리에게 전화하는 거 잊지 마.

2 《동사의 뜻을 강조함》
Sam **does** like puppies.
샘은 강아지를 정말 좋아한다.
A: Why didn't you call me? 왜 나한테 전화하지 않았니?
B: I **did** call you. 너한테 진짜로 전화했어.

3 《동사의 반복을 피함》
A: Do you feel any pain in your stomach?
위에 통증이 있나요?
B: Yes I **do**. 네, 있어요.

3인칭단수현재	does
현재분사	do**ing**
과거	did
과거분사	done

➕ don't = do not

Bora **has done** her homework.

☑ One piece of cake will do me.
= One piece of cake is enough for me.

3인칭단수현재	does
과거	did

Sam **does** like puppies.

*doctor (dahk-tur) [dáktər]

명사 **1** ⓒ 의사
a family **doctor** 주치의

복수형	doctor**s**

The **doctor** said I had a cold and should be OK in a few days.
의사는 내가 감기에 걸렸고 며칠 후에는 괜찮을 거라고 말했다.
- ***see a doctor*** 병원에 가다 (= go to a doctor)
Sally went to **see a doctor** yesterday.
샐리는 어제 **병원에 갔다**.

2 ⓒ 박사 (줄임말 Dr.)
Dr. Lee is a natural science professor.
이 박사는 자연 과학 교수이다.

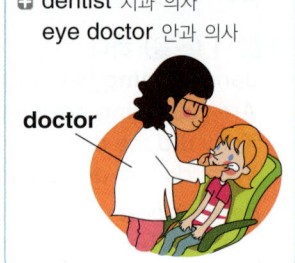

➕ dentist 치과 의사
　 eye doctor 안과 의사

doctor

document (dahk-yuh-muhnt) [dάkjəmənt]

명사 ⓒ 문서, 서류
The officer asked for my travel **documents**.
담당자는 내 여행용 서류(여권, 비자 등)를 요구했다.
She drew up a **document** in English.
그녀는 영어로 문서를 작성했다.

복수형 document**s**

➕ documentary 다큐멘터리, 기록 영화

does (duhz) [dʌz]

동사 do의 3인칭단수현재형

➕ doesn't = does not

＊dog (dawg) [dɔ(:)g]

명사 ⓒ 개
She took the **dog** for a walk. 그녀는 개를 산책시켰다.
I heard a **dog** barking somewhere.
어디선가 개 짖는 소리가 들렸다.
- ***Every dog has his day.*** 쥐구멍에도 볕 들 날 있다. 〈속담〉

복수형 dog**s**

➕ dog days 삼복더위
　 guard dog 경비견
　 guide dog 맹인 안내견

＊doll (dahl) [dɑl]

명사 ⓒ 인형
I gave my sister a **doll** for Christmas.
나는 여동생에게 크리스마스 선물로 인형을 주었다.

복수형 doll**s**

＊dollar (dah-lur) [dάlər]

명사 ⓒ 달러 (화폐 단위, 기호 $)
There are one hundred cents in a **dollar**.
1달러는 100센트이다.
A: How much is this book? 이 책은 얼마인가요?
B: It's ten **dollars**. 10달러입니다.

복수형 dollar**s**

※ 달러는 미국, 캐나다, 호주, 뉴질랜드 등에서 사용하는 화폐 단위지만 각각 모양도 다르고 환율도 달라요.

*dolphin (dahl-fin) [dálfin]

명사 ⓒ 돌고래
Dolphins are smart animals. 돌고래는 영리한 동물이다.

복수형 **dolphins**

domestic (duh-mes-tik) [dəméstik]

형용사 1 《명사 앞에만 쓰임》 가정의, 가사의
domestic violence 가정 폭력
My mother does most of the **domestic chores**.
우리 엄마는 대부분의 집안일을 하신다.

2 (동물이) 길들여진, 애완용의
Pets are **domestic** animals.
애완동물들은 길들여진 동물들이다.

3 국내의, 국산의 (↔foreign)
I try to buy only **domestic products**.
나는 국산품만 구입하려 노력한다.

domestic chores

dominate (dah-muh-nate) [dámənèit]

동사 지배하다, 주도하다
The queen dreamed of **dominating** the world.
여왕은 세계를 지배하는 것을 꿈꾸었다.
Tom always tends to **dominate** the conversation.
톰은 언제나 대화를 주도하려 한다.

3인칭단수현재 **dominates**
현재분사 **dominating**
과거·과거분사 **dominated**
➕ **dominant** 지배적인

donate (doh-nate) [dóuneit]

동사 기부하다, 기증하다
Sally regularly **donates** blood.
샐리는 정기적으로 헌혈한다.
I **donated** money **to** the Defenders of Wildlife.
나는 야생 동물 보호회에 돈을 기부했다.

3인칭단수현재 **donates**
현재분사 **donating**
과거·과거분사 **donated**
➕ **donation** 기부, 기증

done (duhn) [dʌn]

동사 do의 과거분사형

donkey (dahng-kee) [dáŋki]

명사 ⓒ 당나귀
Donkeys like to bite, so be careful.
당나귀들은 무는 걸 좋아하니까 조심해.

복수형 **donkeys**

door (dor) [dɔːr]

명사 1 ⓒ 문, 출입구, 현관
Close the **door** please. You're letting all the cold air in.
문을 닫아 주세요. 차가운 공기가 들어오게 하고 있잖아요.
- Hard work is the **door** to success.
노력은 성공으로 가는 문이다. 〈속담〉

2 ⓒ 집, 건물
Sally lives just two **doors** down from me.
샐리는 우리 집에서 바로 두 집 아래에 산다.
- *(from) door to door* 집집마다
He went **door to door** looking for his cat.
그는 집집마다 돌아다니며 고양이를 찾았다.
- *live next door (to)* (~의) 옆집에 살다
Anne **lives next door to** us. 앤은 우리 옆집에 산다.

복수형 doors

➕ doorbell 초인종
doorknob 문손잡이
doorman 수위, 문지기
doorway 출입구

door

dot (daht) [dɑt]

명사 ⓒ (작고 둥근) 점
What's that **dot** on your face?
네 얼굴에 있는 그 점은 뭐니?

동사 점을 찍다
Make sure to **dot** your i's and cross your t's.
i에 점을 찍는 것과 t에 선을 긋는 것을 잊지 마세요.

복수형 dots
3인칭단수현재 dots
현재분사 dotting
과거·과거분사 dotted

double (duhb-uhl) [dʌ́bəl]

형용사 1 두 배의, 이중의, 두 겹의
I'll have a **double** scoop of ice cream please.
전 아이스크림 더블로 주세요.
double doors 좌우 양쪽으로 열고 닫는 문

2 2인용의
I reserved a **double** room for two nights.
나는 이틀 동안 2인실을 예약했다.

동사 두 배가 되다, 두 배로 만들다
The number of stores has **doubled**.
가게 수가 두 배가 되었다.
If you multiply something by two, you **double** it.
네가 어떤 수에 2를 곱하면, 두 배를 한 것이다.

명사 ⓒ 《doubles로 쓰임》 복식 경기
John is my partner when I play tennis **doubles**.
존은 테니스 복식 경기를 할 때 나의 파트너이다.

double

3인칭단수현재 doubles
현재분사 doubling
과거·과거분사 doubled

➕ double bed 2인용 침대
double chin 이중 턱

doubt (dout) [daut]

명사 ⓒⓤ 의심, 의문
I **have no doubt that** he will be here on time.
나는 그가 제시간에 여기에 올 것이라고 확신한다.
The boss **had** a few **doubts about** Jill's idea.
사장은 질의 아이디어에 대해 몇 가지 의문이 있었다.
- *without (a) doubt* 확실히, 틀림없이
He is **without a doubt** a great player.
그는 확실히 훌륭한 선수이다.

동사 의심하다, 미심쩍게 여기다
I **doubt** we can get there on time.
우리가 제시간에 도착할 수 있을지 미심쩍다.

복수형	doubts

※ doubt에서 b는 발음이 되지 않아요.

3인칭단수현재	doubts
현재분사	doubting
과거·과거분사	doubted

*down (doun) [daun]

부사 아래로, 아래에, 아래쪽으로 (↔up)
He jumped **down** off the roof.
그는 지붕에서 아래로 뛰어내렸다.
The house price will go **down** soon.
주택 가격은 곧 내려갈 것이다.
Why don't you sit **down**? 좀 앉지 그래.

전치사 아래로, ~ 따라 (아래쪽으로) (↔up)
She walked **down** the stairs. 그녀는 계단을 내려갔다.
Children ran **down** the path.
아이들은 길을 따라 달려갔다.

형용사 《명사 앞에는 쓰이지 않음》 우울한
Sam was **feeling down** after his favorite team lost the game.
샘은 좋아하는 팀이 경기에 져서 우울했다.

He jumped **down** off the roof.

☑ Sam was feeling down.
= Sam was unhappy.

download (doun-*lohd*) [dáunlòud]

동사 [컴퓨터] 내려받다, 다운로드하다 (↔upload)
It only takes a minute to **download** new songs from the Internet.
인터넷에서 새로운 노래들을 다운로드하는 데는 일 분밖에 안 걸린다.

3인칭단수현재	downloads
현재분사	downloading
과거·과거분사	downloaded

downstairs (doun-stairz | doun-*stairz*) [dáunstέərz]

부사 (doun-stairz) 아래층에, 아래층으로 (↔upstairs)
The kids are **downstairs**. 아이들은 아래층에 있다.
A: Where's John? 존은 어디 있어?

※ down(아래에)+stairs(계단들)
→ downstairs(아래층에)

downtown

B: He went **downstairs**. 아래층으로 내려갔어.

형용사 (doun-*stairz*) 《명사 앞에만 쓰임》 아래층의
the **downstairs** bathroom 아래층 화장실

※ 부사와 형용사의 강세 위치가 달라요.

downtown (doun-toun) [dáuntáun]

부사 시내에, 시내로
I have to **go downtown** to buy a birthday present.
나는 생일 선물을 사기 위해 시내에 가야 한다.

형용사 《명사 앞에만 쓰임》 시내의
She owns a restaurant in **downtown** New York.
그녀는 뉴욕 시내에 식당을 하나 가지고 있다.

➕ uptown (주택들이 있는) 시 외곽의(으로); 부유층 지역의

downtown

dozen (duhz-uhn) [dʌ́zn]

명사 ⓒ 12개짜리 한 묶음, 다스
a **dozen** roses 장미 12송이
I bought two **dozen** eggs. 나는 계란을 24개 샀다.
You can buy these pencils only by the **dozen**.
연필은 12자루 단위로만 살 수 있다.

• **dozens of** 많은
He invited **dozens of** his friends to his birthday party.
그는 자신의 생일 파티에 친구들을 **많이** 초대하였다.

복수형 dozen**s**, dozen

※ dozen은 two dozen eggs 경우처럼 숫자를 나타낼 때 복수이더라도 뒤에 s를 붙이지 않아요.

Dr. (dahk-tur) [dáktər]

명사 의사, 박사 (doctor의 줄임말)

dragon (drag-uhn) [drǽgən]

명사 ⓒ 용
A **dragon** is a large, fire-breathing monster.
용은 몸집이 크고 불을 내뿜는 괴물이다.

복수형 dragon**s**
➕ dragonfly 잠자리

drama (drah-muh) [drá:mə]

명사 1 ⓒ 희곡, 각본
He wrote a new **drama** about King Henry V.
그는 헨리 5세에 대한 새로운 희곡을 썼다.

2 ⓒ (TV 등의) 드라마, 극
My father likes historical **dramas**.
우리 아빠는 사극을 좋아하신다.

복수형 drama**s**
➕ dramatist 극작가, 드라마 작가
dramatize 각색하다

dramatic (druh-**mat**-ik) [drəmǽtik]

형용사 **1** 극적인, 인상적인
He stopped drinking and made a **dramatic** improvement in his life.
그는 술을 끊고 생에서 극적인 개선을 일구어 냈다.
2 연극의, 극 형식의
Lisa is acting in a **dramatic** performance.
리사는 연극 공연에서 연기를 하고 있다.

| 비교급 | more dramatic |
| 최상급 | most dramatic |

❓ **improvement** 향상, 개선

drank (drangk) [drǽŋk]

동사 drink의 과거형

*draw (draw) [drɔː]

1 (색칠은 하지 않고) 그리다
Bora **drew** a big heart on her mother's birthday card. 보라는 엄마의 생일 카드에 커다란 하트를 그렸다.
2 끌어당기다, 뽑다, 꺼내다
The large horse **drew** the wagon.
커다란 말이 마차를 끌었다.
One of the thieves **drew** a knife.
도둑들 중 한 명이 칼을 뽑아 들었다.
We **drew straws** to decide who would jump first.
우리는 누가 먼저 점프할지를 정하기 위해 제비를 뽑았다.
3 (주의·시선을) 끌다
Magicians always **draw** a large crowd.
마술사들은 항상 많은 구경꾼을 끌어들인다.

3인칭단수현재	draws
현재분사	drawing
과거	drew
과거분사	drawn

➕ **drawing** 그림; 그림 그리기

Bora **drew** a big heart.

draw와 paint의 차이가 뭐가요?

draw는 연필이나 펜 등으로 그림을 그리는 것을 말하고, paint는 물감 등을 이용해서 붓으로 색칠을 하는 것을 말해요.

drawer (dror) [drɔ́ːər]

명사 ⓒ 서랍
Put these in your sock **drawer**, Billy.
이것들을 양말 서랍에 넣어라, 빌리.
You can find some pencils in the **bottom drawer**.
맨 아래 서랍에서 연필을 좀 찾을 수 있을 거야.

| 복수형 | drawers |

➕ **top drawer** 맨 위 서랍

drawn (drawn) [drɔːn]

동사 draw의 과거분사형

*dream (dreem) [driːm]

명사 1 ⓒ (자면서 꾸는) 꿈
One night, I **had a dream** that I was a famous singer. 어느 날 밤, 나는 유명한 가수가 되는 꿈을 꾸었다.

2 ⓒ (이루고 싶은) 꿈
It was his **dream** to travel around the world.
세계를 여행하는 것이 그의 꿈이었다.

동사 1 (자면서) 꿈을 꾸다
I **dreamt** that I met the President.
나는 대통령을 만나는 꿈을 꾸었다.

2 (이루고 싶은 것을) 꿈꾸다
He **dreamed of** becoming an actor.
그는 배우가 되기를 꿈꾸었다.

복수형 dreams

➕ bad dream 악몽
nightmare 악몽
Sweet dreams! 잘 자!

3인칭단수현재 dreams
현재분사 dreaming
과거·과거분사 dreamed, dreamt

*dress (dres) [dres]

명사 1 ⓒ 드레스, 원피스
Bora wore a new **dress** to the dance.
보라는 댄스파티에 새 드레스를 입고 갔다.

2 ⓤ 옷
I like to wear casual **dress**.
나는 캐주얼한 옷을 입는 것을 좋아한다.

동사 옷을 입다, 옷을 입히다 (↔undress)
Please **get dressed** for school, Tom.
학교에 가야 하니 옷을 입어라, 톰.
They are all **dressed up** for the party.
그들은 파티를 위해 옷을 차려입었다.
He **dressed** the child in a bathing suit.
그는 아이에게 수영복을 입혔다.

복수형 dresses

dress

3인칭단수현재 dresses
현재분사 dressing
과거·과거분사 dressed

drew (droo) [druː]

동사 draw의 과거형

drill (dril) [dril]

명사 1 ⓒ 드릴, 기계 송곳, 송곳
I use an electric **drill** to build furniture.

복수형 drills

나는 가구를 만들 때 전기 드릴을 사용한다.

2 ⓒⓤ **반복 연습, 훈련**
We practiced multiplication **drills**.
우리는 곱셈 연습을 했다.

[동사] **1 구멍을 뚫다**
I have to **drill** three holes in this wood.
나는 이 목재에 구멍을 세 개 뚫어야 한다.

2 반복 연습을 시키다, 훈련시키다
Our English teacher **drills** us on spelling.
우리 영어 선생님께서는 우리에게 철자 연습을 시키신다.

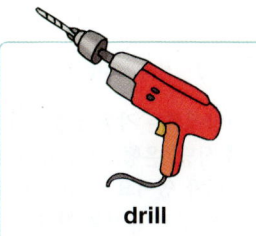
drill

3인칭단수현재 **drill**s
현재분사 **drill**ing
과거·과거분사 **drill**ed

---

* **drink** (dringk) [driŋk]

[동사] **마시다**
Drink some coffee and you'll feel awake.
커피를 마시면 잠이 깰 거야.
She was **drinking** a cup of coffee.
그녀는 커피 한잔을 마시고 있었다.
A: Would you like **something to drink**, Tim?
뭐 좀 마실래, 팀?
B: Yes. I'm really thirsty. 응, 정말 목마르다.

[명사] ⓒⓤ **음료, 마실 것**
Would you like a **drink**? 마실 것 좀 줄까?
Can I have a **drink of** water? 물 좀 마실 수 있을까?

3인칭단수현재 **drink**s
현재분사 **drink**ing
과거 **drank**
과거분사 **drunk**

➕ **drink and drive** 음주 운전을 하다

복수형 **drink**s

---

* **drive** (drive) [draiv]

[동사] **1 운전하다**
John can **drive** a truck. 존은 트럭을 운전할 수 있다.

2 (차로) 데려다 주다
I have to **drive** my cousin to the airport.
나는 내 사촌을 공항에 데려다 주어야 한다.

● **drive ~ crazy(mad)** ~를 화나게 하다, ~를 미치게 하다
That crying baby is **driving me crazy**.
나는 저 우는 아기 때문에 미치겠다.

[명사] **1** ⓒ **드라이브, 자동차 여행**
It's a two-hour **drive** to Namsan Tower.
남산 타워까지는 차로 두 시간이 걸린다.

2 ⓒ **[컴퓨터] 드라이브**
To watch the movie, please insert the disk into your **disk drive**.
영화를 보시려면 디스크를 디스크 드라이브에 넣어 주세요.

3인칭단수현재 **drive**s
현재분사 **driv**ing
과거 **drove**
과거분사 **driven**

➕ **driving** 운전

복수형 **drive**s

➕ C: drive C 드라이브
D: drive D 드라이브
CD-ROM drive 시디롬 드라이브
hard (disk) drive 하드 (디스크) 드라이브

drive-in이 무엇인가요?

서양에서는 자동차 문화가 발달되어 있어 차에서 내리지 않고 이용할 수 있는 시설들, 예를 들면 식당, 은행, 극장 등이 있는데 이것을 drive-in, drive-through라고 해요. 이 둘은 약간의 차이가 있어요. drive-in 식당의 경우, 주차장에 차를 주차하면 식당 종업원이 차로 와서 주문을 받고 음식을 갖다 주고 고객은 차 안에서 음식을 먹어요. drive-through 식당의 경우, 차를 몰고 식당 벽에 나 있는 주문 창으로 가서 주문을 하고 음식을 받은 다음 다른 장소로 떠나지요.

예 drive-in theater
차 안에 앉아서 영화를
볼 수 있는 극장,
야외극장, 자동차극장

drive-in

drive-through

---

driven (driv-uhn) [drívən]

동사 drive의 과거분사형

---

driver (drye-vur) [dráivər]

명사 ⓒ 운전사, 운전기사
He works as a taxi **driver** during the weekend.
그는 주말 동안에는 택시 운전사로 일한다.
She still doesn't have a **driver's license**.
그녀는 아직도 운전면허증이 없다.

복수형	driver**s**
🞥	driving licence (영국영어) 운전면허증
	driving test 운전면허 시험

---

*drop (drahp) [drɑp]

동사 1 떨어지다, 떨어뜨리다
The pen **dropped** from her hand.
그녀의 손에서 펜이 떨어졌다.
The leaves are starting to **drop off**.
나뭇잎이 떨어지기 시작했다.
I **dropped** my MP3 player on the bus.
나는 버스에서 엠피스리 플레이어를 떨어뜨렸다.

- *drop out (of)* (~을) 그만두다
He **dropped out of** school when he was 18.
그는 열여덟 살 때 학교를 그만두었다.

2 (온도·물가 등이) 내리다, 떨어지다
The temperature **dropped** below zero this morning.
오늘 아침에 온도가 영하로 떨어졌다.

3인칭단수현재	drop**s**
현재분사	drop**ping**
과거·과거분사	drop**ped**

The leaves are starting to **drop off**.

3 《주로 drop off로 쓰임》 (가는 길에) 내려 주다
She always **drops off** her children at the bus stop.
그녀는 항상 아이들을 버스 정류장에 내려 준다.

● *drop by* 잠시 들르다
I might **drop by** your apartment after work.
퇴근 후에 너의 아파트에 잠시 들를지도 몰라.

명사 ⓒ (적은 양의) 방울, 한 방울
A **drop** of water fell onto my nose.
물 한 방울이 내 코에 떨어졌다.

drop

복수형 drop**s**

drove (drove) [drouv]

동사 drive의 과거형

drug (druhg) [drʌg]

명사 **1** ⓒ 의약품, 약
Aspirin is a very common **drug**.
아스피린은 아주 흔한 의약품이다.
The doctor prescribed me a **drug** for my headache.
의사는 내게 두통약을 처방해 주었다.

2 ⓒ 마약, 약물
The singer admitted that he was **on drugs**.
그 가수는 자신이 마약을 하고 있다는 것을 인정했다.

복수형 drug**s**

※ drug는 대개 '마약'이라는 의미로 많이 쓰여요. 보통 '약'이라고 할 때는 medication, medicine을 주로 사용해요.

drugstore (druhg-stor) [drʌ́gstɔ̀:r]

명사 ⓒ 약국
There are many **drugstores** near the hospital.
병원 근처에는 약국이 많이 있다.

복수형 drugstore**s**

drum (druhm) [drʌm]

명사 **1** ⓒ [악기] 북, 드럼
Mary plays the big **drum** in the marching band.
메리는 행진 음악대에서 큰북을 연주한다.

2 ⓒ (원통형의) 통, 드럼통
an oil **drum** 기름통
The **drum** was filled with oil.
드럼통은 기름으로 가득 차 있었다.

복수형 drum**s**
➕ drummer 드럼 연주자

drum

drunk (druhngk) [drʌŋk]

동사 drink의 과거분사형

dry

*dry (drye) [drai]

형용사 마른, 건조한 (↔wet)
The desert is a very **dry** place.
사막은 매우 건조한 장소이다.
Her skin is very **dry**. 그녀의 피부는 매우 건조하다.

동사 말리다, 건조시키다
The sun will **dry** wet clothes.
태양은 젖은 옷을 말릴 것이다.
She was **drying** her hair with a hair dryer.
그녀는 드라이어로 머리를 말리고 있었다.

비교급	drier
최상급	driest

3인칭단수현재	dries
현재분사	drying
과거·과거분사	dried

*duck (duhk) [dʌk]

명사 ⓒ 오리
Ducks go quack, quack. 오리는 '꽥꽥'하고 운다.
The mother **duck** tried to protect her ducklings.
그 어미 오리는 새끼 오리들을 보호하려고 했다.

복수형	ducks

➕ duckling 새끼 오리

due (doo) [dju:]

형용사 ~할 예정인, ~하기로 되어 있는
The library books are **due** next Tuesday.
도서관 책은 다음 주 화요일이 반납 예정이다.
When is your baby **due**? 출산 예정일이 언제인가요?
The flight from Vancouver is **due** in at 6:30.
밴쿠버에서 오는 비행기는 6시 30분에 도착할 예정이다.

● **due to** ~ 때문에, ~로 인해, ~ 덕분에
Due to the heavy snow, the trip was canceled.
폭설 **때문에** 여행이 취소되었다.
The fire was **due to** an electrical problem.
화재는 전기 문제**로** 발생했다.

☑ The library books are due next Tuesday.
= The library books have to be returned by next Tuesday.
= You must return your books to the library by next Tuesday.

duet (doo-et) [djuét]

명사 ⓒ [음악] 이중창(곡), 이중주(곡)
Sam and Bob sang a **duet**.
샘과 밥은 이중창곡을 불렀다.
Tony and Jinsu played a **duet** on their cellos.
토니와 진수는 첼로 이중주곡을 연주했다.

복수형	duets

➕ solo 독주
trio 삼중주단, 삼중창
quartet 사중주단, 사중창

dug (duhg) [dʌg]

동사 dig의 과거·과거분사형

dull (duhl) [dʌl]

형용사 **1** 지루한, 재미없는 (≒boring)
The action movie was **dull**. There was nothing new about it.
액션 영화는 지루했다. 새로운 게 아무것도 없었다.

2 (빛·색 등이) 흐릿한, 우중충한
A: I think this color is too **dull**.
　내 생각에 이 색은 너무 우중충하다.
B: Me too. We need a color that is easy to see.
　동감이야. 좀 더 눈에 잘 뜨이는 색이 필요해.

3 둔한, 어리석은 (≒stupid)
a **dull** student 둔한 학생

4 (칼 등이) 무딘 (↔sharp)
It was hard to cut meat with the **dull** knife.
무딘 칼로 고기를 자르는 것은 어려웠다.
I need to sharpen this **dull** pencil.
나는 이 심이 무뎌진 연필을 깎아야 한다.

비교급 dull**er**
최상급 dull**est**

☑ The action movie was dull.
= The action movie was boring.

☑ It was hard to cut meat with the dull knife.
= It was hard to cut meat with the knife that wasn't sharp.

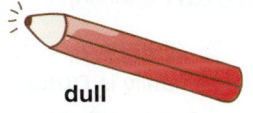
dull

dumb (duhm) [dʌm]

형용사 멍청한, 바보 같은
It's **dumb** to drink and drive.
음주 운전은 멍청한 짓이다.
I'm not **dumb** enough to believe that.
나는 그것을 믿을 만큼 멍청하진 않다.

비교급 dumb**er**
최상급 dumb**est**

during (door-ing) [djúəriŋ]

전치사 ~ 동안에, ~ 사이에
Owls sleep **during** the day and hunt at night.
올빼미는 낮에는 자고 밤에 사냥을 한다.
I went to the bank **during** lunch.
나는 점심시간 동안에 은행에 갔다.
His pet dog died **during** the night.
그의 애완견은 밤사이에 죽었다.

☑ His pet dog died during the night.
= His pet dog died in the night.

 TIP **for**와 **during**의 차이점을 설명해 주세요.
for는 주로 '얼마 동안'을 나타내는 구체적인 숫자와 함께 써요. 반면에 during은 '어떤 일이 일어난 기간'을 나타내는 명사와 함께 쓰지요.
　예) **for** two hours 두 시간 동안　　**for** a week 일주일 동안
　　　during the movie 영화를 보는 동안　**during** the vacation 방학 동안

dust (duhst) [dʌst]

명사 ① 먼지
When the sun shines in, you can see all the **dust** in the air.
햇빛이 들어오면 공기 중의 모든 먼지가 보인다.
I am allergic to **dust**. 나는 먼지 알레르기가 있다.
chalk **dust** 분필 가루

동사 먼지를 털다, 먼지를 닦다
She **dusted** the furniture.
그녀는 가구에 쌓인 먼지를 털었다.
He **dusted himself off**.
그는 옷에 묻은 먼지를 털어 냈다.

➕ **dusty** 먼지투성이의, 먼지가 많은
dustpan 쓰레받기

3인칭단수현재	dust**s**
현재분사	dust**ing**
과거·과거분사	dust**ed**

Dutch (duhch) [dʌtʃ]

형용사 네덜란드의, 네덜란드 인의, 네덜란드 어의
His family is **Dutch**. 그의 가계는 네덜란드 인이다.
• **go Dutch** 각자 계산하다, 더치페이하다
We **went Dutch** on lunch.
우리는 점심값을 각자 계산했다.

명사 1 ① 네덜란드 어
She speaks **Dutch** very well.
그녀는 네덜란드 어를 굉장히 잘한다.

2 《the Dutch로 쓰임》 (집합적) 네덜란드 인

➕ **the Netherlands** (국가명) 네덜란드

duty (doo-tee) [djúːti]

명사 1 ⓒⓤ 의무, 책임
He **has a duty to** support his family.
그는 가족을 부양해야 할 의무가 있다.
I helped them out of a **sense of duty**.
나는 의무감으로 그들을 도왔다.

2 ⓒⓤ 임무, 업무
carry out one's **duties** 임무를 수행하다
Her **duty** is to guide the tourists.
그녀의 임무는 여행객들을 안내하는 것이다.

3 ⓒⓤ 세금, 관세
the **duty** on wine 포도주에 붙는 세금
customs duty 관세

• **duty-free** 면세의, 관세가 없는
duty-free goods 면세품
I bought a watch at the **duty-free** shop at the airport.

| 복수형 | dut**ies** |

➕ **dutiful** 충실한, 성실한
dutifully 충실하게, 성실하게

☑ **carry out one's duties**
= do one's job

Her **duty** is to guide the tourists.

나는 공항에 있는 **면세**점에서 손목시계를 샀다.
- *off duty* 비번인, 근무를 하지 않는
  What time do you go **off duty**?
  너 몇 시에 근무가 끝나?
- *on duty* 당번인, 근무하는
  Who's **on duty** tonight? 오늘 밤 누가 **당직**인가요?

☑ What time do you go off duty?
= What time do you finish work?

dwarf (dworf) [dwɔːrf]

명사 ⓒ 난쟁이
Many **dwarves** work as actors in the movies.
많은 난쟁이들이 영화배우로 일한다.

복수형 dwarfs, dwarves

dye (dye) [dai]

명사 ⓒⓤ 염료, 염색제
Hair **dye** can change your hair color.
머리 염색제는 머리 색깔을 바꿀 수 있다.

동사 염색하다
Lisa **dyed** her hair blonde.
리사는 머리를 금발로 염색했다.

복수형 dyes
3인칭단수현재 dyes
현재분사 dyeing
과거·과거분사 dyed

dying (dye-ing) [dáiiŋ]

동사 die의 현재분사형

dynamite (dye-nuh-*mite*) [dáinəmàit]

명사 ⓤ 다이너마이트
They blew up the bridge with **dynamite**.
그들은 다이너마이트로 다리를 폭파했다.

※ 알프레드 노벨(Alfred Nobel)이 1866년에 다이너마이트를 발명했어요.

Ee

Elephants like
peanuts.

코끼리는 땅콩을 좋아해요.

Start
Here

elephant

*each (eech) [iːtʃ]

형용사 각각의, 각자의, 개개의, 모든
Each house has three stories. 각각의 집은 3층이다.
Each student will give a 15-minute presentation.
각 학생은 15분간 발표를 하게 될 것이다.

대명사 각각, 각자
A: Every student in the class has to do it?
   학급의 모든 학생들이 해야만 하나요?
B: That's right, **each of you**. 그렇지, 너희들 모두.
Each of the students has his own desk.
학생들은 각자 자기 책상이 있다.

부사 한 개에 대해, 한 사람에 대해
The tickets cost $9 **each**. 표는 한 장에 9달러이다.

➕ each day 날마다
　 each month 매달
　 each time 언제나, ~할 때마다
　 each week 매주

Each house has three stories.

Tip each와 every의 차이가 무엇인가요?

each는 각각의 하나하나를 나타낼 때 사용하고, every는 개개의 하나하나를 말하지만 전체를 포괄하는 의미가 들어 있어요. 그렇지만 둘 다 뒤에는 단수 표현이 옵니다.
예) **Each** student <u>owns</u> an MP3 player. 각 학생들은 MP3 플레이어를 가지고 있다.
　　 Every student <u>has</u> to pass the exam. 모든 학생들은 시험에 통과해야 한다.

each other (eech uhTh-ur) [iːtʃ ʌðər]

대명사 서로
They love **each other**. 그들은 서로 사랑한다.
We looked at **each other** in silence.
우리는 말없이 서로를 바라보았다.

➕ one another 서로

eager (ee-gur) [íːɡər]

형용사 갈망하는, 간절히 하고 싶어 하는 (=keen, anxious)
I'm **eager to** learn how to play the piano.
나는 피아노 치는 법을 몹시 배우고 싶다.
I was **eager for** the movie to be released.
나는 그 영화가 개봉하기를 몹시 바랐다.

비교급 more eager
최상급 most eager

➕ eagerly 열심히, 간절히

eagle (ee-guhl) [íːɡəl]

명사 ⓒ 독수리
An **eagle** flew over my head.
독수리 한 마리가 내 머리 위로 날아갔다.

복수형 eagle**s**

- ***eagle eye*** 예리한 눈
  You can't escape our teacher's **eagle eye**.
  너는 우리 선생님의 **예리한 눈**을 피해갈 수 없어.

☐ **bald eagle** 흰머리독수리 (미국을 상징하는 새)

*ear (eer) [iər]

명사 1 ⓒ 귀
Don't put your fingers in your **ears** while I'm talking to you.
내가 너에게 이야기하는 동안에 손으로 귀를 막지 마.
Sora had her **ears** pierced when she was 14.
소라는 14살에 귀를 뚫었다.
He **whispered** his secret **in my ear**.
그는 자신의 비밀을 내 귀에 속삭였다.
- ***Walls have ears.*** 벽에도 귀가 있다. (낮말은 새가 듣고 밤말은 쥐가 듣는다.) 〈속담〉

2 ⓒ 청각, 청력
My grandmother has good **ears**.
우리 할머니는 청력이 좋다.
- ***be all ears*** 열심히 귀를 기울이다
  She **was all ears** when he started to talk.
  그가 이야기를 시작하자 그녀는 **열심히 귀를 기울였다**.

복수형 ears

☐ **eardrum** 고막
  earlobe 귓불
  earring 귀걸이

❓ **pierce** ~에 구멍을 내다, 구멍을 뚫다

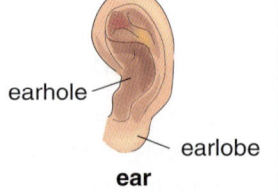
earhole — earlobe
ear

*early (ur-lee) [ə́ːrli]

형용사 1 (어떤 기간이나 사건의) 초반의, 초기의 (↔late)
The **early** 21st Century has been a tough time.
21세기 초반은 힘든 시기였다.
The world is calm in the **early morning**.
이른 아침에 세상은 고요하다.
Snow is expected in **early winter** this year.
올해에는 초겨울에 눈이 예상된다.

2 (예상·평소보다) 빠른, 이른 (↔late)
The school bus was **early** this afternoon.
오늘 오후에는 스쿨버스가 빨리 왔다.
A: Sam, you're always **early** to class. Why's that?
샘, 넌 항상 수업에 빨리 오는구나. 왜 그렇지?
B: I found out it's easier to be **early** than to be late.
늦는 것보다 일찍 오는 게 더 쉽다는 것을 알았어.
- ***The early bird catches the worm.*** 일찍 일어나는 새가 벌레를 잡는다. 〈속담〉

부사 1 (어떤 기간·사건의) 초반에, 초기에 (↔late)
The building should be finished **early next year**.
그 건축은 내년 초에 끝날 것이다.

비교급 earlier
최상급 earliest

The **early** bird catches the worm.

비교급 earlier
최상급 earliest

2 (예상·평소보다) 일찍, 빨리 (↔late)
He arrived **early**. 그는 일찍 도착했다.
I got up thirty minutes **early** this morning to go for a walk.
나는 산책을 하기 위해 오늘 아침 30분 일찍 일어났다.

※ early는 '시간, 시기', fast는 '속도'를 표현할 때 써요.

 early와 fast의 차이가 뭔가요?
early는 '시간이 빠르다, 이르다'는 뜻이고 fast는 '속도가 빠르다'는 뜻이에요.
◉ She got up **early** this morning. 그녀는 오늘 아침 일찍 일어났다.
He runs **fast**. 그는 빨리 달린다.

earn (urn) [əːrn]

동사 **1** (돈을) 벌다 (↔spend)
Lisa **earned** $200 a week teaching middle school students.
리사는 중학생을 가르치면서 일주일에 200달러를 벌었다.

2 (명성·지위 등을) 얻다, 획득하다
I had to work hard to **earn** an A in Mr. Smith's class.
나는 스미스 선생님 수업에서 A를 받기 위해 열심히 공부해야 했다.

3인칭단수현재	**earn**s
현재분사	**earn**ing
과거·과거분사	**earn**ed

➕ **earnings** 소득, 벌이

＊earth (urth) [əːrθ]

명사 **1** ①《Earth로도 쓰임》 지구, 세상
The **earth** goes around the sun.
지구는 태양 주변을 돈다.
He is the tallest man **on earth**.
그는 지구상에서〔세상에서〕 키가 가장 큰 사람이다.

2 ⓤ 토양, 흙 (=soil)
The **earth** in this area is good for growing rice.
이 지역의 흙은 쌀을 재배하기에 좋다.

3 ⓤ 땅, 지면 (=ground)
The low-flying plane seemed to make the **earth** tremble. 저공비행하는 비행기 때문에 땅이 흔들리는 것 같았다.

➕ **Earth Day** 지구의 날 (4월 22일)
earth science 지구 과학
Mother Earth 대지, 어머니인 대지

❓ **저공비행** 항공기가 아주 낮게 나는 일

Mercury (수성) Venus (금성) **Earth** (지구) Mars (화성) Jupiter (목성) Saturn (토성) Uranus (천왕성) Neptune (해왕성)

earthquake

Tip 의문사와 **on earth**가 함께 쓰이면 어떤 의미가 되나요?

on earth의 앞에 의문사(what, when, how, why, where, who)를 함께 쓰면 의문문을 강조하여 '도대체'의 뜻으로 쓰입니다.

예) **What on earth** is that shining object? 저 반짝이는 물건이 도대체 무엇일까?
Why on earth did you tell her about it? 넌 대체 왜 그녀에게 그것에 대해 말했니?

E

earthquake (urth-*kwayk*) [ˊəːrθkwèik]

복수형 earthquake**s**

earthquake

명사 ⓒ 지진 (=quake)
Earthquakes happen often in Japan.
일본에서는 지진이 자주 일어난다.
Bora's class raised money for the **earthquake victims**.
보라의 반에서는 지진 피해자들을 위해 모금을 했다.
You can feel the earth shaking during an **earthquake**.
지진이 일어나고 있을 때에는 땅이 흔들리는 것을 느낄 수 있다.

ease (eez) [iːz]

명사 1 ⓤ 안락, 편안함
I feel completely **at ease with** her.
나는 그녀와 함께 있으면 굉장히 편안하다.

2 ⓤ 용이, 쉬움 (↔difficulty)
She passed the test **with ease**.
그녀는 쉽게 시험을 통과했다.

동사 (아픔·고민 등을) 덜다, 완화하다
The medicine **eased** the pain.
약이 고통을 완화해 주었다.
The news **eased** my mind.
그 소식이 내 마음을 편하게 했다.

☑ She passed the test with ease.
= She passed the test easily.

3인칭단수현재 ease**s**
현재분사 eas**ing**
과거·과거분사 ease**d**

easily (ee-*zuh*-lee) [íːzəli]

부사 쉽게, 간단히
A: I give up. I can't do this.
난 포기할래. 이거 못 하겠어.
B: Don't give up so **easily**.
그렇게 쉽게 포기하지 마.
Tony makes friends **easily**. Everyone likes him.
토니는 친구를 쉽게 사귄다. 모두 그(토니)를 좋아한다.
We won the game **easily**. 우리는 게임에서 쉽게 이겼다.

비교급 **more** easily
최상급 **most** easily

☑ We won the game easily.
= We won the game with ease.

*east (eest) [iːst]

명사 1 ⓤ 동쪽 (줄임말 E)
The sun rises in the **east**. 태양은 동쪽에서 떠오른다.
A strong wind blew **from the east**.
강한 바람이 동쪽에서 불어왔다.

2 ⓤ 동부
I live in **the east of** Spain. 나는 스페인의 동부에 산다.

3 《the East로 쓰임》 동양
The martial arts started in **the East**.
무술은 동양에서 시작되었다.

형용사 《명사 앞에만 쓰임》 동쪽의, 동부의 (줄임말 E)
It rarely snows in the **east** part of the country.
그 나라의 동쪽 지방에서는 눈이 거의 내리지 않는다.

부사 동쪽으로
The highway traveled **east** to the sea.
그 고속 도로는 바다를 향해 동쪽으로 뻗었다.
We walked **east** along the river.
우리는 강을 따라 동쪽으로 걸었다.

➕ west 서쪽
south 남쪽
north 북쪽
the West 서양

I live in **the east of** Spain.

❓ martial arts 무술

eastern (ee-sturn) [íːstərn]

형용사 1 동쪽의, 동부의
We expect heavy snows tonight in the **eastern** part of the country.
오늘 밤 동부 지역에 많은 눈이 예상된다.

2 《Eastern으로 쓰임》 동양의
In some **Eastern** cultures white is associated with death.
몇몇 동양 문화에서는 흰색이 죽음과 연관된다.

➕ Eastern food 동양 음식
Eastern manners 동양 예절

❓ associate 연관 짓다

*easy (ee-zee) [íːzi]

형용사 1 쉬운 (=simple; ↔difficult, hard)
It's **easy to** jump rope.
줄넘기는 쉽다.
Doing the right thing is never **easy**.
올바른 일을 하는 것은 결코 쉽지 않다.

2 편안한, 안락한 (↔hard)
Tom sat back in a big **easy** chair and watched the soccer game.
톰은 커다란 안락의자에 기대어 앉아 축구 경기를 봤다.
I **feel easy** when I'm home. 나는 집에 있으면 편안하다.

비교급 eas**ier**
최상급 eas**iest**

➕ easily 쉽게
easiness 쉬움

[부사] 쉽게, 편안하게
Take it easy, we still have enough time.
천천히 해, 우린 아직 시간이 많아.
I told him to **take it easy** for the time being.
나는 그에게 당분간 편히 쉬라고 말했다.
- *Easy come, easy go.* 쉽게 얻은 것은 쉽게 잃는다.〈속담〉

비교급	eas**ier**
최상급	eas**iest**

*eat (eet) [iːt]

[동사] 1 먹다
Don't **eat** more than you need to.
필요한 양 이상으로 먹지 마세요.
Eat slowly and enjoy your food.
천천히 먹으며 음식을 즐기세요.
I **ate** a big breakfast. 나는 아침을 많이 먹었다.

2 식사를 하다
I'm going to **eat** dinner at Lisa's house tonight.
나는 오늘 밤 리사의 집에서 저녁을 먹을 것이다.

- *eat out* 외식하다
Why don't we **eat out** today?
오늘은 외식하는 것이 어때?

3인칭단수현재	eat**s**
현재분사	eat**ing**
과거	ate
과거분사	eaten

➕ eatable 먹을 수 있는
eat right 몸에 좋은 음식을 먹다

eat

 Tip '약을 먹다'를 영어로 어떻게 표현하나요?

우리말의 '약을 먹다', '물을 먹다'라는 표현을 영어로 나타낼 때 eat를 사용한다고 생각할 수도 있어요. 하지만 그것은 잘못된 표현이랍니다. '약을 먹다'는 take medicine, '물을 먹다'는 drink water라고 해야 해요.

eaten (ee-tin) [íːtn]

[동사] eat의 과거분사형

echo (ek-oh) [ékou]

[명사] ⓒ 메아리
A: There's a big **echo** in here.
여기는 메아리가 크게 울려.
B: I know, know, know. 나도 알아, 알아, 알아.
A: Very funny. 재밌네.

[동사] 메아리치다, 울리다
The room **echoed with** laughter.
방 안에 웃음소리가 울려 퍼졌다.

복수형	echo**es**
3인칭단수현재	echo**es**
현재분사	echo**ing**
과거·과거분사	echo**ed**

economic (*ee*-kuh-**nah**-mik) [iːkənǽmik]

형용사 《명사 앞에만 쓰임》 경제의
Economic growth is slow. 경제 성장이 느리다.

➕ **economics** 경제학

economy (*i*-**kah**-nuh-mee) [ikánəmi]

명사 **1** ⓒ 경제
The Korean **economy** is recovering faster than expected.
한국 경제는 예상보다 빨리 회복하고 있다.
When the **economy** is bad, many people lose their jobs.
경제가 나쁠 때는 많은 사람들이 일자리를 잃는다.

2 ⓒⓤ 절약
Since father lost his job, I've had to **make economies**.
아버지께서 실직하신 이래로 나는 절약을 해야 했다.

복수형 **econom**ies

➕ **economic** 경제의
economical 경제적인, 절약하는
economically 경제적으로
economics 경제학
economist 경제학자

edge (*ej*) [edʒ]

명사 **1** ⓒ 모서리, 가장자리
This fence marks **the** eastern **edge of** the forest.
이 울타리는 숲의 동쪽 가장자리를 표시한 것이다.
He was standing on **the edge of** a cliff.
그는 절벽 끝에 서 있었다.

2 ⓒ (칼 등의) 날
This knife has a sharp **edge**. 이 칼은 날이 날카롭다.

복수형 **edge**s

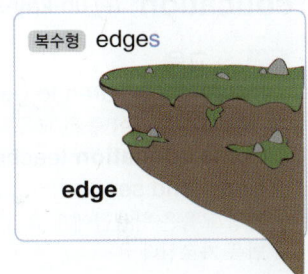
edge

edit (*ed*-it) [édit]

동사 (책·신문·잡지 등을) 교정하다, 편집하다, 수정하다
Edit your reports to check for mistakes.
실수가 있나 보고서를 교정보세요.

• *edit out* 삭제하다, 잘라 내다
Moviemakers sometimes **edit out** violent parts of a movie.
영화 제작자들은 가끔 영화의 폭력적인 장면을 **삭제한다**.

3인칭단수현재 **edit**s
현재분사 **edit**ing
과거·과거분사 **edit**ed

➕ **edition** 판(版), 간행

editor (*ed*-i-tur) [édətər]

명사 ⓒ (신문·잡지 등의) 편집자
The newspaper **editor** accepted my article.
그 신문 편집자가 나의 기사를 받아 주었다.

복수형 **editor**s

Your writing needs to improve. You could use a good **editor**.
네 글은 고칠 필요가 있어. 좋은 편집자가 필요할 거야.

➕ editorial 논설

educate (ej-uh-*kate*) [édʒukèit]

동사 **1** (학교에서) 교육하다, 가르치다
Teachers **educate** students.
선생님들은 학생들을 가르친다.
We had all our children **educated at** private schools.
우리는 우리 아이들을 모두 사립 학교에서 교육시켰다.

2 (지식 등을) 가르치다
A: Can you **educate** me **on** this model computer?
이 컴퓨터 모델에 대해 가르쳐 줄 수 있습니까?
B: Sure. What would you like to know?
물론이죠. 무엇을 알고 싶으신가요?
A: I'm most interested in its sound card.
사운드 카드에 가장 관심이 있습니다.

3인칭단수현재 educate**s**
현재분사 educat**ing**
과거·과거분사 educate**d**

➕ educated 교육받은, 교양 있는
educator 교육자, 교육학자

educate

education (ej-uh-**kay**-shuhn) [èdʒukéiʃən]

명사 ⓒⓤ 교육
I want my children to **get a** good **education**.
나는 내 아이들이 좋은 교육을 받기를 바란다.
Home **education** teaches students how to cook, clean, and sew.
가정 교육은 학생들에게 요리하는 법, 청소하는 법, 바느질하는 법을 가르친다.

➕ educational 교육의, 교육적인
continuing education 평생교육
higher education 대학 교육
physical education 체육

effect (i-fekt) [ifékt]

명사 ⓒⓤ 결과, 영향, 효과
Anne lost her job as an **effect of** the bad economy.
경기 불황의 결과로 앤은 실직했다.
Tim **has** a bad **effect on** you. I want you to stay away from him.
팀은 네게 나쁜 영향을 끼쳐. 난 네가 그를 멀리했으면 좋겠어.

● **go into effect** 시행되다, 발효되다
The new rules will **go into effect** next week.
새로운 규칙은 다음 주에 **시행될** 것이다.

● **take effect** 효력을 발휘하기 시작하다
The new law will **take effect** from next month.
새로운 법은 다음 달부터 **효력이 발생할** 것이다.

복수형 effect**s**

➕ cause and effect 원인과 결과
greenhouse effect 온실 효과
side effect 부작용
special effect 특수 효과

※ effect는 명사로 '결과, 영향, 효과'라는 뜻이고 affect는 동사로 '영향을 미치다'라는 뜻이에요.

effective (i-**fek**-tiv) [iféktiv]

형용사 1 효과적인
Watching TV can be an **effective** way to study English.
TV를 보는 것이 영어를 공부하는 효과적인 방법일 수 있다.

2 《명사 앞에는 쓰이지 않음》 (규정 등이) 유효한, 실시 중인
The new law will be **effective from** April 1.
새로운 법이 4월 1일부터 유효할 것이다.

비교급	more effective
최상급	most effective

⊕ effectively 효과적으로
effectiveness 유효성

efficient (i-**fish**-uhnt) [ifíʃənt]

형용사 1 효율적인, 효과적인, 능률적인
Elevators are more **energy efficient** than escalators.
엘리베이터는 에스컬레이터보다 에너지 효율이 좋다.
It's more **efficient** to finish part A before beginning part B.
파트 B를 시작하기 전에 파트 A를 끝내는 것이 더 효과적이다.

2 유능한, 실력 있는
She is a very **efficient** worker.
그녀는 매우 유능한 직원이다.

비교급	more efficient
최상급	most efficient

⊕ efficiency 효율, 능률
efficiently 효율적으로, 능률적으로

effort (**ef**-urt) [éfərt]

명사 ⓒⓤ 노력, 수고
The coach told us to always give 110% of our **effort**.
코치는 항상 110%의 노력을 하라고 우리에게 말했다.
It **takes** a lot of **effort** to write a book.
책을 쓰는 데에는 많은 노력이 필요하다.
I want you to **make an effort** to be polite.
나는 당신이 예의를 지키도록 노력하기를 바란다.
We spent almost two months **in an effort to** finish the project.
우리는 그 프로젝트를 끝내기 위해 거의 두 달을 소비했다.

| 복수형 | effort**s** |

⊕ effortless 노력하지 않는, 힘이 들지 않는, 쉬운
effortlessly 노력하지 않고, 손쉽게

*egg (eg) [eg]

명사 1 ⓒ (조류·어류·곤충 등의) 알
Check and see if any of the **eggs** are cracked.
금이 간 알이 있는지 확인해 보세요.
The baby chick stuck its head out of the **egg**.
병아리가 알에서 머리를 내밀었다.

| 복수형 | egg**s** |

⊕ boiled egg 삶은 계란
fried egg 계란 프라이

Egypt

2 ©℗ (식용하는) 알, 달걀, 계란
Bacon and eggs is my favorite breakfast.
베이컨과 달걀은 내가 좋아하는 아침 식사이다.

> raw egg 날계란

Egypt (ee-jipt) [íːdʒipt]

국가명 이집트
I want to visit **Egypt** and see the pyramids.
나는 이집트에 가서 피라미드를 보고 싶다.

> ⊕ **Egyptian** 이집트의, 이집트인, 이집트 어

eight (ayt) [eit]

숫자 8, 여덟
My younger brother turns **eight** this month.
내 남동생은 이번 달에 여덟 살이 된다.
It's only **eight** days until my birthday.
내 생일까지 이제 8일 밖에 남지 않았다.

> 복수형 **eights**
>
> ⊕ **eighth** 8번째(의), 8일

eighteen (ayt-een) [éitíːn]

숫자 18, 열여덟
She is **eighteen** years old. 그녀는 18살이다.
I have **eighteen** pairs of shoes.
나는 신발을 18켤레 가지고 있다.

> 복수형 **eighteens**
>
> ⊕ **eighteenth** 18번째(의), 18일

eighth (ayth) [eitθ]

형용사 8번째의, 여덟 번째의
Tina finished in **eighth** place at the golf tournament.
티나는 골프 경기에서 8위를 했다.
Peter just began the **eighth** grade.
피터는 이제 막 8학년을 시작했다.

대명사 8번째, 여덟 번째, 8일
My birthday is on the **eighth** of December.
내 생일은 12월 8일이다.

명사 ©8분의 1
three-**eighths** 8분의 3

> ※ 분수에서 분자가 1보다 클 때는 분모를 복수형으로 써요.
> one-eighth (8분의 1)
> two-eighths (8분의 2)

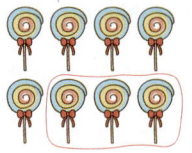
three-**eighths**

> 복수형 **eighths**

eighty (ay-tee) [éiti]

숫자 80, 팔십
There were **eighty** people at the lecture.
그 강연에는 80명의 사람들이 있었다.

> 복수형 **eighties**

Jim's grandfather is **eighty** years old.
짐의 할아버지는 80세이시다.

➕ **eightieth** 80번째(의)

either (ee-THur, eye-THur) [íːðər, áiðər]

형용사 **1** (둘 중) 어느 하나의, 어느 한쪽의
Sit on **either** side. 어느 쪽에든 앉아.
There is coffee and soda. You can have **either**.
커피와 탄산음료가 있습니다. 둘 중 하나를 드실 수 있어요.

2 각각의, 양쪽의
Tom and Jerry walked along **either** side of the street.
톰과 제리는 (각각) 거리의 양쪽을 따라 걸었다.

3 《부정문에서》 (둘 중) 어느 ~도, 어느 쪽도
I don't know **either** boy. 난 어느 소년도 알지 못한다.

대명사 **1** 《긍정문에서》 아무거나, 어느 쪽이든
Either will do. 어느 쪽이든 좋아.
Either of these hats would be a good choice.
이 모자들 중 어떤 것이든 좋은 선택일 것이다.

2 《부정문에서》 둘 다 (아니다), 어느 쪽도 (~하지 않다)
I will not buy **either** of them.
둘 중 어느 것도 사지 않을 것이다.

접속사 《either … or ~ 형태로》 …든가 또는 ~든가, 어느 하나
Tony, **either** be quiet **or** leave the room.
토니, 조용히 하든지 아니면 방에서 나가도록 해.
You can have **either** soup **or** a sandwich for lunch.
점심으로 수프나 샌드위치 중 하나를 드실 수 있습니다.

부사 《부정문의 뒤에서》 ~ 또한 (아니다)
Sora doesn't like juice, **either**.
소라 또한 주스를 좋아하지 않는다.
A: I don't like to go shopping.
나는 쇼핑하러 가는 것을 좋아하지 않아.
B: I don't, **either**. 나도 좋아하지 않아.

Sit on **either** side.

I will not buy **either** of them.

either와 too의 쓰임이 헷갈려요.

either와 too는 둘 다 '또한'이라는 뜻이지만 either는 부정문에, too는 긍정문에 써요.
예 A: I don't like bananas. (나는 바나나를 싫어해.)
　　B: I don't like them, **either**. (나도 바나나를 싫어해.)
　　A: I like apples. (나는 사과를 좋아해.)
　　B: I like them, **too**. (나도 사과를 좋아해.)

elbow (el-boh) [élbou]

명사 ⓒ 팔꿈치
Sally hurt her **elbow** when she fell off the swing.
샐리는 그네에서 떨어졌을 때 팔꿈치를 다쳤다.
John skinned his **elbow** when he fell down.
존은 넘어졌을 때 팔꿈치가 까졌다.
He wore a sweater with holes in the **elbows**.
그는 팔꿈치에 구멍이 뚫린 스웨터를 입었다.

동사 팔꿈치로 밀다, 찌르다
Tom **elbowed** Bill in the face by accident.
톰은 실수로 빌의 얼굴을 팔꿈치로 쳤다.
She **elbowed her way** through the crowd to get closer to the stage.
그녀는 무대에 더 가까이 가기 위해 군중들을 밀치며 나아갔다.

복수형 elbows

3인칭단수현재 elbows
현재분사 elbowing
과거·과거분사 elbowed

elder (el-dur) [éldər]

형용사 《명사 앞에만 쓰임》 (형제·자매 사이에) 나이가 많은, 손위의
My **elder brother** is in the army.
우리 형은 군대에 있다.
She is **the elder** of the two daughters.
그녀는 두 딸 중 언니이다.

명사 ⓒ 노인, 어른들
We should show some respect to **our elders**.
우리는 어른들에게 공경을 표시해야 한다.

➕ elderly 나이가 지긋한
eldest 나이가 가장 많은
the eldest 가장 나이가 많은 사람

복수형 elders

 elder와 older는 쓰임이 같나요?

elder와 older는 둘 다 '나이가 많은'이라는 뜻이지만, 누군가와 비교할 때는 older than을 사용합니다.
예) He is **older than** me. (O)
He is elder than me. (X)
그는 나보다 나이가 많다.

elderly (el-dur-lee) [éldərli]

형용사 중년을 지난, 나이가 지긋한
My grandmother is quite **elderly**.
우리 할머니는 연세가 꽤 지긋하시다.
Help **the elderly** when you can.
도와 드릴 수 있을 때는 노인분들을 도와 드리세요.

비교급 more elderly
최상급 most elderly

elect (i-lekt) [ilékt]

동사 선출하다, 선거하다, 뽑다
Barack Obama was **elected** President of the United States.
버락 오바마는 미국의 대통령으로 선출되었다.
We **elected** him **as** our leader.
우리는 그를 리더로 뽑았다.

3인칭단수현재	elects
현재분사	electing
과거·과거분사	elected

election (i-lek-shuhn) [ilékʃən]

명사 ⓒ 선거
Tina won the **election for** school president.
티나는 학교 회장 선거에서 이겼다.
Who are you voting for in the presidential **election**?
대통령 선거에서 누구에게 투표하실 건가요?
Elections will be **held** next month.
다음 달에 선거가 처러질 것이다.

복수형 elections

⊕ election day 선거일
general election 총선거
presidential election 대통령 선거

electric (i-lek-trik) [iléktrik]

형용사 전기의, 전기를 일으키는, 전기로 움직이는
(≒ electrical)
He plays the **electric** guitar in the school band.
그는 학교 밴드에서 전자 기타를 연주한다.
Be careful not to **get an electric shock** when your hands are wet.
손이 젖었을 때에는 감전되지 않도록 조심해.

⊕ electricity 전기

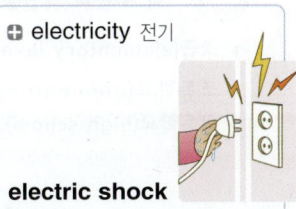

electric shock

electronic (i-lek-trah-nik) [ilèktránik]

형용사 전자의, 전자 공학의
Computers and cell phones are **electronic** devices.
컴퓨터와 휴대 전화는 전자 장치이다.
I am reading an **electronic** book.
나는 전자책을 읽고 있다.

⊕ electronics 전자 공학; 전자 장치들

element (el-uh-muhnt) [éləmənt]

명사 1 ⓒ 요소, 성분
Catching, throwing, and hitting are the basic **elements of** baseball.
받기, 던지기, 치기는 야구의 기본 요소이다.
Confidence is a **key element in** achieving success.
자신감은 성공하는 데 중요한 요소다.

복수형 elements

⊕ elemental 기본(본질)적인

elementary

2 ◎ [화학] 원소
Water can be divided into the **elements**, hydrogen and oxygen.
물은 수소와 산소 원소로 나누어질 수 있다.

❓ 원소 모든 물질을 구성하는 기본적 요소. 현재까지는 112종이 알려져 있다.

elementary (*el*-uh-**men**-tur-ee) [èləméntəri]

형용사 1 기본의, 기초의
Children learn some **elementary** math in kindergarten.
어린이들은 유치원에서 기초 수학을 배운다.
My English is at the **elementary** level.
나의 영어는 초급 단계이다.

2 《명사 앞에만 쓰임》 초등(학교)의
Ms. Smith was a fifth-grade teacher at Roosevelt **Elementary** School.
스미스 씨는 루즈벨트 초등학교에서 5학년을 맡은 선생님이었다.

비교급 more elementary
최상급 most elementary

➕ **elementary school** 초등학교
elementary student 초등학생

❓ **kindergarten** 유치원

  각 수준과 학년을 영어로 어떻게 표현하나요?

▶ 초급(elementary level), 중급(intermediate level), 고급(advanced level)

▶ 초등학교(elementary school), 중학교(junior high school, middle school), 고등학교(high school), 대학교(college, university)

elephant (el-uh-fuhnt) [éləfənt]

명사 ◎ 코끼리
The **elephant** is the real king of the jungle.
코끼리는 실질적인 정글의 제왕이다.
Elephants are huge animals, so they need a lot of food.
코끼리는 큰 동물이다. 그래서 그들은 많은 먹이가 필요하다.

복수형 elephant**s**

elephant

elevator (el-uh-*vay*-tur) [éləvèitər]

명사 ◎ 엘리베이터, 승강기
take[ride] the **elevator** 엘리베이터를 타다
There are no **elevators** in my apartment building.
우리 아파트 건물에는 엘리베이터가 없다.
I only use the **elevator** when I have to carry something heavy.
난 무거운 것을 옮겨야 할 때만 엘리베이터를 이용한다.

복수형 elevator**s**

➕ **lift** (영국영어) 엘리베이터, 승강기

eleven (i-**lev**-uhn) [ilévən]

숫자 11, 열하나
There are **eleven** players on a football team.
축구팀에는 열한 명의 선수가 있다.
Tina has speech therapy today at **eleven**.
티나는 오늘 11시에 언어 치료가 있다.

복수형 eleven**s**

➕ **eleventh** 11번째(의), 11일

eleventh (i-**lev**-uhn-th) [ilévənθ]

형용사 11번째의, 열한 번째의
Anne is in the **eleventh** grade in high school.
앤은 고등학교 11학년생이다.
Tom lives on the **eleventh** floor. 톰은 11층에 산다.

대명사 11번째, 열한 번째, 11일
What did you plan for the **eleventh**?
11일에 뭐 할 계획이니?

명사 ⓒ11분의 1
one-**eleventh** 11분의 1

복수형 eleventh**s**

※ 분수에서 분자가 1보다 클 때는 분모를 복수형으로 써요.
one-eleventh (11분의 1)
four-elevenths (11분의 4)

복수형 eleventh**s**

eliminate (i-**lim**-uh-*nate*) [ilímənèit]

동사 1 없애다, 제거하다
What can **eliminate** that bad smell?
저 나쁜 냄새를 어떻게 없앨 수 있지?
How can we **eliminate** cockroaches?
어떻게 해야 바퀴벌레를 없앨 수 있을까?

2 (경기 등에서) 실격시키다, 탈락시키다
Tim was **eliminated from** the contest.
팀은 그 대회에서 실격되었다.

3인칭단수현재 eliminate**s**
현재분사 eliminat**ing**
과거·과거분사 eliminate**d**

➕ **elimination** 제거, 탈락

else (els) [els]

부사 그 밖에, 그 외에, 다른
I don't like this dress. Could I see **something else**?
난 이 드레스가 마음에 들지 않아요. 다른 것 좀 볼 수 있을까요?
What else is happening this weekend?
이번 주말에 또 무슨 일이 일어날까?
Bora was sitting in **someone else**'s seat.
보라는 다른 사람의 자리에 앉아 있었다.
A: I'll have a cheeseburger and a coke.
치즈버거와 콜라로 할게요.
B: O.K. **Anything else**? 네, 그 밖에 또 필요하신 건 없나요?
A: That's all. 그게 다예요.

Bora was sitting in **someone else**'s seat.

elsewhere

 else는 어떤 단어와 많이 쓰이나요?

else는 anyone, anything, nothing, someone, somebody, something 등의 대명사와 what, who 등의 의문사 뒤에 쓰여 '그 밖에', '그 외에'라는 뜻으로 쓰입니다.

elsewhere (els-*wair*) [élshwɛ̀ər]

부사 다른 곳에, 다른 곳에서, 다른 곳으로
The puppy is not here. Let's look **elsewhere**.
강아지는 여기 없어. 다른 곳을 찾아보자.

☑ Let's look elsewhere.
= Let's look somewhere else.

e-mail, email (ee-*mayl*) [íːmèil]

명사 ⓒⓤ 전자 우편, 이메일 (=mail)
E-mail is lots quicker than snail mail.
전자 우편은 일반 우편보다 훨씬 빠르다.
What's your **e-mail address**?
네 이메일 주소가 어떻게 되니?
I got an **e-mail** from Sally.
나는 샐리가 보낸 이메일을 받았다.

동사 이메일을 보내다 (=mail)
Please **e-mail** me your resume.
당신의 이력서를 이메일로 보내 주세요.

복수형	e-mail**s**, email**s**
3인칭단수현재	e-mail**s**, email**s**
현재분사	e-mail**ing**, email**ing**
과거·과거분사	e-mail**ed**, email**ed**

 e-mail이 맞나요, 아니면 email이 맞나요?

email은 electronic mail(전자 우편)의 줄임말이에요. 처음에는 e-mail이라고 하이픈을 표시해 주었지만 근래에는 한 단어처럼 email이라고 쓰기도 한답니다.

snail mail이 뭔가요?

빠른 이메일에 비해 일반 우편은 배달에 조금 시간이 걸리지요. snail mail은 일반 우편이 달팽이처럼 느리다고 재미있게 나타낸 표현이에요.

embarrass (em-*bar*-uhs) [embǽrəs]

동사 당황하게 하다, 난처하게 하다
Their laughter **embarrassed** her.
그들의 웃음소리가 그녀를 당황하게 했다.
She **embarrassed** him in front of his friends.
그녀는 그의 동료들 앞에서 그를 난처하게 만들었다.

3인칭단수현재	embarrass**es**
현재분사	embarrass**ing**
과거·과거분사	embarrass**ed**

embarrassed (em-**bar**-uhst) [embǽrəst]

형용사 당황한, 난처한, 부끄러운
Bill was **embarrassed** because his zipper was down.
빌은 그의 지퍼가 내려가 있어서 당황했다.
Sally's face turns red when she is **embarrassed**.
샐리는 당황하면 얼굴이 빨개진다.

| 비교급 | more embarrassed |
| 최상급 | most embarrassed |

embarrassing (em-**bar**-uhs-ing) [embǽrəsiŋ]

형용사 난처하게 하는, 곤란한
They asked him **embarrassing questions**.
그들은 그에게 난처한 질문을 했다.

➕ **embarrassingly** 당황스러울 정도로

emergency (i-**mur**-juhn-see) [imə́ːrdʒənsi]

명사 ⓒⓤ 비상사태, 응급 상황
Call 119 **in case of an emergency**.
비상시에는 119에 전화해.
A: I heard the **emergency** bell ring. What's happening?
비상벨이 울리는 걸 들었는데. 무슨 일이지?
B: There's a fire on the second floor.
2층에 불이 났어.
A: Let's get out of here! 여기서 나가자!

| 복수형 | emergencies |

➕ emergency aid 구급약
emergency exit 비상구
emergency room 응급실

미국의 응급 전화번호는 몇 번인가요?
우리나라의 응급 전화번호는 119이고, 미국의 응급 전화번호는 911이랍니다.

emotion (i-**moh**-shuhn) [imóuʃən]

명사 ⓒⓤ 감정, 정서
Jane struggled hard to control her **emotions**.
제인은 감정을 다스리기 위해 애를 썼다.

| 복수형 | emotions |

emotional (i-**moh**-shuh-nuhl) [imóuʃənəl]

형용사 1 감정의, 정서의
emotional development 정서 발달
The holidays can be an **emotional** time.
휴일은 정서적인 시간이 될 수 있다.

| 비교급 | more emotional |
| 최상급 | most emotional |

emphasis

2 감정적인, 감동하기 쉬운
Susan is an **emotional** person who is either up or down.
수잔은 기분이 좋거나 나쁘거나 하는 감정적인 사람이다.

> ➕ **emotionally** 정서적으로, 감정적으로

emphasis (**em**-fuh-sis) [émfəsis]

명사 **1** ⓒⓤ 강조, 중시, 중요성 (=stress)
My family **puts an emphasis on** communication.
우리 가족은 대화를 중시한다.

2 ⓒⓤ 강세, 강한 어조 (=stress)
The **emphasis** in the word "empty" is on the first syllable.
단어 'empty'는 첫 번째 음절에 강세가 있다.
"I will never do that," he **said with emphasis on** the word "never."
'절대 안 그럴게.'라고 그는 '절대'를 강조하며 말했다.

> 복수형 **emphas**es
>
> ❓ 음절 (≒소리마디) 하나의 종합된 음의 느낌을 주는 말소리의 단위. 예를 들면 empty는 emp-ty, 두 개의 음절로 되어 있다.

emphasize (**em**-fuh-*size*) [émfəsàiz]

동사 **1** 강조하다 (=stress)
She spoke slowly to **emphasize** the importance of her words.
그녀는 자신이 하는 말의 중요성을 강조하기 위해 천천히 이야기했다.

2 부각시키다
Use the color red to **emphasize** your message.
빨간색을 사용해서 당신의 메시지를 부각시키세요.

> 3인칭단수현재 **emphasize**s
> 현재분사 **emphasiz**ing
> 과거·과거분사 **emphasiz**ed
>
> ➕ **emphasise** (영국영어) 강조하다

empire (**em**-pire) [émpaiər]

명사 ⓒ 제국
The Roman **Empire** was very powerful.
로마 제국은 매우 강대했었다.
Napoleon ruled over the French **Empire**.
나폴레옹은 프랑스 제국을 통치했다.

> 복수형 **empire**s
>
> ➕ **emperor** 제왕, 황제

employ (**em**-ploi) [emplɔ́i]

동사 고용하다 (=hire)
Samsung **employs** thousands of people in Korea.
삼성은 한국에서 수천 명의 사람들을 고용한다.
He was **employed in** a fast food restaurant.
그는 패스트푸드점에 고용되었다.

> 3인칭단수현재 **employ**s
> 현재분사 **employ**ing
> 과거·과거분사 **employ**ed

She is **employed as** an interpreter.
그녀는 통역사로 고용되었다.

➕ **employment** 고용, 직업

employee (em-**ploi**-ee) [implɔ́iː]

명사 ⓒ 고용인, 종업원, 직원
The security guard is an **employee** of the apartment complex.
경비원은 아파트 단지의 고용인이다.

복수형 **employee**s

employer (em-**ploi**-ur) [emplɔ́iər]

명사 ⓒ 고용주, 고용한 사람
An **employer** should treat its employees fairly.
고용주는 고용인들을 공평하게 대해야 한다.
Automobile companies are large **employers**.
자동차 회사들은 거대한 고용주다.

복수형 **employer**s

*empty (emp-tee) [émpti]

형용사 **1** (공간·장소 등이) 텅 빈, 아무도 없는 (↔full)
The rice bag is **empty**. We need to buy some more.
쌀 봉지가 비었어. 쌀을 좀 더 사야겠는데.
When he arrived, the classroom was **empty**.
그가 도착했을 때 교실은 텅 비어 있었다.

2 (약속 등이) 공허한, 무의미한
Politicians make **empty** promises to get elected.
정치가들은 당선되기 위해 공허한 공약을 내세운다.
Your words are **empty**. You never do what you say you are going to do.
네 말은 무의미해. 넌 하겠다고 한 것을 절대 안 하잖아.

3 (사람이나 삶이) 텅 빈, 공허한
My life seems **empty** without music.
음악이 없는 내 삶은 공허한 것 같다.

동사 **1** (내용물을) 비우다
A: Where did all those coins come from?
이 동전들은 모두 어디서 난 거니?
B: I **emptied out** my piggy bank.
내 돼지 저금통을 비웠어.

2 (공간 등이) 비다, 비워지다
The classroom **emptied** as soon as the bell rang.
종이 울리자마자 교실이 텅 비었다.

비교급 **empt**ier
최상급 **empt**iest

empty

full

3인칭단수현재 **empt**ies
현재분사 **empty**ing
과거·과거분사 **empt**ied

enable (en-**ay**-buhl) [enéibəl]

동사 ~을 할 수 있게 하다, ~을 가능하게 하다
Ben's wheelchair **enabled** him **to** attend school.
벤의 휠체어는 그가 학교에 다니는 것을 가능하게 했다.
This pass will **enable** you **to** go anywhere in the building.
이 출입증은 당신이 빌딩의 어느 곳이든 갈 수 있게 할 것입니다.

3인칭단수현재	enables
현재분사	enabling
과거·과거분사	enabled

encourage (en-**kur**-ij) [enkə́:ridʒ]

동사 1 격려하다, 용기를 내게 하다 (↔discourage)
My teacher **encouraged** me **to** become a painter.
우리 선생님은 내가 화가가 되도록 격려해 주셨다.

2 장려하다, 조장하다, 촉진하다 (=promote)
The sunshine **encourages** plant growth.
햇빛은 식물의 성장을 촉진한다.

3인칭단수현재	encourages
현재분사	encouraging
과거·과거분사	encouraged

➕ encouragement 격려

encyclopedia (en-*sye*-kloh-**pee**-dee-uh) [ensàikləpí:diə]

명사 ⓒ 백과사전
The **Encyclopedia** Britannica was first published in 1768.
브리태니커 백과사전은 1768년에 처음 발간되었다.
The **encyclopedia** contains half a million topics.
백과사전에는 50만 개의 주제가 들어 있다.

| 복수형 | encyclopedias |

*end (end) [end]

명사 1 ⓒ 끝, 결말, 마지막 (=finish; ↔beginning, start)
The hero died **at the end of** the movie.
주인공은 영화의 마지막에 죽었다.
I watched the movie **from beginning to end**.
나는 그 영화를 처음부터 끝까지 다 봤다.

2 ⓒ (장소·물건 등의) 끝 부분
Don't point the **end of** that knife at me.
칼끝을 내게 겨누지 마.
The **end of** my pencil needs sharpening.
내 연필은 끝을 깎아야 한다.

동사 끝내다, 끝나다 (=finish; ↔begin, start)
Lisa's volleyball team **ended** their season by winning the championship.
리사의 배구 팀은 우승을 차지하며 시즌을 끝냈다.
The road **ends** here. 이 길은 여기서 끝난다.

| 복수형 | ends |

➕ ending 결말, 종료
　 endless 끝없는, 무한한

end

3인칭단수현재	ends
현재분사	ending
과거·과거분사	ended

- **end up** 결국 ~하다
  Minsu fell, hit his head, and **ended up** in the hospital.
  민수는 넘어져서 머리를 부딪쳤고 **결국** 병원에 입원**했다**.
- **end with** ~로 끝나다
  We **ended** the dinner **with** fruit and coffee.
  우리는 과일과 커피로 저녁 식사를 **마쳤다**.

☐ come to an end 끝나다, 죽다
dead end 막다른 골목

enemy (en-uh-mee) [énəmi]

명사 1 ⓒ 적, 원수, 경쟁 상대
Spiders are a **natural enemy** of flies.
거미는 파리의 천적이다.
He **made** a lot of **enemies** during his life.
그는 일생 동안 많은 적을 만들었다.

2 ⓒ 《the enemy로도 쓰임》 적, 적군
The German army was the **enemy** in Europe during WWII.
독일군은 제2차 세계 대전 중 유럽에서 적군이었다.

복수형 enem**ies**

Spiders are a **natural enemy** of flies.

energy (en-ur-jee) [énərdʒi]

명사 1 ⓒⓤ 힘, 기운, 에너지
It **takes** a lot of **energy** to climb to the top of Mt. Everest.
에베레스트 산의 정상에 오르는 데는 많은 힘이 소모된다.
I didn't even **have the energy to** talk.
나는 심지어 말할 기운도 없었다.

2 ⓤ [물리학] 에너지
an **energy crisis** 에너지 위기
Nuclear energy can be used for good or evil.
핵에너지는 좋게 또는 나쁘게 사용될 수 있다.
We should develop **renewable energy**.
우리는 재생이 가능한 에너지를 개발해야 한다.
Energy from the sun can be used to heat homes.
태양 에너지는 가정용 난방에 사용될 수 있다.

복수형 energ**ies**

☐ energetic 활동적인
energetically 정력적으로, 활동적으로
atomic energy 원자력
solar energy 태양 에너지
wind energy 풍력 에너지

engine (en-jin) [éndʒən]

명사 ⓒ 엔진, 발동기
What size **engine** does your car have?
당신 자동차는 엔진 크기가 몇입니까?
It takes a powerful **engine** to power a train.
기차를 움직이려면 힘센 엔진이 필요하다.

복수형 engine**s**

engineer (*en*-juh-**neer**) [èndʒəníər]

명사 ⓒ 엔지니어, 기술자, 기사
A special **engineer** is required to build very tall buildings.
아주 높은 건물을 짓는 데는 특별한 기술자가 필요하다.
Steve is an **engineer** who has designed bridges and roads. 스티브는 다리와 도로를 디자인한 공학자다.

복수형	engineer**s**
➕ engineering 공학	

England (**ing**-gland) [íŋglənd]

국가명 잉글랜드, (때로는) 영국
The capital of **England** is London.
잉글랜드의 수도는 런던이다.

※ 영국의 정식 명칭
→ United Kingdom (p. 978)

> **Tip** 영국
> 영국(UK 또는 Britain)은 잉글랜드, 스코틀랜드, 웨일스, 북아일랜드로 이루어져 있어요. 그렇지만 넓은 의미에서 잉글랜드를 영국(UK 또는 Britain)이라고 부르기도 하지요.

English (**ing**-glish) [íŋgliʃ]

명사 1 Ⓤ 영어
English is my native language. 영어는 내 모국어다.

2 《복수로 취급함》 잉글랜드 사람들
The **English** like to talk about the weather.
잉글랜드 사람들은 날씨에 대해 이야기하기 좋아한다.

형용사 1 잉글랜드의, 잉글랜드 사람의
The **English** Channel separates England from northern France.
영국 해협은 잉글랜드와 북부 프랑스를 나눈다.
Is she **English**? 그녀는 잉글랜드 사람인가요?

2 영어의
English grammar 영문법

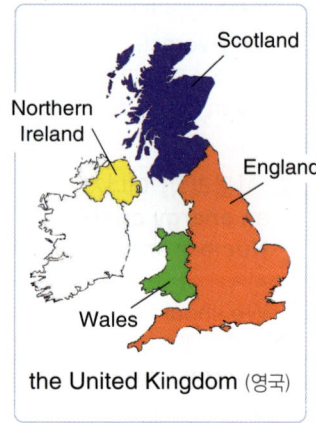

the United Kingdom (영국)

*enjoy (en-**joi**) [endʒɔ́i]

동사 1 즐기다, 누리다
Bob **enjoys** play**ing** softball.
밥은 소프트볼을 하는 것을 즐긴다.
We **enjoyed** stay**ing** here with you.
우리는 너와 여기 함께 있어서 즐거웠어.

3인칭단수현재	enjoy**s**
현재분사	enjoy**ing**
과거·과거분사	enjoy**ed**

2 (건강·재산 등을) 가지고 있다, 누리다
My grandfather **enjoyed** good health all his life.
우리 할아버지는 평생 동안 건강하셨다.

➕ **enjoyable** 즐거운

 enjoy 뒤에는 '-ing' 형태의 동사가 와야 하나요?

enjoy 다음에 동사가 올 경우 '-ing' 형태가 와야 해요. 이와 같은 형태로 사용되는 동사로는 finish (끝내다), avoid (피하다), quit (그만두다), stop (멈추다) 등이 있어요.
- I **enjoy** dancing. 나는 춤추기를 즐긴다.
  She **finished** writing a book. 그녀는 책을 쓰는 것을 끝냈다.

enormous (i-nor-muhs) [inɔ́ːrməs]

형용사 거대한, 막대한 (=huge)
Elephants are **enormous** creatures. So are whales.
코끼리는 거대한 생물체이다. 고래 또한 그렇다.
This lake contains an **enormous amount of** water.
이 호수는 엄청난 양의 물을 보유하고 있다.

비교급 more enormous
최상급 most enormous

*enough (i-nuhf) [inʌ́f]

형용사 충분한 (=sufficient)
Five dollars is **enough to** buy a pen.
5달러면 펜 한 자루를 사기에 충분하다.
Is there **enough** food **for** everyone?
모든 사람이 먹기에 음식이 충분한가요?

부사 충분히
He is not tall **enough to** touch the window.
그는 창문에 닿을 만큼 키가 충분히 크지 않다.
The room is big **enough for** my whole family to stay in. 그 방은 우리 온 가족이 머물 수 있을 만큼 충분히 크다.

대명사 ①충분, 충분한 양, 많음
Have you had **enough**? 충분히 먹었니?

The room is big **enough for** my whole family to stay in.

 문장 내에서 enough의 위치가 어떻게 되나요?

▶ enough는 수식하는 단어에 따라 위치가 달라져요. 형용사로서 명사를 수식하는 경우에는 단어의 앞에 오게 되지요.
- She has **enough** money. 그녀는 충분한 돈을 가지고 있다.

▶ 부사로서 형용사나 다른 부사를 수식하는 경우에는 단어의 뒤에 와요.
- She is old **enough** to stay alone. 그녀는 혼자 있어도 될 만큼 충분히 나이가 들었다.

enter (en-tur) [éntər]

동사 **1** (장소에) 들어가다, 들어오다
Sam **entered** the dark room carefully.
샘은 조심스럽게 어두운 방에 들어갔다.
We can't **enter** here. It's one-way only.
우린 여기 들어갈 수 없어. 일방통행이야.

2 (단체·직종에) 들어가다
She **enters** university in September this year.
그녀는 올해 9월에 대학에 들어간다.
He **entered politics** at 27.
그는 27살에 정치계에 입문했다.

3 (경기·대회 등에) 참가하다
Bora **entered** to run in the marathon.
보라는 마라톤에 참가했다.

4 [컴퓨터] 입력하다, 기입하다
His job was to **enter** the data into a computer.
그의 직업은 컴퓨터에 데이터를 입력하는 것이었다.

3인칭단수현재	enters
현재분사	entering
과거·과거분사	entered

Sam **entered** the dark room carefully.

entertain (en-tur-tayn) [èntərtéin]

동사 즐겁게 하다, 접대하다
Mary **entertained** our guests by playing the piano.
메리는 피아노 연주로 우리 손님들을 즐겁게 했다.
The movie will **entertain** you very much.
그 영화는 매우 재미있을 거야.
They **entertained** six guests at dinner last night.
그들은 어젯밤 손님 6명에게 저녁 식사를 대접했다.

3인칭단수현재	entertains
현재분사	entertaining
과거·과거분사	entertained

➕ **entertainer** 연예인, 예능인
entertainment 연예, 오락

entire (en-tire) [entáiər]

형용사 《명사 앞에만 쓰임》 전체의, 전부의, 모든 (= whole)
The flood covered the **entire** house.
홍수가 집 전체를 덮었다.
The **entire** audience stood up and applauded.
모든 청중은 일어나서 박수를 쳤다.

➕ **entirely** 전적으로, 완전히

entrance (en-truhns) [éntrəns]

명사 **1** ⓒ 입구, 현관 (↔ exit)
It's easier to use the **back entrance**.
뒷문을 이용하는 것이 더 편하다.
The **entrance to** the store was blocked by shoppers.
가게의 입구가 쇼핑객들로 막혔다.

복수형	entrances

2 ⓒ 《단수로 쓰임》 등장, 입장, 들어감
No **entrance**. 출입 금지

3 ⓒ 입장할 권리[기회], 입장권
My dad paid the **entrance fee** for my friends.
우리 아빠가 내 친구들의 입장료를 내 주셨다.
I was refused **entrance to** the exhibition.
난 그 전시회의 입장을 거부당했다.

4 ⓒ 입학, 취업
He took the **entrance exam** for the university yesterday.
그는 어제 대학 입학시험을 쳤다.

➕ **back entrance** 뒷문
entrance charge 입장료
entrance hall (건물 입구에 있는) 홀, 로비
front entrance 앞문
main entrance 정문
side entrance 옆문

envelope (en-**vel**-uhp) [énvəlòup]

명사 ⓒ (편지·서류) 봉투
This **envelope** needs a stamp before you can mail it. 이 봉투는 네가 부치기 전에 우표가 있어야 한다.
Mary wrote her cousin's address on the **envelope**.
메리는 봉투에 사촌의 주소를 적었다.

복수형 **envelope**s

envelope

 물건을 담는 봉투도 envelope이라고 하나요?

envelope은 편지나 서류를 넣는 봉투를 말하지요. 물건을 담는 종이 봉지나 비닐봉지는 envelope라고 하지 않고 paper bag(종이 봉지), plastic bag(비닐봉지)이라고 해요.

environment (en-**vye**-ruhn-muhnt) [inváiərənmənt]

명사 1 《단수로 쓰임》 자연환경
Pollution hurts **the environment**.
오염은 환경을 해친다.
The environment of the jungle can be dangerous for humans.
정글의 환경은 사람에게 위험할 수 있다.
We must protect **the environment**.
우리는 환경을 보호해야 한다.

2 ⓒⓤ (주변) 환경
Parents create a loving **environment** for their children.
부모는 자녀를 위해 애정이 깃든 환경을 만든다.
Teachers are trying to create a better learning **environment**.
교사들은 더 나은 학습 환경을 만들기 위해 노력하고 있다.

복수형 **environment**s

➕ **environmental** 환경의, 주위의
environmentalist 환경 운동가
environmentally friendly 친환경적인

We must protect **the environment**.

envy (en-vee) [énvi]

명사 ① 질투, 부러움, 시기, 샘
Admiration soon turns to **envy**.
감탄은 곧 질투로 변한다.

- **be the envy of** ~의 부러움을 사다, ~의 선망의 대상이다
Tina's gold bracelet **was the envy of** all the girls in her class.
티나의 금팔찌는 그녀의 반 모든 여학생들의 **부러움의 대상**이었다.

동사 부러워하다, 질투하다
Minsu **envied** Sora's skill at swimming.
민수는 소라의 수영 실력을 부러워했다.

+ **envious** 부러워하는
? **admiration** 감탄, 존경

3인칭단수현재 env**ies**
현재분사 envy**ing**
과거·과거분사 env**ied**

equal (ee-kwuhl) [í:kwəl]

형용사 1 (수·양 등이) 똑같은, ~에 상당하는
Three feet are **equal to** one yard.
3피트는 1야드와 같다.
Sally and Bora are of **equal** height.
샐리와 보라는 키가 같다.
We need **equal** number of apples and pears.
우리는 같은 수의 사과와 배가 필요하다.

2 평등한, 동등한
Women fought for **equal rights**.
여성들은 평등한 권리를 위해 싸웠다.
Everyone deserves **equal** treatment.
모든 사람은 평등한 대우를 받을 자격이 있다.
Everyone is **equal** in the eyes of the law.
모든 사람은 법 앞에서 평등하다.

동사 ~와 같다
Three and five **equals** eight.
3 더하기 5는 8이다.
Rain plus fog **equals** very slow driving.
비 더하기 안개는 매우 느린 운전과 같다.

+ **equality** 같음, 동등
  equally 똑같이, 동등하게

Sally and Bora are of **equal** height.

3인칭단수현재 equal**s**
현재분사 equal**ing**, equall**ing**
과거·과거분사 equal**ed**, equall**ed**

equivalent (i-kwiv-uh-luhnt) [ikwívələnt]

형용사 동등한, 같은
One meter is **equivalent to** 3.28 feet.
1미터는 3.28피트와 같다.

명사 ⓒ 동등한 것
One meter is the **equivalent of** 3.28 feet.
1미터는 3.28피트와 같다.

+ **equivalence** 동등함, 같음

복수형 equivalent**s**

erase (i-rase) [iréis]

동사 지우다, 삭제하다
The student **erased** the blackboard for the teacher.
학생들은 선생님을 위해 칠판을 지웠다.
Sam **erased** his mistakes.
샘은 틀린 곳을 지웠다.

3인칭단수현재	erases
현재분사	erasing
과거·과거분사	erased

*eraser (i-ray-sur) [iréisər]

명사 ⓒ 지우개
I have an **eraser** in my pencil case.
나는 필통에 지우개가 하나 있다.
A: Could I borrow your **eraser**, Peter? I made a mistake. 지우개 좀 빌려 줄래, 피터? 실수를 했어.
B: Sure, but give it right back. I need to use it, too.
물론이야, 하지만 바로 돌려줘. 나도 써야 되거든.
A: OK. Thanks. 알았어. 고마워.

복수형 erasers

⊕ rubber (영국영어) 지우개

eraser

error (er-ur) [érər]

명사 ⓒⓤ 실수, 잘못 (≒mistake)
I only made two spelling **errors** in my writing.
나는 작문에서 철자를 두 개밖에 안 틀렸다.
Cheating on the test was an **error in judgment**.
시험에서 부정행위를 한 것은 잘못된 생각이었다.

복수형 errors

❓ judgment 생각, 판단
⊕ trial and error 시행착오

escape (i-skape) [iskéip]

동사 1 탈출하다, 달아나다, 도망가다
Three prisoners **escaped from** jail.
죄수 3명이 감옥에서 탈출했다.
She **escaped to** California.
그녀는 캘리포니아로 도망쳤다.

2 피하다, 모면하다
We ran into the building to **escape** the rain.
우리는 비를 피하기 위해 건물로 뛰어 들어갔다.
He **narrowly escaped** being drowned.
그는 겨우 익사를 모면했다.

명사 ⓒ 도망, 탈출, 탈출구
Is there an **escape route** in case of a fire?
화재가 났을 때 탈출 경로가 있나요?
A vacation is an **escape from** everyday life.
휴가는 일상생활에서의 탈출이다.

3인칭단수현재	escapes
현재분사	escaping
과거·과거분사	escaped

※ 컴퓨터 자판의 ESC키는 escape key를 줄인 말이에요. 프로그램을 중단하고 전 메뉴로 돌아가게 하는 키지요.

복수형 escapes

⊕ fire escape 화재 대피로

especially (i-**spesh**-uh-lee) [ispéʃəli]

부사 특히, 특별히 (=particularly, in particular)
Ben is an **especially** good cook.
벤은 특히 솜씨 좋은 요리사이다.
She loves to cook everything, **especially** Chinese food.
그녀는 뭐든지 요리하는 것을 좋아하는데, 특히 중국 음식을 만드는 것을 좋아한다.
I bought these flowers **especially** for you.
특별히 널 위해 이 꽃들을 사 왔어.
That was an **especially** good essay.
그것은 특히 훌륭한 수필이었다.

➕ special 특별한, 특유의

※ especially는 문장 처음에는 쓰지 않아요.

Ben is an **especially** good cook.

essay (**es**-ay) [ései]

명사 1 ⓒ 수필, 에세이
John wrote an **essay about** travel in Korea.
존은 한국에서의 여행에 대한 에세이를 썼다.

2 ⓒ 작문, 글
Writing an **essay** is important for admission to the university. 작문은 대학 입학에 중요하다.

복수형 essays

➕ essayist 수필가

essential (i-**sen**-shuhl) [isénʃəl]

형용사 1 필수적인, 매우 중요한 (≒necessary)
It is essential that your eyes are checked every six months.
눈은 6개월마다 검사하는 것이 필수입니다.
Water is **essential for** life. 물은 생명에 필수적이다.

2 본질적인, 기본적인 (≒very basic, fundamental)
What is the **essential difference** between the two products?
두 제품의 본질적인 차이가 무엇인가요?

비교급 more essential
최상급 most essential

➕ essentially 본질적으로

establish (i-**stab**-lish) [istǽbliʃ]

동사 1 설립하다, 세우다 (=found)
The company was **established** in 1960.
그 회사는 1960년에 설립되었다.

2 확립하다, 맺다
We need to **establish relations with** similar groups in other countries.
우리는 다른 나라의 비슷한 단체들과 관계를 맺을 필요가 있다.

3인칭단수현재 establishes
현재분사 establishing
과거·과거분사 established

➕ establishment 설립; 기관

estimate (es-tuh-*mate* | es-tuh-mit) [éstəmèit | éstəmit]

동사 (es-tuh-*mate*) 추정하다, 어림잡다
The police **estimated** there were 200,000 people watching the parade.
경찰은 퍼레이드를 보러 온 사람이 20만 명이라고 추정했다.
The tree **is estimated to** be at least 700 years old.
그 나무는 적어도 700년은 된 것으로 추정된다.

명사 (es-tuh-mit) ⓒ 추정, 견적
We need more than two **estimates** to pick the cheapest.
가장 저렴한 것을 선택하기 위해 두 개 이상의 견적이 필요하다.
I'll give you a **rough estimate** of the costs.
비용이 얼마나 되는지 대략적인 견적을 드리겠습니다.

- *estimated time of arrival* 도착 예정 시간
Our **estimated time of arrival** is 10:15.
우리의 도착 예정 시간은 10시 15분이다.

3인칭단수현재	estimates
현재분사	estimated
과거·과거분사	estimating
복수형	estimates

※ 동사일 때와 명사일 때의 발음에 주의하세요.

Europe (yoor-uhp) [júərəp]

지명 유럽
Sweden is the fourth largest country in **Europe**.
스웨덴은 유럽에서 네 번째로 큰 나라다.

➕ **European** 유럽의, 유럽 인의, 유럽 인
euro 유로 (유럽의 화폐 단위)

even¹ (ee-vuhn) [íːvən]

부사 1 ~조차도, ~라도
Even a middle school student can answer this simple question.
이 간단한 문제는 중학생이라도 풀 수 있다.
She always wears socks — **even** in summer.
그녀는 항상, 심지어 여름에도 양말을 신는다.

2 《비교급을 강조함》 더욱, 한층 더
The weather was **even colder than** we expected.
날씨는 우리가 예상했던 것보다 더 추웠다.
Jinsu was fast, but his younger brother was **even faster**.
진수는 빨랐지만, 그의 남동생은 더 빨랐다.

- *even if*(*though*) 비록 ~일지라도
Even if I don't see you again, you will always be with me.
비록 내가 너를 다시 못 보더라도 너는 항상 나와 함께 있을 것이다.

Jinsu was fast, but his younger brother was **even faster**.

- **even when** ~할 때조차
  She never cries, **even when** she is sad.
  그녀는 슬플 **때조차** 결코 울지 않는다.

☑ **even though**
= though, although

 even though, though, although의 차이를 모르겠어요.

셋 다 '(비록) ~일 지라도'라고 해석되지만, even though가 좀 더 강한 표현이에요.

Even though I was really hungry, I couldn't eat.
정말 배가 고팠지만 나는 먹을 수가 없었다.
Though (she is) thin, she is healthy.
말랐지만 그녀는 건강하다.
Although it rained, we enjoyed our picnic.
비가 내렸지만 우리는 소풍을 즐겼다.

Though (she is) thin, she is healthy.

even² (ee-vuhn) [íːvən]

형용사 **1** 평평한, 평탄한 (↔uneven)
It helps to have an **even surface** to draw on.
그건 그림을 그릴 평평한 바닥을 갖추는 데 도움이 된다.
Going up the slope, we came to **even** ground.
비탈을 다 오르자 우리는 평탄한 땅에 이르렀다.

2 규칙적인, 단조로운, 고른 (↔uneven)
Try to maintain an **even** speed.
일정한 속도를 유지하라.
The tall man spoke in an **even** tone of voice.
키 큰 남자가 억양이 없는 말투로 말했다.

3 짝수의 (↔odd)
Eight is an **even number**.
8은 짝수이다.

동사 균등하게 하다, 평평하게 하다
even (out) the ground 땅을 평평하게 고르다
Bob hit a home run to **even** the score at 3-3.
밥은 홈런을 쳐서 3-3 동점을 만들었다.

비교급 more even
최상급 most even

➕ **evenly** 평평하게; 균등하게

※ '짝수의'라는 의미로 쓸 때는 비교급, 최상급을 쓰지 않아요.

➕ odd number 홀수

3인칭단수현재 even**s**
현재분사 even**ing**
과거·과거분사 even**ed**

*evening (eev-ning) [íːvniŋ]

명사 ⓒⓤ 저녁
Good evening. 안녕하세요. (저녁 인사)
Do you have any special plans for **this evening**?
오늘 저녁 특별한 계획 있어요?
I always do my homework **in the evening**.
나는 항상 저녁에 숙제를 한다.

복수형 evening**s**

➕ evening star 금성, 태백성

'오늘 저녁'은 today's evening이라고 하면 되나요?

'오늘 저녁'이라고 할 때에는 today's evening이라고 하지 않고, this evening이라고 해요. 마찬가지로 '오늘 아침'과 '오늘 오후'는 각각 this morning, this afternoon이라고 해야 하지요.

event (i-vent) [ivént]

명사 1 ⓒ 사건
Could you please tell us about the **events** on the night of the murder?
살인이 일어난 날 밤의 사건에 대해 우리에게 이야기해 줄 수 있습니까?

2 ⓒ 행사, 이벤트
Tim's school is having a special **event** to raise money for a new gym.
팀의 학교는 새로운 체육관을 위한 기금 모금을 위해 특별한 행사를 하고 있다.

3 ⓒ [스포츠] 게임, 종목
Taehwan Park won medals in two **events** during the 2012 Olympics.
박태환은 2008년 올림픽에서 2개 종목에서 메달을 땄다.

복수형 event**s**

➕ **eventful** 사건이 많은, 다사다난한
eventless 평온한, 사건이 없는

❓ **murder** 살인

➕ **chain of events** 일련의 사건, 사건의 연속
course of events 사건의 진행
series of events 일련의 사건, 사건의 연속

eventually (i-ven-choo-uh-lee) [ivéntʃuəli]

부사 결국, 마침내 (=finally)
After looking everywhere, he **eventually** found his keys in his backpack.
모든 곳을 찾아본 후, 그는 마침내 배낭 속에서 열쇠를 찾았다.
They had to walk two hours, but they **eventually** got there.
그들은 두 시간을 걸어야 했지만, 마침내 그곳에 도착했다.

➕ **eventual** 최종적인

They **eventually** got there.

ever (ev-ur) [évər]

부사 1 《의문문에서》 일찍이, 이제까지, 언젠가
Have you **ever** gone snowboarding?
스노보드를 타 본 적이 있나요?
Will I **ever** see you again?
내가 너를 언젠가 다시 보게 될까?

2 《부정문에서》 이제까지 (한 번도 ~ 않다), 결코 (~ 않다)
I don't remember **ever** seeing her there.
나는 거기서 그녀를 만난 기억이 없다.

➕ **have you ever ~?** ~해 본 적이 있나요? (경험을 물음)

every

Nobody **ever** comes to this part of the country.
이 지방에는 아무도 오는 사람이 없다.

3 《비교급·최상급 뒤에서》 이제까지, 지금까지, 일찍이
It is raining **harder than ever**.
일찍이 없었던 큰 호우다.
It was the most delicious cake I **ever** had.
그것은 지금까지 내가 먹어 본 케이크 중에서 제일 맛있었다.

4 《긍정문에서》 언제나, 항상
I'm **ever** grateful for your kindness.
친절에 항상 감사드립니다.

5 《if절에서》 언젠가
If you're **ever** in Seoul, please let me know.
언젠가 서울에 오게 되면 내게 알려 줘.

● ***ever since*** 이후로 줄곧
He has been unhappy **ever since** he met Julie.
그는 줄리를 만난 **이후로 줄곧** 불행했다.
Ever since the accident, she is more careful.
사고 **이후로** 그녀는 더 조심스러워졌다.

It is raining **harder than ever**.

☑ I'm ever grateful for your kindness.
= I'm always grateful for your kindness.

---

* **every** (ev-ree) [évri:]

형용사 **1** 모든, 모두의
Every seat in the theater was taken.
극장의 모든 좌석은 다 찼다.
They listened to his **every** word.
그들은 그의 말 하나하나에 귀를 기울였다.
He looked closely at **every last** photo in the album.
그는 앨범에 있는 사진을 마지막 한 장까지 주의 깊게 보았다.

2 ~마다, 매~
It seems to rain **every weekend**.
주말마다 비가 내리는 것 같다.
He drinks water **every 20 minutes**.
그는 20분마다 물을 마신다.
She does grocery shopping **every few days**.
그녀는 며칠에 한 번씩 장을 보러 간다.

● ***every now and then***(*again*) 때로는, 때때로
Every now and then I visit my cousin.
나는 **때때로** 내 사촌을 방문한다.

● ***every other day*** 이틀에 한 번
I eat pizza **every other day**.
나는 **이틀에 한 번**은 피자를 먹는다.

● ***every time*** ~할 때마다
Lisa was out **every time** I phoned.
내가 전화를 **걸 때마다**, 그녀는 집에 없었다.

※ every와 each의 차이
→ each (p. 275)

☑ He looked closely at every last photo in the album.
= He looked closely at every photo in the album.

※ every는 '모든, 모두의'라는 뜻으로 쓰이지만 every 뒤에는 단수 명사가 오고 단수 동사를 써요.
all도 '모든, 모두의'라는 뜻으로 쓰이지만 all 뒤에는 복수 명사가 오고 복수 동사를 써요.

every와 all은 의미가 비슷한가요?

둘 다 '모두'라는 뜻이 있지만 every는 그 속에 포함된 하나하나를 강조하는 의미가 들어 있어요. 그래서 all은 주로 복수로 취급하지만 every는 단수 취급을 하지요.
예) **Every student** in this classroom **has** to memorize the poem.
이 교실에 있는 모든 학생들은 그 시를 외워야 한다.
All the students have to memorize the poem.
모든 학생들은 그 시를 외워야 한다.

everybody (ev-ree-*bah*-dee) [évribàdi]

대명사 모든 사람, 모두 (=everyone)
Everybody please be careful when you get into the boat.
모두 보트에 오를 때 조심해 주세요.
A: Can I start now? 제가 지금 시작해도 되나요?
B: Not yet. Not **everybody** is here.
   아직요. 사람들이 다 오지 않았어요.

※ everybody는 단수 취급을 해서 동사는 단수 동사를 써요.

everyday (ev-ree-*day*) [évridèi]

형용사 《명사 앞에만 쓰임》 일상의, 매일의, 평범한
everyday people 보통 사람들
Traffic jams are an **everyday** problem in Seoul.
서울에서 교통 체증은 일상적인 문제다.
Exercise is part of my **everyday** life.
운동은 나의 일상생활의 한 부분이다.

- *every day* 매일 (=daily)
I take a shower **every day**. 나는 매일 샤워를 한다.

☑ everyday people
 = ordinary people

※ everyday는 형용사, every day는 부사임에 주의하세요.

*everyone (ev-ree-*wuhn*) [évriwʌ̀n]

대명사 모든 사람, 누구나 (=everybody)
Can I have your attention **everyone**? I have an important announcement to make.
모두들 저를 주목해 주시겠어요? 중요한 발표가 있습니다.
Everyone I know likes hamburgers better than pizza.
내가 아는 모든 사람은 피자보다 햄버거를 더 좋아한다.
Everyone else likes him.
다른 사람들은 모두 그를 좋아한다.

- *every one* 어느 것이나 모두, 누구 할 것 없이
Every one of the apples has gone bad.
사과가 다 썩었다.

※ everyone은 단수 취급을 해서 동사는 단수 동사를 써요.

Every one of the apples has gone bad.
= Each one of the apples has gone bad.

everything (ev-ree-thing) [évriθiŋ]

대명사 **1** 모든 것, 모두
Everything King Midas touched turned to gold.
마이더스 왕이 만지는 모든 것은 금으로 변했다.
Everything in the store is on sale.
가게 안의 모든 것은 세일 중이다.
She forgot about **everything** else when she was watching TV.
그녀는 TV를 시청할 때면 다른 모든 것을 다 잊어버렸다.

2 전부, 가장 중요한 것
Football is **everything** to Jack.
미식축구는 잭의 전부이다.

※ everything은 단수 취급을 해서 동사는 단수 동사를 써요.

☑ She forgot about everything else when she was watching TV.
= She forgot about all other things when she was watching TV.

everywhere (ev-ree-wair) [évrihwɛ̀ər]

부사 어디에나, 도처에
Coffee shops seem to be **everywhere**.
도처에 커피숍이 있는 것 같다.
Everywhere we went was full of people.
우리가 가는 곳마다 사람들로 가득 차 있었다.

※ every(모든) + where(어디에, 곳) → everywhere(모든 곳, 어디에나)

evidence (ev-i-duhns) [évidəns]

명사 Ⓤ 증거 (≒ proof)
The **evidence** supports Tom's argument.
증거는 톰의 주장을 뒷받침한다.
CSI uses **evidence** to find out who committed a crime.
CSI는 누가 범죄를 저질렀는지 알아내기 위해 증거를 사용한다.

➕ evident 분명한, 명백한

❓ CSI (Crime Scene Investigation) 범죄 현장 수사대

evil (ee-vuhl) [íːvəl]

형용사 사악한, 흉악한
Who knows what **evil** hides in the hearts of men?
인간의 마음에 어떤 사악함이 숨어 있을지 누가 알까?
A: I think my dog is **evil**. 우리 개는 아주 못됐어.
B: Why do you think that? 왜 그렇게 생각하는데?
A: Because she chewed up my favorite jeans.
내가 제일 좋아하는 청바지를 다 물어뜯어 놓았어.

명사 **1** Ⓤ 악 (↔ good)
good and **evil** 선과 악

2 Ⓒ 해악
a necessary **evil** 어쩔 수 없는 폐해, 필요악

비교급 **evil**er, more **evil**
최상급 **evil**est, most **evil**

good and **evil**

복수형 **evil**s

exact (ig-zakt) [igzǽkt]

형용사 정확한 (=accurate)
You need **exact** change to ride the bus in New York City.
뉴욕에서 버스를 타려면 정확한 잔돈이 필요하다.
I can tell you the **exact location** of the accident.
난 그 사고가 난 정확한 장소를 네게 말해 줄 수 있어.

- *to be exact* 엄밀히 말하면, 정확히 말하면
  They had many children—five, **to be exact**.
  그들은 많은 자식을 두었다. 정확히 말하면 다섯 명이었다.

| 비교급 | more exact |
| 최상급 | most exact |

➕ **exactness** 정확성, 정밀성

exactly (ig-zakt-lee) [igzǽktli]

부사 1 정확히, 틀림없이
The meeting will start at **exactly** 10:20.
회의는 정확히 10시 20분에 시작할 것이다.
I can't remember **exactly** where it is.
나는 그게 정확히 어디에 있는지 기억하지 못한다.

2 《강조함》 바로, 꼭
Sally looks **exactly** like her mother.
샐리는 그녀의 엄마와 꼭 닮았다.

3 《더 정확한 정보를 요구함》 정확히
What **exactly** do you mean?
네가 하려는 말이 정확히 뭐야?

4 《맞장구치며》 틀림없다, 맞다
A: So it will only cost 8,000 won?
그래서 그게 8천원밖에 안 할 거라고?
B: **Exactly**. 맞아.

- *not exactly* 꼭 그런 것은 아니다
  A: Have you finished cleaning the bathroom yet?
  욕실 청소 벌써 끝냈어?
  B: **Not exactly**. 그렇진 않아.
  A: Have you even started? 시작은 했어?
  B: **Not exactly**. 그렇진 않아.

| 비교급 | more exactly |
| 최상급 | most exactly |

☑ The meeting will start at exactly 10:20.
= The meeting will start at 10:20 sharp.

Sally looks **exactly** like her mother.

☑ A: So it will only cost 8,000 won?
B: Exactly.
= That's exactly right.

exaggerate (ig-zaj-uh-rate) [igzǽdʒərèit]

동사 과장하다
Tom **exaggerated** how sick he was.
톰은 자신이 얼마나 아팠는지를 과장했다.
Susan **exaggerated** the size of the fish she caught.
수잔은 자신이 잡은 물고기의 크기를 과장했다.

3인칭단수현재	exaggerates
현재분사	exaggerating
과거·과거분사	exaggerated

➕ **exaggeration** 과장

exam (ig-**zam**) [igzǽm]

명사 **1** ⓒ 시험 (=examination)
I **passed the** driver's **exam** on my first try.
나는 운전면허 시험을 한 번에 통과했다.
I have to **take a chemistry exam** tomorrow.
나는 내일 화학 시험을 봐야 한다.

2 ⓒ (의학적) 검사
A: I heard you went to the doctor yesterday.
너 어제 병원에 갔었다며.
B: Yes, but I'm not sick. I just went for a routine **exam**.
응, 하지만 아픈 건 아니야. 그냥 정기 검진을 받으러 갔었어.

복수형 exam**s**

➕ 중간고사 midterm exams, midterms
기말고사 final exams, finals

❓ routine 규칙적으로 하는 (일)

examination (ig-**zam**-uh-**nay**-shuhn) [igzæ̀mənéiʃən]

명사 **1** ⓒ 시험 (=exam)
an entrance **examination** 입학시험
When are you taking the final **examination**?
기말시험은 언제 봐?
The **examination results** will be announced within three days.
시험 결과는 3일 안에 발표될 것이다.

2 ⓒⓤ 조사, 검사
Further **examination** will be necessary to understand the murder.
그 살인 사건을 풀려면 추가 조사가 필요할 것이다.

3 ⓒ (의학적) 검사
I am scheduled to have a medical **examination** next week.
나는 다음 주에 건강 검진을 받을 계획이 잡혀 있다.

복수형 examination**s**

examination

examine (ig-**zam**-in) [igzǽmin]

동사 **1** 검사하다, 조사하다
Jim used a microscope to **examine** the drop of water.
짐은 물방울을 검사하기 위해 현미경을 사용했다.
He **examined** the crime scene **for** clues.
그는 단서를 찾기 위해 범죄 현장을 조사했다.

2 진찰하다
Sora is going to the doctor to have her foot **examined**.
소라는 발을 진찰받기 위해 병원에 갈 예정이다.

3인칭단수현재 examine**s**
현재분사 examin**ing**
과거·과거분사 examin**ed**

➕ examiner 심사 위원, 시험관; 조사관

❓ crime scene 범죄 현장

*example (ig-**zam**-puhl) [igzǽmpəl]

명사 1 ⓒ 예, 보기
An apple is an **example of** a fruit.
사과는 과일의 예이다.
Look at **example** A on page three.
3쪽의 보기 A를 보세요.
A: Sam, can you give me an **example** of a mammal?
샘, 포유류 중 하나를 예로 들 수 있겠니?
B: A cow. 소요.
A: That's correct. 맞았어.

2 ⓒ 표본, 모범, 본보기
Tiger Woods is the **example** I think of when I play golf.
타이거 우즈는 내가 골프를 칠 때 생각하는 표본이다.
Parents should **set an example** for their children.
부모들은 아이들에게 모범을 보여야 한다.

- *for example* 예를 들어
I like many kinds of fruits. **For example**, bananas and mangos are my favorite fruits.
나는 여러 종류의 과일을 좋아한다. 예를 들어, 바나나와 망고는 내가 가장 좋아하는 과일이다.

| 복수형 | example**s** |

❓ mammal 포유류

Sam, can you give me an **example** of a mammal?

*excellent (ek-suh-luhnt) [éksələnt]

형용사 뛰어난, 훌륭한, 우수한 (= great, wonderful)
His performance at the piano concert was **excellent**.
피아노 연주회에서 그의 연주는 뛰어났다.
Tony did an **excellent** job on his speech.
토니는 연설을 아주 훌륭하게 해냈다.

| 비교급 | more excellent |
| 최상급 | most excellent |

➕ excellence 뛰어남, 우수

except (ik-**sept**) [iksépt]

전치사 ~을 제외하고, ~ 외에는 (= apart from)
Everyone enjoyed the movie **except** Judy.
주디를 제외한 모든 사람들은 영화를 즐겼다.
I couldn't have done it **except for** Bill's help.
빌의 도움이 없었다면 난 그것을 해내지 못했을 것이다.

접속사 ~을 제외하고
The school facility is very good **except** (**that**) it has no cafeteria.
구내식당이 없다는 점만 빼면 학교 시설은 매우 좋다.

✅ Everyone enjoyed the movie except Judy.
= Everyone enjoyed the movie but Judy.

exception (ik-sep-shuhn) [iksépʃən]

명사 ⓒ 예외, 제외
There's no **exception to the rule**.
규칙에 예외란 없다.
There will be **no exceptions** made.
예외는 있을 수 없을 것이다.

복수형	exceptions
➕	exceptional 예외적인

exchange (eks-chaynj) [ikstʃéindʒ]

명사 1 ⓒⓤ 교환, 주고받기
an **exchange of** information 정보의 교환
Tom gave Lisa an apple **in exchange for** a piece of cake.
톰은 케이크 한 조각을 받고 리사에게 사과 한 알을 주었다.

2 ⓒ 교환 방문, 교환 근무
I am going to the U.S. next month as an **exchange student**.
나는 다음 달에 교환 학생으로 미국에 갈 것이다.

동사 1 서로 바꾸다, 주고받다
My family **exchanges** presents on Christmas Eve.
우리 가족은 크리스마스이브에 선물을 주고받는다.
We **exchanged** phone numbers.
우리는 전화번호를 교환했다.
We **exchanged** greetings.
우리는 인사를 주고받았다.

2 교환하다, 바꾸다
I'd like to **exchange** this blue blouse **for** a purple one.
전 이 파란색 블라우스를 보라색으로 교환하고 싶어요.

3 환전하다
I **exchanged** some money **for** euros.
나는 약간의 돈을 유로로 환전했다.

복수형	exchanges
➕	exchangeable 교환할 수 있는
	exchange rate 환율
	exchange student 교환 학생
3인칭단수현재	exchanges
현재분사	exchanging
과거·과거분사	exchanged

We **exchanged** greetings.

excite (ik-site) [iksáit]

동사 흥분시키다, 자극시키다, 들뜨게 하다
The music **excited** the audience.
음악이 관중들을 흥분시켰다.
The first snow of the year always **excites** little children.
매년 첫 눈은 항상 어린아이들을 들뜨게 한다.
His strange behavior **excited** suspicion.
그의 이상한 태도가 의심을 불러일으켰다.

3인칭단수현재	excites
현재분사	exciting
과거·과거분사	excited
➕	excitement 흥분, 신나는 일

excited (ik-**sye**-tid) [iksáitid]

형용사 (사람이) 흥분한, 들뜬, 신난
Everyone **got excited** when Sam scored the winning goal.
샘이 결승 골을 넣었을 때 모든 사람들이 흥분했다.
I'm really **excited about** my new car.
난 내 새 차 때문에 정말 신난다.

비교급	more excited
최상급	most excited

*exciting (ik-**sye**-ting) [iksáitiŋ]

형용사 흥미진진한, 재미있는, 신나는
The movie was very **exciting**.
영화는 매우 흥미진진했다.
The roller coaster at Everland is **exciting** to ride.
에버랜드의 롤러코스터는 타면 신난다.

비교급	more exciting
최상급	most exciting

 exciting과 excited를 언제 사용하는지 잘 모르겠어요.

exciting은 어떤 일이나 물건 등이 흥미진진한 경우에 쓰며, excited는 사람이 흥분하거나 들뜬 경우에 써요.
예 The new movie is **exciting**. 그 새로운 영화는 흥미진진하다.
He is **excited** about his piano concert. 그는 피아노 콘서트 때문에 흥분되어 있다.

exclude (ik-**sklood**) [iksklú:d]

동사 1 제외하다 (↔include)
His name was **excluded from** the list.
그의 이름은 명단에서 제외되었다.
The doctor ordered me to **exclude** candy **from** my diet.
의사는 나에게 먹는 것 중에서 사탕을 빼라고 했다.

2 (가입·출입 등을) 못 하게 하다
The club **excluded** first-year students.
그 클럽은 1학년 학생들은 못 들어오게 했다.
Tom was **excluded from** playing because he was too old.
톰은 나이가 너무 많아서 놀이에서 제외되었다.

3인칭단수현재	exclude**s**
현재분사	exclud**ing**
과거·과거분사	exclud**ed**

➕ excluding ~을 제외하고
exclusion 제외

exclude

*excuse (ik-**skyoos** | ik-**skyooz**) [ikskjú:s | ikskjú:z]

명사 (ik-**skyoos**) ⓒ 변명, 핑계, 이유
A: What's your **excuse** this time, Ben?

복수형	excuse**s**

이번 변명은 무엇이니, 벤?
B: I don't have my homework because my dog ate it. 강아지가 숙제를 먹어 버려서 숙제가 없어요.
A: You used that **excuse** last time. Can't you think of a new one?
지난번에 그 변명은 사용했단다. 새로운 것을 생각할 수는 없겠니?
There's no excuse for such behavior.
그런 행동에는 변명의 여지가 없다.

동사 (ik-**skyooz**) **1** 용서하다
A: Oops, **excuse** me **for** stepping on your foot.
이런, 당신의 발을 밟은 것을 용서하세요.
B: That's ok. It was an accident.
괜찮아요. 어쩌다 그런 건데요.
I'll **excuse** you this time, but don't do it again.
이번에는 용서할게. 하지만 다시는 그러지 마.
Please **excuse** my carelessness.
제 부주의함을 용서해 주세요.

2 면제해 주다
She was **excused from** work to take her son to the hospital.
그녀는 아들을 병원에 데려가는 것 때문에 출근하지 않아도 됐다.

3 변명하다
Nothing can **excuse** your violence.
어떤 것도 너의 폭력을 변명해 주지 못한다.

● *excuse me* **1** 실례합니다
Excuse me. Where is the bathroom?
실례합니다. 화장실이 어디인가요?
Excuse me. Could you pass me the salt?
실례합니다. 소금 좀 주시겠어요?
2 (상대방의 말을 못 알아들었을 때) 뭐라고 하셨죠?
A: Do you have the time? 지금 몇 시인가요?
B: **Excuse me?** 뭐라고 하셨어요?
A: I asked what time it is now.
지금 몇 시인지 물었어요.

✚ **excusable** 용납이 되는

※ excuse가 동사일 때와 명사일 때의 발음에 주의하세요.

3인칭단수현재 **excuse**s
현재분사 **excus**ing
과거·과거분사 **excuse**d

I'll **excuse** you this time, but don't do it again.

☑ Please excuse my carelessness.
= Please pardon my carelessness.

※ '뭐라고 하셨죠?'라는 뜻으로 말할 때는 Excuse me?의 끝을 올려서 말해요.

 Excuse me와 **I am sorry**는 같은 의미인가요?

둘 다 상대방의 이해나 용서를 구할 때 쓸 수 있는 말이지만 Excuse me.는 주로 실례를 하기 전에 사용하고, I am sorry.는 모르고 실례를 한 뒤에 사과의 의미로 사용해요. 그래서 길을 좀 비켜 달라고 할 때에는 Excuse me., 남의 발을 밟았을 때에는 I am sorry.를 사용하는 것이 좋아요.

exercise (ek-sur-*size*) [éksərsàiz]

명사 1 ⓤ 운동
Bill **gets** his **exercise** by playing volleyball.
빌은 운동으로 배구를 한다.
You should **take** more **exercise**.
너는 운동을 더 해야 한다.

2 ⓒ 연습, 훈련, 연습 문제
My piano teacher gave me a new set of **exercises** to practice.
우리 피아노 선생님께서 내게 새로운 연습 과제를 주셨다.

동사 운동하다 (= work out)
Ken **exercises** at the health club.
켄은 헬스클럽에서 운동한다.
Lisa **exercises** in the morning before she goes to work. 리사는 아침에 일하러 가기 전에 운동을 한다.

복수형	exercises
3인칭단수현재	exercises
현재분사	exercising
과거·과거분사	exercised

exhausted (ig-**zawst**-id) [igzɔ́:stid]

형용사 1 지친
Running the marathon **exhausted** us.
마라톤을 해서 우리는 지쳤다.

2 다 써 버린, 소모된, 고갈된
We've **exhausted** all the copy paper. We'll have to get more.
우리 복사용지를 다 썼어. 좀 더 사야겠는데.

➕ **exhaust** 지치게 하다
exhausting 지치게 하는
exhaustion 피곤

exhibit (ig-**zib**-it) [igzíbit]

동사 전시하다, 진열하다 (≒ display, show)
Paul is a great painter. He even had his paintings **exhibited**.
폴은 훌륭한 화가다. 그는 그림을 전시하기도 했었다.
The photographs are **exhibited** in the art gallery.
사진들은 화랑에서 전시 중이다.

명사 1 ⓒ 전시, 전시회 (= exhibition)
Bob and Anne attended the art **exhibit** at the museum.
밥과 앤은 박물관의 미술 작품 전시회에 참가했다.

2 ⓒ 전시품, 진열품
The National Museum of Korea has an enormous number of **exhibits**.
국립 중앙 박물관에는 엄청난 수의 전시품이 있다.

3인칭단수현재	exhibits
현재분사	exhibiting
과거·과거분사	exhibited

복수형	exhibits

➕ **exhibition** 전시회, 전람회

exist (ig-zist) [igzíst]

동사 **1** 존재하다, 실재하다, 있다 (=be)
Dinosaurs no longer **exist**.
공룡은 더 이상 존재하지 않는다.
Does life **exist** in outer space?
우주에 생명체가 존재하는가?

2 생존하다, 살아가다
The lost hikers **existed on** insects and water.
길을 잃은 도보 여행자들은 곤충과 물에 의존하여 생존했다.
Squirrels **exist** mainly **on** nuts and acorns.
다람쥐는 주로 땅콩과 도토리로 살아간다.

3인칭단수현재	exists
현재분사	existing
과거·과거분사	existed

➕ existence 존재
existing 현존하는, 현재의

exit (eg-zit, ek-sit) [égzit, éksit]

명사 ⓒ 출구 (↔entrance)
The **exit** is right over there. See the **exit** sign?
출구는 바로 저기야. 출구 표시가 보이니?
You are not supposed to go through that **exit** door. It's for emergencies only.
저 출구로 다니면 안 돼. 그건 비상시에만 사용해야 해.

| 복수형 | exits |

expand (ik-spand) [ikspǽnd]

동사 **1** 팽창하다, 팽창시키다
Heat **expands** metal. 열은 금속을 팽창시킨다.
The city's population **expanded** by 10 percent for the last 3 years.
지난 3년간 그 도시의 인구가 10퍼센트 증가했다.

2 사업이 확장되다, 사업을 확장시키다
The company **expanded** its business into Europe.
그 회사는 유럽으로 사업을 확장시켰다.

3인칭단수현재	expands
현재분사	expanding
과거·과거분사	expanded

➕ expansion 확장, 팽창, 확대

expect (ik-spekt) [ikspékt]

동사 **1** 예상하다 (≒anticipate)
It's **expected to** snow this week.
이번 주에는 눈이 올 것으로 예상된다.
We didn't **expect** his warm reception.
우리는 그의 따뜻한 환대를 예상하지 않았다.
The train isn't **expected to** arrive until 4:00.
기차는 4시까지 도착하지 않을 것으로 예상된다.

2 (어떤 일을 하기를) 기대하다, 요구하다
I **expect** you **to** help with my homework.

3인칭단수현재	expects
현재분사	expecting
과거·과거분사	expected

➕ expectation 예상, 기대
unexpected 예상치 않은

나는 네가 내 숙제를 도와주리라 기대한다.
Don't **expect** much of me.
나에게 너무 많은 것을 바라지 말아 주세요.

3 《보통 진행형으로 쓰임》 기다리다
We're **expecting** company for dinner.
우리는 저녁을 먹으려고 일행을 기다리고 있다.

> ※ She is expecting.이라고 하면 '그녀는 곧 아기를 낳을 것이다.'라는 의미가 된답니다.

*expensive (ik-**spen**-siv) [ikspénsiv]

형용사 비싼, 비용이 드는 (↔cheap, inexpensive)
A: These shoes are really **expensive**.
이 신발은 정말 비싸.
B: How much do they cost? 얼만데?
A: $450. 450달러.
B: They are **expensive**. 진짜 비싸네.

비교급 **more** expensive
최상급 **most** expensive

➕ **expense** 지출, 비용

 The price is expensive(가격이 비싸다).가 왜 틀린 표현인가요?

expensive에는 '가격이 비싸다'라는 뜻으로 단어 자체에 '가격이'라는 말이 포함되어 있어요. 따라서 The price is expensive.는 잘못된 표현입니다. It's expensive.라고 하거나 The price is high.라고 말해야 하지요.

experience (ik-**speer**-ee-uhns) [ikspíəriəns]

명사 1 ⓤ 경험
Mike **has** twenty years of **experience** as a doctor.
마이크는 의사로서 20년의 경험이 있다.
Experience teaches. 사람은 경험을 통해서 영리해진다.

2 ⓒ 체험한 일, 경험한 일
Jane **had** a great **experience** in London.
제인은 런던에서 굉장한 경험을 했다.

동사 경험하다, 겪다
She **experienced** great pain after the accident.
그녀는 사고 후 극심한 고통을 겪었다.
Minsu **experienced** snowboarding for the first time this winter.
민수는 이번 겨울에 처음으로 스노보드를 탔다.

복수형 **experiences**

Experience teaches.

3인칭단수현재 **experiences**
현재분사 **experiencing**
과거·과거분사 **experienced**

➕ **experienced** 노련한

experiment (ik-**sper**-uh-ment) [ikspérəmənt]

명사 ⓒ 실험
We **carried out** a science **experiment**.

복수형 **experiments**

우리는 과학 실험을 했다.
A: What happened in school today?
오늘 학교에서 무슨 일이 있었니?
B: Sam's chemistry **experiment** exploded!
샘의 화학 실험이 폭발했어요!

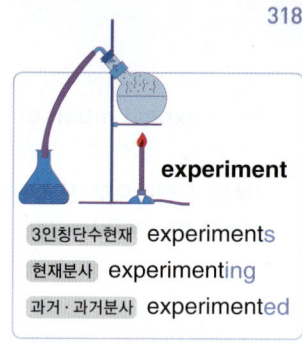
experiment

동사 실험을 하다
experiment on (with) mice
(약 등의 효과를 알기 위해) 쥐에게 실험하다

3인칭단수현재	experiments
현재분사	experimenting
과거·과거분사	experimented

expert (ek-spurt) [ékspə:rt]

명사 ⓒ 전문가, 숙달자, 달인 (↔amateur, beginner)
I think you need an **expert** to fix your computer.
내 생각에 네 컴퓨터를 고치려면 전문가가 필요할 것 같아.
Sora is an **expert in** insects.
소라는 곤충 분야의 전문가이다.
Mark is an **expert** archer. 마크는 활의 명수다.

| 복수형 | experts |

➕ expertise 전문 지식

expire (ik-spire) [ikspáiər]

동사 끝나다, 만기가 되다, 종료되다
My health club membership **expires** next week.
내 헬스클럽 멤버십은 다음 주에 만기가 된다.
It **expires (on)** May 1. 그것은 5월 1일에 종료된다.

3인칭단수현재	expires
현재분사	expiring
과거·과거분사	expired

explain (ik-splayn) [ikspléin]

동사 설명하다, 해명하다 (=account)
Bill **explained** his science experiment **to** the class.
빌은 학급에 그의 과학 실험에 대해 설명했다.
Lisa **explained why** she was late for school.
리사는 그녀가 왜 학교에 지각했는지 해명했다.

3인칭단수현재	explains
현재분사	explaining
과거·과거분사	explained

➕ explanation 설명

explode (ik-splode) [iksplóud]

동사 1 폭발하다, 터지다, 폭발시키다, 터뜨리다
The fireworks **exploded** in the sky.
폭죽이 하늘에서 터졌다.
The first bomb **exploded** at 8 a.m.
첫 번째 폭탄은 오전 8시에 폭발했다.

2 감정을 터뜨리다
At last his anger **exploded**. 결국 그의 분노가 폭발했다.

3인칭단수현재	explodes
현재분사	exploding
과거·과거분사	exploded

➕ explosion 폭발
explosive 폭약; 폭발성의

They **exploded** into laughter. 그들은 웃음을 터뜨렸다.

3 (인구 등이) 급증하다
The population has **exploded** in the last three years.
지난 3년간 인구가 급증했다.

The fireworks **exploded**.

explore (ik-splor) [iksplɔ́:r]

[동사] **1** 탐험하다, 탐사하다
We **explored** the inside of a cave on our field trip.
우리는 현장 학습으로 동굴의 내부를 탐험했다.
Eric and Tony **explored** the western part of the United States.
에릭과 토니는 미국의 서부 지역을 탐험했다.

2 탐구하다, 조사하다
Let's **explore** ways to save energy.
에너지를 절약할 수 있는 방법을 탐구해 봅시다.

3인칭단수현재	explore**s**
현재분사	explor**ing**
과거·과거분사	explor**ed**
➕ exploration 탐험, 탐사; 탐구	

export (ek-**sport** | ek-**sport**, ek-**sport**) [ikspɔ́:rt | ikspɔ́:rt, éksp ɔ:rt]

[명사] (ek-**sport**) **1** Ⓤ 수출 (↔import)
The country banned the **export of** gold.
그 나라는 금 수출을 금지했다.

2 Ⓒ 《주로 exports로 쓰임》 수출품 (↔import)
Rice is the country's biggest **export**.
쌀은 그 나라의 가장 큰 수출품이다.

[동사] (ek-**sport**, ek-sport) 수출하다 (↔import)
The country **exports** eight million tons of rice a year.
그 나라는 1년에 8백만 톤의 쌀을 수출한다.

복수형	export**s**
➕ exporter 수출업자, 수출국	
❓ ban 금지하다	
3인칭단수현재	export**s**
현재분사	export**ing**
과거·과거분사	export**ed**

 접두사란 무엇인가요?

접두사는 단어의 앞에 붙어 새로운 단어가 되게 하는 말이에요. 앞에 ex-라는 접두사가 붙어서 '바깥으로'라는 뜻을 갖게 되는 단어들이 있어요. 예를 들면 export (수출, 수출하다), exit (출구), exterior (외부, 외부의) 등이 있어요. 반대로 im-, in-은 '안에, 안으로'라는 뜻이에요. import (수입, 수입하다), interior (내부, 내부의) 등의 단어가 있어요.

express¹ (ik-spres) [iksprés]

[동사] 표현하다, 나타내다
Ben **expressed** his feelings to Lisa in a letter.
벤은 편지에 리사에 대한 그의 감정을 표현했다.

3인칭단수현재	express**es**
현재분사	express**ing**

express²

I want to **express** my thanks to all of you.
모든 분께 감사를 표하고 싶습니다.

| 과거·과거분사 | express**ed** |

express² (ik-**spres**) [iksprés]

형용사 《명사 앞에만 쓰임》 고속의, 빠른
The **express** train is much faster than the local train.
급행열차는 완행열차보다 훨씬 빠르다.

⊕ **express bus** 고속버스
  express mail 속달 우편

expression (ik-**spresh**-uhn) [ikspréʃən]

명사 1 ⓒⓤ 표현, 표시
freedom of expression 표현의 자유
What does the **expression** "on foot" mean?
'on foot'이라는 표현의 의미는 무엇인가요?

2 ⓒ 표정
Her **expression** was serious.
그녀의 표정은 심각했다.

복수형 expression**s**

⊕ **expressionless** 표정이 없는, 무표정한, 감정이 없는

extend (ik-**stend**) [iksténd]

동사 1 (선·거리 등을) 늘이다, 확장하다
The highway is being **extended** to Yongin.
고속 도로는 용인까지 확장되고 있다.

2 (기간 등을) 연장하다
I need to **extend** my visa. 나는 비자를 연장해야 한다.

3 (손·발을) 뻗다
Paul **extended** his arm to shake hands with Ben.
폴은 벤과 악수하기 위해서 팔을 뻗었다.

4 뻗어 있다
The path in the park **extends** to the forest.
공원 안에 있는 오솔길은 숲까지 뻗어 있다.

3인칭단수현재	extend**s**
현재분사	extend**ing**
과거·과거분사	extend**ed**

⊕ **extension** 연장, 확대
  extensive 광대한, 넓은

extra (ek-**struh**) [ékstrə]

형용사 《명사 앞에만 쓰임》 여분의, 추가의
Tony ate an **extra** bowl of rice.
토니는 밥 한 그릇을 추가해서 먹었다.
Could I have some **extra** pickles with my pizza?
피자와 먹을 피클을 좀 더 주실 수 있나요?

부사 1 여분으로, 추가로
We paid **extra** for a room with a sea view.

He ate an **extra** bowl of rice.

우리는 바다가 보이는 방을 잡기 위해 추가로 돈을 더 지불했다.

2 특별히, 대단히
Try **extra** hard. 더욱 더 열심히 해.

> ⊕ **extra large** (사이즈) 특대형의

extraordinary (ek-**stror**-duh-*ner*-ee) [èkstrɔ́:rdənèri]

형용사 1 기이한, 놀라운, 이상한
A: The weather this summer was **extraordinary**.
   이번 여름 날씨는 기이할 정도였어.
B: Yes, it was the hottest summer I've ever experienced.
   응, 내가 겪어 본 여름 중에서 가장 더웠어.

2 비상한, 뛰어난, 대단한
Bora has an **extraordinary** talent for languages.
보라는 언어에 뛰어난 재능이 있다.

> 비교급 more extraordinary
> 최상급 most extraordinary

Bora has an **extraordinary** talent for languages.

extremely (ik-**streem**-lee) [ikstrí:mli]

부사 극도로, 아주, 대단히, 몹시
It was **extremely** hot this summer.
이번 여름은 대단히 더웠다.
I did **extremely** well on the interview.
나는 면접을 아주 잘 봤다.

> ⊕ **extreme** 극도의, 심한
> **extreme sports** 극한 스포츠, 익스트림 스포츠

＊eye (eye) [ai]

명사 ⓒ 눈
Open your **eyes** and then close your **eyes**.
눈을 떴다가 감으세요.
Jane has big brown **eyes**. 제인은 눈이 크고 갈색이다.

● **keep an eye on** ~을 계속 지켜보다
Keep an eye on my puppy while I sleep.
내가 자는 동안 내 강아지 좀 **봐 줘**.

> 복수형 eye**s**
>
> ⊕ **eyeball** 안구, 눈알
> **eyelash** 속눈썹
> **eyelid** 눈꺼풀

eyebrow (eye-*brou*) [áibràu]

명사 ⓒ 눈썹
My grandfather has bushy **eyebrows**.
우리 할아버지는 눈썹이 진하다.
Many women pluck their **eyebrows**.
많은 여성들이 눈썹을 뽑는다.

> 복수형 eyebrow**s**
>
> ❓ **pluck** (털을) 뽑다

Ff

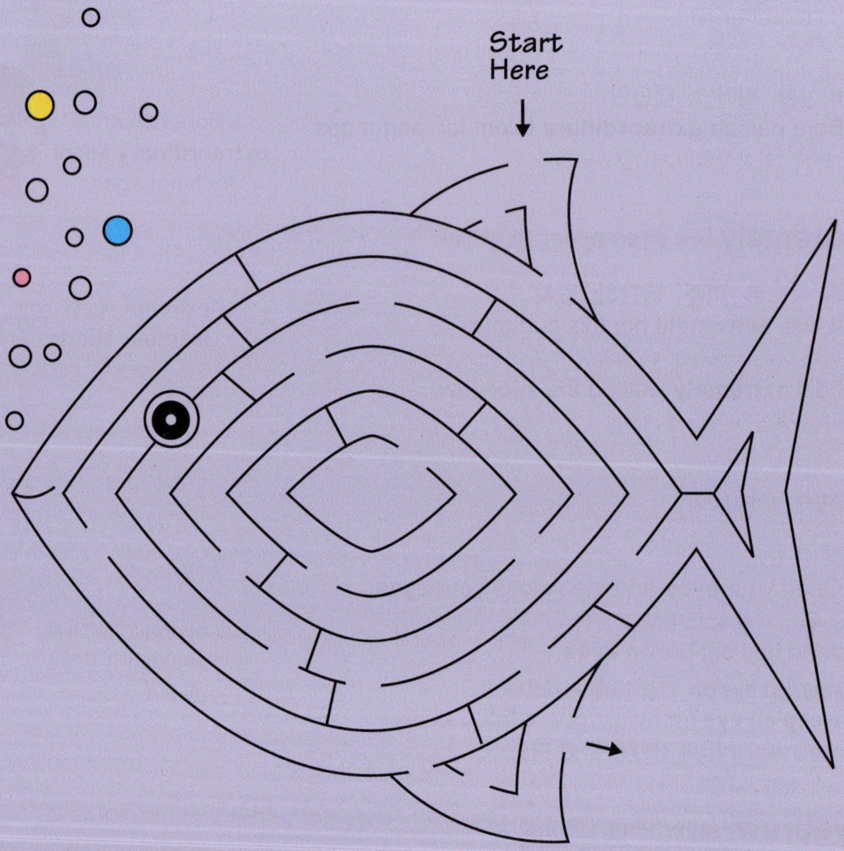

Start Here

I wish I could swim like a fish.

내가 물고기처럼 수영할 수 있으면 좋겠어요.

fish

fable (fay-buhl) [féibəl]

명사 ⓒⓤ 우화
Have you ever read the **fable** about the ant and the grasshopper?
개미와 베짱이에 대한 우화를 읽어 본 적 있니?
My mother reads "Aesop's **Fables**" to me.
우리 엄마는 나에게 '이솝 우화'를 읽어 주신다.

> **복수형** fable**s**
>
> ❓ **우화** 동물이나 식물을 사람처럼 그려 교훈의 뜻을 나타내는 이야기

*face (fase) [feis]

명사 1 ⓒ 얼굴
She got hit in the **face** by a snowball.
그녀는 눈덩이에 얼굴을 맞았다.
Put a smile on your **face**. 얼굴에 웃음을 지어라.

2 ⓒ 표정
Mary has a happy **face** today.
메리는 오늘 행복한 표정을 하고 있다.
Why the **long face**? 왜 우울해 하는 거야?

3 ⓒ 표면
The north **face** is the most difficult part of a mountain to climb.
북쪽 면은 산에서 등반하기 가장 어려운 부분이다.
A cube has six **faces**. 정육면체는 면이 여섯 개다.

동사 1 ~을 향하다
Face the front of the room. 방의 앞쪽을 봐.
Face forward. 앞을 봐.
My house **faces** north. 내 집은 북쪽을 향해 있다.

2 (상황에) 직면하다
I'm **facing** a difficult decision.
난 지금 어려운 결정에 직면했다.

• *face to face* 얼굴을 맞대고
I want to talk with him **face to face**.
난 그와 얼굴을 맞대고 이야기하고 싶다.

> **복수형** face**s**
>
> ➕ facial 얼굴의
>
> ☑ Why the long face?
> = Why do you look so unhappy?
>
> ❓ cube 정육면체
>
> **3인칭단수현재** face**s**
> **현재분사** fac**ing**
> **과거·과거분사** face**d**
>
> ※ Let's face it.라는 표현은 '현실을 직시하자.'라는 뜻이에요.

fact (fakt) [fækt]

명사 ⓒⓤ 사실
Is that a **fact** or is it just your opinion?
그것은 사실이니, 아니면 단지 네 의견이니?
It's a **fact** that the earth moves around the sun.
지구가 태양 주변을 돈다는 것은 사실이다.

• *as a matter of fact* 사실은, 실제로

> **복수형** fact**s**
>
> It's a fact that the earth moves around the sun.

factor

As a matter of fact, I never really liked you.
사실은, 난 널 진짜로 좋아한 적이 없었어.
• *in fact* 사실은, 실제로
In fact, I've never worked harder.
사실은, 난 (지금보다) 더 열심히 해 본 적이 없다.

➕ **factual** 사실의, 사실에 근거한

factor (fak-tur) [fǽktər]

명사 1 ⓒ 요인, 요소
a **factor** of happiness 행복의 요인
Motivation is the most **important factor in** success.
동기는 성공의 가장 중요한 요소이다.

2 ⓒ [수학] 인수, 약수
Two and five are **factors** of 10.
2와 5는 10의 약수이다.

복수형 **factor**s

❓ **motivation** 동기

factory (fak-tur-ee) [fǽktəri]

명사 ⓒ 공장 (≒ mill)
Many Samsung **factories** are located in Suwon.
많은 삼성 공장들은 수원에 위치해 있다.
Tom works in an automobile **factory**.
톰은 자동차 공장에서 일한다.

복수형 **factor**ies

Fahrenheit (far-uhn-hite) [fǽrənhàit]

형용사 화씨의 (줄임말 F)
Water freezes at 32 degrees **Fahrenheit**.
물은 화씨 32도에서 언다.

※ 화씨 32도는 섭씨 0도이지요.

fail (fayl) [feil]

동사 1 실패하다, ~하지 못하다 (↔ succeed)
Sally **failed to** stay on her diet. She didn't lose any weight.
샐리는 다이어트를 계속하는 데 실패했다. 그녀는 몸무게가 전혀 줄지 않았다.
Jack **failed to** keep his promise.
잭은 약속을 지키지 못했다.
I **failed in** persuading him.
나는 그를 설득하지 못했다.

2 (시험에) 낙제하다, 떨어지다 (↔ pass)
She **failed** the history exam.
그녀는 역사 시험에서 낙제했다.

3인칭단수현재 **fail**s
현재분사 **fail**ing
과거·과거분사 **fail**ed

Sally **failed to** stay on her diet.

failure (fayl-yur) [féiljər]

명사 1 ⓒⓤ 실패 (↔success)
The effort to rescue the animals was a **failure**.
동물을 구조하려는 노력은 실패였다.
The plan **ended in failure**.
계획은 실패로 돌아갔다.

2 ⓒ 실패자, 패배자, 실패작 (↔success)
You're never a **failure** as long as you don't give up.
네가 포기하지 않는 한 너는 결코 패배자가 아니야.

● *heart failure* 심장 마비
Brian died from **heart failure**.
브라이언은 **심장 마비**로 죽었다.

복수형 failure**s**

➕ crop failure 흉작
   failure of memory 기억력 감퇴
   heart failure 심장 마비
   power failure 정전

faint (faynt) [feint]

형용사 1 (빛·소리·냄새 등이) 희미한, 흐릿한
He heard a **faint** noise in the dark room.
그는 어두운 방에서 나는 희미한 소리를 들었다.
She put a **faint** smile on her face.
그녀는 희미한 미소를 지었다.

2 어지러운, 어질어질한
The heat in the desert made him **faint**.
사막의 열기가 그를 어지럽게 했다.
I suddenly **felt faint** and cold.
나는 갑자기 어지럽고 추웠다.

동사 기절하다
Mary **fainted** when she found out her mother had died.
메리는 그녀의 어머니가 돌아가셨다는 것을 알고는 기절했다.
Some people **faint** when they see blood.
어떤 사람들은 피를 보면 기절한다.

비교급 faint**er**
최상급 faint**est**

Some people **faint** when they see blood.

3인칭단수현재 faint**s**
현재분사 faint**ing**
과거·과거분사 faint**ed**

fair¹ (fair) [fɛər]

형용사 1 공정한, 공평한 (≒just; ↔unfair)
Tom thought the referee's decision was **fair**.
톰은 심판의 판정이 공정하다고 생각했다.
It's not fair that he gets more allowance than me.
그가 나보다 용돈을 더 많이 받다니 공평하지 못하다.

2 적당한, 타당한 (≒reasonable; ↔unfair)
a **fair** wage 적당한 임금
I thought it was a **fair** price.
나는 그것이 적당한 가격이라고 생각했다.

비교급 fair**er**
최상급 fair**est**

➕ fairly 상당히, 꽤; 공정하게
   fairness 공정성

fair² (fair) [fɛər]

명사 ⓒ 박람회
Yesterday we visited the international book **fair**.
우리는 어제 국제 도서 박람회에 갔다.

복수형 fair**s**

fairly (fair-lee) [fɛ́ərli]

부사 **1** 꽤, 상당히 (≒ quite)
He is **fairly** tall. 그는 키가 꽤 크다.
I'm **fairly** sure I'll do well on the test.
난 시험을 잘 볼 수 있으리라는 확신이 든다.

2 공평히, 공명정대하게
You should treat everyone **fairly**.
모든 사람들을 공평하게 대해야 한다.

비교급 more fairly
최상급 most fairly

➕ unfairly 불공평하게, 불공정하게

fairy (fair-ee) [fɛ́əri]

명사 ⓒ 요정
Tinker Bell is the name of the **fairy** in *Peter Pan*.
팅커벨은 〈피터 팬〉에 나오는 요정의 이름이다.

● *fairy tale* 동화, 옛날이야기
Snow White and the Seven Dwarves is a popular **fairy tale**.
〈백설 공주와 일곱 난쟁이〉는 인기 있는 동화이다.

복수형 fair**ies**

fairy

faith (fayth) [feiθ]

명사 **1** ⓤ 신뢰, 신용, 믿음
You need to **have faith in** yourself to become successful.
성공하기 위해서는 자신을 믿어야 한다.
I have **lost faith in** them. 난 그들을 믿지 않는다.

2 ⓤ 신앙심
Even after he lost his job, his home, and his health, Eric never lost his **faith in** God.
심지어 일자리, 집, 건강을 잃은 후에도 에릭은 신앙심을 잃지 않았다.

➕ faithless 신의 없는, 불충실한
bad faith 부정직
good faith 정직, 선의
have no faith in ~를 신뢰하지 않다, ~를 믿지 않다.

faithful (fayth-fuhl) [féiθfəl]

형용사 충실한, 성실한, 신의 있는 (≒ loyal)
Peter is a **faithful** friend.
피터는 신의가 두터운 친구이다.

비교급 more faithful
최상급 most faithful

Alfred is Batman's **faithful** servant.
알프레드는 배트맨의 충실한 부하이다.
Tim was **faithful to** his beliefs.
팀은 자신의 신념에 충실했다.

⊕ **faithfully** 성실하게, 충실히

fake (fake) [feik]

형용사 가짜의, 위조의 (↔genuine, real)
fake fur 인조 퍼
a **fake** passport 위조 여권

명사 ⓒ 위조품, 가짜
The painting was a **fake**.
그 그림은 위조품이었다.

동사 위조하다, ~인 척하다
Susan **faked** her sickness so she didn't have to go to school.
수잔은 학교에 가지 않아도 되도록 아픈 척했다.

복수형	fake**s**
3인칭단수현재	fake**s**
현재분사	fak**ing**
과거·과거분사	fake**d**

*fall¹ (fawl) [fɔːl]

동사 1 떨어지다, (비·눈이) 내리다
Rain has started to **fall**. 비가 내리기 시작했다.
Ripe apples **fell** off the tree.
익은 사과가 나무에서 떨어졌다.
He **fell into** the river and nearly drowned.
그는 강에 빠져서 익사할 뻔했다.

2 쓰러지다, 넘어지다
Be careful. Don't **fall down**. 조심해. 넘어지지 마.

3 감소하다, 내려가다 (↔rise)
Car sales **fell** last year.
지난해에 자동차 매출이 감소했다.
The temperature has **fallen**. 온도가 내려갔다.

4 (어떤 상태로) 되다
Brian **fell asleep** while watching TV.
브라이언은 TV를 보다가 잠이 들었다.
She **fell in love** with him.
그녀는 그와 사랑에 빠졌다.
Night **fell** and the moon came out.
밤이 되자 달이 떴다.
He **fell ill** with the flu. 그는 감기에 걸렸다.

명사 1 ⓒ 추락, 떨어짐
My grandfather had a **fall** last night. I had to take him to the hospital.

3인칭단수현재	fall**s**
현재분사	fall**ing**
과거	fell
과거분사	fallen

❓ ripe (과일·곡물이) 익은, 여문

She **fell in love** with him.

| 복수형 | fall**s** |

어젯밤 할아버지께서 넘어지셨다. 나는 할아버지를 병원에 모시고 가야 했다.

2 ⓒ 감소, 하락, 하강 (↔rise)
a **fall** in the death rate 사망률의 감소

3 《복수로 쓰임》 폭포
Niagara **Falls** 나이아가라 폭포

fall

* fall² (fawl) [fɔ:l]

명사 ⓒⓤ 가을
A: What's your favorite season, Tim?
네가 가장 좋아하는 계절은 뭐야, 팀?
B: **Fall**. I like to see the leaves change colors.
가을이야. 나뭇잎 색이 바뀌는 것을 보는 게 좋아.

복수형 **fall**s
➕ autumn (영국 영어) 가을
fall

false (fawls) [fɔ:ls]

형용사 1 틀린, 거짓인, 사실이 아닌 (↔true)
Seven times three equals 22 is **false**.
7 곱하기 3이 22라는 것은 틀렸다.
Sam gave the police **false** information.
샘은 경찰에게 거짓 정보를 주었다.

2 가짜의, 인공의 (≒artificial; ↔real)
My grandfather had **false** teeth.
우리 할아버지는 틀니를 하셨다.

➕ **false** hair 가발
false hope 헛된 희망
false name 가짜 이름, 가명
false promise 거짓 약속
false start 부정 출발

familiar (fuh-mil-yur) [fəmíljər]

형용사 낯익은, 익숙한, 잘 아는, 잘 알려진 (↔unfamiliar)
His face looks **familiar**. 그의 얼굴은 낯이 익다.
I'm not **familiar with** that computer.
나는 그 컴퓨터에 익숙하지 못하다.
"Yesterday" is a song almost everyone **is familiar with**.
〈Yesterday〉는 거의 모든 사람들에게 잘 알려진 노래다.
The place was very **familiar to** me.
그 장소는 내게 매우 익숙했다.

비교급 **more** familiar
최상급 **most** familiar

➕ **familiar** face 낯익은 얼굴
familiar sight 익숙한 풍경

* family (fam-uh-lee) [fǽməli]

명사 1 ⓒ 가족, 가정
A: How many people are in your **family**?
너희 가족은 몇 명이니?
B: There are four people in my **family**.

복수형 **famil**ies

우리 가족은 네 명이야.
The movie was fun for the **whole family**.
그 영화는 온 가족이 보기에 재미있었다.

2 ⓒ 〖동물·식물〗 과
Cats and tigers belong to the same animal **family**.
고양이와 호랑이는 같은 동물과에 속한다.
The dog **family** includes wolves, foxes, and coyotes. 개과에는 늑대, 여우, 코요테가 있다.

➕ extended family 대가족
family name 성씨
family tree 족보
nuclear family 핵가족
single-parent family 한부모 가정

 family는 단수일 때와 복수일 때의 차이가 뭔가요?

family는 단수로도 사용되고 복수로도 사용돼요. 가족 전체를 하나로 표현할 때에는 단수로, 그 구성원 하나하나를 말할 때에는 복수로 취급한답니다.

⑩ His family **is** a large one. 그의 가족은 대가족이다.
My family **are** all very well. 우리 가족은 모두 다 잘 있다.

*famous (fay-muhs) [féiməs]

형용사 유명한
Movie stars, singers, and athletes are **famous** all over the world.
영화배우, 가수, 스포츠 선수들은 전 세계적으로 유명하다.
Chanho Park is **famous for** being a great baseball player. 박찬호는 훌륭한 야구 선수로 유명하다.
She is **famous as** an actress. 그녀는 연기자로 유명하다.

비교급 more famous
최상급 most famous

➕ world-famous 세계적으로 유명한

*fan¹ (fan) [fæn]

명사 ⓒ 선풍기, 부채
an electric **fan** 선풍기
Turn on the **fan**. It's really hot in here.
선풍기 좀 켜. 여기 정말 덥다.
This hand **fan** was painted by a famous artist.
이 부채에는 유명한 예술가가 그림을 그렸다.

복수형 fans
fan

fan² (fan) [fæn]

명사 ⓒ (영화·스포츠 등의) 팬
Bora is a **big** *Harry Potter* **fan**. She has all the books and DVDs.
보라는 열렬한 〈해리 포터〉 팬이다. 그녀는 〈해리 포터〉에 관한 모든 책과 DVD를 가지고 있다.
I'm a **fan of** his. 난 그의 팬이다.

복수형 fans

➕ baseball fan 야구팬
fan letter 팬레터

fancy (fan-see) [fǽnsi]

형용사 장식적인, 화려한
I bought this ring at a **fancy** shop.
나는 이 반지를 장신구 가게에서 샀다.
I prefer simple meals to **fancy** ones.
나는 화려한 식사보다 간단한 식사를 더 좋아한다.

명사 ⓒⓤ 공상, 상상
Unicorns are creatures of **fancy** and are found only in stories.
유니콘은 상상의 생물이라서 오직 이야기 속에서만 나온다.

비교급	fancier
최상급	fanciest
복수형	fancies

fantastic (fan-tas-tik) [fæntǽstik]

형용사 굉장한, 멋진 (≒ amazing, great, wonderful)
Your new dress looks **fantastic** on you, Mary.
새 드레스가 네게 굉장히 잘 어울려, 메리.
That is a **fantastic** idea. 그것 참 멋진 아이디어다.

| 비교급 | more fantastic |
| 최상급 | most fantastic |

fantasy (fan-tuh-see, fan-tuh-zee) [fǽntəsi, fǽntəzi]

명사 1 ⓒⓤ 공상, 환상
I used to **have fantasies about** being an actress.
나는 여배우가 되는 공상을 하곤 했다.
It's a **fantasy** to think you can succeed without hard work.
열심히 노력하지 않고 성공할 수 있다고 생각하는 것은 환상이다.

2 ⓒ (소설·영화 등) 환상적인 작품, 판타지
The *Harry Potter* books are very popular **fantasy** stories.
〈해리 포터〉 책은 매우 인기 있는 환상 소설이다.

| 복수형 | fantasies |

➕ **fantasia** (음악) 환상곡, 판타지아
fantasize 공상에 빠지다, 공상하다

FAQ (fak, ef-ay-kyoo) [fæk, efeikjuː]

명사 ⓒ (frequently asked questions) 자주 묻는 질문들
A: Can you help me with my computer problem?
컴퓨터에 문제가 있는데 도와줄 수 있니?
B: Look in the **FAQ** and it will tell you how to fix it.
FAQ를 보면 어떻게 고쳐야 하는지 알려 줄 거야.
A: Thanks. I'll try that.
고마워. 그렇게 해 볼게.
Please read the **FAQ** before asking questions.
질문을 하시기 전에 FAQ를 읽어 주세요.

| 복수형 | FAQs |

※ FAQ는 frequently asked question의 앞 글자인 f, a, q를 따서 만든 줄임말이에요.

*far (fahr) [fɑːr]

부사 **1** 멀리 (↔near)
A: **How far** is it to Busan? 부산까지는 얼마나 먼가요?
B: It's about 100 kilometers from here.
여기서 100km 정도 떨어져 있어요.
A: That's not too **far**. 많이 멀지는 않네요.
My school is not **far from** here.
우리 학교는 여기에서 그리 멀지 않다.
The supermarket is **far away** from my home.
슈퍼마켓은 우리 집에서 멀다.

2 훨씬, 무척
It is **far better** to tell the truth than to lie.
거짓말을 하는 것보다 진실을 말하는 게 훨씬 낫다.
It was **far more** expensive than I expected.
그것은 내 생각보다 훨씬 비쌌다.

● **as far as** ~하는 한
As far as I remember, he is still in his twenties.
내가 기억하는 한 그는 아직 20대이다.
As far as I know, it's true.
내가 아는 한 그것은 사실이다.

● **so far so good** 지금까지는 좋다
A: How are your tennis lessons going?
테니스 레슨은 어때?
B: **So far so good**. 지금까지는 좋아.

형용사 먼 (↔near)
I live in the **far north** of Canada.
나는 캐나다의 먼 북쪽에 산다.
She could see the river in **the far distance**.
그녀는 먼 곳에 있는 강을 볼 수 있었다.

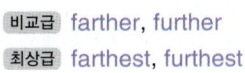
비교급 farther, further
최상급 farthest, furthest

The supermarket is **far away** from my home.

※ far - farther - farthest:
거리나 시간을 비교할 때 써요.
far - further - furthest:
거리, 시간뿐만 아니라 정도, 범위, 수량 등을 비교할 때도 써요.

비교급 farther, further
최상급 farthest, furthest

---

 farther와 further는 다른 건가요?

far의 비교급-최상급은 farther-farthest와 further-furthest 두 가지가 있어요. farther-farthest는 주로 '거리'가 먼 것에 사용하고 further-furthest는 주로 '정도·범위·수량'이 큰 경우에 사용해요.
예) He ran **farther** away. 그는 더 멀리 달려갔다.
Further information will be provided. 더 많은 정보가 제공될 것이다.

---

fare (fair) [fɛər]

명사 ⓒ 운임, 찻삯, 뱃삯
My mother gives me **bus fare** in the morning.

복수형 fare**s**

우리 엄마는 아침에 나에게 버스비를 주신다.
I have to pay my **subway fare** from my weekly allowance.
나는 내 일주일 용돈에서 지하철비를 내야 한다.

➕ **full fare** 전액 요금
half fare 반액 요금

*farm (fahrm) [fɑːrm]

명사 ⓒ 농장, 사육장
These **farms** grow mostly wheat.
이 농장들은 대부분 밀을 기른다.
Milk comes from dairy **farms**.
우유는 낙농장에서 나온다.

복수형 **farm**s

➕ **farming** 농업, 농장 경영
farm animal 가축

farmer (fahrm-ur) [fáːrmər]

명사 ⓒ 농부
My father is a **farmer**. 우리 아버지는 농부이시다.
Most **farmers** in Korea grow rice.
한국의 대다수의 농부들은 벼를 재배한다.

복수형 **farmer**s

fascinating (fas-uh-*nay*-ting) [fǽsənèitiŋ]

형용사 대단히 흥미로운, 매혹적인
Last night's debate was **fascinating**.
지난밤의 토론은 대단히 흥미로웠다.
What is **fascinating** today will be ordinary tomorrow.
오늘 흥미로운 것은 내일이면 평범해진다.

비교급 more **fascinating**
최상급 most **fascinating**

➕ **fascinate** 황홀하게 하다, 매혹시키다

fashion (fash-uhn) [fǽʃən]

명사 1 ⓒⓤ 유행
High boots **are in fashion** this winter.
올 겨울에는 장화가 유행이다.
Long skirts **are out of fashion** now.
긴 치마는 요즘 유행이 아니다.
They were dressed in **the latest fashions**.
그들은 최신 유행의 옷을 입고 있었다.

2 ⓤ 패션
a **fashion model** 패션모델
I want to be a **fashion designer** in the future.
난 장래에 패션 디자이너가 되고 싶다.

3 ⓒ 방식
Tim likes to do things the **old-fashioned way**.

복수형 **fashion**s

High boots **are in fashion** this winter.

팀은 옛날 방식으로 일하는 것을 좋아한다.
She always does things **in her own fashion**.
그녀는 항상 자기 방식대로 한다.

➕ **high fashion** 최신 유행

fashionable (fash-uh-nuh-buhl) [fǽʃənəbəl]

형용사 유행의, 유행을 따른
Scarves are **fashionable** for both men and women.
스카프는 남성과 여성들 사이에서 유행이다.
Until the 1960s, jeans were not **fashionable**.
1960년대까지 청바지는 유행하지 않았다.

| 비교급 | more fashionable |
| 최상급 | most fashionable |

⁕ fast (fast) [fæst]

형용사 1 (속도 · 시간) 빠른 (≒rapid, quick; ↔slow)
Sally is a **fast** runner. 샐리는 달리기가 빠른 선수이다.
I'm a **fast** learner. 나는 빨리 배운다.

2 《명사 앞에는 쓰이지 않음》 (시계가) 더 가는, 빠른
(↔slow)
The clock in the classroom is six minutes **fast**.
교실 시계는 6분 빠르다.

| 비교급 | faster |
| 최상급 | fastest |

➕ **fast food** 패스트푸드, 즉석 음식

부사 빨리, 빠르게 (↔slowly)
How **fast** can you run? 너는 얼마나 빨리 달릴 수 있니?
I will finish it **as fast as** I can.
가능한 한 빨리 끝낼게요.

| 비교급 | faster |
| 최상급 | fastest |

 fast, quick, rapid의 차이가 무엇인가요?

fast, quick, rapid 모두 '빠르다'라는 뜻이지만 쓰임새가 조금씩 달라요. fast는 속도나 시간이 빠를 때 쓰는 말이고, quick은 동작이나 반응이 빠를 때, rapid는 성장, 발전 등이 빠를 때 주로 쓰는 말이에요.
⟨예⟩ **fast** runner 빠른 주자, **quick** response 빠른 반응, **rapid** growth 빠른 성장

⁕ fat (fat) [fæt]

형용사 뚱뚱한, 살찐 (↔thin)
Pigs are **fat** animals. 돼지는 뚱뚱한 동물이다.
You'll **get fat** if you don't exercise.
운동을 하지 않으면 살이 찔 거야.

명사 ① 지방, 비계, 지방질
Most fast foods contain lots of **fat**.
대부분의 패스트푸드는 지방을 많이 함유하고 있다.

| 비교급 | fatter |
| 최상급 | fattest |

※ fat보다는 big, heavy가 좀 더 예의 있는 표현이에요.

father

This ham has too much **fat** on it.
이 햄은 비계가 너무 많다.

> ⊕ **fat-free** 무지방의

*father (fah-THur) [fɑ́:ðər]

명사 1 ⓒ 아버지 (≒ dad, daddy, papa)
My **father** met my mother in college.
아빠는 대학에서 엄마를 만났다.
He's **a father of** five. 그는 다섯 아이의 아버지이다.

2 《Father로 쓰임》 하느님 아버지, 신부님
God is our holy **Father**.
신은 우리의 성스러운 아버지이시다.
our heavenly **Father** 하늘에 계신 우리 아버지
Father Brown 브라운 신부님

> 복수형 **fathers**
>
> ⊕ **fatherhood** 아버지임, 아버지의 자격
> **fatherland** 조국
> **fatherless** 아버지가 없는
> **fatherly** 아버지의, 아버지 같은

fault (fawlt) [fɔːlt]

명사 1 ⓒ 과실, 잘못
A: Who left the gas range on?
누가 가스레인지를 켜 두었니?
B: Not me. **It's** not **my fault** this time.
전 아니에요. 이번엔 제 잘못이 아니에요.

2 ⓒ (성격의) 단점, 결점
Tom's biggest **fault** is envy.
톰의 가장 큰 단점은 질투심이다.
No person is without **fault**. 결점이 없는 사람은 없다.

3 ⓒ 결함, 흠, 장애
A **fault** in the software made the computer crash.
소프트웨어의 결함이 컴퓨터를 고장 나게 했다.

> 복수형 **faults**
>
> ⊕ **faultily** 불완전하게, 잘못하여
> **faultless** 결점 없는
> **faulty** 과실 있는, 결함 있는
>
> ❓ **crash** 충돌하다, 컴퓨터가 갑자기 서 버리다, 고장 나다

favor (fay-vur) [féivər]

명사 1 ⓒ 친절, 호의
I'd like to **ask you a favor**. Can you help me with my math homework?
네게 부탁 하나 하고 싶은데. 내 수학 숙제 좀 도와줄 수 있어?
Tim, can you **do me a big favor**?
팀, 어려운 부탁 하나 해도 될까?

2 ⓤ 찬성, 지지
The boss **is in favor** of her proposal.
사장님은 그녀의 제안을 지지했다.

동사 좋아하다, 소중히 하다
Which color do you **favor**? 넌 어떤 색깔이 좋아?

> 복수형 **favors**
>
> ⊕ **favour** (영국영어) 친절, 호의; 찬성, 지지
>
> 3인칭단수현재 **favors**
> 현재분사 **favoring**
> 과거·과거분사 **favored**

*favorite (fay-vur-it) [féivərit]

형용사 《명사 앞에만 쓰임》 가장 좋아하는
Mr. Smith is my **favorite** teacher.
스미스 씨는 내가 가장 좋아하는 선생님이다.
My **favorite** food is pizza.
내가 가장 좋아하는 음식은 피자다.

명사 ⓒ 가장 좋아하는 사람〔물건〕
fortune's **favorite** 행운아
Hawaiian pizza is one of my **favorites**.
하와이안 피자는 내가 가장 좋아하는 것 중의 하나다.

➕ favourite (영국영어) 가장 좋아하는; 가장 좋아하는 사람〔물건〕

복수형 favorite**s**

fear (feer) [fiər]

명사 ⓒⓤ 공포, 두려움
The people trapped in the burning building were filled with **fear**.
불타는 건물에 갇힌 사람들은 공포로 가득 찼다.
I could not move **from fear**.
나는 무서워서 움직일 수가 없었다.
He has a **fear of** heights.
그는 높은 곳을 무서워한다. (그는 고소 공포증이 있다.)

동사 1 무서워하다, 두려워하다
Young children often **fear** the dark.
어린아이들은 종종 어둠을 무서워한다.

2 걱정하다, 염려하다
I **fear** our plane is going to be late.
나는 비행기가 늦을까 봐 걱정된다.

복수형 fear**s**

➕ **fearful** 걱정하는, 무서운
fearless 대담한, 용감한
fearsome 무시무시한

3인칭단수현재 fear**s**
현재분사 fear**ing**
과거·과거분사 fear**ed**

feather (feTH-ur) [féðər]

명사 ⓒ 깃털
That lady has a **feather** in her hat.
저 여자 분은 모자에 깃털이 있다.
Lisa's new backpack was as light as a **feather**.
리사의 새 배낭은 깃털처럼 가벼웠다.

• **Birds of a feather flock together.** 같은 깃털을 가진 새들이 함께 모인다. (유유상종) 〈속담〉

복수형 feather**s**

feather

feature (fee-chur) [fíːtʃər]

명사 1 ⓒ 특징, 특색
My new cell phone has several useful **features**.
나의 새 휴대 전화에는 여러 가지 유용한 특징이 있다.

복수형 feature**s**

The wooden roller coaster was the amusement park's most **popular feature**.
나무로 된 롤러코스터는 그 놀이공원의 가장 인기 있는 특색이었다.

2 ⓒ 이목구비, 얼굴의 각 부분
She had tiny **features**.
그녀는 이목구비가 자그마했다.
Her nose is her best **feature**.
그녀는 코가 가장 예쁘다.

Her nose is her best **feature**.

February (feb-roo-*er*-ee, feb-yoo-*er*-ee) [fébruèri, fébjuèri]

명사 ⓒ 2월 (줄임말 Feb.)
February is the coldest month of the year in my hometown.
2월은 우리 고향에서 1년 중 가장 추운 달이다.
The winter break ends in **February**.
겨울 방학은 2월에 끝난다.

복수형 Februar**ies**

federal (fed-ur-uhl) [fédərəl]

형용사 연합의, 연방 정부의
Federal banks supervise a country's banking system.
연방 은행은 국가의 은행 시스템을 관리한다.
The **Federal** Bureau of Investigation (FBI) fights organized crime.
연방 수사국(FBI)은 조직적인 범죄와 싸운다.

❓ 연방 자치권을 가진 여러 나라가 공통의 정치 이념 아래 결합하여 구성하는 국가. 미국, 독일, 스위스 등이 있다.

fee (fee) [fi:]

명사 1 ⓒ (전문적인 서비스에 대한) 수임료, 진찰료, 수업료
lawyer's **fee** 변호사 수임료
a tuition **fee** 수업료
The insurance company paid all my medical **fees**.
보험 회사가 나의 의료비를 모두 지불했다.

2 ⓒ (기관 등에 내는) 요금, 수수료 (≒rate)
The **fee** to enter the park is $2.
공원의 입장료는 2달러다.
The health center raised its monthly membership **fee** to 60,000 won.
그 헬스 센터는 월 회비를 60,000원으로 올렸다.
There is no entrance **fee** to the museum.
그 박물관은 입장료가 없다.

복수형 fee**s**

➕ admission fee 입장료
annual fee 연회비
entrance fee 입장료
late fee 연체료

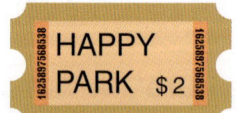

The **fee** to enter the park is $2.

feed (feed) [fiːd]

동사 **1** 음식을 주다, 음식을 먹이다
Did you **feed** the dog today, Mary?
오늘 강아지한테 밥 줬니, 메리?
I have to **feed** the baby every four hours.
난 4시간마다 아기에게 우유를 먹여야 한다.

2 부양하다
He **feeds** a large family. 그는 대가족을 부양한다.

3 (아기나 동물이) 먹을 것을 먹다
The pigs are **feeding** now. Look at the way they eat!
돼지들이 지금 먹이를 먹고 있어. 돼지들이 먹는 모습 좀 봐!

명사 ⓤ 먹이, 사료
Did you put out the **feed** for the birds?
새 모이를 내놓았니?
Farmers use hay and oats for horse **feed**.
농부들은 말먹이로 말린 풀과 귀리를 사용한다.

3인칭단수현재	feeds
현재분사	feeding
과거·과거분사	fed

➕ bottle-feed 분유를 먹이다
breast-feed 모유를 먹이다

feed

❓ hay 말린 풀
oats 귀리

feel (feel) [fiːl]

동사 **1** (감정·기분을) 느끼다
A: How are you **feeling** today, Sally?
오늘은 좀 어떠니, 샐리?
B: Pretty good. I'm almost over my cold.
매우 좋아. 감기가 거의 다 나은 것 같아.
A: I'm glad to hear that.
그렇다니 다행이다.

2 (신체적으로) 느끼다, 감지하다
I **felt** something creeping up my back.
내 등에서 무언가가 기어오르는 것을 느꼈다.

3 ~라고 생각하다, ~라는 생각[느낌]이 들다
He **felt** the teacher was being unfair.
그는 선생님이 불공평하다고 생각했다.
What do you **feel about** his suggestion?
그의 제안을 어떻게 생각해?

4 (손으로) 만지다, 느끼다
Feel this sweater. It's so soft.
이 스웨터 좀 만져 봐. 아주 부드러워.

• **feel like** 1 아무래도 ~같다
It **feels like** it's going to rain. 아무래도 비가 올 것 같다.
2 ~하고 싶다
I **feel like** taking a nap. 나는 낮잠을 자고 싶다.

3인칭단수현재	feels
현재분사	feeling
과거·과거분사	felt

➕ feeler 더듬이, 촉수

❓ creep (살살) 기다

I **felt** something creeping up my back.

feeling (fee-ling) [fíːliŋ]

명사 1 ⓒ 느낌, 기분, 감정
I **have a** good **feeling about** today's test.
오늘 시험은 느낌이 좋다.
You never think about the **feelings** of others.
넌 다른 사람의 감정을 생각하지 않는구나.
He always **hurts** my **feelings**.
그는 항상 내 기분을 상하게 한다.

2 Ⓤ 감각
I don't have any **feeling** in my thumb.
내 엄지손가락에 감각이 없다.

3 ⓒ 의견, 생각
What is your **feeling about** this decision?
이 결정에 대해 어떻게 생각해?

복수형	feeling**s**

☑ He hurts my feelings.
= He upsets me.
= He makes me feel bad.

fellow (fel-oh) [félou]

명사 ⓒ 동료, 친구, 사나이
He is a nice **fellow**. 그는 멋진 사람이다.
Sam is a fine **fellow**. I really admire him.
샘은 좋은 사람이다. 나는 그를 정말 존경한다.

복수형	fellow**s**

female (fee-male) [fíːmeil]

형용사 ⓒ 여성의, 여자의, 암컷의 (↔male)
a **female** dress 여성복
She is the best **female** singer in the world.
그녀는 세계에서 가장 뛰어난 여가수다.

명사 ⓒ 여성, 여자, (동물) 암컷 (↔male)
Females have a longer life expectancy than males.
여성이 남성보다 평균 수명이 길다.

복수형	female**s**

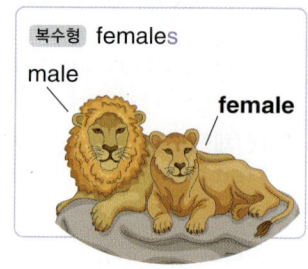

fence (fens) [fens]

명사 ⓒ 울타리, 담
John built a **fence** around his yard so his dog could stay outside.
존은 마당에 울타리를 설치해서 강아지가 집 밖에 있을 수 있도록 했다.

동사 펜싱을 하다
Sora **fenced** with her coach to prepare for the tournament.
소라는 대회를 준비하기 위해 그녀의 코치와 펜싱을 연습했다.

복수형	fence**s**

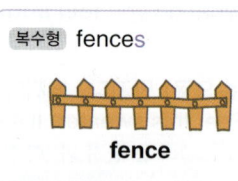

fence

3인칭단수현재	fence**s**
현재분사	fenc**ing**
과거·과거분사	fenc**ed**

fencing (fen-sing) [fénsiŋ]

명사 ⓤ [스포츠] 펜싱
Fencing is an Olympic sport. 펜싱은 올림픽 스포츠다.

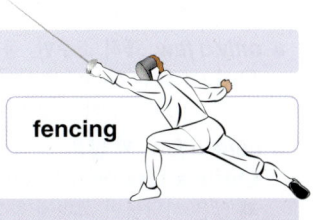
fencing

ferry (fer-ee) [féri]

명사 ⓒ 연락선, 나룻배
I took the **ferry** from Mokpo to Jeju-do on my vacation.
나는 방학 때 목포에서 제주도로 가는 연락선을 탔다.

| 복수형 | ferries |

festival (fes-tuh-vuhl) [féstəvəl]

명사 ⓒ 축제, 축제일
The film **festival** is held in October every year.
영화제는 매년 10월에 열린다.
A **festival** is held to celebrate the harvest.
추수를 기념하기 위해 축제가 열린다.

| 복수형 | festivals |
| ➕ | festive 축제의 |

fever (fee-vur) [fíːvər]

명사 1 ⓒⓤ 열, 발열
Tom has a cold and **a fever**.
톰은 감기에 걸려 열이 난다.

2 ⓤ 열기, 열광
Bob has basketball **fever**. He even sleeps with his basketball.
밥은 농구에 열광한다. 그는 심지어 농구공과 함께 잔다.

복수형	fevers
➕	feverish 열이 나는; 열광적인
✓	Tom has a fever. = Tom is running a fever.

*few (fyoo) [fjuː]

형용사 1 거의 없는, 조금밖에 없는 (↔ many)
He had **few** friends and little money.
그는 친구도 돈도 거의 없었다.
Few tourists stop here.
이곳에 들르는 관광객은 거의 없다.

2 《a few로 쓰임》 약간의, 조금의, 다소의
A: There are only **a few** people on the bus.
 버스에 사람들이 조금밖에 없어.
B: Good. That means we can get seats.
 잘됐다. 그러면 우리가 앉을 자리가 있겠는데.
There are just **a few** eggs left.
계란이 몇 알밖에 없다.

| 비교급 | fewer |
| 최상급 | fewest |

Few tourists stop here.

fiction

- ***only a few*** 극히 소수만, 불과 몇몇의
  Only a few cars are in the parking lot.
  주차장에는 차가 겨우 몇 대만 있었다.
- ***quite a few*** 꽤 많은
  Quite a few people showed up for the meeting.
  꽤 많은 사람들이 회의에 참석했다.

대명사 **1** 소수, 극히 ~밖에 안 되는 것〔사람〕
Very **few** understand what he said.
그가 한 말을 이해하는 사람은 극히 적다.

2 《a few로 쓰임》 소수의 사람, 소량의 것
A few of them know it.
그들 중 몇몇이 그것을 알고 있다.
I have **a few** of his pictures.
나는 그의 사진을 몇 장 가지고 있다.

I have **a few** of his pictures.

 few, little, a few의 차이가 무엇인가요?

▶ few와 little은 둘 다 '거의 없는'이라는 부정적인 뜻으로 쓰이지만 few는 셀 수 있는 명사 앞에, little은 셀 수 없는 명사 앞에 사용해요.
  ⓔ He has **few** friends. 그는 친구가 거의 없다.
     She has **little** time. 그녀는 시간이 거의 없다.

▶ few는 '거의 없는'이라는 부정의 뜻이며, a few는 '몇 개 있는'이라는 긍정의 뜻이에요. 그렇지만 둘 다 뒤에 복수 명사가 온다는 것을 기억하세요.
  ⓔ **few** friends 친구가 거의 없는, **a few** friends 친구가 몇 명 있는

fiction (fik-shuhn) [fíkʃən]

명사 **1** Ⓤ 소설 (↔nonfiction)
historical **fiction** 역사 소설
Truth is stranger than **fiction**.
사실은 소설보다 기이하다.

2 ⒸⓊ 꾸며 낸 일, 허구
Anne's stories about her adventures are mostly **fiction**.
앤의 모험에 대한 이야기는 대부분 꾸며 낸 것이다.
A novel is a work of **fiction**. 소설은 허구이다.

| 복수형 | **fiction**s |

➕ **fictional** 소설의, 허구의
  nonfiction 실화, 논픽션
  science fiction 공상 과학 소설〔영화〕

field (feeld) [fi:ld]

명사 **1** Ⓒ 들판, 밭
I saw hundreds of horses in the **field**.
나는 들판에 있는 수백 마리의 말을 보았다.

| 복수형 | **field**s |

This **rice field** used to be jungle.
이 논은 예전에는 밀림 지대였다.

2 ⓒ 분야
Lisa is studying the **field of** food science.
리사는 식품학 분야를 공부하고 있다.

3 ⓒ 경기장
The football **field** needed new grass.
축구장에는 새로운 잔디가 필요했다.

➕ **field day** 운동회

field

fifteen (fif-teen) [fiftíːn]

숫자 15, 열다섯
Sally turns **fifteen** this month.
샐리는 이번 달에 15세가 된다.
A: Do you know what time it is now? 지금 몇 시야?
B: It's five **fifteen**. 5시 15분이야.

복수형 **fifteens**

➕ **fifteenth** 15번째(의), 15일; 15분의 1

fifth (fifth) [fifθ]

형용사 5번째의, 다섯 번째의
My office is on the **fifth** floor. 내 사무실은 5층에 있다.

대명사 5번째, 다섯 번째, 5일
She was the **fifth** to join the team.
그녀는 팀에 다섯 번째로 들어온 사람이다.

명사 ⓒ 5분의 1
I gave a **fifth** of my cake to him.
나는 그에게 내 케이크의 5분의 1을 주었다.

※ '다섯 번째(의)'는 fiveth라고 하지 않고 fifth라고 하는 것에 주의하세요.

복수형 **fifths**

fifty (fif-tee) [fífti]

숫자 50, 오십
My father is **fifty** years old. 우리 아버지는 50세이시다.

• **in one's fifties** (나이가) 50대인
They were **in their fifties**. 그들은 50대였다.

• **the fifties** 1950년대 (= the '50s, the 1950s)
She was born in **the fifties**. 그녀는 1950년대에 태어났다.

복수형 **fifties**

➕ **fiftieth** 50번째(의)

*fight (fite) [fait]

동사 싸우다, 전투하다
fight with(**against**) an enemy 적군과 싸우다
Every night I **fight with** my brother over the remote control.

3인칭단수현재 **fights**
현재분사 **fighting**
과거·과거분사 **fought**

매일 밤 나는 리모컨을 가지고 오빠와 싸운다.
They **fought for** freedom. 그들은 자유를 위해 싸웠다.

명사 ⓒ 싸움, 다툼
I had a **fight with** one of my classmates.
나는 반 친구 한 명이랑 싸웠다.
Jack **got into a fight** at school.
잭은 학교에서 싸움에 휘말렸다.

복수형 fight**s**

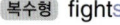 **fighter** 싸우는 사람, 투사

 응원할 때 '이겨라!'는 뭐라고 하나요?

운동 경기 등에서 자기 팀을 응원할 때 Fighting이라고 하는 것은 잘못된 표현이에요. Go라고 하는 것이 맞아요.
예) **Go**, Korea! 한국, 이겨라!

figure (fig-yur) [fígjər]

명사 1 ⓒ 숫자
the **figure** 3 숫자 3
a **three-figure** number 세 자리 숫자
One thousand is a big **figure**. 1,000은 큰 숫자이다.

2 《복수로 쓰임》 계산
Brian is great at **figures**. He can add, subtract, multiply, and divide.
브라이언은 계산을 잘한다. 그는 더하기, 빼기, 곱하기, 나누기를 할 수 있다.

3 ⓒ 사람, 모습, 형태
a tall **figure** in white 흰 옷을 입은 키가 큰 사람
The **figure** of an eagle was drawn on the wall.
벽에 독수리 모습이 그려져 있었다.

동사 생각하다, 판단하다
It was worth the trouble, I **figured**.
그건 수고할 만한 가치가 있다고 나는 생각했다.

● ***figure out*** 1 이해하다
I can't **figure out** why he didn't tell the truth.
나는 그가 왜 진실을 말하지 않았는지 **이해가** 안 된다.
2 해결하다, 알아내다
A: Sarah, can you help me **figure out** this problem?
사라, 이 문제를 **푸는 걸** 도와줄 수 있니?
B: Sure. Try doing it this way.
그럼. 이렇게 한번 해 봐.
A: It's easy that way. Thanks.
그렇게 하니까 쉽네. 고마워.

복수형 figure**s**

Brian is great at **figures**.

3인칭단수현재 figure**s**
현재분사 figur**ing**
과거·과거분사 figur**ed**

figure

file (file) [fail]

명사 1 ⓒ 파일, 서류철
Please put the handouts in your clear **file**.
수업 자료를 투명 파일에 넣어 주세요.

2 ⓒ [컴퓨터] (정보를 모아 놓은) 파일
Delete the useless **files**. 필요 없는 파일들을 지우세요.
Never forget to save your **files** on your computer.
파일을 컴퓨터에 저장하는 것을 절대 잊지 마세요.

동사 철하다, 철하여 정리하다
The reports are **filed** alphabetically.
보고서는 알파벳순으로 정리되어 있다.

복수형	file**s**
❓ handout 수업 자료, 유인물	
3인칭단수현재	file**s**
현재분사	fil**ing**
과거·과거분사	file**d**

*fill (fil) [fil]

동사 1 (가득) 채우다, 채워지다
The audience **filled** the concert hall.
청중이 콘서트홀을 메웠다.
The sidewalks were **filled with** people selling food.
인도는 음식을 파는 사람들로 가득 찼었다.
I'll **fill** my water bottle from the mountain spring.
난 약수터에서 물병을 채울 것이다.
A: How much gas do you want, sir?
기름을 얼마나 넣을까요, 손님?
B: **Fill** her **up**. 가득 채워 주세요.

2 (감정으로) 가득 차게 하다
The news **filled** him **with** joy.
그 소식은 그를 기쁨으로 가득 차게 했다.

3 (냄새·소리·빛 등이) 가득 차다, 채우다
The smell of freshly baked bread **filled** the room.
갓 구운 빵 냄새가 방 안을 가득 채웠다.

• *fill in(out)* (문서를) 기입하다, 작성하다
You have to **fill in** this form to apply for the job.
이 일에 지원하려면 이 양식을 작성해야 합니다.

3인칭단수현재	fill**s**
현재분사	fill**ing**
과거·과거분사	fill**ed**

The smell of freshly baked bread **filled** the room.

film (film) [film]

명사 1 ⓒⓤ 필름
Jane bought some color **film** for her camera.
제인은 카메라에 필요한 컬러 필름을 샀다.

2 ⓒ 영화 (= movie)
I **watched a film** at home on Sunday.
나는 일요일에 집에서 영화를 봤다.

복수형	film**s**

film

filter

동사 촬영하다
Eric **filmed** his daughter's college graduation ceremony.
에릭은 딸의 대학 졸업식을 촬영했다.

3인칭단수현재	film**s**
현재분사	film**ing**
과거·과거분사	film**ed**

 film 말고도 영화를 영어로 뭐라고 하나요?
'영화'를 뜻하는 단어로는 film, movie, motion pictures, cinema 등이 있어요. 흑백 필름 또는 흑백 영화는 black-and-white film이라고 해요.

filter (fil-tur) [fíltər]

명사 ⓒ 여과기, 필터
Our sink has a water **filter**.
우리 싱크대에는 정수기가 있다.
Change your car's oil **filter** every 7,000km.
차의 오일 필터는 7,000km마다 바꾸세요.
The earth's soil is a natural **filter**.
지구의 토양은 자연적인 필터다.

| 복수형 | filter**s** |

➕ **air filter** 공기 여과기, 공기 정화 장치
filter paper 거름종이, 여과지

동사 여과하다, 거르다, 여과하여 제거하다
Filter the water before drinking it.
물은 마시기 전에 거르세요.
Most apple juice is **filtered** before it is sold.
대부분의 사과 주스는 판매되기 전에 걸러지게 된다.

3인칭단수현재	filter**s**
현재분사	filter**ing**
과거·과거분사	filter**ed**

final (fye-nuhl) [fáinəl]

형용사 1 《명사 앞에만 쓰임》 마지막의, 최후의
The **final** movie starts at 10:30.
마지막 영화는 10시 30분에 시작한다.
I studied all week for the **final** test.
난 기말고사 때문에 일주일 내내 공부했다.

2 최종적인, 마지막의
final exams 학기말 시험
My father's **decision** was **final**.
우리 아버지의 결정은 최종적인 것이었다.

명사 1 ⓒ 결승, 결승전, 파이널
The World Cup **final** will be on Sunday.
월드컵 결승전은 일요일에 있을 것이다.

2 ⓒ 기말고사
I have to study for my math **final**.
나는 수학 기말고사가 있어서 공부를 해야 한다.

➕ **final answer** 최종 답변
final decision 최종 결정
final minutes (moments, seconds) 마지막 순간
final result 최종 결과
final score 최종 점수
final stage 마지막 단계

| 복수형 | final**s** |

➕ **semifinal** 준결승, 준결승전

finally (fye-nuh-lee) [fáinəli]

부사 1 마침내, 결국, 드디어 (≒ eventually, at last, in the end)
He **finally** passed the exam.
그는 마침내 시험에 합격했다.
Her wish **finally** came true.
드디어 그녀의 소망이 이루어졌다.

2 (순서의) 마지막으로, 최종적으로
Finally, add some water and let it cook.
마지막으로 물을 좀 넣고 익히세요.

> ☑ Her wish finally came true.
> = At last her wish came true.

financial (fuh-nan-shuhl, fye-nan-shul) [finǽnʃəl, fainǽnʃəl]

형용사 금융의, 재정의
financial services 금융 서비스
I think he has **financial** problems.
내 생각에 그가 재정적인 어려움이 있는 것 같다.

> ⊕ finance 재정, 자금

*find (finde) [faind]

동사 1 (우연히) 찾아내다, 발견하다
They **found** the treasure by accident.
그들은 우연히 보물을 발견했다.
I **found** some money in my pocket.
난 주머니에서 돈을 발견했다.

2 (잃어버린 것을) 찾다, 발견하다
Jinsu **found** his lost wallet.
진수는 잃어버린 지갑을 찾았다.
I couldn't **find** the key. 나는 열쇠를 찾을 수가 없었다.

3 알아내다, 깨닫다
It is not easy to **find** the answer to the final question.
마지막 문제의 답을 알아내는 것은 쉽지 않다.

4 (경험을 통하여) 이해하다, 깨닫다, 느끼다
He **found** that he was mistaken.
그는 자신이 잘못했음을 깨달았다.

5 ~라고 생각하다
I **found** the movie boring.
나는 그 영화가 지루하다고 생각했다.

• **find out** ~임을 알아내다, 발견하다
I **found out** she is going to Spain this summer.
나는 그녀가 올 여름에 스페인에 갈 것이라는 것을 알게 됐다.

> 3인칭단수현재 find**s**
> 현재분사 find**ing**
> 과거·과거분사 **found**
>
> ⊕ find**ings** 조사 결과, 연구 결과
> lost and found 분실물 센터

Jinsu **found** his lost wallet.

fine¹ (fine) [fain]

형용사 **1** 좋은, 훌륭한
Fine wines are expensive. 좋은 와인은 비싸다.
It's a **fine** idea. 좋은 생각인데.
She's a very **fine** player.
그녀는 매우 훌륭한 선수다.

2 괜찮은, 좋은
A: More coffee? 커피 더 줄까?
B: No, **I'm fine**, thanks. 아니, 괜찮아, 고마워.

3 기분이 좋은, 건강한
I feel **fine** this morning. 오늘 아침은 기분이 좋다.

4 맑은, 화창한
It's a **fine** day. There's not a cloud in the sky.
맑은 날이다. 하늘에 구름 한 점 없다.
The weather was **fine**, so I took a walk.
날씨가 좋아서 나는 산책을 했다.

5 가는, 가느다란
fine thread 가느다란 실
She has **fine** hair. 그녀는 머리카락이 가늘다.

부사 훌륭하게, 잘
The hat suits you **fine**. 그 모자가 네게 잘 어울려.
Don't worry. You're doing **fine**.
걱정하지 마. 넌 잘하고 있어.

비교급	finer
최상급	finest

fine thread

The hat suits you **fine**.

fine² (fine) [fain]

명사 ⓒ 벌금
She had to pay an $80 **fine** for speeding.
그녀는 속도위반으로 벌금 80달러를 내야만 했다.

동사 ~에게 벌금을 과하다
He was **fined** $100 for illegal parking.
그는 주차 위반으로 100달러의 벌금에 처해졌다.

복수형	fines
3인칭단수현재	fines
현재분사	fining
과거·과거분사	fined

finger (fing-gur) [fíŋɡər]

명사 ⓒ 손가락
Mary broke her **finger** playing volleyball.
메리는 배구를 하다가 손가락이 부러졌다.
Eric placed the ring on Sally's **finger**.
에릭은 샐리의 손가락에 반지를 끼웠다.

• **keep one's fingers crossed** 행운을 빌다
I'll **keep my fingers crossed**. 행운을 빌게.

복수형	fingers

➕ fingernail 손톱
  fingerprint 지문

손가락은 각각 뭐라고 하나요?

우리말에 손가락별로 이름이 있는 것처럼 영어에도 다음과 같이 각각 손가락 이름이 있어요.
예) thumb 엄지손가락 index finger 집게손가락 middle finger 가운뎃손가락
ring finger 약손가락 little finger 새끼손가락

*finish (fin-ish) [fíniʃ]

동사 1 끝내다, 마치다 (≒end; ↔begin, start)
You can have dessert after you **finish** eating your dinner.
저녁을 다 먹은 후에 디저트를 먹을 수 있다.
Have you **finished** your homework?
숙제는 끝냈니?

2 끝나다 (≒end; ↔begin, start)
School **finishes** on June 3rd.
학교는 6월 3일에 끝난다.

명사 ⓒ 끝, 마지막 (≒end; ↔start)
The children ran toward the **finish** line.
아이들은 결승선을 향해 뛰어갔다.
What an exciting **finish** to the game. They won with a last-second shot.
이 얼마나 흥미진진한 게임의 마무리인가. 그들은 마지막 순간의 슛으로 이겼다.

3인칭단수현재	finishes
현재분사	finishing
과거·과거분사	finished

➕ finished 끝낸, 끝마친

복수형 finishes

finish line

*fire (fire) [faiər]

명사 1 ⓒⓤ 불, 화재
No one knew how the **fire started**.
화재가 어떻게 시작됐는지는 아무도 몰랐다.
The theater **was on fire**. 극장이 불타고 있었다.

2 ⓒ (난방·요리를 위한) 불
He quickly **lit a fire** in the fireplace.
그는 서둘러 벽난로에 불을 피웠다.
We **built a fire** on the beach to cook.
우리는 요리를 하기 위해 해변에 불을 피웠다.

동사 1 발사하다, 발포하다
Bob **fired** his gun **at** the deer.
밥은 사슴을 향해 총을 쏘았다.

2 해고하다 (≒dismiss)
The pilot **was fired for** drinking on the job.
그 조종사는 근무 중에 술을 마셔서 해고되었다.

복수형 fires

➕ fire alarm 화재경보기
firefighter 소방관
fire station 소방서
firework 불꽃놀이

3인칭단수현재	fires
현재분사	firing
과거·과거분사	fired

firm¹ (furm) [fəːrm]

형용사 **1** 단단한, 견고한, 튼튼한
I prefer sleeping on a **firm** bed.
나는 딱딱한 침대에서 자는 것을 더 좋아한다.
A good fisherman needs a **firm** hand.
좋은 어부가 되려면 튼튼한 손이 필요하다.

2 확고한, 단호한
a **firm** decision 단호한 결정
My parents have a **firm** belief in education.
우리 부모님은 교육에 관해서는 확고한 신념을 가지고 계신다.

> **비교급** firm**er**
> **최상급** firm**est**
>
> ✚ **firmly** 단단히, 굳게; 단호하게
> **firmness** 단단함, 견고함; 단호함

firm² (furm) [fəːrm]

명사 ⓒ 회사 (≒company)
My **firm** deals in imported furniture.
우리 회사는 수입 가구를 취급한다.

> **복수형** firm**s**

first (furst) [fəːrst]

형용사 **1** 첫 번째의, 최초의 (↔last)
I missed the **first** flight. 나는 첫 비행기를 놓쳤다.
This is my **first** visit to Paris.
이것은 나의 첫 파리 방문이다.

2 최고의, 일등의 (↔last)
He won **first** place in the math competition.
그는 수학 경시대회에서 1등을 했다.

부사 첫째로, 우선, 먼저 (↔last)
Even though he was sick, he arrived **first**.
그는 아팠지만 첫 번째로 도착했다.

- *at first* 처음에는
  At first, I didn't notice the problem.
  처음에는 나는 문제를 알아차리지 못했다.
- *First come, first served.* 먼저 오는 사람이 먼저 대접을 받는다. (선착순) 〈속담〉
- *first of all* 무엇보다도, 우선
  First of all, don't start until I tell you to.
  우선, 내가 말하기 전까지는 시작하면 안 돼.
- *for the first time* 처음으로
  I felt happiness **for the first time** in my whole life.
  내 평생 처음으로 행복을 느꼈다.
- *in the first place* 애초에, 우선
  You should have told me **in the first place**.
  너는 애초에 내게 말했어야 했어.

> ✚ **first aid** 응급 처치
> **first aid kit** 구급상자
> **first class** (비행기 등) 일등석
> **first-class** (비행기 등) 일등석의
> **first lady** 영부인
> **first language** 모국어
> **first name** 이름
> **First World War** 제1차 세계 대전 (=World War I)

This is my **first** visit to Paris.

*fish (fish) [fiʃ]

명사 1 ⓒ 물고기, 어류
I wish I could swim like a **fish**.
내가 물고기처럼 수영할 수 있으면 좋겠다.

2 ⓤ (식용으로서의) 물고기, 생선
I don't like **fish**. 나는 생선은 싫다.

동사 낚시하다
He loves to **fish**. 그는 낚시하는 것을 굉장히 좋아한다.
I **fish** in the river every Sunday.
나는 일요일마다 강에서 낚시를 한다.

복수형	fish, fishes
➕ fishing 낚시, 어업	
3인칭단수현재	fishes
현재분사	fishing
과거·과거분사	fished

 물고기를 복수로 말할 때 fish와 fishes를 다 써도 되나요?
fish의 복수로는 fish 또는 fishes 둘 다 사용할 수 있어요. 그런데 뜻에 약간의 차이가 있답니다. two fish는 '물고기 두 마리'라는 뜻이지만, two fishes는 '두 종류의 물고기'(예를 들면, 고등어와 갈치 두 종류)라는 뜻이에요.

fisherman (fish-ur-muhn) [fíʃərmən]

명사 ⓒ 어부, 낚시꾼
A **fisherman** has a tough job. 어부는 힘든 일을 한다.
The **fishermen** will stay at sea for two weeks.
그 낚시꾼들은 바다에 2주 동안 머물 것이다.

fisherman

복수형	fishermen

fist (fist) [fist]

명사 ⓒ 주먹
The doctor asked the patient to make a **fist**.
의사는 환자에게 주먹을 쥐라고 했다.
Tom hit Jerry with his **fist**. 톰은 주먹으로 제리를 때렸다.

복수형	fists

fit (fit) [fit]

동사 1 (의복 등이) 꼭 맞다, 어울리다
Try this jacket on and see if it **fits**.
이 재킷이 맞는지 입어 보세요.
That dress **fits** her **perfectly**.
그 드레스는 그녀에게 아주 잘 어울린다.

2 꼭 끼워 넣다, 조립하다
He **fitted** the key in the lock.
그는 자물쇠에 열쇠를 끼웠다.

3인칭단수현재	fits
현재분사	fitting
과거·과거분사	fit, fitted
➕ fitting room 탈의실	

형용사 적합한, 알맞은
This is a meal **fit** for a king!
이것은 왕에게 알맞은 식사예요!
This movie is not **fit** for children.
이 영화는 어린이들에게 적합하지 않다.

| 비교급 | fit**ter** |
| 최상급 | fit**test** |

five (five) [faiv]

숫자 5, 다섯
There are **five** players on a basketball team.
농구 팀에는 다섯 명의 선수가 있다.

| 복수형 | **five**s |

➕ **fifth** 5번째(의), 5일

*fix (fiks) [fiks]

동사 1 고치다, 수리하다
My dad **fixed** the broken radio.
아빠가 고장 난 라디오를 고치셨다.
A: Where's your car, Jill? 네 자동차 어디 있어, 질?
B: I took it to the shop to have it **fixed**.
　수리하려고 정비소에 가져다 놨어.

2 (물건을) 고정하다 (≒attach)
The workman **fixed** the painting to the wall.
인부는 벽에 그림을 고정시켰다.

3 결정하다, 정하다 (≒set)
We need to **fix** a date for our wedding.
우리는 결혼 날짜를 정해야 해.

3인칭단수현재	fix**es**
현재분사	fix**ing**
과거·과거분사	fix**ed**

➕ **fixed** 고정된, 변치 않는

My dad **fixed** the broken radio.

*flag (flag) [flæg]

명사 ⓒ 깃발, 기
The **flag** is flying in the wind.
깃발이 바람에 펄럭이고 있다.
The name of our national **flag** is Taegeukgi.
우리나라의 국기 이름은 태극기이다.
The Stars and Stripes is the name of the United States **flag**. 성조기는 미국의 국기 이름이다.

| 복수형 | **flag**s |

➕ **flagpole** 깃대

flame (flame) [fleim]

명사 ⓒⓤ 불길, 불꽃
Don't put your hand in the **flame** of the fire.
불길에 손을 넣지 마.
The moth is attracted to the **flame**.
나방은 불에 모여든다.

| 복수형 | **flame**s |

❓ **moth** 나방

flash (flash) [flæʃ]

동사 번쩍이다, 반짝 빛나다
The fireworks **flashed** in the sky.
폭죽이 하늘에서 번쩍였다.
The neon sign **flashed** in the distance.
멀리서 네온사인이 번쩍거렸다.

명사 ⓒ번쩍임, 섬광, 번득임
Did you see that **flash of lightning**?
번개가 번쩍이는 거 봤어?
I saw a **flash of** anger in Mary's eyes.
나는 메리의 눈이 분노로 번득이는 것을 보았다.

- *in a flash* 눈 깜짝할 사이에, 순식간에
It all happened in **a flash**. 모든 것이 순식간에 일어났다.

3인칭단수현재	flashes
현재분사	flashing
과거·과거분사	flashed
복수형	flashes

➕ **flashlight** 손전등

flash of lightning

flat (flat) [flæt]

형용사 1 평평한, 평탄한
The wood must be **perfectly flat** before you paint it.
나무는 칠하기 전에 완전히 평평해야 한다.
Flat land is good for farming.
평탄한 땅은 농사 짓기에 좋다.

2 바람이 빠진, 펑크가 난
My bike has a **flat** tire. 내 자전거 바퀴가 바람이 빠졌다.

| 비교급 | flatter |
| 최상급 | flattest |

➕ **flatten** 평평(납작)해지다, 평평(납작)하게 만들다

Tip '타이어가 펑크 났다'를 영어로 뭐라고 하나요?

타이어가 '펑크 났다'고 할 때 punk라고 쓰면 잘못된 표현이 돼요. 그럴 땐 flat tire라고 해야 해요. 아니면 명사 flat(펑크 난 타이어)을 써서 표현해도 되지요.
㉠ I have a flat tire. = I've got a flat. 타이어에 펑크가 났어.

flavor (flay-vur) [fléivər]

명사 ⓒⓤ맛, 향 (≒taste)
Chocolate is the world's favorite **flavor**.
초콜릿은 세계적으로 사랑받는 맛이다.
A: Can I have an ice cream cone?
아이스크림콘 하나 주시겠어요?
B: What **flavor** would you like? 무슨 맛으로 드릴까요?

동사 맛을 내다
Jane **flavored** the soup with garlic and salt.
제인은 마늘과 소금으로 수프의 맛을 냈다.

| 복수형 | flavors |

➕ **flavour** (영국영어) 맛, 향

3인칭단수현재	flavors
현재분사	flavoring
과거·과거분사	flavored

flesh (flesh) [fleʃ]

명사 1 ⓤ 살, 고기
The lion ripped the dead zebra's **flesh** with its sharp teeth.
사자는 날카로운 이빨로 죽은 얼룩말의 살을 물어뜯었다.

2 ⓤ 과육
The **flesh** of a ripe peach is very juicy.
잘 익은 복숭아의 과육은 과즙이 매우 많다.

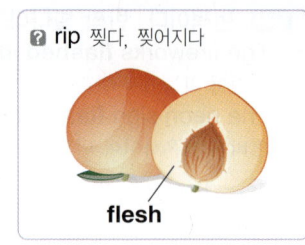

❓ rip 찢다, 찢어지다

flesh

flew (flu) [flu:]

동사 fly의 과거형

flexible (flek-suh-buhl) [fléksəbəl]

형용사 1 잘 구부러지는, 휘기 쉬운, 유연한
Many trees are **flexible** and bend with the wind.
많은 나무들은 유연해서 바람에 휘어진다.
The rubber hose is **flexible**.
고무호스는 유연하다.

2 신축성이 있는, 융통성이 있는
Mr. Brown has a **flexible** work schedule.
브라운 씨의 업무 스케줄은 신축성이 있다.
A **flexible** attitude is a big plus in life.
융통성 있는 태도는 삶에 큰 이점이 된다.

비교급 more flexible
최상급 most flexible

➕ flexibility 유연성, 융통성
flexibly 유연하게, 융통성 있게

flight (flite) [flait]

명사 1 ⓒ 비행기, 항공편, (비행기로 하는) 비행
domestic (international) **flight** 국내선(국제선)
A: What **flight** are you on?
어느 비행기를 타고 가세요?
B: I'm on **flight** 83 to Rome.
로마로 가는 83편입니다.
I **booked a flight** online.
나는 온라인으로 항공편을 예약했다.
I overslept and **missed** my **flight**.
나는 늦잠을 자서 비행기를 놓쳤다.
It is **a long flight** from New York to Paris.
뉴욕에서 파리까지 가는 것은 긴 비행이다.

2 ⓤ 비행, 날기
A bird **in flight** is a beautiful sight.
비행 중인 새의 모습은 아름답다.

복수형 flights

➕ flight attendant 비행기 승무원

I overslept and **missed** my **flight**.

승무원은 영어로 스튜어디스(stewardess) 아닌가요?

예전에는 여자 승무원은 스튜어디스(stewardess), 남자 승무원은 스튜어드(steward)라고 불렀어요. 하지만 요즘은 여자 승무원, 남자 승무원을 구분하지 않고 flight attendant라고 한답니다.

float (floht) [flout]

동사 (물·공중에) 뜨다, 띄우다, 떠다니다 (↔sink)
Bella **floated** on her back in the lake.
벨라는 누운 채로 호수에 떠 있었다.
Look at that balloon **float** through the air.
공중에 떠다니는 저 풍선 좀 봐.
They **floated** the leaves down the river.
그들은 나뭇잎들을 강에 띄워 보냈다.

3인칭단수현재	floats
현재분사	floating
과거·과거분사	floated

flood (fluhd) [flʌd]

명사 1 ⓒⓤ 홍수 (↔drought)
Many homes were lost in the **flood**.
많은 집들이 홍수에 소실되었다.
The river is in a **flood** zone. 강은 홍수권 안에 들어 있다.

2 ⓒ 범람, 쇄도
There was a **flood of** complaints about poor customer service.
형편없는 고객 서비스에 대한 불평이 쇄도했다.

동사 1 범람시키다, 홍수가 나다
The rainstorms caused the river to **flood**.
폭풍우가 강을 범람시켰다.
The river **flooded** after the heavy rains.
폭우가 쏟아진 후 강이 범람했다.

2 폭주하다, 쇄도하다
Fan letters **flooded** in. 팬레터가 밀려들었다.

복수형	floods

flood

3인칭단수현재	floods
현재분사	flooding
과거·과거분사	flooded

➕ flooding 범람

*floor (flor) [flɔːr]

명사 1 ⓒ 바닥, 마루
My apartment **floor** was made of real wood.
우리 아파트의 바닥은 원목으로 만들어졌다.

2 ⓒ 층
My office is on the second **floor** of the building.
내 사무실은 그 빌딩의 2층에 있다.

복수형	floors

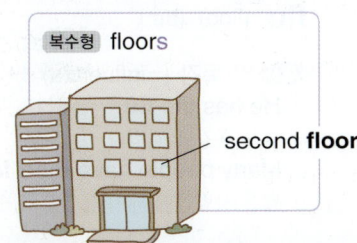

second **floor**

flour

> **'층'을 표현하는 말에도 나라마다 차이가 있나요?**
>
> 영국과 미국은 층을 다르게 말해요. 건물의 입구가 있는 층을 영국에서는 ground floor, 미국에서는 first floor라고 한답니다.
>
> 예) 영국: ground floor (1층), first floor (2층), second floor (3층)
> 미국: first floor (1층), second floor (2층), third floor (3층)

flour (flour) [flauər]

명사 Ⓤ 밀가루
Bread made from whole wheat **flour** is healthier than from white **flour**.
통밀 가루로 만든 빵은 밀가루로 만든 빵보다 건강에 좋다.

🔎 wheat 밀

flow (floh) [flou]

명사 ⒸⓊ 흐름
The ice **flow** around Greenland is slowing.
그린란드 주변의 얼음 흐름이 느려지고 있다.
Mary got carried away in the **flow of** the music.
메리는 음악의 선율 속에서 넋을 잃었다.

동사 흐르다
The small river **flows** south. 그 작은 강은 남쪽으로 흐른다.
Blood **flowed** from the cut.
베인 상처에서 피가 흘러나왔다.

복수형	flows
3인칭단수현재	flows
현재분사	flowing
과거·과거분사	flowed

*flower (flou-ur) [fláuər]

명사 Ⓒ 꽃 (≒ blossom)
A rose is the **flower** of love. 장미는 사랑의 꽃이다.
Please, don't **pick** the **flowers**. 꽃을 꺾지 마세요.

복수형	flowers

flown (flohn) [floun]

동사 fly의 과거분사형

flu (floo) [flu:]

명사 Ⓤ 독감 (=influenza)
He has the **flu**.
그는 독감에 걸렸다.
Many people have **died from** swine **flu**.
많은 사람들이 돼지 독감으로 사망했다.

➕ bird flu 조류 독감
flu shot 독감 예방 주사

fluent (floo-uhnt) [flúːənt]

형용사 **1** (언어 · 외국어 등이) 유창한
Bora is **fluent in** both Korean and English.
보라는 한국어와 영어 둘 다 유창하다.

2 능수능란한
The artist is **fluent** with both pencil and brush.
그 예술가는 연필과 붓 모두에 능수능란하다.

| 비교급 | more fluent |
| 최상급 | most fluent |

➕ **fluency** 유창
fluently 유창하게

flute (floot) [fluːt]

명사 ⓒ 플루트
The musician played the **flute** for the audience.
연주자는 청중들을 위해 플루트를 연주했다.

| 복수형 | flutes |

*fly¹ (flye) [flai]

동사 **1** 날다
A: Jane, if you had one wish, what would it be?
제인, 네게 소원이 하나 있다면 어떤 거야?
B: I wish I could **fly** like a bird.
난 새처럼 날 수 있으면 좋겠어.

2 비행기로 가다, 비행하다
I am **flying to** Canada this afternoon.
나는 오늘 오후에 비행기를 타고 캐나다에 간다.

3 (나는 듯이) 급히 가다, 달려가다
• Time **flies** like an arrow. 시간은 화살과 같이 날아간다. (시간은 빨리 흘러간다.) 〈속담〉

3인칭단수현재	flies
현재분사	flying
과거	flew
과거분사	flown

fly

fly² (flye) [flai]

명사 ⓒ 파리, 날벌레
I wish these **flies** would stop biting me.
이 날벌레들이 날 그만 좀 물었으면 좋겠다.
swat a **fly** 파리를 잡다

| 복수형 | flies |

❓ **swat** 찰싹 때리다

foam (fohm) [foum]

명사 Ⓤ 거품
The water turned to **foam** as the waves hit the shore.
파도가 해안에 부딪히면서 물이 거품으로 변했다.
This soap doesn't make much **foam**.
이 비누는 거품이 많이 생기지 않는다.

➕ **foamy** 거품투성이의

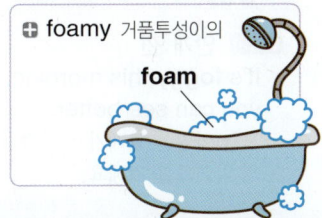
foam

Watch out for the **foam**! Pour the soda slowly so it doesn't spill over.
거품 조심해! 넘치지 않도록 탄산음료를 천천히 부어.

동사 (바닷물·맥주 등의) 거품이 일다
Sora's cola **foamed** over her glass.
소라의 콜라가 거품을 내며 흘러넘쳤다.

3인칭단수현재	foams
현재분사	foaming
과거·과거분사	foamed

focus (foh-kuhs) [fóukəs]

동사 1 (관심·노력 등을) 집중하다, 집중시키다
Let's **focus on** the introduction to your speech.
네 연설의 서문에 집중하도록 하자.
Focus your attention on your studies.
공부에 집중하렴.

2 (눈·카메라 등의) 초점을 맞추다, 초점이 맞다
The camera **focused on** him.
카메라는 그에게 초점을 맞췄다.
My teacher's eyes didn't **focus on** me.
우리 선생님께서는 날 보고 계시지 않았다.

명사 1 ⓒⓤ (흥미·주의 등의) 초점, 중심
main **focus** 주요 초점
She was everyone's **focus of** attention.
그녀는 모든 사람들의 관심의 초점이었다.

2 ⓤ (렌즈 등의) 초점
The **focus of** the light was on the back wall.
빛의 초점은 뒷벽에 맞춰져 있었다.
The camera was **out of focus**.
그 카메라는 초점이 맞지 않았다.

3인칭단수현재	focuses, focusses
현재분사	focusing, focussing
과거·과거분사	focused, focussed

➕ autofocus (카메라의) 자동 초점 방식(의)

복수형 focuses, foci

➕ in focus 초점이 맞은
out of focus 초점이 안 맞은

fog (fahg) [fɑg]

명사 ⓒⓤ 안개 (≒ mist)
a blanket of **fog** 짙게 드리운 안개
We could not see any other boats because of the thick **fog**.
우리는 짙은 안개 때문에 다른 배들을 볼 수 없었다.

복수형 fogs

➕ fog lamp(light) (자동차의) 안개 등

foggy (fah-gee) [fági]

형용사 안개 낀
It's **foggy** this morning. Turn on the car lights so you can see better.
오늘 아침은 안개가 끼었습니다. 좀 더 잘 볼 수 있도록 자동차의 라이트를 켜세요.

| 비교급 | foggier |
| 최상급 | foggiest |

fold (fohld) [fould]

동사 접다, 개다
I **folded** the paper **in half**.
나는 종이를 반으로 접었다.
Help me **fold** these blankets.
내가 이 이불들을 개는 것 좀 도와줘.
- *fold one's arms* 팔짱을 끼다
Tina **folded her arms** together across her chest.
티나는 가슴 위로 **팔짱을 꼈다**.

3인칭단수현재	fold**s**
현재분사	fold**ing**
과거·과거분사	fold**ed**

➕ **folder** 서류철; [컴퓨터] 폴더

follow (fal-loh) [fálou]

동사 1 따라가다, 쫓다
The tourist **followed** the guide into the jungle.
여행객은 정글 속으로 가이드를 따라갔다.
Tim **followed** his older brother everywhere.
팀은 어디든 그의 형을 쫓아다녔다.

2 ~에 계속하다, ~의 다음에 오다
Saturday **follows** Friday. 토요일은 금요일 다음에 온다.

3 따르다, 복종하다
I always **followed** her **advice**.
난 언제나 그녀의 조언에 따랐다.
Soldiers must **follow** orders.
군인은 명령에 복종해야 한다.

4 이해하다, 알다
A: Were you able to **follow** the story?
이야기를 이해할 수 있었니?
B: I think I understood most of it.
대부분 이해한 것 같아.

3인칭단수현재	follow**s**
현재분사	follow**ing**
과거·과거분사	follow**ed**

➕ **following** 그 다음의, 다음에 나오는; 다음

Tim **followed** his older brother everywhere.

fond (fahnd) [fɑnd]

형용사 좋아하는
My boss **is fond of** point**ing** out my mistakes.
나의 상사는 내 실수를 지적하기 좋아한다.
Jack has become quite **fond of** Sally.
잭은 샐리를 꽤 좋아하게 되었다.

비교급	fond**er**
최상급	fond**est**

*food (food) [fu:d]

명사 ⓒⓤ 음식, 식품
This **food** is delicious.
이 음식은 맛있다.

복수형	food**s**

fool

She doesn't eat **fast food** at all.
그녀는 패스트푸드를 전혀 먹지 않는다.
A: What is your favorite **food**?
네가 가장 좋아하는 음식은 뭐야?
B: I like Korean **food**. 나는 한국 음식을 좋아해.

➕ food chain 먹이 사슬
food court 식당가, 푸드 코트

*fool (fool) [fu:l]

명사 ⓒ 바보, 멍청이 (≒ idiot)
Brian was a **fool** to buy such an expensive car.
그런 비싼 차를 사다니 브라이언은 바보였다.
• **make a fool of** ~를 놀리다, 바보 취급을 하다
She **made a fool of** me at the party.
그녀는 파티에서 나를 바보로 만들었다.

동사 속이다
I **fooled** Eric **into** believing that I was ill.
나는 에릭이 내가 아프다고 믿게끔 속였다.

복수형 fools

➕ April Fools' Day 만우절

3인칭단수현재 fools
현재분사 fooling
과거·과거분사 fooled

*foolish (foo-lish) [fú:liʃ]

형용사 어리석은, 바보 같은 (≒ silly, stupid)
His son was **foolish**. 그의 아들은 어리석었다.
A: I left the keys in the car and now it's gone.
내가 차에 열쇠를 두었는데 지금 보니 없어졌어.
B: How **foolish** of you! 넌 참 어리석구나!

비교급 more foolish
최상급 most foolish

*foot (fut) [fut]

명사 1 ⓒ 발
He walked around **in bare feet**.
그는 맨발로 돌아다녔다.
Please **wipe your feet** before you come in.
(현관 안으로) 들어오기 전에 발을 털어 주세요.

2 ⓒ 밑 쪽, 발치, 아래쪽
Put the folded blanket at **the foot of** the bed.
갠 이불은 침대 발치에 놓도록 해.
The answer **is at the foot of** the page.
정답은 페이지 하단에 있다.

3 ⓒ (길이 단위) 피트 (줄임말 ft)
Tim is six **feet** tall. 팀의 키는 6피트이다.
Three **feet** equal one yard. 3피트는 1야드와 같다.

• **on foot** 걸어서
He used to go to school **on foot**.
그는 걸어서 학교에 가곤 했다.

복수형 feet

➕ footprint 발자국
footstep 발소리

※ 1 foot = 30.48 centimeters = 12 inches

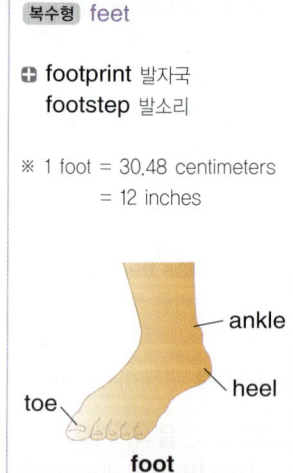

foot은 얼마나 되는 길이인가요?

1 foot은 약 30cm예요. foot의 복수는 feet이므로 복수로 쓸 때에는 2 feet, 3 feet라고 해야 하지요.

football (fut-*bawl*) [fútbɔ̀ːl]

명사 **1** Ⓤ 미식축구
He **played football** in high school and college.
그는 고등학교와 대학 때 미식축구를 했다.

2 Ⓤ (영국영어) 축구 (=soccer)
I think **football** is the greatest sport of all.
난 축구가 모든 스포츠 중에 최고라고 생각한다.

3 Ⓒ 축구공
A: Hey, Brian. Throw me the **football**.
야, 브라이언. 축구공 내게 던져.
B: OK. Catch it. 알았어. 받아.

복수형 **footballs**

 American football (영국영어) 미식축구

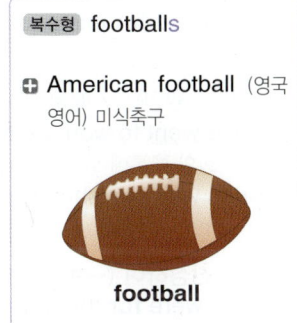
football

 축구는 나라마다 이름이 달라요?

우리가 일반적으로 일컫는 '축구'를 미국에서는 soccer, 영국에서는 football이라고 해요. 그리고 미식축구는 미국에서는 football, 미국을 제외한 다른 나라에서는 보통 American football이라고 불러요.

*for (for) [fɔːr]

전치사 **1** 〖대상〗 ~을 위해
This gift is **for** you. 이 선물은 너를 위한 거야.
She bought a dress **for** Bora.
그녀는 보라에게 주려고 원피스를 샀다.
Are there any letters **for** me?
내게 온 편지 있어?

2 〖목적〗 ~을 위해, ~하러
We went to the restaurant **for** dinner.
우리는 저녁 식사를 하러 레스토랑에 갔다.
Let's go **for** a walk. 산책하러 가자.
This knife is **for** cutting meat.
이 칼은 고기를 자르는 데 쓴다.

3 〖시간·거리〗 ~ 동안
I waited for him **for** three hours.
나는 세 시간 동안 그를 기다렸다.

She bought a dress **for** Bora.

We walked **for** five miles. 우리는 5마일을 걸었다.

4 〖방향·목적지〗 ~로 향하여, ~로
He left **for** New York this morning.
그는 오늘 아침에 뉴욕으로 떠났다.
The ship is bound **for** Busan. 그 배는 부산행이다.

5 〖교환·대가〗 ~의 금액으로
I bought this coat **for** $35.
나는 이 코트를 35달러에 샀다.
I paid $10 **for** this book.
나는 이 책을 10달러에 샀다.

6 〖이유·원인〗 ~ 때문에
Anne went to work early **for** a meeting.
앤은 회의 때문에 일찍 회사에 갔다.
Brian was punished **for** getting into a fight.
브라이언은 싸움한 것 때문에 벌을 받았다.

7 ~에 찬성하여 (↔against)
They were **for** the new law.
그들은 새로운 법에 찬성을 했다.

● *for the first time* 처음으로
I went horseback riding **for the first time** in my life.
나는 태어나서 **처음으로** 말을 타러 갔다.

● *for the time being* 당분간
I'll not be in the office **for the time being**.
나는 **당분간** 사무실에 있지 않을 것이다.

I paid $10 **for** this book.

Brian was punished **for** getting into a fight.

Tip '~ 동안'이라는 뜻으로 쓰일 때 **for**와 **during**의 차이가 뭔가요?

for와 during은 모두 '~ 동안'이라는 뜻이지만 사용법이 달라요. for는 주로 숫자와 함께 써서 구체적인 기간을 나타내요. 반면에 during은 특정한 일이나 기간, 혹은 시기를 나타내는 명사와 함께 쓰지요.

예) **for** two hours 두 시간 동안 **for** a week 1주일 동안
during the movie 영화를 보는 동안 **during** the night 밤 동안

---

forbad (fur-bad) [fərbǽd]

〖동사〗 forbid의 과거형

forbade (fur-bad, fur-bayd) [fərbǽd, fərbéid]

〖동사〗 forbid의 과거형

forbid (fur-bid) [fərbíd]

동사 금하다, 허락하지 않다 (≒ ban, prohibit; ↔ allow, permit)
My mother **forbids** me **from** watch**ing** TV on week nights.
우리 엄마는 평일 밤에는 내가 TV 보는 것을 허락하시지 않는다.

3인칭단수현재	forbid**s**
현재분사	forbid**ding**
과거	forbade, forbad
과거분사	forbidden

forbidden (fur-bid-uhn) [fərbídn]

동사 forbid의 과거분사형

형용사 금지된
Smoking is **forbidden**. 흡연은 금지되어 있습니다.
He was **forbidden to** eat meat while he was sick.
그는 아픈 동안에는 고기를 먹는 것이 금지되었다.

Smoking is **forbidden**.

force (fors) [fɔːrs]

명사 1 ⓤ 힘
The pitcher threw the ball **with great force**.
투수는 굉장한 힘으로 공을 던졌다.

2 ⓤ 무력, 폭력, 완력
He took money from them **by force**.
그는 완력으로 그들에게서 돈을 빼앗았다.

3 ⓒ ((주로 복수로 쓰임)) 군대, 군
My uncle is in the air **force**. 우리 삼촌은 공군이다.

동사 1 강요하다, 억지로 시키다
Eric **forced** Tim to tell the truth.
에릭은 팀에게 사실을 말하도록 강요했다.
Mary **forced** a smile. 메리는 억지로 미소를 지었다.

2 (힘으로) ~하다
The door was **forced** open. 문이 강제로 열렸다.

복수형	force**s**

➕ **forced** 강요된, 강제적인
forceful 힘이 있는; 강제적인
forcefully 강력하게; 강제적으로

3인칭단수현재	force**s**
현재분사	forc**ing**
과거·과거분사	force**d**

forecast (for-kast) [fɔ́ːrkæst]

명사 ⓒ 예측, 예상
The **weather forecast** predicts rain tomorrow.
일기 예보에 의하면 내일 비가 올 것이라고 한다.

동사 예측하다, 예상하다
Fortunetellers try to **forecast** the future.
점쟁이들은 미래를 예측하려 한다.
I **forecast that** those who work hard will succeed.
나는 열심히 일하는 사람들이 성공할 것이라고 예상한다.

복수형	forecast**s**
3인칭단수현재	forecast**s**
현재분사	forecast**ing**
과거·과거분사	forecast, forecast**ed**

forehead (for-hed) [fɔ́:rhèd]

명사 ⓒ 이마
Brian has a broad **forehead**. 브라이언은 이마가 넓다.
A cyclops has a single eye in the middle of its **forehead**.
키클롭스는 이마 가운데에 한 개의 눈이 있다.

복수형 forehead**s**

❓ **cyclops** 그리스 신화 속 외눈의 거인

foreign (for-uhn) [fɔ́(:)rin]

형용사 1 외국의 (≒alien; ↔domestic)
a **foreign** student 외국인 학생
I dream of traveling to a **foreign** country.
난 외국을 여행하길 꿈꾼다.
Lisa enjoys learning **foreign** languages.
리사는 외국어 배우기를 즐긴다.

2 《명사 앞에만 쓰임》 외국과의, 대외적 (↔domestic)
foreign trade 대외 무역

3 이질적인, 생소한 (≒alien)
The scientist found a **foreign** substance in the water.
그 과학자는 물에서 생소한 물질을 발견했다.

➕ **foreign affairs** 외교 문제
foreign exchange 외환
Foreign Office 외무부
foreign service 해외 근무
Ministry of Foreign Affairs and Trade 외교통상부

foreigner (for-uh-nur) [fɔ́(:)rinər]

명사 ⓒ 외국인 (≒alien)
We can see many **foreigners** in Seoul.
우리는 서울에서 많은 외국인들을 볼 수 있다.

복수형 foreigner**s**

forest (for-ist) [fɔ́(:)rist]

명사 ⓒⓤ 숲, 산림, 삼림
He lives alone in the deep **forest**.
그는 깊은 숲 속에 혼자 산다.
This **forest** is mostly pine trees.
이 산림은 거의 소나무다.

● *You can't see the forest for the trees.* 나무만 보고 숲은 못 본다. (작은 것만 보고 큰 것은 못 본다.) 〈속담〉

복수형 forest**s**

➕ **rain forest** 다우림

forest

forever (fur-ev-ur) [fərévər]

부사 1 영원히
I will love you **forever**.
영원히 너를 사랑할게.

➕ **for ever** (영국영어) 영원히; 끊임없이

You will remember your wedding day **forever**.
너는 네 결혼식 날을 영원히 기억할 거야.

2 끊임없이, 쉴 새 없이 (≒constantly)
That dog is **forever** wagging its tail.
저 개는 끊임없이 꼬리를 흔들고 있다.

- **take forever** (시간이) 굉장히 오래 걸리다
It's going to **take forever** to clean your room!
네 방을 청소하려면 몇 날 며칠이 걸릴 거야!

That dog is **forever** wagging its tail.

forgave (fur-gave) [fərgéiv]

동사 forgive의 과거형

*forget (fur-get) [fərgét]

동사 1 잊다, 잊어버리다, 생각이 나지 않다
(↔remember, recall)
Try not to **forget** his phone number.
그의 전화번호를 잊지 않도록 해.
Did you **forget** that I was coming?
내가 온다는 걸 잊었니?

2 (소지품 등을) 놓아두고 잊다, 잊고 오다
A: Can I borrow a dollar, Sally?
1달러 빌려 줄 수 있어, 샐리?
B: What do you need it for? 뭐에 쓰려고?
A: I **forgot** my lunch money. 점심 사 먹을 돈을 깜빡했어.

3인칭단수현재	forget**s**
현재분사	forget**ting**
과거	forgot
과거분사	forgotten

➕ **forgetful** 잘 잊어버리는
forgetfully 깜빡해서, 부주의하게
forgetfulness 건망증, 부주의

 forget의 뒤에는 **to**부정사와 동명사 둘 다 올 수 있나요?
네. 하지만 뒤에 to부정사가 올 때와 동명사 형태인 -ing가 올 때의 의미는 다르답니다. to부정사가 오면 '~하는 것(앞으로 할 일)을 잊다', -ing가 오면 '~한 것(이미 한 일)을 잊다'라는 의미가 돼요.
예 Don't **forget to** write your name. 서명하는 것을 잊지 마세요. (미래)
Don't **forget** writ**ing** your name. 서명한 사실을 잊지 마세요. (과거)

forgive (fur-giv) [fərgív]

동사 (사람·죄를) 용서하다 (≒pardon)
I'll **forgive** you this time, but be careful next time.
이번에는 용서할게, 하지만 다음엔 조심해.
Can you **forgive** me **for** forget**ting** your birthday?
네 생일을 잊은 것을 용서해 줄 수 있겠니?

3인칭단수현재	forgive**s**
현재분사	forgiv**ing**
과거	forgave
과거분사	forgiven

forgiven

- ***forgive me*** (공손한 표현) 죄송합니다
  Please **forgive me**, but I have to leave.
  죄송하지만 전 가야 해요.

> ➕ forgiveness 용서

forgiven (fur-giv-uhn) [fərgívən]

동사 forgive의 과거분사형

forgot (fur-gaht) [fərgát]

동사 forget의 과거형

forgotten (fur-gaht-tuhn) [fərgátn]

동사 forget의 과거분사형

fork (fork) [fɔːrk]

명사 ⓒ 포크
Put the **fork** on the left side of the plate.
포크를 접시의 왼편에 놓으세요.
Can I have a clean **fork**, please? This one is dirty.
깨끗한 포크 좀 주시겠어요? 이건 더럽네요.

복수형 fork**s**

form (form) [fɔːrm]

명사 **1** ⓒ 종류, 유형
form of transportation 교통수단
What **form of** exercise do you do?
넌 어떤 종류의 운동을 해?
I would welcome help **in any form**.
어떠한 형태의 도움이든 나는 환영이다.

2 ⓒ 양식, 서식
When you travel overseas, you have to **fill out** a customs **form**.
해외여행을 할 때에는 세관 양식을 작성해야 한다.
The job **application form** is two pages long.
입사 지원서는 두 쪽 분량이다.

동사 만들다, 만들어지다, 형성하다, 형성되다
The walls of the building **formed** a triangle.
그 건물의 벽들이 삼각형을 형성했다.
The school is **forming** a band. Do you want to join it?
학교가 밴드를 구성할 거야. 너도 가입할래?

복수형 form**s**

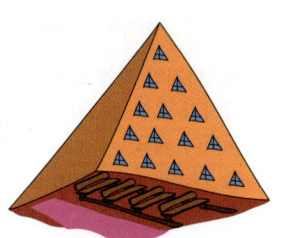

The walls of the building **formed** a triangle.

3인칭단수현재	form**s**
현재분사	form**ed**
과거·과거분사	form**ing**

formal (for-muhl) [fɔ́ːrməl]

형용사 1 정식의, 공식적인 (↔informal)
Formal permission is required to examine the evidence.
증거를 조사하기 위해서는 공식 허가가 필요하다.

2 (옷이) 정장인 (↔casual, informal)
We wore **formal** clothing to the graduation party.
우리는 졸업 파티에 정장을 입었다.

비교급	more formal
최상급	most formal

➕ **formally** 정식으로, 공식으로

❓ **permission** 허가, 허락
evidence 증거

former (for-mur) [fɔ́ːrmər]

형용사 《명사 앞에만 쓰임》 앞의, 전의 (≒previous, prior)
former president 전 대통령
Tim is Sally's **former** boyfriend.
팀은 샐리의 예전 남자 친구다.

명사 《the former로 쓰임》 전자, 앞의 것 (↔the latter)
A: Which do you prefer: Italian or Chinese food?
너는 이탈리아 음식과 중국 음식 중 어느 것을 더 좋아해?
B: The **former**. 앞에 것 (이탈리아 음식).

➕ **formerly** 이전에는, 옛날에는

✅ **former** president = ex-president

✅ **former** boyfriend = ex-boyfriend

forth (forth) [fɔːrθ]

부사 앞으로
The rocking horse moved back and **forth**.
그 목마는 앞뒤로 움직였다.
Eric ran **forth** from behind the bush.
에릭은 덤불 뒤에서 앞으로 뛰어나왔다.

The rocking horse moved back and **forth**.

fortunate (for-chuh-nit) [fɔ́ːrtʃənit]

형용사 운이 좋은, 행운의 (≒lucky; ↔unfortunate)
We were **fortunate to** escape the evil witch.
우리는 운이 좋게도 사악한 마녀에게서 도망칠 수 있었다.
Brian was **fortunate** he wasn't hurt in the car accident.
브라이언은 운 좋게 자동차 사고에서 다치지 않았다.

비교급	more fortunate
최상급	most fortunate

➕ **fortunately** 다행히, 운 좋게

fortune (for-chuhn) [fɔ́ːrtʃən]

명사 1 ⓤ 운, 행운
What good **fortune** to win the lottery!
복권에 당첨되다니 정말 운이 좋군!
I **had the good fortune to** meet my husband.

복수형	fortunes

내 남편을 만난 것은 행운이었다.

2 ⓒ 부, 큰 재물
She lost a **fortune** gambling on horse races.
그녀는 경마에 돈을 걸어 재산을 잃었다.
Mrs. Lee **made her fortune** in shipping.
이 씨는 해운업으로 많은 돈을 벌었다.

3 ⓒ (사람의) 운명, 운수
I have never had my **fortune** told.
난 내 운명을 한 번도 들어 본 적이 없다 (점을 본 적이 없다).

Mrs. Lee **made her fortune** in shipping.

forty (for-tee) [fɔ́ːrti]

숫자 40, 사십
My mother is **forty** years old. 우리 엄마는 40살이시다.
It takes **forty** minutes to go to school.
학교에 가는 데는 40분이 걸린다.

- *in one's forties* (나이가) 40대인
  My mother is in **her forties**.
  우리 엄마는 40대이시다.
- *the forties* 1940년대 (= the '40s, the 1940s)
  He was born in **the forties**.
  그는 1940년대에 태어났다.

복수형 **fort**ies

➕ **fortieth** 40번째(의)

※ 40은 fourty가 아니라 'u'가 빠진 forty로 쓰는 것에 주의하세요.

forward (for-wurd) [fɔ́ːrwərd]

부사 앞으로 (↔back, backward)
The armies marched **forward**.
군대는 앞으로 행군했다.
Eyes **forward**, Tom. Don't look at Sally's paper.
톰, 눈은 앞쪽으로. 샐리의 시험지를 보면 안 돼.

- *look forward to -ing* ~하기를 고대하다
  She is really **looking forward to** getting married.
  그녀는 결혼하기를 정말 고대한다.

형용사 앞의, 앞부분의
forward movement 전진
the **forward** door of a plane 비행기의 앞쪽 문

Eyes **forward**, Tom. Don't look at Sally's paper.

fossil (fah-suhl) [fάsl]

명사 ⓒ 화석
We saw dinosaur **fossils** at the museum.
우리는 박물관에서 공룡 화석을 봤다.
Susan found a **fossil** of a leaf in the forest.
수잔은 숲에서 나뭇잎 화석을 발견했다.

복수형 **fossil**s

➕ **fossil fuel** 화석 연료

fought (fawt) [fɔːt]

동사 fight의 과거 · 과거분사형

foul¹ (foul) [faul]

형용사 **1** 더러운, 지저분한, 불결한
Tim's dirty socks gave off a **foul** smell.
팀의 더러운 양말에서 악취가 났다.
He has **foul** breath. 그는 입 냄새가 난다.

2 불쾌한, 매우 나쁜
I'm in a **foul** mood. 나는 기분이 몹시 안 좋다.

비교급	foul**er**
최상급	foul**est**

foul² (foul) [faul]

동사 (운동 경기에서) 반칙하다
Jack was **fouled** as he attempted the shot.
잭은 슛을 하려고 할 때 반칙을 당했다.

명사 ⓒ 반칙
It was a clear **foul**. 그것은 명백한 반칙이었다.

3인칭단수현재	foul**s**
현재분사	foul**ing**
과거 · 과거분사	foul**ed**
복수형	foul**s**

found¹ (found) [faund]

find의 과거 · 과거분사형

found² (found) [faund]

동사 세우다, 설립하다 (≒establish)
Bill Gates **founded** a charity for education.
빌 게이츠는 교육 자선 단체를 설립했다.
Our school was **founded** in 1899.
우리 학교는 1899년에 세워졌다.

3인칭단수현재	found**s**
현재분사	found**ing**
과거 · 과거분사	found**ed**

➕ **foundation** 설립, 토대, 기초

fountain (foun-tuhn) [fáuntin]

명사 **1** ⓒ 분수
The small children played in the park **fountain**.
어린아이들은 공원에 있는 분수에서 놀았다.

2 ⓒ 원천
My grandfather is a **fountain of** information about our town.
우리 할아버지는 우리 마을에 관한 정보의 원천이시다.

복수형	fountain**s**

fountain

four (for) [fɔːr]

숫자 4, 넷
She borrowed **four** books from the library.
그녀는 도서관에서 책 네 권을 빌렸다.
My sister is **four** years old. 내 여동생은 네 살이다.

복수형 four**s**

➕ **fourth** 4번째(의), 4일

fourteen (for-teen) [fɔːrtíːn]

숫자 14, 열넷
He was **fourteen** when he entered college.
대학에 입학했을 때 그는 열네 살이었다.
She sleeps **fourteen** hours a day.
그녀는 하루에 열네 시간을 잔다.

복수형 fourteen**s**

➕ **fourteenth** 14번째(의), 14일

fourth (forth) [fɔːrθ]

형용사 4번째의, 네 번째의
He won **fourth** place in the speech contest.
그는 웅변대회에서 4등을 했다.
We have a gathering on every **fourth** Friday.
우리는 네 번째 주 금요일마다 모임을 갖는다.

대명사 4번째, 네 번째, 4일
The event will be held on the **fourth** of May.
이벤트는 5월 4일에 열릴 것이다.

명사 ⓒ 4분의 1
one-**fourth** 4분의 1

➕ **the Fourth** (7월 4일) 미국의 독립 기념일

※ 분수에서 분자가 1보다 큰 수이면 분모를 복수형으로 써요.
two-fourths (4분의 2)

복수형 fourth**s**

*fox (fahks) [fɑks]

명사 ⓒ 여우
Fox hunting was a popular sport in England.
여우 사냥은 영국에서 인기 있는 스포츠였다.
Foxes are supposed to be clever animals.
여우는 영리한 동물로 여겨진다.

복수형 fox**es**

fox

fraction (frak-shuhn) [frǽkʃən]

명사 1 ⓒ [수학] 분수
The **fraction** 3/4 is three-quarters of a whole.
분수 3/4은 전체의 4분의 3이다.

2 ⓒ 일부, 일부분
Only a small **fraction of** the students failed the test.
오직 일부 학생들만이 시험에 낙제했다.

복수형 fraction**s**

※ 분수에서 분자가 1보다 큰 수이면 분모를 복수형으로 써요.
two-fourths (4분의 2)

fragrance (fray-gruhns) [fréigrəns]

명사 ⓒ 향기 (≒ scent)
I love the sweet **fragrance of** apple blossoms.
난 사과 꽃의 달콤한 향기가 무척 좋다.

복수형	fragrances
➕	fragrant 향기로운

frame (frame) [freim]

명사 1 ⓒ (액자·창틀 등의) 테두리, 틀
I'll buy a large picture **frame**.
나는 큰 액자를 살 거야.

2 ⓒ 틀, 뼈대, 구조
Many houses have a wooden **frame**.
많은 집의 뼈대가 나무로 되어 있다.

3 ⓒ 《주로 복수로 쓰임》 안경테
I need new **frames** for my eyeglasses.
나는 새 안경테가 필요해.

복수형 frames

frame

France (frans) [fræns]

국가명 프랑스
The capital of **France** is Paris.
프랑스의 수도는 파리다.
France is north of Spain.
프랑스는 스페인의 북쪽에 있다.

➕ French 프랑스의, 프랑스 어, 프랑스 인

frank (frangk) [fræŋk]

형용사 솔직한 (≒ honest, straight)
To be frank with you, I don't have any money.
솔직히 말하면 나는 돈이 하나도 없어.
Be frank about your feelings.
네 감정에 솔직하도록 해.
I want your **frank** opinion.
나는 너의 솔직한 의견을 원해.

비교급	franker, more frank
최상급	frankest, most frank
➕	frankly 솔직하게 frankness 솔직, 정직

*free (free) [fri:]

형용사 1 (감옥·새장 등에 갇히지 않은) 자유로운
Animals in a zoo are not **free**.
동물원의 동물들은 자유롭지 않다.
Lions run **free** in the jungle.
사자들은 정글을 자유롭게 뛰어다닌다.

비교급	freer
최상급	freest

free

2 자유로운, 속박 없는
free speech 언론의 자유
You are **free to** use mine.
내 것을 마음대로 써도 돼.

3 무료의, 공짜의
I like to go to Costco and eat the **free** samples.
나는 코스트코에 가서 무료 샘플을 먹는 것(시식)을 좋아한다.
I won **free** tickets to the concert.
나는 공짜 콘서트 표를 얻었다.

4 시간이 있는, 한가한 (↔busy)
I'm **free** tomorrow night.
나는 내일 밤에는 시간이 있다.
She spends her **free time** surfing the Internet.
그녀는 한가한 시간을 인터넷 검색을 하며 보낸다.

5 ~이 없는
These foods are **free of** all artificial ingredients.
이 음식들에는 첨가제가 전혀 들어 있지 않다.
smoke-**free** area 흡연 금지 구역

● *feel free* 자유롭게 ~하다, 마음대로 ~하다
Please **feel free** to say what's on your mind.
마음속에 있는 것을 자유롭게 말하도록 하세요.

● *for free* 무료로, 공짜로
If you buy two boxes of cookies, you'll get another box **for free**.
과자 두 박스를 사시면 무료로 한 박스를 더 드립니다 (2+1).
He gave me his bike **for free**.
그는 자전거를 공짜로 내게 줬다.

[동사] **자유롭게 하다, 석방하다** (≒release)
He was **freed from** prison yesterday.
그는 어제 감옥에서 석방되었다.

[부사] **무료로**
On Wednesday, you can get into the museum **free**.
수요일에는 박물관에 무료로 입장할 수 있다.
All orders are delivered **free of charge**.
모든 주문은 무료로 배송됩니다.

➕ **freely** 자유로이; 무료로
duty-free 면세의, 면세로
free fall 자유 낙하
free ride 무임승차
free trade 자유 무역
free will 자유 의지

I like to go to Costco and eat the **free** samples.

※ free gift는 홍보나 판매 촉진을 위해 공짜로 나누어 주는 사은품, 경품, 선물 등을 말해요.

3인칭단수현재	free**s**
현재분사	free**ing**
과거·과거분사	free**d**

free가 다른 단어의 뒤에서 접미사로 쓰일 때는 무슨 뜻이 되나요?

free가 다른 단어의 뒤에서 접미사로 쓰이는 경우에는 '~이 없는'이라는 뜻이에요.
　[예] tax-free 세금이 없는　　sugar-free 무설탕의　　fat-free 무지방의
　　　duty-free 면세의　　　　smoke-free 금연의　　　caffeine-free 카페인이 없는

freedom (free-duhm) [fríːdəm]

명사 ⓒⓊ 자유
With **freedom** comes responsibility.
자유는 책임을 동반한다.
We must respect everyone's **freedom**.
우리는 모든 사람의 자유를 존중해야 한다.
Freedom of speech is very important in a democracy.
언론의 자유는 민주주의 국가에서 매우 중요하다.

| 복수형 | freedoms |

➕ **freedom of expression** 표현의 자유
freedom of the press 언론의 자유

freeze (freez) [friːz]

동사 1 얼다, 얼리다 (↔melt)
Water **freezes** and becomes ice.
물이 얼면 얼음이 된다.
She **froze** the leftovers.
그녀는 남은 음식을 냉동했다.

2 (공포·충격 등으로) 얼어붙다, 등골이 오싹해지다
The strange noise made the boys **freeze**.
이상한 소리에 소년들은 얼어붙었다.

3 (임금·가격 등을) 동결하다
The company **froze** wages to save money.
회사는 돈을 절약하기 위해 임금을 동결했다.

3인칭단수현재	freezes
현재분사	freezing
과거	froze
과거분사	frozen

➕ **freezer** 냉고
freezing 어는; 몹시 추운
freezing point 어는점

French (french) [frentʃ]

형용사 프랑스의
French cooking is delicious. 프랑스 요리는 맛있다.

명사 1 《the French로 표기하여 복수로 쓰임》 (집합적) 프랑스 인
The **French** like to drink wine.
프랑스 인들은 와인을 마시기 좋아한다.

2 Ⓤ 프랑스 어
Many people in Switzerland speak **French**.
스위스의 많은 사람들은 프랑스 어를 사용한다.

➕ **France** 프랑스
French fries 감자튀김

※ 프랑스의 수도는 파리(Paris) 지요. Paris라고 쓰지만 s를 발음하지 않아요.

frequent (free-kwuhnt) [fríːkwənt]

형용사 자주 일어나는, 빈번한 (≒often)
They make **frequent** trips to Busan.
그들은 부산에 자주 간다.
I got a free plane ticket with my **frequent** flyer miles.
나는 항공 마일리지로 공짜 비행기 표를 얻었다.

| 비교급 | more frequent |
| 최상급 | most frequent |

fresh

Ben is a **frequent** customer at his local coffee shop.
벤은 자기 동네 커피숍의 단골이다.

> ➕ **frequently** 자주, 빈번하게

*fresh (fresh) [freʃ]

형용사 **1** 신선한, 싱싱한
fresh bread 갓 구운 빵
Tony snacks on **fresh fruit**.
토니는 간식으로 싱싱한 과일을 먹는다.

2 (공기가) 상쾌한, 맑은
If you feel sleepy, breathe in some **fresh air**.
졸리면 바깥 공기를 좀 마시도록 해.

3 깨끗한
Use a **fresh** dish. That one is dirty.
깨끗한 접시를 사용해. 저것은 더러워.

> 비교급 **fresh**er
> 최상급 **fresh**est
>
> ➕ **freshly** 갓 ~한, 막 ~한
> **freshness** 신선함, 새로움

fresh bread

freshman (fresh-muhn) [fréʃmən]

명사 ⓒ (고등학교·대학교의) 신입생, 1학년생
Many university **freshmen** live in the university dormitory.
많은 대학교 신입생들이 대학교 기숙사에 산다.
Anne is an 18-year-old **freshman** at the University of Florida.
앤은 플로리다 대학교의 18세 신입생이다.

> 복수형 **fresh**men
>
> ➕ **sophomore** 2학년
> **junior** 3학년
> **senior** 4학년

Friday (frye-day) [fráidèi]

명사 ⓒ 금요일 (줄임말 Fri.)
I have a doctor's appointment this **Friday**.
나는 이번 주 금요일에 진찰 예약이 있다.
My birthday is **on Friday** this year.
올해 내 생일은 금요일이다.

> 복수형 **Friday**s

*friend (frend) [frend]

명사 ⓒ 친구
Tony is **a friend of mine**. 토니는 내 친구다.
She is my **best**[**closest**] **friend**.
그녀는 나의 가장 친한 친구다.

• **be friends (with somebody)** (~와) 친하게 지내다
Tim and Mary have **been friends** for five years.
팀과 메리는 5년간 친구로 친하게 지내고 있다.

> 복수형 **friend**s
>
> ➕ **friendship** 우정

- **make friends** 친구를 사귀다
  He easily **makes friends**. 그는 친구를 쉽게 사귄다.

➕ **man's best friend** 개

friendly (frend-lee) [fréndli]

형용사 **1** 친절한, 상냥한 (↔unfriendly)
I try to be **friendly to** people I meet.
나는 내가 만나는 사람들에게 친절하려고 노력한다.
He greeted me with a **friendly smile**.
그는 상냥한 미소로 내게 인사했다.

2 (두 나라의 관계가) 우호적인
North Korea is **friendly with** very few nations.
북한은 아주 소수의 나라에게만 우호적이다.

비교급 **friendl**ier
최상급 **friendl**iest

➕ **friendliness** 친철함, 호의

frighten (frye-tuhn) [fráitn]

동사 놀라게 하다, 무섭게 하다 (≒scare)
Horror movies **frighten** people.
공포 영화는 사람들을 무섭게 한다.
The cat **frightened** the birds **away**.
그 고양이가 새들을 놀라게 해서 새들이 날아갔다.
Sally was **frightened** by the barking dog.
샐리는 짖어 대는 개 때문에 깜짝 놀랐다.

3인칭단수현재 **frighten**s
현재분사 **frighten**ing
과거·과거분사 **frighten**ed

➕ **frightened** 무서워하는
frightening 무서운

*frog (frahg, frawg) [frɑg, frɔːg]

명사 ⓒ 개구리
Frogs can live on both land and water.
개구리는 육지와 물 양쪽에서 살 수 있다.

복수형 **frog**s
➕ **tree frog** 청개구리

*from (fruhm) [frəm]

전치사 **1** 〖출발·이동〗 ~에서, ~로부터
The highway goes **from** Seoul **to** Busan.
그 고속 도로는 서울에서 부산까지 이어진다.
My office is not far **from** the subway station.
내 사무실은 전철역에서 멀지 않다.

2 〖시간〗 ~에서, ~(로)부터
The supermarket is open **from** 7 a.m.
그 슈퍼마켓은 오전 7시부터 문을 연다.
We stayed there **from** May **until** July.
우리는 5월부터 7월까지 그곳에 머물렀다.

3 〖사람〗 ~에게서, ~로부터

The highway goes **from** Seoul **to** Busan.

I got a phone call **from** my mother today.
나는 오늘 엄마에게서 전화를 받았다.
You need to get permission **from** your teacher.
넌 선생님으로부터 허락을 받아야 해.

4 〖출처·출신〗 ~에서, ~로부터
Superman's power comes **from** the sun.
슈퍼맨의 힘은 태양에서 나온다.
A: Where are you **from**? 어디에서 오셨나요?
B: I'm **from** Canada. 캐나다에서 왔어요.

5 〖재료〗 ~로 만든
My parents' house is made **from** brick.
우리 부모님의 집은 벽돌로 만들어졌다.

6 〖원인·이유〗 ~때문에
The poor man froze to death **from** a lack of heat.
가난한 남자는 온기가 부족하여 동사했다.

7 〖구별·차이〗 ~와〔과〕
It's hard to **tell** one model **from** another. They all look alike.
한 모델과 다른 모델을 구별하기가 어렵다. 그것들은 모두 똑같이 생겼다.

● *from now on* 앞으로는, 지금부터는
I want you to use another room **from now on**.
나는 네가 앞으로는 다른 방을 사용했으면 좋겠어.

I got a phone call **from** my mother today.

My parents' house is made **from** brick.

❓ **tell** 구별하다, 분간하다

front (fruhnt) [frʌnt]

명사 1 ⓒ (사물의) 앞, 정면 (↔back)
Write your name in **the front of** the book.
책의 앞면에 네 이름을 적도록 해.
The front of the building is made of glass.
그 건물의 정면은 유리로 만들어졌다.

2 ⓒ 앞쪽, 앞부분, 앞자리 (↔back)
I like to sit facing **the front of** the train.
난 기차의 앞쪽 방향으로 앉는 것을 좋아한다.
I sat **in the front** of the class.
난 교실의 앞쪽에 앉았다.

● *in front of* ~의 앞에, 정면에 (≒ahead)
He was running **in front of** me.
그는 나의 앞에서 달리고 있었다.
The bus stops right **in front of** the school.
그 버스는 학교 바로 앞에 선다.

형용사 《명사 앞에만 쓰임》 앞의, 정면의 (↔back)
a **front seat** 앞자리

복수형 front**s**

➕ **front desk** (호텔) 프런트
front door 정문

The front of the building is made of glass.

The story was on the **front page** of the newspaper.
그 기사는 신문의 1면에 났다.

➕ **front cover** (책·잡지) 앞표지

frown (froun) [fraun]

동사 얼굴·눈살을 찌푸리다, 불쾌한 얼굴을 하다
The worried mother **frowned over** her child.
걱정스러운 엄마는 아이를 향해 얼굴을 찡그렸다.
The librarian **frowns on** talking in the library.
도서관 사서는 도서관에서 떠드는 것에 불쾌한 얼굴을 한다.

명사 ⓒ 찡그림, 찌푸림
"There's nothing here," she said with a **frown**.
"여기엔 아무것도 없는데."라고 그녀는 얼굴을 찡그리며 말했다.

3인칭단수현재	frowns
현재분사	frowned
과거·과거분사	frowning
복수형	frowns

froze (frohz) [frouz]

동사 freeze의 과거형

frozen (froh-zuhn) [fróuzən]

동사 freeze의 과거분사형

형용사 1 언, 얼어붙은
frozen meat 얼린 고기
Sora's cat skated on the **frozen** pond.
소라의 고양이는 얼어붙은 연못에서 스케이트를 탔다.
The **frozen** road was very slippery.
얼어붙은 길은 아주 미끄러웠다.

2 매우 추운
My hands are **frozen**! 손이 꽁꽁 얼었어!, 손이 너무 시려!

➕ **freeze** 얼다, 얼리다
freezer 냉동고
freezing 어는; 몹시 추운

frozen

*fruit (froot) [fru:t]

명사 1 ⓒⓤ 과일
Fruit is full of minerals and vitamins.
과일은 미네랄과 비타민으로 가득하다.
Florida is famous for **fruit** like oranges, tangerines, and grapefruit.
플로리다는 오렌지, 귤, 자몽과 같은 과일로 유명하다.

2 ⓒ 결실, 성과
Everything I own is from **the fruit of** my labor.
내가 가진 모든 것은 내 노동의 결실이다.
This report is the **fruit** of five years' research.
이 보고서는 5년을 연구한 성과다.

| 복수형 | fruits |

➕ **fruitful** 생산적인, 결실이 좋은
fruitless 열매를 맺지 않는; 성과 없는

fruit

frustrated (fruhs-tray-tid) [frʌ́streitid]

형용사 (사람이) 좌절한, 실망한
Sally was **frustrated** by her math class.
샐리는 수학 수업에 좌절했다.
They are **frustrated with** the local school system.
그들은 지역 학교 시스템에 실망했다.

비교급	more frustrated
최상급	most frustrated

➕ **frustrate** 좌절(실망)시키다

frustrating (fruhs-tray-ting) [frʌ́streitiŋ]

형용사 짜증 나는, 화나는, 답답한
It is **frustrating** to get junk e-mail every day.
매일 스팸 메일을 받는 것은 짜증 나는 일이다.
It would be **frustrating** to live in Japan because I don't speak Japanese.
나는 일본어를 못해서 일본에서 살게 되면 답답할 것 같다.

비교급	more frustrating
최상급	most frustrating

➕ **frustration** 짜증, 답답함, 좌절

fry (frye) [frai]

동사 기름에 볶다, 프라이로 하다, 튀기다
She **fried** the onions to make a curry.
그녀는 카레 요리를 만들기 위해 양파를 볶았다.
A: How would you like your eggs?
계란은 어떻게 해 드릴까요?
B: **Fried**, sunny side up.
프라이로 해 주시고요, 한쪽만 익혀 주세요.

명사 ⓒ 감자튀김
I like French **fries**. 나는 감자튀김을 좋아한다.

3인칭단수현재	fries
현재분사	frying
과거·과거분사	fried

➕ **deep-fry** (내용물이 기름에 잠기게 하여) 튀기다

복수형	fries

frying pan (frye-ing pan) [fráiŋ pǽn]

명사 ⓒ 프라이팬
A **frying pan** is used for frying food.
프라이팬은 음식을 볶을 때 사용한다.
• *out of the frying pan (and) into the fire* 프라이팬에서 나와 불 속으로 (갈수록 태산) 〈속담〉

복수형	frying pans

frying pan

fuel (fyoo-uhl) [fjúːəl]

명사 ⓒⓤ 연료
Natural **fuels** are better for the environment.
천연연료가 환경에는 더 좋다.
What kind of **fuel** does your truck use?
트럭에 어떤 종류의 연료를 사용하십니까?

복수형	fuels

➕ **fossil fuel** (석탄, 석유, 천연가스 등) 화석 연료

fulfill (ful-fil) [fulfíl]

동사 **1** (꿈·목표 등을) 이루다
Tom's vacation more than **fulfilled** his dreams.
톰의 방학은 톰의 꿈을 이루어 준 것 그 이상이었다.
He **fulfilled** his wish to become a pilot.
그는 비행사가 되려는 꿈을 이루었다.

2 (약속·의무 등을) 이행하다, 다하다, 완수하다
fulfill a promise 약속을 이행하다
You must **fulfill** your duties as a husband and father.
당신은 남편으로서 그리고 아버지로서의 의무를 반드시 다해야 합니다.

3 (조건 등을) 충족시키다, 만족시키다
This tool **fulfills** safety requirements.
이 공구는 안전 수칙을 충족시킨다.
She **fulfilled** all the requirements of the job.
그녀는 그 직업에 필요한 모든 조건을 충족시켰다.

3인칭단수현재	fulfills
현재분사	fulfilling
과거·과거분사	fulfilled

➕ **fulfil** (영국영어) 이루다; 이행하다; 충족시키다

He **fulfilled** his wish to become a pilot.

fulfilled (ful-fild) [fulfíld]

형용사 성취감을 느끼는, 만족하는
It is important to feel **fulfilled** in your work.
네가 하는 일에 성취감을 느끼는 것은 중요하다.
I want to lead a more **fulfilled** life.
나는 좀 더 성취감을 느끼는 인생을 살고 싶다.

비교급	more fulfilled
최상급	most fulfilled

*full (ful) [ful]

형용사 **1** 가득 찬, 충만한 (↔empty)
This bus is **full**. We'll have to wait for the next one.
이 버스는 만원이야. 우리는 다음 버스를 기다려야 돼.
John's room is **full of** toys.
존의 방은 장난감으로 가득 차 있다.

2 《명사 앞에만 쓰임》 완전한, 온전한 (≒complete)
I'll need a **full** report in the morning.
난 아침에 완성된 보고서가 필요해요.
I need your **full** name, not just your last name.
당신의 성만이 아니라 성명이 모두 필요합니다.

3 《명사 앞에만 쓰임》 최고의, 최대한의
The TV was **at full volume**.
텔레비전 볼륨은 최대한으로 높여져 있었다.
The motorcycle was running **at full speed**.
오토바이는 전속력으로 달리고 있었다.

비교급	fuller
최상급	fullest

➕ **fully** 전적으로, 완전히
full moon 보름달
full name 성명

empty   full

4 배부른
A: Do you want some more? 더 먹을래?
B: No, thanks. I'm **full**. 아니, 괜찮아. 배불러.

☑ I'm full.
= I've had enough.

full-time (ful-time) [fúltáim]

형용사 **풀타임의, 전임의**
Being a housewife and mother is a **full-time job**.
주부이자 엄마가 되는 것은 풀타임 직업이다.
The company employs 50 **full-time workers**.
그 회사는 50명의 전임 근무자를 고용한다.

부사 **풀타임으로, 전임으로**
She works **full-time**. 그녀는 풀타임으로 일한다.

➕ part-time job 시간제 일, 아르바이트
part-time worker 시간제 근무자
work part-time 시간제로 일하다

*fun (fuhn) [fʌn]

명사 ① **재미, 즐거움**
Have fun! 재미있게 놀아!
I always **have fun** hanging out with my friends.
나는 항상 친구들과 어울려 즐겁게 논다.
I had **a lot of fun** last night.
나는 어제 저녁은 아주 즐거웠다.
That **sounds like fun**. 그거 재미있겠다.

● *for fun* 재미로, 농담으로, 장난으로
I go fishing just **for fun**.
나는 그냥 **재미로** 낚시를 한다.

● *make fun of* ~을 놀리다
You are not supposed to **make fun of** your friends.
친구들을 놀려서는 안 돼.

형용사 《명사 앞에만 쓰임》 **재미있는, 즐거운**
We had a **fun** time together.
우리는 함께 즐거운 시간을 보냈다.

☑ Have fun!
= Enjoy yourself!

☑ I had a lot of fun.
= I enjoyed myself.

I go fishing just **for fun**.

fund (fuhnd) [fʌnd]

명사 ⓒ **(특정 목적을 위한) 기금, (이용 가능한) 돈**
a scholarship **fund** 장학 기금
I have a Christmas **fund** for buying presents.
나는 선물을 살 크리스마스용 돈이 있다.

복수형 fund**s**

funeral (fyoo-nur-uhl) [fjúːnərəl]

명사 ⓒ **장례, 장례식**
a **funeral** service 장례식

복수형 funeral**s**

Many people **attended** my grandfather's **funeral**.
많은 사람들이 우리 할아버지의 장례식에 왔다.

➕ **funeral director** 장의사

*funny (fuhn-ee) [fʌ́ni]

형용사 **1** 재미있는, 웃기는
Sally is always telling **funny** jokes.
샐리는 항상 재미있는 농담을 한다.
A: Did you see that dog take that little girl's ice cream?
저 개가 여자아이의 아이스크림을 빼앗아 가는 거 봤어?
B: Yeah. That was really **funny**. 응. 참 웃겼어.

2 이상한, 기묘한
This place has a **funny** smell.
여기서 이상한 냄새가 난다.
There's something **funny** going on here.
여기서 뭔가 기묘한 일이 일어나고 있다.

비교급 **funn**ier
최상급 **funn**iest

Sally is always telling **funny** jokes.

fur (fur) [fəːr]

명사 **1** ⓤ(동물의) 털
My puppy has soft **fur**. 우리 강아지의 털은 부드럽다.
She wore a **fur** coat. 그녀는 모피 코트를 입었다.
Fur protects animals from the cold.
털은 동물들을 추위로부터 보호한다.

2 ⓒⓤ 모피, 모피 의류
This jacket is made of fake **fur**.
이 재킷은 인조 모피로 만들어졌다.

복수형 **fur**s

➕ **furred** 털로 덮인

fur

 fur과 **hair**의 차이점이 뭔가요?
사람의 몸에 난 털은 fur이라고 하지 않고 hair라고 해요.
예) body hair 몸에 난 털, underarm hair 겨드랑이 털

furious (fyoor-ee-uhs) [fjúəriəs]

형용사 몹시 화가 난, 성난, 격노한
The two **furious** men were fighting.
성난 두 남자가 싸우고 있었다.
Mary was **furious at** me for losing her cell phone.
내가 메리의 휴대 전화를 잃어버리는 바람에 메리는 내게 몹시 화를 냈다.

비교급 more **furious**
최상급 most **furious**

➕ **furiously** 격노하여

furniture (fur-ni-chur) [fə́:rnitʃər]

 ⓤ 가구
Our new **furniture** is made of wood.
우리 새 가구는 나무로 만들어졌다.
My **office furniture** consists of a desk, chair and small bookcase.
내 사무실 가구는 책상, 의자, 작은 책장으로 구성되어 있다.

➕ **furnish** 가구를 갖추다

※ furniture는 셀 수 없는 명사라서 복수형이 없어요.

💡Tip 가구는 어떻게 세나요?

furniture는 불가산 명사, 즉 셀 수 있는 단어가 아니에요. 따라서 I have two furnitures. 라고 말할 수 없어요. 가구의 개수를 말하고자 할 때에는 piece를 이용해서 '몇 점'으로 표현하거나 I have one desk and two chairs.처럼 구체적으로 말해야 해요.
- I bought **three pieces of** furniture. 나는 가구 세 점을 구입했다.
  There is **a lot of** furniture in this room. 이 방에는 가구가 많다.

further (fur-THur) [fə́:rðər]

부사 **1** 〖far의 비교급〗 (공간·시간) 더 멀리
I don't think I can go any **further**.
나는 더 멀리는 갈 수 없어.
He lives **further** down the street.
그는 길 더 아래쪽에 산다.

2 〖far의 비교급〗 (정도·범위) 더 이상, 게다가, 더욱
I won't talk about this any **further**.
나는 이것에 대해 더 이상은 말하지 않겠다.
The committee discussed the issue **further**.
위원회는 그 쟁점에 대해 더 의논했다.

형용사 그 이상의
Do you have **further** questions?
질문이 더 있으신가요?
I have nothing **further** to say.
더 이상 할 말이 없습니다.

➕ **furthest** (거리) 가장 멀리, 가장 먼

He lives **further** down the street.

💡Tip farther와 further의 차이는 무엇인가요?

farther는 주로 '거리'가 더 멀거나 '시간'이 더 긴 경우에 쓰고, further는 '거리와 시간' 뿐만 아니라 '정도·범위 등'이 더 많거나 큰 경우에 사용해요.
- I walked **farther** down the road. 나는 길을 따라서 더 멀리 걸었다.
  I read **further** in the book. 나는 그 책을 더 읽었다.

furthest (fur-THist) [fə́ːrðist]

부사 〖far의 최상급〗 가장 멀리 (≒farthest)
Which planet is **furthest from** the Earth?
어느 행성이 지구에서 가장 멀리 있어?
Jinsu can run (the) **furthest** in ten minutes.
진수는 10분 동안 가장 멀리까지 달릴 수 있다.

형용사 〖far의 최상급〗《명사 앞에만 쓰임》가장 먼 (≒farthest)
ABC Bank is the **furthest** bank from my house.
ABC 은행은 우리 집에서 가장 먼 은행이다.

※ far의 비교급 정리
(거리, 시간)
far - farther - farthest
(거리, 시간, 정도, 범위)
far - further - furthest

*future (fyoo-chur) [fjúːtʃər]

명사 1 ⓤ《the future로 쓰임》미래, 장래 (↔past)
No one knows **what the future holds**.
아무도 어떤 미래가 펼쳐질지 모른다.
Can we live on Mars **in the future**?
미래에는 우리가 화성에서 살 수 있을까?
I plan to visit Africa **in the near future**.
난 조만간 아프리카를 방문할 계획이다.

2 ⓒ 장래성, 전도, 앞날
Does this school **have a future**?
이 학교는 장래성이 있나요?
He **has a bright future** ahead of him.
그의 앞에는 밝은 장래가 있다.

복수형 future**s**

☑ I plan to visit Africa in the near future.
= I plan to visit Africa soon.

Gg

What do you grow in your garden?

당신의 정원에는 무엇을 기르나요?

Start Here

garden

gain (gayn) [geɪn]

동사 **1** 얻다, 획득하다 (↔lose)
The police tried to **gain** more information about the accident.
경찰은 그 사고에 대해 더 많은 정보를 얻으려 했다.
The teacher clapped her hands to **gain** the class's attention.
선생님은 학생들의 주목을 끌기 위해 손뼉을 쳤다.

2 (무게·속도·가치 등) (~이) 늘다, (~을) 늘리다
Sam **gained** 10 kilograms by lifting weights.
샘은 역기 들기를 해서 (몸무게가) 10kg이 늘었다.
The stone **gained** speed as it rolled down the mountain. 돌은 산을 굴러 내려오면서 속도가 증가했다.

명사 **1** ⓒ 이득, 이익 (↔loss)
The company had a large financial **gain** last year.
회사는 지난해 큰 재정적인 이득을 보았다.
• *No pain, no gain.* 수고 없이 소득 없다. 〈속담〉

2 ⓒⓤ 증가, 증대 (↔loss)
Emotional stress can cause weight **gain**.
정신적 스트레스는 체중 증가의 원인이 될 수 있다.

3인칭단수현재	**gain**s
현재분사	**gain**ing
과거·과거분사	**gain**ed

➕ **gain access to** ~에 접근하다
    gain entrance 들어가다
    gain entry 입장하다

| 복수형 | **gain**s |

weight **gain**

몸무게가 늘었다는 것을 영어로 어떻게 말하나요?

'몸무게가 늘다'는 gain weight라고 해요. 반면, '몸무게가 줄다'는 lose weight라고 하지요.
㉮ I **gained** a lot of **weight** during the winter. 나는 겨울 동안 몸무게가 많이 늘었다.
    I **lost weight** due to the surgery. 나는 수술 때문에 몸무게가 줄었다.

---

gallery (gal-ur-ee) [gǽləri]

명사 ⓒ 미술관, 화랑, 갤러리
Two of Eric's photographs were hanging in the **art gallery**.
에릭의 사진 2장이 미술관에 걸려 있었다.

| 복수형 | **galler**ies |

---

gamble (gam-buhl) [gǽmbəl]

동사 **1** 도박을 하다, 내기를 하다
Paul likes to **gamble** at the casino.
폴은 카지노에서 도박하기를 좋아한다.
Many people go to the horse races to **gamble**.
많은 사람들이 도박을 하려고 경마장에 간다.

3인칭단수현재	**gamble**s
현재분사	**gambl**ing
과거·과거분사	**gambl**ed

2 (~에) 희망을 걸다, (~을) 믿다, 모험을 하다
The company was **gambling** on the new technology. 그 회사는 새로운 기술에 희망을 걸고 있었다.

명사 《단수로 쓰임》 모험, 도박
It was a **gamble** to try and get train tickets at the last minute.
임박한 순간에 기차표를 구하려고 한 것은 모험이었다.

➕ gambler 도박꾼, 노름꾼
gambling 도박, 내기

gamble

game (game) [geim]

명사 **1** ⓒ 게임, 놀이, 오락
I like **playing** video **games**.
나는 비디오 게임하기를 좋아한다.

2 ⓒ 경기, 시합
The baseball **game** was stopped because it started raining.
비가 오기 시작했기 때문에 야구 경기가 중단되었다.

복수형 game**s**

➕ card game 카드 게임
computer game 컴퓨터 게임

gap (gap) [gæp]

명사 **1** ⓒ 틈
John has a **gap between** his two front teeth.
존은 앞니 두 개 사이에 틈이 있다.

2 ⓒ 차이, 격차
There is often a **gap between** how we see ourselves and how others see us.
우리가 우리 자신을 보는 것과 남이 우리를 보는 것에는 종종 차이가 있다.

복수형 gap**s**

➕ generation gap 세대 차

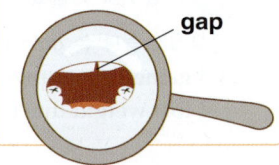
gap

garage (guh-rahj) [gərá:dʒ]

명사 **1** ⓒ 차고, 주차장
He parked the car in the **garage**.
그는 차고에 차를 주차했다.

2 ⓒ 정비소
They put new brakes on the car at the **garage**.
그들은 정비소에서 차에 새 브레이크를 달았다.

복수형 garage**s**

※ garage는 대개 가정집에 딸려 있는 주차 공간을 말해요.

garage sale이 뭔가요?

서양의 주택에는 대부분 차고(garage)가 있어요. 집에서 더 이상 필요 없는 물품들을 모아 두었다가 차고에서 파는 행사를 가끔 하는데 이것을 garage sale이라고 해요.

garbage (gahr-bij) [gáːrbidʒ]

명사 ⓒ 쓰레기
Put it in the **garbage** can. 그건 쓰레기통에 넣어.
He is responsible for **taking out the garbage**.
그는 쓰레기를 내다 버리는 일을 담당한다.

➕ rubbish (영국영어) 쓰레기

*garden (gahr-duhn) [gáːrdn]

명사 ⓒ 정원, 뜰
Mary has a small vegetable **garden** in her backyard.
메리는 뒷마당에 작은 채소밭을 가지고 있다.
A: What do you grow in your **garden**?
정원에서 무엇을 기르시나요?
B: I grow mostly tomatoes, peppers, and eggplants.
주로 토마토, 고추, 가지를 키워요.

복수형 garden**s**

➕ gardener 정원사
gardening 원예

gas (gas) [gæs]

명사 1 ⓒⓤ 기체, 가스
The room was full of **poisonous gas**.
그 방은 독가스로 가득 차 있었다.

2 ⓤ (난방·조리용) 가스
Don't forget to turn off the **gas (stove)**.
가스레인지를 끄는 것을 잊지 마.

3 ⓤ (자동차) 기름 (=gasoline)
I had the car washed at the **gas station**.
나는 주유소에서 세차를 했다.
Sally filled her car up with **gas** at the self-serve pump.
샐리는 셀프 주유소에서 차에 기름을 가득 채웠다.
A: How much **gas** do you need?
기름을 얼마나 넣어 드릴까요?
B: Give me $20 worth, please.
20달러어치 넣어 주세요.

복수형 gas**es**, gas**ses**

➕ gas boiler 가스보일러
greenhouse gas 온실가스

The room was full of **poisonous gas**.

*gate (gayt) [geit]

명사 ⓒ 문, 출입문
Keep the **gate** closed so the horses won't get out.
말들이 나가지 않도록 문을 계속 닫아 둬.
The **gate** to Mary's heart is closed.
메리의 마음의 문은 닫혀 있다.

복수형 gate**s**

➕ back gate 뒷문
front gate 앞문
main gate 정문

door와 gate의 차이가 뭔가요?

집이나 건물에 바로 붙어 안으로 들어갈 수 있는 문을 door라고 하고, 건물의 외곽이나 공개된 장소에 연결되어 있는 문을 gate라고 해요.
◎ the front **door** 현관문, the school **gate** 학교 정문

gather (gaTH-ur) [ɡǽðər]

동사 **1** 모으다, 따다, 채집하다
Can you **gather** some information for me?
나를 위해 정보 좀 모아 줄래?
They **gathered** wild flowers in the field.
그들은 들판에서 야생화를 채집했다.

2 (사람들이) 모이다, (사람들을) 모으다
A large crowd **gathered around** the bus crash.
많은 사람들이 버스 사고 주위로 모였다.
I **gathered** all my friends **together**.
나는 내 친구들을 모두 불러 모았다.

3인칭단수현재	gather**s**
현재분사	gather**ing**
과거·과거분사	gather**ed**

➕ **gathering** 모임, 집회; 수집
a family gathering (가족 모임)
the gathering of data (정보 수집)

gave (gayv) [geiv]

동사 give의 과거형

gem (jem) [dʒem]

명사 **1** ⓒ 보석, 보옥 (≒jewel)
Natural **gems** are expensive. 천연 보석은 비싸다.

2 ⓒ 귀중품, 보배, 보석과 같은 사람 (≒jewel)
You are a real **gem**! 넌 정말 보배야!

복수형 gem**s**
gem

gender (jen-dur) [dʒéndər]

명사 ⓒⓤ 성, 성별 (≒sex)
Don't discriminate because of **gender**.
성별로 차별하지 마세요.
Women are not always the weaker **gender**.
여성이 항상 약한 성은 아니다.

| 복수형 | gender**s** |

❓ **discriminate** 차별하다

general (jen-ur-uhl) [dʒénərəl]

형용사 **1** 일반적인, 전반적인
The science book was written for the **general** public. 그 과학책은 일반 대중을 위해 쓰였다.

| 비교급 | **more** general |
| 최상급 | **most** general |

- **in general** 일반적으로, 보통, 대개
  In general, chocolate is the traditional Valentine's Day gift.
  일반적으로 초콜릿은 전통적인 밸런타인데이 선물이다.

2 대략, 대강의
  Jane has a **general** idea of how computers work, but he's not an expert.
  제인은 컴퓨터가 어떻게 작동하는지 대략 알고는 있지만 전문가는 아니다.

명사 ⓒ (육군) 장군
  Douglas MacArthur was a four-star **general** in the U.S. Army.
  더글라스 맥아더는 미국 육군 대장이었다.

- **generalization** 일반화
  generalize 일반화하다
  general hospital 종합 병원
  general store 잡화점

복수형 general**s**

- **four-star general** 육군 대장, 4성 장군

generally (jen-ur-uh-lee) [dʒénərəli]

부사 1 일반적으로
  It's **generally** believed that vitamin C is good for a cold. 일반적으로 비타민 C는 감기에 좋다고 여겨진다.

2 보통, 대개 (≒ usually)
  Generally, men are taller than women.
  보통 남자가 여자보다 키가 더 크다.
  His lectures are **generally** boring.
  그의 강의는 대개 지루하다.

- **generally speaking** 일반적으로 말하면, 대개
  Generally speaking, children like sweet tastes.
  일반적으로 말하면 아이들은 단맛을 좋아한다.

- Generally, men are taller than women.
  = In general, men are taller than women.

generation (jen-uh-ray-shuhn) [dʒènəréiʃən]

명사 1 ⓒ 세대
  The 60's **generation** changed the world in many ways. 60년대 세대는 여러 방면에서 세계를 변화시켰다.
  Almost an entire **generation** of men was destroyed in WWI.
  제1차 세계 대전에서 거의 한 세대의 남자들이 죽었다.
  People of my grandfather's **generation** don't know much about computers.
  우리 할아버지 세대 사람들은 컴퓨터에 대해 잘 모른다.

2 ⓒ (가계의) 1세대, (가족의) 대
  A **generation** is about thirty years.
  한 세대는 약 30년 정도 된다.
  Tom is a **fourth-generation** Meyer.
  톰은 메이어가의 4대손이다.

복수형 generation**s**

- **the older generation** 기성 세대
  the younger generation 젊은 세대

- **WWI (World War I)** 제1차 세계 대전

generous (jen-ur-uhs) [dʒénərəs]

형용사 관대한, 후한, 인심이 좋은
Brian is **generous to** the beggars.
브라이언은 거지들에게 후하다.
Juhee is not very **generous with** her time.
주희는 자기 시간을 잘 내어 주지 않는다.

비교급 more generous
최상급 most generous

➕ generously 관대하게

genius (jeen-yuhs) [dʒíːnjəs]

 1 ⓒ 천재
Leonardo da Vinci was a creative **genius**.
레오나르도 다빈치는 창의력이 있는 천재였다.
You are a **genius** at cooking. 넌 요리에 천재야.

2 ⓤ 천재성, 재능
She has a **genius** for writing.
그녀는 글쓰기에 재능이 있다.
He is an artist of **genius**.
그는 천재적인 예술가다.

복수형 geniuses

➕ artistic genius 미술의 천재
musical genius 음악의 천재
scientific genius 과학의 천재

Tip '천재'의 다른 표현으로는 무엇이 있나요?

'천재'라는 뜻으로 genius는 매우 공식적인 표현이에요. 일상적으로는 흔히 whiz를 사용한답니다.

예 He is a **whiz** at math. 그는 수학의 천재다.

gentle (jen-tuhl) [dʒéntl]

형용사 **1** (기질·성격·음성이) 상냥한, 부드러운, 순한
(≒kind; ↔rough)
The nurse spoke in a **gentle voice**.
간호사는 상냥한 목소리로 말했다.
The dentist tried to **be gentle with** his patients.
그 치과 의사는 환자들에게 상냥하게 대하려고 노력했다.
Bees are actually **gentle** if you don't make them angry.
벌은 사실 화나게만 하지 않으면 순하다.

2 순한, 가벼운
This shampoo is **gentle** on my hair.
이 샴푸는 머리에 순하다.
Gentle exercise is good for your mind and body.
가벼운 운동은 정신과 육체에 좋다.
A **gentle** rain began to fall. 보슬비가 내리기 시작했다.

비교급 gentler,
more gentle
최상급 gentlest,
most gentle,

➕ gentleness 상냥함, 친절함, 순함
gently 상냥하게, 부드럽게, 순하게

A **gentle** rain began to fall.

gentleman (jen-tuhl-muhn) [dʒéntlmən]

명사 ⓒ 신사
Please take the **gentleman**'s coat, Tim.
저 신사분의 코트를 받아 주렴, 팀.
A: Tom is always polite.
톰은 항상 예의가 바르지.
B: Yes. He's a real **gentleman**.
응. 그는 진정한 신사야.

복수형 gentle**men**

➕ **gentlemanly** 신사다운, 신사적인

genuine (jen-yoo-in) [dʒénjuin]

형용사 1 진짜의 (≒real; ↔fake)
This is a **genuine** diamond.
이건 진짜 다이아몬드다.

2 진심에서 우러난, 진실한
John's apology was **genuine**.
존의 사과는 진심에서 우러난 것이었다.
She is the most **genuine** person I know.
그녀는 내가 아는 가장 진실한 사람이다.

비교급 more genuine
최상급 most genuine

➕ **genuinely** 진심으로
genuineness 진짜임

geography (jee-ah-gruh-fee) [dʒi:ágrəfi]

명사 1 Ⓤ 지리학, 지리
Geography students often go on field trips.
지리학 학생들은 종종 현장 학습을 간다.

2 《단수로 쓰임》 지형, 지세
Mountains are a main part of Korea's **geography**.
산은 한국 지형의 중요한 부분이다.

➕ **geographer** 지리학자
geographical 지리학의, 지리적인

German (jur-muhn) [dʒə́ːrmən]

형용사 독일의, 독일인의, 독일어의
Have you tried **German** food?
너는 독일 음식을 먹어 본 적이 있니?
Jenny speaks English with a **German** accent.
제니는 독일식 억양으로 영어를 말한다.

명사 1 ⓒ 독일인
Germans like to drink beer.
독일인들은 맥주 마시기를 좋아한다.

2 Ⓤ 독일어
German is one of the world's major languages.
독일어는 세계의 주요 언어 중 하나다.

➕ **Germany** 독일

※ 독일의 수도는 Berlin(베를린)이에요.

복수형 German**s**

※ 독일어는 독일뿐만 아니라 오스트리아, 스위스, 룩셈부르크, 벨기에 등지에서도 쓰여요.

Germany (juhr-muh-nee) [dʒə́ːrməni]

국가명 **독일**
Germany has the largest population of the member countries of the European Union.
독일은 유럽 연합 회원국 중에서 가장 인구가 많다.

● German 독일의, 독일인(의), 독일어(의)

gesture (jes-chur) [dʒéstʃər]

명사 **1** ⓒⓤ 몸짓, 손짓, 동작, 제스처
Lisa nodded her head in **a gesture of** understanding.
리사는 이해했다는 몸짓으로 고개를 끄덕였다.

2 ⓒ 의사 표시, 행동
Brian sent her roses as a **gesture of** apology.
브라이언은 사과의 표시로 그녀에게 장미를 보냈다.

동사 손짓하다, 몸짓하다
The Headmaster **gestured for** the students **to** sit down.
교장 선생님께서 학생들에게 앉으라고 손짓하셨다.

복수형 gesture**s**

※ 같은 몸짓, 손짓이라도 각 나라마다 의미하는 바가 다를 수 있어요.

3인칭단수현재 gesture**s**
현재분사 gestur**ing**
과거·과거분사 gesture**d**

*get (get) [get]

동사 **1** 얻다, 가지다 (≒receive)
She could **get** a ticket for the concert.
그녀는 콘서트의 티켓을 구할 수 있었다.

2 받다 (≒receive)
Sally **got** an e-mail **from** her friend.
샐리는 친구에게서 이메일을 받았다.

3 가져오다, 데려오다
Can I **get** you a drink? 마실 것 좀 가져다 줄까?
Get him to the hospital now! 지금 그를 병원에 데려가!

4 사다
I **got** a new video game for $20.
나는 새 비디오 게임을 20달러에 샀다.

5 (병에) 걸리다
I think I'm **getting** a cold. 나는 감기에 걸린 것 같다.

6 도착하다 (≒arrive, reach)
My plane **got** in at 11 last night.
내 비행기는 어젯밤 11시에 도착했다.

7 (기차·버스·택시 등에) 타다
Where can I **get the bus**? 어디서 버스를 탈 수 있나요?

3인칭단수현재 get**s**
현재분사 get**ting**
과거 got
과거분사 gotten

Sally **got** an e-mail **from** her friend.

8 ~하게 되다, ~으로 변하다 (≒ become)
Not everyone **gets** wiser as they get older.
모든 사람이 나이가 들수록 더 현명해지는 것은 아니다.
Mary's baby is **getting** bigger every day.
메리의 아기는 매일 점점 자라고 있다.

9 (사람·동물 등을) 잡다 (≒ capture)
He **got** the mouse that escaped from the cage.
그는 우리에서 탈출한 쥐를 잡았다.

- *get along with* ~와 잘 지내다
  How do you **get along with** your neighbors?
  이웃들과 잘 지내니?
- *get away from* ~에서 벗어나다, 탈출하다
  Teenagers will do almost anything to **get away from** their parents.
  십 대들은 부모로**부터** 벗어나기 위해 어떤 일이라도 할 것이다.
- *get back* 돌아오다, 돌아가다
  When did he **get back** from work?
  그가 회사에서 언제 돌아왔지?
- *get in* (차 등을) 타다, 안으로 들어가다
  She **got in** the car. 그녀는 차에 탔다.
- *get off* (버스·기차 등에서) 내리다
  He **got off** the bus. 그는 버스에서 내렸다.
- *get on* (버스·기차 등에) 타다
  He **got on** the bus. 그는 버스를 탔다.
- *get out (of ~)* (~에서) 나가다, (차에서) 내리다
  Get out of here. 여기서 나가.
  She **got out of** the taxi.
  그녀는 택시에서 내렸다.
- *get over* ~을 극복하다 (≒ overcome)
  I want you to **get over** your fear.
  나는 네가 두려움을 극복하기를 바란다.
- *get rid of* ~을 없애다, 버리다
  You need to **get rid of** that bad habit.
  너는 그 나쁜 습관을 버려야 한다.
- *get up* (잠자리에서) 일어나다
  I am trying to **get up** early in the morning.
  나는 아침 일찍 일어나려고 노력하고 있다.

get out   get in

get off   get on

※ 버스, 기차, 비행기, 배 등의 경우에는 get on(타다), get off(내리다)라는 표현을 쓰고, 자동차 등의 경우에는 get in(타다), get out(내리다)이라는 표현을 써요.

☑ You need to get rid of that bad habit.
= You need to break that bad habit.

get 뒤에 형용사가 올 때는 어떤 의미가 되나요?

'get+형용사'는 '~한 상태가 되다'라는 뜻으로 많이 쓰여요.
예 get angry 화가 나다   get busy 바빠지다   get cold 추워지다   get difficult 어려워지다
   get hot 더워지다   get sick 아프게 되다   get wet 젖다   get tired 피곤해지다

ghost (gohst) [goust]

명사 ⓒ 유령, 귀신
My grandmother used to tell me **ghost** stories.
우리 할머니는 나에게 귀신 이야기를 해 주시곤 하셨다.
A: This place is like a **ghost** town. 여긴 유령 도시 같아.
B: Yeah, it's too quiet. 응, 너무 조용해.

복수형 ghosts

ghost

giant (jye-uhnt) [dʒáiənt]

명사 ⓒ 거인
In *Jack and the Beanstalk*, Jack has to run from the **giant**.
〈잭과 콩나무〉에서 잭은 거인으로부터 도망쳐야 한다.

형용사 《명사 앞에만 쓰임》 거대한 (≒enormous, huge)
He gave Mary a **giant** box of chocolates for Valentine's Day.
그는 밸런타인데이에 메리에게 거대한 초콜릿 상자를 줬다.

복수형 giants

➕ giant panda 판다곰
giant squid 대왕오징어
giant tortoise 코끼리거북

gift (gift) [gift]

명사 1 ⓒ 선물 (≒present)
Did you buy a **gift** for Sally's birthday?
샐리 생일 선물 샀어?

2 ⓒ 재능 (≒talent)
She has a **gift for** gardening.
그녀는 원예에 재능이 있다.

복수형 gifts

➕ birthday gift 생일 선물
Christmas gift 크리스마스 선물

giggle (gig-uhl) [gígəl]

동사 킥킥 웃다, 낄낄거리다
Anne **giggles** when she makes a mistake.
앤은 실수하면 킥킥 웃는다.
The little children couldn't stop **giggling**.
그 어린 아이들은 낄낄거림을 멈출 수 없었다.

명사 ⓒ 낄낄거리는 웃음
I could hear the **giggles** coming from the room.
나는 방에서 나는 낄낄거리는 웃음소리를 들을 수 있었다.

3인칭단수현재 giggles
현재분사 giggling
과거·과거분사 giggled

복수형 giggles

*giraffe (juh-raf) [dʒəræf]

명사 ⓒ 기린
I like to feed the **giraffes** at the zoo.
나는 동물원에서 기린에게 먹이 주는 것을 좋아한다.

복수형 giraffes

*girl (gurl) [gəːrl]

명사 1 ⓒ 소녀, 여자아이 (↔ boy)
There are eleven **girls** in my class.
우리 반에는 11명의 여자아이가 있다.

2 ⓒ 딸 (≒ daughter)
I have two boys and a **girl**.
나는 아들 둘과 딸 하나가 있다.

3 ⓒ (젊은) 여자, 아가씨
I know the **girl** who is talking with Tom.
나는 톰과 이야기를 하고 있는 저 여자를 안다.

복수형 girl**s**

➕ **girlfriend** 여자 친구
Girl Scout 걸 스카우트, 걸 스카우트 단원

*give (giv) [giv]

동사 1 주다
A: Sally, could you **give** me the scissors please?
샐리, 가위 좀 줄래?
B: Yes, here you are. 응, 여기.
A: Thanks. 고마워.
I **gave** the book **to** him as a gift.
나는 그 책을 그에게 선물로 주었다.

2 《명사와 함께 쓰여 그런 행동을》 하다
Please **give** me **a call** when you arrive.
도착하면 전화해 주세요.
I can **give** you **a ride** if you want.
당신이 원하면 (차를) 태워 줄 수 있어요.
Give him **a chance** to explain himself.
그에게 자신을 해명할 기회를 주어라.
He is going to **give a speech** at the ceremony.
그는 기념식에서 연설을 할 것이다.
Can you **give** me some **advice**?
내게 조언 좀 해 줄래?

3 지불하다
I'll **give** you $3,000 **for** your car.
차 값으로 3,000달러를 지불하겠습니다.

4 말하다, 전하다
Please **give** your name to the secretary.
비서에게 당신의 이름을 말해 주세요.

● *give away* ~을 기부하다, 거저 주다
Are you sure you want to **give away** all of your old clothes?
네 헌 옷을 모두 **기부하고** 싶은 게 확실해?

● *give out* ~을 나누어 주다

3인칭단수현재 give**s**
현재분사 giv**ing**
과거 gave
과거분사 given

✓ I gave the book to him.
= I gave him the book.

Sally, could you **give** me the scissors please?

➕ **give an explanation** 설명하다
give a hand to ~를 도와주다
give information 정보를 주다
give and take 교환, 타협, 협조

Don't forget to **give out** the programs.
프로그램 **나누어 주는** 것을 잊지 마.
- **give up** 포기하다, 항복하다
Don't **give up** now. We're almost there.
지금 **포기하지** 마. 거의 다 왔어.
Give up! We've got you surrounded!
항복해! 우리는 널 포위했다!

> ☑ Don't forget to give out the programs.
> = Don't forget to hand out the programs.

given (giv-uhn) [gívən]

동사 give의 과거분사형

*glad (glad) [glæd]

형용사 **1** 《명사 앞에는 쓰이지 않음》 기쁜, 즐거운 (↔sad)
I'm so **glad (that)** our team won the game.
우리 팀이 경기를 이겨서 매우 기뻐.
I'm **glad to** meet you. 만나서 반가워.

2 기꺼이 ~하는
I will **be glad to** help you.
기꺼이 도와 드릴게요.

> 비교급 glad**der**
> 최상급 glad**dest**
>
> ➕ gladly 기꺼이

*glass (glas) [glæs]

명사 **1** Ⓤ 유리
We need to replace the broken **glass** in the window.
우리는 창문의 깨진 유리를 교체해야 한다.

2 Ⓒ 잔, 유리잔
I poured some orange juice into a **glass**.
나는 유리잔에 오렌지 주스를 따랐다.

3 Ⓒ 한 잔의 양
A: What would you like to drink, ma'am?
무엇을 마시겠습니까, 손님?
B: I'll have a **glass of** iced tea please.
아이스티 한 잔 주세요.
He drank two **glasses of** water. 그는 물 두 잔을 마셨다.

> 복수형 glass**es**
>
> ❓ pour 붓다, 따르다

cup / glass / mug

Tip 컵에도 종류가 있나요?

glass는 유리로 만든 잔으로 손잡이가 없어요. 반면에 cup은 손잡이가 있는 잔으로 받침이 있고 주로 커피나 차를 마실 때 사용해요. mug는 손잡이가 있으며 받침이 없죠.

glasses (glas-iz) [glǽsi:z]

명사 《복수형임》 안경
Sally **wears glasses** because she is near-sighted.
샐리는 근시라서 안경을 쓴다.

➕ goggles 고글
　sunglasses 선글라스

global (gloh-buhl) [glóubəl]

형용사 1 지구의, 전 세계의, 세계적인
Global warming is a problem everywhere. It requires a **global** solution.
지구 온난화는 모든 곳에서 문제다. 전 세계적인 해결책이 필요하다.

2 공 모양의
Scientists believe the universe has a **global** shape.
과학자들은 우주가 공 모양이라고 생각한다.

비교급　more global
최상급　most global

➕ globalize 세계화하다
　globalization 세계화

globe (glohb) [gloub]

명사 1 《the globe로 쓰임》 지구, 세계
He is doing business with people from all around **the globe**.
그는 세계 각처에서 온 사람들과 거래를 한다.
Seventy percent of our **globe**'s surface is water.
지구 표면의 70%는 물이다.

2 ◎ 지구본
A: Can you show us where Indonesia is on the **globe**?
지구본에서 인도네시아가 어디에 있는지 우리에게 보여 줄 수 있겠니?
B: It's right here. 바로 여기요.

3 ◎ 공 모양의 것, 구체
The fortuneteller looked into the crystal **globe**.
점쟁이는 크리스털 구체를 들여다보았다.

복수형　globes

❓ do business with ~와 거래하다

globe

gloomy (gloo-mee) [glú:mi]

형용사 1 우울한, 울적한, 침울한 (≒depressed)
Lisa looks **gloomy** today.
리사는 오늘 우울해 보인다.

2 어둑어둑한, 어두운, 암흑의
The weather is often **gloomy** in winter.
겨울에는 날씨가 종종 어둑어둑하다.

비교급　gloomier
최상급　gloomiest

*glove (gluhv) [glʌv]

명사 ⓒ 장갑
Most **gloves** are made of leather.
대부분의 장갑은 가죽으로 만들어진다.
Bora left her **gloves** in the taxi and now her hands are freezing.
보라는 택시에 장갑을 두고 내려서 지금 손이 몹시 시리다.

복수형	**glove**s

➕ boxing gloves 권투 글러브
leather gloves 가죽 장갑
rubber gloves 고무장갑

*glue (gloo) [glu:]

명사 ⓒⓤ 풀, 접착제
He used **glue** to fix the broken chair leg.
그는 부러진 의자 다리를 고치려고 접착제를 사용했다.
John is the **glue** that holds the team together.
존은 팀을 하나로 모으는 접착제 역할을 한다.

동사 풀로 붙이다, 접착제로 붙이다
She **glued** the wings onto the model airplane.
그녀는 모형 비행기에 풀로 날개를 붙였다.

복수형	**glue**s
3인칭단수현재	**glue**s
현재분사	**glu**ing, **glue**ing
과거·과거분사	**glue**d

*go (goh) [gou]

동사 1 가다 (↔come)
I **go to** work everyday except Sunday.
나는 일요일을 제외하고 매일 회사에 간다.
She **goes** to school **by bus**.
그녀는 학교에 버스를 타고 간다.

2 떠나다
I'm sorry, but I must **go** now.
미안하지만 난 지금 가야 해.
Is he **gone**? 그는 떠났니?

3 (어떤 목적으로) 가다
Let's **go for a walk** in the park. 공원에 산책하러 가자.
We are **go**ing **shopping** today.
우리는 오늘 쇼핑하러 간다.

4 ~한 상태가 되다
go deaf 귀가 멀다
Her hair **went** white. 그녀의 머리가 하얗게 되었다.

5 (일이) 되어 가다, 진행되다
A: How did your interview **go**?
인터뷰는 어떻게 되었어?
B: Great. I think I got the job.
아주 좋아. 내 생각에는 취직이 된 것 같아.

3인칭단수현재	**go**es
현재분사	**go**ing
과거	went
과거분사	gone

☑ I must go now.
= I should get going now.

☑ I like to go shopping.
= I like to shop.
 (난 쇼핑을 좋아한다.)
I like to go walking.
= I like to walk.
 (난 걷기를 좋아한다.)
I like to go swimming.
= I like to swim.
 (난 수영을 좋아한다.)

6 (기계 등이) 작동하다, 움직이다
Sam couldn't make the dishwasher **go**.
샘은 식기세척기를 작동시킬 수 없었다.
This machine **goes** by electricity.
이 기계는 전기로 움직인다.

7 (시간이) 지나다, 경과하다
Winter has almost **gone**. 겨울은 거의 지나갔다.

8 (어떤 장소에) 놓이다, 속하다
The mayonnaise **goes** in the refrigerator.
마요네즈는 냉장고에 넣어 둔다.
This book **goes** on the top shelf.
이 책은 책꽂이 맨 위에 꽂아 둔다.

- **be going to do** ~을 할 것이다
  Brian **is going to** study engineering in college.
  브라이언은 대학에서 엔지니어링을 공부할 것이다.
- **go ahead** 그러세요, ~하세요
  A: Excuse me. Can I go through here?
     실례합니다. 여기를 지나가도 될까요?
  B: Yes. **Go ahead**. 네, 그러세요.
- **go away** (사람·장소를) 떠나다
  Go away! I don't want to play with you.
  가! 너랑 놀고 싶지 않아.
- **go back (to)** (~로) 돌아가다 (≒ return, come back)
  Sally is **going back to** the U.S.
  샐리는 미국으로 돌아갈 예정이다.
- **go off** (전화·알람이) 울리다
  The alarm clock **went off** at 3:00.
  알람 시계가 3시에 울렸다.
- **go on** 1 계속되다, 계속하다 (≒ continue, carry on)
  The rain **went on** all night.
  비가 밤새 계속 내렸다.
  2 (일이) 일어나다, 벌어지다
  What's **going on**? Who's kicking the door?
  무슨 일이야? 누가 문을 차는 거지?
- **go out** 외출하다
  We often **go out** for dinner on Sunday.
  우리는 일요일에 자주 외식을 한다.
- **go together** 잘 어울리다, 어우러지다
  Peanut butter and jelly **go together** great.
  땅콩버터와 젤리는 매우 잘 어울린다.
- **to go** (식당에서 음식을) 포장해서 가지고 가는
  A: For here or **to go**?
     드시고 가시나요, 포장해 가시나요?
  B: **To go**, please. 포장해 주세요.

Sam couldn't make the dishwasher **go**.
= Sam couldn't make the dishwasher work.

☑ This book goes on the top shelf.
   = This book belongs on the top shelf.

※ 대화에서는 going to를 줄여서 gonna라고 말하기도 해요.

The alarm clock **went off** at 3:00.

A: For here or **to go**?
B: **To go**, please.

be going to와 will의 차이는 무엇인가요?

동사 go는 be going to와 같이 사용되어 '~하려고 하다, ~할 것이다'라는 앞으로의 계획을 나타내요. 그런데 비슷한 표현으로 will도 있지요. 이 두 표현에는 차이가 있어요. be going to는 이미 결정된 일을 나타내고 will은 확실하지 않은 의도를 나타낼 때 사용해요.

예) I **am going to** meet her this afternoon. 나는 오늘 오후에 그녀를 만날 예정이다.
(약속이 이미 되어 있는 경우)
I **will** meet her this afternoon. 나는 오늘 오후에 그녀를 만날 것이다.
(약속은 되어 있지 않으나 만나려고 생각하는 경우)

goal (gohl) [goul]

명사 1 ⓒ 목적, 목표 (≒ aim, target)
Her **goal** is to earn a teaching certificate.
그녀의 목표는 교사 자격증을 얻는 것이다.
Sally's **goal** is to make the volleyball team.
샐리의 목표는 배구 팀을 만드는 것이다.

2 ⓒ 골대
Brian kicked the ball into the **goal**.
브라이언은 골대 안으로 공을 찼다.

3 ⓒ 득점, 골
He **scored** two **goals** in the ice hockey game.
그는 아이스하키 경기에서 2점을 득점했다.

복수형 goal**s**

❓ certificate 자격증

*goat (goht) [gout]

명사 ⓒ 염소
Goats eat almost anything.
염소는 대개 무엇이든 다 먹는다.
You can drink **goat** milk or make cheese from it.
염소의 젖은 마시거나 치즈를 만들 수 있다.

복수형 goat**s**

➕ kid 새끼 염소

god (gahd) [gɑd]

명사 1 ⓒ 신, 숭배의 대상
Zeus was the chief of the Greek **gods**.
제우스는 그리스 신들의 수장이다.
Ancient Egyptians worshipped a sun **god**.
고대 이집트 사람들은 태양신을 숭배했다.

2 《God으로 쓰임》 하나님
Christians believe **God** created the world.
기독교인들은 하나님이 세상을 만들었다고 믿는다.

복수형 god**s**

➕ goddess 여신
godless 신을 믿지 않는
godly 신을 공경하는, 경건한

- **(oh) (my) God!** 맙소사!, 아이고!
  Oh my God! The building is on fire.
  맙소사! 건물에 불이 났어.
- **thank God** (~해서) 다행이다
  Thank God you are not hurt.
  네가 다치지 않아서 **다행이야**.

Oh my God! The building is on fire.

* **goggles** (gah-guhlz) [gágəlz]

명사 《복수형임》 고글, 보안경
John wears **goggles** when he swims.
존은 수영을 할 때 고글을 쓴다.
Everyone in the steel factory wears **safety goggles**.
철강 공장에 있는 모든 사람들은 안전 고글을 착용한다.

➕ ski goggles 스키 고글
swimming goggles 물안경

goggles

* **gold** (gohld) [gould]

명사 ① 금(金)
She has a necklace made of **gold**.
그녀는 금 목걸이를 가지고 있다.

형용사 금빛의, 금으로 만든, 황금의
The **gold** rays of the sun warmed the valley.
황금빛 햇살이 계곡을 따뜻하게 했다.
Bora is wearing a **gold** bracelet.
보라는 금팔찌를 끼고 있다.

➕ gold medal 금메달
gold mine 금광

gold

❓ bracelet 팔찌

golden (gohl-duhn) [góuldən]

형용사 1 금으로 된, 금빛의
He has **golden** hair. 그는 금발이다.
Don't kill the goose that lays the **golden** egg.
황금 알을 낳는 거위를 죽이지 마라.

2 귀중한, 훌륭한, 특별한
School is a **golden opportunity** to improve yourself. Don't waste it.
학교는 너 자신을 발전시킬 수 있는 절호의 기회야. 그 기회를 허비하지 마.

✅ He has golden hair.
= He has blond hair.
= He is a blond.

➕ golden age 황금시대, 전성기

goldfish (gohld-fish) [góuldfiʃ]

명사 ⓒ 금붕어
The **goldfish** in my fish tank all have names.
내 수조 안에 있는 금붕어들은 모두 이름이 있다.

복수형 goldfish

A: Where do **goldfish** go on vacation?
금붕어가 어디로 휴가를 가게?
B: Where? 어딘데?
A: Around the globe. 지구 곳곳(둥근 어항 곳곳).

goldfish

golf (gahlf) [gɑlf]

명사 ⓤ [스포츠] 골프
a round of **golf** 골프 한 게임
Do you **play golf**? 너 골프 치니?
I lost three **golf** balls in that lake.
나는 저 호수에서 세 개의 골프공을 잃어버렸다.

➕ golfer 골프를 치는 사람
golf ball 골프공
golf club 골프채

gone (gawn) [gɔːn]

동사 go의 과거분사형

*good (gud) [gud]

형용사 **1** (품질이) 좋은, 고급의 (↔bad)
These gloves are made of really **good** leather.
이 장갑은 정말 좋은 가죽으로 만들어졌다.
The restaurant service was very **good**.
그 식당은 서비스가 아주 좋았다.

비교급 better
최상급 best

2 즐거운, 기쁜
Did you **have a good time**? 좋은 시간 보냈어?
A: Is everyone **feeling good** today?
모두 오늘 기분이 좋은가요?
B: Yes!! 네!!
A: Good. Let's get started. 좋아요. 자, 시작하죠.

☑ Did you have a good time?
= Did you have fun?

3 능숙한, 유능한, 잘하는
Sora is a **good** pianist. 소라는 능숙한 피아니스트이다.
He is **good at** his job. 그는 일을 잘한다.

4 착한, 선량한 (↔bad)
a **good** deed 선행
Tony is a **good** boy. 토니는 착한 소년이다.

5 친절한 (↔bad)
Be **good** to your little brother.
남동생에게 잘 대해 줘.
He was **good** enough to show me the way.
그는 친절하게도 길을 안내해 주었다.

Tony is a **good** boy.

6 건강한 (↔bad)
I don't **feel good** today. 나는 오늘 몸이 좋지 않다.

☑ I don't feel good.
= I'm not feeling well.

7 유용한
This pot is **good** for boiling eggs.
이 냄비는 계란을 삶기에 유용하다.

● *for good* 영원히
He moved to Australia **for good**.
그는 영원히 호주로 떠났다.

● *Good for you!* 잘했어!, 잘됐다!
A: I got accepted by Harvard!
내가 하버드 대학의 입학 허가를 받았어!
B: **Good for you!** 잘됐다!

● *Good luck.* 행운을 빌어., 잘해 봐.
A: I have a job interview tomorrow.
내일 취업 면접이 있어.
B: **Good luck!** 행운을 빌어!

A: I got accepted by Harvard!
B: **Good for you!**

> **Tip** good은 인사말에서 어떻게 쓰일까요?
>
> ▶ good은 때를 나타내는 단어와 함께 누군가를 만났을 때의 인사말로 쓰여요.
>   예) Good morning. (아침 인사), Good afternoon. (오후 인사), Good evening. (저녁 인사)
>
> ▶ 헤어질 때에는 Goodbye.라고 해요. 밤에 헤어질 때나 자러 가기 전에는 Good night.이라는 표현을 써요.
>   예) Goodbye. See you tomorrow. 안녕. 내일 보자.
>   Good night, Dad. 아빠 안녕히 주무세요.

goodbye (gud-bye) [gúdbái]

감탄사 (작별 인사) 안녕, 잘 가, 안녕히 가세요
Goodbye! See you later. 잘 가! 나중에 봐.

✓ Goodbye! = Bye!

good-looking (gud-luk-ing) [gúdlúkiŋ]

형용사 잘생긴, 보기 좋은 (↔ugly)
a really **good-looking** man 아주 잘생긴 남자
She's **good-looking**. 그녀는 미인이다.

비교급 **better**-looking
최상급 **best**-looking

goods (gudz) [gudz]

명사 《복수형임》 상품, 제품
taxes on **goods** and services
상품과 서비스에 대한 세금
The **goods** will be delivered in two days.
상품은 이틀 후에 배송될 것이다.

➕ electrical goods 가전제품
   kitchen goods 주방용품
   stolen goods 도난품, 장물

goose (goos) [guːs]

명사 1 ⓒ 거위
Geese fly south for the winter.
거위는 겨울을 나기 위해 남쪽으로 날아간다.

2 ⓤ 거위 고기
Goose liver is a very popular dish in France.
거위 간은 프랑스에서 매우 인기 있는 요리다.

• *goose bumps* 소름
The scary movie gave me **goose bumps**.
공포 영화는 날 소름 돋게 했다.

복수형 geese

goose

gorilla (guh-**ril**-uh) [gərílə]

명사 ⓒ 고릴라
You can see several **gorillas** up close at the zoo.
동물원에서는 몇몇 고릴라를 가까이에서 볼 수 있다.
King Kong was a huge **gorilla**.
킹콩은 거대한 고릴라였다.

복수형 gorilla**s**

gossip (**gah**-sip) [gásip]

명사 ⓤ (좋지 않은) 소문, 험담
The Internet is full of **gossip about** celebrities.
인터넷은 연예인들에 관한 소문으로 가득하다.

동사 남 얘기를 하다, 험담을 하다
It's bad manners to **gossip**.
남 얘기를 하는 것은 실례다.
They were **gossiping about** their neighbors.
그들은 이웃에 대해 험담을 하고 있었다.

❓ celebrity 유명 인사, 연예인

3인칭단수현재 gossip**s**
현재분사 gossip**ing**
과거·과거분사 gossip**ed**

got (gaht) [gɑt]

동사 get의 과거형

gotten (**gah**-tuhn) [gátn]

동사 get의 과거분사형

government (**guhv**-ur-muhnt) [gʌ́vərnmənt]

명사 1 ⓒⓤ 정부 (줄임말 govt.)
People want a **government** they can trust.
사람들은 신뢰할 수 있는 정부를 원한다.

복수형 government**s**

The **government** bought our house so they can build a new road there.
정부는 새로운 도로를 내기 위해 우리 집을 샀다.

2 ⓤ 통치, 정치 체제
The South Korean **government** is democratic.
남한의 정치 체제는 민주주의다.

> ➕ govern 통치하다, 다스리다
> government official 정부 관료, 공무원

governor (guhv-ur-nur) [gʌ́vərnər]

명사 **1** ⓒ (미국의) 주지사
Every state has its own **governor**.
모든 주에는 주지사가 있다.

2 ⓒ (식민지 등의) 총독
England used **governors** to rule its colonies.
영국은 식민지를 지배하기 위해 총독을 두었다.

> 복수형 governor**s**
> ➕ govern 통치하다, 다스리다
> ❓ colony 식민지

grade (grade) [greid]

명사 **1** ⓒ 등급
This beef is **Grade** A, the best you can buy.
이 소고기는 A등급이에요. 살 수 있는 것 중에 최고죠.

2 ⓒ 성적, 평점
Sally got A **grades** in math and science.
샐리는 수학과 과학에서 A를 받았다.

3 ⓒ 학년
A: What **grade** are you in? 너는 몇 학년이니?
B: I'm in the **sixth grade**. 나는 6학년이야.

> 복수형 grade**s**
> ➕ high-grade 고급의; (병이) 심각한
> low-grade 질 낮은; (병이) 덜 심각한

gradual (graj-oo-uhl) [grǽdʒuəl]

형용사 점진적인, 점차적인
Gradual change is easier than fast change.
점진적인 변화가 빠른 변화보다 더 쉽다.
Losing weight is a **gradual** process. It cannot be done quickly.
몸무게를 줄이는 것은 점진적인 과정이다. 빨리 이루어질 수는 없다.

> 비교급 more gradual
> 최상급 most gradual

Losing weight is a **gradual** process.

gradually (graj-oo-uh-lee) [grǽdʒuəli]

부사 점차, 차츰
Gradually, I began to feel better.
점차 나는 몸이 좋아지기 시작했다.

> 비교급 more gradually
> 최상급 most gradually

His symptoms are **gradually** getting worse.
그의 증상은 점차 나빠지고 있다.

❓ **symptom** 증상, 징후

graduate (graj-oo-*ate* | graj-oo-it) [grǽdʒuèit, grǽdʒuit]

동사 (graj-oo-*ate*) 졸업하다
She will **graduate from** college this June.
그녀는 올해 6월에 대학을 졸업할 것이다.
He **graduated** in medicine from Edinburgh.
그는 에든버러 대학의 의학부를 졸업했다.

명사 (graj-oo-it) ⓒ 졸업생
He is a **graduate** of the University of Florida.
그는 플로리다 대학의 졸업생이다.

3인칭단수현재	graduate**s**
현재분사	graduat**ing**
과거·과거분사	graduat**ed**
➕ graduation 졸업, 졸업식
복수형	graduate**s**

grain (grayn) [grein]

명사 1 Ⓤ 곡물, 곡류
Wheat and barley are **grains**.
밀과 보리는 곡류이다.

2 ⓒ 낟알, 알갱이
a few **grains** of rice 쌀 몇 알
There are millions of **grains** of sand at the beach.
해변에는 수백만 알의 모래가 있다.

복수형 grain**s**

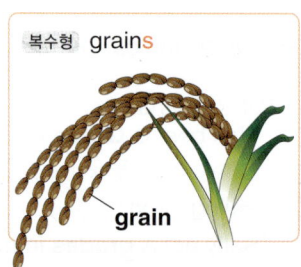
grain

gram (gram) [græm]

명사 ⓒ 그램 (줄임말 g, gm)
A 100-won coin weighs about five **grams**.
100원짜리 동전은 무게가 약 5그램이다.

복수형 gram**s**

grammar (gram-ur) [grǽmər]

명사 Ⓤ 문법
She is very good at English **grammar**.
그녀는 영어 문법을 잘 안다.
We study mostly **grammar** in my Korean class.
한국어 수업에서 우리는 대부분 문법을 공부한다.

➕ **grammatical** 문법의, 문법적인

grand (grand) [grænd]

형용사 1 크고 웅장한, 굉장한, 호화로운
The dance party was in the hotel's **grand** ballroom.
무도회는 호텔의 대연회장에서 열렸다.

2 전부의, 총괄적인

| 비교급 | grand**er** |
| 최상급 | grand**est** |

I have **a grand total of** $3,200 in my savings account at the bank.
난 은행의 예금 계좌에 총 3,200달러가 있다.

> ➕ **grand finale** 대단원
> **grand piano** 그랜드 피아노

grandchild (grand-*childe*) [grǽndtʃàild]

명사 Ⓒ 손자, 손녀, 손주
They have three **grandchildren**.
그들은 손주가 셋 있다.

> 복수형 **grandchildren**

granddaughter (gran-*daw*-tur) [grǽnddɔ̀:tər]

명사 Ⓒ 손녀
Today is my **granddaughter**'s birthday.
오늘은 내 손녀의 생일이다.

> 복수형 **granddaughters**

*grandfather (grand-*fah*-THur) [grǽndfàːðər]

명사 Ⓒ 할아버지 (=grandpa)
His **grandfather** took us fishing.
그의 할아버지가 우리를 낚시에 데리고 가셨다.
My **grandfather** on my mother's side died last year.
우리 외할아버지는 작년에 돌아가셨다.

> 복수형 **grandfathers**
>
>
> **grandfather**

*grandmother (grand-*muhTH*-ur) [grǽndmʌ̀ðər]

명사 Ⓒ 할머니 (=grandma)
Mary's **grandmother** always bakes her cookies.
메리의 할머니는 항상 메리에게 쿠키를 구워 주신다.
My **grandmother** on my mother's side lives with my family.
우리 외할머니는 우리 가족과 함께 사신다.

> 복수형 **grandmothers**
>
>
> **grandmother**

grandparent (grand-*pair*-uhnt) [grǽndpɛ̀ərənt]

명사 Ⓒ 할머니, 할아버지
I spent the holidays at my **grandparents**' house.
나는 방학을 우리 할머니, 할아버지 댁에서 보냈다.

> 복수형 **grandparents**

grandson (grand-*suhn*) [grǽndsʌ̀n]

명사 Ⓒ 손자
My new **grandson** weighs 3.7 kilograms.
새로 태어난 우리 손자는 몸무게가 3.7kg이다.
I have two **grandsons**. 나는 손자가 둘이다.

> 복수형 **grandsons**

Tip 증조할아버지와 증조할머니, 고조할아버지와 고조할머니는 영어로 어떻게 말하나요?

▶ 증조할아버지와 증조할머니, 고조할아버지와 고조할머니를 표현할 때에는 앞에 great를 붙이면 돼요.
　예 grandfather 할아버지, great-grandfather 증조할아버지, great-great-grandfather 고조할아버지
　　grandmother 할머니, great-grandmother 증조할머니, great-great-grandmother 고조할머니

▶ 손주에 대해서도 마찬가지예요.
　예 grandchild 손주, great-grandchild 증손주

G

grant (grant) [grænt]

동사 **1** 허가하다, 승인하다, 들어주다
The fairy **granted** him three wishes.
요정이 그의 세 가지 소원을 들어주었다.

2 인정하다
I will **grant you** that your answer is also correct.
네 답도 옳다는 것을 인정할게.

● **take ~ for granted** ~을 당연하게 생각하다
Don't **take** your talents **for granted**. Work to develop them.
재능을 당연하게 생각하지 마라. 재능을 개발하기 위해 노력해라.
The passengers on the Titanic **took** it **for granted** that they were safe.
타이태닉호의 승객들은 자신들이 안전하다는 것을 당연하게 생각했다.

3인칭단수현재	grant**s**
현재분사	grant**ing**
과거 · 과거분사	grant**ed**

❓ **타이태닉호** 1911년에 만들어진, 길이가 269.1m에 달하는 영국의 대형 호화 여객선. 1912년 4월, 처녀항해 도중 빙산에 부딪쳐 1500여 명의 희생자를 내고 침몰하였다.

*grape (grape) [greip]

명사 ⓒ 포도
Wine is made from **grapes**. 와인은 포도로 만든다.
I don't like **grapes** that have seeds.
난 씨 있는 포도는 좋아하지 않아.

| 복수형 | grape**s** |

graph (graf) [græf]

명사 ⓒ 그래프, 도식, 도표
Can I borrow a sheet of **graph paper**?
그래프 용지 좀 빌려 줄래?
The **graph** shows that the weather is getting hotter.
그래프는 날씨가 점점 더워지고 있음을 보여 준다.

| 복수형 | graph**s** |

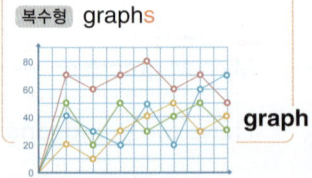
graph

[동사] 그래프[도표]로 나타내다
Mike **graphed** the results of his survey.
마이크는 그의 조사 결과를 그래프로 나타냈다.

3인칭단수현재	graph**s**
현재분사	graph**ing**
과거·과거분사	graph**ed**

*grass (gras) [græs]

[명사] **1** ⓤ 《보통 the grass로 쓰임》 잔디, 잔디밭
I have to mow **the grass** in the morning.
나는 아침에 잔디를 깎아야 해.
The sign says, "Don't walk on **the grass**."
표지판에는 '잔디를 밟지 마시오.'라고 써 있다.

2 ⓒⓤ 풀
Bamboo is a kind of **grass**. 대나무는 풀의 일종이다.

| 복수형 | grass**es** |
| ❓ mow (잔디를) 깎다, (풀을) 베다 |
| ➕ grasshopper 메뚜기, 베짱이, 여치 |

grateful (grate-fuhl) [gréitfəl]

[형용사] 감사하는, 고맙게 여기는 (↔ungrateful)
I'm very **grateful for** your help.
도와주셔서 매우 감사합니다.
I'm **grateful to** my parents **for** everything they have done for me.
나는 부모님께서 날 위해 해 주신 모든 것에 감사한다.

| 비교급 | more grateful |
| 최상급 | most grateful |
| ✔ I'm very grateful for your help. = I'm very thankful for your help. |

grave¹ (grave) [greiv]

[명사] ⓒ 무덤, 묘
Anne visits her mother's **grave** at the cemetery often.
앤은 공동묘지에 있는 어머니의 무덤을 자주 방문한다.

| 복수형 | grave**s** |

grave

grave² (grave) [greiv]

[형용사] 매우 중대한, 심각한
Nuclear weapons are a **grave danger** to everyone alive.
핵무기는 살아 있는 모든 사람에게 매우 심각한 위험이다.

| 비교급 | grave**r** |
| 최상급 | grave**st** |

gravity (grav-i-tee) [grǽvəti]

[명사] **1** ⓤ 중력, 인력
Newton's law of **gravity** 뉴턴의 중력 법칙
Gravity keeps us from floating off into the sky.
중력은 우리가 하늘로 떠다니지 않도록 막아 준다.

| ➕ zero gravity 무중력 (상태) |

The moon's **gravity** affects the ocean's tides.
달의 인력은 바다의 조수에 영향을 준다.

2 ⓤ 중대함, 심각성, 위험
Sally didn't understand the **gravity of** the situation.
샐리는 상황의 중대함을 이해하지 못했다.

> ☑ the gravity of the situation
> = the seriousness of the situation

*gray (gray) [grei]

명사 ⓒⓤ 회색
Do you have this jacket in **gray**?
이 재킷이 회색도 있나요?

형용사 **1** 회색의, 희끗희끗한
My grandfather has **gray** hair.
우리 할아버지는 머리가 희끗희끗하시다.
My new car is a **gray** color. 내 새 차는 회색이다.

2 (날씨가) 흐린, 어두컴컴한
Yesterday was **gray** and cold. 어제는 흐리고 추웠다.

> 복수형 gray**s**
> 비교급 gray**er**
> 최상급 gray**est**
>
> ➕ grey (영국영어) 회색

greasy (gree-see) [gríːsi]

형용사 **1** 기름투성이의
Working on cars is a **greasy** job.
차를 손보는 것은 기름투성이가 되는 일이다.

2 (음식이) 기름기 많은
I don't eat **greasy** foods such as French fries.
나는 감자튀김 같은 기름진 음식은 먹지 않는다.

> 비교급 greas**ier**
> 최상급 greas**iest**
>
> ➕ grease 기름, 지방

*great (grayt) [greit]

형용사 **1** 큰, 거대한 (≒ giant, huge)
The **great** statues on Easter Island are a mystery.
이스터 섬에 있는 거대한 조각상은 미스터리다.
It is a **great** puzzle how the Egyptians built the pyramids.
이집트 인들이 어떻게 피라미드를 세웠는지는 커다란 수수께끼이다.

2 위대한, 저명한
Thomas Edison was a **great** inventor.
토머스 에디슨은 위대한 발명가였다.
Mary's goal was to become a **great** doctor.
메리의 목표는 훌륭한 의사가 되는 것이었다.

3 굉장한, 멋진, 매우 좋은 (≒ excellent, fantastic, wonderful)

> 비교급 great**er**
> 최상급 great**est**
>
> ➕ greatly 크게, 매우
> greatness 거대함, 위대함

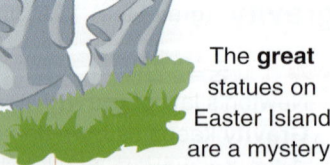

The **great** statues on Easter Island are a mystery.

Mary is a **great** storyteller. 메리는 굉장한 이야기꾼이다.
Brian had a **great** time on his visit home.
브라이언은 자기 집에 가서 매우 즐거운 시간을 보냈다.
A: I just got a new job. 나 방금 새로운 일자리를 얻었어.
B: That's **great**! 잘됐네!

> ※ 자신의 기분이나 건강이 좋다고 말할 때도 great를 써요.
> I feel great today. (난 오늘 기분(컨디션)이 아주 좋다.)

Greece (grees) [gri:s]

[국가명] 그리스
Greece has a proud history.
그리스는 자랑스러운 역사를 지니고 있다.
Ancient **Greece** is important to western culture.
고대 그리스는 서양 문화에서 중요하다.

➕ **Greek** 그리스의, 그리스 인(의), 그리스 어(의)

greedy (gree-dee) [grí:di]

[형용사] 욕심 많은, 탐욕스러운
The **greedy** boy ate all the cookies.
욕심 많은 소년은 쿠키를 다 먹어 버렸다.
Greedy people rarely succeed.
욕심이 많은 사람들은 좀처럼 성공하지 못한다.

[비교급] **greed**ier
[최상급] **greed**iest

➕ **greed** 탐욕, 욕심

Greek (greek) [gri:k]

[형용사] 그리스의, 그리스 인의, 그리스 어의
Greek letters 그리스 문자

[명사] 1 ⓒ 그리스 인
Greeks eat lots of seafood.
그리스 인들은 해산물을 많이 먹는다.

2 Ⓤ 그리스 어
I don't know anyone who speaks **Greek**.
나는 그리스 어를 할 수 있는 사람을 아무도 모른다.

➕ **Greece** 그리스
[복수형] **Greek**s

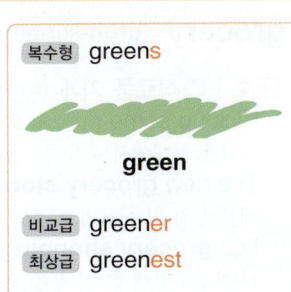
Greek flag

green (green) [gri:n]

[명사] 1 ⓒⓊ 초록색, 녹색
Green was my favorite color when I was young.
나는 어렸을 때 초록색을 가장 좋아했다.

2 《복수로 쓰임》 채소
I eat a lot of **greens**. 나는 채소를 많이 먹는다.

[형용사] 1 초록색의, 녹색의, 푸른
The forest is full of **green** trees.
숲이 초록색 나무들로 가득 찼다.

[복수형] **green**s

green

[비교급] **green**er
[최상급] **green**est

A: Why are these tomatoes **green**?
이 토마토들은 왜 푸른색이야?
B: That means they're not ready to be eaten yet.
아직 먹을 정도가 되지 않았기 때문이야.

2 덜 익은
a **green** fruit 풋과일
The bananas are still **green**. 바나나가 아직 덜 익었다.

> ➕ **green belt** 그린벨트
> **greenhouse** 온실
> **green salad** 야채샐러드
> **green tea** 녹차

greet (greet) [griːt]

동사 인사하다, 맞이하다
The clerk **greeted** me **with** a friendly smile.
그 직원은 친절한 미소로 내게 인사했다.
Minsu's job was to **greet** all the customers who entered the store.
민수의 일은 가게에 오는 모든 고객에게 인사하는 것이었다.
He **greeted** us warmly. 그는 우리를 따뜻하게 맞이했다.

> 3인칭단수현재 **greet**s
> 현재분사 **greet**ing
> 과거·과거분사 **greet**ed
>
> ➕ **greeting** 인사

grew (groo) [gruː]

동사 grow의 과거형

groan (grohn) [groun]

동사 (고통·짜증으로) 신음하다, 끙 하는 소리를 내다
The injured boy **groaned** in pain.
다친 소년은 고통으로 신음했다.
Mary **groaned** when her mother said it was her turn to wash the dishes.
메리는 엄마가 메리가 설거지할 차례라고 하셨을 때 끙 하고 불만스러운 소리를 냈다.

명사 ⓒ 신음 (소리)
The sick girl let out a loud **groan**.
아픈 여자아이는 큰 신음 소리를 냈다.

> 3인칭단수현재 **groan**s
> 현재분사 **groan**ing
> 과거·과거분사 **groan**ed
>
> 복수형 **groan**s

grocery (groh-sur-ee) [gróusəri]

명사 1 ⓒ 식료품 가게 (= grocery store)
Pick up some milk at the **grocery store**.
식료품 가게에서 우유 좀 사와.
The new **grocery store** has high prices.
새로 생긴 식료품 가게는 물건 값이 비싸다.
I go **grocery shopping** once a week.
나는 일주일에 한 번 장을 보러 간다.

> 복수형 **groceri**es
>
> ※ grocery 또는 grocery store는 식료품과 생활용품을 같이 파는 작은 가게를 말해요.

2 《복수로 쓰임》 식료품류, 잡화류
Bob came home with a bag full of **groceries**.
밥은 식료품이 가득 담긴 봉투를 가지고 집에 왔다.

groom (groom) [gru(:)m]

명사 ⓒ 신랑 (=bridegroom)
The bride and **groom** cut the cake together.
신랑 신부가 함께 케이크를 잘랐다.

복수형 **groom**s

ground (ground) [graund]

명사 **1** ⓒ 땅, 지면, 바닥 (≒earth, soil)
Don't sit down on **the ground**. It's wet.
땅바닥에 앉지 마. 젖었어.
Plant seeds in **the ground**. 땅속에 씨앗을 심어라.

2 ⓒ (특수 목적의) 장소
a **playground** 놀이터
The school has a large **sports ground**.
그 학교는 운동장이 넓다.

3 ⓒ 《주로 복수로 쓰임》 근거, 이유
On what **grounds** are you saying that I stole your purse?
무슨 근거로 내가 당신의 지갑을 훔쳤다고 말하는 건가요?

복수형 **ground**s

➕ **groundless** 근거 없는
groundlessly 근거 없이
groundlessness 근거 없음

※ 영국에서는 1층을 ground floor 라고 하고, 미국에서는 first floor라고 해요.

 ground에 다른 뜻도 있나요?

아이들이 잘못을 저질렀을 때 부모님이 그 벌로 밖에서 친구들과 놀지 못하게 하는 것을 'ground(외출을 금지하다)' 라고 해요.
예 I got home late last night and my mother **grounded** me for two days.
나는 어젯밤 집에 늦게 들어와서 엄마가 이틀 동안 밖에 나가지 못하게 하셨다.

*group (groop) [gru:p]

명사 **1** ⓒ 무리, 집단, 그룹
A **group of** soldiers ran beside the road.
한 무리의 군인들이 길 옆을 뛰어갔다.
Some animals live **in groups**.
어떤 동물들은 무리를 지어 생활한다.

2 ⓒ 단체, 동호회
Sally belongs to a volunteer **group** that helps homeless people.

복수형 **group**s

➕ **age group** 연령대
group tour 단체 여행

샐리는 집 없는 사람들을 돕는 자선 단체에 소속되어 있다.
I'm putting together a **group** for guitar players.
나는 기타 치는 사람들을 위한 동호회를 만들고 있다.

동사 무리를 짓다, 모이다, 모으다
Group everyone together in front of the buses.
버스 앞에 모두 모이세요.

3인칭단수현재	group**s**
현재분사	group**ing**
과거·과거분사	group**ed**

*grow (groh) [grou]

동사 1 (크기·수량 등이) 커지다, 늘어나다, 발전하다
The world economy has **grown** rapidly.
세계 경제는 빠른 속도로 성장해 왔다.

2 (사람·동물이) 성장하다, 자라다, 크다
He **grew** five inches in a year.
그는 1년 만에 키가 5인치 자랐다.

3 (식물을) 재배하다, 기르다, (식물이) 자라다
Sam **grows** flowers in his garden.
샘은 정원에 꽃을 기른다.
The rain has made the corn really **grow**.
비는 옥수수가 잘 자라게 했다.

4 (머리·수염·손톱 등이) 자라다, (머리·수염·손톱 등을) 기르다
He has **grown** his hair long.
그는 머리를 길게 길렀다.

5 차차 ~이 되다, ~하게 되다, ~해지다
He is **growing** to like me.
그는 나를 좋아하기 시작했다.
It **grew** darker and darker. 점점 더 어두워졌다.

● *grow up* 성장하다, 자라다, 어른이 되다
It's a joy to watch your children **grow up**.
네 아이들이 **자라는** 것을 지켜보는 것은 즐거운 일이다.

3인칭단수현재	grow**s**
현재분사	grow**ing**
과거	grew
과거분사	grown

➕ **growing** 성장하는, 자라는
grown 성장한
growth 성장, 발전, 증가

Sam **grows** flowers in his garden.

grown (grohn) [groun]

동사 grow의 과거분사형

grown-up (grohn-uhp) [gróunʌ̀p]

명사 ⓒ 어른, 성인 (≒adult)
I wish I were a **grown-up**. 내가 어른이었으면 좋겠다.

형용사 다 큰, 어른이 된
My son is almost **grown-up**. He is 17 years old.
내 아들은 거의 다 컸다. 그는 17살이다.

| 복수형 | grown-up**s** |

growth (grohth) [grouθ]

명사 1 ⓤ 성장, 발육
Plants need water and sunlight for **growth**.
식물이 자라기 위해서는 물과 햇빛이 필요하다.
Drinking milk boosts the healthy **growth of** children.
우유를 마시면 아이들의 건강한 발육이 촉진된다.

2 ⓤ 《단수로 쓰임》 발전, 증대, 증가
population **growth** 인구 증가
Yuna Kim has helped the **growth of** figure skating in Korea.
김연아는 한국 피겨 스케이팅의 발전을 도왔다.

❓ boost 촉진시키다, 북돋우다

growth

guarantee (gar-uhn-tee) [ɡærəntíː]

동사 1 약속하다, 보장하다
I **guarantee** you I will be on time.
제시간에 도착한다고 약속할게.

2 (품질을) 보증하다
This car is **guaranteed** for 35,000km.
이 차는 35,000km까지 보증된다.
The watch battery is **guaranteed** for one year.
시계 배터리는 1년 동안 보증된다.

3 ~을 확실히 하다, 보장하다
Study hard to **guarantee** yourself good grades.
좋은 점수를 확실히 받을 수 있도록 공부를 열심히 하도록 해.

명사 1 ⓒ 보증, 보증서
My computer is still **under guarantee**.
내 컴퓨터는 아직 보증 기간이 끝나지 않았다.

2 ⓒ 보장
There's no **guarantee** that he'll be back tomorrow.
그가 내일 돌아온다는 보장은 없다.

3인칭단수현재 guarantee**s**
현재분사 guarantee**ing**
과거·과거분사 guarantee**d**

➕ guaranteed 확실한, 보장된

guarantee

복수형 guarantee**s**

➕ money-back guarantee
환불 보장

guard (gahrd) [ɡɑːrd]

명사 1 ⓒ 경비원
Movie stars are protected by **guards** when they go out in public.
영화배우들은 공공장소에 갈 때 경비원들의 보호를 받는다.

2 ⓤ 경계, 감시, 보호
Be on your **guard** — there are many pickpockets in this area.
주의해. 이 부근에는 소매치기가 많아.

복수형 guard**s**

➕ guardian 보호자, 후견인

❓ pickpocket 소매치기

guess

동사 1 지키다, 보호하다
The police **guarded** the area **against** terrorists.
경찰은 테러리스트에 대항하여 지역을 지켰다.

2 감시하다
His job is to **guard** the prisoners in the jail.
그의 직업은 감옥에서 죄수들을 감시하는 것이다.

3인칭단수현재	guard**s**
현재분사	guard**ing**
과거·과거분사	guard**ed**

*guess (ges) [ges]

동사 1 짐작하다, 추측하다
Sam **guessed** it was about 4 o'clock.
샘은 약 4시쯤 되었다고 짐작했다.
I **guess** she is about 16 years old.
나는 그녀가 16세 정도 되었을 거라고 짐작한다.

2 알아맞히다
Guess what I have in my hand.
내 손 안에 뭐가 있는지 맞혀 봐.
You'll never guess what happened today!
너는 오늘 무슨 일이 있었는지 절대 알아맞히지 못할 거야!

3 ~라고 생각하다, ~일 것 같다
I **guess** it will be ok to study here.
여기서 공부해도 괜찮을 것 같다.

● *I guess so.* 아마 그럴 것이다., *I guess not.* 아마 아닐 것이다.
  A: Does he like video games?
     그는 비디오 게임을 좋아하니?
  B: **I guess so.** 아마 그럴 걸.

명사 ⓒ 추측, 추정, 억측
My **guess** wasn't wrong. 내 추측은 틀리지 않았다.

3인칭단수현재	guess**es**
현재분사	guess**ing**
과거·과거분사	guess**ed**

You'll never guess what happened today!

복수형	guess**es**

guest (gest) [gest]

명사 1 ⓒ 손님
How many **guests** are coming to the party?
파티에 손님이 몇 명이나 오는 거야?
He is not on the **guest** list. 그는 참석자 명단에 없다.
A: Can I bring a **guest** home for dinner tonight?
   오늘 저녁 식사에 손님을 데리고 와도 될까요?
B: Sure. I'll cook some extra chicken.
   물론이지. 닭고기를 더 많이 요리하마.

2 ⓒ 투숙객
The hotel has 235 **guests** coming this weekend.
이번 주말에 그 호텔에는 235명의 투숙객이 올 것이다.

복수형	guest**s**

Can I bring a **guest** home for dinner tonight?

- **be my guest** (상대방의 간단한 부탁에) 그러세요.
  A: Do you mind if I sit here? 여기 앉아도 될까요?
  B: Be my guest. 네, 그러세요.

➕ **guesthouse** 게스트하우스, 여행자용 숙소

guide (gide) [gaid]

명사 1 ⓒ 안내인, 가이드
She works as a travel **guide**.
그녀는 여행 가이드로 일한다.

2 ⓒ 안내서, 안내 책자
Please follow the **user guide**. 사용자 안내서를 따르세요.

동사 1 안내하다, 인도하다 (≒ show, lead)
The friendly woman **guided** us to the bus stop.
한 친절한 여성이 우리를 버스 정류장까지 안내해 주었다.

2 지도하다
Teachers **guide** students in their studies.
선생님들은 학생들의 공부를 지도한다.

복수형 **guide**s

➕ **guidance** 안내, 인도, 지도
guide book (여행) 안내서

3인칭단수현재 **guide**s
현재분사 **guid**ing
과거 · 과거분사 **guide**d

guideline (gide-line) [gáidlàin]

명사 ⓒ 《주로 복수로 쓰임》 가이드라인, 지침
Teachers have to follow school **guidelines**.
선생님들은 학교 지침을 따라야 한다.
Safety **guidelines** protect against accidents.
안전 지침은 사고로부터 지켜 준다.

복수형 **guideline**s

guilty (gil-tee) [gílti]

형용사 1 죄책감을 느끼는
Mary **felt guilty** because she had been unkind to her mother.
메리는 엄마에게 차갑게 군 것에 죄책감을 느꼈다.

2 유죄의, 죄를 진 (↔ innocent)
The judge **found** her **guilty** of murder.
판사는 그녀에게 살인죄로 유죄를 선고했다.
He was **guilty of** taking her lunch money.
그는 그녀의 점심 값을 빼앗은 죄가 있다.

비교급 more guilty, guiltier
최상급 most guilty, guiltiest

➕ **guilt** 죄책감; 유죄

guitar (gi-tahr) [gitáːr]

명사 ⓒ 기타
a classical (an electric, a folk) **guitar**
클래식(전자, 포크) 기타

복수형 **guitar**s

He plays bass **guitar** in the school band.
그는 학교 밴드에서 베이스 기타를 친다.

➕ **guitarist** 기타 연주자

gum (guhm) [gʌm]

명사 1 ⓒ 잇몸
The dentist said my **gums** are swollen.
치과 의사는 내 잇몸이 부었다고 했다.
Your **gums** are bleeding. 네 잇몸에서 피가 난다.

2 ⓤ 껌 (=chewing gum)
a stick of **gum** 껌 한 개
I bought a pack of **gum**. 나는 껌 한 통을 샀다.
He is chewing bubble **gum**. 그는 풍선껌을 씹고 있다.

복수형 **gums**

➕ **gummy** 고무로 만든, 말랑말랑한, 끈적끈적한

❓ **swollen** (몸의 일부가) 부은

gun (guhn) [gʌn]

명사 ⓒ 총
He **fired** the **gun** at the target.
그는 목표물을 향해 총을 쏘았다.
John cleaned and loaded the **gun**.
존은 총을 청소하고 총알을 넣었다.
Sam's grandfather always **carried a gun**.
샘의 할아버지는 항상 총을 가지고 다니셨다.

복수형 **guns**

❓ **load** 총에 탄환을 넣다

guy (gye) [gai]

명사 1 ⓒ 남자, 사내, 녀석
A: See that **guy** over there? 저기 저 남자 보여?
B: Sure. Why? 응. 왜?
A: He looks like someone I know. 내가 아는 사람 같아.

2 《복수로 쓰임》 (남녀 상관없이) 사람들, 너희들
Alright you **guys**, listen up! 자 여러분, 잘 들으세요!

복수형 **guys**

※ 영화나 책에 나오는 영웅을 a good guy, 악당을 a bad guy라고도 해요.

gym (jim) [dʒim]

명사 1 ⓒ 체육관 (=gymnasium), 헬스클럽
He goes to the **gym** every day after school to play basketball.
그는 농구를 하러 방과 후 매일 체육관에 간다.
Bora works out at the **gym**.
보라는 헬스클럽에서 운동을 한다.

2 ⓤ [과목] 체육
Gym is his favorite class.
체육은 그가 가장 좋아하는 수업이다.

복수형 **gyms**

Bora works out at the **gym**.

We have **gym** on Tuesdays.
우리는 매주 화요일에 체육 수업이 있다.

➕ gym shoes 운동화

gymnasium (jim-**nay**-zee-uhm) [dʒimnéiziəm]

명사 ⓒ 체육관 (=gym)
The graduation ceremony will be held in the **gymnasium**.
졸업식은 체육관에서 열릴 것이다.

복수형 gymnasium**s**, gymnasia

gymnastics (jim-**nas**-tiks) [dʒimnǽstiks]

명사 ⓤ 체조, 체육
Gymnastics training is great physical exercise.
체조는 훌륭한 신체 운동이다.
Bella is training for her first **gymnastics** meet.
벨라는 그녀의 첫 체조 경기를 위해 연습하고 있다.

➕ gymnast 체조 선수
  gymnastic 체조의

❓ meet (운동) 경기, 대회

Hh

She lives in a beautiful house.

그녀는 예쁜 집에 살고 있어요.

Start Here

house

habit (hab-it) [hǽbit]

명사 ⓒⓤ 습관, 버릇
I make it a **habit** to pray daily.
난 매일 기도하는 것이 습관이다.
A: I'm trying to **break a** bad **habit**. Do you have any advice?
나쁜 습관을 없애려고 노력 중인데. 조언 좀 해 줄래?
B: The best way is to replace the **bad habit** with a **good habit**.
가장 좋은 방법은 나쁜 습관을 좋은 습관으로 바꾸는 거야.
● **have a habit of -ing** ~하는 습관이 있다
Sally **has a habit of playing** with her hair when she is nervous.
샐리는 긴장했을 때 머리카락을 만지작거리는 **습관이 있다**.

복수형 habit**s**

➕ **habitual** 늘 하는, 습관적인

habit

had (had) [hæd]

동사 have의 과거 · 과거분사형

➕ hadn't = had not

> '~하는 것이 좋다'는 영어로 뭐라고 하나요?
>
> 'had better + 동사 원형'은 '~하는 것이 좋다'의 뜻으로 쓰여요. had better는 줄여서 'd better로 쓸 수 있어요. 단, 공손한 표현은 아니니 어른에게는 사용하지 마세요.
> ◎ You **had better** go now. 지금 가는 것이 좋겠어.
>   You**'d better** tell the truth. 진실을 말하는 게 좋을 거야.

*hair (hair) [hɛər]

명사 1 ⓤ 머리카락, 털
A: Why does Tim always wear a hat?
팀은 왜 늘 모자를 써?
B: Because he's **losing his hair**.
머리카락이 점점 빠져서.
She has long wavy blonde **hair**.
그녀의 머리카락은 길고 곱슬거리는 금발이다.
I **had my hair cut** yesterday. 나는 어제 머리를 잘랐다.
2 ⓒ 한 오라기의 털
I found a **hair** in my pizza.
피자에서 머리카락 한 올이 나왔다.
There are cat **hairs** all over the place.
여기저기에 고양이 털이 있다.

복수형 hair**s**

➕ **armpit hair** 겨드랑이 털
body hair 몸에 난 털
haircut 커트, 헤어스타일
hairdresser 미용사, 미용실
hairdryer 헤어드라이어

curly **hair**

straight **hair**

hairy (hair-ee) [hέəri]

형용사 털이 많은, 털투성이의
Hairy dogs get very hot in the summer.
털이 많은 개들은 여름철에 매우 더워한다.

| 비교급 | hair**ier** |
| 최상급 | hair**iest** |

*half (haf) [hæf]

명사 1 ⓒ 반, 2분의 1
A: What did you eat for lunch? 점심에 뭐 먹었어?
B: Just **a half** a sandwich. I wasn't very hungry.
샌드위치 반 개. 많이 배고프지 않았거든.
He **cut** the apple **in half** and shared it with Tom.
그는 사과를 반으로 잘라서 톰과 나눠 먹었다.

2 ⓒ [스포츠] (시합의) 전반, 후반
I hope our team plays better in the **second half**.
우리 팀이 후반전에는 더 잘했으면 좋겠다.

대명사 반, 절반
Half of the oranges are bad.
오렌지들의 절반이 썩었다.
I ate **half of** a cake and threw the rest away.
난 케이크의 반은 먹고 나머지는 버렸다.

형용사 《명사 앞에만 쓰임》 절반의, 2분의 1의
It takes **half an hour** to walk to the station from here.
여기에서 역까지는 걸어서 30분 걸린다.

부사 절반, 반쯤, 부분적으로
The glass is **half** full.
컵이 반쯤 차 있다.
This chicken is only **half** cooked. Don't eat it.
이 치킨은 다 익지 않았어. 먹지 마.

| 복수형 | hal**ves** |

➕ **first half** 전반전, 상반기

Half of the oranges are bad.

Half of the orange is bad.

hall (hawl) [hɔːl]

명사 1 ⓒ 현관
Put your coat **in the hall** closet.
코트는 현관에 있는 옷장에 넣도록 해.

2 ⓒ 복도, 통로
Tom's office is at the end of the **hall**.
톰의 사무실은 복도 끝에 있다.
The bathroom is down the **hall** on the left.
화장실은 복도를 따라가면 왼쪽에 있다.

3 ⓒ 회관, 강당, 홀

| 복수형 | hall**s** |

➕ **city hall** 시청
  concert hall 공연장
  exhibition hall 전시회장

The government meeting was held in the **town hall**.
정부 회의는 시청에서 열렸다.
The **meeting hall** was filled with angry parents.
강당은 분노한 부모들로 가득 찼다.

➕ Hall of Fame 명예의 전당

Halloween (*hal*-uh-*ween*) [hæ̀ləwíːn]

명사 ⓒⓊ 핼러윈
I'm going to dress as Harry Potter this **Halloween**.
나는 이번 핼러윈에 해리 포터로 분장할 거야.
Look at all the candy I got trick-or-treating this **Halloween**.
내가 이번 핼러윈에 '과자를 안 주면 장난칠 거예요' 놀이를 해서 받아 온 사탕들 좀 봐.

복수형 Halloween**s**

Halloween

 핼러윈은 무슨 날이에요?

핼러윈은 귀신이나 유령이 가장 활개를 친다고 믿는 10월 31일 저녁이에요. 어린이들이 귀신을 쫓기 위해 마녀, 뱀파이어와 같은 무서운 복장을 하고 남의 집에 사탕을 얻으러 다니는 날이지요. 남의 집 문을 두드리며 Trick or treat! (과자를 주지 않으면 장난을 치겠어요!)라고 하면 그 집에서 사탕이나 과자를 준답니다.

hamburger (*ham*-*bur*-gur) [hæmbə̀ːrgər]

명사 ⓒ 햄버거
I love **hamburgers**, but I don't eat them very often.
나는 햄버거를 굉장히 좋아하지만 그리 자주 먹지는 않는다.

복수형 hamburger**s**

hammer (*ham*-ur) [hǽmər]

명사 ⓒ 망치, 해머
Carpenters use **hammers** to build homes.
목수는 집을 짓기 위해 망치를 사용한다.

동사 망치질하다, 망치로 두드리다
He **hammered** the nail into the wall.
그는 망치로 벽에 못을 박았다.

복수형 hammer**s**

3인칭단수현재 hammer**s**
현재분사 hammer**ing**
과거·과거분사 hammer**ed**

*hand (hand) [hænd]

명사 **1** ⓒ 손
My **hands** are so cold.
내 손은 매우 차다.

복수형 hand**s**

Tony **waved** his **hands** to them.
토니는 그들에게 손을 흔들었다.
She was holding a book in her **right hand**.
그녀는 오른손에 책을 들고 있었다.

2 《단수로 쓰임》 도움
Could you **lend** me **a hand**? 저 좀 도와주실래요?
Do you **need a hand**? 도와 드릴까요?

3 ⓒ (시계) 바늘, (시·분·초) 침
The **hour hand** on this clock is broken.
이 시계는 시침이 고장 났다.

- *hands up* 손들어
  Hands up and turn around! 손들고 돌아서!
- *hand in hand* (서로) 손을 잡고
  The kindergarteners walked toward the classroom **hand in hand**.
  유치원생들은 손에 손을 잡고 교실을 향해 걸어갔다.
- *on the one hand..., on the other hand~* 한편으로는 …, 다른 한편으로는 ~
  On the one hand, French fries are delicious; **on the other hand**, they are unhealthy.
  감자튀김은 **한편으로는** 맛있지만 **다른 한편으로는** 건강에 좋지 않다.

동사 건네주다, 전하다
He **handed** the letter **to** me.
그는 나에게 편지를 건네주었다.
Could you please **hand** me the glue?
풀 좀 건네줄래요?

- *hand in* 제출하다, 내다
  She **handed in** her homework.
  그녀는 숙제를 제출했다.
- *hand out* (사람들에게 물건을) 나누어 주다
  The teacher **handed out** the exam results.
  선생님은 시험 결과를 나누어 주셨다.
- *hand ~ over to ...* ~을 …에게 넘겨주다
  She **handed** the documents **over to** me.
  그녀는 나에게 서류를 넘겨주었다.

Tony **waved** his **hands** to them.

Hands up and turn around!

3인칭단수현재 hand**s**
현재분사 hand**ing**
과거·과거분사 hand**ed**

☑ He handed the letter to me.
= He handed me the letter.

handbag (hand-bag) [hǽndbæg]

명사 ⓒ 핸드백, 손가방
Designer **handbags** are very expensive.
유명 디자이너가 만든 핸드백들은 매우 비싸다.
My big sister wants a **handbag** for her birthday.
우리 언니는 생일에 핸드백을 바라고 있다.

복수형 handbag**s**

handicap (han-dee-*kap*) [hǽndikæp]

명사 1 ⓒ 불리한 조건, 결점
It's a **handicap** for a cook to have a small kitchen.
작은 주방은 요리사에게 불리하다.
Her **handicap** is not believing in herself.
그녀의 결점은 자신의 능력을 믿지 않는 것이다.

2 ⓒ 《무례한 표현으로 잘 쓰지 않음》 (신체적·정신적) 장애
Mark did not think of his small size as a **handicap**.
마크는 자신의 작은 체구를 장애라고 생각하지 않았다.

| 복수형 | **handicap**s |

➕ **handicapped** 장애가 있는

※ 요즘에는 handicap보다는 disability를, handicapped보다는 disabled라는 표현을 더 많이 써요.

handkerchief (hang-kur-chif) [hǽŋkərtʃif]

명사 ⓒ 손수건
Ben wiped his nose with his **handkerchief**.
벤은 손수건으로 코를 닦았다.
Sora blew her nose into her **handkerchief**.
소라는 손수건에 코를 풀었다.

| 복수형 | **handkerchief**s, **handkerchie**ves |

handle (han-duhl) [hǽndl]

명사 ⓒ 손잡이
The door **handle** is not working.
문손잡이가 움직이지 않는다.
Most notebook cases have a **handle** and a shoulder strap.
대부분의 노트북 케이스에는 손잡이와 어깨끈이 있다.

동사 1 (사람·문제 등을) 다루다, 취급하다, 처리하다
He was very good at **handling** angry customers.
그는 화가 난 고객들을 다루는 데 매우 능숙하였다.
She could **handle** the situation herself.
그녀는 스스로 문제를 해결할 수 있었다.

2 손으로 다루다, 만지다
Please **handle** that vase with care. It's very expensive.
그 꽃병은 조심스럽게 다루어 주세요. 매우 비싼 거예요.

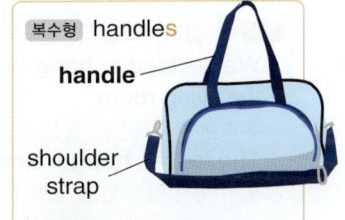

복수형	**handle**s
3인칭단수현재	**handle**s
현재분사	**handl**ing
과거·과거분사	**handle**d

 자동차 운전대는 영어로 **handle**이죠?

자동차 운전대를 handle이라고 하는 것은 잘못된 영어 표현이에요. 자동차나 배의 운전대는 둥그런 모양이므로 steering wheel이라고 해야 맞아요.

*handsome (han-suhm) [hǽnsəm]

형용사 잘생긴 (≒good-looking; ↔ugly)
I think he is **handsome**.
나는 그가 잘생겼다고 생각한다.
Tom looked **handsome** in his new suit.
새 양복을 입은 톰은 잘생겨 보였다.

| 비교급 | handsomer, more handsome |
| 최상급 | handsomest, most handsome |

 handsome, pretty라는 말은 남녀에 따라 다른가요?
'잘생겼다'라는 뜻으로 handsome은 남자에게 쓰는 말이지요. 여자에게는 pretty 또는 beautiful을 주로 쓰고, 남녀 모두에게 쓸 수 있는 표현으로는 good-looking이 있어요.

handwriting (hand-rye-ting) [hǽndràitiŋ]

명사 ① 글씨, 글씨체
I can't read my doctor's **handwriting**.
나는 내 주치의의 글씨를 알아볼 수가 없다.

➕ **handwritten** 손으로 쓴

hang (hang) [hæŋ]

동사 1 걸다, 매달다, 걸리다, 매달리다
We decided to **hang** our wedding photograph in the living room.
우리는 결혼사진을 거실에 걸기로 결정했다.
The leaves **hung** lifeless.
잎이 생기 없이 달려 있었다.

2 교수형에 처하다
The murderer was **hanged**.
그 살인자는 교수형에 처해졌다.

● *hang around with* ~와 시간을 보내다
Tim was just **hanging around with** his friend.
팀은 친구와 시간을 보내고 있었다.

● *hang on* 1 붙잡다
Hang on tight! 꽉 붙잡아!
He tried to **hang on** the tip of the stick.
그는 막대기의 끝을 붙잡으려고 했다.
2 잠깐 (기다려)
Hang on! I have something to say.
잠깐 기다려! 할 말이 있어.

● *hung up* 전화를 끊다
She got angry and **hung up** the phone on me.
그녀는 화가 나서 내 전화를 끊었다.

3인칭단수현재	hangs
현재분사	hanging
과거·과거분사	1 hung / 2 hanged

➕ **hanger** 옷걸이

We decided to **hang** our wedding photograph in the living room.

Tip hang out이 무슨 뜻이에요?

hang out은 매우 폭넓게 쓰이는 표현으로서 그냥 친구들끼리 별 목적 없이 만나서 놀 때 쓰는 말이에요.
예) Do you want to **hang out** with me after dinner? 저녁 식사 후에 나랑 같이 놀래?

happen (hap-uhn) [hǽpən]

동사 1 (일·사건 등이) 일어나다, 생기다
What's **happening**? 무슨 일이니?
What just **happened**? 방금 무슨 일이 있었던 거지?
A car accident **happened** right over there.
바로 저기에서 자동차 사고가 발생했다.

2 우연히 ~하다, 마침 ~하다
We both **happened to** arrive at the same time.
우리는 우연히 같은 시간에 도착했다.
I just **happened to** be at the grocery store when I saw her.
내가 그녀를 보았을 때 나는 마침 식품점에 있었다.

3인칭단수현재	happen**s**
현재분사	happen**ing**
과거·과거분사	happen**ed**

⊕ happening 일, 사건

※ happen이 '우연히 ~하다, 마침 ~하다'라는 의미로 쓰일 때는 뒤에 to와 동사가 함께 와요.

*happy (hap-ee) [hǽpi]

형용사 행복한, 기쁜 (↔unhappy)
Are you **happy** now? 지금 행복하세요?
I'm very **happy to** see you. 널 보게 돼서 무척 기뻐.
Sam was **happy with** his Christmas presents.
샘은 크리스마스 선물에 만족했다.
Well done! I'm so **happy for** you.
잘했어! 나도 정말 기뻐(정말 잘됐다).

| 비교급 | happ**ier** |
| 최상급 | happ**iest** |

⊕ happily 행복하게, 즐겁게
happiness 행복

Tip happy가 들어가는 인사로는 무엇이 있나요?

happy를 넣어서 좋은 일을 축하하거나 좋은 날에 대한 인사로 많이 쓰지요.
예) **Happy** Birthday! 생일 축하합니다!
Happy Holidays! 공휴일 잘 보내세요!
Happy New Year! 새해 복 많이 받으세요!

*hard (hahrd) [hɑːrd]

형용사 1 딱딱한, 견고한 (↔soft)
We had to sit on the cold **hard** floor.
우리는 차갑고 딱딱한 바닥에 앉아야만 했다.

| 비교급 | hard**er** |
| 최상급 | hard**est** |

These nuts are too **hard** to crack.
이 호두는 깨기에는 너무 딱딱하다.

2 어려운 (≒ difficult)
These math problems are really **hard**.
이 수학 문제들은 정말 어렵다.
It is **hard to** believe what happened.
무슨 일이 일어났는지 믿기 어렵다.

3 부지런한, 열심인
He is a **hard** worker. 그는 노력가다.

4 (육체적·정신적으로) 힘든 (≒ tough)
Clearing the snow is **hard work**.
눈을 치우는 것은 힘든 일이다.
The winter of 1925 was a **hard** one. Many people froze to death.
1925년의 겨울은 혹독했다. 많은 사람들이 동사했다.

● **have a hard time (-ing)** (~하느라) 고생하다, 힘들다
I **had a hard time** clean**ing** up the mess.
나는 어질러진 것을 치우느라 고생했다.
She **had a hard time with** her report.
그녀는 보고서를 쓰느라 고생했다.

[부사] **1** 열심히
You need to study **hard** if you want to make an A⁺.
A+를 받고 싶으면 열심히 공부해야 해.

2 몹시, 심하게
It blows **hard**. 바람이 심하게 분다.

➕ **harden** 굳히다, 굳다, 딱딱하게 하다, 딱딱해지다
hardened 단단해진, 딱딱해진
hardness 견고함, 굳기
hardship 어려움, 곤란

These math problems are really **hard**.

[비교급] **hard**er
[최상급] **hard**est

hardly (hahrd-lee) [háːrdli]

[부사] **1** 거의 ~하지 않다
There's **hardly** enough rice to make dinner.
저녁을 하기에는 쌀이 충분하지 않다.
Hardly anyone could remember the song.
그 노래를 기억하는 사람은 거의 없었다.

2 조금도 ~ 않다, 도저히 ~ 않다
You can **hardly** bake a cake without any eggs.
계란 없이는 케이크를 절대 만들 수 없다.

※ hardly는 단어 자체에 '거의 ~하지 않는'이라는 부정의 의미를 가지고 있기 때문에 부정어인 not과 함께 쓰지 않아요.

harm (hahrm) [háːrm]

[명사] ① 해, 손해
Terrorists want to **do harm to** our country.
테러리스트들은 우리나라에 해를 끼치기를 원한다.
The flood **caused** no **harm to** our house.

➕ **harmless** 해가 없는, 악의가 없는

홍수는 우리 집에 아무런 해도 끼치지 않았다.

동사 해치다, 상하게 하다
Pollution **harms** the earth.
오염은 지구를 해친다.
The fire didn't **harm** our house.
화재는 우리 집을 훼손하지 않았다.
No one was **harmed** in the accident.
사고에서 아무도 다치지 않았다.

3인칭단수현재	harm**s**
현재분사	harm**ing**
과거·과거분사	harm**ed**

harmful (**hahrm**-ful) [háːrmfəl]

형용사 해로운, 해가 되는
Smoking is **harmful to** your health.
흡연은 건강에 해롭다.
What are the **harmful effects** of watching TV?
텔레비전 시청의 해로운 영향은 무엇일까?

비교급	more harmful
최상급	most harmful

harmony (**hahr**-muh-nee) [háːrməni]

명사 1 ⓒⓤ [음악] 화성, 화음
Mary studies **harmony** in her music class.
메리는 음악 시간에 화음을 배운다.

2 ⓤ 조화, 화합, 일치
It's hard to live **in harmony with** my little brother.
내 남동생과 사이좋게 지내기는 참 힘들다.
The United Nations works for global **harmony**.
국제 연합은 세계의 화합을 위해 일한다.

3 ⓤ 배합, 조화
The onion, green pepper and garlic cooking together made a **harmony** of smells.
양파, 피망, 마늘은 함께 익으면서 향의 조화를 만들어 냈다.

복수형	harmon**ies**

➕ **harmonic** 조화된; 화성의, 화음의
harmonious 조화로운, 사이가 좋은
harmonize 조화를 이루게 하다, 화합시키다

harvest (**hahr**-vist) [háːrvist]

명사 ⓒⓤ 수확, 추수
The city of Valencia in Spain has a tomato festival every year to celebrate the **harvest**.
스페인의 발렌시아 시에서는 매년 추수를 기념하기 위해 토마토 축제를 연다.

동사 수확하다
Apples are **harvested** in the fall.
사과는 가을에 수확된다.
It is time to **harvest** the rice. 쌀을 수확할 시기다.

복수형	harvest**s**

➕ **harvest moon** 보름달

3인칭단수현재	harvest**s**
현재분사	harvest**ing**
과거·과거분사	harvest**ed**

has (haz) [hæz]

[동사] have의 3인칭단수현재형

➕ hasn't = has not

*hat (hat) [hæt]

[명사] ⓒ 모자
put on [take off] a **hat** 모자를 쓰다[벗다]
Wear a **hat** to protect your head from the sun.
태양으로부터 네 머리를 보호하기 위해 모자를 쓰도록 해.

복수형 **hat**s

hat과 **cap**의 차이는 무엇인가요?
hat은 보통 챙이 있는 모자를 말해요. 야구 모자처럼 모자에 눈 위까지 오는 긴 챙이 붙어 있는 것이나 챙이 없는 털모자는 주로 cap이라고 부르지요.

cap
hats

*hate (hate) [heit]

[동사] 미워하다, 싫어하다
I **hate** him. 나는 그가 싫어.
I **hate** doing my homework. 나는 숙제하는 게 싫어.
Tina says she **hates** Eric, but she really likes him.
티나는 에릭을 싫어한다고 말하지만, 사실은 그를 매우 좋아한다.

3인칭단수현재 **hate**s
현재분사 **hat**ing
과거·과거분사 **hate**d

➕ **hateful** 혐오스러운

[명사] ⓤ 혐오, 증오
His eyes were full of **hate** for me.
그의 눈은 나에 대한 증오로 가득 차 있었다.

*have (hav) [hæv]

[동사] 1 《have got으로도 쓰임》 가지고 있다, 소유하다
We **have** a new TV. 우리는 새 TV가 있다.
I **have** ten dollars. 난 10달러가 있다.

2 《have got으로도 쓰임》 (특징·성질 등을) 가지고 있다
She **has** a sweet voice. 그녀는 목소리가 아름답다.
The year **has** twelve months. 1년은 12달이다.
He doesn't **have** a good memory.
그는 기억력이 안 좋다.

3 《have got으로도 쓰임》 (가족·친구·관계 등이) 있다
How many friends do you **have**? 친구가 몇 명이나 있니?
He **has** a daughter named Lisa.
그에겐 리사라는 딸이 있다.

3인칭단수현재 **has**
현재분사 **hav**ing
과거·과거분사 **had**

➕ haven't = have not

➕ I've = I have
you've = you have
he's = he has, he is
she's = she has, she is
it's = it has, it is
we've = we have
they've = they have

4 《have got으로도 쓰임》 (감정·생각 등을) 갖다, 품고 있다
Do you **have** any questions? 질문 있어요?

5 먹다, 마시다
She **had** dinner. 그녀는 저녁을 먹었다.
Did you **have** anything to drink? 뭔가 좀 마셨어요?

6 경험하다, ~을 하다
Have a great vacation! 즐거운 방학 보내!
I **have** a cold. 나는 감기에 걸렸다.
We **had** an argument. 우리는 말다툼을 했다.

7 (사물·사람을) ~하게 하다, 시키다
I'll **have** him call you later.
그가 나중에 네게 전화하게 할게.
I'm going to **have** my hair cut tomorrow.
난 내일 머리를 자를 것이다.

조동사 《완료시제》《동사의 과거분사와 함께 쓰임》
Have you **met** Lisa? 너 리사를 만난 적이 있니?
She **has seen** Star Wars three times.
그녀는 〈스타워즈〉를 세 번 보았다.
Mary **hadn't told** me about it.
메리는 내게 그것에 대한 이야기를 하지 않았다.

● have to ~해야 한다
I **have to** write a letter. 난 편지를 써야 한다.

> I haven't = I have not
> you haven't = you have not
> he hasn't = he has not
> she hasn't = she has not
> it hasn't = it has not
> we haven't = we have not
> they haven't = they have not
>
> ※ have가 '가지고 있다, 소유하다'라는 의미로 쓰일 때는 진행형(-ing형)으로 쓸 수 없어요.
> He is having a ball. (X)
> He has a ball. (O)
> (그는 공을 가지고 있다.)

H

Tip have a cold가 무슨 뜻이에요?

have는 '병에 걸리다, 병을 앓다'는 표현을 할 때도 사용돼요. have a cold는 감기에 걸렸다는 뜻이지요.

예) I **have** a cold. 나는 감기에 걸렸다.　　I **have** a fever. 나는 열이 난다.
　　I **have** a headache. 나는 머리가 아프다.　I **have** a cancer. 나는 암에 걸렸다.

---

hawk¹ (hawk) [hɔːk]

명사 ⓒ 매

The **hawk** soared gracefully overhead.
매가 우아하게 하늘 높이 날아올랐다.

복수형 hawks

---

*he (hee) [hiː]

대명사 **1** 그, 그 남자, 그는, 그가
A: Sam said we have to wait.
샘이 우리가 기다려야 한다고 했어.

복수형 they

B: What did **he** say?
그가 뭐라고 했다고?
A: **He** said we have to wait.
그가 우리가 기다려야 한다고 했어.

2 (남녀 공통) 그 사람, 그자
He who laughs last laughs best.
최후에 웃는 자가 진정한 승자다.

> he 그
> his 그의, 그의 것
> him 그를, 그에게
> himself 그 자신

*head (hed) [hed]

명사 1 ⓒ 머리
She patted the dog on the **head**.
그녀는 강아지의 머리를 토닥였다.
Sam was dressed **from head to foot** in black.
샘은 머리부터 발끝까지 검은색으로 차려입었다.

2 ⓒ (사고력) 머리, 두뇌, 지력, 지능
Use your **head** and be careful.
머리를 쓰고 (신중히 생각하고) 조심하도록 해.

3 ⓒ 수석, 우두머리, 지휘자
She is the **head** cook at the restaurant.
그녀는 식당의 수석 주방장이다.

4 《단수로 쓰임》 맨 윗부분, 맨 앞부분
My name was **at the head of** the list.
내 이름은 목록의 맨 위에 있었다.

동사 1 지휘하다, 이끌다
He **headed** the planning committee.
그는 전략 위원회를 지휘했다.
She **headed** the climbers up the mountainside.
그녀는 산비탈로 등산객들을 이끌었다.

2 (특정 방향으로) 가다, 향하다
Where are you **heading**?
= Where are you **headed**?
너 어디 가니?
I **headed** back to the office.
나는 사무실로 되돌아갔다.

복수형 head**s**

Sam was dressed **from head to foot** in black.

3인칭단수현재 head**s**
현재분사 head**ing**
과거·과거분사 head**ed**

☑ Where are you heading?
 = Where are you headed?
 = Where are you going?

Tip '머리를 끄덕이다, 머리를 젓다'는 영어로 뭐라고 하나요?

말을 하지 않고 머리를 끄덕여 답할 때 nod와 shake라는 표현을 써요. nod one's head(머리를 끄덕이다)는 고개를 위아래로 끄덕이는 것으로 '예(yes)'라는 긍정의 뜻이죠. 반면 shake one's head(머리를 가로젓다)는 고개를 좌우로 젓는 것으로 '아니요(no)'라는 부정의 뜻이에요.

headache (hed-*ake*) [hédèik]

명사 1 ⓒ 두통
Take some aspirin if you have a **headache**.
두통이 있으면 아스피린을 좀 먹도록 해.

2 ⓒ 골칫거리, 걱정거리, 고민
Little boys can be a real **headache**.
어린 남자아이들은 진짜 골칫덩어리일 수 있다.

| 복수형 | headache**s** |

※ head(머리) + ache(통증) → headache(두통)

headline (hed-*line*) [hédlàin]

명사 1 ⓒ (신문 기사 등의) 제목, 표제, 헤드라인
All the **headlines** were about Yuna Kim's gold medal.
모든 기사 제목은 김연아의 금메달에 관한 것이었다.

2 《복수로 쓰임》 주요 뉴스들
I only have time to read the newspaper **headlines** in the morning.
나는 아침에는 신문의 주요 뉴스를 읽을 시간밖에 없다.

| 복수형 | headline**s** |

headlines

heal (heel) [hi:l]

동사 (병·상처 등을) 고치다, 낫게 하다, (병·상처 등이) 낫다
Doctors try to **heal** their patients.
의사들은 환자를 치료하기 위해 노력한다.
It will take five weeks for my broken finger to **heal**.
내 부러진 손가락이 낫는 데는 5주가 걸릴 것이다.

3인칭단수현재	heal**s**
현재분사	heal**ing**
과거·과거분사	heal**ed**

*health (helth) [helθ]

명사 ⓤ (몸·마음의) 건강, 건강 상태
Exercise will improve your **health**.
운동은 당신의 건강을 증진시킬 것입니다.
The doctor said Sam is in perfect **health**.
의사는 샘의 건강 상태가 완벽하다고 말했다.
Tina is a trainer at the **health club**.
티나는 헬스클럽의 트레이너이다.

➕ in good health 건강한
in poor health 건강이 안 좋은

healthy (hel-*thee*) [hélθi]

형용사 1 건강한 (↔unhealthy)
Sora is as **healthy** as a horse.
소라는 말처럼[아주] 건강하다.

| 비교급 | health**ier** |
| 최상급 | health**iest** |

Good eating habits will keep you **healthy**.
좋은 식습관은 당신의 건강을 유지시켜 줄 것입니다.

2 건강에 좋은 (↔unhealthy)
Broccoli is a **healthy** food.
브로콜리는 건강에 좋은 음식이다.

➕ **healthily** 건강하게, 건강에 좋게

*hear (heer) [hiər]

동사 **1 듣다, 들리다**
Did you **hear** what he said? 그가 한 말 들었어?
I **heard** him laugh. 난 그가 웃는 소리를 들었다.

2 (소식 등을) 전해 듣다, 듣다
I am **glad to hear that** she is happy.
그녀가 행복하다는 말을 들어서 기쁘다.
Have you **heard** the news? 그 소식 들었어?
I **heard** a lot **about** you. 너에 대해 많이 들었어.

● **hear from** ~에게서 소식을 듣다, 연락을 받다
I haven't **heard from** her for more than a year.
난 그녀에게서 1년 이상 소식을 듣지 못했다.

● **hear of** ~에 대해 듣다
He **heard of** the problem from his father.
그는 아버지로부터 그 문제에 대해 들었다.

3인칭단수현재 **hear**s
현재분사 **hear**ing
과거·과거분사 **heard**

➕ **hearing** 청력
hearing aid 보청기
hearing-impaired 청각 장애가 있는
hearing-impaired person 청각 장애인

 hear와 listen의 차이는 무엇인가요?

hear는 저절로 듣게 되는 것을 말하고, listen은 주의를 기울여서 듣는 것을 말해요.
◎ Did you **hear** that sound? 저 소리 들었니?
Listen carefully to what your teacher says. 선생님께서 하시는 말씀을 주의 깊게 들어.

heard (hurd) [həːrd]

동사 hear의 과거·과거분사형

*heart (hahrt) [hɑːrt]

명사 **1 ⓒ 심장**
Your **heart** is the most important organ in your body.
심장은 몸에서 가장 중요한 장기이다.
She almost died from a **heart attack**.
그녀는 심장 마비로 거의 죽을 뻔했다.

2 ⓒ 마음, 가슴, 감정
She has a kind **heart**. 그녀는 마음씨가 곱다.

복수형 **heart**s

➕ **heartbeat** 심장 박동
heartless 무정한, 냉정한

❓ **organ** (인체 내의) 장기

His **heart** was full of happiness.
그의 가슴은 행복으로 가득 차 있었다.

3 ⓒ 가슴
He put his hand on his **heart** and said, "Thank you."
그는 가슴에 손을 얹고는 '고마워'라고 말했다.

4 ⓤ 용기, 열의
Don't lose **heart** when things go bad. Keep trying!
일이 잘 풀리지 않을 때도 용기를 잃지 마. 계속 노력해!

5 ⓒ 중심, 중앙부
Times Square is **the heart** of New York City.
타임스 광장은 뉴욕의 중심이다.

- *by heart* 외워서, 암기하여
  I think I know the song **by heart** now.
  이제 그 노래를 다 **외운** 것 같아.

- *from the bottom of one's heart* 진심으로
  I love you **from the bottom of my heart**.
  진심으로 당신을 사랑합니다.

☑ He put his hand on his heart and...
  = He put his hand on his chest and...

☑ Don't lose heart when things go bad.
  = Don't get discouraged when things go bad.

I love you **from the bottom of my heart**.

heat (heet) [hiːt]

📗 1 ⓤ 《단수로 쓰임》 열, 열기
The **heat** from the fire felt good.
불에서 나는 열기가 기분 좋게 느껴졌다.
The **heat** of the sun warms the earth.
태양열은 지구를 따뜻하게 한다.

2 ⓤ 더위
The **heat** is making me so tired.
더위가 나를 매우 지치게 만들고 있다.

3 ⓒⓤ 《주로 단수로 쓰임》 온도
Turn the heat down and let it cook for about 30 minutes.
온도를 낮추고 30분 정도 익히세요.

📕 가열하다, 데우다
I'm **heating** up the leftover food in the microwave.
나는 전자레인지에 남은 음식을 데우고 있다.

The **heat** from the fire felt good.

3인칭단수현재 **heat**s
현재분사 **heat**ing
과거·과거분사 **heat**ed

heat와 **fever**의 차이가 무엇인가요?
heat는 일반적인 '열', '열기'를 말해요. 하지만 fever는 '아플 때 몸에서 나는 열'을 말해요.
例 There's still some **heat** left in the oven. 오븐에 아직도 열기가 남아 있다.
    He has a high **fever**. 그는 고열이 있다.

heater (hee-tur) [hí:tər]

명사 ⓒ 난방 장치, 난로, 히터
Could you please turn the **heater** off?
히터 좀 꺼 주실래요?

| 복수형 | heaters |

heaven (hev-uhn) [hévən]

명사 1 ⓤ 《Heaven으로도 쓰임》 천국, 하늘나라
We pray to our God in **heaven**.
우리는 하늘에 계신 신에게 기도한다.
My cat has died and gone to **heaven**.
우리 고양이는 죽어서 하늘나라로 갔다.
● *Heaven helps those who help themselves.*
하늘은 스스로 돕는 자를 돕는다. 〈속담〉

2 ⓤ 낙원
New Zealand is like **heaven** on earth.
뉴질랜드는 지상의 천국과도 같다.

➕ **heavenly** 천국의, 하늘의; 정말 좋은, 멋진

My cat has died and gone to **heaven**.

*heavy (hev-ee) [hévi]

형용사 1 무거운, 육중한 (↔light)
This bag is very **heavy**. I can hardly lift it.
이 가방은 굉장히 무겁다. 나는 간신히 들 수 있다.
How **heavy** is the Earth?
지구는 얼마나 무거운가요?

2 대량의
We had a **heavy rain** this morning.
오늘 아침에 폭우가 내렸다.

3 힘겨운, 고된
House movers do **heavy work**.
이삿짐 운반업자들은 힘든 일을 한다.

| 비교급 | heavier |
| 최상급 | heaviest |

➕ **heavily** 몹시, 심하게
heavy snow 폭설
heavy traffic 극심한 교통량

heel (heel) [hi:l]

명사 1 ⓒ 발뒤꿈치
Do you run on your toes or on your **heels**?
넌 발끝으로 뛰니 아니면 발뒤꿈치로 뛰니?

2 ⓒ (신발의) 굽, (양말의) 뒤축
Rubber **heels** last longer than leather heels.
고무로 된 굽은 가죽으로 된 굽보다 오래간다.
My sock's **heel** has a hole in it.
내 양말은 뒤축에 구멍이 났다.

| 복수형 | heels |

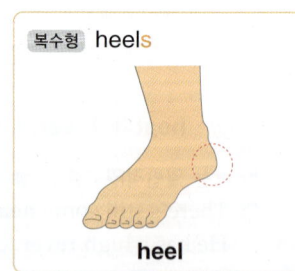

heel

height (hite) [hait]

 1 ⓒⓤ 높이, 키
What is your **height**? 넌 키가 몇이니?
The Eiffel Tower is 324 meters **in height**.
에펠 탑은 높이가 324미터이다.

2 ⓒ 《주로 heights로 쓰임》 높은 곳
I'm afraid of **heights**. 나는 높은 곳을 무서워한다.

• **the height of** ~의 절정, 정점
Jill always dressed **in the height of** fashion.
질은 항상 최신 유행에 맞게 옷을 입었다.

복수형 **height**s
⊕ **fear of heights** 고소 공포증
※ **high** (사물이) 높은, 높이가 ~인 **tall** (사람·사물이) 키가 큰, 높은, 키가 ~인

> **Tip** 키는 어떻게 묻나요?
> '키가 얼마인가요?'라고 할 때에는 What is your height?라고도 하고 How tall are you? 라고도 한답니다.

held (held) [held]

동사 hold의 과거·과거분사형

helicopter (hel-i-*kahp*-tur) [hélikàptər]

동사 ⓒ 헬리콥터
We took a **helicopter** tour of New York City.
우리는 뉴욕에서 헬리콥터 관광을 했다.
The hospital uses a **helicopter** for emergencies.
그 병원은 비상시에 헬리콥터를 사용한다.

복수형 **helicopter**s

helicopter

hell (hel) [hel]

 1 ⓤ 《Hell로도 쓰임》 지옥
Hell is punishment for living a bad life.
지옥은 좋지 않은 삶을 산 것에 대한 벌이다.

2 ⓤ 지옥과 같은 상태, 고통, 곤경
It's hot as **hell** today. 오늘은 지옥같이 덥다.

⊕ **hellish** 지옥의; 지독히 기분 나쁜

> **Tip** What the hell~이 무슨 말이에요?
> 가끔씩 영화를 보면 화가 났거나 예상치 못한 일이 일어났을 때 'What the hell~'과 같은 표현을 사용하는데, 이는 '도대체, 왜'의 거친 표현으로 가능하면 사용하지 않는 것이 좋아요.

*hello (he-loh, huh-loh) [helóu, həlóu]

형용사 **1** (인사말) 안녕, 안녕하세요?
A: **Hello**, Tom, how are you today?
안녕 톰, 오늘 어때?
B: Hey, Mary! Great, how about you?
안녕 메리. 아주 좋아, 너는 어때?

2 (전화에서) 여보세요
Hello, may I speak to Brian?
여보세요, 브라이언과 통화할 수 있을까요?

● *say hello to* ~에게 안부를 전해 주다
Please **say hello to** your husband.
당신의 남편에게도 안부 전해 주세요.

☑ Hello, Tom, how are you today?
= Hi, Tom, how are you today?

※ 친한 사이인 경우, hello보다 hi를 더 많이 써요.

*help (help) [help]

동사 **1** 돕다
What can I **help** you with?
무엇을 도와 드릴까요?
How can I **help** you today?
오늘은 어떻게 도와 드릴까요?
She **helps** me do my science homework.
그녀는 내가 과학 숙제를 하는 것을 도와준다.

2 (상황에) 도움이 되다, 편안하게 하다, 완화하다
Your advice **helped** me solve the problem.
네 조언이 내가 문제를 해결하는 데 도움이 되었어.
The aspirin **helped** my headache.
아스피린은 나의 두통을 완화시켜 주었다.

● *cannot help -ing* ~하지 않을 수 없다 (= cannot help but)
I **couldn't help** cry**ing**. 나는 울지 않을 수 없었다.
= I **couldn't help but** cry.

● *help yourself* 마음껏 드세요
A: Do you mind if I have one of these donuts?
이 도너츠 하나 먹어도 될까요?
B: **Help yourself.** 마음껏 드세요.

명사 **1** ⓤ 도움
Call the police for **help**.
경찰에 도움을 요청해.
Tom gave me some **help** at work.
톰은 직장에서 나에게 도움을 주었다.

2 ⓒ 《단수로 쓰임》 도움이 되는 것, 도움이 되는 사람
It was a great **help** to me.
그것은 내게 큰 도움이 되었다.

3인칭단수현재 **help**s
현재분사 **help**ing
과거·과거분사 **help**ed

➕ **helper** 도와주는 사람, 도우미, 조수
helpful 도움이 되는, 유용한
helping (한 사람 몫의) 양, 한 그릇
helping hand 도움, 원조의 손길

Call the police for **help**.

help wanted는 무슨 뜻이에요?
가게나 작은 회사 등에서 help wanted라는 광고를 하면 일할 사람을 구하고 있다는 뜻이에요. 비슷한 표현으로 now hiring이 있어요.

helpless (help-lis) [hélplis]

형용사 스스로 어떻게도 할 수 없는, 무력한
I felt **helpless** and sad.
나는 무력함과 슬픔을 느꼈다.
She was as **helpless** as a baby.
그녀는 갓난아이처럼 무력했다.
He was left **helpless** on the island.
그는 속수무책으로 그 섬에 남겨졌다.

| 비교급 | more helpless |
| 최상급 | most helpless |

➕ helplessly 무력하게

*hen (hen) [hen]

명사 1 ⓒ 암탉
Hens lay eggs. 암탉은 알을 낳는다.
Tom roasted a **hen** for dinner.
톰은 저녁거리로 암탉을 구웠다.

2 ⓒ (조류의) 암컷
Hen phesants build a nest among tall grass.
암꿩은 키가 큰 풀숲 사이에 둥지를 꾸민다.

복수형 hen**s**

hen

 닭을 부르는 말에도 종류가 있나요?
일반적으로 닭은 chicken이라고 하지요. 암수로 구분하면 암탉은 hen, 수탉은 rooster라고 불러요. 하지만 영국에서는 수탉을 rooster 대신 cock이라고 합니다. 그래서 수탉이 우는 소리인 '꼬끼오'를 cock-a-doodle-doo라고 해요.

her (hur) [hə:r]

대명사 1 〖she의 목적격〗 그녀, 그녀에게, 그녀를
I gave **her** a piece of candy.
나는 그녀에게 사탕을 한 개 주었다.
He loves **her**. 그는 그녀를 사랑한다.

2 〖she의 소유격〗 그녀의
What is **her** name? 그녀의 이름은 무엇이니?
Her little brother is in my class.
그녀의 남동생은 우리 반이다.

복수형 **1** them, **2** their

➕ she 그녀
her 그녀의, 그녀를, 그녀에게
hers 그녀의 것
herself 그녀 자신

here (heer) [hiər]

부사 **1** 여기에, 여기서, 여기로, 이쪽으로
I live **here**. 난 여기에 산다.
Put your coat **here**. 코트를 여기에 두세요.
He will come back **here**. 그는 여기로 돌아올 것이다.
Can you come over **here** now?
지금 이쪽으로 와 주시겠어요?

- **here and there** 드문드문, 여기저기에
There is almost no one in the park today. There are just a few joggers **here and there**.
오늘은 공원에 거의 아무도 없다. 드문드문 조깅하는 사람 몇 명만이 있다.

- **Here you are.** (물건을 건네며) 여기 있습니다. (= Here it is.)
A: Can you get me a pencil? 연필 좀 줄래요?
B: **Here you are.** 여기 있어요.

- **Here we are.** 도착했다., 다 왔다.
Here we are! Time to get off the train. Don't forget anything.
다 왔다! 기차에서 내려야 할 시간이야. 잃어버리는 물건이 없도록 해.

2 〖시간〗 이쯤, 여기서, 이 시점에
Here is when the movie gets scary.
여기서부터 영화가 무서워지기 시작한다.

3 《출석을 부를 때의 대답》 예, 네, 여기(요)
A: Brian? 브라이언?
B: **Here**! 네!

I live **here**, and Tiger lives there. (나는 여기에 살고 타이거는 저기에 산다.)

☑ A: Can you get me a pencil?
B: Here you are.
= Here it is.
= Here you go.

※ Here we go.라고 하면 '자, 간다', '시작한다' 는 뜻이에요.
Here we go! Hold tight.
(자, 간다! 꽉 잡아.)
Here we go again.
(또 시작이군.)

hero (heer-oh) [híːrou]

명사 **1** ⓒ 영웅, 우상
He is a true **hero**. 그는 진정한 영웅이다.
Sports stars are **heroes** to many people.
스포츠 스타들은 많은 사람들의 우상이다.

2 ⓒ (남자) 주인공
Harry Potter is an unusual **hero**.
해리 포터는 평범하지 않은 주인공이다.

복수형 hero**es**

⊕ heroine (여자) 주인공

hers (hurz) [həːrz]

대명사 〖she의 소유대명사〗 그녀의 것
This room is **hers**. 이 방은 그녀의 것이다.
My hair is blonde, **hers** is brown.
내 머리카락은 금발이고 그녀의 것은 갈색이다.

⊕ she 그녀
her 그녀의, 그녀를, 그녀에게
herself 그녀 자신

herself (hur-self) [həːrsélf]

대명사 **1** 그녀 자신, 그녀 자신에게, 그녀 자신을
She blamed **herself**. 그녀는 자신을 비난했다.

2 《강조 용법》 그녀 자신
Mary **herself** said that. 메리 자신이 그렇게 말했다.

• **by herself** 1 혼자서, 혼자, 홀로 (=alone)
His little sister walked home from school **by herself**.
그의 여동생은 학교에서 집으로 **혼자서** 걸어왔다.
2 (도움 없이) 혼자 힘으로, 혼자서
She fixed her bike **by herself**.
그녀는 **혼자서** 자기 자전거를 수리했다.

복수형	themselves
➕ she 그녀 her 그녀의, 그녀를, 그녀에게 hers 그녀의 것 herself 그녀 자신	

hesitate (hez-i-tate) [hézətèit]

동사 망설이다, 주저하다
He **hesitated** to ask her for a favor.
그는 그녀에게 부탁하는 것을 망설였다.
She **hesitated** about accepting the invitation.
그녀는 초대에 응하는 것을 망설였다.
Don't **hesitate** to call if there's a problem.
문제가 있으면 주저하지 말고 연락 주세요.

3인칭단수현재	hesitates
현재분사	hesitating
과거·과거분사	hesitated

➕ hesitant 주저하는
hesitation 주저, 망설임

hey (hay) [hei]

감탄사 《주의를 끌거나 놀람, 흥미를 표현》 어이, 야
Hey, Jane! Over here! 어이, 제인! 이쪽이야!
Hey, that's fantastic! 야, 그거 멋진데!

※ 아주 친한 사이에는 hi나 hello 인사 대신 hey라고 하기도 해요.

*hi (hye) [hai]

감탄사 (만났을 때) 안녕, 안녕하세요
A: **Hi**, Tim. How's it going? 안녕, 팀. 어떻게 지내?
B: Hey, Sam. Not bad. How about you?
안녕, 샘. 괜찮아. 너는 어때?

※ 친한 사이인 경우, hello보다 hi를 더 많이 써요. 아주 친한 사이에는 hey라고도 해요.

hi와 hello의 차이는 무엇인가요?
hi와 hello는 둘 다 가벼운 인사로 쓸 수 있는 표현이에요. 그렇지만 hello가 hi보다는 좀 더 격식을 갖춘 표현이에요. 둘 다 종종 뒤에 there를 붙이기도 해요.
예) Hello, how are you? = Hi, how are you? 안녕, 어떻게 지내?
Hello, there! = Hi, there! 안녕!

hiccup (hik-uhp) [híkʌp]

명사 ⓒ 《주로 hiccups로 쓰임》 딸꾹질
There are many remedies for the **hiccups**. I usually drink a large glass of water.
딸꾹질에는 많은 치료법이 있다. 나는 보통 큰 컵에 물을 마신다.

동사 딸꾹질하다
The black cat gave me a scare and made me **hiccup**.
검은 고양이가 나를 놀라게 해서 딸꾹질을 하게 만들었다.

복수형	hiccups
3인칭단수현재	hiccups
현재분사	hiccupping
과거·과거분사	hiccupped

hid (hid) [hid]

동사 hide의 과거형

hidden (hid-uhn) [hídn]

동사 hide의 과거분사형

*hide (hide) [haid]

동사 **1** 숨기다, 감추다
Brian's dog **hides** his toys under the bed.
브라이언의 강아지는 침대 밑에 장난감을 숨긴다.

2 숨다
She was **hiding** behind the tree.
그녀는 나무 뒤에 숨어 있었다.

3 감추다, 비밀로 하다
He hid the **truth** from me.
그는 나에게 사실을 감추었다.

3인칭단수현재	hides
현재분사	hiding
과거	hid
과거분사	hidden

➕ hide-and-seek 숨바꼭질

*high (hye) [hái]

형용사 **1** 높은 (↔low)
His kite was **high** in the sky.
그의 연은 하늘 높이 떠 있었다.
The sun is at its **highest** at 12 o'clock.
태양은 12시에 가장 높이 뜬다.

2 높이가 ~인 (↔low)
A basketball rim is 10 feet **high**.
농구 골대는 높이가 10피트이다.
How **high** is Mount Everest?
에베레스트 산은 얼마나 높아요?

비교급	higher
최상급	highest

➕ height 높이

His kite was **high** in the sky.

3 (강도·속도·온도·정도·품질 등이) 높은 (↔low)
A: You want to buy some blueberries?
블루베리를 사시겠어요?
B: I don't think so. The price is too **high**.
아니요. 값이 너무 비싸요.
Driving **at high speed** is dangerous.
빠른 속도로 운전하는 것은 위험하다.

부사 높게, 높이
The bird was flying **high** in the sky.
그 새는 하늘 높이 날고 있었다.
I jumped **high** into the air.
나는 공중으로 높이 뛰어올랐다.

※ **high** (사물이) 높은, 높이가 ~인
tall (사람·사물이) 키가 큰, 높은, 키가 ~인

비교급 **high**er
최상급 **high**est

highlight (hye-*lite*) [háilàit]

명사 ◎ 가장 흥미로운 부분, 하이라이트
She thought the clown was the **highlight** of the circus.
그녀는 광대가 서커스의 하이라이트라고 생각했다.
The action scenes are the **highlight** of this movie.
액션 장면들이 이 영화의 하이라이트이다.

동사 **1** 강조하다, 돋보이게 하다
The teacher **highlighted** what would be on the test.
선생님은 시험에 나올 것들을 강조하셨다.

2 (형광펜 등으로) 표시하다
She **highlighted** her books with a purple marker.
그녀는 보라색 사인펜으로 책에 표시를 했다.
Highlight the parts of the book you think are important.
책에서 네가 중요하다고 생각하는 부분에 표시를 해.

복수형 **highlight**s

➕ **highlighter** 형광펜

3인칭단수현재 **highlight**s
현재분사 **highlight**ing
과거·과거분사 **highlight**ed

highlight

highly (hye-*lee*) [háili]

부사 **1** 매우, 대단히
The new evaluation system is **highly** effective.
새로운 평가 시스템은 매우 효과적이다.

2 높은 수준으로
Tim is a **highly educated** person.
팀은 높은 수준의 교육을 받은 사람이다.

3 높이 평가하여, 크게 칭찬하여
She **thinks highly of** herself.
그녀는 자기 자신을 높이 평가한다.
He speaks **highly** of you. 그는 너를 크게 칭찬한다.

➕ **highly developed** 고도로 발달된
highly skilled 고도로 숙련된
highly successful 매우 성공적인
highly valuable 매우 가치 있는

high school (hye-skool) [hái skùːl]

명사 ⓒ① 고등학교
I graduated from Samuel Wolfson **High School**.
나는 새뮤얼 울프슨 고등학교를 졸업했다.
I played on the basketball team when I was in **high school**.
나는 고등학교 때 농구 팀이었다.

복수형 high school**s**

➕ high schooler, high school student 고등학생

highway (hye-way) [háiwèi]

명사 ⓒ 간선 도로, 고속 도로
The **highway** from Busan to Seoul is usually crowded with cars.
부산과 서울을 잇는 간선 도로는 평소 차들로 붐빈다.
There was a traffic jam on the **highway**, so I took the side roads.
고속 도로가 막혀서 샛길로 왔다.

복수형 highway**s**

hiking (hye-king) [háikiŋ]

명사 ⓒ 하이킹, 등산
I used to go **hiking** on Mt. Woomyun.
나는 우면산으로 하이킹을 가곤 했다.

➕ hike 도보 여행(하다)

 Tip **hiking**과 **climbing**의 차이는 무엇인가요?
hiking은 가볍게 산을 오르거나 들판을 걷는 것을 말해요. 반면에 **climbing**은 장비를 갖추거나 바위를 오르듯이 올라가는 등산을 말한답니다.

＊hill (hil) [hil]

명사 ⓒ 언덕, 구릉, 낮은 산
At the top of the **hill** was a small picnic area.
언덕 꼭대기에는 작은 피크닉 공간이 있었다.
We ran up the steep **hill** to fetch a pail of water.
우리는 물 한 통을 길어 오기 위해 가파른 언덕을 달려 올라갔다.

복수형 hill**s**

❓ fetch 가지고 오다

him (him) [him]

대명사 〖he의 목적격〗 그에게, 그를
I gave **him** an apple. 나는 그에게 사과를 한 알 주었다.
Do you know **him**? 너 그를 아니?

복수형 them

himself (him-self) [himsélf]

대명사 **1** 그 자신, 그 자신에게, 그 자신을
Jack taught **himself** how to play the guitar.
잭은 기타 치는 법을 스스로 배웠다 (독학했다).
A: Lisa broke up with Bob. 리사가 밥과 헤어졌어.
B: He's only got **himself** to blame. He was never very nice to her.
탓할 사람은 그 자신밖에 없어 (모두 그의 탓이야). 그는 그녀에게 잘 대해 준 적이 없어.

2 《강조 용법》 그 자신
He did it **himself**. 그 자신이 그것을 했다.

● **by himself** 1 혼자서, 혼자, 홀로 (=alone)
He went to the movies **by himself**.
그는 혼자 영화를 보러 갔다.
2 (도움 없이) 혼자 힘으로, 혼자서
Jinsu baked a cake **by himself**.
진수는 혼자서 케이크를 만들었다.

복수형 themselves

+ he 그
his 그의, 그의 것
him 그를, 그에게
himself 그 자신

Jinsu baked a cake **by himself**.

hint (hint) [hint]

명사 **1** ⓒ 힌트, 암시, 넌지시 알림 (≒tip)
I hope Anne **gets the hint**.
앤이 힌트를 알아챘으면 좋겠다.
I can't tell you the answer, but I'll give you a **hint**.
너에게 답을 알려 줄 수는 없지만 힌트는 줄게.

2 《주로 단수로 쓰임》 미약한 징후, 낌새, 기색
There was a **hint of** sadness in Tom's voice.
톰의 목소리에는 약간 슬픈 기색이 있었다.

동사 넌지시 말하다, 암시하다
The gold watch, the emerald ring, and the expensive clothes all **hint at** his wealth.
금시계, 에메랄드 반지, 그리고 비싼 옷은 모두 그의 부를 암시한다.
Sora **hinted** that she had some very good news.
소라는 좋은 소식이 있다는 것을 은근히 나타냈다.

복수형 hints

+ take a hint 힌트를 알아차리다

☑ I'll give you a hint.
= I'll give you a clue.

3인칭단수현재 hints
현재분사 hinting
과거·과거분사 hinted

hip (hip) [hip]

명사 ⓒ 엉덩이
Women have wider **hips** than men.
여자는 남자보다 엉덩이가 넓다.
These pants are tight in the **hips**.
이 바지는 엉덩이 부분이 꽉 낀다.

복수형 hips

hippopotamus (*hip*-uh-**pah**-tuh-muhs) [hìpəpátəməs]

명사 ⓒ 하마
Hippopotamus means river horse in Greek.
하마는 그리스 어로 '강의 말'을 뜻한다.
A **hippopotamus** spends a lot of time in the water.
하마는 많은 시간을 물속에서 보낸다.

| 복수형 | hippopotamus**es**, hippopotam**i** |

hire (hire) [haiər]

동사 고용하다, 고용되다 (≒ employ; ↔ fire)
The school **hired** four new teachers.
학교는 새로운 교사 4명을 고용했다.
Ben was **hired** by an engineering company.
벤은 엔지니어링 회사에 취직했다.

3인칭단수현재	hire**s**
현재분사	hir**ing**
과거·과거분사	hire**d**

his (hiz) [hiz]

대명사 1 〖he의 소유격〗 그의
This is **his** bag. 이것은 그의 가방이다.
His hand was very warm. 그의 손은 매우 따뜻했다.

2 〖he의 소유대명사〗 그의 것
My cell phone is newer than **his**.
내 휴대 전화는 그의 것보다 새것이다.
His is a nice house. 그의 집은 좋다.

| 복수형 | 1 their, 2 theirs |

➕ he 그
his 그의, 그의 것
him 그를, 그에게
himself 그 자신

history (*his*-tur-ee) [hístəri]

명사 1 ⓤ 역사
It is the most important event in human **history**.
그것은 인류 역사상 가장 중요한 사건이었다.
He was one of the greatest players in **history**.
그는 역사상 가장 훌륭한 선수들 중 한 명이었다.
● *History repeats itself.* 역사는 되풀이된다. 〈속담〉

2 ⓤ (특정 장소·주제와 관련된) 역사
She is very interested in the **history of** Hong Kong.
그녀는 홍콩 역사에 관심이 많다.

3 ⓤ 역사(학)
We are studying the 15th Century in our **history** class.
우리는 역사 시간에 15세기를 공부하고 있다.

4 ⓒ 이력, 내력
a patient's medical **history** 환자의 병력
a worker's employment **history** 근로자의 근무 경력

➕ historian 사학자, 역사가
historic 역사적으로 중요한, 역사에 남을 만한
historical 역사에 관한, 역사상의
historically 역사적으로

history

hold

*hit (hit) [hit]

동사 **1** 치다, 때리다
He **hit** the baseball to right field.
그는 우익수 쪽으로 야구공을 쳤다.
Don't **hit** your little sister, Tim. 여동생을 때리지 마, 팀.

2 충돌하다, 부딪치다
The car **hit** the tree. 자동차가 나무에 부딪쳤다.
The soccer ball **hit** the goal post.
축구공이 골대에 맞았다.
Brian fell and **hit** his knee on the ground.
브라이언은 넘어져서 땅에 무릎을 부딪쳤다.

3 타격을 주다, 재해를 입히다
The city was **hit** by the hurricane.
도시는 허리케인으로 인해 타격을 받았다.

명사 **1** ⓒ (노래·영화 등의) 대성공, 히트
A: Have you seen this new movie?
　새로 나온 이 영화 봤어?
B: Sure. Everybody has. It's a **big hit**.
　물론이지. 모든 사람이 다 봤잖아. 크게 히트했는걸.

2 ⓒ 명중, 타격
I gave him a **hit** on the head. 나는 그의 머리를 쳤다.

3인칭단수현재	hit**s**
현재분사	hit**ting**
과거·과거분사	hit

The car **hit** the tree.

| 복수형 | hit**s** |

➕ **hit-and-run** 뺑소니의

*hobby (hah-bee) [hábi]

명사 ⓒ 취미
Gardening is a great **hobby**.
정원 가꾸기는 훌륭한 취미다.
His **hobby** is playing the guitar.
그의 취미는 기타를 치는 것이다.

| 복수형 | hobb**ies** |

*hold (hohld) [hould]

동사 **1** (손에) 들다, 받치다, 쥐다, 안다
Could you **hold** my bag for a minute?
제 가방 좀 잠깐 들어 주실래요?
A: What's that you're **holding**, Sam?
　네가 안고 있는 게 뭐니, 샘?
B: It's a puppy. Do you want to **hold** it?
　강아지야. 안아 볼래?
A: No, I don't think so. 아니야, 괜찮아.

2 (어떤 상태를) 유지하다
Hold the door open. 문을 열어 놓도록 해.

3인칭단수현재	hold**s**
현재분사	hold**ing**
과거·과거분사	held

hold

Hold still until I tell you to move.
내가 움직이라고 말할 때까지 가만히 있어.

3 담다, 수용하다
My backpack **holds** all my schoolbooks.
내 가방에는 내 교과서가 다 들어간다.
This room can **hold** eighty people.
이 방은 80명을 수용할 수 있다.

4 열다, 개최하다
Our movie club **holds** its meetings on Thursday nights.
우리 영화 클럽은 목요일 저녁마다 모임을 연다.

- *hold hands* 손을 잡다
  They walked, **holding hands**.
  그들은 손을 잡고 걸었다.
- *hold one's breath* 숨을 멈추다, 숨을 참다
  Hold your breath for ten seconds.
  10초 동안 숨을 멈추세요.
- *hold on a second(minute)* 잠깐 기다리다
  Hold on a second. 잠시만 기다리세요.
- *hold the line* (전화를) 끊지 않고 기다리다
  Please **hold the line**. 전화를 끊지 말고 기다리세요.

My backpack **holds** all my schoolbooks.

☑ They walked, holding hands.
= They walked hand in hand.

hole (hole) [houl]

명사 1 ⓒ 구덩이, 굴
In a **hole** in the ground lived a rabbit.
땅속 굴에 토끼가 살았다.

2 ⓒ 구멍
Oh no! My sweater has a **hole** in it.
이런! 스웨터에 구멍이 났어.

복수형 hole**s**

hole

*holiday (hah-li-*day*) [hάlədèi]

명사 1 ⓒ 공휴일, 휴일
Christmas is my favorite **holiday**.
크리스마스는 내가 제일 좋아하는 휴일이다.
The Fourth of July is an important **holiday** in the United States.
미국에서 7월 4일은 중요한 공휴일이다.

2 ⓒⓤ (영국영어) 휴가, 휴가철, 방학
a national **holiday** 국경일
We're going to France for our **holidays** this year.
우리는 이번 휴가 때 프랑스에 갈 계획이다.

복수형 holiday**s**

➕ **vacation** (미국영어) 휴가, 방학

❓ **Fourth of July** (7월 4일)
미국의 독립 기념일

Holland (hah-land) [hάlənd]

국가명 네덜란드
Holland is famous for its dairy products like cheese.
네덜란드는 치즈와 같은 유제품으로 유명하다.

➕ the **Netherlands** (공식 명칭) 네덜란드

holy (hoh-lee) [hóuli]

형용사 신성한
the **Holy** Bible 성서
Churches are **holy** places for Christianity.
교회는 기독교에 있어 신성한 장소다.

비교급 hol**ier**
최상급 hol**iest**

*home (home) [houm]

명사 1 ⓒⓤ 집, 가정 (≒ house)
A: How do you like your new **home**, Tim?
새집은 어때, 팀?
B: It's great. I finally have my own bedroom.
정말 좋아. 마침내 내 방을 갖게 되었어.
I stayed at **home** yesterday. 나는 어제 집에 있었다.

복수형 home**s**

☑ How do you like your new home?
= How do you like your new house?

2 ⓒⓤ 고향
Seoul is my **second home**.
서울은 나의 제2의 고향이다.
Today I got a phone call from a friend **back home**.
나는 오늘 고향에 있는 친구로부터 전화를 받았다.

3 ⓒⓤ 《단수로 쓰임》 서식처
Malaysia is **home** to orangutans.
말레이시아는 오랑우탄의 서식지이다.

● ***feel at home*** 마음이 편하다, 편한 마음을 갖다
She made me **feel at home** in her apartment.
그녀는 내가 그녀의 아파트에서 마음 편히 있게 해 주었다.

● ***make oneself at home*** 느긋하게 쉬다, 편하게 지내다
Please have a seat and **make yourself at home**.
앉아서 편하게 계세요.

형용사 집의, 가정의
I know his **home** address. 나는 그의 집 주소를 안다.
My **home** life is happy. 내 가정생활은 행복하다.

부사 집에, 집으로
Come **home** as soon as possible.
가능한 한 빨리 집으로 와.
Can you get some milk **on** your **way home**?
집에 오는 길에 우유 좀 사 올 수 있니?

☑ Today I got a phone call from a friend back home.
= Today I got a phone call from a friend in my hometown.

☑ Malaysia is home to orangutans.
= Malaysia is a habitat for orangutans.

home

※ home과 house의 차이 → house (p. 454)

homeless

homeless (home-lis) [hóumlis]

형용사 집 없는
The **homeless** often live under bridges. 집 없는 사람들은 종종 다리 아래에서 산다.
The numbers of **homeless people** are increasing every year. 집이 없는 사람들의 수가 매년 늘고 있다.

☑ the homeless = homeless people

*homework (home-wurk) [hóumwə̀:rk]

명사 ① 숙제
Are you done with your **homework**? 숙제 끝냈니?
I've got five pages of math **homework** to do. 난 해야 할 수학 숙제가 5페이지 있어.

※ I have much(a lot of) homework. 하면 '난 숙제가 많다.'라는 말이에요.

*honest (ah-nist) [ánist]

형용사 1 정직한 (↔dishonest)
She is an **honest** woman. 그녀는 정직한 사람이다.

2 솔직한 (≒frank)
Be **honest** and tell me what you really think. 솔직하게 네가 진짜 무슨 생각을 하는지 내게 말해 봐.
It's smarter to be **honest** than to tell lies. 거짓말을 하는 것보다 솔직한 것이 더 현명하다.

➕ **honestly** 정직하게, 솔직히
honesty 정직, 정직함

※ honest에서 h는 발음되지 않아요. (ah-nist)로 첫소리가 모음으로 발음되기 때문에 부정관사는 an이 오지요.

honey (huhn-ee) [hʌ́ni]

명사 1 ① 벌꿀, 꿀
Bees make **honey**. 벌들은 꿀을 만든다.
I put **honey** in my tea. 나는 홍차에 꿀을 넣었다.

2 (애칭으로) 여보, 자기, 얘
Honey! Did you do your homework? 애야! 숙제는 했니?
Honey, why don't we eat out tonight? 여보, 오늘 저녁에는 외식할까?

➕ **honeybee** 꿀벌
honeycomb 벌집

honor (ah-nur) [ánər]

명사 1 ① 명예
They fought for the **honor** of their country. 그들은 나라의 명예를 위해 싸웠다.

2 《단수로 쓰임》 영광
It is a **great honor** to receive the Nobel Prize. 노벨상을 받는 것은 커다란 영광이다.

➕ **honour** (영국영어) 명예
honorably 명예롭게, 훌륭히

※ honor에서 h는 발음되지 않아요.

- ***in honor of*** ~을 기념하며, ~에게 경의를 표하며
  A party was given **in honor of** his victory.
  그의 승리를 기념하기 위해 파티가 열렸다.

동사 명예를 주다, 경의를 표하다
She was **honored with** the Nobel Prize.
그녀는 노벨상의 영예를 안았다.
I **am honored to** be invited to this conference.
이 학회에 초대받게 되어 영광입니다.

3인칭단수현재	honor**s**
현재분사	honor**ing**
과거·과거분사	honor**ed**

honorable (ah-nur-uh-buhl) [άnərəbəl]

형용사 1 존경할 만한, 훌륭한
Mary is an **honorable** person. You can trust her.
메리는 존경할 만한 사람이야. 그녀는 믿어도 돼.

2 명예로운, 영광스러운
He was greatly respected for his **honorable** past.
그는 명예로운 과거 덕분에 많은 존경을 받았다.

비교급	more honorable
최상급	most honorable

※ honorable에서 h는 발음되지 않아요.

hook (huk) [huk]

명사 1 ⓒ 고리
Hang your towel on the **hook**. 고리에 수건을 걸어.
I keep my headphones on a **hook**.
난 내 헤드폰을 고리에 걸어 둔다.

2 ⓒ 낚싯바늘
What kind of bait do you have on your **hook**?
어떤 종류의 미끼를 낚싯바늘에 끼웠어?

복수형 hook**s**

hook

❓ bait 미끼, 먹이

hop (hahp) [hɑp]

동사 1 깡충깡충 뛰다, 뛰다, 한 발로 뛰다
Frogs travel by **hopping**.
개구리는 깡충깡충 뛰어 이동한다.
Jane **hopped** up and down on one foot.
제인은 한 발로 깡충깡충 뛰었다.

2 뛰어오르다
Sam **hopped** on his bike and rode it to the park.
샘은 자전거에 뛰어올라 타고는 공원으로 갔다.
The quick brown fox **hopped over** the lazy dog.
재빠른 갈색 여우가 게으른 강아지 위를 뛰어넘었다.

명사 ⓒ 깡충 뛰기, 토끼뜀
Take two **hops** forward and one **hop** back.
앞으로 두 발 뛰고 뒤로 한 발 뛰세요.

3인칭단수현재	hop**s**
현재분사	hop**ping**
과거·과거분사	hop**ped**

hop

복수형 hop**s**

*hope (hope) [houp]

동사 희망하다, 기대하다, 바라다
I **hope to** see you again.
당신을 다시 만나기를 바랍니다.
I **hope** it doesn't rain today. 오늘 비가 안 왔으면 좋겠다.
I **hope** I do better on this test than the last one.
지난번 시험보다 이번 시험을 더 잘 봤으면 좋겠다.
- **I hope so** 그러기를 바라다
  A: Can you fix the car? 차 고칠 수 있니?
  B: **I hope so.** 그랬으면 좋겠어.
- **I hope not** 그러지 않기를 바라다
  A: Do you think the concert will be sold out?
  연주회 표가 매진되리라고 생각해?
  B: **I hope not.** 그러지 않았으면 좋겠는데.

명사 ⓒⓤ 희망, 바람, 기대
Don't give up **hope**. 희망을 버리지 마.
I have great **hopes** for your future.
난 네 장래에 큰 기대를 가지고 있어.

2 ⓤ 가능성, 가망
There is **no hope of** winning. 승리할 가능성은 없다.

3인칭단수현재	hope**s**
현재분사	hop**ing**
과거·과거분사	hope**d**

➕ **hopeful** 희망이 있는
hopeless 희망이 없는, 가망이 없는

Don't give up **hope**.

horizon (huh-rye-zuhn) [həráizən]

명사 1 《단수로 쓰임》 지평선, 수평선
The sun is slowly sinking below **the horizon**.
해가 지평선 아래로 천천히 지고 있다.
We could see a sailboat on **the horizon**.
우리는 수평선 위로 범선을 볼 수 있었다.

2 ⓒ (지식·흥미 등의) 시야, 범위
Volunteering broadens your **horizons**.
자원봉사는 당신의 시야를 넓혀 줍니다.

| 복수형 | horizon**s** |

➕ **horizontal** 수평의, 가로의

horn (horn) [hɔːrn]

명사 1 ⓒ 뿔
Mess with the bull, you get the **horns**.
황소에게 까불다가는 뿔에 받힐 것이다.

2 ⓒ 호른, 관악기
Tony plays the trumpet in the band's **horn** section.
토니는 관악대에서 트럼펫을 연주한다.

3 ⓒ (자동차의) 경적
The driver honked her **horn**. 운전자가 경적을 울렸다.

| 복수형 | horn**s** |

horrible (hor-uh-buhl) [hɔ́ːrəbəl]

형용사 1 무서운, 끔찍한
Susan heard a **horrible** scream.
수잔은 끔찍한 비명을 들었다.

2 오싹하도록 싫은, 지독한
The soup tastes **horrible**.
수프는 맛이 지독하게 없었다.

| 비교급 | more horrible |
| 최상급 | most horrible |

➕ horribly 끔찍하게; 지독하게

horror (hor-ur) [hɔ́ːrər]

명사 ⓤ 공포, 두려움
His eyes were full of **horror**.
그의 눈은 공포로 가득 차 있었다.
She loves watching **horror movies**.
그녀는 공포 영화를 보는 것을 좋아한다.

➕ horror story 공포 소설, 무서운 이야기

*horse (hors) [hɔːrs]

명사 ⓒ [동물] 말
Horses are big eaters. 말은 많이 먹는다.
I went for a long **horse ride** when I visited my uncle's ranch.
나는 삼촌의 목장을 방문했을 때 멀리까지 말을 탔다.
I learned to **ride a horse** when I was ten.
나는 열 살 때 말 타는 것을 배웠다.

● *Don't look a gift horse in the mouth.*
남의 호의를 트집 잡지 마라. 〈속담〉

| 복수형 | horses |

➕ horse race 경마

※ '망아지(새끼 말)'는 foal이라고 해요.

 아주 배가 고플 때는 뭐라고 하나요?

'많이 배고프다'고 말할 때는 관용적인 표현으로 I'm as hungry as a horse. 또는 I'm so hungry I could eat a horse. 라고 해요.

*hospital (hah-spi-tuhl) [háspitl]

명사 ⓒ 병원
She went into the **hospital** to have surgery on her shoulder.
그녀는 어깨 수술을 받기 위해 병원에 갔다.
My grandmother was admitted to the **hospital** this morning.
우리 할머니께서 오늘 아침 병원에 입원하셨다.

| 복수형 | hospitals |

➕ general hospital 종합 병원

'병원에 간다'는 영어로 뭐라고 하나요?

go to see a doctor, go to the hospital은 모두 우리말로 '병원에 간다'라고 말할 수 있지만 의미가 조금 다르답니다. hospital은 종합 병원을 뜻해요. go to see a doctor는 의사에게 진료를 받으러 가는 경우에 사용하고, go to the hospital은 수술이나 입원, 검사를 하러 병원에 가는 경우에 사용한답니다.

host (hohst) [houst]

명사 **1** ⓒ (손님을 접대하는) 주인
Brian is a great **host**. He makes sure everyone has a good time at his parties.
브라이언은 훌륭한 주인이다. 그는 반드시 모든 사람들이 그의 파티에서 좋은 시간을 보낼 수 있도록 한다.

2 ⓒ (행사의) 주최자
the **host** country 주최국

3 ⓒ (라디오·TV 등의) 사회자
Tony wants to be the **host** of a TV game show.
토니는 TV 게임 프로그램의 사회자가 되고 싶어 한다.

● *a host of* 많은, 다수의
The students asked the new teacher **a host of** questions.
학생들은 새로 오신 선생님께 **많은** 질문을 했다.

동사 개최하다, 주최하다
Korea **hosted** the Olympic Games in 1988.
한국은 1988년에 올림픽 경기를 주최했다.

복수형 host**s**

➕ **hostess** (연회 등의) 여주인

Tony wants to be the **host** of a TV game show.

3인칭단수현재 host**s**
현재분사 host**ing**
과거·과거분사 host**ed**

hostage (hah-stij) [hástidʒ]

명사 ⓒ 인질
The terrorists took the soldier **hostage**.
테러리스트들은 군인을 인질로 잡았다.
The rich man was being **held hostage** for ransom.
그 부자는 몸값 때문에 인질로 잡혀 있다.

복수형 hostage**s**

❓ ransom 몸값

*hot (haht) [hat]

형용사 **1** (날씨가) 더운, 뜨거운 (↔cold)
a **hot** country 더운 나라
Wash the dishes in **hot** water.
뜨거운 물에 설거지를 해.
Be careful. The stove is still **hot**.
조심해. 난로가 아직 뜨거워.

비교급 hot**ter**
최상급 hot**test**

➕ hot dog 핫도그
  hot spring 온천

2 매운 (≒spicy)
I like **hot** foods, especially Indian and Mexican dishes.
난 매운 음식을 좋아하는데, 특히 인도와 멕시코 음식이 좋다.

3 (소식 등이) 새로운, 최신의, 화제인
The **hot** news these days is all about the new president.
요즘 화제의 뉴스는 모두 새 대통령에 대한 것이다.

I like **hot** foods.

hotel (hoh-tel) [houtél]

명사 ⓒ 호텔
I always **stay at** the Plaza **Hotel** when I visit New York City.
나는 뉴욕을 방문할 때에는 항상 플라자 호텔에 묵는다.
We've **checked in** at the **hotel**. 우리는 호텔에 체크인을 했다.

복수형 **hotels**

➕ **hotelier** 호텔 경영자, 호텔 지배인

*hour (our) [áuər]

명사 **1** ⓒ 한 시간 (줄임말 hr)
The movie lasts almost an **hour**.
영화는 거의 1시간 정도 상영한다.
It will take about four **hours** to get to Disney World.
디즈니월드에 도착하려면 4시간 정도 걸릴 것이다.

2 《hours로 쓰임》 (근무·영업 등의 특정 활동) 시간
Our **business hours** are 9:00 to 5:00.
저희 영업시간은 9시부터 5시까지입니다.

3 ⓒ 시간, 시각
We close our store **at a late hour**.
우리는 늦은 시간에 가게를 닫는다.

복수형 **hours**

※ hour에서 h는 발음되지 않기 때문에 첫소리가 모음으로 시작되지요. 그렇기 때문에 hour 앞에 부정관사가 올 때는 a가 아니라 an이 와요.

*house (hous) [haus]

명사 **1** ⓒ 집, 주택
Her **house** is on the corner. 그녀의 집은 모퉁이에 있다.
He lives in a two-story **house**. 그는 2층집에 산다.

2 《단수로 쓰임》 가족 (≒household)
The alarm woke up the whole **house**.
경보음은 모든 가족을 깨웠다.

● **on the house** 무료로 제공되는
Dessert was **on the house** to celebrate the restaurant's anniversary.
디저트는 식당의 개점 기념일을 축하하기 위해 **무료**였다.

복수형 **houses**

➕ **birdhouse** 새장, 새집
doghouse 개집
henhouse 닭장
warehouse 창고

household

house와 home의 차이는 무엇인가요?
house는 형체가 있는 건물로서의 '집'을 말하며, home은 살고 있는 곳, 삶의 한 부분으로서 '가정'이라는 의미가 강해요.
예 My **house** was built in 1992. 우리 집은 1992년에 지어졌다.
　　Do you miss your **home**? 집이 그립니?

household (hous-hohld) [háushòuld]

명사 ⓒ 가족, 세대, 가정 (≒ house)
Including my grandfather, there are six people in our **household**.
할아버지를 포함하여 우리 가족은 6명이다.
My mother is the head of our **household**.
엄마는 우리 가족의 가장이다.

형용사 《명사 앞에만 쓰임》 집안의, 가정의
Who does most of the **household** chores in your home?
너희 집에서는 누가 집안일을 제일 많이 하니?

복수형 **household**s

There are six people in our **household**.

❓ **chore** (집에서 하는) 일

housewife (hous-wife) [háuswàif]

명사 ⓒ 주부
A **housewife** does more than just cook and clean.
주부는 단지 요리하고 청소하는 것 이상의 일을 한다.
The supermarket was full of **housewives**.
슈퍼마켓은 주부들로 꽉 차 있었다.

복수형 **housewi**ves

*how (hou) [hau]

부사 1 《방법·수단》 어떻게
How can I get to the post office from here?
여기서 우체국에 어떻게 가나요?
He knows **how to** write. 그는 글을 쓸 줄 안다.
Do you know **how** to make kimchi?
김치 만드는 법을 아니?

2 《건강·안부》 어떤 상태로, 어떻게
How are you? 잘 지내?
A: **How**'s your little brother feeling, Tim?
　　네 남동생은 좀 어때, 팀?
B: He's doing much better. Thanks for asking.
　　훨씬 나아졌어. 물어봐 줘서 고마워.

3 《정도》 얼마나, 어느 정도, 얼마만큼

※ 문장 구조가 'how to + 동사원형' 형태면 '~하는 방법'이라는 뜻이 되지요.

☑ How are you?
　= How are you doing?
　= How's it going?

How long have you been waiting?
얼마나 오래 기다리고 계셨나요?
How old are you? 너는 몇 살이니?

4 〖생각 · 의견〗 어떻게, 어떠한지
How was your trip? 여행은 어땠어?
A: **How** do I look? 나 어때?
B: You look great! 예뻐! [멋져!]

5 〖이유〗 왜, 어떤 이유로
How is it that he is absent? 그가 왜 결석했지?

● *how about ~* ~은 어떻습니까?
A: Shall we go to see a movie tonight?
오늘밤 영화 보러 갈까요?
B: Sorry, I'm busy tonight. **How about** tomorrow?
미안하지만 오늘은 바빠요. 내일은 어때요?

● *how come?* 어째서?, 왜?
How come you didn't keep your promise?
왜 약속을 지키지 않았니?

A: **How** do I look?
B: You look great!

☑ **How come** you didn't keep your promise?
= Why didn't you keep your promise?

 how come이 어째서 '왜'라는 뜻인가요?

how come은 마치 한 단어처럼 '왜'라는 뜻으로 사용되는데, 원래는 how did it come that 을 짧게 줄여 사용하는 표현이에요.

however (hou-ev-ur) [hauévər]

부사 1 그러나, 그렇지만
Tim is very tall; **however**, he's not a very good basketball player.
팀은 매우 키가 크지만 그다지 잘하는 농구 선수는 아니다.

2 아무리 ~해도
You have to be nice to her **however** much you don't want to.
아무리 하기 싫더라도 너는 그녀에게 친절해야만 한다.
She couldn't pass the test, **however** hard she tried.
아무리 열심히 노력해도 그녀는 시험을 통과하지 못했다.

☑ She couldn't pass the test, however hard she tried.
= She couldn't pass the test, no matter how hard she tried.

hug (huhg) [hʌg]

동사 꼭 껴안다, 포옹하다
She **hugged** her dog. 그녀는 개를 꼭 껴안았다.
They **hugged** each other like old friends.
그들은 오랜 친구처럼 서로를 껴안았다.

3인칭단수현재	hug**s**
현재분사	hug**ging**
과거 · 과거분사	hug**ged**

huge

명사 ⓒ 꼭 껴안음, 포옹
She **gave** her son a **hug** and a kiss.
그녀는 그녀의 아들을 꼭 껴안고 키스해 주었다.

복수형 **hug**s

huge (hyooj) [hju:dʒ]

형용사 거대한, 막대한 (≒ enormous, giant, great)
Look how big that cabbage is. It's **huge**!
저 양배추가 얼마나 큰지 좀 봐. 엄청 크다!
I ate a **huge** sandwich for lunch. I'm still full.
나는 점심으로 커다란 샌드위치를 먹었다. 아직도 배가 부르다.

비교급 **huge**r
최상급 **huge**st

➕ **huge** loss 큰 손실
huge success 큰 성공

human (hyoo-muhn) [hjúːmən]

형용사 1 인간의, 사람의
the **human** body 인체

2 인간적인
It's **human** to sometimes feel envy.
간혹 질투를 느끼는 것은 인간적인 것이다.

명사 ⓒ 사람, 인간 (≒ human being)
We must learn to care about all **humans**.
우리는 모든 사람을 배려하는 것을 배워야 한다.
The disease affects both **humans** and animals.
그 질병은 사람과 동물 둘 다에게서 발생한다.

비교급 **more** human
최상급 **most** human

➕ **human** nature 인간의 본성
human right 인권

복수형 **human**s

humid (hyoo-mid) [hjúːmid]

형용사 습한, 습기가 많은
Florida's weather is hot and **humid**.
플로리다의 날씨는 덥고 습하다.
Most people dislike **humid** weather.
대부분의 사람들은 습한 날씨를 싫어한다.

비교급 **more** humid
최상급 **most** humid

➕ **humid**ity 습기, 습도

humor (hyoo-mur) [hjúːmər]

명사 Ⓤ 유머, 해학
The teacher used **humor** to keep the students interested.
선생님은 아이들의 흥미를 계속 불러일으키려고 유머를 사용했다.
Lisa has a great sense of **humor**. She knows how to see the funny side of life.
리사는 유머 감각이 뛰어나다. 그녀는 삶의 재미있는 측면을 볼 줄 안다.

➕ **humor**less 유머가 없는, 재미없는
humour (영국영어) 유머

humorous (hyoo-mur-uhs) [hjúːmərəs]

형용사 유머러스한, 익살스러운
Tom is a very **humorous** boy.
톰은 무척 익살스러운 소년이다.
It's not **humorous** to tease others.
다른 사람을 괴롭히는 것은 재미있는 일이 아니다.

| 비교급 | more humorous |
| 최상급 | most humorous |

hundred (huhn-drid) [hʌ́ndrəd]

숫자 100, 백
Ninety-nine plus one equals one **hundred**.
99 더하기 1은 100이다.
The antique chair was almost a **hundred** years old.
그 오래된 의자는 거의 100년 된 것이다.

| 복수형 | hundreds |

⊕ hundredth 100번째(의)

hung (huhng) [hʌŋ]

동사 hang의 과거·과거분사형

*hungry (huhng-gree) [hʌ́ŋgri]

형용사 1 배고픈, 굶주린
I feel **hungry**. 난 배고프다.
There are many **hungry** children in the world.
세상에는 굶주린 어린이가 많이 있다.
2 갈망하는, 몹시 원하는
He is **hungry for** success. 그는 성공을 갈망한다.
She was **hungry** to learn more.
그녀는 더 배우기를 갈망했다.

| 비교급 | hungrier |
| 최상급 | hungriest |

⊕ hunger 굶주림, 배고픔

hunt (huhnt) [hʌnt]

동사 1 사냥하다
It is against the law to **hunt** elephants.
코끼리 사냥은 불법이다.
Our ancestors had to **hunt** for food.
우리 조상들은 음식을 얻기 위해 사냥을 해야만 했다.
2 찾아 헤매다, 뒤지다
Sally **hunted** for her lost car keys.
샐리는 잃어버린 자동차 키를 찾아 헤맸다.

명사 ⓒ 사냥, 수렵
I went on a deer **hunt** this morning.
나는 오늘 아침 사슴 사냥을 나갔다.

3인칭단수현재	hunts
현재분사	hunting
과거·과거분사	hunted

⊕ hunter 사냥꾼
   hunting 사냥

| 복수형 | hunts |

hurray (huh-ray) [huréi]

감탄사 만세, 야호
We're finally home! **Hurray**! 드디어 집에 도착했다! 만세!

☑ hurray = hurrah, hooray

*hurry (hur-ee) [hə́:ri]

동사 서두르다 (≒rush)
Don't **hurry** or you'll make a mistake.
서두르지 마, (서두르면) 실수할 거야.
Take your time. There's no need to **hurry**.
천천히 해. 서두를 필요 없어.
He put on his coat and **hurried** out of the house.
그는 코트를 입고 서둘러 집을 나갔다.

- **hurry up** 서두르다
  A: **Hurry up!** Let's go! We're already late.
  서둘러! 가자! 우린 이미 늦었단 말야.
  B: Hold your horses. I'll be right there.
  재촉하지 마. 곧 갈게.

명사 ①《단수로 쓰임》매우 급함, 허둥지둥 서두름
What's the **hurry**? 왜 그렇게 서둘러?

- **in a hurry** 서둘러, 급히, 바쁜
  Are you **in a hurry**? 지금 바쁘니?

3인칭단수현재	hurries
현재분사	hurrying
과거·과거분사	hurried

※ '서둘러'라고 할 때는 hurry up이라고 하고, '서두르지 마'라고 할 때는 up을 빼고 don't hurry라고 해야 돼요.

❓ **hold your horses** 잠깐만, 기다려, 흥분하지 마

☑ What's the hurry?
= What's the rush?
= Why the hurry?

*hurt (hurt) [hə:rt]

동사 1 다치다, 다치게 하다, 해치다
The hard seat **hurt** Tom's behind.
딱딱한 좌석은 톰의 엉덩이를 아프게 했다.

2 아프다
My stomach **hurts**. I'm going to go lie down.
배가 아파. 가서 누워야겠어.

3 (마음·감정을) 아프게 하다, 상하게 하다
Tina's cruel words **hurt** him.
티나의 잔인한 말이 그에게 상처를 주었다.

형용사 1 다친, 상처를 입은
Nobody was **hurt** in the accident.
그 사고에서 아무도 다치지 않았다.

2 (마음·감정이) 상한
hurt pride 상처 입은 자존심
She looked so **hurt**, but I told her the truth.
그녀는 몹시 기분이 상한 표정이었지만 나는 그녀에게 진실을 말했다.

3인칭단수현재	hurts
현재분사	hurting
과거·과거분사	hurt

❓ behind 엉덩이

My stomach **hurts**. I'm going to go lie down.

'아프다'는 표현이 여러 개인가요?

▶ '아프다'라는 표현으로 일반적으로 hurt를 많이 써요.
  예 My back **hurts**. 등이 아프다.
▶ 비슷한 표현으로는 sore와 ache가 있어요. sore는 주로 상처나 감염으로 인해 쓰라리게 아플 때 쓰고, ache는 심하지 않지만 지속적으로 통증이 있는 경우에 쓰지요.
  예 My throat is **sore**. 목이 아프다.
  My whole body **aches** after going hiking yesterday.
  어제 등산한 뒤로 온몸이 아프다.

*husband (huhz-buhnd) [hʌ́zbənd]

명사 ⓒ 남편

There is no such thing as the perfect **husband**.
완벽한 남편이란 없다.
He will make a great **husband** and father.
그는 훌륭한 남편이자 아빠가 될 거야.
He is a house **husband**. He stays home and takes care of the kids, and his wife works.
그는 전업 남편이다. 그는 집에 있으면서 아이들을 돌보고 아내는 일을 한다.

복수형 husband**s**

 husband and wife 부부
wife 아내

I (eye) [ai]

대명사 나, 나는, 내가
I am a student. 나는 학생이다.
She and I are the same age. 그녀와 나는 동갑이다.
My family and I went to the movies together.
나와 우리 가족은 함께 영화를 보러 갔다.

> **복수형** we
> ☑ I'd = I had, I would
> I'll = I will
> I'm = I am
> I've = I have

 Tip I는 문장 중간에 있어도 대문자로 쓰나요?

네. 보통의 단어는 문장의 처음에 나올 경우에만 대문자를 사용하지만 '나'를 뜻하는 I는 문장의 어느 위치에 오든지 반드시 대문자를 사용해야 해요.

ice (ise) [ais]

명사 ⓤ 얼음
Can I have a coke without **ice**, please?
콜라를 얼음 빼고 주시겠어요?
The lake surface had turned to **ice**.
호수의 표면이 얼음으로 변했다.

> ➕ dry ice 드라이아이스
> Ice Age 빙하 시대
> iceberg 빙산
> ❓ surface 표면

ice cream (ise-kreem) [áiskrì:m]

명사 ⓤ 아이스크림
Ice cream is great to eat on a hot summer's day.
아이스크림은 더운 여름날에 먹기 참 좋다.
I like strawberry **ice cream**.
나는 딸기 아이스크림을 좋아한다.

ice cream

ID (eye-dee) [àidí:]

명사 ⓒⓤ 신분증 (=identification)
Bill lost his student **ID** card. 빌은 학생증을 잃어버렸다.

> **복수형** IDs, ID's

idea (eye-dee-uh) [aidí:ə]

명사 ⓒ 생각, 아이디어
I've **got a** great idea. Let's go swimming.
아주 좋은 생각이 있어. 우리 수영하러 가자.
Whose **idea** was it to get a puppy?
강아지를 키우자는 것은 누구의 생각이었어?
● **have no idea** 전혀 모르다

> **복수형** ideas

idea

A: Do you know where Tim is? 팀이 어디 있는지 아니?
B: I **have no idea**. 전혀 모르겠는데.

> ☑ I have no idea.
> = I don't know.

ideal (eye-dee-uhl) [aidíːəl]

형용사 딱 맞는, 이상적인
This apartment is **ideal** for our family.
이 아파트는 우리 가족에게 딱 맞다.
My **ideal** world doesn't exist.
내 이상향은 존재하지 않는다.

> 비교급 more ideal
> 최상급 most ideal

명사 ⓒ 이상
High **ideals** help us improve.
높은 이상은 우리가 발전하는 데 도움이 된다.

> 복수형 ideals

identical (eye-den-ti-kuhl) [aidéntikəl]

형용사 똑같은, 동일한, 일치하는
Bob's bike is **identical** to mine.
밥의 자전거는 내 것과 똑같다.
The two houses are **identical** in design.
그 두 집은 디자인이 같다.

> ➕ identical twins 일란성 쌍둥이

identify (eye-den-tuh-fye) [aidéntəfài]

동사 확인하다, 신원을 밝히다
Scientists try to **identify** new plants and animals.
과학자들은 새로운 동식물을 밝혀내기 위해 노력한다.
The police officer asked the man to **identify** himself.
경찰관은 남자에게 신원을 밝히라고 요구했다.

> 3인칭단수현재 identifies
> 현재분사 identifying
> 과거·과거분사 identified
> ➕ identification 신분증
> identity 신원, 정체

idiom (id-ee-uhm) [ídiəm]

명사 ⓒ 숙어, 관용구
"On top of the world" is an idiom meaning "very happy."
'On top of the world (세상의 꼭대기에서)'는 '굉장히 기분 좋은'이라는 뜻의 숙어이다.

> 복수형 idioms

idiot (id-ee-uht) [ídiət]

명사 ⓒ 바보, 멍청이 (≒ fool)
I felt like an **idiot** for forgetting my homework.
숙제를 잊다니 내가 바보같이 느껴졌다.

> 복수형 idiots

That **idiot** almost caused a car accident.
저 바보가 교통사고를 일으킬 뻔했다.

➕ **idiotic** 멍청한

idol (eye-duhl) [áidl]

명사 1 ⓒ (신으로 숭배되는) 우상, 신상
Money should not be your **idol**.
돈이 우상이 되어서는 안 된다.
The villagers worshipped the stone **idol**.
마을 사람들은 돌로 된 신상을 섬겼다.

2 ⓒ (사람들의 많은 사랑을 받는 대상인) 우상
Michael Jackson was the **idol** of teenagers.
마이클 잭슨은 십 대들의 우상이었다.

복수형 **idol**s

➕ **idolize** 숭배하다, 우상화하다

*if (if) [if]

접속사 1 〖조건·가정〗 만약 ~라면, 만약 ~하면
If it rains, we'll have to play inside.
만약 비가 오면 우리는 안에서 놀아야 할 거야.
I'll help you **if** I can. 너를 도울 수 있으면 도와줄게.
A: Can I borrow your dictionary?
네 사전을 빌려도 될까?
B: **If** you promise to give it right back.
바로 돌려준다고 약속한다면.

2 〖가정법〗 만일 ~라면, 만일 ~였다면
If I were you, I wouldn't go there.
만일 내가 너라면 그곳에 가지 않겠어.
If you had called me earlier, you could have talked with me.
만일 네가 더 일찍 전화했다면 나와 통화할 수 있었을 텐데.

3 ~인지 아닌지 (≒ whether)
I'm not sure **if** he can come tonight.
그가 오늘 저녁에 올 수 있을지 모르겠다.
I wonder **if** you have time this afternoon.
네가 오늘 오후에 시간이 있는지 궁금하다.

● **as if** 마치 ~인 듯이, ~인 것처럼
Sam looks **as if** he were sick.
샘은 아픈 것처럼 보인다.

● **if possible** 가능하면, 될 수 있으면
Can I see you tomorrow, **if possible**?
가능하면 내일 뵐 수 있나요?

● **what if** ~? ~면 어떻게 될까?, ~면 어떨까?
What if I fail the test?
만약 내가 시험에 떨어지면 어떻게 될까?

I'll help you **if** I can.

☑ If I were you, I wouldn't go there.
= I think you shouldn't go there.

☑ If you had called me earlier, you could have talked with me.
= Because you didn't call me earlier, you couldn't talk with me.

Sam looks **as if** he were sick.

가정법이 뭐가요?

'가정법'이란 어떤 사실을 반대로 가정하여 말하는 것으로 if를 사용해서 나타내요.

▶ **가정법 과거 (현재 사실의 반대)**
  예 If I **were** a bird, I **could fly** to you. 만일 내가 새라면 너에게 날아갈 수 있을 텐데.
  이 문장은 현재 나는 새가 아니기 때문에 날아가지 못함을 아쉬워하며 표현하고 있답니다.
  이때 동사의 시제는 과거임을 기억하세요.

▶ **가정법 과거완료 (과거 사실의 반대)**
  예 If it **had not rained** yesterday, we **could have played** soccer. 어제 비가 오지 않았더라면, 우리는 축구를 할 수 있었을 텐데.
  이 문장은 어제 비가 와서 축구를 하지 못했던 사실을 표현하고 있답니다. 이때 동사의 시제는 과거완료를 사용함을 기억하세요.

---

ignorant (ig-nur-uhnt) [ígnərənt]

형용사 모르는, 무지한

I'm **ignorant of** the facts so I cannot decide.
나는 그 사실에 대해 모르기 때문에 결정을 할 수 없다.
Eric was completely **ignorant about** computers.
에릭은 컴퓨터에 대해서는 무지했다.

| 비교급 | more ignorant |
| 최상급 | most ignorant |

➕ ignorance 무지, 무식

---

ignore (ig-nor) [ignɔ́ːr]

동사 무시하다, 모르는 체하다

She **ignored** the barking dog.
그녀는 짖어 대는 개를 무시했다.
He **ignored** the beggar on the subway.
그는 전철에서 거지를 못 본 척했다.

3인칭단수현재	ignores
현재분사	ignoring
과거·과거분사	ignored

---

*ill (il) [il]

형용사 1 아픈, 건강이 나쁜 (≒sick)
Brian was **ill** with the flu.
브라이언은 독감으로 아팠다.

2 《명사 앞에만 쓰임》 나쁜 (≒bad)
Overwork can have **ill** effects on your health.
과로는 건강에 나쁜 영향을 줄 수 있다.

| 비교급 | worse |
| 최상급 | worst |

---

illegal (i-lee-guhl) [ilíːgəl]

형용사 불법의, 비합법적인 (↔legal)
It is **illegal** to park here. 여기에 주차하는 건 불법이다.

➕ illegally 불법으로

illness (il-nis) [ílnis]

명사 ⓒⓤ 병, 질병
a **mental illness** 정신 질환
He is **suffering from** an **illness**. 그는 병을 앓고 있다.

| 복수형 | illness**es** |

illustrate (il-uh-strate) [íləstrèit]

동사 **1** (예·그림 등으로) 설명하다, 예증하다
Fables **illustrate** lessons about life.
우화는 인생의 교훈을 설명한다.
The pictures **illustrate** what's in the story.
사진들은 이야기 내용을 설명해 준다.

2 삽화를 그리다, 삽화를 넣다
The artist **illustrates** children's books.
그 화가는 아동 도서에 삽화를 그린다.

3인칭단수현재	illustrat**es**
현재분사	illustrat**ing**
과거·과거분사	illustrat**ed**

➕ illustration 삽화
　illustrator 삽화가

image (im-ij) [ímidʒ]

명사 **1** ⓒⓤ 인상, 이미지
The company has a positive **image**.
그 기업은 이미지가 좋다.

2 ⓒ (마음속에 떠오르는) 상, 영상, 이미지
Sally has an **image** of the perfect vacation.
샐리는 완벽한 휴가에 대한 이미지를 가지고 있다.

3 ⓒ 그림, 조각, (거울·카메라 등에 비치는) 이미지
There are many **images** of Jesus in churches.
교회에는 예수를 그린 그림들이 많다.

| 복수형 | image**s** |

Sally has an **image** of the perfect vacation.

imagination (i-maj-uh-nay-shuhn) [imædʒənéiʃən]

명사 ⓒⓤ 상상, 상상력
Why don't you **use** your **imagination**?
너의 상상력을 발휘하지 그래?

| 복수형 | imagination**s** |

➕ imaginative 상상력이 풍부한

imagine (i-maj-in) [imædʒin]

동사 상상하다, (마음속으로) 그리다
Close your eyes and **imagine** a beautiful sunset.
눈을 감고 아름다운 해넘이를 상상해 보세요.
No one **imagined that** he would become a writer.
아무도 그가 작가가 되리라고 상상하지 못했다.

3인칭단수현재	imagin**es**
현재분사	imagin**ing**
과거·과거분사	imagin**ed**

imitate (im-i-tate) [ímitèit]

동사 모방하다, 흉내 내다
Bill **imitated** his older brother.
빌은 형을 흉내 냈다.
Parrots can **imitate** human speech.
앵무새는 사람의 말을 흉내 낼 수 있다.

3인칭단수현재	imitates
현재분사	imitating
과거·과거분사	imitated
➕ **imitation** 모방, 모조품	

immediately (i-mee-dee-it-lee) [imí:diətli]

부사 1 즉시, 곧, 바로, 당장
Send this message **immediately**.
즉시 이 메시지를 보내.
I need to talk to you **immediately**.
너와 당장 얘기할 것이 있다.

2 (특정 장소·시간의) 바로 옆의, 바로 다음에
Lisa went **immediately** after me.
리사는 나 바로 다음에 갔다.

비교급	more immediately
최상급	most immediately
➕ **immediate** 즉석의, 즉시의	

immigrant (im-i-gruhnt) [ímigrənt]

명사 ⓒ 이민자
Many **immigrants** traveled from Ireland to the United States.
많은 이민자들이 아일랜드에서 미국으로 이동했다.

복수형	immigrants
➕ **immigration** 이민	

immigrate (im-i-grayt) [íməgrèit]

동사 (다른 나라로부터) 이민을 오다
Sally's family **immigrated** to Korea.
샐리의 가족은 한국으로 이민을 왔다.
Mr. Underwood **immigrated** to Korea from the U.S.A. 언더우드 씨는 미국에서 한국으로 이민을 왔다.

3인칭단수현재	immigrates
현재분사	immigrating
과거·과거분사	immigrated
➕ **immigration** 이민	

impatient (im-pay-shuhnt) [impéiʃənt]

형용사 성마른, 조급한, 성급한 (↔patient)
Bella was too **impatient to** wait in line.
벨라는 줄을 서서 기다리기에는 성미가 너무 급했다.
The **impatient** customer asked the salesperson to hurry up.
성급한 손님이 판매원에게 서둘러 달라고 요청했다.
Don't be so **impatient**. We're not late.
그렇게 조급해 하지 마. 우리 안 늦었어.

비교급	more impatient
최상급	most impatient
➕ **impatiently** 성급하게, 조급하게	

imply (im-plye) [implái]

동사 암시하다, 함축하다, 넌지시 비추다
Mary's voice **implied** she was unhappy.
메리의 목소리는 그녀가 행복하지 않다는 것을 드러냈다.
Are you **implying** that it was my fault?
그게 내 잘못이었다고 말하고 있는 거야?

3인칭단수현재	impl**ies**
현재분사	imply**ing**
과거·과거분사	impl**ied**

➕ **implication** 함축, 암시

impolite (im-puh-lite) [ìmpəláit]

형용사 무례한, 버릇없는, 실례되는 (≒rude; ↔polite)
It's **impolite** to talk when the teacher is speaking.
선생님이 말씀하실 때 이야기하는 건 버릇없는 행동이다.
It's **impolite** to chew your food with your mouth open.
입을 벌린 채로 음식을 씹는 것은 실례다.

비교급	more impolite
최상급	most impolite

import (im-port | im-port, im-port) [ímpɔːrt | impɔ́ːrt, ímpɔːrt]

명사 (im-port) 1 ⓤ 수입 (↔export)
the **import** of electrical goods 전자 제품의 수입

2 ⓒ 《주로 복수로 쓰임》 수입품 (↔export)
This machine is an **import** from Germany.
이 기계는 독일 수입품이다.

동사 (im-port, im-port) 수입하다 (↔export)
Korea **imports** pineapples from the Philippines.
한국은 필리핀으로부터 파인애플을 수입한다.

복수형	import**s**
3인칭단수현재	import**s**
현재분사	import**ing**
과거·과거분사	import**ed**

important (im-por-tuhnt) [impɔ́ːrtənt]

형용사 중요한, 중대한 (↔unimportant)
It's **important** to do well in school.
학교 공부를 잘하는 것은 중요하다.
Tomorrow is a very **important** day for me.
내일은 나에게 아주 중요한 날이다.

비교급	more important
최상급	most important

➕ **importance** 중요성

impossible (im-pah-suh-buhl) [impásəbəl]

형용사 불가능한 (↔possible)
People thought it was **impossible** to go to the moon.
사람들은 달에 가는 것이 불가능하다고 생각했다.
Nothing is **impossible** if you try hard.
열심히 노력하면 불가능한 것은 없다.

➕ **impossibly** 불가능하게, 엄청나게

impress (im-pres) [imprés]

동사 깊은 인상을 주다, 감동시키다
Eric worked hard to **impress** his teacher.
에릭은 선생님에게 깊은 인상을 주기 위해 열심히 공부했다.
He was **impressed by** the stranger's kindness.
그는 낯선 사람의 친절함에 감동을 받았다.

3인칭단수현재	impress**es**
현재분사	impress**ing**
과거·과거분사	impress**ed**

➕ impression 인상
   impressive 인상(감동)적인

improve (im-proov) [imprúːv]

동사 개선하다, 향상시키다, 좋아지다, 개선되다
Sam needs to **improve** his handwriting.
샘은 글씨 쓰기를 향상시킬 필요가 있다.
How can I **improve** my English?
어떻게 하면 영어 실력을 향상시킬 수 있을까?

3인칭단수현재	improve**s**
현재분사	improv**ing**
과거·과거분사	improv**ed**

➕ improvement 개선, 향상

*in (in) [in, ən]

전치사 **1** 〖장소·위치〗 ~ 안에, ~ 속에 (≒ inside)
Put your books **in** your desk.
책상 (서랍) 속에 책을 넣어라.
She went **in** the kitchen. 그녀는 부엌으로 들어갔다.
She is **in** New York this weekend.
그녀는 이번 주말에 뉴욕에 있다.
His brother lives **in** Canada.
그의 남동생은 캐나다에서 산다.

2 〖때·시간〗 ~ 중에, ~에
He swims a lot **in** the summer.
그는 여름에 수영을 많이 한다.
I was born **in** 2000. 나는 2000년에 태어났다.
School starts **in** March. 학교는 3월에 시작한다.

3 〖시간〗 ~ 후에
I will call you back **in** five minutes. 5분 후에 전화할게.
He will return to Korea **in** 10 months.
그는 10개월 후에 한국에 돌아올 것이다.

4 〖상태·상황〗 ~이 되어, ~의 상태로
She is **in** trouble. 그녀는 곤경에 처해 있다.
A little boy was **in** tears. 어린 소년은 울고 있었다.
Tim looked at the barking dog **in** horror.
팀은 짖어 대는 개를 공포에 질려 쳐다보았다.

5 〖착용〗 입고, 신고, 쓰고
Sam looks great **in** his new T-shirt.

☑ She went in the kitchen.
  = She went into the kitchen.

☑ He swims a lot in the summer.
  = He swims a lot during the summer.

☑ A little boy was in tears.
  = A little boy was crying.

Sam looks great **in** his new T-shirt.

새 티셔츠를 입은 샘은 멋져 보인다.

6 〖수단·방법〗 ~으로
Sam can communicate **in** Korean.
샘은 한국어로 의사소통을 할 수 있다.
Write your name **in** capital letters.
성함을 대문자로 쓰세요.

부사 **1** ~ 안으로
May I come **in**? 들어가도 되나요?
I opened the door and went **in**.
나는 문을 열고 안으로 들어갔다.

2 ~에 있는
A: Can I speak to Sam, please?
샘 좀 바꿔 주시겠어요?
B: Sorry. He's not **in**. 미안하지만 샘이 없어요.

Sam can communicate **in** Korean.

 Tip '때'를 나타내는 전치사는 어떤 것이 있나요?

▶ **at**은 정확한 시간이나 특정한 시점을 나타낼 때 사용해요.
예 **at** five o'clock 5시에   **at** the beginning of the month 월초에   **at** night 밤에

▶ **in**은 연도, 월, 계절, 오전, 오후 등을 나타낼 때 사용해요.
예 **in** 2010 2010년에   **in** winter 겨울에   **in** June 6월에   **in** the morning 아침에

▶ **on**은 요일이나 특정한 날짜를 표현할 때 사용해요.
예 **on** Sunday 일요일에   **on** June 4 6월 4일에

---

inch (inch) [intʃ]

명사 ⓒ (길이 단위) 인치
One **inch** is equal to 2.54 centimeters.
1인치는 2.54센티미터와 같다.
This desk is 36 **inches** high.
이 책상은 높이가 36인치이다.

● **inch by inch** 조금씩, 매우 천천히 (움직이는)
The caterpillar is moving **inch by inch**.
애벌레가 **조금씩** 움직이고 있다.

| 복수형 | **inch**es |

※ 1 inch = 2.54 centimeters
1 foot = 12 inches
     = 30.48 centimeters

---

include (in-klood) [inklúːd]

동사 포함하다, 포함시키다 (↔ exclude)
The girls didn't **include** the boys in their game.
여자아이들은 놀이에 남자아이들을 포함시키지 않았다.
This price doesn't **include** the tax.
이 가격은 세금을 포함하지 않은 것입니다.

3인칭단수현재	**include**s
현재분사	**includ**ing
과거·과거분사	**include**d

income

income (in-kuhm) [ínkʌm]

명사 ⓒⓤ 수입, 소득
My **income** decreased last year.
지난해 내 수입이 줄었다.
Doctors earn a **high income**. 의사는 소득이 높다.

> 복수형 **income**s
>
> ➕ **income tax** 소득세

inconvenient (in-kuhn-veen-yuhnt) [ìnkənvíːnjənt]

형용사 불편한, 곤란한 (↔convenient)
The plane leaves at a very **inconvenient** time.
그 비행기는 매우 불편한 시간대에 출발한다.
It can be **inconvenient** to take your shoes off.
신발을 벗는 것이 불편할 수도 있다.

> 비교급 more **inconvenient**
> 최상급 most **inconvenient**
>
> ➕ **inconvenience** 불편

increase (in-krees | in-krees) [inkríːs | ínkriːs]

동사 (in-**krees**) (크기·양·수 등이) 증가하다, 증가시키다 (↔decrease)
The number of visitors to Korea is **increasing**.
한국을 방문하는 사람들의 수가 증가하고 있다.
A: I want to **increase** my income, but I don't know how.
내 수입을 늘리고 싶은데 어떻게 해야 할지 모르겠어.
B: Work harder. 더 열심히 일해 봐.

명사 (in-krees) ⓒⓤ 증가, 상승 (≒rise; ↔decrease)
There has been a slight **increase** in population.
인구가 약간 증가했다.

> 3인칭단수현재 **increase**s
> 현재분사 **increas**ing
> 과거·과거분사 **increase**d
>
> ➕ **increasingly** 점점 더

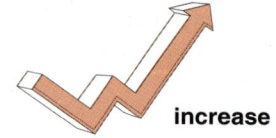
increase

incredible (in-kred-uh-buhl) [inkrédəbəl]

형용사 1 믿을 수 없는, 신용할 수 없는 (↔credible)
It was an **incredible** story.
그것은 믿을 수 없는 이야기였다.

2 (믿을 수 없을 만큼) 놀라운, 매우 훌륭한
Did you see that dunk? It was **incredible**.
저 덩크 슛 봤어? 정말 놀라웠어.

> 비교급 more **incredible**
> 최상급 most **incredible**
>
> ➕ **incredibly** 믿을 수 없을 만큼, 매우

indeed (in-deed) [indíːd]

부사 1 참으로, 정말로
Tom is **indeed** a good friend. 톰은 정말 좋은 친구다.

2 《긍정적인 대답을 강조함》 정말, 확실히
A: Are you going to the movies this weekend?

> ✓ Tom is **indeed** a good friend.
> = Tom is **certainly** a good friend.

이번 주말에 영화 보러 갈 거야?
B: Yes, **indeed**. 응, 틀림없이 갈 거야.
A: Great. I'll see you there. 잘됐다. 거기서 보자.

> ⊕ Yes, indeed.
> = Yes, of course.

independence (*in*-di-**pen**-duhns) [ìndipéndəns]

명사 ① 독립, 자립 (↔dependence)
India won its **independence** from England.
인도는 영국으로부터 독립했다.

> ⊕ **Independence Day** (미국의) 독립 기념일 (7월 4일)

independent (*in*-di-**pen**-duhnt) [ìndipéndənt]

형용사 1 (국가가) 독립한, 자주의
Tibetans want to be **independent** from China.
티베트 사람들은 중국으로부터 독립하길 원한다.

2 독립적인, 자립심이 강한, 자립적인
Most teenagers want to be **independent** from their parents.
대부분의 청소년들은 부모로부터 독립하기를 원한다.
He is **independent** and lives alone.
그는 자립심이 강하며 혼자 산다.

> 비교급 more independent
> 최상급 most independent
>
> ⊕ **independently** 독립하여, 자주적으로

India (*in*-dee-uh) [índiə]

국가명 인도
Most people who live in **India** are Hindus.
인도에 사는 대부분의 사람들은 힌두교도이다.

> ⊕ **Indian** 인도의, 인도인(의)

 인도인도 북미 원주민도 똑같이 Indian이라고 하나요?

콜럼버스가 아메리카 대륙을 처음 발견했을 때 그곳을 인도라고 잘못 알고 그곳의 원주민들을 Indian이라고 불렀어요. 하지만 지금은 인도인들을 East Indian, 북미 원주민들을 Native American이라고 구분해서 부른답니다.

indicate (*in*-di-*kate*) [índikèit]

동사 1 나타내다, 보여 주다
The map **indicates** we should turn right here.
지도는 우리가 여기서 우회전해야 한다는 것을 나타낸다.
Sam's blood test **indicated** that he was perfectly healthy.
샘의 혈액 검사는 그가 매우 건강하다는 것을 보여 주었다.

2 (손가락 등으로) 가리키다

> 3인칭단수현재 indicate**s**
> 현재분사 indicat**ing**
> 과거·과거분사 indicat**ed**
>
> ⊕ **indication** 지시, 지적

indirect

He **indicated** a woman standing in the doorway.
그는 입구에 서 있는 한 여자를 가리켰다.

indicator 지시자, 지표

indirect (*in*-duh-**rekt**) [ìndirékt]

형용사 **1** 우회하는, 멀리 도는 (↔direct)
This is an **indirect** way to the hospital.
이 길은 병원을 멀리 돌아간다.

2 간접적인 (↔direct)
"Maybe" is my mother's **indirect** way of saying no.
'아마도'는 우리 엄마가 안 된다고 간접적으로 말하는 방법이다.

3 2차적인, 부차적인 (↔direct)
An **indirect** effect of reading books is it improves your writing.
책 읽기의 부차적인 효과는 글쓰기가 향상된다는 것이다.

비교급 more indirect
최상급 most indirect

➕ **indirectly** 간접적으로

This is an **indirect** way to the hospital.

individual (*in*-di-**vij**-oo-uhl) [ìndəvídʒuəl]

형용사 **1** 《명사 앞에만 쓰임》 개인의, 각각의
We have to consider **individual** likes and dislikes.
우리는 개인의 기호를 고려해야 한다.
Each **individual** country has its own flag.
각 나라는 고유의 국기가 있다.

2 《명사 앞에만 쓰임》 개인의, 1인용의, 1인분의
You can buy **individual** slices of pizza at Costco.
코스트코에서는 1인분짜리 조각 피자를 살 수 있다.

3 특유의, 독특한, 개성 있는
Most artists have **individual** styles.
대부분의 예술가들은 특유의 스타일이 있다.

명사 ⓒ 개인
the rights of the **individual** 개인의 권리

비교급 more individual
최상급 most individual

➕ **individuality** 개성
individually 개별적으로

※ '특유의, 독특한, 개성 있는' 이라는 뜻으로 쓰일 때만 비교급과 최상급을 쓸 수 있어요.

복수형 **individuals**

industrial (in-**duhs**-tree-uhl) [indʌ́striəl]

형용사 산업의, 공업의
We have to reduce **industrial** wastes to prevent pollution.
우리는 오염을 방지하기 위해 산업 폐기물을 줄여야 한다.

➕ the Industrial Revolution
산업 혁명

industry (**in**-duh-stree) [índəstri]

명사 **1** Ⓤ 공업, 산업
manufacturing **industry** 제조업

복수형 **industries**

2 ⓒ (특정 분야의) 산업, 업계, ~업
The game **industry** has been booming recently.
게임 산업이 최근 붐을 이루고 있다.

> ❓ **manufacture** 제조하다, 생산하다

inexpensive (*in*-ik-**spen**-siv) [ìnikspénsiv]

형용사 값싼, 비용이 들지 않는 (↔expensive)
The food at this restaurant is **inexpensive**.
이 식당은 음식이 싸다.

| 비교급 | more inexpensive |
| 최상급 | most inexpensive |

infant (**in**-fuhnt) [ínfənt]

명사 ⓒ 유아, 아기
The **infant** crawled across the floor.
아기가 바닥을 기어 다녔다.

| 복수형 | infant**s** |

inferior (in-**feer**-ee-ur) [infíəriər]

형용사 (품질·정도 등이) 떨어지는, 열등한 (↔superior)
The **inferior** computer was very slow.
품질이 낮은 컴퓨터는 무척 느렸다.

| 비교급 | more inferior |
| 최상급 | most inferior |

influence (**in**-floo-uhns) [ínfluəns]

명사 ⓒⓤ 영향, 영향력
a bad **influence** 나쁜(안 좋은) 영향
The computer **has** a great **influence on** education.
컴퓨터는 교육에 큰 영향을 끼친다.

동사 영향을 미치다
Picasso **influenced** many artists.
피카소는 많은 예술가들에게 영향을 미쳤다.
Brian's science teacher **influenced** him to become an engineer.
브라이언의 과학 선생님은 브라이언이 엔지니어가 되는 데 영향을 주었다.

복수형	influence**s**
3인칭단수현재	influence**s**
현재분사	influenc**ing**
과거·과거분사	influenc**ed**

The computer **has** a great **influence on** education.

inform (in-**form**) [infɔ́ːrm]

동사 알리다, 통지하다
A: There's going to be a big meeting tomorrow.
내일 중요한 회의가 있을 거예요.
B: How do you know that? 그걸 어떻게 알아요?
A: Lisa **informed** me of it.
리사가 나에게 알려 줬어요.

3인칭단수현재	inform**s**
현재분사	inform**ing**
과거·과거분사	inform**ed**
➕ informative	유용한 정보를 주는, 유익한

The library **informed** me **that** I should return their books today.
도서관에서 책을 오늘 반납해야 한다고 나에게 통지했다.

➕ ill-informed 잘 모르는
well-informed 잘 아는

informal (in-for-muhl) [infɔ́:rməl]

형용사 **1** 비공식적인 (↔formal)
He had an **informal** talk with the president.
그는 대통령과 비공식적인 대화를 나누었다.

2 편안한, 격식을 차리지 않는 (↔formal)
Brian's office was an **informal** place.
브라이언의 사무실은 편안한 장소였다.

3 평상복의, 의상이 편안한 (↔formal)
My boss likes **informal** clothes.
나의 상사는 평상복을 좋아한다.

비교급 more informal
최상급 most informal
➕ informally 비공식적으로

informal clothes

information (in-fur-may-shuhn) [ìnfərméiʃən]

명사 Ⓤ 정보, 자료
I'll give you two pieces of **information**.
네게 두 가지 정보를 주겠다.
For more **information**, visit our web site.
더 많은 정보를 원하시면 우리 웹 사이트를 방문해 주세요.
I'd like to get some **information** on your company.
당신 회사에 대한 정보를 좀 얻고 싶습니다.
Where is the **information** desk?
안내 데스크는 어디에 있나요?

● ***for your information*** 참고로
For your information, he is not attending the meeting tomorrow.
참고로, 그는 내일 회의에 참석하지 않아요.

➕ collect information
정보를 수집하다
false information
허위 정보
provide information
정보를 제공하다
share information
정보를 공유하다
useful information
유용한 정보

 data와 information의 차이를 알려 주세요.

data는 사실에 기초한 자료를 말하고 information은 data를 가공한 것을 말해요. 예를 들어 한 반의 학생들의 키를 조사한 자료는 data이고, 이것을 기초로 해서 나온 평균 키는 information이라고 할 수 있어요.

ingredient (in-gree-dee-uhnt) [ingrí:diənt]

명사 Ⓒ 성분, 원료, 재료
Garlic is an important **ingredient** in Korean cooking. 마늘은 한국 요리에 있어 중요한 재료다.

복수형 ingredient**s**

initial (i-nish-uhl) [iníʃəl]

명사 ⓒ (이름·단어의) 첫 글자, 《복수로 쓰임》 머리글자
My name is Brian Atwood Stokes and my **initials** are BAS.
내 이름은 Brian Atwood Stokes로 머리글자는 BAS이다.

형용사 《명사 앞에만 쓰임》 처음의, 최초의
The **initial** part of the test is true-false.
시험의 첫 부분은 참-거짓 문제이다.

복수형	initials

➕ **initially** 처음에, 처음에는

BAS
initials

injure (in-jur) [índʒər]

동사 부상을 입히다, 다치게 하다
He was **injured** playing football.
그는 미식축구를 하다가 부상을 입었다.
Tom **injured** himself while hammering.
톰은 망치질을 하다가 다쳤다.

3인칭단수현재	injures
현재분사	injuring
과거·과거분사	injured

injury (in-jur-ee) [índʒəri]

명사 ⓒⓤ 부상, 상처
a serious (minor) **injury** 심각한 (경미한) 부상
Bob **suffered an injury** to his leg.
밥은 다리에 상처를 입었다.

복수형	injuries

ink (ingk) [iŋk]

명사 ⓒⓤ 잉크
I need a bottle of **ink**.
나는 잉크 한 병이 필요하다.
I have to refill my printer **ink**.
나는 프린터 잉크를 다시 채워야 한다.

복수형	inks

ink

inn (in) [in]

명사 ⓒ 여인숙, 여관
The **inn** was clean and quiet.
그 여관은 깨끗하고 조용했다.

복수형	inns

innocent (in-uh-suhnt) [ínəsnt]

형용사 결백한, 무죄의 (↔guilty)
Sora said she was **innocent**.
소라는 자신은 결백하다고 말했다.

비교급	more innocent
최상급	most innocent

The police decided the man was **innocent**.
경찰은 그 남자가 무죄라고 판단했다.

➕ **innocence** 무죄, 결백

input (**in**-*put*) [ínpùt]

명사 1 ⓒⓤ (생각·조언·자본 등의) 투입
Tim gave me some valuable **input** for my project.
팀은 나의 프로젝트에 관해 귀중한 조언을 해 주었다.

2 ⓤ [컴퓨터] 입력
My job is managing data **input**.
내 일은 자료 입력을 관리하는 것이다.

동사 입력하다
Mark **input** the answers **into** the computer.
마크는 정답을 컴퓨터에 입력했다.

복수형	**input**s
3인칭단수현재	**input**s
현재분사	**input**ting
과거·과거분사	**input**ted, **input**

inquiry (**in**-**kwye**-ree, **in**-kwur-ee) [inkwáiəri, ínkwəri]

명사 1 ⓒ (사건 등의) 조사
The police are conducting an **inquiry** into his death. 경찰이 그의 죽음을 조사 중이다.

2 ⓒ 문의, 조회, 질문
Jinsu got no answer to his **inquiry**.
진수는 문의에 대한 답변을 받지 못했다.

복수형	**inquir**ies

➕ **inquire** 묻다, 문의하다
　enquire (영국영어) 묻다, 문의하다
　enquiry (영국영어) 조사, 문의

insect (**in**-sekt) [ínsekt]

명사 ⓒ 곤충, 벌레
The world is full of **insects** such as beetles, ants, and bees.
세상은 딱정벌레, 개미, 벌과 같은 곤충들로 가득하다.
Insect bites often cause swelling and redness.
벌레에 물리면 종종 붓고 붉게 된다.

복수형 **insect**s

bee
ant
insects
beetle

insert (**in**-surt) [insə́ːrt]

동사 끼워 넣다, 끼우다, 삽입하다
Insert the key **into** the lock. 자물쇠에 열쇠를 넣으세요.
Insert part A **into** part B.
B 부분에 A 부분을 끼워 넣으세요.

3인칭단수현재	**insert**s
현재분사	**insert**ing
과거·과거분사	**insert**ed

∗ inside (*in*-side | in-side | in-*side*) [ìnsáid | ínsáid | ínsàid]

전치사 (*in*-side) 안쪽에, 내부에 (↔outside)

➕ **insider** 내부자

What's **inside** that bag you're carrying?
네가 들고 있는 그 가방 안에는 뭐가 있니?

부사 (*in*-side) 안에, 안으로 (↔outside)
Let's go **inside**. It's cold out here.
안에 들어가자. 여기 밖은 추워.

명사 (*in*-side) ⓒ 안쪽, 내부 (↔outside)
The **inside of** this jacket is cotton.
이 재킷의 안쪽은 면이다.
The door was locked from **the inside**.
문은 안에서 잠겨 있었다.

형용사 (*in*-side, in-*side*) 《명사 앞에만 쓰임》 안쪽의, 내부의, 내면의 (↔outside)
I keep my wallet in my **inside** pocket.
난 지갑을 안주머니에 넣어 둔다.

● *inside out* 뒤집어
The children laughed at her because Bora had her T-shirt on **inside out**.
아이들은 보라를 보고 막 웃었는데, 보라가 셔츠를 **뒤집어** 입었기 때문이었다.

☑ What's inside that bag you're carrying?
= What's inside of that bag you're carrying?

복수형 inside**s**

Bora had her T-shirt on **inside out**.

insist (in-*sist*) [insíst]

동사 주장하다, 우기다
Mary **insisted** her answer was correct.
메리는 자신의 답이 맞다고 주장했다.
She **insisted on** a refund from the store.
그녀는 가게에 환불을 해 달라고 우겼다.

3인칭단수현재 insist**s**
현재분사 insist**ing**
과거·과거분사 insist**ed**

instance (in-*stuhns*) [ínstəns]

명사 ⓒ 예, 사례
Give me one **instance** when I was wrong.
내가 틀렸을 때의 예를 하나만 들어 봐.

● *for instance* 예를 들어 (≒ for example)
There are a millions of things we could do together. **For instance**, we could take a trip.
우리가 함께할 수 있는 일은 굉장히 많아. **예를 들어**, 여행을 갈 수도 있지.

복수형 instance**s**

➕ in the first instance 첫째로, 우선
in the last instance 최후로

instant (in-*stuhnt*) [ínstənt]

형용사 1 즉시의, 즉각적인
The movie was an **instant** hit.
그 영화는 즉각 히트를 했다.

➕ **instantly** 즉시, 즉각

2 (음식이) 인스턴트의, 즉석의
I don't like **instant** coffee.
나는 인스턴트 커피를 좋아하지 않는다.

명사 ⓒ 순식간, 짧은 동안, (특정) 순간
It will just take an **instant** to call her.
그녀에게 전화하는 것은 오래 걸리지 않을 거예요.
Get in here this **instant**! 당장 여기에 들어와!

복수형 **instant**s

☑ Get in here this instant!
= Get in here right now!

instead (in-sted) [instéd]

부사 그 대신에
I don't drink coffee. Can I have tea **instead**?
전 커피를 마시지 않아요, 대신 홍차를 주실 수 있나요?

• **instead of** ~ 대신에
He eats hotdogs with mustard **instead of** ketchup.
그는 핫도그에 케첩 대신에 겨자를 뿌려 먹는다.

He eats hotdogs with mustard **instead of** ketchup.

instinct (in-stingkt) [ínstiŋkt]

명사 ⓒⓤ 본능
The **survival instinct** is very strong.
생존 본능은 매우 강하다.
Mary's first **instinct** was to hide.
메리에게 본능적으로 떠오른 첫 생각은 숨는 것이었다.

복수형 **instinct**s

➕ instinctive 본능적인
instinctively 본능적으로

institute (in-sti-toot) [ínstətjùːt]

명사 ⓒ 협회, 학회, 기관, 연구소
Universities are **institutes** of higher learning.
대학은 고등 교육 기관이다.
The **institute** studies dangerous diseases.
그 연구소는 위험한 질병을 연구한다.

복수형 **institute**s

➕ research institute 연구소

institution (in-sti-too-shuhn) [ìnstətjúːʃən]

명사 ⓒ 시설, 기관
Hospitals are **institutions** built to help people.
병원은 사람들을 돕기 위해 지어진 시설이다.

복수형 **institution**s

➕ institutional 시설의, 기관의

instructor (in-struhkt-tur) [instrʌ́ktər]

명사 ⓒ 강사, 교사, 지도자
A driving **instructor** teaches people how to drive a car.

복수형 **instructor**s

운전 교습 강사는 사람들에게 운전하는 방법을 가르친다.
My swimming **instructor** helped me get over my fear of the water.
수영 강사는 내가 물에 대한 공포를 이겨 내도록 도와주었다.

> ➕ **instruct** 가르치다, 지시하다
> **instruction** 교육, 지시
> **instructive** 교육적인, 유익한

* instrument (in-struh-muhnt) [ínstrəmənt]

명사 1 ⓒ (실험 · 정밀 작업 등에 쓰이는) 기구, 도구
There are many medical **instruments** in the hospital.
병원에는 많은 의료 기구들이 있다.
This **instrument** measures the machine's speed.
이 기구는 기계의 속도를 측정한다.

2 ⓒ 악기 (= musical instrument)
A: Do you play an **instrument**?
악기를 다룰 줄 아니?
B: I play the violin. What about you?
난 바이올린을 연주해. 너는?
A: I'm learning to play the clarinet.
난 클라리넷을 배우고 있어.

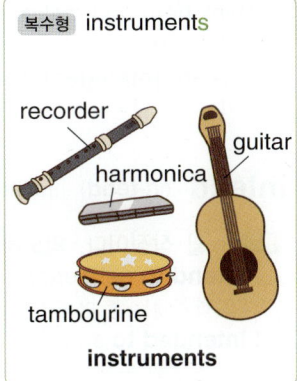

복수형 **instruments**
recorder
guitar
harmonica
tambourine
instruments

insult (in-suhlt | in-suhlt) [ínsʌlt]

동사 (in-**suhlt**) 모욕하다
Eric **insulted** Tim by calling him stupid.
에릭은 팀을 멍청하다고 모욕했다.

명사 (**in**-suhlt) ⓒ 모욕
It's an **insult** to call someone ugly.
누군가를 못생겼다고 하는 것은 모욕이다.

> 3인칭단수현재 **insults**
> 현재분사 **insulting**
> 과거 · 과거분사 **insulted**
>
> 복수형 **insults**

insurance (in-shoor-uhns) [inʃúərəns]

명사 1 ⓤ 보험
Brian's **insurance** company paid to have his car fixed after the accident.
브라이언의 보험 회사는 사고 후 차의 수리비를 지불했다.
I **took out** life **insurance** on myself.
나는 생명 보험에 가입했다.

2 ⓤ 보험금, 보험료
The **insurance** on sports cars is expensive.
스포츠카의 보험료는 비싸다.

> ➕ **car insurance** 자동차 보험
> **fire insurance** 화재 보험
> **health insurance** 의료 보험
> **medical insurance** 의료 보험
> **travel insurance** 여행 보험

intelligence (in-tel-i-juhns) [intélədʒəns]

명사 ⓤ 지능, 지성

> ➕ **intelligent** 지적인

an **intelligence** quotient (IQ) 지능 지수
Dolphins have **high intelligence**.
돌고래는 지능이 높다.

➕ artificial intelligence (AI) 인공 지능

intelligent (in-**tel**-i-juhnt) [intélədʒənt]

형용사 지적인, 지능이 있는, 영리한
Think hard and make an **intelligent** decision.
잘 생각해서 현명한 결정을 내리도록 해.
Pigs are **intelligent** animals.
돼지들은 영리한 동물이다.

비교급 more intelligent
최상급 most intelligent

intend (in-**tend**) [inténd]

동사 ~할 작정이다, 의도하다, ~하려고 하다
I **intend to** get better grades next term.
다음 학기에는 좀 더 좋은 점수를 받을 작정이다.
I **intended to** surprise you.
난 너를 깜짝 놀라게 해 줄 의도였어.
I'm sorry. I didn't **intend to** push you.
미안. 너를 밀려고 했던 건 아니었어.

3인칭단수현재 intend**s**
현재분사 intend**ing**
과거·과거분사 intend**ed**

➕ **intention** 의향, 의지, 의도

intensive (in-**tens**-iv) [inténsiv]

형용사 집중적인, 강한, 격렬한
intensive training 집중 훈련
The **intensive** class lasted six hours a day.
집중 수업은 하루에 6시간 지속되었다.

➕ intensive care unit (ICU) 중환자실

interest (**in**-trist) [íntərist]

명사 1 ⓒ 《단수로도 쓰임》 흥미, 관심
My mom has no **interest in** sports.
우리 엄마는 스포츠에 관심이 없으시다.
He soon lost **interest in** the movie.
그는 곧 영화에 대한 흥미를 잃었다.

2 ⓒ 관심사
Indian art is a special **interest** of Mary's.
인도의 예술은 메리의 특별한 관심사이다.

3 ⓤ 이자
My bank pays 3% **interest on** my savings account.
내 은행은 내 예금에 3%의 이자를 지불한다.

동사 흥미를 갖게 하다, 관심을 끌다

복수형 interest**s**

➕ **interested** 관심이 있는, 흥미가 있는

Indian art is a special **interest** of Mary's.

3인칭단수현재 interest**s**
현재분사 interest**ing**

Fashion doesn't **interest** me at all.
패션은 내 관심을 전혀 끌지 않는다.

| 과거·과거분사 | interest**ed** |

interesting (*in*-tris-ting) [íntəristiŋ]

형용사 재미있는, 흥미로운 (↔uninteresting, boring)
The movie on global warming was **interesting**.
지구 온난화에 대한 영화는 재미있었다.
Eric is a very **interesting** guy.
에릭은 굉장히 재미있는 녀석이다.

| 비교급 | more interesting |
| 최상급 | most interesting |

❓ guy 남자, 녀석

 interested와 interesting의 차이는 무엇인가요?
사람이 주어가 되어 어떤 대상에 흥미를 느낄 때에는 interested를 사용하고, 어떤 대상이 사람에게 흥미를 주는 경우에는 interesting을 사용해요.
예) I am **interested** in music. 나는 음악에 관심이 있다.
The music is **interesting**. 그 음악은 흥미롭다.

international (*in*-tur-**nash**-uh-nuhl) [ìntərnǽʃənəl]

형용사 국제적인, 국제의
The United Nations is an **international** organization.
UN은 국제적인 기구이다.
There is an **international** airport in Incheon.
인천에 국제공항이 있다.

| 비교급 | more international |
| 최상급 | most international |

➕ international call
국제 통화

Internet (*in*-tur-*net*) [íntərnèt]

명사 《단수로 쓰임》 인터넷
surf the **Internet** 인터넷 서핑(검색)을 하다
The **Internet** has changed the way we communicate.
인터넷은 우리가 소통하는 방식을 바꾸었다.
I ordered shoes on the **Internet**.
나는 인터넷으로 신발을 주문했다.

➕ Internet banking 인터넷 뱅킹
online banking 인터넷 뱅킹

interpret (*in*-tur-prit) [intə́ːrprit]

동사 1 통역하다
interpret English into Korean 영어를 한국어로 통역하다
A: Can you **interpret** this for me? I don't read Japanese.
이것 좀 통역해 주시겠어요? 전 일본어를 못 읽어요.
B: Sure. Let me see it. 물론이죠. 한번 볼까요.

3인칭단수현재	interpret**s**
현재분사	interpret**ing**
과거·과거분사	interpret**ed**

interrupt

Sally's job is **interpreting** at the United Nations.
샐리의 일은 UN에서 통역을 하는 것이다.

2 해석하다, 설명하다
Mary **interpreted** a poem for her class project.
메리는 학급 활동으로 시를 해석했다.

> ➕ **interpretation** 해석, 설명
> **interpreter** 통역사

interrupt (*in*-tuh-*ruhpt*) [ìntərʌ́pt]

동사 1 (말하는 중에) 끼어들다, 방해하다
A: I wish you would stop **interrupting** me, Tim.
팀, 네가 내 말에 그만 끼어들었으면 좋겠는데.
B: I'm sorry. Go ahead and finish what you were saying.
미안해. 네가 말하려던 거 계속해.
Her question **interrupted** Bob's thinking.
그녀의 질문이 팀의 생각을 방해했다.

2 중단하다
The traffic was **interrupted** by the flood.
홍수 때문에 교통이 두절됐다.

> 3인칭단수현재 **interrupts**
> 현재분사 **interrupting**
> 과거·과거분사 **interrupted**
>
> ➕ **interruption** 방해, 중지

The traffic was **interrupted** by the flood.

interval (in-tur-vuhl) [íntərvəl]

명사 1 ⓒ (시간·공간적인) 간격, 사이
This bus leaves **at** regular **intervals**.
이 버스는 일정한 간격을 두고 출발한다.
The chairs were placed **at intervals** of one meter.
의자들은 1미터 간격으로 놓여 있었다.

2 ⓒ (영국영어) (영화·연극 등의 중간에 있는) 휴식 시간
There will be a 10-minute **interval** before the next movie starts.
다음 영화 시작까지 10분간 휴식 시간이 있습니다.

> 복수형 **intervals**
>
> ➕ **intermission** (미국영어) 휴식 시간

intervals

interview (in-tur-*vyoo*) [íntərvjù:]

명사 1 ⓒ 면접
She has a job **interview** tomorrow.
그녀는 내일 취업 면접이 있다.

2 ⓒ (주로 언론과의) 인터뷰, 회견
The press **interview** is scheduled for 3:00 tomorrow.
기자 회견은 내일 3시로 예정되어 있다.

동사 인터뷰하다
The reporter **interviewed** the actor.
그 기자는 배우를 인터뷰했다.

> 복수형 **interviews**
>
> ❓ **press** 언론, 기자들
>
> 3인칭단수현재 **interviews**
> 현재분사 **interviewing**
> 과거·과거분사 **interviewed**

into (in-too, in-tuh) [íntu, íntə]

전치사 **1** 〖장소·공간〗 ~의 안으로, ~에, ~로
The bear ran **into** the forest.
곰은 숲 속으로 뛰어들어 갔다.
I'm going **into** town on Saturday.
나는 토요일에 시내에 갈 거야.

2 〖방향〗 ~를 향해, ~ 쪽으로
Never look directly **into** the sun.
해를 똑바로 쳐다보지 마.

3 〖상태의 변화〗 ~로 되어
He fell **into** a deep sleep. 그는 깊은 잠에 빠졌다.
The rain turned **into** snow during the cold night.
추운 밤 동안에 비가 눈이 되었다.

4 〖충돌〗 ~에 부딪쳐 (≒ against)
Jinsu bumped **into** me.
진수가 내게 부딪쳤다.

Never look directly **into** the sun.
= Never look directly at the sun.

❓ **bump** 부딪치다

introduce (in-truh-doos) [ìntrədjúːs]

동사 **1** (사람을) 소개하다
A: Lisa, let me **introduce** you **to** Brian.
리사, 너를 브라이언에게 소개해 줄게.
B: It's very nice to meet you, Brian.
만나서 반가워, 브라이언.
Please **introduce** yourself **to** the class.
학급 학생들에게 자기소개를 좀 해 줄래?
Let me **introduce** myself. My name's Sally Brown.
내 소개를 할게. 내 이름은 샐리 브라운이야.

2 (신제품을) 발표하다, 내놓다, (새로운 것을) 도입하다
Samsung is **introducing** a new cell phone next month. 삼성은 다음 달에 새 휴대 전화를 내놓을 것이다.
This law was **introduced** in 2000.
이 법안은 2000년도에 도입되었다.

3인칭단수현재 **introduces**
현재분사 **introducing**
과거·과거분사 **introduced**

➕ **introduction** 소개, 도입; (책 등의) 서론
introductory 서론의; 입문자들을 위한

invade (in-vade) [invéid]

동사 **1** 침입하다, 침략하다
The German army **invaded** Poland in 1939.
1939년에 독일 군대가 폴란드를 침략했다.

2 (많은 숫자로) 밀어닥치다, 몰려들다
My apartment was **invaded** by ants.
나의 아파트에 개미들이 몰려들었다.

3인칭단수현재 **invades**
현재분사 **invading**
과거·과거분사 **invaded**

➕ **invasion** 침입, 침공, 침해

invent (in-vent) [invént]

동사 **1** 발명하다
A: Tim, do you know who **invented** the telephone?
팀, 누가 전화기를 발명했는지 알고 있어?
B: Alexander Graham Bell. 알렉산더 그레이엄 벨.
A: That's correct. 맞았어.

2 (이야기를) 지어내다, (거짓말을) 꾸며 내다
Sally **invented** a story about why she was late.
샐리는 왜 지각했는지 이야기를 꾸며 냈다.

3인칭단수현재	invents
현재분사	inventing
과거·과거분사	invented

➕ invention 발명, 발명품
  inventor 발명가

investigate (in-ves-ti-gate) [invéstəgèit]

동사 조사하다, 수사하다, 연구하다
The police detectives **investigated** the murder.
형사들은 살인 사건을 수사했다.
Sam is **investigating** better ways to grow rice.
샘은 쌀을 재배하는 좀 더 좋은 방법을 연구하고 있다.

3인칭단수현재	investigates
현재분사	investigating
과거·과거분사	investigated

➕ investigation 조사, 연구

invisible (in-viz-uh-buhl) [invízəbəl]

형용사 눈에 보이지 않는 (↔ visible)
an **invisible** problem 눈에 보이지 않는 문제점
Air is **invisible**. 공기는 눈에 보이지 않는다.

비교급	more invisible
최상급	most invisible

*invite (in-vite) [inváit]

동사 초대하다
Brian **invited** Mary **to** his birthday party.
브라이언은 생일 파티에 메리를 초대했다.
Tony **invited** his friend **over** for dinner.
토니는 저녁을 먹자고 친구를 집으로 초대했다.

3인칭단수현재	invites
현재분사	inviting
과거·과거분사	invited

➕ invitation 초대, 초청

involve (in-vahlv) [inválv]

동사 **1** 포함하다, 수반하다, 필요로 하다
Success always **involves** hard work.
성공은 항상 노력을 수반한다.
This recipe **involves** many ingredients.
이 요리법에는 많은 재료가 필요하다.

2 관여시키다, 참여하게 하다, 말려들게 하다
I'm not **involved** in any clubs at school.
나는 그 어떤 학교 동아리에도 참여하지 않는다.

3인칭단수현재	involves
현재분사	involving
과거·과거분사	involved

➕ involved 관련된, 관여하는

He **involved** me in a fight.
그는 나를 싸움에 말려들게 했다.

➕ **involvement** 관련, 관여

Iran (ee-ran) [irǽn]

국가명 이란
Iran produces lots of oil.
이란은 많은 석유를 생산한다.

➕ **Iranian** 이란의, 이란 인(의), 이란 어(의)

Iraq (ee-rak) [irɑ́ːk]

국가명 이라크
Baghdad is the capital city of **Iraq**.
바그다드는 이라크의 수도이다.

➕ **Iraqi** 이라크의, 이라크 인(의), 이라크 어(의)

iron (eye-urn) [áiərn]

명사 1 Ⓤ 철, 쇠
The house has **iron** bars on all the windows.
그 집은 온 창문에 철창이 있다.
This **iron** bed is really old. 이 철제 침대는 정말 낡았다.

2 Ⓒ 다리미
I use an **iron** to make my clothes look neat.
난 옷이 깔끔해 보이도록 다리미를 사용한다.

동사 다림질하다, 다리다
I have to **iron** my shirt. 난 내 셔츠를 다려야 한다.

복수형 iron**s**
3인칭단수현재 iron**s**
현재분사 iron**ing**
과거·과거분사 iron**ed**

irregular (i-reg-yuh-lur) [irégjələr]

형용사 1 불규칙한 (↔regular)
Bora has an **irregular** heartbeat.
보라는 심장 박동이 불규칙하다.

2 고르지 않은, 가지런하지 않은 (↔regular)
The square pancake was **irregular** in shape.
네모난 팬케이크는 모양이 고르지 않았다.

비교급 more irregular
최상급 most irregular

➕ **irregularity** 불규칙
irregularly 불규칙하게

is (iz) [iz]

동사 《be 동사의 3인칭단수현재형》 1 이다
She **is** the best lawyer I know.
그녀는 내가 아는 가장 훌륭한 변호사다.
It **is** cold outside. Why don't you put on your coat?
바깥은 춥다. 코트를 입지 그러니.
He **isn't** smart at all. 그는 전혀 똑똑하지 않다.

현재분사 being
과거 was
과거분사 been

2 있다 (≒ exist)

There **is** an apple on the table.
테이블 위에 사과가 한 개 있다.
A: **Is** Lisa there? 리사 있나요?
B: Sorry, she **is** not in. 없단다.

> ☑ isn't = is not
> he's = he is, he has
> she's = she is, she has
> it's = it is, it has

Islam (is-lahm, iz-lahm) [islάːm, izlάːm]

명사 ① 이슬람교, 회교
Muslims believe in **Islam**.
이슬람교도들은 이슬람교를 믿는다.
The Koran is the book of **Islam**.
코란은 이슬람교의 책이다.

➕ **Islamic** 이슬람교의, 회교의

Muslims believe in **Islam**.

island (eye-luhnd) [άilənd]

명사 ⓒ 섬
Hawaii is my favorite **island**.
하와이는 내가 좋아하는 섬이다.
New Zealand is made up of two large **islands**.
뉴질랜드는 두 개의 커다란 섬으로 구성되어 있다.

복수형 **islands**

※ island에서 's'는 발음하지 않아요.

Israel (iz-ree-uhl) [ízriəl]

국가명 이스라엘
Jerusalem is the capital city of **Israel**.
예루살렘은 이스라엘의 수도이다.

➕ **Israeli** 이스라엘의, 이스라엘인(의)

issue (ish-oo) [íʃuː]

명사 1 ⓒ 쟁점, 사안, 문제
The economy is always a **big issue**.
경제는 항상 중대한 사안이다.
We discussed **environmental issues**.
우리는 환경 문제에 대해 논의했다.

2 ⓒ (잡지·신문 등의) 호
the **latest issue** 최신 호
Did you read the March **issue of** *Teens* magazine?
〈Teens〉 잡지 3월 호 읽었어?

동사 1 발급하다, 지급하다
The district office **issues** passports.
구청에서 여권을 발급한다.
The coach **issued** the team new uniforms.
코치는 팀에게 새로운 유니폼을 지급했다.

복수형 **issues**

➕ **economic issue** 경제적 쟁점(문제)
social issue 사회적 쟁점(문제)

3인칭단수현재 **issues**
현재분사 **issuing**
과거·과거분사 **issued**

2 발표하다, 공표하다, (글 등을) 발행하다, 발표하다
A storm warning has been **issued**.
폭풍 주의보가 내려졌다.
The institute **issued** a report on cancer research.
학회는 암 연구에 대한 보고서를 발표했다.

➕ **issuer** 발행인

*it (it) [it]

대명사 1 〖3인칭단수 주격〗 그, 그것
A: Have you seen my key? 내 열쇠 봤니?
B: **It**'s on the table. 식탁 위에 있어.
It wasn't my fault. 그건 내 탓이 아니었어.

2 〖3인칭단수 목적격〗 그것을
A: Have you seen the stapler? 스테이플러 봤어?
B: I think Julie has **it**.
줄리가 그것(스테이플러)을 가지고 있는 것 같아.
I gave **it** to him. 나는 그에게 그것을 주었다.

3 〖온도·날씨·시간·거리 등에 사용되는 비인칭 주어〗
It is hot in here. 여긴 덥다.
It was raining yesterday. 어제는 비가 왔다.
What time is **it** now? 지금 몇 시야?
It's eight miles from here to Seoul.
여기서 서울까지는 8마일이다.

4 〖가주어·가목적어〗
It will be difficult **to** finish my homework today.
오늘 내로 숙제를 끝내기는 어려울 것 같다.
I found **it** easy **to** take a bus to his house.
그의 집에는 버스를 타고 가는 것이 쉽다는 것을 알았다.

복수형 1 they **2** them
☑ it'll = it will
it's = it is, it has

A: Have you seen my key?
B: **It**'s on the table.

❓ 가주어 '가주어'란 '가짜 주어'라는 뜻이에요. 왼쪽 예문에서 진짜 주어인 'to finish my homework'가 길기 때문에 it이 대신해서 주어 역할을 하는 것이지요. 따라서 it은 '숙제를 끝내는 것'을 나타내요.

 대명사인 **it**과 **one**의 차이점을 알려 주세요.

it은 앞에서 이미 언급한 것을 가리킬 때, **one**은 일반적인 것을 가리킬 때 사용해요.
📝 I have a new digital camera, but I don't use **it**.
나는 새 디지털카메라가 있지만 그것(나의 디지털카메라)을 사용하지 않는다.
I like digital cameras, but I am not going to buy **one**.
나는 디지털카메라를 좋아하지만, 디지털카메라를 사지는 않을 것이다.

Italy (ee-tuh-lee) [itəli]

국가명 이탈리아
Italy is shaped like a boot. 이탈리아는 부츠 모양이다.
Rome is the capital of **Italy**. 로마는 이탈리아의 수도이다.

➕ **Italian** 이탈리아의, 이탈리아 어(의), 이탈리아 인(의)

itch (ich) [itʃ]

동사 가렵다, 가렵게 하다
The mosquito bite **itches**. 모기 물린 데가 가렵다.
My nose really **itches**. 코가 정말 가렵다.
Woolen clothes make me **itch**.
양모로 만들어진 옷은 나를 가렵게 만든다.

명사 ⓒ《주로 단수로 쓰임》 가려움
I have an **itch** on my back. 등이 가렵다.
Don't scratch! It'll only make the **itch** worse.
긁지 마! 가려움만 더할 뿐이야.

3인칭단수현재	**itch**es
현재분사	**itch**ing
과거·과거분사	**itch**ed
복수형	**itch**es

➕ **itchy** 가려운, 간지러운

item (eye-tuhm) [áitəm]

명사 ⓒ (하나의) 품목, 항목, 물건
That **item** of clothing is on sale.
저 옷 품목은 세일 중이다.
This line is for customers with five **items** or less.
이 줄은 5개 이하의 물건을 사는 고객을 위한 것이다.

| 복수형 | **item**s |

➕ household **items** 가정용품
   luxury **items** 사치품
   valuable **items** 귀중품

its (its) [its]

대명사 《it의 소유격》 그것의, 저것의
The restaurant has **its** own parking spaces.
그 레스토랑에는 전용 주차 공간이 있다.
The cat is licking **its** paws. 고양이가 발을 핥고 있다.

| 복수형 | their |

❓ **paw** (발톱 있는 동물의) 발

itself (it-self) [itsélf]

대명사 1 그 자신을, 그 자신에게
The cat is staring at **itself** in the mirror.
고양이가 거울 속의 자신을 바라보고 있다.
This TV turns **itself** off. 이 TV는 저절로 꺼진다.

2 《강조의 의미》 그 자신, 그 자체, 바로 그것
The lesson **itself** was easy, but the test was difficult.
수업 자체는 쉬웠지만 시험은 어려웠다.
He is kindness **itself**.
그는 친절 그 자체다 (그는 매우 친절하다).

● **by itself** 1 홀로, 혼자 (≒ alone)
The small house stood **by itself** in the woods.
숲 속에 작은 집 한 채가 홀로 떨어져 있었다.

2 저절로, 자연히
The door opens and closes **by itself**.
문이 저절로 열리고 닫힌다.

| 복수형 | themselves |

The cat is staring at **itself** in the mirror.

✅ He is kindness itself.
= He is very kind.

ivory (eye-vur-ee) [áivəri]

명사 1 ① 상아
Elephants are killed for their **ivory** tusks.
코끼리는 상아 때문에 죽임을 당한다.

2 ① 상아색, 아이보리색
Ivory is a good color for spring.
아이보리색은 봄에 잘 어울린다.
Sora's dress was **ivory**-colored.
소라의 드레스는 아이보리색이었다.

tusk (코끼리의) 엄니, 상아
상아색 (코끼리의 엄니처럼) 하얀빛을 띤 노란색

ivory

Jj

Would you like some jelly beans?

젤리 좀 먹을래요?

Start Here

jelly bean

jacket (jak-it) [dʒǽkit]

명사 ⓒ 재킷, 웃옷
Sam wore a dark blue **jacket** over a white shirt and red tie.
샘은 흰 셔츠와 빨간 넥타이 위에 진청색의 재킷을 입었다.

복수형	**jacket**s
➕ life jacket 구명조끼	

jail (jayl) [dʒeil]

명사 ⓒⓤ 감옥, 교도소, 구치소 (=prison)
The murderer is **in jail**. 그 살인자는 감옥에 있다.
They **put** her **in jail** for two weeks.
그들은 그녀를 2주 동안 투옥했다.

동사 투옥하다
The police **jailed** the man for drinking and driving.
경찰은 그 남자를 음주 운전으로 유치장에 넣었다.

복수형	**jail**s
3인칭단수현재	**jail**s
현재분사	**jail**ing
과거·과거분사	**jail**ed

jam¹ (jam) [dʒæm]

명사 ⓒⓤ 잼
I love peach **jam** on toast for breakfast.
나는 아침 식사로 복숭아 잼을 바른 토스트를 좋아한다.

복수형	**jam**s

jam² (jam) [dʒæm]

동사 1 쑤셔 넣다, 밀어 넣다
Mary **jammed** all her clothes **into** her backpack for the trip.
메리는 여행을 위해 그녀의 모든 옷을 배낭에 쑤셔 넣었다.

2 (장소에) 몰려들다, (장소를) 가득 메우다
Thousands of people **jammed** the hall.
수천 명의 사람들이 홀을 가득 메웠다.

3 움직이지 않게 하다, 움직이지 않게 되다, 막히다
The door **jams** easily. 그 문은 걸핏하면 열리지 않는다.
The vending machine wasn't working because its coin slot was **jammed**.
동전 투입구가 막혀 자판기가 작동을 하지 않았다.

명사 1 ⓒ 혼잡, 꽉 들어참
Traffic jams are common in Seoul.
서울에서 교통 혼잡은 일반적이다.

2 ⓒ (기계의) 고장, 정지
The copier has a paper **jam**. 복사기에 종이가 걸렸다.

3인칭단수현재	**jam**s
현재분사	**jam**ming
과거·과거분사	**jam**med

Thousands of people **jammed** the hall.

복수형	**jam**s

January (jan-you-*er*-ee) [dʒǽnjuèri]

명사 ⓒ 1월 (줄임말 Jan.)
January has 31 days. 1월은 31일까지 있다.
The next meeting will be **in January**.
다음 모임은 1월에 있을 것이다.

| 복수형 | January**ies** |

Japan (ja-**pan**) [dʒəpǽn]

국가명 일본
The highest mountain in **Japan**, Mount Fuji, is a volcano. 일본에서 가장 높은 산인 후지 산은 화산이다.
The capital of **Japan** is Tokyo. 일본의 수도는 도쿄이다.

➕ Japanese 일본의, 일본인(의), 일본어

jar (jahr) [dʒɑːr]

명사 ⓒ (아가리가 넓은) 항아리, 단지, 병
The **jar** of honey is almost empty.
꿀 항아리가 거의 비었다.

| 복수형 | jar**s** |

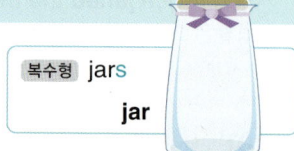
jar

jealous (**jel**-uhs) [dʒéləs]

형용사 질투하는, 시샘하는
Sally was **jealous of** Anne's success.
샐리는 앤의 성공을 질투했다.

| 비교급 | **more** jealous |
| 최상급 | **most** jealous |

jeans (jeenz) [dʒiːnz]

명사 《복수형임》 청바지
Cowboys wear blue **jeans**. 카우보이들은 청바지를 입는다.

➕ **a pair of jeans** 청바지 한 벌

jeans는 왜 복수인가요?

바지나 안경, 가위처럼 한 쌍이 모여 하나의 물건이 되는 단어는 항상 복수로 표현해요.
예) jeans 청바지, trousers 바지, pants 바지, shorts 반바지, glasses 안경, scissors 가위

Jew (joo) [dʒuː]

명사 1 ⓒ 유대 인
Many **Jews** live in this neighborhood.
많은 유대 인들이 이 근처에 산다.

2 ⓒ 유대교인

| 복수형 | Jew**s** |

➕ **Jewish** 유대 인의, 유대교의, 유대교인인

jewel (joo-uhl) [dʒúːəl]

명사 1 ⓒ 보석 (=gem)
The king's crown was covered in **jewels**.
왕관은 보석으로 덮여 있었다.
Rubies, emeralds, and sapphires are all **jewels**.
루비, 에메랄드, 사파이어는 모두 보석이다.

2 ⓒ 소중한 사람, 소중한 물건 (=gem)
Mary is a **jewel** in the eyes of her father.
(메리의) 아버지에게 메리는 굉장히 소중한 사람이다.

복수형 jewel**s**

➕ **jewelry** 보석류, 장신구

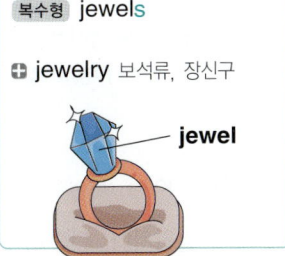
jewel

*job (jahb) [dʒɑb]

명사 1 ⓒ 직업, 일자리 (=occupation)
My **job** is driving a subway train.
내 직업은 지하철을 운전하는 것이다.
Brian's **job** is a detective. 브라이언의 직업은 형사이다.
Jane **got a job** as an airplane pilot.
제인은 비행기 조종사로 취직했다.
I **quit** my **job** and traveled around the world.
나는 직장을 그만두고 전 세계를 여행했다.
She **lost** her **job** because of her illness.
그녀는 병 때문에 직장을 잃었다.

2 ⓒ (해야 할) 과제, 일
I have a few small **jobs** to do today.
나는 오늘 할 일이 좀 있다.
You **did a good job**! 잘했어!

3 《주로 단수로 쓰임》 의무, 책임
It's my job to walk the dog every night.
강아지를 매일 밤 산책시키는 것은 나의 일이다.

복수형 job**s**

➕ **jobless** 실직 상태인
joblessness 실직, 무직
apply for a job 일자리에 지원하다
get [find] a job 취직하다
full-time job 정규직
part-time job 아르바이트, 시간제 일

☑ You did a good job!
= Good job!

 '직업이 뭔가요?'를 영어로 어떻게 묻나요?

'직업이 뭔가요?'라고 물을 때에는 What is your job? 또는 What do you do (for a living)?이라고 해요. 좀 더 격식을 차려 What is your occupation?이라고 묻기도 하지요.

jog (jahg) [dʒɑg]

동사 조깅하다
I **jog** every morning. 나는 매일 아침 조깅을 한다.
Many people were **jogging** around the track.
많은 사람들이 트랙을 돌며 조깅을 하고 있었다.

3인칭단수현재 jog**s**
현재분사 jog**ging**
과거·과거분사 jog**ged**

'조깅하다'라는 표현 중 jog, go jogging의 차이는 무엇인가요?

'조깅하다'라는 표현으로 jog보다는 go jogging이라는 표현을 더 자주 써요. go jogging에서 jogging은 명사로 '조깅'이란 뜻이에요.
◉ She **goes jogging** every morning. 그녀는 매일 아침 조깅을 한다.

---

* join (join) [dʒɔin]

동사 1 결합하다, 단단히 고정시키다 (=connect, fasten)
The parts of the model ship were **joined** by glue.
모형 배의 부품들은 풀로 결합되었다.
The carpenter **joined** the pieces of wood together with nails.
목수는 못으로 나뭇조각들을 한데 단단히 고정시켰다.

2 합쳐지다, 만나다
The two roads **join** at this place.
두 도로는 이곳에서 합쳐진다.

3 가입하다
She **joined** the Girl Scouts.
그녀는 걸 스카우트에 가입했다.
He **joined** the navy. 그는 해군에 입대했다.

4 함께하다
Would you like to **join** us **for** dinner?
우리와 함께 식사하실래요?

3인칭단수현재	join**s**
현재분사	join**ing**
과거·과거분사	join**ed**

➕ **joint** 관절; 연결 부위; 공동의

The parts of the model ship were **joined** by glue.

---

joke (joke) [dʒouk]

명사 ⓒ 농담, 우스갯소리
Her **jokes** always make me laugh.
그녀의 농담은 항상 나를 웃게 만든다.
A: Tell us a **joke**, Tim. 우리에게 우스갯소리 좀 해 줘, 팀.
B: OK. Why is six afraid of seven?
좋아. 왜 6이 7을 무서워할까?
A: I don't know. Why? 모르겠는데. 왜지?
B: Because seven eight nine.
왜냐면 7, 8, 9잖아 (7이 9를 잡아먹었잖아).
A: I get it. Seven ate nine. That's funny.
알겠다. 7이 9를 잡아먹었다고. 재미있네.

동사 농담하다 (=kid)
Don't **joke** about his height. 그의 키에 대해 농담하지 마.
Don't get upset. I was only **joking**.
화내지 마. 난 그냥 농담한 거야.

복수형	joke**s**

➕ **make a joke** 농담을 하다
tell a joke 농담을 하다

※ Seven ate nine. → ate(먹었다, eat의 과거형)와 eight의 발음이 같은 것을 이용한 우스갯소리.

3인칭단수현재	joke**s**
현재분사	jok**ing**
과거·과거분사	jok**ed**

joke와 practical joke의 차이가 뭔가요?

joke가 말로 하는 농담이라면 practical joke는 실제 행동으로 장난을 치는 것을 말해요.
- On April Fools' Day, children often play **practical jokes**.
  만우절에 아이들은 종종 짓궂은 장난을 친다.

---

journal (jur-nuhl) [dʒə́ːrnəl]

명사 1 ⓒ 잡지, 신문
Newsweek is a weekly news **journal**.
〈뉴스위크〉는 주간 뉴스 잡지다.
She likes reading medical **journals**.
그녀는 의학 잡지 읽는 것을 좋아한다.

2 ⓒ 일기, 일지 (=diary)
Tom writes in his **journal** every day.
톰은 매일 일기를 쓴다.
She **kept a journal** of her trip.
그녀는 여행 일지를 썼다.

| 복수형 | journal**s** |

➕ **journalism** 저널리즘 (신문·방송·잡지를 위해 기삿거리를 모으고 기사를 쓰는 일)

journal

---

journalist (jur-nuh-list) [dʒə́ːrnəlist]

명사 ⓒ (신문·방송 등의) 기자, 저널리스트
Bob is a good writer and wants to be a **journalist**.
밥은 글을 잘 쓴다. 그래서 기자가 되기를 원한다.

| 복수형 | journalist**s** |

---

journey (jur-nee) [dʒə́ːrni]

명사 ⓒ 여행
I **made a journey** to Rome two years ago.
나는 2년 전에 로마를 여행했다.
Our **journey** will go **to** Mongolia and Russia.
우리 여정은 몽골과 러시아이다.

| 복수형 | journey**s** |

➕ bus journey 버스 여행
car journey 자동차 여행
train journey 기차 여행

---

 journey와 trip은 어떻게 다른가요?

모두 '여행'이라는 뜻을 나타내지만, journey는 보통 한 장소에서 다른 장소로 이동하는 긴 여행을, trip은 보통 어떤 곳에 갔다 돌아오는 짧은 여행을 말할 때 사용해요.
- These birds make a 10,000km **journey** to Africa every winter.
  이 새들은 겨울마다 아프리카로 10,000km의 여행을 한다.
  We took a **trip** to the zoo today.
  우리는 오늘 동물원에 다녀왔다.

joy (joi) [dʒɔi]

명사 1 ⓤ 기쁨, 행복 (=delight)
Mrs. Edwards felt real **joy** when her son graduated from university.
에드워드 부인은 아들이 대학을 졸업했을 때 정말 기뻐했다.

2 ⓒ 기쁨을 주는 사람〔것〕
To see Jack smile was a real **joy**.
잭이 웃는 것을 보는 것은 진정한 기쁨이었다.

복수형 joy**s**

➕ **joyful** 기쁜, 기쁨을 주는
joyfully 기쁘게, 기쁨에 차서
joyous 기쁜, 기쁨을 주는

judge (juhj) [dʒʌdʒ]

명사 1 ⓒ 판사
The **judge** sentenced the murderer to life in prison. 판사는 살인범에게 종신형을 선고했다.

2 ⓒ 심사 위원, 심판
The **judges** chose Lisa as the best singer.
심사 위원들은 리사를 최고의 가수로 뽑았다.

동사 1 판단하다, 평가하다
I'm in no position to **judge** what kind of person Ben is.
난 벤이 어떤 사람인지 판단할 위치에 있지 않다.
The doctor **judged** Eric's health to be fine.
의사는 에릭의 건강이 괜찮다고 판단했다.
It's not fair to **judge** him on his looks.
외모로 그를 평가하는 것은 공정하지 못하다.

2 심사하다, 심판하다
I had the opportunity to **judge** the competition.
나는 그 대회를 심사하는 기회를 가졌다.

복수형 judge**s**

❓ **sentence** ~에게 판결을 내리다

3인칭단수현재 judge**s**
현재분사 judg**ing**
과거·과거분사 judge**d**

➕ **judgment** 재판, 심판
judgement (영국영어) 재판, 심판

juice (joos) [dʒuːs]

명사 ⓤ 주스, 즙
a glass of carrot **juice** 당근 주스 한 잔
This is 100% pure fruit **juice**.
이것은 100% 과일 주스이다.

➕ **juicer** 주서 (과즙 짜는 기계)
juicy 즙이 많은

July (ju-lye) [dʒuːlái]

명사 ⓒ 7월 (줄임말 Jul.)
The Fourth of **July** is Independence Day in the U.S.
7월 4일은 미국의 독립 기념일이다.
Her birthday is **July** 14. 그녀의 생일은 7월 14일이다.

복수형 July**s**

*jump (juhmp) [dʒʌmp]

동사 뛰다, 점프하다
A: How high can you **jump**?
년 얼마나 높이 뛸 수 있어?
B: I can't **jump** high enough to dunk a basketball.
덩크 슛을 할 정도로 높이 뛰지는 못해.
The dog **jumped over** the fence.
강아지가 울타리를 뛰어넘었다.
The cat **jumped down** from the chair.
고양이가 의자에서 뛰어내렸다.

명사 ⓒ 도약, 점프
She is good at the high **jump**.
그녀는 높이뛰기를 잘한다.

3인칭단수현재	jump**s**
현재분사	jump**ing**
과거·과거분사	jump**ed**

jump rope (줄넘기)

| 복수형 | jump**s** |

June (joon) [dʒuːn]

명사 ⓒ 6월 (줄임말 Jun.)
June comes after May. 6월은 5월 다음에 온다.
The summer begins **in June**. 여름은 6월에 시작한다.

| 복수형 | June**s** |

jungle (juhng-guhl) [dʒʌ́ŋgl]

명사 ⓒⓤ 정글, 밀림
The lion is the king of the **jungle**.
사자는 정글의 왕이다.
The **jungle** can be a dangerous place.
밀림은 위험한 장소일 수 있다.

| 복수형 | jungle**s** |

➕ **jungle gym** 정글짐 (놀이터에 있는 철봉 구조물)

junior (joon-yur) [dʒúːnjər]

형용사 1 하급의, 부하의 (↔senior)
a **junior** reporter 수습기자
Tim is **junior to** me.
팀은 내 아랫사람이다.

2 《명사 앞에만 쓰임》 (스포츠에서) 주니어의
My five-year-old brother plays **junior** soccer.
내 5살짜리 남동생은 주니어 축구를 한다.

3 2세의, 주니어의 (아버지와 이름이 같은 아들 이름 뒤에 씀, 줄임말 Jr.)
William Henry Gates **Junior**, better known as Bill Gates, is the son of William Henry Gates Senior.
빌 게이츠로 더 잘 알려진 윌리엄 헨리 게이츠 주니어는 윌리엄 헨리 게이츠 시니어의 아들이다.

| 비교급 | more junior |
| 최상급 | most junior |

William Henry Gates Senior — William Henry Gates **Junior**

명사 ⓒ 손아랫사람, 연소자 (↔senior)
My brother is **three years my junior**.
내 남동생은 나보다 세 살 어리다.

| 복수형 | juniors |

 junior와 senior의 쓰임을 알려 주세요.

▶ 3년제 고등학교: sophomore (1학년), junior (2학년), senior (3학년)
4년제 고등학교: freshman (1학년), sophomore (2학년), junior (3학년), senior (4학년)
4년제 대학교: freshman (1학년), sophomore (2학년), junior (3학년), senior (4학년)

▶ 초등학교나 중학교에서는 학년을 grade로 나타내요.
　예 3학년 → the third grade

▶ '후배'라는 말을 junior라고 번역하는 경우가 있는데 이것은 잘못된 번역이에요. 영어에는 후배라는 표현은 없고 아래와 같이 표현하지요.
　예 He is one year below[above] me in school. 그는 나의 학교 일 년 후배[선배]다.

▶ 아버지와 아들의 이름이 같은 경우 혼동을 피하기 위해 아버지의 이름 뒤에는 senior를, 아들의 이름 뒤에는 junior를 붙여요.
　예 William Henry Gates Junior (아들), William Henry Gates Senior (아버지)

junk (juhngk) [dʒʌŋk]

명사 ⓤ 잡동사니, 쓰레기
When are you going to throw this **junk** away?
이 잡동사니들을 언제 버릴 거니?
My room is full of **junk**.
내 방은 쓰레기로 가득 찼다.

➕ **junk food** 정크 푸드 (칼로리는 높고 영양가는 낮은 식품)
junkyard 고철상

*just¹ (juhst) [dʒʌst]

부사 1 정확히, 바로, 딱 (=exactly)
You look **just** like your mother.
너는 너의 어머니와 똑같이 생겼구나.
The watermelon weighs **just** four kilograms.
그 수박은 정확히 4kg이다.

2 이제 방금, 막
Your sister **just** left. Hurry up and you can catch her.
네 여동생은 방금 떠났어. 서두르면 그녀를 따라잡을 수 있을 걸.

3 간신히, 겨우, 가까스로
A: Are we on time? 우리 제시간에 맞춘 건가요?
B: You **just** made it. The movie is starting right now.
여러분은 겨우 시간에 맞췄어요. 영화는 지금 시작해요.

| 비교급 | more just |
| 최상급 | most just |

☑ You look just like your mother.
= You look exactly like your mother.

☑ You just made it.
= You barely made it.

I was **just** in time for school.
나는 간신히 학교에 늦지 않았다.

4 단지, 다만
It's **just** a quiz. I'm not going to study much.
단지 쪽지 시험일 뿐이야. 난 많이 공부하지는 않을 거야.

- *just a minute* 잠깐만 (기다리세요)
  Just a minute. Let me check. 잠깐만. 확인해 볼게.
- *just because* 단지 ~이니까
  I came **just because** I was asked to.
  난 단지 부탁받았기 때문에 왔을 뿐이야.
- *just in case* 만약의 경우를 대비하여
  Take your umbrella **just in case**.
  만약을 위해 우산을 가져가도록 해.
- *just now* 1 《과거형과 함께》 이제 막, 방금
  He came **just now**. 그는 이제 막 왔다.
  2 《현재형과 함께》 바로 지금
  I'm busy **just now**. 난 지금 바빠.

☑ It's just a quiz.
  = It's only a quiz.

☑ Just a minute.
  = Just a moment.
  = Just a second.

Take your umbrella **just in case**.

just² (juhst) [dʒʌst]

[형용사] 공정한, 올바른 (≒ fair; ↔ unjust)
a **just** society 공정한 사회
The judge's decision was **just**.
심판의 결정은 공정했다.
She's a fair and **just** person.
그녀는 공정한 사람이다.

[비교급] more just
[최상급] most just

➕ justify 정당화하다

justice (juhs-tis) [dʒʌ́stis]

[명사] **1** ⓤ 정의, 공정 (↔ injustice)
Many people fought for **justice**.
많은 사람들이 정의를 위해 싸웠다.
The poor do not always receive **justice**.
가난한 사람들이 항상 공정한 대우를 받는 것은 아니다.

2 ⓤ 사법, 재판
the Department of **Justice** 법무부

➕ bring ~ to justice ~를
  재판하여 처벌하다
  justice has been served
  정의는 실현되었다
  social justice 사회 정의

Kk

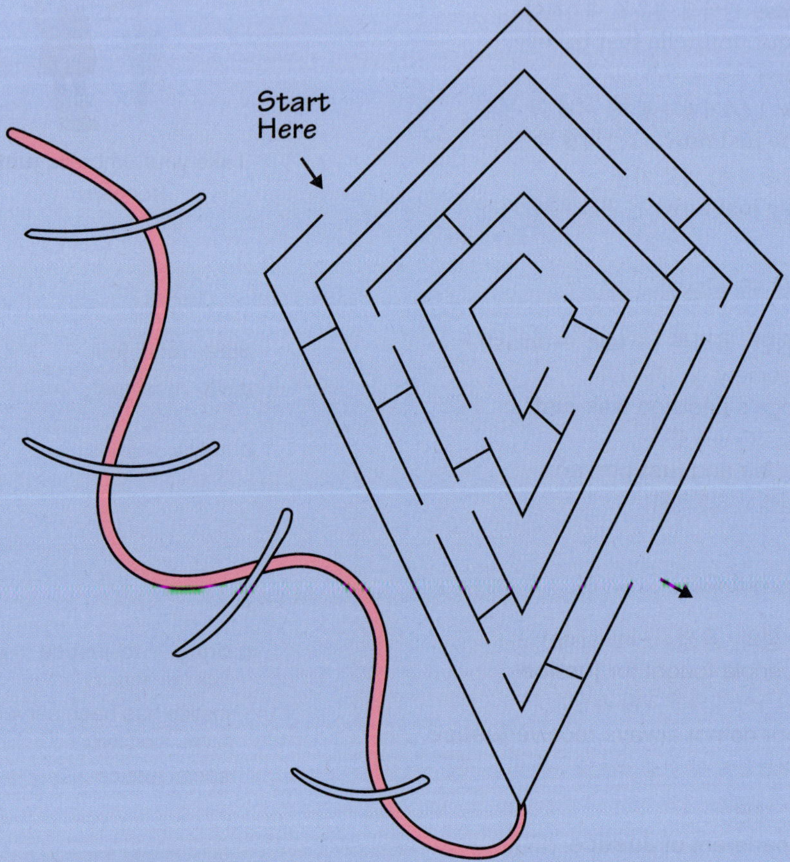

Start Here

Windy spring days are
great for flying kites.

바람 부는 봄날은 연날리기에 정말 좋아요.

kite

kangaroo (*kang*-guh-**roo**) [kæŋɡərúː]

명사 ⓒ 캥거루
Kangaroos carry their young in a pouch on the outside of their body.
캥거루는 새끼를 몸 밖에 있는 새끼주머니에 넣어 다닌다.

복수형	kangaroos
? pouch	주머니

keen (keen) [kiːn]

형용사 1 예민한, 예리한
Dogs have a **keen** sense of hearing.
개는 청각이 예민하다.

2 명석한, 이해가 빠른
Mary has a **keen** mind. She learns things quickly.
메리는 두뇌가 명석하다. 그녀는 빨리 배운다.

3 열정적인, 열렬한, ~을 아주 좋아하는
She's a **keen** volleyball player.
그녀는 열정적인 배구 선수이다.
Brian is **keen** on skiing.
브라이언은 스키 타기를 아주 좋아한다.

4 무척 ~하고 싶어 하는 (≒eager)
My dog was **keen to** go out and play.
나의 개는 무척이나 밖에 나가서 놀고 싶어 했다.

비교급	keener
최상급	keenest

✓ She's a keen volleyball player.
 = She's keen about volleyball.

My dog was **keen to** go out and play.

*keep (keep) [kiːp]

동사 1 가지고 있다, 보관하다
A: Do you want your pen back? 펜 돌려줄까?
B: No, you can **keep** it. 아니, 네가 가져도 돼.
My grandmother **keeps** all her old magazines.
우리 할머니께서는 오래된 잡지를 모두 간직하고 계신다.

2 (특정한 상태를) 유지하다, 유지하게 하다, (특정한 상태에) 계속 있다, 계속 있게 하다
Put on a sweater to **keep warm**.
따뜻하게 스웨터를 입어.
Keep the door **closed**. 문은 닫아 두어라.
It was so cold that I **kept** my coat on.
너무 추워서 나는 코트를 입은 채로 있었다.

3 《keep -ing로 쓰임》 계속 ~하다, 계속 ~하게 하다
A: Why do you **keep (on) laughing** at me?
 왜 계속 날 보고 웃는 거야?
B: Your new haircut looks really funny.
 네 새로운 머리 모양이 너무 웃겨.

3인칭단수현재	keeps
현재분사	keeping
과거·과거분사	kept

✓ No, you can keep it.
 = No, you can have it.

✓ Put on a sweater to keep warm.
 = Put on a sweater to stay warm.

kept

I'm so sorry to **keep** you **waiting**.
기다리게 해서 정말 미안해요.

4 (특정한 장소에) 두다, 보관하다
Bora **keeps** her socks in the drawer.
보라는 양말을 서랍에 보관한다.

5 (약속 · 비밀 등을) 지키다
keep a secret 비밀을 지키다
Jane always **keeps** her **promises**.
제인은 언제나 약속을 지킨다.

- *keep away* 가까이 하지 않다
  You'd better **keep away** from Tim.
  너는 팀을 가까이 하지 않는 것이 좋겠어.
- *keep from -ing* ~하지 못하게 하다
  The teacher **kept** Bill **from hitting** Jack.
  선생님은 빌이 잭을 때리지 못하게 했다.
- *keep in mind* 명심하다, 기억하다
  Keep in mind what I'm telling you.
  내가 말하는 것을 명심해라.
- *keep in touch* 연락을 계속하다
  Let's **keep in touch**. 우리 계속 연락하자.
- *keep off* ~을 멀리하다, ~에 들어오지 못하게 하다
  Keep off the grass. 잔디밭에 들어가지 마세요.
- *keep up with* 따라가다, 뒤떨어지지 않다
  It's very hard for me to **keep up with** the math class.
  수학 수업을 따라가는 것은 나에게 매우 어렵다.

Bora **keeps** her socks in the drawer.

☑ Jane always keeps her promises.
  = Jane always keeps her word.

☑ Keep in mind what I'm telling you.
  = Remember what I'm telling you.

➕ keep a diary 일기를 쓰다
  keep a journal 일기를 쓰다
  keep a record 기록하다

kept (kept) [kept]

동사 keep의 과거 · 과거분사형

ketchup (kech-uhp) [kétʃəp]

명사 ⓤ 케첩 (=tomato ketchup)
Many people like **ketchup** on their French fries.
많은 사람들이 감자튀김에 케첩을 뿌려 먹는 것을 좋아한다.

❓ 케첩 토마토로 만든 소스

*key (kee) [kiː]

명사 **1** ⓒ 열쇠
He turned the **key** to start the car engine.
그는 자동차 엔진 시동을 걸기 위해 열쇠를 돌렸다.
I've lost the **key to** my house.
집 열쇠를 잃어버렸다.

복수형 key**s**

➕ keyboard (컴퓨터의) 키보드, (피아노의) 건반

2 ⓒ 해답, 비결, 해결의 열쇠
Hard work is **the key to** most problems.
노력은 대부분의 문제의 해답이다.

3 ⓒ (컴퓨터 자판의) 키, (피아노의) 건반
Press the <Enter> **key** to continue.
계속하려면 엔터 키를 누르세요.
piano **keys** 피아노 건반

형용사 중요한
Choosing a university is a **key** decision in life.
대학을 선택하는 것은 인생에 있어 중요한 결정이다.
Underline **key** words as you read.
읽으면서 중요한 단어에 밑줄을 치세요.

key card 카드식 열쇠
keyhole 열쇠 구멍
spare key 여분의 열쇠

key　　　lock

* kick (kik) [kik]

동사 (발로) 차다, 발길질하다
Sam **kicked** the soccer ball **around** the back yard.
샘은 뒤뜰에서 축구공을 차며 놀았다.
A horse **kicked** me **in the head**. 말이 내 머리를 찼다.
The baby was **kicking** and crying.
아기는 발길질을 하며 울고 있었다.

명사 ⓒ 차기, 걷어차기
I gave the door a **kick**. 나는 문을 발로 찼다.

3인칭단수현재	kick**s**
현재분사	kick**ing**
과거·과거분사	kick**ed**
복수형	kick**s**

* kid¹ (kid) [kid]

명사 **1** ⓒ 아이, 어린이 (≒child)
Whose **kid** is that? 저 아이는 어느 집 아이지?
How many **kids** are in this class?
이 학급에는 몇 명의 어린이가 있나요?

2 ⓒ 아기 염소
Look at the mother goat feeding her baby **kid**.
엄마 염소가 아기 염소에게 젖을 주는 걸 봐.

| 복수형 | kid**s** |

☑ Whose kid is that?
 = Whose child is that?

* kid² (kid) [kid]

동사 놀리다, 농담하다 (≒joke)
Brian was **kidding** Sally about her new glasses.
브라이언은 샐리의 새 안경을 놀렸다.
I'm sorry, I was **only kidding**.
미안해, 난 그냥 농담이었어.
Are you **kidding**? 농담이지?
A: I won the lottery. 나 복권에 당첨됐어.
B: **You're kidding!** 말도 안 돼!, 설마!

3인칭단수현재	kid**s**
현재분사	kid**ding**
과거·과거분사	kid**ded**

kidnap (kid-*nap*) [kídnæp]

동사 유괴하다, 납치하다
The ambassador's daughter was **kidnapped**.
대사의 딸이 납치되었다.
They **kidnapped** the son of a rich man.
그들은 돈이 많은 남자의 아들을 납치했다.

3인칭단수현재	kidnap**s**
현재분사	kidnap**ping**
과거·과거분사	kidnap**ped**

➕ **kidnapper** 유괴범

kill (kil) [kil]

동사 1 죽다, 죽이다
Killing another person is never right.
사람을 죽이는 것은 결코 옳지 않다.
Seven people were **killed** in the accident.
7명이 사고로 죽었다.
She **killed herself**. 그녀는 자살했다.
• **Kill two birds with one stone.** 일석이조. 〈속담〉

2 《주로 진행형으로 쓰임》 아프게 하다
A: My head is **killing** me. 머리가 너무 아파.
B: Let me get you some aspirin.
아스피린 좀 갖다 줄게.
A: Thanks a lot. 정말 고마워.

3인칭단수현재	kill**s**
현재분사	kill**ing**
과거·과거분사	kill**ed**

➕ **killer** 살인자
  killing 살인

※ kill time이라고 하면 '시간을 때우다'라는 의미가 돼요.

*kind¹ (kinde) [kaind]

형용사 친절한, 상냥한 (≒gentle; ↔unkind)
Brian is a **kind** young man who is always helping others.
브라이언은 항상 다른 사람을 돕는 친절한 청년이다.
It's kind of you to show me the way.
길을 알려 주셔서 고맙습니다.

| 비교급 | kind**er** |
| 최상급 | kind**est** |

➕ **kindly** 친절하게, 상냥하게
  kindness 친절, 상냥함

kind² (kinde) [kaind]

명사 ⓒ 종류 (≒sort, type)
A: What **kind of** movie did you see?
어떤 종류의 영화를 봤어?
B: It was a comedy. 코미디였어.
I like **all kinds of** music.
나는 모든 종류의 음악을 좋아한다.
• ***kind of*** 약간, 조금, 어느 정도
The movie was **kind of** boring.
영화는 **약간** 지루한 편이었다.
He looks **kind of** tired. 그는 좀 피곤해 보인다.

복수형 kind**s**

I like **all kinds of** music.

kindergarten (kin-dur-*gahr*-tuhn) [kíndərgàːrtn]

명사 ⓒⓤ 유치원
My sister is learning her ABC's in **kindergarten**.
나의 여동생은 유치원에서 ABC를(알파벳을) 배우고 있다.

> **복수형** kindergarten**s**

*king (king) [kiŋ]

명사 1 ⓒ 왕
Albert II is the **king of** Belgium.
알베르 2세는 벨기에의 왕이다.

2 ⓒ (체스의) 킹, 장군
The **king** is the most important chess piece.
킹은 가장 중요한 체스의 말이다.

> **복수형** king**s**
>
> ➕ queen 여왕

kingdom (king-duhm) [kíŋdəm]

명사 1 ⓒ 왕국
Sweden and Belgium are **kingdoms**.
스웨덴과 벨기에는 왕국이다.

2 ⓒ [생물] ~계
The animal **kingdom** and the plant **kingdom** live together on earth.
동물계와 식물계는 지구에서 함께 공존한다.

> **복수형** kingdom**s**
>
> ❓ 왕국 왕이나 여왕이 다스리는 나라
>
> ➕ mineral kingdom 광물계

kiss (kis) [kis]

동사 키스하다, 입 맞추다
He **kissed** Mary goodbye.
그는 메리에게 작별 키스를 했다.
He **kissed** her **lightly** on the forehead.
그는 그녀의 이마에 가볍게 키스했다.

명사 ⓒ 키스, 입맞춤
Do you remember your first **kiss**?
첫 키스를 기억하니?
My daughter **gave** me a **kiss**.
딸이 나에게 뽀뽀해 주었다.

> **3인칭단수현재** kiss**es**
> **현재분사** kiss**ing**
> **과거·과거분사** kiss**ed**
>
> **복수형** kiss**es**
>
> ※ blow a kiss는 손시늉으로 키스를 보내는 모습이에요.

*kitchen (kich-uhn) [kítʃən]

명사 ⓒ 부엌, 주방
kitchen cabinets 부엌 찬장, 부엌 수납장
Sally is in the **kitchen**. She's making breakfast.
샐리는 주방에 있다. 그녀는 아침 식사를 준비하고 있다.

> **복수형** kitchen**s**

kite (kite) [kait]

명사 ⓒ 연
Windy spring days are great for flying **kites**.
바람 부는 봄날은 연날리기에 정말 좋다.
He is flying a **kite** on the beach.
그는 해변에서 연을 날리고 있다.

| 복수형 | kites |

kite

knee (nee) [ni:]

명사 ⓒ (신체의) 무릎, (의복의) 무릎
knee socks 무릎까지 오는 양말
Tim's **knees** were sore from running a marathon.
마라톤을 해서 팀의 무릎이 아팠다.
She was **on her knees**. 그녀는 무릎을 꿇고 있었다.
Her jeans had holes at the **knees**.
그녀의 청바지는 무릎에 구멍이 나 있었다.

| 복수형 | knees |

➕ **knee-deep** (깊이가) 무릎까지 올라오는
knee-length (길이가) 무릎까지 오는

 knee에서 'k'는 발음이 되지 않나요?
k가 n 앞에 오는 경우, k는 발음되지 않아요. 예로는 다음과 같은 것들이 있답니다.
例 knee (무릎), knife (칼), knock (두드리다), know (알다), knowledge (지식)

knew (noo) [nju:]

동사 know의 과거형

knife (nife) [naif]

명사 ⓒ 칼, 나이프
Tom cut the apple with his **knife**.
톰은 칼로 사과를 잘랐다.
This **knife** is not sharp enough.
이 칼은 충분히 날카롭지 않다.

| 복수형 | knives |

※ knife에서 k는 발음되지 않아요. → knee (p. 506)

knock (nahk) [nɑk]

동사 1 두드리다, 노크하다
Somebody just **knocked on** the door.
누군가가 방금 문을 두드렸다.

2 치다, 부딪치다
The tree branch **knocked against** the house.
나뭇가지가 집에 부딪쳤다.

3인칭단수현재	knocks
현재분사	knocking
과거·과거분사	knocked

Sam accidentally **knocked over** the flower vase.
샘은 실수로 꽃병을 쓰러뜨렸다.

명사 ⓒ 노크, 문을 두드림
There is a **knock** at the door. 문을 두드리는 소리가 들린다.

| 복수형 | knock**s** |

 KO는 무슨 뜻인가요?

권투 경기에서 상대 선수가 쓰러져 더 이상 싸울 수 없을 때 KO되었다고 하지요. 이 KO는 knockout (때려서 기절시킴, 기절)의 줄임말이에요.

*know (noh) [nou]

동사 《진행형으로 쓰이지 않음》 **1 알다, 알고 있다**
He **knows** a lot of funny jokes.
그는 재미있는 농담을 많이 알고 있다.
Do you **know** if it's going to rain tomorrow?
내일 비가 올지 안 올지 아니?
Let me **know** when you are ready.
네가 준비되면 알려 줘.
How should(would) I **know**? 내가 어떻게 알아?

2 깨닫다, 이해하다
He **knew** that something was wrong.
그는 무언가 잘못되었음을 깨달았다.
I **know** what you mean.
네가 무슨 말을 하는지 알아.
A: Does Jinsu have a brother? 진수한테 형이 있니?
B: **Not that I know of.** 내가 알기론 없는데.

3 (사람 등을) 잘 알다, 익숙하다
A: Tom, do you **know** Sora? 톰, 소라를 아니?
B: No, I don't believe we've met. 아니, 만난 적 없는데.
Do I **know** you? 저 아세요?
I have **known** him for five years.
나는 그와 5년간 알고 지내는 사이다.
I **know** London well. 나는 런던에 대해 잘 안다.

● **as you know** 아시다시피
As you know, your teacher will not be able to come to school today.
여러분도 **알다시피**, 선생님께서 오늘 학교에 못 오실 거예요.

● **be well known** 잘 알려져 있다
Korean movie stars **are well known** in other Asian countries.
한국의 영화배우들은 다른 아시아 국가에 **잘 알려져** 있다.

3인칭단수현재	**know**s
현재분사	**know**ing
과거	**knew**
과거분사	**known**

● **knowingly** 알고도, 고의로
known 알려진, 이미 알고 있는

☑ Let me know when you are ready.
= Tell me when you are ready.

I have **known** him for five years.

☑ I know what you mean.
= I understand you.

※ know에서 k는 발음되지 않아요. → knee (p. 506)

knowledge

I know와 I see의 차이가 무엇인가요?

대화에서 '안다'라는 뜻으로 I know와 I see를 많이 쓰지요. 그런데 약간 차이가 있어요. I know는 '이미 알고 있다'는 뜻이고, I see는 '이제 알게 되었다'는 뜻이랍니다.

예) A: New York is not the capital of the United States. 뉴욕은 미국의 수도가 아니야.
B: **I know** that. 알고 있어.
C: Oh, **I see**. I didn't **know** that. 아, 그렇구나. 나는 몰랐어.

knowledge (nah-lij) [nɑ́lidʒ]

명사 1 ① 지식

Sam **has** a lot of **knowledge about** cars. They're his hobby.
샘은 자동차에 대해 많은 지식을 가지고 있다. 자동차는 그의 취미다.
Knowledge can lead to wisdom.
지식은 지혜로 이끌어 줄 수 있다.
Reading books increases your **knowledge**.
독서는 지식을 넓혀 준다.

2 ① 인식, 알고 있음
Brian had no **knowledge of** the surprise birthday party.
브라이언은 깜짝 생일 파티에 대해 전혀 몰랐다.

※ knowledge에서 k는 발음되지 않아요. → knee (p. 506)

Sam **has** a lot of **knowledge about** cars.

known (nohn) [noun]

동사 know의 과거분사형

Korea (kuh-ree-uh) [kərí:ə]

국가명 한국

Korea is split into two countries: **South Korea** and **North Korea**.
한국은 남한과 북한, 두 나라로 나누어져 있다.
The capital of **South Korea** is Seoul.
남한의 수도는 서울이다.

➕ **Korean** 한국의, 한국어(의), 한국인(의)

영어로 한국의 공식 명칭은 어떻게 되나요?

우리나라는 남한과 북한으로 나누어져 있지요. 각각의 공식 명칭은 다음과 같아요.
남한: Republic of Korea (줄임말 ROK)
북한: Democratic People's Republic of Korea (줄임말 DPRK)

부엌에서 많이 쓰이는 동사들은 어떤 것들이 있나요?

부엌은 요리를 하는 장소이기에 동사가 많이 쓰이지요. 그림과 함께 살펴볼까요?

cut	chop	slice	peel
crush	mash	grate	mix
spread	pinch	sprinkle	squeeze
stir	whisk	pour	strain, drain

lab (lab) [læb]

명사 ⓒ 실험실, 실습실 (=laboratory)
a science **lab** 과학실

| 복수형 | **lab**s |

labor (lay-bur) [léibər]

명사 1 ⓤ (육체적인) 일, 노동, 근로
They charge $50 an hour for **labor**.
그들은 노임으로 시간당 50달러를 청구한다.

2 ⓤ (집합적) 노동자
cheap **labor** 값싼 노동력
Organized **labor** fights for the common worker.
노동조합은 일반 노동자들을 위해 싸운다.

➕ **laborer** (육체) 노동자
labour (영국영어) 일, 노동, 노동자

laboratory (lab-ruh-*tor*-ee) [lǽbərətɔ̀:ri]

명사 ⓒ 실험실, 실습실 (=lab)
He worked on a biology experiment in the **laboratory**.
그는 실험실에서 생물 실험을 했다.

| 복수형 | **laborator**ies |

lack (lak) [læk]

명사 ⓤ 《단수로도 쓰임》 결핍, 부족 (≒shortage)
A **lack** of imagination made Sally's story boring.
상상력의 부족은 샐리의 이야기를 지루하게 만들었다.
The team's biggest problem was a **lack** of leadership.
팀의 가장 큰 문제는 리더십이 부족하다는 것이었다.

동사 결핍되다, 필요하다
We **lacked** enough wood to start a fire.
불을 피우기에는 (우리가 가진) 나무가 부족했다.

➕ **lacking** 부족한

3인칭단수현재	**lack**s
현재분사	**lack**ing
과거 · 과거분사	**lack**ed

ladder (lad-ur) [lǽdər]

명사 ⓒ 사다리
Bora climbed up the **ladder** and hung the picture on the wall.
보라는 사다리에 올라가서 벽에 그림을 걸었다.
Be careful not to fall off the **ladder**.
사다리에서 떨어지지 않도록 조심해.
Bob used a **ladder** to change the light bulb.
밥은 전구를 갈기 위해 사다리를 사용했다.

| 복수형 | **ladder**s |

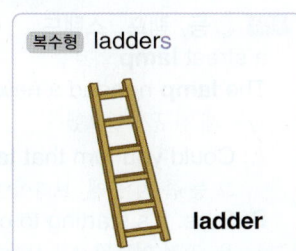
ladder

* lady (lay-dee) [léidi]

명사 ⓒ 여자, 여성, 숙녀
Sam, could you help this **lady** find Eric's office?
샘, 이 여자분께서 에릭의 사무실을 찾도록 도와줄래요?
A: Mary is growing into a fine **lady**.
메리는 훌륭한 숙녀로 자라고 있어.
B: Yes, she is very polite and well mannered.
응. 그녀는 매우 예의 바르고 매너가 좋아.

복수형 lad**ies**

➕ **ladylike** 귀부인다운, 고상한
ladybug 무당벌레

laid (layd) [leid]

동사 lay의 과거·과거분사형

lain (layn) [lein]

동사 lie¹의 과거분사형

* lake (lake) [leik]

명사 ⓒ 호수
I went water skiing at the **lake** on Saturday.
난 토요일에 호수로 수상 스키를 타러 갔다.
Lake Victoria is the largest lake in Africa.
빅토리아 호수는 아프리카에서 가장 큰 호수다.

복수형 lake**s**

* lamb (lam) [læm]

명사 1 ⓒ 새끼 양
Lambs grow up to be sheep.
새끼 양은 자라서 양이 된다.

2 Ⓤ 새끼 양의 고기
Lamb is a popular dish in New Zealand.
새끼 양의 고기는 뉴질랜드에서 인기 있는 요리다.

복수형 lamb**s**

➕ **mutton** 다 자란 양의 고기
※ lamb에서 b는 발음되지 않아요.

lamp (lamp) [læmp]

명사 ⓒ 등, 램프, 스탠드
a street **lamp** 가로등
The **lamp** needed a new light bulb.
등은 새 전구가 필요했다.
A: Could you turn that **lamp** on, Brian?
그 등 좀 켜 줄래, 브라이언?
B: Sure. It's starting to get dark.
응. 점점 어두워지기 시작하네.

복수형 lamp**s**

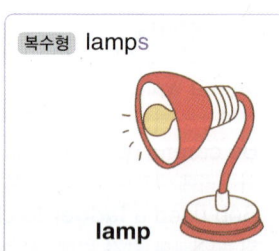

lamp

*land (land) [lænd]

명사 1 ⓤ 육지, 뭍
Only about 30 percent of the Earth's surface is **land**. The other 70 percent is water.
지구 표면의 30%만이 육지이다. 나머지 70%는 물이다.

2 ⓤ 땅, 토지, 토양
This **land** is good for growing wheat.
이 땅은 밀을 기르기에 좋다.
He bought some **land**. 그는 땅을 좀 샀다.

3 ⓒ 나라
America is the **land** of the free.
미국은 자유로운 사람들의 나라이다.

동사 착륙하다, 착륙시키다, 내려앉다
Our plane **landed** 10 minutes ahead of schedule.
우리 비행기는 예정보다 10분 일찍 착륙했다.
The pilot **landed** the plane on the runway.
조종사는 비행기를 활주로에 착륙시켰다.
A: Have you ever seen a duck **land** on water?
오리가 물 위에 내려앉는 거 본 적 있어?
B: I saw it on TV. They sure look funny.
TV에서 봤어. 정말 웃기더라.

복수형 land**s**

➕ **landmark** 마루지, 랜드마크 (어떤 지역을 대표하거나 위치 파악에 도움이 되는 표지)

land

3인칭단수현재 land**s**
현재분사 land**ing**
과거·과거분사 land**ed**

❓ 활주로 비행기가 뜨거나 내릴 때 달리는 길

landscape (land-skape) [lǽndskèip]

명사 1 ⓒ 풍경, 경치
The **landscape** along the coast was beautiful.
해변을 따라 펼쳐져 있는 풍경은 아름다웠다.

2 ⓒ 풍경화
Sora paints mostly **landscapes**.
소라는 주로 풍경화를 그린다.

복수형 landscape**s**

landscape

language (lang-gwij) [lǽŋgwidʒ]

명사 1 ⓒⓤ (한 나라의) 언어, 국어
Spanish is an easy **language** to learn.
스페인 어는 배우기 쉬운 언어다.
He speaks five **languages**. 그는 5개 국어를 한다.
Do you speak any foreign **languages**?
너 외국어 할 수 있는 거 있니?

2 ⓤ (의사소통을 위한) 말, 언어
Language makes humans different from animals.
언어는 인간을 동물과 구별되게 해 준다.

복수형 language**s**

➕ **body language** 몸짓 언어
first (native) language 모국어
foreign language 외국어
sign language 수화

lantern (lan-turn) [lǽntərn]

명사 ⓒ 손전등, 랜턴
Lisa uses an oil **lantern** when she is camping.
리사는 캠핑할 때 석유램프를 사용한다.

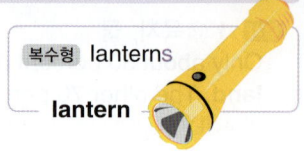

복수형 **lanterns**

lap (lap) [læp]

명사 1 ⓒ (앉았을 때 허리에서 무릎마디까지) 무릎
Susan put her hands in her **lap**.
수잔은 손을 무릎에 놓았다.
The mother held the baby in her **lap**.
엄마는 아기를 무릎에 뉘었다.

2 ⓒ (경기장 등의) 한 바퀴, 한 왕복
The girls ran four **laps** around the track.
여자아이들은 트랙을 네 바퀴 돌았다.

복수형 **laps**

⊕ **laptop (computer)** 노트북, 휴대용 컴퓨터
victory lap 승자가 경기장을 한 바퀴 돌기

＊large (lahrj) [lɑːrdʒ]

형용사 1 크기가 큰, 커다란 (↔ small)
A: Do you have this T-shirt in a **large** size?
이 티셔츠 큰 사이즈로 있나요?
B: I'm afraid not. We only have medium sizes.
없습니다. 중간 사이즈밖에 없어요.
She drank a very **large** glass of orange juice.
그녀는 매우 큰 잔에 오렌지 주스를 마셨다.

2 수가 많은, 다수의 (↔ small)
Every year, **a large number of** people visit Jeju-do.
매년 많은 사람들이 제주도를 방문한다.

비교급 **larger**
최상급 **largest**

small   medium   **large**

largely (lahrj-lee) [lɑ́ːrdʒli]

부사 대부분, 주로, 대체로 (≒ mostly, mainly)
What Mike said is **largely** true.
마이크가 한 말은 대부분 사실이다.
The problem is **largely** Mary's fault.
그 문제는 대부분 메리 탓이다.

☑ What Mike said is largely true.
= Most of what Mike said is true.

＊last¹ (last) [læst]

형용사 1 (순서·시간상으로) 마지막의, 최후의 (↔ first)
This is your **last** chance. 이게 마지막 기회야.
He was the **last** one to see her.
그가 그녀를 마지막으로 본 사람이다.

⊕ **lastly** 마지막으로
last name 성(姓)

Bora didn't read the **last** chapter of the book.
보라는 책의 마지막 장을 읽지 않았다.
Who ate the **last** piece of cake?
누가 마지막으로 남은 케이크 조각을 먹었어?

2 가장 최근의, 지난 (↔next)
I visited my cousin **last** week.
나는 지난주에 사촌을 방문했다.
Her English has gotten better over the **last** few months. 그녀의 영어 실력은 지난 몇 달 동안 좋아졌다.

부사 **1** 마지막으로, 최후로 (↔first)
I was **last** in the race. 내가 달리기 시합에서 꼴등했다.
When did you **last** wash your hair?
마지막으로 언제 머리를 감았니?

2 최근에, 요전에 (↔next)
When I **last** saw him, he was in the library.
최근에 내가 그를 봤을 때 그는 도서관에 있었다.

대명사 《the last로 쓰임》 마지막 사람〔물건〕(↔first)
He is the **last** in line.
그는 줄에서 맨 마지막에 서 있는 사람이다.

- ***at last*** 마침내 (≒finally)
At last, I got a job. 마침내 나는 취직을 했다.

➕ **at the last minute〔moment〕** 마지막 순간에
for the last time 마지막으로
the last thing on one's mind ~에게 가장 중요하지 않은 일

✅ I was last in the race.
= I was the last (one) to finish the race.

✅ When I last saw him, he was in the library.
= The last time I saw him, he was in the library.

last와 latest의 차이는 무엇인가요?
late(늦은)의 최상급에는 last와 latest 두 가지가 있지요? last는 순서상 '마지막의'라는 뜻인 반면, latest는 시간상 '가장 최근의'라는 의미랍니다.
📝 This is the **last** train you can take. 이것은 당신이 탈 수 있는 마지막 기차입니다.
This is the **latest** letter from him. 이것이 그에게서 온 가장 최근의 편지다.

last² (last) [læst]

동사 **1** 지속되다, 계속되다
Football games usually **last** about three hours.
미식축구 경기는 대체로 3시간 정도 지속된다.
Don't worry, the storm won't **last**.
걱정하지 마. 폭풍우가 계속되지는 않을 거야.

2 (물건·기능 등이) 오래가다
Strong batteries **last** much longer.
강력한 건전지는 더 오래간다.
Cut flowers will **last** longer if you put vitamin C in the water.
자른 꽃(꽃꽂이 한 꽃)은 물에 비타민 C를 넣어 주면 더 오래간다.

3인칭단수현재 last**s**
현재분사 last**ing**
과거·과거분사 last**ed**

✅ The storm won't last.
= The storm will end soon.

late (late) [leit]

형용사 **1** 늦은, 지각한 (↔early)
The bus was **late**. 버스가 늦게 왔다.
Sorry, I'm **late**. 늦어서 미안해.

2 (시각이) 늦은 (↔early)
It's **late**. I think we should go home now.
시간이 늦었어. 우리 이제 집에 가야할 것 같아.
It's getting **late**. 밤이 깊어지고 있다.

3 《명사 앞에만 쓰임》 늦은, ~ 말의, 후기의 (↔early)
in the **late** afternoon 늦은 오후에
Brazil became a republic in the **late** 19th Century.
브라질은 19세기 말에 공화국이 되었다.

4 《명사 앞에만 쓰임》 죽은, 고(故)
The **late** Mr. Brown died in 1996.
고 브라운 씨는 1996년에 사망했다.

부사 늦게 (↔early)
The meeting started **late**. 회의가 늦게 시작했다.

| 비교급 | later |
| 최상급 | latest |

The bus was **late**.

※ late의 비교급과 최상급
▶ 때·시간이 늦은:
late – later – latest
▶ 순서가 늦은:
late – latter – last

| 비교급 | later |
| 최상급 | latest |

lately (late-lee) [léitli]

부사 최근에, 요즘에
I haven't seen her **lately**.
나는 요즘 그녀를 보지 못했다.
The weather has been good **lately**.
요즘 들어서 날씨가 좋다.

☑ I haven't seen her lately.
= I haven't seen her recently.

later (lay-tur) [léitər]

부사 나중에, 후에, 뒤에
See you **later**. 나중에 보자.
He returned home two weeks **later**.
그는 2주 후에 집에 돌아왔다.

● **later on** 나중에, 후에
The things you learn now will help you **later on** in life. 지금 네가 배우는 것들이 나중에 살면서 도움이 될 것이다.

☑ See you later.
= See you around.
= Goodbye.
☑ He returned home two weeks later.
= He returned home after two weeks.

laugh (laf) [læf]

동사 (소리 내어) 웃다
The comedy movie made Mary **laugh**.
코미디 영화는 메리를 웃게 했다.

● **laugh at** 1 ~을 듣고 웃다

3인칭단수현재	laughs
현재분사	laughing
과거·과거분사	laughed

I always **laugh at** Tom's jokes. 난 톰의 농담에 항상 **웃는다**.
2 ~을 비웃다
She **laughed at** my behavior. 그녀는 내 행동을 비웃었다.

➕ **laughter** 웃음, 웃음소리

laugh와 **smile**은 어떻게 달라요?

'웃다'라는 뜻의 영어에는 laugh와 smile이 있지요. laugh는 입을 벌리고 소리를 내면서 웃는 것을 말하며, smile은 소리를 내지 않고 입술만으로 웃는 것, 즉 미소 짓는 것을 말한답니다.

laundry (lawn-dree) [lɔ́:ndri]

명사 1 ⓒ 세탁소
I have my shirts done at the **laundry**.
나는 세탁소에 내 셔츠 세탁을 맡긴다.

2 ⓤ 빨래, 세탁물
a **laundry** basket 세탁물을 넣는 바구니
Mary, please **fold the laundry**.
메리, 빨래 좀 개렴.
Now that my mom works, I have to **do the laundry**.
엄마가 일하시니까 내가 빨래를 해야 한다.

복수형 **laundr**ies

➕ **laundromat** 빨래방 (개인이 동전을 넣고 사용하는 자동세탁기들이 있는 세탁 전용 가게)

law (law) [lɔ:]

명사 1 ⓤ 《주로 the law로 쓰임》 법, 법률
Do you know how the government **makes laws**?
정부가 어떻게 법을 제정하는지 알고 있습니까?
Good citizens **obey the law**.
훌륭한 시민은 법을 준수한다.
Stealing is **against the law**.
도둑질은 법에 위배되는 것이다.

2 ⓤ 법학
She's studying **law** at university.
그녀는 대학에서 법학을 공부하고 있다.

3 ⓒ (과학·수학 등의) 법칙
Isaac Newton discovered the **laws of** gravity.
아이작 뉴턴은 중력의 법칙을 발견했다.

복수형 **law**s

➕ **against the law** 법에 위반되는
apply the law 법을 적용하다
become law 입법화되다
break the law 법을 어기다
by law 법에 의해
enforce the law 법을 집행하다

lawyer (law-yur, loi-ur) [lɔ́:jər]

명사 ⓒ 변호사
The **lawyer** asked the witness a question.
변호사는 증인에게 질문을 했다.

복수형 **lawyer**s

lay¹ (lay) [lei]

동사 **1** 놓다, 두다 (≒place, put)
Lay your coat on the bed. 침대 위에 코트를 놓아라.
He **laid** the pencil **down** on the desk.
그는 책상 위에 연필을 놓았다.

2 (알을) 낳다
It's amazing how many eggs hens **lay** every day.
암탉이 매일 얼마나 많은 알을 낳는지 놀랍다.

3인칭단수현재	lay**s**
현재분사	lay**ing**
과거·과거분사	laid

lay² (lay) [lei]

동사 lie¹의 과거형

 lay와 lie가 헷갈려요.

lay(lay-laid-laid, 놓다)와 lie(lie-lay-lain, 눕다), lie(lie-lied-lied, 거짓말하다)는 형태가 비슷해서 혼동하기 쉬워요. 특히 lay는 lie(눕다)의 과거형과 형태가 같아서 더 그렇답니다. lay(놓다)는 lay-laid-laid, lie(눕다)는 lie-lay-lain, lie(거짓말하다)는 lie-lied-lied로 변한답니다. 꼭 주의하세요.
◎ She **laid** the book on the table. 그녀는 테이블 위에 책을 놓았다. (lay의 과거)
He **lay** on his back. 그는 등을 바닥에 대고 누웠다. (lie의 과거)

lazy (lay-zee) [léizi]

형용사 게으른
A: My dog is so **lazy**. 우리 개는 너무 게을러.
B: Why do you say that? 왜 그렇게 말하는데?
A: All she does is sleep and eat.
하는 거라고는 잠자기랑 밥 먹기뿐이야.

비교급	laz**ier**
최상급	laz**iest**

➕ **laziness** 게으름, 나태함

lead¹ (leed) [li:d]

동사 **1** 안내하다, 인도하다, 데리고 가다
Tom **led the way** up the mountain.
톰이 산을 올라가는 길을 안내했다.
She **led** me into the waiting room.
그녀는 나를 대기실로 데려갔다.

2 〖사물·장소〗 ~에 이르다, ~로 통하다
This road **leads to** the village.
이 길은 마을로 이어져 있다.

3 지휘하다, 이끌다

3인칭단수현재	lead**s**
현재분사	lead**ing**
과거·과거분사	led

➕ **leading** 가장 중요한, 선두적인

Mary will **lead** today's discussion.
메리가 오늘의 토의를 이끌 것이다.

명사 《the lead로 쓰임》 선두, 우위, 리드
The number 4 car **was in the lead**, but the number 11 car was close behind.
4번 차가 선두에 있었지만 11번 차가 뒤를 바짝 따라붙고 있었다.

※ lead가 '안내하다, 선두'의 의미일 때는 (leed)로, '납, 연필심'의 의미일 때는 (led)로 발음하는 것에 주의하세요.

lead² (led) [led]

명사 1 ⓤ 〖화학〗 납
Lead is a heavy, soft gray metal.
납은 무겁고 무른 회색 금속이다.

2 ⓒⓤ 연필심
My pencil's **lead** keeps breaking.
내 연필심이 계속 부러진다.
My pencil is out of **lead**. 내 연필은 연필심이 다 닳았다.

복수형 lead**s**

➕ lead-free gasoline 무연 휘발유

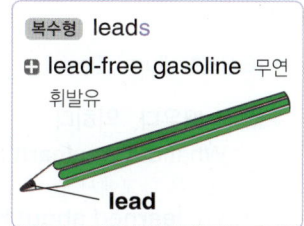
lead

leader (leed-ur) [líːdər]

명사 ⓒ 지도자, 리더
Sally is the **leader of** our study group.
샐리는 우리 공부 모임의 리더다.

복수형 leader**s**

leadership (leed-ur-ship) [líːdərʃip]

명사 ⓤ 지도력, 통솔력
Tom's **leadership** was admired.
톰의 통솔력은 감탄할 만했다.

➕ lack leadership 지도력이 부족하다

*leaf (leef) [liːf]

명사 ⓒ 잎, 나뭇잎
Leaves make food for plants and trees.
잎은 풀과 나무를 위한 영양분을 만든다.

복수형 lea**ves**

lean¹ (leen) [liːn]

동사 1 기울다, 기대다, (몸을) 숙이다
I visited the **leaning** tower of Pisa when I was in Italy.
난 이탈리아에 있을 때 피사의 사탑을 방문했다.
Don't **lean against** the door. 문에 기대지 마세요.
The jeweler **leaned over** the ring to examine it.
보석상은 반지를 살펴보기 위해 몸을 앞으로 숙였다.

3인칭단수현재 lean**s**
현재분사 lean**ing**
과거·과거분사 lean**ed**

❓ 사탑 한쪽으로 비스듬히 기울어진 탑

2 (~을 ~에) 기대어 놓다
I **leaned** my bike **against** the wall.
나는 자전거를 벽에 기대어 놓았다.

> ⊕ **leaning** 성향

lean² (leen) [liːn]

형용사 날씬한, 군살이 없는
Swimmers are **lean**. 수영 선수들은 날씬하다.
She has a **lean** body. 그녀의 몸은 군살이 없다.

> 비교급 **lean**er
> 최상급 **lean**est

✻ learn (lurn) [ləːrn]

동사 1 배우다, 익히다
A: What did you **learn** in school today, Sally?
오늘은 학교에서 뭘 배웠니, 샐리?
B: We **learned about** Korean pottery in art class.
미술 시간에 한국의 도자기에 대해서 배웠어요.

2 (들어서) 알다, 알게 되다
Sora **learned** her cousin was getting married.
소라는 자신의 사촌이 결혼하게 될 거라는 것을 알게 되었다.

3 기억하다, 외우다, 암기하다
I **learned** the poem *The Road Not Taken* for my English class.
나는 영어 시간에 〈가지 않은 길〉이란 시를 외워 갔다.

> 3인칭단수현재 **learn**s
> 현재분사 **learn**ing
> 과거·과거분사 **learn**ed
>
> ⊕ **learned** 박식한; 학습된
> **learner** 학습자, 학생
> **learning** 학습, 배움; 학식

least (leest) [liːst]

형용사 《little의 최상급》 가장 작은, 가장 적은 (↔most)
She is paid **the least** money in her company.
그녀는 회사에서 가장 적은 돈을 받는다.

부사 《little의 최상급》 가장 적게, 가장 덜 (↔most)
I got **the least** difficult question wrong.
나는 가장 덜 어려운 문제를 틀렸다.
Tennis is his **least** favorite sport.
테니스는 그가 가장 덜 좋아하는 운동이다.

대명사 최소
This item costs **the least** in our store.
이 물건은 우리 가게에서 가장 싸다.

● ***at least*** 적어도, 최소한
The weather was very cold, but **at least** it didn't snow. 날씨가 매우 춥긴 했지만 **적어도** 눈이 내리지는 않았다.
I drink **at least** four liters of milk a week.
나는 1주일에 **최소한** 4리터의 우유를 마신다.

> ※ little의 비교급과 최상급
> little – less – least
>
> ☑ I got the least difficult question wrong.
> = I got the easiest question wrong.
>
> ☑ This item costs the least in our store.
> = This item is the cheapest in our store.

leather (leTH-ur) [léðər]

명사 ① 가죽
My **leather** gloves are made from deerskin.
내 가죽 장갑은 사슴 가죽으로 만들어졌다.

➕ **leathery** 가죽 같은, 질긴

leave¹ (leev) [liːv]

동사 1 떠나다, 출발하다
When are you **leaving for** Las Vegas?
라스베이거스로 언제 떠날 거야?
The plane **left for** Paris an hour ago.
비행기는 한 시간 전에 파리로 출발했다.

2 ~한 상태로 두다
Did you **leave** the door open? 네가 문을 열어 두었니?

• **leave alone** 1 (사람을 귀찮게 하지 않고) 내버려 두다
Leave me **alone**! I'm doing my homework.
날 좀 **내버려 둬**! 나 지금 숙제하고 있어.
2 (물건을 만지지 않고) 내버려 두다
Leave my cell phone **alone**. Don't touch it.
내 핸드폰 그냥 **놔 둬**. 만지지 마.

3 그만두다, 떠나다
She **left** the company for a new job.
그녀는 새 직장이 생겨서 (다니던) 회사를 그만두었다.

4 남기다, 남겨 두다
Tim's dad **left** him a lot of money.
팀의 아버지는 그(팀)에게 많은 돈을 남겼다.
Is there any sandwich **left**? 샌드위치 남은 것 있어?

5 ~을 두고 오다 (가다)
I **left** my hat **behind** at the restaurant. I'll have to go back and get it.
난 식당에 모자를 두고 왔다. 다시 돌아가서 가져와야 한다.

• **leave out** 생략하다, 제외하다
You **left out** the best part of the story.
넌 이야기의 최고 부분을 **생략했어**.
Tom was **left out** of the basketball game.
톰은 농구 경기에서 **제외되었다**.

3인칭단수현재	leaves
현재분사	leaving
과거·과거분사	left

➕ **leftovers** 남은 음식

The plane **left for** Paris an hour ago.

※ **leave for** Busan: 부산으로 출발하다
leave (from) Busan: (다른 곳으로 가기 위해) 부산을 떠나다, 부산을 출발하다

Is there any sandwich **left**?

leave² (leev) [liːv]

명사 ① 휴가
She is on **maternity leave**. 그녀는 출산 휴가 중입니다.
He has been **on sick leave** since last Monday.
그는 지난 월요일부터 병가 중이다.

❓ **maternity** 어머니가 됨

lecture (lek-chur) [léktʃər]

명사 ⓒ 강의, 강좌
Today's **lecture** is on the Industrial Revolution.
오늘의 강의는 산업 혁명에 관한 것이다.
Did you take notes of yesterday's **lecture**?
어제 강의 필기했어?

동사 강의하다
Dr. Kim **lectures in** biology.
김 박사는 생물학을 강의한다.

> **복수형** **lecture**s
>
> ➕ **lecturer** 강사, 강연자
>
> **3인칭단수현재** **lecture**s
> **현재분사** **lectur**ing
> **과거·과거분사** **lecture**d

led (led) [led]

동사 lead의 과거·과거분사형

*left¹ (left) [left]

형용사 《명사 앞에만 쓰임》 왼쪽의 (↔right)
Most men wear their watches on their **left** wrist.
대부분의 사람들은 시계를 왼쪽 손목에 찬다.
A: Which hand do you write with?
   너는 어느 손으로 글씨를 쓰니?
B: I use my **left** hand. What about you?
   나는 왼쪽 손을 사용해. 너는?
A: I'm right-handed. 나는 오른손잡이야.

부사 왼쪽으로 (↔right)
Please move **left**. 왼쪽으로 이동해 주세요.
Turn **left** at the intersection. 사거리에서 좌회전하세요.

명사 《단수로만 쓰임》 왼쪽 (↔right)
He moved from **left** to right.
그는 왼쪽에서 오른쪽으로 움직였다.
To your **left** you can see the Namsan Tower.
여러분의 왼편으로 남산 타워가 보입니다.

> ➕ **left-hand** 왼쪽의, 좌측의; 왼손의
> **left-handed** 왼손잡이의
> **left side** 왼쪽, 왼쪽 옆구리
> **left-wing** 좌익의, 좌파의

Most men wear their watches on their **left** wrist.

left² (left) [left]

동사 leave의 과거·과거분사형

left-handed (left-han-did) [léfthǽndid]

형용사 왼손잡이의 (↔right-handed)
She is **left-handed**. 그녀는 왼손잡이다.
She needs **left-handed** scissors.
그녀는 왼손잡이용 가위가 필요하다.

> ➕ **left-hander** 왼손잡이

*leg (leg) [leg]

명사 1 ⓒ 다리
Giraffes have long **legs**. 기린은 다리가 길다.
She broke her **leg** yesterday.
그녀는 어제 다리가 부러졌다.

2 ⓒ (테이블·책상 등의) 다리
The table rocks because one **leg** is shorter than the others.
탁자의 다리 하나가 다른 것들보다 짧아서 탁자가 흔들거린다.

복수형 leg**s**

⊕ bowlegged 안짱다리
break a leg 행운을 빌어
prosthetic leg 의족
pull someone's leg ~에게 장난을 치다

legal (lee-guhl) [líɡəl]

형용사 1 법률의, 법률상의
legal advice 법률적 자문, 법률적 상담
You must fill out these **legal** documents before getting married.
당신은 결혼하기 전에 이 법률 서류들을 작성해야 합니다.

2 합법적인 (↔illegal)
Are you sure it's **legal** to park here?
여기에 주차해도 되는 게 확실해?
It's not **legal** to own a gun in Korea.
한국에서 총기를 소지하는 것은 불법이다.

⊕ legalize 합법화하다
legally 법적으로, 합법적으로

It's not **legal** to own a gun in Korea.

legend (lej-uhnd) [lédʒənd]

명사 1 ⓒⓤ 전설, 설화
Stories about dragons are **legends**.
용에 관한 이야기들은 전설이다.

2 ⓒ (지도·도표 등의) 범례, 기호 설명표
The **legend** says one centimeter equals one kilometer.
범례에는 1센티미터가 1킬로미터와 같다고 되어 있다.

복수형 legend**s**

⊕ legendary 전설적인

leisure (lee-zhur, lezh-ur) [líːʒər, léʒər]

명사 ⓤ 여가, 레저
She spends her **leisure time** reading.
그녀는 책을 읽으며 여가 시간을 보낸다.

• **at one's leisure** 한가한 때에, 편리한 때에
A: Do I need to fill out this form right now?
이 서식을 지금 작성해야 하나요?
B: No, you can do it **at your leisure**.
아니요, **편하실 때** 하세요.

⊕ leisure activity 여가 활동

☑ She spends her leisure reading.
= She spends her free time reading.

lend (lend) [lend]

동사 빌려 주다
Please **lend** me some money.
나에게 돈을 좀 빌려 주세요.
I **lent** Tim $100 so he could buy a new guitar.
나는 팀이 새 기타를 살 수 있도록 팀에게 100달러를 빌려 주었다.
She often **lends** magazines **to** us.
그녀는 종종 우리에게 잡지를 빌려 준다.

- *lend a hand* 손을 빌려 주다, 도움을 주다
Please **lend a hand** to those in need.
어려움에 처한 사람들을 도와주세요.

3인칭단수현재	**lend**s
현재분사	**lend**ing
과거·과거분사	**lent**

☑ Please lend a hand to those in need.
= Please help those in need.

 Tip lend와 borrow의 차이가 무엇인가요?

▶ lend는 빌려 주는 것이고 borrow는 빌리는 것을 말해요.
  예 She **lent** me a pencil. 그녀가 나에게 연필을 빌려 주었다.
  I **borrowed** a pencil from her. 나는 그녀한테서 연필을 빌렸다.
▶ 연필을 빌려 줄 수 있는지 물어볼 때에는 Can you lend me a pencil? 보다는 Can I borrow a pencil?이 더 부드러운 표현이에요.

length (lengkth) [leŋkθ]

명사 1 ⓒⓊ 길이
The **length** of a football field is 100 yards.
축구 경기장의 길이는 100야드이다.
The **length** of this book is 223 pages.
이 책의 길이는 223쪽이다.
We cut the tape into two-inch **lengths**.
우리는 테이프를 2인치 길이로 잘랐다.

2 시간, 기간
The **length** of the basic course is four weeks.
기초 과정의 기간은 4주이다.

| 복수형 | **length**s |

➕ **lengthen** 길어지다, 늘리다
lengthy 너무 긴, 장황한

☑ The length of a football field is 100 yards.
= A football field is 100 yards long.

lens (lenz) [lenz]

명사 ⓒ (안경·카메라 등의) 렌즈
Susan cleaned the **lens**. 수잔은 렌즈를 닦았다.
Jim's new camera **lens** is very big.
짐의 새 카메라 렌즈는 무척 크다.
I wear contact **lenses**.
나는 콘택트렌즈를 낀다.

| 복수형 | **lens**es |

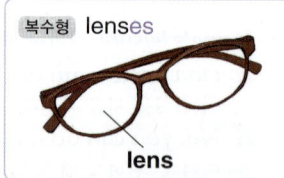
lens

lent (lent) [lent]

동사 lend의 과거·과거분사형

less (les) [les]

형용사 〖little의 비교급〗 더 적은 (↔more)
I earned **less** money this year.
나는 올해 돈을 더 적게 벌었다.

부사 〖little의 비교급〗 더 적게 (↔more)
I have to spend **less** this year.
나는 올해에 돈을 더 적게 써야 한다.
The test was much **less** difficult **than** the last one.
시험은 지난 번 보다 훨씬 덜 어려웠다.

대명사 보다 적은 양, 수, 액
Less is sometimes better than more.
가끔은 더 많은 것보다 더 적은 것이 나을 때가 있다.

※ little의 비교급과 최상급
little – less – least

※ less는 셀 수 없는 명사 앞에 쓰고, fewer는 셀 수 있는 명사 앞에 써요.
less water (더 적은 물)
fewer people (더 적은 수의 사람들)

*lesson (les-uhn) [lésn]

명사 1 ⓒ 레슨, 강습, 수업
A: Brian, can you come out and play?
브라이언, 나와서 놀 수 있어?
B: No, I've got to practice my piano **lessons**.
아니. 나 피아노 레슨 연습해야 해.
Susan **takes** French **lessons** at night.
수잔은 저녁에 프랑스 어 수업을 듣는다.

2 ⓒ 교훈
We should **learn** the **lessons** of history.
우리는 역사의 교훈을 배워야 한다.

복수형 lessons

※ 영국에서는 '학교 수업'이라는 의미로 lesson을 사용해요. 미국에서는 class라고 하고요.

*let (let) [let]

동사 ~하게 하다, ~하도록 허락하다
My mother doesn't **let** me watch TV on weekdays.
우리 엄마는 주중에는 내가 TV를 못 보게 하신다.
Please **let** me go through. 지나가게 해 주세요.
Let me help you. 내가 도와줄게.

- **let down** 실망시키다
Tom was really **let down** when his team lost.
톰은 그의 팀이 졌을 때 정말 실망했다.

- **let ~ in** ~을 안에 들어오게 하다
I opened the door and **let** him **in**.
나는 문을 열어서 그를 들어오게 했다.

3인칭단수현재 lets
현재분사 letting
과거·과거분사 let

✓ My mother doesn't let me watch TV on weekdays.
= My mother doesn't allow me to watch TV on weekdays.

- **let me see** 가만 있자, 어디 보자 (=let's see)
  Let me see, where did I put my wallet?
  가만 있자, 내가 지갑을 어디에 두었더라?
- **let ~ out** ~을 내보내다, 풀어 주다
  Did you **let** the dog out? 네가 개를 밖에 나가게 했어?

☑ Tom was really let down when his team lost.
= Tom was really disappointed when his team lost.

Tip **let**에 대해 더 알려 주세요.

▶ 동사 let은 뒤의 목적어 다음에 동사 원형이 바로 와요. 즉, Let me to go.라고 하지 않고 Let me go.라고 한답니다.
▶ let's는 let us의 줄임말로 '(우리) ~하자'라는 뜻으로 쓰여요.
  예 **Let**'s play tennis. 테니스 치자., **Let**'s go home. 집에 가자.

---

*letter (let-ur) [létər]

명사 1 ⓒ 편지
I just got a **letter** from my pen pal in Chile.
난 칠레에 있는 펜팔 친구에게서 방금 편지를 받았다.
I wrote a **letter** to Bora. 나는 보라에게 편지를 썼다.

2 ⓒ 글자, 문자
"A" is the first **letter** in the alphabet.
'A'는 알파벳의 첫 번째 글자이다.

복수형 letter**s**

➕ airmail letter 항공 우편
capital letter 대문자
small letter 소문자

---

level (lev-uhl) [léval]

명사 1 ⓒⓤ 정도, 수준
His English **level** is quite high. 그의 영어 수준은 꽤 높다.

2 ⓒ (건물) 층
The movie theater is on the fourth **level**.
영화관은 4층에 있다.

3 ⓒⓤ 높이, 고도
The city of Denver is one mile above sea **level**.
덴버 시는 해발 1,600미터 높이에 있다.

형용사 1 평평한, 수평의
They put up the tent on **level** ground.
그들은 평평한 땅에 텐트를 쳤다.

2 (높이·위치 등이) 같은
The water was **level** with my knee.
물은 내 무릎 높이였다.

복수형 level**s**

➕ at eye level 눈높이에
at ground level 지면 높이에

The water was **level** with my knee.

liar (lye-ur) [láiər]

명사 ⓒ 거짓말쟁이
A: Don't call me a **liar**. 날 거짓말쟁이라고 부르지 마.
B: Then don't tell lies. 그러면 거짓말을 하지 마.
Liars can't be trusted. 거짓말쟁이들은 믿을 수 없다.

복수형	**liar**s
➕ **lie** 거짓말, 거짓말하다	

liberal (lib-ur-uhl) [líbərəl]

형용사 1 개방적인
She has a **liberal** attitude toward new ideas.
그녀는 새로운 생각에 대해 개방적인 태도를 갖고 있다.

2 후한, 아끼지 않는
Sally is very **liberal** with her praise.
샐리는 칭찬을 아끼지 않는다.

비교급	more **liberal**
최상급	most **liberal**

liberty (lib-ur-tee) [líbərti]

명사 ⓤ 자유
Give me **liberty** or give me death!
나에게 자유를, 아니면 죽음을 주시오!

➕ the Statue of Liberty 자유의 여신상

*library (lye-brer-ee) [láibrèri]

명사 ⓒ 도서관
I borrowed this book from the school **library**.
나는 이 책을 학교 도서관에서 빌렸다.
A: Where are you going, Sam? 어디 가, 샘?
B: To the **library**. I need to return these books.
도서관에. 이 책들을 반납해야 해.

복수형	**librar**ies
➕ **librarian** 도서관 직원, 사서 mobile library 이동도서관 public library 공공 도서관	

*license (lye-suhns) [láisəns]

명사 1 ⓒ 면허증
Eric is studying for his driver's **license** exam.
에릭은 운전면허증을 따기 위한 시험공부를 하고 있다.

2 ⓤ (또는 단수로 쓰임) 면허, 인가, 허가
You need a **license** to fish here.
여기서 낚시를 하려면 허가가 필요하다.

복수형	**license**s
➕ **licence** (영국영어) 면허증, 면허, 허가	

lie¹ (lye) [lai]

동사 1 눕다, 누워 있다
The doctor asked him to **lie** down.

3인칭단수현재	**lie**s

의사는 그에게 누우라고 말했다.
Lie still while the doctor examines you.
의사가 진찰하는 동안에 가만히 누워 있으세요.

2 놓여 있다
Several books **lay** open on the desk.
책 몇 권이 펼쳐진 채로 책상 위에 놓여 있었다.

3 ~에 위치하다, 놓여 있다
The campground **lies** just behind those hills.
캠프장은 바로 저 언덕 너머에 있다.

현재분사	lying
과거	lay
과거분사	lain

※ lie의 과거 · 과거분사형
 lie(눕다)–lay–lain
 lie(거짓말하다)–lied–lied

lie² (lye) [lai]

명사 ⓒ 거짓말
I think you're **telling** me a **lie**.
네가 나에게 거짓말을 하고 있는 것 같아.

동사 거짓말하다
Brian **lied** about where he had been.
브라이언은 자신이 어디에 있었는지 거짓말했다.

복수형	lies
3인칭단수현재	lies
현재분사	lying
과거 · 과거분사	lied

*life (life) [laif]

명사 1 ⓒⓤ (개인의) 인생, 일생, 생애
He wants to live with Lisa for **the rest of** his life.
그는 남은 삶 동안 리사와 함께 살기를 원한다.
My grandmother has lived in Daegu **all her life**.
우리 할머니는 평생 대구에서 사셨다.

2 ⓒⓤ 생명, 목숨
Respect all **life**. 모든 생명을 존중하라.
More than 20 **lives** were lost in the terrorist attack.
20명 이상이 테러 공격으로 목숨을 잃었다.

3 ⓒ (일상적인) 생활, 삶
private life 사생활
How do you like your **school life**?
학교생활은 어때?
He **lived a** happy **life**. 그는 행복한 삶을 살았다.

4 ⓤ 생물, 생명체
The jungle is full of **life**. 정글은 생물들로 가득하다.

| 복수형 | lives |

➕ **lifeless** 생명이 없는
 lifeboat 구명정, 구조선
 life cycle 수명
 life expectancy 기대 수명
 life jacket 구명 재킷
 lifelong 일생의, 평생의
 life-size 실물 크기의
 life story 인생담, 일대기
 lifestyle 사는 방식
 lifetime 일생, 평생; 수명
 life vest 구명조끼

lifeguard (life-gahrd) [láifgà:rd]

명사 ⓒ (수영장 등의) 감시원, 인명 구조원
Tom works as a **lifeguard** at the swimming pool.
톰은 수영장에서 인명 구조원으로 일한다.

| 복수형 | lifeguards |

lift (lift) [lift]

동사 들어 올리다, 올리다
Help me **lift** my bed. 내가 침대를 들어 올리게 도와줘.
This box is too heavy to **lift**.
이 상자는 들기에 너무 무겁다.

명사 ⓒ (차에) 태움 (≒ride)
A: Could you **give** me a **lift**?
  저를 차에 태워 줄 수 있어요?
B: Where are you going? 어디 가시는데요?
A: Just to the drug store. 약국까지만요.
B: Sure. Hop in. 물론이죠. 타세요.

3인칭단수현재	lifts
현재분사	lifting
과거·과거분사	lifted
복수형	lifts

➕ **lift** (영국영어) 승강기, 엘리베이터

*light¹ (lite) [lait]

명사 1 ⓤ 빛, 불빛, 햇빛
She opened the curtains to let in the **light**.
그녀는 빛이 들어올 수 있도록 커튼을 열었다.

2 ⓒ 전등, 등불
Please turn the **light** on. 불 좀 켜 주세요.
Please turn the **light** off. 불 좀 꺼 주세요.

형용사 1 (색이) 연한, 밝은 (↔dark)
Brian wore a **light** blue dress shirt.
브라이언은 연한 청색 와이셔츠를 입었다.

2 날이 밝은, 환한 (↔dark)
It's 7 p.m., but it's still **light**.
오후 7시인데 아직 환하다.

동사 불을 붙이다, 불이 붙다
Bora **lit** a fire to warm up the room.
보라는 방을 따뜻하게 하려고 불을 지폈다.

| 복수형 | lights |

Bora **lit** a fire to warm up the room.

3인칭단수현재	lights
현재분사	lighting
과거·과거분사	lighted

*light² (lite) [lait]

형용사 가벼운 (↔heavy)
His new notebook computer is very **light**.
그의 새 노트북은 매우 가볍다.
A **light** snow began to fall.
눈이 약하게 내리기 시작했다.

| 비교급 | lighter |
| 최상급 | lightest |

lightning (lite-ning) [láitniŋ]

명사 ⓤ 번개, 번갯불
The tree was hit by **lightning**. 나무가 번개에 맞았다.

➕ **lightning bug** 반딧불이

like¹

The forest fire was started by a **lightning strike**.
숲의 화재는 벼락에 의해 시작되었다.

| lightning rod 피뢰침 |

*like¹ (like) [laik]

동사 **1** 좋아하다 (↔dislike)
Tony **likes** to read comic books.
토니는 만화책 읽기를 좋아한다.
Does she **like** him? 그녀가 그를 좋아해?

2 원하다, 바라다
Take as many cookies as you **like**.
원하는 만큼 과자를 가져가도 돼.

- *How do you like ~?* ~이 어때요?
  A: **How do you like** Chinese food? 중국 음식 어때?
  B: I love it! 정말 좋아해!
- *would like (to)* ~하고 싶다
  I'**d like** a glass of iced tea. 아이스티 한잔 마시고 싶다.
  I'**d like** to go to Moscow. 모스크바에 가고 싶다.
- *would you like ~?* ~을 원하십니까?
  Would you like to come with us?
  저희와 함께 가시겠습니까?
  Would you like a cup of tea? 차 한잔 드실래요?

3인칭단수현재	like**s**
현재분사	lik**ing**
과거·과거분사	like**d**

☑ Tony **likes** to read comic books.
= Tony **likes** reading comic books.

I'd **like** a glass of iced tea.

Tip I would like to와 I like to의 차이에 대해 알려 주세요.

would like to는 '~을 하고 싶다'라는 의미이고, like to는 '~하기를 좋아하다'라는 뜻이에요.
예) I **would like to** play soccer now. (=I want to play soccer now.)
나는 지금 축구를 하고 싶다.
I **like to** play soccer. 나는 축구하는 것을 좋아한다.

like² (like) [laik]

전치사 **1** ~와 비슷한, ~와 닮은
I have a sweater just **like** yours.
난 네 것과 똑같은 스웨터가 있어.
It tasted **like** chicken. 그것은 닭고기 같은 맛이 났다.

2 ~처럼
Stop crying **like** a baby. 애기처럼 울지 마.

3 (예를 들면) ~ 같은
Sam wants to visit places **like** museums and art galleries.

I have a sweater just **like** yours.

샘은 박물관이나 갤러리 같은 곳에 가기를 원한다.
- ***Like father, like son.*** 부전자전., 그 아버지에 그 아들. 〈속담〉
- ***what is ~ like?*** ~은[는] 어때?
  What was the movie **like**? 영화는 어땠어?

접속사 **1** 마치 ~처럼
She looked **like** she would cry.
그녀는 마치 울 것처럼 보였다.

2 ~처럼, ~ 대로
The living room looks now **like** it did before.
거실은 이제 이전처럼(전과 같아) 보인다.
Slice the bread **like** I said. 내가 말한 대로 빵을 잘라라.

Like father, **like** son.

☑ She looked like she would cry.
= She looked as if she would cry.

 like와 as의 차이가 뭔가요?

like와 as는 모두 '~처럼', '~같이'라는 뜻으로 쓰이지만, 일반적으로 like 뒤에는 '명사'가 오고, as 뒤에는 '주어+동사'로 된 문장이 오지요.
🔹 Can you do it **like me**? 나처럼 할 수 있어?
　　Can you do it **as I do**? 내가 하는 것처럼 할 수 있어?

likely (like-lee) [láikli]

형용사 ~할 것 같은 (↔unlikely)
It is **likely to** snow this afternoon.
오늘 오후에 눈이 올 것 같다.
It is **likely that** he will pass the test.
그가 시험에 합격할 것 같다.

| 비교급 | likelier, more likely |
| 최상급 | likeliest, most likely |

부사 아마도 (≒probably)
It'll **likely** be sunny tomorrow. 내일은 화창할 것 같다.
I'll **likely** be home on time tonight.
난 아마 오늘 밤은 제시간에 집에 있을 것 같다.

| 비교급 | likelier, more likely |
| 최상급 | likeliest, most likely |

lily (lil-ee) [líli]

명사 ⓒ [식물] 백합
A vase of **lilies** filled the room with their scent.
백합을 꽂아 놓은 꽃병이 방을 향기로 가득 채웠다.

| 복수형 | lilies |

limit (lim-it) [límit]

명사 **1** ⓒ 한도, 제한
Don't drive over the speed **limit**.

| 복수형 | limits |

제한 속도 이상으로 운전하지 마시오.
We can't go past the park **limits**.
우리는 공원의 제한 구역을 지나갈 수 없다.

2 ⓒ 한계, 한계점
I **reached the limit of** my patience.
나의 인내심이 한계에 이르렀다.
There is no limit to outer space. 우주는 끝이 없다.

동사 제한하다, 한정하다
Jane is **limiting** herself to eating only vegetables.
제인은 먹는 것을 오직 야채로 제한하고 있다.

➕ **limitations** (능력의) 한계
 limited 제한된
 limitless 무제한의, 무한의

3인칭단수현재	limit**s**
현재분사	limit**ing**
과거·과거분사	limit**ed**

*line (line) [lain]

명사 1 ⓒ 줄, 선
John drew a long **line** down the edge of his paper.
존은 종이 가장자리를 따라 긴 선을 그었다.

2 ⓒ (늘어서 있는) 줄, 행렬
A: Is the bank crowded? 은행이 붐비니?
B: Yeah, there's a pretty long **line**. 응, 줄이 꽤 길어.

3 ⓒ 전화선
Sam is **on the line**. 샘은 통화 중이다.
The line is busy. 통화 중입니다.

4 ⓒ 줄, 끈
Tim put the wet clothes out on the **line** to dry.
팀은 젖은 옷을 말리기 위해 줄에 널었다.

● **on line** 온라인으로
The ticket can be purchased **on line**.
티켓은 **온라인으로** 구입할 수 있습니다.

동사 (~을 따라) 한 줄로 서다, 늘어서다
Shops **line** the street. 상점들이 길을 따라 늘어서 있다.

● **line up** 줄 서다, 줄을 세우다
Many people **lined up** for the new movie.
많은 사람들이 새 영화를 보기 위해 **줄을 섰다**.

| 복수형 | line**s** |

Sam is **on the line**.

☑ Shops line the street.
= The street is lined with shops.

3인칭단수현재	line**s**
현재분사	lin**ing**
과거·과거분사	line**d**

link (lingk) [liŋk]

명사 1 ⓒ (연결) 고리
One of the **links** on my gold necklace is broken.
내 금목걸이의 고리 하나가 망가졌다.

2 ⓒ 관계, 연관성
There's a **link** between fat and heart disease.
지방과 심장병 사이에는 연관성이 있다.

| 복수형 | link**s** |

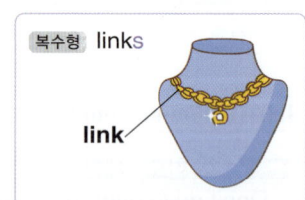

link

3 ⓒ (사람·국가 등 사이의) 관계, 유대
Sally felt a strong **link** with Tim.
샐리는 팀에게 강한 유대를 느꼈다.

4 ⓒ [컴퓨터] 링크
Click on this **link** to learn more.
더 알고 싶으시면 이 링크를 클릭하세요.

동사 연결하다, 잇다 (≒connect)
The Internet **links** people all over the world.
인터넷은 전 세계 모든 사람들을 연결한다.
He drew a line **linking** Seoul and Busan on the map.
그는 지도에 서울과 부산을 잇는 선을 그었다.

☑ There's a link between fat and heart disease.
= Fat causes heart disease.

3인칭단수현재 **link**s
현재분사 **link**ing
과거·과거분사 **link**ed

---

*lion (lye-uhn) [láiən]

명사 ⓒ 사자
The **lion** is the king of the jungle.
사자는 정글의 왕이다.
Lions hunt and eat other animals.
사자는 다른 동물을 사냥하고 잡아먹는다.

복수형 **lion**s

➕ **lioness** 암사자

---

*lip (lip) [lip]

명사 ⓒ 입술
The cold weather made her **lips** dry.
추운 날씨는 그녀의 입술을 건조하게 했다.

복수형 **lip**s

➕ **lick one's lips** 입맛을 다시다

---

liquid (lik-wid) [líkwid]

명사 ⓒⓤ 액체
Water is a **liquid**. Ice is a solid.
물은 액체고 얼음은 고체다.

복수형 **liquid**s

---

list (list) [list]

명사 ⓒ 목록, 명단, 리스트
A: I'm making a grocery **list**. Is there anything you want?
식료품 리스트를 만들고 있어. 뭐 원하는 것이 있니?
B: Make sure and get some ramyeon.
라면 사는 거 잊지 마.
A: OK. I'll put that on the **list**. Is there anything else?
알았어. 리스트에 적을게. 또 다른 거 있어?

복수형 **list**s

➕ **checklist** 점검 사항 목록
shopping list 쇼핑 리스트
to-do list 해야 할 일을 적은 목록
wish list 소원 목록, 가지고 싶은 것의 목록

*listen (lis-uhn) [lísən]

동사 듣다
Tim was **listening to** music. 팀은 음악을 듣고 있었다.
All the children **listened** carefully **to** the firefighter.
모든 어린이들은 소방관의 말을 주의 깊게 들었다.

3인칭단수현재	listens
현재분사	listening
과거·과거분사	listened

➕ listener 듣는 사람, 청취자

listen과 hear의 차이는 무엇인가요?
listen은 의도적으로 어떤 소리를 듣는 것을 말하고 hear은 소리가 그냥 들리는 것을 말해요.
예) **Listen** carefully to what your teacher says.
선생님께서 하시는 말씀을 주의 깊게 들어라.
Did you **hear** that sound? 저 소리 들었니?

lit (lit) [lit]

동사 light의 과거 · 과거분사형

literary (lit-ur-uh-ree) [lítərəri]

형용사 문학의, 문학적인
Fiction, poetry, and plays are all **literary** forms.
소설, 시, 그리고 연극은 모두 문학의 형식이다.

| 비교급 | more literary |
| 최상급 | most literary |

literature (lit-ur-uh-chur) [lítərətʃər]

명사 ⓤ 문학
Shakespeare's plays are great **works of literature**.
셰익스피어의 희곡은 위대한 문학 작품이다.
I'm interested in Asian **literature**.
나는 아시아 문학에 관심이 있다.

➕ classical literature 고전 문학
modern literature 현대 문학

*little (lit-uhl) [lítl]

형용사 **1** (크기 · 규모가) 작은 (≒small)
a **little** insect 작은 곤충
a **little** house on the hill 언덕 위 작은 집

2 어린 (≒young)
my **little** brother(sister) 내 남(여)동생
Sometimes you act like you're still a **little** baby.
가끔씩 너는 여전히 어린 아기처럼 행동한다.

| 비교급 | less |
| 최상급 | least |

※ little은 셀 수 없는 명사 앞에, few는 셀 수 있는 명사 앞에 쓰여요. → Tip (p. 340)

3 거의 없는, 조금밖에 없는 (↔ much)
Bora has **little** money. 보라는 돈이 조금밖에 없다.

4 《a little로 쓰임》 조금의, 약간의
Put just **a little** hot sauce on the pizza.
피자에 핫 소스를 조금만 뿌려라.
I have **a little** room left in my suitcase.
내 여행 가방에 공간이 약간 있다.

〔부사〕 **1** 거의 ~ 않다, 좀처럼 ~ 않다
He travels **little**. 그는 거의 여행을 하지 않는다.

2 《a little로 쓰임》 조금, 약간
My eyes hurt **a little**. 눈이 조금 아프다.

〔대명사〕 **1** 조금, 거의 없음
There is **little** we can do.
우리가 할 수 있는 것은 거의 없다.

2 《a little로 쓰임》 소량, 조금
A: Would you like some more coffee?
커피 좀 더 드실래요?
B: I'll have just **a little**. 조금만 더요.

● *little by little* 조금씩, 서서히
He is recovering from the shock **little by little**.
그는 충격에서 **조금씩** 회복하고 있다.

Bora has **little** money.

〔비교급〕 less
〔최상급〕 least

☑ He travels little.
= He rarely travels.

I have **a little** room left in my suitcase.

---

* live¹ (liv) [liv]

〔동사〕 **1** 살다, 살아 있다, 생존하다, 오래 살다
My grandfather **lived** until he was eighty.
우리 할아버지는 80세까지 사셨다.
Plants can't **live** without water.
식물은 물 없이 살아갈 수 없다.

2 거주하다
Mary **lives** in San Diego. 메리는 샌디에이고에 산다.
A: Where do you **live**? 너는 어디에 사니?
B: I **live** on Apple Street. 나는 애플 거리에 살아.

〔3인칭단수현재〕 lives
〔현재분사〕 living
〔과거·과거분사〕 lived

※ live는 동사일 때와 형용사일 때의 발음이 달라요.

live² (live) [laiv]

〔형용사〕 **1** 살아 있는 (≒ living; ↔ dead)
I use **live** shrimp for bait when I fish.
나는 낚시를 할 때 살아 있는 새우를 미끼로 사용한다.

2 생방송의, 실황의
live music 생음악
The news was a **live** broadcast. 그 뉴스는 생방송이었다.

➕ lively 활기 넘치는, 생기 넘치는

❓ bait 미끼

living (liv-ing) [lívŋ]

형용사 살아 있는 (≒live; ↔dead)
a **living** writer 생존해 있는 작가
All **living things** have their own survival skills.
모든 생물은 자신만의 생존 기술이 있다.

명사 ⓒ 생활비, 생계 수단
He earns his **living** by driving a taxi.
그는 택시 운전으로 생활비를 번다.
What does your father **do for a living**?
너의 아버지 직업은 무엇이니?

복수형 living**s**

✓ What does your father do for a living?
= What does your father do?
= What kind of work does your father do?

*living room (liv-ing-rum) [lívŋ rùm]

명사 ⓒ 거실
Our family watches TV together in the **living room**.
우리 가족은 거실에서 함께 TV를 본다.

복수형 living room**s**

lizard (liz-urd) [lízərd]

명사 ⓒ 도마뱀
Lizards eat mosquitoes. 도마뱀은 모기를 먹는다.

복수형 lizard**s**

local (loh-kuhl) [lóukəl]

형용사 지역의, 지방의, 현지의
local newspaper 지역 신문
The **local** market has fresh fruits and vegetables.
지역 시장에는 신선한 과일과 야채가 있다.

➕ local call 시내 통화
local color 지방색
local time 현지 시간

locate (loh-kate) [lóukeit]

동사 1 (~의 위치를) 찾아내다, 알아내다
The police **located** Sam's stolen car.
경찰은 샘이 도난당한 차를 찾아냈다.
Can you **locate** your country on the map?
지도에서 너의 나라를 찾을 수 있니?
A: Can I help you? 도와 드릴까요?
B: I'm trying to **locate** some books on Marie Curie.
마리 퀴리에 대한 책을 찾고 있어요.

2 《be located로 쓰임》 ~에 있다, ~에 위치하다
A bank **is located** next to the department store.
은행은 백화점 옆에 있다.
My bedroom **is located** upstairs. 내 침실은 위층에 있다.

3인칭단수현재 locate**s**
현재분사 locat**ing**
과거·과거분사 locate**d**

➕ location 위치, 장소

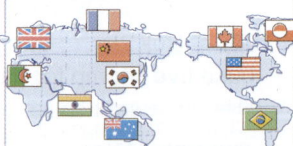

Can you **locate** your country on the map?

lock (lahk) [lɑk]

동사 잠그다, 잠기다 (↔unlock)
Don't forget to **lock** the door. 문 잠그는 거 잊지 마.
The door **locked** behind him.
그의 등 뒤에서 문이 잠겼다.

명사 ⓒ 자물쇠
There's no **lock** on the entrance door.
출입문에 자물쇠가 없다.

3인칭단수현재	lock**s**
현재분사	lock**ing**
과거·과거분사	lock**ed**
복수형	lock**s**

lock

locker (lah-kur) [lákər]

명사 ⓤ 사물함, 로커, (자물쇠가 달린) 장
My geography textbook is in my **locker**.
내 지리 교과서는 사물함 안에 있다.
Bob forgot the combination to his **locker**.
밥은 그의 사물함 자물쇠 비밀번호를 잊어버렸다.

| 복수형 | locker**s** |

➕ **locker room** 탈의실
❓ **combination** 자물쇠 비밀번호

logic (lah-jik) [ládʒik]

명사 ⓤ 논리, 조리
I don't understand his **logic**.
나는 그의 논리를 이해 못하겠다.

➕ **logical** 논리적인
logically 논리적으로

London (luhn-duhn) [lʌ́ndən]

지명 런던
The capital of the United Kingdom is **London**.
영국의 수도는 런던이다.

➕ **Londoner** 런던 사람

lonely (lone-lee) [lóunli]

형용사 1 외로운, 고독한, 쓸쓸한
She lives alone. She feels **lonely** on Thanksgiving Day.
그녀는 혼자 산다. 그녀는 추수 감사절에는 외로움을 느낀다.

2 외진, 인적이 없는
He stayed in a **lonely** cabin.
그는 외딴 통나무집에 머물렀다.

| 비교급 | lonel**ier** |
| 최상급 | lonel**iest** |

➕ **loneliness** 외로움, 고독, 쓸쓸함
❓ **cabin** 통나무집

*long (lawng) [lɔːŋ]

형용사 1 (길이·거리 등이) 긴, 길고 먼 (↔short)
A: This bus is really **long**. 이 버스는 정말 길다.

| 비교급 | long**er** |

B: Yes, these new buses can carry a lot of people.
   응, 이 새로운 버스들은 많은 사람들을 태울 수 있어.
It's a **long** way from Seoul to Busan.
서울에서 부산까지는 거리가 멀다.

2 (시간이) 긴, 오랜, 오래 계속되는 (↔short)
I haven't seen him **for a long time**.
그를 오랫동안 만나지 못했다.

3 (길이·거리·시간 등의) 길이가 ~인
The book I'm reading is 186 pages **long**.
내가 읽고 있는 책은 186쪽짜리이다.
The test was two hours **long**.
시험 시간은 두 시간이었다.

부사 **1** 오래, 길게
Brian hasn't been gone **long**.
브라이언은 오랫동안 떠나 있지는 않았다.
How **long** did the movie take? 영화는 얼마나 걸렸니?

2 줄곧, 내내
It's been hot and humid all month **long**.
한 달 내내 덥고 습했다.

● ***as long as*** ~하기만 하면, ~하는 한
As long as we leave now, we can get there on time.
우리가 지금 떠나**기만 하면** 제시간에 도착할 수 있어.

● ***before long*** 곧, 오래지 않아
It's getting warmer. Summer will be here **before long**.
점점 따뜻해지네. 곧 여름이 올 거야.

● ***Long time no see.*** 오랜만이야.
Long time no see! How have you been?
오랜만이야! 어떻게 지냈어?

최상급 long**est**

long
short

☑ The test was two hours long.
  = The test took two hours.

비교급 long**er**
최상급 long**est**

❓ humid 습한

☑ As long as we leave now, we can get there on time.
  = If we leave now, we can get there on time.

☑ Summer will be here before long.
  = Summer will be here soon.

---

*look (luk) [luk]

동사 **1** 보다, 바라보다
Look up at the moon. It's so big tonight.
달 좀 봐. 오늘 밤은 무척 크네.
Look this way, please. 이쪽을 보세요.
A: What are you **looking at**? 뭘 보고 있어?
B: Do you see the eagle in the tree?
   나무에 앉아 있는 독수리 보여?

2 찾다, 찾아보다
A: I don't know where my textbooks are.
   내 교과서가 어디 있는지 모르겠어.
B: Try **looking** in the drawer. 서랍 속을 찾아봐.

3인칭단수현재 look**s**
현재분사 look**ing**
과거·과거분사 look**ed**

look

3 ~처럼 보이다, ~인 것 같다
He **looks** happy. 그는 행복해 보인다.
This restaurant **looks** expensive.
이 식당은 비쌀 것 같다.

- **look after** ~을 보살피다
Can you **look after** my plants while I'm away?
내가 없는 동안에 식물들을 돌봐 주실 수 있습니까?

- **look around** (여기저기) 둘러보다
We **looked around** the museum.
우리는 박물관을 둘러보았다.

- **look for** ~을 찾다
I'll help you **look for** your book.
네 책을 찾는 것을 도와줄게.

- **look forward to** ~을 고대하다
Sally always **looks forward** to Valentine's Day.
샐리는 항상 밸런타인데이를 고대한다.

- **look out** 조심하다, 주의하다
Look out when you cross the street.
길을 건널 때는 조심해라.

- **look up** (해답 등을) 찾아보다
A: Jim, how do you spell "separate"?
짐, 'separate'는 어떻게 쓰지?
B: **Look** it **up** in the dictionary.
사전에서 찾아봐.

명사 1 ⓒ 봄, 얼핏 봄
Can I **have a look** at your dictionary?
네 사전을 좀 봐도 될까?
Here, **take a look** at this photo. 여기 이 사진을 좀 봐.

2 ⓒ 표정
He **gave** her a dirty **look**.
그는 그녀에게 아니꼽다는 표정을 지었다.

3 ⓒ 외관, 겉모습
Do not judge a person by his **looks**.
외모로 사람을 판단하지 마라.

☑ Can you look after my plants while I'm away?
= Can you take care of my plants while I'm away?

☑ I'll help you look for your book.
= I'll help you search for your book.

☑ Look out when you cross the street.
= Watch out when you cross the street.

복수형 look**s**

He **gave** her a dirty **look**.

look, see, watch의 차이는 무엇인가요?

'보다'라는 뜻에는 look (at), see, watch가 있지요. look (at)은 의도적으로 볼 때, see는 눈에 저절로 보일 때, watch는 게임이나 TV 등을 일정 시간 동안 볼 때 써요.

예 **Look at** that man. 저 사람을 봐.
I **saw** a cat on the wall. 나는 담장 위에 있는 고양이를 보았다.
He **watches** TV in the evening. 그는 저녁에 TV를 본다.

loose (loos) [luːs]

형용사 **1** 헐거운, 느슨한
a **loose** button 헐거운 단추
The handlebars on her bike were **loose**.
그녀의 자전거 핸들은 느슨했다.

2 풀린, 묶여 있지 않은
Don't let your pet snake get **loose**. It might bite someone. 애완용 뱀을 풀어 놓지 마. 누군가를 물지도 몰라.

3 (옷 등이) 헐렁한, 낙낙한 (↔tight)
I like **loose** T-shirts. 나는 헐렁한 티셔츠를 좋아한다.

| 비교급 | looser |
| 최상급 | loosest |

➕ **loosen** 느슨하게 하다(되다); 풀다, 풀어 주다

☑ I like loose T-shirts.
= I like big T-shirts.

lord (lord) [lɔːrd]

명사 **1** ⓒ 지배자, 군주
The servant said his **lord** was not at home.
하인은 주인이 집에 없다고 말했다.

2 ⓒ (귀족의 호칭) ~ 경(卿)
Lord Churchill 처칠 경

3 《주로 the Lord로 쓰임》 하느님
The Lord, our Father, looks after us.
하느님 아버지께서는 우리를 돌봐 주신다.

| 복수형 | lords |

※ 놀람·짜증·걱정·화 등의 감정을 Lord를 사용하여 good Lord, my Lord, oh my Lord 등으로 표현하기도 해요. '하느님 맙소사, 세상에, 이런' 정도의 의미예요.

*lose (looz) [luːz]

동사 **1** 잃어버리다, 분실하다
A: What are you looking for, Eric? 뭘 찾고 있어, 에릭?
B: I **lost** my pencil case. 필통을 잃어버렸어.

2 잃다, 상실하다
Many people **lost** their jobs.
많은 사람들이 일자리를 잃었다.

3 (경기 등에서) 지다
The baseball team **lost** three games in a row.
그 야구팀은 세 경기를 연속으로 졌다.

3인칭단수현재	loses
현재분사	losing
과거·과거분사	lost

➕ **loser** 실패자, 패배자

loss (laws) [lɔ(ː)s]

명사 **1** ⓒⓤ 분실, 잃음, 상실
She told the police about the **loss** of her car.
그녀는 경찰에게 자신의 자동차를 분실했다고 말했다.
His hair **loss** made him look older.
탈모는 그를 더 나이 들어 보이게 했다.
She has a **loss** of memory. 그녀는 기억 상실증이다.

| 복수형 | losses |

➕ feeling of loss 상실감
sense of loss 상실감

2 ① 죽음, 사망
Mary was saddened by the **loss** of her pet cat.
메리는 애완 고양이가 죽어서 슬펐다.

> ❓ **sadden** 슬프게 하다

lost (lawst) [lɔ(:)st]

동사 lose의 과거 · 과거분사형

형용사 1 잃어버린, 분실한
I found the **lost** key. 나는 잃어버린 열쇠를 찾았다.

2 길을 잃은
Can you help me? I am **lost**.
절 도와주실 수 있습니까? 길을 잃었어요.
They **got lost** in the woods.
그들은 숲 속에서 길을 잃었다.

I am **lost**.

lot (laht) [lɑt]

대명사 《a lot, lots로 쓰임》 많음, 다량
I have **a lot of** hope for the future.
난 미래에 많은 희망을 품고 있다.
I don't have **a lot of** time. 난 시간이 많지 않다.
He still has **a lot** to do. 그는 할 일이 여전히 많다.
We bought **a lot of** apples. 우리는 사과를 많이 샀다.

부사 《a lot, lots로 쓰임》 많이, 훨씬, 자주
I'm feeling **a lot** better. 몸이 많이 좋아졌다.
I like him **a lot**. 나는 그를 매우 좋아한다.
Thanks **a lot**. 대단히 감사합니다.
This is **a lot** nicer. 이것이 훨씬 더 좋다.
Do you see her **a lot**? 그녀를 자주 만나니?

명사 ⓒ 땅, 부지
a parking **lot** 주차장
We're going to build our house on this empty **lot**.
우리는 이 빈터에 우리 집을 지을 것이다.

- ☑ I don't have a lot of time.
  = I don't have much time.
- ☑ He still has a lot to do.
  = He still has a lot of work to do.
- ☑ We bought a lot of apples.
  = We bought many apples.
- ☑ I'm feeling a lot better.
  = I'm feeling much better.

복수형 lots

Tip **a lot of(=lots of), many, much의 차이가 무엇인가요?**

위 표현들은 다 '많은'이라는 뜻이에요. 이 표현들의 차이점은 many는 셀 수 있는 명사와 함께 쓰고, much는 셀 수 없는 명사와 함께 쓰며, a lot of와 lots of는 셀 수 있는 명사나 셀 수 없는 명사 모두와 함께 쓸 수 있다는 것이지요.

예) There are **many** cars on the road. 도로에 차가 많다. (car: 셀 수 있는 명사)
There is **much** water in the bottle. 병에 물이 많다. (water: 셀 수 없는 명사)
I have **a lot of** friends. 나는 친구가 많다. (friend: 셀 수 있는 명사)
He has **a lot of** money. 그는 돈이 많다. (money: 셀 수 없는 명사)

lottery (lah-tur-ee) [látəri]

명사 ⓒ 복권, 추첨
I never play the **lottery**. It's a waste of money.
난 절대 복권을 하지 않아. 그건 돈 낭비야.

| 복수형 | lotteries |

*loud (loud) [laud]

형용사 시끄러운, 큰 (↔quiet)
Who's making all that **loud** noise?
누가 저 시끄러운 소리를 내고 있는 거야?
A: What was that **loud** noise?
저 큰 소리는 뭐였나요?
B: It sounded like lightning hitting a tree.
번개가 나무에 내리치는 소리 같은데요.

부사 시끄럽게, 큰 소리로 (≒loudly)
She speaks so **loud**. 그녀는 매우 큰 소리로 말한다.

| 비교급 | louder |
| 최상급 | loudest |

➕ **loudly** 시끄럽게, 큰 소리로
loudness 시끄러움, 큰 소리

| 비교급 | louder |
| 최상급 | loudest |

*love (luhv) [lʌv]

동사 1 사랑하다
Tim **loves** Sally. 팀은 샐리를 사랑한다.

2 매우 좋아하다
I **love** dogs. 나는 개를 매우 좋아한다.
Children **love** to play games.
어린이들은 게임 하기를 매우 좋아한다.

명사 1 ⓤ 사랑, 애정
Children need **love** from their parents.
아이들은 부모의 사랑이 필요하다.
She is **falling in love with** Eric.
그녀는 에릭과 사랑에 빠졌다.
A: I'm **in love with** her. 나는 그녀를 사랑해.
B: Was it **love at first sight**? 첫눈에 반한 거니?

2 《단수로 쓰임》 (~에 대한) 사랑, 좋아함
We all know his **love for** baseball.
우리 모두는 야구에 대한 그의 사랑을 안다.
I've always had a **love of** reading.
난 항상 책을 읽는 것을 좋아했다.

3인칭단수현재	loves
현재분사	loving
과거·과거분사	loved

➕ **loveless** 사랑이 없는
loving 사랑하는

I'm **in love with** her.

lovely (luhv-lee) [lʌ́vli]

형용사 1 사랑스러운, 예쁜, 귀여운
Mary has **lovely** blue eyes.

| 비교급 | lovelier |

메리는 사랑스러운 푸른 눈동자를 가지고 있다.
2 멋진, 훌륭한, 아주 좋은
Mary has a **lovely** home. 메리는 멋진 집이 있다.

| 최상급 | **lovel**iest |

* low (loh) [lou]

형용사 1 (높이가) 낮은 (↔high)
Tim jumped over the **low** fence.
팀은 낮은 울타리를 뛰어넘었다.
Low-hanging fruit is easy to pick.
낮게 열린 과일은 따기 쉽다.

2 (수치·정도가) 낮은 (↔high)
a **low** price 낮은 가격
The lake was **low** because it hadn't rained all month.
호수는 한 달 내내 비가 내리지 않았기 때문에 수위가 낮았다.
Sora has a **low**-grade fever. 소라는 미열이 있다.

3 (소리가) 낮은, 저음의
The mother sang to the baby in a **low** voice.
엄마는 낮은 목소리로 아기에게 노래를 불러 주었다.

부사 낮게 (↔high)
a **low**-flying airplane 낮게 날고 있는 비행기
The bird was flying very **low**.
새가 매우 낮게 날고 있었다.
He put the larger books **lower** down.
그는 좀 더 큰 책들을 더 낮은 데 놓았다.

| 비교급 | **low**er |
| 최상급 | **low**est |

➕ **low** ceiling 낮은 천장
low-fat milk 저지방 우유
low speed 저속

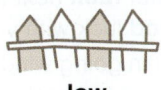
low

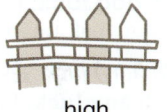
high

| 비교급 | **low**er |
| 최상급 | **low**est |

lower (loh-ur) [lóuər]

동사 낮추다, 내리다
lower a flag 기를 내리다
The sailors **lowered** the lifeboat to the people in the water.
선원들은 바다에 빠진 사람들에게 구명보트를 내려 주었다.
The shop **lowered** the price of vegetables.
그 가게는 채소 가격을 내렸다.
Please **lower** your voice in the library.
도서관에서는 목소리를 낮춰 주세요.

형용사 아래쪽의, 더 아래의 (↔upper)
Stop chewing your **lower lip**!
너 아랫입술 좀 그만 물어뜯어!
The **lower** half of the building was made of bricks.
건물의 아래 반쪽은 벽돌로 지어져 있었다.

3인칭단수현재	**lower**s
현재분사	**lower**ing
과거·과거분사	**lower**ed

 Please **lower** your voice.
= Please speak more quietly.

loyal (loi-uhl) [lɔ́iəl]

형용사 충성스러운, 성실한, 신의 있는 (≒faithful)
You should always be **loyal** to your team.
넌 언제나 팀에 성실해야 해.
She's **loyal** to her friends.
그녀는 친구들에게 의리를 지킨다.

| 비교급 | more loyal |
| 최상급 | most loyal |

➕ **loyalty** 충성, 성실, 신의

luck (luhk) [lʌk]

명사 ⓤ 운, 행운
I had much **luck** this year.
나는 올해 운이 참 좋았다.
Better **luck** next time. 다음엔 잘 될 거야.
Good luck with your exams. 시험 잘 봐.
A: I'm going windsurfing today.
   나 오늘 윈드서핑을 할 거야.
B: **Good luck**! I hope you get good weather.
   행운을 빌어! 날씨가 좋으면 좋겠다.
• **with (any) luck** 운이 좋으면
With any luck, I might get a ticket.
운이 좋으면 표를 구할 수 있을 거야.

☑ Good luck with your exams.
= I wish you luck with your exams.

☑ With any luck, I might get a ticket.
= If I'm lucky, I might get a ticket.

*lucky (luhk-ee) [lʌ́ki]

형용사 행운의, 운이 좋은 (↔unlucky)
A: I'm going to Hawaii. 나는 하와이에 간다.
B: Oh, you are **lucky**! 너는 운도 좋다!
He's **lucky to** have such a nice friend.
그처럼 좋은 친구를 두다니 그는 운이 좋다.
It was **lucky that** you weren't hurt.
다치지 않았다니 운이 좋았어.

| 비교급 | luckier |
| 최상급 | luckiest |

➕ **luckily** 운 좋게
   lucky day 운 좋은 날

lullaby (luhl-uh-bye) [lʌ́ləbài]

명사 ⓒ 자장가
Sora's grandmother sang her a **lullaby**.
소라의 할머니는 그녀에게 자장가를 불러 주셨다.
I feel sleepy when I hear **lullabies**.
나는 자장가를 들으면 졸음이 온다.

| 복수형 | lullabies |

*lunch (luhnch) [lʌntʃ]

명사 ⓒⓤ 점심
I had soup and a sandwich **for lunch**.

| 복수형 | lunches |

난 점심으로 수프와 샌드위치를 먹었다.
She has a lunch break at 12:00.
그녀는 12시가 점심시간이다.
We discussed the team project over lunch.
우리는 점심을 먹으면서 팀 과제에 대해 논의를 했다.
A: What's for **lunch**? 점심 메뉴는 뭐예요?
B: Noodles. 국수야.

bring a bag (box) **lunch**
(도시락을 싸 오다)

lung (luhng) [lʌŋ]

명사 ⓒ 폐, 허파
Smokers often get lung cancer.
흡연자들은 종종 폐암에 걸린다.

복수형 **lungs**

lying (lye-ing) [láiiŋ]

동사 lie¹, lie²의 현재분사형

'l'로 시작하는 단어가 들어있는 속담에는 어떤 것들이 있나요?

자주 볼 수 있는 속담을 아래에 정리해 보았어요.

예 **Look** before you **leap**.
뛰기 전에 잘 살펴라. → 돌다리도 두드려 보고 건너라.
He who **laughs** last, **laughs** best.
마지막에 웃는 자가 제일 잘 웃는 자다. → 마지막에 웃는 자가 진정한 승자다.
Love is blind.
사랑은 장님이다. → 사랑을 하게 되면 상대방의 결점이 안 보인다.
Love makes the world go round.
사랑은 세상을 움직이게 만든다. → 서로 배려하고 존중하면 더 좋은 세상이 된다.
Better **late** than never.
늦게라도 하는 것이 아예 안 하는 것보다 낫다.
Better **live** a coward than a dead hero.
죽은 영웅보다는 살아 있는 겁쟁이가 낫다. → 개똥밭에 굴러도 이승이 좋다., 위험할 땐 도망가는 것이 최선이다.
Lightning never strikes twice in the same place.
번개는 같은 장소에 두 번 내리치지는 않는다. → 한사람에게 똑같은 불행이 두 번 생기지는 않는다.
A **leopard** cannot change its spots.
표범은 자신의 얼룩무늬를 바꿀 수 없다. → 타고난 천성은 변하지 않는다.

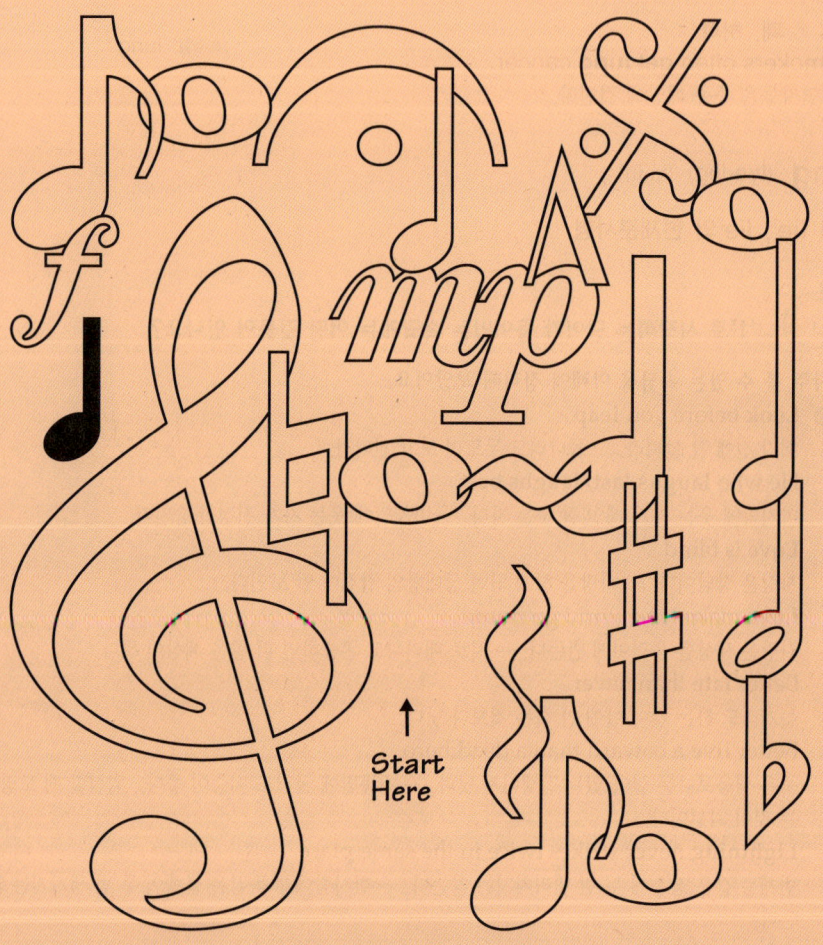

What kind of music do you listen to?
어떤 종류의 음악을 듣나요?

music

machine (muh-**sheen**) [məʃíːn]

명사 1 ⓒ 기계
This **machine** does not work.
이 기계는 작동하지 않는다.
Machines such as dishwashers and microwaves make our lives easier.
식기세척기, 전자레인지와 같은 기계는 우리 삶을 편리하게 한다.

2 ⓒ 장치
This **machine** is called a pulley and helps lift heavy things.
이 장치는 도르래라 불리는데 무거운 것을 드는 데 도움이 된다.

| 복수형 | machine**s** |

⊕ **machinery** 기계류
washing machine 세탁기
vending machine 자판기

mad (mad) [mæd]

형용사 1 미친, 정신 이상인
The **mad** man sprayed paint all over the subway.
미친 남자가 지하철 여기저기에 페인트를 뿌렸다.
He was **mad** with anger.
그는 분노로 미쳤었다.

2 미친 듯이 화를 내는, 몹시 화가 난, 분노한
Sam was really **mad at** Lisa for taking his book.
샘은 리사가 그의 책을 가져간 것에 몹시 화를 냈다.
Don't **get mad at** me. I didn't mean to do it.
내게 화내지 마. 일부러 그런 것은 아냐.

3 열광하는, 미치도록 좋아하는
Tim is **mad about** skiing.
팀은 스키에 열광한다.
She is **mad about** computer games.
그녀는 컴퓨터 게임에 열광한다.

● *drive ~ mad* ~을 미쳐 버릴 정도로 화나게 하다
This noise is **driving me mad**!
이 소음 때문에 미치겠다!

| 비교급 | mad**der** |
| 최상급 | mad**dest** |

⊕ **madness** 광기
mad cow disease 광우병

This noise is **driving me mad!**

madam (**mad**-uhm) [mǽdəm]

명사 《복수형 없음》 부인, 아가씨, 아주머니
Excuse me, **madam**, but you dropped your gloves.
실례합니다, 부인. 장갑을 떨어뜨리셨네요.

❓ **ma'am** madam보다는 덜 격식을 갖춘 표현

made (made) [meid]

make의 과거 · 과거분사형

magazine (mag-uh-*zeen*) [mǽgəzìːn]

명사 ⓒ 잡지
The news **magazine** is published weekly.
뉴스 잡지는 매주 발행된다.

> 복수형 **magazine**s

magic (maj-ik) [mǽdʒik]

명사 ⓤ 마법, 마술
Do you believe in **magic**? 마법을 믿니?

형용사 마법의, 마술의
Pulling a rabbit out of a hat is a common **magic** trick.
모자에서 토끼를 꺼내는 것은 일반적인 마술 기법이다.

magic

➕ **magical** 마술적인

magician (muh-*jish*-uhn) [mədʒíʃən]

명사 ⓒ 마법사, 마술사
The **magician** turned the prince into a frog.
마법사는 왕자를 개구리로 만들었다.

> 복수형 **magician**s

magnet (mag-nit) [mǽgnit]

명사 ⓒ 자석
Magnets have positive and negative sides.
자석에는 양극과 음극이 있다.
My mother collects refrigerator **magnets**.
우리 어머니께서는 냉장고 자석을 수집하신다.

> 복수형 **magnet**s
>
> ➕ **magnetic** 자석의, 자성을 띤
> **magnetic field** 자기장

maid (mayd) [meid]

명사 1 ⓒ 처녀, 아가씨
The pretty **maid** had many boyfriends.
그 예쁜 아가씨는 남자 친구가 많이 있었다.

2 ⓒ 하녀, 가정부
A **maid** cleans their apartment twice a week.
가정부가 일주일에 두 번 그들의 아파트를 청소한다.

> 복수형 **maid**s
>
> ➕ **maiden** 처녀; 처녀의, 최초의

*mail (mayl) [meil]

명사 1 ⓤ 우편물
Did we get any **mail** today?
오늘 우편물 온 거 있어?
I hate junk **mail**. 난 광고 우편물이 싫어.

> ❓ **junk mail** 원치 않는데 일방적으로 보내는 광고 우편물, 정크 메일

2 ⓤ 우편
She sent the present **by mail**.
그녀는 선물을 우편으로 보냈다.

3 ⓤ 전자 우편, 이메일 (≒e-mail, email)
He still hasn't answered my **mail**.
그는 아직 내 이메일에 답을 하지 않았다.

동사 **1** 우편으로 보내다, 우송하다
I'm going to the post office to **mail** this package.
난 이 소포를 부치러 우체국에 갈 거야.

2 전자 우편으로 보내다, 이메일을 보내다
I **mailed** my pictures **to** my friend.
나는 친구에게 내 사진을 이메일로 보냈다.

I'm going to the post office to **mail** this package.

3인칭단수현재	mails
현재분사	mailing
과거·과거분사	mailed

 mail과 post의 차이가 무엇인가요?

▶ 미국에서는 '우편, 우편물, 우편으로 보내다'라고 할 때 모두 mail이라는 단어를 써요.
  예) I **mailed** the letter today. 나는 오늘 편지를 부쳤다.

▶ 영국에서는 '우편, 우편물'에는 mail과 post 둘 다 쓰고 '우편으로 보내다'라고 할 때는 post를 써요.
  예) I **posted** the letter today. 나는 오늘 편지를 부쳤다.

mailbox (mayl-*bahks*) [méilbɑ̀ks]

명사 **1** ⓒ 우체통
A: I need to mail this letter.
  이 편지를 부쳐야 하는데.
B: There's a **mailbox** on the corner.
  모퉁이에 우체통이 있어.

2 ⓒ (가정용) 우편함
Bill's **mailbox** is next to his front door.
빌의 우편함은 현관문 옆에 있다.

3 ⓒ [컴퓨터] 메일 함, 메일 박스
There were twenty unread mails in my **mailbox**.
내 메일 함에는 읽지 않은 메일이 20개 있었다.

복수형 **mailboxes**

✚ **postbox** (영국영어) 우체통
letter box (영국영어) 우편함

mailbox

main (mayn) [mein]

형용사 《명사 앞에만 쓰임》 주된, 주요한
The **main** reason to lose weight is to improve your health.
몸무게를 줄이려는 주된 이유는 건강을 증진시키기 위함이다.

❓ **improve** 향상시키다, 개선하다

mainly

Go to the **main** entrance of the building.
건물의 정문으로 가라.

● ***the main thing*** 가장 중요한 것
The main thing is that you're not hurt.
가장 중요한 것은 네가 다치지 않은 거야.

➕ **main goal** 주된 목표
main idea 주제, 요지
main street (도시의) 중심가, 큰길

mainly (mayn-lee) [méinli]

[부사] 주로, 대개, 대부분 (≒mostly)
I **mainly** exercise on the weekends.
나는 주로 주말에 운동을 한다.
Our customers are **mainly** teenagers.
우리 고객은 대부분 십 대들이다.

☑ Our customers are mainly teenagers.
= Most of the customers are teenagers.

maintain (mayn-tayn) [meintéin]

[동사] 1 (전과 같은 상태를) 유지하다, 지속하다 (=keep)
How do you **maintain** your health?
당신은 건강을 어떻게 유지하시나요?

2 (점검·보수를 하여) 관리하다, 유지하다
The car was well **maintained**.
그 차는 관리가 잘되었다.
It's expensive to **maintain** large houses.
큰 집은 관리하는 데 돈이 많이 든다.

3인칭단수현재 **maintains**
현재분사 **maintaining**
과거·과거분사 **maintained**

➕ **maintenance** 유지, 관리

major (may-jur) [méidʒər]

[형용사] 《명사 앞에만 쓰임》 주요한, 주된, 중요한, 큰 (↔ minor)
The greenhouse effect is one of the **major problems**.
온실 효과는 주요 문제점들 중 하나이다.
There are airports in all the **major** cities.
모든 주요 도시에는 공항이 있다.

[명사] ⓒ (대학의) 전공
Eric's **major** is world history.
에릭의 전공은 세계사이다.
A: What's your **major**? 전공이 무엇인가요?
B: I'm studying food science. What about you?
식품학을 공부하고 있습니다. 당신은요?
A: I'm studying biology. 생물학을 공부하고 있어요.

[동사] 《major in으로 쓰임》 전공하다
She's **majoring in** chemistry.
그녀는 화학을 전공하고 있다.

The greenhouse effect is one of the **major problems**.

복수형 **majors**

※ 부전공은 minor, 복수 전공은 double major라고 해요.

3인칭단수현재 **majors**
현재분사 **majoring**
과거·과거분사 **majored**

majority (muh-jor-i-tee) [mədʒɔ́(:)rəti]

명사 **1** 《단수로 쓰임》 대부분, 대다수 (↔minority)
The **majority of** our students are Chinese.
우리 학생들 대부분은 중국 사람이다.

2 ⓒ 득표 차
She won the election by a **majority** of 250 votes.
그녀는 250표 차로 당선되었다.

| 복수형 | majorit**ies** |

➕ **majority rule** 다수결의 원칙

*make (make) [meik]

동사 **1** 만들다, 제작하다
His company **makes** skateboards.
그의 회사는 스케이트보드를 만든다.

2 《명사와 함께 쓰여》 ~을 하다, 행하다
He didn't **make a decision** yet.
그는 아직 결정을 하지 않았다.
Nobody's perfect — we all **make mistakes**.
그 누구도 완벽하지 않다. 우리는 다 실수를 한다.
Stop **making** so much **noise**! We're in the library!
그렇게 떠들지 마! 우리는 지금 도서관에 있는 거잖아!

3 시키다, ~하게 하다
Mom **made** me answer the phone.
엄마는 내가 전화를 받도록 하셨다.

4 야기하다, ~의 원인이 되다
Tim's carelessness **made** the accident happen.
팀의 부주의가 사고를 초래했다.

5 ~한 상태로 만들다
Seeing Sora always **makes** me happy.
소라를 만나는 것은 항상 나를 기쁘게 한다.
Sally always **makes** me laugh.
샐리는 항상 나를 웃게 한다.
The smell of onion **makes** me feel sick.
양파 냄새는 내 속을 안 좋게 만든다.
That dress **makes** you look younger.
그 드레스는 너를 더 어려 보이게 한다.

6 ~이 되다
This purse will **make** a nice present.
이 지갑은 좋은 선물이 될 거야.
Ten and five **make** fifteen.
10과 5를 더하면 15가 된다.
She would **make** a good teacher.
그녀는 좋은 선생님이 될 거야.

3인칭단수현재	make**s**
현재분사	mak**ing**
과거·과거분사	**made**

➕ **maker** 제조 회사, 메이커
handmade 손으로 만든
homemade 집에서 만든

His company **makes** skateboards.

☑ That dress makes you look younger.
= You look younger in that dress.

7 (돈을) 벌다
Sam got a part-time job to **make** some extra money.
샘은 여분의 돈을 벌기 위해 아르바이트 자리를 구했다.

- ***be made up of*** ~으로 구성되다
The school band **is made up of** 40 students.
학교 밴드는 40명의 학생들로 구성되어 있다.

- ***make it*** 1 성공하다, (일 등을) 잘 해내다
She **made it** in the movies when she was sixteen.
그녀는 16살에 영화계에서 성공을 거두었다.
2 제시간에 도착하다, (행사·모임 등에) 가다, 참석하다
A: Can you come to the party by 6:00 tonight?
오늘 저녁 6시까지 파티에 올 수 있겠니?
B: Of course, I can **make it**. 물론 갈 수 있지.
I'm sorry I won't be able to **make it** on Saturday.
미안하지만 토요일에 못 갈 것 같아.

- ***make sure*** 확인하다, 반드시 ~하다
I want to **make sure** he arrived home on time.
나는 그가 제시간에 집에 도착했는지 확인하고 싶다.

- ***make up*** 1 (변명·이야기를) 만들어 내다
Don't try to **make up** an excuse — I won't believe it!
변명거릴 만들어 내려고 하지 마. 난 안 믿을 거야!
2 화해하다
We had an argument last week, but we've **made up** now.
우리는 지난주에 말다툼을 했지만 지금은 화해했다.

- ***make up one's mind*** 마음을 정하다, 결심하다
I **made up my mind** to stop playing computer games.
나는 컴퓨터 게임을 그만두기로 마음먹었다.

Sam got a part-time job to **make** some extra money.

Don't try to **make up** an excuse — I won't believe it!

make가 들어간 표현들이 많은 것 같아요.

네, make를 이용한 관용적인 표현이 많지요. 쉽게 이해하는 방법은 make와 함께 쓰인 명사의 의미를 생각하면 돼요.

예		
decision (결정)	→	make a decision (결정하다)
friend (친구)	→	make a friend (친구를 사귀다)
appointment (예약)	→	make an appointment (예약을 하다)
effort (노력)	→	make an effort (노력하다)
promise (약속)	→	make a promise (약속하다)
money (돈)	→	make money (많은 돈을 벌다)
sense (의미)	→	make sense (의미가 통하다)

makeup, make-up (make-*uhp*) [méikʌ̀p]

명사 1 ⓤ 화장, 화장품, 메이크업
Why does she wear so much **makeup**?
그녀는 왜 화장을 그렇게 진하게 하지?
Susan wants to be a **makeup** artist.
수잔은 메이크업 아티스트가 되고 싶어 한다.

2 《단수로 쓰임》 구성
The new owner changed the **makeup** of the staff.
새로운 사장은 직원 구성을 바꾸었다.

makeup

male (mayl) [meil]

형용사 남성의, 남자의, 수컷의 (↔female)
a **male** nurse 남자 간호사
Mary bought a **male** dog at the pet store.
메리는 애완동물 가게에서 수캐를 샀다.

명사 ⓒ 남성, 남자, 수컷 (↔female)
The police are looking for a tall **male** with red hair.
경찰은 붉은 머리에 키가 큰 남성을 찾고 있다.
The **male** is usually bigger or more brightly colored than the female.
보통 수컷은 암컷보다 몸집이 더 크거나 색이 더 화려하다.

➕ **maleness** 남성성, 남성다움

복수형 **male**s

※ 요즘에는 과학이나 전문 용어에서 man, boy 대신 male을 더 많이 사용해요.

*man (men) [mæn]

명사 1 ⓒ (성인) 남자 (↔woman)
Many cultures have ceremonies when a boy becomes a **man**.
많은 문화에서 소년이 성인이 되었을 때 기념식을 거행한다.
I saw a tall **man** with dark hair.
나는 키가 큰 흑발 남자를 보았다.

2 ⓒⓤ 인류, 인간, 사람
Man needs to take better care of the earth.
인류는 지구를 더 잘 보살필 필요가 있다.
All **men** are equal. 모든 사람은 평등하다.

복수형 **men**

➕ **manly** 남자다운
man-made 인공의
man-made lake 인공 호수

manage (man-ij) [mǽnidʒ]

동사 1 관리하다, 경영하다
I need to **manage** my time more efficiently.
나는 시간을 좀 더 능률적으로 관리해야 할 필요가 있다.
Anne **manages** a women's clothing store.
앤은 여성 의류 가게를 경영한다.

3인칭단수현재 **manage**s
현재분사 **manag**ing
과거·과거분사 **manage**d

2 겨우〔간신히〕 ~하다
Tom **managed to** finish his homework.
톰은 숙제를 겨우 끝냈다.
She **managed to** carry the heavy box to the car.
그녀는 무거운 상자를 간신히 자동차로 날랐다.

> ➕ **manageable** 관리하기 쉬운
> **management** 경영, 관리

manager (man-i-jur) [mǽnidʒər]

명사 1 ⓒ 지배인, 관리자, 책임자
He works as a **manager** at a restaurant.
그는 식당에서 지배인으로 일한다.
I'd like to speak to the **manager**.
책임자와 이야기하고 싶습니다.

2 ⓒ (연예인 등의) 매니저, (스포츠 팀 등의) 감독

> 복수형 **manager**s
>
> ➕ **store manager** 점장

manner (man-ur) [mǽnər]

명사 1 《복수로 쓰임》 예의범절, 매너
Parents should teach their children good **manners**.
부모는 자녀에게 바른 예의범절을 가르쳐야 한다.
She has **bad manners**. 그녀는 예의가 없다.
It's bad manners to talk with your mouth full.
입안에 음식이 있는 채로 말하는 것은 예의가 아니다.

2 《단수로 쓰임》 태도 (=behavior)
The hotel manager treated us in a friendly **manner**.
호텔 지배인이 우리를 친절하게 대했다.
Her **manner** was polite and friendly.
그녀의 태도는 공손하고 정다웠다.

3 《단수로 쓰임》 방식, 방법
I think you have acted in a reasonable **manner**.
나는 네가 이성적인 방식으로 행동했다고 생각한다.

> 복수형 **manner**s
>
> ➕ **table manners** 식사 예절
>
> ☑ It's bad manners to talk with your mouth full.
> = It's not polite to talk with your mouth full.

manual (man-yoo-uhl) [mǽnjuəl]

형용사 1 손으로 하는, 육체노동의
manual labor 육체노동
a **manual worker** 육체노동자
Long ago, people used only **manual** skills to make clothing.
옛날에 사람들은 옷을 만드는 데 손기술만을 사용했다.
Computer-controlled robots are taking over **manual** jobs.
컴퓨터로 조종되는 로봇들이 육체노동 일자리를 빼앗아 가고 있다.

> ➕ **manually** 손으로, 수동으로

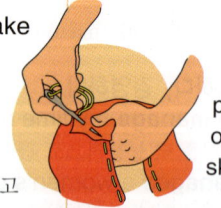

Long ago, people used only **manual** skills to make clothing.

2 수동의
My father's car has a **manual** transmission.
우리 아버지 차에는 수동 변속기가 장착되어 있다.
You have to use a **manual** switch to turn on the machine.
기계를 작동시키기 위해서는 수동 스위치를 사용해야 한다.

명사 ⓒ 설명서, 매뉴얼
When in doubt, read the **manual**.
의심이 나면 설명서를 읽어 봐.
The **manual** tells you how to load the software.
설명서에 소프트웨어를 설치하는 방법이 나와 있다.

❓ 변속기 회전 속도나 회전력을 바꾸는 장치

복수형 **manual**s

➕ user manual 사용자 설명서

manufacture (man-yuh-fak-chur) [mænjəfæktʃər]

동사 (대량으로) 제조하다, 제작하다, 생산하다
(=mass-produce)
The factory **manufactures** furniture.
그 공장은 가구를 제작한다.
The company **manufactures** MP3 players.
그 회사는 엠피스리 플레이어를 생산한다.

명사 Ⓤ (대량의) 제조, 제작, 생산 (=mass production)
the **manufacture** of cars 자동차 생산
What is the **date of manufacture**?
제조 일자가 어떻게 되니?

3인칭단수현재 **manufacture**s
현재분사 **manufactur**ing
과거·과거분사 **manufacture**d

➕ manufacturer 제조사, 생산 회사

*many (men-ee) [méni]

형용사 많은, 다수의
There are **many** fish in the sea.
바다에는 많은 물고기가 있다.
Tim's old car has **many** problems.
팀의 오래된 차는 문제가 많다.
A: **How many** friends do you have, Jane?
친구가 몇 명이나 있어, 제인?
B: Too **many** to count.
셀 수 없을 정도로 많아.

대명사 많은 사람, 많은 것
Many were stuck at the airport because of the snowstorm.
많은 사람들이 눈보라 때문에 공항에 발이 묶였다.

● **a good**〔**great**〕**many** 대단히〔상당히〕 많은
The actress was asked **a great many** questions and answered them all.
여배우는 **대단히 많은** 질문을 받았으나 모두 답변했다.

비교급 more
최상급 most

There are **many** fish in the sea.

- **as many as** ~만큼, ~와 같은 수의 것[사람]
  There were **as many** people at the party **as** I had thought.
  내가 생각했던 것**만큼**의 사람들이 파티에 참석했다.

  ※ many는 셀 수 있는 명사 앞에, much는 셀 수 없는 명사 앞에 써요.

 many, much, a lot of, lots of의 차이가 무엇인가요?

모두 양이나 수에 관련된 단어로 '많은' 이라는 뜻을 가지고 있어요.
▶ **many**는 셀 수 있는 명사 앞에 쓰지요.
  예) There were **many** flowers. 꽃이 많이 있었다.
▶ **much**는 셀 수 없는 명사 앞에 쓰지요.
  예) There was **much** water. 물이 많이 있었다.
▶ **a lot of**와 **lots of**는 셀 수 있는 명사와 셀 수 없는 명사 앞에 모두 쓸 수 있어요.
  예) There were **a lot of** flowers. = There were **lots of** flowers. 꽃이 많이 있었다.
      There was **a lot of** water. = There was **lots of** water. 물이 많이 있었다.

---

* **map** (map) [mæp]

  명사 ⓒ 지도
  draw a map of a town 동네 지도를 그리다
  The **map** says we should turn right here.
  지도에는 우리가 여기서 우회전해야 된다고 쓰여 있어.
  Do you know how to **read a map**?
  너 지도 볼 줄 아니?

  동사 지도를 만들다
  A: A cartographer is a person who **maps** areas of the world.
  지도 제작자는 세계의 지역을 지도로 만드는 사람이야.
  B: So a cartographer draws new **maps**?
  그렇다면 지도 제작자는 새 지도를 그리는 거야?
  A: Exactly. 그렇지.

- **map out** (세밀하게) 계획을 세우다, 준비하다
  Let's **map out** the places we're going to visit today.
  오늘 우리가 방문할 곳들에 대해 **세밀하게 계획을 세웁시다**.

  복수형 **maps**
  ➕ **road map** 도로 지도
  world map 세계 지도
  3인칭단수현재 **maps**
  현재분사 **map**ping
  과거·과거분사 **map**ped
  ❓ **cartographer** 지도 제작자

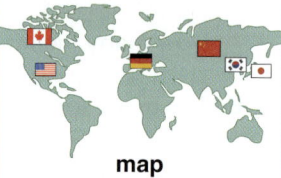
map

---

marathon (mar-uh-*thahn*) [mǽrəθàn]

명사 ⓒ [스포츠] 마라톤
a **marathon** runner 마라톤 선수
Bella is training to **run a marathon**.
벨라는 마라톤을 뛰기 위해 훈련하고 있다.

복수형 **marathons**
➕ **marathoner** 마라톤 선수

March (mahrch) [mɑːrtʃ]

명사 ⓒ ① 3월 (줄임말 Mar.)
He was born **in March**. 그는 3월에 태어났다.

| 복수형 | March**es** |

march (mahrch) [mɑːrtʃ]

동사 **1** 행진하다, 행진시키다
The soldiers **marched** together in the parade.
군인들은 퍼레이드에서 함께 행진했다.

2 (시위 행위로) 행진하다
The workers **marched** to ask for better working conditions.
근로자들은 더 나은 근무 환경을 요구하며 행진했다.

명사 **1** ⓒ 행진곡
The school band played a **march** at the soccer game.
학교 밴드는 축구 경기에서 행진곡을 연주했다.

2 ⓒ 행진
a peace **march** 평화 시위행진
They were tired after the long **march**.
그들은 오랜 행진을 한 후라 피곤했다.

3인칭단수현재	march**es**
현재분사	march**ing**
과거·과거분사	march**ed**

| 복수형 | march**es** |

➕ **marching band** (행진하며 연주하는) 악단, 퍼레이드 밴드

mark (mahrk) [mɑːrk]

명사 **1** ⓒ 자국, 흔적, 흠집
Sally was upset when she found a **mark** on her new desk.
샐리는 새 책상에서 흠집을 발견했을 때 기분이 상했다.
The robber left a **mark** on the door lock.
도둑은 현관문 자물쇠에 흔적을 남겼다.

2 ⓒ 표, 기호, 표시
Do you know the difference between a **question mark** and an **exclamation mark**?
물음표와 느낌표의 차이를 알고 있습니까?
This **mark** shows that the bottle can be recycled.
이 표시는 병이 재활용될 수 있음을 나타낸다.

3 ⓒ (영국영어) 점수, 성적
A: How were your **marks** this term?
이번 학기 네 성적은 어떠니?
B: Pretty good. I got three A's and three B's.
매우 좋아요. A 3개와 B 3개를 받았어요.

● **on your marks, get set, go!** (선수들에게) 출발점으로, 준

| 복수형 | mark**s** |

➕ **burn mark** 화상 흉터
marker 사인펜, 매직펜

This **mark** shows that the bottle can be recycled.

➕ **grade** (미국영어) 점수, 성적; 채점하다

비, 출발!

동사 **1** 표시하다, 나타내다
The yellow posts **mark** the mountain path.
노란 기둥들은 산길을 나타낸다.

2 (영국영어) 채점하다, (점수를) 기록하다
The teacher spent the evening **marking** test papers.
선생님께서는 밤새도록 시험지를 채점하셨다.

3인칭단수현재	mark**s**
현재분사	mark**ing**
과거·과거분사	mark**ed**

*market (mahr-kit) [máːrkit]

명사 **1** ⓒ (일반적으로 물건을 사고파는) 시장
Our local **market** is open only on Saturdays.
우리 지역 시장은 토요일에만 연다.

2 ⓒ (특정 지역·국가·소비자층을 가리키는) 시장
overseas **markets** 해외 시장
There is a big **market** in Korea for cell phones.
한국은 휴대 전화 시장이 크다.

● **on the market** 시중에 나와 있는, 팔려고 내놓은
This is one of the best computers **on the market**.
이것은 시중에 나와 있는 컴퓨터 중 가장 좋은 것이다.
Tim's parents put their house **on the market**.
팀의 부모님은 집을 팔려고 시장에 내놓았다.

복수형	market**s**

market

marriage (mar-ij) [mǽridʒ]

명사 **1** ⓒⓤ 결혼, 결혼 생활
They have a great **marriage**.
그들은 멋진 결혼 생활을 하고 있다.

2 ⓒ 결혼식 (= wedding)
Mary and Brian's **marriage** will be in June.
메리와 브라이언의 결혼식은 6월에 있을 것이다.

복수형	marriage**s**

➕ arranged marriage 중매결혼
marriage vows 혼인 서약

marry (mar-ee) [mǽri]

동사 **1** 결혼하다
They have been **married** for six years.
그들은 결혼한 지 6년째다.
She wants to **marry** Tim.
그녀는 팀과 결혼하기를 원한다.

2 주례하다
They were **married** by the minister of their church.
그들은 교회 목사님의 주례하에 결혼식을 했다.

3인칭단수현재	marr**ies**
현재분사	marry**ing**
과거·과거분사	marr**ied**

➕ married 결혼한, 기혼의

get married (to)와 marry의 차이가 뭐예요?

marry라는 표현보다는 get married (to)라는 표현을 더 많이 써요.
예) When are they **getting married**? 그들은 언제 결혼하지?
　　We **got married** in 2001. 우리는 2001년에 결혼했다.

Mars (mahrz) [mɑːrz]

명사 《단수로 쓰임》 [천문] 화성
Mars is too cold to live on. 화성은 살기에 너무 춥다.
One day people will travel to **Mars**.
언젠가는 사람들이 화성으로 여행을 갈 것이다.

➕ **Martian** 화성인, 화성의

---

mask (mask) [mæsk]

명사 ⓒ 가면, 탈, 마스크
Batman wears a **mask** to keep his identity a secret.
배트맨은 자신의 정체를 비밀로 하기 위해 가면을 쓴다.
The thieves wore **masks** to hide their faces.
도둑들은 얼굴을 가리기 위해서 가면을 썼다.
They wore monster **masks** for Halloween.
그들은 핼러윈 축제에 괴물 가면을 썼다.

복수형 **masks**

❓ **identity** 정체, 신원

3인칭단수현재 **masks**
현재분사 **masking**
과거·과거분사 **masked**

동사 가면을 쓰다, 가리다, 감추다
Tom's anger was **masked** by his politeness.
톰의 분노는 그의 공손함 뒤에 감추어져 있었다.

---

mass (mas) [mæs]

명사 **1** ⓒ 덩어리, 더미
A **mass** of snow made the roof collapse.
눈 더미가 지붕을 무너뜨렸다.
Sally took a **mass** of clay and began to shape it.
샐리는 찰흙 덩어리를 가지고 와서 모양을 만들기 시작했다.

2 ⓒ 다수, 다량
There's a **mass** of free anti-virus programs.
무료 백신 프로그램이 많이 있다.

3 《단수로 쓰임》 집단, 군중
A **mass** of people lined the streets to see the parade.
많은 사람들이 행진을 보기 위해 길에 늘어서 있었다.

4 ⓤ [물리] 질량
Mass can be measured in grams.
질량은 그램으로 측정될 수 있다.

복수형 **masses**

❓ **collapse** 무너지다

Sally took a **mass** of clay and began to shape it.

master

Mass는 무슨 뜻이 되나요?

mass가 대문자로 쓰여서 Mass가 되면 천주교에서 행하는 제사 의식인 '미사'를 말해요.
◉ They attend **Mass** every Sunday. 그들은 매주 일요일에 미사를 드린다.

master (mas-tur) [mǽstər]

명사 1 ⓒ (남자) 주인
The dog always follows his **master**.
그 개는 항상 주인을 따라다닌다.

2 ⓒ 전문가, 대가, 달인
Dr. Brown is a **master** on insects.
브라운 박사는 곤충 전문가이다.
They are **masters** at building furniture.
그들은 가구 제작의 달인들이다.

동사 숙달하다, 통달하다, 완전히 익히다
It takes many years to **master** a musical instrument.
악기에 숙달하는 데는 오랜 시간이 걸린다.
Her goal was to **master** the art of pottery making.
그녀의 목표는 도예를 완전히 익히는 것이었다.

복수형	master**s**

➕ **master of ceremonies** 사회자, 진행자 (줄임말 MC)
masterpiece 걸작, 명작
master's degree 석사 학위

3인칭단수현재	master**s**
현재분사	master**ing**
과거·과거분사	master**ed**

mat (mat) [mæt]

명사 ⓒ 깔개, 돗자리, 매트
The floor **mat** looks dirty.
바닥 깔개가 더러워 보인다.
Tom's house has a big blue **mat** in front of the front door.
톰의 집 현관 앞에는 커다란 파란색 깔개가 놓여 있다.

복수형	mat**s**

➕ **bath mat** 욕실용 매트
doormat (현관) 신발 흙털개

match (mach) [mætʃ]

명사 1 ⓒ 성냥
a box of **matches** 성냥 한 갑
She struck(lighted) a **match** and lit the candles.
그녀는 성냥을 켜서 초에 불을 붙였다.

2 ⓒ 경기, 시합
play a **match** 경기를 하다
win(lose) a **match**
경기에 이기다(지다)
The tennis **match** was postponed because of the rain.
테니스 경기는 비로 인해 연기되었다.

복수형	match**es**

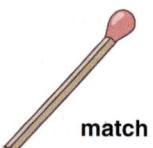

match

❓ **postpone** 연기하다, 미루다

3 《단수로 쓰임》 잘 어울리는 사람〔물건〕
These glasses are a good **match** with your face.
이 안경은 너의 얼굴과 잘 어울린다.

동사 **1** (색·무늬 등이) 어울리다, 맞다
Plaids and stripes don't **match**.
격자무늬와 줄무늬는 잘 어울리지 않는다.
That skirt doesn't **match** your blouse.
그 치마는 너의 블라우스와 안 어울린다.

2 연결시키다
Match the word with the right picture.
단어와 알맞은 그림을 연결하세요.

3인칭단수현재	match**es**
현재분사	match**ing**
과거·과거분사	match**ed**

❓ plaid 격자〔바둑판〕 모양

---

material (muh-**teer**-ee-uhl) [mətíəriəl]

명사 **1** ⓒⓤ 천, 옷감 (=fabric)
A: What kind of **material** is this jacket made of?
이 재킷은 어떤 종류의 천으로 만들어진 건가요?
B: It's made from waterproof **material**.
방수가 되는 천으로 만들어졌어요.

2 ⓒⓤ 재료, 물질
The **materials** in some products can be harmful to your health.
몇몇 제품의 재료는 건강에 해로울 수 있다.
Brick was used as the main building **material** for our house.
우리 집의 주된 건축 자재로 벽돌이 쓰였다.

형용사 《보통 명사 앞에 쓰임》 물질적인
Nothing in the **material** world will make us truly happy.
물질적인 세상에서는 어떠한 것도 우리를 진정으로 행복하게 할 수 없다.

복수형	material**s**

➕ radioactive material 방사능 물질
raw material 원자재, 원료
waste material 폐기물
writing materials 문방구

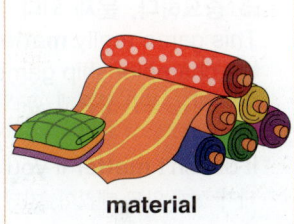
material

---

math, mathematics (math, *math*-uh-**mat**-iks) [mǽθ, mǽθəmǽtiks]

명사 ⓤ 수학
He is good at **math**. 그는 수학을 잘한다.
Tim isn't doing very well in his **mathematics** class.
팀은 수학 시간에 그다지 잘하고 있지 않다.

➕ maths (영국영어) 수학

 math와 maths는 다른 단어인가요?
둘 다 mathematics의 줄임말이에요. 미국에서는 math라고 하고, 영국에서는 maths라고 하지요.

matter (mat-ur) [mǽtər]

명사 1 ⓒ (고려·해결해야 하는) 문제, 일
A: **What's the matter?** 무슨 일이야?
B: I forgot my cell phone. 내 휴대 전화를 두고 왔어.
A: Here — use mine. 여기, 내 거 써.
They met to discuss business **matters**.
그들은 사업 문제를 상의하기 위해 만났다.

2 ⓤ 물체, 물질
Gravity keeps **matter** from floating away.
중력은 물체가 공중에 떠다니는 것을 방지한다.
This house is made of recycled **matter**.
이 집은 재활용 물질로 만들어졌다.

● *as a matter of fact* 사실은
As a matter of fact, I didn't take the exam.
사실은 나는 시험을 치지 않았다.
I like hamsters a lot, **as a matter of fact**.
사실 난 햄스터를 굉장히 좋아한다.

● *what's the matter?* 무슨 일이야?
You look angry. **What's the matter?**
화난 것 같은데. 무슨 일이야?
What's the matter with the computer?
컴퓨터에 무슨 문제가 있니?

동사 중요하다, 문제 되다
This game really **matters**. If we win it, we'll go to the championship game.
이 경기는 정말 중요해. 우리가 이기면 챔피언 결승전을 하게 될 거야.
It doesn't **matter** if you're late — I'll wait for you.
네가 늦게 와도 괜찮아. 기다릴게.

복수형 matter**s**

❓ gravity 중력
recycled 재활용된

You look angry. **What's the matter?**

☑ What's the matter?
= What's wrong?
= What's up?
= What happened?

3인칭단수현재 matter**s**
현재분사 matter**ing**
과거·과거분사 matter**ed**

---

no matter + what(who, which, when, where, how)는 어떤 뜻이 되나요?

no matter와 wh- 단어 또는 how가 함께 사용되면 '비록 무엇이(누가, 어느 것이, 언제, 어디서, 어떻게) ~일지라도, ~한다 해도'라는 뜻이 돼요.
◎ **No matter how** hard it is, I'll try. 아무리 어렵다고 해도 나는 해 볼 것이다.
No matter what you say, I'll go. 네가 무슨 말을 해도 나는 갈 것이다.

---

mattress (mat-ris) [mǽtris]

명사 ⓒ (침대) 매트리스
The **mattress** was full of bedbugs.
그 매트리스에는 빈대가 들끓었다.

복수형 mattress**es**

I prefer a firm (soft) **mattress**.
나는 딱딱한(푹신한) 매트리스가 더 좋다.

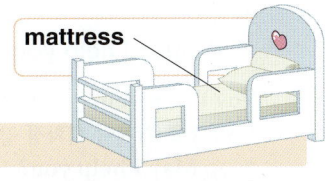
mattress

mature (muh-**choor**, muh-**toor**) [mətʃúər, mətjúər]

형용사 **1** (동물·식물이) 다 자란 (↔immature)
Dogs are physically **mature** after one year.
개들은 생후 일 년이면 육체적으로 다 자란 것이다.
The **mature** bull weighs about 680 kilograms.
다 자란 수소는 몸무게가 대략 680kg이다.

비교급 more mature
최상급 most mature

➕ **mature cheese** 숙성된 치즈
mature wine 숙성된 포도주

2 어른스러운, 성숙한 (↔immature)
Tony is very **mature** for his age.
토니는 나이에 비해 굉장히 어른스럽다.

maximum (**mak**-suh-muhm) [mǽksəməm]

형용사 《명사 앞에만 쓰임》 최대한의, 최고의 (↔minimum)
The **maximum** weight this elevator can hold is 1,000 kilograms.
이 엘리베이터가 수용할 수 있는 최대 무게는 1,000kg이다.
The **maximum** fine is $500.
벌금의 최고가는 500달러다.

➕ **maximize** 극대화하다, 최대한으로 활용하다

명사 (양·속도 등의) 최대, 최고 (↔minimum)
This plane can carry a **maximum** of 152 people.
이 비행기는 최대 152명까지 태울 수 있다.

복수형 maxima,
maximum**s**

*may (may) [mei]

동사 **1** 〖가능성·추측〗 ~일지도 모른다, ~할지도 모른다
It looks like it **may** rain today. 오늘 비가 올 것 같다.
What he said **may** be true.
그가 말한 것이 사실일지도 모른다.
A: Where's Tony? 토니가 어디 있지?
B: He **may** be in his room. 자기 방에 있을걸.

과거 might

It looks like it **may** rain today.

2 〖허가〗 ~해도 좋다, ~해도 된다
You **may** leave now. 지금 가셔도 됩니다.
A: **May** I go to the bathroom?
화장실에 좀 갔다 와도 될까요?
B: Yes, you **may**. 네, 그러세요.

※ 가능성이나 추측의 의미인 의문문에서는 may를 쓰지 않아요.

※ 상대방의 허가를 구할 때는 can보다는 may가 더 정중한 표현이에요.

3 〖희망·소원〗 ~하도록 빌다
Long **may** you live. 장수하시길 빌어요.
May peace return to this land!
이 땅에 평화가 돌아오기를!

Tip: May I help you?는 언제 쓰는 표현인가요?

May I help you?는 '찾으시는 게 있나요?, 필요하신 것이 있나요?, 도와 드릴까요?'라는 뜻으로, 주로 가게나 백화점 같은 곳에서 손님에게 물어볼 때 쓰는 말이에요.
예) A: **May I help you?** 도와 드릴까요?
B: No, thanks. I'm just browsing. 아뇨, 고맙습니다. 그냥 구경하고 있어요.

May (may) [mei]

명사 ⓒ 5월
April showers bring **May** flowers.
4월의 비가 5월의 꽃을 피운다.
The test is **on May** 10th. 시험은 5월 10일에 있다.

> 복수형 May**s**
> ➕ **May Day** 근로자의 날 (5월 1일)

*maybe (may-bee) [méibi:]

부사 아마도, 어쩌면 (≒perhaps)
Maybe he is not coming. 아마도 그는 안 올 거야.
A: Are you going to see the movie? 너 영화 볼 거니?
B: **Maybe**. 아마도.

> ※ 질문에 Maybe.라고 답하면 '그럴 수도 있고, 아닐 수도 있다'라는 의미가 돼요.

mayor (may-ur) [méiər]

명사 ⓒ 시장
The **mayor** of our city wants to build more schools.
우리 시의 시장은 좀 더 많은 학교를 짓고 싶어 한다.

> 복수형 mayor**s**

me (mee) [mi:]

대명사 《I의 목적격》 나, 나를, 나에게
She loves **me**. 그녀는 나를 사랑한다.
He gave **me** a gift. 그는 나에게 선물을 주었다.
A: Who wants to come? 누가 올래?
B: **Me**! 나!

> ➕ **I** 나
> **my** 나의
> **mine** 나의 것
> **myself** 나 자신

meal (meel) [mi:l]

명사 ⓒ 식사
Breakfast is my favorite **meal** of the day.
아침은 하루 중 내가 제일 좋아하는 식사다.
She was not hungry, so she **skipped the meal**.
그녀는 배가 고프지 않아 식사를 걸렀다.
● ***cook*(*prepare, make*) *a meal*** 요리를 하다, 식사를 차리다

> 복수형 meal**s**
> ➕ **breakfast** 아침 식사
> **lunch** 점심 식사
> **dinner** (저녁) 식사 (하루 중 가장 주된 식사)

My father **cooked** (**prepared, made**) us **a** delicious **meal**.
아버지께서 우리에게 맛있는 **요리를 해 주셨다**.
● ***go out for a meal*** 외식하다
We could go to a movie, or **go out for a meal**.
영화를 보러 가거나 **외식을 하자**.

> **supper** 저녁 식사 (하루 끼니 중 마지막 식사)

mean¹ (meen) [miːn]

동사 **1** 의미하다, 뜻하다
What does this picture **mean**?
이 그림은 무엇을 의미하는 거죠?
The red light **means** "Stop."
빨간 불은 '정지'를 의미한다.

2 의도하다, ~하려고 하다, ~할 생각이다 (≒ intend)
Did you **mean** to hit me with the baseball?
너 (일부러) 야구공으로 나를 치려고 했던 거니?
I didn't **mean** to say that.
그 말을 하려고 했던 것은 아니었다.

3 ~에게 의미가 있다, 소중하다, 중요하다
Going to college **means nothing to** him.
대학에 가는 것은 그에게 아무 의미가 없다.
My family **means a lot to** me.
내 가족은 나에게 굉장히 소중하다.

● ***I know what you mean*** (상대방의 말이) 무슨 말인지 알다 [이해하다]
A: I don't like him.
　나는 그를 좋아하지 않아.
B: **I know what you mean**. I don't like him either.
　무슨 말인지 알아. 나도 그가 싫어.

● ***what do you mean?*** **1** (상대방이 한 말을 이해 못했을 때) 무슨 말이야?
A: You'll come around seven, won't you?
　7시쯤에 올 거지, 그치?
B: **What do you mean?** 무슨 말이야?

2 (상대방이 한 말에 놀라거나 감정이 상했을 때) 무슨 말이야?, 무슨 뜻이야?
What do you mean you can't find the textbook?
교과서를 못 찾겠다니 무슨 말이야?

3인칭단수현재	**means**
현재분사	**meaning**
과거·과거분사	**meant**

What does this picture **mean**?

The red light **means** "Stop."

☑ I know what you mean.
= I agree.

mean² (meen) [miːn]

형용사 심술궂은, 못된, 비열한
a **mean** stepmother 못된 계모

| 비교급 | **meaner** |

Don't **be mean to** your sister.
여동생에게 심술궂게 굴지 마.
The **mean** wizard turned the children into frogs.
못된 마법사가 아이들을 개구리로 만들었다.
It was mean of him not to invite me.
그는 비열하게 나를 초대하지 않았다.

최상급 **mean**est

➕ **meanness** 비열한(심술궂은) 짓

meaning (mee-ning) [míːniŋ]

명사 ⓒⓤ 뜻, 의미
What is the **meaning** of that advertisement?
저 광고의 의미가 무엇입니까?
This expression has two different **meanings**.
이 표현은 두 개의 서로 다른 의미를 가진다.
People seem to have forgotten the true **meaning** of Christmas.
사람들은 크리스마스의 진정한 의미를 잊어버린 것 같다.

복수형 **meaning**s

➕ **meaningful** 의미 있는, 중요한
meaningless 무의미한, 중요하지 않은

means (meenz) [miːnz]

명사 ⓒ 수단, 방법
E-mail is a new **means of** communication.
이메일은 의사소통의 새로운 수단이다.
What **means of** transportation are you using?
너는 어떤 교통수단을 이용하니?

• **by means of** ~을 사용하여
I go to school **by means of** the bus.
나는 버스로 학교에 간다.

• **by no means** 결코 ~이 아닌
She is **by no means** a lazy student.
그녀는 **결코** 게으른 학생**이 아니다**.
It's **by no means** certain that Mary will come.
메리가 올지 **결코** 확실**하지 않다**.

복수형 **means**

※ means는 단수형과 복수형이 같음에 주의하세요.

☑ I go to school by means of the bus.
  = I go to school by bus.
  = I take the bus to school.

meant (ment) [ment]

동사 mean¹의 과거 · 과거분사형

meanwhile (meen-wile) [míːnhwàil]

부사 ~하는 동안에, 그동안에, 그사이에 (=meantime)
All my friends are outside playing. **Meanwhile**, I'm inside doing chores.
나의 모든 친구들이 밖에서 노는 동안 나는 안에서 허드렛일을 하고 있다.

※ meanwhile보다 덜 격식을 갖춘 표현으로 meantime이 있어요.

Our next meeting is on Saturday; **meanwhile**, you should gather information on global warming.
우리 다음 회의는 토요일에 있다. 그사이에 너는 지구 온난화에 대한 정보를 수집해야 한다.

- **in the meanwhile** 그동안에, 그때까지

measure (mezh-ur) [méʒər]

동사 1 (크기·무게·양 등을) 재다, 측정하다
I **measured** the door. It's 2.5 meters high.
나는 문을 쟀다. 높이가 2.5m이다.
I **measured** the height of the wall with my eye.
나는 눈짐작으로 담 높이를 쟀다.

2 (크기·무게·양 등이) ~이다
The painting **measures** 36 by 50 centimeters.
그림의 크기는 36cm×50cm이다.

명사 1 ⓒ (계량의) 단위
Liters are a **measure** of capacity.
리터는 용량의 단위이다.

2 ⓒ ((보통 복수형으로 쓰임)) 대책, 조치, 수단
The apartment complex **took measures to** increase security.
아파트 단지는 보안을 강화하기 위한 대책을 세웠다.

3인칭단수현재	measure**s**
현재분사	measur**ing**
과거·과거분사	measur**ed**

- **measurement** 측정, 치수
  measuring cup 계량컵
  measuring tape 줄자

| 복수형 | measure**s** |

- **emergency measure** 비상 대책
  safety measure 안전 조치

*meat (meet) [miːt]

명사 ⓒⓤ 고기
a piece[slice] of **meat** 고기 한 점
meat-eating animals 육식 동물
ground **meat** 간 고기
They don't eat **meat**.
그들은 고기를 먹지 않는다.
A: Have you ever tasted alligator **meat**?
너 악어 고기 먹어 봤어?
B: Yes, when I was on vacation in Florida.
응, 플로리다에서 휴가 중일 때.

| 복수형 | meat**s** |

- **duck** 오리고기
  lamb 새끼 양의 고기
  raw meat 날고기

meat

Tip: meat의 종류에는 어떤 게 있나요?
가장 흔한 meat의 종류로는 beef (쇠고기), pork (돼지고기), chicken (닭고기), turkey (칠면조 고기) 등이 있지요.
- 예) roast beef 구운 쇠고기, pork ribs 돼지갈비, fried chicken 튀긴 닭고기, roast turkey 구운 칠면조

mechanic (muh-kan-ik) [məkǽnik]

명사 ⓒ 정비사, 수리공
The car **mechanic** said the car needed new tires.
자동차 정비사는 차에 새 타이어가 필요하다고 했다.

> **복수형** mechanic**s**
>
> ⊕ mechanical 기계의

medal (med-uhl) [médl]

명사 ⓒ 메달, 훈장
Bob was awarded a **medal** for bravery.
밥은 용감한 행동으로 훈장을 받았다.
She **won a gold medal** in swimming.
그녀는 수영에서 금메달을 땄다.

> **복수형** medal**s**
>
> ⊕ medalist 메달을 딴 사람

media (mee-dee-uh) [míːdiə]

명사 1 《the media로 쓰임》 (신문·텔레비전·라디오 등의) 대중 매체, 언론
The media has a large role in modern life.
현대 생활에서 대중 매체는 큰 역할을 한다.
Can we trust **the media**? 대중 매체를 믿어도 되는 걸까?

2 medium(매체)의 복수형

> ⊕ mass media 대중 매체, 매스 미디어

medical (med-i-kuhl) [médikəl]

형용사 의학의, 의료의
medical center 의료 센터, 병원
Jane is almost finished with **medical school**. She'll be a doctor soon.
제인은 의과 대학을 거의 마쳤다. 그녀는 곧 의사가 될 것이다.
I need a copy of my **medical records**.
제 진료 기록 사본이 필요합니다.
He works in the **medical field**.
그는 의료 분야에서 일한다.

> ⊕ medically 의학적으로
>
> **medical** center

medicine (med-i-sin) [médəsən]

명사 1 ⓒⓤ (아플 때 먹는) 약
The doctor gave me some **medicine** for my skin problem.
의사는 내 피부 문제에 맞는 약을 주었다.
You have to **take the medicine** every day.
너는 매일 약을 먹어야 한다.

> **복수형** medicine**s**
>
> ⊕ alternative medicine 대체 의학
> Chinese medicine 한의학

2 ① 의학
Modern **medicine** has found many cures for sicknesses.
현대 의학은 병에 대한 많은 치료법들을 찾아냈다.
He wants to **study medicine** and become a doctor.
그는 의학을 공부해서 의사가 되고 싶어 한다.

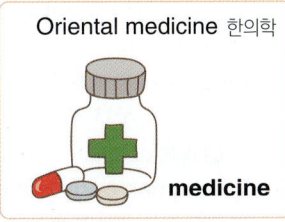
Oriental medicine 한의학
medicine

medieval (*mee-dee-vuhl*) [mìːdíːvəl]

형용사 중세의, 중세 시대의
medieval architecture 중세의 건축 양식
This city is famous for its **medieval** castle.
이 도시는 중세 시대 성으로 유명하다.
Medieval English is very different from modern English.
중세 시대의 영어는 현대 영어와는 많이 다르다.

⊕ the Middle Ages 중세 시대 (유럽 역사에서 서기 약 500년부터 1500년 사이의 시기)

Mediterranean (*med-uh-tuh-ray-nee-uhn*) [mèdətəréiniən]

명사 《the Mediterranean (Sea)로 쓰임》 지중해
The **Mediterranean** has Europe to the north, North Africa to the south, and western Asia to the east.
지중해 북쪽에는 유럽, 남쪽에는 북아프리카, 그리고 동쪽에는 서아시아가 있다.

형용사 지중해의
The **Mediterranean** diet is very good for your heart. 지중해식 식단은 심장에 굉장히 좋다.

⊕ Mediterranean country 지중해 국가
Mediterranean climate 지중해성 기후

medium (*mee-dee-uhm*) [míːdiəm]

형용사 **1** (치수·길이·양 등이) 중간의
I'll have a **medium** size coffee, please.
중간 크기의 커피로 주세요.
Would you like a small, **medium**, or large cola?
콜라는 소, 중, 대 중 어느 것으로 하실래요?
He is of **medium** height. 그는 중간 정도의 키이다.

2 (고기가) 중간 정도로 구워진
A: How would you like your steak?
스테이크를 어느 정도로 익혀 드릴까요?
B: **Medium**, please. 중간 정도로 익혀 주세요.

명사 **1** ⓒ (정보 전달의) 매체, 수단
TV is a great **medium** for advertising products.

⊕ 살짝 구운 rare
중간 정도로 구운 medium
완전히 구운 well-done

small **medium** large
복수형 media, mediums

TV는 상품을 광고하기에 훌륭한 매체이다.
(이 의미인 경우 복수형은 주로 media를 사용해요.)
Language is a **medium** of expression.
언어는 표현 수단이다.

2 ⓒ 매개체
The human body is a great **medium** for germs.
인간의 몸은 세균에게 훌륭한 매개체이다.

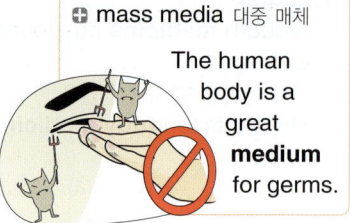

➕ **mass media** 대중 매체

The human body is a great **medium** for germs.

 media도 medium의 복수형인가요?

네. '대중 매체'라는 뜻으로 쓰이는 mass media에서 media는 medium의 복수형이에요.
이와 비슷한 형태로 data는 datum(정보)의 복수형이지요.

✱ **meet** (meet) [mi:t]

[동사] 1 만나다, (우연히) 마주치다, 모이다
I have to **meet** Tim at the airport.
난 공항에서 팀을 만나야 한다.
The English teachers **meet** every Wednesday after school.
영어 선생님들은 매주 수요일 방과 후에 모인다.
A: Eric, I'd like you to **meet** Sally.
  에릭, 샐리를 소개할게.
B: Nice to **meet** you. 만나서 반가워.

2 (길·강·선 등이) 만나다, 하나로 합쳐지다
This road **meets** the highway in five kilometers.
이 길은 5km 지나서 고속 도로와 만난다.
The river **meets** the sea here.
이곳에서 강이 바다와 만난다.

3 (요구·필요 등을) 만족시키다
I'm afraid this apartment doesn't **meet** our requirements. We need three bedrooms.
죄송하지만 이 아파트는 우리의 필요를 만족시키지 못하네요.
우리는 침실이 3개 필요하거든요.
The movie didn't **meet** our expectations.
영화는 우리의 기대에 미치지 못했다.

3인칭단수현재	**meet**s
현재분사	**meet**ing
과거·과거분사	**met**

➕ **meeting** 모임, 만남

☑ Nice to meet you.
  ≒ Pleased to meet you.
  ≒ (It's a) pleasure to meet you.

This road **meets** the highway in five kilometers.

 Nice to meet you.는 언제 쓰는 표현인가요?

Nice to meet you.(만나서 반가워.)라는 표현은 주로 처음 만났을 때 쓰는 표현이에요. 이미
아는 사이에서는 meet 대신에 see를 써서 Nice to see you.라는 표현을 더 자주 쓴답니다.

meeting (mee-ting) [míːtiŋ]

명사 1 ⓒ 모임, 회의, 집회
The science club **is holding a meeting** on Thursday.
과학 동아리는 목요일에 모임을 갖는다.
They **attended a meeting** on air pollution.
그들은 대기 오염에 관한 회의에 참석했다.
She's **in a meeting** now. Can I take a message?
그녀는 지금 회의 중이에요. 전할 말씀 있으신가요?

2 ⓒ 만남, 마주침
I'll never forget my first **meeting** with my pet dog.
나는 내 애완견과의 첫 만남을 영원히 잊지 못할 것이다.

> **복수형** meeting**s**
>
> ⊕ general meeting 총회
> meeting place 만날 장소
> summit meeting 정상 회담
>
> ※ 우리가 '미팅, 소개팅'이라고 하는 남자와 여자와의 만남은 영어로 blind date라고 해요.

melody (mel-uh-dee) [mélədi]

명사 ⓒ 선율, 멜로디
a sad **melody** 슬픈 선율
The **melody** is too slow. 멜로디가 너무 느리다.
They played some lovely **melodies**.
그들은 아름다운 멜로디를 연주했다.

> **복수형** melod**ies**
>
>
> melodies

melt (melt) [melt]

동사 1 녹다, 녹이다
The ice cream is **melting**. 아이스크림이 녹고 있다.
The sun **melted** the snow. 태양이 눈을 녹였다.

2 점차 사라지다 (=melt away)
The sun **melted into** the horizon.
태양은 수평선 안으로 점차 사라졌다.
The fog **melted away**. 안개가 걷혔다.

3 (감정·마음이〔을〕) 누그러지다, 누그러뜨리다
Lily's story about her dad's death **melted** Tom's heart.
아버지의 죽음에 대한 릴리의 이야기는 톰의 마음을 누그러지게 했다.

> **3인칭단수현재** melt**s**
> **현재분사** melt**ing**
> **과거·과거분사** melt**ed**
>
> ⊕ melting point 녹는점
>
>
> The ice cream is **melting**.

member (mem-bur) [mémbər]

명사 ⓒ 회원, 일원, 멤버
a **member of society** 사회 구성원
Are you a **member of** this club? 이 동아리 회원이니?
He is a **member of** our soccer team.
그는 우리 축구팀의 멤버이다.

> **복수형** member**s**
>
> ⊕ membership card 회원증
> membership fee 가입비

memorize

memorize (mem-uh-*rize*) [méməràiz]

동사 외우다, 암기하다
Anne has to **memorize** a poem for her English class.
앤은 영어 시간 숙제로 시를 외워야 한다.
Bob has to **memorize** his lines for the school play.
밥은 학교 연극에서 할 대사를 외워야 한다.

3인칭단수현재	memorize**s**
현재분사	memoriz**ing**
과거·과거분사	memorize**d**

➕ memorise (영국영어) 외우다

memory (mem-ur-ee) [méməri]

명사 1 ⓒⓤ 기억, 기억력
a **memory** test 기억력 테스트
Tim **lost** his **memory** when he got hit in the head.
팀은 머리를 부딪쳤을 때 기억을 잃었다.
I **have a good memory for** names.
나는 이름을 잘 기억한다.
I **have a bad memory**.
나는 기억력이 나쁘다.
She **has a short memory**. 그녀는 금방 잊어버린다.

2 ⓒ 추억
I have happy **memories of** my childhood.
나는 어린 시절의 행복한 추억들을 가지고 있다.

3 ⓒ [컴퓨터] 기억 장치, 메모리
The **memory** in my computer is almost full.
내 컴퓨터 메모리가 거의 다 찼다.

● *in memory of* ~을 기념하여, ~을 추모하여
The Lincoln Memorial was built **in memory of** President Lincoln.
링컨 기념관은 링컨 대통령을 **기념하기 위해** 지어졌다.

복수형 memor**ies**

➕ memo 메모, 기록
refresh one's memory
기억을 되살리다

I have happy **memories of** my childhood.

men (men) [men]

명사 man의 복수형

mental (men-tuhl) [méntl]

형용사 《명사 앞에만 쓰임》 정신의, 마음의
Mental illness affects many people.
정신병은 많은 사람들에게 영향을 미친다.
His physical and **mental health** had gotten better.
그의 육체적, 정신적 건강은 좋아졌다.
We need to develop a positive **mental attitude**.
우리는 긍정적인 사고방식을 개발해야 한다.

➕ mentally 정신적으로
mental age 정신 연령
mental disorder 정신병
mental hospital 정신 병원

mention (men-shuhn) [ménʃən]

동사 (~에 대해 간단히) 말하다, 언급하다
Brian **mentioned** you were feeling sick yesterday.
브라이언이 네가 어제 아팠다고 말했어.
Sally **mentioned** her class trip **to** her mother.
샐리는 엄마에게 학급 여행에 대해 말했다.
Did I **mention that** I've got a new computer?
새 컴퓨터가 생겼다고 내가 얘기했나?

- **don't mention it** 《감사 인사에 대한 정중한 답》 별말씀을요, 천만에요
  A: I'd like to thank you for your help.
  당신의 도움에 감사드리고 싶습니다.
  B: **Don't mention it**. It was my pleasure.
  천만에요. 도움이 되어 기뻐요.

- **not to mention** ~은 말할 것도 없고, ~은 물론 (=not to speak of)
  The weather here is wonderful, **not to mention** the food.
  이곳은 음식은 말할 것도 없고 날씨도 훌륭해.

명사 ⓒⓤ 언급, 거론
There was **no mention of** the accident in the newspaper.
신문에 그 사고에 대한 언급은 없었다.

3인칭단수현재	mention**s**
현재분사	mention**ing**
과거·과거분사	mention**ed**

✚ **above-mentioned** 앞에서 말한

☑ Don't mention it.
= You're welcome.
= Not at all.
= It was my pleasure.

복수형 mention**s**

---

menu (men-yoo) [ménjuː]

명사 ⓒ 메뉴, 식단, 차림표
Could I see a **menu**, please? 메뉴(판) 좀 갖다 주세요.
This restaurant's **menu** is very simple.
이 식당의 메뉴는 아주 간단하다.
What's on the **menu** tonight?
오늘 저녁 메뉴에는 무엇이 있나요?

복수형 menu**s**

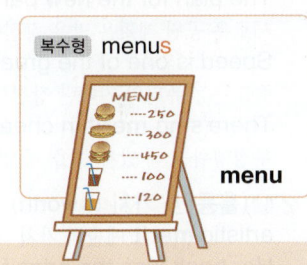
menu

---

merchant (mur-chuhnt) [mɔ́ːrtʃənt]

명사 ⓒ 상인, 무역상
The **Merchant** of Venice 〈베니스의 상인〉
The rug **merchant** doesn't open his shop on Sundays.
그 러그 상인은 일요일에는 영업을 하지 않는다.
A: What does your father do for a living?
아버지께서는 어떤 일을 하시니?
B: He's a wine **merchant**.
우리 아버지는 포도주 무역상이셔.

복수형 merchant**s**

❓ **rug** 마루나 방바닥에 까는 작은 카펫같이 생긴 깔개, 러그

The Merchant of Venice는 소설인가요?
The Merchant of Venice는 윌리엄 셰익스피어가 쓴 유명한 희곡이지요. 우리말로 〈베니스의 상인〉으로 번역되어 있어요.

Mercury (mur-kyur-ee) [mə́:rkjəri]

명사 《단수로 쓰임》 [천문] 수성
Mercury is the planet that is nearest to the sun.
수성은 태양에 가장 가까이 있는 행성이다.

➕ mercury [화학] 수은

merely (meer-lee) [míərli]

부사 단지, 그저 (≒ just, only)
It is **merely** a matter of money.
그것은 단지 돈 문제일 뿐이다.
I'm not angry, I'm **merely** trying to explain my point of view.
난 화가 난 게 아니라 그저 내 의견을 설명하려는 것뿐이야.
They're **merely** good friends.
그들은 단지 좋은 친구일 뿐이다.

➕ mere 단지, 그저, ~에 불과한

❓ point of view 의견, 견해, 관점

merit (mer-it) [mérit]

명사 1 ⓒ《주로 복수로 쓰임》 장점, 좋은 점
The plan for the new park **has** many **merits**.
새로운 공원 계획은 많은 장점이 있다.
Speed is one of the great **merits of** a computer.
속도는 컴퓨터의 커다란 장점들 중의 하나이다.
There's no **merit** in cheating.
부정행위를 해 봤자 좋을 게 없다.

2 ⓤ (훌륭한) 가치 (= worth)
artistic **merit** 예술적 가치
Her book won the prize for literary **merit**.
그녀의 책은 문학적 가치로 상을 받았다.

복수형 merit**s**

※ merit의 반대말은 demerit이에요. 그래서 '장단점'을 merits and demerits라고 해요.

❓ literary 문학의, 문학적인

mermaid (mur-mayd) [mə́:rmèid]

명사 ⓒ 인어
Mermaids sing to sailors at night.
인어들은 밤에 선원들에게 노래를 불러 준다.
The Little **Mermaid** is a popular animated film.
〈인어 공주〉는 인기 있는 만화 영화이다.

복수형 mermaid**s**

mermaid

Tip *The Little Mermaid*는 '작은 인어'란 뜻이잖아요.

*The Little Mermaid*는 그대로 번역하면 '작은 인어'이나 우리나라에는 〈인어 공주〉로 번역되어 널리 알려졌지요. 한스 안데르센이 쓴 동화예요.

merry (mer-ee) [méri]

형용사 즐거운, 유쾌한, 명랑한
I wish you a **merry** Christmas!
즐거운 성탄절을 기원합니다!
She is always such a **merry** person.
그녀는 언제나 명랑한 사람이다.

| 비교급 | merrier |
| 최상급 | merriest |

➕ merrily 즐겁게, 유쾌하게, 명랑하게

mess (mes) [mes]

명사 1 ◎《보통 단수로 쓰임》(지저분하고) 엉망(진창)인 상태
My little brother's room is always a **mess**.
내 남동생의 방은 항상 엉망이다.
Try not to **make a mess** on the floor. I just cleaned it.
바닥을 엉망으로 만들지 않도록 해. 내가 방금 바닥을 닦았거든.
"**What a mess!**" she said, looking at the living room.
"엉망진창이네!"라고 그녀가 거실을 보면서 말했다.
The kitchen is **in a mess**.
부엌이 엉망이다.

2 ◎《보통 단수로 쓰임》(여러 문제로) 엉망인 상황, 혼란, 곤경
How did we ever **get into** this **mess**?
어쩌다가 우리가 이런 곤경에 빠진 거지?
How can we **get out of** this **mess**?
어떻게 우리가 이 곤경을 벗어날 수 있을까?
He's **in a mess** — he lost his mother's money.
그는 곤경에 처해 있다. 그가 어머니의 돈을 잃어버렸다.

| 복수형 | messes |

➕ messy 지저분한, 엉망인

The kitchen is **in a mess**.

message (mes-ij) [mésidʒ]

명사 1 ◎ 전하는 말, 메시지
The president **sent** the world **a message** of peace.
대통령은 세계에 평화의 메시지를 보냈다.
I just **got a message** saying that today's meeting is canceled.

| 복수형 | messages |

➕ messenger 배달원, 전달자
text message (휴대 전화) 문자

난 방금 오늘 회의가 취소되었다는 메시지를 받았다.
She's not here at the moment — can I **take a message**?
그녀는 지금 여기 없는데요. 메시지를 전해 드릴까요?
There's **a message for** you here from your dad.
여기 너에게 네 아버지로부터 온 메시지가 있어.

2 ⓒ《보통 단수로 쓰임》(책·연설 등에서) 전하고자 하는 것, 취지, 교훈, 메시지
The **message** of the book was that good must battle evil.
책의 메시지는 선이 악에 맞서 싸워야 한다는 것이었다.

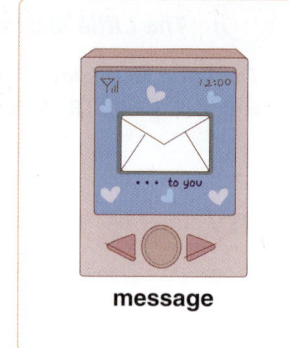
message

messy (mes-ee) [mési]

형용사 어질러진, 지저분한, 엉망인
a **messy** room 어질러진 방
Sorry the kitchen is so **messy**, Mom. I haven't had time to clean.
부엌이 엉망이라 죄송해요, 엄마. 치울 시간이 없었어요.

| 비교급 | messier |
| 최상급 | messiest |

met (met) [met]

동사 meet의 과거·과거분사형

metal (met-uhl) [métl]

명사 ⓒⓤ 금속
Titanium is one of the hardest **metals**.
티타늄은 가장 단단한 금속들 중 하나다.
Is that made of **metal** or plastic?
그건 금속으로 만들어진 거야 아니면 플라스틱으로 만들어진 거야?

복수형 metal**s**

➕ heavy metal 중금속
　non-metal 비(非)금속
　precious metal 귀금속

meter (mee-tur) [míːtər]

명사 1 ⓒ [길이 단위] 미터 (줄임말 m)
Who won the 100 **meters**?
누가 100미터 달리기에서 이겼지?
The fence is nine **meters** long.
그 담장의 길이는 9미터이다.

2 ⓒ (가스·수도 등의) 계량기
A man came to **read** the electric (gas, water) **meter**.
어떤 사람이 전기(가스, 수도) 계량기를 검침하러 왔다.

복수형 meter**s**

➕ metre (영국영어) 미터

※ 1 meter ≒ 39.37 inches

method (meth-uhd) [méθəd]

명사 ⓒ 방법, 방식
Let's try again using a different **method**.
다른 방법으로 다시 해 보자.
What's the best **method for** fixing a flat tire?
펑크 난 타이어를 고칠 수 있는 가장 좋은 방법은 뭔가요?

> 복수형 method**s**
>
> ➕ scientific method 과학적 방법

mice (mise) [mais]

명사 mouse의 복수형

microphone (mye-kruh-fone) [máikrəfòun]

명사 ⓒ 마이크, 마이크로폰 (줄임말 mic, mike)
Step closer to the **microphone**, please.
마이크에 좀 더 가까이 가세요.
Speak directly into the **microphone**.
마이크에 대고 말하세요.

> 복수형 microphone**s**

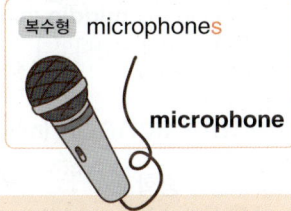
microphone

microscope (mye-kruh-skope) [máikrəskòup]

명사 ⓒ [물리] 현미경
Steve placed the slide **under a microscope**.
스티브는 현미경 아래에 슬라이드를 놓았다.
They were examining the hair **under a microscope**.
그들은 현미경으로 머리카락을 살펴보고 있었다.

> 복수형 microscope**s**
>
> ➕ micro- 아주 작은
>
> ❓ slide (현미경의) 슬라이드

microwave (mye-kroh-wave) [máikrouwèiv]

명사 ⓒ 전자레인지 (=microwave oven)
Anne heated up her dinner in the **microwave**.
앤은 자신의 저녁거리를 전자레인지에 데웠다.

> 복수형 microwave**s**

*middle (mid-uhl) [mídl]

명사 《단수, the middle로 쓰임》 중간, 중앙, 가운데
Those are my two cousins, and that's me **in the middle**.
그 사람들은 내 사촌 두 명이고 가운데 있는 게 나야.
The meat was raw **in the middle**.
고기는 한가운데 부분이 안 익었다.
Sam likes to sit **in the middle** of the movie theater.

> ➕ middle age 중년 (대개 40~60세)
> middle class 중산층
> the Middle Ages 중세 (시대)
> the Middle East 중동

샘은 영화관 중앙에 앉는 것을 좋아한다.
The main character leaves her country **in the middle of** the book.
주인공은 책의 중간 부분에 자신의 나라를 떠난다.
Don't call me **in the middle of** the night.
한밤중에 내게 전화하지 마.

- **be in the middle of -ing** 한창 ~하고 있는 중이다
  A: Could you lend me a hand? 나 좀 도와줄래?
  B: Not right now. I'm right **in the middle of doing** my homework.
  지금 당장은 안 돼. 지금 한창 숙제하고 있는 중이거든.

형용사 《명사 앞에만 쓰임》 가운데의, 중앙의, 중간의
The scissors are in the **middle** drawer.
가위는 가운데 서랍에 있다.
I was in my **middle** thirties then.
난 그때 30대 중반이었다.

Those are my two cousins, and that's me **in the middle**.

middle school (mid-uhl skool) [mídl skùːl]

명사 ⓒ ⓤ 중학교
My sister is a **middle school** student.
우리 언니는 중학생이다.

복수형 middle school**s**

midnight (mid-nite) [mídnàit]

명사 ⓤ 자정, 밤 12시, 한밤중
She left at **midnight**. 그녀는 자정에 떠났다.
I have to be home by **midnight**.
나는 밤 12시까지는 집에 와 있어야 한다.

➕ mid- 가운데, 중앙

might (mite) [mait]

조동사 **1** 〖may의 과거형〗《남의 말을 전달할 때》 ~할지도 모른다, ~했을 것이다
He said that she **might** visit us tomorrow.
그는 그녀가 내일 우리를 방문할지도 모른다고 말했다.

2 〖추측·가능성〗 ~일지도 모른다, ~할 가능성이 있다 (≒ may)
He **might** be late today.
그는 오늘 늦을지도 모른다.
She **might** not come if she's very busy.
만약 그녀가 많이 바쁘면 안 올 수도 있다.
A: Where's Bella? 벨라는 어디 있지?
B: She **might** be upstairs. 아마 2층에 있을걸.

➕ mightn't
  = might not
  might've
  = might have

☑ She might be upstairs.
  = She may be upstairs.
  = She's probably upstairs.

3 【허가】 ~해도 좋다, ~해도 된다
Might I borrow your pen? 당신 펜을 좀 빌려도 될까요?
I wonder if I **might** use your cell phone.
당신 휴대 전화를 써도 될까요?

4 【정중한 제안】 ~해 보세요, ~하면 어떨까요
If you need more information, you **might** try this website.
만약 정보가 더 필요하시면 이 웹 사이트에 들어가 보세요.
I thought we **might** go to the concert on Saturday.
우리 토요일에 콘서트에 가면 어떨까 하고 생각해 봤어요.

● *might as well* ~하는 편이 낫다
You **might as well** call him now.
너는 지금 그에게 전화해 보는 것이 좋겠다.

Might I borrow your pen?
= May I borrow your pen?
= Could I borrow your pen?

 might는 주어나 시제에 따라 형태가 변하지 않나요?

▶ 네. might는 주어나 시제에 관계없이 형태가 항상 might예요. 그리고 might 뒤에는 동사 원형이 오지요.
  ⓔ I **might** go there. 나는 거기에 갈 수도 있다.
    She **might** go there. 그녀는 거기에 갈 수도 있다.

▶ 위에서 설명한 대로 might는 시제에 따라 형태가 변하지 않아요. 그러면 어떻게 과거와 미래를 표현할까요? 과거는 'might have + 과거분사', 미래는 'might' 자체로 표현한답니다.
  ⓔ The tsunami **might have been** caused by an earthquake in the ocean.
    쓰나미는 바닷속 지진에 의해 일어난 것일 수도 있다. (과거)
    It **might** rain tomorrow.
    내일 비가 올 수도 있다. (미래)

---

mild (milde) [maild]

[형용사] 1 (정도가 강하지 않은) 가벼운, 순한, 부드러운
a **mild case** of food poisoning 가벼운 식중독
a **mild** curry 순한 맛 카레
This soap is **mild** on your skin.
이 비누는 피부에 순하다.

2 (날씨·기후가) 온화한, 따뜻한 (↔cold)
I like the **mild** climate of Spain.
난 스페인의 온화한 날씨를 좋아한다.

3 (성격·태도 등이) 온화한, 상냥한
Tom spoke in a **mild** voice.
톰은 온화한 목소리로 말했다.
He is a **mild-mannered** reporter.
그는 상냥한 리포터이다.

비교급 **mild**er
최상급 **mild**est

➕ **mildly** 약간, 부드럽게
  mildness 온화함, 순함, 부드러움

✓ Tom spoke in a **mild** voice.
  =Tom spoke in a gentle voice.

mile (mile) [mail]

명사 ◎〖거리 단위〗 마일 (줄임말 m)
half a **mile** 반 마일
I jog four **miles** every morning.
나는 매일 아침 4마일을 달린다.
It's a 20-**mile** drive to the amusement park.
놀이공원까지 차로 20마일이다.

| 복수형 | **mile**s |

※ 1 mile ≒ 1,609 meters
　　　　 = 5,280 feet

 왜 거리를 **mile**로 나타내나요? **meter**나 **kilometer** 아니에요?

미국에서는 거리를 나타내는 단위로 meter(m)나 kilometer(km) 대신에 주로 mile을 사용해요. 1mile은 약 1.6km에 해당하지요.

military (mil-i-*ter*-ee) [mílitèri]

형용사 군대의, 군의
All men in Korea have to do **military service**.
한국에 있는 모든 남자들은 군 복무를 해야 한다.
Korean **military forces** include the Army, the Air Force, the Navy, and the Marines.
한국 군대는 육군, 공군, 해군, 그리고 해병대를 포함한다.

➕ **military academy** 육군 사관 학교
military training 군사 훈련
take **military action** 군사적 행동을 취하다

명사 《the **military**로 쓰임》 군대, 군 (=the forces)
Eric planned on a career in **the military**.
에릭은 군대에서 경력을 쌓기로 계획했다.
He **joined the military** last year.
그는 작년에 군에 입대했다.

*milk (milk) [milk]

명사 ⓛ 우유, 젖
a carton of milk 우유 한 통
She drinks **a glass of milk** every morning.
그녀는 매일 아침 우유 한 잔을 마신다.
● **cry over spilt milk** (이미 저지른 일에 대해) 후회하다, 한탄하다
● **It's no use crying over spilt milk.**
엎질러진 우유를 두고 울어 봤자 소용없다. (엎지른 물은 다시 담을 수 없다.) 〈속담〉

동사 우유를 짜다
Have you ever **milked** a cow? You need strong hands.
소젖을 짜 본 적 있어? 손힘이 세야 해.

a glass of milk
a carton of milk

3인칭단수현재	**milk**s
현재분사	**milk**ing
과거·과거분사	**milk**ed

mill (mil) [mil]

명사 1 ⓒ 분쇄기
a coffee (pepper) **mill** 커피[후추] 분쇄기
Bella ground the coffee beans in the **mill**.
벨라는 분쇄기에 커피 원두를 갈았다.

2 ⓒ 제조 공장, 제작소 (≒ factory)
Sam's father works at the **steel mill**.
샘의 아버지께서는 제강소에서 일하신다.
The **paper mill** creates a lot of pollution.
제지 공장은 많은 오염을 일으킨다.

3 ⓒ 방앗간
a water **mill** 물레방앗간

복수형 **mill**s

mill

❓ **ground** grind(갈다)의 과거·과거분사형
제강소 강철을 만드는 공장

million (mil-yuhn) [míljən]

숫자 1,000,000, 백만
He earns a **million** dollars a year.
그는 1년에 백만 달러를 번다.
About 27 **million** people live in this city.
이 도시에는 약 2천7백만 명이 살고 있다.

• **millions** 수많은 (= a million)
Brian has **millions** of toys.
브라이언은 **수많은** 장난감이 있다.
A: How many students were there?
그곳에 학생이 몇 명이나 있었어?
B: **Millions**. 굉장히 많이 있었어.

복수형 **million**, **million**s

➕ **millionth** 백만 번째(의)

※ one in a million은 백만에 하나 있을까 말까 할 정도로 '아주 진귀한, 아주 특별한 사람 [것]'이라는 뜻이에요.

 Tip 어째서 27 **millions**가 아니고 그냥 27 **million**이라고 하나요?

▶ million이 숫자를 나타내는 의미로 쓰이면 복수라도 뒤에 s를 붙이지 않아요.
  🔘 three **million** 3백만,   four and a half **million** books 450만 권의 책
▶ million이 '수많은'이라는 의미로 쓰일 때만 복수형으로 써요.
  🔘 I could see **millions** of stars. 나는 수많은 별들을 볼 수 있었다.

millionaire (mil-yuh-nair) [mìljənέər]

명사 ⓒ 백만장자, 큰 부자
Work hard and save your money, and you can become a **millionaire**.
열심히 일하면서 돈을 저축하면 백만장자가 될 수 있다.
I'm going to retire after I become a **millionaire**.
나는 백만장자가 된 후에 은퇴할 것이다.

복수형 **millionaire**s

※ 억만장자는 billionaire라고 해요. billion은 10억이라는 뜻이에요.

mime (mime) [maim]

명사 1 ⓒⓤ 무언극, 마임 (≒ pantomime)
Jane is an actor studying **mime**.
제인은 마임을 공부하는 배우이다.
She **performed** a **mime**. 그녀는 마임을 해 보였다.

2 ⓒ 무언극 배우, 마임 배우
Mimes usually wear white makeup on their faces.
마임 배우들은 대개 얼굴에 흰 분장을 한다.

| 복수형 | mime**s** |

❓ **무언극** 대사 없이 표정과 몸짓만으로 내용을 전달하는 연극

mind (minde) [maind]

명사 ⓒⓤ 마음, 정신
Reading keeps your **mind** active.
독서는 정신을 활발하게 한다.
I was **out of** my **mind** because of the accident.
그 사고 때문에 난 제정신이 아니었다.
I **changed** my **mind**. I don't want to see the movie.
마음이 바뀌었어. 영화 보고 싶지 않아.

- *keep ~ in mind* ~을 명심하다
I want you to **keep** that **in mind**.
나는 네가 그것을 명심하길 바란다.

- *make up one's mind* 마음을 정하다, 결심하다 (≒ decide)
Shall I buy the blue hoodie or the black one?
I can't **make up my mind**.
파란색 후드 티를 살까 아님 검정색으로 살까? 마음을 정하지 못하겠어.

- *A sound mind in a sound body.* 건강한 신체에 건강한 정신이 깃든다. 〈속담〉

동사 1 꺼리다, 싫어하다, 신경 쓰다
I don't **mind** your coming with me.
네가 나와 같이 가도 난 상관없어.
A: **Do you mind** if I sit here? 여기 앉아도 될까요?
B: Yes, I'm saving this seat for someone.
안 되요, 이 자리는 다른 사람을 위해 맡아 놓은 것이에요.

2 돌보다
My grandma **minds** my baby sister.
할머니께서 내 젖먹이 여동생을 돌봐 주신다.

3 주의하다, 조심하다
Mind that step! 계단 조심해!
Mind your head. The ceiling in here is low.
머리 조심해. 여긴 천장이 낮아.

- *I don't mind* (나는) 상관없다, 괜찮다, 신경 쓰지 않다
A: Do you want orange juice or grape juice?

| 복수형 | mind**s** |

I **changed** my **mind**. I don't want to see the movie.

3인칭단수현재	mind**s**
현재분사	mind**ing**
과거·과거분사	mind**ed**

A: **Do you mind** if I sit here?
B: Yes, I'm saving this seat for someone.

오렌지 주스 마실래 포도 주스 마실래?
B: **I don't mind.** 아무거나 다 괜찮아.
● **mind your own business** 네 일이나 신경 써라, 내 일에 상관하지 마라
  A: Don't throw your trash on the street.
  길거리에 쓰레기를 버리지 마.
  B: **Mind your own business.** It's not your street.
  네 일이나 신경 써. 이 도로는 네 소유가 아니잖아.
● **never mind** 괜찮아, 신경 쓰지 마, 걱정하지 마
  A: I forgot your umbrella.
  네 우산 깜박하고 안 가져왔어.
  B: **Never mind**, it's sunny today.
  괜찮아. 오늘은 날씨가 좋은데 뭐.

☑ Mind your own business.
  = That's none of your business.

☑ Never mind.
  = Don't worry.
  = There's no problem.
  = It doesn't matter.

 mind가 들어가는 질문에는 대답을 어떻게 해야 하나요?
'Do you mind ~'로 시작하는 질문에는 답을 잘해야 해요. 'Do you mind ~'는 '~하는 것이 싫으신가요?'라는 뜻이므로 괜찮으면 No(=No, I don't mind.), 싫으면 Yes(=Yes, I mind.)라고 해야 하지요.
  예 A: Do you mind if I sit here? 제가 여기 앉는 것이 싫으신가요?
  (→ 제가 여기 앉아도 될까요?)
  B: No, go ahead. 아뇨, 앉으세요. (싫지 않아요., 괜찮아요.)

mine¹ (mine) [main]

[대명사] 《I의 소유대명사》 나의 것
This is your coat. Where is **mine**?
이것은 네 코트인데. 내 것은 어디 있지?
Tom is a friend of **mine**. 톰은 나의 친구이다.
That's **mine**. 그건 내 거야.

[복수형] ours
⊕ I 나
  my 나의, 내
  me 나, 나를, 나에게

mine² (mine) [main]

[명사] ⓒ 광산
My hometown is located near a gold **mine**.
우리 고향은 금광 옆에 위치해 있다.

[복수형] mine**s**
⊕ miner 광부

miniature (min-ee-uh-chur) [míniətʃər]

[형용사] 《명사 앞에만 쓰임》 아주 작은, 소형의, 축소한
a **miniature** camera 소형 카메라
miniature roses 아주 작은 장미들, 미니 장미들

⊕ mini- 작은, 소형의

minimum

명사 ⓒ 축소 모형, 미니어처
The tourist bought **a miniature of** the Taj Mahal.
관광객이 타지마할의 축소 모형을 샀다.

복수형 miniature**s**

minimum (min-uh-muhm) [mínəməm]

형용사 《명사 앞에만 쓰임》 최저의, 최소의 (↔ maximum)
the **minimum** voting age 최저 선거권 취득 연령
A **minimum** wage is the lowest hourly wage that employers have to pay to employees.
최저 임금은 고용주가 직원에게 지불하는 가장 낮은 시급이다.

명사 《단수로 쓰임》 최저, 최소, 최소한도 (↔ maximum)
We need **a minimum of** five people to play this game.
이 게임을 하는 데는 최소한 다섯 명이 필요하다.

➕ mini- 작은, 소형의
minimize 최소화하다

☑ We need a minimum of five people.
= We need at least five people.

minister (min-i-stur) [mínistər]

명사 1 ⓒ [기독교] 목사, 성직자
The **minister** of our church is a good speaker.
우리 교회 목사님은 좋은 설교자이다.

2 ⓒ 《보통 대문자로 쓰임》 (영국영어) 장관
The **Minister** of Foreign Affairs has to travel a lot.
외무 장관은 여행을 많이 해야 한다.

복수형 minister**s**

➕ Secretary (미국영어) 장관
the Prime Minister 총리, 수상

minor (mye-nur) [máinər]

형용사 중요치 않은, 작은, 사소한 (↔ major)
Sam had a **minor** problem with his bike.
샘의 자전거에 사소한 문제가 있었다.

명사 ⓒ 미성년자
A: Let me see your ID please.
신분증 좀 보여 주세요.
B: Here you go. 여기요.
A: It shows you're a **minor**. You're not old enough to buy alcohol.
미성년자네요. 술을 살 수 있는 나이가 아직 안 됐습니다.

※ '부전공'도 minor라고 해요.

복수형 minor**s**

❓ ID (identification) 신분증

minority (muh-nor-i-tee) [minɔ́:riti]

명사 1 ⓒ 소수, 소수 집단 (↔ majority)
A minority of the class wanted to visit the museum.
학급의 소수 학생들은 박물관에 가기를 원했다.

복수형 minorit**ies**

2 ⓒ 소수 민족
Minority students can have a hard time in school.
소수 민족 학생들은 학교에서 힘든 시간을 보낼 수 있다.

> ❓ **소수 민족** 다민족 국가에서 상대적으로 인구수가 적고 언어·관습 등을 달리하는 민족

＊ **minus** (mye-nuhs) [máinəs]

전치사 **1** ~을 뺀, 마이너스 (↔ plus)
Nine **minus** three equals six. 9 빼기 3은 6이다.

2 영하의
The temperature is **minus** 10 degrees.
기온이 영하 10도다.

> ➕ **minus sign** 마이너스 기호 (−)

＊ **minute** (min-it) [mínit]

명사 **1** ⓒ (시간의) 분 (줄임말 min.)
Hurry up! The class is going to start in a few **minutes**. 서둘러! 수업이 몇 분 후면 시작할 거야.
It's five **minutes** after six. 6시 5분입니다.

2 ⓒ 순간, 잠깐
A: Could you do me a favor?
제 부탁을 들어주실 수 있으세요?
B: If it's quick. I've only got a **minute**.
금방 되는 거면요. 시간이 별로 없거든요.
Can I have just a **minute** of your time?
제게 잠깐 시간을 내 주실 수 있습니까?
• *any minute* 지금 당장이라도 (≒ very soon)
He should be here **any minute**.
그는 지금 당장이라도 이리 올 것이다.

> 복수형 **minutes**
>
>
>
> Hurry up! The class is going to start in a few **minutes**.

 minute이 들어가는 자주 쓰는 표현이 있나요?

minute을 사용하여 '잠시만 기다려 주세요.'라는 뜻으로 많이 쓰는 표현이 있지요.
예 Wait a minute., Just a minute., Hold on a minute.

miracle (mir-uh-kuhl) [mírəkəl]

명사 ⓒ 기적
Bella's cancer was healed by a **miracle**.
벨라의 암은 기적적으로 치유되었다.
The basketball team won the game on a last-second **miracle** shot.
농구 팀은 마지막 1초에 기적과 같은 슛으로 승리했다.

> 복수형 **miracles**
>
> ➕ **miraculous** 기적적인
> **miraculously** 기적적으로

It's a miracle that no one was hurt in the crash.
충돌 사고에서 아무도 다치지 않은 것은 기적이다.

> ➕ **work miracles** 기적을 행하다

* mirror (mir-ur) [mírər]

명사 ⓒ 거울
Quit looking at yourself in the **mirror**. 거울 좀 그만 봐라.
● *A broken mirror is seven years' bad luck.* 거울이 깨지면 7년 동안 재수가 없다. 〈속담〉

> 복수형 mirror**s**

miserable (miz-ur-uh-buhl) [mízərəbəl]

형용사 비참한
I was **miserable** when I lived away from home.
나는 집을 떠나 살았을 때 참 비참했었다.
This cold is making me **feel miserable**.
이 추위가 나로 하여금 비참한 기분이 들게 한다.

> 비교급 more miserable
> 최상급 most miserable
>
> ➕ **misery** 비참함, 고통

misfortune (mis-for-chuhn) [misfɔ́ːrtʃən]

명사 1 ⓤ 불운, 불행
I had the **misfortune** to lose my wallet.
나는 운이 나쁘게도 지갑을 잃어버렸다.

2 ⓒ 불행한 일, 재난
The typhoon was a great **misfortune** for many people. 태풍은 많은 사람들에게 큰 불행이었다.

> 복수형 misfortune**s**
>
> I had the **misfortune** to lose my wallet.
>

◀ Miss (mis) [mɪs]

명사 【호칭】 (결혼 안 한 여성에게 쓰임) ~ 양, ~ 씨
Could I have this dance, **Miss** Betty?
함께 춤추실까요, 베티 양?
Miss Smith is an excellent painter.
스미스 씨는 훌륭한 화가이다.

> ➕ **Mr., Mr** (남성의 성 앞에 붙는 호칭) ~ 씨
> **Mrs., Mrs** (결혼한 여성의 성 앞에 붙는 호칭) ~ 씨, ~ 부인, ~ 여사

 결혼을 하면 호칭이 달라지나요?

여성의 호칭은 결혼 여부에 따라 다르게 칭했어요. 결혼하지 않은 여성 앞에는 Miss, 결혼한 경우에는 Mrs.라고 호칭했지요. 그런데 요즘에는 보통 결혼 여부를 따지지 않고 여성의 호칭으로 Ms.를 사용해요.

㉠ Miss Kim (결혼 안 한 경우), Mrs. Kim (결혼한 경우), Ms. Kim (결혼을 했거나 안 했거나 모두 사용)

miss (mis) [mis]

동사 **1** (목표를) 놓치다
His gunshot **missed** the target.
그의 총격은 과녁을 빗나갔다.
You'd better hurry, or you'll **miss** the bus.
서두르는 것이 좋을걸, 아니면 버스를 놓칠 거야.

2 결석하다, 빠지다
She **missed** the class for two days.
그녀는 이틀 동안 수업을 빠졌다.

3 (못 보고 · 못 듣고) 놓치다, 빠뜨리다, 지나치다
A: Can you tell me where city hall is?
시청이 어디 있는지 알려 주실 수 있나요?
B: It's just around the corner. **You can't miss it**.
바로 모퉁이를 돌면 있어요. 쉽게 찾으실 수 있을 거예요.

4 그리워하다, 많이 보고 싶다
Do you **miss** your son? 아들이 그리우세요?
I **missed** you so much, Mom.
정말 보고 싶었어요, 엄마.

3인칭단수현재	miss**es**
현재분사	miss**ing**
과거 · 과거분사	miss**ed**

➕ **missing** 없어진, 실종된

His gunshot **missed** the target.

missile (mis-uhl) [mísəl]

명사 ⓒ 미사일
a nuclear **missile** 핵미사일
The jet carried two **missiles**.
제트기에는 두 대의 미사일이 장착되어 있었다.

| 복수형 | missile**s** |

missile

mission (mish-uhn) [míʃən]

명사 **1** ⓒ 임무
Our **mission** is to clean up the school yard.
우리의 임무는 학교 운동장을 치우는 것이다.

2 ⓒ (특별한 임무를 맡은) 사절단, 파견단
Tom is part of an international peacekeeping **mission**.
톰은 국제 평화 유지단의 일원이다.

| 복수형 | mission**s** |

➕ **missionary** 선교사
mission control (지상의) 우주 비행 관제소

mistake (mi-stake) [mistéik]

명사 ⓒ 실수, 잘못
Brian **made** two **mistakes** on the math test.
브라이언은 수학 시험에서 실수를 두 번 했다.
I think you **made a mistake**. Could you check it again please?

| 복수형 | mistake**s** |

제 생각엔 당신이 실수한 것 같아요. 그것을 다시 한번 확인해 주실 수 있어요?
It was a mistake to go by bus — I got stuck in traffic. 버스를 탄 것은 실수였다. 도로가 막혔다.

동사 오해하다, 잘못 알다
A: I always **mistake** Tom **for** Tim and Tim **for** Tom.
난 항상 톰을 팀으로 그리고 팀을 톰으로 오해하게 돼.
B: How come? 어째서?
A: Because they're twins. 왜냐면 그들은 쌍둥이거든.

- ***by mistake*** 실수로
Oh, no! I gave him the wrong book **by mistake**.
오, 이런! **실수로** 그에게 딴 책을 주었네.

☐ **mistaken** 잘못 알고 있는

3인칭단수현재	mistake**s**
현재분사	mistak**ing**
과거	mis**took**
과거분사	mistake**n**

mistaken (mi-**stay**-kuhn) [mistéikən]

동사 mistake의 과거분사형

mistook (mi-**stuk**) [mistúk]

동사 mistake의 과거형

misunderstand (*mis*-uhn-dur-**stand**) [mìsʌndərstǽnd]

동사 잘못 이해하다, 오해하다
I **misunderstood** the teacher's directions.
난 선생님의 지시를 잘못 이해했다.
I'm sorry. I **misunderstood** what you said.
미안해. 내가 네 말을 잘못 이해했어.
Don't **misunderstand** me — I'm not saying that you're wrong.
나를 오해하지 마. 네가 틀렸다는 게 아냐.

3인칭단수현재	misunderstand**s**
현재분사	misunderstand**ing**
과거 · 과거분사	misunder**stood**

☐ **misunderstanding** 오해

mix (miks) [miks]

동사 섞다, 섞이다, 혼합하다
Mix the ingredients together. 재료들을 섞어라.
Mix the butter **and** sugar together.
버터와 설탕을 섞어라.
Oil and water don't **mix**. 기름과 물은 섞이지 않는다.

- ***mix up*** 혼동하다
She got the days **mixed up** and thought the test was today.
그녀는 날짜를 혼동해서 오늘이 시험일이라고 생각했다.

3인칭단수현재	mix**es**
현재분사	mix**ing**
과거 · 과거분사	mix**ed**

☐ **mixer** 믹서

mix

mixture (miks-chur) [míkstʃər]

명사 ⓒ 혼합물, 혼합체
Sprinkle the meat with the spice **mixture**.
고기에 양념 혼합물을 뿌려라.
A **mixture** of blue and yellow makes green.
파랑과 노랑을 섞으면 초록이 된다.

- 복수형 **mixture**s
- ❓ sprinkle 뿌리다
  spice 양념, 향신료

mobile (moh-buhl | moh-beel) [móubəl | móubi:l]

형용사 (moh-buhl) 이동식의, 이동하는
I would never live in a **mobile** home.
나는 (자동차로 끌고 다니는) 이동 주택에선 절대 살지 않겠다.
He will be **mobile** again.
그는 다시 걸을 수 있을 것이다.

- 비교급 more **mobile**
- 최상급 most **mobile**

명사 ⓒ (moh-beel) 모빌
A **mobile** hung above the baby's crib.
아기 침대 위에 모빌이 걸려 있었다.

- 복수형 **mobile**s
- ❓ crib 아기 침대

model (mah-duhl) [mádl]

명사 1 ⓒ 모형
Tim has **a model railroad** in his basement.
팀은 지하실에 모형 철도를 가지고 있다.

2 ⓒ (패션쇼 등의) 모델
Fashion **models** are usually very tall and very thin.
패션모델들은 대개 키가 매우 크고 아주 날씬하다.

3 ⓒ (제품·자동차 등의) 형, 스타일
This car is the latest **model**. 이 자동차는 최신형이다.

4 ⓒ 모범, 본보기
All of Mary's teachers say she is **a model student**.
메리의 모든 선생님들은 그녀가 모범 학생이라고 말한다.

- 복수형 **model**s
- ➕ role model 모범이 되는 사람
- ☑ This car is the latest model.
  = This car is the newest design.

modern (mah-durn) [mádərn]

형용사 1 현대의, 근대의
I'm not interested in **modern art**.
난 현대 예술에 관심이 없다.
What is the role of women in **modern society**?
현대 사회에서 여성의 역할은 무엇인가?

2 현대적인, 최신식의 (=new)
I like old cars better than **modern** ones.
난 현대적인 자동차보다는 옛 자동차를 더 좋아한다.

- 비교급 more **modern**
- 최상급 most **modern**
- ➕ modernization 현대화
  modernize 현대화하다

Modern appliances like dishwashers make life easy.
식기세척기와 같은 최신식 기기들은 삶을 편하게 만들어 준다.

> ❓ appliance (가정용) 기기

modest (mah-dist) [mάdist]

형용사 **1** 겸손한
The famous artist was **modest** about her paintings.
그 유명한 화가는 자신의 그림에 대해 겸손해했다.

2 (크기·가격 등이) 적당한, 보통의
Susan took a **modest** helping of rice.
수잔은 적당한 양의 밥을 덜었다.
Their house was quite **modest**.
그들의 집은 보통 크기였다.

> 비교급 more modest
> 최상급 most modest
>
> ➕ modestly 겸손하게
>   modesty 겸손
>
> ❓ helping 양, 그릇

moist (moist) [mɔist]

형용사 촉촉한, 젖은, 약간의 습기가 있는
A little bit of water will keep it **moist**.
약간의 물이 그것을 촉촉하게 유지시켜 줄 것이다.
Wash your hands with a **moist** cloth.
젖은 수건으로 네 손을 닦아라.

> 비교급 moist**er**
> 최상급 moist**est**
>
> ➕ moisture 습기

*mom (mahm) [mɑm]

명사 ⓒ 엄마
Mom, I'm home! 엄마, 다녀왔습니다!
My **mom** just called and said it's time to come home.
어머니께서 방금 전화하셔서 집에 올 시간이라고 말씀하셨다.

> 복수형 mom**s**
>
> ➕ mum (영국영어) 엄마
>   full-time mom 전업주부

Tip **mom**과 **mommy**의 차이가 뭔가요?

'엄마'를 뜻하는 영어 단어는 몇 가지가 있어요. '엄마'하고 부를 때 아이가 자람에 따라 보통 mɑmmɑ → mommy → mom이라고 변한답니다.

moment (moh-muhnt) [móumənt]

명사 **1** ⓒ 잠깐, 잠시
A: Could I ask you a few questions? It will just take a **moment**.
몇 가지 질문 좀 할 수 있을까요? 잠깐이면 됩니다.
B: OK, but make it quick. 좋아요. 하지만 빨리해 주세요.

> 복수형 moment**s**

I'll be with you **in a moment**.
곧 돌아오겠습니다.
One moment, please. 잠시만 기다려 주세요.
He thought **for a moment** before he clicked "send."
'보내기' 버튼을 클릭하기 전 그는 잠시 생각을 했다.

2 ⓒ 순간, 때
the moment of birth 탄생의 순간
At this moment, no one knows what the storm will do. 지금 당장은 폭풍이 어떻게 될지 아무도 모른다.
Just **at that moment** my brother arrived.
바로 그 순간 우리 형이 도착했다.

- **at the moment** 바로 지금
She's on holiday **at the moment**.
그녀는 **지금** 휴가 중입니다.

- **the moment** ~하자마자 곧
Tell him to phone me **the moment** he arrives.
그에게 도착**하자마자** 내게 전화하라고 해 줘.

☑ I'll be with you in a moment.
= I'll be with you soon.

the moment of birth

Monday (muhn-day) [mʌ́ndei]

명사 ⓒ 월요일 (줄임말 Mon.)
The barber shop is closed on every **Monday**.
그 이발소는 매주 월요일에 문을 닫는다.
Most people don't like **Mondays**, but I do.
대부분의 사람들은 월요일을 싫어하지만 나는 좋아한다.
blue **Monday** (일이 다시 시작되는) 우울한 월요일

복수형 **Monday**s

➕ last Monday 지난주 월요일
next Monday 다음 주 월요일
this Monday 이번 주 월요일

money (muhn-ee) [mʌ́ni]

명사 ⓤ 돈
Money can't buy me love.
돈이 나에게 사랑을 사 줄 수는 없다.
How much **money** did you **spend**?
너 돈을 얼마나 썼니?
Have you got any **money on you**?
너 돈 가진 거 있어?
I **borrowed** some **money** from my friend.
나는 친구에게 돈을 빌렸다.

➕ cost money 돈이 들다
earn money 돈을 벌다
make money 돈을 벌다
save money 돈을 절약하다, 저축하다

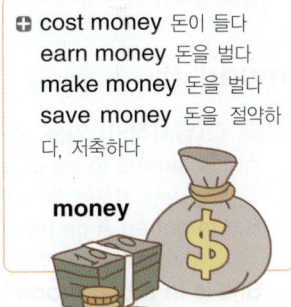

money

monkey (muhng-kee) [mʌ́ŋki]

명사 ⓒ 원숭이
The **monkeys** in the zoo are always begging for food.
동물원의 원숭이들은 항상 음식을 구걸한다.

복수형 **monkey**s

monster (mahn-stur) [mánstər]

명사 ⓒ (상상 속의) 괴물
A: There's a **monster** underneath my bed.
  내 침대 밑에 괴물이 있어.
B: Let me look. I don't see anything.
  어디 보자. 아무것도 안 보이는데.
The **monster** in the movie was very scary.
영화 속 괴물은 매우 무서웠다.

복수형 monster**s**

monster

*month (muhnth) [mʌnθ]

명사 ⓒ 달, 월
In what **month** were you born? 넌 몇 월에 태어났어?
He was in the hospital **for a month**.
그는 한 달간 병원에 입원했다.
The exhibition starts at the end of the **month**.
전시회가 이달 말에 시작한다.

복수형 month**s**

➕ last month 지난달
 next month 다음 달

monthly (muhnth-lee) [mʌ́nθli]

형용사 한 달에 한 번의, 매달의
a **monthly** magazine 월간지
Our club has **monthly** meetings.
우리 동아리는 매달 모임을 갖는다.

부사 한 달에 한 번, 매달
The magazine is published **monthly**.
그 잡지는 한 달에 한 번 발행된다.
How much rain falls here **monthly**?
매달 얼마나 많은 양의 비가 내리나요?

➕ daily 매일의, 매일
 weekly 매주의, 매주
 yearly 매년의, 매년

❓ publish 발행하다, 출판하다

mood (mood) [mu:d]

명사 ⓒ (일시적인) 기분, 심기
A: He seems to be **in a good mood** today.
  그는 오늘 기분이 좋아 보이네.
B: He got an A on his math test.
  수학 시험에서 A를 받았거든.
She is **in a bad mood** because she lost her new bag.
그녀는 새 가방을 잃어버려서 기분이 안 좋다.
I'm **in the mood for** Chinese food.
난 중국 음식이 먹고 싶어.
He was not **in the mood for** a party.
그는 파티를 할 기분이 아니었다.

복수형 mood**s**

➕ moody 침울한, 변덕스러운

☑ He seems to be in a good mood today.
 = He seems to be happy today.

*moon (moon) [muːn]

명사 1 《단수로 쓰임》 달
I want to visit **the moon** one day.
난 언젠가 달에 가 보고 싶어.
There's a **full moon** tonight. Look out for werewolves.
오늘은 보름달이 떠. 늑대 인간을 조심해.

2 ⓒ 위성
Jupiter has 16 **moons**. 목성은 16개의 위성이 있다.

복수형 moon**s**

➕ half moon 반달
moonlight 달빛
new moon 초승달

❓ werewolf 늑대 인간

moral (mor-uhl) [mɔ́(ː)rəl]

형용사 도덕의, 도덕적인, 윤리적인
It is often difficult to make **moral** choices.
도덕적인 선택을 하는 것은 종종 어렵다.
We have a **moral duty** to help others.
우리는 다른 사람들을 도와야 하는 도덕적인 의무가 있다.

명사 ⓒ 교훈
A: What's the **moral** of the story, Tom?
이야기의 교훈은 무엇이지, 톰?
B: Don't be greedy. '욕심내지 마라' 입니다.

➕ morality 도덕성
morally 도덕적으로

복수형 moral**s**

more (mor) [mɔːr]

형용사 〖many의 비교급〗 더 많은
She has **more** shoes **than** her younger sister.
그녀는 여동생보다 더 많은 신발을 가지고 있다.

〖much의 비교급〗 더 많은
You have **more** money **than** I do.
너는 나보다 돈이 더 많다.
Can I have some **more** milk?
우유를 좀 더 마셔도 될까요?

대명사 더 많은 수〔양〕
Do you want to know **more** about global warming?
지구 온난화에 대해서 더 많은 것을 알고 싶니?
I wish I could do **more** to help you.
널 돕기 위해 내가 더 많은 걸 할 수 있으면 좋겠어.

부사 더, 더욱
Jinsu is **more** popular **than** me.
진수는 나보다 더 인기가 있다.
Your health is **more** important **than** anything.
건강은 그 무엇보다도 중요하다.

Jinsu is **more** popular **than** me.

- **more and more** 점점 더, 더욱더
  Jim spends **more and more** of his time on the Internet.
  짐은 인터넷을 하는 데 **점점 더** 많은 시간을 보낸다.
- **more than** ~ 이상의
  More than 10,000 people were at the airport.
  만 명 **이상의** 사람들이 공항에 있었다.
- **more than anything** 그 무엇보다도
  More than anything, I'd like to make my parents proud.
  그 무엇보다도 나는 우리 부모님을 자랑스럽게 해 드리고 싶다.
- **the more, the better** 많으면 많을수록 좋은
  The more, the better. 많으면 많을수록 좋다. 〈속담〉

※ 비교급을 만드는 방법은 두 가지가 있어요. 보통 1음절 단어는 단어 뒤에 -er을, 2음절 이상의 단어는 단어 앞에 more를 붙여요.
cold → colder (1음절)
funny → funnier (2음절)
useful → more useful (2음절)
beautiful → more beautiful (3음절)

 'the + 비교급, the + 비교급'이 뭔가요?
'the + 비교급 ~, the + 비교급 ...'은 '~할수록 …하다'라는 의미를 갖는 표현 구조예요.
예) The <u>younger</u> you are, the <u>easier</u> you learn a language.
　　　young의 비교급　　　　easy의 비교급
어릴수록 언어를 배우기가 더 쉽다.

moreover (mor-oh-vur) [mɔːróuvər]

 게다가, 더욱이
Pets can cost a lot of money. **Moreover**, it takes a lot of time to care for them.
애완동물에는 많은 돈이 들 수 있다. 게다가 그들을 돌보는 데는 많은 시간도 소요된다.
Rabbit is smart and, **moreover**, she is always cheerful.
래빗은 똑똑하고, 게다가 항상 쾌활하기까지 하다.

Rabbit is smart and, **moreover**, she is always cheerful.

 moreover는 어느 때 쓰는 말인가요?
moreover는 회화에서 쓰기엔 너무 격식을 차린 말이에요. 회화에서는 besides나 also를 사용하는 것이 좋아요.

*morning (mor-ning) [mɔ́ːrniŋ]

아침, 오전
Good morning.
(아침 인사) 안녕하세요?

복수형 morning**s**

Morning has broken. Let's get going.
아침이 밝았다. 가자!
Tim is a **morning person**. He's got so much energy early in the day.
팀은 아침형 인간이다. 그는 아침 일찍인데도 에너지가 넘친다.
I go jogging **in the morning**. 나는 아침에 조깅을 한다.

> ➕ **all morning** 오전 내내
> **every morning** 매일 아침
> **this morning** 오늘 아침

mosquito (muh-**skee**-toh) [məskíːtou]

명사 ⓒ 모기
The **mosquito** bit me on the arm. 모기가 내 팔을 물었다.
I'm covered with **mosquito** bites.
난 모기에게 물린 자국으로 뒤덮였다.

> 복수형 **mosquitoes**, **mosquitos**
> ➕ **mosquito net** 모기장

most (mohst) [moust]

형용사 1 《many, much의 최상급》《the most로 쓰임》 (양·수·정도 등이) 가장 많은, 가장 큰, 최대의, 최고의 (↔ least, fewest)
She has **the most** money among our friends.
그녀는 우리 친구들 중 가장 돈이 많다.

2 대부분의
Most people prefer chocolate to vanilla.
대부분의 사람들이 바닐라보다는 초콜릿을 더 좋아한다.
I was ill for **most** of last week.
나는 지난주 대부분 아팠다.

대명사 1 대부분, 대다수
Most of my classmates like our teacher.
우리 반 학생들 대부분이 선생님을 좋아한다.

2 《the most로 쓰임》 최대, 최고, 가장 많음
We all ate a lot, but Sally ate **the most**.
우리 모두 다 많이 먹었지만 샐리가 제일 많이 먹었다.

• *at (the) most* 기껏해야, 많아야
He has five dollars **at most**.
그는 기껏해야 5달러가 있다.

부사 《much의 최상급》 가장, 제일
He is the **most** popular among our friends.
그는 우리 친구들 중 가장 인기가 있다.
Love is what they need **most**.
그들이 가장 필요로 하는 건 사랑이다.

• *most of all* 무엇보다도, 그중에서도, 특히
Most of all, I like his attitude.
무엇보다도 나는 그의 태도를 좋아한다.

> ※ **most + 명사**
> '불특정한' 사람이나 사물 중 대부분
> Most people like chocolate.
> (→ 일반적인 사람들)
>
> **most of + 명사**
> '특정한' 사람이나 사물 중 대부분
> Most of my classmates like our teacher.
> (→ 우리 반 학생들이라는 특정한 사람들)

We all ate a lot, but Sally ate **the most**.

mostly (mohst-lee) [móustli]

부사 대부분, 주로, 거의 (≒mainly)
The stores are **mostly** closed.
가게 대부분이 문을 닫았다.
A: What did you do this weekend?
  이번 주말에는 무엇을 했니?
B: I read a book, **mostly**.
  주로 책을 읽었지.

☑ I read a book, mostly.
 = I spent most of my time reading a book.

motel (moh-tel) [moutél]

명사 ⓒ 모텔
Motels are less expensive than hotels.
모텔은 호텔보다 저렴하다.

복수형 motel**s**

 motel과 hotel의 차이가 뭔가요?
모텔은 motor(자동차)와 hotel이 하나로 합쳐진 단어예요. 모텔은 자동차 여행자가 숙박하기에 편하도록 만들어 놓은 여관이에요. 객실 바로 밖에 주차장이 있어요. 호텔은 규모가 크고 고급스러운 여관을 말해요.

*mother (muhTH-ur) [mʌ́ðər]

명사 ⓒ 엄마, 어머니
She is a **mother** of two.
그녀는 두 아이의 어머니이다.
What did you give your **mother** on **Mother**'s Day?
어머니의 날에 엄마에게 뭘 드렸어?
They say that necessity is **the mother of invention**.
사람들은 필요가 발명의 어머니라고 말한다.

형용사 출생지의, 모국의 (=motherland)
Columbia is Jose's **mother** country.
콜롬비아는 호세가 태어난 나라이다.

복수형 mother**s**

➕ birth mother 생모, 친어머니
 Mother Earth 대지
 Mother Nature 대자연
 mother tongue 모국어
 stepmother 새어머니, 계모

motion (moh-shuhn) [móuʃən]

명사 ⓤ 운동, 움직임, 흔들림
The rocking **motion** helped the baby to sleep.
흔드는 동작은 아기가 잠드는 데 도움이 되었다.
Don't put your hand out of the window while the car is **in motion**.
차가 움직일 때는 손을 밖으로 내밀지 마세요.

➕ motionless 움직이지 않는
 motion picture 영화
 motion sickness 멀미

동사 몸짓으로 신호하다
The police officer **motioned for** the car **to** stop.
경찰관은 차를 멈추라고 신호했다.
She **motioned** them **away**.
그녀는 그들에게 저리 가라고 손짓했다.

3인칭단수현재	motion**s**
현재분사	motion**ing**
과거·과거분사	motion**ed**

motor (moh-tur) [móutər]

명사 ⓒ 모터, 전동기, 엔진
This robot is operated by a small **motor**.
이 로봇은 작은 모터로 작동된다.

| 복수형 | motor**s** |

motorcycle (moh-tur-*sye*-kuhl) [móutərsàikl]

명사 ⓒ 오토바이
He had a **motorcycle** accident.
그는 오토바이 사고가 났다.

| 복수형 | motorcycle**s** |

motorcycle

 오토바이를 autobicycle이라고도 하나요?
'오토바이'는 영어로 autobicycle이 아니라 motorcycle이라고 해야 해요.

*mountain (moun-tuhn) [máuntən]

명사 **1** ⓒ 산
Mt. Everest is the tallest **mountain** in the world.
에베레스트 산은 세계에서 가장 높은 산이다.

2 ⓒ 산더미
The cook has a **mountain** of potatoes to peel.
요리사는 껍질을 벗겨야 할 감자가 산더미처럼 있다.

| 복수형 | mountain**s** |

❓ peel (과일·채소 등의) 껍질을 벗기다

 Mt.가 뭐지요?
산 이름 앞에 있는 Mt.는 Mount의 약자인데, 고유한 이름이 있는 산 앞에 쓰여요.
예 **Mt. Kilimanjaro** 킬리만자로 산

*mouse (mous) [maus]

명사 **1** ⓒ 생쥐, 쥐
The cat chased the **mouse** across the field.
고양이는 생쥐를 쫓아 밭을 가로질러 갔다.

| 복수형 | **1** mice |
| | **2** mouse**s**, mice |

mouth

2 ⓒ [컴퓨터] 마우스
Click on the **mouse** twice to open the new file.
새 파일을 열려면 마우스를 두 번 클릭해라.

mouse

mouse와 rat은 똑같은 쥐인가요?
mouse(생쥐)와 rat(쥐)은 달라요. 생김새는 비슷하지만 mouse는 크기가 작고 꼬리가 가는 반면에 rat은 덩치가 크고 꼬리가 굵어요.

* **mouth** (mouth) [mauθ]

명사 1 ⓒ 입
Close your **mouth** while you eat, please.
음식을 먹을 때는 제발 입을 다물어라.
Open your **mouth**, please.
입을 벌려 주세요.
Their **mouths fell open**.
그들은 (놀라서) 입이 딱 벌어졌다.
It's not polite to **talk** with your **mouth full**.
입에 음식이 있는 채로 말하는 것은 예의 바르지 못하다.

2 ⓒ 입구
The climbers looked into the **mouth** of the volcano.
등반가들은 화산의 입구를 들여다보았다.

복수형 mouth**s**

➕ **mouthful** 한 입 가득, 한 입
big mouth 입이 싼 사람, 말이 많은 사람

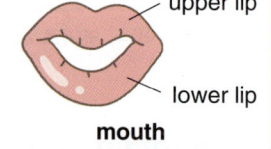
upper lip
lower lip
mouth

* **move** (moov) [muːv]

동사 1 움직이다, 이동하다, 옮기다
I can't **move** my toes.
내 발가락을 움직일 수가 없다.
I **moved** my desk to the other side of the room.
나는 책상을 방 다른 쪽으로 옮겼다.
Could you **move** up here to the front?
여기 앞쪽으로 (자리를) 옮겨 주실 수 있습니까?

2 이사하다
His family is **moving** to a new apartment.
그의 가족은 새 아파트로 이사할 것이다.

3 감동시키다
The sad story **moved** Sally to tears.
그 슬픈 이야기는 샐리를 감동시켜 눈물이 나게 했다.

명사 1 ⓒ 이동, 움직임
The robber **made a move** for his gun.
강도는 총을 잡으려고 움직였다.

3인칭단수현재 move**s**
현재분사 mov**ing**
과거·과거분사 move**d**

➕ **movable**, **moveable** 움직이는, 이동할 수 있는
movement 움직임, 동작; (정치·사회적) 운동
moving 감동적인

복수형 move**s**

2 ⓒ 이사
We're considering a **move** to the city.
우리는 도시로 이사하는 것을 고려 중이다.

➕ moving van 이삿짐 트럭

*movie (moo-vee) [múːvi]

명사 **1** ⓒ 영화
A: What did you do last night? 어젯밤에 뭐 했어?
B: I **saw** a great **movie** last night.
난 지난밤에 훌륭한 영화를 보았어.

2 《the movies로 쓰임》 영화관
I met my friend at **the movies**.
나는 영화관에서 친구를 만났다.

• **go to the movies** 영화 보러 가다 (= go to a movie)
Let's **go to the movies** tonight.
오늘 저녁에 영화 보러 가자.

복수형 **movies**

➕ cinema (영국영어) 영화관
film (영국영어) 영화
animated movie 만화 영화
comedy 코미디
horror movie 공포 영화
sci-fi movie 공상 과학 영화

*Mr. (mis-ter) [místər]

명사 《남성의 성 앞에 붙는 호칭》 ~ 씨, ~ 님, ~ 선생님
Mr. Simpson works at the power plant.
심슨 씨는 발전소에서 일한다.

➕ Mr (영국영어) ~ 씨, ~ 님, ~ 선생님

*Mrs. (mis-iz) [mísiz]

명사 《결혼한 여성의 성 앞에 붙는 호칭》 ~ 씨, ~ 부인, ~ 여사
Mrs. Williams is our next-door neighbor.
윌리엄스 여사는 우리 옆집에 사는 이웃이다.

➕ Mrs (영국영어) ~ 씨, ~ 부인, ~ 여사

*Ms. (miz) [miz]

명사 《결혼에 상관없이 여성의 성 앞에 붙는 호칭》 ~ 씨, ~ 님
Ms. Johnson attends graduate school.
존슨 씨는 대학원에 다닌다.

➕ Ms (영국영어) ~ 씨, ~ 님

❓ graduate school 대학원

Mt. (mount) [maunt]

명사 《Mount의 줄임말》 산
The highest mountain in the world is **Mt.** Everest.
세계에서 가장 높은 산은 에베레스트 산이다.
Mt. Seorak's autumn colors are very beautiful.
설악산의 단풍은 매우 아름답다.

➕ Mt (영국영어) 산

❓ autumn colors 단풍

*much (muhch) [mʌtʃ]

형용사 많은, 다량의
I don't have **much** time right now.
나는 지금 당장은 시간이 많지 않다.
I have too **much** work to do. 난 할 일이 너무 많다.

| 비교급 | more |
| 최상급 | most |

부사 매우, 훨씬
Thank you very **much**. 매우 감사합니다.
It's **much** safer to do it this way.
이 방식으로 하는 것이 훨씬 더 안전하다.

| 비교급 | more |
| 최상급 | most |

- *as much as* ~ 만큼의
Eat **as much as** you can. 먹고 싶은 **만큼** 실컷 먹어.
She earns **as much as** $400 a week.
그녀는 1주일에 400달러 **정도** 번다.

- *how much...?* 1 어느 정도, 얼마나 많은…?
How much money do you need?
돈이 얼마나 필요하니?
2 가격이 얼마…?
How much are these sneakers? 이 운동화는 얼마예요?

How much are these sneakers?

 much와 many의 차이점이 뭔가요?

▶ much는 양이 많을 때 쓰이며, 따라서 셀 수 없는 명사와 함께 쓰이지요. many는 숫자가 많을 때 쓰이며 셀 수 있는 명사와 함께 쓰여요.
   예 **much** time 많은 시간, **many** books 많은 책

▶ a lot of 또는 lots of라는 표현은 셀 수 있는 명사나 셀 수 없는 명사 모두와 함께 쓰여요.
   예 **much** water = **a lot of (lots of)** water 많은 물
   many students = **a lot of (lots of)** students 많은 학생들

---

mud (muhd) [mʌd]

명사 ⓤ 진흙, 진흙탕
boots covered in **mud** 진흙투성이 부츠
His truck got stuck in the **mud**.
그의 트럭은 진흙탕에 빠져 꼼짝 못하고 있었다.
The rain turned the dirt road to **mud**.
비는 흙길을 진흙탕으로 만들었다.

➕ **muddy** 진흙투성이의
mud festival 머드 축제
mud pack 머드 팩

---

mug (muhg) [mʌg]

명사 ⓒ 머그잔
I bought a **mug** in Singapore as a souvenir.
나는 싱가포르에서 기념품으로 머그잔을 샀다.

복수형 **mugs**

❓ **souvenir** 기념품

He drinks coffee from a **mug**.
그는 머그잔으로 커피를 마신다.

mug

multiply (muhl-tuh-*plye*) [mʌ́ltəplài]

동사 곱하다
If you **multiply** five **by** five you get twenty-five.
5에 5를 곱하면 25이다.
Four **multiplied by** four is sixteen.
4 곱하기 4는 16이다.

3인칭단수현재	multipl**ies**
현재분사	multiply**ing**
과거·과거분사	multipl**ied**

곱셈은 영어로 뭐라고 하나요?

곱셈은 multiplication이라고 하지요. 덧셈, 뺄셈, 나눗셈은 각각 addition, subtraction, division이라고 해요.

murder (mur-dur) [mə́:rdər]

명사 ⓒⓤ 살인(죄)
Murder is a terrible crime. 살인은 큰 범죄이다.
He was sent to prison for **murder**.
그는 살인죄로 감옥에 보내졌다.

동사 살해하다, 죽이다
The businessman **murdered** his partner for stealing from him.
그 사업가는 자신으로부터 도둑질을 한 파트너를 살해했다.
She was found **murdered**.
그녀는 살해된 채로 발견되었다.

복수형	murder**s**

➕ murderer 살인자

3인칭단수현재	murder**s**
현재분사	murder**ing**
과거·과거분사	murder**ed**

murmur (mur-mur) [mə́:rmər]

명사 1 ⓒ 속삭임, 소곤거림
The child replied in a low **murmur**.
그 아이는 속삭이듯 작은 소리로 대답했다.
We could hear the **murmur** of the river.
우리는 강의 속삭임을 들을 수 있었다.

2 ⓒ (작은 소리로) 투덜거림, 불평
John accepted his punishment **without a murmur**.
존은 투덜거리지 않고 처벌을 받아들였다.

동사 속삭이다, 소곤거리다, 중얼거리다
Bella **murmured** shyly.
벨라는 수줍게 속삭였다.

복수형	murmur**s**

➕ murmuring 속삭이는 소리, 중얼거리는 소리

3인칭단수현재	murmur**s**
현재분사	murmur**ing**
과거·과거분사	murmur**ed**

muscle (muhs-uhl) [mʌ́səl]

명사 ⓒⓤ 근육

Muscles move your arms and legs.
근육은 팔과 다리를 움직인다.
This exercise is good for your **muscles**.
이 운동은 근육에 좋다.

복수형 **muscle**s

※ muscle에서 'c'는 발음하지 않아요.

*museum (myoo-zee-uhm) [mjuːzíːəm]

명사 ⓒ 박물관

We visited the **Museum** of Natural History to see the dinosaur skeletons.
우리는 공룡 뼈를 보기 위해 자연사 박물관에 갔다.
The history **museum** is my favorite.
역사박물관은 내가 가장 좋아하는 곳이다.

복수형 **museum**s

❓ skeleton 뼈대

mushroom (muhsh-room) [mʌ́ʃru(ː)m]

명사 ⓒ 버섯

Mushrooms sprout up after a heavy rain.
비가 많이 온 후에는 버섯이 돋아난다.
I like steak in **mushroom** sauce.
나는 버섯 소스를 뿌린 스테이크를 좋아한다.

복수형 **mushroom**s

mushroom

*music (myoo-zik) [mjúːzik]

명사 1 ⓤ 음악

A: What kind of **music** do you listen to?
넌 어떤 종류의 음악을 듣니?
B: Usually **pop music**. What about you?
주로 대중가요를 들어. 넌?
A: I like hip-hop because you can dance to it.
난 힙합을 좋아해. 왜냐면 힙합에 맞춰서 춤을 출 수 있거든.
She **writes music**. 그녀는 작곡을 한다.

2 ⓤ 악보

Eric learned to **read music** in his piano class.
에릭은 피아노 수업에서 악보 읽는 법을 배웠다.

➕ musical 음악의, 뮤지컬
background music 배경 음악
classical music 고전 음악, 클래식
dance music 댄스 음악
folk music 민속 음악

*musician (myoo-zish-uhn) [mjuːzíʃən]

명사 ⓒ 음악가, 뮤지션

a classical **musician** 고전 음악가
Beethoven was a great **musician**.
베토벤은 위대한 음악가였다.

복수형 **musician**s

must (muhst) [mʌst]

조동사 1 〖필요·의무〗 ~해야 한다 (≒ have to)
I **must** wash some clothes.
난 옷을 세탁해야 한다.
Plants **must** be watered regularly.
식물은 규칙적으로 물을 주어야 한다.
Must we wear black socks only?
우리 검정색 양말만 신어야 하는 거야?
You **must** not be late.
너 늦게 오면 안 돼.

2 〖추정〗 ~이 틀림없다
There **must be** something wrong with him.
그에게 뭔가 문제가 생긴 게 틀림없다.
He **must be** sick today.
그는 오늘 아픈 것이 틀림없다.

➕ mustn't = must not

Must we wear black socks only?

 must와 have to의 차이를 모르겠어요.

둘 다 '~해야 한다'라는 뜻으로 쓰이지만, 부정형이 되었을 때에는 전혀 다른 뜻이 돼요. must not은 '~해서는 안 된다'라는 뜻이지만 don't have to는 '~할 필요가 없다'라는 뜻이 되지요.

예 You <u>must</u> take this medicine. 이 약을 먹어야 한다.
You <u>have to</u> take this medicine. 이 약을 먹어야 한다.
You <u>must not</u> take this medicine. 이 약을 먹으면 안 된다.
You <u>don't have to</u> take this medicine. 이 약을 먹을 필요는 없다. (안 먹어도 된다.)

mustache (muhs-tash) [mʌ́stæʃ]

명사 ⓒ 콧수염
My older brother is **growing a mustache**.
내 형은 콧수염을 기르는 중이다.

복수형 mustache**s**
➕ moustache (영국영어) 콧수염

mustard (muhs-turd) [mʌ́stərd]

명사 Ⓤ 겨자
I would like some **mustard** on my hot dog.
핫도그에 겨자를 뿌려 주세요.

➕ mustard seed 겨자씨

mutual (myoo-choo-uhl) [mjúːtʃuəl]

형용사 1 서로의, 상호 간의
mutual understanding 상호 이해

➕ mutually 서로, 상호 간에;

The opposing teams had **mutual** respect for each other.
상대 팀들은 서로를 존중했다.

2 공동의, 공통의
Betty and I have many **mutual** friends.
베티와 나는 공동의 친구가 많이 있다.
They showed a **mutual** interest in music.
그들은 음악에 공통된 관심을 보였다.

공통으로
mutual agreement 상호 합의
mutual support 상호 지원
mutual trust 상호 신뢰

my (mye) [mai]

대명사 《I의 소유격》 나의, 내
My mom is in the kitchen.
우리 엄마는 부엌에 계신다.
Sam Brown is **my** friend.
샘 브라운은 내 친구이다.
I want to have **my own** house.
나는 내 집을 갖고 싶다.

복수형 our

➕ I 나
me 나, 나를, 나에게
mine 나의 것
myself 나 자신

myself (mye-self) [maisélf]

대명사 나 자신, 나 스스로
Let me talk about **myself**.
나 자신에 대해 말해 보겠다 (제 소개를 하겠습니다).
I saw **myself** in the mirror.
나는 거울에 비친 나 자신을 보았다.

● **(all) by myself 1** 혼자서, 홀로 (≒alone)
I like to spend time **by myself**.
나는 혼자서 시간을 보내는 것을 좋아한다.

2 혼자 힘으로
I can make a sandwich **by myself**.
나 혼자 힘으로 샌드위치를 만들 수 있다.
I couldn't move the refrigerator **by myself**.
나는 혼자 힘으로 냉장고를 옮길 수 없었다.

복수형 ourselves

I saw **myself** in the mirror.

mysterious (mis-teer-ee-uhs) [mistíəriəs]

형용사 신비한, 불가사의한, 설명할 수 없는
They saw some **mysterious** lights in the sky.
그들은 하늘에서 신비한 빛을 보았다.
A: It's **mysterious** how all the cookies suddenly disappeared. Can you explain that, Mike?
어떻게 쿠키가 다 갑자기 사라졌는지 불가사의해. 마이크, 설명 좀 해 줄래?
B: I don't know. 난 몰라.

비교급 more mysterious
최상급 most mysterious

➕ **mysteriously** 신비하게, 불가사의하게

A: So the **mysterious** Mr. I Don't Know strikes again.
그래, 불가사의한 난 몰라요 씨가 또 다시 기습했단 말이지.

mysterious Mr. I Don't Know

mystery (mis-tur-ee) [místəri]

명사 ⓒ 수수께끼, 미스터리 (≒ puzzle)
It's a **mystery** why Lily has lost interest in school.
릴리가 왜 학교에 흥미를 잃었는지가 수수께끼다.
No one could solve the **mystery** of the missing millionaire.
누구도 사라진 백만장자의 미스터리를 풀 수 없었다.

복수형 myster**ies**

※ '추리 소설'은 mystery, mystery story라고 해요.

myth (mith) [miθ]

명사 ⓒⓤ 신화
We all enjoyed the stories about the gods and goddesses of Greek and Roman **myths**.
우리 모두는 그리스와 로마 신화에 나오는 신과 여신 이야기를 좋아했다.

복수형 myth**s**

➕ mythical 신화의, 공상의

nail (nayl) [neil]

명사 1 ⓒ 못
A: This **nail** is bent. Hand me another one.
이 못은 구부러져 버렸네. 다른 것 좀 건네줘.
B: OK. Try and hammer them in straight.
알았어. 못에 똑바로 망치질을 하려고 해 봐.

2 ⓒ 손톱, 발톱
It is hard to clip my baby's **nails**.
우리 아기의 손톱을 깎는 것은 어렵다.
My dog had its **nails** clipped. 우리 개는 발톱을 깎았다.

동사 못으로 박다, 못질하다
Let's **nail** the sign to this fence.
여기 울타리에다가 간판을 못으로 박자.

복수형	**nail**s
➕	fingernail 손톱 nail clippers 손(발)톱깎이 nail polish 매니큐어 toenail 발톱
❓	clip 깎다, 자르다
3인칭단수현재	**nail**s
현재분사	**nail**ing
과거·과거분사	**nail**ed

naked (nay-kid) [néikid]

형용사 벌거벗은, 알몸의, 나체의
Don't walk around **naked**. Put on some clothes.
벌거벗고 돌아다니지 마. 옷을 좀 입어.
● the **naked** eye 육안, 맨눈
It's hard to see the planets with **the naked eye**.
육안으로 행성을 보기는 어렵다.

❓	육안 안경, 망원경, 현미경 등을 이용하지 아니하고 직접 보는 눈

*name (name) [neim]

명사 ⓒ 이름
A: What's your **name**? 너 이름이 뭐니?
B: My **name** is Eric. 내 이름은 에릭이야.
Do you know the **name** of this plant?
이 식물의 이름을 아니?

동사 이름을 짓다, 이름을 붙이다
I know a boy **named** Sam.
나는 샘이라는 이름의 소년을 안다.
He was **named** after his great-grandfather.
그는 증조할아버지의 이름을 따서 이름이 지어졌다.

복수형	**name**s
3인칭단수현재	**name**s
현재분사	**nam**ing
과거·과거분사	**name**d

 영어에서는 이름과 성의 순서가 우리와 반대인가요?

영어로 이름을 쓸 때에는 이름을 먼저 쓰고 성을 뒤에 써요. 이름을 먼저 쓰기 때문에 이름은 영어로 first name이라고 하고, 성은 뒤에 오기 때문에 last name이라고 하지요. First name은 given name이라고도 하며, last name은 family name, 또는 surname이라고도 해요. 예 김보라 → Bora (보라) Kim (김)

nap (nap) [næp]

명사 ⓒ 낮잠, 선잠
A cat**nap** is a very short **nap**.
토막 잠은 매우 짧은 낮잠을 말한다.
If you're tired, **take a nap**. 피곤하면 낮잠을 좀 자라.

동사 낮잠을 자다, 선잠을 자다
Susan **napped** for a half-hour.
수잔은 30분 동안 낮잠을 잤다.

복수형	nap**s**
❓ **catnap** 토막 잠	
3인칭단수현재	nap**s**
현재분사	nap**ping**
과거·과거분사	nap**ped**

narrow (nar-oh) [nǽrou]

형용사 1 (폭이) 좁은 (↔ broad, wide)
It's hard to drive on these **narrow** streets.
이런 좁은 길에서 운전하는 것은 어렵다.

2 간신히 된, 가까스로 된
They made **a narrow escape** from the wild dog.
그들은 사나운 개로부터 간신히 도망쳤다.

비교급	**narrower**
최상급	**narrowest**

nation (nay-shuhn) [néiʃən]

명사 1 ⓒ 나라, 국가 (≒ country)
an independent **nation** 독립 국가
Too many **nations** are at war.
너무나 많은 나라들이 전쟁 중이다.

2 ⓒ (집합적) 국민
The entire **nation** is watching the game.
온 국민이 그 경기를 지켜보고 있다.

복수형	**nations**

The entire **nation** is watching the game.

national (nash-uh-nuhl) [nǽʃənəl]

형용사 1 국가의, 국가적인
The **national** flag of Korea is Taegeukgi.
한국의 국기는 태극기다.
Here is today's **national** and international news.
오늘의 국내와 국제 뉴스입니다.

2 《명사 앞에만 쓰임》 국립의, 국가 소유의
a **national** museum 국립 박물관

➕ **nationally** 전국적으로, 국가적으로
nationalism 민족주의
nationalist 민족주의자
national anthem 애국가

nationality (nash-uh-nal-i-tee) [næ̀ʃənǽləti]

명사 ⓒⓤ 국적
A: What's your **nationality**? 넌 국적이 뭐야?
B: I'm Korean. 한국인이야.

복수형	**nationalities**

native (nay-tiv) [néitiv]

형용사 **1** 《명사 앞에만 쓰임》 태어난 곳의, 모국의
Mary's **native** country is Peru. She was born there.
메리가 태어난 곳은 페루다. 그녀는 거기서 태어났다.
Their **native** language is Korean.
그들의 모국어는 한국어이다.
I'm a **native** New Yorker.
나는 뉴욕 태생이다.

2 토착의, 그 지방 고유의, 원산지의
native art 향토 예술
The Maori dancers wore their **native** dress.
마오리 무용수들은 민족 고유의 의상을 입었다.
Some horses are **native** to northern Europe.
어떤 말들은 북유럽이 원산지이다.

명사 **1** ~ 태생의 사람
Sora is a **native** of Seoul.
소라는 서울 태생이다.

2 현지인, 원어민
He speaks English like a **native**.
그는 원어민처럼 영어를 말한다.

- native American 북미 원주민
  native speaker 원어민

☑ I'm a native New Yorker.
= I was born in New York.

❓ 마오리 뉴질랜드 원주민

native dress

natural (nach-ur-uhl) [nǽtʃərəl]

형용사 **1** 자연의, 천연의 (↔artificial, man-made)
Floods and earthquakes are **natural** disasters.
홍수와 지진은 자연재해이다.
Natural resources are important for our future.
천연자원은 우리의 미래를 위해 중요하다.

2 자연스러운, 당연한 (↔unnatural)
It is **natural** to feel nervous before an exam.
시험 전에 긴장하는 것은 자연스러운 것이다.
It was **natural that** he won first place.
그가 1등을 한 것은 당연했다.

3 《명사 앞에만 쓰임》 타고난, 선천적인
She is a **natural** pianist. 그녀는 타고난 피아니스트이다.

- naturally 물론, 자연스럽게
  naturalist 동식물 연구가
  naturalize (외국인을) 귀화시키다
  natural gas 천연가스
  natural history 자연사
  natural light 자연광
  natural science 자연 과학

nature (nay-chur) [néitʃər]

명사 **1** ⓤ 자연
the beauty of **nature** 자연의 아름다움
Floods remind us of the power of **nature**.
홍수는 우리에게 자연의 힘을 일깨워 준다.

복수형 **nature**s

- laws of nature 자연의 법칙
  Mother Nature 대자연

2 ©Ⓤ 천성, 본성, 본질
Dogs have loyal **natures**. 개는 천성이 충직하다.
Brian's honest **nature** stopped him from telling lies.
브라이언의 정직한 천성은 그가 거짓말을 못 하게 했다.

➕ **human nature** 인간의 본성

navy (nay-vee) [néivi]

명사 **1** © [군대]《Navy로도 쓰임》해군
The U.S. **Navy** sails the seven seas.
미국 해군은 7대양을 항해한다.
Join the navy and see the world.
해군에 입대해서 세계를 보시오.
He's **in the Navy**. 그는 해군에 복무 중이다.

2 Ⓤ 짙은 남색 (=dark blue, navy blue)
Wear your **navy** blazer and grey dress pants.
짙은 남색 재킷과 회색 정장 바지를 입어라.

복수형 nav**ies**

❓ **blazer** 스포츠용 웃옷, 블레이저
dress pants 정장 바지

*near (neer) [niər]

형용사 **1** 〚거리·시간〛 가까운
Where is **the nearest** bus stop?
가장 가까운 버스 정류장이 어디에 있나요?
He plans to visit me in the **near** future.
가까운 미래에 그는 나를 방문할 계획이다.

2 〚촌수〛 가까운
Sam's uncle is his **nearest** relative.
샘의 삼촌은 샘과 가장 가까운 친척이다.

부사 〚거리·시간〛 가까이
Come **nearer**, and I'll tell you the secret.
좀 더 가까이 오면 비밀을 말해 줄게.
Your birthday draws **near**. 네 생일이 다가오고 있다.

전치사 가까이에, 근처에
Do you work **near** here? 이 근처에서 일하시나요?
I lived **near** the school. 나는 학교 근처에 살았었다.

비교급 near**er**
최상급 near**est**

✅ He plans to visit me in the near future.
= He plans to visit me soon.

비교급 near**er**
최상급 near**est**

✅ I lived near the school.
= I lived close to the school.

nearby (neer-bye) [níərbái]

형용사 가까운
We took her to a **nearby** hospital.
우리는 그녀를 가까운 병원으로 데리고 갔다.

부사 가까이에, 근처에
There's a post office **nearby**.
근처에 우체국이 하나 있다.

nearly (neer-lee) [níərli]

부사 거의 (≒almost)
It took **nearly** two hours to fix the bike.
자전거를 고치는 데 거의 두 시간이 걸렸다.
I **nearly** missed the train. 나는 기차를 놓칠 뻔했다.
A: When will we get there? 언제쯤 도착하게 될까?
B: We're **nearly** there. 거의 다 왔어.

☑ I **nearly** missed the train.
= I came very close to missing the train.

neat (neet) [ni:t]

형용사 정돈된, 단정한, 깔끔한
Sam's desk is always **neat**.
샘의 책상은 항상 정돈되어 있다.
I want you to keep your bedroom **neat and tidy**.
너의 침실을 항상 깨끗하게 정돈하기를 바란다.
neat handwriting 단정한 글씨

비교급 **neat**er
최상급 **neat**est

➕ **neat**ly 깔끔하게
neatness 정돈됨, 단정함

necessary (nes-uh-ser-ee) [nésəsèri]

형용사 필요한
It's **necessary to** practice if you want to sing well.
노래를 잘 부르고 싶으면 연습이 필요하다.
Water is **necessary** for life. 물은 살기 위해 필요하다.
If **necessary**, you can call me any time.
필요하면 언제든지 나에게 전화해도 돼.

비교급 more **necessary**
최상급 most **necessary**

➕ **necessar**ily 어쩔 수 없이, 필연적으로
necessity 필요(성), 필수품

*neck (nek) [nek]

명사 1 ⓒ 목
Sally wore a scarf round her **neck**.
샐리는 목에 목도리를 둘렀다.
Giraffes have very long **necks**.
기린은 목이 매우 길다.

2 ⓒ (옷의) 목 부분, 옷깃
He likes sweaters with round **necks**.
그는 목 부분이 둥근 스웨터를 좋아한다.

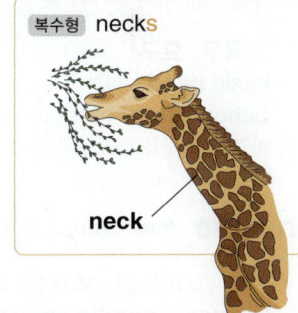
복수형 **neck**s
neck

neck과 throat는 비슷한 말인가요?
neck은 머리와 몸통을 연결하는 부위를 말하고, throat은 입과 위 또는 폐를 연결하는 몸속 부위를 말해요. 그래서 감기가 들어 목이 아플 때에는 I have a sore throat., 목을 다쳐서 아픈 경우에는 I have a sore neck.이라고 해요.

necklace (nek-lis) [néklis]

명사 ⓒ 목걸이
What a beautiful **necklace**! 목걸이 참 예쁘다!
She is wearing a pearl **necklace**.
그녀는 진주 목걸이를 하고 있다.

| 복수형 | necklaces |

*need (need) [ni:d]

동사 1 필요하다, 필요로 하다
I **need** a hammer to fix this.
이것을 고치려면 망치가 필요하다.
All plants and animals **need** water.
모든 식물과 동물은 물을 필요로 한다.
You don't **need** your coat—it's not cold.
코트는 필요 없어. 춥지 않아.
I **need** ₩750 for the bus.
나는 버스를 타기 위해 750원이 필요하다.

2 ~해야 하다, ~할 필요가 있다
I **need** to wash my clothes.
나는 옷을 빨아야 한다.
Tony is very ill. He **needs to** go to the hospital.
토니가 많이 아프다. 그는 병원에 가야 한다.
You don't **need to** worry. 너는 걱정할 필요가 없다.

3인칭단수현재	need**s**
현재분사	need**ing**
과거·과거분사	need**ed**

All plants and animals **need** water.

명사 1 ⓤ《단수로도 쓰임》 필요, 필요성
There is a **need** for more nurses.
더 많은 간호사가 필요하다.
There's no **need** for you to come with me. I know the way to the theater.
네가 나와 함께 갈 필요는 없어. 영화관에 가는 길 알아.

2 ⓒ 욕구, 요구
basic **needs** 기본적 욕구
Schools must meet the **needs** of their students.
학교는 학생들의 요구를 충족시켜 주어야 한다.

| 복수형 | need**s** |

❓ **기본적 욕구** 개인의 생명, 생존 유지에 필요한 욕구, 배고픔, 갈증, 휴식 등의 생물적·생리적 욕구와 애정, 소속, 성취 등의 사회적·인격적 욕구

needle (nee-duhl) [ní:dl]

명사 1 ⓒ (바느질·뜨개질) 바늘
I'll need a **needle** and some thread to fix your pants.
네 바지를 수선하려면 바늘과 약간의 실이 필요하다.

2 ⓒ 주삿바늘, 침
The nurse pushed the **needle** into Brian's arm.
간호사는 브라이언의 팔에 주삿바늘을 꽂았다.

| 복수형 | needle**s** |

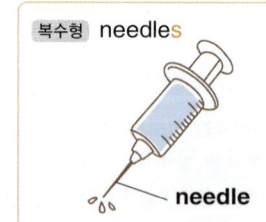
needle

negative (neg-uh-tiv) [négətiv]

형용사 **1** 부정적인, 나쁜
He **gave a negative answer** to the question.
그는 질문에 부정적인 답변을 했다.
Eating too much meat has a **negative** effect on health.
고기를 너무 많이 먹는 것은 건강에 나쁜 영향을 미친다.

2 (태도·생각이) 부정적인, 비관적인
Eric is **negative** about the future.
에릭은 미래에 대해 부정적이다.
She has a **negative** attitude.
그녀는 부정적인 태도를 지녔다.

3 (수·양이) 마이너스의, 음의
The answer is **negative** 12.
정답은 마이너스 12입니다.
The temperature is **negative** ten degrees.
기온은 영하 10도이다.

비교급 more negative
최상급 most negative

➕ negatively 부정적으로

Eating too much meat has a **negative** effect on health.

neglect (ni-glekt) [niglékt]

동사 방치하다, 소홀히 하다, 등한시하다
The garden had been **neglected** and was full of weeds. 정원은 방치되어서 잡초로 가득했다.
Don't **neglect** your studies. 공부에 소홀하지 마라.
Tim's opinion was **neglected** by his classmates.
팀의 의견은 급우들에 의해 무시되었다.

명사 ⓤ 방치, 소홀
He was fired for **neglect of duty**.
그는 근무 태만으로 해고되었다.
The house was in a state of **neglect** with broken doors and windows.
그 집은 문과 창문이 부서진 채 방치되어 있었다.

3인칭단수현재 neglects
현재분사 neglecting
과거·과거분사 neglected

➕ negligence 부주의, 태만
negligent 태만한; 느긋한
negligible 무시해도 될 정도의

negotiate (ni-goh-shee-ate) [nigóuʃièit]

동사 **1** 협상하다, 교섭하다
He **negotiated** a new contract with his boss.
그는 상사와 새로운 계약을 협상했다.

2 (협상하여) 성사시키다, 타결하다
She **negotiated** to change the park's closing time to 11 p.m.
그녀는 공원 문을 닫는 시간을 오후 11시로 변경하는 것을 성사시켰다.

3인칭단수현재 negotiates
현재분사 negotiating
과거·과거분사 negotiated

➕ negotiation 협상, 교섭

neighbor (nay-bur) [néibər]

명사 ⓒ 이웃, 이웃 사람
My **neighbors** are very friendly.
나의 이웃은 굉장히 다정하다.
My **next-door neighbor** cooks a lot of spicy food. I can smell it.
우리 옆집 사람은 매운 음식을 많이 요리한다. 난 그 냄새를 맡을 수 있다.

복수형	neighbor**s**
➕	neighborhood 이웃 (사람들) neighbour (영국영어) 이웃, 이웃 사람 neighborhood (영국영어) 이웃 (사람들)

neither (nee-THur, nye-THur) [níːðər, náiðər]

형용사 (둘 중) 어느 ~도 ~이 아닌
Neither one of the kids knew where their mother was. 아이들 중 누구도 자신의 엄마가 어디 있는지 몰랐다.
Neither answer is correct. 답은 둘 다 틀렸다.

대명사 (둘 중) 어느 쪽도 ~이 아니다
Neither of them can cook.
그들 중 누구도 요리를 하지는 못한다.
Neither of us has (have) ever been to China.
우리 둘 다 중국에 가 본 적이 없다.
A: Would you like green tea or coffee?
녹차나 커피 드실래요?
B: **Neither**, thanks. 고맙지만 둘 다 마시고 싶지 않아요.

부사 《부정문 뒤에서 쓰임》 ~도 또한 아니다
Tom doesn't like rap music, and **neither** do I.
톰은 랩 음악을 좋아하지 않고, 나도 그렇다.
A: I don't like movies. 나는 영화를 안 좋아해.
B: Me **neither**. 나도. (나도 안 좋아해.)

● *neither A nor B* A도 B도 아니다
Neither Tim **nor** Mary was listening to the radio so they turned it off. 팀도 메리도 라디오를 듣고 있지 않아서 그들은 라디오를 꺼 버렸다.

☑ Neither answer is correct.
= Both answers are wrong.

Neither of them can cook.

※ neither A nor B 문장 구조에서 A와 B가 주어 역할을 할 때, 동사는 B를 기준으로 합니다.

Tip neither, neither of, neither A nor B 표현은 단수 명사와 단수 동사를 취하나요?

▶ neither는 항상 단수 명사, 단수 동사와 함께 쓰여요.
예) Neither answer is correct. 답은 둘 다 틀렸다.
       단수 명사 단수 동사

▶ neither of는 복수 명사 또는 복수 대명사, 그리고 단수 동사 또는 복수 동사와 함께 쓰여요.
예) Neither of the answers is(또는 are) correct. 답은 둘 다 틀렸다.
                복수 명사   단수 동사(또는 복수 동사)

▶ neither A nor B 문장 구조에서 A와 B가 주어 역할을 할 때, 동사는 B를 기준으로 해요.
예) Neither my father nor I am tall. 우리 아버지도 나도 키가 크지 않다.
    　　　　A　　　　　B B를 기준으로

nephew (nef-yoo) [néfjuː]

명사 ⓒ 남자 조카
His **nephew** is very cute. 그의 조카는 매우 귀엽다.

복수형	nephews
➕ niece 여자 조카	

nervous (nur-vuhs) [nə́ːrvəs]

형용사 긴장한, 초조한, 불안한
I always **get nervous** before a match.
나는 항상 시합 전에 긴장한다.
Mary is (feels) very **nervous about** her test results.
메리는 시험 성적 때문에 매우 초조해하고 있다.

비교급	more nervous
최상급	most nervous

nest (nest) [nest]

명사 ⓒ (새의) 둥지, (동물·곤충 등의) 집, 보금자리
Three large eggs were in the eagle's **nest**.
독수리 둥지에 커다란 알 세 개가 있었다.

복수형	nests

net (net) [net]

명사 1 ⓒ 그물, 망
The fishermen pulled their **net** out of the sea.
어부들은 바다에서 그물을 끌어 올렸다.
Tim took his **butterfly net** into the forest.
팀은 잠자리채를 가지고 숲으로 갔다.

2 ⓒ [스포츠] 골대, 골문, (테니스 등의) 네트
The ball went over the **net**. 볼은 네트 위를 넘어갔다.

3 《the Net으로 쓰임》 인터넷 (= the Internet)

복수형	nets

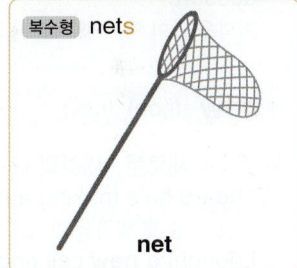
net

Netherlands (ne-THur-lands) [néðərləndz]

국가명 《the Netherlands로 쓰임》 네덜란드
The Netherlands is a country in northwest Europe also known as Holland.
네덜란드는 유럽 북서쪽에 있는 국가로 Holland라고도 알려져 있다.

➕ Dutch 네덜란드의, 네덜란드어(의), 네덜란드 인(의)

network **(net-wurk)** [nétwə:rk]

명사 1 ⓒ (도로 등의) 연결망
A **network** of highways makes it easy to travel.
고속 도로 연결망이 여행하기 쉽게 해 준다.

2 ⓒ (라디오·텔레비전의) 방송망
the TV **networks** 텔레비전 방송망

3 ⓒ [컴퓨터] 통신망, 네트워크
The Internet is a huge computer **network**.
인터넷은 거대한 컴퓨터 통신망이다.

복수형 network**s**

- rail network 철도망
  road network 도로망
  telephone network
  전화망

*never **(nev-ur)** [névər]

부사 절대 ~하지 않다, 결코 ~ 않다, ~하지 않다
I'll **never** forget your help.
너의 도움을 결코 잊지 않을 것이다.
She has **never** been to Spain.
그녀는 스페인에 가 본 적이 없다.

● *never mind* 신경 쓰지 마, 걱정 마, 없던 일로 해
  A: What did you say? 뭐라고?
  B: **Never mind.** I was just talking to myself.
  신경 쓰지 마. 혼잣말 한 거야.

☑ I'll never forget your help.
= I'll always remember your help.

nevertheless **(nev-ur-THuh-les)** [nèvərðəlés]

부사 그럼에도 불구하고, 그렇기는 하지만
I'm full from dinner; **nevertheless**, I'm going to eat dessert.
저녁을 많이 먹어 배부르다. 그렇기는 하지만 후식을 먹을 거야.

☑ nevertheless
= nonetheless
÷ however

*new **(noo)** [nju:]

형용사 1 새로운, 새것의 (↔old)
I heard he's making a **new** movie.
나는 그가 새 영화를 만들고 있다고 들었다.
I bought a **new** cell phone. 나는 새 휴대 전화를 샀다.

2 익숙하지 않은, 생소한, 처음인
Brian was **new to** playing computer games.
브라이언이 컴퓨터 게임을 하는 것은 처음이었다.

비교급 new**er**
최상급 new**est**

old　　new

news **(nooz)** [nju:z]

명사 1 ⓤ 소식
I have some interesting **news** for you.

- breaking news 속보

너에게 들려줄 흥미로운 소식이 있다.
Have you **heard** any **news from** him?
그에게서 소식이 있었니?
He brought us two pieces of good **news**.
그는 우리에게 두 가지 희소식을 가져왔다.

2 ⓒ(신문·방송 등의) 뉴스, 기사
I saw it **on the** TV **news**.
나는 텔레비전 뉴스에서 그것을 보았다.

● *No news is good news.* 무소식이 희소식이다. 〈속담〉

※ news는 셀 수 없는 명사이기 때문에 a piece of news(뉴스 한 개), two pieces of news(뉴스 두 개)라고 표현하지요.

newspaper (nooz-pay-pur) [njúːzpèipər]

명사 **1** ⓒ 신문 (≒ paper)
She reads the **newspaper** every morning.
그녀는 매일 아침 신문을 읽는다.
A: What's the weather going to be like today?
오늘 날씨는 어떨 것 같아?
B: I don't know. Let me look **in the newspaper**.
몰라. 신문을 한번 볼게.

2 ⓒ (종이) 신문지
Wrap all your glasses in **newspaper**.
유리잔은 모두 신문지로 싸라.

복수형 newspaper**s**

➕ daily newspaper
일간 신문
newspaper reporter
신문 기자
weekly newspaper
주간 신문

New Zealand (noo-zee-land) [njùːzíːlənd]

국가명 뉴질랜드
New Zealand is a country near Australia.
뉴질랜드는 호주 근처에 있는 나라이다.

➕ New Zealander 뉴질랜드인

＊next (nekst) [nekst]

형용사 **1** 〖시간·순서〗 다음의
We'll have to catch the **next** bus. This one is full.
우리는 다음 버스를 타야 해. 이번 버스는 꽉 찼어.
I'll see you **next** week. 다음 주에 보자.
What time is the **next** plane to Japan?
일본으로 가는 다음 비행기는 몇 시에 있나요?

2 〖공간〗 바로 옆의, 가장 가까운
The stationary store is on the **next** block.
문구점은 바로 다음 블록에 있다.
His house is **next to** mine. 그의 집은 나의 집 옆이다.

부사 다음에
What happens **next**? 그 다음에 어떻게 돼?

➕ next door 옆집에, 옆에

His house is **next to** mine.

I've finished this work. What shall I do **next**?
이 일은 끝냈습니다. 다음으로 무엇을 할까요?

대명사 다음 사람, 다음 것
A: **Next**, please. 다음 분이요.
B: Go Brian. It's your turn. 가 봐 브라이언. 네 차례야.
Mary came first and Bill was **the next** to come.
메리가 첫 번째로 왔고 빌이 그 다음이다.

➕ next time 다음 번
next week 다음 주
the week after next 다음다음 주
Who's next? 다음 분은 누구세요?

*nice (nise) [nais]

형용사 1 좋은, 멋진
It certainly is **nice** today, isn't it?
오늘 날씨 정말 좋지, 그렇지 않아?
Have a **nice** day! 좋은 하루 되세요!
You look **nice** today. 너 오늘 예뻐 보인다.
The food was very **nice**. 음식은 매우 맛있었다.

2 (사람이) 좋은, 친절한, 다정한
She's a very **nice** girl. 그녀는 매우 좋은 아이다.
It was nice of you to help me with my bags.
제 가방을 들어 주시다니 정말 친절하시군요.

비교급 **nice**r
최상급 **nice**st

☑ You look nice.
= You look pretty.
= You look handsome.

 Nice to meet you.는 언제 하는 인사말인가요?

Nice to meet you.는 처음 만났을 때 '만나서 반가워'라는 뜻으로 가장 흔히 하는 인사말이에요. 아는 사이에 만나서 반갑다고 할 때는 Nice to see you.라고 해요.

nickel (nik-uhl) [níkəl]

명사 1 ⓤ [화학] 니켈 (금속 원소, 기호 Ni)
Nickel is used to make stainless steel.
니켈은 스테인리스 강철을 만드는 데 이용된다.

2 ⓒ (미국·캐나다의) 5센트(짜리 동전)
Two **nickels** make a dime.
5센트 동전이 두 개면 10센트가 된다.

복수형 **nickel**s

Nickel is used to make stainless steel.

nickname (nik-name) [níknèim]

명사 ⓒ 별명, 애칭
Her **nickname** is Dusty.
그녀의 별명은 Dusty(먼지투성이)이다.
James' **nickname** is Jim.
제임스의 애칭은 Jim이다.

복수형 **nickname**s

niece (nees) [niːs]

명사 ⓒ 여자 조카
Sam's **niece** is his brother's daughter.
샘의 여자 조카는 샘의 형의 딸이다.

복수형 niece**s**
➕ nephew 남자 조카

*night (nite) [nait]

명사 ⓒⓤ 밤 (↔day)
Most people sleep **at night**.
대부분의 사람들은 밤에 잠을 잔다.
The dog barked **all night**. 그 개는 밤새도록 짖어 댔다.
I slept well **last night**. 나는 어젯밤 잠을 잘 잤다.

- **day and night** 밤낮으로 (=night and day)
He works **day and night**. 그는 **밤낮으로** 일한다.

복수형 night**s**
➕ good night 잘 자
in the middle of the night 한밤중에
late at night 밤늦게

nightmare (nite-mair) [náitmɛ̀ər]

명사 ⓒ 악몽
Eric had a **nightmare** after watching the horror movie. 에릭은 공포 영화를 본 후 악몽을 꾸었다.

복수형 nightmare**s**

nine (nine) [nain]

숫자 9, 아홉
He is **nine** years old. 그는 아홉 살이다.
Our office closes at **nine**. 우리 사무실은 아홉 시에 닫는다.

복수형 nine**s**
➕ ninth 9번째(의), 9일

nineteen (nine-teen) [naintíːn]

숫자 19, 열아홉
My younger brother is **nineteen** years old.
나의 남동생은 열아홉 살이다.

복수형 nineteen**s**
➕ nineteenth 19번째(의), 19일

ninety (nine-tee) [náinti]

숫자 90, 구십
My grandmother just turned **ninety** this month.
우리 할머니는 이번 달에 구십 세가 되셨다.

- **in one's nineties** (나이가) 90대인
I think she's **in her nineties**.
내 생각에 그녀는 90대인 것 같다.
- **the nineties** 1990년대 (=the 90s, the 1990s)
The actor was very popular **in the nineties**.
그 배우는 90년대에 인기가 많았다.

복수형 ninet**ies**
➕ ninetieth 90번째(의)

ninety

ninth (nine-th) [nainθ]

형용사 9번째의, 아홉 번째의
Yesterday was my brother's **ninth** birthday.
어제는 내 동생의 아홉 번째 생일이었다.
My classroom is the **ninth** door down on the right.
나의 교실은 오른쪽에서 아홉 번째다.

대명사 9번째, 아홉 번째, 9일
the **ninth** of January 1월 9일

명사 ⓒ 9분의 1
two-**ninths** 9분의 2

※ 숫자 nine(아홉)에 th(~째)를 붙여서 ninth가 된 것인데, nine에서 e가 빠짐에 주의하세요.

복수형 ninths

---

*no (noh) [nou]

부사 1 《질문에 대한 대답》 아니, 아니요 (↔yes)
A: Do you want to go for a walk? 산책하고 싶니?
B: **No**, I don't. I'm tired. 아니. 난 피곤해.
C: Is this seat taken? 이 자리 사람 있나요?
D: **No**. 아니요.

2 《비교급 앞에서》 조금도 ~ 아니다, 조금도 ~ 않다
Sally's **no** taller than Tony. 샐리는 토니보다 크지 않다.
The young soldier was **no** older than 15.
그 젊은 군인은 15살이 넘지 않았다.

● *no longer* 더 이상 ~ 아니다
She **no longer** talks to me.
그녀는 더 이상 나와 말하지 않는다.

3 (놀람·실망 등을 나타내어) 설마, 그럴 리가, 아니야
No! This can't be happening!
아니야! 이건 있을 수 없는 일이야!

형용사 하나도 ~ 없는, 조금도 ~ 없는
No one supported him. 아무도 그를 지지하지 않았다.
She has **no** brothers. 그녀는 남자 형제가 없다.

명사 ⓒ '아니'라고 하는 대답, 부정, 거절
His answer was a **no**. 그의 대답은 거절이었다.

➕ No entry 출입 금지
No parking 주차 금지
No smoking 금연

Sally's **no** taller than Tony.

✅ She no longer talks to me.
= She doesn't talk to me any longer.

복수형 noes

---

 no와 none의 차이가 뭔가요?

▶ no는 명사와 함께 쓰여요.
  ⓔ **No** news is good news. 무소식이 희소식. I have **no** time. 시간이 없다.

▶ none은 주로 단독으로 쓰이지요.
  ⓔ **None** of these pens will write. 이 펜들 중 아무것도 쓸 수 없다.

noble (noh-buhl) [nóubəl]

형용사 고결한, 숭고한, 고상한
He is a man of **noble** character.
그는 고결한 인품의 소유자다.
Her actions to help others were **noble**.
타인을 도우려는 그녀의 행동은 숭고했다.

| 비교급 | nobler |
| 최상급 | noblest |

nobody (noh-*bah*-dee, noh-buh-dee) [nóubàdi, nóubədi]

대명사 아무도 ~ 않다 (=no one)
There was **nobody** in the office.
사무실에는 아무도 없었다.
Nobody could answer the question.
질문에 아무도 대답하지 못했다.

※ 대화에서는 no one보다 주로 nobody를 많이 써요.

nod (nahd) [nɑd]

동사 (고개를 위아래로) 끄덕이다
Sora **nodded** yes. 소라는 그렇다고 고개를 끄덕였다.
● *nod off* (꾸벅꾸벅) 졸다
The baby quickly **nodded off** to sleep.
그 아기는 **졸다가** 금방 잠이 들었다.

3인칭단수현재	nods
현재분사	nodding
과거·과거분사	nodded

*noise (noiz) [nɔiz]

명사 ⓒⓤ 소음, (시끄러운) 소리
A: What's **making** that **noise**? 저 소음을 내는 게 뭐야?
B: I'm not sure. It sounds like a bee buzzing.
잘 모르겠어. 벌이 웅웅거리는 소리처럼 들리는데.
Can you hear that **noise**? 저 소리 들려?

| 복수형 | noises |

➕ noise pollution 소음 공해

noisy (noi-zee) [nɔ́izi]

형용사 시끄러운 (↔quiet)
a **noisy** street 시끄러운 도로
This place is too **noisy**. 이곳은 너무 시끄럽다.

| 비교급 | noisier |
| 최상급 | noisiest |

none (nuhn) [nʌn]

대명사 아무도 ~ 않다, 아무것도 ~ 없다(않다)
None of my family knows about it.
나의 가족 중 아무도 그것을 모른다.
Half a piece is better than **none**.

➕ second to none 제일의, 최고의

하나도 없는 것보다는 반쪽이라도 있는 게 낫다.
She has eaten all the cookies — there are **none**.
그녀가 과자를 다 먹어서 한 개도 없다.
- ***none of one's business*** ~가 신경 쓸 일이 아니다, ~는 상관 마, ~는 참견하지 마
  A: Do you like Sam? 샘을 좋아하니?
  B: It's **none of your business**. 네가 신경 쓸 일이 아냐.

She has eaten all the cookies — there are **none**.

nonsense (nahn-*sens*) [nάnsens]

명사 ① 허튼소리, 터무니없는 말, 말도 안 되는 소리
Sally says she saw a ghost? **Nonsense**.
샐리가 유령을 봤다고 한다고? 허튼소리야.
It's **nonsense** to say that Tony is lazy.
토니가 게으르다고 하는 건 말도 안 되는 소리야.

☑ Sally says she saw a ghost? Nonsense.
= I don't believe that Sally saw a ghost.

noodle (noo-duhl) [nú:dl]

명사 ⓒ 《주로 noodles로 쓰임》 국수, 면류
Noodles can be made from wheat or rice.
국수는 밀이나 쌀로 만들 수 있다.
Chicken **noodle** soup is good to eat when you have a cold.
국수를 넣은 닭고기 수프는 감기 걸렸을 때 먹으면 좋다.

복수형 noodle**s**

❓ chicken noodle soup
맑은 닭고기 국물에 채소와 국수를 넣어 끓인 음식으로 감기에 걸렸을 때 미국 사람들이 즐겨 먹어요.

noon (noon) [nu:n]

명사 ① 정오, 낮 12시
Brian usually eats lunch at **noon**.
브라이언은 대체로 12시에 점심을 먹는다.
Can you finish it by **noon**?
정오까지 그것을 끝낼 수 있겠니?

➕ 낮 12시 noon
밤 12시 midnight

*nor (nor) [nɔːr]

접속사 《neither 또는 not 뒤에 쓰임》 ~도 또한 아니다
He can speak **neither** English **nor** French.
그는 영어도 프랑스 어도 못한다.
Neither Tim **nor** Eric can swim.
팀도 에릭도 수영을 못한다.
But that isn't my idea, **nor** is it yours.
하지만 그건 내 아이디어도, 너의 아이디어도 아니다.
A: **I don't** like eggs. 나는 계란을 좋아하지 않아.
B: **Nor** do I. 나도 (계란을) 안 좋아해.

※ 주어와 동사의 일치 → neither (p. 614)

☑ A: I don't like eggs.
B: Nor do I.
= Neither do I.
= I don't like eggs either.

normal (nor-muhl) [nɔ́ːrməl]

형용사 1 보통의, 평범한, 정상적인
a **normal** day 평범한 하루
Temperatures are lower than **normal**.
기온이 보통 때보다 낮다.
It's **normal for** the bus to be a little early.
버스가 (정해진 시간보다) 약간 일찍 오는 것이 일반적이다.

2 정상인, 건강한
The doctor said my blood pressure is **normal**.
의사는 나의 혈압이 정상이라고 말했다.

비교급 more normal
최상급 most normal

➕ **normality** 정상
normally 보통(은), 정상적으로

north (north) [nɔːrθ]

명사 1 ① 북쪽 (줄임말 N)
Which way is **north**? 북쪽이 어느 쪽이죠?
North is to your right when you face the sunset.
해넘이를 보고 있을 때 너의 오른쪽이 북쪽이다.

2 ⟪the north 또는 the North로 쓰임⟫ 북부, 북부 지역
I grew up **in the North**. 나는 북부에서 성장했다.

형용사 북쪽의, 북부의
There's a **north** wind blowing. 북풍이 불고 있다.
The **north** part of the country has more industry than the south.
그 나라의 북쪽 지역은 남쪽보다 더 많은 산업이 있다.

부사 북쪽으로, 북쪽에
The birds will soon be flying **north**.
새들은 곧 북쪽으로 날아갈 것이다.

➕ **northeast** 북동
northerly 북쪽을 향한
northern 북쪽의
northwest 북서

➕ **North America** 북미
Central America 중미
Central and South America 중남미
South America 남미

northern (nor-THuhrn) [nɔ́ːrðərn]

형용사 북쪽의, 북부의
Norway is in **northern** Europe.
노르웨이는 북유럽에 있다.

➕ **the Northern Hemisphere** 북반구

nose (nohz) [nouz]

명사 ⓒ 코
Sam broke his **nose** boxing.
샘은 권투를 하다 코가 부러졌다.
Your **nose** is sunburned.
네 코가 햇볕에 많이 탔네.
I have a **runny nose**.
콧물이 난다.

복수형 nose**s**

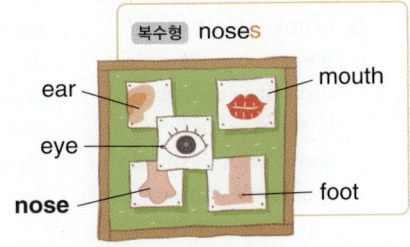

nose와 연관된 표현을 알려 주세요.

콧물이 나는 것은 runny nose, 코가 막히는 것은 stuffy nose, 코를 파는 것은 pick one's nose, 코를 푸는 것은 blow one's nose라고 하지요.
- I have a **runny nose**. 콧물이 나요. I have a **stuffy nose**. 코가 막혀요.
  Don't **pick** your **nose**. 코 파지 마. He **blew** his **nose**. 그는 코를 풀었다.

*not (naht) [nɑt]

부사 ~ 않다, ~가 아니다

I'm **not** going to play today. 나는 오늘은 놀지 않을 거야.
Do **not** forget your promise. 약속 잊지 마.
She told me **not to** worry.
그녀는 내게 걱정하지 말라고 했다.
Not all children like sweets.
모든 아이들이 사탕을 좋아하는 것은 아니다.
Are you coming to the party or **not**?
파티에 갈 거야 안 갈 거야?
A: Do you think they forgot? 그들이 잊어버린 걸까?
B: I hope **not**. 아니길 바래.

- **not at all** 1 조금도[전혀] ~ 않다
It's January but the weather is **not at all** cold.
1월이지만 날씨는 조금도 춥지 않다.
2 《감사의 인사에 대한 대답》 천만에요
A: Thank you for your help. 도와주셔서 감사합니다.
B: **Not at all.** 천만에요.
- **not A but B** A가 아니라 B
He is **not** a violinist, **but** a pianist.
그는 바이올리니스트가 아니라 피아니스트이다.
- **not only A but (also) B** A뿐만 아니라 B도
He can play **not only** the violin **but (also)** the piano. 그는 바이올린뿐만 아니라 피아노도 칠 수 있다.

 N

Do **not** forget your promise.

☑ Not all children like sweets.
   = Some children don't like sweets.

☑ He is not a violinist, but a pianist.
   = He is a pianist, not a violinist.

 동사 다음에 not이 오면 표기가 달라지나요?

not이 be 동사나 조동사의 뒤에 쓰일 때 축약형을 많이 사용하지요. 앞 단어에 붙여서 n't 형태를 취해요. 하지만 will not → won't처럼 형태에 예외도 있다는 것을 기억하세요.
- is not → isn't   are not → aren't   was not → wasn't
  were not → weren't   do not → don't   does not → doesn't
  did not → didn't   have not → haven't   has not → hasn't
  had not → hadn't   will not → won't   would not → wouldn't
  should not → shouldn't cannot → can't   could not → couldn't
  must not → mustn't

note (note) [nout]

명사 **1** ⓒ (기억을 돕기 위한) 메모
Make a note to fix the toilet, Sam.
변기를 고쳐야 한다고 메모 좀 해라, 샘.

2 ⓒ 《notes로 쓰임》 필기, 노트, 기록
I **took notes** on the book. 나는 책에 필기를 했다.
Can I borrow your English class **notes**?
너의 영어 수업 노트를 빌릴 수 있을까?

3 ⓒ 쪽지, (짧은) 편지
I'm writing **thank-you notes** for my wedding gifts.
난 결혼 선물에 대한 감사 편지를 쓰고 있어.

4 ⓒ 음, 음표
Play an F **note** there, Mary. 거기서 F음을 쳐라, 메리.

동사 **1** 주의하다, 주목하다
Please **note** that the library will close today at noon.
오늘은 도서관이 12시에 닫는 점을 주의해 주세요.

2 《주로 note down으로 쓰임》 적다, 쓰다
I **noted down** his phone number.
나는 그의 전화번호를 적었다.

복수형 **note**s

Make a note to fix the toilet, Sam.

3인칭단수현재 **note**s
현재분사 **not**ing
과거·과거분사 **note**d

☑ I **noted down** his...
= I wrote down his...

notebook (note-buk) [nóutbùk]

명사 **1** ⓒ 공책, 노트
Can I borrow your **notebook**? 네 공책 좀 빌릴 수 있니?

2 ⓒ 《notebook computer로도 쓰임》 노트북 컴퓨터
My parents bought me a **notebook** for Christmas.
부모님께서 크리스마스 선물로 노트북 컴퓨터를 사 주셨다.

복수형 **notebook**s

☑ **notebook** (computer)
= laptop (computer)

*nothing (nuhth-ing) [nʌ́θiŋ]

대명사 **1** 아무것도 아님, 아무 일도 아님
Tony had **nothing** in his wallet. It was completely empty.
토니는 지갑에 아무것도 없었다. 지갑은 텅 비어 있었다.

A: What did you do last weekend?
지난 주말에 뭘 했어?
B: **Nothing**. Just sat around and watched TV.
아무것도 안 했어. 그냥 앉아서 TV만 보았어.

2 영, 제로
The score of the soccer game was two to **nothing**.
축구 경기의 점수는 2 대 0이었다.

➕ **nothingness** 존재하지 않음, 무
good-for-nothing 쓸모 없는 (사람, 것)

Tony had **nothing** in his wallet.

- **for nothing** 1 무료로, 거저
  I got the ticket **for nothing**. 나는 표를 거저 얻었다.
  2 헛되이, 쓸데없이
  She did all that work **for nothing**.
  그녀는 헛되이 그 모든 일을 한 게 되었다.
- **nothing but** 단지 (~뿐) (≒ only)
  He is **nothing but** a loser. 그는 단지 패배자에 불과하다.
  He has eaten **nothing but** rice for two days.
  그는 이틀 동안 밥만 먹었다.

> ☑ I got the ticket for nothing.
> = I got the ticket for free.
> = I got a free ticket.

notice (noh-tis) [nóutis]

[동사] 알아차리다, 눈치채다, 의식하다
You didn't **notice that** I got my hair cut.
너는 내가 머리를 자른 것을 알아차리지 못했다.
Sorry, I didn't **notice** you come in.
미안, 네가 들어오는 것을 몰랐어.
They **noticed** a smell of gas.
그들은 가스 냄새가 나는 것을 알아차렸다.

[명사] 1 ⓒ 공고문, 안내문, 표지판
The **notice** said that the library was closed for repairs.
안내문에는 도서관이 수리로 인해 문을 닫는다고 쓰여 있었다.

2 ⓤ 알림, 통보, 예고
Brian just showed up at my house without any **notice**.
브라이언은 어떤 통보도 없이 우리 집에 그냥 찾아왔다.
Prices may be changed without **notice**.
가격이 예고 없이 변경될 수도 있습니다.

3인칭단수현재	notice**s**
현재분사	notic**ing**
과거·과거분사	notic**ed**

➕ **noticeable** 눈에 띄는

| 복수형 | notice**s** |

notice

notorious (noh-tor-ee-uhs) [noutɔ́:riəs]

[형용사] 악명 높은
He is one of the world's most **notorious** criminals.
그는 세계에서 제일 악명 높은 범죄자 중 한 명이다.
The city is **notorious for** its traffic jams.
그 도시는 교통 체증으로 악명 높다.

| 비교급 | more notorious |
| 최상급 | most notorious |

❓ **criminal** 범죄자

noun (noun) [naun]

[명사] ⓒ [문법] 명사
"Chocolate" is my favorite **noun**.
'초콜릿'은 내가 좋아하는 명사다.
"Book" and "time" are **nouns**. '책'과 '시간'은 명사다.

| 복수형 | noun**s** |

novel (nah-vuhl) [nάvəl]

명사 ⓒ 소설
A: What's that book you're reading?
무슨 책 읽고 있어?
B: It's a **novel about** a vampire.
흡혈귀에 관한 소설이야.

복수형 novel**s**

➕ novelist 소설가

November (noh-vem-bur) [nouvémbər]

명사 ⓒ 11월 (줄임말 Nov.)
I saw him last **November**.
나는 지난 11월에 그를 보았다.
The meeting is on **November** the fifth.
회의는 11월 5일에 있다.

복수형 November**s**

*now (nou) [nau]

부사 1 지금, 이제
I've got to go **now**. See you later.
난 지금 가야 해. 다음에 봐.
What time is it **now**? 지금 몇 시니?

2 지금 당장, 바로
I need you to do this **now**. I can't wait.
난 네가 이것을 지금 당장 해 줬으면 해. 기다릴 수가 없어.

● *from now on* 지금부터
I'm not going to see you **from now on**.
지금부터는 너를 만나지 않겠어.

● *now and then* 가끔, 때때로 (=now and again)
I see her **now and then**. 나는 가끔씩 그녀를 만난다.

● *until now* 지금까지는
He has never called me **until now**.
지금까지는 그는 나에게 전화하지 않았다. (이제는 전화한다.)

I've got to go **now**. See you later.

☑ I need you to do this now.
= I need you to do this right now.
= I need you to do this right away.

nuclear (noo-klee-ur) [njúːkliər]

형용사 1 핵(무기)의
nuclear energy 핵에너지, 원자력
Some countries have **nuclear weapons**.
몇몇 나라들은 핵무기를 보유하고 있다.

2 원자력의
a **nuclear** (power) plant 원자력 발전소
A **nuclear** accident could kill thousands of people.
원자력 사고는 수천 명의 사람을 죽일 수 있다.

➕ nuclear war 핵전쟁
nuclear waste 핵폐기물

❓ 원자력 (=원자 에너지, 원자핵 에너지) 원자핵의 붕괴나 핵반응의 경우에 방출되는 에너지

*number (nuhm-bur) [nʌ́mbər]

명사 1 ⓒ 숫자
A: What **number** am I thinking of?
내가 무슨 숫자를 생각하고 있게?
B: Seven. 7.
A: Wrong. I was thinking of the **number** five.
틀렸어. 5를 생각하고 있었어.

2 ⓒⓤ (사람·사물의) 수
The **number of** people in this room is ten.
이 방에 있는 사람들의 수는 10명이다.

3 ⓒ 번호 (줄임말 No., no.)
What's your phone **number**? 너 전화번호가 어떻게 돼?
I'm waiting for the **number** 6211 bus.
나는 6211번 버스를 기다리고 있다.

● *a number of* 몇몇의, 얼마간의, 다수의 (≒some)
A number of sharks are circling the boat.
상어 몇 마리가 보트 주변을 맴돌고 있다.

동사 번호를 매기다
The books are **numbered** from 1 to 3.
책은 1부터 3까지 번호가 매겨져 있다.

| 복수형 | numbers |

➕ even number 짝수
odd number 홀수
social security number
주민 등록 번호

A number of sharks are circling the boat.

3인칭단수현재	numbers
현재분사	numbering
과거·과거분사	numbered

> **Tip** the number of와 a number of는 뜻이 다른가요?
>
> the number of는 '~의 수'라는 뜻으로 단수 동사를 취하고, a number of는 '~가 몇 개 정도 있는, 사람이 몇 명 정도 있는'이라는 의미이기에 복수 동사를 취해요.
> 예 **A number of** pencils **are** in my pencil case. 내 필통에는 연필이 몇 자루 있다.
> **The number of** pencils in my pencil case **is** five.
> 내 필통에 들어 있는 연필의 수는 다섯이다.

numerous (noo-mur-uhs) [njúːmərəs]

형용사 매우 많은, 무수한 (=many)
Numerous birds flew across the sky.
수많은 새들이 하늘을 가로질러 날아갔다.
He has **numerous** friends. 그는 친구가 매우 많다.

| 비교급 | more numerous |
| 최상급 | most numerous |

*nurse (nurs) [nəːrs]

명사 ⓒ 간호사
The **nurse** changed Sam's bandages.
간호사는 샘의 붕대를 갈았다.

| 복수형 | nurses |

동사 **간호하다**
Sally **nursed** her grandmother back to health.
샐리는 할머니가 건강을 되찾을 수 있도록 간호했다.

3인칭단수현재	nurses
현재분사	nursing
과거·과거분사	nursed

nursery (nur-sur-ee) [nə́:rsəri]

명사 **1** ⓒ **(가정집의) 아기방**
They painted the **nursery** blue for their baby boy.
그들은 아들을 위해 아기방을 푸른색으로 칠했다.

2 ⓒ (영국영어) 어린이집, 탁아소, 놀이방

| 복수형 | nurseries |
| ➕ day care center | (미국영어) 어린이집, 탁아소, 놀이방 |

nut (nuht) [nʌt]

명사 **1** ⓒ **(밤·호두·땅콩 등) 견과**
Squirrels collect **nuts** for the winter.
다람쥐는 겨울을 나기 위해 견과를 모은다.

2 ⓒ **암나사, 너트**
Do you have a bolt that fits this **nut**?
이 너트에 맞는 볼트 있습니까?

| 복수형 | nuts |
| ❓ 견과 | 단단한 껍데기와 깍정이에 싸여 한 개의 씨만이 들어 있는 나무 열매 |

 Tip **nut**는 어떤 것들이 있나요?

nut는 아주 종류가 많아요. walnut(호두), chestnut(밤), almond(아몬드), pistachio(피스타치오) 등이 대표적인 nut지요.

Oo

We need the key to open the door.

문을 열기 위해서는 열쇠가 필요해요.

Start Here →

open

obey (oh-**bay**) [oubéi]

동사 복종하다, (규칙 등을) 따르다 (↔disobey)
Tim told the dog to sit, and it immediately **obeyed**.
팀이 개에게 앉으라고 말하자 개는 즉시 복종했다.
She usually **obeys** her parents.
그녀는 대개 부모님 말씀을 잘 듣는다.
You have to **obey** the rules. 너는 규칙을 따라야 한다.

3인칭단수현재	obey**s**
현재분사	obey**ing**
과거·과거분사	obey**ed**

object (**ahb**-jikt | uhb-**jekt**) [ábdʒikt | əbdʒékt]

명사 (**ahb**-jikt) **1** ⓒ 물건, 물체
What is that small, red **object** over there?
저기 있는 작고 빨간 물건은 뭐니?
Unidentified flying **objects** (UFOs) are thought to be spaceships from other planets.
UFO(미확인 비행 물체)들은 다른 행성에서 온 우주선으로 생각되어진다.

2 ⓒ 목적, 목표
His **object** in life is to become a musician.
그의 인생의 목표는 음악가가 되는 것이다.

동사 (uhb-**jekt**) 반대하다, 이의를 제기하다, 항의하다
I **object to** your plan. 난 네 계획에 반대한다.
He **objected that** the bed was too big for his room.
그는 그 침대가 자신의 방에는 너무 크다고 반대했다.

복수형	object**s**

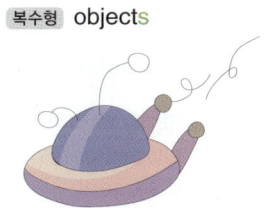
unidentified flying **object**

3인칭단수현재	object**s**
현재분사	object**ing**
과거·과거분사	object**ed**

➕ object**ion** 반대, 이의

objective (uhb-**jek**-tiv) [əbdʒéktiv]

명사 ⓒ 목적, 목표
A company's **objective** is to sell its products.
회사의 목표는 제품을 파는 것이다.
The main **objective** of the class is to teach basic reading skills.
그 수업의 주된 목적은 독해 기술을 가르치는 것이다.

형용사 객관적인 (↔subjective)
Scientists must be **objective**.
과학자들은 객관적이어야 한다.

복수형	objective**s**

➕ objective**ly** 객관적으로
  objectiv**ity** 객관성

비교급	more objective
최상급	most objective

observe (uhb-**zurv**) [əbzə́ːrv]

동사 **1** 관찰하다, 주시하다
Good writers **observe** people and places.
좋은 작가는 사람과 장소를 관찰한다.
The police **observed** the suspicious man.

3인칭단수현재	observe**s**
현재분사	observ**ing**
과거·과거분사	observ**ed**

경찰은 수상한 남자를 주시했다.

2 ~을 보다, (보고) 알다, 목격하다
We **observed** what happens when you mix oil and water.
우리는 기름과 물을 섞으면 무슨 일이 일어나는지 보았다.
The parents **observed** that their children enjoyed music.
부모는 아이들이 음악을 좋아하는 것을 알았다.

3 (법·규칙 등을) 지키다, 준수하다
You must **observe** the speed limit when driving.
운전할 때는 제한 속도를 지켜야 한다.

➕ **observation** 관찰, 감시
observatory 관측소, 천문대, 기상대

observe

---

obvious (ahb-vee-uhs) [ábviəs]

형용사 **분명한, 확실한** (= evident)
Sally always gets good grades. It's **obvious** she's a good student.
샐리는 항상 좋은 성적을 받는다. 그녀가 훌륭한 학생이라는 것은 분명하다.
It is **obvious** that we're going to get there on time.
우리가 제시간에 그곳에 도착하리라는 것은 확실하다.

비교급 more obvious
최상급 most obvious

➕ **obviously** 분명히, 확실히

---

occasion (uh-kay-zhuhn) [əkéiʒən]

명사 **1 ⓒ (특정한) 때, 경우**
I've seen her on several **occasions**.
나는 그녀를 몇 번 봤다.
He's been to Busan on three or four **occasions**.
그는 부산에 서너 번 갔었다.

2 ⓒ 행사, 특별한 일
A wedding is a big **occasion**.
결혼식은 큰 행사이다.
I only wear this dress on special **occasions**.
나는 특별한 일이 있을 때에만 이 옷을 입는다.

복수형 occasion**s**

➕ **occasional** 가끔의
occasionally 가끔

※ celebrate the occasion은 '특별한 일을 기념하다, 축하하다' 라는 뜻이에요.

---

occupation (ahk-yuh-pay-shuhn) [àkjəpéiʃən]

명사 **1 ⓒ 직업** (=job)
A: What's your **occupation**?
무슨 일을 하세요?
B: I'm a police officer. 경찰입니다.

2 Ⓤ (군대의) 점령
The U.S. **occupation** of Iraq ended.
미국의 이라크 점령은 끝이 났다.

복수형 occupation**s**

※ occupation은 job보다 좀 더 격식을 차린 표현이에요.

occupy (ahk-yuh-pye) [ákjəpài]

동사 **1** (공간·시간을) 차지하다 (≒ take up)
This large chair **occupies** too much space.
이 커다란 의자가 너무 많은 공간을 차지한다.
Reading **occupies** nearly all of my time on the weekends.
나는 주말에 대부분의 시간을 책을 읽으며 보낸다.

2 사용하다, (집에) 거주하다
Is this seat **occupied**? 이 자리에 사람 있나요?
They **occupy** the room next to ours.
그들은 우리 옆방에 산다.

3 (군대 등이) 점령하다 (≒ take over)
Enemy troops **occupied** the city.
적군이 도시를 점령했다.

3인칭단수현재	occupies
현재분사	occupying
과거·과거분사	occupied

Is this seat **occupied**?

occur (uh-kur) [əkə́:r]

동사 **1** (일·사건 등이) 발생하다, 일어나다
Where did the accident **occur**?
어디서 사고가 일어난 거야?
The disease **occurs** in children.
그 질병은 어린아이들에게서 나타난다.

2 (생각·아이디어가) 떠오르다
An idea just **occurred** to me.
방금 아이디어가 떠올랐다.
It occurred to me that he might be late.
그가 늦을지도 모른다는 생각이 떠올랐다.

3인칭단수현재	occurs
현재분사	occurring
과거·과거분사	occurred

➕ **occurrence** 사건, (사건의) 발생

ocean (oh-shuhn) [óuʃən]

명사 **1** ⓤ 《보통 the ocean으로 쓰임》 바다
There is twice as much **ocean** as there is land.
바다는 육지의 두 배이다.

2 ⓒ 《보통 Ocean으로 쓰임》 대양, ~양(洋)
Australia is surrounded by the Pacific **Ocean**.
호주는 태평양에 둘러싸여 있다.

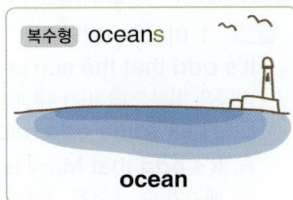

복수형 oceans

ocean

 Five Oceans(오대양)가 뭔가요?

오대양은 지구를 둘러싸고 있는 다섯 개의 대양을 말하지요. 오대양에는 the Pacific Ocean(태평양), the Atlantic Ocean(대서양), the Indian Ocean(인도양), the Antarctic Ocean(남빙양, 남극해), the Arctic Ocean(북빙양, 북극해)이 있어요.

o'clock (oh-klahk) [əklάk]

부사 (정각) ~ 시
It's six **o'clock**. Rise and shine! 6시다. 어서 일어나!
A: What time is it? 몇 시니?
B: It's seven **o'clock**. 7시야.

> ☑ It's six o'clock.
> = It's six.

October (ahk-toh-bur) [ɑktóubər]

명사 ⓒ 10월 (줄임말 Oct.)
Halloween is **on October 31**. 핼러윈은 10월 31일이다.
She was born **in October 1999**.
그녀는 1999년 10월에 태어났다.

> 복수형 Octobers

octopus (ahk-tuh-pus) [άktəpəs]

명사 ⓒ 문어, 낙지
An **octopus** is a sea animal with eight long arms.
문어는 긴 다리가 여덟 개인 해양 동물이다.

> 복수형 octopuses, octopi

 octo-에는 특별한 뜻이 있나요?

문어는 다리가 여덟 개이지요. 그래서 8이라는 숫자를 뜻하는 octo-(또는 oct-)와 다리를 뜻하는 pus를 합하여 octopus가 되었어요. 음악에서는 '8도 음정'을 octave, '8각형'을 octagon이라고 해요. 아, October에도 oct-가 있는데 왜 8월이 아니고 10월이냐고요? 원래는 8월이었어요. 하지만 로마 시대에 두 개의 달이 October 앞에 추가되는 바람에 10월이 된 거예요.

odd (ahd) [ɑd]

형용사 1 이상한, 별난
It's **odd** that the sun is shining and it's also raining.
태양은 빛나는데 비가 내리다니 이상하다.
Eric has some **odd** habits. 에릭은 별난 습관이 있다.
A: It's **odd** that Mary is so quiet today.
메리가 오늘 너무 조용한 것이 이상해.
B: Yeah, she's usually very talkative.
맞아, 걔는 보통 말이 매우 많은데.

2 홀수의 (↔ even)
One, three, five, and seven are **odd** numbers.
1, 3, 5, 7은 홀수다.

3 짝이 맞지 않는

> 비교급 odd**er**
> 최상급 odd**est**
>
> ⊕ **oddity** 이상한(별난) 사람, 이상한(별난) 것, 이상함, 별남
> **oddly** 이상하게

odd numbers

A: Where do all these **odd** socks come from?
이 짝 없는 양말들은 다 어디서 난 거야?
B: Maybe the washing machine eats the socks that match them.
아마도 세탁기가 나머지 짝들을 먹나 봐.

odd socks

*of (uhv, ahv) [ʌv, ɑv]

전치사 1 〖소유〗 ~의, ~에 속하는
Mary is a daughter **of** my uncle.
메리는 나의 삼촌의 딸이다.
That book is property **of** the library.
그 책은 도서관의 소유물이다.

2 〖재료·구성〗 ~로 만든, ~로 구성된
a ring **of** gold 금반지
a flock **of** sheep 양 떼
These shoes are made **of** leather.
이 신발은 가죽으로 만들어졌다.

3 〖동격〗 ~라고 하는, ~인
I'm from the state **of** Florida. 난 플로리다 주 출신이다.

4 〖거리·위치〗 ~로부터 떨어진
twenty miles south **of** Seoul
서울로부터 남쪽으로 20마일
Bill's house is north **of** the lake.
빌의 집은 호수 북쪽에 있다.

5 〖시간·수량〗 ~의, ~한 양의
the 30th **of** July 7월 30일
two lumps **of** sugar 각설탕 2개
Let's go have a cup **of** coffee. 커피 한 잔 마시러 가자.

6 〖부분〗 ~ 중의, ~의 (일부분)
members **of** the team 팀원들
This is page one **of** three.
이것은 세 페이지 중 첫 번째 페이지다.
One **of** Bora's friends is Chinese.
보라의 친구들 중 한 명은 중국 사람이다.

7 ~에 대해서
We haven't heard **of** him yet.
우리는 그에 대한 소식을 듣지 못했다.
I'm thinking **of** getting a part-time job.
난 아르바이트를 할까 생각 중이야.

8 《몇몇 형용사나 동사와 함께 쓰여》 ~을, ~한
He is proud **of** his son.
그는 자신의 아들을 자랑스러워한다.

➕ a bar of soap 비누 한 개
a cup of coffee 커피 한 잔
a cup of tea 홍차 한 잔
a flock of birds 새 떼
a flock of sheep 양 떼
a lump of sugar 각설탕 한 개
a pair of pants 바지 한 벌
a pair of scissors 가위 한 개
a pair of socks 양말 한 켤레
a piece(slice) of cake 케이크 한 조각
a piece(slice) of pie 파이 한 조각
a pride of lions 사자 떼
a school of fish 물고기 떼
a sheet of paper 종이 한 장
a slice of cheese 치즈 한 장(조각)
a piece(slice) of pizza 피자 한 조각

One **of** Bora's friends is Chinese.

This perfume smells **of** roses.
이 향수는 장미 향이 난다.

This perfume smells **of** roses.

 항상 of와 함께 쓰이는 동사들이 있나요?

accuse, suspect, approve, die, consist 등의 동사들은 항상 of와 함께 쓰이지요.
- She accused me **of** being rude. 그녀는 내가 예의가 없다고 비난했다.
  He died **of** a heart attack. 그는 심장 마비로 죽었다.

*off (awf) [ɔːf]

부사 **1** 〖공간·시간〗 떨어져, 멀리
They **went off** for the weekend.
그들은 주말 동안 떠나 있었다.
My birthday is just two weeks **off**.
내 생일이 2주밖에 안 남았다.

2 〖분리〗 ~에서 떨어져
He fell **off** the roof. 그가 지붕에서 떨어졌다.
If you're hot, **take** your coat **off**.
더우면 코트를 벗어라.

3 (전기·수도·가스 등이) 꺼진, 끊어진
Turn off the gas. 가스를 꺼라.
All the lights are **off**. I guess no one's at home.
불이 다 꺼져 있네. 집에 아무도 없나 봐.

4 (직장 등을) 쉬는
Tim **took** Thursday **off**. 팀은 목요일에 쉬었다.
He is **off** on Wednesdays. 그는 수요일에 쉰다.

• *off and on* 때때로, ~하다가 말다가 (= on and off)
It rained **off and on** all day.
하루 종일 비가 내리다 그치다 했다.

전치사 **1** 〖공간·시간〗 ~에서 떨어져
Keep off the grass. 잔디밭에 들어가지 마시오.
The boat was three miles **off** the coast.
그 보트는 해안에서 3마일 떨어져 있었다.

2 〖분리〗 ~에서 떨어져
Get the dog **off** the bed. 강아지를 침대에서 내려놔.
Can you clean the paint **off** the wall?
너 벽에 묻은 페인트를 없앨 수 있니?

3 (버스·차 등에서) 내려서 (↔ on)
We **get off** at the next bus stop.
우리는 다음 번 버스 정류장에서 내린다.

☑ My birthday is just two weeks off.
= My birthday is just two weeks away.

He fell **off** the roof.

☑ We get off at the next bus stop.
= We exit the bus at the next stop.

4 (직장 등을) 쉬는
I am **off duty** today. 나는 오늘 쉬는 날이다.
She **took** a day **off** work. 그녀는 하루 쉬었다.

> ☑ I am off duty today.
> = I am not working today.

offensive (uh-**fen**-siv) [əfénsiv]

형용사 1 불쾌한 (↔inoffensive)
An **offensive** smell came from the men's room.
남자 화장실에서 불쾌한 냄새가 났다.

2 공격의, 공격적인 (↔defensive)
The **offensive** team's job is to score points.
공격 팀이 할 일은 득점을 하는 것이다.

> 비교급 **more** offensive
> 최상급 **most** offensive
> ➕ **offend** 불쾌하게 하다
> **offensively** 무례하게, 불쾌하게

offer (**aw**-fur) [ɔ́(ː)fər]

동사 1 권하다, 제공하다
Could I **offer** you something to drink?
뭔가 마실 것 좀 드릴까요?
She **offered** me useful information.
그녀는 나에게 유용한 정보를 제공해 주었다.

2 제안하다, 제의하다
Sora **offered** several ideas at the meeting.
소라는 회의에서 몇 가지 아이디어를 제안했다.

명사 ⓒ 제안, 제의
I accepted her **offer** to help me.
나는 나를 도와주겠다는 그녀의 제안을 받아들였다.

> 3인칭단수현재 **offers**
> 현재분사 **offering**
> 과거·과거분사 **offered**
> ➕ **special offer** 특가품, 특가 판매
> 복수형 **offers**

＊office (**aw**-fis) [ɔ́(ː)fis]

명사 ⓒ 사무실
an **office** worker 회사원
The company moved its **offices** to a new building.
회사는 새 빌딩으로 사무실을 옮겼다.

> 복수형 **offices**
> ➕ **box(ticket) office** 매표소
> **office hours** 근무 시간

officer (**aw**-fi-sur) [ɔ́(ː)fisər]

명사 1 ⓒ 경찰관 (=police officer)
What's the problem, **officer**? 무슨 일인가요, 경관님?

2 ⓒ 공무원, 관리, 임원
He is a local government **officer**. 그는 지방 공무원이다.

3 ⓒ [군대] 장교
She is an air force **officer**. 그녀는 공군 장교이다.

> 복수형 **officers**
> ➕ **chief executive officer (CEO)** 최고 경영자

official   638

official (uh-fish-uhl) [əfíʃəl]

형용사 **1** 공무상의, 직무상의
The President is on an **official visit** to the US.
대통령이 미국을 공식 방문 중이다.

2 공식적인, 공인의
English and French are Canada's **official languages**.
영어와 프랑스 어는 캐나다의 공식 언어이다.

명사 ⓒ (고위) 공무원, 임원
I wonder what government **officials** do.
난 공무원들이 무슨 일을 하는지 궁금하다.

> ⊕ official announcement
> 공식 발표
> official duties 공무
> official record 공식 기록
>
> 복수형 officials

*often (aw-fuhn) [ɔ́(ː)fən]

부사 자주, 종종 (≒ frequently)
Eric **often** goes jogging in the park.
에릭은 자주 공원에 조깅하러 간다.
It **often** rains during the rainy season.
우기 중에는 비가 자주 내린다.

> 비교급 more often, oftener
> 최상급 most often,
>   oftenest

oil (oil) [ɔil]

명사 **1** Ⓤ 석유, 기름
The price of **oil** went down yesterday.
어제 석유 가격이 내려갔다.

2 ⓒⓊ 기름, 식용유
olive **oil** 올리브유
Add a little **oil** to the pan.
프라이팬에 식용유를 조금 넣어라.

3 Ⓤ 《주로 oils로 쓰임》 유화 물감
Susan paints with **oils** and water colors.
수잔은 유화 물감과 수채 물감으로 그림을 그린다.

> 복수형 oils
>
> ⊕ oily 기름기 많은
>   cooking oil 식용유
>   oil company 석유 회사
>   oil field 유전
>   oil industry 석유 산업
>   oil painting 유화 (그림)
>   sesame oil 참기름
>   vegetable oil 식물성 기름

 자동차에 넣는 기름은 영어로 뭐라고 하나요?

주유소에서 자동차에 넣는 기름은 oil이라고 하지 않고 gas라고 해요. 이때 gas는 gasoline (휘발유)을 줄여서 부르는 말이에요. 그래서 주유소도 영어로 gas station이라고 하지요.

*OK, O.K., okay (oh-kay) [óukéi]

부사 **1** 〖동의〗 좋아, 괜찮아
A: Brian, do you want to go to the movies?

> ☑ OK, O.K., okay = all right

브라이언, 영화 보러 갈래?
B: **Okay**, I'll go. 좋아, 갈게.
I'll be back in a minute, **OK**? 금방 돌아올게. 괜찮지?
Let's eat out tonight, **OK**? 오늘 저녁은 외식하자. 어때?

2 잘, 순조롭게
Jinsu's **doing OK** in math. 진수는 수학을 잘하고 있다.
- A: How did you do at the interview?
  면접 어떻게 봤니?
- B: I think I did **okay**. 내 생각엔 잘 본 것 같은데.

〖형용사〗 괜찮은, 좋은
Is it OK if I sit here? 제가 여기 앉아도 괜찮을까요?
Are you OK? Your nose is bleeding.
너 괜찮니? 코피가 나는데.
- A: Thanks a lot for your help. 도와줘서 정말 고마워.
- B: **That's OK**. Don't mention it.
  괜찮아. 그런 소리 하지 마.

Jinsu's **doing OK** in math.

☑ Is it OK if I sit here?
= Is it all right if I sit here?
= Do you mind if I sit here?
= May I sit here?

*old (ohld) [ould]

〖형용사〗 **1** 나이 먹은, 늙은 (↔young)
The **old** man smiled at his grandson.
나이 많은 남자는 손자를 보고 웃었다.
My cousin is **older than** me.
내 사촌은 나보다 나이가 많다.

2 오래된, 낡은, 헌 (↔new)
His car was **old** and had lots of problems.
그의 자동차는 낡아서 많은 문제가 있었다.
I'm going to give these **old** clothes away.
난 이 헌 옷들을 (남에게 거저) 줘 버릴 것이다.

3 ~ 살의
Bora is 12 years **old**. 보라는 열두 살이다.
How **old** is this house? 이 집은 지은 지 몇 년 됐니?

4 예전의, 이전의
That's my **old** number. The new number is 1234-5678. 그건 내 이전 번호야. 새 번호는 1234-5678이야.

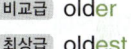

비교급 old**er**
최상급 old**est**

➕ in the old days 옛날에
old age 노년
the old 노인들

old

☑ Bora is 12 years old.
= Bora is 12.

나이를 표현할 때 **year**를 단수형으로 쓰나요, 복수형으로 쓰나요?

어떻게 표현하느냐에 따라 달라요. '~ 살이다'라고 표현한다면 ~ years old를, '~ 살 난'이라고 표현한다면 ~-year-old라고 써요.

예 Kim is nine **years** old. 킴은 아홉 살이다. (years → 복수형)
　 Kim is a nine-**year**-old boy. 킴은 아홉 살 난 소년이다. (year → 단수형)

omit

omit (oh-**mit**) [oumít]

동사 빠뜨리다, 생략하다 (≒ leave out)
Jinsu's name was **omitted** from the list.
진수의 이름이 명단에서 빠져 있다.
Omit question 1 and do question 2.
1번 질문은 생략하고 2번 질문에 답하세요.

3인칭단수현재	**omit**s
현재분사	**omit**ting
과거·과거분사	**omit**ted

➕ **omission** 빠짐, 누락, 생략

omit과 leave out의 차이점은 무엇인가요?

무언가를 빠뜨렸다고 말할 때 omit보다는 leave out이란 표현을 더 많이 써요.
예) Sora **left out** an "m" in "committee." 소라는 'committee'에서 'm'을 하나 빠뜨렸다.

---

*on (awn, ahn) [ɔːn, ɑn]

전치사 1 〖접촉〗 ~ 위에, ~ 표면에
Don't put your hat **on** the bed. It's bad luck.
모자를 침대 위에 놓지 마라. 재수가 없거든.

2 〖부착·지지〗 ~에, ~로
Hang the picture **on** the wall. 그림을 벽에 걸어라.
Can you stand **on** your hands? 너 물구나무설 수 있어?

3 〖날짜·시간〗 ~에, ~ 동안에
Tom exercises **on** Mondays and Thursdays.
톰은 월요일과 목요일에 운동을 한다.

4 〖장소·방향·위치〗 ~에, ~ 쪽에
He lives **on** Apple Street. 그는 애플 거리에 산다.
She **got on** the subway train. 그녀는 전철에 올라탔다.
It's the first door **on** your right.
네 오른쪽으로 첫 번째 문이야.
The picture of polar bears is **on** page 102.
북극곰들의 사진은 102쪽에 있다.

5 〖수단〗 ~을 타고, ~로
Bora goes to school **on foot**. 보라는 걸어서 학교에 간다.
I came here **on the bus**. 나는 버스를 타고 이곳에 왔다.
Minsu came **on his bike**. 민수는 자전거를 타고 왔다.
I bought some books **on the Internet**.
나는 인터넷으로 책을 몇 권 샀다.

6 〖상태·동작〗 ~ 중인
The forest is **on fire**. 숲이 불타고 있다.
All bags are **on sale**. 모든 가방이 세일 중이다.
He is **on the telephone**. 그는 통화 중이다.

above

on

※ on, over, above의 차이 → over (p. 658)

☑ Bora goes to school on foot.
= Bora walks to school.

All bags are **on sale**.

7 〖주제〗 ~에 대하여, ~에 관한
I read a newspaper article **on** pirates.
난 해적에 대한 신문 기사를 읽었다.

8 〖착용·휴대〗 입고, 쓰고, 몸에 지니고
She wears a ring **on** her finger.
그녀는 손가락에 반지를 끼고 있다.

부사 1 〖착용·휴대〗 입고, 쓰고, 몸에 지니고 (↔off)
Brian put his hat **on**. 브라이언은 모자를 썼다.
You can keep your shoes **on**.
신발을 신고 있어도 괜찮아.

2 〖기계〗 켜져, 작동되는 (↔off)
Turn the computer **on**. 컴퓨터를 켜라.
The lights came **on**. 불이 켜졌다.

3 〖동작의 진행〗 계속해서, 끊임없이
He worked **on** without a break.
그는 쉬지 않고 계속 일했다.
She walked right **on** into the boss's office.
그녀는 곧장 상사의 사무실로 걸어갔다.

● *and so on* (기타) 등등, ~ 등
I like nuts such as walnuts, chestnuts **and so on**.
나는 호두, 밤 등 견과류를 좋아한다.

● *from now on* 지금부터, 앞으로는
I'll e-mail you once a week **from now on**.
지금부터 일주일에 한 번씩 너에게 이메일을 보낼게.

● *on and off* 때때로, 불규칙하게 (=off and on)
I've had pain in my knee for a week, **on and off**.
일주일 동안 무릎에 통증이 있는데, 있다가 없다가 해요.

● *on and on* 계속해서, 쉬지 않고
The movie went **on and on**. It was so long I quit watching it.
영화는 **계속** 이어졌다. 영화가 너무 길어서 나는 보는 것을 관두었다.

☑ I read a newspaper article on pirates.
= I read a newspaper article about pirates.

You can keep your shoes **on**.

☑ Turn the computer on.
= Switch the computer on.

on   off

 때를 나타내는 **on, at, it**의 쓰임에 대해 알려 주세요.

▶ **on**은 특정한 날이나 날짜, 요일에 쓰여요.
   예) **on** my birthday 내 생일날에, **on** March 5, 2010 2010년 3월 5일에
   on Friday 금요일에

▶ **at**은 정확한 시점 앞에 쓰여요.
   예) **at** 5:00 5시에, **at** midnight 자정에, **at** lunchtime 점심시간에

▶ **in**은 오전, 오후, 몇 월, 몇 년, 몇 세기 등을 나타낼 때 쓰여요.
   예) **in** the morning 아침에, **in** January 1월에, **in** 2009 2009년에

*once (wuhns) [wʌns]

부사 **1** 한 번, 한 차례
I've only been water skiing **once**.
나는 딱 한 번 수상 스키를 타 보았다.
Press this button **once**. 이 버튼을 한 번 누르세요.
He exercises **once** a week. 그는 일주일에 한 번 운동한다.
The movie was played **only once**.
그 영화는 딱 한 번 상영되었다.

2 예전에, 일찍이, 한때
Once upon a time, there was an angry dragon.
옛날 옛적에, 화가 난 용이 있었어요.
It's hard to believe this was **once** all countryside.
여기가 한때 다 시골이었다는 것을 믿기 어렵다.

- **once again** 한 번 더
  Please, explain it to me **once again**.
  한 번 더 설명해 주세요.

- **once in a while** 가끔
  I used to visit an old people's home **once in a while**.
  나는 가끔 양로원을 방문하곤 했다.

명사 한 번
I have tried Thai food **once**.
나는 태국 음식을 한 번 먹어 본 적이 있다.

- **all at once** 갑자기 (≒ suddenly)
  All at once, it started snowing.
  갑자기 눈이 내리기 시작했다.

- **at once** 1 동시에, 한 번에, 같이 (≒ at the same time)
  two people talking **at once** 동시에 말하고 있는 두 사람
  2 당장, 즉시, 곧 (≒ right away, immediately)
  Stop this car **at once**. 이 차를 당장 멈춰라.

접속사 일단 ~하면, ~하자마자
Once Brian started talking, everyone else did too.
일단 브라이언이 이야기를 시작하자, 다른 모든 사람들도 이야기를 시작했다.
She fell asleep **once** she closed her eyes.
그녀는 눈을 감자마자 잠이 들었다.

➕ once 1회
twice 2회, 2배
two times 2회, 2배
three times 3회, 3배
four times 4회, 4배

Once upon a time, there was an angry dragon.

☑ Please, explain it to me once again.
= Please, explain it to me once more.

two people talking **at once**

☑ She fell asleep once she closed her eyes.
= Once she closed her eyes, she fell asleep.

 Tip '~(만)에 한 번'은 once를 사용해서 표현하면 되나요?

네, once는 다음 예문과 같이 사용할 수 있어요.
⑩ once a day 하루에 한 번, once a week 일주일에 한 번, once a month 한 달에 한 번,
once every other day 이틀에 한 번, once every other week 이 주일에 한 번

one (wuhn) [wʌn]

[숫자] **1. 하나**
Can you count from **one** to ten? 1에서 10까지 셀 수 있니?
Can you make it at **one**? 너 1시까지 올 수 있어?
- **one by one** 하나씩, 한 사람씩
Please go out **one by one**. 한 사람씩 나가세요.

[형용사] **1 하나의, 한 개의, 한 사람의**
She has **one** sister. 그녀는 여동생이 한 명 있다.

2 어떤, 어느
one summer night 어느 여름날 밤에
One day I'll have my own car.
언젠가 나는 내 차를 가질 것이다.

[대명사] **1 (특정한 사람·사물 중) 하나, 한 개, 한 사람**
One of Bora's gloves is missing.
보라의 장갑 한 짝이 없어졌다.

2 《앞에 나온 명사의 반복을 피해》 그것, 그 사람
I've got some cookies. Do you want **one**?
나 과자가 좀 있는데. 한 개 먹을래?
A: Which pen do you prefer? 넌 어떤 펜이 좋니?
B: This **one**. 이거.
- **one another** 서로
Bora and Sally looked at **one another**.
보라와 샐리는 서로를 쳐다보았다.

3 (일반적인) 사람, 누구나
One should try to help other people.
사람은 누구나 다른 사람들을 도우려 해야 한다.

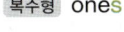
복수형 **one**s

She has **one** sister.

One of Sally's gloves is missing.

☑ Bora and Sally looked at one another.
= Bora and Sally looked at each other.

---

 one과 **it**의 차이가 무엇인가요?

앞에 나온 명사의 반복을 피하기 위해 **one**과 **it**, 둘 다 사용하지요. 하지만 그 쓰임에는 약간의 차이가 있어요. **one**은 앞에서 말한 것과 같은 종류를 말할 때, **it**은 앞에서 말한 바로 그것을 말할 때 사용해요.

예) I don't have a bike, so I want to buy **one**. 나는 자전거가 없다. 그래서 하나 사고 싶다.
My bike is broken, so I have to fix **it**.
나의 자전거가 고장이 났다. 그래서 그것(자전거)을 고쳐야 한다.

oneself (wuhn-self) [wʌnsélf]

[대명사] **자기 자신**
talk to **oneself** 혼잣말하다, 독백하다

※ 요새는 일반적인 사람들을 가

To understand **oneself** is most important.
자기 자신을 이해하는 것이 가장 중요하다.
- ***(all) by oneself*** 1 혼자서 (≒ alone)
One can't live **by oneself**. 인간은 혼자서는 살 수 없다.
2 혼자 힘으로
One can do it **oneself**.
누구나 혼자 힘으로 그것을 할 수 있다.

> 가리킬 때에는 one과 oneself 보다 you와 yourself를, 자기 자신을 가리킬 때에는 I와 myself를 더 많이 써요.

onion (uhn-yuhn) [ʌ́njən]

명사 ⓒⓤ 양파
Chop the **onions**. 양파를 잘게 잘라라.
It's hard to peel an **onion** without crying.
울지 않고 양파 껍질을 벗기는 건 어렵다.

> 복수형 onion**s**
> ⊕ green onion 파
> onion soup 양파 수프

*only (ohn-lee) [óunli]

형용사 《명사 앞에만 쓰임》 유일한, ~뿐인
You're **the only** person I trust, Eric.
에릭, 넌 내가 신뢰하는 유일한 사람이야.
A: Could I borrow a pencil, Tony?
토니, 연필 한 자루 빌릴 수 있을까?
B: I'm afraid not. This is **the only** one I have.
안 될 것 같은데. 내가 가진 게 이것뿐이야.
- ***an only child*** 외동딸, 외동아들
A: Does Mina have a brother? 미나는 오빠가 있니?
B: No, she's **an only child**. 아니. 미나는 외동딸이야.

부사 1 단지, 오직, 겨우 (~밖에)
There are **only** three boys in the comic book club.
만화책 동아리에는 단지 세 명의 남자아이들만 있다.
I've **only** got $5. 난 겨우 5달러가 있다.
Kangaroos are found **only** in Australia.
캥거루는 오스트레일리아에만 있다.
- ***if only*** ~이기만 하면 (좋으련만)
If only I were rich. 내가 부자라면 얼마나 좋을까.
- ***not only A but (also) B*** A 뿐만 아니라 B도
This game is **not only** fun **but** educational.
이 게임은 재미있을 뿐만 아니라 교육적이기도 하다.
2 (시간상으로) 겨우, 방금, ~가 되어서야
I met them for the first time **only** last week.
나는 겨우 지난주에 그들을 처음 만났다.

접속사 다만, ~이기는 하지만 (≒ but, however)
I'd like to lend you the money, **only** I don't have any. 너에게 돈을 빌려 주고 싶기는 하지만 돈이 하나도 없어.

A: Could I borrow a pencil, Tony?
B: I'm afraid not. This is **the only** one I have.

☑ If only I were rich.
= I wish I were rich.

☑ This game is not only fun but educational.
= This game is educational as well as fun.

only의 위치에 따라 의미가 달라지나요?

부사 only는 놓이는 위치에 따라 뜻이 달라질 수 있어요. 보통 수식하는 단어 바로 앞에 쓰이지요.

예) Only he looks at her. (사람들 중에서) 오직 그만이 그녀를 바라보고 있다.
He only looks at her. 그는 그녀를 바라보기만 한다.
　　　　　　　　　(보기만 할 뿐 그녀에게 다른 행동을 하지 않는다.)
He looks only at her. 그는 그녀만을 바라보고 있다. (그는 다른 사람들은 안 보고 있다.)

＊open (oh-puhn) [óupən]

【형용사】 **1** 열린, 열려 있는, (가게 등이) 문을 연
The door is **open**. Please close it, Sam.
문이 열려 있네. 문 좀 닫아 줘, 샘.
Your zipper is **open**. 네 지퍼가 열려 있다.
I was so tired that I couldn't keep my eyes **open**.
나는 너무 피곤해서 눈을 뜨고 있을 수 없었다.
The convenience store is **open** 24 hours.
편의점은 24시간 문을 연다.
Post offices aren't **open** on Sundays.
우체국은 일요일에는 문을 열지 않는다.

2 훤히 트인, 넓은
There's very little **open** land in the city.
도시에는 넓은 공터가 거의 없다.

3 솔직한, 숨김없는
You should try to be **open with** your parents.
부모님께 솔직해지려고 노력해야 한다.

【동사】 열리다, 열다 (↔close)
The door **opened** and a teacher came in.
문이 열리고 선생님께서 들어오셨다.
It was hot, so I **opened** a window.
더워서 나는 창문을 열었다.
Open your books to page 15. 책 15쪽을 펴세요.
Did you **open** the box? 네가 상자를 뜯었니?

| 비교급 | open**er**, **more** open |
| 최상급 | open**est**, **most** open |

➕ open**er** 따개
open**ing** 구멍; 개막(식), 개업
open**ly** 솔직하게

The door is **open**.

3인칭단수현재	open**s**
현재분사	open**ing**
과거·과거분사	open**ed**

opera (ah-pur-uh) [άpərə]

【명사】 ⓒⓤ [음악] 가극, 오페라
an **opera** singer 오페라 가수
Most **operas** are sung in Italian.
대부분의 오페라는 이탈리아 어로 불려진다.
I'm **going to an opera** tonight.
나는 오늘 밤 오페라를 보러 간다.

| 복수형 | opera**s** |

➕ **opera house** 오페라 하우스(극장)
soap opera 연속극, 드라마

opinion (uh-pin-yuhn) [əpínjən]

명사 1 ⓒ 의견, 견해
It's Anne's **opinion** that we shouldn't have school on Saturdays.
토요일에는 수업이 없어야 한다는 것이 앤의 의견이다.
In my opinion, she's right. 내 생각에는 그녀가 옳아.
What's your **opinion about** computer games?
컴퓨터 게임에 대한 너의 의견은 뭐니?

2 ⓤ (한 집단의) 의견, 여론
an **opinion poll** 여론 조사

복수형 opinion**s**

➕ expert opinion 전문가의 의견
informed opinion 전문가의 의견
personal opinion 개인적인 의견
public opinion 여론

opportunity (ah-pur-too-ni-tee) [àpərtjúːnəti]

명사 ⓒⓤ 기회 (≒ chance)
She **has an opportunity to** study in France.
그녀는 프랑스에서 공부할 기회가 생겼다.
Studying abroad **provides an opportunity to** learn a foreign language.
해외에서 공부하는 것은 외국어를 배울 수 있는 기회를 제공한다.

복수형 opportun**ities**

➕ miss an opportunity 기회를 놓치다
take an opportunity 기회를 잡다

oppose (uh-poze) [əpóuz]

동사 반대하다
They **opposed** the government's new plan.
그들은 정부의 새 정책에 반대했다.
● **be opposed to** ~에 강하게 반대하다
Mike **is opposed to** joining another club.
마이크는 또 다른 동아리에 가입하는 것에 **강하게 반대한다**.

3인칭단수현재 oppose**s**
현재분사 oppos**ing**
과거·과거분사 oppose**d**

➕ opposition 반대

opposite (ah-puh-zit, ah-puh-sit) [ápəzit, ápəsit]

형용사 1 마주 보는, 맞은편의, 반대쪽의
They lived **on opposite sides of** the street.
그들은 길을 사이에 두고 서로 반대쪽에 살았다.

2 (정)반대의, 완전히 다른
They ran **in opposite directions**.
그들은 정반대 방향으로 뛰어갔다.
Sam and Brian always seem to have **opposite** opinions.
샘과 브라이언은 항상 의견이 반대인 것 같다.

명사 ⓒ 반대의 것, 반대말
I thought the test might be difficult, but it was quite the **opposite**.

They lived **on opposite sides of** the street.

복수형 opposite**s**

➕ opposition 반대

나는 시험이 어려울 거라 생각했지만 그 반대였다.
"Wet" is the **opposite** of "dry."
'젖은'은 '마른'의 반대말이다.

전치사 ~의 맞은편에, ~의 반대 위치에
The bank is **opposite** a park.
은행은 공원 맞은편에 있다.
Mary sat **opposite** me during lunch.
점심시간 동안 메리는 내 맞은편에 앉았다.

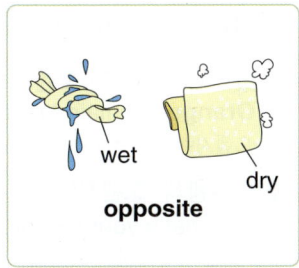
wet
dry
opposite

optimistic (*ahp*-tuh-**mis**-tik) [àptəmístik]

형용사 낙관적인, 낙천적인 (↔pessimistic)
I'm **optimistic about** our team's chances to win the game.
나는 우리 팀이 경기에서 승리할 가능성에 대해 낙관적이다.
I'm **optimistic** you'll do better next time.
나는 네가 다음번에는 더 잘하리라고 낙관한다.
She has an **optimistic view** of the future.
그녀는 미래에 대해 낙관적인 견해를 취하고 있다.

비교급 more optimistic
최상급 most optimistic

➕ optimism 낙관주의, 낙천주의
optimist 낙관주의자, 낙천주의자

*or (or) [ɔːr]

접속사 **1** 또는, 혹은
Is it red **or** pink?
그거 빨간색이니 아니면 분홍색이니?
Are you coming **or** not?
너 올 거니 안 올 거니?
A: Would you rather order pizza **or** Chinese food for lunch?
점심으로 차라리 피자나 중국 음식을 시킬래?
B: Whatever you choose. I'm not that hungry.
네가 정하는 걸로. 난 그다지 배고프지 않아.

2 《부정문에서》 ~도 …도 (아닌)
He didn't call Sally **or** Bora.
그는 샐리에게도 보라에게도 전화하지 않았다.

3 《명령문 뒤에서》 그렇지 않으면
Leave now, **or** you'll be late.
지금 떠나라. 그렇지 않으면 늦을 것이다.

● **either A or B** A든지 B든지, A와 B 둘 중 하나
You can have **either** salad **or** soup.
샐러드나 수프 중 하나를 먹을 수 있어요.

● **or so** ~쯤, ~ 정도
She'll return in two weeks **or so**.
그녀는 2주일 **정도** 후에 돌아올 것이다.

pizza **or** Chinese food

☑ He didn't call Sally or Bora.
= He didn't call Sally, and he didn't call Bora.

☑ Leave now, or you'll be late.
= If you don't leave now, you'll be late.

orange (or-inj) [ɔ́(ː)rindʒ]

명사 1 ⓒⓤ [식물] 오렌지
Oranges contain lots of vitamin C.
오렌지는 비타민 C를 많이 함유하고 있다.

2 ⓤ 주황색, 오렌지색
A: What's your favorite color?
네가 좋아하는 색은 뭐니?
B: It's **orange**. 주황색이야.

형용사 주황색의, 오렌지색의
Sally was carrying an **orange** bag.
샐리는 주황색 가방을 들고 있었다.

복수형 orange**s**

➕ orange juice 오렌지 주스
orange peel 오렌지 껍질
an orange slice 오렌지 한 조각

oranges

orchestra (or-kuh-struh) [ɔ́ːrkəstrə]

명사 ⓒ 관현악단, 오케스트라
Sora plays cello in the city **orchestra**.
소라는 시립 관현악단에서 첼로를 연주한다.

복수형 orchestra**s**

order (or-dur) [ɔ́ːrdər]

동사 1 명령하다, 지시하다
She **ordered** Eric to pick up the trash.
그녀는 에릭에게 쓰레기를 주우라고 명령했다.
The doctor **ordered** me to take some medicine.
의사는 나에게 약을 먹으라고 지시했다.

2 (식사·상품을) 주문하다
Sam **ordered** some caps from an Internet store.
샘은 인터넷 상점에서 야구 모자를 주문했다.
A: I'm going to **order** a steak. What are you going to **order**?
난 스테이크를 주문할 건데. 넌 뭘 주문할래?
B: I'm going to **order** fish. 난 생선을 주문할래.

명사 1 ⓒⓤ 순서, 차례
The teacher made the students sit in alphabetical **order**.
선생님께서는 학생들을 알파벳 순서대로 앉도록 하셨다.

2 ⓤ 정리, 정돈 (↔ disorder)
His room is **in good order**.
그의 방은 정리가 잘되어 있다.
She **put** the library books **in order**.
그녀는 도서관 책을 정리했다.

3 ⓒ 명령, 지시

3인칭단수현재 order**s**
현재분사 order**ing**
과거·과거분사 order**ed**

Sam **ordered** some caps from an Internet store.

복수형 order**s**

➕ orderly 정돈된; 질서 있는
in alphabetical order 알파벳순으로
in historical order 연대순으로
in reverse order 거꾸로

She received an **order** to appear in court.
그녀는 법원에 출두하라는 명령을 받았다.
You should **take orders** from a doctor.
의사의 지시를 따라야 한다.

4 ◎ (식사·상품의) 주문
I'd like to cancel my **order**.
주문을 취소하고 싶습니다.
I **placed** a book **order** yesterday.
나는 어제 책을 주문했다.
The waiter came and **took** our **order**.
웨이터가 와서 우리 주문을 받았다.

5 ⓤ 질서
restore public **order** 공공질서를 회복하다

● *in order to* ~하기 위해서
She worked hard **in order to** pass the exam.
그녀는 시험에 통과하기 위해 열심히 공부했다.

● *out of order* 고장이 난 (≒ broken)
The copy machine was **out of order**.
복사기가 고장 났다.

➕ mail order 통신 판매, 우편 주문
side order (식당에서) 추가 주문

✅ I placed a book order.
= I ordered a book.

The copy machine was **out of order**.

 '주문하시겠어요?'라는 영어 표현으로는 어떤 것들이 있나요?

식당에서 '주문하시겠어요?'라는 표현으로 보통 Are you ready to order?, May I take your order?, Would you like to order?를 많이 사용해요.

ⓔ A: May I take your order? 주문하시겠어요?
　 B: Yes. I would like a large cheese pizza. 네, 치즈 피자 큰 거 하나 주세요.

ordinary (or-duh-*ner*-ee) [ɔ́ːrdənèri]

형용사 **1** 《명사 앞에 쓰임》 보통의, 흔한
ordinary people 보통 사람들
John was wearing a suit, but I was in my **ordinary** clothes.
존은 정장을 입고 있었지만 나는 평상복 차림이었다.
It is **ordinary** for there to be lots of traffic in Seoul.
서울에 교통량이 많은 것은 흔한 일이다.

2 평범한
His painting was just **ordinary**.
그의 그림은 그냥 평범했다.
The actor has an **ordinary** face. No one recognizes him on the street.
그 배우는 평범한 얼굴이다. 아무도 길거리에서 그를 알아보지 못한다.

비교급 more ordinary
최상급 most ordinary

➕ ordinarily 보통, 대개

ordinary clothes

organ (or-guhn) [ɔ́ːrgən]

명사 1 ⓒ [악기] 오르간, 파이프 오르간
Sally plays the **organ** at her church.
샐리는 교회에서 오르간을 연주한다.

2 ⓒ (생물의) 기관, 장기
The heart, lungs, kidneys, and liver are the major **organs** in your body.
심장, 폐, 신장, 간은 몸의 주요 기관들이다.

| 복수형 | **organ**s |

➕ **organ donor** 장기 기증자
organ transplant 장기 이식

organize (or-guh-nize) [ɔ́ːrgənàiz]

동사 1 (어떤 일을) 준비하다, 계획하다
A: Who **organized** the picnic?
누가 야유회를 준비했나요?
B: Tim did. 팀입니다.
Our teacher has **organized** a visit to the science museum. 선생님께서 과학박물관 견학을 계획하셨다.

2 (특정한 순서·구조로) 정리하다
I **organized** my books. 나는 책 정리를 했다.

3인칭단수현재	**organize**s
현재분사	**organiz**ing
과거·과거분사	**organize**d

➕ **organization** 단체, 기구
organized 정리된
organise (영국영어) 준비하다, 정리하다

Orient (or-ee-uhnt) [ɔ́ːriənt]

명사 《the Orient로 쓰임》 동양
Korea, China, and Japan are in **the Orient**.
한국, 중국, 일본은 동양에 있다.

➕ **oriental** 동양의, 동양적인
the East 동양

origin (or-i-jin) [ɔ́ːrədʒin]

명사 1 ⓒⓤ 기원, 근원
The **origin** of the earth is a mystery.
지구의 기원은 수수께끼이다.
The word is Latin **in origin**.
그 단어의 기원은 라틴 어이다.
Lake Victoria is the Nile River's point of **origin**.
빅토리아 호수는 나일 강의 수원이다.

2 ⓒⓤ 태생, 출신
She is of Mexican **origin**. 그녀는 멕시코 태생이다.

| 복수형 | **origin**s |

☑ The word is Latin in origin.
= The word comes from Latin.

original (uh-rij-uh-nuhl) [ərídʒənəl]

형용사 1 《명사 앞에만 쓰임》 원래의, 처음의
This is the **original** McDonald's, their very first restaurant.

| 비교급 | more original |
| 최상급 | most original |

이것이 첫 맥도널드, 최초의 (맥도널드) 식당이다.
Of all the Dracula movies, I like the **original** one best.
모든 드라큘라 영화 중에서 나는 처음 것이 제일 좋다.

2 《명사 앞에만 쓰임》 원본의
Is that an **original** painting?
그것이 원화입니까?

3 독창적인, 창의적인
The idea is very **original**.
그 아이디어는 굉장히 독창적이다.

명사 ⓒ 원본
This is a copy — **the original** is in the museum.
이건 복사본이다. 원본은 박물관에 있다.
I read *Frankenstein* **in the original**, not in translation.
나는 〈프랑켄슈타인〉을 번역서가 아니라 원서로 읽었다.

➕ originally 원래, 본래

This is a copy — **the original** is in the museum.

복수형 original**s**

orphan (or-fuhn) [ɔ́ːrfən]

명사 ⓒ 고아
Many families **adopt orphans**.
많은 가정이 고아를 입양한다.

동사 고아로 만들다
Mary was **orphaned** when her parents died in a car accident.
메리는 부모님께서 자동차 사고로 돌아가셔서 고아가 되었다.

복수형 orphan**s**
➕ orphanage 고아원
3인칭단수현재 orphan**s**
현재분사 orphan**ing**
과거·과거분사 orphan**ed**

*other (uhTH-ur) [ʌ́ðər]

형용사 《명사 앞에만 쓰임》 **1** 다른, 그 밖의
Hand me **the other** pen please. 다른 펜을 주세요.
Don't use **other** people's things without their permission.
허락 없이 다른 사람의 물건을 사용하지 마세요.
Does anyone have **any other** ideas?
또 다른 아이디어가 있는 사람 있나요?

2 (둘 중) 다른 하나의
I can only find one sock. Have you seen **the other** one? 양말 한 짝밖에 못 찾겠네. 다른 한 짝 봤니?

3 (셋 이상에서) 나머지의
Sam and Bob are tall, but **the other** students in my class are short.
샘과 밥은 키가 크지만 우리 반의 나머지 학생들은 키가 작다.

☑ Does anyone have any other ideas?
= Does anyone have more ideas?

I can only find one sock. Have you seen **the other** one?

4 저쪽의, 반대의
I saw him on **the other side** of the road.
나는 길 건너편에 있는 그를 보았다.

- ***the other day*** 얼마 전에
  I saw Eric **the other day**. 나는 얼마 전에 에릭을 보았다.
- ***every other day*** 이틀에 한 번, 하루 걸러서
  I clean my room **every other day**.
  나는 **이틀에 한 번** 방 청소를 한다.
- ***in other words*** 바꿔 말하면, 즉
  Tina, mind your manners. **In other words**, wait your turn.
  티나, 예의를 지켜. 즉, 네 차례를 지켜야지.
- ***on the other hand*** 반면에, 한편
  Cars are very useful, but **on the other hand**, they cause air pollution.
  자동차는 매우 유용한 **반면에** 공기 오염을 일으킨다.
- ***other than*** ~을 제외하고, ~ 외에 (≒ except)
  I have a runny nose. **Other than** that, I'm fine.
  콧물이 나. 그것만 **빼면** 난 괜찮아.

대명사 1 다른 것, 다른 사람
Why don't you play with **the others**?
다른 아이들과 함께 놀지 그러니?

2 (둘 중) 다른 하나, 다른 한 명
I held a bag with one hand and waved with **the other**.
나는 한 손으로 가방을 들고 다른 한 손을 흔들었다.

3 (셋 이상에서) 나머지 것들, 나머지 사람들
A: Are your friends still here, Sally?
네 친구들이 여전히 여기 있니, 샐리?
B: Just Tom. All **the others** went home.
톰만요. 나머지 친구들은 집에 갔어요.

☑ I saw him on the other side of the road.
= I saw him on the opposite side of the road.

☑ I saw Eric the other day.
= I saw Eric a few days ago.

복수형 other**s**

One is white, **the other** is brown.

One is white, and **the others** are brown.

 Tip one과 the other, the others의 쓰임을 알려 주세요.

▶ 두 개, 또는 두 명이 있을 때, 둘 중 '하나'를 one이라고 하고 '나머지 하나'를 the other라고 해요.
  예) I have two pet dogs. **One** is white, **the other** is brown.
  나는 애완견이 두 마리 있다. 한 마리는 흰색, 나머지 한 마리는 갈색이다.

▶ 여러 개, 또는 여러 명이 있을 때, '하나'를 one이라고 하고 '나머지'를 the others라고 해요.
  예) I have four pet dogs. **One** is white, and **the others** are brown.
  나는 애완견이 네 마리 있다. 한 마리는 흰색, 나머지는 갈색이다.

otherwise (uhTH-ur-wize) [ˌʌðərwàiz]

부사 **1** 그렇지 않으면
Hurry up! **Otherwise** we'll be late.
서둘러! 그렇지 않으면 우린 늦을 거야.

2 그 외에는, 그 밖에는
I thought the movie was kind of violent, but **otherwise** I enjoyed it.
난 영화가 좀 폭력적이라고 생각했지만, 그 외에는 재미있게 봤다.

☑ Hurry up! Otherwise we'll be late.
= If we don't hurry, we'll be late.
= We must hurry, or we'll be late.

ought (awt) [ɔːt]

1 〖의무·당연〗 ~해야 한다 (≒ should)
Restaurants **ought to** be clean. 식당은 깨끗해야 한다.

2 〖가능성·추측〗 ~할 것이다, ~일 것이다 (≒ should)
It **ought to** be cooler after the rain.
비 온 뒤에는 더 시원해질 것이다.

3 〖권유·의견〗 ~하는 것이 좋다 (≒ should)
You **ought to** drive slower. The road is icy.
천천히 운전하는 것이 좋겠어. 도로가 빙판길이야.
You **ought to** have a doctor look at your arm. I think it's broken.
의사에게 네 팔을 진찰받는 게 좋겠어. 내 생각에는 부러진 것 같아.

➕ oughtn't to
= ought not to

※ ought는 거의 항상 to와 함께 쓰여요. ought to와 should는 비슷한 의미이지만 should가 더 많이 쓰여요.

our (our, ahr) [auər, ɑːr]

형용사 〖we의 소유격〗 우리의
The teacher liked **our** project.
선생님께서 우리 기획을 마음에 들어 하셨다.

※ our(우리의)에 s를 붙이면 ours(우리의 것)가 되지요.

 왜 '우리 집'을 영어로 our house가 아니라 my house라고 하나요?
우리말에서는 '우리'라는 표현이 자연스럽지만 영어에서는 our보다는 my로 쓰는 것이 더 자연스러운 경우가 많아요.
ⓔ 우리 집 → my house, 우리 부모님 → my parents, 우리 강아지 → my dog

ours (ourz, ahrz) [auərz, ɑːrz]

대명사 〖we의 소유대명사〗 우리의 것
Your school is bigger than **ours**.
너희 학교가 우리 학교보다 더 크다.

☑ Your school is bigger than ours.

Ours is the house on the hill.
언덕 위에 있는 집이 우리 집이다.
He is a friend of **ours**. 그는 우리 친구다.

= Your school is bigger than our school.

ourselves (our-selvz) [àuərsélvz]

대명사 우리 자신, 우리 스스로
We have to defend **ourselves**.
우리는 우리 자신을 방어해야 한다.
We could see **ourselves** in the mirror.
우리는 거울에 비친 우리 자신을 볼 수 있었다.
We can do it **ourselves**.
우리는 그것을 우리 스스로 할 수 있다.

- *by ourselves* 1 우리들만으로 (≒alone)
We went to the movies **by ourselves**.
우리끼리만 영화를 보러 갔다.
2 (도움 없이) 우리 힘으로
We installed the program **by ourselves**.
우리는 우리 힘으로 프로그램을 설치하였다.

➕ we 우리
our 우리의
us 우리를, 우리에게
ours 우리의 것
ourselves 우리 자신

✅ We can do it ourselves.
= We can do it.
(강조의 의미로 쓰인 ourselves는 생략 가능해요.)

❓ install 설치하다

*out (out) [aut]

부사 1 밖에, 밖으로 (↔in)
The dog ran **out** the door.
개가 문 밖으로 뛰어나갔다.
We'd better go **out** for fresh air.
신선한 공기를 마시기 위해 밖으로 나가는 것이 좋겠다.
She opened the box and **took out** a doll.
그녀는 상자를 열고 인형을 꺼냈다.

2 (집·회사 등) 밖에 나가, 외출하여, 자리에 없는
I phoned Tony but he was **out**.
나는 토니에게 전화를 했지만 그는 (집에) 없었다.
They went **out** to dinner last night.
그들은 어제 저녁에 외식을 했다.

3 (책·영화 등이) 나와, 발간되어
The singer has a new CD coming **out**.
그 가수의 새 CD가 나온다.

4 (불·전기가) 꺼진
The rain **put out** our campfire.
비가 우리 모닥불을 꺼 버렸다.
Suddenly all the lights **went out**.
갑자기 모든 불이 나갔다.

5 큰 소리로
Please read it **out** loud. 큰 소리로 읽어 보세요.

The dog ran **out** the door.

Please read it **out** loud.

out of

● **out of** 1 ~(에서) 밖으로
He walked **out of** the room. 그는 방 **밖으로** 나갔다.
Don't get **out of** your seat. 자리를 뜨지 마라.
Bora got **out of** the car and went into the house.
보라는 차에서 내려서 집 안으로 들어갔다.
Take your hands **out of** your pockets.
주머니에서 손을 빼라.
2 (물건이) 떨어진, 없는
We're **out of** milk. 우유가 떨어졌다.
I'm **out of** breath. 숨이 차다.
She's been **out of** work for five months.
그녀는 5개월간 직업이 없는 상태였다.
3 ~ 중에서
Nine **out of** 10 children prefer this toothpaste.
어린이 10명 중 9명이 이 치약을 좋아한다.
4 〖재료〗 ~로
They made a box **out of** thick paper.
그들은 두꺼운 종이로 상자를 만들었다.
5 〖이유〗 ~에서, ~ 때문에
I asked **out of** curiosity. 나는 호기심에서 물어보았다.
Anne helped us **out of** kindness.
앤은 친절하기 때문에 우리를 도와주었다.

➕ **out of date** 시대에 뒤떨어진
out of fashion 유행이 지난
out of order 고장 난

Bora got **out of** the car.

☑ I asked out of curiosity.
= I asked because I was curious.

outdoor (out-dor) [áutdɔ̀ːr]

〖형용사〗 야외의, 실외의, 집 밖의 (↔indoor)
an **outdoor** concert 야외 콘서트
Hiking is an **outdoor** activity. 하이킹은 야외 운동이다.

➕ **outdoor clothing** 외출복

outdoors (out-dorz) [àutdɔ́ːrz]

〖부사〗 밖에서, 야외에서, 실외에서 (↔indoors)
Our dog is happiest **outdoors**, running around.
우리 개는 밖에서 이리저리 뛰어다닐 때 가장 행복해한다.

☑ outdoors
= out of doors
= outside

outgoing (out-goh-ing) [áutgòuiŋ]

〖형용사〗 1 나가는, 떠나는
outgoing ships 출항하는 배들
Please put this in the **outgoing** mail.
이것을 발신 우편물에 넣으세요.
2 사교적인, 외향적인
Sora is **outgoing** and makes friends easily.
소라는 사교적이어서 친구를 쉽게 사귄다.

비교급 **more outgoing**
최상급 **most outgoing**

☑ outgoing ships
= departing ships

outline (out-line) [áutlàin]

명사 1 ⓒ 윤곽, 외곽선
Brian saw the **outline** of their tent and knew they were back at camp.
브라이언은 자신들 텐트의 윤곽을 보고 자신들이 캠프에 돌아왔다는 것을 알았다.

2 ⓒ 개요, 요점
I read a brief **outline** of Korean history.
나는 한국 역사에 대한 짧은 개요를 읽었다.

- **복수형** outlines
- ➕ **in outline** 개략적인, 개략적으로
- ❓ 개요 간결하게 추려 낸 주요 내용

*outside (out-side | out-side) [àutsáid | áutsáid]

부사 (out-side) 밖에, 바깥쪽에, 외부에 (↔inside)
Mary went **outside** to get some fresh air.
메리는 맑은 공기를 마시기 위해 밖에 나갔다.
The bread was hard **outside** but soft inside.
그 빵은 겉은 딱딱했지만 속은 말랑말랑했다.

전치사 (out-side) ~ 밖에, ~ 바깥쪽에 (↔inside)
He waited **outside** the house. 그는 집 밖에서 기다렸다.
I have never traveled **outside** Seoul.
나는 서울 밖으로 나가 본 적이 없다.

명사 (out-side) 《단수로 쓰임》 바깥쪽, 외면 (↔inside)
The **outside** of the house was painted white.
집의 바깥쪽은 하얗게 칠해져 있었다.

형용사 (out-side) 밖의, 바깥쪽의 (↔inside)
The **outside** walls of the house are covered with ivy.
집 바깥쪽 벽들은 담쟁이덩굴로 뒤덮여 있다.

- ➕ **outsider** (사회·집단에 속하지 못하는) 국외자, 외부인
- ※ **go outside** 건물이나 집 등의 안에 있다가 밖으로 나가다
  go out 외출하다

The **outside** of the house was painted white.

outstanding (out-stan-ding) [àutstǽndiŋ]

형용사 우수한, 뛰어난, 눈에 띄는
Sally is an **outstanding** cook. Everything she cooks is delicious.
샐리는 뛰어난 요리사이다. 그녀가 만드는 것은 다 맛있다.
Tim is an **outstanding** teacher. His students all learn a lot in his class.
팀은 우수한 교사다. 그의 학생들은 모두 그의 수업에서 많은 것을 배운다.

- **비교급** more outstanding
- **최상급** most outstanding
- ➕ **outstandingly** 뛰어나게, 두드러지게

oven (uhv-uhn) [ʌ́vən]

명사 ⓒ 오븐
a gas **oven** 가스 오븐

- **복수형** ovens

The cake is baking in the **oven**.
케이크가 오븐 안에서 구워지고 있다.

⊕ microwave oven 전자레인지

*over (oh-vur) [óuvər]

전치사 **1** (떨어져서) 위에, 위로, 위쪽에 (↔under)
The bird was flying **over** his head.
새가 그의 머리 위를 날고 있었다.
Eric held the umbrella **over** my head.
에릭이 내 머리 위로 우산을 받쳐 주었다.

2 (접촉하여) 위를 덮어, 위에 (↔under)
I pulled the blanket **over** my head.
나는 담요를 내 머리 위까지 덮었다.
Spread the glue **over** the top of the paper.
풀을 종이 윗부분에 바르세요.

3 (수·범위가) 이상인, 넘는 (↔under)
Over 2,000 students attended my high school.
2,000명 이상의 학생들이 우리 고등학교에 다녔다.
She stayed in Seoul for **over** a month.
그녀는 서울에서 한 달 넘게 머물렀다.

4 ~을 넘어, ~을 건너, 건너편에, 가로질러
Jinsu jumped **over** the stream.
진수가 시냇물을 뛰어넘었다.
The bridge crosses **over** the river.
다리는 강을 가로질러 있다.
There's a bookstore just **over** the road.
바로 길 건너에 서점이 있다.

5 ~에서 떨어져, 넘어져
He fell **over** the cliff's edge.
그는 절벽 가장자리에서 떨어졌다.

6 ~(하는) 동안
I'll think about it **over** the weekend.
주말 동안 생각해 볼게.

● *all over* 온 ~에
The students in our class are from **all over** the world.
우리 반의 학생들은 세계 곳곳에서 왔다.

부사 **1** (거리·공간을) 넘어, 건너, 저[이]쪽으로
The wall's too high for me to climb **over**.
그 담은 내가 넘어가기엔 너무 높았다.
It's mine! Hand it **over**! 그건 내 거야! 이리 내!

2 넘어지게, 쓰러지게, 떨어지게
He fell **over**. 그가 넘어졌다.

I pulled the blanket **over** my head.

☑ Over 2,000 students attended my high school.
= More than 2,000 students attended my high school.

☑ She stayed in Seoul for over a month.
= She stayed in Seoul for more than a month.

Jinsu jumped **over** the stream.

☑ Hand it over!
= Give it to me!

☑ He fell over.
= He fell down.

She knocked **over** the glass. 그녀가 컵을 쓰러뜨렸다.

3 뒤집어
Turn your cards **over**. 네 카드를 뒤집어라.

4 (수 · 범위가) ~ 이상, ~이 넘는 (↔under)
This movie is for people aged 15 and **over**.
이 영화는 15세 이상인 사람들이 볼 수 있다.

5 남은
We had a lot of food left **over** from the dinner party.
저녁 모임에서 음식이 많이 남았다.

6 다시, 되풀이하여
Let's start **over** (again) from the beginning.
처음부터 다시 시작합시다.

● *over and over (again)* 몇 번이고 반복해서
I read the book **over and over again**.
나는 그 책을 여러 번 반복해서 읽었다.

● *over here [there]* 여기에[저기에], 여기로[저리로]
Please, come **over here**. 여기로 좀 와 주세요.
The ball is **over there**. 공이 저기에 있어요.

형용사 끝난 (≒finished)
The game will be **over** in a few minutes.
경기는 몇 분 내로 끝날 것이다.

☑ This movie is for people aged 15 and over.
= This movie is for people aged 15 or more than 15.

Please, come **over here**.

 위치를 나타내는 **over, on, above**의 차이가 무엇인가요?

▶ **on**은 무언가의 표면 위에 닿아 있음을 나타낼 때 쓰여요.
  예) a pencil **on** the desk 책상 위에 있는 연필

▶ **above**는 무언가의 표면에서 위로 떨어져 있는 경우에 쓰여요.
  예) a light **above** the table 식탁 위에 있는 등

▶ **over**는 두 가지 경우를 모두 포함하는 의미로 쓰여요.
  예) a painting **over** the couch 소파 위에 걸려 있는 그림
      a tablecloth **over** the table 식탁 위의 식탁보

---

overall (oh-vur-awl) [óuvərɔ́ːl]

부사 대체로, 전체적으로, 전반적으로
Overall, I'm feeling much better.
대체로 나는 건강이 훨씬 좋아졌다.
I missed a few questions on the test but did well **overall**.
나는 시험에서 몇 개의 문제는 틀렸지만 전반적으로는 잘 봤다.

※ overall에 s가 붙어서 overalls가 되면 '멜빵바지'라는 의미가 돼요.

overcoat (oh-vur-kote) [óuvərkòut]

명사 ⓒ 외투, 오버코트
Bob put on his **overcoat** to go outside.
밥은 밖에 나가기 위해 외투를 입었다.

복수형	overcoats

overcome (oh-vur-kuhm) [òuvərkʌ́m]

동사 1 이겨 내다, 극복하다
It's amazing how blind people **overcome** their disability.
시각 장애인들이 자신들의 장애를 극복하는 것은 굉장히 놀랍다.

2 압도하다, 지게 하다
Overcome by emotion, Tom began to cry.
감정에 압도되어서 톰은 울기 시작했다.

3인칭단수현재	overcomes
현재분사	overcoming
과거	overcame
과거분사	overcome

overhear (oh-vur-heer) [òuvərhíər]

동사 우연히 듣다
Tina **overheard** Susan crying in the bathroom.
티나는 수잔이 화장실에서 울고 있는 것을 우연히 들었다.

3인칭단수현재	overhears
현재분사	overhearing
과거·과거분사	overheard

overseas (oh-vur-seez) [óuvərsíːz]

부사 외국에, 외국으로, 해외에
an **overseas** student 유학생
I lived **overseas** for a time.
나는 잠깐 외국에서 산 적이 있다.
A: This is my first trip **overseas**.
이건 내 첫 번째 해외여행이야.
B: Mine too! I've never been out of Korea.
나도! 한국 밖으로 나가 본 적이 없거든.

overseas

owe (oh) [ou]

동사 1 ~에게 빚이 있다
I **owe** Sally $5. 나는 샐리에게 5달러의 빚이 있다.
We still **owe** the bank a lot of money.
우리는 여전히 은행에 많은 빚을 지고 있다.

2 신세를 지다
I **owe** you my thanks. 신세 많이 졌습니다.
I really **owe** you **for** helping me get this job.
제가 이 직장을 얻도록 도와주시다니 신세를 졌습니다.

3인칭단수현재	owes
현재분사	owing
과거·과거분사	owed

How much do I owe you?는 어떤 뜻으로 쓰는 표현인가요?

How much do I owe you?는 물건이나 서비스에 대한 비용을 지불할 때 '얼마입니까?'라는 뜻으로 쓸 수 있어요.
예 How much do I owe you? = How much is it? 얼마입니까?

owl (oul) [aul]

명사 ⓒ 올빼미, 부엉이
Owls hunt at night. 올빼미는 밤에 사냥을 한다.

복수형 owls

own (ohn) [oun]

형용사 자기 소유의, 자기 자신의
The chef has his **own** restaurant.
그 주방장은 자기 소유의 식당이 있다.
Is that your **own** book or did you borrow it?
그건 네 책이니 아니면 빌린 거니?
Bill built a doghouse with his **own** hands.
빌은 손수 개집을 만들었다.

● *on one's own* 1 혼자서 (≒ alone)
She lives **on her own** in a small apartment.
그녀는 작은 아파트에서 **혼자** 산다.

2 혼자 힘으로
I can't move this box **on my own**. It's too heavy.
나 **혼자 힘으로** 이 상자를 옮길 수가 없다. 상자가 너무 무겁다.

동사 소유하다
Sora **owns** a camera.
소라는 한 대의 카메라를 소유하고 있다.

➕ owner 주인, 소유자

Sora **owns** a camera.

3인칭단수현재 owns
현재분사 own**ing**
과거·과거분사 own**ed**

ox (ahks) [ɑks]

명사 ⓒ 황소, 수소
An **ox** is pulling the farmer's plow.
황소가 농부의 쟁기를 끌고 있다.

복수형 ox**en**

oxygen (ahk-si-juhn) [ɑ́ksidʒən]

명사 ⓤ [화학] 산소 (원소 기호 O)
Without **oxygen**, we would die.
산소가 없으면 우리는 죽을 것이다.
Oxygen combined with hydrogen makes water.
산소가 수소와 결합하면 물이 된다.

➕ oxygen mask 산소마스크

❓ combine 결합하다

ozone (oh-zone) [óuzoun]

명사 ①[화학] 오존 (원소 기호 O₃)
ozone hole 오존층에 난 구멍
Ozone is a form of oxygen.
오존은 산소의 한 형태이다.

➕ ozone-friendly product
오존층 파괴 물질이 들어 있지 않은 제품

ozone layer (oh-zone lay-ur) [óuzoun léiər]

명사 《단수로 쓰임》 오존층
The ozone layer blocks out the sun's harmful rays.
오존층은 태양의 유해한 빛을 차단한다.

➕ ozone depletion 오존 감소, 오존층의 파괴

 오존과 오존층에 대해 더 설명해 주세요.

▶ 오존
오존은 세 개의 산소로 이루어져 있는 기체예요. 색은 아주 흐린 푸른색이고, 특유의 강한 냄새가 나요.

▶ 오존층
오존 분자들은 지구에서 24~32km 높이에 떠다니는데 특히 지구에서 25km 높이에서 한데 뭉쳐 오존층을 형성해요. 이렇게 형성된 오존층은 지구 생명체에 해로운 자외선의 97~99%를 흡수하지요. 해로운 자외선에 많이 노출되게 되면 피부암, 백내장, 호흡기 질환 등과 같은 문제가 발생할 수 있어요.

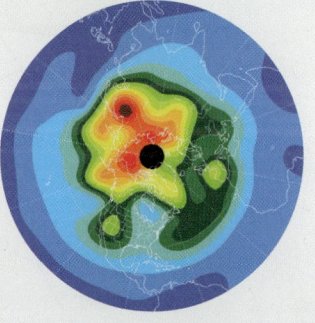
사진 제공: NOAA(미국국립해양대기청), 2012년 3월 20일

▶ 오존층 보호
오존층 파괴를 막는 가장 좋은 방법은 오존층을 파괴하는 프레온 가스 등의 사용을 줄이고 대체 물질을 개발하는 거예요. 국제적으로도 1987년 몬트리올 의정서에 따라 프레온 가스의 사용을 2000년에는 전면 금지키로 했어요. 우리나라도 1992년 5월 27일 비엔나 협약과 몬트리올 의정서에 가입하여 프레온 가스 사용을 줄이는 계획에 적극 참여하고 있으며, 대체 물질을 개발하기 위해 온 힘을 쏟고 있어요.

▶ 북반구 오존층
오른쪽 사진은 북반구의 오존층을 찍은 거예요. 가운데 검은 동그라미가 오존층이 파괴되어 생긴 구멍이에요.

Pp

Pears grow best in cool climates.
....
배는 서늘한 기후에서 가장 잘 자란지요.

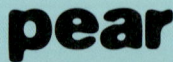

Pacific (Ocean) (puh-**sif**-ik (**oh**-shuhn)) [pəsífik (óuʃən)]

지명 《the Pacific (Ocean)으로 쓰임》 태평양
Hawaii is located in **the Pacific Ocean**.
하와이는 태평양에 위치해 있다.
The **Pacific Ocean** is the biggest ocean in the world.
태평양은 세계에서 가장 큰 대양이다.

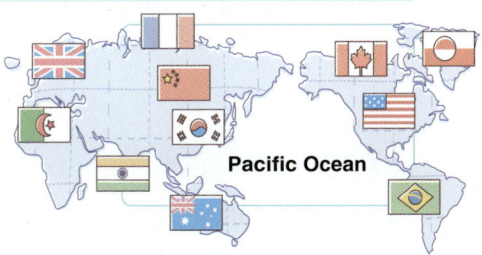
Pacific Ocean

 5대양은 어느 바다를 말하나요?

Pacific Ocean(태평양) 외에 Atlantic Ocean(대서양), Indian Ocean(인도양), Antarctic Ocean(남극해), Arctic Ocean(북극해)이 5대양에 속한답니다.

pack (pak) [pæk]

동사 **1** 짐을 꾸리다, 싸다 (↔unpack)
Don't forget to **pack** your swimsuit.
수영복 싸는 것을 잊지 마라.
Have you **packed** for your trip, Bora?
여행 갈 짐은 꾸렸니, 보라?

2 꽉 채우다
Tom **packed** the rice tightly into the jar.
톰은 단지 안에 쌀을 가득 채워 넣었다.
The soccer stadium was **packed** with people.
축구 경기장은 사람들로 가득 찼다.

명사 **1** ⓒ 한 상자, 한 팩
Eric brought the **pack** of playing cards.
에릭은 카드 한 팩을 가지고 왔다.

2 ⓒ 떼, 무리
They were chased by a **pack of** wolves.
그들은 한 무리의 늑대들에 쫓겼다.

3인칭단수현재	pack**s**
현재분사	pack**ing**
과거·과거분사	pack**ed**

➕ pack**ed** 꽉 찬
pack**ing** 짐 싸기, 포장

복수형	pack**s**

➕ back**pack** 배낭
ice **pack** (찜질용) 얼음주머니, 아이스 팩

package (pak-ij) [pǽkidʒ]

명사 **1** ⓒ 소포, 꾸러미 (≒parcel)
The delivery man left a **package**.
배달원이 소포를 두고 갔다.

2 ⓒ (포장용) 상자
He opened the **package** of cookies and took one out.
그는 쿠키 상자를 열어서 쿠키 한 개를 꺼냈다.

복수형	package**s**

➕ **parcel** (영국영어) 소포, 꾸러미

동사 (물건을) 포장하다, 넣다
He **packaged** the gift in a blue box.
그는 선물을 파란 상자에 넣었다.

3인칭단수현재	packages
현재분사	packaging
과거·과거분사	packaged

*page (payj) [peidʒ]

명사 ⓒ 쪽, 페이지 (줄임말 p.)
The sports news begins on **page** 4.
스포츠 소식은 4페이지에서 시작한다.
Turn to **page** 43, please. 43쪽을 펴 주세요.

| 복수형 | pages |

pain (payn) [pein]

명사 1 ⓒⓤ (몸의) 통증, 아픔
Sally has a **pain** in her knee.
샐리는 무릎에 통증이 있다.

2 ⓒⓤ (정신적) 고통, 괴로움
His father's death caused him great **pain**.
그의 아버지의 죽음은 그에게 큰 고통을 주었다.

3 《pains로 쓰임》 노력, 수고
I **was at pains** to hide my true feelings.
나는 진심을 애써 숨겼다.

• *take (great) pains to do* ~하려고 (몹시) 애쓰다
Sally **took great pains to solve** the problem.
샐리는 그 문제를 풀기 위해 몹시 애를 썼다.

| 복수형 | pains |

➕ **painless** 아프지 않은
painkiller 진통제

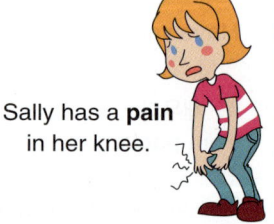
Sally has a **pain** in her knee.

painful (payn-fuhl) [péinfəl]

형용사 1 (몸이) 아픈, 고통스러운
Tim's injured knee was very **painful**.
팀은 다친 무릎이 너무 아팠다.

2 (정신적으로) 가슴 아픈, 고통스러운
It is **painful** to hear about the story of the starving children.
굶주리는 아이들에 관한 이야기를 듣는 것은 마음이 아프다.

| 비교급 | more painful |
| 최상급 | most painful |

➕ **painfully** 고통스럽게; 고생해서, 아주 힘들게

*paint (paynt) [peint]

명사 1 ⓤ 페인트
All the classrooms had new **paint**.
모든 교실에 새 페인트를 칠했다.
Water-based **paint** is easy to clean up.

| 복수형 | paints |

❓ **water-based** 수성의

수성 페인트는 닦아 내기 쉽다.

2 ⓒ 《paints로 쓰임》 **그림물감**
My mother uses oil **paints** when she paints pictures.
우리 엄마는 그림을 그릴 때 유화 물감을 사용하신다.

동사 **1 페인트를 칠하다**
Mary **painted** her bedroom pink.
메리는 자신의 침실을 분홍색으로 칠했다.
A: What color should we **paint** the living room?
거실은 무슨 색으로 칠해야 할까?
B: I'm not sure. How about white?
잘 모르겠어. 흰색은 어때?

2 (그림물감으로) 그림을 그리다
I am **painting** a picture of him.
나는 그의 모습을 그리고 있다.

3인칭단수현재	paints
현재분사	painting
과거·과거분사	painted

painter (payn-tur) [péintər]

명사 **1** ⓒ **화가** (≒artist)
My favorite **painter** is Pablo Picasso.
내가 가장 좋아하는 화가는 파블로 피카소이다.

2 ⓒ **페인트공**
The **painters** use tall ladders to paint the ceilings.
페인트공들은 천장을 칠하기 위해 높은 사다리를 이용한다.

| 복수형 | painters |

painting (payn-ting) [péintiŋ]

명사 **1** ⓒ **(물감 등으로 색칠한) 그림**
a **painting** of flowers 꽃이 그려진 그림

2 ⓤ **그림 그리기**
I like **painting**. 나는 그림 그리기를 좋아한다.
She wants to study **painting**.
그녀는 그림을 공부하고 싶어 한다.

3 ⓤ **페인트칠**
My bathroom needs some **painting**.
우리 화장실에 페인트칠이 필요하다.

| 복수형 | paintings |

➕ drawing (색칠하지 않고 선으로 된) 그림

painting과 drawing의 차이는 뭔가요?
둘 다 '그림'을 뜻하지만 painting은 물감으로 색을 칠하는 것을 말하고 drawing은 연필이나 펜을 이용하여 선을 그리는 것을 말해요.

pair (pair) [pɛər]

명사 1 ⓒ (두 개로 된) 한 쌍, 한 켤레
a pair of earrings 귀고리 한 쌍
Sam was wearing **a pair of** black socks.
샘은 검은색 양말 한 켤레를 신고 있었다.

2 ⓒ (같은 모양의 두 부분이 이어진) 한 개, 한 자루, 한 벌
a pair of scissors 가위 한 자루
a pair of glasses 안경 한 개
She was wearing **a** new **pair of** jeans.
그녀는 새 청바지를 입고 있었다.

3 ⓒ (사람·동물 등) 한 쌍
Let's work **in pairs**. 우리 짝을 지어서 하자.

복수형 pair**s**
a pair of earrings
a pair of scissors

 a pair of는 언제 쓰는 표현인가요?

▶ 두 개가 짝을 이루는 물건을 나타낼 때에는 그 단어 앞에 a pair of를 써요.
  ⓔ **a pair of** shoes 신발 한 켤레,   **a pair of** pants 바지 한 벌

▶ 그런데 a pair of는 뒤에 복수형이 나와도 문법적으로는 단수임을 기억하세요.
  ⓔ Every time you donate 20 dollars to this orphanage, a pair of shoes **is** given to a child here.
  당신이 이 고아원에 20달러를 기부할 때마다 한 아이에게 신발 한 켤레가 주어집니다.

pajamas (puh-jah-muhz) [pədʒá:məz]

명사 《복수형임》 파자마, 잠옷
A: I never wear **pajamas**. 나는 잠옷을 전혀 안 입어.
B: Then, what do you wear when you sleep?
   그럼 너는 잘 때 뭘 입는데?
A: Usually an old T-shirt and shorts.
   보통 낡은 티셔츠랑 반바지를 입어.

⊕ **pyjamas** (영국영어) 파자마, 잠옷
pajamas

palace (pal-is) [pǽlis]

명사 ⓒ 궁, 궁전
Queen Elizabeth lives in Buckingham **Palace**.
엘리자베스 여왕은 버킹엄 궁전에 산다.

복수형 palace**s**

pale (payl) [peil]

형용사 1 (얼굴이) 창백한, 핏기 없는
Sally's illness made her weak and **pale**.

비교급 pale**r**

샐리의 병은 그녀를 약하고 창백하게 만들었다.
Are you ill? You look **pale**.
너 아프니? 얼굴이 창백해.

2 (색깔이) 옅은 (↔dark, deep)
Our school's exercise uniforms are **pale** blue.
우리 학교 체육복은 옅은 파란색이다.

| 최상급 | pale**st** |

➕ **paleness** 창백함

pan (pan) [pæn]

명사 ⓒ (손잡이가 있고 얕은) 냄비, 팬
Put some olive oil in the **pan**.
냄비에 올리브기름 좀 넣어라.
I bought a new **frying pan**.
나는 새로운 프라이팬을 샀다.

pan

| 복수형 | pan**s** |

panic (pan-ik) [pǽnik]

명사 ⓒⓤ 극심한 공포, 공황
The fire alarm went off, causing **panic**.
화재경보기가 울렸고 극심한 공포를 불러일으켰다.
The passengers were **in a state of panic**.
승객들은 공황 상태에 빠져 있었다.

동사 당황하다, 당황하게 하다
She tried not to **panic** when her apartment caught on fire.
그녀는 아파트에 불이 나자 당황하지 않으려 애썼다.

| 복수형 | panic**s** |

❓ 공황 두려워서 어찌할 바를 모름

3인칭단수현재	panic**s**
현재분사	panic**king**
과거·과거분사	panic**ked**

pantomime (pan-tuh-*mime*) [pǽntəmàim]

명사 ⓒⓤ 팬터마임, 무언극 (≒mime)
The clown is performing a **pantomime**.
광대가 팬터마임을 하고 있다.

| 복수형 | pantomime**s** |

❓ 무언극 대사 없이 몸짓과 표정만으로 내용을 전달하는 연극

*pants (pants) [pænts]

명사 1 《복수형임》 바지
Brian's **pants** were too big for him after he lost weight.
살을 뺀 후에 브라이언의 바지는 너무 컸다.
She took off her dirty **pants**.
그녀는 더러워진 바지를 벗었다.

2 《복수형임》 (영국영어) 팬티

➕ **trousers** (영국영어) 바지

pants

Tip 바지(**pants**)는 왜 복수 형태로 쓰나요?

pants(바지)는 한 벌이 다리 두 부분으로 이어져 있기 때문에 언제나 복수 형태로 써요. 같은 예로 pajamas, trousers, jeans 등이 있지요.

papa (pah-puh) [páːpə]

명사 ⓒ 아빠 (≒ daddy, dad)
Papa will be home from work soon.
아빠는 곧 퇴근해서 집에 도착하실 거야.

| 복수형 | papa**s** |

*paper (pay-pur) [péipər]

명사 1 ⓤ 종이
Could I borrow a **sheet of paper**?
종이 한 장 빌릴 수 있을까요?
Please take out a **piece of paper**, class.
종이 한 장 꺼내세요, 여러분.
I need some **blank paper** to write on.
글을 쓸 흰 종이가 필요해요.

2 ⓒ 서류, 문서
Fill out these **papers** for your visa.
비자를 받으시려면 이 서류를 작성하세요.

3 ⓒ 신문 (≒ newspaper)
The **paper** said it was going to snow tonight.
신문에는 오늘 밤 눈이 내릴 거라고 쓰여 있었다.

4 ⓒ 논문, 보고서, 과제물
a scientific **paper** 과학 연구 논문
The **paper on** Korean history is due tomorrow.
한국 역사에 대한 과제물은 내일까지다.

| 복수형 | paper**s** |

➕ **toilet paper** 화장지, 휴지
writing paper 필기용지

a **sheet of paper**

paper

❓ **due** 예정된

parachute (pa-ruh-shoot) [pǽrəʃùːt]

명사 ⓒ 낙하산
Skydivers use **parachutes** to jump from airplanes.
스카이다이버들은 비행기에서 뛰어내릴 때 낙하산을 사용한다.

동사 낙하산을 타고 내려오다
They **parachuted** into the valley to save the survivors of the storm.
그들은 폭풍우에서 살아남은 사람들을 구하기 위해 낙하산을 타고 골짜기로 내려왔다.

복수형	parachute**s**
3인칭단수현재	parachute**s**
현재분사	parachut**ing**
과거·과거분사	parachute**d**

parade (puh-rade) [pəréid]

명사 ⓒ 행렬, 행진, 퍼레이드
The Macy's Thanksgiving Day **parade** is famous for its giant balloons.
메이시 백화점의 추수 감사절 퍼레이드는 커다란 풍선들로 유명하다.

동사 행진하다
The circus **paraded** through town.
그 서커스단은 시내를 행진했다.

복수형	parades
❓ Macy's 메이시 백화점 (미국 최대 백화점)	
3인칭단수현재	parades
현재분사	parading
과거·과거분사	paraded

paradise (par-uh-dise) [pǽrədàis]

명사 1 Ⓤ 《Paradise로 쓰임》 천국, 천당 (≒ heaven)
I believe good deeds lead people to **Paradise**.
나는 선행이 사람들을 천국으로 인도한다고 믿는다.

2 ⓒⓊ 낙원, 천국 같은 곳
A: Billy, what's the best thing about **paradise**?
빌리, 낙원의 제일 좋은 점이 뭘까?
B: There's no school in **paradise**!
낙원에는 학교가 없다는 거지!

복수형	paradises
❓ deed 행위, 행동	

paragraph (par-uh-graf) [pǽrəgræf]

명사 ⓒ 문단, 단락
Tom, please read the next **paragraph**.
톰, 다음 문단을 읽어 보세요.
Your papers should be five **paragraphs** long.
네 보고서의 길이는 5단락이어야 한다.

복수형	paragraphs
※ paragraph와 sentence 등과의 차이 → phrase (p. 691)	

parallel (par-uh-lel) [pǽrəlèl]

형용사 평행의, 나란한
Parallel lines never meet. 평행선은 결코 만나지 않는다.
Lines in the notebook are **parallel**.
공책에 처진 줄은 평행하다.

➕ horizontal 가로의, 수평의
vertical 세로의, 수직의

pardon (pahr-duhn) [pá:rdn]

동사 용서하다 (≒ forgive)
The president **pardoned** the prisoner.
대통령은 수감자를 사면했다.

● *pardon (me)* 1 다시 한번 말씀해 주시겠어요?, 뭐라고 하셨어요?

3인칭단수현재	pardons
현재분사	pardoning
과거·과거분사	pardoned

A: My phone number is 123-4567.
제 전화번호는 123-4567이에요.
B: **Pardon me?** 다시 한번 말씀해 주시겠어요?

2 죄송합니다
Pardon me for interrupting you. 방해해서 **죄송합니다**.

> interrupt 방해하다

3 실례합니다
Pardon me. Which way is Myeongdong?
실례지만 명동은 어느 쪽으로 가요?

[명사] ⓒ 용서, 사면
The prisoner said he was innocent and requested a **pardon**.
수감자는 자신이 무죄라고 말하면서 사면을 요구했다.

복수형 pardon**s**

- **I beg your pardon** 1 다시 한번 말씀해 주시겠어요?, 뭐라고 하셨어요? (끝을 올려 말할 때)
  A: I've been to Australia.
  나 오스트레일리아(호주)에 간 적이 있어.
  B: **I beg your pardon?** You've been to Austria?
  뭐라고 했니? 오스트리아에 간 적이 있다고?
  A: No, Australia. 아니, 오스트레일리아라고.

  2 죄송합니다 (끝을 내려 말할 때)
  A: Excuse me, but I believe you're standing on my foot.
  실례지만 당신이 제 발을 밟고 있는 것 같군요.
  B: Oh, so I am. **I beg your pardon**.
  아, 그러네요. **죄송합니다**.

A: I've been to Australia.
B: **I beg your pardon?** You've been to Austria?

---

* **parent** (pair-uhnt) [pέərənt]

[명사] ⓒ 어머니 또는 아버지, 《parents로 쓰임》 부모
Tonight is the annual of "**Parents** Night" at my school.
오늘 밤은 우리 학교에서 '학부모의 밤'이라는 행사가 있다.
A: My **parents** are going out of town this weekend.
우리 부모님은 이번 주말에 집에 안 계실 거야.
B: Great! Let's have a party at your house.
잘됐다! 너희 집에서 파티하자.

복수형 parent**s**

+ grandparents 할아버지와 할머니

> **Tip** '부모님'이라고 할 때 parent라고 하나요 아니면 parents라고 하나요?
>
> parent는 부모님 중 한 분을 가리킬 때 써요. 따라서 부모님 두 분을 말할 때에는 반드시 복수형인 parents를 사용해야 합니다.
> ⓔ His **parents** live in Jeju-do.
> 그의 부모님은 제주도에서 사신다.

park¹ (pahrk) [pɑːrk]

명사 ⓒ 공원
a national **park** 국립 공원
an amusement **park** 놀이공원
He walks his dog in the **park** every morning.
그는 매일 아침 공원에서 개를 산책시킨다.

복수형 **park**s

➕ **water park** 워터파크 (물놀이 시설이 있는 놀이공원)

park² (pahrk) [pɑːrk]

동사 주차하다
A: Where did you **park** the car? I don't see it.
차를 어디다 주차했어? 안 보이는데.
B: It's right over there. See it? 바로 저긴데. 보여?
I'm sorry, but you can't **park** here.
죄송합니다만 여기에 주차를 하실 수 없습니다.
My car is **parked** in front of your truck.
내 차는 네 트럭 앞에 주차되어 있다.

3인칭단수현재 **park**s
현재분사 **park**ing
과거·과거분사 **park**ed

➕ **parking** 주차

parking lot (pahr-king laht) [pɑ́ːrkiŋ làt]

명사 ⓒ 주차장
Parking lots in Korea are often underground.
한국의 주차장은 보통 지하에 있다.
The **parking lot** is full. We'll have to park somewhere else.
주차장이 꽉 찼네. 우리는 다른 곳에 주차해야겠다.

복수형 **parking lot**s

➕ **car park** (영국영어) 주차장

parrot (par-uht) [pǽrət]

명사 ⓒ 앵무새
Parrots can be taught to talk.
앵무새는 말하기를 배울 수 있다.

복수형 **parrot**s

part (pahrt) [pɑːrt]

명사 1 ⓒⓤ 부분, 일부, 약간
Can I have **part of** your sandwich?
네 샌드위치 조금 먹어도 돼?
Part of my record collection is missing.
내 레코드 수집품의 일부가 사라졌다.

2 ⓒ (기계의) 부품
The broken **part** of the computer has to be replaced.
컴퓨터의 고장 난 부품은 교체되어야 한다.

복수형 **part**s

➕ **partial** 부분적인
partially 부분적으로

parts

3 ⓒ (연극이나 영화의) 배역 (≒role)
Sally won the lead **part in** the school play.
샐리는 학교 연극에서 주인공 역을 맡았다.

• ***take part in*** ~에 참가하다, 참여하다
I want you to **take part in** the concert.
나는 네가 콘서트**에 참여하기를** 바란다.

동사 **1** 헤어지다
I don't want to be **parted from** you.
나는 너와 헤어지고 싶지 않다.

2 갈라지다
The river **parts** here. 강은 여기서 갈라진다.

☑ I want you to take part in the concert.
= I want you to participate in the concert.

3인칭단수현재 **part**s
현재분사 **part**ing
과거·과거분사 **part**ed

participate (pahr-***tis***-uh-*pate*) [pɑːrtísəpèit]

동사 참가하다, 참여하다
Mary **participated** in the discussion.
메리는 토론에 참가했다.
My friends and I **participated** in bak**ing** the cookies.
내 친구들과 나는 쿠키를 만드는 데 참여했다.

3인칭단수현재 **participate**s
현재분사 **participat**ing
과거·과거분사 **participat**ed

➕ participation 참가, 참여

particular (pur-***tik***-yuh-lur) [pərtíkjələr]

형용사 **1** 특정한 (≒specific)
If a **particular** food makes you itchy, don't eat it.
만약 특정한 음식이 너를 가렵게 만든다면 그 음식을 먹지 마라.
A: Why did you cry? 왜 울었니?
B: No **particular** reason. 이렇다 할 이유는 없어.

2 《명사 앞에만 쓰임》 특별한 (≒special)
Pay **particular** attention to your spelling when writing. 글을 쓸 때는 철자에 특별히 신경 쓰세요.
The road is very icy, so take **particular** care.
길이 얼어서 매우 미끄러우니까 특히 조심해.

3 유별난, 까다로운
The English teacher is very **particular** about spelling and punctuation mistakes.
영어 선생님은 철자와 구두점 실수에 매우 까다로우시다.

• ***in particular*** 특별히, 특히
Everything at this restaurant is delicious, but I recommend the salmon **in particular**.
이 식당의 모든 것이 맛있지만, 난 **특별히** 연어를 추천한다.
Is there anything **in particular** you want to do this weekend? 이번 주말에 **특별히** 하고 싶은 것이 있니?

비교급 more particular
최상급 most particular

The road is very icy, so take **particular** care.

❓ punctuation 구두점
salmon 연어

particularly (pur-tik-yuh-lur-lee) [pərtíkjələrli]

부사 특히, 각별히 (≒especially, in particular)
This car is **particularly** well designed.
이 차는 특히 디자인이 잘되었다.

- not particularly 별로 ~하지는 않는, 그다지 ~하지 않는

partner (pahrt-nur) [pá:rtnər]

명사 1 ⓒ 동료, 협력자, 파트너
Mr. Brown needed a business **partner** for his new company.
브라운 씨는 새 회사를 위한 사업 파트너가 필요했다.
We changed **partners** after every song in my dance class.
우리는 무용 수업에서 노래가 끝난 후마다 파트너를 바꿨다.

2 ⓒ (놀이나 경기의) 짝, 파트너
A: Who is your tennis **partner**?
너의 테니스 파트너는 누구야?
B: Sally is. She's got a great serve.
샐리야. 그녀는 서브를 정말 잘해.

복수형 partner**s**

- partnership 협력, 동맹
  dancing partner 댄스 상대, 댄스 파트너
  sparring partner 스파링 상대
  trading partner 무역 상대국

part-time (pahrt-time) [pá:rttàim]

형용사 시간제 근무의, 파트타임의
John has a **part-time job** delivering newspapers.
존은 파트타임으로 신문 배달을 한다.

- full-time job 정규직

party (pahr-tee) [pá:rti]

명사 1 ⓒ 파티, 잔치
A: Are you going to Mary's **birthday party**?
메리의 생일 파티에 갈 거니?
B: Yes, but I haven't bought her a gift yet.
응, 그런데 아직 선물을 사지 못했어.
A: Time's running out. The **party** is this Friday.
시간이 없어. 파티는 이번 금요일이야.

2 ⓒ 일행, 단체
The **party** of mountain climbers neared the top of Mt. Halla.
등산객 일행이 한라산 꼭대기에 다다랐다.

3 ⓒ [정치] 당, 정당
President Barack Obama is a member of the Democratic **Party**.
버락 오바마 대통령은 민주당 당원이다.

복수형 part**ies**

- dinner party (개인 집에서 하는) 소규모 저녁 식사 모임
  garden party 정원에서 하는 파티

- rescue party 구조대
  search party 수색대

- Communist Party 공산당
  the Green Party 녹색당

- democratic 민주주의의

pass (pas) [pæs]

동사 **1** 지나가다, 통과하다
Brian **passes** by the bank on his way to school.
브라이언은 학교 가는 길에 은행을 지나간다.
Don't let anyone **pass**. 아무도 통과시키지 마.

2 건네주다
Could you please **pass** me the salt?
소금 좀 건네주실래요?

3 [스포츠] (공을) 패스하다
Jisung Park **passed** the ball to another player.
박지성은 다른 선수에게 공을 패스했다.

4 (시험을) 통과하다 (↔fail)
Anne didn't **pass** her driving test and had to take it again.
앤은 운전면허 시험을 통과하지 못해서 다시 봐야 했다.

5 (시간이) 흐르다, (시간을) 보내다
Time **passes** quickly when I'm not studying.
공부를 하지 않을 때는 시간이 빨리 흐른다.
We **passed** the time watching TV.
우리는 TV를 보면서 시간을 보냈다.

● *pass away* 죽다
Jane's father **passed away** last week.
제인의 아버지께서 지난주에 **돌아가셨다**.

● *pass out* 의식을 잃다, 기절하다
Tim **passed out** after drinking too much.
팀은 술을 너무 많이 마신 후에 **의식을 잃었다**.

명사 **1** ⓒ 통행증, 패스
a bus **pass** 버스 정액권
We need a **pass** to go to the site.
현장에 가려면 통행증이 필요하다.

2 ⓒ (시험의) 합격, 통과 (↔fail)
Tom's brother got a **pass** on the college entrance exam.
톰의 형은 대학 입학시험에 합격했다.

3인칭단수현재	passes
현재분사	passing
과거·과거분사	passed

Could you please **pass** me the salt?
= Could you please hand me the salt?

pass

| 복수형 | passes |

❓ entrance 입학; 들어감

 pass away와 die는 같은 의미인가요?

'죽다'라는 표현으로 보통 die를 쓰지만, 좀 더 예의를 갖추어서 표현할 때는 pass away라고 해요.

🔵 His grandfather **passed away** last night.
그의 할아버지께서 어젯밤에 돌아가셨다.

passage (pas-ij) [pǽsidʒ]

명사 1 ⓒ 통로, 복도
Sam found a secret **passage** in the old house.
샘은 오래된 집에서 비밀 통로를 발견했다.

2 ⓒ (책·음악 등의) 한 구절
Mary read a **passage from** the novel.
메리는 소설의 한 구절을 읽었다.

3 ⓒⓤ 통행, 통과
No **passage** this way. 이 길은 통행을 금함.

복수형 passage**s**

⊕ passageway 통로, 복도
  underground passage
  지하 통로

passenger (pas-uhn-jur) [pǽsəndʒər]

명사 ⓒ 승객
This bus can carry 75 **passengers**.
이 버스는 75명의 승객을 수용할 수 있다.
The driver of the bus was injured, but the **passengers** were safe.
버스 운전사는 다쳤지만 승객들은 무사했다.

복수형 passenger**s**

⊕ passenger seat 조수석

passion (pash-uhn) [pǽʃən]

명사 1 ⓒⓤ 열정, 정열
His **passion for** work is amazing.
일에 대한 그의 열정은 놀랍다.
She spoke in public **with passion**.
그녀는 대중 앞에서 열정적으로 연설했다.

2 ⓒ 매우 좋아함
She **has a passion for** playing the clarinet.
그녀는 클라리넷을 연주하는 것을 매우 좋아한다.

복수형 passion**s**

⊕ passionate 열정적인
  passionately 열정적으로

passive (pas-iv) [pǽsiv]

형용사 수동적인, 소극적인 (↔active)
Watching TV is a **passive** activity.
TV 시청은 수동적인 활동이다.
Billy is a very shy and **passive** child.
빌리는 매우 수줍음이 많고 소극적인 아이다.

비교급 more passive
최상급 most passive

⊕ passively 수동적으로, 소극적으로

passport (pas-port) [pǽspɔ:rt]

명사 ⓒ 여권
My **passport** is good for ten years.
내 여권은 10년 동안 유효하다.

복수형 passport**s**

Junsu's **passport** is full of visa stamps from all of the countries he has visited.
준수의 여권은 그가 방문한 모든 나라의 비자 스탬프로 가득 차 있다.

🔲 **be good for** (일정 기간 동안) 지속되다

password (pas-wurd) [pǽswə:rd]

[명사] ⓒ 비밀번호, 암호, 패스워드
I forgot my **password** and can't read my e-mail.
비밀번호를 잊어버려서 내 이메일을 읽을 수가 없다.

[복수형] **passwords**

＊past (past) [pæst]

[형용사] **1** 과거의, 지나간
Winter is **past** and spring has come.
겨울이 지나고 봄이 왔다.
OK, I'll forget your **past** mistakes.
좋아, 네가 과거에 한 잘못들은 잊어 줄게.

➕ 과거 past
현재 present
미래 future

2 《명사 앞에만 쓰임》 방금 지나간, 최근의
He has been ill for the **past** week.
그는 지난 일주일 동안 아팠다.

☑ He has been ill for the past week.
= He has been ill for the last week.

3 《명사 앞에만 쓰임》 이전의
Anne is the **past** president of the girls' soccer club.
앤은 여자 축구 클럽의 전 회장이다.

☑ Anne is the past president of the club.
= Anne is the former president of the club.

[명사] 《the past로 쓰임》 과거
I wish I could change **the past**, but I can't.
난 과거를 바꿀 수 있었으면 좋겠어, 하지만 그렇게 할 수가 없어.
In history class, we learn about **the past**.
역사 시간에 우리는 과거에 대해 배운다.

● **in the past** 과거에는
In the past, many people lived on farms.
과거에는 많은 사람들이 농장에서 살았다.

[전치사] (시간 · 공간) 지나서
It is 10 minutes **past** 2. 2시 10분이다.
It's **past** my bedtime. 내가 자는 시간이 지났다.
This bus goes **past** the shopping mall.
이 버스는 쇼핑몰을 지나서 간다.

[부사] (시간 · 공간) 지나가서
A few days went **past**, but he didn't come back.
며칠이 지났지만 그는 돌아오지 않았다.
She ran **past** and didn't stop.
그녀는 멈추지 않고 지나가 버렸다.

In history class, we learn about **the past**.

paste (payst) [peɪst]

명사 1 ⓤ 풀, 접착제
The children used **paste** to create their posters.
아이들은 포스터를 만드는 데 풀을 사용했다.

2 《단수로 쓰임》 (밀가루) 반죽
I mixed the flour and water to make a **paste**.
나는 밀가루와 물을 섞어 반죽을 만들었다.

3 ⓤ 반죽해서 만든 식품, 페이스트
Mary used tomato **paste** to make the spaghetti sauce.
메리는 스파게티 소스를 만들기 위해 토마토 페이스트를 사용했다.

동사 1 풀칠하다, 풀로 붙이다
John **pasted** the notice on the wall.
존은 풀로 안내문을 벽에 붙였다.

2 (컴퓨터) 복사한 것을 붙이다
Copy the picture in this website and **paste** it into another file.
이 웹 사이트에서 사진을 복사해서 다른 파일에 붙여 넣어라.

I mixed the flour and water to make a **paste**.

❓ 페이스트 육류, 토마토 등을 갈거나 으깨어 만든 식품

3인칭단수현재 **paste**s
현재분사 **past**ing
과거·과거분사 **paste**d

path (path) [pæθ]

명사 1 ⓒ 작은 길, 보도, 도로
a bicycle **path** 자전거 길
This **path** goes far into the woods.
이 길은 숲 속 깊은 곳까지 이어진다.

2 ⓒ 진로, 궤도
The storm's **path** was heading toward Busan.
폭풍의 진로는 부산을 향하고 있었다.

복수형 **path**s

⊕ bike **path** 자전거 길
flight **path** 비행 경로
paved **path** 포장도로
pathfinder 길잡이; 선구자

patience (pay-shuhns) [péiʃəns]

명사 ⓤ 인내, 참을성 (↔ impatience)
Patience is a great virtue.
인내가 최고의 미덕이다.
She **had the patience** to hear me out.
그녀는 내 이야기를 참을성 있게 끝까지 들어 주었다.
He waited for the subway train **with patience**.
그는 참을성 있게 전철을 기다렸다.

• lose (one's) patience with ~을 참지 못하다
I **lose (my) patience with** your behavior.
나는 네 행동을 참을 수가 없다.

❓ virtue 미덕, 선행

✓ I lose (my) patience with your behavior.
= I run out of patience with your behavior.

patient (pay-shuhnt) [péiʃənt]

형용사 인내심이 있는, 참을성 있는 (↔impatient)
Just **be patient**. Wait until it's your turn.
조금만 참아. 네 차례가 될 때까지 기다려야지.
Good parents are **patient with** their children.
좋은 부모는 자녀에게 참을성 있게 대한다.

명사 ⓒ 환자
The **patient** was in a wheelchair.
환자는 휠체어를 타고 있었다.
Hospitals are full of **patients**.
병원은 환자들로 넘쳐 난다.

| 비교급 | more patient |
| 최상급 | most patient |

⊕ patiently 참을성 있게

| 복수형 | patients |

pattern (pat-urn) [pǽtərn]

명사 1 ⓒ (반복적인 행위나 특징들) 양식, 패턴
behavior **patterns** 행동 양식
The police saw a **pattern** in the crimes.
경찰은 범죄들에서 한가지 패턴을 발견했다.

2 ⓒ (반복적인) 모양, 무늬
The **pattern** on his shirt was very colorful.
그의 셔츠 무늬는 매우 화려했다.
The tiles in the bathroom had a **pattern** of roses on them.
화장실 타일은 장미꽃 무늬였다.

3 ⓒ 견본 (≒ sample)
If you use a **pattern**, it will be easy to make the dress.
견본을 사용하면 옷을 만들기 쉬울 것이다.

| 복수형 | patterns |

⊕ patterned 무늬가 있는

 solid

 pinstripe

 polka dots

 checked

patterns

pause (pawz) [pɔːz]

동사 잠시 멈추다, 중지하다
Sally **paused** for a minute and then started speaking again.
샐리는 잠시 멈춘 다음 다시 말하기 시작했다.
We **paused** to look upon the scene.
우리는 잠시 멈추고 경치를 보았다.

명사 ⓒ 잠시 멈춤, 일시 중지
Let's take a short **pause**.
우리 잠시 멈추자.
There was a **pause in** the conversation, and then it continued again.
대화가 잠시 중단되었다가 다시 시작됐다.

3인칭단수현재	pauses
현재분사	pausing
과거·과거분사	paused

| 복수형 | pauses |

pause button
(일시 정지 버튼)

*pay (pay) [pei]

동사 1 (돈을) 내다, 지불하다
Let me **pay for** lunch today. 오늘 점심은 제가 낼게요.
Tony **paid** ten dollars **for** this book.
토니는 이 책값으로 10달러를 지불했다.

2 (빚을) 갚다, (세금·요금 등을) 내다
pay a fine 벌금을 내다
Did you **pay** the phone bill? 전화 요금 냈어?
I **paid** him the rent. 나는 그에게 집세를 지불했다.

3 대가를 치르다, 벌을 받다
Anne **paid for** her mistake.
앤은 자신의 실수에 대한 대가를 치렀다.
You'll **pay for** your foolish behavior.
너의 어리석은 행동 때문에 벌을 받게 될 것이다.

● *pay attention to* ~에 주의를 기울이다
She didn't **pay attention to** the class.
그녀는 수업에 주의를 기울이지 않았다.

● *pay back* (돈을) 갚다
Can you **pay** me **back** the ten dollars you borrowed yesterday?
어제 빌려 간 10달러 갚을 수 있어?

명사 ⓤ 보수, 임금, 월급
Mike complained that his **pay** was low.
마이크는 월급이 적다고 불평했다.
The workers asked for a 20% **pay raise**.
노동자들은 20%의 임금 인상을 요구했다.

3인칭단수현재 **pay**s
현재분사 **pay**ing
과거·과거분사 **paid**

➕ **payment** 지불, 지불금
pay by check 수표로 지불하다
pay in cash 현금으로 지불하다
pay with a credit card 신용 카드로 지불하다

Tony **paid** ten dollars **for** this book.

---

 pay, salary, wage의 차이가 뭔가요?

▶ pay는 일반적인 '보수', '임금'을 말해요.
▶ salary는 '주급, 월급' 등을 말할 때 사용해요.
▶ wage는 주로 '시간당 받는 보수'를 말해요.

---

peace (pees) [piːs]

명사 1 ⓤ 평화
The United Nations works for **peace** in the world.
국제 연합은 세계 평화를 위해 일한다.
The **peace** talks between the two countries were held.
두 나라 간의 평화 회담이 개최되었다.

➕ **peaceful** 평화로운
peacefully 평화롭게

peaceful

2 Ⓤ 평온, 안심
peace of mind 마음의 평온
I just want to live **in peace**. 나는 그저 평온하게 살고 싶다.
• **at peace** 평화롭게, 평온하게
Her mind is **at peace**. 그녀의 마음은 **평온하다**.

> ⊕ **peace agreement** 평화 협정
> **peace movement** 평화 운동

peaceful (pees-fuhl) [píːsfəl]

형용사 **1** 평화로운
Costa Rica is a very **peaceful** country. It has no army.
코스타리카는 아주 평화로운 나라이다. 그 나라에는 군대가 없다.

2 평온한, 조용한
The sleeping baby looks **peaceful**.
자고 있는 아기가 평온해 보인다.
I had a **peaceful** afternoon.
나는 조용한 오후를 보냈다.

> 비교급 more **peaceful**
> 최상급 most **peaceful**
> ⊕ **peacefully** 평화롭게
> **peaceful and quiet** 평온한

peaceful

*peach (peech) [piːtʃ]

명사 ⒸⓊ 복숭아
Let's have **peaches** for dessert.
후식으로 복숭아를 먹자.

> 복수형 **peach**es

peacock (pee-kahk) [píːkàk]

명사 Ⓒ (수컷) 공작
Sally is wearing a hat made from **peacock** feathers.
샐리는 공작 깃털로 된 모자를 쓰고 있다.
The blue **peacock** lives in India and Sri Lanka.
푸른 공작은 인도와 스리랑카에 서식한다.

> 복수형 **peacock**s
> ⊕ **peahen** 암컷 공작

peak (peek) [piːk]

명사 **1** Ⓒ 절정, 최고점
The price of houses **reached its peak** last year.
집값은 작년에 최고점에 달했다.
She is now **at the peak of** her career.
그녀는 지금 경력의 최고점에 있다.

2 Ⓒ 산꼭대기, 정상
It took us three hours to reach the mountain **peak**.
우리가 산 정상에 다다르는 데 3시간이 걸렸다.

> 복수형 **peak**s

mountain **peak**

3 ⓒ (뾰족한) 끝, 꼭대기
The **peak** of the roof was covered in snow.
지붕 꼭대기는 눈으로 덮여 있었다.

[동사] 최고점에 도달하다
Sales **peaked** in August.
판매가 8월에 최고점을 기록했다.

[형용사] 《명사 앞에만 쓰임》 최고의, 절정의, 피크의
Extra trains run **at peak times**.
(승객이) 붐비는 시간대에는 열차가 추가로 운행된다.
Hotel prices greatly increase during the **peak season**.
호텔 숙박료는 성수기에 가격이 크게 오른다.

3인칭단수현재	peaks
현재분사	peaking
과거·과거분사	peaked

Sales **peaked** in August.

peanut (pee-nuht) [píːnʌt]

[명사] ⓒ 땅콩
I ate some **peanuts** as I watched TV.
나는 TV를 보면서 땅콩을 먹었다.
My little sister likes **peanut** butter.
내 여동생은 땅콩버터를 좋아한다.

| 복수형 | peanuts |
| ➕ **peanut butter and jelly sandwich** 땅콩버터와 잼을 바른 샌드위치 |

*pear (pair) [pɛər]

[명사] ⓒ (과일) 배
There are many kinds of **pears**.
많은 종류의 배가 있다.
Pears grow best in cool climates.
배는 서늘한 기후에서 가장 잘 자란다.

복수형 pears

(우리나라 배) (서양 배)
pears

pearl (purl) [pəːrl]

[명사] ⓒ 진주
He gave me a **pearl** necklace for my birthday.
그는 나의 생일에 진주 목걸이를 주었다.

복수형 pearls

peel (peel) [piːl]

[동사] **1** 껍질을 벗기다
Bella **peeled** the apple before eating it.
벨라는 사과를 먹기 전에 껍질을 벗겼다.

2 (껍질이나 표면을) 벗기다, 벗겨 내다
I **peeled off** the price label. 나는 가격표를 떼어 냈다.
My sunburned skin began to **peel**.
햇볕에 탄 피부가 벗어지기 시작했다.

3인칭단수현재	peels
현재분사	peeling
과거·과거분사	peeled

➕ **peeler** 껍질 벗기는 칼

peer¹ (peer) [piər]

명사 ⓒ (과일·야채의) 껍질
Tim slipped on a banana **peel**.
팀은 바나나 껍질을 밟고 미끄러졌다.

| 복수형 peels |
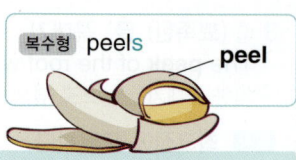

---

peer¹ (peer) [piər]

명사 ⓒ 동료, 또래
Tom prefers to spend his time with his **peers**.
톰은 또래 친구들과 시간을 보내는 것을 더 좋아한다.
Peer pressure is a source of stress for teenagers.
또래로부터 받는 압박은 십 대들이 받는 스트레스의 원인이다.

| 복수형 peers |

❓ peer pressure 동료나 또래에게서 받는 사회적 압력

---

peer² (peer) [piər]

동사 유심히 보다, 응시하다
Someone was **peering at** them through the window.
누군가 창문을 통해 그들을 응시하고 있었다.

| 3인칭단수현재 peers |
| 현재분사 peering |
| 과거·과거분사 peered |

---

pen (pen) [pen]

명사 ⓒ 펜
I need a new **pen**. 나는 새로운 펜이 필요하다.
Can I borrow your **pen**, please?
네 펜 좀 빌릴 수 있을까?

| 복수형 pens |

  pen의 종류에는 어떤 것들이 있나요?
볼펜이나 만년필 등 잉크를 이용한 필기구를 pen이라고 해요. 좀 더 구체적으로 볼펜은 ballpoint pen, 만년필은 fountain pen, 유성 펜은 marker, 수성 펜은 water-based pen이라고 합니다.

---

penalty (pen-uhl-tee) [pénəlti]

명사 1 ⓒ 형벌, 벌금
The **penalty** must fit the crime.
형벌은 범죄에 적합해야 한다.
I have to **pay a penalty for** jaywalking.
나는 무단 횡단을 해서 벌금을 내야 한다.

2 ⓒ [스포츠] 벌칙, 페널티
The other team was awarded a **penalty kick**.
상대 팀에게 페널티 킥이 주어졌다.

| 복수형 penalties |

➕ the death penalty 사형

❓ jaywalking 무단 횡단

*pencil (pen-suhl) [pénsəl]

명사 ⓒ 연필
I prefer a wooden pencil to a mechanical **pencil**.
난 샤프보다 나무 연필이 더 좋다.
A: My **pencil** broke. Do you have a sharpener?
   연필이 부러졌네. 연필깎이 있니?
B: Yes. Here it is. 응. 여기 있어.

복수형	pencils
➕	pencil case 필통 pencil sharpener 연필깎이

  '샤프'의 올바른 영어 표현은 뭔가요?

'샤프'는 sharp pencil이 아니라 mechanical pencil 또는 automatic pencil이라고 해야 해요.

penguin (pen-gwin, peng-gwin) [péngwin, péŋgwin]

명사 ⓒ 펭귄
Penguins eat fish. 펭귄은 물고기를 먹는다.
Penguins look like they are wearing tuxedoes.
펭귄은 턱시도를 입은 것처럼 생겼다.

복수형	penguins
❓	턱시도 남자가 입는 예복

peninsula (puh-nin-suh-luh) [pinínsələ]

명사 ⓒ 반도
A **peninsula** is surrounded by water on three sides.
반도는 삼면이 바다로 둘러싸여 있다.
Korea is a **peninsula**. 한국은 반도국이다.

복수형	peninsulas

penny (pen-ee) [péni]

명사 1 ⓒ (미국·캐나다의) 1센트 동전 (줄임말 p)
I put **pennies** in my piggy bank.
나는 1센트 동전들을 돼지 저금통에 넣는다.
I have a few **pennies** in my pocket.
내 주머니에는 1센트짜리 동전이 몇 개 있다.

2 ⓒ (영국의 화폐 단위) 페니 (줄임말 p)
There are 100 **pence** in one pound.
100펜스는 1파운드이다.

복수형	(미국) pennies (영국) pence
➕	penniless 무일푼인, 몹시 가난한

pentagon (pen-tuh-gahn) [péntəgàn]

명사 ⓒ [수학] 오각형
A **pentagon** has five sides. 오각형은 변이 다섯 개다.

복수형	pentagons

*people (pee-puhl) [píːpl]

명사 1 《person의 복수형》 사람들
A: What are all those **people** doing over there?
저기 저 사람들은 뭘 하고 있는 거야?
B: I don't know. Let's go find out.
모르겠어. 가서 알아보자.
The **people** in my hometown are very friendly.
내 고향 사람들은 매우 친절하다.

2 ⓒ 국민, 민족
The president appealed to **the people** for support.
대통령은 국민의 지지를 호소했다.
The Korean **people** are proud of their traditions.
한국인들은 자신들의 전통을 자랑스러워한다.
the **peoples** of Asia 아시아의 여러 민족

| 복수형 | **people**s |

➕ city people 도시 사람들
senior citizens 노인들
young people 젊은이들

❓ appeal to ~에 호소하다

 Tip people 자체가 복수인데 왜 끝에 s가 붙나요?

people은 자체가 복수이므로 these peoples(이 사람들)는 잘못된 표현이에요. these people이라고 해야 맞아요. 예외적으로 two peoples(두 민족)와 같이 복수형으로 사용되기도 하는데, 이때는 people이 '사람들'이 아니라 '국민'이나 '민족'이라는 뜻으로 사용된 경우랍니다.

*pepper (pep-ur) [pépər]

명사 1 ⓤ 후추
Pass the **pepper**, please.
후추 좀 건네주세요.
I think this soup needs a little more **pepper**.
이 수프에는 후추를 좀 더 넣어야 할 것 같다.

2 ⓒ 고추, 피망
chili pepper (매운) 고추
This red **pepper** is very spicy.
이 빨간 고추는 정말 맵다.
The steak was served with **peppers**.
스테이크에 피망이 곁들여 나왔다.
A: Why do you call these green **peppers** "**bell peppers**"?
왜 이 파란 고추를 'bell pepper(피망)'라고 불러?
B: Look at their shape. Don't they look like bells?
모양을 봐. 종처럼 생기지 않았어?
A: Yes, they do. I see exactly what you mean.
응, 그러네. 무슨 말인지 확실히 알겠다.

| 복수형 | **pepper**s |

➕ ground pepper 간 후추
peppercorn 통후추

pepper

peppers

per (pur) [pəːr]

전치사 ~마다, ~당
Her part-time job pays $6 **per hour**.
그녀의 아르바이트 보수는 시간당 6달러이다.
The meal costs $25 **per person**.
식사는 1인당 25달러이다.

> ✓ Her part-time job pays $6 per hour.
> = Her part-time job pays $6 for every hour she works.

percent (pur-sent) [pərsént]

명사 《단수로 쓰임》 퍼센트 (기호 %)
Sixty **percent of** the class failed the test.
학급의 60%가 시험에 떨어졌다.
Ten **percent of** middle school students are overweight. 중학생 중 10%가 과체중이다.

> ⊕ per cent (영국영어) 퍼센트

perfect (pur-fikt) [pə́ːrfikt]

형용사 1 완벽한, 완전한
Nobody is **perfect**. 아무도 완벽하지 않다.
Even the best have to work at being **perfect**.
최고라 할지라도 완벽하려면 노력해야 한다.

2 꼭 들어맞는, 이상적인
The weather is **perfect for** a picnic.
소풍 가기에 꼭 맞는 날씨이다.
You would be **perfect for** the job.
네가 그 일에 꼭 들어맞는 사람이다.

3 《명사 앞에는 쓰이지 않음》 전적인, 순전한
She is a **perfect stranger** to us.
그녀는 우리가 전혀 모르는 사람이다.

> 비교급 more perfect
> 최상급 most perfect
>
> ⊕ perfection 완벽, 완성

The weather is **perfect**.

perform (pur-form) [pərfɔ́ːrm]

동사 1 수행하다, 이행하다 (≒ carry out)
Mary **performed** her **tasks** as a police officer with excellence. 메리는 경찰관으로서 자신의 임무를 훌륭히 해냈다.
He **performs** an important **role** in his company.
그는 회사에서 중요한 역할을 수행한다.

2 공연하다, 연주하다, 연기하다
I will be **performing** on stage tonight.
나는 오늘 밤 무대에서 공연할 것이다.
Anne has **performed** the lead role in the ballet.
앤은 발레에서 주인공 역할을 했다.

> 3인칭단수현재 performs
> 현재분사 performing
> 과거·과거분사 performed
>
> ⊕ performer 실행자; 연기자, 연주자

performance (pur-for-muhns) [pərfɔ́ːrməns]

명사 1 ⓒ 공연, 연주
The **performance** of our school band was great.
우리 학교 밴드의 연주는 훌륭했다.

2 ⓤ 실행, 수행
His job **performance** last year was excellent.
그의 지난해 업무 수행은 매우 뛰어났다.

> **복수형** performance**s**
>
> ➕ give a performance
> 공연하다

perfume (pur-fyoom) [pə́ːrfjuːm]

명사 1 ⓒⓤ 향수
My mother always **wears perfume**.
우리 엄마는 항상 향수를 뿌리신다.

2 ⓒ (좋은) 향, 향기 (≒ scent)
The flowers filled the garden with their **perfume**.
꽃들은 향기로 정원을 가득 채웠다.

> **복수형** perfume**s**
>
> ➕ perfumed 향기 나는, 향수가 첨가된

perhaps (pur-haps) [pərhǽps]

부사 아마도, 어쩌면 (≒ maybe)
Perhaps you should start earlier next time.
아마도 다음엔 좀 더 일찍 시작해야 할 거야.

A: Are you going to ask Sally out on a date?
샐리에게 데이트 신청 할 거니?
B: **Perhaps**. But I haven't made up my mind yet.
아마도. 그런데 아직 마음을 정하지 못했어.

> ☑ Perhaps you should start earlier next time.
> = Maybe you should start earlier next time.

period (peer-ee-uhd) [píəriəd]

명사 1 ⓒ 기간
He learned the technique **in a short period of time**.
그는 단기간에 그 기술을 배웠다.

2 ⓒ (역사상의) 시대, 시기
What **period** of history are you most interested in?
역사상 어느 시기에 가장 관심이 있니?

3 ⓒ (학교의 수업) 시간, 교시
We have three **periods** of English a week.
우리는 영어 수업이 일주일에 3시간 있다.
I have math class 2nd **period**.
난 2교시에 수학 수업이 있다.

4 ⓒ 마침표

> **복수형** period**s**
>
>
>
> He learned the technique **in a short period of time**.

Don't forget to put a **period** at the end of the sentence. 문장 끝에 마침표 찍는 것을 잊지 마라.

➕ **full stop** (영국영어) 마침표

perm (purm) [pəːrm]

명사 ⓒ 파마 (=permanent)
I got a **perm** yesterday. 나는 어제 파마를 했다.
You look good with a **perm**.
너는 파마머리가 잘 어울려.

동사 파마하다
When did you **have** your **hair permed**?
너 파마 언제 했어?

복수형	**perm**s
3인칭단수현재	**perm**s
현재분사	**perm**ing
과거·과거분사	**perm**ed

permanent (pur-muh-nuhnt) [pə́ːrmənənt]

형용사 영구적인, 오래 지속되는 (↔temporary)
I need a **permanent job**. 나는 정규직이 필요하다.
This tattoo is **permanent**. 이 문신은 영구적이다.

명사 ⓒ 파마 (=perm)
I got my hair cut and a loose **permanent**.
나는 머리를 자르고 약하게 파마를 했다.

➕ **permanently** 영원히
❓ **tattoo** 문신
복수형 **permanent**s

permission (pur-mish-uhn) [pəːrmíʃən]

명사 Ⓤ 허락, 허가, 승낙
John had the teacher's **permission** to leave class.
존은 교실을 나가도 된다는 선생님의 허락을 받았다.
Bora didn't have **permission** to go on the field trip.
보라는 현장 학습을 가도 된다는 허락을 받지 못했다.

❓ **field trip** 현장 학습

permit (pur-mit | pur-mit) [pəːrmít | pə́ːrmit]

동사 (pur-**mit**) 1 허가하다, 허락하다 (≒allow)
Smoking is not **permitted** here.
여기서는 흡연이 허용되지 않는다.
Will you **permit** me to go out? 외출해도 될까요?

2 가능하게 하다
We'll have a picnic next Saturday, **weather permitting**.
날씨만 좋다면 우리는 다음 주 토요일에 소풍을 갈 것이다.

명사 (**pur**-mit) ⓒ 허가증, 면허증
John has a fishing **permit** for this lake.
존은 이 호수에서 낚시를 할 수 있는 허가증이 있다.

3인칭단수현재	**permit**s
현재분사	**permit**ting
과거·과거분사	**permit**ted

※ 동사일 때와 명사일 때의 강세 위치가 다름에 주의하세요.

복수형 **permit**s

person

You can't park here without a **permit**.
허가증 없이 여기에 주차하실 수 없습니다.

➕ **permission** 허락, 허가

* person (*pur*-suhn) [pə́ːrsən]

명사 ⓒ 사람, 인간
He is a very diligent **person**.
그는 매우 부지런한 사람이다.
I know a **person** named Bill.
나는 빌이라는 이름을 가진 사람을 안다.

● *in person* 직접, 몸소
You had better go and speak to Bella **in person**.
네가 가서 **직접** 벨라에게 말하는 것이 좋겠다.

복수형 people, person**s**
☑ You had better go and speak to Bella in person.
= You had better go and speak to Bella personally.

 person과 people의 차이가 뭔가요?

person은 한 사람을 말할 때 쓰고, people은 복수로 여러 사람을 말할 때 써요. person의 복수는 persons이지만, 일반적으로 people을 많이 사용한답니다.

personal (*pur*-suh-nuhl) [pə́ːrsənəl]

형용사 《명사 앞에만 쓰임》 개인의, 개인적인, 사적인
That's my **personal** opinion.
그것은 내 개인적인 의견이다.
May I ask you a **personal** question?
사적인 질문을 해도 될까요?
I don't give out my **personal** information to strangers.
나는 내 개인 정보를 모르는 사람에게 알려 주지 않는다.

➕ **personalize** 개인화하다
personally 나로서는, 개인적으로

personality (*pur*-suh-**nal**-i-tee) [pə̀ːrsənǽləti]

명사 1 ⓒⓤ 성격, 인격, 개성
Sora has a very friendly **personality**.
소라는 성격이 매우 상냥하다.
They have very different **personalities**.
그들은 성격이 매우 다르다.
He has a very **strong personality**.
그는 개성이 아주 강하다.

2 ⓒ (스포츠·TV 등의) 유명인
Many TV **personalities** attended the awards show.
많은 TV 유명 출연자들이 시상식에 참석했다.

복수형 personal**ities**

They have very different **personalities**.

persuade (pur-swade) [pəːrswéid]

동사 **1** 설득하다
He was **easily persuaded**.
그는 쉽게 설득당했다.
She **persuaded** me **to** vote for Sam.
그녀는 샘에게 투표하라고 나를 설득했다.

2 납득시키다, 확신시키다
He **persuaded** me that I was wrong.
그는 내가 틀렸다는 것을 내게 납득시켰다.

3인칭단수현재	persuades
현재분사	persuading
과거·과거분사	persuaded

➕ **persuasion** 설득; 납득, 확신

pessimistic (pes-uh-mis-tik) [pèsəmístik]

형용사 비관적인 (↔ optimistic)
Some people are always **pessimistic** about the future.
어떤 사람들은 미래에 대해 항상 비관적이다.
John was **pessimistic about** his team's chances to win the game.
존은 자신의 팀이 경기에서 이길 확률에 대해 비관적이었다.

비교급	more pessimistic
최상급	most pessimistic

➕ **pessimism** 비관(주의)

*pet (pet) [pet]

명사 **1** ⓒ 애완동물
Dogs make great **pets**. 개는 훌륭한 애완동물이다.
I keep a cat as a **pet**. 나는 애완동물로 고양이를 기른다.

2 ⓒ 마음에 드는 사람, 귀염둥이
Mary is the teacher's **pet**, so we hate her.
메리는 선생님이 편애하는 아이다. 그래서 우리는 그녀(메리)를 싫어한다.

동사 쓰다듬다, 어루만지다
He **petted** the white dog on the head.
그는 하얀 개의 머리를 쓰다듬었다.
My dog loves to be **petted**.
우리 개는 쓰다듬어 주는 것을 굉장히 좋아한다.

복수형	pets

➕ **pet name** 애칭

pet store (애완동물 가게)

3인칭단수현재	pets
현재분사	petting
과거·과거분사	petted

pharmacy (fahr-muh-see) [fáːrməsi]

명사 ⓒ 약국 (= drugstore)
Most **pharmacies** are closed on Sunday.
대부분의 약국들은 일요일에 문을 닫는다.
Anne went to the **pharmacy** for some cold medicine.
앤은 감기약을 사러 약국에 갔다.

복수형	pharmacies

➕ **pharmacist** 약사
  chemist('s) (영국영어) 약국

philosophy (fuh-lah-suh-fee) [filásəfi]

명사 1 ⓤ 철학
Philosophy tries to explain man and how he should live.
철학은 인간과 인간이 어떻게 살아야 하는지 설명하려 한다.

2 ⓒ 원리, 근본 사상
Many Asians followed Confucian **philosophy** in the past.
과거에 많은 아시아 사람들은 유교 사상을 따랐다.

3 ⓒ 인생관
Jim's **philosophy** is "enjoy the present."
짐의 인생관은 '현재를 즐겨라'이다.

| 복수형 | **philosoph**ies |

➕ **philosopher** 철학자
philosophy of life 인생철학, 인생관 (= way of living)

❓ **Confucian** 유교의

phone (fone) [foun]

명사 ⓒ 전화, 전화기 (=telephone)
What's your **phone number**?
네 전화번호가 어떻게 되니?
He **answered the phone**. 그가 전화를 받았다.
She **got a phone call** from him this morning.
오늘 아침 그녀는 그에게서 온 전화를 받았다.

● **on the phone** 통화 중인
He's **on the phone**. Could you call back later?
그는 지금 통화 중이에요. 나중에 다시 전화해 주시겠어요?

동사 전화하다 (≒ call, telephone)
I will **phone** you tomorrow.
내일 너한테 전화할게.
Sam, can you **phone** Mary and ask her what time the party starts?
샘, 메리에게 전화해서 파티가 몇 시에 시작하는지 물어볼래?

| 복수형 | **phone**s |

➕ **pay phone** 공중전화

phone

3인칭단수현재	**phone**s
현재분사	**phon**ing
과거·과거분사	**phone**d

*photo, photograph (foh-toh, foh-tuh-graf) [fóutou, fóutəgræf]

명사 ⓒ 사진 (≒ picture)
a color **photograph** 컬러 사진
a black-and-white **photograph** 흑백 사진
I'll e-mail you my vacation **photographs**.
내가 휴가 때 찍은 사진을 이메일로 보내 줄게.
He **takes photographs** as a hobby.
그는 취미로 사진을 찍는다.

A: Could you **take** our **photograph**, please?
저희 사진 좀 찍어 주시겠어요?
B: Of course. Say cheese! 물론이에요. '치즈' 하세요!

| 복수형 | **photo**s, **photograph**s |

➕ **photographer** 사진가

※ photo는 photograph의 줄임말이에요.

photography (fuh-**tah**-gruh-fee) [fətágrəfi]

명사 ⓤ 사진 촬영, 사진 찍기
Photography is a popular hobby.
사진 찍기는 인기 있는 취미이다.
We went to the **photography** exhibit at the Seoul Arts Center.
우리는 서울 아트 센터에서 열리는 사진전에 갔다.

Photography is a popular hobby.

phrase (fraze) [freiz]

명사 ⓒ 구, 문구
"In the morning" and "take a shower" are **phrases**.
'아침에'와 '샤워를 하다'는 구이다.
I still remember the famous **phrase** that I learned in middle school.
나는 중학교 때 배운 유명한 문구를 여전히 기억한다.

| 복수형 | phrase**s** |

➕ **catchphrase** 유명한 문구, 선전 구호, (짧은) 유행어, 캐치프레이즈

 word → phrase → sentence → paragraph → essay 순서가 맞나요?
word(단어)가 모여서 phrase(구)가 만들어져요. phrase가 모여 sentence(문장)가 되고, sentence가 모이면 paragraph(단락, 문단)가 되고, paragraph가 몇 개 모여 essay(글, 수필)가 되지요.

physical (**fiz**-i-kuhl) [fízikəl]

형용사 1 신체의, 육체의
physical appearance (신체적) 외모
We played soccer in our **physical education** class today.
우리는 오늘 체육 시간에 축구를 했다.
I'm going to the doctor to have a **physical exam**.
난 건강 검진을 받으러 병원에 갈 것이다.

2 《명사 앞에만 쓰임》 물리학의, 물리적인
physical chemistry 물리 화학
a **physical** change 물리적 변화

3 물질의, 물질적인
the **physical** world 물질 세계
The detectives used **physical** evidence to catch the criminal.
형사는 범인을 잡기 위해 물증을 활용했다.
Physical mail is much slower than electronic mail.
물리적 우편은 전자 우편보다 훨씬 느리다.

| 비교급 | **more** physical |
| 최상급 | **most** physical |

➕ **physically** 육체(물질)적으로

※ '신체의, 육체의'라는 의미로 쓰일 때만 비교급과 최상급을 사용할 수 있어요.

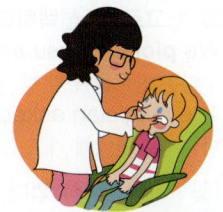
I'm going to the doctor to have a **physical exam**.

physician (fi-**zish**-uhn) [fizíʃən]

명사 ⓒ 의사, 내과 의사 (≒ doctor)
Our family doctor is an excellent **physician**.
우리 가족의 주치의는 뛰어난 내과 의사이다.
My elder sister wants to become a **physician**.
우리 언니는 내과 의사가 되고 싶어 한다.

| 복수형 | physicians |

➕ surgeon 외과 의사

physics (**fiz**-iks) [fíziks]

명사 Ⓤ 물리학
the laws of **physics** 물리학 법칙
the Nobel Prize in **Physics** 노벨 물리학상
Physics helps us understand how the universe works.
물리학은 우리가 우주가 어떻게 작용하는지 이해하는 데 도움을 준다.

➕ physicist 물리학자
astrophysics 천체 물리학
nuclear physics 핵물리학
particle physics 소립자 물리학

pianist (pee-**an**-ist) [piǽnist]

명사 ⓒ 피아니스트
The **pianist** at the restaurant was playing songs from movies.
그 레스토랑의 피아니스트는 영화에 나온 음악들을 연주하고 있었다.

| 복수형 | pianists |

piano (pee-**an**-oh) [piǽnou]

명사 ⓒ 피아노
He played Mozart **on the piano**.
그는 피아노로 모차르트의 곡을 연주했다.
My hobby is **playing the piano**.
내 취미는 피아노 연주이다.

| 복수형 | pianos |

➕ grand piano 그랜드 피아노

*pick (pik) [pik]

동사 1 고르다, 선택하다 (≒ choose)
We **picked** Jinsu **as** the president of our class.
우리는 진수를 우리 반 반장으로 뽑았다.
The magician asked Anne to **pick** a card.
마술사는 앤에게 카드 한 장을 고르라고 시켰다.

2 (꽃·과일 등을) 꺾다, 따다
The farmer **picked** some apples this morning.
농부는 아침에 사과를 좀 땄다.
Sally is **picking** flowers in the garden.

3인칭단수현재	picks
현재분사	picking
과거·과거분사	picked

The farmer **picked** some apples this morning.

샐리는 정원에서 꽃을 꺾고 있다.

3 쑤시다, 뽑아내다
Stop **picking your nose**! 코 좀 그만 후벼!
She **picked** a hair off her sweater.
그녀는 스웨터에 붙은 머리카락을 떼어 냈다.

● **pick up** 1 집다, 들어 올리다
Sam **picked up** the money on the street.
샘은 길에서 돈을 **주웠다**.

2 (차로 사람을) 도중에 태우다, 데리러 가다
I have to **pick** my son **up** at the bus stop.
나는 버스 정류장에 아들을 **데리러 가야** 한다.

Sam **picked up** the money on the street.

* picnic (pik-nik) [píknik]

[명사] ⓒ 소풍, 피크닉
They had a **picnic** at the beach.
그들은 해변에서 피크닉을 했다.
We're **going on a picnic** this Sunday.
우리는 이번 일요일에 소풍을 갈 것이다.

[복수형] picnic**s**

➕ school picnic 학교 소풍

* picture (pik-chur) [píktʃər]

[명사] **1** ⓒ 그림
A picture of flowers was hanging on the living room wall.
거실 벽에는 꽃 그림 한 점이 걸려 있었다.
A: Did you paint this **picture**? 이 그림 네가 그렸니?
B: Yes, I did. 응, 내가 그렸어.
A: It's very beautiful. 정말 아름답다.

2 ⓒ 사진 (≒ photo, photograph)
Could you **take a picture** of us?
저희 사진 좀 찍어 주실래요?
Tim keeps **a picture of** his family in his wallet.
팀은 지갑에 가족사진을 넣어 가지고 다닌다.

3 ⓒ (TV) 화면
HD TVs have very clear **pictures**.
HD TV의 화질은 매우 선명하다.
A: Can you adjust the **picture** on the TV? The people are orange-colored.
TV 화면을 조정할 수 있니? 사람들이 오렌지색이야.
B: OK. How does it look now? 응, 지금은 어때?

[동사] 상상하다, 마음속에 그리다
Picture a beautiful beach in your mind.
마음속에 아름다운 해변을 상상해 봐.

[복수형] picture**s**

➕ picture book 그림책
picture frame 액자

a picture of flowers

❓ HD (high definition) 고화질

[3인칭단수현재] picture**s**
[현재분사] pictur**ing**

I can still **picture** the home I grew up in.
나는 아직도 내가 자란 집을 마음속에 그릴 수 있다.

과거·과거분사 **picture**d

pie (pye) [pai]

명사 ⓒⓤ 파이
We eat pumpkin **pie** every Thanksgiving.
우리는 추수 감사절마다 호박 파이를 먹는다.
I'll have **a piece of** cherry **pie** for dessert.
나는 후식으로 체리 파이 한 조각을 먹을 거야.

- *(as) easy as pie* 아주 쉬운, 식은 죽 먹기
It's **as easy as pie** for me to solve the problem.
그 문제를 푸는 것은 내게 식은 죽 먹기다.

복수형 **pie**s

➕ **mud pie** (아이들 놀이) 진흙 파이
pie chart 원그래프
pie in the sky 그림의 떡

*piece (pees) [piːs]

명사 1 ⓒ 조각, 일부분
A piece of the roof blew off in the storm.
지붕의 일부가 돌풍에 날아갔다.
The puzzle was missing a **piece**.
퍼즐의 한 조각이 없어졌다.
I have an important **piece of information** for you.
네게 줄 중요한 정보가 하나 있어.

- *a piece of cake* 아주 쉬운 일, 식은 죽 먹기
The math exam was **a piece of cake**.
수학 시험은 식은 죽 먹기였어.

2 ⓒ (종이 등의) 한 장
Sally tore a **piece of** paper out of her notebook.
샐리는 공책에서 종이 한 장을 찢었다.

3 ⓒ (음악·문학 등의) 작품
a fine **piece of** art 훌륭한 미술 작품 한 점
She performed a musical **piece** written by Mozart.
그녀는 모차르트의 곡을 연주했다.

복수형 **piece**s

The puzzle was missing a **piece**.

➕ **a piece of bread** 빵 한 조각
a piece of fish 생선 살 한 점
a piece of string 끈 한 가닥

*pig (pig) [pig]

명사 1 ⓒ 돼지
Pig meat is called pork. 돼지고기는 'pork'라고 부른다.

2 ⓒ 돼지 같은 사람, 욕심쟁이
You ate all the ice cream. You are a **pig**!
네가 아이스크림 다 먹었어. 욕심쟁이 같으니라고!

- *make a pig out of oneself* ~가 돼지같이 많이 먹다
A: Sally **made a pig out of herself** at dinner.
샐리가 저녁 식사 때 돼지처럼 먹어 댔어.

복수형 **pig**s

※ 사람에게 pig라고 하면 감정을 크게 상하게 할 수 있으니 주의하세요.

B: I know! I can't believe she ate so much.
나도 알아! 그녀가 그렇게 많이 먹다니 믿을 수가 없어.

➕ **piglet** 새끼 돼지

pigeon (**pij**-uhn) [pídʒən]

명사 ⓒ 비둘기
An old man was feeding the **pigeons**.
한 노인이 비둘기들에게 먹이를 주고 있었다.
In the past, carrier **pigeons** transported messages from place to place.
과거에 전령 비둘기는 이곳저곳으로 메시지를 전달했다.

복수형 **pigeons**

❓ carrier pigeon 메시지를 전달하는 비둘기

pile (pile) [pail]

명사 1 ⓒ 더미, 쌓아 올린 것
a **pile of** books 책 더미
He raked the leaves **into a pile**.
그는 나뭇잎들을 긁어모아서 쌓아 올렸다.

2 ⓒ 다수, 대량
She earned a **pile of** money. 그녀는 돈을 많이 벌었다.
I've got a **pile of** work to do. 난 할 일이 아주 많다.

동사 쌓다, 쌓아 올리다
We **piled** the boxes in the corner.
우리는 상자를 구석에 쌓았다.
The desk **is piled with** books.
책상에 책이 산더미처럼 쌓여 있다.

복수형 **piles**

a **pile of** books

❓ rake 갈퀴로 모으다

3인칭단수현재	piles
현재분사	piling
과거 · 과거분사	piled

pillow (**pil**-oh) [pílou]

명사 ⓒ 베개
I prefer a soft **pillow**. 나는 부드러운 베개가 더 좋다.

복수형 **pillows**

pilot (**pye**-luht) [páilət]

명사 ⓒ 조종사, 파일럿
The **pilot** announced the plane would be landing in about 15 minutes.
조종사는 비행기가 약 15분 내로 착륙할 거라고 방송했다.

복수형 **pilots**

pin (pin) [pin]

명사 ⓒ 핀
It was so quiet in the room that you could hear a **pin** drop.

복수형 **pins**

방 안이 너무 조용해서 핀이 떨어지는 소리를 들을 수 있을 정도였다.

동사 **1** 핀으로 고정하다
Mary **pinned** her name tag to her jacket.
메리는 이름표를 재킷에 핀으로 고정시켰다.

2 꼼짝 못하게 누르다
He was **pinned under** the car.
그는 차 아래에 깔려 꼼짝도 못했다.

3인칭단수현재	pin**s**
현재분사	pin**ning**
과거·과거분사	pin**ned**

pinch (pinch) [pintʃ]

동사 **1** 꼬집다
Sally screamed when Bill **pinched** her arm.
샐리는 빌이 그녀의 팔을 꼬집었을 때 비명을 질렀다.

2 (신발·옷 등이) 꽉 끼다
These shoes **pinch** my toes.
이 구두는 꽉 끼어 발가락이 아프다.

3인칭단수현재	pinch**es**
현재분사	pinch**ing**
과거·과거분사	pinch**ed**

명사 ⓒ 아주 적은 양, 약간
I think the soup needs a **pinch of salt**.
내 생각에 수프에 소금을 약간 넣어야 할 것 같아.

복수형	pinch**es**

 pinch의 양은 어느 정도인가요?
pinch는 엄지와 검지로 집을 수 있는 만큼의 양을 말하는 것으로, 작은 양을 표현할 때 써요.
예 a **pinch** of pepper 후추 약간

Ping-Pong (ping-*pahng*) [píŋpàŋ]

명사 ⓤ [스포츠] 탁구 (=ping pong)
Ping-Pong is a fast game which requires quickness.
탁구는 민첩성이 필요한, 빠르게 진행되는 경기이다.
I like to play **Ping-Pong** with my brother.
나는 내 남동생과 탁구 치는 것을 좋아한다.

➕ table tennis 탁구

※ Ping-Pong은 상표명이기도 해요.

*pink (pingk) [piŋk]

형용사 분홍색의
light **pink** roses 연분홍색 장미들
She wore a **pink** dress to the birthday party.
그녀는 생일 파티에 분홍색 드레스를 입었다.

➕ pinkish 분홍색을 띤

명사 ⓒⓤ 분홍색
Pink is my favorite color.
분홍색은 내가 제일 좋아하는 색이다.

| 복수형 | pinks |

pipe (pipe) [paip]

명사 1 ⓒ 파이프, 관
The **water pipe** was frozen last night.
수도관이 어젯밤에 얼었다.

2 ⓒ 담뱃대, (담배) 파이프
My grandfather **smokes a pipe**.
우리 할아버지는 파이프 담배를 피우신다.

| 복수형 | pipes |

➕ drainpipe 배수관
   sewer pipe 하수관

pirate (pye-rit) [páiərət]

명사 ⓒ 해적
a **pirate** ship 해적선
The **pirates** captured the fishing ship.
해적들이 어선을 포획했다.

| 복수형 | pirates |

pirate

pitch (pich) [pitʃ]

동사 던지다, 내던지다
Pitch the ball, Sam. 공을 던져, 샘.
Pitch that book to me, Brian.
저 책 좀 나에게 던져 줘, 브라이언.

명사 1 ⓤ 음조, 소리의 높낮이
Anne's piano teacher said she has **perfect pitch**.
앤의 피아노 선생님은 앤이 절대 음감을 가지고 있다고 말했다.

2 ⓒ (야구에서) 투구
His first **pitch** was low.
그의 첫 번째 투구는 낮았다.
He usually throws fifteen **pitches** per inning.
그는 보통 한 회당 15개의 공을 던진다.

3인칭단수현재	pitches
현재분사	pitching
과거·과거분사	pitched
복수형	pitches

➕ pitcher 투수

❓ 투구 야구에서 공을 던지는 것
  inning (야구의) 회, 이닝

pity (pit-ee) [píti]

명사 1 ⓤ 불쌍히 여김, 동정
I **have** no **pity** for him.
나는 그가 불쌍하지 않다.
Bella **felt pity for** her sick friend.
벨라는 아픈 친구가 가여웠다.

● *have*(*take*) *pity on* ~을 불쌍히 여기다
Please **have pity on** me and give me some money.

➕ pitiful 가엾은, 불쌍한
   pitiless 인정 없는, 냉혹한
   self-pity 자기 연민

저를 불쌍히 여기시고 돈을 좀 주세요.

2 《단수로 쓰임》 유감스러운 일, 애석한 일 (≒shame)
It's a pity (that) you can't come to the party.
네가 파티에 오지 못한다니 유감이야.
A: I've lost my wallet. 나 지갑을 잃어버렸어.
B: What a pity! 정말 안됐구나!

동사 《진행형으로는 쓰이지 않음》 동정하다, 불쌍히 여기다
He **pities** the poor children.
그는 가난한 아이들을 불쌍히 여긴다.
This test was really hard. I **pity** anyone who didn't study for it.
이번 시험은 정말 어려웠어. 시험에 대비해서 공부하지 않은 사람들이 안됐어.

☑ It is a pity (that) you can't come to the party.
= I'm sorry that you can't come to the party.

3인칭단수현재	pit**ies**
현재분사	pity**ing**
과거·과거분사	pit**ied**

pizza (peet-suh) [píːtsə]

명사 ⓒⓤ 피자
a slice of **pizza** 피자 한 조각
Most **pizza** restaurants deliver.
대부분의 피자 가게들은 배달이 된다.

| 복수형 | pizza**s** |

*place (plase) [pleis]

명사 1 ⓒ 장소, 위치, 곳 (≒area, location)
Always **keep** your passport **in a safe place**.
여권은 항상 안전한 곳에 보관해라.
A: Is this the place where you buried the treasure?
여기가 네가 보물을 묻은 곳이니?
B: Yes. Let's start digging. 응. 같이 파 보자.

2 ⓒ 시, 지역
Which **places** did you go to in America?
너는 미국의 어느 지역에 갔었니?

3 ⓒ (특별한 목적을 위한) 공간, 장소
There's no **place** to put my books.
내 책을 놓을 공간이 없다.
I couldn't find a **place** to park.
나는 주차할 장소를 찾지 못했다.

4 ⓒ 순위, 순서
Tim finished the bike race in 1st **place**.
팀은 자전거 경주에서 1등을 했다.

5 ⓒ 좌석, 자리
Go back to your **place**. 네 자리로 돌아가.
This is our **place** over here. Have a seat.

| 복수형 | place**s** |

➕ hiding place 은신처
place name 지명

Is this the **place** where you buried the treasure?

☑ Go back to your place.
= Go back to your seat.

여기가 우리 자리야. 앉아.
- **in place** 제자리에, 원래의 위치에
Everything's **in place**. We can start the experiment now.
모든 것이 **제자리에** 있네. 우리는 이제 실험을 시작할 수 있어.
- **out of place** 제자리에 있지 않은
My things are all **out of place**. Has someone been in my room?
내 물건들이 모두 **제자리에 있지 않아**. 누군가 내 방에 들어왔었나?
- **take place** 발생하다, 일어나다 (≒happen, occur)
The film festival **takes place** every year.
그 영화제는 해마다 **열린다**.

동사 놓다, 두다 (≒put, lay)
Sally **placed** the vase in the middle of the table.
샐리는 테이블 가운데에 꽃병을 놓았다.

☑ Everything's in place.
  = Everything's in the proper position.

☑ The film festival takes place every year.
  = The film festival is held every year.

3인칭단수현재 place**s**
현재분사 plac**ing**
과거·과거분사 place**d**

plain¹ (playn) [pleɪn]

형용사 **1** 명백한, 분명한 (≒clear, obvious)
It's **plain that** she is angry.
그녀가 화가 난 것은 명백하다.
John **made it plain that** he didn't like me.
존은 나를 좋아하지 않음을 분명히 했다.
The elephants were **in plain view**.
코끼리들은 잘 보이는 시야 내에 있었다.

2 무늬가 없는, 수수한 (≒simple)
a **plain** white blouse 무늬 없는 흰색 블라우스
The interior of my house is **plain** and simple.
우리 집의 인테리어는 수수하고 깔끔하다.

3 (알기) 쉬운
The instructions are written in **plain** English.
그 설명서는 알기 쉬운 영어로 쓰여 있다.
Sam uses **plain** language so everyone can understand.
샘은 쉬운 말을 쓰기 때문에 모든 사람이 이해할 수 있다.

4 (음식이) 담백한, 간단한 (≒simple)
plain yogurt 아무것도 첨가하지 않은 요구르트
I like **plain** food: meat, vegetables, fruit, and nuts.
나는 고기, 야채, 과일, 견과류 같은 담백한 음식이 좋다.

5 (외모가) 평범한
Mary is **plain** looking, but she's very talented.
메리는 외모는 평범하지만 매우 재능이 있다.

비교급 plain**er**
최상급 plain**est**

➕ **plainly** 분명히

The elephants were **in plain view**.

☑ I like plain food.
  = I like simple food.
  = I like basic food.
  = I like ordinary food.

plain² (playn) [pleɪn]

명사 ⓒ《plains로도 쓰임》 평원, 평야
Much wheat and corn are grown on the U.S. **plains**.
많은 밀과 옥수수가 미국의 평원에서 재배된다.

복수형 **plain**s

*plan (plan) [plæn]

명사 1 ⓒ 계획, 안
What's your **plan for** this week, Sam?
이번 주 네 계획이 뭐니, 샘?
Bora **has a plan to** visit her cousin this weekend.
보라는 이번 주말에 사촌을 방문할 계획이다.
There's been a change of **plan** — I'm not flying to New York today.
계획이 변경됐어. 나는 오늘 뉴욕에 안 갈 거야.

2 ⓒ 설계도, 도면
a seating **plan** 좌석 배치도
The **plan** for the new house included three bedrooms and two bathrooms.
새집의 도면에는 침실 3개와 화장실 2개가 포함되어 있다.

동사 계획하다, ~할 생각이다
Everything is **going as planned**.
모든 것이 계획한 대로 진행되고 있다.
When do you **plan on** going to Greece?
그리스에는 언제 갈 계획이니?
I **plan to** clean the kitchen first, and then I'll clean the bathroom.
난 주방을 먼저 치우고 그 다음에 화장실을 청소할 생각이야.

복수형 **plan**s

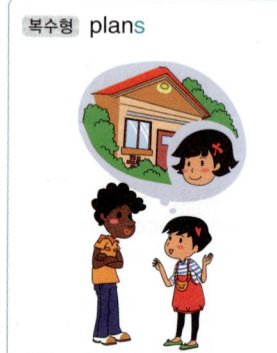

Bora **has a plan to** visit her cousin this weekend.

3인칭단수현재 **plan**s
현재분사 **plan**ning
과거·과거분사 **plan**ned

plane (playn) [pleɪn]

명사 ⓒ 비행기 (=airplane)
I don't like to travel **by plane**.
나는 비행기로 여행하는 것을 좋아하지 않는다.
What time does her **plane** get in?
그녀가 탄 비행기는 언제 도착하니?

복수형 **plane**s

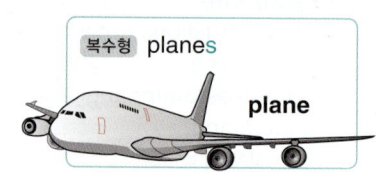

plane

planet (plan-it) [plǽnət]

명사 ⓒ [천문] 행성
The earth is the third **planet** from the sun.
지구는 태양으로부터 세 번째 행성이다.
Mercury is the smallest **planet** in our solar system.
수성은 태양계에서 가장 작은 행성이다.

복수형 **planet**s

planet

'행성(planet)'이 뭐예요?

행성이란 태양이나 다른 별의 주위를 도는 천체를 말해요. 지구도 태양의 행성 중 하나랍니다. 태양의 행성으로는 수성(Mercury), 금성(Venus), 지구(Earth), 화성(Mars), 목성(Jupiter), 토성(Saturn), 천왕성(Uranus), 해왕성(Neptune)이 있어요.

---

*plant (plant) [plænt]

명사 1 ⓒ **식물, 화초**
a **houseplant** 실내용 화초
Plants need sunlight to grow.
식물이 자라려면 햇빛이 필요하다.
How often do you water your **plants**?
얼마나 자주 화초에 물을 주니?

2 ⓒ **공장, (생산) 설비**
Our class went on a field trip to the automobile **plant**.
우리 반은 자동차 공장으로 견학을 갔다.

동사 **(식물을) 심다, (씨를) 뿌리다**
plant seeds 씨를 뿌리다
My mother **planted** tomatoes and peppers in her garden.
우리 엄마는 정원에 토마토와 고추를 심으셨다.

복수형	plant**s**

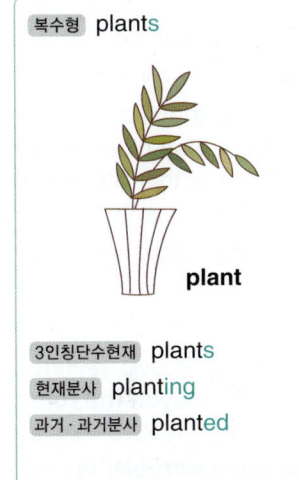
plant

3인칭단수현재	plant**s**
현재분사	plant**ing**
과거·과거분사	plant**ed**

---

plastic (plas-tik) [plǽstik]

명사 ⓒⓤ **플라스틱**
This water bottle is made of **plastic**.
이 물통은 플라스틱으로 만들어졌다.

형용사 **플라스틱의, 플라스틱으로 만든**
We can recycle **plastic** bottles.
페트병은 재활용할 수 있다.
The cook covered the bowl of food with **plastic wrap**.
요리사는 음식이 담긴 그릇을 비닐 랩으로 쌌다.
Plastic cups don't break as easily as glass ones.
플라스틱 컵은 유리컵처럼 쉽게 깨지지 않는다.

복수형	plastic**s**

- **plastic bag** 비닐봉지
plastic money 신용 카드
plastic surgeon 성형외과 의사
plastic surgery 성형 수술

---

*plate (playt) [pleit]

명사 1 ⓒ **(보통 납작하고 둥근) 접시**
a salad (soup) **plate** 샐러드(수프) 접시
Mary received a set of **plates** as a wedding gift.

복수형	plate**s**

메리는 결혼 선물로 접시 세트를 받았다.

2 ⓒ (요리의) 한 접시, 1인분 (≒ plateful)
Anne has eaten two **plates of** spaghetti.
앤은 스파게티를 두 접시나 먹었다.

➕ **plateful** 한 접시 가득한 양

*play (play) [plei]

동사 1 경기를 하다, 게임을 하다
I enjoy **playing** computer games.
나는 컴퓨터 게임을 즐긴다.
Bill **played soccer** with his friends yesterday.
빌은 어제 친구들과 축구를 했다.

2 놀다, 놀이하다
Let's **play** hide and seek. 숨바꼭질하자.
Look at that little girl **playing** in the playground.
놀이터에서 놀고 있는 저 어린 소녀를 봐.

3 (악기·곡을) 연주하다
Play me Beethoven. 베토벤의 곡을 연주해 주세요.
Mary **plays** the cello. 메리는 첼로를 연주한다.

4 (연극·영화에) 출연하다, ~의 역을 맡다
Alice **played the role of** Juliet in the school play.
앨리스는 학교 연극에서 줄리엣 역을 맡았다.

● **play a part(role) in** ~에(서) 역할을 하다
Salt **plays an** important **part in** the function of the body.
소금은 신체 기능에서 중요한 역할을 한다.

명사 1 ⓒ 연극, 희곡
I went to see a **play** with him last weekend.
나는 지난 주말에 그와 함께 연극을 보러 갔다.
Her dream is to write a famous **play** such as *Hamlet*.
그녀의 꿈은 〈햄릿〉 같은 유명한 희곡을 쓰는 것이다.

2 Ⓤ 놀이, 놀기
The children are **at play** with toys.
아이들이 장난감을 가지고 놀고 있다.

3인칭단수현재 **play**s
현재분사 **play**ing
과거·과거분사 **play**ed

Let's **play** hide and seek.

복수형 **play**s

➕ **put on a play** 연극을 상연하다
 school play 학예회
 stage play 극본, 각본

 동사 play 뒤에는 the가 오는 게 맞나요?

play가 '악기를 연주하다'라는 뜻으로 쓰이면 play 다음에 the가 오고, '운동이나 게임을 하다'라는 뜻일 때는 the가 오지 않아요.
◎ play **the** piano 피아노를 치다, play baseball 야구를 하다, play cards 카드놀이를 하다

player (play-uhr) [pléiər]

명사 1 ⓒ 선수, 경기하는 사람
He is the best **player** on our team.
그는 우리 팀에서 가장 뛰어난 선수이다.

2 ⓒ 연주자
I am a clarinet **player**. 나는 클라리넷 연주자이다.

3 ⓒ (비디오·CD 등) 재생기, 플레이어
I have an old **CD player**.
나는 오래된 CD 플레이어가 있다.

복수형	**player**s
⊕	clarinet player = clarinetist 클라리넷 연주자
	guitar player = guitarist 기타 연주자
	piano player = pianist 피아노 연주자

playground (play-ground) [pléigràund]

명사 ⓒ 놀이터, 운동장
The new **playground** has a castle for children to climb on.
새로 생긴 놀이터에는 아이들이 기어올라 갈 수 있는 성이 있다.
I played basketball with my friends at the **playground**.
나는 운동장에서 친구들과 함께 농구를 했다.

복수형	**playground**s
⊕	adventure playground (영국영어) 놀이터

pleasant (plez-uhnt) [pléznt]

형용사 1 즐거운, 기분 좋은, 쾌적한 (↔unpleasant)
They had a **pleasant** time.
그들은 즐거운 시간을 보냈다.
The weather is **pleasant** today. 오늘은 날씨가 좋다.

2 쾌활한, 상냥한 (↔unpleasant)
Mary is always **pleasant** to everyone.
메리는 항상 모든 사람들에게 상냥하다.

비교급	more **pleasant**
최상급	most **pleasant**
⊕	**pleasant**ly 즐겁게; 상냥하게

*please (pleez) [pli:z]

부사 1 《정중히 요구·부탁할 때》 부디, 제발
Please, come in. 들어오십시오.
May I **please** use your phone? 전화 좀 써도 될까요?
Could you **please** help me with my homework?
제 숙제 좀 도와주실래요?

2 《제안이나 권유를 공손히 받아들일 때》 네, 부탁드립니다
A: Would you like some help? 좀 도와 드릴까요?
B: Yes, **please**. Thank you. 예, 부탁해요. 감사합니다.

동사 《진행형으로는 쓰이지 않음》 만족시키다, 기쁘게 하다
You can't **please** everyone.

Please, come in.

3인칭단수현재	**please**s
현재분사	**pleas**ing

모든 사람을 만족시킬 수는 없다.
I am **pleased with** your improvement, Tom.
톰, 난 네가 나아져서 기쁘다.
When you've finished your homework, you can do **whatever** you **please**.
숙제를 다 하면 네가 하고 싶은 대로 할 수 있다.

| 과거·과거분사 | please**d** |

➕ **pleased** (사람이) 기쁜
pleasing (사물·상황이) 기쁨을 주는

 Yes, please.란 표현은 어느 경우에 쓰나요?
권유나 제안을 공손하게 받아들일 때 쓰지요.
📢 A: Would you like some more coffee? 커피 좀 더 드시겠어요?
B: **Yes, please.** Thank you. 네, 좋아요. 감사합니다.

pleasure (plezh-ur) [pléʒər]

명사 **1** ⓞ 기쁨, 즐거움, 만족
The small gift gave Tony a lot of **pleasure**.
그 작은 선물이 토니에게 큰 기쁨을 주었다.
● ***take pleasure in*** ~을 즐기다
Eric **takes pleasure in** his work.
에릭은 자신의 일을 즐긴다.

2 ⓒ 기쁜 일, 기쁨을 주는 것
It's always **a pleasure to** see you, Mr. Brown.
당신을 만나는 것은 항상 제 기쁨입니다. 브라운 씨.
● ***(it's) my pleasure*** 천만에요, 괜찮습니다 (=it's a pleasure)
A: Thank you for your help. 도와주셔서 감사합니다.
B: **It's my pleasure.** 천만에요.
● ***with pleasure*** 기꺼이
A: Will you come with me? 나랑 같이 가 줄래?
B: **With pleasure.** 기꺼이 같이 가 줄게.

| 복수형 | pleasure**s** |

➕ **pleasant** 즐거운, 기분 좋은, 쾌적한

The small gift gave Tony a lot of **pleasure**.

plenty (plen-tee) [plénti]

대명사 많음, 다량, 충분함
America was once called the land of **plenty**.
미국은 한때 풍요의 땅이라고 불렸다.
You have **plenty of** time.
너는 시간이 충분히 있다.
A: Could I borrow some paper?
종이 좀 빌릴 수 있을까요?
B: Yes, I've got **plenty**.
네, 저는 아주 많이 있어요.

➕ **plentiful** 많은, 충분한

✅ You have plenty of time.
 = You have a lot of time.

*plural (ploor-uhl) [plúərəl]

명사 ⓒ [문법] 복수, 복수형 (줄임말 pl.)
Things is **the plural** of thing.
things는 thing의 복수형이다.

> 복수형 plural**s**
> ➕ singular 단수, 단수형

*plus (pluhs) [plʌs]

전치사 **1** [수학] ~을 더한, ~ 더하기 (↔minus)
Seven **plus** three is ten.
7 더하기 3은 10이다.

2 ~뿐만 아니라, ~도
Mary has four birds **plus** a dog.
메리는 새 네 마리에다가 개도 한 마리 있다.
Sam's new house has four bedrooms and three bathrooms, **plus** a swimming pool.
샘의 새집에는 네 개의 침실과 세 개의 화장실뿐만 아니라 수영장도 하나 있다.

형용사 (평가할 때) 플러스의, 상위(上位)의
Tim got a B **plus** on his science project.
팀은 과학 과제에서 B 플러스를 받았다. (B보다 약간 나음.)

명사 ⓒ 장점, 도움, 플러스
Knowledge of English will be a **plus** in this job.
영어를 알고 있다는 것은 이 일에 도움이 될 것이다.

> ➕ plus sign 플러스 기호 (+)
>
> ☑ Mary has four birds plus a dog.
> = Mary has four birds and also a dog.
>
>
> B **plus**
>
> 복수형 plus**es**

p.m., PM (pi em) [píːém]

오후 (라틴 어 post meridiem의 줄임말)
Let's meet at 2 **p.m.** 오후 2시에 만나자.
It's 10 **p.m.**, Lisa. Time to go to bed.
리사야, 밤 10시다. 잠잘 시간이야.

> ➕ pm (영국영어) 오후

 p.m.과 a.m.은 몇 시부터 몇 시까지를 가리키는 말인가요?
p.m.(오후)은 정오(낮 12시)부터 자정(밤 12시)까지를 말하고, a.m.(오전)은 자정(밤 12시)부터 정오(낮 12시)까지를 말해요.

*pocket (pah-kit) [pákit]

명사 ⓒ 주머니
Sam had a hole in his **pocket**. He lost his pen and keys.

> 복수형 pocket**s**

샘의 주머니에 구멍이 나 있었다. 그는 펜과 열쇠를 잃어버렸다.
This jacket has lots of **pockets** for carrying stuff.
이 재킷은 물건을 넣고 다닐 수 있는 주머니가 많다.

➕ **pocket money** (영국영어) 용돈

poem (poh-uhm) [póuim]

명사 ⓒ [문학] 시, 운문
I like this short **poem**. 나는 이 짧은 시가 좋다.
Anne decided to write a **poem about** her childhood.
앤은 자신의 어린 시절에 대한 시를 쓰기로 했다.

복수형 **poems**

poet (poh-it) [póuit]

명사 ⓒ 시인
a female **poet** 여류 시인
A: Who is your favorite **poet**?
제일 좋아하는 시인이 누구니?
B: William Shakespeare. 윌리엄 셰익스피어야.

복수형 **poets**

➕ **poetic** 시적인

poetry (poh-i-tree) [póuitri]

명사 Ⓤ [문학] (집합적) 시, 운문
John reads a lot of **poetry**. 존은 시를 많이 읽는다.
Poetry can be difficult to read.
시는 읽기에 어려울 수 있다.

➕ **poetry reading** 시 낭송회

poem과 poetry의 차이가 무엇인가요?

poem은 보통 시 한 편을, poetry는 문학 장르를 나타내는 시 또는 시인이 쓴 작품 전체를 가리키는 말이에요.
   예) This **poem** is difficult to understand. 이 시는 이해하기 어렵다.
   I prefer novels to **poetry**. 나는 시보다 소설이 더 좋다.

*point (point) [pɔint]

명사 1 ⓒ 생각, 의견, (생각해야 할) 점, 사항
That's a very **good point**. 그거 아주 좋은 생각이다.
She **makes** some interesting **points** in her report.
그녀는 보고서에서 몇 가지 흥미로운 점을 주장하고 있다.

복수형 **points**

➕ **pointed** 뾰족한, 날카로운
pointless 무의미한

● ***point of view*** 관점, 견해
From my **point of view**, the event was a great success.
내 **관점**에서 보았을 때 그 행사는 대성공이었다.

2 《주로 the point로 쓰임》 **요점, 핵심**
What's **the point** of your story, Bill?
네 이야기의 요점이 뭐야, 빌?
That's not the point.
요점은 그게 아니야.

3 ⓒ **특성, 특징**
a **weak point** 약점
One of Tim's **strong points** is his diligence.
팀의 강점 중의 하나는 부지런함이다.

4 ⓤ《단수로 쓰임》 **목적, 이유**
What's the point of having a video player if you never use it?
전혀 사용하지도 않는데 비디오 플레이어가 있을 이유가 뭐니?
She seems to be angry at me. But I can't **get**〔**see**〕 **the point**.
그녀는 내게 화가 난 거 같아. 하지만 난 그 이유를 모르겠어.

5 ⓒ **(특정한) 시간, 시점**
At this point, we're going to take a 10-minute break.
지금부터 우리는 10분 동안 휴식할 것이다.
At that point, the door opened and the teacher walked in.
그때 문이 열리고 선생님께서 들어오셨다.

6 ⓒ **(스포츠) 점수**
lose a **point** 점수를 잃다
Tom scored 14 **points** in the basketball game.
톰은 농구 경기에서 14점을 득점했다.

7 ⓒ **(뾰족한) 끝**
the **point** of the needle 바늘 끝
The **point** of Mary's pencil needs sharpening.
메리의 연필심은 깎아야 한다.

8 ⓒ **[수학] 소수점**
This piece of wood is 3.4 (three-**point**-four) meters long.
이 나뭇조각의 길이는 3.4미터이다.

동사 **(손가락 등으로) 가리키다**
He **pointed to** a star shining in the night sky.
그는 밤하늘에 반짝이는 별을 가리켰다.
It's not polite to **point at** someone.
누군가를 손가락으로 가리키는 것은 예의가 아니다.

● *point out* 1 가리켜 보이다
She **pointed out** her country on the map.
그녀는 지도에서 자신의 나라를 **가리켜 보여 주었다**.

➕ come〔get〕 to the point
본론으로 들어가다, 요점을 말하다

✓ What's the point of having a video player if you never use it?
= Why have a video player if you never use it?

At that point, the door opened and the teacher walked in.

the **point** of the needle
= the tip of the needle

3인칭단수현재 **points**
현재분사 **pointing**
과거·과거분사 **pointed**

2 지적하다, 언급하다
Point out any errors to me.
잘못이 있으면 무엇이든 지적해 주세요.

> ☑ Point out any errors to me.
> = Tell me if there are any errors.

 영어로 소수점을 어떻게 읽나요?

point는 소수를 읽을 때 점(.)을 말해요. 그리고 영어에서도 소수점 이하의 숫자는 한 자리씩 끊어서 읽어야 해요.
ⓔ 7.6 (seven **point** six), 5.746 (five **point** seven four six)

---

poison (poi-zuhn) [pɔ́izən]

 ⓒⓤ 독(약)
poison gas 독가스
Brian accidentally swallowed some **poison** and had to go to the hospital.
브라이언은 사고로 독을 삼켜서 병원에 가야만 했다.

동사 독살하다, 독을 넣다
The jealous queen had tried to **poison** Snow White.
질투심 많은 왕비는 백설 공주를 독살하려고 했다.
Someone had **poisoned** the king's food.
누군가 왕의 음식에 독을 넣었다.

> 복수형 **poison**s
>
> ➕ **poison**ing 중독
>   **poison**ous 독이 있는
>
> 3인칭단수현재 **poison**s
> 현재분사 **poison**ing
> 과거·과거분사 **poison**ed

---

*police (puh-lees) [pəlíːs]

명사 《주로 the police로 쓰임》 경찰 (≒ cop)
Police rushed to the scene of the accident.
경찰은 사고 현장으로 뛰어갔다.
A: I heard a strange noise outside.
　나 밖에서 나는 이상한 소리를 들었어.
B: So did I. I think we should call **the police**.
　나도 들었어. 내 생각엔 경찰에 전화해야 할 것 같아.

> ➕ **police** car 경찰차
>
> **police** station (경찰서)

 police와 policeman의 차이가 무엇인가요?

police는 단어 자체가 복수 명사이기 때문에 동사도 복수형이 와요. 그래서 '경찰관 한 명'은 a policeman, a police officer라고 해야 해요. 또 조직으로서의 경찰을 가리킬 때는 항상 police 앞에 the를 붙인답니다.
ⓔ More than one hundred **police** are gathering. 백 명도 넘는 경찰들이 모여들고 있다.
Get out of here or I'll call **the police**. 여기서 당장 나가지 않으면 경찰을 부를 거예요.

policeman (puh-lees-muhn) [pəlíːsmən]

명사 ⓒ (남자) 경찰, 경찰관 (= police officer)
I saw two **policemen** on the highway.
나는 고속 도로에서 경찰관 두 명을 보았다.
Two **policemen** controlled speeding cars on the road.
두 명의 경찰관이 도로에서 과속 차량을 단속했다.

복수형	**police**men

➕ **police officer** 경찰관 (남, 여 경찰관 모두에게 쓸 수 있음)

policy (pah-li-see) [pάləsi]

명사 1 ⓒⓤ 정책, 방침
foreign **policies** 외교 정책
I don't like the government's educational **policy**.
나는 정부의 교육 정책을 좋아하지 않는다.

2 ⓒⓤ 방책, 수단
● *Honesty is the best policy.*
정직이 최선의 방책이다. 〈속담〉

복수형	**polic**ies

➕ **return policy** 환불 제도

polish (pah-lish) [pάliʃ]

동사 닦다, 윤(광)을 내다
I **polished** my shoes. 나는 구두를 닦았다.
My mother **polished** the table before the guests arrived.
어머니께서 손님들이 도착하기 전에 탁자를 닦으셨다.

명사 ⓒⓤ 광택제, 윤을 내는 약
shoe **polish** 구두약

3인칭단수현재	**polish**es
현재분사	**polish**ing
과거·과거분사	**polish**ed
복수형	**polish**es

*polite (puh-lite) [pəláit]

형용사 공손한, 예의 바른 (↔ impolite, rude)
Sam is always **polite** to his teacher.
샘은 항상 선생님께 공손하다.
Bora is a very **polite** girl. She always says, "Thank you," and "Excuse me."
보라는 매우 예의 바른 소녀이다. 그녀는 항상 '감사합니다.', '실례합니다.' 라고 말한다.

비교급	**polit**er, more **polite**
최상급	**polit**est, most **polite**

➕ **politely** 공손히, 예의 바르게
politeness 공손함

political (puh-lit-i-kuhl) [pəlítikəl]

형용사 1 정치의, 정치에 관한
The U.S. has two main **political** parties.
미국에는 두 개의 큰 정당이 있다.

비교급	more **political**
최상급	most **political**

Korea has a democratic **political** system.
한국은 민주주의 정치 제도를 갖추고 있다.

2 정치에 관심이 있는
I'm not a **political** person. 나는 정치에 관심이 없다.

> ❓ **party** 정당
> **democratic** 민주주의의

politician (*pah*-li-**tish**-uhn) [pàlətíʃən]

명사 ⓒ 정치가, 정치인
He is a well-known **politician**.
그는 잘 알려진 정치인이다.
Politicians are busy at election time.
정치인들은 선거철에 바쁘다.

> 복수형 **politicians**
> **politician**

politics (*pah*-li-tiks) [pálitiks]

명사 1 Ⓤ 정치
She **entered**(**went into**) **politics** in her early thirties. 그녀는 30대 초반에 정치에 입문했다.
He works as an advisor on **politics**. He helps the president make decisions.
그는 정치 조언자로 일하고 있다. 그는 대통령이 결정을 내리는 데 도움을 준다.

2 Ⓤ 정치학 (=political science)
I want to study **politics** in college.
나는 대학에서 정치학을 공부하고 싶다.

> ➕ **international politics** 국제 정치
> **national politics** 국내 정치
>
> ❓ **advisor** 조언자, 자문 위원, 고문

pollute (puh-**loot**) [pəlúːt]

동사 더럽히다, 오염시키다
The spilt oil is **polluting** the sea.
유출된 기름이 바다를 오염시키고 있다.
The river was **polluted with** sewage.
그 강은 하수로 오염되었다.
Chemicals from factories have **polluted** many rivers.
공장에서 나오는 화학 물질이 많은 강을 오염시켜 왔다.

> 3인칭단수현재 **pollutes**
> 현재분사 **polluting**
> 과거·과거분사 **polluted**
>
> ➕ **pollutant** 오염 물질

pollution (puh-**loo**-shuhn) [pəlúːʃən]

명사 Ⓤ 오염, 공해
Water pollution is killing the fish in the river.
수질 오염이 강의 물고기들을 죽이고 있다.
The **air pollution** is so bad the sky is almost black.
대기 오염이 너무 심해서 하늘이 거의 검은색이다.

> ➕ **light pollution** 빛 공해
> **noise pollution** 소음 공해
> **soil pollution** 토양 오염

pond (pahnd) [pɑnd]

명사 ⓒ 연못
Bella keeps goldfish in the **pond**.
벨라는 연못에 금붕어를 키우고 있다.

| 복수형 | **pond**s |

pool (pool) [puːl]

명사 1 ⓒ 수영장 (=swimming pool)
The **pool** of our town is always open on Sundays.
우리 동네 수영장은 일요일에 항상 문을 연다.

2 ⓒ 웅덩이, (액체·빛 등이) 고인 곳
The garden has a small **pool** full of fish.
정원에는 물고기로 가득 찬 조그만 웅덩이가 있다.

| 복수형 | **pool**s |
| ➕ car pool 승용차 함께 타기, 카풀 |

 lake, pond, pool 중 어떤 것이 제일 큰가요?
lake는 배를 탈 수 있을 정도의 큰 호수를 말해요. pond는 lake보다 작은 연못이라는 뜻이에요. pool은 pond보다 훨씬 작은 웅덩이를 가리킨답니다.

*poor (poor) [puər]

형용사 1 가난한 (↔rich)
They provided food and clothing for **the poor**.
그들은 가난한 사람들에게 음식과 옷을 제공했다.
Mike's family was too **poor** to send him to university.
마이크의 가족은 너무 가난해서 그를 대학에 보낼 수 없었다.

2 (질이) 나쁜, 좋지 못한 (≒bad)
This sweater is of very **poor** quality.
이 스웨터는 품질이 매우 안 좋다.
My brother is in **poor** health.
내 남동생은 건강이 좋지 못하다.
Tim wore eyeglasses to correct his **poor** eyesight.
팀은 나쁜 시력을 교정하기 위해 안경을 썼다.

3 《명사 앞에만 쓰임》 불쌍한, 불운한
Poor Jane! She tries so hard, but she never comes in first place.
불쌍한 제인! 그녀는 아주 열심히 했지만 한 번도 1등을 못 했어.
Poor Brian lost his job when his company closed down.
불쌍한 브라이언은 회사가 문을 닫아서 직장을 잃었다.

| 비교급 | **poor**er |
| 최상급 | **poor**est |

They provided food and clothing for **the poor**.

This sweater is of very **poor** quality.

4 부족한, 불충분한
Junk food is **poor in** nutrients.
인스턴트 음식은 영양이 부족하다.

● ***be poor at*** ~을 잘 못하는, 실력이 없는
I **am poor at** math. 나는 수학을 잘 못한다.

> ❓ nutrient 영양소, 영양분
>
> ☑ I'm poor at math.
> = I'm bad at math.

popular (*pahp*-yuh-lur) [pápjələr]

형용사 인기 있는, 유행하는 (↔ unpopular)
Anne is the most **popular** girl in our school.
앤은 우리 학교에서 가장 인기가 있다.
That song is very **popular with** teenagers.
그 노래는 십 대들 사이에서 매우 인기가 많다.

> 비교급 more popular
> 최상급 most popular

population (*pahp*-yuh-**lay**-shuhn) [pɑ̀pjəléiʃən]

명사 ⓒ 인구
an increase(a decrease) in **population**
인구의 증가(감소)
The **population** of New York City is about eight million people.
뉴욕 시의 인구는 약 8백만 명이다.

> 복수형 populations
>
> ➕ populated 인구가 ~한, 사람이 살고 있는

'인구가 얼마나 되나요?'를 영어로 어떻게 표현하나요?

영어로 '인구가 얼마나 되나요?' 라고 물을 때는 What's the population ~?라고 해요.
예 What's the population of Korea? 한국의 인구는 얼마나 됩니까?

pork (pork) [pɔ:rk]

명사 Ⓤ 돼지고기
I'll have barbequed **pork**, please.
저는 바비큐 돼지고기 먹을게요.
You have to cook **pork** thoroughly.
돼지고기는 완전히 익혀야 한다.

> ➕ pork cutlet 돈가스
> pork ribs 돼지갈비
> roast pork 돼지고기구이

port (port) [pɔ:rt]

명사 **1** ⓒⓤ 항구
The ship came into **port** this morning.
그 배는 오늘 아침에 입항했다.
Ships head to **port** when there is a storm at sea.
배들은 바다에 폭풍우가 일면 항구로 간다.

> 복수형 ports
>
> ➕ fishing port 어항

2 ⓒ 항구 도시
Busan and Incheon are large **ports**.
부산과 인천은 큰 항구 도시이다.

> free port 자유항 (관세 징수가 없음)

portable (por-tuh-buhl) [pɔ́:rtəbəl]

형용사 가지고 다닐 수 있는, 휴대용의
a **portable** radio 휴대용 라디오
Notebook computers are **portable**.
노트북 컴퓨터는 가지고 다닐 수 있다.

> 비교급 more portable
> 최상급 most portable

position (puh-zish-uhn) [pəzíʃən]

명사 1 ⓒ 위치, 장소
Everything is **in position**.
모든 물건이 제자리에 놓여 있다.
The **position** of the TV makes it hard for everyone to see.
TV의 위치는 모든 사람들이 보기는 어렵게 되어 있다.

2 ⓒ 자세
This statue is in a lying **position**.
이 조각상은 누워 있는 자세를 취하고 있다.
She was sitting in the same **position** for a long time.
그녀는 오랫동안 똑같은 자세로 앉아 있었다.

3 ⓒ 견해, 태도
What is your **position on** this problem?
이 문제에 대한 너의 견해는 어떠니?
She won't **take a position** for or against Tom's idea.
그녀는 톰의 생각에 찬성하거나 반대하는 어떤 태도도 취하지 않을 것이다.

동사 위치에 놓다, 배치하다
She **positioned** the chair at the end of the table.
그녀는 의자를 테이블 끝에 배치했다.
The house is **positioned** on the top of a hill.
그 집은 언덕의 꼭대기에 위치해 있다.

> 복수형 position**s**

Everything is in **position**.
= Everything is in the right place.

> 3인칭단수현재 position**s**
> 현재분사 position**ing**
> 과거·과거분사 position**ed**

positive (pah-zi-tiv) [pázətiv]

형용사 1 좋은, 긍정적인 (↔negative)
a **positive** answer 긍정적인 대답
This trip was a **positive experience** for me.
이번 여행은 내게 좋은 경험이었다.
Bill always tries to look on the **positive side**.

> 비교급 more positive
> 최상급 most positive

빌은 항상 긍정적인 면을 보려고 노력한다.

2 (태도나 생각이) **긍정적인, 호의적인** (≒optimistic; ↔negative)
Jinsu is **positive about** everything.
진수는 모든 일에 긍정적이다.
Having a **positive attitude** in life is very important.
삶에 대해 긍정적인 자세를 갖는 것은 매우 중요하다.

3 **확신하는, 자신하는** (≒certain; ↔negative)
I'm **positive (that)** this is the right road.
난 이쪽이 맞는 길이라고 확신해.
A: Are you sure you saw him? 그를 본 게 확실해?
B: **Absolutely positive!** 틀림없어!

4 [수학] **양의, 양수의** (↔negative)
One, two, and three are all **positive** numbers.
1, 2, 3은 모두 양수이다.

Jinsu is **positive about** everything.

possess (puh-zes) [pəzés]

동사 가지다, 소유하다
She **possesses** at least 100 books.
그녀는 적어도 100권의 책을 소유하고 있다.
Eric's family **possesses** a vacation home at the beach. 에릭의 가족은 해변에 별장을 소유하고 있다.

3인칭단수현재 possess**es**
현재분사 possess**ing**
과거·과거분사 possess**ed**
⊕ possession 소유, 소지

possible (pah-suh-buhl) [pásəbəl]

형용사 가능한, 할 수 있는 (↔impossible)
I'll call you today, if **possible**.
가능하면 오늘 너한테 전화할게.
It is **possible** that he will be back by five.
그는 다섯 시까지 돌아올 수 있을 것이다.

• as ~ as possible 가능한 한 ~하게
You have to come back **as** soon **as possible**.
가능한 한 일찍 돌아와야 한다.

⊕ possi**bi**lity 가능성, 가망
possibly 아마

✓ I'll call you today, if possible.
= I'll call you today if I can.

*post (pohst) [poust]

명사 **1** ⓤ(영국영어) **우편, 우편 제도**
I'm sending your present **by post**.
네 선물을 우편으로 보낼게.

2 ⓤ(영국영어) **(1회 배달분의) 우편물**
There wasn't any **post** for you.
너한테 온 우편물은 없었어.

복수형 post**s**

⊕ postal 우편의
 mail (미국영어) 우편 (제도)

3 ⓒ 기둥, 말뚝
Brian put up fence **posts** on his farm.
브라이언은 자신의 농장에 울타리 기둥을 세웠다.

동사 **1** (영국영어) 우편으로 보내다, 우편으로 부치다
Post this letter, please. 이 편지 좀 부쳐 주세요.
Sally **posted** several Christmas cards in the morning.
샐리는 아침에 크리스마스카드를 몇 장 부쳤다.

2 (광고·게시물을) 붙이다, 게시하다
She **posted** something new everyday on her blog.
그녀는 블로그에 매일 새로운 내용을 올린다.
Tim **posted** signs about his lost cat around his neighborhood.
팀은 동네 여기저기에 자신의 잃어버린 고양이에 대한 게시물을 붙였다.

3인칭단수현재	posts
현재분사	posting
과거·과거분사	posted

➕ **mail** (미국영어) 우편으로 보내다, 우편으로 부치다

postbox (pohst-bahks) [póustbàks]

명사 ⓒ (영국영어) 우체통
I put a postcard in (into) a **postbox**.
나는 우체통에 엽서를 넣었다.

postbox

| 복수형 | postboxes |

➕ **mailbox** (미국영어) 우체통

postcard (pohst-kahrd) [póustkà:rd]

명사 ⓒ (우편)엽서
She sent me a **postcard** from Canada.
그녀는 캐나다에서 내게 엽서를 보냈다.
A: Any news from Tom? 톰에게 소식 없어?
B: Here. He sent a **postcard**.
여기. 톰이 엽서를 보냈어.

| 복수형 | postcards |

postcards

poster (poh-stur) [póustər]

명사 ⓒ 포스터, 벽보, 전단
the **poster for** the exhibition 전시회 포스터
They **put up posters** around town to advertise their band concert.
그들은 밴드 콘서트를 홍보하는 포스터를 도시 곳곳에 붙였다.

| 복수형 | posters |

※ 웹 사이트 게시판에 글을 올리는 사람도 poster라고 해요.

post office (pohst aw-fis) [póust ɔ(:)fis]

명사 ⓒ 우체국
I went to the **post office** to mail a letter.
나는 편지를 부치기 위해 우체국에 갔다.

| 복수형 | post offices |

postpone (pohst-pone) [poustpóun]

동사 연기하다, 미루다 (≒ put off)
Our teacher **postponed** the math test until next week.
우리 선생님께서는 수학 시험을 다음 주로 연기하셨다.
The baseball game was **postponed** because of the rain. 야구 경기는 비 때문에 연기되었다.

3인칭단수현재	postpone**s**
현재분사	postpon**ing**
과거·과거분사	postpone**d**

pot (paht) [pɑt]

명사 1 ⓒ 냄비
pots and pans 냄비와 팬
I put a **pot** of water on the gas stove.
나는 가스레인지 위에 물을 담은 냄비를 올려놓았다.

2 ⓒ (다양한) 용기, 그릇
a **pot** of jam 잼병
A: My plant looks sick. What's wrong with it?
화초가 시들해 보여. 뭐가 문제일까?
B: I think it needs a bigger **pot**.
내 생각엔 좀 더 큰 화분이 필요한 것 같아.

복수형 pot**s**

pots

*potato (puh-tay-toh) [pətéitou]

명사 ⓒⓤ 감자
fried (mashed, baked, boiled) **potatoes**
튀긴(으깬, 구운, 삶은) 감자
My mother **peeled the potatoes** before she cooked them.
우리 엄마는 감자 요리를 하기 전에 감자 껍질을 벗기셨다.

복수형 potato**es**

➕ potato chip 얇게 썬 감자튀김
sweet potato 고구마

pound¹ (pound) [paund]

명사 1 ⓒ (무게 단위) 파운드 (lb)
a 45-**pound** dog 몸무게가 45파운드인 개
How much are the strawberries per **pound**?
딸기는 파운드당 얼마인가요?

2 ⓒ (영국 화폐) 파운드 (£)
I have a 10-**pound** bill.
나는 10파운드짜리 지폐가 한 장 있다.
A: Do you have any money on you?
너 돈 가진 것 있니?
B: I've got a few **pounds** in my wallet.
지갑에 몇 파운드 있어.

복수형 pound**s**

✅ a 45-pound dog
= a dog that weighs 45 pounds

※ 영국은 화폐 단위로 파운드(pound)와 페니(penny)를 사용해요. 1파운드는 100페니와 같아요.

poverty

 pound가 화폐로 쓰일 때와 무게로 쓰일 때의 기호가 다른가요?

파운드가 무게 단위로 쓰일 때는 'lb 또는 lbs(2파운드 이상)'라는 기호를 사용해 표시하는데 1파운드는 약 454g에 해당해요. 파운드가 화폐로 쓰이면 '£'라는 기호를 사용해요.

pound² (pound) [paund]

동사 세게 치다, 마구 두드리다
He **pounded** his fist on the door.
그는 주먹으로 문을 쾅쾅 두드렸다.

3인칭단수현재	pound**s**
현재분사	pound**ing**
과거·과거분사	pound**ed**

pour (por) [pɔːr]

동사 1 붓다, 따르다
Mary **poured** the cake mixture into the pan.
메리는 (빵 굽는) 틀에 케이크 반죽을 부었다.
A: Could you **pour** me a cup of coffee, Tim?
커피 한잔 따라 주실 수 있나요, 팀?
B: Sure. 그럼요.

2 (액체·빛·연기 등이 대량으로) 흐르다, 흘러나오다
Tears were **pouring down** her cheeks.
눈물이 그녀의 볼을 타고 흘러내렸다.
The fresh air **poured into** the room.
신선한 공기가 방 안으로 흘러들어 왔다.
The people were **pouring out of** the theater.
사람들이 극장 밖으로 쏟아져 나오고 있었다.

3 (비가) 많이 오다
It's really **pouring down** outside.
밖에 비가 엄청 쏟아지고 있다.

3인칭단수현재	pour**s**
현재분사	pour**ing**
과거·과거분사	pour**ed**

Could you **pour** me a cup of coffee?

 영어에도 비를 표현하는 단어가 다양한가요?

이슬비처럼 내리는 비는 drizzle, 소나기처럼 갑자기 내렸다 그치는 비는 shower, 억수같이 쏟아지는 비는 pour라고 해요.

poverty (pah-vur-tee) [pávərti]

명사 ① 빈곤, 가난
Poverty can cause crime and other problems.
빈곤은 범죄와 그 밖에 다른 문제들을 야기할 수 있다.

✚ poor 가난한	

There are many people **living in poverty** in this country.
이 나라에는 가난하게 사는 사람들이 많다.

➕ poverty-stricken 매우 가난한, 가난에 시달리는

powder (pou-dur) [páudər]

명사 ⓒⓤ 가루, 분말, 파우더
I **ground** the wheat **into a powder**.
나는 밀을 빻아서 가루로 만들었다.
The snow on the mountain was like **powder**.
산 위의 눈이 가루 같다.
You need **baking powder** to make a cake.
케이크를 만들려면 베이킹파우더가 필요하다.

복수형 powder**s**

➕ powder room (여성용) 화장실

power (pou-ur) [páuər]

명사 1 ⓤ 힘, 능력
power of nature 자연의 힘
Eric has the **power** to bend nails with only his hands.
에릭은 손만으로 못을 구부릴 수 있는 힘이 있다.
That was **beyond (outside) his power**.
그것은 그의 능력 밖의 일이었다.

2 ⓤ 권력, 정권
The president's **power** depends on the support of the people.
대통령의 권력은 국민들의 지지에 달려 있다.

3 ⓒⓤ 권한
The police have **the power** to arrest people.
경찰은 사람들을 체포할 수 있는 권한이 있다.

4 ⓤ 전력, 동력
electrical (nuclear, water) **power** 전력 (원자력, 수력)
A: The storm knocked the **power** out.
폭풍우 때문에 전기가 끊어졌어.
B: I'll light some candles. 초를 좀 켤게.
A: Good idea. 좋은 생각이야.

복수형 power**s**

➕ powerless 힘없는, 무력한
balance of power 힘의 균형
buying power 구매력
great power 강대국
manpower 인력
superpower 초강대국

➕ power plant 발전소
power station 발전소

The storm knocked the **power** out.

powerful (pou-ur-fuhl) [páuərfəl]

형용사 1 영향력이 있는
She is the most **powerful** person in the company.
그녀는 회사에서 가장 영향력 있는 사람이다.
Ads have a **powerful** influence on people.
광고는 사람들에게 큰 영향을 끼친다.

비교급 more powerful
최상급 most powerful

2 (힘이) 강한, 강력한
a **powerful** boxer 강인한 권투 선수
The car has a **powerful** engine.
그 차는 강력한 엔진이 장착되어 있다.

3 (영향이) 강한
Be careful when you take this medicine. It's very **powerful**.
이 약을 복용할 때는 조심하세요. 매우 강합니다.

➕ **powerfully** 강력하게; 많이, 매우
all-powerful 전능한

※ the **powerful**은 '권력자 (powerful people)' 라는 뜻이에요.

practical (prak-ti-kuhl) [præktikəl]

형용사 **1** 실제의, 실질적인
Have you got any **practical experience** of working on a farm?
당신은 농장에서 일해 본 실제 경험이 있습니까?
Disabled students need **practical help**.
장애 학생들은 실질적인 지원이 필요하다.

2 실용적인, 유용한 (↔impractical)
Sally needs clothes that are **practical** rather than fashionable.
샐리는 유행하는 옷보다는 실용적인 옷이 필요하다.

3 현실적인 (↔impractical)
Her idea is not **practical**.
그녀의 아이디어는 현실적이지 않다.

비교급 more practical
최상급 most practical

Sally needs clothes that are **practical**.

*practice (prak-tis) [præktis]

명사 **1** ⓒⓤ 연습, 실습
Have you had a lot of **practice**? 연습 많이 했어?
I have three piano **practices** a week.
나는 일주일에 세 번 피아노 연습을 한다.
● ***Practice makes perfect.*** 연습이 완벽을 만든다. 〈속담〉

2 ⓒⓤ 습관, 관습
It's Tim's **practice** to go to work by bike.
자전거를 타고 직장에 가는 것이 팀의 습관이다.

3 ⓤ 실행, 실제
I **put** my idea **into practice**.
나는 생각을 실행에 옮겼다.
● ***in practice*** 실제로
In theory, many ideas sound good. But **in practice** they often don't work very well.
이론상으로는 많은 아이디어들은 좋아 보인다. 그러나 **실제로**는 잘되지 않는 경우가 많다.

복수형 **practice**s

➕ **practiced** 경험 있는, 숙련된
practise (영국영어) 연습하다

Practice makes perfect.

❓ **theory** 이론
in theory 이론상으로

동사 연습하다
Sam is **practicing for** a recital.
샘은 독주회를 위해 연습하고 있다.
He **practices** basketball at least an hour every day.
그는 적어도 하루에 한 시간은 농구 연습을 한다.

3인칭단수현재	practices
현재분사	practicing
과거·과거분사	practiced

praise (praze) [preiz]

동사 칭찬하다 (↔criticize)
Sally **praised** her dog **for** bringing her the newspaper.
샐리는 강아지가 신문을 가져온 것을 칭찬했다.
He was **praised for** his diligence.
그는 부지런해서 칭찬을 받았다.

명사 ⓤ 칭찬, 찬사 (↔criticism)
The teacher **gave** me **praise** for cleaning well.
선생님은 청소를 잘했다고 나를 칭찬해 주셨다.
The movie **received high praise** from audiences.
그 영화는 관객들로부터 큰 찬사를 받았다.

3인칭단수현재	praises
현재분사	praising
과거·과거분사	praised

❓ diligence 부지런함

✓ The teacher gave me praise.
 = The teacher praised me.

pray (pray) [prei]

동사 1 (신에게) 기도하다
Let us pray. 다 함께 기도합시다.
Sam **prays** every night before he goes to bed.
샘은 매일 밤 잠자기 전에 기도한다.
She **prayed for** her children's safe return.
그녀는 아이들의 무사 귀환을 기도했다.

2 기원하다, 간절히 바라다
We are **praying for** good weather tomorrow.
우리는 내일 날씨가 좋기를 기원한다.
Anne **prayed** it wouldn't rain before she got home.
앤은 자신이 집에 도착하기 전에는 비가 오지 않기를 바랐다.

3인칭단수현재	prays
현재분사	praying
과거·과거분사	prayed

➕ prayer 기도문, 기도
prayer book 기도서

predict (pri-dikt) [pridíkt]

동사 예측하다, 예상하다, 예보하다
Nobody could **predict** the result.
누구도 결과를 예측하지 못했다.
The weatherman is **predicting** the weather.
기상 캐스터가 날씨 예보를 하고 있다.
Bill's teacher **predicted** he would become a lawyer.
빌의 선생님께서는 빌이 변호사가 될 거라고 예상하셨다.

3인칭단수현재	predicts
현재분사	predicting
과거·과거분사	predicted

➕ predictable 예상할 수 있는
prediction 예상, 예측

prefer (pri-fur) [prifə́:r]

동사 《진행형으로는 쓰이지 않음》 선호하다, ~을 더 좋아하다
Some people **prefer** dogs **to** cats.
어떤 사람들은 고양이보다 개를 더 좋아한다.
Which do you **prefer** — blue or red?
파란색과 빨간색 중 어느 색을 더 좋아하니?
I would **prefer to** go there with you.
나는 그곳에 너와 함께 가고 싶다.
I **prefer** reading e-books.
나는 전자책을 읽는 것이 더 좋다.

3인칭단수현재	**prefer**s
현재분사	**prefer**ring
과거·과거분사	**prefer**red

➕ **preferable** 더 좋은, 나은
preference 선호, 더 좋아함

 prefer 다음에 **than**이 오는 거 아닌가요?

prefer는 '~을 더 좋아하다'라는 비교의 뜻이 있어요. 이때 prefer 뒤에 than이 아닌 to가 온다는 것을 기억하세요.
ⓔ I prefer dogs **to** cats. (= I like dogs better than cats.)
나는 고양이보다 개를 더 좋아한다.
He prefers swimming **to** running. (=He likes swimming better than running.)
그는 달리기보다 수영을 더 좋아한다.

pregnant (preg-nuhnt) [prégnənt]

형용사 임신한
She's three months **pregnant**. 그녀는 임신 3개월째다.
My wife is **pregnant with** our first child.
나의 아내는 첫 아이를 임신 중이다.
Please let the **pregnant** woman have your seat.
임산부에게 당신의 자리를 양보하세요.

➕ **pregnancy** 임신
pregnancy test 임신 테스트

preparation (prep-uh-ray-shuhn) [prèpəréiʃən]

명사 ⓒⓤ 준비, 대비
Did you do much **preparation** for the exam?
시험 준비 많이 했니?
Preparations for the opening ceremony are coming along well.
개회식 준비가 잘 진행되고 있다.
food(meal) **preparation** 음식(식사) 준비

● *in preparation for* ~에 대비하여
He is practicing every day **in preparation for** the game. 그는 시합에 대비하여 매일 연습하고 있다.

복수형 **preparation**s

food(meal) **preparation**

prepare (pri-**pair**) [pripɛ́ər]

동사 **1** 준비하다, 대비하다
We have **prepared** a surprise party for him.
우리는 그를 위해 깜짝 파티를 준비했다.
Anne is dieting to **prepare** for the beauty contest.
앤은 미인 대회 준비를 위해 다이어트 중이다.

2 요리를 준비하다, 요리를 만들다
Eric was in the kitchen **preparing** the meal.
에릭은 부엌에서 식사를 준비하고 있었다.
Billy **prepared** breakfast for his mother on Mother's Day.
빌리는 어머니의 날에 엄마를 위한 아침을 만들었다.

- *prepare oneself* 각오를 갖게 하다, (~의) 준비를 하다
He **prepared himself** to die.
그는 죽을 각오가 되어 있었다.

3인칭단수현재	prepare**s**
현재분사	prepar**ing**
과거·과거분사	prepare**d**

➕ preparation 준비, 대비

☑ Billy prepared breakfast.
= Billy made breakfast.
= Billy cooked breakfast.

preposition (*prep*-uh-**zish**-uhn) [prèpəzíʃən]

명사 ⓒ [문법] 전치사
In the phrase "on the bus," "on" is a **preposition**.
'on the bus'라는 구에서 'on'은 전치사이다.

| 복수형 | preposition**s** |

prescription (pri-**skrip**-shuhn) [priskrípʃən]

명사 **1** ⓒ 처방전
The doctor gave Tom a **prescription for** his skin problem.
의사는 톰에게 피부 트러블용 약의 처방전을 주었다.

2 Ⓤ 처방
This drug is only available **by prescription**.
이 약은 (의사의) 처방이 있어야만 구입할 수 있다.

| 복수형 | prescription**s** |

☑ This drug is only available by prescription.
= This is a prescription drug.

presence (**prez**-uhns) [prézəns]

명사 Ⓤ 존재함, 있음, 참석 (↔absence)
I was not aware of her **presence**.
나는 그녀가 온 것을 알지 못했다.
Your **presence** is requested.
참석해 주시기 바랍니다.
The fossils show the **presence** of dinosaurs.
화석은 공룡들의 존재를 보여 준다.

- *in one's presence* ~의 앞에서
The child is quiet **in his presence**.
그 아이는 그 앞에서는 조용하다.

The child is quiet **in his presence**.
= The child is quiet when he is present.

* present¹ (prez-uhnt) [prézənt]

형용사 1 《명사 앞에만 쓰임》 현재의, 지금의
at the **present** time 오늘날에는, 지금은
What is your **present** address?
당신의 현재 주소는 어떻게 됩니까?

2 (어떤 장소에) 있는, 출석한 (↔absent)
I was **present** at the meeting. 나는 회의에 참석했다.
All of the students were **present** in the classroom.
모든 학생들이 교실에 있었다.

명사 《주로 the present로 쓰임》 현재, 지금
Forget the past and think about **the present**!
과거는 잊어버리고 현재를 생각해!

- *at present* 현재는, 지금은 (≒now)
At present, the company has 75 employees.
현재 그 회사에는 75명의 직원이 있다.

- 과거 the past
  현재 the present
  미래 the future

☑ at the present time
   = now

☑ I was present at the meeting.
   = I attended the meeting.

* present² (pri-zent | prez-uhnt) [prizént | prézənt]

동사 (pri-zent) 1 (선물·상 등을) 주다, 증정하다
We **presented** our teacher **with** flowers.
우리는 선생님께 꽃을 드렸다.
He **presented** a medal **to** a winner.
그는 우승자에게 메달을 수여했다.

2 (계획 등을) 발표하다, 진술하다
He is **presenting** the report at the meeting.
그는 회의에서 보고서를 발표할 예정이다.

명사 (prez-uhnt) ⓒ 선물 (≒gift)
A: Did you buy Sally a **birthday present**?
샐리 생일 선물 샀니?
B: Not yet. How about you? 아니, 아직. 너는?
A: I bought her a scarf. I think it's a good **present**.
난 스카프를 샀어. 내 생각에 좋은 선물이 될 것 같아.

3인칭단수현재 present**s**
현재분사 present**ing**
과거·과거분사 present**ed**

- presentation 증정; 발표
  presenter 발표자

복수형 present**s**

present

* president (prez-i-duhnt) [prézidənt]

명사 1 ⓒ (President) 대통령
Who is the **President of** Korea?
한국의 대통령은 누구인가요?
Barack Obama was elected **President of** the United States in 2008.
2008년 버락 오바마는 미국 대통령에 당선되었다.

2 ⓒ 회장, 사장, 의장, 총재

복수형 president**s**

- presidency 대통령직(임기)
  presidential 대통령의

press 724

the bank **president** 은행 총재, 은행장
She worked hard as **president of** our club.
그녀는 우리 동아리의 회장으로서 아주 열심히 일했다.
He became the **president of** his company.
그는 회사의 사장이 되었다.

➕ vice president 부총장, 부회장, 부사장, 부통령

press (pres) [pres]

동사 **1 누르다** (≒push)
Press the button to turn the computer on.
컴퓨터를 켜려면 버튼을 누르시오.
The children **pressed** their faces against the window.
아이들이 창문에 얼굴을 바짝 대었다.

3인칭단수현재 press**es**
현재분사 press**ing**
과거·과거분사 press**ed**

2 다림질하다 (≒iron)
I'll **press** those shirts.
내가 저 셔츠들을 다림질할게.

3 강요하다, 조르다
We **pressed** him **for** an answer.
우리는 그에게 대답을 강요했다.
The child **pressed** me **to** stay a little longer.
그 아이는 내게 좀 더 있으라고 졸랐다.

The children **pressed** their faces against the window.

명사 **1** ⓤ《보통 the press로 쓰임》**신문·잡지, 언론; 기자들**
The scandal has been reported **in the press**.
그 스캔들은 언론에 보도되었다.
A: I think **the press** writes too much about celebrities.
난 기자들이 연예인에 대해 너무 많이 쓴다고 생각해.
B: I agree. **The press** needs to concentrate more on real problems.
나도 동의해. 기자는 현실적인 문제들에 좀 더 집중할 필요가 있어.

복수형 press**es**

❓ celebrity 유명 인사, 연예인

➕ press agency 통신사
press agent (배우·극단 등의) 언론 홍보 담당자
press conference 기자 회견

2 ⓤ **인쇄**, ⓒ **인쇄기**
His new novel has **gone to press**.
그의 새 소설은 인쇄에 들어갔다.
Without the printing **press**, we wouldn't have many books.
인쇄기가 없었다면 우리는 많은 책을 만들 수 없었을 것이다.

pressure (presh-ur) [préʃər]

명사 **1** ⓤ **누르기, 압박**
Apply pressure to the cut and it will stop bleeding.

복수형 pressure**s**

베인 자리를 누르고 있어라. 그러면 출혈이 멈출 것이다.

2 ⓒⓤ (기체·액체 등의) 압력
The **air pressure** in car tires is strong.
자동차 타이어의 공기압이 세다.
Tim's **blood pressure** is too high. His doctor told him to lose some weight.
팀의 혈압은 너무 높다. 의사는 그에게 살을 좀 빼라고 말했다.

3 ⓒⓤ (정신적) 압박, 압력
The president **is under pressure to** resign.
대통령은 사임하라는 압력을 받고 있다.

➕ high pressure 고압, 고기압
low pressure 저압, 저기압
peer pressure 동료 집단으로부터 받는 사회적 압력
water pressure 수압

❓ resign 사임하다, 물러나다

pretend (pri-tend) [priténd]

동사 ~인 체[척]하다, 가장하다
I don't think he's asleep. He's just **pretending**.
나는 그가 자고 있다고 생각하지 않는다. 그는 단지 자는 척하고 있는 것이다.
The bank robber **pretended to** be a police officer.
은행 강도는 경찰인 것처럼 행세했다.
Mary **pretended that** she didn't know me.
메리는 나를 모르는 체했다.

3인칭단수현재 pretend**s**
현재분사 pretend**ing**
과거·과거분사 pretend**ed**

*pretty (prit-ee) [príti]

형용사 예쁜, 귀여운 (↔ugly)
Tim's sister is very **pretty**.
팀의 여동생은 매우 예쁘다.
Sally has such **pretty** blue eyes.
샐리는 매우 예쁜 파란 눈을 가지고 있다.

부사 꽤, 상당히, 아주
The bus stop is **pretty** far from here. I think we should take a taxi.
버스 정류장은 여기서 꽤 멀어요. 제 생각에는 택시를 타야 할 것 같아요.
A: What's the weather like today? 오늘 날씨 어때요?
B: Not bad, but it's **pretty** cold for March.
좋아요, 하지만 3월치고는 상당히 춥네요.

비교급 prett**ier**
최상급 prett**iest**

Tim's sister is very **pretty**.

☑ The bus stop is pretty far from here.
= The bus stop is very far from here.

pretty와 **handsome**은 다 '예쁘다'라는 표현인가요?
pretty는 보통 여성에게 쓰는 표현이에요. 남성이 잘생겼을 때는 handsome이라고 해요.
예 She is a **pretty** girl. 그녀는 예쁜 소녀다.
He is a very **handsome** man. 그는 매우 잘생긴 남자다.

prevent (pri-vent) [privént]

동사 (~하는 것을) 막다, 예방하다
The war could have been **prevented**.
그 전쟁은 막을 수도 있었다.
Exercise can **prevent** heart disease.
운동은 심장 질환을 예방할 수 있다.
The locked door **prevented** us **from** go**ing** into the building.
문이 잠겨서 우리는 건물에 들어가지 못했다.

> 3인칭단수현재 prevent**s**
> 현재분사 prevent**ing**
> 과거·과거분사 prevent**ed**
>
> ➕ **prevention** 예방, 방지

previous (pree-vee-uhs) [príːviəs]

형용사 《명사 앞에만 쓰임》 이전의, 앞의 (≒ former)
Tom's **previous** school was in Boston. His new school is in New York.
톰이 전에 다니던 학교는 보스턴에, 새 학교는 뉴욕에 있다.
The **previous** owner of this used car took very good care of it.
이 중고차의 전 주인은 차를 매우 잘 관리했다.

> ➕ **previously** 이전에
> **previous day** 그 전날
> **previous engagement** 선약

price (prise) [prais]

명사 1 ⓒⓤ 가격
half(full) **price** 반값[정가]
The price of oil is rising.
기름값이 오르고 있다.
We got the car at a **low price**.
우리는 낮은 가격에 그 차를 샀다.
A: What's the **price** of this necktie?
이 넥타이는 얼마인가요?
B: It's on sale for $35. 할인해서 35달러입니다.
A: Great. I'll buy it. 좋아요. 살게요.

2 《단수로 쓰임》 대가, 희생
The army won the war, but the **price** was the deaths of many people.
군대는 전쟁에서 승리했지만, 그 대가는 많은 사람들의 죽음이었다.

> 복수형 price**s**
>
> ➕ **priceless** 매우 귀중한
>
> ☑ The price of oil is rising.
> = The price of oil is going up.
>
> ☑ What's the price of this necktie?
> = How much is this necktie?

pride (pride) [praid]

명사 1 ⓤ 자랑, 자부심, 긍지
She always talks about her son **with** great **pride**.
그녀는 늘 아들에 대해 대단히 자랑스럽게 말한다.
The soccer team is **the pride** of our school.

> ➕ **proud** 자랑스러워하는, 자랑스러운

축구팀은 우리 학교의 자랑이다.
- **take pride in** ~을 자랑스러워하다, ~에 자부심을 갖다
  All great artists **take pride in** their work.
  모든 위대한 예술가들은 자신의 작품에 자부심을 가진다.

2 ⓤ 자존심
He has too much **pride** to accept any help.
그는 자존심이 너무 강해서 어떠한 도움도 받지 않는다.
I think you hurt her **pride**.
네가 그녀의 자존심을 상하게 한 것 같다.

All great artists **take pride in** their work.

priest (preest) [priːst]

명사 ⓒ 성직자, 신부, 목사
The **priest** listened to his confession.
신부님이 그의 고해 성사를 들었다.

| 복수형 | priest**s** |

primary (prye-mair-ee) [práiməri]

형용사 **1** 첫째의, 제1의, 주요한 (≒main, prime)
His **primary concern** is exercising.
그의 주요 관심사는 운동이다.
The army's **primary goal** is to protect the country and its citizens.
군대의 최우선 목표는 나라와 시민을 보호하는 것이다.
The tadpole is the **primary** growth stage of the frog. 올챙이는 개구리의 첫 번째 성장 단계다.

2 (영국영어) 초등의, 초등 교육의
Primary schools usually teach children from the ages of 5 to 12.
초등학교에서는 대체로 다섯 살에서 열두 살까지의 아이들을 가르친다.

➕ **primarily** 첫째로, 주로

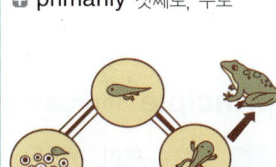
The tadpole is the **primary** growth stage of the frog.

➕ **elementary school** (미국영어) 초등학교

 '초등학교'를 뜻하는 영어 표현이 미국과 영국이 다른가요?
영국에서는 초등학교를 primary school이라고 하고, 미국에서는 elementary school이라고 해요.

*prince (prins) [prins]

명사 ⓒ 왕자
Prince Charming 백마 탄 왕자, 이상적인 남성
Prince Charles is the son of Queen Elizabeth II.
찰스 왕자는 엘리자베스 2세의 아들이다.

| 복수형 | prince**s** |

➕ **princess** 공주

princess (prin-ses) [prínses]

명사 1 ⓒ 공주
Princess Anne 앤 공주

2 ⓒ 왕세자비
Princess Diana is the mother of Prince William and Prince Harry.
다이애나 왕세자비는 윌리엄 왕자와 해리 왕자의 어머니이다.

복수형 **princess**es

➕ prince 왕자

principal (prin-suh-puhl) [prínsəpəl]

형용사 《명사 앞에만 쓰임》 주요한, 제1의 (≒ main)
Saudi Arabia's **principal export** is oil.
사우디아라비아의 주요 수출품은 석유이다.
She was chosen **principal** dancer of the ballet company. 그녀는 발레단의 제1 무용수로 뽑혔다.

명사 ⓒ 교장, (단체의) 장
a **principal**'s office 교장실
The **principal** asked the students to stand up.
교장 선생님께서 학생들에게 일어서라고 하셨다.

➕ principally 주로

※ principle(원리, 원칙; 신념, 신조)과 혼동하지 마세요.

복수형 **principal**s

principle (prin-suh-puhl) [prínsəpəl]

명사 1 ⓒⓤ 원리, 원칙
scientific **principle** 과학적 원리
Love is a **basic principle of** many religions.
사랑은 많은 종교의 기본 원칙이다.

• *in principle* 원칙적으로
I agree with you **in principle**.
원칙적으로는 나도 너와 같은 의견이다.

2 ⓒ 신념, 신조
Anne **has** very **strong principles**.
앤은 신념이 매우 강하다.
It is **against** my **principles** to cheat on an exam.
시험 중에 부정행위를 하는 것은 내 신념에 어긋난다.

복수형 **principle**s

※ principal(주요한, 제1의; 교장, 장)과 혼동하지 마세요.

☑ It is against my principle to cheat on an exam.
= I believe that cheating is wrong.

print (print) [print]

동사 1 인쇄하다, 프린트하다
The book will be **printed** on recycled paper.
그 책은 재생 용지에 인쇄될 것이다.
Jack and Jill had their wedding invitations **printed** last week.
잭과 질은 지난주에 청첩장을 인쇄했다.

3인칭단수현재 **print**s
현재분사 **print**ing
과거·과거분사 **print**ed

2 출판하다
Twenty thousand copies of the novel were **printed**.
그 소설은 2만 부가 출판됐다.

3 (신문·잡지에) 싣다
The school newspaper **printed** Jinsu's article about new fashions.
학교 신문에 새로운 유행에 대한 진수의 기사가 실렸다.

4 인쇄체로 쓰다
Tina carefully **printed** her name on the paper.
티나는 종이에 자신의 이름을 조심스럽게 또박또박 썼다.

명사 **1 ⓒ 인쇄, 인쇄된 글자**
This book has clear **print**. 이 책은 인쇄가 선명하다.
I bought books with large **print** for my grandmother.
나는 할머니께 활자가 큰 책을 사 드렸다.
Is this book still **in print**?
이 책이 아직도 출판되고 있나요?
The novel is **out of print**. 그 소설은 절판되었다.

2 ⓒ 자국, 흔적
finger**print** 지문
His feet left **prints** in the wet sand.
그의 발은 젖은 모래에 발자국을 남겼다.

➕ **printing** 인쇄, 인쇄술
printing press 인쇄기
printout (프린터로 출력한) 인쇄물

❓ **인쇄체** 필기체가 아닌 정자로 쓰는 손 글씨

복수형 **prints**

finger**print**

foot**prints**

printer (print-ur) [príntər]

명사 ⓒ [컴퓨터] 프린터
The **printer** has a paper jam. 프린터에 종이가 걸렸다.

복수형 **printers**

prior (prye-ur) [práiər]

형용사 《명사 앞에만 쓰임》 이전의, 앞의 (≒earlier, previous)
A: Would you like to go to dinner tonight, Tim?
오늘 밤 저녁 먹으러 갈래, 팀?
B: I'm sorry, Sally. I have a **prior** appointment.
미안해, 샐리. 선약이 있어.
A: Maybe another time then. 그러면 다음에 먹자.
The concert was canceled **without prior notice**.
콘서트는 사전 통보 없이 취소되었다.

● **prior to** ~보다 먼저, 전에
He left **prior to** my arrival.
그는 내가 도착하기 **전에** 가 버렸다.
Prior to the party, I have to send invitation cards.
나는 파티 **전에** 초청장을 발송해야 한다.

➕ **priority** 앞섬; 우선, 우선 사항

He left **prior to** my arrival.

prison (priz-uhn) [prízn]

명사 ⓒⓤ 교도소, 감옥 (≒jail)
She is **in prison**. 그녀는 감옥에 있다.
He was **sent to prison** for a long time.
그는 오랫동안 투옥되었다.

복수형 prison**s**

➕ prisoner 죄수

privacy (prye-vuh-see) [práivəsi]

명사 ⓤ 사생활, 프라이버시
an invasion of **privacy** 사생활 침해
There is not much **privacy** on the Internet.
인터넷에서는 사생활이 충분히 보장되지 않는다.

➕ the right to privacy 사생활권

*private (prye-vit) [práivit]

형용사 **1** 개인 소유의, 사유의 (↔public)
This land is **private property**. 이 땅은 사유 재산이다.

2 개인적인, 사적인
I had a **private** conversation with Bella.
나는 벨라와 사적인 대화를 나누었다.
Please respect my **private life**.
저의 사생활을 존중해 주세요.
This is a **private** matter — it doesn't concern you.
이건 개인적인 문제야. 너하고는 상관없어.

3 비공개의, 비밀의, 은밀한 (≒secret)
I asked her to keep it **private**.
나는 그녀에게 그것을 비밀로 해 달라고 부탁했다.
Is there somewhere **private** where we can talk?
우리가 대화할 수 있는 조용한 장소가 있니?

4 민간의, 사설의 (↔public)
I went to a **private** school. 나는 사립 학교에 다녔다.

• *in private* 다른 사람이 없는 데서, 단둘이, 비밀히
I want to talk about it with you **in private**.
그것에 대해 당신과 **단둘이** 이야기하고 싶어요.

비교급 more private
최상급 most private

➕ privately 은밀히
privatize 민영화하다

This land is **private property**.

prize (prize) [praiz]

명사 ⓒ 상, 상품
the Nobel **Prize** in Literature 노벨 문학상
The first-**prize** winner got a brand-new car.
1등상 수상자는 새 차를 받았다.
She **won first prize** in a spelling competition.
그녀는 철자 대회에서 1등을 했다.

복수형 prize**s**

❓ competition 대회, 시합

probably (prah-buh-buhl-ee) [prábəbli]

부사 아마도
I'll **probably** be late tonight.
나는 오늘 저녁에 아마도 늦을 거야.
A: Do you think you'll get an A in history?
역사에서 A를 받을 거 같아?
B: **Probably not**. I didn't study very hard.
아마도 그렇지 않을 거야. 공부를 열심히 하지 않았거든.

➕ probability 가망; 확률
probable 있음 직한, 예상되는

*problem (prah-bluhm) [prábləm]

명사 1 ⓒ 문제, 과제, 난관
solve a **problem** 문제를 풀다
I **have problems with** my computer.
내 컴퓨터에 문제가 있다.
A: What's the **problem**, Tim? 무슨 일이야, 팀?
B: I lost my wallet. 지갑을 잃어버렸어.
A: Let me help you find it. 내가 지갑 찾는 걸 도와줄게.

2 ⓒ (수학 등의) 문제
There were 20 **problems** on the math test.
수학 시험에는 20개의 문제가 있었다.

복수형 **problem**s

I **have problems with** my computer.

Tip **No problem.** 이란 '문제가 없다'는 뜻인가요?

▶ 감사를 표하거나 사과를 했을 때 '천만에', '괜찮아'라는 뜻으로 쓰여요.
   ⓔ A: Thank you for your time. 시간 내 줘서 고마워.
      B: **No problem.** 천만에.

▶ 또한 부탁을 받았을 때 '그럼'이라는 뜻으로도 쓰여요.
   ⓔ A: Can I use your eraser? 네 지우개 써도 돼?
      B: **No problem.** 그럼.

process (prah-ses) [práses]

명사 ⓒ 과정, 절차
The **process** of making steel is complex.
강철 제조 과정은 복잡하다.
The registration **process** begins when the application is received.
등록 절차는 신청서가 접수되면 시작됩니다.

● **in (the) process of** ~ 중에, ~의 진행 중에
Our office is **in (the) process of** upgrading all the computers.

복수형 **process**es

❓ registration 등록, 신고
application 지원서, 신청서

우리 사무실에 있는 모든 컴퓨터는 업그레이드 중이다.

동사 가공하다, 처리하다
I don't like **processed** foods.
나는 가공식품을 좋아하지 않는다.
Your application was already **processed**.
당신의 신청서는 이미 처리되었어요.

3인칭단수현재	process**es**
현재분사	process**ing**
과거·과거분사	process**ed**

produce (pruh-doos | proh-doos) [prədjúːs | próudjúːs]

동사 (pruh-doos) **1** (상품 등을) 생산하다, 제조하다
This factory **produces** computer chips.
이 공장에서는 컴퓨터 칩을 생산한다.

2 (곡물 등을) 생산하다, (결과 등을) 가져오다
France **produces** a great deal of wine.
프랑스는 많은 양의 포도주를 생산한다.
Fire **produces** heat. 불은 열을 낸다.

3 연출하다, 제작하다
Tim wants to **produce** movies when he finishes film school.
팀은 영화 학교를 마치면 영화를 제작하고 싶어 한다.

4 일으키다, 초래하다
New medicines can **produce** side effects.
새로운 약은 부작용을 일으킬 수 있다.

명사 (proh-doos) Ⓤ 농산물
The **produce** section at the supermarket has fresh blueberries on sale.
슈퍼마켓의 농산물 코너에서는 신선한 블루베리를 팔고 있다.

3인칭단수현재	produce**s**
현재분사	produc**ing**
과거·과거분사	produc**ed**

➕ **producer** 생산자, 제작자

※ 동사일 때와 명사일 때의 발음과 강세에 주의하세요.

produce

product (prah-duhkt) [prádəkt]

명사 1 ⓒⓊ 생산품, 제품, 산물
Cheese and yogurt are dairy **products**.
치즈와 요구르트는 유제품이다.
Hardware stores sell **products** like tools and building supplies.
철물점은 연장이나 건축용품과 같은 제품을 판다.
Coffee is Brazil's main **product**.
커피는 브라질의 주요 생산물이다.

2 ⓒ 결과, 성과
His good grades are **the product of** hard work.
그의 좋은 성적은 열심히 노력한 결과이다.
The documentary was **the product of** four years' hard work. 그 다큐멘터리는 4년간 고생해서 나온 결과물이다.

복수형	product**s**

➕ **productive** 생산력이 있는, 다산의

❓ **dairy** 유제품(우유를 가공하여 만든 식품)의
hardware store 철물점

❓ **documentary** 다큐멘터리, 기록물

production (pruh-**duhk**-shuhn) [prədʌ́kʃən]

명사 1 ⓤ 생산, 제조, 제작
mass **production** 대량 생산
The new model will go into **production** soon.
새로운 모델은 곧 생산에 들어갈 것이다.

2 ⓤ 생산량
We need to increase **production** by 30%.
우리는 생산량을 30%까지 올려야 한다.

3 ⓒⓤ (영화·연극 등의) 제작, 연출
film **production** 영화 제작

복수형 production**s**
➕ productivity 생산성

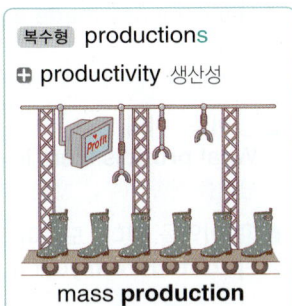

mass **production**

professional (pruh-**fesh**-uh-nuhl) [prəféʃənəl]

형용사 1 《명사 앞에만 쓰임》 전문직의, 전문직에 종사하는
Our customers are mainly **professional** men.
우리 고객은 대부분 전문직 종사자이다.
You need to get **professional** help.
당신은 전문적인 도움을 받을 필요가 있어요.
The doctor gave me his **professional** advice.
의사는 내게 전문적인 조언을 해 주었다.

2 직업적인, 프로의 (↔amateur)
a **professional** photographer 직업 사진작가
That golfer recently turned **professional**.
저 골프 선수는 최근에 프로로 전향했다.

명사 1 ⓒ 전문가, 전문직 종사자
He is working with health **professionals**.
그는 의료 전문가와 함께 일한다.

2 ⓒ 직업 선수, 프로 (줄임말 pro) (↔amateur)
She played basketball in high school and college, but now she's a **professional**.
그녀는 고등학교와 대학에서 농구를 했는데 지금은 프로 선수다.

비교급 more professional
최상급 most professional

➕ profession 직업, 전문직
professionalism 전문성, 프로 근성
professionally 직업적으로, 전문적으로

복수형 professional**s**

❓ 직업 선수 운동을 직업으로 하는 선수

professor (pruh-**fes**-ur) [prəfésər]

명사 ⓒ 교수
Professor Lee teaches English at the university.
이 교수는 대학에서 영어를 가르친다.

복수형 professor**s**

profit (**prah**-fit) [práfit]

명사 1 ⓒⓤ (금전적) 이윤, 이익, 수익 (↔loss)
Profits are up from last year. 작년 대비 수익이 올랐다.

복수형 profit**s**

We sold our house **at a** big **profit**.
우리는 큰 이익을 보고 집을 팔았다.
Her company **made a profit of** a million dollars last year.
그녀의 회사는 작년에 100만 달러의 이윤을 냈다.

2 ⓝ 이득, 이익
What **profit** is there in continuing to smoke?
담배를 계속 피우는 게 무슨 이익이 있니?

동사 이익을 얻다, 도움이 되다
I **profited from** your advice.
너의 충고가 도움이 되었다.

➕ profitability 수익성
profitable 유리한, 도움이 되는
not-for-profit 비영리적인

3인칭단수현재 profit**s**
현재분사 profit**ing**
과거·과거분사 profit**ed**

program (proh-gram) [próugræm]

명사 1 ⓒ (방송·공연) 프로그램
What **program** are you watching now?
지금 무슨 프로그램을 보고 있니?
Did you **see** the **program about** (**on**) floods?
홍수에 대한 프로그램 봤어?

2 ⓒ 계획, 일정, 프로그램
There are many **programs** for children's swimming this month.
이번 달에는 어린이 수영을 위한 많은 프로그램이 있다.

3 ⓒ [컴퓨터] 프로그램
delete a **program** 프로그램을 삭제하다
I have to install a new **program** on my laptop.
내 노트북 컴퓨터에 새로운 프로그램을 설치해야 한다.

복수형 program**s**

➕ programme (영국영어) 프로그램
programmer 프로그래머
programming 프로그래밍

❓ delete 삭제하다
install 설치하다

progress (prah-gres | pruh-gres) [prágres / prəg-]

명사 (prah-gres) 1 ⓤ 진보, 향상, 발전
cultural **progress** 문화의 발전
Bora **made** a lot of **progress** in math.
보라는 수학 실력이 많이 향상되었다.

2 ⓤ (앞으로) 나아감, 전진, 진행
We're making good **progress**. We'll be at the top of the mountain soon.
우리는 잘 나아가고 있어. 곧 산 정상에 도착할 거야.

• **in progress** 진행 중인
You can't go in the theatre while the play is **in progress**.
연극이 **진행되는 동안**에는 극장 안으로 들어가실 수 없습니다.

동사 (pruh-gres) 1 진보하다, 발달하다

Bora **made** a lot of **progress** in math.

3인칭단수현재 progress**es**
현재분사 progress**ing**
과거·과거분사 progress**ed**

Technology has **progressed** rapidly in the last 100 years.
과학 기술은 지난 100년 동안 빠르게 발달해 왔다.

2 (일·작업 등이) 진행되다
The work on the new subway is **progressing** slowly.
새 지하철 공사는 천천히 진행되고 있다.

A: How is your report **progressing**?
네 보고서는 어떻게 진행되고 있어?
B: Pretty good. I did a lot of work on it at the library last Saturday.
아주 좋아. 지난 토요일에 도서관에서 많이 했어.

☑ Technology has progressed rapidly.
= Technology has developed rapidly.

※ 동사일 때와 명사일 때의 발음과 강세에 주의하세요.

progressive (pruh-**gres**-iv) [prəgrésiv]

형용사 1 진보적인, 진취적인 (↔conservative)
Mrs. Brown has a **progressive** attitude.
브라운 여사는 진취적인 태도를 지녔다.

2 점진적인, 진행성의
It was a **progressive** disease.
그것은 진행성 (꾸준히 진행되는) 질환이었다.

비교급 more progressive
최상급 most progressive

Mrs. Brown has a **progressive** attitude.

prohibit (proh-**hib**-it) [prouhíbit]

동사 금지하다
Smoking is **prohibited** in most public places.
대부분의 공공장소에서 흡연은 금지된다.
The law **prohibits** teenagers **from** buy**ing** alcohol.
법은 십 대들이 술을 사는 것을 금지하고 있다.

3인칭단수현재 prohibit**s**
현재분사 prohibit**ing**
과거·과거분사 prohibit**ed**

project (**prah**-jekt) [prɑdʒékt]

명사 1 ⓒ 계획, (대규모) 사업, 프로젝트
The new road **project** will start next month.
새 도로 사업은 다음 달에 시작될 것이다.
She's working on a **project** to build an airport.
그녀는 공항 건설 프로젝트 일을 하고 있다.

2 ⓒ 과제, 연구 과제
Brian's science **project** is about how magnets work.
브라이언의 과학 과제는 자석이 어떻게 작용하는가에 관한 것이다.
I'm **doing** a **project on** the environment.
나는 환경에 대한 연구 과제를 하고 있다.

복수형 project**s**

➕ construction project 건설 계획
the Human Genome Project 휴먼 게놈 프로젝트, 인간 유전체 규명 계획
research project 연구 과제

promise (prah-mis) [prámis]

동사 약속하다, 맹세하다
She **promised to** come. 그녀는 꼭 오겠다고 약속했다.
My parents **promised** me a new computer.
부모님은 내게 새 컴퓨터를 사 주시겠다고 약속했다.
Sam **promised** his father **that** he would be nicer to his sister.
샘은 아버지께 여동생에게 좀 더 잘해 주겠다고 약속했다.

명사 ⓒ 약속, 맹세
Eric **broke** his **promise** to meet me after work.
에릭은 일을 마치고 나를 만나겠다는 약속을 어겼다.
If you **make a promise**, you should keep it.
약속을 하면 꼭 지켜야 한다.
Anne always **keeps** her **promises**.
앤은 항상 약속을 지킨다.

3인칭단수현재	promise**s**
현재분사	promis**ing**
과거·과거분사	promise**d**

복수형	promise**s**

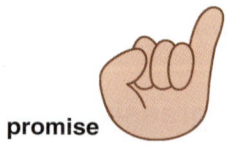
promise

 promise와 appointment의 차이가 뭔가요?
promise는 어떤 일을 하겠다는 약속을 말하고, appointment는 누구를 만나는 약속을 말해요.
예 I made a **promise** to buy him a book. 나는 그에게 책을 사 주기로 약속했다.
　　I made an **appointment** with Sally. 나는 샐리와 만날 약속을 했다.

promote (pruh-mote) [prəmóut]

동사 1 촉진하다, 증진하다 (≒ encourage)
Regular exercise **promotes** health.
규칙적인 운동은 건강을 증진시킨다.

2 승진시키다, 진급시키다
She was **promoted** to manager.
그녀는 매니저로 승진했다.
He did poorly in school and wasn't **promoted** to the next grade.
그는 성적이 부진해서 다음 학년으로 진급하지 못했다.

3 홍보하다
The writer is on TV **promoting** her new book.
작가는 TV에서 자신의 새 책을 홍보하는 중이다.

3인칭단수현재	promote**s**
현재분사	promot**ing**
과거·과거분사	promote**d**

➕ promoter 기획자, 기획사
　promotion 승진; 증진, 판촉
　promotional 홍보의, 판촉의

pronoun (proh-noun) [próunàun]

명사 ⓒ [문법] 대명사
"this," "that," and "it" are all **pronouns**.
'this', 'that', 'it'은 모두 대명사이다.

복수형	pronoun**s**

pronounce (pruh-**nouns**) [prənáuns]

동사 **1** 발음하다
How do you **pronounce** this word?
이 단어는 어떻게 발음하니?

2 공식 발표하다, 선언하다, 선고하다
The school principal **pronounced** Friday a school holiday.
교장 선생님은 금요일을 휴교일로 발표하셨다.
The doctor **pronounced** the patient dead.
의사는 환자의 사망을 선고했다.

3인칭단수현재	pronounces
현재분사	pronouncing
과거·과거분사	pronounced

➕ pronunciation 발음

proof (proof) [pru:f]

명사 ⓒⓤ 증거 (≒evidence)
The police looked for **proof** that he had robbed the bank.
경찰관은 그가 은행을 털었다는 증거를 찾고 있었다.
A: You took my pen. Give it back.
네가 내 펜을 가져갔지. 다시 돌려줘.
B: You don't have any **proof** that I took it.
내가 가져갔다는 어떤 증거도 없잖아.
A: Yes, I do. The **proof** is right there under your book. That's my pen!
아니, 있어. 그 증거는 네 책 바로 아래에 있어. 그건 내 펜이야!

형용사 《합성어로 쓰임》 ~에 견디는
water **proof** clothing 방수가 되는 옷

복수형	proofs

➕ prove 증명하다

The **proof** is right there under your book.

proper (prah-pur) [prápər]

형용사 적당한, 알맞은, 적합한
Her mini-skirt wasn't **proper** to wear to work.
그녀의 미니스커트는 직장에서 입기에 적절하지 않았다.
Put that back in its **proper place**.
그것을 제자리에 도로 갖다 두어라.

비교급	more proper
최상급	most proper

property (prah-pur-tee) [prápərti]

명사 **1** ⓤ 재산, 소유물
This building is our company **property**.
이 건물은 우리 회사 재산이다.
You can't touch my **property** unless I give you permission.
내 허락 없이는 내 물건에 손댈 수 없다.

복수형	properties

➕ intellectual property
지적 재산

2 ⓒⓤ 부동산, 소유지
He owns a lot of **properties** in the country.
그는 시골에 땅이 많다.
The sign said, "Keep Out — **Private Property**."
표지판에는 '접근 금지 — 사유지임'이라고 쓰여 있었다.

3 ⓒ 《주로 properties로 쓰임》 (고유한) 성질, 특성
Heat is a **property** of fire. 열은 불이 갖는 성질이다.
Strength is one of the useful **properties** of iron.
견고함은 철의 유용한 특성 중의 하나이다.

> personal property 개인 재산
> public property 공공 재산
> stolen property 도난품, 훔친 물건

proposal (pruh-poh-zuhl) [prəpóuzəl]

명사 1 ⓒ 제안, 제의
accept(reject) a **proposal** 제안을 받아들이다(거절하다)
The **proposal for** a new school was approved.
새로운 학교에 대한 제의가 승인되었다.

2 ⓒ 청혼, 프러포즈
Anne accepted Jim's **proposal of marriage**.
앤은 짐의 청혼을 받아들였다.

> 복수형 proposal**s**
>
> ※ '청혼'은 proposal, '청혼을 하다'는 propose라는 것에 주의하세요. '프러포즈하다'라는 표현은 틀린 표현이에요.

propose (pruh-poze) [prəpóuz]

동사 1 제안하다, 제의하다 (≒ suggest)
I **proposed to** start early.
나는 일찍 출발하자고 제안했다.
The scientists **proposed** a new theory.
과학자들은 새로운 이론을 제시했다.
Brian **proposed** starting a garden.
브라이언은 정원 가꾸기를 시작하자고 제안했다.

2 청혼하다
Eric **proposed to** Mary and she accepted.
에릭이 메리에게 청혼하자 메리가 승낙했다.

> 3인칭단수현재 propose**s**
> 현재분사 propos**ing**
> 과거·과거분사 propos**ed**

Eric **proposed to** Mary.

protect (pruh-tekt) [prətékt]

동사 보호하다, 막다
Sunblock **protects** your skin **from** the sun.
선크림은 태양으로부터 당신의 피부를 보호해 준다.
Seat belts **protect** passengers **against** injury.
안전벨트는 승객들이 다치지 않게 보호해 준다.
Waxing your car helps **protect against** rust.
차를 왁스로 닦는 것은 녹을 방지하는 데 도움을 준다.
The forest is **protected by** law.
숲은 법에 의해 보호된다.

> 3인칭단수현재 protect**s**
> 현재분사 protect**ing**
> 과거·과거분사 protect**ed**
>
> ❓ rust 녹, 녹슬다

protection (pruh-**tek**-shuhn) [prətékʃən]

명사 ① 보호, 방어
I lock the doors at night **for protection**.
나는 밤에 안전을 위해 문을 잠근다.
Wear a hat **as protection against** the sun.
햇볕을 차단하려면 모자를 써라.

➕ self-protection 자기방어

protest (**proh**-test | pruh-**test**) [próutest | prətést]

명사 (**proh**-test) **1** ⓒⓤ 항의, 반대, 이의 제기
She accepted her punishment **without protest**.
그녀는 항의하지 않고 처벌을 받아들였다.
The teacher **ignored** students' **protests** about having too much homework.
선생님은 숙제가 너무 많다는 학생들의 항의를 무시했다.

2 ⓒ 시위, 데모
He took part in a **protest against** the war.
그는 전쟁에 반대하는 시위에 참가했다.

동사 (pruh-**test**) **1** 항의하다, 이의를 제기하다
Most people **protest** against the war.
대부분의 사람들은 전쟁에 반대한다.

2 주장하다
He **protested that** he did no such thing.
그는 그런 일을 하지 않았다고 주장했다.

복수형 protest**s**

➕ protester, protestor 시위자

※ 명사일 때와 동사일 때의 발음과 강세가 다름에 주의하세요.

3인칭단수현재 protest**s**
현재분사 protest**ing**
과거·과거분사 protest**ed**

proud (proud) [praud]

형용사 1 자랑으로 여기는, 자랑스러운 (↔ashamed)
Mary's parents **are proud of** her.
메리의 부모님께서는 메리를 자랑스럽게 여기신다.
I'm **proud that** you told the truth.
나는 네가 사실대로 말한 것이 자랑스럽다.

2 거만한, 자부심이 강한, 자존심이 강한
What makes you so **proud** of yourself?
뭔데 그렇게 자만하는 거니?
He was too **proud** to accept help.
그는 자존심이 너무 강해서 도움을 받아들이지 못했다.

비교급 proud**er**
최상급 proud**est**

➕ pride 자랑스러움, 자부심; 자존심, 자만심
proudly 자랑스럽게

prove (proov) [pruːv]

동사 1 증명하다, 입증하다
I can **prove that** my answer is right.
나는 내 대답이 옳다는 것을 증명할 수 있다.

3인칭단수현재 prove**s**
현재분사 prov**ing**

proven

Can you **prove that** you weren't cheating?
네가 부정행위를 하지 않았다고 증명할 수 있니?

2 (~임이) 드러나다, 판명되다 (≒turn out)
The book **proved** difficult for me.
그 책은 나에게는 어려웠다.

과거	proved
과거분사	proven, proved

proven (proov-uhn) [prúːvən]

동사 prove의 과거분사형

proverb (prah-vurb) [právəːrb]

명사 ⓒ 속담, 격언
"A bird in the hand is worth two in the bush," is a **proverb**.
'손 안에 든 새 한 마리가 숲 속에 있는 두 마리보다 낫다.' 라는 속담이 있다.

복수형	proverbs

provide (pruh-vide) [prəváid]

동사 제공하다, 주다 (≒supply)
The school **provides** lunch **for** its students.
학교는 학생들에게 점심을 제공한다.
He **provided** the children **with** paper, scissors, and glue for art projects.
그는 미술 과제를 하도록 아이들에게 종이, 가위, 풀을 주었다.

3인칭단수현재	provides
현재분사	providing
과거 · 과거분사	provided

psychology (sye-kah-luh-jee) [saikáləd ʒi]

명사 **1** ⓤ 심리학
Psychology helps us better understand other people.
심리학은 우리가 다른 사람들을 더 잘 이해하도록 도와 준다.

2 ⓤ 심리 (상태)
I don't understand the **psychology of** teenagers.
나는 십 대들의 심리를 잘 모르겠다.

➕ **psychological** 정신적인, 심리학적인
psychologist 심리학자

public (puhb-lik) [pʌ́blik]

형용사 **1** 《명사 앞에만 쓰임》 대중의, 일반의
Public opinion agrees with the president's ideas.
여론은 대통령의 생각에 찬성한다.
The policy has won **public** support.
그 정책은 대중의 지지를 얻었다.

➕ **publicly** 공개적으로; 정부에 의해
public health 공중위생, 공중 보건

2 《명사 앞에만 쓰임》 공공의, 공중의 (↔private)
Smoking is not allowed in **public** places.
공공장소에서는 금연이다.
I borrowed these books from the **public** library.
나는 공공 도서관에서 이 책들을 빌렸다.

3 《명사 앞에만 쓰임》 공적인, 공무의
a **public** office 관공서, 관청
John is studying for the **public** official's test.
존은 공무원 시험에 대비해 공부 중이다.

명사 《the public으로 쓰임》 국민, 대중, 공중
The **public** has a right to know if their leaders are honest or not.
대중은 자신들의 지도자가 정직한지 아닌지 알 권리가 있다.
This park is open to **the public** every day.
이 공원은 매일 일반인에게 개방된다.

● *in public* 공공연히, 여러 사람 앞에서
He doesn't like to speak **in public**.
그는 여러 사람 앞에서 말하기를 좋아하지 않는다.

public relations (PR) 홍보, 선전
public school (미국) 공립학교, (영국) 사립 학교

He doesn't like to speak **in public**.

publish (puhb-lish) [pʌ́bliʃ]

동사 1 출판하다, 발행하다
Her book on Africa will be **published** next month.
아프리카에 관한 그녀의 책이 다음 달에 출판될 것이다.
Thousands of books are **published** every year.
매해 수천 권의 책들이 출판된다.

2 발표하다, 공표하다
The government **published** the latest unemployment rate.
정부는 최근의 실업률을 발표했다.

3인칭단수현재 publish**es**
현재분사 publish**ing**
과거·과거분사 publish**ed**

➕ **publisher** 출판업자, 발행자
publication 출판, 출판물

*pull (pul) [pul]

동사 1 당기다, 끌다 (↔push)
I **pulled** on his sleeve. 나는 그의 소매를 잡아당겼다.
She **pulled** the door **open**.
그녀는 문을 당겨서 열었다.
The horse **pulled** the wagon full of watermelons.
말은 수박이 가득 찬 마차를 끌었다.

2 뽑다, 빼다
Anne is **pulling** weeds in her garden.
앤은 정원에서 잡초를 뽑고 있다.
Sam turned off the TV and **pulled out** the plug.
샘은 TV 전원을 끄고 플러그를 뽑았다.

3인칭단수현재 pull**s**
현재분사 pull**ing**
과거·과거분사 pull**ed**

pull   push

pumpkin

- *pull down* 부수다, 헐다
  The old house will be **pulled down** soon.
  오래된 집은 곧 헐릴 것이다.
- *pull in* 도착하다
  The train **pulled in** on time.
  기차가 정시에 도착했다.
  Our guests just **pulled in**. 손님들이 방금 막 도착했다.
- *pull over* 길 한쪽으로 차를 대다
  She **pulled** the car **over** to look at the map.
  그녀는 지도를 보기 위해 길 한쪽으로 차를 댔다.

명사 ⓒ 당기기, 끌기 (↔push)
She **gave a pull** on the rope.
그녀는 밧줄을 잡아당겼다.

Sam turned off the TV and **pulled out** the plug.

복수형 pull**s**

pumpkin (*puhmp*-kin) [pʌ́mpkin]

명사 ⓒⓤ [식물] 호박
Pumpkin pie is delicious.
호박 파이는 맛있다.
Pumpkins make great Halloween decorations.
호박은 멋진 핼러윈 장식이 된다.

복수형 pumpkin**s**

pumpkin

punctuation (*puhngk*-choo-*ay*-shuhn) [pʌ̀ŋktʃuéiʃən]

명사 1 ⓤ 구두법
She made a lot of mistakes **in punctuation** in her essay.
그녀의 에세이에는 구두법 실수가 많았다.

2 ⓤ 구두점 (=punctuation marks)
put **punctuation marks** 구두점을 찍다
Please check your spelling and **punctuation** before you turn in your report.
과제를 제출하기 전에 철자와 구두점을 확인해 주세요.

❓ **구두법** 글을 쓸 때 문장 부호를 쓰는 방법

❓ **구두점** 글을 마치거나 쉴 때 찍는 마침표와 쉼표

punish (*puhn*-ish) [pʌ́niʃ]

동사 벌을 주다, 처벌하다
He was **punished for** his misbehavior.
그는 그의 잘못된 행동에 대한 벌을 받았다.
My mom **punished** me **by** not giving me pocket money.
엄마는 벌로 내게 용돈을 주지 않으셨다.
Her parents **punished** her **for** lying.
그녀의 부모는 그녀가 거짓말한 것에 대해 벌을 주셨다.

3인칭단수현재 punish**es**
현재분사 punish**ing**
과거·과거분사 punish**ed**

➕ **punishment** 벌, 처벌

pupil (pyoo-puhl) [pjúːpəl]

명사 ⓒ 학생
There are 30 **pupils** in my class.
나의 학급에는 학생이 30명 있다.
Every **pupil** in our school is important, the principal told the teachers.
우리 학교의 모든 학생은 소중하다고 교장 선생님께서 교사들에게 말씀하셨다.

| 복수형 | **pupil**s |

※ pupil은 주로 무언가를 배우는 어린아이나 초등학생을 말해요.

*puppy (puhp-ee) [pʌ́pi]

명사 ⓒ 강아지
Nothing is as cute as a little **puppy**.
강아지만큼 귀여운 것은 없다.
Lisa raised her dog from a **puppy**.
리사는 그녀의 개를 강아지 때부터 길렀다.

| 복수형 | **pupp**ies |

puppy

purchase (pur-chuhs) [pə́ːrtʃəs]

동사 사다, 구입하다
Bob **purchased** some milk at the store.
밥은 가게에서 우유를 샀다.
I **purchased** a train ticket two weeks in advance.
나는 2주 전에 미리 기차표를 구입했다.

명사 1 ⓒⓤ 구입, 구매
the **purchase of** a computer 컴퓨터 구매

2 ⓒ 구입품, 산 물건
Mary carried her **purchases** in a shopping bag.
메리는 산 물건을 쇼핑백에 넣어 가지고 갔다.

3인칭단수현재	**purchase**s
현재분사	**purchas**ing
과거·과거분사	**purchase**d

| 복수형 | **purchase**s |

➕ **purchaser** 구매자

pure (pyoor) [pjuər]

형용사 1 (다른 것이 섞이지 않은) 순수한
This sweater is made of **pure** wool.
이 스웨터는 순모로 만들어졌다.

2 (오염되지 않은) 깨끗한, 맑은
pure air 맑은 공기

3 《명사 앞에만 쓰임》 완전한, 순전한
We met by **pure chance**.
우리는 순전히 우연하게 만났다.

4 (도덕적으로) 순수한, 순결한
Tom has a **pure** heart. 톰은 마음이 순수하다.

| 비교급 | **pure**r |
| 최상급 | **pure**st |

➕ **purely** 순전히, 완전히
pure chance 순전히 우연인
pure luck 순전히 운이 좋아서인

purple (pur-puhl) [pə́ːrpəl]

명사 ⓒⓤ 자주색, 보라색
Purple is my favorite color.
보라색은 내가 좋아하는 색이다.

형용사 자주색의, 보라색의
Eggplants are **purple**. 가지는 보라색이다.

| 복수형 | purple**s** |

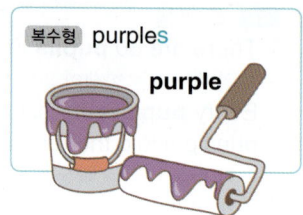
purple

purpose (pur-puhs) [pə́ːrpəs]

명사 1 ⓒ 목적, 목표, 의도
A: What is **the purpose of** a speed limit?
속도 제한의 목적이 무엇인가요?
B: To make sure people drive safely.
사람들이 안전하게 운전하도록 하기 위해서입니다.
● **on purpose** 일부러, 의도하여
He kept the door open **on purpose**.
그는 **일부러** 문을 열어 두었다.

2 《purposes로 쓰임》 용도, 기능
This plant is used for various **purposes**.
이 식물은 다양한 용도로 쓰인다.

| 복수형 | purpose**s** |

➕ **purposeful** 목적의식이 있는
purposeless 목적 없는
purposely 일부러, 고의로

purse (purs) [pəːrs]

1 ⓒ 핸드백 (=handbag)
She put her cell phone in her **purse**.
그녀는 휴대 전화를 핸드백에 넣었다.

2 ⓒ (영국영어) (동전) 지갑
She has some coins in her **purse**.
그녀는 지갑에 동전이 좀 있다.

| 복수형 | purse**s** |

➕ **change purse** (미국영어)
동전 지갑

 purse와 wallet은 비슷한 말인가요?

지폐나 카드 등을 넣고 다니는 일반적인 지갑을 wallet이라고 하고 동전을 넣고 다니는 작은 지갑, 즉 소위 말하는 동전 지갑을 purse라고 해요.

pursue (pur-soo) [pərsúː]

동사 1 뒤쫓다, 추적하다 (=chase)
The police **pursued** a robber. 경찰은 강도를 뒤쫓았다.
The fox was **pursued** by the hunters.
여우는 사냥꾼들에 의해 추적을 당했다.

3인칭단수현재	pursue**s**
현재분사	pursu**ing**
과거·과거분사	pursu**ed**

2 추구하다, ~을 얻으려고 애쓰다
His lifelong goal was **pursuing** happiness.
그의 일생의 목표는 행복을 추구하는 것이었다.

➕ **pursuit** 추구; 추적

* push (push) [puʃ]

동사 1 밀다 (↔pull), (거칠게) 밀치다
We had to **push** the car because it ran out of gas.
차에 기름이 떨어져서 우리는 차를 밀어야만 했다.
Tim **pushed** Mary down on the ground.
팀은 메리를 바닥으로 밀쳤다.

2 밀치고 나아가다
He **pushed** his way to the front of the crowd.
그는 사람들을 밀치며 앞으로 나아갔다.

3 누르다 (≒press)
To turn the TV on, you just **push** this button.
텔레비전을 켜려면 이 버튼만 누르면 된다.

4 (~에게) 강요하다
Don't **push** him for an answer.
그에게 대답을 강요하지 마라.

명사 ⓒ 밀기 (↔pull)
Anne gave the door a **push**. 앤이 문을 밀었다.
Mary's **push** caused Tim to fall.
메리가 밀어서 팀이 넘어졌다.

3인칭단수현재	push**es**
현재분사	push**ing**
과거·과거분사	push**ed**

pull / push

| 복수형 | push**es** |

* put (put) [put]

동사 1 놓다, 두다, 넣다 (≒place)
Where did I **put** the keys?
내가 열쇠를 어디에 두었더라?
The robber **put** his gun **on** the floor.
강도는 총을 바닥에 놓았다.
Jane **put** the pen **in** her bag.
제인은 펜을 가방에 넣었다.

2 (어떤 상태로) 만들다, 두다
The airplane pilot's mistake **put** all the passengers **in danger**.
비행기 조종사의 실수가 모든 승객들을 위험에 빠뜨렸다.

3 (~을) 적다, 기록하다
Put your name on the list. 명단에 이름을 적으세요.

● ***put away*** 치우다, 정리하다
Sally **put** her clothes **away**. 샐리는 옷가지들을 치웠다.

3인칭단수현재	put**s**
현재분사	put**ting**
과거·과거분사	put

Where did I **put** the keys?

- *put back* 제자리에 놓다
  Can you **put** the toys **back** in the box?
  장난감들을 상자에 **다시 넣어** 줄래?
- *put off* 미루다, 연기하다
  Brian **put off** doing his homework until after dinner.
  브라이언은 숙제를 저녁 식사 후로 **미루었다**.
- *put on* (옷·신발·안경 등을) 입다, 쓰다
  She **put** her shirt **on**. 그녀는 셔츠를 입었다.
  Tony **put** his shoes **on**. 토니는 신발을 신었다.
  I **put** my glasses **on**. 나는 안경을 썼다.
  They **put on** their coats. 그들은 코트를 입었다.
- *put up with* ~을 참다, ~을 견디다
  I couldn't **put up with** a headache.
  나는 두통을 참을 수 없었다.

Tony **put** his shoes **on**.

put on과 **wear**는 비슷한 말이죠?

put on은 옷을 입거나 신발을 신는 동작, 안경을 쓰는 동작을 말해요. wear는 옷을 입은 상태, 신발을 신은 상태, 안경을 쓴 상태를 말해요.

puzzle (puhz-uhl) [pʌzl]

 1 ⓒ 수수께끼, 퍼즐
The teacher gave me a **puzzle** to solve.
선생님께서 내게 수수께끼를 하나 내셨다.
The jigsaw **puzzle** has one thousand pieces.
그 조각 그림 맞추기는 1,000개의 조각이 있다.
She solved the crossword **puzzle** in 10 minutes.
그녀는 십자말풀이를 10분 안에 풀었다.

2 《보통 단수로 쓰임》 수수께끼, 이해할 수 없는 사람 (≒ mystery)
It took us a few days to finish that **puzzle**.
우리가 그 문제를 해결하는 데 며칠이 걸렸다.
The cause of the plane crash was a **puzzle**.
비행기 추락의 원인은 수수께끼였다.
Anne is a real **puzzle**. I never know what she's thinking.
앤은 이해하기 어려운 사람이다. 나는 그녀가 무슨 생각을 하는지 전혀 모르겠다.

동사 이해할 수 없게 만들다, 당황하게 하다
This question **puzzles** me.
이 문제는 도저히 모르겠다.

복수형 puzzle**s**

jigsaw **puzzle**

☑ The cause of the plane crash was a puzzle.
= No one knew what caused the plane crash.

3인칭단수현재 puzzle**s**
현재분사 puzzl**ing**
과거·과거분사 puzzl**ed**

puzzled (puhz-uhld) [pʌ́zld]

형용사 어리둥절한
He was **puzzled** about what to do.
그는 어떻게 해야 할지 어리둥절해했다.

| ➕ **puzzling** 당혹게 하는 |

pyramid (pir-uh-mid) [pírəmid]

명사 ⓒ 피라미드
the ancient **pyramids** of Egypt
이집트의 고대 피라미드들
a **pyramid** of apples
피라미드 모양으로 쌓은 사과들

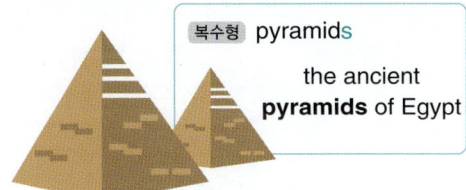

| 복수형 **pyramids**
the ancient **pyramids** of Egypt |

Qq

It's a quarter after twelve.

12시 15분이에요.

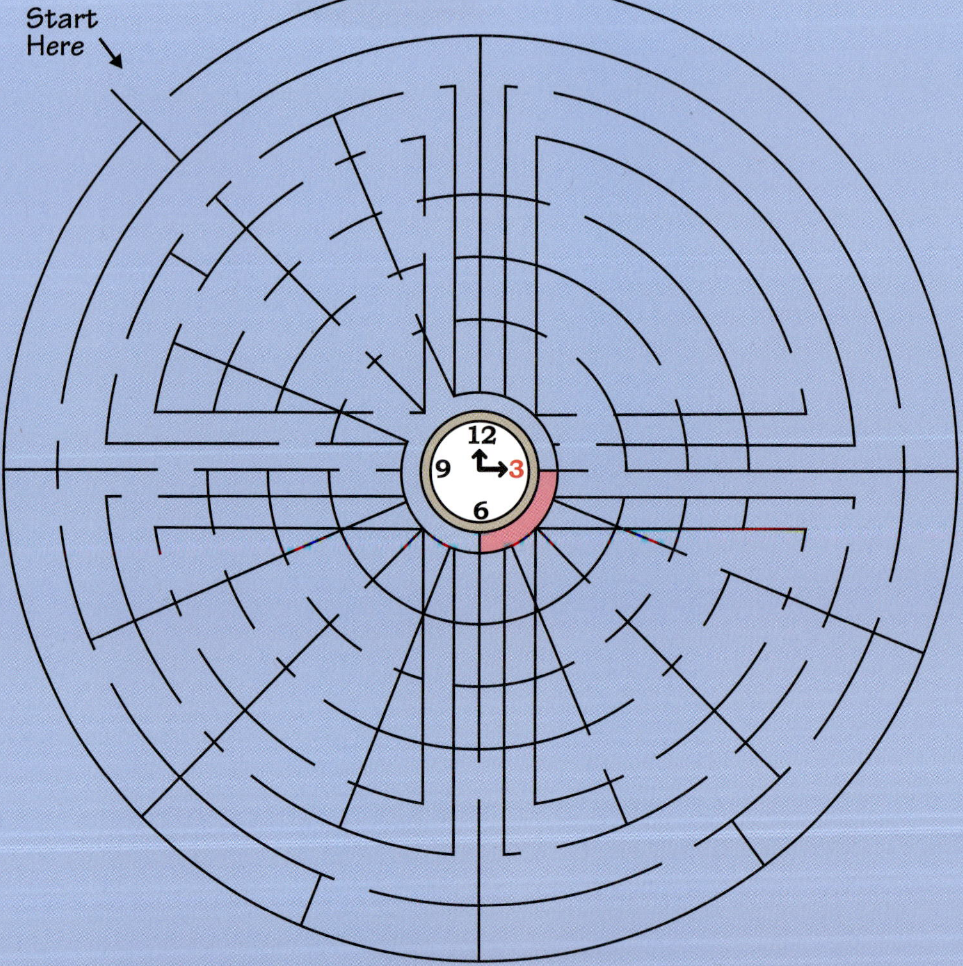

Start Here

quarter

qualify (kwah-luh-fye) [kwáləfài]

동사 자격을 갖추다, 자격을 주다, 적격이 되다
The poor family **qualified for** government assistance.
그 가난한 가족은 정부 지원 자격에 적합했다.
Judy's excellent grades **qualified** her **for** a scholarship.
주디의 훌륭한 성적은 그녀가 장학금을 받을 자격이 있게 했다.
She recently **qualified as** a lawyer.
그녀는 최근에 변호사 자격을 취득했다.

> 3인칭단수현재 qualif**ies**
> 현재분사 qualify**ing**
> 과거·과거분사 qualifi**ed**
>
> ➕ qualification 자격, 권한
> qualified 자격 있는, 적당한

quality (kwah-li-tee) [kwáləti]

명사 1 ⓒⓤ 품질, 질
This scarf is made from **high quality** silk.
이 스카프는 고품질의 비단으로 만들어졌다.
The bag **is of good quality**. 그 가방은 품질이 좋다.
The **poor quality of** her work earned Sally a D grade.
샐리는 과제의 질이 낮아서 D를 받았다.
Mr. Brown worked hard to provide his children a better **quality of life**.
브라운 씨는 그의 아이들에게 보다 나은 삶의 질을 제공하기 위해 열심히 일했다.

2 ⓒ (사람의) 자질, 특성
A: What is your teacher's best **quality**?
너희 선생님의 가장 좋은 특성은 뭐야?
B: He's a good listener. 말을 잘 들어 주셔.

> 복수형 qualit**ies**
>
> ➕ air quality 공기의 질 (청정도)
> water quality 수질
>
> ※ quality time 가장 값있고 즐거운 시간 (부모와 자녀를 예로 든다면, 부모가 자녀와 함께 보내는 시간을 가리키는 표현으로 그 시간 동안에는 부모가 온 관심과 애정을 자녀에게 쏟는 것을 말해요.)

quantity (kwahn-ti-tee) [kwántəti]

명사 1 ⓒⓤ 양, 수량
The restaurant uses **a large quantity of** rice everyday.
그 식당은 매일 대량의 쌀을 소비한다.
My writing teacher always tells us quality before **quantity**.
우리 글쓰기 선생님은 우리에게 항상 양보다 질이라고 말씀하신다.
I ate only **a small quantity** of food.
나는 음식을 조금밖에 안 먹었다.

2 ⓒⓤ 다량, 다수
I recently bought **a quantity of** books.
나는 최근에 다수의 책을 샀다.

> 복수형 quantit**ies**

The restaurant uses **a large quantity of** rice everyday.

- ***in quantity*** 많이, 대량으로
  It's cheaper to buy goods **in quantity**.
  물건은 **대량으로** 사는 것이 더 싸다.

> ☑ in quantity
> = in large amounts

quarter (kwor-tur) [kwɔ́ːrtər]

명사 1 ⓒ 4분의 1
I'd like to buy **a quarter** pound **of** beef please.
소고기 4분의 1파운드 주세요.
Three quarters of 100 is 75. 100의 4분의 3은 75다.
She cut the cake **into quarters**.
그녀는 케이크를 4등분으로 잘랐다.

2 ⓒ 15분
A: Do you know what time it is? 지금 몇 시인지 아니?
B: It's **a quarter after** (**past**) nine. 9시 15분이야.
a quarter of (**to**) six 6시 15분 전 (5시 45분)
I arrived **a quarter of an hour** late.
나는 15분 늦게 도착했다.

3 ⓒ (미국과 캐나다 동전) 25센트
A: This **quarter** has the state symbol of Utah on it.
이 25센트 동전은 유타 주의 상징을 담고 있어.
B: Yes, every state has its own **quarter**.
응, 모든 주에는 고유의 25센트 동전이 있지.

4 ⓒ 사분기, 3개월 (1년의 1/4)
We have meetings once every **quarter**.
우리는 분기마다 모임을 갖는다.

> 복수형 quarter**s**
>
>
>
> She cut the cake **into quarters**.
>
>
>
> It's **a quarter after** (**past**) nine.

*queen (kween) [kwiːn]

명사 1 ⓒ 여왕, 왕비 (↔king)
Queen Elizabeth Ⅱ is much loved by the English.
엘리자베스 여왕 2세는 영국인들에게 많은 사랑을 받는다.

2 ⓒ (곤충의) 여왕
The **queen bee** is larger than worker bees.
여왕벌은 일벌들보다 크다.

> 복수형 queen**s**
>
> ➕ king 왕, 국왕

*question (kwes-chuhn) [kwéstʃən]

명사 1 ⓒ 질문, 물음 (↔answer)
Do you **have** any **questions**?
질문 있나요?
Brian **asked** the teacher a **question about** the homework.
브라이언은 선생님께 숙제에 대한 질문을 했다.

> 복수형 question**s**
>
> ➕ exam (test) question 시험 문제

She easily **answered the difficult question**.
그녀는 그 어려운 질문에 쉽게 답했다.

2 ⓒ (해결할) 문제 (≒issue)
The **question of** global warming is a difficult one to solve.
지구 온난화 문제는 해결하기 어려운 문제다.

3 Ⓤ 의심, 의문, 의구심 (≒doubt)
There is no question Tiger is lying.
타이거가 거짓말을 하고 있다는 데에는 의심의 여지가 없다.
There is no question that Lisa is the best person for the job.
리사가 이 일에 적임자라는 것에는 의심의 여지가 없다.

● *out of the question* 불가능한
It is **out of the question** to finish it by tomorrow.
그것을 내일까지 끝내는 것은 **불가능하다**.

● *without question* 의심의 여지 없이, 이의 없이
She is, **without question**, a very talented writer.
그녀는 **의심의 여지 없이** 매우 재능 있는 작가다.

동사 1 묻다
The doctor **questioned** the man **about** his pain.
의사는 남자에게 통증에 대해 물었다.

2 의문을 갖다
I **question whether** we can finish this today.
나는 우리가 이것을 오늘 끝낼 수 있을지 의문이다.
The teacher **questioned** Sam's excuse that his dog ate his homework.
선생님은 샘의 강아지가 숙제를 먹었다는 변명에 의문을 가졌다.

questionable 의심스러운
questioning 질의, 심문
question mark 물음표 (?)
questionnaire 질문서, 설문지

There is no question
Tiger is lying.

3인칭단수현재 question**s**
현재분사 question**ing**
과거·과거분사 question**ed**

 Q&A와 FAQ가 뭔가요?

Q&A, FAQ는 question이 들어가는 약자예요.
ⓔ Q&A = Questions and Answers 질문과 답변
　 FAQ = Frequently Asked Questions 자주 하는 질문

*quick (kwik) [kwik]

형용사 1 빠른, 민첩한 (≒fast; ↔slow)
Be **quick**! 서둘러!
Brian had time for only a **quick** lunch.
브라이언은 점심을 빨리 먹어야 할 정도의 시간밖에 없었다.
What's the **quickest** way to the hospital?
병원까지 가는 가장 빠른 길이 뭔가요?

비교급 quick**er**
최상급 quick**est**

✚ **quickly** 빨리, 급히, 금방

quiet

2 이해가 빠른, 영리한
Sally has a **quick** mind. She understands new ideas easily.
샐리는 이해가 빠르다. 그녀는 새로운 개념을 쉽게 이해한다.
I'm a **quick learner**. 전 빨리 배워요.

부사 빨리, 급히 (≒ fast; ↔ slow)
Come **quick**! 빨리 와!
I can't do it any **quicker**. 난 더 빠르는 못 하겠어.

> have a quick temper 화를 잘 내다
>
> 비교급 quick**er**
> 최상급 quick**est**

* quiet (kwye-it) [kwáiət]

형용사 **1** 조용한, 소리 없는 (≒ silent; ↔ loud, noisy)
Please be **quiet**. You're in a library.
조용히 해 주세요. 여긴 도서관이에요.
The house was **quiet** because everyone was asleep. 모두가 잠들어 집은 조용했다.
It's so **quiet** that you can hear a pin drop.
너무 조용해서 핀이 떨어지는 소리까지 들을 수 있다.

2 평온한, 고요한
I had a **quiet** day at work.
난 오늘 직장에서 평온한 하루를 보냈다.
Eric's house is on a **quiet** street.
에릭의 집은 조용한 거리에 있다.

● *as quiet as a mouse* 쥐 죽은 듯, 조용히
It's **as quiet as a mouse** in here.
여기는 쥐 죽은 듯이 조용하다.

> 비교급 quiet**er**
> 최상급 quiet**est**
>
> ➕ quietness 조용함; 평온함
>
> ※ quiet(조용한, 평온한)와 quite(꽤, 매우; 완전히)의 발음, 철자, 뜻을 혼동하지 않도록 주의하세요.
>
> ☑ It's as quiet as a mouse in here.
> = It's very quiet in here.

quietly (kwye-it-lee) [kwáiətli]

부사 조용히, 가만히
He opened the door **quietly**. 그는 조용히 문을 열었다.
Speak more **quietly**, please. 좀 더 조용히 말씀하세요.

> 비교급 more quietly
> 최상급 most quietly

quit (kwit) [kwit]

동사 **1** 그만두다, 떠나다
Tom decided to **quit** his job and start his own business.
톰은 직장을 그만두고 자신의 사업을 시작하기로 결정했다.
She **quit** school at 13. 그녀는 열세 살에 학교를 그만두었다.

2 ~하는 것을 그치다, 멈추다
Quit bugg**ing** me! 나를 괴롭히지 마!
Why don't you **quit** mak**ing** so much noise?
그만 좀 시끄럽게 굴지그래?

> 3인칭단수현재 quit**s**
> 현재분사 quit**ting**
> 과거·과거분사 quit, quitt**ed**
>
> ❓ bug 괴롭히다

quit 다음에는 꼭 동명사가 와야 하나요?

quit 다음에 동사가 올 때는 '-ing'의 동명사 형태를 취해야 해요. 이와 같은 동사로는 finish (끝내다), avoid (피하다), quit (그만두다), stop (멈추다) 등이 있어요.
예) He tried to **quit** smoking. 그는 담배를 끊으려고 노력했다.
She **finished** making the dress. 그녀는 드레스 만들기를 끝냈다.

quite (kwite) [kwait]

부사 1 꽤, 매우, 상당히 (≒fairly, pretty)
It's **quite** hot today. 오늘은 꽤 덥다.
It's **quite** normal to be nervous before a test.
시험 전에 긴장하는 것은 매우 정상적이다.

2 전적으로, 완전히 (≒completely)
We aren't **quite** finished yet.
우리는 아직 완전히 끝내지 않았다.
I **quite** agree with you. 전적으로 너에게 찬성이야.

- *quite a few* 상당수의, 꽤 많은
Quite a few students go on to university.
상당수의 학생들이 대학에 진학한다.

※ quiet(조용한, 평온한)와 quite (꽤, 매우; 완전히)의 발음, 철자, 뜻을 혼동하지 않도록 주의하세요.

It's **quite** hot today.

quiz (kwiz) [kwiz]

명사 1 ⓒ 퀴즈
a **general knowledge quiz** 일반 상식 퀴즈

2 ⓒ (쪽지) 시험
We have a **quiz** every Friday in history class.
우리는 매주 금요일 역사 시간에 쪽지 시험을 본다.

복수형 qui**zz**es

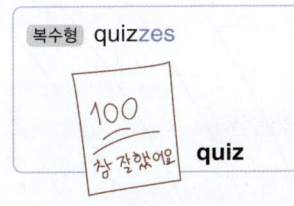
quiz

quote (kwote) [kwout]

동사 (남의 말·문장 등을) 인용하다
My teacher **quoted** Shakespeare in his class.
우리 선생님께서 수업 시간에 셰익스피어를 인용하셨다.
She **quoted** from a news report.
그녀는 뉴스 기사를 인용했다.

명사 ⓒ 인용, 인용구 (=quotation)
Her book is full of **quotes** from other books.
그녀의 책은 다른 책에서 가져온 인용구로 가득 차 있다.

3인칭단수현재 quote**s**
현재분사 quot**ing**
과거·과거분사 quote**d**

복수형 quote**s**

Rr

**How many colors does
the rainbow have?**

무지개는 색이 몇 가지인가요?

Start Here

rainbow

rabbit (rab-it) [rǽbit]

명사 ⓒ 토끼
Rabbits like to eat lettuce and carrots.
토끼는 상추와 당근을 먹기 좋아한다.

| 복수형 | rabbits |

race¹ (rase) [reis]

명사 ⓒ 경주
Tim won the 100 meter **race**.
팀은 100m 경주에서 우승했다.
He came in third in the **race**. 그는 경주에서 3등을 했다.

동사 1 경주하다
I **raced** him to the tree.
나는 그와 나무가 있는 데까지 경주했다.

2 쏜살같이 가다, 질주하다
She **raced** to the station to catch the subway.
그녀는 지하철을 타기 위해 역으로 쏜살같이 달려갔다.

복수형	races
3인칭단수현재	races
현재분사	racing
과거·과거분사	raced

race² (rase) [reis]

명사 ⓒⓤ 인종
Many different **races**, such as black, Asian, and white, live together in the United States.
흑인, 아시아 인, 백인 등 다양한 인종들이 미국에서 함께 살고 있다.

| 복수형 | races |
| ➕ | racial 인종의, 민족의
racism 인종 차별
racist 인종 차별주의자 |

radio (ray-dee-oh) [réidiòu]

명사 1 ⓒ 라디오 (장치)
He turned on the **radio**. 그는 라디오를 켰다.

2 ⓒ 무전기, 무선 통신 장치
We received a call for help **over the** ship's **radio**.
우리는 배의 무전기를 통해 도움 요청을 받았다.

| 복수형 | radios |

radio

rail (rayl) [reil]

명사 1 ⓒ 난간
Hold onto the **rail** while walking across the bridge.
다리를 건너는 동안에는 난간을 잡도록 하세요.

2 ⓒ 《주로 rails로 쓰임》 (철도의) 레일
The train went off the **rails**. 기차가 레일을 이탈했다.

| 복수형 | rails |
| ➕ | handrail (계단의) 난간
guardrail (도로의) 가드레일 |

3 ⓤ 철도
a **rail** network 철도망
She prefers to travel **by rail**.
그녀는 기차로 여행하는 것을 선호한다.

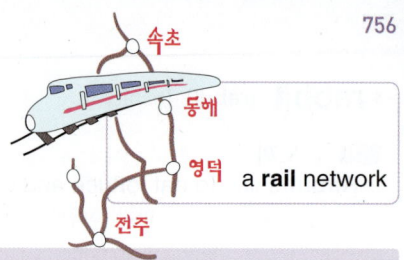

a **rail** network

railroad (rayl-*rohd*) [réilròud]

명사 ⓒ 철도
We were supposed to meet at the **railroad station**.
우리는 기차역에서 만나기로 했었다.

복수형	railroads
⊕ railway (영국영어) 철도	

*rain (rayn) [rein]

명사 ⓤ 비
It's really **raining hard** today. 오늘 비가 정말 많이 내린다.
We expect **heavy rain** this afternoon.
오늘 오후에는 많은 비가 예상됩니다.
He was standing **in the rain**. 그는 빗속에 서 있었다.
The **rain** should stop soon. 곧 비가 그칠 거야.

동사 비가 내리다
It's been **raining** all day. 하루 종일 비가 내리고 있다.
• *rain or shine* 비가 오거나 말거나, 무슨 일이 있어도
I am with you **rain or shine**.
무슨 일이 있어도 나는 너와 함께야.

⊕ raindrop 빗방울
rainfall 강우량, 강수량
rain forest 열대 우림
rainstorm 폭풍우
rainwater 빗물

3인칭단수현재	rains
현재분사	rain**ing**
과거·과거분사	rain**ed**

*rainbow (rayn-*boh*) [réinbòu]

명사 ⓒ 무지개
A: Is there really a pot of gold at the end of the **rainbow**? 무지개 끝에 정말 금 항아리가 있을까?
B: I don't think so. 난 그렇게 생각하지 않아.

복수형	rainbows

rainbow

raincoat (rayn-*koht*) [réinkòut]

명사 ⓒ 우비, 비옷
Sora looks very cute in her red **raincoat**.
빨간 우비를 입은 소라는 매우 귀여워 보인다.

복수형	raincoats

rainy (rayn-*ee*) [réini]

형용사 비가 오는
It's usually quite **rainy** in July.
7월에는 대개 비가 많이 온다.
She likes **rainy** weather. 그녀는 비 오는 날씨를 좋아한다.

비교급	rain**ier**
최상급	rain**iest**

Tip 날씨를 나타내는 표현을 알려 주세요.

날씨를 나타내는 표현에는 rainy처럼 명사에 '-y'를 붙여 나타내는 것이 많답니다.
예) snow (눈) → snowy (눈이 오는)　　cloud (구름) → cloudy (구름 낀)
　　fog (안개) → foggy (안개 낀)　　sun (태양) → sunny (맑은)

raise (rayz) [reiz]

동사 **1** 들어 올리다, 들다
Sam **raised** his hand to ask a question.
샘은 질문을 하기 위해 손을 들었다.

2 (양·수준 등을) 올리다, 인상하다 (↔lower)
The store **raised** its price. 그 상점은 가격을 올렸다.
She **raised** her voice. 그녀는 목소리를 높였다.

3 (돈을) 모금하다
She sold cookies to **raise money** for the Girl Scouts.
그녀는 걸 스카우트 기금을 모금하기 위해 쿠키를 팔았다.

4 (아이를) 키우다, 돌보다, (동물을) 기르다
He has **raised** two children. 그는 아이 둘을 키웠다.
Her hobby was **raising** cats.
그녀의 취미는 고양이를 기르는 것이었다.

5 (문제 등을) 제기하다
Mary **raised a question** about the science test.
메리는 과학 시험에 대해 문제를 제기했다.

명사 ⓒ (임금) 인상
Brian asked his boss for a **raise**.
브라이언은 상사에게 임금 인상을 요구했다.

3인칭단수현재	raises
현재분사	raising
과거·과거분사	raised

☑ She raised her voice.
= She spoke louder.

☑ He has raised two children.
= He has brought up two children.

복수형	raises

Tip raise와 rise의 차이를 알려 주세요.

raise는 '~을 들어 올리다'라는 뜻의 타동사이므로 반드시 뒤에 목적어가 오는 반면, rise는 '올라가다'라는 자동사이므로 목적어를 취하지 않아요.
예) He <u>raised</u> <u>his hand</u>. 그는 손을 들었다.
　　　타동사　목적어
　　The sun <u>rises</u> in the east. 태양은 동쪽에서 떠오른다.
　　　　　자동사

ran (ran) [ræn]

동사 run의 과거형

random (ran-duhm) [rǽndəm]

형용사 임의의, 무작위의
Three students were chosen **at random**.
다섯 명의 학생들이 무작위로 뽑혔다.
The baby pushed the buttons **at random**.
아기는 버튼들을 되는대로 눌러 댔다.

| 비교급 | more random |
| 최상급 | most random |

rang (rang) [ræŋ]

동사 ring의 과거형

range (raynj) [reɪndʒ]

명사 1 ⓒ 《주로 단수로 쓰임》 종류, 다양성
This shop has a very **wide range of** clothes.
이 상점은 매우 다양한 종류의 옷을 구비하고 있다.

2 ⓒ 《주로 단수로 쓰임》 범위, 한도
The missile has **a range of** 1,000 kilometers.
미사일은 사정 범위가 1,000킬로미터다.
Tickets cost in the $10 **range**. 표는 10달러대이다.
Computers come in every **price range**.
모든 가격대의 컴퓨터가 있습니다.

동사 ~의 범위에 있다
The prices **ranged** from $10 to $1,000.
가격은 10달러에서 1,000달러 사이였다.

| 복수형 | ranges |

☑ Tickets cost in the $10 range.
= Tickets cost about $10.

3인칭단수현재	ranges
현재분사	ranging
과거·과거분사	ranged

rank (rangk) [ræŋk]

명사 ⓒⓤ (군대·경찰 등의) 계급, 지위
He holds the **rank** of general in the army.
군대에서 그의 계급은 장군이다.

동사 등급을 매기다, 지위를 차지하다
Sally **ranked** first in the piano competition.
샐리는 피아노 대회에서 1등을 했다.

복수형	ranks
3인칭단수현재	ranks
현재분사	ranking
과거·과거분사	ranked

rapid (rap-id) [rǽpid]

형용사 빠른, 신속한 (=fast, quick; ↔slow)
The Internet has brought **rapid** changes in the way people communicate.
인터넷은 사람들이 소통하는 방식에 빠른 변화를 가져왔다.
Sam's **rapid** heartbeat showed how nervous he was.

| 비교급 | more rapid |
| 최상급 | most rapid |

➕ **rapidly** 빠르게, 신속하게

샘의 빠른 심장 박동은 그가 얼마나 긴장하고 있는지를 보여주었다.

| rapidness 빠름, 신속함 |

rare (rair) [rɛər]

형용사 **1** 드문, 진기한, 희귀한 (=unusual; ↔common)
It is **rare** to see wild animals in the city.
도시에서 야생 동물을 보는 것은 드문 일이다.

2 (고기를) 살짝 익힌
a **rare** steak 살짝 익힌 스테이크

3 (보기 드물게) 매우 뛰어난, 우수한, 훌륭한
Geniuses have a **rare** talent.
천재들은 매우 뛰어난 재능을 가지고 있다.

| 비교급 rarer
| 최상급 rarest
|
| ➕ rarely 드물게
|
| ❓ genius 천재 |

rat (rat) [ræt]

명사 ⓒ 쥐
I saw a big **rat** in my kitchen.
나는 부엌에서 큰 쥐를 봤다.

| 복수형 rats |

 rat과 mouse의 다른 점은 무엇인가요?

rat과 mouse는 둘 다 쥣과에 속하지만 생김새가 달라요. rat은 덩치가 크고 꼬리가 굵은 반면, mouse는 크기가 작고 꼬리도 가늘지요.

rate (rayt) [reit]

명사 **1** ⓒ 비율, ~율[률]
Older drivers have lower accident **rates** than younger drivers.
나이 든 운전자들은 젊은 운전자들에 비해 사고율이 낮다.

2 ⓒ 요금 (=fee)
The **rate** of the international phone call was 35 cents per minute. 국제 전화 요금은 분당 35센트였다.

3 ⓒ 속도
the **rate** of growth 성장 속도

| 복수형 rates
|
| ➕ birth rate 출생률
  death rate 사망률
  failure rate 실패율
  success rate 성공률 |

rather (raTH-ur) [ræðər]

부사 다소, 약간, 좀 (≒somewhat)
It's **rather** sunny today. Wear some sun block.
오늘은 햇빛이 좀 강한 편이다. 선크림을 발라라.

| ✅ It's rather sunny today.
= It's fairly sunny today. |

- ***A rather than B*** B보다 차라리 A, B보다 오히려 A
  I use the stairs **rather than** the elevator.
  나는 엘리베이터**보다는** 계단을 이용한다.
- ***would rather A (than B)*** (B보다) 차라리 A하는 것이 낫다
  I'**d rather** eat at home **than** go out for dinner.
  나는 외식하는 것**보다는** 집에서 먹는 **것이 좋다**.
  I **would rather** not talk about it.
  나는 그것에 대해 이야기 안 **하는 것이 낫겠다**.

> ☑ I use the stairs rather than the elevator.
> = I prefer the stairs to the elevator.

raw (raw) [rɔː]

형용사 **1** (음식이) 날것의, 익지 않은
Raw fish is very popular in Korea.
날생선(생선회)은 한국에서 매우 인기가 있다.
You can eat celery **raw**. 셀러리는 날로 먹을 수 있다.

2 가공하지 않은, 원료 그대로의
Raw sugar is not a pure white color.
가공하지 않은 설탕은 깨끗한 흰색이 아니다.

> 비교급 raw**er**
> 최상급 raw**est**
>
> ☑ You can eat celery raw.
> = You can eat raw celery.

reach (reech) [riːtʃ]

동사 **1** (손이) 닿다, (팔을) 뻗다 (= extend)
Can you **reach** that book on the top shelf?
너 책장 맨 위에 있는 저 책에 손이 닿니?
He **reached for** the book. 그는 책을 향해 손을 뻗었다.

2 도착하다
We **reached** home at about midnight.
우리는 자정쯤에 집에 도착했다.

3 (특정 수준·목표 등에) 이르다
We **reached** an agreement. 우리는 합의에 이르렀다.
The temperature **reached** 30 degrees.
온도는 30도까지 올랐다.

4 연락하다
Did Tom **reach** you? 톰이 네게 연락했어?
You can **reach** me by e-mail. 나와는 이메일로 연락할 수 있어.

> 3인칭단수현재 reach**es**
> 현재분사 reach**ing**
> 과거·과거분사 reach**ed**

reach

 reach와 arrive의 차이를 알려 주세요.

'도착하다'라는 뜻으로 reach를 쓸 때는 뒤에 바로 장소를 쓰는 반면, arrive를 쓸 때는 뒤에 전치사 at이나 in을 함께 써요.
예) He **reached** the building. 그는 그 건물에 도착했다.
He **arrived at** the building. 그는 그 건물에 도착했다.

react (ree-akt) [riːækt]

동사 **1** 반응하다, 대응하다
A: How did Brian **react** when you gave him the bad news?
네가 브라이언에게 나쁜 소식을 전했을 때 그는 어떻게 반응했어?
B: He took it well. He didn't get upset.
잘 받아들였어. 당황해하지 않던데.

2 [화학] 반응하다
Rust is formed when oxygen and iron **react** together.
산소와 철이 함께 반응하면 녹이 생긴다.

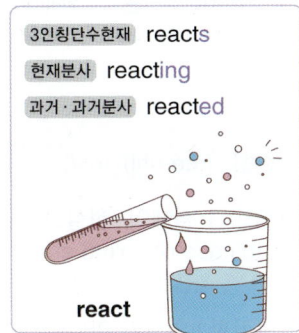

3인칭단수현재	react**s**
현재분사	react**ing**
과거·과거분사	react**ed**

react

reaction (ree-ak-shuhn) [riːækʃən]

명사 **1** ⓒⓤ 반응, 대응
What was Brian's **reaction** to the bad news?
나쁜 소식에 대한 브라이언의 반응은 어땠어?

2 ⓒⓤ [화학] 반응
This experiment is to observe a **chemical reaction**.
이 실험은 화학 반응을 관찰하기 위한 것이다.

| 복수형 | reaction**s** |

➕ chain reaction 연쇄 반응

❓ observe 관찰하다

*read (reed) [riːd]

동사 **1** 읽다
A: What book are you **reading**? 무슨 책을 읽고 있어?
B: I'm **reading** a mystery. 미스터리 소설을 읽고 있어.

2 읽어 주다, 소리 내어 읽다
He **reads** to his daughters every night.
그는 매일 밤 딸들에게 책을 읽어 준다.

3 ~라고 쓰여 있다, (눈금·도수 등을) 가리키다, 표시하다
The sign **reads** "No Smoking."
표지판에는 '금연'이라고 쓰여 있다.
The car's speedometer **reads** 100 kilometers per hour.
자동차의 속도계가 시속 100km를 가리킨다.

3인칭단수현재	read**s**
현재분사	read**ing**
과거·과거분사	read

➕ reader 독자, 구독자
reading 독서, 읽기

✅ The sign reads "No Smoking."
= The sign says "No Smoking."

*ready (red-ee) [rédi]

형용사 **1** 준비가 (다) 된
Sora was **ready** to go on vacation.
소라는 휴가를 떠날 준비가 다 됐다.
Let's **get ready** to go out. 외출할 준비하자.

| 비교급 | read**ier** |
| 최상급 | read**iest** |

real

Dinner will be **ready** soon. 금방 저녁이 준비될 거야.

2 기꺼이 ~하는 (≒willing)
I'm **ready** to help in any way. 뭐든 기꺼이 도울게.

➕ **ready-made** (옷 등이) 기성품의
ready-to-eat (식품이) 인스턴트인, 즉시 먹을 수 있는

real (ree-uhl) [ríəl]

형용사 1 실제의, 현실의, 실재하는
In case of a **real** emergency, call 119.
실제 응급 상황일 때는 119에 전화하라.

2 (가짜·인조가 아닌) 진짜의 (=genuine; ↔fake)
Real flowers are much more beautiful than plastic flowers. 생화는 조화보다 훨씬 더 아름답다.
His **real** name is Tom Evans.
그의 본명은 톰 에반스다.

비교급 more real
최상급 most real

➕ **real life** 실생활
the real world 현실 세계

realistic (ree-uh-lis-tik) [rìːəlístik]

형용사 1 현실적인, 실제적인 (↔unrealistic)
Be **realistic**. You're not tall enough to be a model.
현실적으로 생각해 봐. 너는 모델이 되기엔 키가 작아.

2 사실적인, 실제 같은
Sally's statues are very **realistic**. They look just like real people.
샐리가 만든 조각상들은 매우 사실적이다. 그것들은 진짜 사람처럼 보인다.

비교급 more realistic
최상급 most realistic

➕ **realism** 현실주의, 사실주의

reality (ree-al-i-tee) [riǽləti]

명사 ⓒⓤ 현실, 실제
After a long break, we have to return to **reality**.
긴 휴가 뒤, 우리는 현실로 돌아가야 한다.

복수형 realities

realize (ree-uh-lize) [ríːəlàiz]

동사 1 깨닫다, 알아차리다
Eric **realized** he could win the game.
에릭은 그가 경기에서 이길 수 있다는 것을 깨달았다.
I didn't **realize** you were Mexican.
나는 네가 멕시코 사람인 줄 몰랐다.

2 (꿈 등을) 실현하다, 이루다
Bora **realized** her dream of becoming a painter.
보라는 화가가 되고 싶다는 꿈을 이루었다.

3인칭단수현재 realizes
현재분사 realizing
과거·과거분사 realized

➕ **realise** (영국영어) 깨닫다; 실현하다

*really (ree-uh-lee) [ríːəli]

부사 **1** 매우 (≒ very, very much)
Lisa is **really** sad about her grandfather's death.
리사는 할아버지의 죽음을 매우 슬퍼한다.
He eats **really** fast. 그는 (음식을) 굉장히 빨리 먹는다.

2 정말로, 실제로, 진짜로 (≒ actually, truly)
Are you **really** going to Europe this summer?
이번 여름에 정말 유럽에 갈 거야?
What **really** happened? 실제로 무슨 일이 있었던 거야?
I **really** didn't mean it. 진짜 그런 의도는 아니었어.

3 (놀람을 나타내어) 정말, 진짜, 그래
A: I don't have any money. 나 돈이 하나도 없어.
B: **Really**? 정말이야?

Lisa is **really** sad about her grandfather's death.

※ Not really! 설마!
  Really? 정말?
  Really! 정말로!, 그렇고말고!, 물론이지!

reason (ree-zuhn) [ríːzən]

명사 ⓒ 이유, 까닭
One **reason** we took the train was to save money.
우리가 기차를 탔던 한 가지 이유는 돈을 절약하기 위해서지.
A: What **reason** do you have for being late today?
   오늘 늦은 이유는 뭐니?
B: I was very hungry so I had a big breakfast.
   너무 배가 고파서 아침을 많이 먹었어요.

복수형 **reason**s

➕ **reasoning** 추리, 추론

reasonable (ree-zuh-nuh-buhl) [ríːzənəbəl]

형용사 **1** 합리적인, 이성적인, 적당한
a **reasonable** solution 합리적인 해결책
A: Eric, can you finish your project by Friday?
   에릭, 금요일까지 과제를 끝낼 수 있니?
B: I think that's **reasonable**. 금요일까지면 괜찮을 것 같아.

2 (가격이) 비싸지 않은, 알맞은
The restaurant's service was good, and the prices were **reasonable**.
그 레스토랑의 서비스는 좋았고 가격도 적당했다.

비교급 more **reasonable**
최상급 most **reasonable**

➕ **reasonably** 합리적으로
  unreasonable 불합리한

recall (ri-kawl) [rikɔ́ːl]

동사 **1** 《진행형으로 쓰이지 않음》 기억해 내다, 생각해 내다
Tim could **recall** the names of all 50 states.
팀은 50개 주 이름을 다 기억해 낼 수 있다.
I'm sorry, I can't **recall** your name.
미안해. 네 이름이 생각나지 않아.

3인칭단수현재 **recall**s
현재분사 **recall**ing
과거·과거분사 **recall**ed

2 (결함이 있는 상품을) 회수하다, 리콜하다
His car was **recalled** because of a problem with the car's brakes.
그의 차는 브레이크 결함 때문에 회수되었다.

> ➕ **have total recall** 세세한 것까지 전부 다 기억하다

receipt (ri-seet) [risíːt]

명사 ⓒ 영수증
A: I'd like to return this sweater, please. It's too big.
이 스웨터를 반품하고 싶어요. 너무 커서요.
B: Alright. I'll need to see your **receipt**, please.
알겠습니다. 영수증 좀 보여 주세요.

> **복수형** receipt**s**
>
> ※ receipt에서 p는 발음하지 않아요.

*receive (ri-seev) [risíːv]

동사 받다, 수령하다 (≒ get)
He **received** a pen and pencil set as a graduation gift. 그는 졸업 선물로 펜과 연필 세트를 받았다.
He **received** a phone call from his mother.
그는 어머니로부터 전화를 받았다.
She **received** a postcard from her friend in China.
그녀는 중국에 있는 친구로부터 엽서를 받았다.

> **3인칭단수현재** receive**s**
> **현재분사** receiv**ing**
> **과거·과거분사** receive**d**

recent (ree-suhnt) [ríːsənt]

형용사 최근의
This is a **recent** photo of my son.
이것이 최근에 찍은 우리 아들 사진이다.

> **비교급** more recent
> **최상급** most recent

recently (ree-suhnt-lee) [ríːsəntli]

부사 최근에
We've had a lot of snow **recently**.
최근에 눈이 많이 왔다.
Have you seen Lisa **recently**? 너 최근에 리사 봤니?

> **비교급** more recently
> **최상급** most recently

recognize (rek-uhg-*nize*) [rékəgnàiz]

동사 **1** (보거나 듣고 누구·무엇인지) 알아보다
I barely **recognized** Brian after he lost 20 kilograms.
나는 브라이언이 살을 20kg 뺀 후에 그를 거의 알아보지 못했다.

2 인식하다
Sam **recognized** he had to be quiet in class.
샘은 교실에서는 조용히 해야 한다는 것을 인식했다.

> **3인칭단수현재** recognize**s**
> **현재분사** recogniz**ing**
> **과거·과거분사** recognize**d**
>
> ➕ **recognise** (영국영어) 알아보다; 인지하다

Eric **recognized** Tim was very sick and called for a doctor.
에릭은 팀이 매우 아픈 것을 알아차리고 의사를 불렀다.

> **recognition** 알아봄; 인식

recommend (*rek*-uh-**mend**) [rèkəménd]

[동사] **1** 권하다, 충고하다
Dentists **recommend** that you brush your teeth three times a day.
치과 의사들은 하루에 세 번씩 이를 닦을 것을 권한다.

2 추천하다
Sally's friend **recommended** this restaurant.
샐리의 친구가 이 식당을 추천했다.

> 3인칭단수현재 recommend**s**
> 현재분사 recommend**ing**
> 과거·과거분사 recommend**ed**
>
> ➕ **recommendation** 추천; 권고

record (**rek**-urd | ri-**kord**) [rékərd | rikɔ́:rd]

[명사] (**rek**-urd) **1** ⓒ 기록
She kept a **record** of what she did on the mountain.
그녀는 산에서 한 일을 기록했다.

2 ⓒ 음반, 레코드
Bora likes to play classical music **records** when she studies.
보라는 공부할 때 클래식 음반을 틀어 놓는 것을 좋아한다.

3 ⓒ [스포츠] 기록, 최고 기록, 신기록
Lisa **set** a school **record** in the long jump.
리사는 멀리뛰기에서 학교 기록을 세웠다.

[동사] (ri-**kord**) **1** 기록하다
He **recorded** the details of his experiment.
그는 실험의 세부적인 내용을 기록했다.

2 녹음하다, 녹화하다
The camera will **record** what the animal does.
카메라는 동물의 행동을 녹화할 것이다.

> 복수형 record**s**
>
> ➕ **recorder** 녹음기, 녹화기; (악기) 리코더
> **recording** 녹음, 녹화

record

> 3인칭단수현재 record**s**
> 현재분사 record**ing**
> 과거·과거분사 record**ed**

recover (ri-**kuhv**-ur) [rikʌ́vər]

[동사] **1** (병 등에서) 회복되다, 낫다
It took Tim two weeks to **recover** from his surgery.
팀이 수술에서 회복하는 데는 2주가 걸렸다.
Mary quickly **recovered** from her disappointment.
메리는 실망했다가 금방 괜찮아졌다.

2 원상태로 되다, 복구되다
The city has **recovered** from the war.
도시는 전쟁에서 (원상태로) 복구됐다.

> 3인칭단수현재 recover**s**
> 현재분사 recover**ing**
> 과거·과거분사 recover**ed**
>
> ➕ **recovery** 회복; 복구
>
> ❓ **surgery** 수술

3 (잃은 것을) 되찾다, 만회하다
Jinsu **recovered** his lost wallet.
진수는 잃어버린 지갑을 찾았다.
It's impossible to **recover** lost time.
잃어버린 시간을 되찾는 것은 불가능하다.

Jinsu **recovered** his lost wallet.

rectangle (rek-*tang*-guhl) [réktæŋgəl]

명사 ⓒ 직사각형
A tennis court is a **rectangle**.
테니스 코트는 직사각형이다.

| 복수형 | rectangles |

recycle (ree-*sye*-kuhl) [riːsáikəl]

동사 재활용하다
This cup is made of **recycled** paper.
이 컵은 재활용 종이로 만들어졌다.
We can **recycle** paper, glass, metal, and plastic.
종이, 유리, 금속, 플라스틱은 재활용할 수 있다.

3인칭단수현재	recycles
현재분사	recycling
과거·과거분사	recycled
➕ recycling 재활용

*red (red) [red]

형용사 빨간, 붉은
A: Do you like this lipstick? 너 이 립스틱 좋아해?
B: Not really. It's too **red**. 아니. 너무 빨갛다.
She turned **red** and started laughing.
그녀는 얼굴이 빨개져서 웃기 시작했다.

명사 ⓒⓤ 빨강, 적색
Red is the color of blood and peppers.
빨강은 피와 고추 색깔이다.

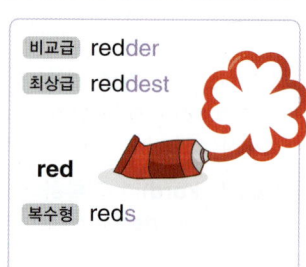

비교급	redder
최상급	reddest
red	
복수형	reds

reduce (ri-doos) [ridjúːs]

동사 (양·액수 등을) 줄이다, 낮추다
Reduce speed now. 지금 속도를 줄이시오.
The supermarket **reduced** its prices.
그 슈퍼마켓은 가격을 내렸다.
The number of car accidents was **reduced**.
자동차 사고 수가 줄었다.

3인칭단수현재	reduces
현재분사	reducing
과거·과거분사	reduced
➕ reduction 감소, 절감, 축소

refer (ri-fur) [rifəːr]

동사 1 언급하다, 인용하다
Sally **referred to** many experts in her report on

| 3인칭단수현재 | refers |

Egyptian mummies.
샐리는 이집트의 미라에 대한 보고서에서 많은 전문가들을 언급했다.

2 참고하다, 참조하다
He **referred to** the dictionary to find out how to spell "Mississippi."
그는 'Mississippi(미시시피)' 철자가 어떻게 되는지 알아보기 위해 사전을 참고했다.

| 현재분사 | refer**ring** |
| 과거·과거분사 | refer**red** |

➕ **reference** 언급; 참조, 참고

❓ **expert** 전문가

referee (ref-uh-ree) [rèfərí:]

명사 Ⓒ 심판
The **referee** stopped the boxing match.
심판은 권투 경기를 중지시켰다.

동사 심판을 보다
Bob will **referee** tomorrow's game.
밥이 내일 시합에서 심판을 볼 것이다.

복수형	referee**s**
3인칭단수현재	referee**s**
현재분사	referee**ing**
과거·과거분사	referee**d**

reflect (ri-flekt) [riflékt]

동사 1 (거울·유리 등 위에 상을) 비추다
The mirror **reflected** his face.
거울이 그의 얼굴을 비추었다.

2 (소리·빛 등) 반사되다, 반사하다
A light is **reflected** on the water in the lake.
빛이 호수 물에 반사되었다.

3 (곰곰이) 생각하다
She **reflected on** the meaning of love.
그녀는 사랑의 의미에 대해 곰곰이 생각했다.

3인칭단수현재	reflect**s**
현재분사	reflect**ing**
과거·과거분사	reflect**ed**

➕ **reflection** (비친) 모습; 생각

reflect

reform (ri-form) [ri:fɔ́ːrm]

동사 개선하다, 개혁하다, 고치다
There are many ideas about how to **reform** the health care system.
의료 보험 제도를 어떻게 개선할지에 대한 많은 아이디어들이 있다.
The law needs to be **reformed**. 그 법은 개선될 필요가 있다.
He has **reformed** his drinking habits.
그는 술버릇을 고쳤다.

명사 Ⓒⓤ 개혁, 개선
Education **reform** will help students.
교육 개혁은 학생들에게 도움이 될 것이다.

3인칭단수현재	reform**s**
현재분사	reform**ing**
과거·과거분사	reform**ed**

❓ **health care system** 의료 보험 제도

| 복수형 | reform**s** |

refrigerator (ri-frij-uh-*ray*-tur) [rifrídʒərèitər]

명사 ⓒ 냉장고 (=fridge)
A: There is no food in the **refrigerator**.
냉장고에 음식이 하나도 없어.
B: We need to go food shopping. 장을 봐야겠네.
Most **refrigerators** also include a freezer.
대부분의 냉장고에는 냉동실도 포함되어 있다.

| 복수형 | refrigerators |

refrigerator

refugee (*ref*-yoo-jee) [rèfjudʒíː]

명사 ⓒ 피난민, 난민
a **refugee** camp 난민 수용소
Many **refugees** starved to death.
많은 피난민들이 굶어 죽었다.

| 복수형 | refugees |

➕ refuge 피난, 피난처

refuse (ri-*fyooz*) [rifjúːz]

동사 거절하다, 거부하다
She **refused** the invitation. 그녀는 초청을 거절했다.
He **refused** to eat any food.
그는 어떤 음식도 먹기를 거부했다.

3인칭단수현재	refuses
현재분사	refusing
과거·과거분사	refused

regard (ri-*gahrd*) [rigáːrd]

동사 ~으로 여기다, 간주하다, 생각하다
Tim **regards** Billy as his lifelong friend.
팀은 빌리를 평생의 친구로 여긴다.

명사 1 ⓤ 배려, 고려, 마음 씀
She has **no regard for** other people's feelings.
그녀는 다른 사람들의 기분을 배려하지 않는다.

2 《regards로 쓰임》 안부, 인사
Please **give** my **regards to** him.
그에게 안부 좀 전해 주세요.

• *in* (*with*) *regard to* ~에 관하여, ~에 대해서
I have a question **with regard to** what you just said.
당신이 방금 말한 것에 대해 질문이 있습니다.

3인칭단수현재	regards
현재분사	regarding
과거·과거분사	regarded
복수형	regards

➕ regarding ~에 관하여
regardless (~에) 관계없이

region (*ree*-juhn) [ríːdʒən]

명사 ⓒ 지역, 지대 (≒area)
A: What **region** of Korea are you from?
한국의 어느 지역에서 오셨나요?

| 복수형 | regions |

➕ regional 지역의, 지방의

B: I'm from down south. 저 아래 남쪽에서요.
Many grapes are grown in this **region**.
이 지역에서는 포도가 많이 자란다.

> regionally 국지적으로

regret (ri-gret) [rigrét]

동사 1 후회하다
Jinsu **regretted** lying to his mother.
진수는 엄마에게 거짓말한 것을 후회했다.

2 유감으로 생각하다, 유감이다
I **regret** that I am not able to help you.
당신을 도와줄 수 없어서 유감이에요.

명사 ⓒⓤ 유감, 후회
She **has** no **regrets about** leaving her hometown.
그녀는 고향을 떠난 것에 대해 후회가 없다.

> 3인칭단수현재 regrets
> 현재분사 regretting
> 과거·과거분사 regretted
>
> 복수형 regrets

regular (reg-yuh-lur) [régjələr]

형용사 1 규칙적인 (↔irregular)
Regular meals are good for your health.
규칙적인 식사는 건강에 좋다.

2 《명사 앞에만 쓰임》 정기적인 (↔irregular)
We have **regular** meetings every Monday morning.
우리는 월요일 아침마다 정기 모임을 갖는다.
Tony is a **regular customer** at the cafe.
토니는 그 카페의 단골손님이다.

3 《명사 앞에만 쓰임》 일상의, 보통의 (=normal, usual)
The store's **regular** hours are from 10 a.m. to 8 p.m.
그 가게는 보통 오전 10시부터 오후 8시까지 문을 연다.
I want **regular** fries. 감자튀김은 보통으로 주세요.

> 비교급 more regular
> 최상급 most regular
>
> ➕ regularity 규칙적임; 정기적임
> regularly 규칙적으로; 정기적으로

We have **regular** meetings.

rehearsal (ri-hur-suhl) [rihə́:rsəl]

명사 ⓒⓤ 예행연습, 리허설
We have **rehearsals** for the play every day after school.
우리는 매일 방과 후에 연극 예행연습을 한다.

> 복수형 rehearsals
>
> ➕ rehearse 예행연습을 하다

reject (ri-jekt) [ridʒékt]

동사 거절하다, 거부하다 (↔accept)
She **rejected** Sam's offer of help.
그녀는 도와주겠다는 샘의 제안을 거절했다.

> 3인칭단수현재 rejects
> 현재분사 rejecting

relate

They **rejected** my excuse for being late.
그들은 지각한 것에 대한 내 변명을 받아 주지 않았다.

과거·과거분사	reject**ed**
➕ **rejection** 거절, 거부	

relate (ri-**late**) [riléit]

동사 관련시키다, 관련이 있다
The French, Spanish, and Italian languages are all **related to** the Latin language.
프랑스 어, 스페인 어, 이탈리아 어는 모두 라틴 어와 관련되어 있다.
How does math **relate to** real life?
수학이 실생활과 어떻게 관련되어 있나요?
● ***be related to*** ~와 친척이다
Brian **is related to** Sally. They're cousins.
브라이언은 샐리**와 친척이다**. 그들은 사촌 간이다.

3인칭단수현재	relate**s**
현재분사	relat**ing**
과거·과거분사	relat**ed**
➕ **related** 관련된; 친척의	

relation (ri-**lay**-shuhn) [riléiʃən]

명사 1 ⓒⓤ (사물 사이의) 관계, 연관성
There is a **relation** between food and health.
음식과 건강에는 연관성이 있다.

2 ⓒ 친척 (= relative)
The lady by the car is a distant **relation** of mine.
저 차 옆에 있는 부인은 나의 먼 친척이다.

복수형	relation**s**
➕ **international relations** 국제 관계	

relationship (ri-**lay**-shuhn-*ship*) [riléiʃənʃip]

명사 1 ⓒ (사람·집단·국가 사이의 감정적) 관계, 사이
Sam and Tony have a very close **relationship**. They are the best of friends.
샘과 토니는 매우 가까운 사이다. 그들은 친구들 중 가장 친하다.

2 ⓒⓤ (사물 사이의) 관계, 연관성
There is a strong **relationship between** exercise and good health.
운동과 건강함 사이에는 강한 연관성이 있다.

복수형	relationship**s**

Sam and Tony have a very close **relationship**.

relative (**rel**-uh-tiv) [rélətiv]

명사 ⓒ 친척 (= relation)
Steve is my **relative**. He's my uncle.
스티브는 나의 친척이다. 그는 나의 삼촌이다.

복수형	relative**s**

형용사 상대적인, 비교적인

relative poverty 상대적인 빈곤
In the park, the children can play in **relative** safety.
공원에서 아이들은 비교적 안전하게 놀 수 있다.

● *relative to* 1 ~에 비해
He is popular **relative to** his bad temper.
그는 성격이 안 좋은 것에 **비해** 인기가 많다.
2 ~에 관한, ~와 관계있는
We discussed matters **relative to** recycling.
우리는 재활용에 **관한** 일들을 논의했다.

❓ poverty 빈곤, 가난
 temper 성질

We discussed matters **relative to** recycling.

relatively (rel-uh-tiv-lee) [rélətivli]

[부사] 비교적
Eric is **relatively** fluent in Chinese.
에릭은 비교적 중국어가 유창하다.
I feel **relatively** confident I will do well on the test.
나는 시험을 잘 볼 거라고 비교적 자신이 있다.

➕ relatively speaking 상대적으로 보면, 어느 쪽인가 하면

*relax (ri-laks) [rilǽks]

[동사] 1 편히 쉬다, (마음의) 긴장을 풀다
I'll just stay home and **relax**. 나는 그냥 집에서 쉴래.
He **relaxes** by going fishing.
그는 낚시를 가는 것으로 휴식을 취한다.
Relax, there's nothing to worry about.
진정해. 걱정할 거 없어.

2 (근육 등의) 긴장이 풀리다, 긴장을 풀다
Lisa **relaxed** the muscles in her legs before the race.
리사는 경주 전에 다리의 근육을 풀었다.

3인칭단수현재 relax**es**
현재분사 relax**ing**
과거·과거분사 relax**ed**

➕ relaxation 휴식; (근육) 이완
 relaxed (사람) 여유 있는, (장소) 편안한
 relaxing 편안하게 해 주는

release (ri-lees) [rilíːs]

[동사] 1 놓아주다, 풀어 주다, 석방하다 (=free)
He **released** the trapped chipmunk.
그는 덫에 걸린 줄무늬 다람쥐를 놓아주었다.
release a prisoner 죄수를 석방하다

2 (음반·책 등을) 발매하다, (영화를) 개봉하다
His new CD will be **released** next week.
그의 새 CD가 다음 주에 발매될 것이다.

[명사] 1 ⓒⓤ 석방, 풀려남
the **release** of the prisoners 죄수들의 석방

2 ⓤ (음반·책 등의) 발매, (영화의) 개봉, 출시
new product **releases** 신제품 출시

3인칭단수현재 release**s**
현재분사 releas**ing**
과거·과거분사 release**d**

new product **releases**

복수형 release**s**

relevant (rel-uh-vuhnt) [réləvənt]

형용사 관련된
Sam, your question isn't **relevant to** the topic.
샘, 네 질문은 주제와 관련이 없구나.
Can you give a **relevant** example, Sora?
관련 있는 예를 들어 줄 수 있겠니, 소라?

| 비교급 | more relevant |
| 최상급 | most relevant |

reliable (ri-lye-uh-buhl) [riláiəbəl]

형용사 믿을 수 있는, 신뢰할 수 있는
Anne is a **reliable** worker. She's always on time.
앤은 믿을 수 있는 직원이다. 그녀는 항상 시간을 잘 지킨다.

| 비교급 | more reliable |
| 최상급 | most reliable |

relief (ri-leef) [rilí:f]

명사 1 ⓤ 《단수로 쓰임》 안심, 위안, 안도
It **was a relief** for Tim to know he passed the test.
시험을 통과했다는 것을 알고 팀은 안심했다.
Mary **breathed a sigh of relief**.
메리는 안도의 한숨을 쉬었다.

2 ⓤ 구호품, 구호물자; 구호
The Red Cross provides **relief** to starving people.
적십자는 굶주리는 사람들에게 구호품을 제공한다.

➕ pain relief 통증 완화

The Red Cross provides **relief** to starving people.

relieve (ri-leev) [rilí:v]

동사 (고통·긴장 등을) 완화하다, 줄이다
The aspirin **relieved** Tom's headache.
아스피린은 톰의 두통을 완화해 주었다.
He taught me how to **relieve** stress.
그는 나에게 스트레스를 줄이는 법을 가르쳐 주었다.

3인칭단수현재	relieves
현재분사	relieving
과거·과거분사	relieved

➕ relieved 안도하는

religion (ri-lij-uhn) [rilídʒən]

명사 1 ⓤ (일반적 의미의) 종교
Religion is important to most humans.
종교는 대부분의 사람들에게 중요하다.

2 ⓒ (특정) 종교
Buddhism, Christianity, Hinduism, Islam and Judaism are all world **religions**.
불교, 기독교, 힌두교, 이슬람교, 유대교는 모두 세계적인 종교다.

| 복수형 | religions |

➕ freedom of religion
종교의 자유

religious (ri-**lij**-uhs) [rilídʒəs]

형용사 **1** 종교(상)의, 종교적인
a **religious** leader 종교 지도자

2 신앙심이 깊은
Eric is very **religious**. He reads the Bible every day.
에릭은 신앙심이 깊다. 그는 매일 성경을 읽는다.

비교급	more religious
최상급	most religious

reluctant (ri-**luhk**-tuhnt) [rilʌ́ktənt]

형용사 마음 내키지 않는, 꺼리는
Jim said yes, but he sounded **reluctant**.
짐은 알았다고 했지만 내키지 않는 것 같았다.

비교급	more reluctant
최상급	most reluctant

rely (ri-**lye**) [rilái]

동사 의지하다, 의존하다, 신뢰하다, 믿다
I **rely on** my parents for money.
나는 경제적으로 부모님께 의존하고 있다.
You **can rely on** your friends **to** help you.
너는 친구들이 너를 도울 것이라고 믿을 수 있다.

3인칭단수현재	relies
현재분사	relying
과거·과거분사	relied

remain (ri-**mayn**) [riméin]

동사 **1** (떠나지 않고) 남다, 머무르다
Sally **remained** home when her family went on vacation.
샐리는 가족들이 휴가를 떠났을 때 집에 남아 있었다.
The captain **remained** on the ship. 선장은 배에 남았다.

2 (계속·여전히) ~한 채로 있다, (없어지지 않고) 남다
Please **remain** seated. 앉아 계세요.
Many old traditions **remain** alive in Korea.
많은 오래된 전통들이 한국에 여전히 살아 있다.
Two pieces of pizza **remained** from dinner.
저녁으로 먹은 피자 두 조각이 남았다.

3인칭단수현재	remains
현재분사	remaining
과거·과거분사	remained

➕ remains 남은 것; 유적

Two pieces of pizza **remained** from dinner.

remarkable (ri-**mahr**-kuh-buhl) [rimá:rkəbəl]

형용사 놀랄 만한, 주목할 만한
Tina is a woman of **remarkable** courage.
티나는 놀랄 만큼 용기 있는 여성이다.
It's **remarkable** how quickly your English has improved.
네 영어 실력이 얼마나 빨리 향상됐는지 놀랍다.

비교급	more remarkable
최상급	most remarkable

*remember (ri-**mem**-bur) [rimémbər]

동사 **1** 기억하다, 기억나다 (=recall; ↔forget)
Do you **remember** when we went to Disney World?
우리가 디즈니 월드에 갔을 때 기억해?
I can't **remember** his name.
그의 이름이 생각나지 않는다.
I **remember** calling Tom. 톰에게 전화한 것을 기억한다.

2 명심하다, (~을 하는 것을) 잊지 않다
Remember to be quiet. You're in a hospital.
조용히 하도록 명심해. 너는 병원에 있어.
Remember to call Tom.
톰에게 전화하는 것 잊지 마.

3인칭단수현재	remember**s**
현재분사	remember**ing**
과거·과거분사	remember**ed**

☑ I remember calling Tom.
 = I remember that I called Tom.
☑ Remember to call Tom.
 = Don't forget to call Tom.

remind (ri-**minde**) [rimáind]

동사 상기시키다, 다시 한번 알려 주다
He **reminds** me **of** my cousin.
나는 그를 보면 내 사촌이 생각난다.
Remind me when it's time to leave.
떠날 시간이 되면 제게 다시 한번 알려 주세요.

3인칭단수현재	remind**s**
현재분사	remind**ing**
과거·과거분사	remind**ed**

remote (ri-**moht**) [rimóut]

형용사 **1** (거리가) 먼, 멀리 떨어진
I want to spend my vacation on a **remote** island.
나는 휴가를 멀리 있는 섬에서 보내고 싶다.

2 (시간상으로) 먼
Archaeologists study the **remote** past.
고고학자들은 먼 과거를 연구한다.

비교급	remote**r**
최상급	remote**st**

❓ **archaeologist** 고고학자

remove (ri-**moov**) [rimúːv]

동사 **1** 치우다
Tim had the dead tree **removed** from his front yard.
팀은 앞마당에서 죽은 나무를 치웠다.
She **removed** the papers from the desk.
그녀는 책상에서 종이들을 치웠다.

2 없애다, 제거하다
The doctor **removed** the bullet in the soldier's arm.
의사는 병사의 팔에서 총알을 제거했다.

3 (옷 등을) 벗다
You often have to **remove** your shoes in Korea.
한국에서는 종종 신발을 벗어야 합니다.

3인칭단수현재	remove**s**
현재분사	remov**ing**
과거·과거분사	remov**ed**

➕ **removal** 이동; 제거
❓ **bullet** 총알

replace

rent (rent) [rent]

명사 ⓒⓤ 집세, 방세, 임대료
They just raised my apartment **rent**.
그들이 방금 내 아파트 임대료를 인상했다.
The **rent** on Sam's fruit shop was high.
샘의 과일 가게 임대료는 비쌌다.

동사 빌리다, 대여하다, 세놓다
I'm going to **rent** a DVD. 나는 DVD를 빌리려고 한다.
We **rent** the room **from** Mrs. Brown.
우리는 브라운 부인에게 방을 세내어 쓰고 있다.
They **rent (out)** rooms **to** students.
그들은 학생들에게 방을 세놓는다.

복수형	rents

➕ for rent 세놓음
   room for rent 셋방 있음

3인칭단수현재	rents
현재분사	renting
과거·과거분사	rented

rent에 대해 알려 주세요.

rent는 돈을 내고 집이나 물건, 차 등을 빌리는 것을 말해요. 우리나라의 월세, 전세가 대표적인 rent지요. 집이나 아파트 바깥에 For Rent라는 표시가 있으면 '세놓음'이라는 뜻이에요.

repair (ri-pair) [ripɛ́ər]

동사 수리하다, 고치다
It will take three days to **repair** my car.
내 자동차를 수리하는 데는 3일이 걸릴 것이다.

명사 ⓒⓤ 수리, 수선
a car **repair** shop 자동차 정비소, 카센터
My bike is in need of **repair**.
내 자전거는 수리를 해야 한다.

3인칭단수현재	repairs
현재분사	repairing
과거·과거분사	repaired
복수형	repairs

*repeat (ri-peet) [ripíːt]

동사 1 반복하다, 되풀이하다
Would you please **repeat** what you said? I didn't hear you. 다시 한번 말씀해 주시겠어요? 못 들었어요.
History **repeats** itself. 역사는 되풀이된다.

2 따라 말하다
Listen and **repeat**. 듣고 따라하세요.

3인칭단수현재	repeats
현재분사	repeating
과거·과거분사	repeated

replace (ri-plase) [ripléis]

동사 1 대신하다
I **replaced** Bill on the team. 내가 빌 대신 팀에 들어갔다.

3인칭단수현재	replaces

R

The team **replaced** Brian **with** a younger player.
팀은 브라이언을 더 어린 선수로 바꾸었다.

2 바꾸다, 교체하다
I **replaced** my PC **with** a Mac.
나는 내 컴퓨터를 매킨토시로 바꿨다.

3 제자리에 놓다
Please replace the dictionary when you've finished using it.
사전을 사용한 후에는 제자리에 놓아 주세요.

| 현재분사 | replac**ing** |
| 과거·과거분사 | replac**ed** |

➕ **replaceable** 대체될 수 있는, 교체 가능한
replacement 교체(물); 대신할 사람

---

reply (ri-plye) [riplái]

동사 답장하다, 대답하다 (≒ answer, respond)
A: What are you doing? 뭐 하고 있어?
B: I'm **replying to** some e-mails I received.
받은 이메일에 답장하고 있어.

She didn't **reply** to my question.
그녀는 내 질문에 대답하지 않았다.

3인칭단수현재	repl**ies**
현재분사	repl**ying**
과거·과거분사	repl**ied**

명사 ⓒ 답장, 대답 (≒ answer, response)
I haven't received a **reply** from her yet.
나는 아직 그녀로부터 답장을 받지 못했다.
I said hello, but he **made no reply**.
나는 그에게 인사했지만 그는 대답하지 않았다.

| 복수형 | repl**ies** |

---

report (ri-port) [ripɔ́ːrt]

명사 ⓒ 보고, 보고서
a weather **report** 일기 예보
Bora wrote a five-page **report** on the history of cars.
보라는 차의 역사에 대해 5쪽 분량의 보고서를 썼다.

| 복수형 | report**s** |

➕ **report card** 성적표

3인칭단수현재	report**s**
현재분사	report**ing**
과거·과거분사	report**ed**

동사 1 보고하다, 알리다
Sam **reported** the details of the meeting.
샘은 회의의 세부 사항을 보고했다.

2 (신문·방송에서) 보도하다
The newspaper **reported** that the president will give a speech today.
신문은 대통령이 오늘 연설을 할 거라고 보도했다.
The airplane crash was **reported** in the news.
비행기 추락 사고가 뉴스에 보도되었다.

3 신고하다
Brian **reported** his neighbors for not recycling their trash.
브라이언은 이웃이 쓰레기를 재활용하지 않는다고 신고했다.

Bora wrote a five-page **report** on the history of cars.

reporter (ri-**por**-tur) [ripɔ́ːrtər]

명사 ⓒ 기자
He is a **reporter** for the *Korea Times* newspaper.
그는 〈코리아 타임즈〉 신문의 기자다.

복수형 **reporter**s

reporter

represent (*rep*-ri-**zent**) [rèprizént]

동사 1 대표하다, 대변하다
Yuna Kim **represents** Korea in figure skating.
김연아는 피겨 스케이팅에서 한국을 대표한다.
Her lawyer **represented** her at the trial.
그녀의 변호사는 재판에서 그녀를 대변했다.

2 상징하다, 나타내다
The 13 stripes on the American flag **represent** the 13 original states.
미국 국기에서 13개의 줄은 독립 13주를 상징한다.

3인칭단수현재 **represent**s
현재분사 **represent**ing
과거·과거분사 **represent**ed

❓ trial 재판

representative (*rep*-ri-**zen**-tuh-tiv) [rèprizéntətiv]

명사 ⓒ 대표, 대표자, 대리인
Jinsu was elected class **representative**.
진수는 학급 대표로 선출되었다.

형용사 대표적인
Sally is **representative** of a polite student.
샐리는 대표적인 예의 바른 학생이다.

복수형 **representative**s

비교급 more **representative**
최상급 most **representative**

reputation (*rep*-yuh-**tay**-shuhn) [rèpjətéiʃən]

명사 ⓒⓤ 평판, 명성
Tim **has** a **reputation as** a loudmouth. He's always talking too much.
팀은 떠버리로 평판이 나 있다. 그는 늘 말이 많다.

복수형 **reputation**s

request (ri-**kwest**) [rikwést]

명사 ⓒ 요청, 신청
They **made a request for** more information.
그들은 더 많은 정보를 요청했다.
Lots of radio stations play listener **requests**.
많은 라디오 방송국이 청취자의 신청곡을 틀어 준다.

동사 요청하다, 부탁하다
Tony **requested** the taxi driver **to** go faster.
토니는 택시 운전사에게 더 빨리 가 달라고 부탁했다.

복수형 **request**s

3인칭단수현재 **request**s
현재분사 **request**ing
과거·과거분사 **request**ed

require (ri-**kwire**) [rikwáiər]

동사 1 필요로 하다 (=need)
Children **require** more sleep than adults.
어린이들은 성인보다 더 많은 잠을 필요로 한다.
Elephants **require** a lot of food.
코끼리는 많은 먹이를 필요로 한다.

2 (법·규칙 등이) 요구하다
The law **requires** everyone to wear seatbelts.
법은 모든 사람이 안전벨트를 맬 것을 요구한다.
Sally **is required to** write three essays in her English class.
샐리는 영어 수업에서 수필을 세 개 써야 한다.

3인칭단수현재	requires
현재분사	requiring
과거·과거분사	required

➕ requirement 필요한 것; 요구

An elephant **requires** a lot of food.

rescue (res-**kyoo**) [réskju:]

동사 구조하다, 구출하다
The lifeguard **rescued** the tired swimmer from drowning.
인명 구조원은 물에 빠진 지친 수영객을 구조했다.

명사 ⓒⓤ 구조
The mountain **rescue** team saved the fallen climber. 산악 구조대는 추락한 등산객을 구조했다.

3인칭단수현재	rescues
현재분사	rescuing
과거·과거분사	rescued
복수형	rescues

research (ri-**surch**, ree-*surch*) [risə́:rtʃ, rí:sə:rtʃ]

명사 ⓤ 연구, 조사
He is leading medical **research** on the bird flu.
그는 조류 독감에 관한 의학 연구를 이끌고 있다.

동사 연구하다, 조사하다
She **researched** the Korean War for her history project.
그녀는 역사 과제로 한국 전쟁을 조사했다.

❓ bird flu 조류 독감

3인칭단수현재	researches
현재분사	researching
과거·과거분사	researched

reserve (ri-**zurv**) [rizə́:rv]

동사 1 예약하다 (=book)
A: Did you make reservations for dinner?
저녁 예약은 했어?
B: Yes, I **reserved** a table for 7:30.
응, 7시 30분에 한 테이블 예약했어.

2 남겨 두다, 마련해 두다
He **reserved** a seat on the bus for Tim.
그는 팀을 위해 버스에서 좌석을 하나 맡아 주었다.

3인칭단수현재	reserves
현재분사	reserving
과거·과거분사	reserved

➕ reservation 예약
All rights reserved. 무단 전재와 무단 복제를 금합니다.

Jane always **reserves** some money in case of an emergency.
제인은 비상시에 대비하여 항상 약간의 돈을 마련해 둔다.

> reserved 예약석

 reservation과 appointment에 차이가 있나요?
네. 식당, 호텔, 항공편 등 장소를 예약하는 것은 reservation이라고 하지만 의사나 선생님 등 사람을 만나기로 한 약속은 appointment라고 해요.

resident (rez-i-duhnt) [rézidənt]

명사 ⓒ 거주자, 주민
Pierre is a **resident** of Paris. He has lived there for 20 years.
피에르는 파리 거주자다. 그는 그곳에 20년간 살고 있다.

> 복수형 residents
> ➕ residence 주택; 거주

resign (ri-zine) [rizáin]

동사 사퇴하다, (직장을) 그만두다
The corrupt government official had to **resign**.
그 부패한 공무원은 사퇴해야 했다.
He decided to **resign** from the bank.
그는 은행을 그만두기로 결정했다.

> 3인칭단수현재 resigns
> 현재분사 resigning
> 과거·과거분사 resigned
> ➕ resignation 사퇴; 사표

resist (ri-zist) [rizíst]

동사 1 저항하다
The water buffalo **resisted** the lion attacks.
물소는 사자의 공격에 저항했다.
This glass can **resist** strong heat.
이 유리는 강한 열을 견딜 수 있다.
The homeowners **resisted** the government's offer to buy their homes.
주택 소유자들은 자신들의 집을 사겠다는 정부의 제안을 거절했다.

2 《주로 부정문에 쓰임》 (몹시 하고 싶은 것을) 참다
Bora can never **resist** chocolate.
보라는 초콜릿을 안 먹고는 못 배긴다.

> 3인칭단수현재 resists
> 현재분사 resisting
> 과거·과거분사 resisted
> ➕ resistance 저항, 반항

resist

resource (ree-sors) [rí:sɔ:rs]

명사 ⓒ 《주로 resources로 쓰임》 자원
human **resources** 인적 자원

> 복수형 resources

natural resources 천연자원
Water is a **resource** that we cannot live without.
물은 없으면 우리가 살아갈 수 없는 자원이다.

➕ **resourceful** 자원이 풍부한

respect (ri-**spekt**) [rispékt]

명사 1 Ⓤ 존경
I **have** the greatest **respect for** the volunteers.
나는 자원봉사자들을 정말 존경한다.

2 Ⓒ 점, 사항
In many respects, Jeju-do is a great place to live.
많은 점에서, 제주도는 살기에 아주 좋은 곳이다.

동사 존경하다, 공경하다
The Bible says to **respect** your father and mother.
성경은 아버지와 어머니를 공경하라고 말한다.

복수형 **respects**

➕ **respectable** 존경할 만한
respectful 존중하는

3인칭단수현재 **respect**s
현재분사 **respect**ing
과거·과거분사 **respect**ed

respond (ri-**spahnd**) [rispánd]

동사 1 응답하다, 대답하다 (≒ answer, reply)
I **responded to** her e-mail right away.
나는 그녀의 이메일에 즉시 답했다.
I asked a question, but he didn't **respond**.
나는 질문을 했지만 그는 대답하지 않았다.

2 반응하다 (≒ react)
Sam **responded** joyfully when his brother was born.
샘은 남동생이 태어났을 때 기뻐했다.

3인칭단수현재 **respond**s
현재분사 **respond**ing
과거·과거분사 **respond**ed

➕ **respondent** 응답자

response (ri-**spahns**) [rispáns]

명사 1 ⒸⓊ 응답, 대답 (≒ answer, reply)
I got a **response** to my letter.
내가 보낸 편지에 대한 답장을 받았다.
They asked him, but he **made no response**.
그들은 그에게 물었지만 그는 아무 대답도 하지 않았다.

2 ⒸⓊ 반응 (≒ reaction)
Her **response** to the plan was very positive.
그 계획에 대한 그녀의 반응은 매우 긍정적이었다.

복수형 **response**s

☑ He made no response.
= He did not answer.

responsibility (ri-**spahn**-suh-**bil**-i-tee) [rispànsəbíləti]

명사 1 ⒸⓊ 책임, 의무
You should **accept responsibility for** the accident.
당신은 사고에 대한 책임을 져야 합니다.

복수형 **responsibilit**ies

A better world is everyone's **responsibility**.
더 나은 세상을 만드는 것은 모든 사람의 의무다.

2 ⓒ 책임, 해야 할 일
Feeding the dog is your **responsibility**.
개에게 밥을 주는 것은 네가 해야 할 일이야.

➕ family responsibility
가족 부양 의무
social responsibility
사회적 책임

responsible (ri-**spahn**-suh-buhl) [rispάnsəbəl]

형용사 1 (~을) 책임지고 있는, 맡고 있는
She is **responsible for** cleaning the classroom.
그녀는 교실 청소를 책임지고 있다.

2 (~에 대한) 책임이 있는
He is directly **responsible for** this problem.
그는 이 문제에 직접적인 책임이 있다.

3 원인이 되는, ~의 탓인
Smoking is often **responsible for** cancer.
흡연은 종종 암의 원인이 된다.

비교급 more responsible
최상급 most responsible

➕ responsibly 책임감 있게

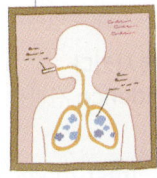
Smoking is **responsible for** cancer.

✱rest¹ (rest) [rest]

명사 1 ⓒⓤ 휴식
The farmer **took a rest** after his morning's work.
농부는 오전 작업을 한 후에 휴식을 취했다.

2 ⓒⓤ 수면, 잠 (=sleep)
I need a long night's **rest** after hiking all day.
나는 하루 종일 하이킹을 한 후에는 푹 자야 한다.

동사 쉬다, 휴식하다
Jack **rested** in the shade of an apple tree.
잭은 사과나무 그늘에서 쉬었다.

복수형 rests

➕ restless 안절부절못하는

3인칭단수현재 rests
현재분사 resting
과거·과거분사 rested

rest² (rest) [rest]

명사 《단수로 쓰임》 나머지
Sally kept **the rest of** the cake in the refrigerator.
샐리는 나머지 케이크를 냉장고에 보관했다.

A: Where is **the rest of** your group?
너희 그룹의 나머지 사람들은 어디에 있어?
B: They'll be here any minute.
곧 이리로 올 거야.

Sally kept **the rest of** the cake in the refrigerator.

✱restaurant (res-tur-uhnt, res-tuh-rahnt) [réstərənt, réstərà:nt]

명사 ⓒ 식당, 음식점, 레스토랑

복수형 restaurants

restore

The food at this **restaurant** is excellent.
이 식당의 음식은 훌륭하다.

➕ cafeteria 구내식당

restore (ri-stor) [ristɔ́:r]

동사 1 복원하다, 복구하다
Many Korean temples and palaces have been **restored**.
많은 한국의 사찰과 성이 복원되었다.
His hobby is **restoring** antique furniture.
그의 취미는 오래된 가구를 복원하는 것이다.

2 돌려주다, 되찾아 주다
The police **restored** the stolen car to its owner.
경찰은 도둑맞은 차를 주인에게 돌려주었다.

3 회복하다, 회복시키다
restore confidence 신뢰를 회복하다

3인칭단수현재	restores
현재분사	restoring
과거·과거분사	restored

His hobby is **restoring** antique furniture.

＊restroom (rest-room) [réstrù:m]

명사 ⓒ 화장실
A: Could you tell me where the **restroom** is?
화장실은 어디에 있나요?
B: It's in the back, on your left. 당신 뒤, 왼쪽에 있어요.

복수형	restrooms

➕ toilet (영국영어) 화장실
※ 화장실 → toilet (p. 949)

result (ri-zuhlt) [rizʌ́lt]

명사 ⓒⓤ 결과
Many people have died **as a result of** cancer.
많은 사람들이 암으로 죽었다.
Sam's blood test **results** were fine.
샘의 혈액 검사 결과는 양호했다.

동사 (결과로서) 일어나다, 생기다
High rice prices have **resulted in** people eating other foods.
높은 쌀 가격으로 사람들이 다른 음식을 먹게 되었다.
His illness **resulted from** smoking.
그의 병은 흡연에 의해 생긴 것이다.

복수형	results

☑ Many people have died as a result of cancer.
= Many people have died because of cancer.

3인칭단수현재	results
현재분사	resulting
과거·과거분사	resulted

retire (ri-tire) [ritáiər]

동사 퇴직하다, 은퇴하다
My grandfather **retired** at the age of 62.
우리 할아버지는 62세에 퇴직하셨다.
She plans to **retire** from her job. 그녀는 퇴직할 계획이다.

3인칭단수현재	retires
현재분사	retiring
과거·과거분사	retired

Tip retire와 resign의 차이를 알려 주세요.

retire는 정년이 되어 퇴직하는 것을 말하며, resign은 중도에 사직하는 경우에 쓰는 표현이에요.

*return (ri-turn) [ritə́ːrn]

동사 **1** 돌아가다 (≒ go back), 돌아오다 (≒ come back)
Brian had to **return to** work after dinner.
브라이언은 저녁 식사 후에 회사로 돌아가야 했다.
The birds **return** every spring.
새들은 매년 봄에 다시 찾아온다.

2 반납하다, 돌려주다
I'm **returning** your book. Thanks for letting me borrow it.
네 책 돌려줄게. 빌려 주어서 고마워.

명사 **1** 《단수로 쓰임》 돌아감, 돌아옴, 귀가
What is the date of your **return from** Vietnam?
네가 베트남에서 돌아오는 날짜가 언제지?

2 ⓒ 《단수로 쓰임》 반환, 반납
Is there a fine for late **return of** books?
책을 늦게 반납하면 벌금이 있나요?

• **in return** 보답으로, 답례로
He helped us but wanted nothing **in return**.
그는 우리를 도와주었지만 **보답**을 원하지 않았다.

3인칭단수현재	return**s**
현재분사	return**ing**
과거·과거분사	return**ed**

The birds **return** every spring.

복수형	return**s**

☑ What is the date of your return from Vietnam?
= When are you coming back from Vietnam?

reveal (ri-veel) [rivíːl]

동사 (숨겨졌던 것을) 밝히다, 알리다, 폭로하다
She refused to **reveal** her real name.
그녀는 자신의 본명을 밝히기를 거부했다.
Don't worry. I won't **reveal** your secret.
걱정 마. 네 비밀을 폭로하지 않을게.

3인칭단수현재	reveal**s**
현재분사	reveal**ing**
과거·과거분사	reveal**ed**

review (ri-vyoo) [rivjúː]

명사 **1** ⓒ 비평, 논평, 평론
The **review** gave the movie five stars.
논평에서 그 영화에 별 다섯 개를 주었다.

2 ⓒⓤ 검토, 재검토
The policy is **under review**. 그 정책은 검토 중에 있다.

3 ⓒ 복습

복수형	review**s**

❓ **policy** 정책, 방침

R

There's a **review** at the end of every chapter.
매 단원의 끝에 복습란이 있다.

동사 1 검토하다, 주의 깊게 살피다
Mary **reviewed** her math homework to make sure there were no mistakes.
메리는 실수한 게 없도록 수학 숙제를 검토했다.

2 논평하다, 비평하다
He **reviews** books for a newspaper.
그는 신문에 서평을 쓴다.

3 복습하다
I need to **review** the textbook for the exam.
난 시험을 위해 교과서를 복습해야 한다.

3인칭단수현재	review**s**
현재분사	review**ing**
과거·과거분사	review**ed**

⊕ revise (영국영어) 복습하다
revision (영국영어) 복습

revise (ri-vize) [riváiz]

동사 1 (내용을) 개정하다, 수정하다, 교정하다
John had to **revise** his school report.
존은 학교 과제를 수정해야 했다.
Good writers always **revise** their writing.
좋은 작가들은 항상 자신들의 글을 교정한다.

2 (계획을) 변경하다, 수정하다
The plans for the new school were **revised**.
새 학교를 위한 계획이 변경되었다.

3인칭단수현재	revise**s**
현재분사	revis**ing**
과거·과거분사	revise**d**

⊕ revision 개정, 수정, 교정

reward (ri-word) [riwɔ́ːrd]

명사 1 ⓒ 보상금, 사례금
Sora offered a $50 **reward** to anyone who could find her lost dog.
소라는 잃어버린 강아지를 찾아 주는 사람에게 50달러의 사례금을 주겠다고 제시했다.

2 ⓒⓤ 보상, 포상
I got a new bike **as a reward for** doing so well on my English test.
나는 영어 시험을 아주 잘 본 포상으로 새 자전거를 받았다.

동사 보상하다, 보답하다
Tim **rewarded** his son's good behavior **with** an ice cream cone.
팀은 아들의 착한 행동을 아이스크림콘으로 보상했다.
She gave the children some candy to **reward** them **for** behaving well.
그녀는 아이들이 얌전히 행동한 것에 보답하려고 사탕을 주었다.

| 복수형 | reward**s** |

⊕ rewarding 보람 있는

3인칭단수현재	reward**s**
현재분사	reward**ing**
과거·과거분사	reward**ed**

rhyme (rime) [raim]

명사 ⓒ (시 등의) 운
A: We travel so far in our new car!
우리는 새 차를 타고 참 멀리 왔어!
B: Hey, you made a **rhyme**.
이야, 네가 운문을 만들었네.

동사 운을 달다, 운이 맞다
Can you think of a word that **rhymes** with duck?
duck와 운이 맞는 단어를 생각할 수 있겠어?

복수형	rhymes

❓ 운 음이 비슷한 글자

3인칭단수현재	rhymes
현재분사	rhyming
과거·과거분사	rhymed

rhythm (riTH-uhm) [ríðəm]

명사 ⓒⓤ 리듬
This music has a fascinating **rhythm**.
그 음악은 리듬이 매력적이다.

복수형	rhythms

ribbon (rib-uhn) [ríbən]

명사 ⓒⓤ 리본
Mary tied a **ribbon** around her cat's neck.
메리는 고양이 목에 리본을 묶었다.

복수형	ribbons

*rice (rise) [rais]

명사 ⓤ 쌀, 밥, 벼
Rice has to be cooked before you can eat it.
쌀은 먹기 전에 익혀야 한다.
Brown **rice** is healthier than white rice.
현미는 백미보다 몸에 좋다.

a bowl of **rice** (밥 한 공기)

*rich (rich) [ritʃ]

형용사 1 부유한, 부자의 (↔poor)
The man driving that big black car must be **rich**.
저 큰 검은 차를 운전하는 사람은 부자임이 틀림없다.

2 풍부한
Oranges are **rich** in vitamin C.
오렌지는 비타민 C가 풍부하다.

3 (음식이) 기름진, (맛이) 진한
This cheesecake is very **rich**.
이 치즈 케이크는 정말 진해요.

4 (땅이) 비옥한, 기름진

비교급	richer
최상급	richest

✓ Oranges are rich in vitamin C.
 = Oranges have a lot of vitamin C.

rid

The soil around the Mississippi River is very **rich**.
That's why there are many farms near the river.
미시시피 강 주변의 땅은 매우 비옥하다. 그래서 강 주변에 농지가 많다.

➕ **richness** 풍부함; 비옥함
the rich 부자들

rid (rid) [rid]

동사 **없애다, 제거하다**
We have to **rid** our house **of** rats.
우리는 집에서 쥐를 없애야 해.

● ***get rid of*** ~을 없애다, ~을 버리다
It's time to **get rid of** school violence.
학교 폭력을 없애야 할 때가 되었다.
These are all old clothes I'm **getting rid of**.
이건 다 **버리려고** 하는 내 낡은 옷들이야.

3인칭단수현재	rid**s**
현재분사	rid**ding**
과거·과거분사	rid, rid**ded**

ridden (rid-uhn) [rídn]

동사 ride의 과거분사형

riddle (rid-uhl) [rídl]

명사 ⓒ **수수께끼**
solve the **riddle** 수수께끼를 풀다
Here's the **riddle**: Why is six afraid of seven?
Answer: Because seven eight nine.
수수께끼 낼게. 왜 6이 7을 무서워할까? 답은 7,8,9이기 때문이지(7이 9를 먹었기 때문이지).

복수형 riddle**s**

※ eight(8)과 ate(eat의 과거)의 발음이 같은 데서 나온 수수께끼예요.

*ride (ride) [raid]

동사 **타다**
Can you **ride** a bicycle? 너 자전거 탈 줄 아니?
She **rides** the bus to work every day.
그녀는 매일 버스를 타고 직장에 간다.

명사 ⓒ **타기, 타고 가기**
They took a train **ride** through the countryside.
그들은 기차를 타고 시골 지방을 지나갔다.
Can you give me a **ride**?
나 좀 태워 줄 수 있어?

3인칭단수현재	rides
현재분사	riding
과거	rode
과거분사	ridden
복수형	rides

*right (rite) [rait]

형용사 **1 (틀리지 않고) 맞는, 옳은** (=correct; ↔wrong)
Tom got all the **right** answers on the test.

☑ **right answers**

톰은 시험에서 전부 옳은 답을 했다.

2 (도덕적으로) 옳은, 정당한 (↔wrong)
Cheating is not **right**. 시험에서 부정행위는 옳지 않다.

3 《명사 앞에만 쓰임》 오른쪽의 (↔left)
Mary writes with her **right** hand.
메리는 오른손으로 글씨를 쓴다.

4 적절한, 적합한 (≒suitable; ↔wrong)
Those clothes aren't **right** for work.
저 옷들은 입고 일하기에는 적합하지 않다.
She is the **right** person for the position.
그녀는 그 직위에 맞는 사람이다.

부사 1 《위치·순간》 바로, 정확히
There's a tree **right in the middle of** the park.
공원 바로 한가운데 나무 한 그루가 있다.
We arrived at the train station **right on time**.
우리는 정확히 제시간에 기차역에 도착했다.

2 즉시, 금방 (≒immediately)
We have to leave **right now**. 우린 지금 당장 떠나야 해.
They'll be **right back**. 그들은 금방 돌아올 거야.

3 바르게, 옳게 (↔wrong)
I think you acted **right**. 난 네가 옳게 행동했다고 생각해.
Try and do it **right** the first time.
처음부터 제대로 하려고 해라.

4 오른쪽으로 (↔left)
Turn **right** at the next traffic light.
다음 신호등에서 오른쪽으로 꺾으세요.

명사 1 ⓒⓤ (도덕적으로) 옳은 것, 정당한 일
right and wrong 옳고 그름
You **did right** to tell the police.
네가 경찰에게 말한 것은 옳은 일이었다.

2 ⓒ 권리
protect **human rights** 인권을 보호하다
Women had to fight for the **right** to vote.
여성들은 투표권을 얻기 위해 싸워야만 했다.

3 《단수로 쓰임》 오른쪽, 우측
Right is opposite of left. 오른쪽은 왼쪽의 반대이다.

● **all right 1** 괜찮은, 좋은
Is everything **all right**?
다 **괜찮아**?, 별일 없어?
2 건강한, 무사한, (건강·기분 등이) 괜찮은
I was sick, but I'm **all right** now.
아팠는데 지금은 **괜찮다**.

= correct answers

There's a tree **right in the middle of** the park.

☑ We have to leave right now.
= We have to leave right away.

☑ Turn right at...
= Turn to the right at...
= Take a right turn at...

복수형 **right**s

⊕ bill of rights 국민의 기본적 인권에 관한 선언
birthright 생득권 (태어나면서부터 가지는 권리)
civil rights 시민권, 시민의 평등권
women's rights 여성의 권리

☑ I was sick, but I'm all right now.
= I was sick, but I'm fine now.

3 좋아, 알았어
A: Let's go home now. 이제 집에 가자.
B: **All right**. 알았어.

> ☑ All right. = OK.

right-handed (rite-han-did) [ráithǽndid]

형용사 오른손잡이인 (↔ left-handed)
Most people are **right-handed**.
대부분의 사람들은 오른손잡이다.

> ※ right(오른쪽) + handed(손이 ~한)

*ring¹ (ring) [riŋ]

명사 1 ⓒ 반지
A wedding **ring** is worn on the left hand because the left hand is closest to the heart.
결혼반지는 왼손에 끼는데, 왼손이 심장에 가장 가깝기 때문이다.

2 ⓒ 원, 원형 (= circle)
Make a **ring** around the flag pole.
국기 게양대를 (가운데 놓고) 둥그렇게 둘러서세요.

복수형 ring**s**

ring

ring² (ring) [riŋ]

동사 1 (종·벨 등이) 울리다
The bell **rang** to signal the end of school.
학교가 끝났음을 알리는 종이 울렸다.
A: Brian, why don't you answer the front door?
브라이언, 현관문에 왜 안 나가 봐?
B: I didn't hear the doorbell **ring**.
난 초인종이 울리는 소리를 못 들었는데.

2 전화하다 (≒ call, phone)
I'll **ring** you **up** tomorrow. 내일 네게 전화할게.

> 3인칭단수현재 ring**s**
> 현재분사 ring**ing**
> 과거 rang
> 과거분사 rung

rise (rize) [raiz]

동사 1 (위로) 올라가다 (↔ fall)
Look at the smoke **rise** from Bora's campfire.
보라의 캠프파이어에서 연기가 피어오르는 것 좀 봐.

2 일어서다, 일어나다 (≒ stand up)
Everyone please **rise** for the playing of the national anthem.
애국가가 연주되오니 모두 일어서 주시기 바랍니다.

3 (물가·수치 등이) 상승하다, 증가하다
Prices keep **rising**. Look how expensive this milk is.

> 3인칭단수현재 rise**s**
> 현재분사 ris**ing**
> 과거 rose
> 과거분사 risen
>
> ※ rise와 raise의 차이 → raise (p. 757)

가격이 계속 오르고 있어. 이 우유가 얼마나 비싼지 봐.

4 (해·달 등이) 뜨다 (↔set)
I watched the sun **rising**. 나는 해가 뜨는 것을 보았다.

명사 ⓒ 증가, 상승 (↔fall)
a **rise** in prices 가격 상승

복수형 rise**s**

risen (riz-uhn) [rízən]

동사 rise의 과거분사형

risk (risk) [risk]

명사 ⓒ① 위험, 위기
Eating uncooked food can be a **risk**.
익히지 않은 음식을 먹는 것은 위험할 수 있다.

● **at risk** 위험에 처한
Fish are most **at risk** from water pollution.
수질 오염으로 물고기들이 가장 큰 위험에 처해 있다.

● **take a risk** 위험을 무릅쓰다, 모험을 하다
Many people will **take a risk** to protect their families.
많은 사람들은 가족을 지키기 위해 위험을 무릅쓸 것이다.

동사 위험을 무릅쓰다, 목숨을 걸다, 모험을 하다
Sam **risked** his life to save the baby.
샘은 아기를 구하기 위해 위험을 무릅썼다.

복수형 risk**s**

➕ risky 위험한

Fish are most **at risk**.

3인칭단수현재 risk**s**
현재분사 risk**ing**
과거·과거분사 risk**ed**

rival (rye-vuhl) [ráivəl]

명사 ⓒ 경쟁자, 라이벌
The teams have been longtime **rivals** in football.
그 팀들은 미식축구에서 오래된 라이벌이다.

복수형 rival**s**

*river (riv-ur) [rívər]

명사 ⓒ 강, 하천
Shall we go fishing in the **river**? 우리 강으로 낚시 갈까?
The Nile **River** flows north. 나일 강은 북쪽으로 흐른다.

복수형 river**s**

*road (rohd) [roud]

명사 ⓒ 도로, 길, ~가(街)
Do you know where this **road** goes?
이 길이 어디로 이어지는지 아세요?

복수형 road**s**

Look left and right before you **cross the road**.
길을 건너기 전에 왼쪽과 오른쪽을 살펴라.
The bookstore is on River **Road**.
서점은 리버 가에 있다.

➕ **road map** 도로 지도, 로드맵

rob (rahb) [rɑb]

동사 훔치다, 강탈하다, (은행을) 털다
Two men **robbed** the bank.
두 남자가 은행을 털었다.
He **was robbed of** his money and watch.
그는 돈과 손목시계를 강탈당했다.

3인칭단수현재	rob**s**
현재분사	rob**bing**
과거·과거분사	rob**bed**

➕ **robbery** 강도(질), 강탈

robber (rahb-ur) [rǽbər]

명사 ⓒ 도둑, 강도
Bank **robbers** broke into the bank and stole all the money.
은행 강도들이 은행에 침입해서 돈을 전부 훔쳐 갔다.

| 복수형 | robber**s** |

※ robber와 thief의 차이 → thief (p. 934)

robot (roh-baht) [róubɑt]

명사 ⓒ 로봇, 인조인간, 자동 장치
My mother wants a **robot** housekeeper.
우리 엄마는 로봇 가정부를 가지고 싶어 하신다.

| 복수형 | robot**s** |

➕ **robotic** 로봇의

*rock¹ (rahk) [rɑk]

명사 1 ⓒ 바위, 돌
Someone threw a **rock** through the store window.
어떤 사람이 상점 유리창에 돌을 던졌다.

2 ⓒⓤ 암석
Mountains are composed of different kinds of **rock**.
산은 서로 다른 종류의 암석으로 이루어졌다.

| 복수형 | rock**s** |

➕ **rocky** 암석이 많은, 바위 같은
rock climbing 암벽 등반

rock² (rahk) [rɑk]

동사 (앞뒤·좌우로) 흔들리다, 흔들다
The large waves caused the boat to **rock** in the water. 큰 파도는 배가 바다에서 흔들리게 했다.
Sally **rocked** the baby in her arms to sleep.
샐리는 아기가 잠들도록 (아기를) 안고 흔들었다.

명사 ⓤ 록 음악, 로큰롤

3인칭단수현재	rock**s**
현재분사	rock**ing**
과거·과거분사	rock**ed**

➕ **rocking** 흔들리는

Rock and roll is my favorite music.
로큰롤은 내가 매우 좋아하는 음악이다.

rocker 록 가수, 로커

 '가위바위보'는 영어로 뭐라고 하나요?

'가위바위보'는 rock-paper-scissors라고 해요. 이때 rock은 바위, paper는 보, scissors는 가위를 나타내지요.

rocket (rah-kit) [rákit]

명사 ◎ 로켓
I want to ride a **rocket** to the moon!
나는 달로 가는 로켓을 타고 싶어!

동사 로켓처럼 돌진하다, 갑작스레 치솟다
Tina **rocketed** by on her bicycle.
티나는 자전거를 타고 로켓처럼 쏜살같이 지나갔다.
Sales of smart phones have **rocketed**.
스마트폰의 판매가 급상승했다.

복수형	rocket**s**
3인칭단수현재	rocket**s**
현재분사	rocket**ing**
과거·과거분사	rocket**ed**

rode (rohd) [roud]

동사 ride의 과거형

role (rohl) [roul]

명사 1 ◎ 역할, 임무
Sam's **role** is to help new students.
샘의 역할은 신입생들을 도와주는 것이다.
Lisa **played an important role in** the negotiation.
리사는 협상에서 중요한 역할을 했다.

2 ◎ (연극의) 배역, 역
He played the **role** of King Henry.
그는 헨리 왕 역을 맡았다.

복수형	role**s**

➕ **role model** 모범이 되는 사람(것)

❓ **negotiation** 협상

roll (rohl) [roul]

동사 1 구르다, 굴리다
The pen **rolled** off the desk.
펜이 책상에서 굴러떨어졌다.
He **rolled** the barrel of oil inside.
그는 기름 한 통을 굴려서 안으로 가지고 갔다.

2 뒹굴다, 굴리다, 뒤집다

3인칭단수현재	roll**s**
현재분사	roll**ing**
과거·과거분사	roll**ed**

❓ **barrel** 나무나 금속으로 된, 중간 부분이 불룩한 커다란 통

The pigs **roll** in the mud to keep cool.
돼지는 시원하도록 진흙에서 뒹군다.
A puppy **rolled (over)** onto his back.
강아지가 몸을 뒤집어 바닥에 등을 대고 누웠다.

3 말다, 둥글게 만들다
Tony **rolled** his notebook **up** and used it as a telescope.
토니는 노트를 둥글게 말아서 망원경처럼 사용했다.

명사 **1** ⓒ 두루마리, 롤
Please remember to buy a **roll** of toilet paper.
휴지 한 두루마리 사는 거 잊지 마세요.

2 ⓒ 롤빵
A: These **rolls** are delicious. 이 롤빵 맛있다.
B: Thanks. I baked them with cheese and garlic.
고마워. 치즈랑 마늘을 넣어서 구웠어.

3 ⓒ 출석부
Mr. Smith takes the class **roll** at 7:25.
스미스 선생님은 7시 25분에 출석을 부르신다.

The pigs **roll** in the mud to keep cool.

복수형 **roll**s

❓ 롤빵 둥글게 말아 구운 빵

➕ **roll call** 출석 조사, 점호
roll-call 출석을 부르다

romantic (roh-**man**-tik) [roʊmǽntɪk]

형용사 낭만적인, 로맨틱한
Mary likes to watch **romantic** comedies.
메리는 로맨틱 코미디 보기를 좋아한다.

비교급 more **romantic**
최상급 most **romantic**

Rome (rohm) [roʊm]

지명 로마
Rome is the capital of Italy and its largest city.
로마는 이탈리아의 수도이며 가장 큰 도시이다.

➕ **Roman** 로마의, 로마 인(의)

*roof (roof, ruf) [ruːf, rʊf]

명사 **1** ⓒ 지붕
The **roof** is leaking. 지붕에서 물이 샌다.
The **roof** on his house was damaged when a tree fell on it.
그의 집 지붕은 그 위로 나무가 쓰러져서 무너졌다.
The Himalayas are the **roof** of the world.
히말라야는 세계의 지붕이다.

2 ⓒ 천장
Oww! That hot soup burned the **roof** of my mouth.
어우! 뜨거운 수프에 입천장을 데었어.

복수형 **roof**s

➕ **rooftop** 옥상

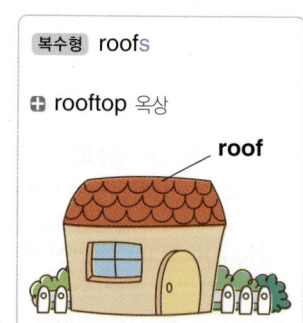

roof

*room (room, rum) [ruːm, rum]

명사 1 ⓒ 방
Get your cat out of my **room**!
네 고양이를 내 방에서 나가게 해!
Our apartment has three **rooms**.
우리 아파트는 방이 세 개다.

2 ⓤ 공간, 자리
Is there enough **room** for a table and chairs?
거기에 식탁 하나와 의자들을 둘 만한 충분한 공간이 있나요?

> 복수형 **rooms**
> ➕ **roommate** 한방 친구, 룸메이트
>   **roomy** 널찍한, 넓은

rooster (roo-stur) [rúːstər]

명사 ⓒ 수탉
Our pet **rooster** wakes me up every morning.
우리 애완 수탉은 매일 아침 나를 깨워 준다.

> 복수형 **roosters**
> ➕ **cock** (영국영어) 수탉

root (root, rut) [ruːt, rut]

명사 1 ⓒ (식물의) 뿌리
This plant has very deep **roots**.
이 식물은 뿌리가 매우 깊다.

2 ⓒ 근원, 원인, 핵심
The **root** of his problem is that he lies too often.
그의 문제의 근원은 거짓말을 너무 자주 한다는 것이다.

3 ⓒ 《roots로 쓰임》 뿌리, 기원, 시초 (≒ origin, source)
Jazz has its **roots** in African music.
재즈는 아프리카 음악에 그 뿌리를 둔다.

동사 뿌리를 내리다
I planted many tomatoes, but they didn't **root**.
나는 토마토를 많이 심었지만 토마토가 뿌리를 내리지 않았다.

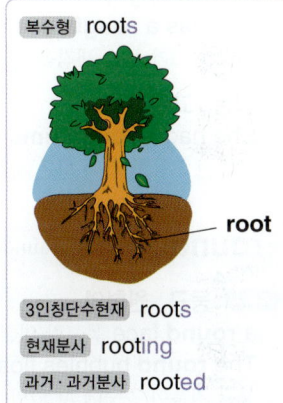

> 복수형 **roots**
> 3인칭단수현재 **roots**
> 현재분사 **rooting**
> 과거·과거분사 **rooted**

rope (rohp) [roup]

명사 ⓒⓤ 밧줄, 줄
I always carry some **rope** when I go camping.
나는 캠핑을 갈 때는 항상 밧줄을 가지고 간다.
They tied down the furniture with **rope**.
그들은 밧줄로 가구들을 묶었다.

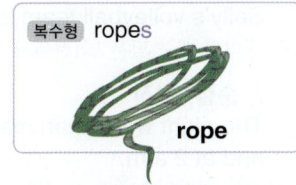

> 복수형 **ropes**

*rose¹ (roze) [rouz]

명사 ⓒ 장미
a bunch of **roses** 장미꽃 한 다발

> 복수형 **roses**

She has a beautiful **rose** garden.
그녀는 아름다운 장미 정원을 가지고 있다.

➕ **rosy** 장밋빛의

rose² (rohz) [rouz]

동사 rise의 과거형

rough (ruhf) [rʌf]

형용사 **1** (표면이) 거친, 울퉁불퉁한 (↔smooth)
The floor was **rough** and bumpy.
바닥은 거칠고 울퉁불퉁했다.
Cats have **rough** tongues. 고양이는 혀가 까칠까칠하다.

2 거친, 난폭한 (↔gentle)
He is very **rough** when he plays soccer.
그는 축구를 할 때는 매우 거칠다.
I don't like **rough** sports like American football.
나는 미식축구처럼 거친 운동을 좋아하지 않는다.

3 대략의, 대강의
She has a **rough** idea of what he is thinking.
그녀는 그가 무슨 생각을 하고 있는지 대강 알고 있다.

4 힘든, 고된
She had a **rough time** in her high school.
그녀는 고등학교 때 힘든 시간을 보냈다.

비교급 **rough**er
최상급 **rough**est

➕ **roughly** 대략, 대충; 거칠게

He is very **rough** when he plays soccer.

*round (round) [raund]

형용사 둥근, 원형의
a **round** face 동그란 얼굴
The **round** bubbles floated in the air.
둥근 거품이 공중에 떠 있었다.

명사 **1** ⓒ [스포츠] 회, 라운드, 회전
This is the final **round** of the game.
이것은 경기의 마지막 회다.
Sally's volleyball team lost in the first **round**.
샐리의 배구 팀은 1회전에서 졌다.

2 ⓒ 순찰, 회진
The night watchman made his **rounds** at 11 p.m. and at 2 a.m.
야간 경비원은 오후 11시와 오전 2시에 순찰을 돌았다.

부사 전치사 (영국영어) **1** ~ 주위에, ~을 둘러, ~을 빙 돌아 **2** ~의 여기저기에 **3** 돌아서, 방향을 바꿔 **4** 대략, 약 (≒about) **5** 근처에, 가까이에 (→around)

비교급 **round**er
최상급 **round**est

복수형 **round**s

The **round** bubbles floated in the air.

※ round가 부사나 전치사로 쓰이는 경우, 영국에서는 주로 round를 쓰고 미국에서는 around를 써요. → around (p. 59)

routine (roo-teen) [ruːtíːn]

명사 ⓒⓤ 판에 박힌 일, 일상의 과정, 일과
A good breakfast should be part of your **daily routine**.
든든한 아침 식사는 일과가 되어야 한다.

형용사 일상적인, 정기적인
I took the car in for **routine** servicing.
나는 정기적인 정비를 받기 위해 차를 가져갔다.

> **복수형** routine**s**
> ➕ routinely 일상적으로

row¹ (roh) [rou]

명사 1 ⓒ (가로로·옆으로 늘어선) 열, 줄
The desks are arranged in two **rows**.
책상은 두 줄로 배열되어 있다.
The students were standing in a **row**.
학생들은 줄을 맞추어 서 있었다.

2 ⓒ (극장 등의) 좌석 줄
Their seats were in the second **row**.
그들의 좌석은 두 번째 줄이었다.

• **in a row** 연속적으로
It has snowed for seven days **in a row**.
눈이 7일 동안 **연속해서** 내렸다.

> **복수형** row**s**
> ➕ column 세로로 늘어선 줄
>
> The desks are arranged in two **rows**.

row² (roh) [rou]

동사 노를 젓다
Tim likes to **row** his boat on the lake for exercise.
팀은 운동으로 호수에서 보트의 노를 젓는 것을 좋아한다.

> **3인칭단수현재** row**s**
> **현재분사** row**ing**
> **과거·과거분사** row**ed**

royal (roi-uhl) [rɔ́iəl]

형용사 왕의, 여왕의, 왕실의
She is a member of the **royal** family of England.
그녀는 영국 왕가의 일원이다.

> ➕ royalty 왕족; 저작권 사용료

rubber (ruhb-ur) [rʌ́bər]

명사 ⓤ 고무
Her dog chased after the **rubber** ball.
그녀의 강아지는 고무공을 쫓았다.
Automobile tires are made from **rubber**.
자동차 타이어는 고무로 만들어졌다.

> ➕ rubber (영국영어) 지우개
> rubber band 고무줄
> rubber tree 고무나무

rude (rood) [ruːd]

형용사 무례한, 버릇없는, 실례의 (=impolite; ↔polite)
Don't interrupt Lisa when she's talking, Tom. That's **rude**.
리사가 말할 때 끼어들지 마, 톰. 그건 실례야.
It's **rude** not to cover your mouth when you cough.
기침할 때 입을 가리지 않는 것은 실례다.

비교급	ruder
최상급	rudest

➕ **rudely** 무례하게
　rudeness 무례함

ruin (roo-in) [rúːin]

동사 망치다, 폐허로 만들다
The rain **ruined** our picnic. 비가 우리 소풍을 망쳤다.
An earthquake **ruined** the city.
지진이 도시를 폐허로 만들었다.

명사 1 ⓒ 《주로 ruins로 쓰임》 잔해, 폐허, 유적
The city is now a **ruin** due to a volcano.
그 도시는 화산 때문에 지금은 폐허가 됐다.

2 Ⓤ 붕괴, 파괴, 몰락
The rain forests are facing **ruin**.
열대 우림은 파괴에 직면해 있다.

3인칭단수현재	ruins
현재분사	ruining
과거·과거분사	ruined
복수형	ruins

An earthquake **ruined** the city.

rule (rool) [ruːl]

명사 1 ⓒ 규칙, 규정
The most important **rule** is to always ask if you have a question.
가장 중요한 규칙은 만약 질문이 있다면 항상 묻는 것이다.
Brian had to get used to the **rules** at his new school.
브라이언은 새 학교의 규칙에 익숙해져야 했다.

2 Ⓤ 통치, 지배
colonial **rule** 식민 통치
a country **under** foreign **rule**
외국의 지배하에 있는 나라

동사 지배하다, 통치하다
The king **ruled** France for 30 years.
그 왕은 프랑스를 30년 동안 지배했다.

- *as a rule* 대개, 일반적으로, 보통
  As a rule, I exercise every morning.
  보통 나는 매일 아침 운동한다.

- *make it a rule to* ~하는 것을 규칙으로 하다
  I **make it a rule to** take a walk every morning.
  나는 매일 아침 산책하는 것을 규칙으로 하고 있다.

복수형	rules

Brian had to get used to the **rules** at his new school.

3인칭단수현재	rules
현재분사	ruling
과거·과거분사	ruled

✓ I make it a rule to take a walk every morning.
 = I always take a walk every morning.

*ruler (roo-lur) [rúːlər]

명사 1 ⓒ (도구) 자
Sally used her **ruler** to draw a perfect square.
샐리는 완벽한 정사각형을 그리기 위해 자를 사용했다.

2 ⓒ 지배자, 통치자
King Sejong was a wise **ruler**.
세종 대왕은 현명한 통치자였다.

복수형 ruler**s**

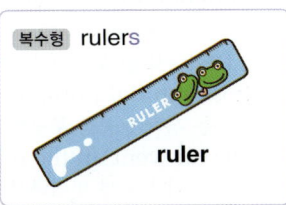
ruler

rumor (roo-mur) [rúːmər]

명사 ⓒⓤ 소문, 풍문
It's not nice to spread **rumors**.
소문을 퍼뜨리는 것은 좋지 않다.
It's only a **rumor** that Jane is getting married.
제인이 결혼한다는 것은 단지 소문일 뿐이다.

복수형 rumor**s**

➕ **rumour** (영국영어) 소문, 풍문

*run (ruhn) [rʌn]

동사 1 달리다
Tom **ran** across the street. 톰은 길을 가로질러 달렸다.

2 운영하다, 경영하다
She **runs** a small coffee shop.
그녀는 작은 커피숍을 운영한다.

3 (액체가) 흐르다
Tears **ran** down his cheeks.
눈물이 그의 뺨을 따라 흘렀다.
This river **runs** through Paris.
이 강은 파리를 통과해 흐른다.
My nose is **running**. 콧물이 난다.

4 (정기적으로) 운행하다, 다니다
This train **runs** to City Hall. 이 열차는 시청까지 운행한다.

5 (컴퓨터 프로그램을) 실행하다, 작동하다
Do you know how to **run** Photoshop?
포토샵을 어떻게 실행하는지 아니?

6 계속되다 (≒ continue)
The art show will **run** for two weeks at the museum.
그 미술전은 박물관에서 2주간 계속될 것이다.

● **run across** (~을) 우연히 만나다, 우연히 찾아내다 (=run into)
I **ran across** this great book on stars at the library.
나는 도서관에서 이 별들에 관한 좋은 책을 우연히 찾아냈다.

● **run away** 달아나다, 가출하다
Sam **ran away** from home. 샘은 가출했다.

3인칭단수현재 run**s**
현재분사 run**ning**
과거 ran
과거분사 run

➕ **runner** 달리는 사람, 달리기 선수
running 달리기

☑ My nose is running.
= I have a runny nose.

This train **runs** to City Hall.

➕ **hit and run** (사람을 치고) 뺑소니 치다
home run 홈런
running time (영화 등의) 상영 시간
runway 활주로

- **run into** 1 (사람) ~와 우연히 만나다 (=run across)
  Bora **ran into** Sam at the health club this afternoon.
  보라는 오늘 오후에 헬스클럽에서 샘을 우연히 만났다.
  2 (사람·사물) 부딪히다, 충돌하다
  Jinsu **ran** right **into** the table.
  진수는 식탁에 곧장 **부딪혔다**.
  His car went off the road and **ran into** a tree.
  그의 차가 도로를 벗어나서 나무와 **충돌했다**.
- **run out (of something)** ~이 다 떨어지다
  We've **run out of** hot dogs. Would you like a hamburger instead?
  핫도그가 다 떨어졌어요. 대신 햄버거는 어떠신가요?
  Walk faster. We're **running out of** time.
  더 빨리 걸어. 시간이 없어.

명사 1 ⓒ 달리기, 뛰기
Brian usually takes a 30-minute **run** after work.
브라이언은 일이 끝난 후 대개 30분간 달리기를 한다.

2 ⓒ (야구 등의) 득점
His team scored two **runs** in the fourth inning.
그의 팀이 4회에 2점을 내었다.

Bora **ran into** Sam.

Jinsu **ran** right **into** the table.

복수형 run**s**

rung (ruhng) [rʌŋ]

동사 ring의 과거분사형

rural (roor-uhl) [rúərəl]

형용사 시골의 (↔urban)
The opposite of "**rural**" is "urban."
'시골의'의 반대는 '도시의'이다.
The **rural** area of Korea is getting smaller. As a result, there are fewer farms.
한국의 시골은 점점 줄고 있다. 그 결과로 농장이 더 적어졌다.

비교급 more rural
최상급 most rural

➕ rural life 전원생활

rush (ruhsh) [rʌʃ]

동사 1 급히 하다, 급히 가다, 서두르다 (=hurry)
Don't **rush** your homework.
숙제를 급하게 하지 마.
She **rushed** home after school.
그녀는 방과 후 서둘러 집에 갔다.

2 재촉하다
I'm sorry to **rush** you, but we're going to be late.
재촉해서 미안한데, (안 그러면) 우리 늦을 것 같아.

3인칭단수현재 rush**es**
현재분사 rush**ing**
과거·과거분사 rush**ed**

➕ rush hour 통근 시간, 러시아워

명사 ①《단수로 쓰임》 서두름, 몹시 바쁨 (=hurry)
They were **in a rush to** get to school.
그들은 학교에 가기 위해 서둘렀다.

> ☑ They were in a rush to get to school.
> = They rushed to school.
> = They hurried to school.

Russia (ruhsh-uh) [rʌ́ʃə]

국가명 러시아
Russia has thousands of rivers and lakes.
러시아에는 무수한 강과 호수가 있다.

> ➕ **Russian** 러시아의, 러시아어(의), 러시아 인(의)

Ss

Start Here

Stars were shining.
....
별들이 빛나고 있었어요.

star

sacrifice (sak-ruh-*fise*) [sǽkrəfàis]

동사 희생하다
She **sacrificed everything** for her children.
그녀는 자식들을 위해 모든 것을 희생했다.
My dad **sacrificed** his weekend to volunteer at a homeless shelter.
우리 아버지는 노숙자 쉼터에서 자원봉사를 하기 위해 주말을 포기하셨다.

명사 ⓒⓤ 희생
They **made sacrifices** to send their son to college.
그들은 아들을 대학에 보내기 위해 많은 희생을 했다.

3인칭단수현재	sacrifice**s**
현재분사	sacrific**ing**
과거·과거분사	sacrifice**d**
복수형	sacrifice**s**

*sad (sad) [sæd]

형용사 1 《사람이 슬퍼함》 슬픈 (≒unhappy)
A: Why do you **look** so **sad**? 왜 그렇게 슬퍼 보이지?
B: It's my birthday today, but nobody remembered it.
오늘은 내 생일인데 아무도 기억하지 않았어.
They were very **sad** when their dog died.
그들은 개가 죽자 매우 슬퍼했다.

2 《사람을 슬프게 함》 애석한, 슬픈
It is sad that they lost the game.
그들이 시합에서 지다니 애석한 일이다.

| 비교급 | sad**der** |
| 최상급 | sad**dest** |

➕ **sadden** 슬프게 하다
　sadly 슬프게
　sadness 슬픔

safe (sayf) [seif]

형용사 1 안전한, 위험이 없는 (↔dangerous)
It's not **safe to** go out alone at night.
밤에 혼자 외출하는 것은 안전하지 않다.
Keep your passport in a **safe** place when you travel.
여행할 때는 여권을 안전한 곳에 두세요.

2 다치지 않은, 무사한
The kids are **safe and sound**.
아이들은 무사하다.

3 조심스러운, 신중한 (≒careful)
John is a very **safe** driver.
존은 매우 조심스러운 운전자다.

명사 ⓒ 금고
I keep my passport and money in the hotel **safe** when I travel.
나는 여행할 때 호텔 금고 안에 여권과 돈을 보관한다.

| 비교급 | safe**r** |
| 최상급 | safe**st** |

➕ **safely** 안전하게

safe

| 복수형 | safe**s** |

safety (sayf-tee) [séifti]

명사 ⓤ 안전
The construction company's motto is "Safety First."
건설 회사의 좌우명은 '안전제일'이다.

> ❓ motto 좌우명, 모토

said (sed) [sed]

동사 say의 과거 · 과거분사형

sail (sayl) [seil]

동사 항해하다
I would love to **sail** around the world on a big cruise ship.
난 커다란 유람선을 타고 세계를 항해하고 싶다.

명사 ⓒ 돛
There was no wind for the **sail** to catch. The sailboat just sat in the water.
돛이 받을 만한 바람이 없었다. 요트는 그냥 물에 떠 있었다.

3인칭단수현재	sails
현재분사	sailing
과거·과거분사	sailed
복수형	sails

sailor (say-lur) [séilər]

명사 ⓒ 선원, 뱃사람
The **sailors** rescued a boy from drowning.
선원들이 물에 빠진 소년을 구했다.

| 복수형 | sailors |

salad (sal-uhd) [sǽləd]

명사 ⓒⓤ 샐러드
Mary ordered a tomato **salad**.
메리는 토마토 샐러드를 주문했다.

| 복수형 | salads |

salary (sal-ur-ee) [sǽləri]

명사 ⓒⓤ 봉급, 월급
She is paid her **salary** every month.
그녀는 매달 월급을 받는다.

| 복수형 | salaries |
| ※ salary, pay, wage의 차이 → pay (p. 679) |

sale (sayl) [seil]

명사 1 ⓒ 판매
The library is having a book **sale** on Saturday.

| 복수형 | sales |

도서관에서 토요일에 책을 판매할 것이다.
That house on the corner is **for sale**.
코너에 있는 저 집은 판매 중이다.

2 ⓒ 할인 판매, 세일
This bike is **on sale** for only $250.
이 자전거는 단지 250달러에 할인 판매 중이야.

3 ⓒ 《sales로 쓰임》 판매량
Sales of cars are usually higher in the summer.
자동차 판매량은 대체로 여름에 더 많은 편이다.

> ➕ **clearance sale** 재고 정리 세일
> **garage sale** (자기 집 차고에서 하는) 쓰던 물건 팔기
> **yard sale** (자기 집 마당에서 하는) 쓰던 물건 팔기

salesman (**saylz**-muhn) [séilzmən]

명사 ⓒ (남자) 판매원, 외판원, 세일즈맨
The **salesman** explained the TV's features to us.
판매원은 우리에게 그 텔레비전의 특징을 설명해 주었다.

> 복수형 **sales**men
> ➕ **saleswoman** (여자) 판매원
> **salesperson** 판매원

＊salt (sawlt) [sɔːlt]

명사 ⓤ 소금
Salt is used to preserve foods such as kimchi.
소금은 김치와 같은 음식을 저장하기 위해 사용된다.

> ➕ **salty** 짠
> **salt water** 바닷물

＊same (saym) [seim]

형용사 같은, 동일한
Tony has **the same** sweater as Sam does.
토니는 샘이 입은 것과 똑같은 스웨터가 있다.
I read **the same** book as Bora for my book report.
난 독후감으로 보라가 읽은 것과 같은 책을 읽었다.

● *at the same time* 동시에
Everyone stopped talking **at the same time**.
모든 사람이 동시에 말을 멈췄다.

대명사 같은 사람, 같은 것
He ordered spaghetti, and I had **the same**.
그는 스파게티를 주문했고 나도 같은 것을 먹었다.
Your shoes are **the same** as his.
네 신발은 그의 것과 똑같다.

부사 똑같이, 마찬가지로
Green tea and black tea taste **the same** to me.
녹차나 홍차나 내게는 맛이 똑같아.

A: How's Brian doing?
브라이언은 어떻게 지내?

Tony has **the same** sweater as Sam does.

✓ Green tea and black tea taste the same to me.

B: **The same as** always. You know Brian, always smiling.
항상 똑같아. 브라이언 알잖아, 늘 웃고 있잖아.

> = Green tea and black tea taste alike to me.

sample (sam-puhl) [sǽmpəl]

명사 ⓒ 견본, 샘플
The nurse took a blood **sample** from the patient.
간호사는 환자로부터 혈액 샘플을 채취했다.

> 복수형 **sample**s

sand (sand) [sænd]

명사 Ⓤ 모래
The white **sand** of the beach was beautiful.
해변의 하얀 모래는 아름다웠다.
I have **sand** in my shoes.
신발에 모래가 들어갔다.

> ➕ sandy 모래투성이의
> sandcastle 모래성

sandwich (sand-wich) [sǽndwitʃ]

명사 ⓒ 샌드위치
She had a chicken **sandwich** for her lunch.
그녀는 점심으로 닭고기 샌드위치를 먹었다.

> 복수형 **sandwich**es

sang (sang) [sæŋ]

동사 sing의 과거형

sank (sangk) [sæŋk]

동사 sink의 과거형

sat (sat) [sæt]

동사 sit의 과거·과거분사형

satellite (sat-uh-lite) [sǽtəlàit]

명사 1 ⓒ [천문] 위성
The moon is a **satellite** of the earth.
달은 지구의 위성이다.

2 ⓒ 인공위성
I listen to **satellite** radio in my car.
나는 차 속에서 위성 라디오를 듣는다.

> 복수형 **satellite**s
>
> ❓ 위성 행성의 인력에 의하여 그 둘레를 도는 천체

satisfy (sat-is-*fye*) [sǽtisfài]

동사 만족시키다, 충족시키다
Nothing ever **satisfies** her.
그 어떤 것도 그녀를 만족시키지 못한다.
They always try to **satisfy** their guests.
그들은 항상 고객들을 만족시키고자 노력한다.
This computer will **satisfy** your requirements.
이 컴퓨터가 너의 필요를 충족시켜 줄 것이다.

3인칭단수현재	satisfies
현재분사	satisfying
과거·과거분사	satisfied

➕ satisfaction 만족
　satisfactory 만족스러운
　satisfied 만족한

Saturday (sat-ur-day) [sǽtərdèi]

명사 ⓒ 토요일 (줄임말 Sat.)
This **Saturday** is my first payday.
이번 주 토요일은 나의 첫 번째 월급날이다.

복수형	Saturdays

sausage (saw-sij) [sɔ́:sidʒ]

명사 ⓒⓤ 소시지
beef[pork] **sausages**
소고기[돼지고기]로 만든 소시지들
I like to eat spaghetti with **sausage**.
나는 소시지가 들어간 스파게티를 먹기 좋아한다.

복수형	sausages

sausage

save (sayv) [seiv]

동사 **1** (위험에서) 구하다, 구조하다
The lifeguard **saved** the drowning swimmer.
인명 구조원은 물에 빠진 수영객을 구했다.
Recycling **saves** the earth's natural resources.
재활용은 지구의 천연자원을 지켜 준다.

2 아끼다, 절약하다 (↔waste)
Buy books online and **save** more money and time.
온라인으로 책을 구입하시고 더 많은 돈과 시간을 절약하세요.

3 저금하다, 저축하다
Bora is **saving** money for a new dress.
보라는 새 옷을 사려고 돈을 모으고 있다.

4 (컴퓨터에) 저장하다
Remember to **save** your files.
파일을 저장하는 것을 기억해.

3인칭단수현재	saves
현재분사	saving
과거·과거분사	saved

➕ savings 저축한 돈, 저금
　savior 구조자

save

saw (saw) [sɔ:]

동사 see의 과거형

*say (say) [sei]

동사 **1 말하다**
A: What did you **say**? 뭐라고 말했어?
B: I **said** hurry up. We're going to be late.
   서두르라고 말했어. 우리 늦을 거야.
Bora **said that** she bought new jeans.
보라는 새 청바지를 샀다고 말했다.

2 (신문·게시판 등에) ~라고 쓰여 있다, ~라고 나와 있다
The newspaper **says** it's going to rain today.
신문에는 오늘 비가 내릴 거라고 나와 있다.

3인칭단수현재	say**s**
현재분사	say**ing**
과거·과거분사	**said**

⊕ **saying** 속담, 격언

scale (skale) [skeil]

명사 **1 ⓒ 저울, 체중계**
The bathroom **scale** said Sam weighed 43 kilograms.
체중계에는 샘이 43kg이 나간다고 나왔다.

2 ⓒ 비늘
Fish **scales** are sometimes sharp enough to cut your hand.
생선 비늘은 때때로 손을 벨 만큼 날카롭다.

3 《단수로 쓰임》 규모, 크기
He's working on a **large-scale** project.
그는 큰 규모의 프로젝트 일을 하고 있다.

| 복수형 | scale**s** |

⊕ kitchen scale 주방용 저울
   musical scale 음계

bathroom **scale**

scarecrow (skair-kroh) [skɛərkròu]

명사 **ⓒ 허수아비**
The crows aren't scared by the **scarecrow**.
까마귀들은 허수아비를 겁내지 않는다.

| 복수형 | scarecrow**s** |

scared (skaird) [skɛərd]

형용사 **무서워하는, 겁먹은**
My little sister is **scared** of the dark.
내 여동생은 어둠을 무서워한다.

| 비교급 | **more** scared |
| 최상급 | **most** scared |

⊕ scare 겁나게 하다, 겁먹다

scary (skair-ee) [skɛ́əri]

형용사 **무서운, 두려운**
I saw a really **scary** movie last night.
나는 어젯밤 정말 무서운 영화를 보았다.

| 비교급 | scar**ier** |
| 최상급 | scar**iest** |

It's **scary** when lightning strikes.
번개가 치면 무섭다.

> ➕ **scariness** 무시무시함

scene (seen) [siːn]

명사 1 ⓒ 풍경, 경관 (=view)
Mary painted a mountain **scene**.
메리는 산의 풍경을 그렸다.

2 ⓒ (연극·영화 등의) 장면, 신
She couldn't watch the violent **scene** in the movie.
그녀는 영화의 폭력적인 장면을 (눈 뜨고) 볼 수 없었다.

3 ⓒ (사건 등의) 현장
Police searched the crime **scene** for clues.
경찰은 단서를 찾기 위해 범죄 현장을 수색했다.

> 복수형 **scene**s
>
> ➕ **scenery** (연극의) 무대 장면, 무대 장치; 풍경, 경치
>
> ❓ **clue** 단서, 실마리, 힌트

schedule (skej-ool, skej-ul) [skédʒuːl, skédʒul]

명사 1 ⓒ 일정, 예정, 스케줄
I **have a busy schedule** this week.
이번 주는 일정이 빡빡하다.
The train arrived **on schedule**.
기차는 예정대로 도착했다.

2 ⓒ (버스·기차 등의) 시간표
a bus (train, airplane) **schedule**
버스(기차, 비행기) 시간표

동사 일정을 잡다
The school festival **is scheduled for** Friday evening.
학교 축제는 금요일 저녁으로 일정이 잡혔다.

> 복수형 **schedule**s
>
> ➕ **daily schedule** 하루 일정
> **monthly schedule** 월간 일정
> **weekly schedule** 주간 일정
>
> 3인칭단수현재 **schedule**s
> 현재분사 **schedul**ing
> 과거·과거분사 **schedule**d

scholar (skah-lur) [skálər]

명사 ⓒ 학자
a literary **scholar** 인문학자
My dad is a **scholar** of Asian history.
우리 아빠는 아시아 역사학자시다.

> 복수형 **scholar**s

scholarship (skah-lur-ship) [skálərʃip]

명사 ⓒ 장학금
Jim went to the private school **on a scholarship**.
짐은 장학금으로 사립 학교에 다녔다.
Jane **won a scholarship** to the art school.
제인은 예술 학교에서 공부할 수 있는 장학금을 받았다.

> 복수형 **scholarship**s

*school (skool) [skuːl]

명사 1 ⓒⓤ 학교
Brian wants to go to a science **school**.
브라이언은 과학 학교에 가길 원한다.
A: What's your favorite part of **school**?
학교에서 가장 좋아하는 것이 뭐야?
B: Lunch. 점심이지.

2 ⓤ 수업
We have **no school** today. 오늘은 수업이 없다.

3 《the school로 쓰임》 전교생
The whole **school** went outside to watch the space launch.
전교생이 우주선 발사를 보기 위해 밖으로 나갔다.

4 ⓒ (물고기 등의) 떼
a **school** of dolphins 돌고래 떼

복수형 school**s**

school

➕ 초등학교 elementary school, primary school
중학교 middle school
고등학교 high school

*science (sye-uhns) [sáiəns]

명사 ⓤ 과학
I studied the biology of frogs in my **science** class.
나는 과학 시간에 개구리에 대한 생물학을 공부했다.

➕ science and technology
과학과 기술

scientific (sye-uhn-tif-ik) [sàiəntífik]

형용사 과학의, 과학적인
Scientific research can help us find cures for diseases.
과학 연구는 우리가 질병의 치료법을 찾는 데 도움을 줄 수 있다.

비교급 **more** scientific
최상급 **most** scientific

*scientist (sye-uhn-tist) [sáiəntist]

명사 ⓒ 과학자
Some **scientists** work in laboratories, and some **scientists** work outside in the real world.
어떤 과학자들은 연구실에서 연구하고 어떤 과학자들은 (연구실) 밖에 있는 실제 세계에서 연구한다.

복수형 scientist**s**

*scissors (siz-urz) [sízərz]

명사 《복수형임》 가위
Mary used **scissors** to cut pictures out of magazines.
메리는 잡지에서 그림을 오리기 위해 가위를 사용했다.

※ 가위는 두 날이 한 쌍으로 되어 있기 때문에 항상 복수 형태인 scissors로 써요.

scold (skohld) [skould]

동사 꾸짖다, 잔소리하다
A: Why are you crying, Tim? 왜 울고 있어, 팀?
B: Dad **scolded** me **for** wasting money on comic books.
아빠가 만화책을 사느라 돈을 낭비했다고 날 혼내셨어.
A: Don't worry about it. Reading's good for you.
걱정 마. 독서는 너에게 좋은 거야.

3인칭단수현재	scold**s**
현재분사	scold**ing**
과거·과거분사	scold**ed**

score (skor) [skɔːr]

동사 득점하다
Sally **scored** ten points in the basketball game.
샐리는 농구 시합에서 10점을 득점했다.

명사 ⓒ (시험·경기 등의) 점수, 득점
test **scores** 시험 점수
A: What's the **score**? 득점이 어떻게 돼?
B: Korea is winning 2-1. 한국이 2-1로 이기고 있어.

3인칭단수현재	score**s**
현재분사	scor**ing**
과거·과거분사	score**d**
복수형	score**s**

scratch (skrach) [skrætʃ]

동사 1 긁다, 긁힌 자국을 내다, 할퀴다
Jim **scratched** his name on the desk.
짐은 책상에 자기 이름을 긁어 새겼다.
Bill **scratched** off the price sticker on his new pen.
빌은 새 펜에 붙여진 가격표를 긁어서 떼어 냈다.

2 (가려운 곳을) 긁다
Bora **scratched** the mosquito bite.
보라는 모기 물린 곳을 긁었다.

명사 ⓒ 할퀸 상처, 긁힌 자국
Jane had **scratches** on her face.
제인은 얼굴에 할퀸 상처가 있었다.
There was a big **scratch** on the side of his car.
그의 차 옆면에 커다랗게 긁힌 자국이 있었다.

3인칭단수현재	scratch**es**
현재분사	scratch**ing**
과거·과거분사	scratch**ed**

➕ **scratchy** (펜 등이) 긁히는; 가려운

복수형	scratch**es**

scream (skreem) [skriːm]

동사 비명을 지르다, 소리치다
Lisa **screamed** when she saw a rat.
리사는 쥐를 보고 비명을 질렀다.

명사 ⓒ 비명, 외침
She heard **screams** from the classroom.
그녀는 교실에서 나는 비명 소리를 들었다.

3인칭단수현재	scream**s**
현재분사	scream**ing**
과거·과거분사	scream**ed**
복수형	scream**s**

screen (skreen) [skriːn]

명사 1 ⓒ (TV · 컴퓨터 등의) 화면
The TV **screen** is dirty. Get a cloth and clean it.
텔레비전 화면이 더럽다. 걸레를 가져와서 닦아라.

2 ⓒ 그물망, 방충망
All the windows have **screens** to keep the bugs out.
모든 창문은 벌레가 들어오지 못하게 방충망이 있다.

3 ⓒ (영화의) 화면, 은막, 스크린
We're getting ready to see a video. Could you pull the **screen** down, Tom?
우리는 비디오 볼 준비를 하고 있어. 톰, 스크린 좀 내려 줄래?

복수형 screens

➕ screen door 방충망 문

sea (see) [siː]

명사 1 Ⓤ 《단수로, 그리고 주로 the sea로 쓰임》 바다
They swam in **the sea**. 그들은 바다에서 수영을 했다.
The ship sank to the bottom of **the sea**.
배는 바다 밑바닥으로 가라앉았다.

2 ⓒ 《주로 Sea로 쓰임》 해양의 일부, ~해(海)
the Mediterranean **Sea** 지중해

복수형 seas

➕ by sea 배를 타고
by the sea 바닷가에

seafood (see-food) [síːfùːd]

명사 Ⓤ 해산물
Lobster is my favorite **seafood**.
바닷가재는 내가 좋아하는 해산물이다.

※ sea(바다) + food(음식) = seafood(바다에서 나는 먹거리)

search (surch) [səːrtʃ]

동사 찾다, 수색하다
I **searched** for you everywhere!
내가 널 찾느라 온 데를 다 돌아다녔어!
Brian **searched** his pockets for his cell phone.
브라이언은 휴대 전화를 찾기 위해 주머니를 뒤졌다.

명사 1 ⓒ 수색, 조사
He went back to his room **in search of** his cell phone. 그는 휴대 전화를 찾으러 자기 방으로 다시 갔다.

2 ⓒ [컴퓨터] 검색
The **search** engine found 2,150,000 matches for the words "Tim Tebow."
검색 엔진은 'Tim Tebow'란 단어에 2,150,000개의 검색어를 찾아냈다.

3인칭단수현재 searches
현재분사 searching
과거·과거분사 searched

복수형 searches

➕ searchlight 탐조등
search party 수색대
search warrant 수색 영장

seaside (see-side) [síːsàid]

명사 《단수로 쓰임》 (영국영어) 바닷가, 해변, 해안
I want to live in a cottage by the **seaside**.
나는 바닷가에 있는 작은 집에 살고 싶다.

> ❓ cottage 작은 집

*season (see-zuhn) [síːzən]

명사 1 ⓒ 계절
The four **seasons** are spring, summer, fall, and winter.
사계절은 봄, 여름, 가을, 겨울이다.

2 ⓒ 철, 시즌
Baseball **season** begins in April.
야구 시즌은 4월에 시작한다.

> 복수형 season**s**
>
> ➕ seasonal 계절의, 계절에 따라 다른

*seat (seet) [siːt]

명사 ⓒ 자리, 좌석
Take a **seat**, please. 자리에 앉으세요.
The classroom didn't have enough **seats** for all the students.
교실에는 모든 학생들이 앉을 수 있는 충분한 자리가 없었다.

동사 자리에 앉히다
The usher **seated** Tim and Mary near the center of the theater.
안내원은 팀과 메리를 극장의 중앙 근처에 앉혔다.
Please be **seated**. 자리에 앉아 주세요.

> 복수형 seat**s**
>
> ➕ seat belt 안전벨트
>
> 3인칭단수현재 seat**s**
> 현재분사 seat**ing**
> 과거·과거분사 seat**ed**
>
> ❓ usher (극장 등의) 좌석 안내원

second¹ (sek-uhnd) [sékənd]

명사 1 ⓒ [시간] 초 (줄임말 sec.)
There are 60 **seconds** in a minute. 1분은 60초이다.

2 ⓒ 잠깐, 순간, 짧은 시간
A: Sally, do you **have a second**? I need to ask you a question. 샐리, 잠깐 시간 있니? 물어볼 것이 있어.
B: Sure. Ask away. 그럼, 물어봐.
Wait a second, please. 잠시만 기다려 주세요.

> 복수형 second**s**
>
> ➕ hour hand 시침
> minute hand 분침
> second hand 초침

second² (sek-uhnd) [sékənd]

형용사 제2의, 두 번째의
Tony's volleyball team finished in **second** place.
토니의 배구 팀은 2위로 경기를 끝마쳤다.

> ➕ secondhand 중고의

secret

부사 두 번째로, 2등으로
the **second** highest building 두 번째로 높은 빌딩
He came **second** in the race.
그는 달리기 경주에서 2등으로 들어왔다.

대명사 《단수로 쓰임》 **1** (날짜) 2일
Her birthday is on the **second** of July.
그녀의 생일은 7월 2일이다.

2 두 번째, 2등, 제2
Bora was **the second** to arrive.
보라는 두 번째로 도착했다.

second language (모국어 다음의) 제2 언어, 제1 외국어

☑ Her birthday is on the second of July.
= Her birthday is on July 2.

secret (see-krit) [síːkrit]

명사 ◎ 비밀
I'll tell you a **secret** if you promise not to tell anyone.
누구한테도 말하지 않는다고 약속하면 너에게 비밀을 말해 줄게.
Jinsu can't keep a **secret**. He tells everyone any news he gets.
진수는 비밀을 지키지 못해. 누구에게든 새로이 알게 된 소식을 다 말해.

● **in secret** 비밀리에, 남모르게
Eric met with the police detective **in secret**.
에릭은 **비밀리에** 형사와 만났다.

형용사 비밀의
My computer has a **secret** password.
내 컴퓨터는 비밀번호가 있다.

복수형 secret**s**

➕ secretly 비밀리에, 몰래

☑ Eric met with the police detective in secret.
= Eric met with the police detective secretly.

비교급 more secret
최상급 most secret

secretary (sek-ri-*ter*-ee) [sékrətèri]

명사 **1** ◎ 비서
Ms. Brown's **secretary** answers the phone for her.
브라운 씨의 비서는 브라운 씨 대신 전화를 받는다.

2 ◎ (미국의) 장관
The **Secretary** of State is in charge of foreign affairs.
국무 장관은 외교 분야를 총괄한다.

복수형 secretar**ies**

➕ the Foreign Secretary
외무 장관
the Secretary of Defense
국방 장관

security (si-kyoor-i-tee) [sikjúəriti]

명사 ◎ 안전, 보안, 경비
Security for the president is very tight.
대통령 경호는 매우 삼엄하다.
The **security** guard at my apartment is very helpful.
우리 아파트 경비원은 많은 도움이 된다.

➕ secure 안전한, 안정된
the U.N. Security Council 유엔 안전 보장 이사회

*see (see) [siː]

동사 **1 보다**
Can you **see** that red bird in the tree?
나무에 있는 저 빨간 새 보여?
I **saw** Bora running. 나는 보라가 뛰어가는 것을 보았다.

2 알다, 이해하다 (≒understand)
I'm afraid I still don't **see** what you mean.
미안하지만 당신이 무슨 말을 하는지 여전히 모르겠어요.

3 발견하다, 알아내다 (≒find out)
Call your father and **see** what time he'll be home.
아버지께 전화해서 몇 시에 집에 오실 건지 알아봐라.

4 보다, 관람하다 (≒watch)
Let's go and **see** a movie. 영화 보러 가자.

5 만나다
I think I'm going to **see** my cousins this weekend.
난 이번 주말에 사촌들을 만나러 갈 생각이야.

3인칭단수현재	**see**s
현재분사	**see**ing
과거	**saw**
과거분사	**seen**

➕ **see you** 잘 있어, 잘 가, 또 봐, 안녕
see you later 나중에 또 봐

※ see, look, watch의 차이 → look (p. 539)

---

seed (seed) [siːd]

명사 ⓒⓊ **씨, 씨앗**
Sunflower **seeds** are a great snack.
해바라기씨는 훌륭한 간식이다.

복수형	**seed**s

---

seek (seek) [siːk]

동사 **찾다, 구하다**
Seek wisdom before wealth. 부(富) 전에 지혜를 구하라.
Jill is **seeking** a better job.
질은 더 좋은 직장을 찾고 있다.

3인칭단수현재	**seek**s
현재분사	**seek**ing
과거·과거분사	**sought**

---

seem (seem) [siːm]

동사 **~처럼 보이다, ~인 것 같다**
The young couple **seems** happy.
젊은 커플은 행복해 보인다.
I **seem** to have forgotten where I put my book.
내가 책을 어디에 두었는지 잊어버린 것 같다.
He **seemed** upset with me. 그는 내게 화가 난 것 같았다.

3인칭단수현재	**seem**s
현재분사	**seem**ing
과거·과거분사	**seem**ed

---

seen (seen) [siːn]

동사 see의 과거분사형

seesaw (see-saw) [síːsɔ̀ː]

명사 ⓒ 시소
The park near my house has a **seesaw**.
우리 집 근처 공원에는 시소가 있다.
Let's play on the **seesaw**. 우리 시소 타면서 놀자.

복수형 seesaw**s**

seesaw

seize (seez) [siːz]

동사 1 (갑자기) 잡다, 붙잡다, 쥐다 (≒ grab)
The man **seized** me by the arm.
그 남자가 내 팔을 잡았다.

2 (힘으로) 빼앗다, 장악하다
The oil tanker was **seized** by pirates.
유조선은 해적들에게 빼앗겼다.
The thief **seized** her bag and ran away.
도둑이 그녀의 가방을 빼앗아 달아났다.

3인칭단수현재	seize**s**
현재분사	seiz**ing**
과거·과거분사	seiz**ed**

➕ seizure 붙잡기, 쥐기

seldom (sel-duhm) [séldəm]

부사 드물게, 좀처럼 ~ 않는
I **seldom** eat fast food.
나는 좀처럼 패스트푸드를 먹지 않는다.
It **seldom** snows in Busan.
부산에는 눈이 좀처럼 오지 않는다.

☑ I seldom eat fast food.
 ≒ I rarely eat fast food.

select (suh-lekt) [silékt]

동사 선택하다, 고르다 (≒ choose, pick)
Sam **selected** a red necktie to match his new suit.
샘은 새 양복에 어울릴 빨간 넥타이를 골랐다.
Mary was **selected** as one of the marathon runners.
메리가 마라톤 선수들 중 한 명으로 뽑혔다.

형용사 엄선된
The ABC Dairy gets its milk from **select** cows.
ABC (유제품) 회사는 엄선된 소들의 젖을 짠다.

3인칭단수현재	select**s**
현재분사	select**ing**
과거·과거분사	select**ed**

➕ selection 선택, 선발
selective 선택적인; 까다로운

self (self) [self]

명사 자기 자신, 자아
A child must have a good sense of **self** to succeed.
아이가 성공하려면 자기 자신에 대해 잘 알아야 한다.
He showed his **true** (**real**) **self**.
그는 자신의 참모습을 보여 주었다.

복수형 sel**ves**

send

Tip **self**가 들어가는 단어가 많나요?

self는 인칭대명사에 붙어 '~ 자신'이라는 뜻으로 더 많이 쓰이지요. myself(나 자신), himself(그 자신) 등. 그런데 self의 복수형은 selves라는 것을 기억하세요. ourselves(우리들 자신), themselves(그들 자신)처럼요.

selfish (sel-fish) [sélfiʃ]

형용사 이기적인
It's **selfish** not to share.
(다른 사람들과) 함께 나누지 않는 것은 이기적인 것이다.
Selfish behavior causes many problems.
이기적인 행동은 많은 문제를 일으킨다.

| 비교급 | more selfish |
| 최상급 | most selfish |

sell (sel) [sel]

동사 1 팔다, 판매하다 (↔buy)
Sally is **selling** her old dress for $10.
샐리는 자신이 입던 드레스를 10달러에 팔고 있다.
That store **sells** lots of different kinds of cell phones.
저 상점은 아주 다양한 종류의 휴대 전화를 판매한다.

2 팔리다
New computers now **sell** for less than $1,000.
새 컴퓨터는 지금 1,000달러 이하로 팔리고 있다.

3인칭단수현재	sells
현재분사	selling
과거·과거분사	sold

Sally is **selling** her old dress for $10.

selves (selvz) [selvz]

명사 self의 복수형

semester (suh-mes-tur) [siméstər]

명사 ⓒ (1년 2학기제의) 학기
The spring **semester** begins in March.
봄 학기는 3월에 시작한다.

| 복수형 | semesters |

*send (send) [send]

동사 1 보내다, 부치다
Can you **send** me your new catalog?
새로운 안내서를 보내 주실 수 있습니까?
Tony **sent** me an e-mail. 토니가 내게 이메일을 보냈다.

2 (사람을) 보내다

3인칭단수현재	sends
현재분사	sending
과거·과거분사	sent

A: Where's Sally? 샐리 어디 있어요?
B: I **sent** her on an errand. She's buying some eggs at the supermarket.
내가 심부름 보냈는데. 슈퍼마켓에서 계란을 사고 있어.

❓ errand 심부름

senior (see-nyur) [síːnjər]

형용사 연상의, 상급의
He is five years **senior** to me. 그는 나보다 다섯 살 위다.
a **senior** officer 상관

명사 **1** ⓒ (고등학교) 3학년, (대학교) 4학년
Eric is a high school **senior**. 에릭은 고등학교 3학년이다.

2 ⓒ 노인, 고령자 (=**senior** citizen)
Seniors can get a 10% discount.
노인분들은 10% 할인을 받을 수 있습니다.

3 ⓒ 연장자, 손윗사람
I'm his **senior** by two years. 나는 그보다 두 살 위다.

4 (아들이 아버지의 이름을 물려받았을 때, 아버지를 칭하는 말) 시니어
Tom Bradley, **Senior**, is the father of Tom Bradley, Junior. 톰 브래들리 시니어는 톰 브래들리 주니어의 아버지다.

비교급 more senior
최상급 most senior
복수형 seniors

※ 고등학교
1학년 sophomore
2학년 junior
3학년 senior
대학교
1학년 freshman
2학년 sophomore
3학년 junior
4학년 senior

sense (sens) [sens]

명사 **1** ⓒ (시각·촉각 등의) 감각
The five **senses** are sight, hearing, smell, touch, and taste. 오감은 시각, 청각, 후각, 촉각, 미각이다.

2 ⓒ 느낌, ~감
Lisa has a real **sense** of pride about her artwork.
리사는 자신의 예술 작품에 진정한 자부심을 느낀다.

3 ⓒ 《주로 단수로 쓰임》 (이해·판단할 줄 아는) 감각
a **sense** of direction 방향 감각
A: Sally doesn't have a **sense of humor**.
   샐리는 유머 감각이 없어.
B: You're right. She's too serious about things.
   맞아. 그녀는 모든 일에 너무 진지해.

4 ⓤ 분별력, 판단력
It takes good **sense** to pick good friends.
좋은 친구를 고르려면 좋은 분별력이 필요하다.

5 ⓒ 의미, 뜻 (≒meaning)
Many English words have more than one **sense**.
많은 영어 단어들은 뜻이 하나 이상이다.

복수형 senses

➕ senseless 무의미한; 의식을 잃은; 분별없는
sensible 분별 있는, 합리적인

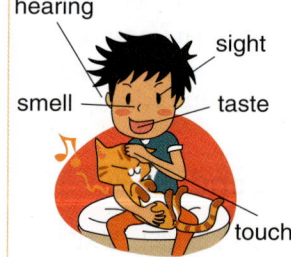

The five **senses** are sight, hearing, smell, touch, and taste.

- **make sense** 이치에 맞다, 합리적이다, 말이 되다
  It **makes sense** to make the effort to try and make people safer.
  사람들을 보다 안전하게 하려고 노력하는 것은 **합리적인 일이다**.
  It doesn't **make** any **sense**. 그건 말이 안 된다.

[동사] ~을 감지하다, 느끼다
Lisa **sensed** the teacher was standing behind her.
리사는 선생님께서 자기 뒤에 서 계심을 느꼈다.

- **common sense** 상식
  sense organ 감각 기관
  sixth sense 육감

3인칭단수현재	sense**s**
현재분사	sens**ing**
과거·과거분사	sense**d**

sensitive (sen-si-tiv) [sénsətiv]

[형용사] **1** 민감한, 예민한 (↔insensitive)
I have **sensitive** skin. 내 피부는 민감성이다.
Eric is **sensitive** to criticism. 에릭은 비판에 예민하다.

2 (다른 사람의 감정에) 섬세한, 신경을 쓰는
Teachers must be **sensitive** to students in order to be fair.
교사가 공평하기 위해서는 학생들에게 신경을 써야 한다.

비교급	more sensitive
최상급	most sensitive

- **sensitively** 민감하게, 예민하게
  sensitivity 민감, 예민함

sent (sent) [sent]

[동사] send의 과거·과거분사형

sentence (sen-tuhns) [séntəns]

[명사] **1** ⓒ 문장
Most English **sentences** have a subject, a verb, and an object.
대부분의 영어 문장에는 주어, 동사, 목적어가 있다.

2 ⓒ [법] 판결, 선고
The bank robber was given a **sentence** of five years in prison.
은행 강도는 5년 형을 선고받았다.

[동사] 판결을 내리다, 형을 선고하다
The murderer was **sentenced** to life in prison.
그 살인범은 종신형을 선고받았다.

복수형	sentence**s**

※ sentence와 phrase, paragraph 등의 차이 → phrase (p. 691)

3인칭단수현재	sentence**s**
현재분사	sentenc**ing**
과거·과거분사	sentence**d**

separate (sep-uh-rate | sep-ur-it) [sépərèit | sépərit]

[동사] (**sep**-uh-*rate*) 분리되다, 갈라지다, 분리하다, 가르다
The teacher **separated** the class into two teams.
교사는 학급을 두 팀으로 나누었다.

[형용사] (**sep**-ur-it) 각각의, 분리된

3인칭단수현재	separate**s**
현재분사	separat**ing**
과거·과거분사	separate**d**

September

Sally and her sister share a bedroom, but they sleep in **separate** beds.
샐리는 언니와 방을 함께 쓰지만 각자의 침대에서 잔다.

➕ **separately** 따로따로
separation 분리; 이별

September (sep-tem-bur) [septémbər]

명사 ⓒ 9월 (줄임말 Sep.)
School used to begin in **September** in the U.S., but now it starts in late August.
미국에서 학교는 9월에 시작했었는데, 지금은 8월 말쯤에 시작한다.

복수형 **September**s

series (seer-eez) [síəri:z]

명사 1 ⓒ 연속
He had a **series of** accidents last year.
그는 지난해 연이어 사고를 겪었다.

2 ⓒ (TV·책·영화 등의) 연속물, 시리즈
CSI is my favorite TV **series**.
〈CSI〉는 내가 매우 좋아하는 TV 시리즈이다.

복수형 **series**

❓ CSI (Crime Scene Investigation) 범죄 현장 수사대

serious (seer-ee-uhs) [síəriəs]

형용사 1 (나쁘거나 위험한 정도가) 심각한, 중대한
Oil in the ocean can cause **serious** harm to penguins.
바다에 유출된 기름은 펭귄에게 심각한 해를 초래할 수 있다.

2 진지한, 진심인
Don't laugh. I'm **serious**. 웃지 마. 난 진지해.
A: Tim just volunteered for the Army.
팀이 방금 군대에 자원했어.
B: **Are you serious?** Why would he do that?
진짜야? 그가 왜 그랬을까?

비교급 **more serious**
최상급 **most serious**

➕ **seriously** 심각하게, 진심으로; 정말, 대단히

servant (sur-vuhnt) [sə́:rvənt]

명사 ⓒ 하인, 종
Servants do jobs such as cleaning and cooking.
하인은 청소나 요리 같은 일을 한다.

복수형 **servant**s

serve (surv) [sə:rv]

동사 1 시중들다, (손님을) 응대하다
She has **served** as the Smiths' maid for 15 years.
그녀는 스미스가의 가정부로서 15년간 시중을 들고 있다.

3인칭단수현재 **serve**s
현재분사 **serv**ing

818

He's **serving** a customer looking for sweaters.
그는 스웨터를 찾는 손님을 도와주고 있다.

2 (음식·음료 등을) 내다, 제공하다
We waited for the waiter to **serve** our food.
우리는 웨이터가 우리 음식을 내오길 기다렸다.
Bora's mother **served** us a delicious lunch.
보라 어머니께서 우리에게 맛있는 점심을 차려 주셨다.

3 근무하다, 일하다, [군대] 복무하다
It's Brian's turn to **serve** as club treasurer.
브라이언이 동아리의 회계로 일할 차례이다.
Korean men must **serve** in the military.
한국 남성은 군 복무를 해야 한다.

4 [스포츠] 서브하다
The visiting volleyball team **served** first.
원정을 온 배구 팀이 먼저 서브했다.

명사 ⓒ [스포츠] 서브
A: Whose **serve** is it? 누가 서브야?
B: It's yours. 네 차례야.

과거·과거분사 **serv**ed
serve
❓ treasurer 회계 담당자

serve
복수형 **serve**s

service (sur-vis) [sə́ːrvis]

명사 **1** ⓤ (식당·상점 등의 손님에 대한) 서비스
A: This store has such bad **service**.
이 상점은 서비스가 너무 나빠.
B: I know. You can never get anyone to help you.
알아. 안내해 주는 사람을 절대 찾을 수가 없어.

2 ⓒⓤ 봉사
Tony cleaned up the park as part of his community **service**.
토니는 지역 사회 봉사의 일부로 공원을 청소했다.

3 ⓒⓤ 근무
She retired from the company after 20 years of **service**.
그녀는 20년간 근무한 회사를 그만두었다.

4 ⓒ (전신·전화 등의) 공공사업, (교육·수도 등의) 공공서비스
London is famous for its great mail **service**.
런던은 훌륭한 우편배달 서비스로 유명하다.
social **services** 사회 복지 사업

5 ⓤ [군대] 군 복무, 병역
Brian spent five years in the **service**.
브라이언은 5년간 군에 복무했다.

복수형 **service**s
➕ after-sales service 애프터서비스
service charge 봉사료

Tony cleaned up the park as part of his community **service**.

❓ 병역 국민으로서 수행하여야 하는 국가에 대한 군사적 의무

6 ⓒ [종교] 예배
Our church holds Sunday **services** at 11 a.m.
우리 교회는 오전 11시에 일요 예배를 본다.

➕ memorial service 추도식

set (set) [set]

[동사] **1** 놓다, 두다 (≒put)
Bora **set** the glass on the table.
보라는 식탁 위에 유리잔을 놓았다.

2 준비하다, 차리다
It's Mark's turn to **set the table** for dinner.
마크가 저녁상을 차릴 차례야.

3 (때·장소 등을) 정하다
They haven't **set a date** for their wedding yet.
그들은 아직 결혼식 날짜를 정하지 않았다.
A: Can I give my presentation on Thursday instead of Friday?
금요일 대신에 목요일에 발표를 해도 될까요?
B: No. I'm afraid all the times have been **set** so we can't make any changes.
안 되는데. 시간이 다 정해져 있어서 바꿀 수가 없단다.

4 (어떤 상태가) 되게 하다
They **set** the wild bird **free**. 그들은 야생 새를 풀어 주었다.
She **set** the house **on fire**. 그녀는 집에 불을 질렀다.

5 (기계·시계 등을) 맞추다
Did you **set** the alarm? 자명종을 맞추어 놓았니?

6 (해·달이) 지다 (↔rise)
The sun doesn't **set** until almost 7:30 in the summer.
여름에는 거의 7시 30분까지 해가 지지 않는다.

[명사] **1** ⓒ 한 벌, 한 세트
A: That's a beautiful tea **set**. 아름다운 찻잔 세트네요.
B: Thank you. It was a gift from my grandmother.
고마워요. 우리 할머니께서 주신 선물이에요.

2 (영화·연극의) 무대, 무대 장치
Most movies are made on **sets** that are designed to look like real places.
대부분의 영화는 실제 장소처럼 보이게 디자인된 세트에서 만들어진다.

[형용사] **1** 정해진 (≒fixed)
a **set** price 정해진 가격, 정가
The meeting is **set** for April. 회의는 4월로 정해졌다.

2 준비된

3인칭단수현재 **set**s
현재분사 **set**ting
과거·과거분사 **set**

➕ set a goal 목표를 정하다
set a limit 한계를 정하다
set the price 가격을 정하다

Bora **set** the glass on the table.

복수형 **set**s

That's a beautiful tea **set**.

I'm **all set** for our vacation to begin.
난 방학을 시작할 만반의 준비가 되어 있다.

> ☑ I'm all set. = I'm ready.

settle (set-uhl) [sétl]

동사 **1** 정착하다, 자리를 잡다
They have decided to **settle** in California.
그들은 캘리포니아에 정착하기로 결정했다.

2 결정하다
Brian and Sally **settled on** Sally doing the cooking and Brian doing the dishes.
브라이언과 샐리는 샐리가 요리를 하고 브라이언이 설거지를 하는 것으로 결정했다.
We **settled on** the green car instead of the red one.
우리는 빨간색 차 대신 초록색 차로 결정했다.

3 (문제 등을 합의하여) 해결하다, 끝내다
We **settled** our argument. 우리는 언쟁을 끝냈다.

4 (편안하게) 앉다, 자리를 잡다, 앉히다
Sam's dog **settled herself** next to the warm fire.
샘의 강아지는 따뜻한 불 옆에 자리를 잡았다.

> 3인칭단수현재 settle**s**
> 현재분사 settl**ing**
> 과거·과거분사 settle**d**
>
> ➕ settled 안정적인
> settlement 합의, 해결; 정착
> settler 정착민

We **settled** our argument.

seven (sev-uhn) [sévən]

숫자 7, 일곱
Three **sevens** are twenty-one. 3 곱하기 7은 21이다.

> 복수형 seven**s**
> ➕ seventh 7번째(의), 7일

seventeen (sev-uhn-teen) [sèvəntíːn]

숫자 17, 열일곱
Sam has **seventeen** dollars in his pocket.
샘은 주머니에 17달러가 있다.

> 복수형 seventeen**s**
> ➕ seventeenth 17번째(의), 17일

seventh (sev-uhnth) [sévənθ]

형용사 7번째의, 일곱 번째의
Tomorrow is his **seventh** birthday.
내일은 그의 일곱 번째 생일이다.

대명사 7번째, 일곱 번째, 7일
Today is the **seventh** of July. 오늘은 7월 7일이다.

명사 ⓒ 7분의 1
one-**seventh** 7분의 1
two-**sevenths** 7분의 2
He cut the pizza into **sevenths**. 그는 피자를 7등분 했다.

> ☑ Today is the seventh of July.
> = Today is July seventh.
> = Today is July 7th.
>
> 복수형 seventh**s**

seventy (sev-uhn-tee) [sévənti]

숫자 70, 일흔
Seventy times ten is seven hundred.
70 곱하기 10은 700이다.

- *in one's seventies* (나이가) 70대인
He is **in his** late **seventies**.
그는 70대 후반이다.

- *the seventies* 1970년대 (= the '70s, the 1970s)
popular songs in **the seventies**
1970년대에 인기 있었던 곡들

복수형 seventies

➕ seventieth 70번째(의)

He is **in his** late **seventies**.

several (sev-ur-uhl) [sévərəl]

형용사 몇몇의, 몇 개의
Several boxes are empty.
몇 개의 상자는 비어 있다.
Lisa is wearing **several** hairpins today.
오늘 리사는 몇 개의 머리핀을 꽂고 있다.

대명사 몇몇, 몇 명, 몇 개, 몇 마리
Several of these dogs have won prizes at dog shows.
이 강아지들 중 몇 마리는 강아지 쇼에서 상을 탔다.

※ several은 둘 이상이긴 하지만 아주 많지는 않은 것을 말해요. a few < several < many의 순서라고 이해하면 쉬워요.

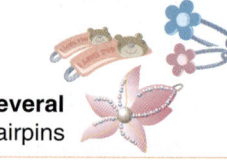

several hairpins

severe (suh-veer) [səvíər]

형용사 1 (사람·규율이) 엄한, 가혹한
There will be a **severe** punishment for anyone caught cheating.
시험을 볼 때 부정행위를 하다 걸리는 사람은 엄벌에 처할 겁니다.

2 (병 등이) 심한, 심각한
John suffered **severe** injuries in the car accident.
존은 자동차 사고로 심하게 다쳤다.

3 (날씨가) 혹독한
Many houses were destroyed by the **severe** flooding.
심한 홍수로 인해 많은 집들이 무너졌다.

비교급 severer
최상급 severest

➕ severely 심하게, 엄하게

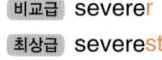

Many houses were destroyed by the **severe** flooding.

sex (seks) [seks]

명사 ⓒⓤ 성(性), 성별
You can tell the **sex** of some animals by the way they look.
어떤 동물들은 생김새로 성별을 구분할 수 있다.
What **sex** is your hamster? 네 햄스터 성별은 무엇이니?

복수형 sexes

➕ opposite sex 이성(異性)

sexual (sek-shoo-uhl) [sékʃuəl]

형용사 성의, 성적인, 생식의
Sexual assault is a terrible crime.
성폭행은 끔찍한 범죄다.

+ **sexually** 성적으로

shade (shayd) [ʃeid]

명사 1 Ⓤ 그늘, 응달
The tree will give us lots of **shade**.
나무는 우리에게 커다란 그늘을 만들어 줄 것이다.

2 Ⓒ 햇빛 가리개, 블라인드
Please lower the window **shades**. The sun is making it very hot in here.
블라인드 좀 내려 줘. 햇빛 때문에 이곳이 매우 덥다.

3 Ⓒ (전등의) 갓
I bought a new **shade** for the lamp.
나는 새 전등갓을 샀다.

동사 그늘지게 하다, (빛을) 가리다, 막다
A large hat **shaded** her face from the sun.
커다란 모자는 햇빛을 가려 그녀의 얼굴을 그늘지게 했다.

복수형	shades
3인칭단수현재	shades
현재분사	shading
과거·과거분사	shaded

shadow (shad-oh) [ʃǽdou]

명사 Ⓒ 그림자
The building **cast** a long **shadow** across the street.
빌딩은 길을 가로질러 긴 그림자를 드리웠다.

| 복수형 | shadows |

 Tip **shade**와 **shadow**는 같은 뜻인가요?

shade는 햇빛이 안 드는 그늘진 부분을 말하고 shadow는 빛으로 인해 생긴 물체의 그림자를 말해요.

shake (shayk) [ʃeik]

동사 1 흔들리다, 흔들다
The bumpy road made the car **shake**.
울퉁불퉁한 길은 차가 흔들리게 했다.
Shake the can before you open it.
캔을 따기 전에 흔드세요.

2 털어 내다
Jane **shook** the sand out of her sandals.

3인칭단수현재	shakes
현재분사	shaking
과거	shook
과거분사	shaken

shaken

제인은 샌들에서 모래를 털어 냈다.

3 (몸을) 떨다, (몸·목소리가) 떨리다
Sam was **shaking from** the cold.
샘은 추위에 떨고 있었다.
He was **shaking with** anger. 그는 분노로 떨고 있었다.

• **shake hands (with)** (~와) 악수하다
Tony's father **shook hands with** the president.
토니의 아버지는 대통령과 악수했다.

shake hands

☑ Tony's father shook hands with the president.
= Tony's father shook the president's hand.

shaken (shay-kuhn) [ʃéikən]

[동사] shake의 과거분사형

shall (shal) [ʃæl]

[조동사] **1** 〘단순미래〙 《I, we와 함께 쓰임》 ~일 것이다, ~할 것이다
I **shall** finish my work soon. 나는 일을 곧 끝낼 것이다.
We **shall** leave tomorrow. 우리는 내일 떠날 것이다.

2 〘명령·의지〙 ~하여야 한다, ~하게 하겠다
You **shall** report to work at 8 a.m.
사무실에는 오전 8시에 출근하셔야 합니다.
You **shall** do as I say. 너는 내가 하라는 대로 해야 한다.
They **shall** leave at once. 그들이 즉시 떠나도록 하겠다.

3 〘제안·권유〙 ~할까요?
Shall we take a break and have a cup of tea?
잠시 쉬면서 차 한잔 할까요?
Shall I send you the book? 책을 보내 드릴까요?
Let's look at it again, **shall** we? 다시 한번 볼까요?

[과거] **should**

I **shall** finish my work soon.

※ 요즘에는 옛날처럼 shall과 will을 구분하여 사용하지 않고 거의 모든 경우에 will을 사용해요.

shallow (shal-oh) [ʃǽlou]

[형용사] (깊이가) 얕은 (↔deep)
Swim in the **shallow** end of the pool. Don't go in the deep water.
수영장 끝 쪽 얕은 곳에서 수영해. 물이 깊은 곳으로 가지 마.

| 비교급 | shallow**er** |
| 최상급 | shallow**est** |

shame (shame) [ʃeim]

[명사] **1** ⓘ 부끄러움, 창피, 수치심
Shame on you!
부끄러운 줄 알아라!
Brian blushed with **shame** after failing the test.
브라이언은 시험에 떨어지고 창피해서 얼굴이 빨개졌다.

➕ **shameful** 부끄러운, 창피스러운
shameless 부끄럼을 모르는, 파렴치한

2 《단수로 쓰임》 유감스러운 일, 딱한 일
It's a real **shame that** Tim lost his job.
팀이 실직한 것은 정말 유감이다.
What a shame! 안됐다!, 유감이다!

☑ Shame on you.
= You should feel shame.

shampoo (sham-poo) [ʃæmpúː]

명사 ⓒⓤ 샴푸
I use an organic **shampoo** that makes my hair soft.
나는 내 머리카락을 부드럽게 만들어 주는 유기농 샴푸를 쓴다.

동사 (샴푸로) 머리를 감다
I **shampoo** my hair every morning.
나는 매일 아침 샴푸로 머리를 감는다.

복수형	shampoo**s**
3인칭단수현재	shampoo**s**
현재분사	shampoo**ing**
과거·과거분사	shampoo**ed**

shape (shayp) [ʃeip]

명사 1 ⓒⓤ 모양, 형태
Circles, squares, triangles, and rectangles are all **shapes**.
원, 정사각형, 삼각형, 직사각형은 모두 모양이다.
Bora sorted the blocks **by shape**.
보라는 블록을 모양에 따라 나누었다.

2 ⓤ 상태
Tom exercises everyday and is **in good shape**.
톰은 매일 운동을 해서 건강 상태가 좋다.

동사 ~의 모양을 만들다
The Chinese cook **shaped** the dough into noodles.
중국 요리사는 반죽을 국수 가락으로 만들었다.

복수형	shape**s**

circle / square / triangle / rectangle

shapes

3인칭단수현재	shape**s**
현재분사	shap**ing**
과거·과거분사	shap**ed**

share (shair) [ʃɛər]

동사 1 공유하다, 함께 쓰다, 함께 나누다
I **share** a room with my brother.
나는 남동생과 방을 함께 쓴다.

2 나누다, 분배하다
Brian **shared** his cookies with Sam.
브라이언은 샘과 쿠키를 나누어 먹었다.

명사 《대개 단수로 쓰임》 몫
A: I don't want to be in Jane's group.
　나는 제인의 그룹에 끼고 싶지 않아.
B: Why not? 왜 끼고 싶지 않은 건데?
A: Jane never does her **share** of the work.
　제인은 자기가 해야 할 몫의 일을 전혀 하지 않아.

3인칭단수현재	share**s**
현재분사	shar**ing**
과거·과거분사	shar**ed**

복수형	share**s**

☑ Jane never does her share of the work.
= Jane never does her part of the work.

shark (shahrk) [ʃɑːrk]

명사 ⓒ 상어
A **shark** has very sharp teeth.
상어는 이빨이 매우 날카롭다.

복수형 **shark**s

sharp (shahrp) [ʃɑːrp]

형용사 1 날카로운 (↔blunt, dull)
Be careful with that knife. It's very **sharp**.
그 칼 조심해라. 아주 날카롭다.

2 뾰족한 (=pointed; ↔blunt)
a **sharp** needle 뾰족한 바늘

3 (사람이) 예리한, 영리한
She has **sharp** eyes. 그녀는 눈이 예리하다.
A: Eric does the math homework without any help.
에릭은 도움 없이 수학 숙제를 해.
B: I know. He's really **sharp**.
나도 알아. 그는 정말 영리해.

4 (변화가) 급격한, (경사 등이) 급한, 가파른
Slow down. There's a **sharp** curve just ahead.
속도 늦춰. 바로 앞에 급커브가 있어.

5 뚜렷한, 선명한
The HDTVs have a very **sharp** picture.
HDTV는 영상이 매우 선명하다.

부사 정각에 (=exactly)
Class begins at 9 a.m. **sharp**.
수업은 오전 9시 정각에 시작한다.

비교급 **sharp**er
최상급 **sharp**est

➕ **sharpen** 날카롭게 하다
sharpener 깎는 기구
sharply 날카롭게; 호되게; 급격하게

Be careful with that knife.
It's very **sharp**.

❓ HDTV (high-definition television) 고화질 텔레비전

shave (shayv) [ʃeiv]

동사 면도하다, (털을) 깎다
My father **shaves** every morning.
우리 아버지는 매일 아침 면도하신다.

명사 ⓒ 면도
You need a **shave**. 너 면도 좀 해야겠다.
He gave himself a **shave**. 그는 면도를 했다.

3인칭단수현재 **shave**s
현재분사 **shav**ing
과거·과거분사 **shave**d

복수형 **shave**s

she (shee) [ʃiː]

대명사 《3인칭단수 주격》 그녀, 그 여자는
Mary won the track race. **She**'s really fast.
메리는 육상 경기에서 우승했다. 그녀는 정말 빠르다.

복수형 they

My sister is only three, but **she** can already count.
내 여동생은 겨우 세 살이지만 벌써 숫자를 셀 수 있다.

명사 《단수로 쓰임》 (동물의) 암컷
I have a female ferret. **She** is so cute.
나는 암컷 족제비가 한 마리 있다. 그것은 매우 귀엽다.
Is this dog a he or a **she**?
이 개는 수컷이에요, 암컷이에요?

주격	she (그녀)
소유격	her (그녀의)
목적격	her (그녀에게, 그녀를)
소유대명사	hers (그녀의 것)
재귀대명사	herself (그녀 자신)

* sheep (sheep) [ʃiːp]

명사 ⓒ 양
a flock of **sheep** 양 떼
The wool from New Zealand **sheep** makes great sweaters.
뉴질랜드의 양에서 얻는 양모는 훌륭한 스웨터가 된다.

복수형 sheep

sheep

 sheep은 단수형과 복수형이 같나요?
네, sheep은 복수형도 똑같이 sheep이라는 것에 주의하세요. deer(사슴), trout(송어), salmon(연어)도 단수형과 복수형이 같아요.

sheet (sheet) [ʃiːt]

명사 1 ⓒ (침대의) 깔개, 시트
I need to change the **sheets**. (침대) 시트를 갈아야겠다.

2 ⓒ (종이) 한 장, (얼음·유리·금속 등의) 얇은 판
Can I borrow a **sheet of** paper?
종이 한 장 빌릴 수 있을까?
He brought a **sheet of** glass and fixed the window.
그는 유리 한 장을 가지고 와서 창문을 고쳤다.
The river was covered with a **sheet of** ice.
강은 얇은 얼음판으로 덮여 있었다.

복수형 sheet**s**

☑ I need to change the sheets.
= I need to put clean sheets on the bed.

shelf (shelf) [ʃelf]

명사 ⓒ 선반, 책꽂이, (책장의) 칸
A: Where's your basketball, Tim?
   농구공 어디에 있어, 팀?
B: It's on the top **shelf** in my closet.
   내 옷장 맨 위 선반에 있어.
Every **shelf** in Sally's room is filled with books about science.
샐리 방의 모든 책꽂이는 과학에 관한 책들로 가득 차 있다.

복수형 shel**ves**

It's on the top **shelf** in my closet.

shell (shel) [ʃel]

명사 1 ⓒⓤ (계란·견과류의 딱딱한) 껍데기, 껍질
Walnuts have very hard **shells**.
호두는 껍질이 매우 딱딱하다.

2 ⓒⓤ (동물·곤충 등의) 껍데기, 껍질
Oysters, clams, and crabs are called **shell**fish because they have **shells**.
굴, 조개, 게는 껍질이 있기 때문에 갑각류라고 불린다.

동사 껍질을 벗기다
Oysters are **shelled** before they are eaten.
굴은 먹기 전에 껍질을 벗긴다.

복수형	**shell**s
➕ seashell 조개껍질	
❓ 갑각류 몸이 단단한 껍질로 싸여 있는 동물	
3인칭단수현재	**shell**s
현재분사	**shell**ing
과거·과거분사	**shell**ed

shelter (shel-tur) [ʃéltər]

명사 1 ⓤ 주거지, 살 곳
Shelter is a basic human need, just like food.
먹을 것처럼 살 곳은 사람에게 기본적으로 필요한 것이다.

2 ⓤ 보호, 피난
They **took shelter** from the winds inside a cave.
그들은 바람을 피해서 동굴 안으로 들어갔다.

3 ⓒ 보호소, 대피소
A: What a cute dog, Tom. Where did you get it?
정말 귀여운 강아지네, 톰. 어디서 났어?
B: I got it at the animal **shelter**. 동물 보호소에서 얻었어.

복수형	**shelter**s

They **took shelter** from the winds inside a cave.

shepherd (shep-urd) [ʃépərd]

명사 ⓒ 양치기
A **shepherd** lives in the fields with his sheep.
양치기는 양들과 함께 들판에서 산다.

복수형	**shepherd**s

shift (shift) [ʃift]

동사 (장소를) 이동하다, 옮기다, (자세를) 바꾸다
The passengers **shifted** seats to get a better view of the scenery.
승객들은 경관을 더 잘 보기 위해 자리를 옮겼다.
He **shifted** uncomfortably in his chair.
그는 불편한 듯 의자에 앉아서 자세를 바꾸었다.

명사 1 ⓒ 이동, 변경 (≒change)
A **shift** in the earth's surface can cause an earthquake.

3인칭단수현재	**shift**s
현재분사	**shift**ing
과거·과거분사	**shift**ed

복수형	**shift**s

지구 표면의 이동은 지진을 일으킬 수 있다.

2 ⓒ 교대 근무 시간
Her **shift** at the plant begins at 3 p.m. and ends at 11 p.m.
공장에서 그녀의 교대 근무 시간은 오후 3시에 시작해서 오후 11시에 끝난다.

A **shift** in the earth's surface can cause an earthquake.

shine (shine) [ʃain]

동사 **1** 빛나다, 반짝이다, (빛을) 비추다
Her blonde hair **shines** in the sunlight.
그녀의 금발 머리가 햇빛에 반짝인다.
Please **shine** the flashlight over here.
손전등으로 여기를 좀 비추어 주세요.

2 윤이 나게 닦다, 광을 내다 (≒ polish)
Tim likes to **shine** his own shoes.
팀은 자신의 신발을 윤이 나게 닦는 것을 좋아한다.

● **rain or shine** 비가 오나 날이 개나, 무슨 일이 있어도
She carries an umbrella, **rain or shine**.
그녀는 비가 오나 날이 개나 (항상) 우산을 가지고 다닌다.

3인칭단수현재	shine**s**
현재분사	shin**ing**
과거	**1** shone, **2** shine**d**
과거분사	**1** shone, **2** shine**d**

※ 1번 '빛나다'라는 뜻으로 쓰일 때의 과거·과거분사형은 shone이고, 2번 '윤이 나게 닦다'라는 뜻으로 쓰일 때의 과거·과거분사형은 shined예요.

*ship (ship) [ʃip]

명사 ⓒ 배, 선박
Many cruise **ships** can carry 2,000 passengers.
많은 유람선이 2,000명의 승객을 실어 나를 수 있다.
They will travel **by ship**. 그들은 배를 타고 여행할 것이다.

동사 실어 나르다, 보내다, 수송하다
Florida oranges are **shipped** all over the world.
플로리다산 오렌지는 전 세계로 수송된다.

복수형	ship**s**
3인칭단수현재	ship**s**
현재분사	ship**ping**
과거·과거분사	ship**ped**

shirt (shurt) [ʃəːrt]

명사 ⓒ 셔츠
I feel like wearing a checked **shirt** today.
나는 오늘 체크무늬 셔츠가 입고 싶다.

복수형	shirt**s**
➕ dress shirt 와이셔츠	

shiver (shiv-ur) [ʃívər]

동사 (추위·두려움 등으로 몸을) 떨다
The cold weather made me **shiver**.
추운 날씨 때문에 몸이 떨렸다.
The lost dog **shivered** in fear.
길 잃은 강아지는 두려움으로 몸을 떨었다.

3인칭단수현재	shiver**s**
현재분사	shiver**ing**
과거·과거분사	shiver**ed**

shock (shahk) [ʃɑk]

명사 1 ⓒⓤ《주로 단수로 쓰임》 (정신적인) 충격, 타격
The Thomas family was **in shock** after learning their son had been killed.
토마스 가족은 아들이 살해당한 것을 알고는 충격에 빠졌다.

2 ⓤ [의학] 쇼크
Sally went into **shock** after losing so much blood.
샐리는 너무나 많은 피를 흘린 뒤 쇼크 상태에 빠졌다.

3 ⓒ 감전 (= electric shock)
Sam **got** an electric **shock** when he accidentally touched the wire.
샘은 우연히 전선을 만졌다가 감전되었다.

동사 충격을 주다
They were all **shocked** at the news of his death.
그의 사망 소식에 그들 모두는 충격을 받았다.

복수형	shocks

➕ **shocking** 충격적인

❓ 쇼크 (의학적) 갑작스러운 자극으로 일어나는 정신·신체의 특이한 반응

3인칭단수현재	shocks
현재분사	shocking
과거·과거분사	shocked

*shoe (shoo) [ʃuː]

명사 ⓒ 신발
a pair of **shoes** 신발 한 켤레
A: I like your new **shoes**, Tom. 너 새 신발 멋지다, 톰.
B: Thanks. 고마워.
She put on her **shoes**. 그녀는 신발을 신었다.

복수형	shoes

※ a pair of ~ → pair (p. 666)

shone (shohn) [ʃoun]

동사 shine의 과거·과거분사형

shook (shuk) [ʃuk]

동사 shake의 과거형

shoot (shoot) [ʃuːt]

동사 1 (총·활 등으로) 쏘다, 발사하다
Soldiers need to know how to **shoot** a rifle.
군인들은 소총 쏘는 법을 알아야 한다.
The hunter **shot** a fox. 사냥꾼은 여우를 쏘았다.
He was **shot** in the arm. 그는 팔에 총을 맞았다.

2 (영화·사진 등을) 촬영하다, 찍다
The movie was **shot** in Brazil.
영화는 브라질에서 촬영되었다.

shoot

3인칭단수현재	shoots
현재분사	shooting
과거·과거분사	shot

➕ **shooter** 사수, 포수; 슛을 잘하는 선수
shooting 사격, 발사; 촬영

3 [스포츠] 슛을 하다, 공을 던지다, 공을 차다
The soccer player **shot** the ball into the goal.
축구 선수는 골문 안으로 공을 차 넣었다.

> shooting star 별똥별, 유성

*shop (shahp) [ʃɑp]

명사 ⓒ 상점, 가게 (≒store)
a toy **shop** 장난감 가게
The butcher's **shop** sells fresh pork, beef, and chicken.
그 정육점은 신선한 돼지고기, 소고기, 닭고기를 판다.

동사 물건을 사다, 쇼핑하다
Where do you **shop** for food?
어디에서 장을 보세요?
Bora **shops** for bargains at the outlet mall.
보라는 아웃렛 몰에서 특가품을 쇼핑한다.

> 복수형 shop**s**
>
> 3인칭단수현재 shop**s**
> 현재분사 shop**ping**
> 과거·과거분사 shop**ped**
>
> ❓ outlet mall 할인 매장이 모여 있는 쇼핑센터

shopping (shah-ping) [ʃɑ́piŋ]

명사 ⓤ 물건 사기, 장보기, 쇼핑
Billy goes grocery **shopping** two or three times a week.
빌리는 일주일에 두세 번 장을 본다.
They **go shopping** every Saturday.
그들은 매주 토요일에 쇼핑을 한다.

> ➕ window shopping 아이쇼핑 (물건은 사지 않고 구경만 하는 것)

shore (shor) [ʃɔːr]

명사 ⓒⓤ (바다·강·호수 등의) 해안, 물가, 해변
The **shore** was crowded with people enjoying the beautiful summer weather.
해변은 아름다운 여름 날씨를 즐기는 사람들로 붐볐다.

> 복수형 shore**s**

*short (short) [ʃɔːrt]

형용사 **1** (길이·거리·시간 등이) 짧은 (↔long)
I like this book because it's **short**. It has only 45 pages.
나는 이 책이 짧아서 좋다. 45쪽밖에 되지 않는다.
Which is the **shortest** month of the year?
일 년 중 가장 짧은 달은 무엇일까요?

2 키가 작은 (↔tall)
She is thin and **short**. 그녀는 말랐고 키가 작다.

3 부족한, 모자란

> 비교급 short**er**
> 최상급 short**est**
>
> ➕ shortage 부족
> shorten 짧아지다, 짧게 하다
> shortly 곧, 얼마 안 되어
> shortness 짧음; 부족

shortcut

I need to buy Tony a birthday present, but I'm **short** of money.
토니에게 생일 선물을 사 줘야 하는데 돈이 모자란다.

4 줄인 (형태의)
Mike is **short** for Michael.
마이크는 마이클을 짧게 줄여서 부르는 말이다.

short　tall

shortcut (short-*kuht*) [ʃɔ́ːrtkʌt]

명사 ⓒ 지름길
Let's take the **shortcut** through the courtyard.
마당을 통과하는 지름길로 가자.

> 복수형　shortcut**s**
> ❓ courtyard (건물에 둘러싸인) 뜰, 마당

shorts (shorts) [ʃɔːrts]

명사 《복수형임》 반바지 (≒ short pants)
a pair of **shorts** 반바지 한 벌
Sam wears **shorts** when he plays basketball.
샘은 농구를 할 때 반바지를 입는다.

> ※ a pair of ~ → pair (p. 666)

shot (shaht) [ʃɑt]

동사 shoot의 과거 · 과거분사형

명사 1 ⓒ (총의) 발사, 총소리
The hunter fired two **shots**. 사냥꾼은 총을 두 발 쏘았다.
Three **shots** were heard. 총소리가 세 번 들렸다.

2 ⓒ [스포츠] 슛
That was a **good shot**! 멋진 슛이었어!

3 ⓒ 사진
The photographer **took** some **shots** of the family.
사진사가 그 가족의 사진을 몇 장 찍었다.

4 ⓒ 주사 (≒ injection)
Sam got a flu **shot** last week.
샘은 지난주에 독감 주사를 맞았다.

> 복수형　shot**s**
>
>
> Sam got a flu **shot** last week.

should (shud) [ʃud]

조동사 1 〖의무 · 당연〗 ~해야 한다, ~하는 것이 좋다
You **should** do your homework right away.
너는 숙제를 당장 해야 한다.

2 〖강한 기대 · 가능성 · 추측〗 ~할 것이다, ~일 것이다

> ➕ shouldn't = should not

We **should** arrive at his house soon.
우리는 곧 그의 집에 도착할 것이다.
He **should** be home by now. 그는 지금쯤 집에 있을 것이다.

3 〖충고〗 ~해야 한다
You **should** read his new book.
너는 그의 신간을 읽어 봐야 해.
We **should** call the police. 우리는 경찰을 불러야 한다.

4 《의견을 구함》 ~해야 할까?
What **should** I do? **Should** I call him?
내가 어떻게 해야 하지? 그에게 전화를 해야 할까?
What **should** we have for breakfast?
아침으로 무얼 먹을까?

5 〖가능성이 적은 미래〗《보통 if와 함께 쓰임》 만일 ~하면 …하다
If we **should** see a store, we can ask for directions.
만약 가게가 보이면 방향을 물을 수 있을 것이다.
If she **should** call, tell her I'm not home.
만일 그녀가 전화하면 집에 없다고 말해 줘.

What **should** I do?

☑ If she should call, tell her I'm not home.
= If she calls, tell her I'm not home.

 should와 must는 비슷한 말인가요?

둘 다 '~해야 한다'라는 뜻이지만 should는 '~하는 것이 좋다'라는 좀 약한 뜻이며, must는 '무조건 ~해야 한다'라는 좀 더 강한 뜻입니다.
예) You **should** apologize. 너는 사과해야 한다. (사과하는 것이 좋다.)
You **must** apologize. 너는 사과해야 한다. (반드시 사과해야 한다.)

✱ **shoulder** (shohl-dur) [ʃóuldər]

〖명사〗 ⓒ 어깨
My **shoulder** aches from painting all day.
하루 종일 페인트칠을 해서 어깨가 아프다.
She carries a backpack on one **shoulder**.
그녀는 배낭을 한쪽 어깨에 지고 다닌다.
He **shrugged his shoulders**. 그는 어깨를 으쓱했다.

복수형 shoulders
shoulder

shout (shout) [ʃaut]

〖동사〗 소리치다, 외치다
Mary **shouted at** the man who snatched her purse.
메리는 자신의 지갑을 낚아챈 남자에게 소리를 질렀다.
The drowning man **shouted for** help.
물에 빠진 남자는 살려 달라고 소리쳤다.

3인칭단수현재 shouts
현재분사 shouting
과거·과거분사 shouted

show

명사 Ⓒ 외침
We heard a **shout** for help.
우리는 도움을 청하는 외침을 들었다.

| 복수형 | shout**s** |

---

*show (shoh) [ʃou]

동사 **1** (물건) 보여 주다, 보이다
Show me your I.D. card, please.
당신의 신분증을 보여 주세요.
The moon **showed** through the clouds.
구름 사이로 달이 보였다.

2 설명하다, 알려 주다
Tony's dad **showed** him **how** to fly a kite.
토니의 아버지께서는 그(토니)에게 연 날리는 방법을 알려 주셨다.
The park ranger **showed** them the way to the lake.
공원 경비원은 그들에게 호수로 가는 길을 알려 주었다.

3 (감정·사실 등) 나타나다, 드러내다, 보이다
The dog **showed** its joy by wagging its tail.
강아지는 꼬리를 흔드는 것으로 기쁨을 나타냈다.
His happiness **showed** in his face.
그가 행복하다는 것이 그의 얼굴에 나타났다.
The study **shows that** smoking is bad for health.
연구 결과는 흡연이 건강에 좋지 않음을 보여 준다.

4 나타나다, 도착하다
Brian always **shows up** late.
브라이언은 항상 늦게 나타난다.
I waited an hour, but she didn't **show**.
나는 한 시간을 기다렸지만 그녀는 나타나지 않았다.

5 (영화를) 상영하다, (그림 등을) 전시하다
The movie is now **showing** at all movie theaters.
그 영화는 현재 모든 영화관에서 상영 중이다.
She plans to **show** her paintings next year.
그녀는 내년에 자신의 작품을 전시할 계획이다.

명사 Ⓒ 전시회 (=exhibition), 공연, 쇼
They went to the art **show** at the museum.
그들은 미술관에서 열리는 회화 전시회에 갔었다.
a fashion **show** 패션쇼

3인칭단수현재	show**s**
현재분사	show**ing**
과거	show**ed**
과거분사	show**n**

Show me your I.D. card, please.

Tony's dad **showed** him **how** to fly a kite.

| 복수형 | show**s** |

---

shower (shou-er) [ʃáuər]

명사 **1** Ⓒ 샤워기, 샤워실
The apartment had a **shower**, but it didn't have a bathtub.

| 복수형 | shower**s** |

아파트에 샤워기는 있었지만 욕조는 없었다.
He is **in the shower**. 그는 샤워 중이다.

2 ⓒ 샤워(하기)
I **take a shower** every morning.
나는 매일 아침 샤워를 한다.

3 ⓒ 소나기
Light **showers** are expected this afternoon.
오늘 오후에 가벼운 소나기가 예상된다.

➕ **have a shower** (영국영어) 샤워를 하다

Light **showers** are expected.

shown (shohn) [ʃoun]

동사 show의 과거분사형

shrimp (shrimp) [ʃrimp]

명사 ⓒ 새우
We ate fried **shrimp** for dinner.
우리는 저녁으로 새우튀김을 먹었다.

| 복수형 | shrimp**s** |

shrug (shruhg) [ʃrʌg]

동사 (모르거나 관심 없다는 표시로) 어깨를 으쓱하다
I asked him where Lisa was, but he just **shrugged**.
나는 그에게 리사가 어디 있는지 물었지만 그는 그저 어깨만 으쓱할 뿐이었다.

명사 ⓒ 어깨를 으쓱하기
He answered me **with a shrug**.
그는 나에게 어깨를 으쓱하는 것으로 대답을 대신했다.

3인칭단수현재	shrug**s**
현재분사	shrug**ging**
과거·과거분사	shrug**ged**
복수형	shrug**s**

shut (shuht) [ʃʌt]

동사 1 (문·뚜껑 등을) 닫다, (눈을) 감다, (책을) 덮다
Shut the door, please. It's cold outside.
문 좀 닫아 주세요. 밖이 춥네요.
Tim **shut** his eyes. 팀은 눈을 감았다.

2 가두다
Who **shut** the dog in the closet?
누가 개를 옷장 안에 가두었니?

● **shut down** 폐업하다, 폐쇄하다, 문을 닫다
The old tire factory **shut down** five years ago.
Nobody works there anymore.
그 오래된 타이어 공장은 5년 전에 **문을 닫았다**. 거기에서 더 이상 아무도 일하지 않는다.

3인칭단수현재	shut**s**
현재분사	shut**ting**
과거·과거분사	shut

✓ Shut the door, please.
= Close the door, please.

✓ Tim shut his eyes.
= Tim closed his eyes.

- **shut up** 《무례한 표현임》 닥쳐, 입 다물어
  Would you **shut up**? We're trying to watch the movie.
  너 입 좀 다물어. 우리가 영화를 보려 하잖아.

> ☑ shut up
> = shut your mouth

shy (shye) [ʃai]

형용사 수줍어하는, 부끄럼 타는
The **shy** child did not talk to anyone in class.
그 부끄럼 타는 아이는 학급의 누구와도 말을 하지 않았다.

> 비교급 shyer
> 최상급 shyest

*sick (sik) [sik]

형용사 **1** 아픈, 병든 (≒ill)
Sally was **sick with** a cold.
샐리는 감기로 아팠다.
I **got sick** and couldn't go to school.
나는 아파서 학교에 가지 못했다.

2 구역질 나는, 메스꺼운
Tony **felt sick** at his stomach after eating too much candy.
토니는 사탕을 너무 많이 먹어 속이 메스꺼워졌다.

- *be sick (and tired) of* ~에 질리다, ~에 싫증이 나다
  I **am sick of** watching you do nothing but sit on the couch and watch TV.
  난 네가 아무것도 안 하고 소파에 앉아서 TV만 보고 있는 데 질렸다.

> 비교급 sicker
> 최상급 sickest
>
> ➕ sickly 허약한; 역겨운
> sickness 병; 구역질

Tony **felt sick** at his stomach.

 '멀미'도 영어로 sickness라고 하나요?

네. 그런데 sickness에는 종류가 있어요. 보통 멀미를 통틀어 motion sickness라고 해요. 차멀미는 car sickness, 뱃멀미는 sea sickness, 비행기 멀미는 air sickness라고 하지요. 이 표현들의 형용사형은 carsick, seasick, airsick예요.
예) The waves made her **seasick**. 파도가 그녀를 뱃멀미하게 했다.

*side (side) [said]

명사 **1** ⓒ 측면, 옆면, (사람·동물의) 옆구리
You wash the **sides** of the car, and I'll do the front and the back.
너는 자동차의 옆면을 닦아라. 나는 앞뒤 면을 닦을게.
Mary hurt her **side** when she fell on the rocks.
메리는 바위 위로 넘어져서 옆구리를 다쳤다.

> 복수형 sides
>
> ➕ side effect 부작용
> sideways 옆에서, 옆으로

2 ⓒ 쪽, 측(側)
He grew up on the south **side** of the town.
그는 그 마을 남쪽에서 성장했다.
There is a spot on the right **side** of his face.
그는 얼굴 오른쪽에 점이 한 개 있다.

3 ⓒ [수학] 변, (입체 도형의) 면
A square has four **sides**. 정사각형은 변이 네 개다.
A cube has six **sides**. 정육면체는 면이 여섯 개다.

4 ⓒ (경기·적·자기편의) 한 팀, 편(便)
A: Whose **side** are you on? 너는 누구 편이야?
B: I want to be on the winning **side**.
   나는 이기는 편을 하고 싶어.

5 옆, 가까운 곳
Sam's sister is standing by his **side** in the photograph.
사진에서 샘의 여동생은 샘 옆에 서 있다.

● **side by side** 나란히 (≒shoulder to shoulder)
They walked along the road, **side by side**.
그들은 길을 따라 **나란히** 걸었다.

Sam's sister is standing by his **side** in the photograph.

They walked along the road, **side by side**.

sidewalk (side-*wawk*) [sáidwɔ̀ːk]

명사 ⓒ 인도, 보도
Sidewalks are for pedestrians.
인도는 보행자들을 위한 것이다.
Don't park your car on the **sidewalk**.
인도에 차를 주차하지 마시오.

| 복수형 | sidewalk**s** |
| ❓ pedestrian 보행자 | |

sigh (sye) [sai]

동사 한숨을 (내)쉬다
Jim **sighed with relief** when he finished his homework.
짐은 숙제를 마치고서 안도의 한숨을 내쉬었다.
Sally **sighed** at the sight of her ill grandmother.
샐리는 편찮으신 할머니의 모습을 보고는 한숨을 쉬었다.

3인칭단수현재	sigh**s**
현재분사	sigh**ing**
과거·과거분사	sigh**ed**

sight (site) [sait]

명사 1 ⓘ 시력 (=eyesight, vision)
Eric lost the **sight** in his right eye in an accident.
에릭은 사고로 오른쪽 눈의 시력을 잃었다.
Pilots must have good **sight**.
비행사는 시력이 좋아야 한다.

| 복수형 | sight**s** |

2 Ⓤ 보기, 봄
He **can't stand the sight of blood**.
그는 피를 보는 것을 참아 내질 못한다.
It was love **at first sight**.
그것은 첫눈에 빠진 사랑이었다.
He **caught sight of** a magpie sitting in a tree.
그는 나무 위에 앉아 있는 까치를 보았다.

3 Ⓤ 시계, 시야
The top of the mountain is still **out of sight**.
산 정상은 여전히 보이지 않는다.
The ship **disappeared from sight**.
배는 시야에서 사라졌다.

4 Ⓒ 광경, 경치 (≒view, scenery)
The Eiffel Tower was a wonderful **sight**.
에펠 탑은 장관이었다.

5 《보통 the sights로 쓰임》 관광 명소, 관광지
Our tour guide showed us the **sights** of the city.
우리 여행 가이드는 그 도시의 관광 명소를 구경시켜 주었다.

● **Out of sight, out of mind.** 눈에서 멀어지면 마음에서도 멀어진다. 〈속담〉

동사 (찾던 것·보기 힘든 것 등을) 보다, 찾아내다
Tim **sighted** Bora on the far side of the park.
팀은 공원 저 멀리에 있는 보라를 보았다.

He **can't stand the sight of blood.**

※ It was a sight to see. 라고 하면 '(놀랍거나 훌륭해서) 참 볼 만했다.'라는 뜻이에요.

3인칭단수현재 sight**s**
현재분사 sight**ing**
과거·과거분사 sight**ed**

sign (sine) [sain]

명사 **1** Ⓒ 기호, 부호 (≒symbol)
X is a **sign** NOT to do something.
X는 무언가를 하지 말라는 기호이다.

2 Ⓒ 표지판, 간판
The **sign** says the speed limit is 60kph.
표지판에는 제한 속도가 시속 60킬로미터라고 쓰여 있다.

3 Ⓒ (몸짓·소리 등으로 하는) 신호
The actor gave a thumbs-up **sign** to the crowd.
그 배우는 군중에게 최고라는 신호를 보냈다.

4 Ⓒ 흔적, 자취 (≒trace)
The hunters saw bear **signs** in the mud.
사냥꾼들은 진흙에서 곰의 흔적을 보았다.

5 ⒸⓊ 징조, 기미, 조짐
The teacher's angry face is a bad **sign**.
선생님의 화난 얼굴은 나쁜 징조다.
Stomachache could be a **sign** of stress.

복수형 sign**s**

➕ road sign 도로 표지(판)
sign language 수화
star sign 별자리
V sign (승리의 표시) V 사인

❓ thumbs-up 엄지손가락을 추켜올린 몸짓으로 '격려, 찬성' 등을 나타낸다.

thumbs-up **sign**

복통은 스트레스의 징후일 수 있다.

동사 서명하다
Please **sign** your name at the bottom of the form.
양식 아래쪽에 서명해 주세요.

• **sign up (for)** (~에) 등록하다
She **signed up for** the swimming lesson.
그녀는 수영 강습에 등록했다.

3인칭단수현재	sign**s**
현재분사	sign**ing**
과거·과거분사	sign**ed**

 가수에게 '사인을 받았다'라고 할 때의 '사인'도 **sign**인가요?
우리는 연예인들에게 '사인을 받다'라고 말하는데 이는 틀린 표현이에요. 영어 sign은 동사형으로 서류에 서명하는 행위를 말하며, 명사형은 signature예요. 사인은 영어로 autograph 라고 하지요.
예 Could I have your **autograph**? 사인해 주시겠어요?

signal (**sig**-nuhl) [sígnəl]

명사 1 ⓒ 신호
The **traffic signal** turned red, and he stopped the car.
교통 신호가 빨간불로 변하자 그는 차를 멈추었다.
Don't start until Tom gives the **signal**.
톰이 신호를 보내기 전에 시작하지 마.

2 ⓒ 신호, 시그널 (송신·수신되는 전파·음성·영상 등)
Lisa's cell phone couldn't get a **signal** in the tunnel.
리사의 휴대 전화는 터널 안에서 신호를 수신하지 못했다.

동사 신호를 보내다, 신호하다
Billy whistled to Eric, **signaling** to him that everything was OK.
빌리는 에릭에게 휘파람을 불어서 모든 것이 괜찮다는 신호를 보냈다.

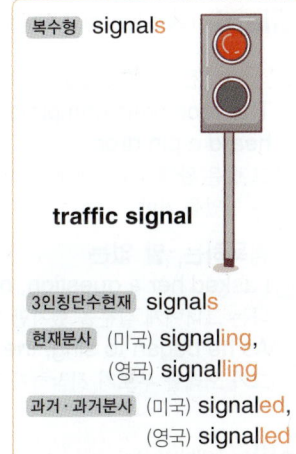

복수형	signal**s**

traffic signal

3인칭단수현재	signal**s**
현재분사	(미국) signal**ing**, (영국) signall**ing**
과거·과거분사	(미국) signal**ed**, (영국) signall**ed**

signature (**sig**-nuh-chur) [sígnətʃər]

명사 ⓒ 서명, 사인
Please place your **signature** at the bottom of the form. 서류의 아래쪽에 서명해 주세요.

복수형	signature**s**

significant (sig-**nif**-i-kuhnt) [signífikənt]

형용사 중요한, 의미 있는 (↔insignificant)
It's a **significant** change. 그것은 중요한 변화다.

비교급	more significant

Marriage is a **significant** event in almost everyone's life.
결혼은 거의 모든 사람의 인생에 있어 중대한 일이다.
The police detective thought the pen on the floor was a **significant** piece of evidence.
형사는 마루 위의 펜이 중요한 증거일 거라고 생각했다.

> 최상급 most significant
>
> ➕ significance 중요성

silence (sye-luhns) [sáiləns]

명사 1 ⓘ 고요, 정적
A: Sshh! Did you hear that? 쉿! 저 소리 들었어?
B: I don't hear anything, just **silence**.
아무 소리도 안 들리는데. 고요하기만 한데.
A: Listen harder. 잘 좀 들어 봐.

2 ⓒⓤ 침묵
We were sitting **in silence** for a long time.
우리는 오랫동안 침묵 속에 앉아 있었다.

● *Silence is golden.* 침묵은 금이다. 〈속담〉

> 복수형 silences
>
> ➕ awkward silence 어색한 침묵
> break the silence 고요함을 깨다, 침묵을 깨다
> right to silence 묵비권

silent (sye-luhnt) [sáilənt]

형용사 1 조용한, 고요한
The room was completely **silent**. You could have heard a pin drop.
그 방은 완벽하게 조용했어. 너는 핀이 떨어지는 소리도 들을 수 있었을 거야.

2 침묵하는, 말 없는
I asked her a question, but she was **silent**.
나는 그녀에게 질문을 했지만 그녀는 침묵했다.
As he began to sing, the audience **fell silent**.
그가 노래를 부르기 시작하자 관객들은 조용해졌다.

> 비교급 more silent
> 최상급 most silent
>
> ➕ silently 조용하게, 고요하게
>
> ☑ The audience fell silent.
> = The audience became silent.

silk (silk) [silk]

명사 ⓤ 비단, 실크
Bora wore a pretty blue **silk** scarf around her neck.
보라는 목에 예쁜 푸른색 실크 스카프를 둘렀다.

> ➕ silky 비단 같은, 부드러운

silly (sil-ee) [síli]

형용사 어리석은, 바보 같은
I guess I asked a **silly** question to my teacher.
내가 선생님께 어리석은 질문을 한 것 같다.
Don't be **silly**. 바보처럼 굴지 마.

> 비교급 sillier
> 최상급 silliest

silver (sil-vur) [sílvər]

명사 1 ⓤ [화학] 은(銀) (원소 기호 Ag, 번호 47)
I bought a ring made of **silver**.
나는 은으로 만들어진 반지를 샀다.

2 ⓤ 은식기류, 은제품
She polished the **silver** before the big dinner party.
그녀는 성대한 저녁 파티 전에 은그릇을 윤이 나게 닦았다.

형용사 1 은색의
Her grandfather had beautiful **silver** hair.
그녀의 할아버지는 아름다운 은발이었다.

2 은으로 된
I bought a **silver** ring. 나는 은반지를 샀다.

➕ silvery 은빛의, 은을 함유한

She polished the **silver** before the big dinner party.

similar (sim-uh-lur) [símələr]

형용사 유사한, 비슷한 (↔different)
I have a watch **similar to** that one.
난 저것과 유사한 시계가 있다.
The brothers **look** very **similar**.
그 형제는 매우 비슷하게 생겼다.
The two sweaters are **similar in** size.
그 두 개의 스웨터는 크기가 비슷하다.

비교급 more similar
최상급 most similar

➕ similarity 비슷함, 닮음
similarly 비슷하게

simple (sim-puhl) [símpəl]

형용사 1 (복잡하지 않고) 간단한, 단순한, 쉬운
The instructions were very **simple** and easy to understand.
설명은 이해하기 매우 간단하고 쉬웠다.
This book has a **simple** story.
이 책은 이야기가 단순하다.
Please explain it to me in a **simple** way.
제발 쉽게 설명해 주세요.

2 수수한, 소박한
I had a **simple** meal of noodles.
나는 국수로 소박한 식사를 했다.

비교급 simpler
최상급 simplest

➕ simplicity 간단함; 소박함
simplify 간단하게 하다, 단순화하다

I had a **simple** meal of noodles.

simply (sim-plee) [símpli]

부사 1 간단하게, 쉽게
She explained it **simply**. 그녀는 그것을 간단하게 설명했다.
Simply put, I don't like him.
간단히 말해서, 나는 그를 좋아하지 않아.

비교급 more simply
최상급 most simply

2 단지, 다만
She **simply** did her part.
그녀는 단지 자신이 맡은 부분을 했을 뿐이다.
I'm not sick, I'm **simply** tired.
나는 아픈 게 아니라 단지 피곤할 뿐이다.

3 《말하는 내용을 강조함》 매우, 정말
She looks **simply** great. 그녀는 정말 멋져 보인다.

※ simply가 '간단하게, 쉽게'의 뜻으로 쓰일 때에만 비교급과 최상급의 형태로 쓸 수 있어요.

sin (sin) [sin]

[명사] ⓒⓤ (종교·도덕적) 죄, 죄악
It is a **sin** to lie. 거짓말하는 것은 죄다.

복수형 sin**s**

since (sins) [sins]

[접속사] **1 ~ 이래로, ~한 후 (지금까지)**
I haven't seen Tim **since** school ended in June.
나는 6월에 학기가 끝난 후 팀을 보지 못했다.

2 ~ 때문에, ~이므로 (≒ because, as)
Since Billy is only 13 years old, he is too young to drive a car.
빌리는 겨우 열세 살이어서 차를 운전하기에는 너무 어리다.

[전치사] **~ 이래 (죽), ~부터**
I've been studying **since** 3 p.m.
나는 오후 3시부터 공부하고 있다.
Bora has lived in Seoul **since** 2002.
보라는 2002년부터 서울에 살고 있다.

[부사] **~ 이래, 그 후 (지금까지)**
He left two weeks ago, and we haven't heard from him **since**. 그는 2주 전에 떠난 후로 지금까지 아무 연락이 없다.

● **long since** 오래전에 (≒ long before now)
I have **long since** given up the games.
나는 오래전에 게임을 그만두었다.

Bora has lived in Seoul **since** 2002.
= Bora began living in Seoul in 2002, and she still lives there now.

 언제 since를 쓰고 언제 for를 쓰는지 잘 모르겠어요.

since와 for 둘 다 기간을 나타내지만, for 뒤에는 일정한 기간이 오고, since 뒤에는 과거 특정 기간의 시작이 오지요.

㉠ I've been waiting **for** thirty minutes. (30분이라는 일정한 기간)
나는 30분 동안 기다렸다.
I've been waiting **since** 9:00. (9시부터 시작해서 지금까지)
나는 9시부터 지금까지 기다리고 있다.

sincere (sin-seer) [sinsíər]

형용사 진실한, 성실한, 진심의 (↔insincere)
Tim's desire to do better at school was **sincere**.
He always did his homework.
학교에서 좀 더 잘하기를 원했던 팀의 바람은 진심이었다. 그는 항상 숙제를 해 갔다.
Please accept my **sincere** thanks.
부디 제 진심 어린 감사를 받아 주세요.

| 비교급 | sincerer |
| 최상급 | sincerest |

❓ desire 바람, 소망

sincerely (sin-seer-lee) [sinsíərli]

부사 진정으로, 진심으로 (≒truly)
I **sincerely** admire her. 나는 진정으로 그녀를 존경한다.
I thanked her **sincerely** for her help.
나는 그녀가 도와준 것에 대해 진심으로 고마움을 표했다.
● *Sincerely (yours)* 《편지의 공손한 맺음말》
He finished the letter with "**Sincerely**, Sam Brown."
그는 편지에 '샘 브라운 올림'이라고 맺음말을 썼다.

| 비교급 | more sincerely |
| 최상급 | most sincerely |

✓ Sincerely yours
= Yours sincerely

*sing (sing) [siŋ]

동사 1 노래하다, (연주로서) 노래 부르다
A: What's that song you're **singing**?
네가 부르고 있는 노래가 뭐야?
B: I don't know. I just heard it on the radio today.
몰라. 오늘 라디오에서 들은 거야.

2 (새가) 울다, 지저귀다
I heard the birds **singing** outside my window.
나는 새들이 창밖에서 지저귀는 것을 들었다.

3인칭단수현재	sings
현재분사	singing
과거	sang
과거분사	sung

singer (sing-ur) [síŋər]

명사 ⓒ 가수
BoA is a famous **singer** in Korea.
보아는 한국에서 유명한 가수이다.

| 복수형 | singers |

single (sing-guhl) [síŋgəl]

형용사 1 《명사 앞에만 쓰임》 한 개의, 단 하나의
A: Brian, can I borrow some money for lunch?
브라이언, 점심 먹을 돈 좀 빌릴 수 있을까?
B: I'm sorry, Mary. I don't have a **single** penny.
미안해, 메리. 나 동전 한 푼도 없어.

➕ double 두 개의, 두 배의; 2인용의
triple 세 개의, 세 배의

We eat rice **every single day**.
우리는 하루도 빠짐없이 매일 밥을 먹는다.

2 1인용의
A: Can I help you, sir? 무엇을 도와 드릴까요, 손님?
B: Yes, I'd like a **single** room for two nights.
네, 이틀간 묵을 1인실을 원하는데요.

3 미혼의, 독신의
Are you **single**? 미혼이신가요?

⊕ **single father** 홀아버지, 편부
single mother 홀어머니, 편모
single parent 한 부모

※ '외동딸, 외동아들'은 an only child라고 하지요.

singular (sing-gyuh-lur) [síŋɡjələr]

형용사 [문법] 단수의, 단수형의
"Book" and "dog" are **singular** nouns.
'책'과 '개'는 단수 명사다.

명사 [문법] 단수, 단수형 (줄임말 sing.)
"Song" is **the singular** and "songs" is the plural.
'song'은 단수형이고 'songs'는 복수형이다.

⊕ **singular noun** 단수 명사
singular verb 단수 동사

❷ **plural** 복수의, 복수형의

sink (singk) [siŋk]

동사 **1** 가라앉다, 침몰하다, 침몰시키다 (↔float)
The Titanic **sank** to the bottom of the sea.
타이태닉호는 바다 밑바닥으로 가라앉았다.
The extra weight made the small boat **sink**.
적정선을 넘은 무게는 작은 보트를 가라앉게 했다.

2 (해·달이) 지다
The sun is **sinking** below the horizon.
해는 수평선 아래로 지고 있다.

명사 ⓒ 세면대, (부엌의) 싱크대
Wash your hands in the **sink**.
세면대에서 손을 씻어라.
The kitchen **sink** was full of dirty dishes.
부엌 싱크대는 더러운 그릇들로 가득했다.

3인칭단수현재 sink**s**
현재분사 sink**ing**
과거 sank
과거분사 sunk

sink

복수형 sink**s**

⊕ **washbasin** (영국영어) 세면대

sir (sur) [sər]

명사 (남성에 대한 존칭) 님, 선생님, 귀하
Excuse me, **sir**. Can you tell me how to get to Carnegie Hall?
실례합니다만, 선생님. 카네기 홀에 가는 길을 알려 주실 수 있습니까?
A: May I help you, **sir**? 도와 드릴까요, 손님?
B: Yes, please. 네, 부탁합니다.

⊕ **ma'am** (여성에 대한 존칭) 님, 선생님, 귀하, 부인

*sister (sis-tur) [sístər]

명사 1 ⓒ 언니, 여동생, 자매, 누나
Brian has two **sisters**. One is younger and one is older than him.
브라이언은 두 명의 여자 형제가 있다. 한 명은 그보다 어리고 한 명은 그보다 나이가 많다.

2 ⓒ [가톨릭] 《Sister로도 쓰임》 수녀
Maria is a **sister** in a mission in the Philippines.
마리아는 필리핀 선교단의 수녀님이다.

| 복수형 | **sister**s |

➕ big sister 큰언니, 큰누나
little [younger] sister 여동생
older sister 언니, 누나

*sit (sit) [sit]

동사 1 앉다
He was **sitting** on the desk. 그는 책상 위에 앉아 있었다.
Sit down, please. 앉으세요.
Young children can't **sit still** for a minute.
어린아이들은 잠시도 가만히 앉아 있지를 못한다.

2 ~에 위치하다, ~에 있다
A vase of flowers was **sitting** on the table.
식탁 위에 꽃을 꽂은 꽃병이 있었다.

3인칭단수현재	**sit**s
현재분사	**sit**ting
과거·과거분사	**sat**

➕ sit-up 윗몸 일으키기

situation (sich-oo-ay-shuhn) [sìtʃuéiʃən]

명사 ⓒ 상황
The hurricane is getting closer to the city. The **situation** looks bad.
허리케인이 도시 쪽으로 점점 다가오고 있다. 상황이 좋지 않아 보인다.
Children must be taught to deal with dangerous **situations**.
아이들은 위험한 상황에 대처하는 법을 배워야 한다.

| 복수형 | **situation**s |

dangerous **situation**

six (siks) [siks]

숫자 6, 여섯
I have **six** brothers and sisters.
나는 6명의 남녀 형제가 있다.

| 복수형 | **six**es |

➕ sixth 6번째(의), 6일

sixteen (siks-teen) [sìkstíːn]

숫자 16, 열여섯
My older brother is **sixteen**. 나의 형은 열여섯 살이다.
Sixteen will be coming. 16명이 올 것이다.

| 복수형 | **sixteen**s |

➕ sixteenth 16번째(의), 16일

sixth (siksth) [siksθ]

형용사 6번째의, 여섯 번째의
He came in **sixth**. 그가 6번째로 왔다.
She lives on the **sixth** floor. 그녀는 6층에 산다.

대명사 6번째, 여섯 번째, 6일
Today is June **sixth**. 오늘은 6월 6일이다.

명사 ⓒ 6분의 1
one-**sixth** 6분의 1
She cut the cake into **sixths**.
그녀는 케이크를 여섯 조각으로 잘랐다.

☑ Today is June sixth.
= Today is June 6th.
= Today is the sixth of June.

복수형 sixth**s**

sixty (siks-tee) [síksti]

숫자 60, 예순
There are **sixty** minutes in an hour. 1시간은 60분이다.
- *in one's sixties* (나이가) 60대인
  She was **in** her late **sixties**. 그녀는 60대 후반이었다.
- *the sixties* 1960년대 (= the '60s, the 1960s)
  He was born in **the sixties**. 그는 1960년대에 태어났다.

복수형 sixt**ies**

➕ sixtieth 60번째(의)

*size (size) [saiz]

명사 1 ⓒⓤ 크기, 넓이, 부피
A: I'd like a box of popcorn. 팝콘 한 박스 주세요.
B: What **size**? 사이즈는요?
A: Large, please. 큰 걸로 주세요.
Look at the **size** of that thing. It's huge!
저것 크기 좀 봐. 거대하다!

2 ⓒ 치수, 사이즈
What's your **size**? 치수가 어떻게 되시죠?
They didn't have the skirt in my **size**.
내 치수에 맞는 스커트가 없었다.
Try this one for **size**. 치수가 맞는지 이거 한번 입어 보세요.

복수형 size**s**

➕ small-size(d) 소형의
medium-size(d) 중형의
large-size(d) 대형의
king-size(d) 특대형의

➕ bite-size(d) 한 입 크기의
life-size(d) 실물 크기의

skate (skayt) [skeit]

명사 1 ⓒ (얼음판 위에서 신는) 스케이트 (= ice skate)
Ice hockey players wear special **skates**.
아이스하키 선수들은 특수한 스케이트를 신는다.

2 ⓒ 롤러스케이트 (= roller skate)
This restaurant is so big the waiters have to wear **skates**.

복수형 skate**s**

skates

➕ skating 스케이트 타기, 스케이팅

이 식당은 너무 넓어서 웨이터들이 롤러스케이트를 신어야 한다.

동사 스케이트를 타다
Sam is teaching his sister how to **skate**.
샘은 여동생에게 스케이트 타는 법을 가르치고 있다.

3인칭단수현재	skate**s**
현재분사	skat**ing**
과거·과거분사	skate**d**

skeleton (skel-uh-tuhn) [skélətn]

명사 ⓒ 골격, 해골, 뼈
The museum is famous for its dinosaur **skeletons**.
그 박물관은 공룡 뼈로 유명하다.

| 복수형 | skeleton**s** |

sketch (skech) [sketʃ]

명사 ⓒ 스케치, 밑그림
The artist made a quick **sketch** of Mary.
화가는 메리의 모습을 빠르게 스케치했다.

동사 스케치하다
Sam **sketched** the lake and the flowers surrounding it. 샘은 호수와 그 주변의 꽃들을 스케치했다.

복수형	sketch**es**
3인칭단수현재	sketch**es**
현재분사	sketch**ing**
과거·과거분사	sketch**ed**

ski (skee) [ski:]

명사 ⓒ (운동 기구) 스키
a pair of **skis** 스키 한 벌
She put on her **skis**. 그녀는 스키를 신었다.

동사 스키를 타다
Lisa **goes skiing** every winter.
리사는 매년 겨울 스키를 타러 간다.

복수형	ski**s**
3인칭단수현재	ski**s**
현재분사	ski**ing**
과거·과거분사	ski**ed**

skill (skil) [skil]

명사 ⓒⓤ 기술, 솜씨
Reading and writing are important **skills**.
읽기와 쓰기는 중요한 기술이다.
You need special **skill** to fly a plane.
비행기를 조종하려면 전문 기술이 있어야 한다.

| 복수형 | skill**s** |

➕ **skilled** 숙련된, 숙련을 요하는

skin (skin) [skin]

명사 1 ⓒⓤ (사람·동물의) 피부, 살갗
Protect your **skin** from the sun.
태양으로부터 피부를 보호하세요.
He has fair **skin**. 그는 피부가 하얗다.

| 복수형 | skin**s** |

➕ **dark skin** 까무잡잡한 피부

skinny

2 ⓒⓤ (동물의) 가죽
We have a rug made of tiger **skin**.
우리는 호랑이 가죽으로 만든 깔개가 있다.

3 ⓒⓤ (과일·채소의) 껍질
a squash **skin** 호박 껍질
Peel the **skin** off the apples. 사과의 껍질을 까세요.

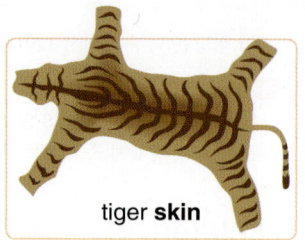
tiger **skin**

skinny (skin-ee) [skíni]

형용사 **1** 비쩍 마른, 깡마른
She became **skinny** while she was ill.
그녀는 아픈 동안에 비쩍 말라 버렸다.

| 비교급 | skinn**ier** |
| 최상급 | skinn**iest** |

2 (옷이) 몸에 딱 달라붙는
skinny jeans 스키니 청바지

skip (skip) [skip]

동사 **1** 깡충깡충 뛰다
The two children **skipped** down the road together.
어린이 두 명이 함께 길을 깡충깡충 뛰어갔다.

2 줄넘기하다
My mother **skips rope** for exercise.
우리 엄마는 운동으로 줄넘기를 하신다.

3 건너뛰다, 빼먹다
You **skipped** my turn. 네가 내 차례를 건너뛰었어.
Don't **skip** breakfast. 아침을 거르지 마.

3인칭단수현재	skip**s**
현재분사	skip**ping**
과거·과거분사	skip**ped**

➕ **skipping rope** (영국영어)
줄넘기 (미국영어 **jump rope**)

＊skirt (skurt) [skə:rt]

명사 ⓒ 치마, 스커트
Mary likes to wear very short **skirts**.
메리는 아주 짧은 치마를 입는 것을 좋아한다.

| 복수형 | skirt**s** |

＊sky (skye) [skai]

명사 ⓒⓤ 하늘
The **sky** is a beautiful blue today.
하늘은 오늘 아름다운 파란색이다.

| 복수형 | sk**ies** |

slang (slang) [slæŋ]

명사 ⓤ 속어, 은어
teenage **slang** 십 대 은어

❓ **속어** 통속적으로 쓰는 저속한 말

Don't use **slang** when writing a report.
보고서를 쓸 때에는 속어를 사용하지 마세요.
It's difficult to understand American **slang**.
미국 속어는 이해하기 어렵다.

> 은어 다른 사람들이 알아듣지 못하도록 자기네 구성원들끼리만 사용하는 말

slave (slayv) [sleiv]

명사 ⓒ 노예, 종
Many Africans were captured and sold as **slaves**.
많은 아프리카 인들은 잡혀서 노예로 팔렸다.

> 복수형 slave**s**

*sleep (sleep) [sli:p]

동사 잠을 자다
A: How many hours do you **sleep**?
  몇 시간 주무십니까?
B: I usually **sleep** eight hours. 대개 여덟 시간 잡니다.
I didn't **sleep well** last night. 어젯밤에 잠을 잘 못 잤다.

명사 Ⓤ 잠, 수면
Doctors say you need eight hours of **sleep** every night. 의사들은 매일 밤 여덟 시간을 자야 한다고 말한다.
It's time to **go to sleep**. 잠잘 시간이다.

> 3인칭단수현재 sleep**s**
> 현재분사 sleep**ing**
> 과거·과거분사 **slept**
>
> ➕ asleep 잠든
> sleepless 잠 못 자는, 불면증의

sleepy (slee-pee) [slí:pi]

형용사 졸린, 잠이 오는
He looks **sleepy**. 그는 졸려 보인다.
I feel **sleepy** after eating a big meal.
나는 밥을 많이 먹고 나면 졸린다.

> 비교급 sleep**ier**
> 최상급 sleep**iest**

slept (slept) [slept]

동사 sleep의 과거·과거분사형

slice (slise) [slais]

명사 ⓒ (빵·햄 등의) 얇은 조각, 한 조각
Would you like **a slice of** cake?
케이크 한 조각 먹을래?
Jinsu cut the apple into **slices** before he ate it.
진수는 사과를 먹기 전에 얇게 조각냈다.

동사 (얇게) 썰다, 자르다
She **sliced** the orange in half.
그녀는 오렌지를 반으로 잘랐다.

> 복수형 slice**s**
>
>
> a slice of cake
>
> 3인칭단수현재 slice**s**
> 현재분사 slic**ing**
> 과거·과거분사 slice**d**

slid (slid) [slid]

동사 slide의 과거·과거분사형

slide (slide) [slaid]

동사 미끄러지다, 미끄러져 내리다
The car **slid** on the icy road.
차는 빙판길에서 미끄러졌다.
Her pen **slid** out of her hands.
그녀의 펜이 손에서 미끄러져 떨어졌다.

명사 1 ⓒ 미끄럼틀
The water park has a six-story-high **slide**.
그 워터파크에는 6층 높이의 미끄럼틀이 있다.

2 ⓒ (환등기의) 슬라이드
They were watching a **slide** show.
그들은 슬라이드 쇼를 보고 있었다.

3 ⓒ (현미경의) 유리판, 슬라이드
Place a drop of tap water on a **slide**, and then look at it under the microscope.
슬라이드 위에 수돗물 한 방울을 떨어뜨린 후, 현미경 아래에 놓고 보아라.

3인칭단수현재	slides
현재분사	sliding
과거·과거분사	slid
복수형	slides

➕ sliding 미끄러짐; 미끄러지는

slide

slight (slite) [slait]

형용사 약간의, 적은
There's only a **slight** difference in price between the cars. 자동차 간 가격에는 약간의 차이만이 있을 뿐이다.
I have a **slight** fever. 나는 열이 약간 있다.

| 비교급 | slighter |
| 최상급 | slightest |

➕ slightly 약간, 조금

slip (slip) [slip]

동사 1 미끄러지다, 미끄러져 넘어지다
The car tires **slipped** on the icy road.
자동차 타이어는 빙판길에서 미끄러졌다.
His foot **slipped** and he fell.
그는 발이 미끄러져 넘어졌다.

2 (들키지 않고) 몰래 들어가다, 몰래 나가다
Sally **slipped out of** class without being noticed.
샐리는 아무도 모르게 교실을 빠져나갔다.

3 (손 등을 벗어나) 미끄러지다, 미끄러져 빠지다
The book **slipped out of** his hand and fell on his foot. 책은 그의 손에서 미끄러져 발 위에 떨어졌다.

3인칭단수현재	slips
현재분사	slipping
과거·과거분사	slipped

Sally **slipped out of** class without being noticed.

명사 1 ⓒ (작은) 실수
That was just a **slip**. 그것은 단지 작은 실수였다.

2 ⓒ 종잇조각, 쪽지
Eric wrote Sam's phone number on a small **slip** of paper. 에릭은 작은 종잇조각에 샘의 전화번호를 적었다.

| 복수형 | slip**s** |

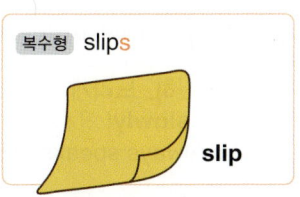
slip

slippery (slip-ur-ee) [slípəri]

형용사 미끄러운, 미끈거리는
The ice is very **slippery** to walk on.
빙판은 걷기에는 매우 미끄러웠다.
The floor was wet and **slippery**.
바닥은 젖어 있었고 미끄러웠다.

| 비교급 | slipper**ier**, more slippery |
| 최상급 | slipper**iest**, most slippery |

slope (slohp) [sloup]

명사 1 ⓒ 경사, (산)비탈
The land has a **slope** of 18 degrees or more.
그 땅은 18도 이상 경사져 있다.
They climbed the **slope**. 그들은 산비탈을 올라갔다.

2 ⓒ (스키장의) 슬로프
She is skiing down the steep **slope**.
그녀는 스키를 타고 가파른 슬로프를 내려오고 있다.

동사 경사지다, 비탈지다
The road **slopes** down from here. Drive slowly.
길이 여기서부터 내리막이다. 천천히 운전해라.

| 복수형 | slope**s** |

➕ gentle slope 완만한 경사
slight slope 완만한 경사
steep slope 가파른 경사

3인칭단수현재	slope**s**
현재분사	slop**ing**
과거·과거분사	slop**ed**

*slow (sloh) [slou]

형용사 1 느린, 더딘 (↔fast, quick)
in **slow** motion 느린 동작으로
She is very **slow** when she answers a question.
그녀는 질문에 답할 때 매우 느리다.

2 (시계가) 늦게 가는 (↔fast)
The clock on the wall is **slow** by about 10 minutes.
벽에 걸린 시계는 약 10분 정도 느리다.

동사 속력을 줄이다, 속도가 떨어지다
The boat **slowed** as it got near the shore.
보트는 해안가에 가까워지자 속도를 줄였다.

부사 천천히, 느리게
Drive **slow**! 천천히 운전하세요!
I was walking **slow**. 나는 천천히 걷고 있었다.

| 비교급 | slow**er** |
| 최상급 | slow**est** |

➕ slowness 느림

3인칭단수현재	slow**s**
현재분사	slow**ing**
과거·과거분사	slow**ed**

| 비교급 | slow**er** |
| 최상급 | slow**est** |

slowly (sloh-lee) [slóuli]

부사 천천히, 느리게 (↔quickly)
Drive **slowly**! 천천히 운전하세요!
She always speaks **slowly**. 그녀는 항상 천천히 말한다.

| 비교급 | more slowly |
| 최상급 | most slowly |

*small (smawl) [smɔːl]

형용사 1 (크기가) 작은 (=little), (양·수 등이) 적은
They live in a **small** house. 그들은 작은 집에 산다.
I'd like to have a **small** coke, please.
전 콜라 작은 것으로 주세요.
Only a **small** number of people came to the concert.
소수의 사람들만이 콘서트에 왔다.

2 하찮은, 사소한, 중요하지 않은
It's only a **small** mistake. 그건 사소한 실수일 뿐이다.
Could I ask you a **small** favor?
작은 부탁 하나 해도 될까요?

3 (소리가) 약한, 작은, 낮은
Sally sang in a **small** voice. It was hard to hear her.
샐리는 작은 목소리로 노래를 했다. 잘 들리지 않았다.

| 비교급 | smaller |
| 최상급 | smallest |

small

large

smart (smahrt) [smɑːrt]

형용사 똑똑한
Jinsu is a very **smart** boy. 진수는 매우 똑똑한 소년이다.
The **smart** girl taught herself how to read.
그 똑똑한 소녀는 혼자서 글 읽기를 깨쳤다.

| 비교급 | smarter |
| 최상급 | smartest |

*smell (smel) [smel]

동사 1 냄새를 맡다
A: Can you **smell** the fresh air?
상쾌한 공기 냄새 맡아져?
B: I sure can. It's great to get out of the city.
물론이지. 도시 밖으로 나오는 건 정말 좋아.
I have a cold so I can't **smell**.
나는 감기에 걸려서 냄새를 못 맡아.

2 냄새가 나다
These clothes **smell** fresh. They must have been just washed.
이 옷들은 상쾌한 냄새가 난다. 방금 세탁한 게 틀림없다.

3 악취를 풍기다, 안 좋은 냄새가 나다
Your sneakers **smell**. 너 운동화에서 냄새난다.

3인칭단수현재	smells
현재분사	smelling
과거·과거분사	(미국) smelled, (영국) smelt

Your sneakers **smell**.

명사 1 ⓒ 냄새, 향기
The **smell** of roses filled the garden.
장미 향이 정원에 가득했다.

2 ⓒ 불쾌한 냄새, 악취
What's that awful **smell**? 이 끔찍한 냄새는 뭐지?

3 ⓤ 후각
Dogs have a very good sense of **smell**.
개는 후각이 매우 뛰어나다.

| 복수형 | smell**s** |

Dogs have a very good sense of **smell**.

smelt (smelt) [smelt]

동사 (영국영어) smell의 과거·과거분사형

＊smile (smile) [smail]

동사 미소 짓다, 방긋 웃다
She **smiled at** him, and he **smiled** back.
그녀는 그에게 미소를 지었고 그도 그녀에게 미소로 답했다.

명사 ⓒ 미소
The teacher greeted the new students **with a** warm **smile**. 선생님은 새로운 학생들에게 따뜻한 미소로 인사했다.
He **gave** me **a smile**. 그는 내게 미소를 지었다.

3인칭단수현재	smile**s**
현재분사	smil**ing**
과거·과거분사	smile**d**
복수형	smile**s**

※ smile과 laugh의 차이 → laugh (p. 517)

smoke (smohk) [smouk]

명사 ⓤ 연기
Smoke rose from the factory smokestacks.
연기가 공장 굴뚝에서 솟아올랐다.

• *Where there's smoke, there's fire.* (= *There's no smoke without fire.*) 연기가 있는 곳에 불이 있다., 아니 땐 굴뚝에 연기 나랴. 〈속담〉

동사 1 담배를 피우다, 흡연하다
Do you mind if I **smoke** in here?
여기서 담배 피워도 될까요?

2 연기가 나다, 연기가 나게 하다
Although the fire was out, the campfire still **smoked**.
불은 꺼졌지만 모닥불에서는 여전히 연기가 났다.

➕ **smoker** 흡연자
smoky, smokey 연기가 자욱한, 연기가 많이 나는

3인칭단수현재	smoke**s**
현재분사	smok**ing**
과거·과거분사	smoke**d**

smoking (smoh-king) [smóukiŋ]

명사 ⓤ 흡연
When did you start **smoking**?
언제 흡연을 시작했나요?

➕ **nonsmoking** 금연의
passive smoking 간접흡연

smooth (smooTH) [smuːð]

형용사 1 평평한, 매끄러운 (↔rough)
smooth skin 매끄러운 피부
The **smooth** waters of the lake made me feel calm.
호수의 잔잔한 수면은 나를 차분해지게 했다.

2 순조로운, 원활한
A: How did everything go? 일은 어땠어?
B: It went as **smooth** as silk. I didn't have a single problem.
아주 순조로웠어. 문젯거리는 하나도 없었어.
The plane made a **smooth** landing.
비행기는 순조롭게 착륙했다.

동사 매끄럽게 하다, 평탄하게 하다
Tim used sandpaper to **smooth** the wood.
팀은 나무를 매끄럽게 다듬으려고 사포를 사용했다.

smooth skin

비교급	smoother
최상급	smoothest
3인칭단수현재	smoothes
현재분사	smoothing
과거·과거분사	smoothed

snail (snayl) [sneil]

명사 ⓒ 달팽이
Snails move very slowly.
달팽이는 굉장히 천천히 움직인다.

복수형	snails

*snake (snayk) [sneik]

명사 ⓒ 뱀
Some **snakes** are poisonous, and some are not.
어떤 뱀은 독이 있고 어떤 뱀은 그렇지 않다.

복수형	snakes
❓ poisonous 독이 있는	

sneeze (sneez) [sniːz]

동사 재채기하다
Cover your nose when you **sneeze**.
재채기를 할 때에는 코를 가려라.
Allergies can make you **sneeze**.
알레르기는 재채기를 유발할 수 있다.

3인칭단수현재	sneezes
현재분사	sneezing
과거·과거분사	sneezed

*snow (snoh) [snou]

명사 ⓤ 눈
The children built an igloo with the **snow**.
아이들은 눈으로 이글루를 만들었다.

동사 눈이 내리다
It's **snowing**! 눈이 온다!

➕ snowy 눈이 많이 오는, 눈으로 덮인	
3인칭단수현재	snows

I hope it **snows** so that we can go snowboarding.
나는 눈이 와서 우리가 스노보딩하러 갔으면 좋겠다.

현재분사	snow**ing**
과거·과거분사	snow**ed**

*SO (soh) [sou]

부사 **1** 《앞에 나온 말 등을 대신함》 그렇게
Hold your chopsticks **so**, and you will be able to use them easier.
그렇게 젓가락을 쥐도록 해. 그러면 젓가락을 좀 더 쉽게 사용할 수 있을 거야.
A: Is Tim coming to the party? 팀이 파티에 오니?
B: I hope **so**. 그러기를 바라.

2 〖정도〗 그 정도로, 그렇게, 그만큼
It's **so** hot I could fry an egg on the street.
도로 위에다 계란 프라이를 할 수 있을 정도로 덥다.
You shouldn't eat **so** fast. 그렇게 빨리 먹으면 안 돼.

3 〖강조〗 매우, 몹시 (≒very)
Thank you **so** much for dinner. It was delicious.
저녁 너무 감사드려요. 맛있었어요.
Why are you **so** late? 너 왜 이렇게 늦게 왔니?
The cake tasted **so** good. 케이크는 매우 맛있었다.

4 《so+동사+주어》 ~도 또한 (그렇다) (≒too, also)
Tom likes camping, and **so** does his wife.
톰은 캠핑을 좋아하고 그의 부인도 또한 그렇다.
A: I'm going to the movies. 나 영화 보러 간다.
B: **So** am I. 나도 그래. (=I am also going.)

- **and so on**(**forth**) ~ 등등, ~ 따위
I like fruits such as apples, pears, grapes, **and so on**. 나는 사과, 배, 포도 **등등**의 과일을 좋아한다.

- **not so A as B** B**만큼** A하지 **않다**
The bedroom is **not so** large **as** I thought.
침실은 내가 생각했던 것**만큼** 크지 **않다**.

- **or so** ~ 정도
It takes about an hour **or so** to get there.
거기에 도착하려면 한 시간 **정도** 걸린다.

- **so as to (do)** ~하기 위해서
They left early **so as to** catch the first train.
그들은 첫 기차를 타기 위해 일찍 떠났다.

- **so A that B** 너무 A해서 B하다
The tent was **so** big **that** we could sleep all together.
텐트가 **너무** 커서 우리 모두 함께 잘 수 **있었다**.

You shouldn't eat **so** fast.
= You should eat more slowly.

※ 부정문에서는 so를 사용하지 않고 neither 또는 either를 써요.
A: I'm not hungry.
(난 배 안 고파.)
B: Neither am I.
= I'm not hungry either.
(나도 배 안 고파.)

The tent was **so** big **that** we could sleep all together.

접속사 **1** 〖목적〗 ~하도록, ~하기 위해서
Hurry up **so** we won't be late. 늦지 않도록 서둘러라.
Speak louder **so that** everybody can hear you.
모두 들을 수 있도록 더 크게 말해라.

2 〖결과〗 그래서, 그러므로 (= therefore)
It was sunny and hot, **so** the workmen took off their shirts. 햇볕이 강하고 더워서 일꾼들은 셔츠를 벗었다.

Speak louder **so that** everybody can hear you.

 so와 such 둘 다 '매우'라는 뜻이 있지요?
네, 하지만 문장 구조가 달라요. so 뒤에는 '형용사' 또는 '부사'가 오고 such 뒤에는 '명사' 또는 '형용사+명사'가 와요.
예) She is **so** beautiful. 그녀는 매우 아름답다.
She is **such** a beautiful girl. 그녀는 매우 아름다운 소녀이다.

---

soap (sohp) [soup]

명사 ⓘ 비누
a bar of **soap** 비누 한 개
Wash your hands with **soap** and water.
비누와 물로 손을 씻어라.

➕ **soap bubbles** 비누 거품
soap powder 가루비누

---

soap opera (sohp ah-pur-uh) [sóup àpərə]

명사 ⓒ 연속극, 드라마
The first **soap operas** were sponsored by soap companies. That's how they got their name.
처음에 드라마는 비누 회사들의 후원을 받았다. 그래서 그런 이름이 된 것이다.

복수형 soap opera**s**

---

*soccer (sah-kur) [sákər]

명사 ⓘ 축구
Soccer is a very popular sport in most of the world.
축구는 거의 전 세계에서 매우 인기 있는 스포츠이다.

➕ **football** (영국영어) 축구; (미국영어) 미식축구

---

social (soh-shuhl) [sóuʃəl]

형용사 《명사 앞에만 쓰임》 사회의, 사회적인
Racism is a **social** problem. 인종 차별은 사회 문제다.
The Internet has made **social** change faster.
인터넷은 사회 변화를 빠르게 만들었다.
Monkeys are **social** animals. 원숭이는 사회적 동물이다.

➕ **socially** 사회적으로

❓ **racism** 인종 차별

society (suh-**sye**-i-tee) [səsáiəti]

명사 1 ⓒⓤ 사회
Korean **society** highly values families and their ties to each other.
한국 사회는 가족과 가족들 서로 간의 관계를 중시한다.
We live in a multiracial **society**.
우리는 다민족 사회에 살고 있다.

2 ⓒ 모임, 협회, ~회
a musical **society** 음악 동호회
Eric is vice-president of the Canadian Ceramic Society.
에릭은 캐나다 도자기 협회의 부회장이다.

복수형	societies

❓ value 가치 있게 생각하다
tie 관계
multiracial 다민족의

❓ ceramic 도자기

*sock (sahk) [sɑk]

명사 ⓒ 양말
I bought five pairs of **socks** at a flea market.
나는 벼룩시장에서 양말 다섯 켤레를 샀다.
Your **socks** don't match.
너 양말이 짝짝이다.

복수형	socks

※ a pair of ~ → pair (p. 666)

sofa (**soh**-fuh) [sóufə]

명사 ⓒ 소파
We have a leather **sofa** in the living room.
우리는 거실에 가죽 소파가 있다.

복수형	sofas

*soft (sawft) [sɔ(:)ft]

형용사 1 부드러운, 폭신한, 연한 (↔hard)
Several days of rain had made the ground **soft**.
며칠간 내린 비는 땅이 부드러워지게 했다.
I like to sleep on a **soft** bed.
나는 푹신한 침대에서 자는 걸 좋아한다.

2 촉감이 부드러운, 매끄러운 (↔rough)
The rabbit's fur was **soft** to the touch.
토끼털은 촉감이 부드럽다.

3 (소리가) 조용한, 낮은, 부드러운 (≒low, quiet; ↔loud)
Soft music helps me fall asleep.
조용한 음악은 내가 잠들 수 있게 도와준다.

4 (바람·비가) 부드러운, 약한, 온화한 (=light)
A **soft** wind blew across the beach.
부드러운 바람이 해변을 가로질러 불었다.

비교급	softer
최상급	softest

➕ soften 부드럽게 하다, 부드러워지다
softly 부드럽게; 조용히

I like to sleep on a **soft** bed.

5 (빛·색이) 부드러운, 은은한, 차분한 (↔bright)
I like **soft** colors. 나는 은은한 색이 좋다.

➕ **soft drink** 탄산음료

soil (soil) [sɔil]

명사 1 ⓒⓤ 흙, 토양 (≒earth)
The **soil** in this area is good for growing apples.
이 지역의 토양은 사과를 기르기에 좋다.

2 ⓤ 나라, 땅
Many American soldiers have fought for freedom on foreign **soil**.
많은 미국 병사들이 자유를 위해 타지에서 싸웠다.

복수형 **soil**s

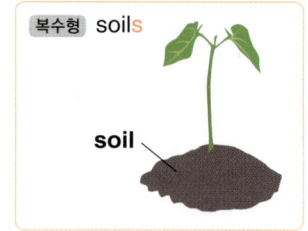

solar (soh-lur) [sóulər]

형용사 《명사 앞에만 쓰임》 태양의
The **solar** year has 12 months. 태양년은 12달이다.
Solar energy is renewable. 태양 에너지는 재생 가능하다.

➕ **lunar** 달의

sold (sohld) [sould]

동사 sell의 과거·과거분사형

soldier (sohl-jur) [sóuldʒər]

명사 ⓒ 군인, 병사
Soldiers have to train to fight to protect their country.
군인은 자신의 나라를 지키기 위해 싸우는 훈련을 해야 한다.

복수형 **soldier**s

solid (sah-lid) [sálid]

형용사 1 고체의
Cement becomes **solid** when it dries.
시멘트는 마르면 고체가 된다.

2 속이 비지 않은, 속이 꽉 찬, 견고한
The door was made from **solid** oak.
그 문은 단단한 참나무로 만들어졌다.

3 《명사 앞에만 쓰임》 순수한, (불순물이) 섞이지 않은
The king's crown is made from **solid** gold.
왕관은 순금으로 만들어졌다.

명사 ⓒ 고체
Water is a liquid, but when it becomes ice, it's a **solid**. 물은 액체지만 얼음이 되면 고체다.

➕ 기체 gas
액체 liquid
고체 solid

❓ oak 참나무

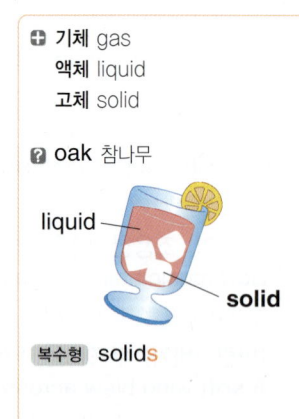

복수형 **solid**s

solo (soh-loh) [sóulou]

명사 ⓒ [음악] 독주(곡), 독창(곡), 솔로
Sora played a violin **solo** in the concert.
소라는 콘서트에서 바이올린 독주곡을 연주했다.

형용사 《명사 앞에만 쓰임》 혼자서 하는, 단독의, 솔로의
I will take my first **solo** flight next week.
나는 다음 주에 단독 비행을 할 것이다.

부사 [음악] 혼자서, 단독으로, 솔로로
The performer sang **solo**. 연기자는 솔로로 노래했다.

복수형	**solo**s
➕ **soloist** 독주자, 독창자	
❓ **performer** 배우, 연기자, 연주자	

solution (suh-loo-shuhn) [səlúːʃən]

명사 1 ⓒ 해결책, 해법
Did you find a **solution** to this problem?
이 문제의 해결책을 찾았니?
The teacher demonstrated the **solution** to the math problem.
선생님께서 수학 문제의 해법을 보여 주셨다.

2 ⓒⓤ 용액
Tony made a **solution** of salt and water.
토니는 소금과 물이 섞인 용액을 만들었다.

복수형	**solution**s

Tony made a **solution** of salt and water.

solve (sahlv) [sɑlv]

동사 (문제 등을) 풀다, 해결하다
There is no problem that cannot be **solved**.
해결할 수 없는 문제는 없다.
Can you **solve** this problem? 너 이 문제 풀 수 있니?

3인칭단수현재	**solve**s
현재분사	**solv**ing
과거·과거분사	**solve**d

*some (suhm) [sʌm]

형용사 1 [수량] 약간의, 조금의, 몇몇의
I'm going to the store to buy **some** groceries.
나는 약간의 식료품을 사러 가게에 갈 거야.
I need to get **some** advice from you.
나는 네가 해 주는 조언이 필요해.
There were **some** children in the park.
공원에는 몇몇 아이들이 있었다.

2 일부의, 몇몇의
Some children don't like chocolate.
일부 아이들은 초콜릿을 좋아하지 않는다.
He has spent **some of** the money he got for his

※ 질문을 했을 때 답이 'yes'일 거라고 생각되면 some을, 답이 무엇일지 모르면 any를 사용해요.
Would you like **some** coffee? (커피 좀 드실래요?)
Were there **any** people? (사람들이 있었어?)

somebody

birthday. 그는 생일에 받은 돈의 일부를 썼다.
I met **some** of Tony's friends.
나는 토니의 친구들 중 몇 명을 만났다.

대명사 **1** 〖수량〗 약간, 조금
This cake is nice. Do you want **some**?
이 케이크 맛있다. 좀 먹을래?

2 일부, 어떤 사람, 어떤 것
Some of these oranges are rotten.
이 오렌지들 중 몇 개는 썩었다.
Some say that there are aliens.
어떤 사람들은 외계인이 있다고 한다.

※ some은 주로 긍정문에, any는 부정문 또는 의문문에 써요. → any (p. 49)

Some of these oranges are rotten.

---

somebody (suhm-*bah*-dee, suhm-*buh*-dee) [sʌ́mbàdi, sʌ́mbʌdi]

대명사 어떤 사람, 누군가 (=someone)
Somebody is at the front door.
어떤 사람이 현관에 와 있어.
I want **somebody** to help me.
나는 누군가가 나를 도와주기를 원해.

※ somebody는 복수형이 없어요. 복수의 의미로 쓸 때는 some people이라고 해요.

---

someday (suhm-*day*) [sʌ́mdèi]

부사 (미래의) 언젠가
Someday I will travel to Africa.
나는 언젠가는 아프리카를 여행할 거야.
We will live on the moon **someday**.
언젠가는 우리는 달에서 살 것이다.

➕ one day (과거·미래의) 언젠가

---

somehow (suhm-*hou*) [sʌ́mhàu]

부사 어떻게든, 어쨌든
We must find the girl **somehow**.
우리는 어떻게든 그 여자아이를 찾아야 한다.
Somehow, the hikers had gotten lost.
어찌된 건지 모르겠지만 도보 여행자들은 길을 잃었다.

✓ We must find the girl somehow.
= We must find the girl one way or another.

---

someone (suhm-*wuhn*) [sʌ́mwʌ̀n]

대명사 어떤 사람, 누군가, 누가 (=somebody)
A: **Someone** forgot to turn off the TV.
누군가 TV 끄는 것을 잊었네.
B: It wasn't me. 난 아니야.
Ask **someone** else to help you.
다른 사람에게 도와 달라고 부탁해 봐.

※ 부정문과 의문문에서는 주로 anyone을 써요.
Does anyone know him?
(그를 아는 사람 있나요?)

* something (suhm-*thing*) [sʌ́mθiŋ]

대명사 무언가, 어떤 것, 어떤 일
You've got **something** on your face. 얼굴에 뭐 묻었다.
I've got **something** in my eye. 눈에 무언가 들어갔다.
Don't just stand there. Do **something**!
거기에 그냥 서 있지만 말고 어떻게 좀 해 봐!
Do you want noodles for lunch or **something** else?
점심으로 국수를 먹을래, 아니면 다른 것을 먹을래?
- *have something to do with* ~와 관계가 있다
Her job **has something to do with** animals.
그녀의 직업은 동물과 관련이 있다.

I've got **something** in my eye.

* sometimes (suhm-*timez*) [sʌ́mtàimz]

부사 가끔, 때때로
He **sometimes** goes fishing with his son.
그는 가끔 아들과 낚시를 간다.
I like to be on my own **sometimes**.
나는 가끔 혼자 있고 싶을 때가 있다.

☑ sometimes
= every now and then
= now and again (then)
= once in a while

somewhat (suhm-*waht*) [sʌ́mhwàt]

부사 다소, 약간, 좀 (≒ rather)
A: How was the movie? 영화 어땠어?
B: It was **somewhat** interesting, but not that great.
  좀 재미있긴 했지만, 그렇게까지 훌륭하진 않았어.
I was **somewhat** surprised to see him there.
나는 그곳에서 그를 보게 되어 좀 놀랐다.
He is **somewhat** lazy. 그는 좀 게으르다.

He is **somewhat** lazy.

somewhere (suhm-*wair*) [sʌ́mhwɛ̀ər]

부사 어딘가에, 어디에선가
I lost my keys **somewhere** around here.
이 근방 어딘가에서 내 열쇠를 잃어버렸다.
Go and play **somewhere** else. I'm trying to study.
다른 데 가서 놀아. 나 공부하잖아.

※ 부정문과 의문문에서는 주로 anywhere를 써요.
I can't find my keys anywhere. (어디서도 내 열쇠를 못 찾겠다.)

* son (suhn) [sʌn]

명사 ⓒ 아들
I have one **son** and one daughter.
나는 아들 하나, 딸 하나가 있다.
He is an only **son**. 그는 외아들이다.

복수형 son**s**

song (sawng) [sɔ(:)ŋ]

명사 ⓒ 노래
What's that **song** you're humming?
네가 흥얼거리고 있는 노래가 뭐야?

| 복수형 | **song**s |

*soon (soon) [suːn]

부사 **1** 곧, 바로
The doctor said you'll be well **soon**.
의사는 네가 곧 좋아질 거라고 말했어.
Breakfast will be ready **soon**. 아침이 곧 준비될 거야.

2 빨리
You'd better get here **soon**. The train leaves in 10 minutes.
여기 빨리 도착하는 게 좋겠어. 기차가 10분 후에 출발해.

- *as soon as* ~하자마자
  As soon as he finished his homework, he started to eat again. 그는 숙제를 끝내**자마자** 다시 먹기 시작했다.
- *sooner or later* 조만간, 머지않아
  Sooner or later, I have to see her.
  조만간 나는 그녀를 만나야 한다.
- *the sooner, the better* 빠르면 빠를수록 좋다
  A: When would you like me to come back?
     내가 언제 돌아오기를 바라?
  B: **The sooner, the better**. 빠르면 빠를수록 좋아.

| 비교급 | **soon**er |
| 최상급 | **soon**est |

➕ ASAP, asap (as soon as possible) 가능한 한 빨리
Coming Soon (영화의) 개봉 박두, 근일 개봉

Breakfast will be ready **soon**.

sore (sor) [sɔːr]

형용사 아픈, 쓰라린
My muscles are really **sore** after all that exercise.
운동을 많이 했더니 근육이 정말 아프다.
I have a **sore** throat. 목이 아프다.

| 비교급 | **sore**r |
| 최상급 | **sore**st |

*sorry (sahr-ee) [sɑ́ri]

형용사 **1** 미안한
Brian was **sorry** he had yelled at his brother.
브라이언은 형에게 소리 지른 것이 미안했다.
  A: I'm **sorry** I'm late. 늦어서 미안해.
  B: That's OK. 괜찮아.

2 유감스러운, 가엾은, 딱한
I **am sorry** to hear that your mother is ill.
너의 어머니께서 편찮으시다니 유감이다.

| 비교급 | **sorr**ier |
| 최상급 | **sorr**iest |

✅ A: I'm sorry I'm late.
   B: That's OK.
   = That's all right.
   = No problem.
   = Never mind.

Mary **was sorry that** Sally was feeling sick.
메리는 샐리가 아픈 것이 가여웠다.
I **feel sorry for** Sam. He's got a lot of homework today. 나는 샘이 딱하다. 샘은 오늘 숙제가 엄청 많다.

- *Sorry?* (상대방의 말을 잘 듣지 못했을 때 하는 말로) 뭐라고 하셨나요?
  A: My name is Linda Willis. 저는 린다 윌리스예요.
  B: **Sorry?** Linda who?
  뭐라고 하셨나요? 린다 누구시라고요?

➕ **better safe than sorry**
유비무환

※ '뭐라고 하셨나요'라고 할 때는 sorry의 끝을 올려서 말해요.

☑ Sorry? Linda who?
= Pardon? Linda who?

sort (sort) [sɔːrt]

명사 Ⓒ 종류 (≒ kind)
  A: What **sort** of dog is that? 저것은 어떤 종류의 개야?
  B: It's a poodle. 푸들이야.

동사 분류하다
Before you wash your clothes, you should **sort** them **into** colors and whites.
옷을 세탁하기 전에 색깔 있는 옷과 흰옷을 분류해야 한다.
The students were **sorted into** groups by age.
학생들은 나이에 따라 분류되었다.

| 복수형 | sort**s** |

3인칭단수현재	sort**s**
현재분사	sort**ing**
과거·과거분사	sort**ed**

sought (sawt) [sɔːt]

동사 seek의 과거·과거분사형

soul (sole) [soul]

명사 Ⓒ 영혼, 정신
I believe that a person's **soul** goes to heaven when he or she dies.
나는 사람이 죽으면 영혼이 하늘로 간다고 믿는다.

| 복수형 | soul**s** |

*__sound__¹ (sound) [saund]

명사 1 Ⓒⓤ (귀에 들리는) 소리
  A: What's that **sound**? 저 소리는 뭐야?
  B: It's a woodpecker looking for food in that tree.
    저 나무에서 먹이를 찾고 있는 딱따구리야.
I didn't hear a **sound**. 나는 아무 소리도 못 들었다.
The **sound** of the letter "r" can be difficult to make.
글자 'r'의 소리는 내기 어려울 수도 있다.

2 Ⓤ (방송·영화 등의) 소리, 음향
Can you turn up the **sound**? 소리 좀 키워 줄래?

| 복수형 | sound**s** |

❓ woodpecker 딱따구리

☑ I didn't hear a sound.
= I didn't hear anything.

sound²

동사 1 소리가 나다, 소리를 내다
The boat **sounded** its horn as it came into port.
보트는 항구로 들어오면서 경적 소리를 냈다.

2 ~하게 들리다, ~인 것 같다
He **sounded** angry. 그는 화가 난 것 같았다.
Ice cream **sounds like a good idea**.
아이스크림(먹자는 것)은 좋은 생각인 것 같아.

3인칭단수현재	sounds
현재분사	sounding
과거·과거분사	sounded

sound² (sound) [saund]

형용사 건강한, 건전한
A healthy person has **a sound mind in a sound body**. 건강한 사람은 건강한 몸에 건전한 정신을 지녔다.

비교급	sounder
최상급	soundest

soup (soop) [suːp]

명사 ⓒⓤ 수프
What would you like, chicken **soup** or vegetable **soup**? 닭고기 수프와 야채수프 중 무엇을 드시겠어요?
a bowl of **soup** 수프 한 그릇

복수형	soups

sour (sour) [sáuər]

형용사 1 신, 시큼한
Lemons taste **sour**. 레몬은 신맛이 난다.

2 (음식이) 상한, 상해서 시큼한
This milk is **sour**. We'll have to throw it out.
이 우유는 상했다. 버려야 할 것 같다.

비교급	sourer
최상급	sourest

sour

source (sors) [sɔːrs]

명사 ⓒ 근원, 원인, 출처
Victoria Falls are the **source** of the Nile River.
빅토리아 폭포는 나일 강의 수원(水源)이다.
What is the **source** of all that noise?
저 소음은 어디에서 나는 거지?

복수형	sources

*south (south) [sauθ]

명사 1 ⓤ 남쪽 (줄임말 S)
Busan is located **in the south** of the Korean peninsula. 부산은 한반도의 남쪽에 위치해 있다.
The weatherperson said there was flooding **in the south**. 기상 캐스터는 남쪽에 홍수가 났다고 말했다.

➕ southeast 남동
southerly 남쪽을 향한
southern 남쪽의
southwest 남서

Which way is **south**? 어느 쪽이 남쪽인가요?

2 《the south 또는 the South로도 쓰임》 남부, 남부 지역
The birds fly from **the South**.
새들은 남부 지역에서 날아온다.

[형용사] 남쪽의, 남부의
the **south** entrance 남쪽 출입구

[부사] 남쪽으로, 남쪽에
The map says we have to walk **south** from here.
지도에는 우리가 여기서 남쪽으로 가야 한다고 나와 있다.

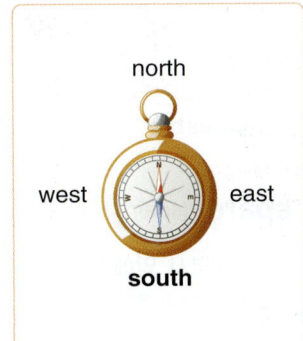

southern (suhTH-urn) [sʌ́ðərn]

[형용사] 남쪽의, 남부의
He lives in the **southern** part of the United States.
그는 미국의 남쪽 지역에 산다.

➕ the southern hemisphere 남반구

space (spays) [speis]

[명사] 1 ⓒⓤ 공간, 자리 (≒room)
It's always hard to find a parking **space** here.
이곳에서 주차 공간을 찾는 것은 항상 어렵다.
There is **space** for two more chairs at this desk.
이 책상에는 의자 두 개를 더 놓을 수 있는 자리가 있다.
There's not much empty **space**.
빈 공간이 별로 없다.

2 ⓤ 우주 (=universe)
Sally wants to travel in **space** and visit other planets.
샐리는 우주를 여행하고 다른 행성에 가 보고 싶어 한다.

[복수형] space**s**

➕ spacious 널찍한

➕ spacecraft 우주선
spaceship 우주선
space shuttle 우주 왕복선

Spain (spayn) [spein]

[국가명] 스페인
Spain is famous for its bullfights.
스페인은 투우로 유명하다.

➕ Spaniard 스페인 사람

Spanish (spa-nish) [spǽniʃ]

[명사] 1 스페인 어
There are over 500 million **Spanish** speakers today.
오늘날 5억 명 이상이 스페인 어를 한다.

2 스페인 사람
the **Spanish** (집합적) 스페인 사람들

➕ Spanish American 스페인계 미국 사람

spare   866

My friend Juan is **Spanish**.
내 친구 주앙은 스페인 사람이다.

형용사 스페인의
Spanish cooking 스페인 요리

> ☑ the Spanish
> = the people of Spain
> = Spanish people

spare (spair) [spɛər]

형용사 《명사 앞에만 쓰임》 여분의, 예비의
Tim has a **spare** tire in his trunk.
팀은 자동차 트렁크에 여분의 타이어가 있다.
She likes to watch TV in her **spare** time.
그녀는 여가 시간에 텔레비전 보는 것을 좋아한다.

동사 (시간 등을) 내다, 할애하다, (돈 등을) 빌려 주다
Could you please **spare** a few hours for me?
저를 위해 몇 시간만 좀 내 주실 수 있습니까?
Can you **spare** $10? 10달러 빌려 줄 수 있어?

➕ spare key 여분의 열쇠

spare tire

3인칭단수현재 spare**s**
현재분사 spar**ing**
과거·과거분사 spare**d**

speak (speek) [spi:k]

동사 **1** 말하다, 이야기하다
Mary started **speaking** when she was only two.
메리는 두 살밖에 안 되었을 때 말을 시작했다.
Have you **spoken** to Lisa about this?
리사와 이것에 대해 이야기했니?

2 연설하다
The president will **speak** on TV tonight.
대통령은 오늘 밤 텔레비전 방송에 나와서 연설할 것이다.

3 (언어를) 말하다
Sam can **speak** English, French, and German.
샘은 영어, 프랑스 어, 독일어를 할 수 있다.
● **speak up** 큰 소리로 말하다
Please **speak up**—we can't hear you at the back.
큰 소리로 말씀해 주세요. 뒤에선 들리지 않아요.

3인칭단수현재 speak**s**
현재분사 speak**ing**
과거 spoke
과거분사 spoken

➕ speaker 이야기하는 사람, 연설자; 특정 언어를 말하는 사람; 스피커

☑ The president will speak on TV tonight.
= The president will make a speech on TV tonight.

special (spesh-uhl) [spéʃəl]

형용사 특별한, 특수한
a **special** occasion 특별한 경우(행사, 날)
These soccer shoes are made from **special** leather that's really lightweight.
이 축구화는 굉장히 가벼운 특수 가죽으로 만들어졌다.
You need a **special** key to get into that room.
저 방에 들어가려면 특수한 열쇠가 필요합니다.

비교급 more special
최상급 most special

➕ specially 특별히
specialist 전문가
specialize 전문으로 하다

species (spee-sheez, spee-seez) [spíːʃiːz, spíːsiːz]

명사 ⓒ (생물의) 종
There are many different **species** of butterflies.
다양한 종의 나비들이 있다.
We have to protect **endangered species**.
우리는 멸종 위기에 처한 종을 보호해야 한다.

복수형 species
different **species** of butterflies

specific (spuh-sif-ik) [spisífik]

형용사 1 《명사 앞에만 쓰임》 특정한
There are **specific** areas of the park where humans can't go.
공원에는 사람이 들어가면 안 되는 특정한 구역이 있다.
This exercise is designed for a **specific** age group.
이 운동은 특정 연령대를 위해 고안되었다.

2 명확한, 자세한, 구체적인
Let me be more **specific** so you'll understand better.
네가 더 잘 이해할 수 있도록 좀 더 자세하게 말할게.
Can you give me a **specific** example?
구체적인 예를 하나 들어 주실래요?

비교급 more specific
최상급 most specific

- **specifically** 특별히; 분명히; 구체적으로 말하면
  specifications (건물 등) 설계 명세서; 내역
  specify 자세히 말하다

sped (sped) [sped]

동사 speed의 과거・과거분사형

*speech (speech) [spiːtʃ]

명사 1 ⓒ 연설
Did you listen to the President's **speech** yesterday?
어제 대통령 연설 들었어?

2 ⓤ 말하기 능력, 말하기
Speech separates humans from animals.
말하는 능력은 인간과 동물을 구분 지어 준다.

복수형 speeches

- **speechless** 말문이 막힌
  give [make] a speech on ~에 대한 연설을 하다

speed (speed) [spiːd]

명사 ⓒⓤ 속도, 속력
The **speed** of light is always the same.
빛의 속도는 항상 같다.
The **speed** of change in our daily lives seems to grow ever faster.
우리 일상에서 변화의 속도는 점점 더 빨라지는 것 같다.

복수형 speeds

- **speedy** 빠른

동사 빨리 가다, 속도를 내다
An ambulance **sped** past us.
구급차가 우리 옆을 빠르게 지나쳐 갔다.

- *speed up* 속도를 올리다, 속도를 내다
We won't be finished on time unless we **speed up**.
속도를 내지 않으면 제시간에 끝낼 수 없을 거야.

3인칭단수현재	speed**s**
현재분사	speed**ing**
과거·과거분사	**sped**, speed**ed**

➕ **speeding ticket** 과속 딱지

spell (spel) [spel]

동사 철자하다, 철자를 쓰다, 철자를 말하다
How do you **spell** "bee?" 'bee' 철자가 어떻게 되지?
You've **spelled** it wrong. 너 그 철자 틀렸어.

명사 ⓒ 주문, 마법
The witch used a **spell** to turn the prince into a frog. 마녀는 주문을 사용하여 왕자를 개구리로 만들었다.

3인칭단수현재	spell**s**
현재분사	spell**ing**
과거·과거분사	(미국) spell**ed**, (영국) **spelt**
복수형	spell**s**

spelling (spel-ing) [spéliŋ]

명사 1 ⓒ 철자, 철자법
The words "sun" and "son" sound alike but have different **spellings**.
'sun' 과 'son' 단어들은 소리는 같지만 철자는 다르다.

2 Ⓤ 철자 쓰기
Her **spelling** is very good.
그녀는 철자 쓰기가 매우 정확하다.

복수형	spelling**s**

☑ Her spelling is very good.
= She spells words correctly.

spelt (spelt) [spelt]

동사 (영국영어) spell의 과거·과거분사형

*spend (spend) [spend]

동사 1 (돈을) 쓰다, 소비하다
Sally **spent** $50 on her new T-shirt.
샐리는 새 티셔츠를 사는 데 50달러를 썼다.

2 (시간을) 보내다
I **spent** an hour help**ing** Brian paint his room.
나는 브라이언이 방에 페인트칠하는 걸 도와주는 데 한 시간을 보냈다.

3인칭단수현재	spend**s**
현재분사	spend**ing**
과거·과거분사	**spent**

➕ **spending** 지출

spent (spent) [spent]

동사 spend의 과거·과거분사형

spicy (spye-see) [spáisi]

형용사 매운, 매콤한 (≒hot)
I like spaghetti with **spicy** meatballs.
나는 매콤한 고기 완자가 들어간 스파게티를 좋아한다.

| 비교급 | spic**ier** |
| 최상급 | spic**iest** |
| ➕ spice 향신료 |

*spider (spye-dur) [spáidər]

명사 ⓒ 거미
If a **spider** bites you, it can really hurt.
거미가 널 문다면 정말 아플 수 있다.

| 복수형 | spider**s** |
| ➕ spider web 거미줄 |

spill (spil) [spil]

동사 1 엎지르다, 흘리다, 쏟다
Mary **spilled** her tea. 메리는 홍차를 엎질렀다.

2 넘치다, 쏟아지다
Water **spilled** over the side of the bathtub.
물이 욕조 가장자리를 넘쳐흘렀다.

명사 ⓒ 유출, 흘린 액체
Oil **spills** cause great damage to the earth.
기름 유출은 지구에 큰 피해를 입힌다.

3인칭단수현재	spill**s**
현재분사	spill**ing**
과거·과거분사	(미국) spill**ed**, (영국) spil**t**
복수형	spill**s**

spilt (spilt) [spilt]

동사 (영국영어) spill의 과거·과거분사형

spirit (spir-it) [spírit]

명사 1 ⓒ 영혼, 영
People are scared of an evil **spirit**.
사람들은 악령을 두려워한다.
I think that our **spirits** do not die when our bodies die.
나는 우리 육체가 죽을 때 영혼도 죽는다고 생각하지 않는다.

2 ⓒⓤ 의지, 바람
She has a strong **fighting spirit**.
그녀는 투지가 강하다.

3 《복수로 쓰임》 감정, 기분
The patient was **in good spirits** after the surgery.
그 환자는 수술 뒤에 기분 상태가 괜찮았다.
She was **in low spirits**. 그녀는 기분이 안 좋았다.
Try to **keep your spirits up**. 기운 내려고 해 봐.

| 복수형 | spirit**s** |
| ➕ spiritual 정신적인, 영적인 |

☑ The patient was in good spirits after the surgery.
= The patient was happy and positive after the surgery.

☑ She was in low spirits.
= She was unhappy.

splash (splash) [splæʃ]

동사 (물 등이) 튀다, (물 등을) 튀기다
The waves **splashed** against the boat.
파도가 뱃전에 부딪혀 물이 튀었다.
Jim **splashed** me in the swimming pool.
짐은 수영장에서 내게 물을 끼얹었다.

3인칭단수현재	splashes
현재분사	splashing
과거·과거분사	splashed

split (split) [split]

동사 1 쪼개지다, 갈라지다, 쪼개다, 가르다
The watermelon **split** in half. 수박은 반으로 쪼개졌다.
Abraham Lincoln was famous for how well he could **split** logs.
에이브러햄 링컨은 통나무를 잘 쪼갠 것으로 유명하다.

2 함께 나누다 (≒share)
The robbers **split** the money they stole.
강도들은 훔친 돈을 나누었다.

3 (소그룹으로) 나누다, 갈라지다
She **split** the class into groups.
그녀는 반을 소그룹으로 나누었다.

4 헤어지다
Let's **split up** here. You go east, and I'll go west.
여기서 헤어지자. 넌 동쪽으로 가, 난 서쪽으로 갈게.

3인칭단수현재	splits
현재분사	splitting
과거·과거분사	split

The watermelon **split** in half.

spoil (spoil) [spɔil]

동사 1 망쳐 놓다, 못 쓰게 만들다 (≒ruin)
Sally **spoiled** the party when she got upset and started crying. 샐리는 화가 나 울기 시작해서 파티를 망쳤다.
The dry cleaners **spoiled** my best suit.
세탁소는 나의 가장 좋은 양복을 망쳐 놓았다.

2 (음식이) 상하다
Smell this yogurt. I think it's **spoiled**.
이 요구르트 냄새 맡아 봐. 상한 것 같아.

3 (부모가 아이를) 버릇없게 만들다
Eric is really **spoiled**. 에릭은 정말 버릇없다.

• *Spare the rod and spoil the child.* 매를 아끼면 자식을 망친다. 〈속담〉

3인칭단수현재	spoils
현재분사	spoiling
과거·과거분사	(미국) spoiled, (영국) spoilt

The dry cleaners **spoiled** my best suit.

spoke (spoke) [spouk]

동사 speak의 과거형

spoken (spoh-kuhn) [spóukən]

동사 speak의 과거분사형

sponge (spuhnj) [spʌndʒ]

명사 1 ⓒ 해면동물
Sponges live in the ocean.
해면동물은 바닷속에 산다.

2 ⓤ 스펀지
She washed the dishes with a **sponge**.
그녀는 스펀지로 설거지를 했다.

| 복수형 | sponges |

sponge

sponsor (spahn-sur) [spánsər]

명사 ⓒ 후원자, 후원사, 스폰서
Mr. Jones is the Science Club **sponsor**.
존스 씨는 과학 동아리의 후원자다.

동사 후원하다, 스폰서가 되다
Many beer companies **sponsor** sports broadcasts.
많은 맥주 회사들은 스포츠 방송을 후원한다.

복수형	sponsors
3인칭단수현재	sponsors
현재분사	sponsoring
과거·과거분사	sponsored

*spoon (spoon) [spu:n]

명사 ⓒ 숟가락
I usually use a **spoon** and chopsticks for my meal.
나는 밥 먹을 때 보통 숟가락과 젓가락을 사용한다.

| 복수형 | spoons |

➕ spoonful 한 숟가락의 양

sport (sport) [spɔ:rt]

명사 ⓒ 운동, 경기, 스포츠
Basketball is my favorite **sport**.
농구는 내가 제일 좋아하는 스포츠다.
Sam likes to watch **sports** on TV.
샘은 TV로 스포츠 경기 보는 것을 좋아한다.

| 복수형 | sports |

spot (spaht) [spɑt]

명사 1 ⓒ 얼룩
You've got a **spot** on your shirt pocket. It looks like ink. 네 셔츠 주머니에 얼룩이 묻었어. 잉크 같아 보이는데.

2 ⓒ [의학] (피부의) 점, 반점
Sally's horse has a white **spot** on its forehead.
샐리의 말은 이마에 흰 얼룩이 있다.

| 복수형 | spots |

➕ spotless 티끌 하나 없는; 완벽한
spotted 얼룩이 있는

3 ⓒ 장소, 지점
A: I think this is a good **spot** for a picnic.
이곳이 피크닉하기에 좋은 장소라고 생각해.
B: Great! Let's stop and eat. 좋아! 여기서 먹자.

✚ spotlight 스포트라이트; 관심, 주목

spouse (spous) [spaus]

명사 ⓒ 배우자, 남편, 아내
Don't keep secrets from your **spouse**.
배우자에게 비밀로 하는 것이 있으면 안 된다.

복수형 spouse**s**

spray (spray) [sprei]

명사 **1** ⓒ 물보라, 튀는 물방울
The ocean **spray** felt good on the hot day.
파도에서 튀어 오르는 물방울은 더운 날씨에 기분 좋게 느껴졌다.

2 ⓒⓤ (분무기에서 뿜어져 나오는 미세한 액체 방울) 분무, 스프레이
a can of hair **spray** 헤어스프레이 한 통
Use the bug **spray** to kill the mosquito.
모기를 잡으려면 살충제 스프레이를 써.

3 ⓒ 분무기, 스프레이
The painter is using a **spray** to paint the house.
칠장이는 스프레이를 사용하여 집에 페인트칠을 하고 있다.

동사 (분무기로) 뿌리다
The farmer **sprayed** his crops with pesticides.
농부는 농작물에 살충제를 뿌렸다.

복수형 spray**s**

❓ 분무 물이나 약품 등을 안개처럼 뿜어냄. 또는 그 물이나 약품 따위.

spray

3인칭단수현재 spray**s**
현재분사 spray**ing**
과거·과거분사 spray**ed**

spread (spred) [spred]

동사 **1** 펴다, 펼치다
The eagle **spread** its wings and flew away.
독수리는 날개를 펴고는 멀리 날아갔다.
Books were **spread** all over the desk.
책이 온통 책상 위에 펼쳐져 있었다.

2 (잼 등을) 바르다, (잼 등이) 발리다
Bella **spread** cream cheese on her bagel.
벨라는 베이글에 크림치즈를 발랐다.

3 (병·뉴스 등이) 퍼지다, (병·뉴스 등을) 퍼뜨리다
The fire **spread** quickly. 불은 빠르게 번졌다.
Rats **spread** disease. 쥐는 병을 퍼뜨린다.
Eric **spread** the bad news to everyone.
에릭은 모든 사람들에게 안 좋은 소식을 퍼뜨렸다.

3인칭단수현재 spread**s**
현재분사 spread**ing**
과거·과거분사 spread

The eagle **spread** its wings and flew away.

[명사] ① 확산, 확대
the **spread** of the virus 바이러스의 확산

➕ **bedspread** 침대보

* spring (spring) [spriŋ]

[명사] **1** ⓒⓤ 봄
Spring brings new life. 봄은 새 생명을 가지고 온다.

2 ⓒ 용수철, 스프링
the mattress **springs** 매트리스 스프링

3 ⓒ 샘
a hot **spring** 온천
We drank water from a **spring**. 우리는 샘물을 마셨다.

[동사] 튀다, 뛰어오르다
The basketball player **sprang** high to grab the ball.
농구 선수는 공을 잡기 위해 높이 뛰어올랐다.
She **sprang to her feet**. 그녀는 벌떡 일어났다.

복수형	**spring**s

Spring brings new life.

3인칭단수현재	**spring**s
현재분사	**spring**ing
과거	**sprang**
과거분사	**sprung**

spy (spye) [spai]

[명사] ⓒ 간첩, 스파이
The government uses **spies** to collect information.
정부는 정보를 모으기 위해 스파이를 활용한다.

[동사] 감시하다
My little brother **spies** on everything I do.
내 남동생은 내가 하는 모든 일을 감시한다.

복수형	**sp**ies
3인칭단수현재	**sp**ies
현재분사	**spy**ing
과거·과거분사	**sp**ied

* square (skwair) [skwɛər]

[명사] **1** ⓒ 정사각형, 사각형
Can you make a **square** with two triangles?
삼각형 두 개로 사각형 한 개를 만들 수 있어?

2 ⓒ [수학] 제곱
The **square** of 5 is 25. 5의 제곱은 25이다.

3 ⓒ 광장
Washington **Square** Park in New York City is surrounded by New York University.
뉴욕의 워싱턴 광장 공원은 뉴욕 대학교에 둘러싸여 있다.

[형용사] **1** 정사각형의, 사각의
a large **square** room 큰 정사각형 방

2 [수학] 제곱의
six **square** meters 6제곱미터

복수형	**square**s

➕ **square root** 제곱근
squared paper 모눈종이

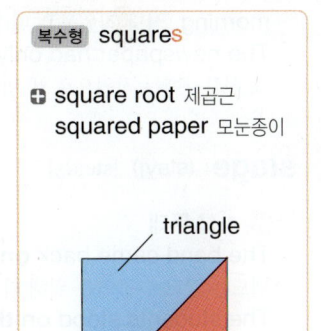
square

Tip 왜 광장을 영어로 square라고 하나요?
큰 광장의 이름에 흔히 square가 붙는데 이는 광장의 모양이 정사각형 모양이기 때문이지요.

squirrel (skwurl) [skwə́:rəl]

명사 ⓒ 다람쥐
Squirrels like to eat nuts.
다람쥐는 견과류 먹는 것을 좋아한다.

| 복수형 | squirrels |

stable (stay-buhl) [stéibl]

명사 ⓒ 마구간
Jesus was born in a **stable**. 예수는 마구간에서 태어났다.

형용사 안정된, 견고한 (↔ unstable)
The patient's condition is **stable**.
환자의 상태는 안정적이다.

복수형	stables
비교급	stabler
최상급	stablest

stadium (stay-dee-uhm) [stéidiəm]

명사 ⓒ 경기장, 스타디움
The baseball **stadium** was filled with fans.
야구 경기장은 팬들로 꽉 찼다.

| 복수형 | stadiums |

staff (staf) [stæf]

명사 ⓒⓤ (집합적) 직원
The restaurant **staff** has a meeting every Thursday morning. 식당 직원들은 매주 목요일 아침에 회의를 한다.
The newspaper had only three reporters **on staff**.
그 신문사에는 직원으로 세 명의 기자만 있었다.

| 복수형 | staffs |

stage (stayj) [steidʒ]

명사 1 ⓒ 무대
The band came back **on stage** to play an encore.
밴드는 앙코르 공연을 위해 다시 무대에 등장했다.
The students stood **on the stage** and sang.
학생들은 무대에 올라서 노래를 불렀다.

2 ⓒ 단계
The next **stage** of training is the hardest.
훈련의 다음 단계는 가장 어려운 단계다.

복수형 stages

The band came back **on stage** to play an encore.

stair (stair) [stɛər]

명사 1 ⓒ 계단의 한 단
How many **stairs** are there up to the second floor?
이 층까지 계단이 몇 개나 있어?
The child stepped on the final **stair**. She had made it to the top.
그 아이는 마지막 계단에 올라섰다. 아이는 계단 꼭대기까지 올라갔다.

2 《복수로 쓰임》 계단, 층계
I prefer to take the **stairs** to taking the elevator.
나는 엘리베이터 타는 것보다 계단으로 가는 것을 선호한다.

| 복수형 | **stairs** |

➕ **downstairs** 아래층, 아래층에서〔으로〕
upstairs 위층, 위층에서〔으로〕

stamp (stamp) [stæmp]

명사 1 ⓒ 우표
A: How many **stamps** do I need to send this letter to Poland?
이 편지를 폴란드로 부치려면 우표가 몇 장 필요합니까?
B: You'll need 67 cents worth of **stamps**.
67센트어치의 우표가 필요합니다.

2 ⓒ 도장
Mary has a rubber **stamp** with her name on it.
메리는 그녀의 이름이 새겨진 고무도장이 있다.

동사 1 짓밟다, 발을 구르다
Sally **stamped** her feet when she learned she couldn't go out and play.
샐리는 밖에 나가서 놀 수 없다는 것을 알게 되자 (화가 나서) 발을 굴렀다.

2 ~에 도장을 찍다
He **stamped** the date **on** my passport.
그는 내 여권에 날짜가 새겨진 도장을 찍었다.

| 복수형 | **stamps** |

➕ **stamp collecting** 우표 수집
stamp collector 우표 수집가

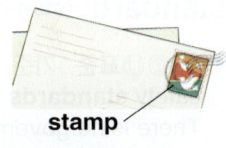
stamp

3인칭단수현재	**stamps**
현재분사	**stamping**
과거·과거분사	**stamped**

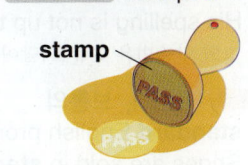
stamp

*stand (stand) [stænd]

동사 1 서다, 서 있다, 일어서다
I've been **standing** on my feet for the last five hours. 나는 지난 5시간 동안 서 있었다.
Stand up and tell me the answer, Tim.
일어서서 답을 말해라, 팀.

2 세우다, 놓다
Stand the hat rack in the corner of the room.
모자걸이를 방구석에 세워 놓아라.

3인칭단수현재	**stands**
현재분사	**standing**
과거·과거분사	**stood**

➕ **standing** 서 있는; 멈춰 서 있는
standing room 입석

3 ~에 있다, ~에 위치하다
The church **stands** in the center of town.
교회는 마을의 중앙에 있다.

4 참다, 견디다 (≒bear, tolerate)
I can't **stand** the winter weather here.
나는 이곳의 겨울 날씨를 견딜 수 없다.

● *stand by* ~를 지지하다, ~ 편을 들다
My mom always **stands by** me.
우리 엄마는 항상 나를 지지하신다.

● *stand for* ~을 의미하다
What does PR **stand for**? PR은 무엇을 의미합니까?

명사 **1** ⓒ ~ 꽂이, ~걸이, ~대
a coat **stand** (기둥 모양) 옷걸이
Mr. Brown stuck his cane in the umbrella **stand**.
브라운 씨는 우산 꽂이에 지팡이를 꽂았다.

2 ⓒ 가판대, 판매대
a vegetable **stand** 채소 가판대

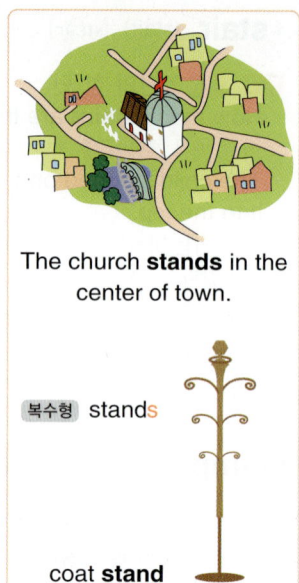

The church **stands** in the center of town.

복수형 stand**s**

coat **stand**

standard (stan-durd) [stǽndərd]

명사 ⓒⓤ 표준, 기준, 수준
safety **standards** 안전 기준
There is no government **standard** for the air quality inside buildings.
건물 안 공기의 질에 대한 정부의 기준이 없다.
They have a low **standard** of living.
그들은 생활 수준이 낮다.
His spelling is not up to **standard**.
그의 맞춤법은 수준 미달이다.

형용사 표준의, 보통의
standard English pronunciation 표준 영어 발음
Shoes are sold in **standard** sizes.
신발은 표준 사이즈로 판매된다.
Lisa learned the **standard** magic tricks.
리사는 기본적인 마술 트릭을 배웠다.

복수형 standard**s**

☑ His spelling is not up to standard.
= His spelling is below standard.
= His spelling is not good enough.

비교급 more standard
최상급 most standard

✱ star (stahr) [stɑːr]

명사 **1** ⓒ 별
The sun is a **star**. 태양은 별이다.
Stars were shining. 별들이 빛나고 있었다.

2 ⓒ 별 모양(의 것)
The United States flag has 50 **stars** on it.

복수형 star**s**

✚ evening star 금성, 태백성
morning star 샛별, 금성
North Star 북극성

미국 국기에는 50개의 별이 있다.

3 ⓒ 인기 연예인, 스타
Michael Jordan was a great basketball **star**, the best player of all time.
마이클 조던은 훌륭한 농구 스타로 역대 최고의 선수였다.

> **shooting star** 별똥별, 유성
> **starfish** 불가사리

---

stare (stair) [stɛər]

동사 빤히 쳐다보다, 응시하다
That girl is **staring at** you.
저 여자아이가 너를 빤히 쳐다보고 있다.
It's not polite to **stare**.
(다른 사람을) 빤히 쳐다보는 것은 예의가 아니다.

> 3인칭단수현재 **stare**s
> 현재분사 **star**ing
> 과거·과거분사 **stare**d

---

*start (stahrt) [stɑːrt]

동사 **1** 시작하다 (≒ begin)
A: What time does the movie **start** at?
영화는 몇 시에 시작해?
B: It **starts** at 6:30. We have plenty of time.
6시 30분에 시작해. 우린 시간이 아주 많아.
Sam **started** his homework, but he hasn't finished it yet. 샘은 숙제를 시작했지만, 아직 끝내지 못했다.

2 (기계 등을) 작동시키다, (기계 등이) 작동하다
He **started** the car to warm up the engine.
그는 엔진을 예열하려고 차에 시동을 걸었다.

명사 ⓒ 시작 (≒ beginning)
My favorite part of the concert was at the **start**.
콘서트에서 내가 제일 좋아한 부분은 시작 부분이었다.
She read the letter **from start to finish**.
그녀는 편지를 처음부터 끝까지 읽었다.

> 3인칭단수현재 **start**s
> 현재분사 **start**ing
> 과거·과거분사 **start**ed
>
> ➕ **get started** (어떤 일을) 시작하다
> **get ~ started** ~의 시동을 걸다, 작동시키다
>
> 복수형 **start**s
>
> ➕ **from the (very) start** 처음부터

---

state (state) [steit]

동사 (공식적으로) 말하다, (공식 문서로) 제시하다
He **stated** his opinion. 그는 자신의 의견을 말했다.
The letter **stated** that Jane owed the bank $225.
편지에는 제인이 은행에 225달러의 빚이 있다고 되어 있다.

명사 **1** ⓒ (미국의) 주(州)
I was born in the **state** of Florida.
나는 플로리다 주에서 태어났다.
The United **States** has fifty **states**.
미국은 50개 주가 있다.

> 3인칭단수현재 **state**s
> 현재분사 **stat**ing
> 과거·과거분사 **state**d
>
> ➕ **statement** 진술, 성명
>
> 복수형 **state**s
>
> ➕ **the States** the United States of America의 줄임말

2 ⓒ 나라, 국가
Switzerland is a democratic **state**.
스위스는 민주주의 국가이다.
a NATO member **state** 나토(북대서양 조약 기구) 회원국

3 ⓒ 상태
The old house was in a bad **state**.
그 오래된 집은 상태가 좋지 않았다.
This room is in a terrible **state**. Don't you ever clean up? 이 방 꼴이 형편없구나. 청소를 하기는 해?

> ❓ democratic 민주주의의
> NATO (North Atlantic Treaty Organization) 북대서양 조약 기구

*station (stay-shuhn) [stéiʃən]

명사 1 ⓒ 역, 정거장, 정류장
The train **station** was crowded with travelers.
기차역은 여행객들로 혼잡했다.

2 ⓒ 소(所), 서(署), 국(局), 부(部)
a gas **station** 주유소
They brought him to the police **station**.
그들은 그를 경찰서로 데리고 왔다.

3 ⓒ (TV·라디오 등) 방송국, 방송 (프로)
What radio **station** do you usually listen to?
어떤 라디오 방송을 주로 들어?

> 복수형 **station**s
>
> ➕ bus station 버스 터미널
> research station 연구소
> subway station 전철역
> weather station 기상 관측소

status (stay-tuhs, stat-uhs) [stéitəs, stǽtəs]

명사 ⓤ (사회적) 지위
the **status** of women in society 여성의 사회적 지위

> ➕ marital status 결혼 여부

*stay (stay) [stei]

동사 1 (장소·위치 등에) 묵다, 머무르다
Which hotel did you **stay** at in Berlin?
베를린의 어느 호텔에서 묵었나요?
I **stayed** three nights at Sam's house.
나는 샘의 집에서 사흘 밤을 묵었다.

2 (현재 장소에) 있다, 움직이지 않다
Stay right there! 거기 꼼짝 말고 있어!
I'll **stay** in the car. 나는 차에 있을게요.

3 시간을 보내다
We **stayed** at the beach all day.
우리는 하루 종일 해변에서 시간을 보냈다.

4 ~인 채로 있다
She **stayed** awake all night. 그녀는 밤새 깨어 있었다.

> 3인칭단수현재 **stay**s
> 현재분사 **stay**ing
> 과거·과거분사 **stay**ed

I'll **stay** in the car.

[명사] ⓒ 머무름, 방문
Make yourself comfortable, and enjoy your **stay** here. 이곳에서 편하게 지내시고 즐겁게 머무시기 바랍니다.

복수형	stay**s**

steady (sted-ee) [stédi]

[형용사] **1** 꾸준한
The water made a **steady** drip in the sink.
물이 싱크대로 꾸준히 떨어졌다.

2 안정된
a **steady** income 안정된 수입
Brian found **steady** work at the factory.
브라이언은 그 공장에서 안정적인 일을 찾았다.

3 고정된, 흔들리지 않는
Hold the camera **steady**.
카메라가 흔들리지 않게 잘 잡고 있어라.

비교급	stead**ier**
최상급	stead**iest**

➕ steadily 꾸준히

Hold the camera **steady**.

steal (steel) [stiːl]

[동사] 훔치다, 도둑질하다
He **stole** my MP3 player.
그가 나의 MP3 플레이어를 훔쳤다.
She had her new car **stolen**.
그녀는 새 차를 도둑맞았다.

3인칭단수현재	steal**s**
현재분사	steal**ing**
과거	**stole**
과거분사	**stolen**

steal과 **rob**의 차이가 뭔가요?

둘 다 '훔치다'라는 뜻이지만 steal은 그 뒤에 훔친 물건이 오고 rob은 훔친 대상이 와요.
예 He **stole** my pencil. 그는 내 연필을 훔쳤다. (내 연필 → 훔친 물건)
He **robbed** the bank. 그는 은행을 털었다. (은행에서 돈을 훔침.)

steam (steem) [stiːm]

[명사] ⓤ 증기, 수증기, 김, 스팀
The bathroom was full of **steam** after my hot shower.
내가 뜨거운 물로 샤워한 후에 욕실은 수증기로 가득했다.
Boil the water until **steam** begins to rise from the pot. 냄비에서 김이 나기 시작할 때까지 물을 끓여라.

[동사] (음식을) 찌다
Steaming vegetables is a healthy way to cook.
야채를 찌는 것은 몸에 좋은 요리 방법이다.

steam

3인칭단수현재	steam**s**
현재분사	steam**ing**
과거·과거분사	steam**ed**

steel (steel) [stiːl]

명사 ① 강철, 철강
Steel doesn't rust like iron. 강철은 쇠처럼 녹슬지 않는다.

➕ stainless steel 스테인리스 강철

steep (steep) [stiːp]

형용사 **1** 가파른, 경사가 급한
This road is very **steep**. 이 길은 경사가 매우 급하다.

2 (증가·감소가) 급격한 (≒sharp)
The store suffered a **steep** decline in sales.
상점은 판매량의 급격한 감소로 힘들어했다.

| 비교급 | steep**er** |
| 최상급 | steep**est** |

❓ decline 감소

stem (stem) [stem]

명사 ⓒ [식물] 줄기
Rose **stems** have thorns. 장미 줄기에는 가시가 있다.

동사 (~에서) 유래하다, 생기다
Phobias can **stem** from personal experience.
공포증은 개인의 경험에서 생길 수 있다.

복수형	stem**s**
3인칭단수현재	stem**s**
현재분사	stem**ming**
과거·과거분사	stem**med**

step (step) [step]

명사 **1** ⓒ 계단의 한 단
The second **step** on that ladder is broken. Be careful. 저 사다리의 두 번째 단이 부서졌다. 조심해라.
There are 897 **steps** to the top of the Washington Monument.
워싱턴 기념관 꼭대기까지는 897개의 계단이 있다.

2 ⓒ 걸음
Everyone who wants to volunteer, please **take** one **step forward**.
자원하고 싶은 사람은 앞으로 한 걸음 나오세요.

3 ⓒ 한 걸음의 거리, 보폭, 근거리 (=pace)
My office is just a few **steps** down the hall.
내 사무실은 복도를 따라 몇 발자국만 가면 있다.
He was standing only a few **steps** away.
그는 몇 걸음밖에 안 떨어진 곳에 서 있었다.

4 ⓒ 발소리 (=footstep)
Eric heard someone's **steps** in the hallway.
에릭은 복도에서 나는 발소리를 들었다.

5 ⓒ (목표를 향한) 걸음, 단계

| 복수형 | step**s** |

➕ stepping-stone 징검다리, 디딤돌

Everyone who wants to volunteer, please **take** one **step forward**.

It only takes four **steps** to boil eggs.
계란을 삶는 데는 4단계밖에 걸리지 않는다.

● *step by step* 한 걸음 한 걸음, 차근차근
The science teacher explained the experiment **step by step**.
과학 선생님은 그 실험에 대해 **차근차근** 설명해 주셨다.

동사 **1** 걷다, 걸음을 옮기다
I opened the door and **stepped** out.
나는 문을 열고 밖으로 나갔다.

2 밟다
Ouch! You **stepped** on my foot!
아얏! 네가 내 발을 밟았어!

➕ walk with a light step
가벼운 발걸음으로 걷다
walk with a quick step
빠른 걸음으로 걷다

3인칭단수현재	step**s**
현재분사	step**ping**
과거·과거분사	step**ped**

stick (stik) [stik]

명사 ⓒ 막대기, 나뭇가지
The dog chased the **stick** his master threw.
강아지는 주인이 던진 막대기를 쫓아갔다.

동사 **1** 붙다, 붙이다
This stamp won't **stick** on the envelope.
이 우표는 편지 봉투에 안 붙는다.
He tried to **stick** the pieces of the model airplane together with glue.
그는 모형 비행기 조각들을 풀로 붙이려고 했다.

2 찔리다, 찌르다
Mary **stuck** her finger into the chocolate pudding.
메리는 손가락을 초콜릿 푸딩에 찔러 넣었다.

3 박히다, 끼다, 걸리다, 꼼짝 못하다
The car got **stuck** in the mud.
자동차는 진흙탕에 박혀 움직이지 못했다.

복수형	stick**s**

3인칭단수현재	stick**s**
현재분사	stick**ing**
과거·과거분사	**stuck**

➕ sticker 스티커
sticky 끈적끈적한

➕ chopstick 젓가락
drumstick 북채
lipstick 립스틱
walking stick 지팡이

still (stil) [stil]

부사 **1** 여전히, 아직도
It's **still** raining. 아직도 비가 내리고 있다.
The mail **still** isn't here. 우편물이 아직 도착하지 않았다.
Do you **still** live in Seoul? 너 아직도 서울에 사니?

2 그럼에도 불구하고, 그래도
Even though it's late, I'm **still** working.
늦은 시간이지만 나는 일하고 있다.
He had a bad headache, but he **still** went to the movies.
그는 두통이 심했음에도 불구하고 영화를 보러 갔다.

➕ stillness 고요, 정적; 정지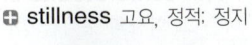

The mail **still** isn't here.

stir

형용사 **1** 조용한, 고요한
Everything becomes **still** in the eye of a hurricane.
태풍의 눈 안에서는 모든 것이 고요해진다.

2 정지한, 움직이지 않는, 잔잔한
The leaves in the trees were **still**.
나뭇잎들은 미동도 하지 않았다.
You have to sit **still** in church.
교회에서는 얌전히 앉아 있어야 한다.
The water in the pond was **still**. 연못의 물은 잔잔했다.

비교급	still**er**
최상급	still**est**

sit **still**

Tip still과 yet은 같은 의미인가요?

still은 '여전히'라는 뜻으로 어떤 상황이 계속되고 있는 것을 나타낼 때 쓰고, yet은 '아직도'라는 뜻으로 주로 부정문에서 쓰여요.
예) He is **still** in bed. 그는 여전히 (아직도) 자고 있다.
He didn't wake up **yet**. 그는 아직도 깨지 않았다.

stir (stur) [stəːr]

동사 젓다, 뒤섞다
The cook **stirred** the soup.
요리사는 수프를 저었다.

3인칭단수현재	stir**s**
현재분사	stir**ring**
과거·과거분사	stir**red**

stock (stahk) [stɑk]

명사 **1** ⓒⓤ 재고(품)
Do you have this product in **stock** now?
이 물건 재고가 지금 있나요?
That is out of **stock**. 그것은 재고가 없습니다.

2 ⓒ 주식, 증권
I own some **stocks** of the company.
나는 그 회사의 주식을 좀 가지고 있다.

복수형	stock**s**

➕ **stockbroker** 증권 중개인
stock exchange 증권 거래소
stockholder 주주

stole (stohl) [stoul]

동사 steal의 과거형

stolen (stoh-luhn) [stóulən]

동사 steal의 과거분사형

stomach (stuhm-uhk) [stʌ́mək]

명사 ◎ 위(胃), 배
A cow has four **stomachs**. 소는 위가 네 개 있다.
Brian punched Tom in the **stomach**.
브라이언은 톰의 배를 주먹으로 쳤다.

| 복수형 | **stomach**s |

➕ **stomachache** 복통

stone (stone) [stoun]

명사 1 ◎ 돌, 석재
a **stone** floor 석조 바닥
The farm's fence was made of **stone**.
농장의 담장은 돌로 만들어졌다.

2 ◎ 돌, 돌멩이
They were throwing **stones** into the lake.
그들은 호수에 돌을 던지고 있었다.

3 ◎ 보석
Diamonds are expensive **stones**.
다이아몬드는 비싼 보석이다.

| 복수형 | **stone**s |

➕ **stony** 돌이 많은
the **Stone** Age 석기 시대

stones

stood (stud) [stud]

동사 stand의 과거 · 과거분사형

stop (stahp) [stɑp]

동사 1 멈추다, 정지하다, 정지시키다
A: I think the rain has **stopped**. 비가 멈춘 것 같다.
B: Great! Let's go outside and play.
좋았어! 밖에 나가서 놀자.
The economy train has **stopped** running.
일반석 기차는 운행을 멈추었다.
The policeman **stopped** the speeding car.
경찰은 속도위반 차를 멈춰 세웠다.

2 ~하는 것을 막다, ~하지 못하게 하다
He **stopped** us **from** leav**ing**.
그는 우리가 떠나지 못하게 했다.

3 (구멍 · 길 등) 막히다, 막다, 폐쇄하다
My nose is all **stopped up**. I've got a cold.
내 코가 완전히 막혔다. 감기에 걸렸다.

• **stop by** 잠시 들르다
Can you **stop by** my place this afternoon?
오늘 오후에 우리 집에 잠시 들를 수 있니?

3인칭단수현재	**stop**s
현재분사	**stop**ping
과거 · 과거분사	**stop**ped

※ **stop + -ing**: -ing하는 것을 멈추다
He stopped turning right.
(그는 우회전하는 것을 멈추었다.)
stop + to ~: ~하기 위해 하던 일을 멈추다
He stopped to turn right.
(그는 우회전을 하기 위해 멈춰 섰다.)

store   884

명사 1 ⓒ 멈춤, 정지
The bus's sudden **stop** made me lose my balance.
버스가 갑자기 정지해서 나는 균형을 잃었다.

2 ⓒ 정류장, 정거장
Is this the **stop** for the 51 bus?
이 정류장에 51번 버스가 서나요?

복수형 **stop**s

stop

---

* **store** (stor) [stɔːr]

명사 1 ⓒ 가게, 상점
There's a new toy **store** in the shopping mall.
쇼핑몰에 새로운 장난감 가게가 생겼다.

2 ⓒ 저장품, 비품
Brian keeps a **store** of wood to burn for heat in the winter.
브라이언은 겨울 난방에 쓸 나무를 저장해 놓는다.
Water and canned goods are emergency **stores**.
물과 캔에 든 물품은 비상용 저장품이다.

동사 1 저장하다, 보관하다
Squirrels **store** nuts for the winter.
다람쥐는 겨울을 나기 위해 나무 열매를 저장한다.
Store this food in a cool dry place.
이 식품은 시원하고 건조한 곳에 보관하시오.

2 [컴퓨터] 저장하다
Make sure and **store** your work on the computer.
반드시 네가 작업한 것을 컴퓨터에 저장하도록 해라.

복수형 **store**s

➕ chain store 체인점
convenience store 편의점
department store 백화점

store

3인칭단수현재 **store**s
현재분사 **stor**ing
과거·과거분사 **store**d

➕ storeroom 저장실, 광

---

storm (storm) [stɔːrm]

명사 ⓒ 폭풍, 폭풍우
The **storm** blew down several trees in my neighborhood.
폭풍우가 우리 동네 나무 몇 그루를 쓰러뜨렸다.

복수형 **storm**s

➕ stormy 폭풍우가 몰아치는

---

* **story**¹ (stor-ee) [stɔ́ːri]

명사 1 ⓒ (만들어 낸) 이야기, 소설, 동화
I love reading short **stories** by O. Henry.
나는 오 헨리의 단편을 읽는 것을 좋아한다.

2 ⓒ (실제) 이야기, 설명
a true **story** 실화
The police didn't believe her **story**.
경찰은 그녀의 말을 믿지 않았다.

복수형 **stor**ies

➕ ghost story 귀신 이야기
horror story 무서운 이야기
life story 인생 이야기, 전기
storybook 동화책

3 ⓒ (신문·잡지의) 기사
The **story** in the newspaper said there was an earthquake in Italy.
신문 기사에 따르면 이탈리아에서 지진이 났다고 한다.

story

story² (stor-ee) [stɔ́:ri]

명사 ⓒ (건물의) 층
Mrs. Brown works in a 15-**story** office building.
브라운 여사는 15층짜리 사무실용 빌딩에서 일한다.

| 복수형 | stor**ies** |

story와 floor의 차이점이 무엇인가요?

story는 '몇 층짜리 (높이)'를 나타낼 때 쓰고, floor는 '몇 번째 층'을 나타낼 때 쓰여요.
예 It's a ten-**story** building. 그것은 10층짜리 건물이다.
He lives on the tenth **floor**. 그는 10층에 산다.

*straight (strayt) [streit]

형용사 1 곧은, 직선의
Draw a **straight line** at the top of your paper.
종이 윗부분에 직선을 그려라.
Most Koreans have **straight** hair.
대부분의 한국인들은 직모다.

2 똑바른, 평평한, 수평의
The workman didn't hang the picture **straight**.
일꾼은 그림을 똑바로 걸지 않았다.

3 솔직한, 진실한 (≒honest, frank)
Be **straight** with me, Tim. I want a **straight answer**.
내게는 솔직해라, 팀. 나는 솔직한 답을 원해.

부사 1 똑바로, 일직선으로, 곧장
She told the children to sit up **straight** in their chairs.
그녀는 아이들에게 의자에 똑바로 앉으라고 말했다.
Go **straight** on and turn left at the bank.
곧장 가시다가 은행이 나오면 왼쪽으로 도세요.

2 곧장, 곧바로
Jane goes **straight** to the health center after work.
제인은 퇴근 후 곧장 헬스클럽에 간다.

● *straight away* 바로, 즉시, 곧장
I'll fix your dress **straight away**.
내가 너의 드레스를 바로 고쳐 줄게.

| 비교급 | straight**er** |
| 최상급 | straight**est** |

➕ straighten 똑바르게 하다, (주름 등을) 펴다
straightforward 솔직한; 간단한, 쉬운

curly   straight

Most Koreans have **straight** hair.

strange (straynj) [streindʒ]

형용사 **1** 이상한, 기묘한
Jinsu's new haircut is really **strange**.
진수의 새로 자른 머리 모양은 진짜 이상하다.
It's **strange that** Sally didn't do her homework.
샐리가 숙제를 안 했다니 이상하다.

2 낯선
A: Who is that **strange** woman sitting there?
저기 앉아 있는 저 낯선 여자는 누구야?
B: I don't know. I've never seen her before.
몰라. 전에 한 번도 본 적이 없어.

| 비교급 | strange**r** |
| 최상급 | strange**st** |

➕ **strangely** 이상하게
strangeness 이상함
strange to say 이상한 말 같지만

stranger (strayn-jur) [stréindʒər]

명사 ⓒ 낯선 사람, 모르는 사람
Don't talk to **strangers**.
낯선 사람과 말하지 마라.

| 복수형 | stranger**s** |

straw (straw) [strɔː]

명사 **1** Ⓤ (집합적) 짚, 밀짚
He is wearing a **straw** hat. 그는 밀짚모자를 쓰고 있었다.

2 ⓒ 지푸라기 (낱낱의 짚, 또는 짚의 부스러기)
Stop chewing on a **straw**. 지푸라기 씹지 마.

3 ⓒ 빨대
I need a **straw** for my coke.
콜라를 마시려면 빨대가 필요하다.

● *A drowning man will clutch(grasp) at a straw.* 물에 빠진 사람은 지푸라기라도 잡는다. 〈속담〉

| 복수형 | straw**s** |

➕ **bed of straw** 짚 더미
pile of straw 짚 더미

straw

*strawberry (straw-ber-ee) [strɔ́ːbèri]

명사 ⓒ 딸기
Strawberries are my favorite fruit.
딸기는 내가 제일 좋아하는 과일이다.

| 복수형 | strawberr**ies** |

stream (streem) [striːm]

명사 **1** ⓒ 개울, 시내
The **stream** was full of fish. 개울은 물고기로 가득 찼다.

2 (사람·사물의) 끊임없는 흐름, 물결
A **stream** of cars rushed down the busy street.

| 복수형 | stream**s** |

자동차 물결이 바쁜 도로를 끊임없이 급하게 지나갔다.

동사 1 (계속) 줄줄 흐르다, 흘러나오다
Tears were **streaming** down his face.
눈물이 그의 얼굴을 타고 흘러내렸다.

2 잇달아 나오다, 줄지어 나오다
Students **streamed** out of the school.
학생들은 학교에서 줄지어 나왔다.

3인칭단수현재	stream**s**
현재분사	stream**ing**
과거·과거분사	stream**ed**

*street (street) [striːt]

명사 ⓒ 거리, 길, ~가(街) (줄임말 St.)
a **street** map 거리 지도
Look both ways before **crossing the street**.
길을 건너기 전에는 양쪽을 다 살펴라.
It's not safe to **walk the street** at night.
밤에 거리를 걸어 다니는 것은 안전하지 않다.

| 복수형 | street**s** |

※ street, road, avenue의 차이
→ avenue (p. 72)

strength (strengkth, strength) [streŋkθ, streŋθ]

명사 1 Ⓤ 힘, 체력 (≒power)
She doesn't even have the **strength** to push the cart.
그녀는 카트를 밀 힘조차 없다.

2 ⓒ 강점, 장점 (↔weakness)
You should know your **strengths** and weaknesses.
자신의 장점과 약점을 알아야 한다.

| 복수형 | strength**s** |

➕ **strengthen** 강하게 하다, 강해지다

stress (stres) [stres]

명사 1 ⓒⓤ 긴장, 스트레스
A: Brian looks tired. 브라이언이 피곤해 보인다.
B: He's **under** a lot of **stress** at work.
그는 직장에서 굉장한 스트레스를 받고 있어.

2 Ⓤ 강조
He **put stress on** the importance of the math contest.
그는 수학 경시대회의 중요성을 강조했다.

3 ⓒⓤ [음성] 강세, 악센트

동사 1 강조하다
The teacher **stressed** the importance of good study habits.
선생님께서는 좋은 공부 습관의 중요성을 강조하셨다.

2 [음성] 강세를 두다

| 복수형 | stress**es** |

➕ **stressed** 스트레스를 받은
stressful 스트레스가 많은

He's **under** a lot of **stress**.

3인칭단수현재	stress**es**
현재분사	stress**ing**
과거·과거분사	stress**ed**

Stress the first syllable in the word "strat-e-gy."
'strat-e-gy'에서 첫 번째 음절에 강세를 두어라.

➕ **stress mark** 강세 기호

stretch (strech) [stretʃ]

동사 1 (팔·다리 등을) 뻗다, 기지개를 켜다
Sally woke up, yawned and **stretched** her arms **out**. 샐리는 일어나서 하품을 하고 팔을 쭉 뻗었다.

2 늘어나다, 늘이다, 잡아당기다
Mary **stretched** the rubber band to fit it around the package.
메리는 꾸러미에 맞춰서 고무 밴드를 잡아당겼다.

3인칭단수현재	stretch**es**
현재분사	stretch**ing**
과거·과거분사	stretch**ed**

strict (strikt) [strikt]

형용사 엄격한, 엄한
strict rules 엄격한 규칙들
The new teacher is really **strict**.
새로 오신 선생님은 정말 엄하시다.

비교급	strict**er**
최상급	strict**est**

strike (strike) [straik]

동사 1 치다, 때리다, 부딪치다, 공격하다 (≒ hit)
He **struck** Tiger with a stick.
그는 막대기로 타이거를 때렸다.
The baseball **struck** Tim in the arm.
야구공이 팀의 팔에 맞았다.
The rattlesnake prepared to **strike**.
방울뱀은 공격할 자세를 취했다.

2 (생각이 갑자기) 떠오르다
It was then that the thought **struck** her.
그때 그녀에게 생각이 떠올랐다.
It struck me **that** he was hiding something from me. 그가 내게 무언가를 감추고 있다는 생각이 들었다.

3 (시계가 시각을) 치다, 알리다
The clock **struck** 12. 시계가 12시를 알렸다.

4 파업하다
The workers are **striking for** more money.
노동자들은 임금 인상을 위해 파업 중이다.

명사 1 ⓒⓤ 파업
The workers are **on strike**. 노동자들은 파업 중이다.

2 [스포츠] (야구 등) 스트라이크
Strike three! You're out! 스트라이크 쓰리! 아웃!

3인칭단수현재	strike**s**
현재분사	strik**ing**
과거·과거분사	struck

➕ **striking** 눈에 띄는

He **struck** Tiger with a stick.

복수형	strike**s**

string (string) [striŋ]

명사 1 ⓒⓤ 줄, 끈, 실
Eric tied a **string** around his finger.
에릭은 그의 손가락에 실을 둘러맸다.
Lisa tied the box with **string**.
리사는 박스를 끈으로 묶었다.

2 ⓒ (악기의) 줄, 현
Most guitars have six **strings**.
대부분의 기타는 줄이 6개이다.

복수형 string**s**

➕ the strings 현악기

string

*strong (strawng) [strɔːŋ]

형용사 1 힘이 센, 강한 (↔weak)
I want to be as **strong** as Superman.
난 슈퍼맨처럼 강해지고 싶어.
The **strong** man lifted the rock.
힘센 남자가 바위를 들어 올렸다.

2 단단한, 튼튼한 (↔weak)
a **strong** plastic bag 튼튼한 비닐봉지
Plastic can be as **strong** as metal.
플라스틱은 금속만큼이나 튼튼할 수 있다.

3 (바람·햇빛 등이) 강한
a **strong** wind 강한 바람

4 (맛·냄새 등이) 강한, 진한
Kimchi has a **strong** taste. It also has a **strong** smell.
김치는 맛이 강하다. 또한 냄새도 강하다.

비교급 **strong**er
최상급 **strong**est

➕ **strongly** 강하게, 튼튼하게
as strong as an ox (황소처럼) 아주 튼튼한
strong coffee 진한 커피

a **strong** plastic bag

struck (struhk) [strʌk]

동사 strike의 과거·과거분사형

structure (struhk-chur) [strʌ́ktʃər]

명사 1 ⓒⓤ 구조, 구성
The **structure** of the human body is an amazing miracle.
인간의 신체 구조는 놀라운 기적이다.

2 ⓒ 건축물, 구조물
A: What's that **structure** over there?
저기 있는 건축물은 뭐야?
B: It's a barn for the cows. 소 키우는 외양간이야.

복수형 structure**s**

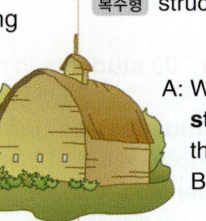

A: What's that **structure** over there?
B: It's a barn for the cows.

struggle (struhg-uhl) [strʌ́gəl]

동사 **1** 애쓰다, 노력하다
Sally is **struggling** to lose weight.
샐리는 살을 빼려고 애쓰고 있다.

2 몸싸움을 하다, 몸부림치다
Tom was hurt as he **struggled with** the other boys.
톰은 다른 남자아이들과 싸우다가 다쳤다.
Pig **struggled** to free himself.
피그는 몸을 빼내려고 몸부림쳤다.

3 (~을 위해) 싸우다, 투쟁하다
Women are still **struggling with** men for equal rights.
여성은 남성과의 동등한 권리를 위해 여전히 투쟁 중이다.

명사 **1** ⓒ 몸싸움, 몸부림
There was a **struggle between** two boys.
두 명의 남자아이들 사이에 몸싸움이 있었다.

2 ⓒ 싸움, 투쟁
Many movies are about the **struggle between** good and evil. 많은 영화가 선과 악의 싸움을 다룬다.

3인칭단수현재	struggle**s**
현재분사	struggl**ing**
과거·과거분사	struggle**d**

Pig **struggled** to free himself.

| 복수형 | struggle**s** |

➕ **struggling** 노력하는, 분투하는

---

stubborn (stuhb-urn) [stʌ́bərn]

형용사 **1** 고집 센, 완고한
Bill was too **stubborn** to change his mind.
빌은 마음을 바꾸기에는 너무 고집이 셌다.

2 다루기 어려운, 말을 안 듣는
This horse is very **stubborn**.
이 말은 다루기 매우 어렵다.

| 비교급 | more stubborn |
| 최상급 | most stubborn |

➕ **stubbornly** 완고하게
stubbornness 고집, 완고함

---

stuck (stuhk) [stʌk]

동사 stick의 과거·과거분사형

---

*student (stoo-duhnt) [stjúːdənt]

명사 ⓒ 학생
There are 1,700 **students** in my high school.
우리 고등학교에는 1,700명의 학생이 있다.
Brian is a **student** at the University of Florida.
브라이언은 플로리다 대학교 학생이다.
She is an elementary school **student**.
그녀는 초등학교 학생이다.

| 복수형 | student**s** |

student

*study (stuhd-ee) [stʌ́di]

동사 **1** 공부하다, 배우다
Mary is **studying for** the test. 메리는 시험공부 중이다.

2 자세히 살피다, 조사하다
The doctor **studied** the boy's injury.
의사는 소년의 상처를 살폈다.

명사 **1** ⓒ 공부
It takes years of **study** to master a subject.
한 과목을 다 배우기 위해서는 몇 년 동안 공부를 해야 한다.

2 ⓒ 연구
a **study** of the cause of heart disease
심장병의 원인에 관한 연구

3인칭단수현재	studies
현재분사	studying
과거·과거분사	studied

| 복수형 | studies |

stuff (stuhf) [stʌf]

명사 **1** Ⓤ 물질, (막연한) 물건, 것
These jackets are made from special **stuff**. It's very lightweight and waterproof.
이 재킷들은 특별한 재질로 만들어졌다. 매우 가볍고 방수가 된다.
I've got some sticky **stuff** on my hand.
손에 끈적거리는 것이 묻었다.

2 Ⓤ 소지품, (누구의) 것
That's my **stuff**. Leave it alone.
그건 내 물건이야. 만지지 마.
Sam caught Mary going through his **stuff**.
샘은 메리가 그의 물건을 뒤지는 것을 목격했다.

동사 **1** (빨리, 되는대로) 쑤셔 넣다
Bora **stuffed** her books into her bag.
보라는 가방에 책을 쑤셔 넣었다.

2 채워 넣다, [요리] 속을 넣다
The girl **stuffed** her pocket with chocolates.
여자아이는 주머니에 초콜릿을 채워 넣었다.
Stuff the turkey before you put it in the oven.
칠면조를 오븐에 넣기 전에 칠면조 속을 넣으세요.

Bora **stuffed** her books into her bag.

3인칭단수현재	stuffs
현재분사	stuffing
과거·과거분사	stuffed

➕ **stuffed** 배가 부른
I'm stuffed. (배가 불러요.)
= I'm full.
stuffing (만두 등) 속; (베개 등) 솜(깃털)

stupid (stoo-pid) [stjúːpid]

형용사 어리석은, 멍청한, 우둔한 (≒foolish)
Stupid students don't ask questions when they don't understand something.
어리석은 학생들은 이해가 안 될 때에도 질문을 하지 않는다.

| 비교급 | stupider, more stupid |
| 최상급 | stupidest, most stupid |

It's stupid not to look both ways before you cross the road.
길을 건너기 전에 양쪽을 다 살피지 않는 것은 어리석다.
Eric made a **stupid** mistake on the science test.
에릭은 과학 시험에서 바보 같은 실수를 했다.

➕ **stupidity** 어리석음
stupidly 어리석게도

style (stile) [stail]

명사 1 ⓒⓤ 방식, 방법
Students have different learning **styles**. Some learn better seeing and others learn better hearing.
학생들마다 공부하는 방식이 다르다. 어떤 학생은 보는 것으로, 어떤 학생은 듣는 것으로 더 잘 배운다.
Mary has a unique **style** of writing.
메리는 문체가 독특하다.

2 ⓒⓤ (옷 등의) 스타일, 유행
In the 17th Century, it was the **style** for men to wear wigs.
17세기에는 남성이 가발을 쓰는 것이 당시 스타일이었다.
These shoes are **out of style**.
이 신발은 유행이 지났다.

복수형 **styles**

➕ **stylish** 멋있는, 유행에 맞는
stylist 스타일리스트

These shoes are **out of style**.
= These shoes are out of fashion.

subject (suhb-jikt) [sʌ́bdʒikt]

명사 1 ⓒ 주제
Learning to swim is the **subject** of my speech.
수영하는 법 배우기가 내 연설의 주제다.
I haven't decided on a **subject** for my report.
나는 보고서의 주제를 아직 결정하지 않았다.

2 ⓒ 과목
Geography is my best **subject** in school.
지리학은 학교에서 내가 제일 잘하는 과목이다.

3 ⓒ 〖문장〗 주어
"John" is the **subject** in the sentence "John likes cats."
'존'은 '존은 고양이를 좋아한다.' 라는 문장의 주어다.

복수형 **subjects**

➕ **change the subject** 화제를 바꾸다
get off the subject 주제를 벗어나다
on the subject of ~ 주제에 대해, ~ 주제로

subjective (suhb-jek-tiv) [səbdʒéktiv]

형용사 주관적인
His **subjective** opinion was unreliable.
그의 주관적인 의견은 신뢰할 수 없었다.
Experience is **subjective**.
경험이란 주관적인 것이다.

비교급 **more subjective**
최상급 **most subjective**

submarine (**suhb**-muh-*reen*, *suhb*-muh-**reen**) [sʌ́bmərìːn, sʌ̀bməríːn]

명사 ⓒ 잠수함
John was a sailor on a **submarine**.
존은 잠수함 선원이었다.
Submarines can travel under the North Pole.
잠수함은 북극 바닷속을 항해할 수 있다.

복수형 **submarines**

submarine

submit (**suhb**-mit) [səbmít]

동사 1 제출하다 (=hand in)
Tom **submitted** his report three days late.
톰은 보고서를 3일 늦게 제출했다.

2 항복하다, 굴복하다, 굴복시키다
The Persian emperor **submitted to** Alexander the Great.
페르시아 황제는 알렉산더 대왕에게 항복했다.

3인칭단수현재 **submits**
현재분사 **submitting**
과거·과거분사 **submitted**

➕ **submission** 제출; 항복, 굴복

substitute (**suhb**-sti-*toot*) [sʌ́bstitjùːt]

명사 ⓒ 대리인, 대용물
The **substitute teacher** was very young.
대리[임시] 교사는 매우 젊었다.
There is no **substitute for** hard work.
노력을 대체할 수 있는 것은 없다.

동사 대신하다, 대용하다
You can **substitute** low-fat milk for regular milk.
저지방 우유로 보통 우유를 대신할 수 있다.
Instead of eating cookies, **substitute** an apple or orange.
쿠키 먹는 것 대신에 사과나 오렌지로 대체하라.

복수형 **substitutes**

➕ **substitution** 대리, 대용, 대체

3인칭단수현재 **substitutes**
현재분사 **substituting**
과거·과거분사 **substituted**

subtract (**suhb**-trakt) [səbtrǽkt]

동사 [수학] 빼다 (↔add)
If you **subtract** 5 from 10, you get 5.
10에서 5를 빼면 5가 된다.
They are learning how to add and **subtract**.
그들은 더하기와 빼기를 배우고 있다.

3인칭단수현재 **subtracts**
현재분사 **subtracting**
과거·과거분사 **subtracted**

➕ **subtraction** 빼기, 뺄셈

suburb (**suhb**-urb) [sʌ́bəːrb]

명사 ⓒ 교외, 근교
Tim lives in a **suburb**. 팀은 교외에 산다.

복수형 **suburbs**

subway (suhb-way) [sʌ́bwèi]

명사 ⓒ 지하철
I **took the subway** to Insadong.
나는 인사동에 지하철을 타고 갔다.

| 복수형 | subways |

➕ **underground, tube** (영국영어) 지하철

succeed (suhk-seed) [səksíːd]

동사 1 성공하다 (↔fail)
Sam **succeeded in** open**ing** the jar of jam.
샘은 잼병을 여는 데 성공했다.
Tony **succeeded in** finally gett**ing** the waiter's attention.
토니는 마침내 웨이터의 주의를 끄는 데 성공했다.
I tried to make her laugh, but didn't **succeed**.
나는 그녀를 웃기려고 했지만 성공하지 못했다.

2 계승하다, 뒤를 잇다
Mr. Brown will **succeed** his father as manager of the family business.
브라운 씨가 가업의 경영자로 아버지의 뒤를 이을 것이다.

3인칭단수현재	succeed**s**
현재분사	succeed**ing**
과거·과거분사	succeed**ed**

➕ **succeeding** 계속되는, 다음의
succession 연속; 상속, 계승
successive 잇따른, 계속되는
successor 상속자, 계승자

success (suhk-ses) [səksés]

명사 1 ⓤ 성공 (↔failure)
The secret of his **success** is hard work.
그의 성공의 비밀은 노력이다.
Did you **have** any **success** in finding the dog?
개를 찾는 데 성공했어?

2 ⓒ 성공한 사람, 성공한 것
Her business has been **a big success**.
그녀의 사업은 큰 성공을 했다.
The movie was a **success**. 영화는 성공이었다.

| 복수형 | success**es** |

☑ Did you have any success in finding the dog?
= Did you find the dog?

successful (suhk-ses-fuhl) [səksésfəl]

형용사 성공적인, 성공한 (↔unsuccessful)
Eric is a **successful** businessman.
에릭은 성공한 사업가이다.
Her first attempt to bake a cake was not very **successful**.
그녀의 케이크 만들기 첫 번째 시도는 그다지 성공적이지 못했다.
Brian tried to sell his house but was not **successful**.
브라이언은 집을 팔고자 했으나 성공하지 못했다.

| 비교급 | **more** successful |
| 최상급 | **most** successful |

➕ **successfully** 성공적으로

such (suhch) [sʌtʃ]

형용사 **1** 그러한, 그와 같은
Mary's family liked to sing together on **such** occasions.
메리의 가족은 그와 같은 특별한 행사에 함께 노래 부르는 것을 좋아했다.
I said no **such** thing! 나는 그런 말을 한 적이 없다!
A: Can I speak to Mrs. Green?
그린 부인과 통화할 수 있을까요?
B: I'm sorry. There's no **such** person here.
죄송합니다. 여기에 그런 분은 없어요.

2 매우 ~한, 대단히 ~한
I've never seen **such** a large sailboat before.
나는 그렇게 큰 범선을 본 적이 없다.
The festival was **such** a success.
축제는 매우 성공적이었다.

대명사 그러한 것〔사람〕, ~와 같은 것〔사람〕
We'll need food, drinks, paper plates and **such** for the party.
우리는 파티에 음식, 음료, 종이 접시 같은 것들이 필요할 것이다.

- *such as* 1 예를 들면 (≒ for example)
Sweet foods **such as** ice cream can make you fat.
단 음식들, **예를 들면** 아이스크림 같은 것은 살이 찌게 한다.
2 ~와 같은
In cases **such as** this one, it's best to keep quiet.
이번과 같은 경우에는 조용히 있는 게 상책이다.

I've never seen **such** a large sailboat before.

Sweet foods **such as** ice cream can make you fat.
= Sweet foods, for example, ice cream, can make you fat.

suddenly (suhd-uhn-lee) [sʌ́dnli]

부사 갑자기, 별안간
The car started **suddenly**. 갑자기 차가 시동이 걸렸다.
Suddenly the computer went down.
갑자기 컴퓨터가 다운되었다.

| 비교급 | more suddenly |
| 최상급 | most suddenly |

➕ sudden 갑작스러운

suffer (suhf-ur) [sʌ́fər]

동사 **1** (병을) 앓다, (정신적·신체적) 고통을 겪다
Tim's grandfather **suffers from** arthritis in his hands. 팀의 할아버지는 손 관절염을 앓고 계신다.

2 (좋지 않은 일을) 경험하다, 겪다
Sam **suffered** a great embarrassment when he was caught lying.
샘은 거짓말하다 들켰을 때 상당히 난처함을 겪었다.

3인칭단수현재	suffers
현재분사	suffering
과거·과거분사	suffered

❓ arthritis 관절염

sufficient

3 (부상 등을) 당하다, 겪다
He **suffered** head injuries. 그는 머리 부상을 입었다.

4 더 나빠지다
Businesses **suffer** when the economy is bad.
사업은 경제가 안 좋으면 더 나빠진다.

➕ **sufferable** 참을 수 있는, 견딜 만한
suffering 괴로움, 고통; 피해

sufficient (suh-fish-uhnt) [səfíʃənt]

형용사 **충분한** (≒ enough; ↔ insufficient)
There is **sufficient** gas in the car to get us to the next gas station.
다음 주유소까지 갈 수 있을 정도로 자동차에 충분한 기름이 들어 있다.
Is $100 **sufficient** for your trip?
너 여행에 100달러면 충분하니?

비교급 **more** sufficient
최상급 **most** sufficient

➕ **sufficiency** 충분한 양
sufficiently 충분히

＊sugar (shug-ur) [ʃúgər]

명사 **1** Ⓤ 설탕
I don't drink sodas. They have too much **sugar** in them. 나는 탄산음료는 안 마셔. 설탕이 너무 많이 들어 있어.

2 Ⓒ 설탕 한 숟가락, 설탕 한 봉지
How many **sugars** do you take in your coffee?
커피에 설탕을 몇 숟가락 넣어?

복수형 **sugars**

➕ **sugar-free** 무설탕의

sugar cube (각설탕)

suggest (suhg-jest, suh-jest) [səgdʒést, sədʒést]

동사 **1** 제안하다, 제의하다 (≒ propose)
Tom **suggested (that)** we take a 10-minute break.
톰은 10분간 휴식하자고 제안했다.
Bora **suggested** going out for a walk.
보라는 산책하러 가자고 제안했다.

2 암시하다, 시사하다
The clues **suggest** the killer was a woman.
단서는 살인자가 여자임을 암시한다.
The short story **suggests** that man should not chase fame.
그 단편 소설은 사람이 명성을 쫓아서는 안 된다는 것을 시사한다.

3인칭단수현재 **suggests**
현재분사 **suggesting**
과거·과거분사 **suggested**

➕ **suggestion** 제안, 제의

✓ Bora suggested going out for a walk.
= Bora suggested (that) we go out for a walk.

suicide (soo-i-side) [súːəsàid]

명사 ⒸⓊ 자살
There were three **suicides** last month.

복수형 **suicides**

지난달에는 자살이 세 건 있었다.
She committed **suicide**. 그녀는 자살했다.

> ☑ She committed suicide.
> = She killed herself.

suit (soot) [suːt]

명사 1 ⓒⓤ 정장, (복장의) 한 벌
I need to buy a new **suit** for work.
나는 직장에서 입을 새 정장을 사야 한다.

2 ⓒ [법률] 소송 (= lawsuit)
Jane **brought a suit against** her boss for unfairly firing her.
제인은 자신을 부당하게 해고한 상사를 상대로 소송을 걸었다.

동사 1 (~에게) 좋다, 적당하다, 편리하다
A: Would dinner at seven **suit** you?
7시에 저녁 식사 괜찮으세요?
B: That would be fine. 좋아요.
If you want to go by subway, that **suits** me **fine**.
네가 전철로 가고 싶다면 나는 괜찮은데.

2 (옷·색깔 등이) 어울리다
Sally's new hairstyle really **suits** her face.
샐리의 새로운 헤어스타일이 얼굴과 잘 어울린다.

복수형 suit**s**

suit

3인칭단수현재 suit**s**
현재분사 suit**ing**
과거·과거분사 suit**ed**

> ☑ That suits me fine.
> = That's OK with me.

suitable (soo-tuh-buhl) [súːtəbəl]

형용사 적절한, 적합한 (↔ unsuitable)
This is a **suitable** place to take a rest.
여기는 쉬기에 적절한 장소다.
This book is not **suitable** for children.
이 책은 아이들에게는 적합하지 않다.

비교급 **more** suitable
최상급 **most** suitable

suitcase (soot-*kase*) [súːtkèis]

명사 ⓒ 여행 가방
The airline lost Jinsu's **suitcase**.
항공사에서 진수의 여행 가방을 분실했다.

복수형 suitcase**s**

sum (suhm) [sʌm]

명사 1 ⓒ 금액, 액수
The artist was paid **a large sum** for his newest painting. 화가는 최신작을 거액을 받고 팔았다.

2 ⓒ 합, 합계

복수형 sum**s**

The **sum** of three and four is seven.
3과 4의 합은 7이다.

동사 요약하다
I'm afraid time is almost up. Let me **sum up** what I've told you today.
유감스럽지만 시간이 거의 다 된 것 같군요. 오늘 제가 말씀드린 것을 요약해 드리겠습니다.

3인칭단수현재	sums
현재분사	summing
과거·과거분사	summed

summary (suhm-ur-ee) [sʌ́məri]

명사 ⓒ 요약, 개요
Lisa **wrote a summary** of the short story *The Black Cat* for English class.
리사는 영어 시간 숙제로 단편 소설 〈검은 고양이〉를 요약했다.

| 복수형 | summaries |

➕ **summarize** 요약하다

*summer (suhm-ur) [sʌ́mər]

명사 ⓒⓤ 여름
A: What are you going to do on your **summer** vacation?
너는 여름 방학에 뭐 할 거야?
B: I'm going to a **summer** camp for music.
나는 음악 여름 캠프에 갈 거야.

| 복수형 | summers |

➕ **Indian summer** (늦가을의) 봄날같이 화창한 날씨

*sun (suhn) [sʌn]

명사 1 《the sun 또는 the Sun으로 쓰임》 태양, 해
All energy comes from **the sun**.
모든 에너지는 태양으로부터 나온다.
What time does **the sun** rise today?
오늘은 태양이 몇 시에 떠오르나요?

2 ⓤ 햇빛, 햇볕 (=sunshine, sunlight)
They are playing **in the sun**.
그들은 햇빛을 받으며 놀고 있다.

➕ **sunbathe** 일광욕하다
sun cream 자외선 차단 크림
sun-dried 햇볕에 말린
sunrise 해돋이, 일출
sunset 해넘이, 일몰, 저녁노을

Sunday (suhn-day) [sʌ́ndei]

명사 ⓒⓤ 일요일 (줄임말 Sun.)
Tim goes to church every **Sunday** morning.
팀은 매주 일요일 아침에 교회에 간다.

| 복수형 | Sundays |

sung (suhng) [sʌŋ]

동사 sing의 과거분사형

sunk (suhngk) [sʌŋk]

동사 sink의 과거분사형

sunny (suh-nee) [sʌ́ni]

형용사 (날씨가) 화창한, 햇빛이 잘 드는
a **sunny** day 화창한 날
The large window makes this room very **sunny**.
큰 창문이 있어 이 방에 햇빛이 잘 든다.

비교급	sunnier
최상급	sunniest

 Tip 날씨를 표현하는 단어로 또 어떤 것들이 있나요?

날씨를 나타내는 명사 뒤에 '-y'를 붙여 날씨 상태를 나타내는 형용사로 만들지요.
예 snow (눈) → snowy (눈이 오는)   sun (태양) → sunny (맑은)
rain (비) → rainy (비가 많이 오는)   cloud (구름) → cloudy (구름 낀)

sunrise (suhn-rize) [sʌ́nràiz]

명사 1 ⓤ 해돋이, 일출, 동틀 녘
They woke up early to see the **sunrise**.
그들은 해돋이를 보기 위해 일찍 일어났다.

2 ⓒⓤ 아침노을
What a beautiful **sunrise**! 정말 아름다운 아침노을이다!

| 복수형 | sunrises |

➕ **sunrise industry** 신흥 산업 (특히 컴퓨터, 전자 산업)

sunset (suhn-set) [sʌ́nsèt]

명사 1 ⓤ 일몰, 해 질 녘
The streetlights come on at **sunset**.
해 질 녘이 되면 가로등에 불이 들어온다.

2 ⓒⓤ 저녁노을
The **sunset** at Key West, Florida, is so beautiful that people gather every afternoon to watch it.
플로리다 키웨스트의 저녁노을은 너무 아름다워 많은 사람들이 매일 오후 저녁노을을 보기 위해 모여든다.

| 복수형 | sunsets |

sunset

sunshine (suhn-shine) [sʌ́nʃàin]

명사 ⓤ 햇빛
The **sunshine** feels good. 햇빛을 쬐니 기분이 좋다.
I sat outside **in the sunshine**.
나는 밖에서 햇빛을 받으며 앉아 있었다.

※ sun (태양) + shine (빛나다)
→ sunshine (햇빛)

suntan (suhn-tan) [sʌ́ntæn]

명사 ⓒ 햇볕에 탐, 선탠
Bora got a **suntan** on vacation.
보라는 방학 동안 햇볕에 탔다.

복수형 **suntan**s

➕ **suntanned** 햇볕에 탄

super (soo-pur) [súːpər]

형용사 아주 좋은, 최고인 (≒ great, wonderful)
This hamburger tastes **super**! It's the best I've ever had.
이 햄버거 맛은 최고야! 내가 먹어 본 것 중에서 제일 맛있어.

※ supper(저녁 식사)와 혼동하지 마세요.

superior (su-peer-ee-ur) [supíəriər]

명사 ⓒ 윗사람, 선배, 상관
Who's the **superior** in this office?
이 사무실에서 상급자는 누구신가요?
Jim's **superior** ordered him to work late.
짐의 상관은 짐에게 늦게까지 일하라고 명했다.

형용사 (~보다 더) 우수한, 우월한 (↔ inferior)
My mother's cooking is **superior to** restaurant cooking.
우리 엄마의 요리는 식당 요리보다 훨씬 더 훌륭하다.

복수형 **superior**s

☑ My mother's cooking is superior to restaurant cooking.
= My mother's cooking is much better than restaurant cooking.

supermarket (soo-pur-mahr-kit) [súːpərmàːrkit]

명사 ⓒ 슈퍼마켓
A: These apples are delicious. Where did you buy them? 이 사과들 맛있다. 어디서 샀어?
B: At the **supermarket**. They've got great fresh fruit.
슈퍼마켓에서. 과일이 좋고 신선해.

복수형 **supermarket**s

supermarket

superstition (soo-pur-stish-uhn) [sùːpərstíʃən]

명사 ⓒⓤ 미신
It's just a **superstition** that 7 is a lucky number.
7이 행운의 숫자라는 것은 그저 미신일 뿐이다.

복수형 **superstition**s

supper (suhp-ur) [sʌ́pər]

명사 ⓒⓤ 저녁 식사 (≒ dinner)
The children **had supper** and then went to bed.
아이들은 저녁 식사를 하고서는 자러 갔다.

복수형 **supper**s

※ supper와 dinner의 차이 →

Have you **eaten supper**? 저녁 먹었어?

dinner (p. 250)

supply (suh-plye) [səplái]

동사 공급하다, 주다
The lake **supplies** water **to** thousands of homes.
호수는 수천만 가정에 물을 공급한다.
The sun **supplies** us **with** warmth and light.
태양은 우리에게 따뜻함과 빛을 준다.

명사 1 ⓤ 공급, 공급량
The **supply** of oil will be enough for the whole year.
석유 공급량은 1년 동안은 충분할 것이다.

2 《복수로 쓰임》 공급품, 물품
emergency food **supplies** 비상식량
The company provides office **supplies** to its employees. 회사는 직원들에게 사무용품을 제공한다.
She packed **supplies** for her trip.
그녀는 여행에 필요한 물품을 쌌다.

3 ⓤ 공급 (행위)
cut the electricity **supply** 전력 공급을 끊다
This muscle controls the **supply** of blood to the heart. 이 근육은 심장으로 가는 피의 공급을 조절한다.

● *in short supply* 부족하다
Chinese cabbages are **in short supply** at the moment. 지금 배추 물량이 **부족하다**.

3인칭단수현재 suppl**ies**
현재분사 supply**ing**
과거·과거분사 suppl**ied**

복수형 suppl**ies**

➕ **supplier** 공급자
supply and demand 수요와 공급

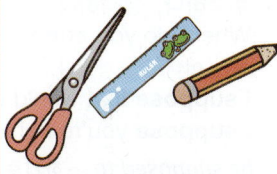

school **supplies** (학용품)

➕ **cleaning supplies** 청소용품
medical supplies 의약품

support (suh-port) [səpɔ́ːrt]

동사 1 지지하다, 지원하다, 응원하다
I want you to **support** my idea.
나는 네가 내 아이디어를 지지해 주기를 원한다.
That organization **supports** the homeless.
그 단체는 노숙자들을 지원한다.
A true fan **supports** his team, win or lose.
진정한 팬은 자기 팀이 이기든 지든 응원한다.

2 (무게 등을) 지탱하다, 떠받치다
The nurse **supported** the patient on her way to the bathroom.
간호사는 화장실에 가는 환자를 부축했다.

3 부양하다
He had to **support** his family since he was a teenager.

3인칭단수현재 support**s**
현재분사 support**ing**
과거·과거분사 support**ed**

➕ **supporter** 지지자, 후원자
supportive 지원하는, 도와주는, 힘이 되는
moral support 정신적인 지원

그는 십 대 때부터 가족을 부양해야 했다.

명사 1 ⓤ 지지, 지원
The team got a lot of **support** from its fans.
그 팀은 팬들로부터 많은 지지를 받았다.
Poor families receive **support** from the government.
빈곤 가정은 정부로부터 지원을 받는다.

2 ⓤ 지탱, 받침
The grape vines were held up by **support** wires.
포도 넝쿨은 지지 철사로 받쳐져 있었다.

The grape vines were held up by **support** wires.

suppose (suh-poze) [səpóuz]

동사 1 가정하다
Suppose a fire broke out. How would you escape?
불이 났다고 가정해 봐. 너는 어떻게 대피할 거야?

2 추측하다, 생각하다
Where do you **suppose** the dog ran off to?
개가 어디로 도망갔다고 생각해?
I **suppose** that would work. 난 그게 통할 거라고 생각해.
I **suppose** you're right. 네가 맞는 것 같아.

● **be supposed to** ~하기로 되어 있다
You **are supposed to** go to the dentist next week.
너는 다음 주에 치과에 가기로 되어 있다.
It **is supposed to** be warmer tomorrow.
내일은 더 따뜻할 거래.

3인칭단수현재	suppose**s**
현재분사	suppos**ing**
과거·과거분사	suppose**d**

➕ **supposedly** 아마도

☑ I suppose you're right.
= I guess you're right.

*sure (shoor) [ʃuər]

형용사 《명사 앞에는 쓰이지 않음》 확실한, 틀림없는
(≒ certain)
I'm **sure** you'll enjoy your visit to Singapore.
난 네가 싱가포르 여행을 즐길 거라고 확신해.
Are you **sure** you want this T-shirt?
이 티셔츠를 원하는 게 확실해?
He's **not sure** where he put his umbrella.
그는 우산을 어디에 두었는지 잘 모른다.
A: Is that Sally over there? 저기 샐리 맞지?
B: **I'm not sure**. 잘 모르겠는데.

● **for sure** 확실히, 틀림없이
I'll phone you this afternoon **for sure**.
오늘 오후에 틀림없이 전화할게.

● **make sure** 1 확인하다
Make sure the door is locked.
문이 잠겨 있는지 확인해라.

| 비교급 | sure**r** |
| 최상급 | sure**st** |

➕ **surely** 확실히, 틀림없이
sure enough 아니나 다를까

Are you **sure** you want this T-shirt?

2 반드시 ~하다, ~을 확실히 하다
Regular dental check-ups will **make sure** your teeth are healthy.
정기적인 치과 검진은 치아의 건강을 확실히 해 줄 것이다.
I think the concert starts at seven, but I'll phone to **make sure**.
콘서트가 7시에 시작하는 것 같은데, 확실히 하기 위해 전화를 해 봐야겠다.

> ➕ **sure thing** 응, 물론이지
> A: Are you coming?
>   (너 올 거지?)
> B: Sure thing! (물론이지!)

부사 **1** (질문의 대답) 네, 물론 (≒ yes)
A: Can I borrow this book? 이 책 빌려도 돼?
B: **Sure**. 물론이야.

2 (강조의 의미) 정말, 확실히
It **sure** is cold today. 오늘 정말 춥다.

> ✅ A: Can I borrow this book?
> B: Sure.
>   = Certainly.
>   = Of course.

---

surface (sur-fis) [sə́ːrfis]

명사 **1** ⓒ 표면, 겉면
The **surface** of the moon is filled with large craters.
달의 표면은 커다란 분화구들로 가득 차 있다.

2 《단수로 쓰임》 외관, 겉보기
On the surface, Tony can appear unfriendly, but underneath he's a real softie.
겉보기엔 토니가 무뚝뚝해 보이지만 속으로는 마음이 약한 아이다.

> 복수형 **surface**s
>
> ❓ **crater** 분화구
>
> ❓ **softie** 마음이 약하거나 부드러운 사람

---

surgery (sur-jur-ee) [sə́ːrdʒəri]

명사 Ⓤ 수술
Jinsu **had surgery on** his shoulder.
진수는 어깨 수술을 받았다.

> ➕ **surgeon** 외과 의사

---

surname (sur-name) [sə́ːrnèim]

명사 ⓒ (이름의) 성(姓) (= last name, family name)
James Lee's **surname** is Lee.
James Lee의 성은 Lee이다.

> 복수형 **surname**s

---

*surprise (sur-prize) [sərpráiz]

명사 **1** ⓒ 놀라운 일, 놀라운 사건
It was a **surprise** to see him on the street.
길에서 그를 만난 것은 놀라운 일이었다.
I have a surprise for you!
네가 깜짝 놀랄 소식[선물]이 있어!

> 복수형 **surprise**s
>
> ➕ **surprised** (사람이) 놀란

surprising

2 ⓤ 놀람
To my surprise, he passed the exam.
놀랍게도 그가 시험에 합격했다.
She could not hide her **surprise**.
그녀는 놀라움을 감추지 못했다.
Sam looked at me **in surprise** when I told him the news. 내가 소식을 전하자 샘은 놀라서 나를 쳐다보았다.

동사 놀라게 하다
We were **surprised** when the experiment finally succeeded.
우리는 실험이 마침내 성공했을 때 놀랐다.
Bora **surprised** her friends with freshly baked cookies.
보라는 방금 구운 쿠키로 친구들을 놀라게 했다.

Sam looked at me **in surprise** when I told him the news.

3인칭단수현재	surprises
현재분사	surprising
과거·과거분사	surprised

---

*surprising (sur-prize-ing) [sərpráiziŋ]

형용사 (소식 등이) 놀라운, 의외의, 뜻밖의
Jinsu's success is not very **surprising**. He always practices hard.
진수의 성공은 그다지 놀랍지 않다. 그는 늘 열심히 연습한다.

| 비교급 | more surprising |
| 최상급 | most surprising |

➕ **surprisingly** 놀랄 정도로, 의외로

---

surround (suh-round) [səráund]

동사 둘러싸다, 에워싸다
Fans **surrounded** the singer. 팬들이 가수를 둘러쌌다.
The island is **surrounded by** water.
섬은 바다로 둘러싸여 있다.

3인칭단수현재	surrounds
현재분사	surrounding
과거·과거분사	surrounded

---

survey (sur-vay | sur-vay) [sə́rvei | sərvéi]

명사 (**sur**-vay) ⓒ 조사, 설문 조사
The **survey** showed a majority supported the president.
조사 결과 대다수 사람들이 대통령을 지지하고 있는 것으로 나타났다.
The **survey** asked how often people ate out at restaurants.
설문 조사에서 사람들이 얼마나 자주 식당에서 외식을 하는지를 물었다.

| 복수형 | surveys |

➕ **do a survey** 조사하다
surveyor 측량사

동사 (sur-**vay**) 조사하다, 살펴보다
The police **surveyed** the crime scene.
경찰은 범죄 현장을 조사했다.

3인칭단수현재	surveys
현재분사	surveying
과거·과거분사	surveyed

survive (sur-vive) [sərváiv]

동사 살아남다, 생존하다

No one **survived** the airplane crash. Everyone on board was killed.
아무도 비행기 사고에서 살아남지 못했다. 탔던 사람 모두가 죽었다.

Extinct animals were unable to **survive** changes in their environment.
멸종된 동물들은 환경의 변화에 살아남지 못했다.

Plants need sunlight in order to **survive**.
식물은 생존하기 위해 햇빛이 필요하다.

3인칭단수현재	survive**s**
현재분사	surviv**ing**
과거·과거분사	survive**d**

➕ survival 살아남음, 생존
survivor 살아남은 사람, 생존자

❓ extinct 멸종된

suspect (suh-spekt | suhs-pekt) [səspékt | sʌ́spekt]

동사 (suh-**spekt**) **1** 의심하다

The police **suspected** Ms. Brown **of** stealing money.
경찰은 브라운 씨가 돈을 훔쳤다고 의심했다.

Sally **suspected that** Tony was lying.
샐리는 토니가 거짓말을 한다고 의심했다.

2 (맞을 거라고) 생각하다, 짐작하다

Sally didn't come to school today—I **suspect that** she's sick. 샐리가 오늘 학교에 안 왔다. 샐리가 아픈 것 같다.

명사 (**suhs**-pekt) ⓒ 용의자
The police questioned the murder **suspect**.
경찰은 살해 용의자를 심문했다.

3인칭단수현재	suspect**s**
현재분사	suspect**ing**
과거·과거분사	suspect**ed**

Sally **suspected that** Tony was lying.

복수형	suspect**s**

swallow¹ (swah-loh) [swάlou]

동사 삼키다

The dry rice was hard to **swallow**.
마른 밥은 삼키기 힘들었다.

The doctor told Mary to **swallow** the medicine.
의사는 메리에게 약을 삼키라고 말했다.

3인칭단수현재	swallow**s**
현재분사	swallow**ing**
과거·과거분사	swallow**ed**

swallow² (swah-loh) [swάlou]

명사 ⓒ 제비

Swallows live on every continent except Antarctica.
제비는 남극을 제외한 모든 대륙에 서식한다.

복수형	swallow**s**

swam (swam) [swæm]

동사 swim의 과거형

swear (swair) [swɛər]

동사 1 맹세하다, 약속하다
He **swore** that he would never lie to me again.
그는 다시는 내게 거짓말을 하지 않겠다고 맹세했다.

2 욕하다
Don't **swear** in the classroom. 교실에서 욕하지 마세요.

3인칭단수현재	swear**s**
현재분사	swore
과거·과거분사	sworn

sweat (swet) [swet]

동사 땀이 나다, 땀을 흘리다
I **sweat** a lot when I exercise.
나는 운동을 하면 땀이 많이 난다.

명사 Ⓤ 땀
Beads of sweat rolled down Lisa's face.
리사의 얼굴에 구슬땀이 흘렀다.

3인칭단수현재	sweat**s**
현재분사	sweat**ing**
과거·과거분사	sweat**ed**

❓ bead 구슬

sweater (swet-ur) [swétər]

명사 Ⓒ 스웨터
She is wearing a **sweater**. 그녀는 스웨터를 입고 있다.

복수형	sweater**s**

sweep (sweep) [swi:p]

동사 1 (빗자루 등으로) 쓸다, 청소하다
The assistant **swept up** the hair on the beauty salon floor.
조수는 미용실 바닥의 머리카락을 쓸었다.
Sweep the kitchen floor. 부엌 바닥 좀 쓸어라.

2 휩쓸다, 휘몰아치다
The surf **swept over** the sand.
큰 파도가 모래 위를 휩쓸었다.
The bridge was **swept away** by the floods.
홍수에 다리가 휩쓸려 떠내려갔다.

3인칭단수현재	sweep**s**
현재분사	sweep**ing**
과거·과거분사	swept

sweep

*sweet (sweet) [swi:t]

형용사 1 (맛이) 달콤한, 단
The sauce is too **sweet**. The cook used too much sugar. 소스가 너무 달다. 요리사가 설탕을 너무 많이 사용했다.

2 친절한, 상냥한 (≒ kind, friendly)
It was **sweet of** them **to** offer to help.
도와주겠다고 하다니 그들은 참 친절했다.

비교급	sweet**er**
최상급	sweet**est**

➕ bitter 쓴
hot 매운

She has a **sweet** smile. 그녀는 상냥한 미소를 짓는다.

3 (냄새 · 소리 · 기분 등이) 좋은
sweet-smelling flowers 좋은 향기가 나는 꽃들
Goodnight. **Sweet** dreams. 잘 자. 좋은 꿈 꿔.

명사 ⓒ 단것, 맛이 단 음식
Eating **sweets** is bad for your teeth.
단것을 먹으면 치아에 좋지 않다.

> salty 짠
> sour 신
> spicy 매운
>
> 복수형 **sweet**s
>
> ➕ sweet (영국영어) 사탕

---

swept (swept) [swept]

동사 sweep의 과거 · 과거분사형

---

*swim (swim) [swim]

동사 수영하다, 헤엄치다
Sally is learning how to **swim**.
샐리는 수영을 배우고 있다.
Can you **swim**? 너 수영할 수 있어?
Everyone in Holland has to learn to **swim**.
네덜란드 사람들은 모두 수영을 배워야 한다.
No one can **swim** faster than Tom.
아무도 톰보다 빠르게 수영하지 못한다.

명사 ⓒ 수영, 헤엄
Would you like to **go for a swim**? 수영하러 갈래?

> 3인칭단수현재 **swim**s
> 현재분사 **swim**ming
> 과거 **swam**
> 과거분사 **swum**
>
> ➕ swimming 수영
>
> 복수형 **swim**s

---

swimming pool (swim-ing *pool*) [swímiŋ pùːl]

명사 ⓒ 수영장
Don't run near the **swimming pool**.
수영장 근처에서는 뛰지 마라.

> 복수형 **swimming pool**s

---

swing (swing) [swiŋ]

동사 (앞뒤 · 좌우로) 흔들리다, 흔들다
The window blinds **swung** in the wind.
창의 블라인드가 바람에 흔들렸다.
The girl **swung** the bag back and forth as she walked home.
소녀는 가방을 앞뒤로 흔들면서 집으로 걸어갔다.

명사 ⓒ 그네
Most parks have **swing** sets for children to play on.
대부분의 공원에는 아이들이 놀 수 있는 그네와 미끄럼틀 등의 놀이 기구가 있다.

> 3인칭단수현재 **swing**s
> 현재분사 **swing**ing
> 과거 · 과거분사 **swung**
>
> 복수형 **swing**s

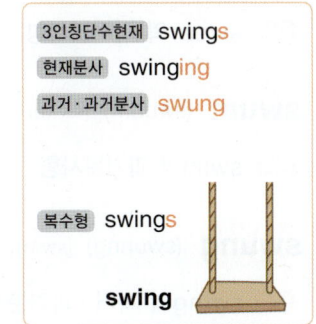
swing

Swiss (swis) [swis]

형용사 스위스의, 스위스 인의
Swiss watchmakers are world famous.
스위스 시계공들은 전 세계적으로 유명하다.

명사 《the Swiss로 쓰임》 스위스 인, 스위스 국민

➕ Switzerland 스위스

switch (swich) [switʃ]

명사 ⓒ 스위치
Mary couldn't find the **light switch** in the dark.
메리는 어둠 속에서 전등 스위치를 찾을 수 없었다.

동사 바꾸다, 교환하다
Tim **switched** seats with Bora.
팀은 보라와 자리를 바꿨다.
Let's **switch** the topic of our conversation **to** something more interesting.
우리 대화의 주제를 좀 더 재미있는 것으로 바꾸자.

● *switch off*(on) (전등 등을) 끄다[켜다]
I **switched** the TV **off**(on).
나는 텔레비전을 껐다[켰다].

복수형	switch**es**
3인칭단수현재	switch**es**
현재분사	switch**ing**
과거·과거분사	switch**ed**

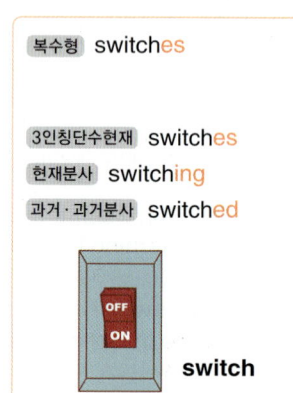
switch

Switzerland (swit-suhr-land) [swítsərlənd]

국가명 스위스
Switzerland is known for its beautiful mountains.
스위스는 산이 아름답기로 알려져 있다.

➕ Swiss 스위스의, 스위스 인(의)

swore (swor) [swɔːr]

동사 swear의 과거형

sworn (sworn) [swɔːrn]

동사 swear의 과거분사형

swum (swuhm) [swʌm]

동사 swim의 과거분사형

swung (swuhng) [swʌŋ]

동사 swing의 과거·과거분사형

symbol (sim-buhl) [símbəl]

명사 1 ⓒ 상징
Yellow roses are **a symbol of** friendship.
노란 장미는 우정의 상징이다.

2 ⓒ 기호, 부호
H₂O is the **symbol for** water.
H₂O는 물을 나타내는 기호이다.

> **복수형** symbol**s**
>
> ⊕ symbolic 상징적인, 기호의
> symbolize 상징하다

sympathy (sim-puh-thee) [símpəθi]

명사 1 ⓒⓤ 동정, 동정심, 연민
He **felt** great **sympathy for** the children suffering from starvation.
그는 기아로 고통받는 어린이들에게 깊은 동정심을 느꼈다.
My deepest **sympathies** go out to the families of the victims.
희생자들의 가족분들에게 조의를 표합니다.

2 ⓤ 공감
Sam was not **in sympathy with** Tom's ideas.
샘은 톰의 생각에 공감하지 않는다.

> **복수형** sympath**ies**
>
> ⊕ sympathetic 동정하는, 동정적인
> sympathize 동정하다; 지지하다

system (sis-tuhm) [sístəm]

명사 1 ⓒ 체계, 조직망, 시스템
railroad **systems** 철도 시스템
a security **system** 보안 체계

2 ⓒ 체제, 제도
an educational **system** 교육 제도
We need a better **system for** teaching children.
우리는 아이들을 교육하는 데 더 나은 제도가 필요하다.

3 (복합적인) 기계 장치
Tim has an expensive **audio system**.
팀은 비싼 오디오 시스템을 가지고 있다.

> **복수형** system**s**
>
> ⊕ systematic 체계적인, 조직적인
> systematically 체계적으로, 조직적으로

Tt

He takes the train to work.

그는 직장에 기차를 타고 다녀요.

Start Here ↓

train

*table (tay-buhl) [téibəl]

명사 1 ⓒ 탁자, 식탁, 테이블
Sally put a bowl of fruit on the **table**.
샐리는 탁자 위에 과일이 담긴 그릇을 놓았다.

2 ⓒ 표, 목록
The results of our research are shown in **Table** 3.
우리의 연구 결과는 표 3에 나와 있습니다.

- *lay the table* 상을 차리다
  Could you **lay the table** for lunch?
  점심 식사 상을 좀 차려 줄 수 있겠니?
- *clear the table* 상을 치우다
  Let me help you **clear the table**.
  상 치우는 것 도와줄게.

복수형 **table**s

➕ **tablecloth** 식탁보
  table manners 식사 예절
  tablespoon 식탁용 스푼

table

 on the table과 **at the table**의 차이가 뭔가요?

영어에서 물건은 '식탁 위에 놓다(put ~ on the table), 상을 차리다(set the table)'라고 표현하고, 사람은 '식탁에 앉다(sit at the table, sit around the table)'라고 표현해요.

tail (tayl) [teil]

명사 1 ⓒ [동물] 꼬리
Did you ever wonder why dogs chase their own **tails**? 개들이 왜 자신의 꼬리를 쫓는지 궁금한 적 있어?
The **tail** of the kite fluttered in the wind.
연 꼬리가 바람에 펄럭였다.

2 ⓒ 끝 부분, 뒷부분
Our seats were in the **tail** of the plane.
우리 좌석은 비행기의 뒷부분이었다.
Eric planned to join us at the **tail** end of our vacation. 에릭은 우리 휴가의 말미에 합류하기로 계획했다.

3 《**tails**로 쓰임》 (동전의) 뒷면
  A: Let's flip a coin to see who gets the last piece of cake.
  누가 마지막 케이크 조각을 먹을지 동전 던지기로 정하자.
  B: OK. Heads I win, **tails** you win.
  좋아. 앞면이 나오면 내가 이기는 거고, 뒷면이 나오면 네가 이기는 거야.

동사 미행하다
The detective **tailed** the woman.
탐정은 그 여자를 미행했다.

복수형 **tail**s

❓ **flutter** 펄럭이다, 흔들리다

tail

❓ **flip** 가볍게 던지다

3인칭단수현재 **tail**s
현재분사 **tail**ing
과거·과거분사 **tail**ed

take

'동전 던지기'를 영어로 어떻게 표현하나요?

무언가를 결정하기 위해 동전을 던지는 것을 flip a coin 또는 toss a coin이라고 해요. 동전의 앞면은 heads, 뒷면은 tails라고 보통 복수형으로 많이 써요.

*take (tayk) [teik]

동사 **1** (사람·동물을) 데려가다, (물건을) 가져가다
She **took** the children to the park.
그녀는 아이들을 공원에 데리고 갔다.
She **took** my umbrella with her.
그녀가 내 우산을 가져갔다.
Take the trash **out**, Tom. 톰, 쓰레기 좀 바깥에 내놓아라.

2 (손으로) 잡다, 쥐다
Sally **took** the little boy's hand.
샐리는 어린 소년의 손을 잡았다.

3 먹다, 마시다, (약을) 복용하다
Do you **take** sugar in your tea?
홍차에 설탕을 넣어서 드시나요?
Take three pills each time, three times a day.
하루에 세 번, 매번 세 알씩 복용하세요.

4 (교통수단을) 타다, 이용하다
Let's **take** a bus. 버스를 타자.
I **took** a taxi to the hospital.
나는 병원까지 택시를 타고 갔다.

5 (돈·노력·시간이) 들다, 걸리다
It **takes** ten minutes to walk to the bridge.
그 다리까지 걸어가는 데 10분이 걸린다.

6 받다, 받아들이다, 수용하다
This store doesn't **take** credit cards.
이 상점은 신용 카드를 받지 않는다.
Tim doesn't **take** bad news well.
팀은 나쁜 소식을 잘 받아들이지 못한다.
If you **take** my **advice** you'll make many friends.
내 충고를 따르면 친구를 많이 사귈 수 있을 거야.

7 ~을 하다
Brian **takes a shower** every morning.
브라이언은 매일 아침 샤워를 한다.
The factory workers can't **take a break** without permission.
공장 근로자들은 허락 없이는 쉴 수가 없다.
She **took a seat** near the window.

3인칭단수현재	take**s**
현재분사	tak**ing**
과거	took
과거분사	taken

Sally **took** the little boy's hand.

Take three pills each time, three times a day.

※ '샤워를 하다'라는 표현을 미국에서는 take a shower, 영국에서는 have a shower라고 해요.

❓ **permission** 허락, 허가

그녀는 창가 옆자리에 앉았다.
- **take away** 빼앗다, 치우다
  Bora **took** the scissors **away** from the child.
  보라는 아이에게서 가위를 **빼앗아 치웠다**.
  The waiter **took** the plates **away**.
  웨이터가 접시들을 **치웠다**.
- **take care of** ~을 돌보다
  I usually **take care of** my little sister when my parents are away.
  부모님께서 집에 안 계시면 보통 내가 여동생**을 돌봐 준다**.
- **take down** 적다, 쓰다
  He **took down** my address. 그는 내 주소를 **적었다**.
- **take it easy** 진정하다, 당황하지 않다
  Hey, **take it easy**. Don't get so upset.
  야, **진정 좀 해**. 그렇게 화내지 마.
- **take off** 1 (옷·신발 등을) 벗다
  You have to **take off** your hat in the classroom.
  교실에서는 모자를 **벗어야** 한다.
  2 (비행기가) 이륙하다 (↔land)
  The plane finally **took off**. 비행기가 마침내 **이륙하였다**.
- **take place** (어떠한 일이) 일어나다 (≒happen, occur)
  The meeting **took place** at the conference room.
  회의는 회의실에서 **열렸다**.
- **take up** (시간·장소 등을) 차지하다 (=occupy)
  The desk **takes up** half the room.
  책상이 방의 반을 차지한다.

Bora **took** the scissors **away** from the child.

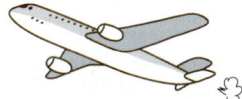

The plane finally **took off**.

> **Tip** **take care**란 무슨 뜻인가요?
> 헤어질 때 하는 인사말로 '잘 가' 또는 '잘 지내'라는 뜻이에요.
> 예 A: **Take care**, Lisa. 잘 지내, 리사.
> B: You too, Sam. 너도 잘 지내, 샘.

taken (tay-kin) [téikən]

동사 take의 과거분사형

tale (tayl) [teil]

명사 ⓒ 이야기, 설화
a **fairy tale** 동화
Their grandfather **told** them a **tale about** dragons.
그들의 할아버지께서 그들에게 용에 관한 이야기를 들려주셨다.

복수형 tale**s**

talent (tal-uhnt) [tǽlənt]

명사 ⓒⓤ 재능, 소질 (=gift)
Bob has a **talent** for play.
밥은 연극에 소질이 있다.
She has a lot of **talent**. 그녀는 재능이 많다.

복수형	**talent**s
➕	**talented** 재능 있는

 talent show가 뭔가요?
대중 앞에서 노래나 춤, 악기 연주, 코미디 등을 소재로 자신의 재능을 자랑하는 '장기 자랑'을 말하는데, 학교에서도 많이 하지요.

*talk (tawk) [tɔːk]

동사 1 말하다, 이야기하다
Be quiet while the teacher is **talking**.
선생님 말씀 중에는 조용히 해라.
They were **talking about** the new movie.
그들은 새 영화에 대해 이야기하고 있었다.
I was **talking to** Tony when the bell rang.
벨이 울렸을 때 나는 토니와 이야기하는 중이었다.

2 토의하다, 논의하다
We're **talking about** global warming.
우리는 지구 온난화에 대해 토의하는 중이야.
Let's **talk about** it over dinner.
저녁을 먹으면서 그것에 대해 논의하자.

3인칭단수현재	**talk**s
현재분사	**talk**ing
과거 · 과거분사	**talk**ed

They were **talking about** the new movie.

복수형	**talk**s

명사 1 ⓒ 대화, 이야기 (=conversation)
We **had a** long **talk about** volunteer work.
우리는 자원봉사에 대해 오랜 대화를 했다.

2 ⓒ 《주로 talks로 쓰임》 회담, 회의
The peace **talks** are making some progress.
평화 회담이 약간의 진전을 보이고 있다.

The peace **talks** are making some progress.

3 ⓒ 강연, 연설 (=speech, lecture)
The scientist **gave a talk on** the Amazon rain forest.
그 과학자는 아마존 우림에 대한 강연을 했다.

talkative (taw-kuh-tiv) [tɔ́ːkətiv]

형용사 말이 많은, 수다스러운
Mike is not very **talkative** today.
마이크가 오늘은 별로 말이 없다.

비교급	more talkative
최상급	most talkative

*tall (tawl) [tɔːl]

형용사 1 키가 큰, 높은 (↔short)
a **tall** tree 키가 큰 나무
New York City is full of **tall** buildings.
뉴욕 시에는 높은 빌딩들이 가득 들어서 있다.

2 (키·높이가) ~인
Tom is six feet **tall**. 톰의 키는 6피트이다.
How **tall** are you? 너는 키가 몇이니?

| 비교급 | **tall**er |
| 최상급 | **tall**est |

short　　　tall

tame (taym) [teim]

형용사 1 (동물이) 길들여진 (↔wild)
Cows are **tame** animals. 소는 길들여진 동물이다.

2 순한
We petted the **tame** giraffe.
우리는 순한 기린을 쓰다듬어 주었다.

동사 (동물을) 길들이다
Lions can be **tamed** to perform in the circus.
사자는 서커스에서 공연을 하도록 길들여질 수 있다.
It took a while to **tame** the elephant.
코끼리를 길들이는 데 시간이 좀 걸렸다.

비교급	**tam**er
최상급	**tam**est
3인칭단수현재	**tame**s
현재분사	**tam**ing
과거·과거분사	**tam**ed

tap¹ (tap) [tæp]

동사 가볍게 치다, 가볍게 두드리다
Sam **tapped** me **on** the shoulder.
샘이 나의 어깨를 쳤다.
I **tapped on** the window. 나는 유리창을 두드렸다.

3인칭단수현재	**tap**s
현재분사	**tap**ping
과거·과거분사	**tap**ped

tap² (tap) [tæp]

명사 ⓒ (영국영어) 수도꼭지
Turn the **tap** on[off]. 수도꼭지를 틀어라[잠가라].
Mary **turned** the wrong **tap** in the shower and was hit by a blast of ice-cold water.
메리는 샤워실에서 수도꼭지를 잘못 틀어서 얼음처럼 차가운 물벼락을 맞았다.

| 복수형 | **tap**s |

➕ faucet (미국영어) 수도꼭지
　 tap water 수돗물
❓ blast 돌풍, 거센 바람

tape (tayp) [teip]

명사 1 ⓒ (접착용) 테이프
She bought some **adhesive tape**.

| 복수형 | **tape**s |

그녀는 접착테이프를 샀다.
I stuck a photo to the wall with **tape**.
나는 테이프로 사진을 벽에 붙였다.

2 ⓒ (녹음·녹화용) 테이프
I listened to a Michael Jackson **tape** in the car.
나는 차 안에서 마이클 잭슨(의 노래가 녹음된) 테이프를 들었다.
Bring me a **blank tape** tomorrow. I'll record it for you.
내일 내게 공테이프를 갖다 줘. 내가 녹음해서 네게 줄게.

동사 **1** 테이프로 붙이다
He **taped** his class schedule on the wall.
그는 수업 시간표를 테이프로 벽에 붙였다.

2 (소리·영상을) 녹음하다, 녹화하다
He **taped** the special program on the Amazon.
그는 아마존에 관한 특별 프로그램을 녹화했다.

tape

3인칭단수현재 tape**s**
현재분사 tap**ing**
과거·과거분사 tap**ed**

 Scotch tape가 틀린 표현이에요?

스카치테이프는 접착테이프(adhesive tape)를 만드는 회사의 상품명인 Scotch tape에서 따온 것으로 잘못된 표현이에요. 접착테이프는 tape라고 해야 돼요. 녹음하는 테이프는 보통 cassette tape이라고 하고, 공테이프는 blank tape라고 하지요.

target (tahr-git) [táːrgit]

명사 **1** ⓒ 과녁
Archers try to **hit a target** in the very middle with their arrows. 궁수들은 활로 과녁의 정중앙을 맞히려고 노력한다.
Sally hit the **target** 8 out of 10 times.
샐리는 열 번 중 여덟 번은 과녁을 맞혔다.

2 ⓒ (공격의) 대상, 표적
The president was the **target** of much criticism.
회장은 많은 비난의 표적이었다.

3 ⓒ 목표, 목적 (≒ goal, aim)
My **target** is to finish the assignment by Friday.
나의 목표는 과제를 금요일까지 끝내는 것이다.
To become the president of the company has been Lisa's **target** all along.
회사의 사장이 되는 것이 내내 리사의 목표였다.

동사 목표로 삼다
The company is **targeting** young shoppers.
회사는 젊은 소비자들을 목표로 삼고 있다.

복수형 target**s**

❓ **archer** 궁수, 활 쏘는 사람

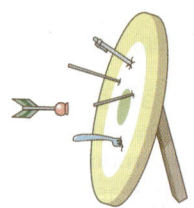
target

3인칭단수현재 target**s**
현재분사 target**ing**
과거·과거분사 target**ed**

task (task) [tæsk]

명사 ⓒ 임무, 일
carry out a **task** 임무를 수행하다
She was given the **task of** help**ing** the customers.
그녀에게 고객들을 돕는 임무가 주어졌다.
Your first **task** will be to wash these dishes.
네가 할 첫 번째 일은 이 그릇들을 닦는 것이다.

복수형 task**s**

☑ carry out a task
  = perform a task

taste (tayst) [teist]

명사 **1** ⓒⓤ 맛 (≒ flavor)
I love the rich **taste** of cheesecake.
난 치즈 케이크의 진한 맛을 좋아한다.
Lemons have a sour **taste**. 레몬은 신맛이 난다.

2 ⓤ 미각
Our **taste** tells us if something is safe to eat.
우리의 미각은 어떤 것이 먹기에 안전한 가를 알려 준다.

3 ⓤ 감식력, 심미안
Mary has great **taste in** music.
메리는 음악에 대한 감식력이 대단히 좋다.

동사 **1** (음식 등이) ~ 맛이 나다, 맛이 ~하다
Lemons **taste** sour. 레몬은 신맛이 난다.
This fried chicken **tastes** delicious. 이 튀긴 닭이 맛있다.

2 맛을 보다, 시식하다
I've **tasted** the soup and it's salty.
수프 맛을 보았는데, 짜다.
Tim **tasted** lots of the free samples at the market.
팀은 시장에서 많은 무료 샘플들을 시식했다.

복수형 taste**s**

Lemons **taste** sour.

3인칭단수현재 taste**s**
현재분사 tast**ing**
과거·과거분사 tast**ed**

 맛을 표현하는 영어 단어는 어떤 것이 있나요?
맛을 표현하는 단어에는 sour(시다), bitter(쓰다), sweet(달다), salty(짜다) 등이 있어요.

taught (tawt) [tɔːt]

동사 teach의 과거·과거분사형

tax (taks) [tæks]

명사 ⓒⓤ 세금
pay **tax** 세금을 내다

복수형 tax**es**

Income taxes come from your salary and go to the government.
소득세는 너의 월급에서 나와서 정부로 간다.
There is a **tax on** cigarettes. 담배에는 세금이 부과된다.

➕ **tax-free** 세금을 내지 않는
value added tax (VAT) 부가 가치세

taxi (tak-see) [tǽksi]

명사 ⓒ 택시 (=cab)
She went to work by **taxi** this morning.
그녀는 오늘 아침 택시로 회사에 갔다.
Can you help me catch a **taxi**?
내가 택시 잡는 거 좀 도와줄래?

복수형 **taxis**

➕ **taxi stand** 택시 승차장

*tea (tee) [ti:]

명사 1 Ⓤ (마시는) 차, 홍차
Most English prefer **tea** to coffee.
대부분의 영국인들은 커피보다 홍차를 좋아한다.
Some people drink their **tea** with milk in it.
어떤 사람들은 차에 우유를 넣어 마신다.
She **made a cup of tea** for me.
그녀는 내게 차 한 잔을 끓여 주었다.

2 Ⓤ 찻잎
This shop sells all kinds of **teas**.
이 가게에서는 모든 종류의 찻잎을 판다.
Pour the hot water over the **tea** leaves.
찻잎에 뜨거운 물을 부어라.

➕ **tea bag** (1인분의 차를 넣은) 차 봉지, 티백

She **made a cup of tea** for me.

*teach (teech) [ti:tʃ]

동사 가르치다
Sally is **teaching** Tim how to sew.
샐리는 팀에게 바느질하는 방법을 가르치고 있다.
Can you **teach** me how to play the violin?
내게 바이올린 켜는 법을 가르쳐 줄 수 있어요?
He **teaches** Korean **to** foreign students.
그는 외국 학생들에게 한국어를 가르친다.

3인칭단수현재 **teaches**
현재분사 **teaching**
과거·과거분사 **taught**

teacher (tee-chur) [tí:tʃər]

명사 ⓒ 선생님, 교사
The **teacher** helped Mary answer the question.
선생님께서 메리가 질문에 답하는 것을 도와주셨다.
She is a chemistry **teacher**.
그녀는 화학 선생님이다.

복수형 **teachers**

team (teem) [tiːm]

명사 ⓒ 팀, 조(組)
The Miami Marlins is my favorite baseball **team**.
마이애미 말린스는 내가 가장 좋아하는 야구팀이다.
A team of volunteer doctors was working in the African village.
자원봉사 의사 한 팀이 아프리카 마을에서 진료를 하고 있었다.

복수형	team**s**
⊕ **teammate** 팀 동료	

tear¹ (teer) [tiər]

명사 ⓒ 《복수 형태로 많이 쓰임》 눈물
Tears ran down the sad woman's face.
눈물이 슬퍼하는 여인의 얼굴에 흘러내렸다.

- *in tears* 우는
He closed the book **in tears**.
그는 **울면서** 책을 덮었다.

- *burst into tears* 울음을 터뜨리다
She read the letter and **burst into tears**.
그녀는 편지를 읽고 **울음을 터뜨렸다**.

복수형	tear**s**
⊕ **tearful, teary** 눈물이 그렁그렁한, 울먹이는, 눈물 어린	
※ tear는 명사일 때와 동사일 때의 뜻과 발음이 다름에 주의하세요.	

tear² (tair) [tɛər]

동사 찢다, 찢어지다
Tear that piece of paper in half. You don't need to use all of it.
그 종이를 반으로 찢어라. 종이를 전부 사용할 필요가 없거든.
Tim **tore** his shirt when he was climbing over the fence.
팀이 울타리를 기어오를 때 그의 셔츠가 찢어졌다.
Paper **tears** easily. 종이는 쉽게 찢어진다.

- *tear down* (건물 등을) 허물다, 헐다
They **tore down** the old house and built a new one.
그들은 낡은 집을 **허물고** 새집을 지었다.

- *tear up* 갈기갈기 찢다
I **tore** the photograph **up** and threw it away.
나는 사진을 갈기갈기 **찢은** 다음 버렸다.

3인칭단수현재	tear**s**
현재분사	tear**ing**
과거	**tore**
과거분사	**torn**

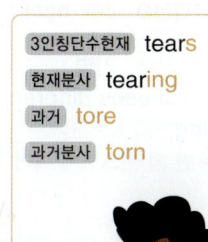

tear

tear는 발음이 두 개인가요?

tear가 '눈물'이라는 명사로 쓰일 때와 '찢다'라는 동사로 쓰일 때의 발음이 다른 것에 주의하세요.

⑳ tear (teer) [tiər]는 **명사** 로 '눈물'을 뜻해요.
tear (tair) [tɛər]는 **동사** 로 '찢다, 찢어지다'를 뜻해요.

tease (teez) [tiːz]

동사 놀리다, 괴롭히다
Sally **teased** Sam about his haircut.
샐리는 샘의 (새로운) 머리 모양을 놀려 댔다.
He **teased** his little sister with a spider.
그는 거미를 가지고 그의 여동생을 괴롭혔다.

3인칭단수현재	tease**s**
현재분사	teas**ing**
과거·과거분사	tease**d**

technical (tek-ni-kuhl) [téknikəl]

형용사 **1** 기술적인, 기술의
technical training 기술 훈련
Playing the piano requires **technical** ability.
피아노를 치는 것은 기술적인 능력을 요한다.
We need someone to deal with the **technical problems**.
우리는 기술적인 문제를 해결할 사람이 필요하다.

2 전문적인
Tina studies the **technical** details of computer software.
티나는 컴퓨터 소프트웨어의 전문적인 사항들을 공부한다.

비교급	more technical
최상급	most technical

➕ technically 기술적으로
technician 기술자

technique (tek-neek) [tekníːk]

명사 ⓒⓤ 기술, 기법
The artist uses different **techniques** in the same painting.
화가는 한 점의 그림에 여러 기법을 사용한다.

복수형	technique**s**

technology (tek-nah-luh-jee) [teknálədʒi]

명사 ⓒⓤ [과학·공업] 기술
Technology has made modern life easier.
기술은 현대의 삶을 보다 편하게 만들었다.
New **technology** helped create the Internet.
새로운 기술이 인터넷을 창조하는 데 도움이 되었다.

복수형	technolog**ies**

➕ technological 과학 기술의

teenager (teen-ay-jur) [tíːnèidʒər]

명사 ⓒ 십 대 (나이가 13~19세인 사람)
Mike is a **teenager**. 마이크는 십 대다.
That product is aimed at **teenagers**.
그 상품은 십 대를 겨냥한 것이다.
Rap music is very popular with **teenagers**.
랩 음악은 십 대 사이에서 인기가 많다.

복수형	teenager**s**

➕ teen 십 대

teeth (teeth) [tiːθ]

명사 tooth의 복수형

telephone (tel-uh-fone) [téləfòun]

명사 1 ⓒ 전화
He works for the **telephone** company.
그는 전화 회사에서 일한다.
What's your **telephone** number? 네 전화번호가 뭐야?

2 ⓒ 전화기
Alexander Graham Bell invented the **telephone**.
알렉산더 그레이엄 벨은 전화기를 발명했다.
Could you answer the **telephone**, please?
전화 좀 받아 줄래?

동사 전화를 걸다, 전화로 이야기하다 (≒ phone, call)
I **telephone** my grandmother every week.
나는 매주 할머니께 전화를 한다.

복수형	telephones
3인칭단수현재	telephones
현재분사	telephoning
과거·과거분사	telephoned

telephone

telephone과 phone은 둘 다 같은 의미인가요?

telephone보다는 phone이란 표현을 더 많이 사용해요. phone은 telephone에서 tele를 뺀 단어예요. tele- 또는 tel-은 '멀리 떨어져 있는'이란 뜻을 가지고 있어요.

television (tel-uh-vizh-uhn) [téləvìʒən]

명사 1 ⓒ 텔레비전 (= TV, television set)
turn the **television** on[off] TV를 켜다[끄다]
We just bought a 46-inch **television**.
우리는 방금 46인치 텔레비전을 샀다.

2 ⓤ 텔레비전 (방송 프로그램)
I watched **television** last night.
나는 어제 저녁에 텔레비전을 봤다.

● *on television* 텔레비전에서 방송하는
What's **on television** now? 지금 텔레비전에서 뭐 하지?

복수형	televisions

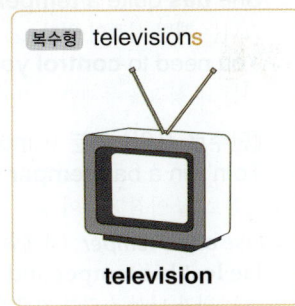
television

tele + vision = television인가요?

television은 줄여서 TV라고도 하는데, tele(멀리)와 vision(형상)을 합하여 만든 단어로, '멀리 있는 형상을 본다'는 의미예요. Telephone도 마찬가지로 tele(멀리)와 phone(소리)이 합쳐져 만들어진 단어로 '멀리 있는 소리를 듣다'라는 의미가 돼요.

*tell (tel) [tel]

동사 **1** 말하다, 이야기하다
Tell me what's wrong. 무엇이 문제인지 내게 말해 봐.
Sally **told** the counselor about her boyfriend problems.
샐리는 상담원에게 남자 친구 문제에 대해 이야기했다.

2 알리다, 나타내다
The number sign **tells** you when it's your turn.
그 숫자 표시는 당신의 차례가 언제인지를 알려 줍니다.
This book **tells** you how to make gimbap.
이 책은 김밥을 어떻게 만드는지 알려 준다.

3 지시하다, 명하다
The policeman **told** Mary to drive slower.
경찰은 메리에게 천천히 운전하라고 지시했다.

4 구별하다, 분간하다
I couldn't **tell** who was waving at me. They were too far away.
난 누가 나에게 손을 흔들고 있는지 분간하지 못했다. 그들은 너무나 멀리 있었다.

● *tell A from B* A와 B를 구별하다
Can you **tell** a walnut **from** a chestnut?
너는 호두와 밤을 구별할 수 있니?

3인칭단수현재	**tell**s
현재분사	**tell**ing
과거·과거분사	**told**

❓ counselor 상담 전문가

This book **tells** you how to make gimbap.

temper (tem-pur) [témpər]

명사 **1** ⓒ 성질, 성깔
She **has** quite a **temper**.
그녀는 제법 성깔이 있다.
You need to **control your temper**.
너는 네 성질을 통제할 필요가 있어.

2 《단수로 쓰임》 기분 (=mood)
Tom's in a bad **temper** this morning.
톰은 오늘 아침 기분이 좋지 않다.

● *lose one's temper* (자제력을 잃고) 화를 내다
He **lost his temper** and started yelling.
그는 화가 나서 소리를 지르기 시작했다.

| 복수형 | **temper**s |

➕ bad-tempered 화를 잘 내는
good-tempered 성격이 좋은

She **has** quite a **temper**.

temperature (tem-pur-uh-chur) [témpərətʃər]

명사 **1** ⓒⓤ 온도, 기온
The average **temperature** in Jakarta is 31 degrees Celsius.
자카르타의 평균 기온은 섭씨 31도이다.

| 복수형 | **temperature**s |

➕ thermometer 체온계

2 ⓒ 열, 《단수로 쓰임》 체온
Sam is **running a temperature**. He won't be able to go to school today.
샘은 열이 있다. 그는 오늘 학교에 갈 수 없을 것이다.
- ***take one's temperature*** ~의 체온을 재다
The nurse **took** Bora's **temperature**.
간호사가 보라의 체온을 쟀다.

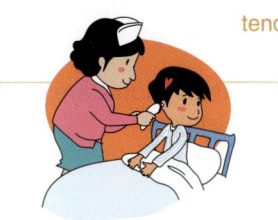

The nurse **took Bora's temperature**.

 섭씨(Celsius)와 화씨(Fahrenheit)의 차이를 설명해 주세요.
온도는 섭씨(Celsius)와 화씨(Fahrenheit)로 표시하지요. 우리나라에서는 섭씨를 사용하기 때문에 Celsius의 첫 글자를 단위로 사용하여 0°C라고 표시하고, 미국에서는 화씨를 사용하기 때문에 32°F라고 표시해요.

---

temple (tem-puhl) [témpəl]

명사 ⓒ 사원, 절, 신전
a Buddhist **temple** 불교 사원
Jane visited the Aztec **temple** of the sun when she was in Mexico.
제인은 멕시코에 있을 때 아즈텍의 태양의 사원을 방문했다.

| 복수형 | **temple**s |

---

temporary (tem-puh-*rer*-ee) [témpərèri]

형용사 일시적인, 임시의 (↔ permanent)
He suffered a **temporary** loss of hearing from the explosion.
그는 폭발로 인한 일시적인 청력 손상으로 고생했다.
Companies use **temporary** workers to save money.
회사는 돈을 절약하기 위해 임시 직원들을 쓴다.

➕ **temporarily** 일시적으로, 임시로
temporary job 임시직

---

ten (ten) [ten]

숫자 10, 열
She can count to **ten**. 그녀는 10까지 셀 수 있다.

➕ **tenth** 열 번째(의), 10일

---

tend (tend) [tend]

동사 ~하는 경향이 있다, ~하기가 쉽다
The color blue **tends to** lower people's blood pressure.
파란색은 사람들의 혈압을 낮춰 주는 경향이 있다.

3인칭단수현재	**tend**s
현재분사	**tend**ing
과거·과거분사	**tend**ed

When people are tired, they **tend to** make mistakes.
사람들은 피곤하면 실수하기 쉽다.

※ tend는 to와 함께 쓰여요.

tendency (ten-duhn-see) [téndənsi]

명사 ⓒ 경향, 성향
He **has a tendency to** overeat when he is angry.
그는 화가 나면 과식을 하는 경향이 있다.
She displayed artistic **tendencies** even when she was young.
그녀는 어렸을 때도 예술가적 성향을 보였다.

복수형 tendenc**ies**

☑ He has a tendency to overeat.
= He tends to overeat.

tennis (ten-is) [ténis]

명사 Ⓤ [스포츠] 테니스
a **tennis** racket 테니스 라켓
He used to **play tennis** every morning.
그는 매일 아침 테니스를 치곤 했다.

➕ table tennis 탁구

tense (tens) [tens]

형용사 1 긴장한
We always feel **tense** before exams.
우리는 시험 전에는 항상 긴장한다.

2 (줄·근육 등이) 팽팽한, 긴장한
The strings on a guitar must be **tense**.
기타 줄은 팽팽해야 한다.
A massage will relax those **tense** muscles.
마사지가 긴장한 근육을 풀어 줄 것이다.

비교급 tens**er**
최상급 tens**est**

➕ tensely 긴장하여, 팽팽하게

tension (ten-shuhn) [ténʃən]

명사 1 Ⓤ (심리적인) 긴장, 긴장감
She tried to **ease the tension** with a joke.
그녀는 농담을 해서 긴장을 풀어 보려고 했다.
The **tension** mounted as the animal trainer put his head into the lion's mouth.
조련사가 사자의 입에 그의 머리를 넣었을 때 긴장감은 고조되었다.

2 ⓒⓊ (필요·이해의 차이로 인한) 갈등, 긴장
political [social] **tensions** 정치적[사회적] 갈등
There is a history of **tension** between the villages on the island.

복수형 tension**s**

tension

그 섬의 마을 간에는 갈등의 역사가 있다.

3 ①(줄·근육 등의) 팽팽함, 긴장
The pain comes from his muscle **tension**.
통증은 그의 근육이 긴장해서 오는 것이다.

☑ muscle tension
= muscle tightness

tent (tent) [tent]

명사 ⓒ 텐트
Bora and Jane put their **tent** up.
보라와 제인은 텐트를 쳤다.

복수형 tent**s**

tenth (tenth) [tenθ]

형용사 10번째의, 열 번째의
Today is Tim's **tenth** birthday.
오늘은 팀의 열 번째 생일이다.

대명사 제10, 열 번째
It's the **tenth** of February today. 오늘은 2월 10일이다.

명사 ⓒ 10분의 1
Seven-**tenths** of the students think he is a great teacher.
학생들의 10분의 7이 그가 훌륭한 선생님이라고 생각한다.

복수형 tenth**s**

☑ It's the tenth of February today.
= Today is February tenth.

복수형 tenth**s**

term (turm) [təːrm]

명사 **1** ⓒ (전문) 용어
Canine is a **term** for animals such as dogs, wolves, coyotes, and jackals.
'갯과(科) 동물'은 개, 늑대, 코요테, 자칼과 같은 동물을 지칭하는 용어다.

2 ⓒ 학기
I can't wait until the spring **term** is over and summer vacation begins.
난 봄 학기가 끝나고 여름 방학이 시작되는 게 너무 기다려진다.

3 ⓒ (일정한) 기간, 임기
The president's **term** of office is five years.
대통령의 임기는 5년이다.

4 《복수로 쓰임》 조건
Both countries agreed to the peace **terms**.
양국은 평화 협정에 동의했다.
Under the terms of the contract, you have 30 days to pay.
계약서상의 조건에 따르면 당신의 지불 기한은 30일입니다.

복수형 term**s**

❓ canine 갯과 동물

➕ legal term 법률 용어
medical term 의학 용어
technical term 기술 용어, 전문 용어

➕ long term 장기
medium term 중기
short term 단기

- ***in terms of*** ~에 관해서
  In terms of popularity, no one ranks higher than Mary.
  인기**에 관해서**는 메리보다 더 인기 있는 사람은 없다.

> ❓ rank (순위를) 차지하다

terrible (ter-uh-buhl) [térəbl]

형용사 **1** 무서운, 끔찍한
The lion let out a **terrible** roar.
사자는 무시무시한 포효를 터뜨렸다.
A **terrible** storm is on its way toward the city.
끔찍한 폭풍이 도시를 향해 오고 있다.

2 심한, 심각한
Tim has a **terrible** cold. 팀은 심한 감기에 걸렸다.
It was a **terrible** accident. 그것은 심각한 사고였다.

3 《명사 앞에는 쓰이지 않음》 (몸·기분이) 안 좋은
I feel **terrible** — I think I'll go to bed.
몸이 안 좋다. 좀 누워 있어야겠다.

4 형편없는
The food was **terrible**. 음식이 매우 맛없었다.
His volleyball team is **terrible**.
그의 배구 팀은 형편없다.

> 비교급 more terrible
> 최상급 most terrible

The food was **terrible**.

terrific (tuh-rif-ik) [tərífik]

형용사 매우 좋은, 훌륭한, 멋진
This fish tastes **terrific**. 이 생선은 정말 맛있다.
You did a **terrific** job on your report, Sally.
샐리, 아주 훌륭한 보고서였어.

> 비교급 more terrific
> 최상급 most terrific

terror (ter-ur) [térər]

명사 **1** ⓤ 공포, 두려움
She screamed **in terror**.
그녀는 공포에 차서 비명을 질렀다.

2 ⓤ 테러 (≒terrorism)
a war on **terror** 테러와의 전쟁

> ➕ **terrorism** 테러, 테러리즘
> **terrorist** 테러범, 테러리스트

*test (test) [test]

명사 **1** ⓒ 시험 (≒exam)
There will be 30 math problems on tomorrow's **test**.
내일 시험에는 30개의 수학 문제가 있을 것이다.

> 복수형 tests

We **passed** our history **test**.
우리는 역사 시험을 통과했다.
I **failed** my math **test**.
나는 수학 시험을 통과하지 못했다.

2 ⓒ 검사, 테스트
He took the car out for a road **test**.
그는 도로 주행 테스트를 하려고 차를 가지고 갔다.

동사 **1** 시험하다, 테스트하다
The teacher **tested** us **on** speaking.
선생님께서는 우리로 하여금 말하기 시험을 보게 하셨다.

2 검사하다, 테스트하다, 실험하다
Sally **tested** her new recipe on her family. They all agreed it was delicious.
샐리는 새 요리법을 가족에게 테스트했다. 가족들은 맛있다는 것에 모두 동의했다.

➕ DNA test 유전자 검사
eye test 시력 검사
hearing test 청력 검사
intelligence [IQ] test 지능 검사
test tube 시험관
test-tube baby 시험관 아기

3인칭단수현재	test**s**
현재분사	test**ing**
과거·과거분사	test**ed**

 test, exam, quiz는 동의어인가요?

test 또는 exam은 학교에서 치는 정식 시험을 말하고, quiz는 쪽지 시험처럼 간단히 치는 시험을 말해요.

text (tekst) [tekst]

명사 **1** ⓒ (연설·기사 등의) 원문, 본문
Can I get the **text** of your speech, please?
당신이 한 연설의 원문을 제가 받아 볼 수 있을까요?

2 ⓤ (책 등의) 글, 지문, 텍스트
Art books have little **text**. They contain mostly pictures.
미술 서적들은 글이 적다. 미술 서적들은 대부분 그림들로 채워져 있다.

3 ⓒ 교과서 (=textbook)
Please turn to p. 39 in your **texts**.
여러분의 교과서 39쪽을 펴세요.

복수형 text**s**

text

*****textbook** (tekst-buk) [tékstbùk]

명사 ⓒ 교과서 (=text)
a history [science] **textbook** 역사[과학] 교과서
The English **textbook** in that school is not very good.
그 학교에서 사용하는 영어 교과서는 그다지 좋지 않다.

복수형 textbook**s**

Thailand (tye-land) [tailænd]

국가명 **태국**

Thailand is very popular with tourists.
태국은 여행가들 사이에서 인기가 매우 높다.

- **Thai** 태국의, 태국 말(의), 태국 사람(의)
- **Thailander** 태국 사람

*than (THan, THuhn) [ðæn, ðən]

접속사 전치사 〖비교〗 ~보다

His car is faster **than** mine.
그의 자동차는 내 것보다 빠르다.
I can run more quickly **than** you (can).
나는 너보다 더 빨리 달릴 수 있다.
She is younger **than** I (am).
그녀는 나보다 어리다.
Sam is taller **than** they (are).
샘은 그들보다 키가 크다.

- *other than* ~을 제외하고 (≒except, besides)
  Do you have any books on Australia **other than** this one?
  이 책 **말고** 호주에 대한 다른 책이 있습니까?

☑ She is younger than I (am).
= She is younger than me.

Sam is taller than they (are).
= Sam is taller than them.

*thank (thangk) [θæŋk]

동사 ~에게 감사하다, 고마워하다

A: **Thank you for** all of your help, Tom.
도와줘서 정말 고마워, 톰.
B: You are welcome. 천만에.

- *have A to thank for B* B는 A의 탓이다
  We **have** students **to thank for** leaving the classroom in a mess.
  교실이 난장판인 것은 학생들 **탓이다**.

- *thank God〔goodness, heaven(s)〕* 다행이다, 고마워라
  A: Only two kilometers to go. 이제 2km만 가면 돼.
  B: **Thank God** for that! 그거 다행이다!

3인칭단수현재	thanks
현재분사	thanking
과거·과거분사	thanked

- **thankful** 감사하는
  thankless 생색 안 나는; 고마워할 줄 모르는

thanks (thangks) [θæŋks]

명사 《복수형임》 감사

I want to express my **thanks to** you.
너에게 내 고마움을 표시하고 싶어.

- *thanks to* ~ 때문에, ~ 덕분에
  Thanks to his help, I could finish my homework.
  그의 도움 **덕분에** 나는 숙제를 끝낼 수 있었다.

- **Thanksgiving (Day)** 추수 감사절

*that (THat) [ðæt]

대명사 **1** 〚지시대명사〛 저것, 그것, 저 사람, 그 사람
That's my cell phone. 그건 내 휴대 전화이다.
That was a rude woman. 그 사람은 무례한 여자였다.
Could you hand **that** to me?
나에게 그것을 건네주시겠습니까?
You already said **that**. 넌 벌써 그것을 말했다.
Those are my friends. 저 사람들은 내 친구들이다.
A: What kind of dog is **that**? 저건 어떤 종류의 개야?
B: **That** is a poodle. 저건 푸들이야.

● *that is (to say)* 즉, 말하자면
We — **that is (to say)** John and I — will be playing soccer.
우리, 즉 존과 나는 축구를 하고 있을 거야.

● *that is all* 그게 전부다
A: Do you need anything else? 더 필요하신 것 있나요?
B: No, thanks, **that's all**. 아니요. 그게 다예요.

● *that's it* 이제 끝이다, 바로 그것이다
OK. **That's it** for today. 좋아요. 오늘은 이만하죠.
A: This one? 이거?
B: Yeah, **that's it**! 응, 바로 그거야!

2 〚관계대명사〛
Sam bought the bike **that** was on sale.
샘은 세일 중인 자전거를 샀다.

형용사 저, 그
Do you know **that** lady? 저 부인을 아세요?
That car over there is mine.
저기 있는 저 차는 내 것이다.
Those people came from Seoul, Korea.
저 사람들은 대한민국 서울에서 왔다.

접속사 **1** ~하는 것, ~라는 것
Did you know **that** he is getting married?
그가 결혼한다는 것을 알았니?
It is certain **that** he is a math king.
그가 수학의 왕이라는 것은 확실하다.
Lisa said **that** she's looking forward to tomorrow's trip. 리사는 내일 여행을 고대하고 있다고 말했다.

2 《so(such) ... that ~》 너무 …해서 ~하다
We were **so** tired **that** we couldn't even eat dinner.
우리는 너무 피곤해서 저녁을 먹을 수조차 없었다.

부사 그렇게, 그만큼, 그 정도
I can't run **that** far. 나는 그렇게 멀리 뛰지는 못한다.

복수형 those

※ that의 복수형은 those, this 의 복수형은 these예요.

That's my cell phone.

※ 관계대명사
왼쪽의 예문 Sam bought the bike that was on sale.을 볼까요.
Sam bought the bike
(→ 샘이 자전거를 샀다.)
that was on sale.
(→ 그 자전거는 세일 중이었다.)
샘이 자전거를 샀다고 말하는 데 그치지 않고 샘이 산 자전거는 세일 중인 자전거였다고 더 자세한 이야기를 해 주고 있어요. 관계대명사는 이처럼 앞에 나오는 명사를 꾸며 주거나 설명해 주는 역할을 해요.

☑ We were so tired that we couldn't even eat dinner.
= We were too tired to eat dinner.

the

this와 that
말하는 사람과 가까이 있는 것은 this, 멀리 있는 것은 that으로 표현해요. this의 복수형은 these, that의 복수형은 those이지요.

*the (THuh, THee) [ðə, ði]

1 그
Put **the** book on the shelf.
그 책을 책장에 꽂아라.
I have a pencil. You can borrow **the** pencil if you want.
나는 연필 한 자루가 있다. 네가 원하면 그 연필을 빌릴 수 있다.
This is **the** cafe I was telling you about.
이것이 내가 너에게 말한 그 카페다.

2 《세상에서 유일한 것 앞에 쓰임》
The sun rises every morning. 태양은 매일 아침 뜬다.
The moon isn't out tonight.
오늘 밤에는 달이 보이지 않는다.
the Mona Lisa 모나리자 그림

3 《최상급·서수 앞에 쓰임》
He is **the** fastest runner in my class.
그는 우리 반에서 가장 빠른 달리기 선수이다.
She took **the** last piece of pizza.
그녀가 마지막 피자 조각을 먹었다.

4 《단수 명사가 전체를 가리킬 때》
The dolphin is a very intelligent animal.
돌고래는 매우 영리한 동물이다.

5 《악기 이름 앞에 쓰임》
Sam plays **the** guitar. 샘은 기타를 연주한다.

6 《비교급과 함께 쓰임》 ~하면 할수록 더욱 …하다
A: How much are you looking to spend, sir?
얼마 정도를 생각하고 계신가요?
B: **The** cheaper, **the** better. 쌀수록 더 좋아요.

※ the는 모음 앞에서는 (THee), 자음 앞에서는 (THuh)로 발음해요.
the ant (THee ant)
the book (THuh buk)

☑ **The** moon isn't out tonight.
= There's no moon tonight.
= The moon cannot be seen tonight.

Sam plays **the** guitar.

*theater (thee-uh-tur) [θí(ː)ətər]

명사 ⓒ 극장, 영화관
A: Where did you see the movie?
영화는 어디서 봤어?
B: I saw it at the new **theater** downtown.
시내에 새로 생긴 영화관에서 봤어.

복수형 **theater**s

➕ **theatre** (영국영어) 극장, 영화관

their (THair) [ðεər]

대명사 〖they의 소유격〗 그들의, 그것들의
Their house is in the forest. 그들의 집은 숲 속에 있다.

➕ our 우리들의

theirs (THairz) [ðεərz]

대명사 〖they의 소유대명사〗 그들의 것
Those umbrellas are **theirs**. 그 우산들은 그들의 것이다.

➕ ours 우리들의 것

them (THem) [ðem]

대명사 〖they의 목적격〗 그들을, 그들에게, 그것들을, 그것들에게
Sally gave **them** dog biscuits.
샐리는 그들에게 강아지용 과자를 주었다.
He called **them** from behind. 그는 뒤에서 그들을 불렀다.
The newspapers were old, so I threw **them** away.
신문이 오래되어서 나는 그것들을 버렸다.

➕ us 우리를, 우리에게

Sally gave **them** dog biscuits.

theme (theem) [θi:m]

명사 1 ⓒ 주제, 테마
The **theme** of the lecture was self-reliance.
강의의 주제는 자립심이었다.

2 ⓒ 작문, 수필
Bora had to write a **theme** on Korean cooking.
보라는 한국 요리에 대한 작문을 해야 했다.

복수형 **theme**s

➕ **theme** music 주제(테마) 음악
theme song 주제곡

themselves (THem-selvz, THuhm-selvz) [ðεmsélvz, ðəmsélvz]

대명사 1 그들 자신, 그들 자신을
They criticized **themselves** for the failure.
그들은 실패에 대해 자신들을 비난했다.

2 〖강조〗 (그들) 자신, 직접
They **themselves** were quite surprised.
그들 자신들도 꽤 놀랐다.
The children built the doghouse **themselves**.
아이들이 직접 개집을 만들었다.

➕ ourselves 우리 자신(을); (우리가) 직접

※ 2번 의미(그들 자신, 직접)로 쓰는 경우 themselves는 생략할 수 있어요.

※ selves는 self의 복수형이에요.

*then (THen) [ðen]

부사 1 그때
She has lived here since **then**.

※ then이 '그때'라는 의미로 쓰

그녀는 그때 이후로 여기에 살았다. (과거)
A: I'll come around 8 tomorrow.
내일 여덟 시쯤에 올게.
B: OK, I'll see you **then**. 좋아. 그때 봐. (미래)
The movie starts at 9:20, so we need to be at the theater **by then**.
영화가 9시 20분에 시작하니 그때까지는 영화관에 와야 한다.

2 그 다음에, 그리고 나서
First we checked into our hotel. **Then** we changed clothes and went down to the beach.
먼저 우리는 호텔에 수속을 했다. 그리고 나서 옷을 갈아입고 해변으로 갔다.

3 그러면, 그렇다면
A: It's snowing. 눈이 오네.
B: **Then** we can't go. 그러면 우리는 갈 수 없어.

• **(every) now and then** 가끔, 때때로
They used to go see a movie **now and then**.
그들은 **가끔** 영화를 보러 가곤 했다.

이는 경우, 과거와 미래의 특정한 시간을 모두 가리킬 수 있어요.
She has lived here since then. (그녀는 그때 이후로 여기에 살았다.)
→ 과거의 특정한 시간
I'll see you then. (그때 보자.)
→ 미래의 특정한 시간

☑ A: It's snowing.
B: Then we can't go.
= If it snows, then we can't go.

theory (thee-ur-ee) [θíəri]

명사 ⓒⓤ 이론, 학설
Charles Darwin began to develop his **theory** of evolution in 1838.
찰스 다윈은 1838년에 진화론을 발전시키기 시작했다.
I'm not sure what's wrong with the car, but my **theory** is that the battery is dead.
난 자동차에 무슨 문제가 있는지 모르겠지만, 나의 사견으로는 배터리가 다 된 것 같다.

복수형 theor**ies**

➕ **theorist** 이론가
theorize 이론을 세우다, 이론화하다

*there (THair) [ðεər]

부사 거기에, 거기로, 저기에
Tom was studying at the library and left his cell phone **there**.
톰은 도서관에서 공부하고 거기에 휴대 전화를 두고 왔다.
Sit over **there**. 저기에 앉아라.
We could find the debris of the crash **here and there**.
우리는 충돌의 잔해를 여기저기서 발견할 수 있었다.

대명사 《be 동사와 쓰임》 ~이 있다
There is a calendar on your desk.
네 책상 위에 달력이 있다.
Are there any paper clips? 종이 클립 있나요?

※ there is는 단수 명사, there are는 복수 명사와 함께 써요.

therefore (THair-for) [ðɛərfɔːr]

부사 그러므로, 그래서 (≒ so, as a result)
Sally didn't have any money; **therefore**, she couldn't buy lunch.
샐리는 돈이 하나도 없었다. 그래서 그녀는 점심을 사 먹을 수 없었다.

※ 일상적인 대화에서는 therefore 보다 so를 더 많이 써요.

thermometer (thur-mah-mi-tur) [θərmámitər]

명사 ⓒ 온도계
A: What's the weather like today? 오늘 날씨는 어때?
B: The **thermometer** outside my window says it's 32 degrees right now.
내 창문 밖 온도계가 지금 32도를 가리키고 있어.

복수형 thermometer**s**

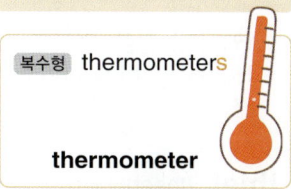
thermometer

these (THeez) [ðiːz]

대명사 〖this의 복수형〗 이것들, 이 사람들
These aren't my shoes. 이것들은 내 신발이 아니다.

형용사 〖this의 복수형〗 이, 이런
I have seen **these** people before.
나는 이 사람들을 전에 본 적이 있다.

• ***these days*** 요즘, 요즘에는
I study hard **these days**. 나는 요즘 열심히 공부한다.

These aren't my shoes.

*they (THay) [ðei]

대명사 1 그들(은), 그것들(은)
They sing very well. 그들은 노래를 잘 부른다.
The three students agreed that **they** should work together.
세 명의 학생은 그들이 함께 공부해야 한다는 것에 동의했다.

2 (일반적인) 사람들
I wish **they**'d be quiet. 난 사람들이 조용히 했으면 좋겠다.

➕ they'd = they had,
　　　 they would
they'll = they will
they're = they are
they've = they have

thick (thik) [θik]

형용사 1 두꺼운, 굵은 (↔ thin)
Tim's history textbook is very **thick**. It's also heavy.
팀의 역사 교과서는 매우 두껍다. 또한 무겁다.

2 두께가 ~인
This wooden board is six centimeters **thick**.
이 나무 판은 두께가 6센티미터이다.

비교급 thick**er**
최상급 thick**est**

➕ thickness 두께, 두꺼움

3 빽빽한
Tony quickly got lost in the **thick** jungle.
토니는 울창한 정글에서 금방 길을 잃었다.
My grandpa still has **thick** hair.
우리 할아버지는 아직 머리숱이 많으시다.

4 (연기 등이) 짙은, 자욱한
The airplane could not take off because of the **thick** fog.
짙은 안개 때문에 비행기가 이륙하지 못했다.

5 (액체가) 진한, 걸쭉한
Honey is **thick** and hard to pour.
꿀은 걸쭉해서 붓기가 어렵다.

My grandpa still has **thick** hair.

thief (theef) [θiːf]

명사 ⓒ 도둑
The police caught the international jewel **thief**. He had stolen diamonds.
경찰은 국제적인 보석 도둑을 잡았다. 그는 훔친 다이아몬드들을 가지고 있었다.

복수형 thie**ves**

 thief와 robber는 뜻이 같은가요?

thief는 몰래 훔쳐 가는 '도둑'을 말하고 robber는 폭력을 써서 억지로 빼앗아 가는 '강도'를 말해요.

*thin (thin) [θin]

형용사 **1** 얇은, 가는 (↔thick)
The wood panel is too **thin**. 그 나무판자는 너무 얇다.

2 마른, 여윈 (↔fat)
The dog became very **thin** after the surgery.
그 강아지는 수술 이후 아주 여위었다.

3 드문드문한, 숱이 적은 (↔thick)
The old lady has **thin** hair. 그 노부인은 머리숱이 적다.

4 (연기 등이) 옅은, 희박한 (↔thick)
thin air 희박한 공기

5 (액체가) 묽은, 멀건
The **thin** soup had no meat and few vegetables in it.
멀건 수프에는 고기는 없고 야채만 조금 있었다.

비교급 thin**ner**
최상급 thin**nest**

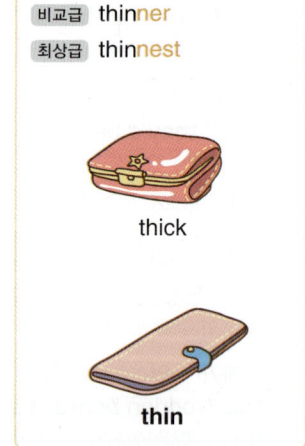
thick

thin

thing (thing) [θiŋ]

명사 1 ⓒ 사물, 물건
A: What's that **thing** in your hand?
손에 들고 있는 건 뭐야?
B: It's a box of donuts. 도넛 상자야.

2 《things로 쓰임》 (개인 소유의) 물건, 소지품 (≒belongings)
You can put your **things** in my locker.
네 물건들을 내 사물함에 넣어도 괜찮아.

3 ⓒ (사건·상황·행동 등) 일, 것
Just **do your thing** and don't mind me.
내게 신경 쓰지 말고 네 할 일이나 해.
It was a silly **thing** to do. 그건 어리석은 짓이었어.

4 《things로 쓰임》 상황, 사태
How are things at work? 회사는 어때?
Things are improving. 상황이 개선되고 있다.

복수형 thing**s**

A: What's that **thing** in your hand?
B: It's a box of donuts.

*think (thingk) [θiŋk]

동사 1 생각하다, 사고하다
You should **think carefully** before you decide to buy a house.
집을 사기로 결정하기 전에 신중하게 생각해야 한다.
I'm **thinking about** learn**ing** Italian.
이탈리아 어를 배울까 생각 중이야.

2 〖의견〗 ~라고 생각하다, ~라고 판단하다
A: **What do you think of** Tony?
토니를 어떻게 생각해?
B: **I think (that)** he is a good person.
좋은 사람이라고 생각해.
Do you **think** this is a bad choice?
이것이 나쁜 선택이라고 생각해?

3 〖믿음〗 ~라고 여기다, ~라고 믿다
I **thought** you liked beans.
나는 네가 콩을 좋아한다고 생각했는데.
Bella **thinks that** something might be wrong with the computer.
벨라는 컴퓨터에 무언가 이상이 있을 거라고 생각한다.

- **I think so** 응, 그럴 것이다 (≒yes)
A: Is there any food left? 먹을 게 좀 남았니?
B: **I think so.** 그런 것 같아.
- **I don't think so** 아니, 그렇지 않을 것이다 (≒no)

3인칭단수현재 think**s**
현재분사 think**ing**
과거·과거분사 thought

I'm **thinking about** learn**ing** Italian.

☑ What do you think of Tony?
= Do you like or dislike Tony?

A: Will Mary be coming to the party?
메리가 파티에 올까?
B: **I don't think so.** 아마 안 올걸.

● ***think of*** 1 ~하려고 생각하다, ~할 것을 고려하다
I'm **thinking of** going to college.
나는 대학에 가는 것을 고려하고 있다.
2 생각해 내다
I'll **think of** a solution. 내가 해결책을 **생각해 볼게**.

● ***think over*** 곰곰이 생각하다, 심사숙고하다
I've **thought over** what Sora said, and she's right.
소라가 한 말을 **곰곰이 생각해** 봤는데, 그녀가 옳아.

➕ **don't even think about it** (~하려고) 꿈도 꾸지 마
think again 다시 생각해 보다
think ahead (앞날에 대해) 미리 생각하다
think big 크게 생각하다, 포부를 크게 갖다
think outside the box 고정 관념을 깨다

third (thurd) [θəːrd]

형용사 3번째의, 세 번째의
They live on the **third** floor. 그들은 3층에 산다.

대명사 3번째, 세 번째, 3일
The exam is on the **third** of October.
시험은 10월 3일에 있다.

명사 ⓒ 3분의 1
I ate one-**third** of the pizza.
내가 피자의 3분의 1을 먹었다.

They live on the **third** floor.
복수형 **third**s

thirsty (thur-stee) [θə́ːrsti]

형용사 목마른
A: All that exercise has made me **thirsty**.
운동을 했더니 목이 마르다.
B: Me, too. How about some water? 나도. 물 어때?
A: Great idea. I'm so **thirsty** I could drink a whole bottle.
좋은 생각이야. 난 너무 목이 말라서 한 병 다 마실 수 있을 것 같아.

비교급 **thirst**ier
최상급 **thirst**iest

thirsty

thirteen (thur-teen) [θəːrtíːn]

숫자 13, 열셋
Thirteen plus twelve equals twenty-five.
13 더하기 12는 25이다.

➕ **thirteenth** 13번째(의), 13일

thirty (thur-tee) [θə́ːrti]

숫자 30, 삼십, 서른
He got married when he was **thirty**.

복수형 **thirt**ies

그는 서른 살에 결혼했다.
- *in one's thirties* (나이가) 30대인
  She's **in her thirties**. 그녀는 30대이다.
- *the thirties* 1930년대 (= the '30s, the 1930s)
  old photographs from **the thirties**
  1930년대 사진들

➕ **thirtieth** 30번째(의), 30일

※ 1930년대는 1930년에서 1939년까지의 기간을 말해요.

*this (THis) [ðis]

대명사 1 이것, 이 사람
This is my seat. You can sit over there.
이것은 제 자리입니다. 당신은 저기 앉으세요.
This is sweet, and that is sour.
이것은 달고, 저것은 시다.
This is Sally. 이분은 샐리입니다.

2 지금, 현재, 오늘, 이번
This is a good time for salmon fishing.
지금이 연어 낚시를 하기에 좋은 때이다.
This is the day we've been waiting for.
오늘은 우리가 기다려 왔던 날이다.

형용사 1 이, 이런
This toy is for your daughter.
이 장난감은 당신 딸을 위한 것입니다.
This coat is the one I'll buy.
이 코트가 내가 사려는 것이다.
These books are mine. 이 책들은 내 것이다.

2 지금의, 현재의, 오늘의, 이번의
I am not working **this** week.
나는 이번 주에 일을 하지 않는다.
I had a phone call from him **this** morning.
나는 오늘 아침 그의 전화를 받았다.

부사 이렇게, 이만큼
It's never been **this** cold before.
전에는 이렇게 추운 적이 없었다.
She's about **this** tall.
그녀는 키가 이 정도야.

복수형 these

※ this의 복수형은 these, that의 복수형은 those예요.

She's about **this** tall.

thorn (thorn) [θɔːrn]

명사 ⓒ (식물의) 가시
Every rose has its **thorns**.
모든 장미는 가시가 있다.
Don't let the **thorns** stick you.
가시에 찔리지 않도록 해.

복수형 thorn**s**

➕ **thorny** 가시가 있는, 가시가 많은

thorough (thur-oh) [θə́ːroʊ]

형용사 빈틈없는, 철저한
I gave my apartment a **thorough** cleaning.
나는 아파트를 빈틈없이 청소했다.
The police made a **thorough** search of the crime site.
경찰은 범죄 현장을 철저하게 조사했다.

> 비교급 more thorough
> 최상급 most thorough
>
> ➕ thoroughly 빈틈없이, 철저하게

those (THoze) [ðouz]

대명사 〖that의 복수형〗 **1** 저것들, 저 사람들
Those are my sneakers. 저것들은 내 운동화다.
Those are my family. 저 사람들은 내 가족이다.

2 (일반적인) 사람들
There are **those who** think pets shouldn't be allowed in the restaurants.
애완동물은 식당에 들어오지 못하게 해야 한다고 생각하는 사람들이 있다.

형용사 〖that의 복수형〗 저, 저런
I don't like **those** people.
나는 저 사람들을 좋아하지 않는다.

these
those
Those are my sneakers.

though (THoh) [ðou]

접속사 **1** 비록 ~이지만, ~에도 불구하고 (≒although)
Though it was expensive, the sweater was not well made.
비쌌지만 그 스웨터는 잘 만든 것이 아니었다.

2 하지만, 그렇지만
Though we had not planned to, we worked late.
우리가 계획하지는 않았지만 늦게까지 일했다.

부사 하지만, 그렇지만
I don't know if I'll be able to do it — I'll try **though**.
내가 할 수 있을지 모르겠다. 하지만 시도는 해 볼게.

> ☑ I don't know if I'll be able to do it — I'll try though.
> = I don't know if I'll be able to do it, but I'll try.

though와 even though는 같은 표현인가요?
though가 문장의 앞에서 '~에도 불구하고'라는 뜻으로 쓰일 경우 though 대신에 even though를 사용해도 같은 뜻이 되지요.
예 **Though** it was expensive, the sweater was not well made.
= **Even though** it was expensive, the sweater was not well made.

thought (thawt) [θɔːt]

동사 think의 과거 · 과거분사형

명사 1 ⓒ (특정한) 생각, 생각난 것
What are your **thoughts** on this matter?
이 문제에 대한 네 생각은 어때?
I've just **had a thought** — why don't you ask Steve for help?
방금 생각난 건데, 스티브에게 도움을 청해 보지 그러니?

2 사고, 생각(하기)
He was lost in **thought**. 그는 깊은 생각에 빠져 있었다.

> **복수형** thought**s**
>
> ⊕ **thoughtful** 사려 깊은, 생각에 잠긴
> **thoughtfully** 사려 깊게
> **thoughtless** 배려심(생각) 없는
> **thoughtlessly** 생각 없이

thousand (thou-zuhnd) [θáuzənd]

숫자 1,000, 천
He owes me one **thousand** dollars.
그는 내게 빚이 1,000달러 있다.

● *thousands of* 수천의, 무수한
Thousands of birds landed on the swamp.
수천 마리의 새들이 늪에 내려앉았다.

> **복수형** thousand, thousand**s**

threat (thret) [θret]

명사 ⓒⓤ 협박, 위협
The bank robber **made a threat to** kill the hostages.
은행 강도는 인질들을 죽이겠다고 협박했다.
High blood pressure can **be a threat to** your health.
고혈압은 건강에 위협이 될 수 있다.
Nuclear weapons are **a threat to** world peace.
핵무기는 세계 평화에 위협이 된다.

> **복수형** threat**s**
>
>
> threat

threaten (thret-uhn) [θrétn]

동사 협박하다, 위협하다
The teacher **threatened to** make the class stay after school if they did not behave.
선생님께서는 학생들이 바르게 행동하지 않는다면 방과 후에 남게 하겠다고 겁을 주셨다.
The robber **threatened** him **with** a knife.
도둑은 칼로 그를 위협했다.

> **3인칭단수현재** threaten**s**
> **현재분사** threaten**ing**
> **과거 · 과거분사** threaten**ed**

three (three) [θriː]

숫자 3, 셋
I have **three** cousins. 나는 사촌이 세 명 있다.

> **복수형** three**s**

A: What time is it? 지금 몇 시야?
B: It's **three**. 세 시야.

⊕ **third** 세 번째(의), 3일

threw (throo) [θruː]

동사 throw의 과거형

throat (throht) [θrout]

명사 **1** ⓒ 목의 앞부분
Her scarf covered her **throat**.
그녀의 스카프는 그녀의 목을 감싸 주었다.

2 목구멍
Sam got some food stuck in his **throat**.
샘은 목구멍에 음식이 걸렸다.

복수형 **throats**

※ throat는 '목의 앞부분'과 '목구멍'을 의미하고 neck은 머리와 몸통을 잇는 신체 부위인 '목'을 의미해요.

through (throo) [θruː]

전치사 **1** ~을 관통하여, ~을 지나서, ~을 통해
Brian walked **through** the store and into the mall.
브라이언은 상점을 통과하여 쇼핑몰로 걸어 들어갔다.
American citizens have to travel **through** Mexico to visit Cuba.
미국인들은 쿠바를 방문하려면 멕시코를 지나야 한다.
She was looking at the children **through** the window.
그녀는 창문을 통해 아이들을 보고 있었다.

2 여기저기, 두루두루
Alice traveled **through** Southeast Asia last winter.
앨리스는 지난겨울에 동남아시아 여기저기를 여행했다.

3 〖수단·방법〗 ~을 통해, ~으로
I got in touch with Sally **through** a friend at work.
난 직장 친구를 통해 샐리와 연락이 닿았다.

4 (처음부터 끝까지) ~ 내내, ~ 동안 줄곧
School will continue **through** June.
수업은 6월 내내 지속될 것이다.
I slept **through** the movie. 난 영화 상영 내내 잤다.

부사 **1** 통과하여
Let me go **through**, please. 저 좀 지나갈게요.

2 처음부터 끝까지, 내내, 죽
Read this book all the way **through**. 이 책을 다 읽어라.

형용사 끝낸, 마친
A: Are you **through** with your dinner, sir?

☑ Alice traveled through Southeast Asia last winter.
= Alice traveled to many places in Southeast Asia last winter.

Let me go **through**, please.

☑ Are you through with

식사 다 하셨습니까, 손님?
B: Yes, you can take my plate away now.
네, 이제 접시를 치우셔도 됩니다.

your dinner?
= Are you finished with your dinner?

throughout (*throo*-out) [θruːáut]

전치사 **1** 도처에 (≒everywhere)
My company sell its products **throughout the world**.
우리 회사는 전 세계에 회사 제품을 판다.

2 내내, 죽
It rained **throughout** the day. 하루 종일 비가 내렸다.
Tim played well **throughout** the volleyball tournament.
팀은 배구 토너먼트 내내 경기를 잘했다.

부사 **1** 도처에
The hotel has wood floors **throughout**.
그 호텔은 전체가 나무 바닥이었다.

2 내내, 죽
They remained good friends **throughout**.
그들은 죽 좋은 친구로 남았다.

☑ It rained throughout the day.
= It rained all day (long).

They remained good friends **throughout**.

*throw (throh) [θrou]

동사 **1** 던지다
Brian **threw** the football to Sam.
브라이언은 샘에게 축구공을 던졌다.
Throw it over here, Tom.
그거 여기로 던져, 톰.

2 내던지다
He **threw** the other wrestler onto the mat.
그는 다른 레슬링 선수를 매트에 팽개쳤다.
She **threw** the empty cans into the wastebasket.
그녀는 빈 깡통들을 휴지통에 버렸다.

- *throw away* (쓰레기 등을) 버리다
  Throw away your gum, Mary.
  너 껌 좀 **버려**, 메리.

- *throw up* 토하다, 구토하다 (≒vomit)
  The bad food Bora ate made her **throw up**.
  보라는 상한 음식 때문에 **토했다**.

3인칭단수현재	throw**s**
현재분사	throw**ing**
과거	threw
과거분사	thrown

Brian **threw** the football to Sam.

thrown (throhn) [θroun]

동사 throw의 과거분사형

thumb (thuhm) [θʌm]

명사 ⓒ 엄지손가락
Babies suck their **thumbs**. 아기들은 엄지손가락을 빤다.

• *thumbs-up* 찬성, 격려, 칭찬
Brian's father gave him **the thumbs-up** sign after Brian hit a home run.
브라이언의 아버지는 브라이언이 홈런을 치자 (최고라고 엄지손가락을 추켜올려) **격려**했다.

복수형 thumb**s**

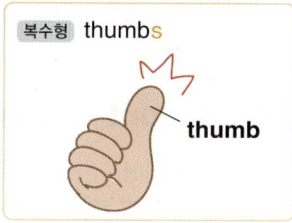

 다섯 손가락을 각각 영어로 뭐라고 하나요?
thumb(엄지손가락), index finger(집게손가락), middle finger(가운뎃손가락), ring finger(약손가락), pinkie(새끼손가락)라고 하지요.

thunder (thuhn-dur) [θʌ́ndər]

명사 ⓤ 천둥
Eric saw a flash of lightning and then heard a crash of **thunder**.
에릭은 번개가 번쩍이는 것을 보았다. 그러고 나서 천둥소리를 들었다.

➕ **thunderous** 우레와 같은
thunderstorm 천둥소리와 함께 내리는 비

Thursday (thurz-day) [θə́ːrzdei]

명사 ⓒ 목요일 (줄임말 Thur., Thurs.)
He missed the meeting **on Thursday**.
그는 목요일에 있었던 회의에 불참했다.

복수형 Thursday**s**

thus (THuhs) [ðʌs]

부사 그래서, 따라서 (≒ therefore)
Tim missed the bus and was **thus** late to school.
팀은 버스를 놓쳐서 학교에 늦었다.

※ 대화에서는 보통 thus 대신 so를 많이 써요.

*ticket (tik-it) [tíkit]

명사 1 ⓒ 표, 입장권
I need to book a **plane ticket** to Busan.
나는 부산 가는 비행기 표를 끊어야 한다.
A: I'd like two **tickets** to see the 9:00 movie.
　9시 영화 표 두 장이요.
B: That will be $18. 18달러입니다.

복수형 ticket**s**

➕ **one-way ticket** 편도 승차권
round-trip ticket 왕복 승차권
ticket office 매표소

2 ⓒ (교통 위반) 딱지
She **received a** parking **ticket** for parking in front of the fire hydrant.
그녀는 소화전 앞에 주차해서 주차 위반 딱지를 끊었다.

➕ speeding ticket 속도위반 딱지

tickle (tik-uhl) [tíkəl]

동사 간지럽게 하다, 간지럼을 태우다, 간지럽다
She **tickled** my palm with a straw.
그녀는 빨대로 나의 손바닥을 간지럽게 했다.
That **tickles**! 간지러워!

3인칭단수현재 tickle**s**
현재분사 tickl**ing**
과거·과거분사 tickl**ed**

✱ tie (tye) [tai]

동사 묶다, 매다 (≒untie)
Jane's father taught her how to **tie** her shoelaces.
제인의 아버지께서 그녀에게 신발 끈 묶는 법을 가르치셨다.
She **tied** the dog **to** a tree. 그녀는 개를 나무에 묶었다.

명사 ⓒ 넥타이
Sam bought a red **tie** to wear with his blue suit.
샘은 파란색 양복에 맬 빨간색 넥타이를 샀다.

3인칭단수현재 tie**s**
현재분사 **tying**
과거·과거분사 **tied**
복수형 tie**s**

✱ tiger (tye-gur) [táigər]

명사 ⓒ 호랑이
The **tiger** is the real king of the jungle.
호랑이는 진정한 정글의 왕이다.

복수형 tiger**s**

tight (tite) [tait]

형용사 **1** (옷 등이) 꼭 끼는 (↔loose)
She is wearing **tight** jeans.
그녀는 꼭 끼는 청바지를 입고 있다.

2 꽉 조여 있는
The lid is too **tight**. I can't get it off.
뚜껑이 너무 꽉 닫혀 있다. 난 열 수가 없다.

3 팽팽한, 팽팽하게 당겨진
Hold the rope **tight**. 로프를 꽉 잡아라.

4 일정이 빡빡한, 시간이 별로 없는
Things are **tight** today. We'll have to meet tomorrow.
오늘은 할 일이 많네. 우리 내일 만나야 할 것 같아.

부사 꽉, 단단히
Hold on **tight**. 꽉 잡아.

비교급 tight**er**
최상급 tight**est**

➕ tighten 단단하게 죄다
tightly 단단히, 꽉

She is wearing **tight** jeans.

till (til) [til]

전치사 〖시간〗 ~까지 (=until)
I can stay **till** nine, but then I have to go home.
나는 9시까지는 머물 수 있지만 그 다음엔 집에 가야 한다.

접속사 〖시간〗 ~까지 (=until)
Let's wait here **till** the bus comes.
버스가 올 때까지 여기서 기다리자.

※ 대화에서는 until보다 till을 더 많이 써요.

*time (time) [taim]

명사 **1** Ⓤ 시간
Time seems to **go by** more quickly.
시간이 더 빨리 흐르는 것 같다.
● **Time is money.** 시간이 돈이다. 〈속담〉

2 Ⓤ (시계상의) 시간, 시각
What **time** is it now? 지금 몇 시니?
Could you tell me the **time**, please? 지금 몇 시인가요?

3 Ⓤ 기간, 동안
The house had been empty **for a long time**.
그 집은 오랫동안 비워져 있었다.
It takes time to master a language.
언어를 습득하는 데는 시간이 걸린다.

4 ⒸⓊ (특정한) 시기, 때
It is time for lunch, Tim. 점심 먹을 시간이다, 팀.

5 Ⓒ (반복되는 행위의) 번, 회, 경우
Eric has seen the movie four **times**.
에릭은 그 영화를 네 번 보았다.
She smiles **every time** she hears that song.
그녀는 그 노래를 들을 때마다 미소를 짓는다.
Good, read it louder **this time**.
잘했어. 이번에는 좀 더 큰 소리로 읽어 봐.

6 《복수로 쓰임》 ~ 배(倍)
He ate three **times** more pizza **than** I did.
그는 내가 먹은 피자의 세 배를 먹었다.

● **all the time** 항상, 계속 (≒always)
She supports me **all the time**.
그녀는 **항상** 나를 지지한다.

● **at the same time** 동시에
We answered the question **at the same time**.
우리는 동시에 질문에 답했다.

● **from time to time** 가끔, 때때로 (≒sometimes)
Mary visits Tim **from time to time**.

복수형 time**s**

➕ 출발 시간 departure time
도착 시간 arrival time
개점 시간, 영업시간 opening time
폐점 시간 closing time

➕ full-time 전임의, 풀타임의
Greenwich Mean Time 그리니치 표준시
local time 현지 시각
part-time 시간제 근무의, 파트타임의

☑ She smiles every time she hears that song.
= She smiles whenever she hears that song.

☑ She supports me all the time.
= She always supports me.

메리는 **가끔** 팀을 방문한다.
- ***for the first time*** 처음으로
 They went to Disney Land **for the first time** in their lives. 그들은 생애 **처음으로** 디즈니랜드에 갔다.
- ***for the time being*** 당분간
 Due to the surgery, he is not going to school **for the time being**.
 수술 때문에 그는 **당분간** 학교에 가지 않는다.
- ***have (the) time*** 시간이 있다, 여유가 있다
 Read this book when you **have time**.
 시간이 있을 때 이 책을 읽어 봐.
- ***on time*** 정각에, 정시에
 The meeting started **on time**. 회의는 정시에 시작했다.

They went to Disney Land **for the first time** in their lives.

 '몇 시예요?'라는 영어 표현이 다양한가요?

'몇 시예요?'라는 표현에는 What time is it?, Do you have the time?, What time do you have? 등이 있어요.

timetable (time-*tay*-buhl) [táimtèibl]

명사 ⓒ (영국영어) 시간표 (=schedule)
I need the bus **timetable** for the next semester.
나는 다음 학기용 버스 시간표가 필요하다.

복수형	timetable**s**
➕ schedule	(미국영어) 시간표

timid (tim-id) [tímid]

형용사 소심한, 겁이 많은, 수줍은 (≒shy)
Deer are **timid** animals. 사슴은 겁이 많은 동물이다.
She's very **timid** when meeting strangers.
그녀는 낯선 사람을 만나면 매우 수줍어한다.

비교급	more timid
최상급	most timid

tiny (tye-nee) [táini]

형용사 아주 작은 (=very small)
Tiny fish swam here and there in the lake.
작은 물고기가 호수 여기저기를 헤엄치고 있었다.

비교급	tin**ier**
최상급	tin**iest**

tip[1] (tip) [tip]

명사 **1** ⓒ (뾰족한) 끝, 끝 부분
I broke my **pencil tip**. 내가 연필심을 부러뜨렸다.

복수형	tip**s**

She touched the paint with **the tip of** her finger.
그녀는 물감 칠에 손가락 끝을 대 보았다.

2 ⓒ 조언, 팁
I need a **tip on** how to prepare for the test.
나는 시험에 어떻게 대비해야 하는지에 대한 조언이 필요하다.

3 ⓒ 봉사료, 팁
A: Did you **leave** the waiter **a tip**?
웨이터에게 팁을 놓고 왔나요?
B: Yes, I left him 20 percent.
네. (음식 값의) 20퍼센트를 놓고 왔어요.

She touched the paint with **the tip of** her finger.

tip² (tip) [tip]

동사 기울어지다, 젖혀지다, 기울이다, 젖히다
The child **tipped** her head back and laughed.
그 아이는 머리를 뒤로 젖히고 깔깔 웃었다.
The glass **tipped** a little and some of the juice spilled out.
유리잔이 약간 기울어져서 주스가 조금 넘쳤다.

- **tip over** 넘어지다, 넘어뜨리다
Don't let the glass **tip over**.
유리잔이 넘어지지 않도록 해.

3인칭단수현재	tip**s**
현재분사	tip**ping**
과거·과거분사	tip**ped**

The glass **tipped** a little and some of the juice spilled out.

tiptoe (tip-toh) [típtòu]

동사 발뒤꿈치를 들고 살금살금 걷다
The burglar **tiptoed** around the house.
도둑은 발뒤꿈치를 들고 집 안을 살금살금 돌아다녔다.

3인칭단수현재	tiptoe**s**
현재분사	tiptoe**ing**
과거·과거분사	tiptoe**d**

*tired (tire-d) [taiərd]

형용사 1 (사람이) 피곤한, 지친
I was really **tired**. 나는 정말 피곤했다.
Tom was **tired from** work**ing** late last night.
톰은 어젯밤 늦게까지 일해서 피곤했다.

2 《**tired of** 형태로 쓰임》 지겨운, 싫증 난
I'm so **tired of** eat**ing** at home. Let's go out to eat tonight.
난 집에서 밥 먹는 게 지겨워. 오늘 밤엔 나가서 먹자.

- **sick and tired of** ~이 지긋지긋한
I am **sick and tired of** his nagging.
나는 그의 잔소리가 지긋지긋하다.

비교급	more tired
최상급	most tired

➕ tire 피곤해지다, 피곤하게 하다
tiresome 성가신, 짜증스러운
tiring 피곤한, 힘들게 하는

❓ nag 잔소리를 하다

tissue (tish-oo) [tíʃuː]

명사 ⓒ 화장지, 휴지, 티슈
She wiped up the spilled milk with a **tissue**.
그녀는 휴지로 엎질러진 우유를 닦았다.

> **복수형** tissue**s**

 화장실에서 쓰는 휴지도 **tissue**라고 하나요?

화장실에서 쓰는 두루마리 화장지는 toilet paper 또는 toilet tissue라고 해요.
ⓔ I bought five rolls of **toilet paper**. 나는 두루마리 화장지 다섯 개를 샀다.

title (tye-tuhl) [táitl]

명사 1 ⓒ 제목
What's the **title** of that book you're reading?
네가 읽고 있는 책의 제목이 뭐야?

2 ⓒ 직함, 명칭
Her **title** in the company is chief executive officer.
그녀의 회사 직함은 대표 이사이다.

> **복수형** title**s**
>
> ➕ **subtitle** (책의) 부제, (영화·TV 화면 등의) 자막

*to (too, tuh) [tuː, tə]

전치사 1 〖방향〗 ~로, ~에 (=toward)
The dog ran **to** Sally. 개는 샐리에게로 달려왔다.

2 〖대상〗 ~에게, ~에
I sent a package of cookies **to** Tony.
난 토니에게 쿠키 한 상자를 보냈다.
I was talking **to** Jane. 나는 제인과 말을 하고 있었다.

3 〖장소〗 ~까지
Let's run all the way **to** the park. 공원까지 쭉 달려가자.

4 〖시간〗 ~까지 (=until, till)
The store is open **from** 10 **to** 8.
그 가게는 10시에서 8시까지 연다.

5 〖접촉·부착〗 ~에, ~에 붙이어
Glue the photo **to** the paper. 종이에 사진을 붙여라.

6 〖비교·대비〗 ~보다, ~당, ~ 대(對)
I **prefer** pop music **to** classical music.
나는 클래식보다 대중음악을 더 좋아한다.
There are about four liters **to** one gallon.
1갤런은 약 4리터이다.
The score was four **to** three. 점수는 4 대 3이었다.

Let's run all the way **to** the park.

☑ I prefer pop music to classical music.
= I like pop music better than classical music.

today

7 〖시간·때〗 ~ 전 (=before)
It's 15 minutes **to** one o'clock. 1시 15분 전이다.

8 《동사 앞에 쓰임》
To steal is a crime. 도둑질은 범죄이다.
I like **to** read. 나는 독서하기를 좋아한다.
Please give me something **to** eat. 먹을 것 좀 주세요.
I went to the supermarket **to** buy some food.
나는 식품을 사려고 슈퍼마켓에 갔다.

9 ~하게도
To my surprise, he didn't show up.
놀랍게도 그는 나타나지 않았다.
The meal was not cooked **to** my satisfaction.
식사가 만족스럽게 준비되지 않았다.

☑ It's 15 minutes to one o'clock.
= It's 15 minutes before one o'clock.
= It's 15 to one.

☑ I like to read.
= I like reading.

＊today (tuh-day) [tədéi]

부사 **1** 오늘
It started to rain earlier **today**.
오늘 일찍부터 비가 오기 시작했다.
Tim starts his new job **today**. 팀은 오늘 첫 출근이다.

2 요즘, 오늘날 (≒nowadays)
Today, most people depend on the Internet.
요즘 대부분의 사람들은 인터넷에 의존한다.

명사 ⓤ 오늘
Today is her birthday. 오늘은 그녀의 생일이다.
The exam ends **a week from today**.
시험은 오늘부터 일주일 후에 끝난다.

※ today's special이라고 하면 식당에서 내놓는 '오늘의 특별 요리'를 말하는 것이에요.

☑ The exam ends a week from today.
= The exam ends in one week.

 날에 대한 표현에는 어떤 것들이 있나요?

| the day before yesterday | ← yesterday | ← **today** → | tomorrow → | the day after tomorrow |
| (그저께) | (어제) | (오늘) | (내일) | (모레) |

＊toe (toh) [tou]

명사 ⓒ 발가락, 발끝
Mary **stubbed her toe** on the coffee table.
메리는 탁자에 발가락을 부딪쳤다.
He has a pain in his **big toe**.
그는 엄지발가락에 통증이 있다.
She stepped on my **toe**. 그녀는 내 발가락을 밟았다.

복수형 **toe**s

➕ toenail 발톱

❓ stub (발끝을 ~에) 차이다

*together (tuh-geTH-ur) [təgéðər]

부사 1 함께, 같이
Let us pray **together**. 함께 기도합시다.
The children are **playing together** in the sandbox.
아이들은 모래 놀이 통에서 함께 놀고 있다.

2 (이어지거나 섞이도록) 하나로
Mix the butter, eggs, and flour **together**.
버터, 달걀, 밀가루를 하나로 섞어라.

Mix the butter, eggs, and flour **together**.

*toilet (toi-lit) [tɔ́ilit]

명사 1 ⓒ 변기
Don't forget to flush the **toilet**.
변기 물을 내리는 것을 잊지 마라.
Sally cleaned the **toilet bowl** with a brush.
샐리는 솔로 변기를 닦았다.

2 ⓒ (영국영어) 화장실
Sam asked the teacher if he could **go to the toilet**.
샘은 화장실에 가도 되는지 선생님께 여쭈어 보았다.

복수형 **toilet**s

➕ go to the bathroom
= (영국영어) go to the toilet

toilet

 Tip 화장실을 가리키는 영어 단어가 많은 것 같아요.

집에서 사용하는 화장실은 bathroom, 공중화장실은 washroom 또는 restroom이라고 해요. 공중화장실의 경우 men's room, ladies' room으로 남녀 화장실을 각각 구분하기도 하지요.

told (tohld) [tould]

동사 tell의 과거·과거분사형

*tolerate (tah-luh-rate) [tálərèit]

동사 1 용납하다
Our teacher doesn't **tolerate** any talking in the classroom.
우리 선생님께서는 교실에서 떠드는 것을 용납하지 않으신다.

2 참다, 견디다 (≒bear, put up with, stand)
I can barely **tolerate** that loud noise.
나는 저 시끄러운 소음을 견디기 힘들다.
This plant **tolerates** cold weather well.
이 식물은 추운 날씨를 잘 견딘다.

3인칭단수현재 **tolerate**s
현재분사 **tolerat**ing
과거·과거분사 **tolerate**d

➕ tolerance 용납; 인내
tolerant 관대한; 잘 견디는

tomato (tuh-may-toh) [təméitou]

명사 ⓒ 토마토
She grows **tomatoes** in her garden.
그녀는 정원에 토마토를 기른다.

| 복수형 | tomato**es** |

tomb (toom) [tuːm]

명사 ⓒ 무덤 (≒ grave)
The pyramids were **tombs** for the Egyptian pharaohs.
피라미드는 이집트 파라오들의 무덤이었다.

| 복수형 | tomb**s** |

＊tomorrow (tuh-mor-oh) [təmɔ́ːrou]

부사 내일
I can't wait for **tomorrow**. It's my birthday.
나는 빨리 내일이 되면 좋겠어. 내 생일이거든.

명사 1 ⓤ 내일
Tomorrow is Children's Day. 내일은 어린이날이다.

2 ⓤ 미래, 내일
Children are **tomorrow**'s leaders.
아이들은 미래의 지도자들이다.

➕ 그저께 the day before yesterday
어제 yesterday
오늘 today
내일 tomorrow
모레 the day after tomorrow

tone (tohn) [toun]

명사 1 ⓒ (사람 목소리의) 말투, 어조
His **tone** was low and gentle.
그의 말투는 낮고 부드러웠다.

2 ⓒ 음조, 음색
I like the high **tones** of the clarinet.
나는 클라리넷의 높은 음색을 좋아한다.

| 복수형 | tone**s** |

➕ dial tone 발신음
tone-deaf 음치의

tongue (tuhng) [tʌŋ]

명사 1 ⓒ 혀
Jane accidentally bit her **tongue** while chewing her food. 제인은 음식을 씹는 동안 실수로 혀를 깨물었다.
I burned my **tongue** on the hot soup.
나는 뜨거운 수프에 혀를 데었다.

2 ⓒ 언어 (≒ language)
Maria's **native tongue** is Spanish.
마리아의 모국어는 스페인 어이다.

| 복수형 | tongue**s** |

➕ mother tongue 모국어
tongue-tied (긴장해서) 말을 못 하는

*tonight (tuh-nite) [tənáit]

명사 ① 오늘 저녁, 오늘 밤
Tonight will be windy. 오늘 밤에는 바람이 많이 불 것이다.

부사 오늘 저녁에, 오늘 밤에
A: Do you want to play some basketball **tonight**?
오늘 저녁에 농구할래?
B: I can't. I have a lot of homework to do **tonight**.
안 돼. 오늘 저녁에는 해야 할 숙제가 너무 많아.

➕ 어젯밤 last night
오늘 밤 tonight
내일 밤 tomorrow night

*too (too) [tu:]

부사 1 또한, 역시 (≒also, as well)
A: Sally won an award at school.
샐리가 학교에서 상을 받았어요.
B: Sam won one, **too**. 샘도 받았어요.
A: I'm thirsty. 난 목이 말라.
B: Me, **too**. 나도.

2 《형용사·부사 앞에만 쓰임》 너무, 지나치게
The soup is **too** spicy. 수프가 너무 맵다.
These pants are **too** big **for** Bora.
이 바지는 보라에게 너무 크다.
That's **too** much. Could I have a smaller piece of cake?
그건 너무 많아요. 좀 더 작은 케이크 조각을 먹을 수 있을까요?

These pants are **too** big **for** Bora.

 either와 too의 차이가 뭔가요?
'또한'이라는 의미로 둘 다 쓰이지만, too는 긍정문에, either는 부정문에 쓰지요.
예) I like it, **too**. 나도 그것을 좋아해.
I don't like it, **either**. 나도 그것을 안 좋아해.

took (tuk) [tuk]

동사 take의 과거형

tool (tool) [tu:l]

명사 1 ⓒ 도구, 연장, 공구
A simple screwdriver is a very useful **tool**.
단순하게 생겼지만 드라이버는 쓸모가 많은 공구다.
Tim's toolbox was full of **tools**.

복수형 tool**s**

❓ 공구 망치, 톱, 삽 등과 같은,

팀의 공구 함은 공구들로 가득하다.

2 ⓒ **수단, 도구**
Videos are a useful **tool** for studying.
비디오는 학습에 유용한 수단이다.

> 물건을 만들거나 고치는 데에 쓰는 기구나 도구를 통틀어 이르는 말

*tooth (tooth) [tu:θ]

명사 1 ⓒ **이, 이빨, 치아**
She had her **tooth** pulled out this morning.
그녀는 오늘 아침 이를 뽑았다.

2 ⓒ **(톱·빗 등의) 이 모양의 뾰족한 부분**
Be careful. The **teeth** on that saw are very sharp.
조심해. 톱니가 매우 날카로워.

복수형 teeth

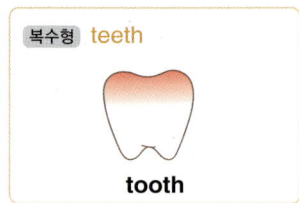
tooth

 Tip 이[치아]의 명칭을 영어로는 어떻게 표현하나요?
upper tooth(윗니), lower tooth(아랫니), front tooth(앞니), back tooth(어금니), baby[milk] tooth(젖니), wisdom tooth(사랑니)

toothache (tooth-ake) [túːθèik]

명사 ⓒⓤ **치통**
She is suffering from a terrible **toothache**.
그녀는 심한 치통으로 고통받고 있다.

복수형 toothaches

toothbrush (tooth-bruhsh) [túːθbrʌ̀ʃ]

명사 ⓒ **칫솔**
I use an electric **toothbrush**. 나는 전동 칫솔을 쓴다.

복수형 toothbrushes

toothpaste (tooth-payst) [túːθpèist]

명사 ⓤ **치약**
I like the minty taste of this **toothpaste**.
나는 이 치약의 민트 맛이 좋다.

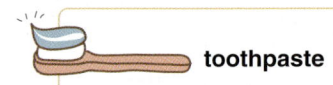
toothpaste

*top (tahp) [tɑp]

명사 1 ⓒ **꼭대기, 정상, 맨 위 (부분)**
They climbed to **the top of** the mountain.
그들은 산 정상에 올랐다.

2 ⓒ **뚜껑, 마개**

복수형 tops
➕ desktop 데스크톱 컴퓨터
(책상 위에 놓고 사용함)

John couldn't get the **top** off the jar of jam.
존은 잼병의 뚜껑을 열 수 없었다.

3 ① 일등, 수석, 최고
Sora graduated **at the top of** her class.
소라는 학급에서 수석으로 졸업했다.

4 ⓒ 윗옷, 상의
Alice bought a new **top** to match her pants.
앨리스는 바지에 어울리는 새 상의를 샀다.

5 ⓒ 팽이
The small child spun the **top** over and over again.
어린아이는 계속해서 팽이를 돌리고 있었다.

형용사 《보통 명사 앞에 쓰임》 맨 위의, 최고의
the **top** drawer 맨 위 서랍
She is the **top** student in her class.
그녀는 반에서 일등인 학생이다.

laptop 노트북, 휴대용 컴퓨터
top
top

---

topic (tah-pik) [tápik]

명사 ⓒ 주제, 화제
Today's history **topic** is the 19th Century.
오늘의 역사 주제는 19세기이다.

복수형 **topic**s

---

tore (tor) [tɔːr]

동사 tear의 과거형

---

torn (torn) [tɔːrn]

동사 tear의 과거분사형

---

tortoise (tor-tuhs) [tɔ́ːrtəs]

명사 ⓒ (주로 육지에 사는) 거북, 거북이
I saw a **tortoise** on TV that was 180 years old.
나는 텔레비전에서 180살 된 거북이를 보았다.

복수형 **tortoise**s

---

total (toh-tuhl) [tóutl]

형용사 1 전체의, 전부의 (≒ whole)
What is the **total** number of students in your school?
너희 학교 전체 학생 수는 몇이니?

➕ **totally** 완전히, 전적으로

2 완전한 (≒ complete)
I made a **total** fool of myself.

나는 내 자신을 완전히 바보로 만들었다.
It was a **total** lack of understanding.
그것은 완전히 이해 부족으로 생긴 것이었다.

명사 ⓒ 합계, 합 (≒sum)
The **total of** 12, 16, and 5 is 33.
12, 16, 5의 합은 33이다.

복수형 total**s**

＊touch (tuhch) [tʌtʃ]

동사 **1** 건드리다, 만지다
Sally **touched** Jinsu **on** the shoulder to get his attention.
샐리는 진수의 주의를 끌기 위해 그의 어깨를 건드렸다.

2 닿다, 닿게 하다
The bookcase almost **touched** the ceiling.
책장은 거의 천장에 닿았다.

3 감동시키다, 감동을 주다
Sally **was touched by** Tom's gift.
샐리는 톰의 선물에 감동했다.

명사 ⓒ 접촉, 만짐, 닿음
At **the touch of** my hand he turned round.
내 손이 닿자 그가 돌아보았다.

- **be(get) in touch (with)** (~에게) 연락하다
  I'll **be in touch with** you later. 나중에 연락할게.
- **keep in touch (with)** (~와) 연락하고 지내다
  Lisa **kept in** close **touch with** her old friend.
  리사는 오랜 친구와 자주 연락하며 지냈다.
- **lose touch (with)** (~와) 연락이 끊기다
  He moved to Africa, and I **lost touch with** him.
  그가 아프리카로 가서 나는 그와 연락이 끊겼다.

3인칭단수현재 touch**es**
현재분사 touch**ing**
과거·과거분사 touch**ed**

Sally **touched** Jinsu **on** the shoulder.

복수형 touch**es**

☑ I'll be in touch with you later.
= I'll call (e-mail) you later.

tough (tuhf) [tʌf]

형용사 **1** 어려운, 힘든
She **had a tough time**. 그녀는 힘든 시간을 보냈다.
The 1000-piece jigsaw puzzle was **tough** to put together.
조각이 천 개짜리 퍼즐은 맞추기가 어려웠다.

2 강한, 거친
You have to be **tough** to climb to the top of Mt. Everest.
에베레스트 산 정상에 오르려면 강인해야 한다.
Sam acts like a **tough guy**.

비교급 tough**er**
최상급 tough**est**

Sam acts like a **tough guy**.

샘은 거친 사나이처럼 행동한다.

3 (고기가) 질긴
The steak Billy cooked for dinner was **tough**.
빌리가 저녁으로 요리한 스테이크는 질겼다.

4 (잘 닳지 않고) 튼튼한
The plastic luggage is **tougher** than the luggage covered in cloth.
플라스틱 가방은 천으로 된 가방보다 더 튼튼하다.

5 엄격한, 엄한
a **tough** law 엄격한 법

The steak Billy cooked for dinner was **tough**.

tour (toor) [tuər]

명사 1 ⓒ 관광, 여행
I've decided to take a boat **tour of** the island.
나는 섬을 보트 여행하기로 결정했다.
We **went on a tour of** Jeju-do.
우리는 제주도 관광을 갔다.
We took a **package tour** to China.
우리는 중국으로 패키지여행을 다녀왔다.

2 ⓒ 순회공연
My favorite Canadian singer is going **on a world tour**. I hope he comes to Korea.
내가 좋아하는 캐나다 가수가 세계 순회공연을 할 것이다. 나는 그가 한국에도 왔으면 한다.

복수형 tour**s**

➕ **tourism** 관광 산업
tourist 관광객, 여행자
tour guide 관광 안내원

toward(s) (tord(z), toword(z)) [tɔːrd(z), təwɔ́ːrd(z)]

전치사 1 〚방향〛 ~을 향하여, ~ 쪽으로
A puppy came running **toward** me.
강아지가 나를 향해 달려왔다.
The child started walking **toward** the candy aisle.
아이는 사탕이 진열된 통로를 향해 걷기 시작했다.

2 〚태도·감정〛 ~에 대하여, ~에 관하여
Her attitude **toward** the homeless has changed.
그녀의 노숙자에 대한 태도가 변했다.

3 〚시간〛 ~ 가까이, ~ 무렵 (≒near)
It should get warmer **toward** the end of the month.
이달이 끝날 무렵이면 더 따뜻해지겠지.

4 〚결과·목적〛 ~을 향한, ~을 위한
Bora is saving money **toward** a new computer.
보라는 새 컴퓨터를 사려고 돈을 모으고 있다.

※ 미국에서는 주로 toward를 사용하고 영국에서는 주로 towards를 사용해요.

Bora is saving money **toward** a new computer.

*towel (tou-uhl) [táuəl]

명사 ⓒ 수건, 타월
Eric dried off with a **towel** after his shower.
에릭은 샤워 후에 수건으로 몸을 닦았다.
Lisa put the fried chicken on **paper towels** that would absorb the oil.
리사는 기름기를 흡수하려고 튀긴 닭을 종이 수건(부엌용 휴지, 키친타월) 위에 놓았다.

| 복수형 | towel**s** |

➕ dish towel 행주
   towel rack 수건걸이

❓ **absorb** 흡수하다

tower (tou-ur) [táuər]

명사 ⓒ 탑, 타워
She saw the **Eiffel Tower** when she visited Paris.
그녀는 파리를 방문했을 때 에펠 탑을 보았다.

| 복수형 | tower**s** |

*town (toun) [taun]

명사 1 ⓒ 마을, 동네
I grew up in a small **town**. 나는 작은 마을에서 자랐다.
A **town** is smaller than a city. 마을은 도시보다 작다.

2 Ⓤ 시내
My mom went to **town** to do some shopping.
어머니께서 쇼핑을 하러 시내에 가셨다.

| 복수형 | town**s** |

※ uptown은 주택들이 있는 '시외곽'을, downtown은 '시내'를 말해요.

town, city, village를 어떻게 구별하나요?
town은 인구가 집중되어 있으면서 city보다는 작고 village보다는 큰 지역을 말해요.

*toy (toi) [tɔi]

명사 ⓒ 장난감
She bought a new **toy** car.
그녀는 새로운 장난감 자동차를 샀다.
Sam received several new **toys** for Christmas.
샘은 크리스마스에 새 장난감을 몇 개 받았다.

| 복수형 | toy**s** |

➕ toy store 장난감 가게

track (trak) [træk]

명사 1 ⓒ 《주로 tracks로 쓰임》 발자국, 흔적
tire **tracks** in the mud 진흙탕에 난 타이어 자국
An antelope **track** has an upside-down heart shape.
영양의 발자국은 거꾸로 된 하트 모양이다.

| 복수형 | track**s** |

2 ⓒ (좁고 울퉁불퉁한) 길, 도로 (≒path, trail)
New Zealand has many public hiking **tracks** that can be walked in one day.
뉴질랜드에는 하루 만에 걸을 수 있는 공공 하이킹 길이 많이 있다.

3 ⓒ (기차 등의) 선로, 철로
Please keep off the **railroad track**.
기차선로에 들어가지 마세요.

4 ⓒ (음반에 녹음된) 한 곡
Tracks 2 and 5 are my favorites.
2번과 5번 곡이 내가 제일 좋아하는 거야.

동사 뒤쫓다, 추적하다
The hunters **tracked** the deer into the forest.
사냥꾼들은 사슴을 뒤쫓아 숲 속으로 들어갔다.
The police **tracked** him. 경찰은 그를 추적했다.

railroad track

3인칭단수현재	track**s**
현재분사	track**ing**
과거·과거분사	track**ed**

trade (trade) [treid]

명사 ① 무역, 교역, 거래
Jane is planning a career in international **trade**.
제인은 국제 무역 분야에서 경력을 쌓을 계획이다.

동사 **1** 바꾸다, 교환하다
I **traded** seats **with** him. 나는 그와 자리를 바꾸었다.
Sora wouldn't **trade** her popcorn **for** my cookies.
소라는 팝콘을 내 쿠키와 바꾸려 하지 않았다.

2 무역하다, 교역하다, 거래하다
The two countries **trade with** each other.
두 나라는 서로 교역을 한다.

➕ fair trade 공정 거래(무역)
free trade 자유 무역

3인칭단수현재	trade**s**
현재분사	trad**ing**
과거·과거분사	trade**d**

trademark (trade-*mahrk*) [tréidmà:rk]

명사 **1** ⓒ (등록) 상표 (줄임말 TM)
iPod is an Apple **trademark**.
아이팟은 애플 회사의 상표이다.

2 ⓒ (사람의) 특징, 트레이드 마크
John's glasses were his **trademark**.
존의 안경은 그의 트레이드 마크였다.

| 복수형 | trademark**s** |

※ ®이란 표시는 특허청에 등록 절차를 마친 '등록 상표 (registered trademark)'를 뜻해요.

tradition (truh-**dish**-uhn) [trədíʃən]

명사 ⓒⓤ 전통, 관습
They no longer follow **tradition**.
그들은 더 이상 전통을 따르지 않는다.

| 복수형 | tradition**s** |

traditional

It's a **tradition** to throw a coin into the fountain and make a wish.
분수에 동전을 던지고 소원을 비는 것은 관습이다.

> ➕ break with tradition 전통을 깨다

traditional (truh-dish-uhn-nuhl) [trədíʃənəl]

형용사 전통의, 전통적인
I like **traditional** Korean food.
나는 전통적인 한국 음식을 좋아한다.
It is **traditional** to eat turkey on Thanksgiving in America.
미국에서는 추수 감사절에 칠면조를 먹는 것이 전통이다.

> 비교급 more traditional
> 최상급 most traditional

✶traffic (traf-ik) [trǽfik]

명사 ⓤ 교통, 교통량
There's always a lot of **traffic** on the roads of Seoul.
서울의 도로는 항상 교통량이 많다.
I got to school late because of the **heavy traffic**.
나는 교통 혼잡 때문에 학교에 늦었다.

> ➕ traffic jam 교통 정체
> traffic light 신호등

tragedy (traj-i-dee) [trǽdʒədi]

명사 ⓒⓤ 비극, 참사
The talks between the two countries **ended in tragedy**. 두 나라 간의 회담은 비극으로 끝났다.
Their son's death was a **terrible tragedy**.
그들 아들의 죽음은 끔찍한 비극이었다.

> 복수형 tragedies
>
> ➕ tragic 비극적인
> tragically 비극적으로

✶train¹ (trayn) [trein]

명사 ⓒ 기차, 열차
He **takes the train** to work.
그는 직장에 기차를 타고 다닌다.
She prefers to travel **by train** rather than by plane.
그녀는 비행기보다 기차로 여행하는 것을 좋아한다.

> 복수형 trains
>
> ※ KTX는 Korea Train Express의 줄임말이에요.

✶train² (trayn) [trein]

동사 훈련하다, 훈련시키다, 가르치다
Bella ran everyday to **train** for the marathon.
벨라는 마라톤을 위해 매일 달리기 훈련을 했다.
Sam **trained** his dog to bring in the morning newspaper.
샘은 그의 강아지에게 조간신문을 가져오도록 훈련시켰다.

> 3인칭단수현재 trains
> 현재분사 training
> 과거·과거분사 trained
>
> ➕ trainer 훈련시키는 사람
> training 훈련, 교육

transfer (trans-**fur**, **trans**-fur) [trænsfə́:r, trǽnsfər]

동사 1 (trans-**fur**, **trans**-fur) 옮기다, 옮겨지다, 이동하다, 이동시키다
Mary **transferred to** a new school.
메리는 새 학교로 전학을 갔다.
Brian **transferred** the bag of groceries to his other hand.
브라이언은 식료품이 든 봉지를 (들고 있던 손에서) 다른 손으로 옮겨 들었다.

2 (**trans**-fur) 갈아타다, 환승하다
I have to **transfer** to the number 3 line at the next subway stop.
난 다음 지하철 정류장에서 3호선으로 갈아타야 한다.

명사 1 (trans-**fur**, **trans**-fur) ⓒⓤ 이동, 이전
transfer of heat 열의 이동

2 ⓒ (**trans**-fur) (버스·기차 등의) 환승 승차권
He asked the bus driver for a **transfer**.
그는 버스 운전사에게 환승 승차권을 요청했다.

3인칭단수현재 transfer**s**
현재분사 transfer**ring**
과거·과거분사 transfer**red**

I have to **transfer** to the number 3 line.

복수형 transfer**s**

❓ 환승 다른 노선이나 교통수단으로 갈아탐.

translate (trans-**late**) [trænsléit]

동사 번역하다, 통역하다, 해석하다
Sora **translates** books **from** Spanish **into** Korean.
소라는 스페인 어 책을 한국어로 번역한다.
I don't speak Chinese. Can you **translate** for me?
나는 중국어를 못해요. 통역 좀 해 주실 수 있어요?
Can you **translate** this sign for me?
이 표지판 해석 좀 해 주시겠어요?

3인칭단수현재 translate**s**
현재분사 translat**ing**
과거·과거분사 translat**ed**

➕ translation 번역, 통역
translator 번역가, 통역사

transportation (trans-pur-**tay**-shuhn) [trænspərtéiʃən]

명사 ⓤ 교통수단, 운송 수단
More people are using **public transportation** these days.
요즘에는 더 많은 사람들이 대중교통을 이용한다.

➕ transport (영국영어) 교통수단, 운송 수단

trash (trash) [træʃ]

명사 ⓤ 쓰레기
Look at all the **trash** in the road.
길거리에 있는 쓰레기들 좀 봐.
Don't **throw trash** on the ground.
바닥에 쓰레기를 버리지 마시오.

➕ rubbish (영국영어) 쓰레기

trash

*travel (trav-uhl) [trǽvəl]

동사 **1** 여행하다
I like to **travel by car**. 난 차로 여행하는 것을 좋아한다.
Sally **traveled to** Greece on her vacation.
샐리는 방학 때 그리스를 여행했다.

2 가다, 이동하다
The news of the accident **traveled** fast.
그 사고 소식은 빨리 퍼졌다.

명사 ⓤ 여행
travel costs 여행 경비

3인칭단수현재	travel**s**
현재분사	(미국) travel**ing**, (영국) travel**ling**
과거 · 과거분사	(미국) travel**ed**, (영국) travel**led**

➕ **traveler** 여행자
  travel agency 여행사
  travel agent 여행사 직원

treasure (trezh-ur) [trézʒər]

명사 ⓒⓤ 보물, 보배
They fought each other for the **treasure** map.
그들은 보물 지도를 차지하려고 서로 싸웠다.
The newly born baby is their **treasure**.
새로 태어난 아기는 그들의 보물이다.

동사 소중히 여기다
I **treasure** our friendship.
나는 우리 우정을 소중히 여긴다.

복수형	treasure**s**
3인칭단수현재	treasure**s**
현재분사	treasur**ing**
과거 · 과거분사	treasur**ed**

treat (treet) [tri:t]

동사 **1** 다루다, 대하다
Treat everyone with respect.
모든 사람을 예의를 갖춰서 대해라
Don't **treat** me **like** a child. 나를 어린애 취급하지 마.
Treat these glasses with care.
이 유리잔들을 조심해서 다루세요.

2 여기다
They **treated** his idea as a joke.
그들은 그의 아이디어를 농담으로 여겼다.

3 치료하다
The doctor **treated** Sally's skin problem **with** a special lotion.
의사는 샐리의 피부 트러블을 특수 로션으로 치료했다.
Treating cancer can be very painful.
암 치료는 매우 고통스러울 수 있다.

4 대접하다, 한턱내다
She **treated** us **to** dinner at a great restaurant.
그녀는 굉장히 좋은 식당에서 우리에게 한턱냈다.

3인칭단수현재	treat**s**
현재분사	treat**ing**
과거 · 과거분사	treat**ed**

➕ **treatment** 치료(법); 대접; 취급

The doctor **treated** Sally's skin problem **with** a special lotion.

Tip treat과 cure의 차이점이 뭐예요?
treat는 의사가 치료하는 행위를 말하며 cure는 치료를 해서 낫게 하는 것을 말해요.

*tree (tree) [tri:]

명사 ⓒ 나무
The large **tree** provided shade and kept their house cool.
커다란 나무는 그늘을 드리워서 그들의 집을 시원하게 해 주었다.
The leaves of the aspen **tree** are beautiful in the fall.
사시나무 잎은 가을에 예쁘다.

복수형	tree**s**
➕ family tree 가계도	

trend (trend) [trend]

명사 1 ⓒ 경향, 추세
The next big **trend** in cars will be electric cars.
자동차에서 다음의 큰 추세는 전기 자동차가 될 것이다.

2 ⓒ 유행, 트렌드
She spent all her money on the latest clothing **trends**.
그녀는 모든 돈을 최신 유행의 옷을 사는 데 썼다.

복수형	trend**s**
➕ trendy 최신 유행의	

*triangle (trye-*ang*-guhl) [tráiæŋɡəl]

명사 1 ⓒ 삼각형
There are three angles in a **triangle**.
삼각형에는 각이 세 개 있다.

2 ⓒ [악기] 트라이앵글
He plays the **triangle** in the school orchestra.
그는 학교 오케스트라에서 트라이앵글을 연주한다.

복수형 triangle**s**

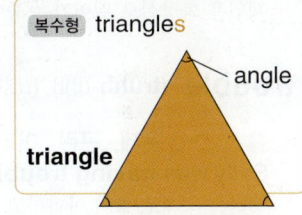

trick (trik) [trik]

명사 1 ⓒ 속임수, 계략
Their lie was a **trick** to get my money.
그들의 거짓말은 내 돈을 뺏기 위한 속임수였다.

2 ⓒ 장난
He enjoys **playing tricks on** his friends.
그는 친구들에게 장난치는 것을 즐긴다.

3 ⓒ 묘기, 재주, 기술
Lisa practiced the magic **trick** in front of a mirror.

복수형	trick**s**
➕ trickery 속임수, 사기	
tricky (하기) 힘든, 까다로운	

리사는 거울 앞에서 마술을 연습했다.

동사 속이다, 속임수를 쓰다
Tim **tricked** Sally **into** telling him her secret.
팀은 샐리를 속여서 자기에게 비밀을 말하게 했다.

3인칭단수현재	trick**s**
현재분사	trick**ing**
과거·과거분사	trick**ed**

 Trick or treat!은 무슨 뜻이에요?

핼러윈데이(Halloween Day) 때 어린이들이 핼러윈 복장을 입고 사탕이나 초콜릿을 얻기 위해 동네를 돌아다니며 다른 집 문을 두드리면서 하는 말이에요. '대접해 주지 않으면 (사탕이나 과자 등을 주지 않으면) 해코지할 거야!' 라는 의미예요.

*trip¹ (trip) [trip]

명사 ⓒ (짧은) 여행
Let's take a **day trip** to the lake. 호수로 당일 여행을 가자.
My dad's **on a business trip**.
우리 아버지께서는 출장 중이시다.

복수형	trip**s**

*trip² (trip) [trip]

동사 발이 걸려 넘어지다
He **tripped over** the wire on the floor.
그는 바닥 위 전선에 걸려 넘어졌다.
Jane **tripped on** the stairs as she was rushing to the bathroom.
제인은 화장실로 뛰어가는 중에 계단에서 넘어졌다.

3인칭단수현재	trip**s**
현재분사	trip**ping**
과거·과거분사	trip**ped**

trouble (truhb-uhl) [trʌ́bəl]

명사 1 ⓒⓤ 문제, 곤란, 어려움
Sally was **having trouble with** her homework.
샐리는 숙제로 골치 아파하고 있었다.
I **had no trouble** find**ing** the place.
나는 그 장소를 찾는 데 어려움이 없었다.

● **be in trouble** 곤경에 처하다, 큰일 나다 (= get into trouble)
She **is in trouble** now.
그녀는 지금 곤경에 처해 있다.
Oh, no. Now we**'re in trouble**.
오, 안 돼. 이제 우린 큰일 났다.

● **make trouble** 말썽을 부리다, 문제를 만들다
Please don't **make trouble** like you usually do.
제발 네가 평소에 하는 것처럼 **말썽 좀 부리지** 마라.

2 ⓤ 《보통 복수로 쓰임》 걱정, 고민

복수형	trouble**s**

☑ I had no trouble finding the place.
  = I had no difficulty (in) finding the place.

➕ **troubled** 걱정하는; 문제가 많은
troublemaker 사고뭉치, 말썽꾸러기
troublesome 골치 아픈, 성가신

Tell me all about your **troubles**.
너의 걱정거리를 내게 다 말해 봐.

3 ⓒ 병, 통증
My grandma has been **having trouble with** her knee.
우리 할머니께서는 무릎이 안 좋으시다.

4 ⓤ (기계 등의) 고장
Bora was **having trouble with** her computer.
보라의 컴퓨터가 고장이 났다.

5 ⓤ 수고
You didn't have to **go to all that trouble** for me.
저 때문에 그런 수고를 안 하셔도 되는데요. (신경 써 주셔서 감사합니다.)

동사 1 걱정을 끼치다
The king was **troubled** by the lazy prince.
왕은 게으른 왕자가 걱정이 되었다.

2 괴롭히다, 폐를 끼치다
I hope I'm not **troubling** you.
제가 폐를 끼치는 것이 아니었으면 좋겠습니다.

Bora was **having trouble with** her computer.

3인칭단수현재	trouble**s**
현재분사	troubl**ing**
과거·과거분사	troubl**ed**

truck (truhk) [trʌk]

명사 ⓒ 트럭, 화물차
a delivery **truck** 화물 배달 트럭
His car was hit by a **truck**. 그의 차는 트럭과 충돌했다.

| 복수형 | truck**s** |

*true (troo) [truː]

형용사 1 사실의, 맞는
Everything she said is **true**.
그녀가 말했던 모든 것은 사실이다.
It's **true** that I forgot your birthday.
내가 네 생일을 잊어버린 것은 사실이야.

2 진정한, 진실한, 참된
Eric is a **true** friend. I can always count on him.
에릭은 진실한 친구이다. 난 항상 그를 믿을 수 있다.
Do you believe in **true** love? 진실한 사랑을 믿으세요?

3 진짜의 (≒real)
This is **true** crocodile skin, not fake.
이것은 가짜가 아닌 진짜 악어가죽이다.

● **come true** (꿈·희망 등이) 실현되다, 현실이 되다
Everything I hoped for **came true**.
내가 바라던 모든 것이 이루어졌다.

| 비교급 | tru**er** |
| 최상급 | tru**est** |

➕ **truly** 진심으로, 정말
truth 진실, 사실

❓ **count on** ~을 믿다

❓ **fake** 가짜의

truly (troo-lee) [trúːli]

부사 진심으로, 정말
I am **truly** grateful for your help.
당신의 도움에 진심으로 감사드립니다.
I'm **truly** sorry. 정말 미안해.

| 비교급 | more truly |
| 최상급 | most truly |

trust (truhst) [trʌst]

명사 ① 신뢰, 믿음
Place your **trust in** your family. 네 가족을 믿어라.
She will not **betray** my **trust**.
그녀는 내 신뢰를 저버리지 않을 것이다.

동사 신뢰하다, 믿다
Trust me. I'm never wrong.
날 믿어 줘. 난 절대 틀리지 않아.
I **trust** him **to** do the right thing.
나는 그가 옳은 일을 하리라 믿는다.

☑ Place your trust in your family.
= Trust your family.

3인칭단수현재	trusts
현재분사	trusting
과거·과거분사	trusted

truth (trooth) [truːθ]

명사 1 ① 사실, 진실 (↔ lie²)
Why didn't you just tell him the **truth**?
왜 그에게 그냥 사실을 말하지 않은 거야?

2 ⓒ 진리
scientific〔universal〕 **truth** 과학적〔보편적〕 진리

| 복수형 | truths |

⊕ **truthful** 정직한, 진실한
truthfully 정직하게

*try (trye) [trai]

동사 1 노력하다, 애쓰다
If at first you don't succeed, **try**, **try** again.
처음에 성공하지 못한다면, 계속해서 노력하라.
I think you should **try** harder.
내 생각에 너는 좀 더 노력해야 할 것 같아.

2 시도하다, 해 보다
Try his cell phone. 그의 휴대 전화 번호로 전화해 봐.
Would you like to **try** this cake?
이 케이크 좀 먹어 볼래?

3 재판하다
She was **being tried for** murdering her husband.
그녀는 자신의 남편을 살해한 것으로 재판 중이었다.

● *try ~ on* ~을 입어 보다
Is there somewhere I can **try on** these jeans?

3인칭단수현재	tries
현재분사	trying
과거·과거분사	tried

⊕ **trial** 재판; 시험, 실험

Would you like to **try** this cake?

이 청바지를 입어 볼 수 있는 곳이 있습니까?
- **try ~ out** ~을 시험해 보다
Let's **try out** the new Indian restaurant for lunch.
점심에 새로운 인도 식당에 **한번 가 보자**.

※ try on은 옷이나 신발을 사기 전에 사이즈가 맞는지 입어 보거나 신어 볼 때 써요.

명사 ⓒ 시도, 노력
I passed my driving test on my second **try**.
나는 두 번째 시도에서 운전 시험에 합격했다.
I doubt it will work, but it's **worth a try**.
잘될지 의심스럽긴 하지만 시도해 볼 만한 가치는 있다.

복수형 tr**ies**

tube (toob) [tju:b]

명사 1 ⓒ 관, 통
He rolled up the map and put it in a long plastic **tube**.
그는 지도를 말아서 긴 플라스틱 통에 넣었다.

2 ⓒ (치약·물감 등의) 튜브
The **tube** of toothpaste was almost empty.
치약 튜브가 거의 비었다.

3 ⓤ (영국영어) 지하철
I ride **the tube** to school.
난 지하철을 타고 학교에 간다.
Shall we go by bus or **by tube**?
우리 버스 타고 갈까, 지하철 타고 갈까?

복수형 tube**s**

tube

tube

Tuesday (tooz-day) [tjú:zdei]

명사 ⓒ 화요일 (줄임말 Tue., Tues.)
The barbershop is closed on **Tuesday**.
이발소는 화요일에 문을 닫는다.

복수형 Tuesday**s**

tulip (too-lip) [tjú:lip]

명사 ⓒ 튤립
The **tulip** is the symbol of the Netherlands.
튤립은 네덜란드의 상징이다.

복수형 tulip**s**

tunnel (tuhn-uhl) [tʌ́nl]

명사 ⓒ 굴, 터널
The car went into the **tunnel**.
차가 터널 안으로 들어갔다.
Ants dig **tunnels** in the ground.
개미는 땅속에 굴을 판다.

복수형 tunnel**s**

➕ **the Channel Tunnel** 영국과 프랑스를 잇는 해저 터널

turn (turn) [tə:rn]

동사 **1** 돌다, 돌리다, 회전시키다
Turn the wheel. 바퀴를 돌려라.
Sally **turned** her head to see what's behind her.
샐리는 뒤에 무엇이 있는지 보기 위해 고개를 돌렸다.
Mary **turned around** in her chair to talk to Judy.
메리는 주디와 이야기를 하기 위해 의자에 앉아 있는 상태에서 몸을 돌렸다.

2 방향을 바꾸다
Turn right at the next traffic signal.
다음 신호등에서 우회전하세요.

3 (상태가) ~으로 변하다
The ice melted and **turned back** into water.
얼음은 녹아서 다시 물로 변했다.
His face **turned red** after he drank a glass of beer.
맥주 한 잔을 마신 후 그의 얼굴이 붉어졌다.

4 뒤집다, 넘기다
Please **turn the page**. 페이지를 넘기세요.

5 (나이·시간 등을) 넘다, 지나다
She **turned** 17 on Tuesday.
화요일에 그녀는 열일곱 살이 되었다.
A: What time is it? 몇 시야?
B: It's just **turned** 2 o'clock. 지금 막 두 시가 되었어.

● **turn ~ down** 1 ~을 거절하다
Tom **turned down** Brian's offer of help. He said he'd rather do it alone.
톰은 돕겠다는 브라이언의 제안을 거절했다. 그는 혼자 하는 것이 좋을 것 같다고 말했다.

2 소리를 줄이다
Turn down the TV. TV 소리 좀 줄여 주세요.

● **turn off** (전기·불 등을) 끄다
Did you **turn off** the light? 불 껐니?
Turn off the water, please. 물 좀 잠가 줘.

● **turn on** (전기·불 등을) 켜다
He **turned on** the TV. 그는 TV를 켰다.

● **turn up** 1 소리를 크게 하다
Turn it **up**! I can't hear it. 소리 좀 키워 봐! 안 들려.

2 나타나다, 도착하다 (≒show up)
She **turned up** at the party. 그녀는 파티에 **나타났다**.

명사 **1** ⓒ 회전
Please, **make a left turn** now.
지금 좌회전해 주세요.

3인칭단수현재 turn**s**
현재분사 turn**ing**
과거·과거분사 turn**ed**

Sally **turned** her head to see what's behind her.

Please **turn the page**.

☑ She turned 17 on Tuesday.
= It was her 17th birthday on Tuesday.

복수형 turn**s**

2 ⓒ 차례, 순서
Tim, it's your **turn** to take out the garbage.
팀, 네가 쓰레기를 내놓을 차례야.

➕ **turn signal** (자동차) 방향 지시등

turtle (tur-tuhl) [tə́ːrtl]

명사 ⓒ (육지나 바다에 사는) 거북이
Brian keeps a **turtle** as a pet.
브라이언은 애완동물로 거북이를 기른다.

복수형 **turtle**s

 turtle과 tortoise의 차이가 뭔가요?
turtle은 육지나 바다에 사는 모든 거북이를, **tortoise**는 육지에 사는 거북이만을 가리켜요.

tutor (too-tur) [tjúːtər]

명사 ⓒ 가정 교사, 개인 지도 교사, 과외 선생님
I got a **tutor** to help me with my English.
나는 영어를 가르쳐 주는 가정 교사가 있었다.

동사 개인 지도하다, 과외 수업 하다
Lisa **tutors** other students in math.
리사는 다른 학생들에게 수학 개인 지도를 해 준다.

복수형 **tutor**s
3인칭단수현재 **tutor**s
현재분사 **tutor**ing
과거·과거분사 **tutor**ed

TV (tee-vee) [tíːvíː]

명사 **1** ⓒ 텔레비전 (television의 줄임말)
We bought a new HD **TV** last week.
우리는 지난주에 고화질 텔레비전을 샀다.

2 ⓤ 텔레비전 프로그램
I like watching **TV**. 나는 텔레비전 보는 것을 좋아한다.

복수형 **TV**s

❓ **HD (high-definition)** 고화질의, 고선명도의

twelfth (twelf-th) [twelfθ]

형용사 12번째의, 열두 번째의
Today is his **twelfth** birthday.
오늘은 그의 열두 번째 생일이다.

대명사 12번째, 열두 번째, 12일
I came home on October **twelfth**.
나는 10월 12일에 집에 왔다.

명사 ⓒ 12분의 1
a **twelfth** of the population 인구의 12분의 1

October **twelfth**
복수형 **twelfth**s

twelve (twelv) [twelv]

숫자 12, 열둘
We usually eat our lunch at **twelve**.
우리는 보통 열두 시에 점심을 먹는다.
There are **twelve** months in a year.
일 년은 열두 달로 되어 있다.

복수형 **twelve**s

➕ **twelfth** 12번째(의), 12일

twenty (twen-tee) [twénti]

숫자 20, 스물
My brother is **twenty** years old. 나의 형은 스무 살이다.
● *in one's twenties* (나이가) 20대인
I was **in my** late **twenties** at that time.
나는 그때 20대 후반이었다.
● *the twenties* 1920년대 (= the '20s, the 1920s)
She was a popular actress in **the 1920s**.
그녀는 1920년대에 인기 있는 배우였다.

복수형 **twent**ies

➕ **twentieth** 20번째(의), 20일

twice (twise) [twais]

부사 1 두 번, 두 차례, 2회
I've been to Europe **twice**. 난 유럽에 두 번 가 봤다.
You don't have to say it **twice**. I heard you the first time.
두 번 말할 필요 없어요. 처음 당신이 말했을 때 들었어요.

2 두 배로
You must be **twice** my age.
당신은 저보다 나이가 두 배 더 많은 것 같아요.
Rabbit's house is **twice** as large as mine.
토끼의 집은 우리 집보다 두 배는 크다.

Rabbit's house is **twice** as large as mine.

twin (twin) [twin]

명사 ⓒ 쌍둥이
Tim and Tom are **twins**. 팀과 톰은 쌍둥이다.

형용사 《명사 앞에만 쓰임》 쌍둥이의, 둘이 꼭 같은
They have **twin** girls. 그들은 쌍둥이 딸이 있다.

복수형 **twin**s

twinkle (twing-kuhl) [twíŋkəl]

동사 반짝거리다, 반짝반짝 빛나다
Stars **twinkle** in the sky. 하늘에는 별들이 반짝거린다.
Her eyes were **twinkling with** laughter.

3인칭단수현재 **twinkle**s
현재분사 **twinkl**ing

그녀의 눈은 웃음으로 반짝반짝 빛나고 있었다.

명사 《단수로 쓰임》 반짝거림
My grandmother always has a **twinkle** in her eye.
우리 할머니 눈은 항상 반짝거렸다.

과거·과거분사	twinkled

twist (twist) [twist]

동사 1 꼬다, 꼬이다, 비틀다, 돌리다, 감다
He began to **twist** the wire. 그는 선을 꼬기 시작했다.
Twist the cap to open the soda bottle.
음료수병을 열려면 뚜껑을 돌리세요.

2 (다리 등을) 삐다, 접질리다
Tim **twisted** his ankle playing basketball.
팀은 농구를 하다가 발목을 삐었다.

3인칭단수현재	twists
현재분사	twisting
과거·과거분사	twisted

two (too) [tu:]

숫자 2, 둘
I have **two** sisters. 나는 여자 형제가 두 명 있다.

복수형	twos

type (tipe) [taip]

명사 ⓒ 종류, 유형, 타입 (=kind, sort)
What **type of** pizza do you want to order?
어떤 종류의 피자를 주문하시겠습니까?
What's your favorite **type** of movie?
어떤 종류의 영화를 좋아하세요?

동사 타이핑하다, 입력하다
I **typed** Mary's address on the envelope.
나는 편지 봉투에 메리의 주소를 타이핑했다.
Type in your name and password to log in.
로그인하기 위해서 이름과 비밀번호를 입력하세요.

복수형	types

➕ **typewriter** 타자기

3인칭단수현재	types
현재분사	typing
과거·과거분사	typed

typical (tip-i-kuhl) [típikəl]

형용사 전형적인, 대표적인, 일반적인
The **typical** *Harry Potter* reader is a 13-year-old boy.
〈해리 포터〉의 대표적인 독자는 열세 살 소년들이다.
Answers to **typical** questions are included in the FAQ.
일반적인 질문에 대한 답은 FAQ에 포함되어 있습니다.
It's **typical of** Sam to get upset easily.
샘은 늘 쉽게 화를 낸다.

비교급	more typical
최상급	most typical

❓ **FAQ (frequently asked questions)** 자주 묻는 질문들

Uu

Start Here

She took an **umbrella** with her.
그녀는 우산을 가지고 갔어요.

umbrella

＊ugly (uhg-lee) [ʌ́gli]

형용사 **1** 못생긴, 추한, 보기 흉한 (↔beautiful, pretty)
I think Chihuahuas are really **ugly** dogs.
나는 치와와가 아주 못생긴 개라고 생각해.
That purple sweater is really **ugly**, Tom.
그 보라색 스웨터는 정말 보기 흉하다, 톰.

2 좋지 않은
The weather is turning **ugly**. Look at those black clouds.
날씨가 안 좋아진다. 저 검은 구름들 좀 봐.

비교급 ugl**ier**
최상급 ugl**iest**

I think Chihuahuas are really **ugly** dogs.

UK, U.K. (yoo-kay) [júː kéi]

국가명 《보통 the UK로 쓰임》 영국 (United Kingdom의 줄임말)
The U.K. is made up of England, Scotland, Wales, and Northern Ireland.
영국은 잉글랜드, 스코틀랜드, 웨일스, 그리고 북아일랜드로 구성되어 있다.

※ 영국의 공식 명칭은 United Kingdom of Great Britain and Northern Ireland예요.

＊umbrella (uhm-brel-uh) [ʌmbrélə]

명사 ⓒ 우산
Nina took an **umbrella** with her.
니나는 우산을 가지고 갔다.
I always carry an **umbrella** in my bag in case it rains unexpectedly.
나는 갑자기 비가 올 경우를 대비해서 항상 가방에 우산을 가지고 다닌다.

복수형 umbrella**s**

umbrella

umpire (uhm-pire) [ʌ́mpaiər]

명사 ⓒ (경기의) 심판
The **umpire** called, "Safe!"
심판은 '세이프'라고 선언했다.
The **umpire** ordered Susan off the field.
심판은 수잔에게 퇴장 명령을 내렸다.

복수형 umpire**s**

UN, U.N. (yoo-en) [júː én]

명사 《보통 the UN으로 쓰임》 국제 연합, 유엔
the UN Security Council 유엔 안전 보장 이사회
the UN Secretary General 유엔 사무총장
the UN peacekeeping force 유엔 평화 유지군

※ UN, U.N. = United Nations
※ 반기문 유엔 사무총장: 2006년에 선출되었고 2011년에 재

unable

The UN is based in New York City.
유엔은 뉴욕 시에 본부가 있다.

> 임명되었다.

unable (*uhn*-**ay**-buhl) [ʌnéibəl]

형용사 ~할 수 없는 (↔able)
He **was unable to** play soccer after the injury.
그는 부상을 당한 후 축구를 할 수 없었다.
I **am unable to** visit you today because I have a lot of homework.
나는 숙제가 많아서 오늘 너를 만날 수 없어.

> ※ unable은 'be unable to + 동사 원형' 형태로 쓰여요.

unbelievable (*uhn*-bi-**lee**-vuh-buhl) [ʌ̀nbilíːvəbəl]

형용사 믿기 어려운, 믿을 수 없는 (≒incredible)
It was **unbelievable** how quickly she ate it.
그녀가 그것을 얼마나 빨리 먹었는지 믿기 어려웠다.
He hit the baseball so far it was **unbelievable**.
그는 믿기 어려울 만큼 야구공을 멀리 쳤다.

> ➕ **unbelievably** 믿기 어려울 정도로

uncertain (*uhn*-**sur**-tuhn) [ʌnsə́ːrtən]

형용사 확실치 않은, 불명확한 (↔certain, sure)
The cause of the earthquake is **uncertain**.
지진의 원인은 확실치 않다.

> 비교급 more uncertain
> 최상급 most uncertain

*uncle (**uhng**-kuhl) [ʌ́ŋkəl]

명사 ⓒ 삼촌, 외삼촌, 이모부, 고모부
My **uncle** lives in Malaysia.
우리 삼촌은 말레이시아에 사신다.

> 복수형 uncles

 영어에서는 **uncle**의 범위가 누구까지인가요?

영어에서는 큰아버지, 작은아버지, 삼촌, 외삼촌, 이모부, 고모부를 구별하지 않고 모두 uncle이라고 불러요. 큰어머니, 작은어머니, 이모, 고모도 구별하지 않고 모두 aunt라고 한답니다.

엉클 샘(Uncle Sam)은 누구인가요?

큰 키에 흰 수염, 중절모, 미국 국기가 생각나게 하는 옷을 입은 남자인데 미국 정부를 사람으로 표현한 것이에요. United States에서 U와 S 글자를 가지고 Uncle Sam이란 명칭을 만들었다고 해요.
예 We fought for Uncle Sam.
우리는 미국을 위해 싸웠다.

uncomfortable (uhn-kuhm-fur-tuh-buhl) [ʌnkʌ́mfərtəbəl]

형용사 불편한 (↔comfortable)
These new shoes are **uncomfortable**.
이 새 신발은 불편하다.
Not knowing anyone made him feel very **uncomfortable**.
아는 사람이 없다는 것이 그의 마음을 아주 불편하게 했다.

비교급	more uncomfortable
최상급	most uncomfortable

*under (uhn-dur) [ʌ́ndər]

전치사 1 밑에, 아래에
The dog is **under** the table.
식탁 밑에 개가 있다.
Jinsu is wearing a shirt **under** his jacket.
진수는 재킷 속에 셔츠를 입고 있다.
The mountain sat **under** a deep blue sky.
짙푸른 하늘 아래 산이 있었다.
Draw a line **under** each word you don't know.
네가 모르는 단어마다 밑줄을 그어라.

2 (수량이) ~ 미만인, 더 적은
Children **under** five enter free.
5살 미만 어린이들은 무료입장이다.
A pack of cookies costs **under** two dollars.
쿠키 한 봉지는 2달러 미만이다.

3 (관리·영향·사정 등) ~ 아래, ~을 받아
The basketball team is playing well **under** their new captain.
새로운 주장 아래 농구부는 경기를 잘하고 있다.
He has been **under** a lot of stress lately.
그는 요새 많은 스트레스를 받고 있다.
Mr. Simpson, you are **under** oath and must tell the truth.
심슨 씨, 당신은 선서에 따라 진실만을 말해야 합니다.
I would never, **under** any circumstances, do such a thing.
그 어떤 상황이라도 나는 결코 그런 일을 하지 않을 것이다.

4 (상태가) ~ 중인
The house is **under** construction. 집을 짓는 중이다.
There's a new plan **under** discussion.
새로운 계획이 논의 중이다.

부사 아래에, 아래로
She lifted up her blanket and climbed **under** it.
그녀는 담요를 들추고 (담요) 아래로 기어 들어갔다.

Jinsu is wearing a shirt **under** his jacket.

❓ oath 맹세, 선서
circumstance 상황

The house is **under** construction.

under와 below의 차이점이 뭔가요?
under는 어떤 것의 아래쪽이나 바로 아래를 나타낼 때 쓰이고, below는 어떤 것을 기준으로 하여 '~보다 아래'라는 의미로 쓰여요.
 under the table 식탁 아래, **below** average 평균보다 아래

underground (uhn-dur-*ground* | uhn-dur-*ground*) [ʌ́ndərgràund | ùndərgráund]

형용사 (**uhn**-dur-*ground*) **1** 지하의
underground parking garages 지하 주차장들
We found an **underground** stream.
우리는 지하 물길을 찾았다.

2 비밀의, 지하 조직의
He used to be a member of an **underground** organization.
그는 지하 조직의 일원이었다.

부사 (**uhn**-dur-**ground**) 지하에, 땅속에
Earthworms live **underground**.
지렁이들은 땅속에 산다.

➕ **overground** 지상의, 지상에

Earthworms live **underground**.

underline (uhn-dur-*line*) [ʌ̀ndərláin]

동사 밑줄을 긋다
The next word — far — is **underlined**.
그 다음 단어 'far'에는 밑줄이 그어져 있다.
Please **underline** the title of your essay.
수필의 제목에 밑줄을 그으세요.

3인칭단수현재	underline**s**
현재분사	underlin**ing**
과거·과거분사	underline**d**

*understand (uhn-dur-*stand*) [ʌ̀ndərstǽnd]

동사 **1** (말·의미 등을) 이해하다, 알아듣다
(≒ comprehend)
I didn't **understand** your question. Could you please repeat it?
당신의 질문을 이해하지 못했습니다. 다시 한번 말씀해 주시겠어요?
Tim didn't **understand** the joke but laughed anyway.
팀은 농담을 이해하지 못했지만 어쨌든 웃었다.

2 (원리·원인 등을) 이해하다, 알다, 깨닫다
Do you **understand** the rules for American football?
너는 미식축구의 규칙을 알고 있니?

3인칭단수현재	understand**s**
현재분사	understand**ing**
과거·과거분사	under**stood**

➕ **understandable** 이해하기 쉬운, 이해할 수 있는; 정상적인, 당연한
understanding 이해, 이해심

3 (사람을) 이해하다
She **understands** children. 그녀는 아이들을 이해한다.
I just can't **understand** why some people act the way they do.
나는 일부 사람들이 왜 그런 식으로 행동하는지 이해할 수 없다.

※ understand는 지적인 이해뿐만 아니라 감정적·경험적 이해도 포함하는 단어지요.

underwear (uhn-dur-*wair*) [ʌ́ndərwɛ̀ər]

명사 ① 속옷
He showed up in his **underwear**.
그는 속옷 차림으로 나타났다.
You should pack a **change of underwear**.
갈아입을 속옷을 한 벌 챙겨야 한다.

➕ long underwear 겨울용 내복

 underwear는 정확히 어떤 속옷을 이르는 말인가요?
underwear는 어떤 속옷이든지 다 이르는 말이에요. 우리말에서는 속옷을 러닝셔츠와 팬티로 구분하지만 영어에서는 구분하지 않고 보통 underwear라고 한답니다.

undress (uhn-*dres*) [ʌndrés]

동사 옷을 벗다, 옷을 벗기다 (↔dress)
He **undressed** and went to sleep.
그는 옷을 벗고 자러 갔다.
She **undressed** her baby.
그녀는 아기의 옷을 벗겼다.

3인칭단수현재 undress**es**
현재분사 undress**ing**
과거·과거분사 undress**ed**

unemployed (uhn-em-*ploid*) [ʌ̀nemplɔ́id]

형용사 직업이 없는, 실직한 (≒jobless; ↔employed)
I was **unemployed** for a year.
나는 일 년간 실직 상태였다.
He has been **unemployed** for over six months.
그는 6개월이 넘도록 실직 상태다.

➕ unemployment 실업, 실직

unexpected (uhn-ik-*spek*-tid) [ʌ̀nikspéktid]

형용사 예기치 않은, 뜻밖의 (↔expected)
unexpected guests 뜻밖의 손님들
The accident was totally **unexpected**.
그 사고는 전혀 예기치 않은 일이었다.
We had an **unexpected** visit from our neighbors.
난데없이 이웃들이 우리를 찾아왔다.

비교급 more unexpected
최상급 most unexpected

➕ unexpectedly 갑자기, 뜻밖에

unfair (uhn-fair) [ʌnfɛ́ər]

형용사 불공평한, 부당한 (↔fair)
It's **unfair** to blame only Sam. John was behaving badly, too.
샘만 야단치는 것은 불공평하다. 존도 말썽을 피웠는데.
an **unfair** advantage 부당한 이익

비교급	more unfair
최상급	most unfair

➕ **unfairly** 불공평하게, 부당하게

unfamiliar (uhn-fuh-mil-yur) [ʌnfəmíljər]

형용사 낯선, 익숙하지 않은, 모르는 (↔familiar)
an **unfamiliar** face[place] 낯선 얼굴[장소]
I'm **unfamiliar** with that language.
나는 그 언어를 모른다.

비교급	more unfamiliar
최상급	most unfamiliar

unfortunate (uhn-for-chuh-nit) [ʌnfɔ́ːrtʃənit]

형용사 1 운이 없는, 불행한 (≒unlucky; ↔fortunate)
The **unfortunate** man lost his money again.
그 운이 없는 남자는 돈을 또 잃어버렸다.

2 유감스러운
It's **unfortunate** that your mother couldn't be here.
네 어머니께서 여기 계시지 못하신다니 유감이다.

비교급	more unfortunate
최상급	most unfortunate

➕ **unfortunately** 불행하게도, 유감스럽게도

unfriendly (uhn-frend-lee) [ʌnfréndli]

형용사 비우호적인, 쌀쌀맞은, 불친절한 (↔friendly)
Some of the students in my class are **unfriendly** towards me.
우리 반의 몇몇 학생들은 내게 비우호적이다.

비교급	unfriendlier
최상급	unfriendliest

unhappy (uhn-hap-ee) [ʌnhǽpi]

형용사 1 불행한, 슬픈 (≒sad; ↔happy)
They had an **unhappy** childhood.
그들은 불행한 어린 시절을 보냈다.
I've never seen Sally looking so **unhappy**.
나는 샐리가 그렇게 슬퍼하는 걸 본 적이 없다.
It was an **unhappy** marriage. 그것은 불행한 결혼이었다.

2 불만족스러워하는, 마음에 안 드는
He was **unhappy** about living in the city.
그는 도시에 사는 것이 불만족스러웠다.
I'm **unhappy** with my new school.
나는 새 학교가 마음에 들지 않는다.

비교급	unhappier, more unhappy
최상급	unhappiest, most unhappy

➕ **unhappily** 불행히도, 슬프게
unhappiness 불행

uniform (yoo-nuh-form) [júːcfɔːrm]

명사 ⓒⓤ 제복, 유니폼
Tim looked quite handsome **in** his **uniform**.
팀이 유니폼을 입고 있으니 아주 잘생겨 보였다.
A: I don't like our school **uniforms**.
  나는 우리 학교 교복이 싫어.
B: Me neither. They're too old-fashioned.
  나도. 너무 구식이야.

형용사 똑같은, 동일한, 통일된
The apartment complexes were all arranged in a **uniform** pattern.
아파트 단지는 모두 똑같은 모양으로 배치되어 있었다.

복수형 uniform**s**
uniform
❓ complex (건물) 단지

unique (yoo-neek) [juːníːk]

형용사 1 《비교급, 최상급 형태가 없음》 유일(무이)한, 하나뿐인
Each person's DNA is **unique**.
개개인의 DNA는 유일무이하다.

2 《more, very 등과 함께 쓸 수 있음》 (아주) 특별한
a **unique** talent 특별한 재능
The cheese has a **unique** smell.
그 치즈는 냄새가 독특하다.
A: That's certainly a **unique** necklace, Sally.
  정말 독특한 목걸이야, 샐리.
B: Thank you! I made it myself. 고마워! 내가 만들었어.

➕ uniqueness 유일함, 독특함
※ 2번 뜻으로 쓰일 때만 비교급 more unique, 최상급 most unique를 사용할 수 있어요.

The cheese has a **unique** smell.

unit (yoo-nit) [júːnit]

명사 1 ⓒ (전체의) 한 구성단위
The family is the basic **unit** of a society.
가족은 사회의 기본적인 구성단위이다.
I'm reading the **unit** on World War Ⅰ.
나는 1차 세계 대전에 관한 단원을 읽는 중이다.

2 ⓒ (측정의) 단위
A kilogram is a **unit** of weight.
킬로그램은 무게를 나타내는 단위이다.
The yen is a basic **unit** of currency in Japan.
엔은 일본에서 화폐의 기본 단위이다.

3 ⓒ 부서, (군대의) 부대
the **intensive care unit** 중환자실
His army **unit** was sent to Guam.
그의 부대는 괌으로 보내졌다.

복수형 unit**s**

➕ 그램 gram
킬로그램 kilogram
센티미터 centimeter
미터 meter
킬로미터 kilometer

❓ currency 유통 수단이나 지불 수단으로서 기능하는 화폐

unite

unite (yoo-**nite**) [juːnáit]

동사 단결하다, 통합하다
People must **unite** if war is to be stopped.
전쟁을 멈추려면 사람들이 단결해야 한다.
East and West Germany **united** in 1990.
1990년에 동독과 서독이 통일했다.

3인칭단수현재	unite**s**
현재분사	unit**ing**
과거·과거분사	unite**d**

➕ **united** 하나가 된, 단결된

United Kingdom (yoo-**nye**-tid **king**-duhm) [juːnáitid kíŋdəm]

지명 《the United Kingdom으로 쓰임》 영국 (줄임말 the UK)
The United Kingdom is made up of England, Scotland, Wales, and Northern Ireland.
영국은 잉글랜드, 스코틀랜드, 웨일스, 북아일랜드로 구성되어 있다.

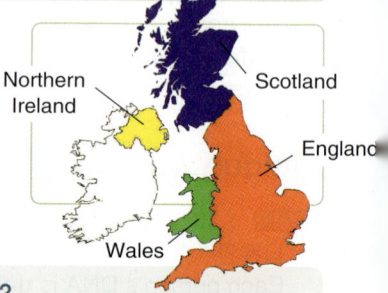

 보통 '영국'을 영어로 England라고 하지 않나요? '영어'도 English라고 하잖아요.

영국의 영토는 처음에는 잉글랜드에 국한되었으나 후에 스코틀랜드와 웨일스까지 확장하여 나라 이름을 Britain이라고 고쳤지요. 이후에 북아일랜드까지 합병하여 나라 이름을 The United Kingdom이라고 다시 고쳤어요. 영국의 정식 명칭은 The United Kingdom of Great Britain and Northern Ireland예요. 굉장히 길지요?

United States of America (yoo-**nye**-tid **states** uhv uh-**mer**-i-kuh) [juːnáitid stéits əv əmérikə]

지명 《the United States of America로 쓰임》 미국, 미합중국 (줄임말 the United States, the USA, the US)
The United States of America is made up of 50 states.
미국은 50개의 주로 구성되어 있다.
Alaska is the largest state in **the United States of America**.
알래스카는 미국에서 가장 큰 주이다.

➕ **America** (간단히) 미국
American 미국 사람, 미국의
Native American 미국 원주민, 인디언

※ '미국'의 영어 표현→America (p. 43)

universe (yoo-**nuh**-vurs) [júːnəvə̀ːrs]

명사 《the universe로 쓰임》 우주
No one knows how big **the universe** really is.
우주가 정말로 얼마나 큰지는 아무도 모른다.

➕ **universal** 일반적인, 전 세계적인

university (*yoo*-nuh-**vur**-si-tee) [júːnəvə́ːrsəti]

명사 ⓒⓤ 대학, 대학교
a **university** student(professor) 대학생(대학 교수)
My brother is **studying** economics **at the university**.
나의 형은 대학에서 경제학을 공부하고 있다.

| 복수형 | universit**ies** |

※ university와 college의 차이
→ college (p. 181)

unknown (uhn-**nohn**) [ʌnnóun]

형용사 모르는, 알려지지 않은
The cause of the accident is **unknown**.
사고의 원인은 알려지지 않았다.
He is an **unknown** actor. 그는 알려지지 않은 배우이다.

➕ un- 부정·반대의 뜻을 나타냄

unless (uhn-**les**) [ənlés]

접속사 ~이 아니라면, ~하지 않으면
Let's go to the beach tomorrow, **unless** you have a better idea.
더 좋은 의견이 없다면, 내일 해변으로 가자.
Unless you study more, you'll never learn Spanish.
더 공부하지 않으면, 너는 스페인 어를 결코 배우지 못할 것이다.

☑ Unless you study more, ...
= If you don't study more, ...
= Study more, or ...

 unless는 그 자체에 부정의 뜻이 있나요?

네. unless는 그 자체가 부정의 뜻을 포함하고 있으므로 그 뒤에는 긍정의 표현을 써야 해요.
ⓔ Let's go to the beach tomorrow, **if** you do **not** have a better idea.
= Let's go to the beach tomorrow, **unless** you have a better idea.

unlike (uhn-**like**) [ʌnláik]

전치사 ~와 다른
Unlike Susan, I love to skate.
수잔과는 달리 나는 스케이트 타는 것을 굉장히 좋아한다.
The picture is quite **unlike** him.
사진은 그와 전혀 닮지 않았다.

➕ unlikeness 다름

unlikely (uhn-**like**-lee) [ʌnláikli]

형용사 ~할(일) 것 같지 않은 (↔likely)
It is **unlikely** that it will snow.
눈이 올 것 같지는 않다.

| 비교급 | unlikel**ier**, more unlikely |

unlucky

She is **unlikely** to come, with this awful rain.
비가 너무 많이 와서 그녀가 올 것 같지 않다.

| 최상급 | unlikeliest, most unlikely |

unlucky (uhn-luhk-ee) [ʌnlʌ́ki]

형용사 **1** 운이 없는, 불행한 (≒unfortunate; ↔lucky)
I was **unlucky** — I missed the subway by just one second. 나는 운이 없었다. 1초 차이로 전철을 놓쳐 버렸다.

2 재수 없는, 불길한
Four is an **unlucky** number in some Asian countries.
아시아의 몇몇 나라에서 4는 불길한 수이다.

| 비교급 | unluckier |
| 최상급 | unluckiest |

➕ **unluckily** 운이 없게도, 불행하게도

unnecessary (uhn-nes-uh-ser-ee) [ʌnnésəsèri]

형용사 불필요한, 쓸데없는 (↔necessary)
It's **unnecessary** to carry an umbrella on a fine day.
날씨가 좋은데 우산을 들고 다니는 것은 불필요하다.

| 비교급 | more unnecessary |
| 최상급 | most unnecessary |

unpack (uhn-pak) [ʌnpǽk]

동사 (짐·가방 등을) 풀다, 꺼내다 (↔pack)
I **unpacked** all my clothes.
나는 옷을 전부 (가방에서) 꺼냈다.
I **unpacked** my suitcase when I got home.
나는 집에 도착해서 내 여행 가방을 풀었다.

3인칭단수현재	unpacks
현재분사	unpacking
과거·과거분사	unpacked

unpleasant (uhn-plez-uhnt) [ʌnplézənt]

형용사 불쾌한, 기분 나쁜 (↔pleasant)
There was an **unpleasant** smell in the bathroom.
화장실에서 불쾌한 냄새가 났다.

| 비교급 | more unpleasant |
| 최상급 | most unpleasant |

untie (uhn-tye) [ʌntái]

동사 (매듭을) 풀다, 끄르다 (↔tie)
She **untied** her shoelaces. 그녀는 신발 끈을 풀었다.
Mike **untied** the ribbon and opened the box.
마이크는 리본을 풀고 상자를 열어 보았다.

3인칭단수현재	unties
현재분사	untying
과거·과거분사	untied

＊until (uhn-til) [əntíl]

전치사 **1** ~까지
The shop is open **until** 7. 그 가게는 7시까지 연다.

※ 대화에서는 until보다 till을 더 많이 써요.

The art exhibition will be open **until** the 19th.
미술 전시는 19일까지 열릴 것이다.

2 ~ 전에 (=before)
I can't get to your house **until** 8 p.m.
밤 8시 전에 너의 집에 갈 수 없어.
Don't let the children eat anything **until** lunchtime.
점심시간 전에 아이들이 아무것도 먹지 못하도록 해라.

접속사 **1** ~까지
Wait **until** I call. 내가 부를 때까지 기다려.
Sam agreed to continue as club president **until** someone was chosen to replace him.
샘은 자신을 대신할 사람이 선출될 때까지 동아리 회장을 계속할 것에 동의했다.

2 ~ 전에 (=before)
You can't watch TV **until** you do your homework.
숙제를 다 하기 전에는 TV를 볼 수 없다.
Don't sit on that chair **until** the paint has dried.
페인트가 마르기 전에는 그 의자에 앉지 마.

The shop is open **until** 7.

☑ You can't watch TV until you do your homework.
= Not until you do your homework can you watch TV.

 until과 by의 차이점이 뭔가요?

until은 어느 시점까지 상황이 '계속'됨을 나타내고, by는 어느 시점까지 상황이 '완료'됨을 나타내요.
ⓔ I want to wait **until** he comes. 그가 올 때까지 기다리고 싶다.
　　　　　　　　　　　　(그가 아직 안 온 상태 → 상황 계속)
　He will be back **by** six o'clock. 그는 6시까지는 돌아올 것이다.
　　　　　　　　　　　　(6시에는 그가 와 있는 상태 → 상황 완료)

untrue (uhn-troo) [ʌntrúː]

형용사 거짓의, 허위의 (↔true)
What he just said is **untrue**.
그가 방금 말한 것은 거짓이다.

➕ **untruth** 거짓말

unusual (uhn-yoo-zhoo-uhl) [ʌnjúːʒuəl]

형용사 흔치 않은, 드문 (↔usual)
It's **unusual for** John to be late.
존이 늦다니 드문 일이다.
It's an **unusual** design. 독특한 디자인이다.
It's **not unusual** for me to wake up at 5 p.m.
새벽 5시에 일어나는 것은 내게는 평범한 일이다.

➕ **unusually** 평소와는 달리; 몹시, 대단히

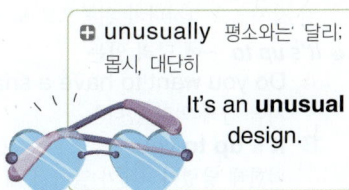

It's an **unusual** design.

unwrap (uhn-rap) [ʌnrǽp]

동사 (상자·선물 등을) 열다, 포장을 풀다 (↔wrap)
unwrap the bandages 붕대를 풀다
The children **unwrapped** their presents with joy.
아이들은 기뻐하며 선물을 풀어 보았다.

3인칭단수현재	unwrap**s**
현재분사	unwrap**ping**
과거·과거분사	unwrap**ped**

*up (uhp) [ʌp]

부사 1 위로, 위에, 위쪽으로 (↔down)
Tony ran **up** the hill. 토니는 언덕 위로 달려갔다.
Sam **looked up** at the stars in the night sky.
샘은 밤하늘의 별들을 올려다보았다.

2 (자리에서) 일어나
Sally, **stand up**, please. 샐리, 일어나 주세요.
Wake up! It's time to get up.
일어나! 기상할 시간이야.

3 완전히, 모두 (=entirely)
I **filled up** my glass with orange juice.
나는 잔에 오렌지 주스를 가득 채웠다.
We've **used up** all the toilet paper. It's time to buy some more.
우리는 화장지를 모두 사용했다. 좀 더 사야 할 때가 되었다.

4 (가격·수치) 높아져, 올라가 (↔down)
The price of chicken has really **gone up**.
닭고기 가격이 정말 많이 올랐다.
Turn up the radio, please.
라디오 소리를 키워 주세요.

5 ~ 쪽으로, ~로 향하여
Lily **came up** to me and asked me the time.
릴리가 내게 와서 몇 시인지 물었다.

전치사 1 ~ 위에, ~ 위로 (↔down)
Tom **climbed up** the tree to get the kite.
톰은 연을 가지러 나무 위로 올라갔다.

2 (도로를 따라) 위쪽에, 저쪽에
Go **up** the street and turn left.
길 저쪽으로 가시다가 왼쪽으로 도세요.

● **It's up to** ~에 달려 있는
A: Do you want to have a snack now?
지금 간식 먹고 싶니?
B: **It's up to** you.
너한테 달렸어. (네가 알아서 해.)

Tony ran **up** the hill.

Sally, **stand up**, please.

➕ clean up 청소하다
cut up 자르다
finish up 끝내다
get up 일어나다
give up 포기하다
grow up 자라다
hurry up 서두르다
pick up 줍다
show up 나타나다
speak up 큰 소리로 말하다
zip up 지퍼를 채우다

Tip What's up?은 무슨 뜻이에요?

What's up?은 아는 사람끼리 하는 가벼운 인사말로 '별일 없니?', '어떻게 지내?' 또는 '무슨 일이야?'라는 뜻으로 쓰여요.
예) A: **What's up?** 어떻게 지내?
B: Not much. 별일 없어.
A: **What's up?** You look pale. 무슨 일 있어? 안색이 안 좋은데.
B: No, I'm OK. 아냐, 괜찮아.

---

update (uhp-*date*, *uhp*-date | uhp-*date*) [ʌ́pdèit, ʌ̀pdéit | ʌ́pdèit]

동사 (uhp-*date*, *uhp*-date) (자료를) 갱신하다, 가장 최근 정보를 알려 주다, 업데이트하다
We need to **update** our address book.
우리는 주소록을 갱신해야 한다.
He **updated** us on the teacher's health.
그는 우리에게 선생님의 건강에 대한 최근 상태를 알려 주었다.
She **updates** her computer every year.
그녀는 일 년에 한 번씩 컴퓨터를 업데이트한다.

3인칭단수현재	updates
현재분사	updating
과거·과거분사	updated

➕ **up-to-date** 최신의, 최근의; 현대적인, 첨단의

명사 (uhp-*date*) ⓒ (자료의) 갱신, 최신 정보
a news **update** from the CNN
CNN의 최신 뉴스

upgrade (*uhp*-grade) [ʌ́pgréid]

동사 (컴퓨터·기계 등의 품질을) 향상시키다, 업그레이드하다
You'd better **upgrade** your computer program.
네 컴퓨터 프로그램을 업그레이드하는 게 좋겠어.

3인칭단수현재	upgrades
현재분사	upgrading
과거·과거분사	upgraded

upload (*uhp*-lohd) [ʌ́plòud]

동사 [컴퓨터] (인터넷에) 자료를 올리다, 업로드하다 (↔download)
I **uploaded** some photographs to my blog.
나는 내 블로그에 사진 몇 장을 올렸다.

3인칭단수현재	uploads
현재분사	uploading
과거·과거분사	uploaded

upon (uh-**pahn**) [əpάn]

전치사 ~ 위에 (=on)
The large frog sat **upon** a lily pad.
큰 개구리가 수련의 잎 위에 앉았다.

❓ **lily pad** (물 위에 떠 있는) 수련의 잎

- **once upon a time** 옛날 옛적에
  Once upon a time, there lived a beautiful princess.
  옛날 옛적에 아름다운 공주가 살았어요.

※ once upon a time은 옛날 이야기를 시작할 때 쓰여요.

upper (*uhp*-ur) [ʌ́pər]

형용사 《명사 앞에만 쓰임》 위쪽의, ~보다 더 위에 있는
upper and lower teeth 윗니와 아랫니
The **upper** part of the hill was covered with new homes.
그 언덕의 위쪽 부분은 새로운 집들로 덮였다.

➕ upper body 상체
upper lip 윗입술

upset (*uhp*-set) [ʌpsét]

동사 **1** 화나게 하다, 기분〔마음〕을 상하게 하다
What you've said really **upset** me.
네가 한 말이 나를 정말 화나게 했다.
Don't **upset** yourself over it.
그런 걸로 마음 상해하지 마.

2 뒤집다, 뒤엎다
Tony **upset** the water bottle. Water spilled all over the table.
토니가 물병을 엎었다. 물이 온 식탁에 엎질러졌다.

3인칭단수현재 upsets
현재분사 upsetting
과거·과거분사 upset

Tony **upset** the water bottle.

형용사 **1** 《명사 앞에는 쓰이지 않음》 속상한, 화난
(≒ angry, unhappy)
Mary was **upset** by the death of her pet dog.
메리는 애완견이 죽어서 속이 상했다.
Why are you so **upset**?
왜 그렇게 화가 났니?
It's nothing to **get upset** about.
그건 화낼 만한 일이 아니야.

비교급 more upset
최상급 most upset

2 배탈이 난
Sam **had an upset stomach**. He may have eaten a bad clam.
샘은 배탈이 났다. 그는 상한 조개를 먹은 것 같다.
My stomach was **upset**. 나는 배탈이 났다.

Sam **had an upset stomach**.

❓ clam 대합조개, 조개

upside down (*uhp*-side doun) [ʌ́psàid dáun]

부사 (위아래가) 거꾸로, 뒤집혀
You're holding the book **upside down**!
너 책을 거꾸로 들고 있어!
The picture is **upside down**.
그림이 거꾸로 걸려 있다.

➕ upside-down 거꾸로인

upstairs (uhp-stairz) [ʌ́pstɛ́ərz]

부사 위층(2층)으로, 위층(2층)에서 (↔downstairs)
My parents are **upstairs**. 우리 부모님은 위층에 계신다.
Sam ran **upstairs** to get his jacket.
샘은 재킷을 가지러 2층으로 달려갔다.

명사 《단수로 취급함》 위층(2층) (↔downstairs)
I have to clean the **upstairs**, too.
나는 위층도 청소해야 한다.
The **upstairs** of the house has three bedrooms.
그 집 2층에는 침실이 3개 있다.

형용사 《명사 앞에만 쓰임》 위층(2층)의 (↔downstairs)
You can use the **upstairs** bathroom.
너는 위층의 화장실을 이용할 수 있어.

Sam ran **upstairs** to get his jacket.

urban (ur-buhn) [ə́:rbən]

형용사 도시의 (↔rural)
Urban areas such as Seoul have much air pollution.
서울과 같은 도시 지역은 공기 오염이 심하다.
Urban population has increased greatly.
도시 인구는 크게 증가해 왔다.

➕ rural 시골의, 전원의
   suburban 교외의, 시외의

urgent (ur-juhnt) [ə́:rdʒənt]

형용사 긴급한, 긴박한, 급한
It's **urgent that** I speak to Sam right away.
지금 당장 샘에게 긴급히 이야기할 것이 있다.
I have an **urgent** message from the president.
나는 대통령으로부터 긴급한 전갈을 받았다.

비교급 more urgent
최상급 most urgent
➕ urgently 급하게
   urgency 긴급, 긴박

us (uhs) [ʌs]

대명사 《we의 목적격》 우리, 우리를, 우리에게
There was nobody but **us**. 우리를 제외하곤 아무도 없었다.
She gave **us** tickets for the new movie.
그녀는 우리에게 새로 나온 영화의 표를 주었다.

➕ we 우리가, 우리는
   our 우리의
   ours 우리의 것
   us 우리를, 우리에게

USA, U.S.A. (yoo-es-ay) [júː és éi]

지명 《the USA로 쓰임》 미국 (United States of America의 줄임말)
We need a visa to visit **the USA**.
미국에 가려면 비자가 필요하다.

※ '미국'의 영어 표현 → America (p. 43)

use (yooz | yoos) [juːz | juːs]

동사 (yooz) 사용하다, 쓰다, 이용하다
You have to **use** this special pencil to draw it.
그것을 그리려면 이 특별한 연필을 사용해야 한다.
Can you **use** pork instead of beef in this recipe?
이 요리법에 쇠고기 대신 돼지고기를 사용할 수 있어요?

명사 (yoos) 1 ⓤ 《단수로 취급함》 사용, 이용
the increasing **use** of computers
컴퓨터 사용의 증가
There's no **use** telling me what I already know.
내가 이미 알고 있는 것을 나에게 말해 주는 것은 소용이 없다.

2 ⓒ 용도, 쓰임새
This tool **has** many **uses**.
이 연장은 쓰임이 많다.
In English, this word has two **uses**.
영어에서 이 단어는 두 가지 용도[의미]로 쓰인다.

● **make use of** ~을 이용하다
Try to **make** good **use of** your free time.
네 여가 시간을 잘 **이용해라**.

3인칭단수현재	use**s**
현재분사	us**ing**
과거·과거분사	use**d**
복수형	use**s**

➕ **user** 사용자
 user-friendly 사용하기 편한

☑ This tool has many uses.
 = You can do many things with this tool.

---

used (yoost) [juːst]

형용사 중고의, 헌
They bought a **used** car.
그들은 중고차를 샀다.
The books on this shelf are **used**. They are cheap.
이 선반에 있는 책들은 헌책들이다. 그들(헌책들)은 싸다.

☑ They bought a used car.
 = They bought a second-hand car.

---

useful (yoos-fuhl) [júːsfəl]

형용사 쓸모 있는, 유용한 (↔useless)
A ruler is a very **useful** tool.
자는 매우 쓸모 있는 도구이다.
The Internet is **useful** for finding information.
인터넷은 정보를 찾는 데 유용하다.

비교급	more useful
최상급	most useful

➕ **usefully** 쓸모 있게, 유용하게
 usefulness 유용성

---

useless (yoos-lis) [júːslis]

형용사 쓸모없는, 소용없는 (↔useful)
useless information 쓸모없는 정보
It was **useless** to complain. 불평을 해 봤자 소용없었다.
These scissors are **useless** for cutting paper.
종이를 자르는 데 이 가위는 쓸모가 없다.

비교급	more useless
최상급	most useless

➕ **uselessly** 쓸모없이, 헛되이
 uselessness 쓸모없음

usual (yoo-zhoo-uhl) [júːʒuəl]

형용사 평소의, 보통의 (↔unusual)
Just shampoo your hair in the **usual** way.
평소 방법으로 너의 머리를 감아라.
We'll have dinner at the **usual** time.
우리는 평소 시간에 저녁을 먹을 것이다.
- *as usual* 늘 그렇듯이, 평소와 마찬가지로
Bill was late, *as usual*.
늘 그렇듯이 빌이 늦게 왔다.

| 비교급 | more usual |
| 최상급 | most usual |

✚ **be one's usual self** 평소 모습이다
She is not her usual self.
(평상시의 그녀가 아니었다.)

usually (yoo-zhoo-uhl-ee) [júːʒuəli]

부사 보통, 대개, 일반적으로
It's not **usually** this cold in spring.
보통 봄에는 이렇게 춥지 않다.
He **usually** plays a game after dinner.
그는 보통 저녁 식사 후에 게임을 한다.

※ always (100%) – usually – frequently – often – sometimes – seldom – rarely – never (0%)

vacant (vay-kuhnt) [véikənt]

형용사 1 (자리·집·방 등이) 비어 있는, 사람이 없는
There's a **vacant** parking space over there.
저기에 빈 주차 공간이 있다.
The hotel has no **vacant** rooms.
호텔에 빈방이 없다.

2 (일자리가) 비어 있는, 공석인
The secretary position is now **vacant**.
현재 비서 자리가 비어 있다.

3 (표정 등이) 공허한, 빈
The lost boy had a **vacant** look on his face.
길을 잃은 소년은 멍한 표정을 하고 있었다.

➕ **vacancy** 공허, 빔; 공석

There's a **vacant** parking space over there.

*vacation (vay-kay-shuhn) [veikéiʃən]

명사 ⓒⓤ 휴가, 방학
School **vacation** starts on June 11. I can't wait!
방학은 6월 11일에 시작해. 빨리 방학이 됐으면!
I'm planning to visit Hawaii **on** my **vacation**.
나는 휴가에 하와이에 갈 계획이다.

복수형 **vacations**

➕ spring vacation 봄 방학
summer vacation 여름 방학
winter vacation 겨울 방학

vacuum (vak-yoom) [vǽkjuəm]

명사 1 ⓒ 진공
a **vacuum** bottle 진공병, 보온병

2 ⓒ 진공청소기 (=vacuum cleaner)

동사 진공청소기로 청소하다
She **vacuums** her room every day.
그녀는 매일 진공청소기로 방을 청소한다.

복수형 **vacuums**

3인칭단수현재 **vacuums**
현재분사 **vacuuming**
과거·과거분사 **vacuumed**

valley (val-ee) [vǽli]

명사 ⓒ 계곡, 골짜기
Pine **Valley** is quiet and peaceful.
파인 계곡은 조용하고 평화로운 곳이다.

복수형 **valleys**

valuable (val-yoo-uh-buhl) [vǽljuːəbəl]

형용사 1 값비싼 (↔worthless)
Sally's gold ring is very **valuable**.
샐리의 금반지는 매우 비싼 것이다.

비교급 more valuable
최상급 most valuable

valuables

2 귀중한
Sam gave me some **valuable** information.
샘이 나에게 귀중한 정보를 주었다.

➕ **invaluable** 매우 귀중한

valuables (val-yoo-uh-buhlz) [vǽljuːəbəlz]

명사 《복수형임》 귀중품
We keep our **valuables** in a safety deposit box at the bank. 우리는 귀중품들을 은행의 안전 금고에 보관한다.

➕ **valuable** 값비싼, 귀중한

MVP가 뭔가요?
MVP는 Most Valuable Player의 줄임말로 운동 경기에서 '최우수 선수'를 말해요.

value (val-yoo) [vǽljuː]

명사 **1** ⓒⓤ (경제적) 가치, 값, 가격
What is the **value of** this diamond ring?
이 다이아몬드 반지의 가치는 어느 정도인가요?

2 ⓤ 가치, 중요성
Mary **puts a high value on** her stamp collection.
메리는 자신의 우표 수집품에 높은 가치를 둔다.

동사 **1** 소중하게 여기다, 가치 있게 생각하다
Bora truly **values** her friendship with Sally.
보라는 샐리와의 우정을 정말로 소중히 여긴다.

2 값을 매기다, 평가하다
Mr. Solomon's art collection was **valued** at $1 million.
솔로몬 씨의 미술 소장품은 100만 달러로 평가되었다.

복수형	**value**s

➕ **valueless** 무가치한

3인칭단수현재	**value**s
현재분사	**valu**ing
과거·과거분사	**valu**ed

variety (vuh-rye-i-tee) [vəráiəti]

명사 **1** 《단수로 쓰임》 여러 가지, 갖가지
They fought for **a variety of** reasons.
그들은 여러 가지 이유로 싸움을 했다.

2 ⓤ 다양성, 변화
There is no **variety** in his diet. He eats only one kind of food.
그의 식단은 다양하지 않다. 그는 한 종류의 음식만 먹는다.

3 ⓒ (동식물 등의) 종류, 품종
We just brought in a new **variety of** roses.
우리는 방금 새로운 품종의 장미를 가지고 왔다.

복수형	**variet**ies

➕ **variation** 변화, 변이
varied 다양한

variety of roses

various (vair-ee-uhs) [vέəriəs]

형용사 다양한, 여러 가지의
Tony has **various** interests: sports, art, and food.
토니는 스포츠, 예술, 음식 등 관심사가 다양하다.
You can choose from **various** options.
너는 여러 가지 선택 중에서 고를 수 있어.

- **variously** 다양하게, 여러 가지로
  variousness 다양성, 변화
- **option** 선택

vary (vair-ee) [vέəri]

동사 1 서로 다르다, 달라지다
Prices for food **vary from** country **to** country.
음식 가격은 나라마다 다르다.

2 바꾸다, 변화를 주다
Tom **varied** his diet to include more protein.
톰은 더 많은 단백질을 포함하도록 식단을 바꾸었다.

3인칭단수현재	var**ies**
현재분사	vary**ing**
과거·과거분사	var**ied**

- **protein** 단백질

vase (vays) [veis]

명사 ⓒ 꽃병
She put a bunch of flowers in a **vase**.
그녀는 꽃 한 다발을 꽃병에 꽂았다.

| 복수형 | vase**s** |
| | **vase** |

vast (vast) [væst]

형용사 광대한, 거대한, 막대한 (≒ huge)
The Gobi Desert covers a **vast** area of China.
고비 사막은 중국의 광대한 면적에 걸쳐 있다.

| 비교급 | vast**er** |
| 최상급 | vast**est** |

*vegetable (vej-tuh-buhl) [védʒətəbəl]

명사 ⓒ 채소, 야채
Most people think the tomato is a **vegetable**, but it's really a fruit.
대부분의 사람들은 토마토를 채소라고 생각하지만, 그것은 사실 과일이다.
He grows **vegetables** in his garden.
그는 정원에 채소를 기른다.

| 복수형 | vegetable**s** |

- **vegetation** (집합적) 식물, 한 지방 특유의 식물

vegetarian (vej-i-tair-ee-uhn) [vèdʒətέəriən]

명사 ⓒ 채식주의자
She is a **vegetarian**. She doesn't eat any meat or fish. 그녀는 채식주의자다. 그녀는 고기와 생선을 먹지 않는다.

| 복수형 | vegetarian**s** |

vehicle (vee-i-kuhl) [víːikəl]

명사 ⓒ (자동차·선박·항공기 등) 탈것, 차
The robber was driving a stolen **vehicle**.
그 강도는 도난 차량을 운전하고 있었다.
Cars and trucks are motor **vehicles**.
승용차와 트럭은 자동차이다.

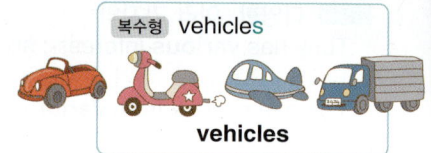
복수형 vehicle**s**
vehicles

vein (vayn) [vein]

명사 ⓒ [의학] 정맥
Veins look blue, but the blood in them is dark red.
정맥은 푸르게 보이지만 그 안의 피는 검붉은 색이다.
Veins carry blood back to the heart.
정맥은 다시 심장으로 피를 운반한다.

복수형 vein**s**

➕ artery 동맥

Venus (vee-nuhs) [víːnəs]

명사 [천문] 금성, 샛별
Venus is sometimes called the Evening Star.
금성은 간혹 저녁의 별이라고도 불린다.

❓ 금성 태양에서 둘째로 가까운 행성. 저녁의 서쪽 하늘이나 새벽의 동쪽 하늘에서 볼 수 있다.

verb (vurb) [vəːrb]

명사 ⓒ [문법] 동사
The words "walk," "eat," and "is" are **verbs**.
'걷다', '먹다', '이다'는 동사다.

복수형 verb**s**

*very (ver-ee) [véri]

부사 매우, 무척, 대단히
I'm **very** happy to be almost finished with my work.
나는 일을 거의 끝내서 매우 기쁘다.
I'm **not very** good at math.
나는 수학을 잘하지 못한다.

happy   **very** happy

victim (vik-tuhm) [víktim]

명사 ⓒ 희생자, 피해자
He was a **victim of** Internet fraud.
그는 인터넷 사기의 피해자였다.
Children were the **victims of** war.
아이들이 전쟁의 피해자였다.

복수형 victim**s**

❓ fraud 사기, 사기죄

victory (vik-tur-ee) [víktəri]

명사 ⓒⓤ 승리 (↔defeat)
All people on the street celebrated the **victory**.
거리의 모든 사람들이 승리를 축하했다.

복수형 victor**ies**
➕ **victorious** 승리한

video (vid-ee-oh) [vídiòu]

명사 1 ⓒ (비디오 등에 녹화된) 영상, 비디오
She **watched a video** last night.
그녀는 어젯밤 비디오를 보았다.
I'm going to **rent a video** to watch this weekend.
나는 이번 주말에 볼 비디오를 대여할 것이다.

2 비디오테이프
The movie is available **on video** and DVD.
그 영화는 비디오테이프나 DVD로 구입할 수 있습니다.

복수형 video**s**

video

Vietnam (vee-et-nahm) [viètná:m]

국가명 베트남
Vietnam is the 13th most populous country in the world.
베트남은 세계에서 13번째로 인구가 많은 나라이다.

➕ **Vietnamese** 베트남 어(의), 베트남 사람(의)
❓ **populous** 인구가 많은

view (vyoo) [vju:]

명사 1 ⓒ 의견, 생각 (≒opinion)
She **has different views on** the school system.
그녀는 학교 시스템에 대해 다른 의견을 가지고 있다.
In my view, she is a great volleyball player.
내 생각에 그녀는 훌륭한 배구 선수다.

2 ⓒ 경치, 전망 (≒scenery)
We had a great **view from** the top of the mountain.
우리는 산 정상에서 멋진 경치를 보았다.

3 ⓒⓤ 시야
The car the police were following **disappeared from view**.
경찰이 쫓던 차가 시야에서 사라졌다.

복수형 view**s**

➕ **viewer** 보는 사람, 구경꾼, 시청자
viewpoint 견해, 관점
in view 보이는
out of view 시야에서 사라진
within view 보이는 거리에 있는

village (vil-ij) [vílidʒ]

명사 ⓒ (작은) 마을
He lives in a small **village**. 그는 작은 마을에 산다.

복수형 village**s**

violence (vye-uh-luhns) [váiələns]

명사 1 ⓤ 폭력
an act of **violence** 폭력 행위
Violence is never a good solution.
폭력은 결코 좋은 해결 방법이 아니다.

2 ⓤ 격렬함, 맹렬함
The waves hit the shore with great **violence**.
파도가 맹렬한 기세로 해안에 부딪혔다.

➕ **domestic violence** 가정 폭력
use violence 폭력을 행사하다, 폭력을 쓰다

violent (vye-uh-luhnt) [váiələnt]

형용사 1 폭력적인, 난폭한
Violent crime is increasing.
폭력 범죄가 증가하고 있다.
The movie was more **violent** than he expected.
그 영화는 그가 생각했던 것보다 더 폭력적이었다.

2 거센, 격렬한
violent winds 거센 바람

비교급 **more violent**
최상급 **most violent**

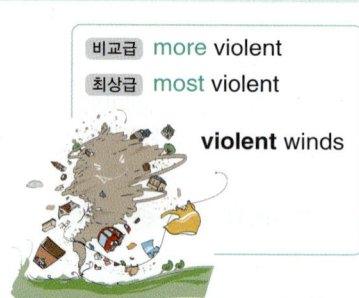

violent winds

violet (vye-uh-lit) [váiəlit]

명사 ⓤ 보라색
She was dressed in **violet**. 그녀는 보라색 옷을 입었다.

형용사 보라색의
The baby has **violet** eyes. 그 아기는 눈이 보라색이다.

➕ **ultraviolet light** 자외선

violet

violin (vye-uh-lin) [vàiəlín]

명사 ⓒ 바이올린
He is taking a **violin** lesson.
그는 바이올린 레슨을 받고 있다.
She used to play the **violin** at school.
그녀는 학교에서 바이올린을 연주하곤 했다.

복수형 **violins**

➕ **violinist** 바이올린 연주가

virus (vye-ruhs) [váiərəs]

명사 1 ⓒ [생물] 바이러스
His skin is swollen by a **virus infection**.
그의 피부가 바이러스 감염으로 인해 부어올랐다.

2 ⓒ [컴퓨터] 바이러스
I need to renew my **anti-virus** program.
나는 바이러스 방지 프로그램을 갱신해야 한다.

복수형 **viruses**

❓ **infection** 감염
anti- ~을 방지하는

visa (vee-zuh) [víːzə]

명사 ⓒ 비자
You don't need to **get** a **visa** to visit Singapore.
싱가포르에 갈 때에는 비자가 필요 없다.
My **visa** to China was very expensive.
중국 비자는 무척 비쌌다.

복수형 **visa**s
- student visa 학생 비자
- tourist visa 관광 비자
- work visa 취업 비자

visible (viz-uh-buhl) [vízəbəl]

형용사 1 (눈에) 보이는 (↔ invisible)
The stars are rarely **visible** in Seoul.
서울에서는 별을 보기가 힘들다.
The skyscraper is **visible** from far away.
고층 건물은 멀리서도 보인다.

2 눈에 띄는, 명백한 (≒ obvious)
There has been a **visible** improvement in your English.
너의 영어 실력이 눈에 띄게 좋아지고 있다.
The results are clearly **visible**. 결과는 매우 명백했다.

비교급 more visible
최상급 most visible
- visibly 눈에 띄게

The skyscraper is **visible** from far away.

vision (vizh-uhn) [víʒən]

명사 1 ⓤ 시력, 시각, 시야 (≒ sight)
Dogs have **poor vision**, but they have a strong sense of smell.
개들은 시력은 나쁘지만 후각은 뛰어나다.

2 ⓒ 전망, 비전, 미래상
A new **vision** is needed to meet the challenges of the 21st Century.
21세기의 도전에 맞서기 위해서는 새로운 비전이 필요하다.

복수형 **vision**s
- field of vision 눈으로 볼 수 있는 범위, 가시 범위, 시계

*visit (viz-it) [vízit]

동사 방문하다, 찾아가다
She **visits** her grandmother once or twice a month.
그녀는 한 달에 한두 번 할머니 댁을 방문한다.
We **visited** the zoo. 우리는 동물원에 갔다.
Come and visit me sometimes. 가끔 놀러 와.

명사 ⓒ 방문
He is going to **pay a visit** to his grandmother.
그는 할머니 댁을 방문할 것이다.
This is her second **visit** to Canada.
이번이 그녀의 두 번째 캐나다 방문이다.

3인칭단수현재 **visit**s
현재분사 **visit**ing
과거·과거분사 **visit**ed

복수형 **visit**s
- visitor 방문자, 손님

visual (vizh-oo-uhl) [vízuəl]

형용사 시각의, 시각적인
visual effects 시각적 효과
Tim is a **visual** learner. He enjoys reading.
팀은 시각적인 학습자이다. 그는 읽는 것을 좋아한다.
He used **visual aids** to help the children understand the greenhouse effect easily.
그는 아이들이 온실 효과를 쉽게 이해하도록 시각 자료를 사용했다.

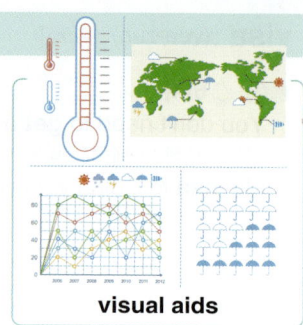
visual aids

vitamin (vye-tuh-min) [váitəmin]

명사 ⓒ 비타민
Fruits and vegetables contain lots of **vitamins**.
과일과 채소는 비타민을 많이 함유하고 있다.
Did you take your **vitamins** today?
너 오늘 비타민 먹었니?

| 복수형 | **vitamin**s |

➕ **vitamin pill** 비타민제, 비타민정

vocabulary (voh-kab-yuh-ler-ee) [voukǽbjəlèri]

명사 1 ⓒⓤ (개인의) 어휘, 어휘력
You need to increase your **vocabulary**.
너는 어휘를 늘려야 해.
Tony has a large **vocabulary**.
토니는 어휘가 풍부하다.
There are about 10,000 words in the average person's **vocabulary**.
보통 사람의 어휘는 약 10,000단어이다.

2 ⓒ (특정 언어의) 어휘
the basic **vocabulary** of English 영어의 기본 어휘
The English **vocabulary** comes from many languages.
영어 어휘들은 많은 언어들에서 온 것이다.

| 복수형 | **vocabular**ies |

Tony has a large **vocabulary**.
= Tony knows and uses many words.

vocal (voh-kuhl) [vóukəl]

형용사 목소리의
vocal music 성악
The tongue is one of the **vocal** organs.
혀는 발성 기관들 중 하나이다.

명사 《복수로 쓰임》 노래 부분, 보컬
She played the piano while they sang (the) **vocals**.
그들이 노래를 부르는 동안 그녀는 피아노를 연주했다.

➕ **vocalist** 가수, 보컬리스트

| 복수형 | **vocal**s |

*voice (vois) [vɔis]

명사 ⓒⓊ 목소리, 음성
Brian's **voice** was dry and calm.
브라이언의 목소리는 건조하고 조용했다.
Sam **lost his voice** screaming at the soccer game.
샘은 축구 경기에서 소리를 질러 목소리가 쉬었다.
He spoke **in a loud voice**. 그는 큰 목소리로 말했다.

복수형 voices
➕ deep voice 저음의 목소리
   high voice 높은 목소리
   small voice 작은 목소리

voice mail (vois-*mayl*) [vɔ́is mèil]

명사 ⓒ (녹음된) 음성 메시지
I got a **voice mail** from my friend.
나는 친구로부터 음성 메시지를 받았다.

복수형 voice mails
➕ text message 문자 메시지

volcano (vahl-**kay**-noh) [vɑlkéinou]

명사 ⓒ 화산
There are about 500 active **volcanoes** in the world.
세계에는 약 500개의 활화산이 있다.
Mauna Loa, on Hawaii, is the largest **volcano** in the world.
하와이에 있는 마우나로아 산은 세계에서 가장 큰 화산이다.

복수형 volcanoes, volcanos
➕ active volcano 활화산
   dormant volcano 휴화산

volleyball (vah-lee-*bawl*) [válibɔ̀ːl]

명사 1 ⓤ 배구
She spent time playing **volleyball**.
그녀는 배구를 하면서 시간을 보냈다.

2 ⓒ 배구공
He bought a new **volleyball**.
그는 새 배구공을 샀다.

복수형 volleyballs

volleyball

volt (vohlt) [voult]

명사 ⓒ [전기] 볼트 (줄임말 V)
This toy needs four 1.5 **volt** batteries.
이 장난감은 1.5볼트 건전지 네 개가 있어야 한다.

복수형 volts

volume (vahl-yoom) [váljuːm]

명사 1 ⓤ 소리, 음량, 볼륨 (≒ sound)
Turn the volume on your MP3 player down.
MP3 플레이어 소리 좀 줄여.

복수형 volumes

voluntary

2 ⓒⓤ 부피, 양(量)
You can figure out **volume** by multiplying the length times the width times the height.
길이와 넓이, 높이를 곱하면 부피를 구할 수 있다.
Many people waste large **volumes** of water.
많은 사람들이 많은 양의 물을 낭비한다.

3 ⓒ 책, (시리즈로 된 책의) 권
The public library has thousands of **volumes**.
공공 도서관에는 수천 권의 책이 있다.
This encyclopedia has twenty **volumes**.
이 백과사전은 스무 권으로 되어 있다.

Many people waste large **volumes** of water.

voluntary (vahl-luhn-ter-ee) [vάləntèri]

형용사 **1** 자원봉사의
a **voluntary** organization 자원봉사 단체
Bora worked at the animal clinic on a **voluntary** basis.
보라는 자원봉사 차원에서 동물 병원에서 일했다.

2 자발적인, 지원의 (↔involuntary)
Service in the United States Army is **voluntary**.
미국 군대의 복무는 지원제이다.

- **voluntarily** 자발적으로
- a voluntary organization = a volunteer organization
- **basis** 기준, 단위; 토대

volunteer (vahl-luhn-teer) [vὰləntíər]

명사 ⓒ 자원봉사자
Lisa serves as a **volunteer** with Habitat for Humanity. They build homes for poor people.
리사는 사랑의 집짓기에서 자원봉사자로 일한다. 그들은 가난한 사람들을 위해 집을 짓는다.
My sister is a **volunteer** at the hospital.
내 여동생은 병원에서 자원봉사자로 있다.

동사 자진하여 하다, 지원하다
Jinsu **volunteered** to carry the old woman's bags.
진수는 노부인의 가방을 자진해서 들어 드렸다.
I'll **volunteer** to do the dishes. 내가 설거지를 할게.

- 복수형 volunteer**s**
- **do volunteer work** 자원봉사를 하다
- 3인칭단수현재 volunteer**s**
- 현재분사 volunteer**ing**
- 과거·과거분사 volunteer**ed**

vomit (vah-mit) [vάmit]

동사 토하다 (≒be sick)
Tony **vomited** all over the floor.
토니는 온 바닥에 토했다.

명사 ⓤ 토사물

- 3인칭단수현재 vomit**s**
- 현재분사 vomit**ing**
- 과거·과거분사 vomit**ed**

The bathroom smelled of **vomit**.
화장실에서 토사물 냄새가 났다.

vomit

vote (voht) [vout]

동사 투표하다
I **voted** for Tony in the student body election.
나는 학생회 선거에서 토니에게 투표했다.
He **voted against** building factories near his house.
그는 자신의 집 근처에 공장을 짓는 데 반대표를 던졌다.

명사 ⓒ 투표
There were 25 **votes** for the plan, and 5 against.
계획에 찬성이 25표, 반대가 5표 나왔다.

3인칭단수현재	votes
현재분사	voting
과거·과거분사	voted
복수형	votes

voter (voh-tur) [vóutər]

명사 ⓒ 투표자, 유권자
The **voters** chose a new mayor in the election.
투표자들은 선거에서 새로운 시장을 뽑았다.

| 복수형 | voters |
| ❓ mayor | 시장 |

vowel (vou-uhl) [váuəl]

명사 ⓒ 모음
The letters a, e, i, o, u and sometimes y are **vowels**.
글자 a, e, i, o, u 그리고 때로는 y도 모음이다.

| 복수형 | vowels |

voyage (voi-ij) [vɔ́iidʒ]

명사 ⓒ 항해, (바다·우주) 여행
The **voyage** along the Nile River was long.
나일 강을 따라가는 항해는 길었다.

| 복수형 | voyages |

W w

Start Here

I would like to travel around the world.

나는 세계 여행이 하고 싶어요.

world

wage (waje) [weidʒ]

명사 ⓒ 《주로 복수로 쓰임》 임금, 보수
Working at a convenience store is a **low wage** job.
편의점에서 일하는 것은 낮은 임금을 받는 직업이다.
The government needs to raise the **minimum wage**.
정부는 최저 임금을 올릴 필요가 있다.

복수형	**wage**s

➕ **living wage** 최저 생활 임금

 wage, salary, pay의 차이가 뭔가요?
wage는 주로 '시간당 얼마'를 말할 때 쓰이며, salary는 '연봉, 월급' 등을 나타낼 때, pay는 일반적으로 '보수, 임금'이라는 뜻으로 사용해요.

wagon (wag-uhn) [wǽgən]

명사 ⓒ 짐마차, 짐수레
Early Americans traveled west in **covered wagons**.
초기 미국인들은 포장마차를 타고 서쪽으로 여행했다.
John carries his toys in his little red **wagon**.
존은 작고 빨간 짐수레에 자신의 장난감들을 싣고 다닌다.
Two horses pulled the **wagon** full of rice.
두 마리 말이 쌀을 가득 실은 마차를 끌었다.

복수형	**wagon**s

wagon

waist (wayst) [weist]

명사 ⓒ 허리
Your belt circles your **waist**.
벨트는 허리에 두르는 것이다.
I have a 32-inch **waist**. 내 허리는 32인치이다.

복수형	**waist**s

*wait (wate) [weit]

동사 기다리다
They **waited for** the train. 그들은 기차를 기다렸다.
We're **waiting for** the fireworks **to** start.
우리는 불꽃놀이가 시작되기를 기다리고 있다.
We have to **wait until** the food is delivered.
우리는 음식이 배달될 때까지 기다려야 한다.
● **can't wait** (어서 ~하고 싶어서) 기다리기 힘들다, 빨리 ~하고 싶다
I **can't wait** to try this cake.
이 케이크를 빨리 먹어 보고 싶다.

3인칭단수현재	**wait**s
현재분사	**wait**ing
과거·과거분사	**wait**ed

➕ **waiting list** 대기자 명단
waiting room 대기실
waitstaff 웨이터들, 종업원들

- **keep ~ waiting** ~를 기다리게 하다
  I'm sorry to have **kept** you **waiting**.
  기다리시게 해서 죄송합니다.

  ➕ Let's wait and see. 좀 두고 봅시다.

waiter (way-tur) [wéitər]

- 명사 ⓒ (음식점의) 남자 종업원, 웨이터
  He is working as a **waiter** in a restaurant.
  그는 식당에서 웨이터로 일한다.

  복수형 waiter**s**

waitress (way-tris) [wéitris]

- 명사 ⓒ (음식점의) 여자 종업원, 웨이트리스
  He asked the **waitress** to wait a few minutes.
  그는 웨이트리스에게 몇 분 더 기다려 달라고 요청했다.

  복수형 waitress**es**

*wake (wayk) [weik]

- 동사 《보통 wake up으로 쓰임》 잠에서 깨다, 일어나다, 깨우다
  I usually **wake up** at 6:30 in the morning.
  나는 대개 아침 6시 30분에 일어난다.
  My dad **wakes** me **up** in the morning.
  아버지께서 아침에 나를 깨워 주신다.
  Could you **wake** me **up** at five o'clock tomorrow morning?
  내일 아침 5시에 깨워 주시겠습니까?

  3인칭단수현재 wake**s**
  현재분사 wak**ing**
  과거 woke
  과거분사 woken

*walk (wawk) [wɔːk]

- 동사 1 걷다, 걸어가다
  Tom **walked** slowly to the principal's office.
  톰은 교장실로 천천히 걸어갔다.

  2 산책시키다, 걷게 하다
  Anne **walks** her **dog** every morning.
  앤은 매일 아침 강아지를 산책시킨다.
  The nurse **walked** the patient down the hall.
  간호사가 환자를 복도를 따라 걷게 하였다.

  3인칭단수현재 walk**s**
  현재분사 walk**ing**
  과거·과거분사 walk**ed**

  ➕ walking 걷기
     walkway 통로, 보도

- 명사 1 ⓒ 걷기, 산책
  Let's **take a walk** around the neighborhood.
  동네를 산책하자.

  복수형 walk**s**

  ➕ walking stick 지팡이

  2 ⓒ 보행 거리
  His house is a **five-minute walk** from my house.
  그의 집은 우리 집에서 걸어서 5분 거리에 있다.

- ***go for a walk*** 산책하다
  It's a nice day to **go for a walk**.
  산책하기에 좋은 날씨다.

> ※ walk에서 'l'이 묵음인 것에 주의하세요.

*wall (wawl) [wɔːl]

명사 1 ⓒ 벽, 담
The **walls** of the classroom are in need of painting.
교실 벽은 페인트칠이 필요하다.
They built a high **wall** around the prison.
그들은 교도소 주위로 높은 담을 쌓았다.
- ***The walls have ears.*** 벽에도 귀가 있다. (낮말은 새가 듣고 밤말은 쥐가 듣는다.) 〈속담〉

2 ⓒ (장애가 되는) 장벽
There was a **wall** between Sally and her mother.
샐리와 그녀의 엄마 사이에는 장벽이 있었다.

복수형 **walls**

The **walls** have ears.

wallet (wah-lit) [wǽlit]

명사 ⓒ 지갑 (≒ purse)
I had my **wallet** snatched.
나는 지갑을 소매치기당했다.
He carries a picture of his son in his **wallet**.
그는 지갑에 아들 사진을 가지고 다닌다.

복수형 **wallets**

⊕ purse 핸드백, (동전) 지갑

 wallet과 purse의 차이가 뭔가요?

지폐나 카드 등을 넣는 일반적인 지갑을 wallet 이라고 하고 동전을 넣을 수 있는 작은 지갑을 purse라고 해요.

- 예) Sally pulled a bill out of her **wallet**.
  샐리는 지갑에서 지폐 한 장을 꺼냈다.
  Bora keeps coins in a **purse**.
  보라는 동전 지갑에 동전을 넣어 둔다.

wander (wahn-dur) [wǽndər]

동사 돌아다니다, 어슬렁거리다
Visitors can **wander around** the museum.
방문객들은 박물관 여기저기를 돌아다닐 수 있다.
Sally **wandered around** the school, just killing time.
샐리는 하는 일 없이 시간을 보내면서 학교 주변을 어슬렁거렸다.

3인칭단수현재 **wanders**
현재분사 **wandering**
과거·과거분사 **wandered**

*want (wahnt) [wɔ(:)nt]

동사 1 원하다, 바라다
Little Brian **wants** a toy fire truck for Christmas.
어린 브라이언은 크리스마스 선물로 장난감 소방차를 받고 싶어 한다.
I don't **want** to talk now. 나는 지금 말하고 싶지 않다.

2 필요하다, 필요로 하다 (≒ need)
I **want** about five more minutes to get ready.
나는 준비하는 데 5분 정도 더 필요하다.
Your clothes **want** washing! 너 옷 좀 빨아야겠다!

명사 ⓒⓤ 부족, 결핍
They starved **for want of** food.
그들은 먹을 게 없어서 굶어 죽었다.
Most people fail in life **for want of** trying. They give up too easily.
대부분의 사람들은 노력이 부족해서 인생에 실패한다. 그들은 너무 쉽게 포기한다.

3인칭단수현재	**want**s
현재분사	**want**ing
과거·과거분사	**want**ed

➕ **wanted** 수배 중인
   wanting (~이) 부족한

| 복수형 | **want**s |

➕ **want ad** 구인(구직) 광고

want와 **would like**의 차이가 무엇인가요?
want보다는 would like가 더 공손한 표현이에요.
예 주스 한잔 마실래요?
  Do you **want** a glass of juice? → **Would you like** a glass of juice?
  난 샌드위치로 할래요.
  I **want** a sandwich. → **I would like** a sandwich.

war (wor) [wɔːr]

명사 ⓒⓤ 전쟁, 싸움
The **war between** the rebels and the government forces is wrecking the country.
반란군과 정부 간의 전쟁은 나라를 황폐화시키고 있다.
When did **World War I break out**?
제1차 세계 대전이 언제 일어났지?
We must all join in the **war against** poverty.
우리는 모두 빈곤과의 싸움에 동참해야 한다.

| 복수형 | **war**s |

❓ **wreck** 파괴하다

➕ **lose a war** 전쟁에서 지다
   win a war 전쟁에서 이기다

warehouse (wair-hous) [wɛ́ərhàus]

명사 ⓒ 창고
The **warehouse** is full of food.
창고에는 식료품이 가득하다.

| 복수형 | **warehouse**s |

Jim works in an auto parts **warehouse**.
짐은 자동차 부품 창고에서 일한다.

➕ **warehouse store** 할인 매장

*warm (worm) [wɔːrm]

형용사 1 따뜻한 (↔cool)
I like to drink a glass of **warm** milk before I go to bed. 나는 잠자기 전에 따뜻한 우유 한 잔을 마시기 좋아한다.
I love the **warm** days of spring in Florida.
나는 플로리다의 따뜻한 봄날을 좋아한다.

2 (마음이) 다정한, 따뜻한 (↔cold)
Eric is a **warm** person. He makes everyone feel good.
에릭은 따뜻한 사람이다. 그는 모든 사람을 기분 좋게 만든다.

동사 《보통 warm up으로 쓰임》 따뜻해지다, 따뜻하게 하다, 데우다
A: Could I **warm up** your coffee, ma'am?
커피를 데워 드릴까요, 부인?
B: Please do. Thank you. 그렇게 해 주세요. 감사합니다.

| 비교급 | warm**er** |
| 최상급 | warm**est** |

➕ **warmly** 따뜻하게
warmth 따뜻함

warm days of spring

3인칭단수현재	warm**s**
현재분사	warm**ing**
과거·과거분사	warm**ed**

warn (worn) [wɔːrn]

동사 경고하다, 주의를 주다
She **warned** us **not to** go too close to the big dog.
그녀는 우리에게 커다란 개에 너무 다가가지 말라고 경고했다.
The sign **warned** drivers **to** slow down because of road construction.
표지판은 운전자들에게 도로 공사 중이니 속도를 줄이라고 주의를 주었다.

3인칭단수현재	warn**s**
현재분사	warn**ing**
과거·과거분사	warn**ed**

warning (wor-ning) [wɔ́ːrniŋ]

명사 ⓒⓤ 경고, 주의, 경보
The **warning sign** said not to swim here.
경고 표시에 이곳에서는 수영을 금한다고 되어 있었다.

| 복수형 | warning**s** |

was (wuhz, wahz) [wɑz]

동사 be 동사인 am, is의 과거형

*wash (wahsh) [wɑʃ]

동사 씻다, 세탁하다
wash clothes 빨래하다

| 3인칭단수현재 | wash**es** |

washroom

Don't forget to **wash** behind your ears.
귀 뒤를 씻는 것을 잊지 마라.
Let me help you **wash the dishes**, Mom.
설거지 도와 드릴게요, 엄마.

- ***wash away*** 떠내려 보내다, 씻어 내리다
The tree was **washed away** by the river.
나무가 강물에 떠내려갔다.
The hot shower **washed away** his tiredness.
뜨거운 물로 한 샤워가 그의 피곤함을 씻어 내렸다.

명사 Ⓒ 씻기, 세탁
My father and I **gave** the car **a wash**.
아버지와 나는 세차를 했다.

- ***in the wash*** 세탁 중인
I'm in bare feet because all my socks are **in the wash**.
내 양말이 다 **세탁 중이라** 나는 지금 맨발이다.
Put those dirty jeans **in the wash**.
그 더러운 청바지를 (돌아가고 있는) 세탁기에 넣어라.

현재분사	wash**ing**
과거·과거분사	wash**ed**

➕ **washable** 물빨래가 가능한
   washer 세탁기
   washing machine 세탁기

복수형	wash**es**

in the wash

---

* **washroom** (wahsh-*room*) [wáʃrù(:)m]

명사 Ⓒ (특히 공공건물의) 화장실
A: I need to use a **washroom**, please.
화장실에 좀 가야 되는데요.
B: Certainly. There's one at the end of the hall.
알겠습니다. 복도 끝에 하나 있어요.

복수형	washroom**s**

➕ **toilet** (영국영어) 화장실

 화장실의 여러 명칭에 대해 알려 주세요.

▶ 집에 있는 화장실은 bathroom, 공중화장실은 restroom 또는 washroom이라고 하며, 남녀를 구분할 때에는 각각 men's room, ladies' room이라고 해요.

▶ toilet은 미국에서는 '변기'를, 영국에서는 '화장실'을 가리키니 주의하세요.

---

waste (wayst) [weist]

동사 낭비하다, 허비하다
Turn off the lights — don't **waste** electricity.
불을 끄세요. 전기를 낭비하지 맙시다.
Tim **wastes** hours every day playing computer games.
팀은 컴퓨터 게임을 하느라 매일 몇 시간씩 허비한다.

- **Waste not, want not.**
낭비가 없으면 부족함이 없다. 〈속담〉

3인칭단수현재	waste**s**
현재분사	wast**ing**
과거·과거분사	wast**ed**

명사 1 ①《단수로 쓰임》 낭비
It is **a waste of** time to talk with him.
그와 말하는 것은 시간 낭비이다.
It's a **waste** to throw away all this food!
이 음식을 다 버리는 것은 낭비야!

2 ⓤ 쓰레기 (=garbage), 폐기물
All of this **waste** can be recycled.
이 쓰레기는 다 재활용될 수 있다.
A lot of **waste** from the factories goes into the river.
공장에서 나오는 많은 폐기물이 강에 흘러들어 간다.

➕ **nuclear waste** 핵폐기물
toxic waste 유독성 폐기물

All of this **waste** can be recycled.

*watch (wahch) [wɑtʃ]

명사 ⓒ (손목)시계
Tim looked at his **watch** to check the time.
팀은 시간을 확인하기 위해 시계를 보았다.

동사 1 보다, 바라보다, 쳐다보다
Don't **watch** the clock. It'll only move slower.
시계를 보지 마. 시간이 더 늦게 갈 뿐이야.
Do you want to **watch** a movie? 영화 볼래?

2 조심하다
Watch your step. These stairs are slippery.
발걸음 조심해. 이 계단은 미끄러워.

• **watch out** 조심하다
Watch out! The pan is hot. 조심해! 냄비가 뜨거워.

복수형 **watch**es
3인칭단수현재 **watch**es
현재분사 **watch**ing
과거·과거분사 **watch**ed

❓ **slippery** 미끄러운

 watch, look at, see의 차이점이 뭔가요?

watch는 TV 등을 집중해서 보는 것, **look at**은 무언가를 주의 기울여서 보는 것, **see**는 저절로 눈에 들어오는 것을 보는 것을 말해요.
예) I **watched** TV last night. 나는 어젯밤 TV를 보았다.
Look at what he is doing. 그가 무엇을 하는지 보아라.
I **saw** a bird in the sky. 나는 하늘을 날고 있는 새 한 마리를 보았다.

*water (waw-tur) [wɔ́:tər]

명사 ⓤ 물
The **water** in the lake was frozen solid.
호수 물이 단단히 얼었다.
Without **water** to drink, humans cannot live.
마실 물이 없으면 인간은 살 수 없다.
Water is an extremely important natural resource.

➕ **drinking water** 식수
running water 수돗물
seawater 바닷물
waterfall 폭포
waterproof 방수의

watermelon

물은 지극히 중요한 천연자원이다.

동사 (식물 등에) 물을 주다, 물을 뿌리다
She forgot to **water** the plants.
그녀는 화초에 물을 주는 것을 잊었다.

3인칭단수현재	water**s**
현재분사	water**ing**
과거·과거분사	water**ed**

*watermelon (waw-tur-mel-uhn) [wɔ́:tərmèlən]

명사 ⓒⓤ 수박
a slice of **watermelon** 수박 한 쪽
Watermelons have lots of little seeds inside.
수박은 속에 작은 씨가 많다.

| 복수형 | watermelon**s** |
| ➕ melon 멜론 |

wave (wayv) [weiv]

동사 1 (손 등을) 흔들다
He **waved** goodbye as Sally drove away.
그는 샐리가 차를 타고 떠날 때 잘 가라고 손을 흔들었다.
The children were **waving** flags.
아이들은 깃발을 흔들고 있었다.

2 흔들리다, 나부끼다
The flags **waved** in the breeze.
깃발이 바람에 나부꼈다.

명사 1 ⓒ 파도, 물결
The **waves** crashed on the beach.
파도가 해변에 부딪쳤다.

2 ⓒ (머리카락의) 웨이브, 곱슬머리
Mary got a permanent that put a **wave** in her hair.
메리는 파마를 해서 그녀의 머리를 곱슬거리게 만들었다.

3 ⓒ 파동, 파(波)
Sound waves can travel through air and water.
음파는 공기와 물을 통해 이동할 수 있다.

3인칭단수현재	wave**s**
현재분사	wav**ing**
과거·과거분사	wave**d**

The flags **waved**.

| 복수형 | wave**s** |

waves

 wave, perm, permanent의 차이를 알려 주세요.

미용실에서 하는 파마는 perm 또는 permanent라고 하고, 원래 곱슬머리이거나 파마를 해서 곱슬거리는 머리카락은 wave 또는 curl이라고 해요.

*way (way) [wei]

명사 1 ⓒ 방향
Come this **way**. 이리로 오세요.

| 복수형 | way**s** |

Which **way** did he go? 그는 어느 방향으로 갔습니까?
This is the **way** I always go.
이것이 내가 항상 가는 방향이다.

2 ⓒ (~로 가는) 길, 도로
Do you know **the way to** San Jose?
산호세로 가는 길을 아니?
I **lost** my **way**. 나는 길을 잃었다.
I'm **on** my **way** home. 나는 집에 가는 길이다.

3 ⓒ 방법, 방식
That's not the **way to** open the lid.
그건 그 뚜껑을 여는 방법이 아니야.
What is the best **way to** learn English?
영어를 배우는 가장 좋은 방법이 뭐니?
Sally has a funny **way of** walk**ing**.
샐리는 걷는 방식이 특이하다.

4 《단수로 쓰임》 거리 (=distance)
It's a long way to LA. LA까지는 먼 거리이다.

5 ⓒ (사물·현상의) 면, (~한) 점
In many ways, I agree with your ideas.
난 많은 점에서 너의 생각에 동의해.

● *by the way* 《대화에서 화제를 바꿀 때 씀》 그런데
By the way, are you coming to the party?
그런데, 너는 파티에 갈 거니?

● *no way!* 1 절대 안 돼!, 싫어!
A: Can I borrow your cell phone?
네 휴대 전화 좀 빌려 줄래?
B: **No way!** 절대 안 돼!
2 말도 안 돼!
A: Tom's coming tomorrow. 톰이 내일 온대.
B: **No way!** I can't believe he is coming tomorrow.
말도 안 돼! 내일 톰이 온다니 믿을 수 없어.

Which **way** did he go?

☑ I lost my way.
= I got lost.

I'm **on** my **way** home.

※ Way to go!는 '잘했어!' 라는 뜻으로 Good job!과 같은 의미의 표현이에요.

---

* **we** (wee) [wiː, wi]

대명사 《1인칭복수 주격》 우리, 우리는, 우리가
We are going home now. 우리는 이제 집에 간다.
We need to hurry up if we're going to meet our deadline. 우리가 마감 시간을 맞추려면 서둘러야 한다.

➕ **our** 우리의
ours 우리의 것
us 우리를, 우리에게

---

* **weak** (week) [wiːk]

형용사 1 (신체적으로) 약한, 힘없는, (세력 등이) 약한
(↔strong)
weak winds 약한 바람

비교급 **weak**er
최상급 **weak**est

He has **weak** eyesight.
그는 시력이 약하다.
Sam's illness had made him **weak**.
샘의 병은 그를 약하게 만들었다.
Bora answered in a **weak** voice.
보라는 힘없는 목소리로 대답했다.

2 약한, 부서지기 쉬운 (↔strong)
The **weak** chair broke when Pig sat on it.
약한 의자는 피그가 그 위에 앉자 부서졌다.

3 (소리·빛·향·맛 등이) 약한, 묽은, 연한 (↔strong)
The **weak** light made it hard to read.
불빛이 약해서 책을 읽기 힘들다.
This coffee is **weak**. I like my coffee stronger.
이 커피는 너무 연하다. 나는 더 진한 커피를 좋아한다.

4 (기술·지식 등이) 약한, 부족한 (↔strong)
Brian is **weak in** biology. 브라이언은 생물에 약하다.
Patience is one of my **weak points**.
참을성은 내 약점 중 하나이다. (나는 참을성이 없다.)

➕ **weaken** 약해지다, 약하게 하다
weakness 약함, 약점

The **weak** chair broke when Pig sat on it.

wealth (welth) [welθ]

명사 1 ⓤ 부, 재산
He is a man of great **wealth**. 그는 엄청난 부자이다.
Your health is your greatest **wealth**.
건강이 가장 큰 재산이다.

2 《단수로 쓰임》 풍부한 양, 다량
This book has **a wealth of** information on old bicycles.
이 책에는 옛날 자전거에 대한 풍부한 정보가 있다.

➕ **wealthless** 재산이 없는, 부유하지 않은

wealth

wealthy (wel-thee) [wélθi]

형용사 부유한, 재산이 많은 (≒rich)
a **wealthy** family 부잣집
She is a **wealthy** businesswoman.
그녀는 부유한 사업가이다.
The **wealthy** should donate to the poor.
부유한 사람들은 가난한 사람들에게 기부를 해야 한다.

비교급 **wealth**ier
최상급 **wealth**iest

❓ **donate** 기부하다

weapon (wep-uhn) [wépən]

명사 ⓒ 무기 (≒arm)
Guns and knives are **weapons**. 총과 칼은 무기다.

복수형 **weapon**s

Nuclear weapons threaten world peace.
핵무기는 세계 평화를 위협한다.
The police could not find a **murder weapon**.
경찰은 살인 무기를 찾을 수 없었다.

➕ **weapons of mass destruction** 대량 살상 무기

*wear (wair) [wɛər]

동사 1 (옷을) 입고 있다, (신발 · 양말을) 신고 있다, (모자 등을) 쓰고 있다
I **wear** glasses. 나는 안경을 쓴다.
What are you going to **wear** to Sally's party?
샐리의 파티에 무엇을 입을 거야?

2 닳다, 닳게 하다, 해지다
Rain **wears away** the mountain rock, little by little.
비는 산의 바위를 조금씩 닳게 한다.
His socks were **worn** thin at the heels.
그의 양말이 뒤꿈치가 닳아서 얇아졌다.

명사 1 ⓤ 옷, 의류 (=clothes)
children's **wear** 아동복
Ladies' **wear** is on the fourth floor.
여성복은 4층에 있다.

2 ⓤ 닳음, 마모
The heels of Tim's shoes show a lot of **wear**. He needs to replace them.
팀의 신발 굽이 많이 닳았다. 그는 굽을 갈아야 한다.

3인칭단수현재	wear**s**
현재분사	wear**ing**
과거	**wore**
과거분사	**worn**

I **wear** glasses.

His socks were **worn** thin at the heels.

 wear의 쓰임에 대해 알려 주세요.

wear는 옷을 입는 것뿐만 아니라 모자 · 가발을 쓰는 것, 양말 · 신발을 신는 것, 벨트를 매는 것, 수염을 기르는 것, 향수를 뿌리거나 화장품을 바르는 것 등의 표현에도 쓰는 동사예요.
  예) She wears perfume. 그녀는 향수를 뿌린다.
     He wears a wig. 그는 가발을 쓴다.
     He wears a mustache. 그는 콧수염을 기른다.

*weather (weTH-ur) [wéðər]

명사 ⓤ 날씨, 일기
A: **What's** the **weather** going to be **like** tomorrow?
내일 날씨가 어떨 것 같아?
B: Warm and partly cloudy.
따뜻하고 구름이 약간 낀다는데.

➕ **weather map** 일기도
weather station 기상 관측소

web

1012

- ***under the weather*** 몸이 안 좋은
  Jinsu's a bit **under the weather** today. I'm afraid we won't be able to meet you for dinner.
  진수가 오늘 **몸이 좀 안 좋네**. 미안하지만 우리 너랑 저녁 식사 못 할 것 같아.

Jinsu's a bit **under the weather** today.

 '오늘 날씨 어때요?'를 영어로 어떻게 표현하나요?

'오늘 날씨 어때요?'는 영어로 What's the weather like today? 또는 How's the weather today? 라고 해요.

web (web) [web]

명사 ⓒ 거미줄 (= spider web)
We watched a spider spinning its **web**.
우리는 거미가 거미줄을 치는 것을 보았다.

| 복수형 | web**s** |

Web site, website (web-site) [wéb sàit]

명사 ⓒ [컴퓨터] 웹 사이트
Mike's **website** shows you how to fix your bike.
마이크의 웹 사이트에서는 자전거 고치는 법을 보여 준다.
Bella **posted** pictures from her vacation **on** her **website**.
벨라는 방학 때 찍은 사진을 자신의 웹 사이트에 올렸다.
For more information, **visit** our **website**.
더 많은 정보가 필요하시면 우리 웹 사이트를 방문하세요.

| 복수형 | Web site**s**, website**s** |
| ➕ home page 홈페이지, (각 웹 사이트의) 초기 페이지 |

wedding (wed-ing) [wédiŋ]

명사 ⓒ 결혼(식)
a **wedding present** 결혼 축하 선물
Mary's **wedding** to Eric is scheduled for June 15th.
메리와 에릭의 결혼식은 6월 15일로 예정되어 있다.

| 복수형 | wedding**s** |
| ➕ wedding anniversary 결혼기념일 |
| wedding day 결혼식 날 |

Wednesday (wenz-day) [wénzdei]

명사 ⓒ 수요일 (줄임말 Wed.)
Today is **Wednesday**.
오늘은 수요일이다.
He is off this **Wednesday**.
그는 이번 수요일에 휴무이다.

| 복수형 | Wednesday**s** |
| ※ Wednesday에서 앞의 'd'가 묵음인 것에 주의하세요. |

*week (week) [wiːk]

명사 1 ⓒ 일주일, 주 (보통 일요일부터 토요일까지의 7일)
The exams start next **week**.
다음 주부터 시험이 시작된다.
I saw him two **weeks** ago. 나는 그를 2주 전에 보았다.
There are 16 **weeks** in the school term.
학기는 16주로 되어 있다.

2 ⓒ 평일, 주중 (보통 월요일부터 금요일까지의 5일)
The school **week** runs from Monday to Friday.
학교의 한 주는 월요일에서 금요일까지이다.
The 40-hour work **week** is standard in the United States.
미국에서는 주 40시간 근무가 일반적이다.

> **복수형** **week**s
>
> ➕ last week 지난주
> next week 다음 주
> this week 이번 주
> from week to week 매주
> week after week 여러 주 동안

weekday (week-day) [wíːkdèi]

명사 ⓒ (토 · 일요일을 제외한) 평일
We are open from 9 a.m. to 5 p.m. **on weekdays**.
우리는 평일에는 오전 9시부터 오후 5시까지 문을 엽니다.

> **복수형** **weekday**s

weekend (week-end) [wíːkènd]

명사 ⓒ (토요일과 일요일) 주말
A: What are you going to do **this weekend**?
이번 주말에 무엇을 할 거니?
B: I'm going to see a movie. How about you?
영화 볼 거야. 너는?
The store is closed **on weekends**.
그 가게는 주말에는 문을 닫는다.
A: **Have a nice weekend**! 주말 잘 보내!
B: You, too! 너도!

> **복수형** **weekend**s
>
> ➕ weekends 주말에는
>
> ※ 금요일이나 월요일, 또는 금요일과 월요일이 다 휴일인 경우를 long weekend라고 해요.

weekly (week-lee) [wíːkli]

부사 매주마다, 주 1회씩
The science club meets **weekly**.
과학 동아리는 매주 모인다.

형용사 매주의, 주 1회의, 주간의
The restaurant has **weekly** specials.
그 식당은 주간 특별 메뉴가 있다.

명사 ⓒ 주간지
Newsweek is a **weekly**.
〈뉴스위크〉는 주간지이다.

> ✅ The science club meets weekly.
> = The science club meets once every week.
>
> **복수형** **week**lies

weep (weep) [wi:p]

동사 울다, 눈물을 흘리다 (≒ cry)
She fell on the ground and **wept**.
그녀는 바닥에 쓰러져 울었다.
He **wept** with joy. 그는 기뻐서 눈물을 흘렸다.

3인칭단수현재	**weep**s
현재분사	**weep**ing
과거·과거분사	**wept**

 Tip weep과 cry는 어떻게 다른가요?
weep은 소리를 내지 않고 슬프게 우는 것을 말하고, cry는 소리를 내어서 우는 좀 더 일반적인 의미의 울음을 말해요.

weigh (way) [wei]

동사 1 무게가 ~ 나가다, 무게가 ~이다
Three oranges **weigh** about 600 grams.
오렌지 세 개는 무게가 600그램 정도 나간다.
A: How much do you **weigh**?
너는 몸무게가 어떻게 돼?
B: I **weigh** 45 kilograms. 나는 45킬로그램이야.

2 무게를 재다, 무게를 달다
The nurse **weighed** Sally before she saw the doctor.
샐리가 진찰을 받기 전에 간호사가 샐리의 몸무게를 쟀다.

3인칭단수현재	**weigh**s
현재분사	**weigh**ing
과거·과거분사	**weigh**ed

Three oranges **weigh** about 600 grams.

*weight (wate) [weit]

명사 ① 무게, 체중, 중량
What do you think the **weight** of that cow is?
저 소의 무게가 얼마일 것 같니?
Mary **lost weight** by giving up desserts.
메리는 후식을 포기하는 걸로 살을 뺐다.

➕ gain weight 살이 찌다
lose weight 살이 빠지다

weird (weerd) [wiərd]

형용사 이상한, 괴상한, 기이한 (≒ very strange)
a **weird**-looking creature 이상하게 생긴 생물
He is a **weird** guy. 그는 괴상한 사람이다.
A **weird** noise came from the closet.
옷장에서 이상한 소리가 났다.
She had a **weird** dream yesterday.
그녀는 어제 기이한 꿈을 꿨다.

비교급	**weird**er
최상급	**weird**est

a **weird**-looking creature

*welcome (wel-kuhm) [wélkəm]

동사 환영하다, 반갑게 맞이하다
Jinsu **welcomed** the guests to his home.
진수는 그의 집에 온 손님들을 반갑게 맞이했다.

형용사 환영받는, 반가운
Your help is always **welcome**, Jane.
너의 도움은 언제나 환영이야, 제인.
That is **welcome** news. 그건 반가운 소식이다.

- *you're welcome* 천만에요
  A: Thanks for your help, Brian.
  도와줘서 고마워, 브라이언.
  B: **You're welcome**, Mary. 천만에, 메리.

3인칭단수현재	welcome**s**
현재분사	welcom**ing**
과거·과거분사	welcome**d**
비교급	more welcome
최상급	most welcome

welfare (wel-fair) [wélfɛ̀ər]

명사 1 ⓐ 안녕, 행복, 복지
The school has to look after the **welfare** of its students.
학교는 학생들의 안녕을 돌봐야 한다.
Put the **welfare** of others before your own.
남들의 행복을 너 자신의 행복보다 앞에 두어라.
Government **welfare** programs help the poor and elderly.
정부 복지 프로그램은 가난한 사람들과 노인들을 돕는다.

2 ⓑ 지원금, 사회 보장 연금
They live **on welfare**.
그들은 사회 보장 연금으로 생활하고 있다.

➕ animal welfare 동물 복지
child welfare 아동 복지
Ministry of Health and Welfare 보건 복지부
public welfare 공공복지, 민생
social welfare 사회 복지
welfare state 복지 국가

*well¹ (wel) [wel]

부사 1 잘, 훌륭히
Sally sings **well**. 샐리는 노래를 잘 부른다.
He can speak English **well**. 그는 영어를 잘한다.
Well done! 잘했어!

2 완전히 (=thoroughly)
Always cook pork **well**.
돼지고기는 항상 완전히 익혀라.
I'd like my steak **well-done**.
제 스테이크는 잘 익혀 주세요.

형용사 건강한 (=healthy)
It's important to look after your health and stay **well**.
건강을 돌보고 유지하는 것은 중요합니다.
Get well soon. 빨리 건강해지길 바란다.

비교급	better
최상급	best

✓ Well done!
= Good job!
= That was great!

비교급	better
최상급	best

well²

감탄사 1 음, 글쎄
A: Do you like it? 마음에 드니?
B: **Well**, I'm not sure. 글쎄, 잘 모르겠어.

2 (놀라서) 이런, 아이고, 이거 참
Well, that's strange! 이거 참, 이상하네!

※ Get well soon.은 보통 환자에게 보내는 위로 카드에 많이 쓰는 글이에요.

well² (wel) [wel]

명사 ⓒ 우물
Sam pulled up a bucket of water from the **well**.
샘은 우물에서 물 한 통을 길어 올렸다.

| 복수형 | **well**s |

went (went) [went]

동사 go의 과거형

wept (wept) [wept]

동사 weep의 과거 · 과거분사형

were (wur) [wəːr, wər]

동사 are의 과거형

*west (west) [west]

명사 1 ⓤ 서쪽 (줄임말 W)
West is the direction in which the sun sets.
서쪽은 해가 지는 방향이다.

2 《the west 또는 the West로 쓰임》 서부, 서부 지방, 서양
Korea's **West Sea** is also called the Yellow Sea.
한국의 서해는 황해라고도 불린다.
Snow is expected in **the west**.
서부 지방에는 눈이 예상된다.
Christmas is one of the biggest celebrations in **the West**.
서양에서 크리스마스는 가장 큰 기념일 중 하나이다.

형용사 《명사 앞에만 쓰임》 서쪽의, 서부의 (줄임말 W)
the **west** entrance of the building
건물의 서쪽 입구
There is a new gold mine on the **west** side of town.
마을의 서쪽에 새로운 금광이 있다.

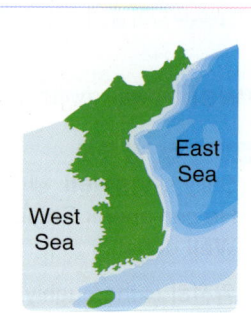

Korea's **West Sea** is also called the Yellow Sea.

➕ northwest 북서
southwest 남서
westerly 서쪽의
western 서쪽의

[부사] 서쪽으로, 서쪽에 (줄임말 W)
a **west**-facing window 서쪽으로 나 있는 창문
Go **west**, young man. 서쪽으로 가시오, 젊은이.

➕ **Wild West** (미국 개척 시대의) 거친 서부

western (wes-turn) [wéstərn]

[형용사] **1** 서쪽의, 서부의
Much wheat is grown in **western** Canada.
많은 밀이 서부 캐나다에서 재배된다.
Perth is the gateway to **western** Australia.
퍼스는 호주 서부로 가는 길목이다.

2 《보통 Western으로 쓰임》 서양의
Christianity is an important part of **western** culture.
기독교는 서양 문화의 중요한 부분을 차지한다.

[명사] ⓒ (미국의) 서부 영화
I watched a **western** yesterday.
나는 어제 서부 영화를 봤다.

➕ **Western Hemisphere** 서반구
Western medicine 서양 의학
westward 서쪽으로, 서쪽의

[복수형] **western**s

*wet (wet) [wet]

[형용사] **1** 젖은, 축축한 (↔dry)
The table was **wet** with spilled milk.
식탁은 엎질러진 우유로 젖어 있었다.
This towel is **wet**. I need a dry one.
이 수건은 젖었다. 나는 마른 수건이 필요하다.
His shoes were **soaking wet**.
그의 신발은 흠뻑 젖었다.

2 마르지 않은
Don't touch the walls. The paint's still **wet**.
벽을 만지지 마. 페인트가 아직 마르지 않았어.

3 비가 오는 (=rainy)
This has been a very **wet** April.
비가 매우 많이 오는 4월이었다.

[동사] 적시다, 오줌을 싸다
Wet the sponge before using it to clean with.
닦는 데 사용하기 전에 스펀지를 적셔라.
He **wet the bed** last night again.
그는 어젯밤 또 오줌을 쌌다.

[비교급] **wet**ter
[최상급] **wet**test

wet

dry

[3인칭단수현재] **wet**s
[현재분사] **wet**ting
[과거·과거분사] **wet**, **wet**ted

whale (wale) [ʰweil]

[명사] ⓒ 고래
Tourists visit New Zealand to go **whale watching**.

[복수형] **whale**s

여행자들은 고래를 구경하러 뉴질랜드를 방문한다.
A **blue whale** is the largest creature on Earth.
흰긴수염고래는 지구 상에서 가장 큰 생명체이다.
Did you know that **whales** are mammals?
너 고래가 포유류라는 걸 알고 있었니?

➕ **humpback whale** 혹등고래
killer whale 범고래
sperm whale 향유고래

*what (waht) [hwɑt, hwʌt / hwət]

대명사 **1** 〖의문대명사〗무엇, 어떤 것, 무슨 일
What is her name? 그녀의 이름이 뭐야?
A: **What** are you doing, Tim? 뭐하고 있니, 팀?
B: I am watching TV. TV 보고 있어.
Tell me **what** to do. 내게 무엇을 해야 할지 말해 줘.

2 〖관계대명사〗~하는 것, ~인 것
I saw **what** you did, and I know who you are.
나는 네가 한 일을 보았고, 네가 누군지 안다.
What you need is a vacation.
네게 필요한 것은 휴가이다.

형용사 《감탄문에서 강조의 뜻으로 사용》 정말이지, 얼마나, 참으로
What a fish! I can't believe Bora caught a fish that big!
정말 큰 물고기다! 나는 보라가 저렇게 큰 물고기를 잡았다는 것을 믿을 수 없어!
What a beautiful day! 날씨 정말 좋다!

● ***what about ~?*** ~은 어때요?, ~하는 것은 어때요?
What about going to the movies tonight?
오늘 저녁에 영화 보러 가는 건 어때?
What about another game? 게임 한 판 더 할까?

● ***what's up?*** **1** 어떻게 지내?
A: Hi, Betty. **What's up?** 안녕, 베티. 어떻게 지내?
B: Not much. 별일 없어.

2 무슨 일이야? (≒what's the matter?, what's wrong?)
A: You look sad. **What's up?**
우울해 보이는데. 무슨 일이야?
B: No, I'm OK. 아냐, 난 괜찮아.

➕ **what's**
= what is

☑ **What you need is a vacation.**
= You need a vacation.

What a fish! I can't believe Bora caught a fish that big!

whatever (waht-ev-ur) [hwɑtévər]

대명사 **1** 무엇이든, ~하는 것은 모두
Eat **whatever** you can.
네가 먹을 수 있는 것은 무엇이든지 먹어라.
Tell me **whatever** you know.
네가 알고 있는 것은 모두 말해 줘.

☑ **Tell me whatever you know.**
= Tell me anything you know.

2 어떤 것이 ~일지라도, 아무리 ~해도
Whatever happens, I'll always be your friend.
어떤 일이 일어나든 나는 항상 너의 친구로 남을 거야.
Whatever you decide to do is OK with me.
네가 어떤 결정을 내리든지 나는 괜찮아.

형용사 어떤 ~이라도
Take **whatever** pens you need.
필요하다면 어떤 펜이든 가져가도 돼.
My dog eats **whatever** food I give him.
내 개는 내가 주는 음식은 무엇이든지 다 먹어.
She will buy the house at **whatever** price.
그녀는 가격이 얼마가 되든지 그 집을 살 것이다.

Take **whatever** pens you need.

wheat (weet) [hwi:t]

명사 ⓤ 밀, 소맥
a field of **wheat** 밀밭
Flour is made from **wheat**. 밀가루는 밀로 만든다.

➕ whole wheat bread
통밀 빵

wheel (weel) [hwi:l]

명사 **1** ⓒ 바퀴
A tricycle has three **wheels**.
세발자전거는 바퀴가 세 개이다.

2 ⓒ 운전대, 핸들 (=steering wheel)
Keep both hands on **the wheel**.
운전대는 두 손으로 잡으세요.

복수형 wheel**s**
wheel

 운전대를 핸들이라고 하지 않나요?

자동차의 운전대를 핸들(handle)이라고 하는 것은 잘못된 표현이에요. steering wheel, 또는 줄여서 wheel이라고 해야 해요.

*when (wen) [hwen]

부사 **1** 언제
When is your birthday? 넌 생일이 언제야?
The police officer asked me **when** I last saw her.
경찰이 그녀를 마지막으로 언제 봤는지 내게 물었다.
A: **When** are we going? 우리 언제 가?
B: Soon. 곧.

❓ last 마지막으로, 가장 최근에

2 《, 뒤에 쓰임》 (~한) 그때

whenever

I saw him in December, **when** he was in Busan.
나는 그를 12월에 봤는데, 그때 그는 부산에 있었다.

접속사 ~하는 때, ~할 때
I like to listen to music **when** I work at home.
나는 집에서 일할 때 음악 듣는 것을 좋아한다.
When Sally first moved to Seoul, she didn't like it.
샐리가 처음 서울로 이사했을 때 그녀는 (서울로 이사한 것을) 좋아하지 않았다.
Call me **when** you get home.
집에 도착하면 내게 전화 좀 해.

☑ I like to listen to music when I work at home.
= I like to listen to music while I work at home.

whenever (wen-ev-ur) [hwenévər]

접속사 1 언제든지, 아무 때나
Whenever you have questions, please go ahead and ask.
질문이 있으면 언제든지 하세요.

2 ~할 때마다
Whenever he visited, he brought flowers.
그는 방문할 때마다 꽃을 가지고 왔다.

☑ Whenever he visited, he brought flowers.
= Every time he visited, he brought flowers.

*where (wair) [hwεər]

부사 1 어디에, 어디로
Where are you going? 너 어디 가?
Where is my pencil? 내 연필이 어디 있지?

2 ~하는 곳, 《, 뒤에 쓰임》 ~하고 그곳에서
This is the neighborhood **where** I grew up.
여기가 내가 자란 동네이다.
The town **where** she lives is very small.
그녀가 살고 있는 마을은 매우 작다.
We moved to Daegu, **where** we lived for a year.
우리는 대구로 이사를 갔는데, 그곳에서 1년 살았다.

접속사 ~하는 곳
I know **where** Lisa lives. 나는 리사가 사는 곳을 안다.
That's **where** he's wrong. 그것이 그가 틀린 부분이다.

➕ Where am I?
= Where are we?
(여기가 어디야?)

☑ We moved to Daegu, where we lived for a year.
= We moved to Daegu, and we lived there for a year.

whereas (wair-az) [hwεərǽz]

접속사 ~에 반해, ~하는 반면, 그러나
Brian went to the right, **whereas** everyone else went to the left.
브라이언은 오른쪽으로 간 반면 다른 사람들은 왼쪽으로 갔다.

※ whereas는 두 가지 사실을 비교하거나 대조할 때 써요.

My sister likes spinach, **whereas** I don't.
언니는 시금치를 좋아하는 반면 나는 (시금치를) 싫어한다.

wherever (wair-ev-ur) [hwεərévər]

접속사 어디에나, 어디든지
I'll find you **wherever** you go.
네가 어디를 가든지 나는 너를 찾아낼 거야.
We must stop violence, **wherever** it is.
우리는 폭력을 근절해야 한다. 그곳이 어디든지.

☑ I'll find you wherever you go.
= I'll find you, no matter where you go.

whether (weTH-ur) [hwéðər]

접속사 1 ~인지 (아닌지)
I'm not sure **whether** this is going to work.
이것이 잘될지는 나도 잘 모르겠다.
He asked me **whether** I was Chinese.
그는 내가 중국 사람인지 물었다.

2 ~이든 (아니든)
It doesn't matter **whether** you win **or** lose.
네가 이기든 지든 문제가 되지 않는다.

☑ He asked me whether I was Chinese.
= He asked me if I was Chinese.

*which (wich) [hwitʃ]

형용사 어느, 어느 쪽의
Which book are you buying? 어느 책을 살 거니?
Which car is yours? 어느 차가 네 것이니?
I knew **which** people had come and **which** hadn't.
나는 누가 왔었고 누가 오지 않았는지 알고 있었다.

대명사 1 〖의문대명사〗 어느 것, 어느 쪽
Which of these pencils is yours?
이 연필들 중 어느 것이 네 것이야?
Which is better exercise—swimming or jogging?
어느 게 더 좋은 운동이야, 수영 아니면 조깅?
You can take **which** one you want.
네가 원하는 것으로 가져.

2 〖관계대명사〗 ~하는 것, 《, 뒤에 쓰임》 그리고 그것은
Have you seen the shoes **which** I bought yesterday?
어제 내가 산 신발 봤어?
Did you read the e-mail **which** Anne sent?
너 앤이 보낸 이메일 읽었니?
She gave me a book, **which** was very interesting.
그녀가 내게 책 한 권을 주었는데, 그 책은 매우 재미있었다.

Which car is yours?

☑ She gave me a book, which was very interesting.
= She gave me a book, and it was very interesting.

The sailboat, **which** was 15 meters long, was a beautiful sight on the water.
길이가 15미터인 항해선이 물 위에 떠 있는 광경은 아름다웠다.

➕ **which is which** 어느 것이 어느 것인지 (구별하기 힘듦)

which와 what의 차이를 알려 주세요.

▶ which는 몇 가지 선택 가능한 것 중 '어느 것'을 원하는지 물을 때 써요. 예를 들면, 회색, 하얀색, 파란색, 초록색 티셔츠 중에서 한 장을 고르라고 묻는 경우죠.
   ◎ A: **Which** one do you want? 어느 것을 원해?
     B: The white one. 흰색 (티셔츠).

▶ what은 정해진 것이 없는 상태에서 물을 때 써요.
   ◎ **What** year are you in? 너는 몇 학년이야?
     What are you going to do this weekend? 이번 주말에 뭐 할 거야?

whichever (wich-ev-ur) [hwitʃévər]

〔대명사〕 어느 것이든, 어느 쪽이든
Take **whichever** you like.
어느 것이든 네가 좋아하는 것을 가져라.

※ 어느 것(사람)이 선택되든지 결과는 똑같다고 할 때 쓰는 표현이에요.

while (wile) [hwail]

〔접속사〕 **1** ~하는 동안
While the weather's good, we should have a picnic.
날씨가 좋은 동안 우리는 소풍을 가야 한다.
Bora came **while** you were out.
네가 외출한 동안 보라가 왔었어.

2 ~하는 반면에
I like dogs, **while** Bella likes cats.
나는 개를 좋아하는 반면 벨라는 고양이를 좋아한다.
While many students only do schoolwork, Tom has a part-time job delivering newspapers.
많은 학생들이 학교 공부만을 하는 반면 톰은 신문을 배달하는 아르바이트도 한다.

〔명사〕 《단수로 쓰임》 잠시, 잠깐 동안
Can I see you **for a while**? 잠시 나 좀 볼까?
They waited **a while**, but Tom didn't arrive.
그들은 잠시 기다렸지만 톰은 도착하지 않았다.
I haven't seen her **in a long while**.
나는 오랫동안 그녀를 보지 못했다.
She visits her grandmother **once in a while**.
그녀는 가끔씩 할머니를 찾아뵌다.

Bora came **while** you were out.

☑ I haven't seen her in a long while.
= I haven't seen her for a long time.

whisper (wis-pur) [hwíspər]

동사 속삭이다, 귓속말을 하다
She **whispered** something **in** my **ear**.
그녀는 나의 귀에 대고 무언가를 속삭였다.
Mary **whispered** to Sally so the teacher wouldn't hear her.
메리는 선생님께서 듣지 못하시도록 샐리에게 귓속말을 했다.

명사 ⓒ 속삭임, 귓속말
He spoke **in a whisper**. 그는 귓속말로 말했다.

3인칭단수현재	whispers
현재분사	whispering
과거·과거분사	whispered
복수형	whispers

whistle (wis-uhl) [hwísəl]

명사 1 ⓒ 호루라기
The police officer **blew** his **whistle** at the car drivers.
경찰이 운전자들에게 호루라기를 불었다.

2 ⓒ 휘파람
He **gave a whistle**. 그는 휘파람을 불었다.

동사 1 호루라기를 불다
The referee **whistled** to start the game.
심판은 경기를 시작하기 위해 호루라기를 불었다.

2 휘파람을 불다
My younger brother can **whistle**.
나의 남동생은 휘파람을 불 수 있다.
John **whistled** a happy tune.
존은 즐거운 곡조를 휘파람으로 불었다.

복수형	whistles

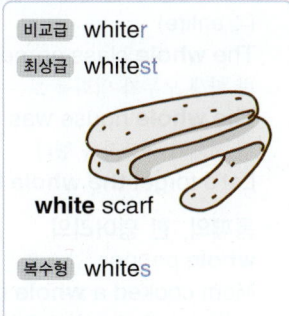
whistle

3인칭단수현재	whistles
현재분사	whistling
과거·과거분사	whistled

*white (wite) [hwait]

형용사 1 하얀, 흰, 흰색의
She has a **white** scarf. 그녀는 흰색 목도리가 있다.
She is wearing a **white** hat. 그녀는 하얀 모자를 쓰고 있다.

2 창백한 (=pale)
Sam turned **white** with fear. 샘은 공포로 창백해졌다.
The cold turned her lips **white**.
추위가 그녀의 입술을 파래지게 했다.

명사 1 ⓤ 흰색
White is the color of snow. 흰색은 눈의 색깔이다.
The rooms are painted in **white**.
방들은 흰색으로 칠해졌다.

2 ⓒ (달걀의) 흰자(위)

비교급	whiter
최상급	whitest

white scarf

복수형	whites

The cake recipe calls for five egg **whites**.
그 케이크 요리법에 의하면 달걀흰자 다섯 개가 필요하다.

+ yolk 노른자(위)

*who (hoo) [huː]

대명사 1 《의문대명사》 누가, 누구
Who was that? 누구였니?
Who did this to my car? 누가 내 차를 이렇게 했어?

2 《관계대명사》 ~하는 사람, 《, 뒤에 쓰임》 그리고 그 사람은
You're the only person **who** understands me.
나를 이해해 주는 사람은 너뿐이야.
He is the man **who** gave me a ride.
그는 나를 태워 주었던 사람이다.
I have a son, **who** is an English teacher.
나에게는 아들이 한 명 있는데, 영어 교사다.

3 《목적격 whom 대신 쓰임》 누구, 누구를, 누구에게
Who were you talking **to** on the phone?
누구와 통화하고 있었어?

+ whose 누구의, 누구의 것
  whom 누구를, 누구에게

Who did this to my car?

☑ **Who** were you talking to on the phone?
= To whom were you talking on the phone?

whoever (hoo-ev-ur) [huːévər]

대명사 누구나, 누구든
Take **whoever** wants to go.
가고 싶어 하는 사람은 누구든 데려가라.
Whoever took my pencil needs to give it back.
내 연필을 가져간 사람은 누구든 (연필을) 돌려줘야 해.

+ whomever whoever의 목적격

whole (hole) [houl]

형용사 1 《명사 앞에만 쓰임》 모든, 전부의, 전체의 (≒ entire)
The **whole** class agreed to watch a movie.
반 학생 모두가 영화를 보는 것에 동의했다.
The **whole** house was remodeled.
집 전체가 새단장을 했다.
Let's forget **the whole thing**. 전부 잊어버리자.

2 통째의, 한 덩어리의
whole pepper (갈지 않은) 통후추
Mom cooked a **whole** chicken.
엄마는 닭 한 마리를 통째로 요리하셨다.

● *as a whole* 전체적으로, 전체로서
As a whole, the game was exciting.
전체적으로 경기는 재미있었다.

+ wholeness 전체
  wholly 전적으로

Mom cooked a **whole** chicken.

☑ **On the whole**, I'm happy with my grades.

- **on the whole** 대체로, 일반적으로
  On the whole, I'm happy with my grades.
  대체로 나는 내 성적에 만족한다.

> = Generally, I'm happy with my grades.

whom (hoom) [huːm]

대명사 **1** 〖who의 목적격〗 누구를, 누구에게
Whom are you talking to on the phone?
누구와 통화하고 있는 거니?

2 〖관계대명사〗 ~한 사람
Mr. Kim, **whom** I met, is a painter.
내가 만난 김 선생님은 화가이다.

> ☑ Whom are you talking to?
> = Who are you talking to?
> ※ 일상에서는 whom 대신 who를 사용해요.

whose (hooz) [huːz]

형용사 〖who의 소유격〗 누구의
Whose car is this? 이것은 누구의 차입니까?

대명사 〖who의 소유대명사〗 누구의 것
Whose are these? 이것들은 누구의 것입니까?

> ※ who is의 줄임말인 who's와 혼동하지 마세요.

*why (wye) [hwai]

부사 **1** 〖의문부사〗 왜, 무엇 때문에
Why were you late today? 너 오늘 왜 늦었니?
Why did you do that? 왜 그런 짓을 했어?

2 〖관계부사〗 ~한 이유
There's no reason **why** you should be sad.
네가 슬퍼할 이유가 없다.
This is **why** I came to see you.
이것이 내가 너를 보러 온 이유이다.

- **why not 1** 《제안할 때》 ~하는 게 어때?
  Why not e-mail her tomorrow?
  내일 그녀에게 이메일을 보내는 게 어때?
  Why don't you come over for dinner?
  와서 함께 저녁 먹을래?
  2 《동의할 때》 좋아, 물론
  A: Let's eat out. 우리 외식하자.
  B: **Why not?** 좋아.

This is **why** I came to see you.

wicked (wik-id) [wíkid]

형용사 사악한, 못된
wicked habits 악습

> 비교급 **wicked**er,

wide

She was a **wicked** stepmother.
그녀는 못된 계모였다.
The **wicked** witch laughed loudly.
그 사악한 마녀는 큰 소리로 웃었다.

| 비교급 | more wicked |
| 최상급 | wickedest, most wicked |

* wide (wide) [waid]

형용사 **1** 넓은 (≒ broad; ↔ narrow)
The box is 30 centimeters **wide**.
그 상자는 너비가 30센티미터이다.
His garage is **wide** enough for three cars.
그의 차고는 차가 세 대 들어갈 만큼 충분히 넓다.

2 (지식·종류 등이) 폭넓은, 광범위한
She has a **wide** experience in teaching.
그녀는 가르치는 데 폭넓은 경험이 있다.
She enjoys listening to **a wide range of** music.
그녀는 다양한 장르의 음악을 듣는 것을 즐긴다.

부사 완전히, 활짝
I'm **wide awake** now. Stop yelling.
나 이제 잠이 완전히 깼어. 그만 소리 질러.
He ran out and left the door **wide** open.
그는 달려 나가면서 문을 활짝 열어 두었다.
Her green eyes were **wide** open, staring at the ceiling.
그녀의 초록색 눈은 크게 떠진 채로 천장을 바라보고 있었다.

| 비교급 | wider |
| 최상급 | widest |

➕ **widely** 널리, 광범위하게
widen 넓히다, 넓어지다
width 폭, 너비

The box is 30 centimeters **wide**.

widow (wid-oh) [wídou]

명사 ⓒ 과부, 미망인
a war **widow** 전쟁 미망인
The **widow** wore black clothes.
과부는 검은색 옷을 입었다.

| 복수형 | widows |

➕ **widower** 홀아비

* wife (wife) [waif]

명사 ⓒ 부인, 아내
His **wife** is a teacher. 그의 부인은 교사이다.
He has been married to his **wife** for 15 years.
그는 그의 부인과 15년째 결혼 생활을 하고 있다.

| 복수형 | wives |

wild (wilde) [waild]

형용사 **1** (동·식물이) 야생의, 자연 그대로의 (↔ domestic)
Wildflowers grow in the field.

| 비교급 | wilder |

야생화들이 들판에서 자란다.
We sometimes meet **wild animals** on the hiking trail. 우리는 등산로에서 가끔 야생 동물들을 만난다.

2 (땅 등이) 개척되지 않은, 황량한
They walked into the **wild** desert.
그들은 황량한 사막으로 걸어 들어갔다.

3 거친, 사나운, 미친 듯한
Tim rides his motorcycle like a **wild** man.
팀은 미친 사람처럼 오토바이를 탄다.

명사 1 《the wild로 쓰임》 야생, 자연 (상태)
What a thrill it was to see great apes **in the wild**.
야생에서 멋진 원숭이들을 보니 정말 흥분되었다.
In the wild, tigers live alone.
야생 상태에서 호랑이는 홀로 생활한다.
The flowers were collected from **the wild**.
꽃들은 야생에서 채취된 것이다.
He will return the monkey to **the wild** when it is healthy.
그는 원숭이가 건강해지면 야생으로 돌려보낼 것이다.

2 《the wilds로 쓰임》 황무지, 미개척지
They explored **the wilds** of Africa.
그들은 아프리카 미개척지를 탐험했다.

최상급 wild**est**

➕ wild**ly** 거칠게
wild**ness** 야생

wild animal

복수형 wild**s**

➕ wild**life** 야생 생물

They explored **the wilds** of Africa.

---

* **will**¹ (wil) [wil, wəl]

조동사 1 《미래》 ~일 것이다, ~할 것이다
It **will** rain in Seoul tomorrow.
내일 서울에는 비가 올 것이다.
She **will** be back by noon today.
그녀는 오늘 정오까지 돌아올 것이다.
They **will** contact you soon.
그들이 너에게 곧 연락할 것이다.

2 《의지》 ~할 생각이다, ~하겠다
I **will** take a bus. 나는 버스를 탈 거야.
I**'ll** have a hamburger and fries.
난 햄버거랑 감자튀김으로 할래.
A: **Will** you help him? 그를 도와줄 거니?
B: No, I **will** not! 아니, 도와주지 않을 거야!

3 《부탁·제안》 ~하시겠습니까
Will you help me with this?
이것 좀 도와주시겠습니까?
Will you please pass the salt?
소금 좀 건네주시겠어요?

과거 would

➕ he'll = he will
I'll = I will
it'll = it will
she'll = she will
they'll = they will
we'll = we will
you'll = you will
won't = will not

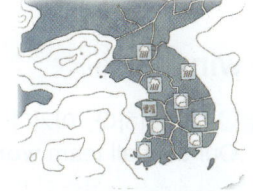
It **will** rain in Seoul tomorrow.

will과 be going to의 차이가 뭐예요?

will과 be going to는 둘 다 미래를 나타내요. be going to는 '이미 하기로 결정된 일을 하는 것'을 말하지만 will은 '단순한 미래'를 나타내요.
- I **am going to** buy a new computer.
  새로운 컴퓨터를 살 거야. (이미 컴퓨터를 사기로 결정했음)
  I **will** call her later. 그녀에게 나중에 전화할 거야. (단순한 미래)

will의 줄임말에 대해 알려 주세요.

will은 will 앞에 오는 주어에 붙여서 줄임말로 많이 쓰이지요. 그리고 will의 부정형은 will not인데, 이 경우의 줄임말은 won't가 돼요.
- I will → I'll   you will → you'll
  I will not → I won't   they will not → they won't

will² (wil) [wil]

명사 1 ⓒ 의지, 뜻
She has a strong **will to** win.
그녀는 이기고자 하는 강한 의지를 지녔다.
The **will to** live has helped many overcome illness.
살고자 하는 의지는 많은 사람들이 병을 극복하는 데 도움을 주었다.

2 ⓒ 유언, 유서
She **wrote a will** for her children.
그녀는 아이들을 위하여 유서를 작성하였다.
My grandmother left me a car in her **will**.
할머니께서는 유서에 나에게 차를 남기겠다고 하셨다.

복수형 will**s**

My grandmother left me a car in her **will**.

willing (wil-ing) [wíliŋ]

형용사 기꺼이 ~하는, ~하기를 꺼리지 않는
I am **willing to** help you. 기꺼이 도와 드리겠습니다.
Mary is always **willing to** look after her neighbors' children.
메리는 항상 이웃의 아이들을 기꺼이 돌봐 준다.

비교급 more willing
최상급 most willing

➕ willingly 기꺼이

＊win (win) [win]

동사 1 승리하다, 이기다 (↔lose)
Our softball team **won** seven times this season.
우리 소프트볼 팀은 이번 시즌에 일곱 번 승리했다.
They **won** the game 5 : 4.
그들은 게임을 5 대 4로 이겼다.

3인칭단수현재 wins
현재분사 winning
과거·과거분사 won

2 (상 등을) 타다, 따다
Sally **won** the best young pianist award.
샐리는 최고 청소년 피아니스트상을 탔다.
She **won** first prize in the math contest.
그녀는 수학 경시대회에서 1등을 하였다.

> ➕ **win or lose** 이기든 지든, 성공하든 실패하든

*wind¹ (wind) [wind]

〔명사〕 ⓒ 바람
Her hair blew in the **wind**.
그녀의 머리카락이 바람에 날렸다.
A **wind** is blowing. 바람이 분다.

> 복수형 wind**s**

wind² (winde) [waind]

〔동사〕 **1** (실 등을) 감다
Wind the string around the top and then pull it.
줄을 팽이에 감고 (줄을) 당겨라.
The nurse **wound** the bandage around my leg.
간호사가 내 다리에 붕대를 감아 주었다.
Tony **wound** the scarf around his neck.
토니는 목에 스카프를 둘렀다.

2 (시계 등의) 태엽을 감다
The clock will stop if you don't **wind** it **up**.
태엽을 감아 주지 않으면 시계는 멈출 것이다.

3 (길 등이) 구불구불하다
The path **winds** through the forest.
숲에 길이 구불구불하게 나 있다.

> 3인칭단수현재 wind**s**
> 현재분사 wind**ing**
> 과거·과거분사 **wound**

Tony **wound** the scarf around his neck.

*window (win-doh) [wíndou]

〔명사〕 ⓒ 창문, 창
Please open the **window**. 창문을 좀 열어 주세요.
She was standing at the **window** and looking outside.
그녀는 창가에 서서 밖을 바라보고 있었다.

> 복수형 window**s**
> ➕ **window seat** 창가 좌석

windy (win-dee) [wíndi]

〔형용사〕 바람이 부는
It's **windy** outside. 밖에 바람이 분다.
It's very **windy** today! 오늘은 바람이 굉장히 많이 불어!
Jeju-do is a **windy** part of Korea.
제주도는 한국에서 바람이 많이 부는 지역이다.

> 비교급 wind**ier**
> 최상급 wind**iest**

wine (wine) [wain]

명사 ⓒⓤ 포도주
a glass (bottle) of **wine** 포도주 한 잔[병]
Red **wine** is good for your heart.
적포도주는 심장에 좋다.

| 복수형 | **wine**s |

wing (wing) [wiŋ]

명사 **1** ⓒ (새·곤충 등의) 날개
Eagles have very large **wings**.
독수리는 날개가 매우 크다.
A butterfly flapped its **wings**.
나비가 날개를 퍼덕였다.

2 ⓒ (비행기 등의) 날개
I like to sit behind the **wings** when I fly on a plane. I think it's safer.
나는 비행기를 탈 때 날개 뒤편에 앉는 것을 좋아한다. 그것이 더 안전한 것 같다.

| 복수형 | **wing**s |

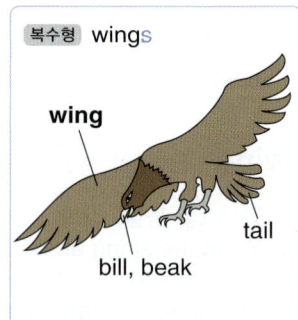

wink (wingk) [wiŋk]

동사 윙크하다, 눈을 찡긋하다
Mary **winked at** Tim. 메리는 팀에게 윙크했다.
She **winked** and said that she understood.
그녀는 윙크를 하고는 이해했다고 말했다.

명사 ⓒ 윙크, 눈을 찡긋함
Mary **gave a wink to** Tim. 메리는 팀에게 윙크했다.

3인칭단수현재	**wink**s
현재분사	**wink**ing
과거·과거분사	**wink**ed
복수형	**wink**s

winner (win-ur) [wínər]

명사 ⓒ 우승자, 승자
Minsu was the **winner of** the race.
민수가 달리기 시합의 우승자였다.
Everyone who does their best is a **winner**.
누구든 최선을 다하는 사람이 승자이다.

| 복수형 | **winner**s |

➕ **winning** 우승한, 승리한, 이긴

*winter (win-tur) [wíntər]

명사 ⓒⓤ 겨울
It snowed a lot this **winter**.
이번 겨울에는 눈이 많이 왔다.
This **winter** is unusually warm.
이번 겨울은 평소와 달리 따뜻하다.

| 복수형 | **winter**s |

wipe (wipe) [waip]

동사 닦다, 닦아 내다
She **wiped** the dining table. 그녀는 식탁을 닦았다.
Stop crying. **Wipe** your eyes. 그만 울어. 눈 좀 닦아.
Wash your hands and **wipe** them **on** a towel.
손을 씻고 수건으로 닦아라.

3인칭단수현재	wipes
현재분사	wiping
과거·과거분사	wiped

wire (wire) [waiər]

명사 1 ⓒⓤ 철사
We used **wire** to set up a fence.
우리는 울타리를 만드는 데 철사를 사용했다.

2 ⓒ 전선
Electric wire is used to conduct an electrical current.
전선은 전류를 보내는 데 사용된다.

동사 전선을 연결하다, 배선하다
The plug has been **wired up** properly.
플러그에 전선이 제대로 연결되었다.

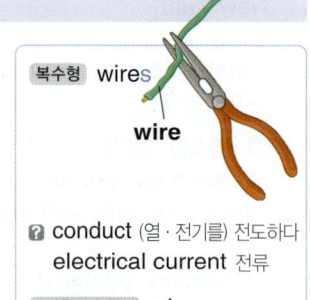

복수형	wires

wire

❓ conduct (열·전기를) 전도하다
electrical current 전류

3인칭단수현재	wires
현재분사	wiring
과거·과거분사	wired

wisdom (wiz-duhm) [wízdəm]

명사 ⓤ 지혜, 슬기
He is a man of great **wisdom**.
그는 굉장히 지혜로운 사람이다.

➕ wisdom tooth 사랑니

wise (wize) [waiz]

형용사 지혜로운, 현명한
a **wise** old man 지혜로운 노인
That was a **wise** choice. 현명한 선택이었어.

비교급	wiser
최상급	wisest

*wish (wish) [wiʃ]

동사 1 《가정법》 《불가능한 것을 바랄 때 씀》 ~하면 좋겠다, 《지난 일을 후회할 때 씀》 ~했으면 좋았을 텐데
A: I **wish** I had a big glass of iced tea right now.
지금 큰 잔으로 아이스티를 마셨으면 좋겠어.
B: Me too. It is so hot.
나도. 너무 더워.
I **wish** I had bought those shoes.
그 신발을 샀더라면 좋았을 텐데.

3인칭단수현재	wishes
현재분사	wishing
과거·과거분사	wished

2 희망하다, 바라다, ~하고 싶다
You may use my cell phone, if you **wish**.
원한다면 내 휴대 전화를 써도 돼.
I **wish** to thank everyone for reading this book.
모든 분께 이 책을 읽어 주셔서 감사드린다고 하고 싶습니다.
You can **do as you wish**. 원하시는 대로 하셔도 됩니다.

3 기원하다, 소망하다
We **wish** you a Merry Christmas and a Happy New Year.
즐거운 성탄절과 행복한 새해가 되길 기원합니다.
I **wish** you a safe journey home.
무사히 집에 도착하길 바랍니다.

- 명사 Ⓒ **소망, 희망**
His **wish** came true. 그의 소망이 이루어졌다.
Close your eyes and **make a wish**!
눈을 감고 소원을 빌어!

- ● ***best wishes*** 《편지의 끝말로 쓰임》 행복〔성공〕을 빌며, 그럼 안녕히 계십시오, ~ 올림
See you soon. **Best wishes**, Lisa.
곧 만나자. 그럼 안녕. 리사가.

☑ You can do as you wish.
= You can do whatever you want to do.

복수형 wish**es**

☑ His wish came true.
= He got his wish.
= He got what he wished for.

---

wit (wit) [wit]

명사 **1** Ⓤ **재치**
Jim's **wit** makes everyone laugh.
짐의 재치는 모든 사람을 웃게 만든다.

2 Ⓒ **기지, 지혜**
Mary used her **wits** to quickly put out the fire.
메리는 기지를 발휘하여 재빨리 불을 껐다.

복수형 wit**s**

➕ **witty** 재치 있는, 기지 있는
wittily 재치 있게

---

witch (wich) [witʃ]

명사 Ⓒ **마녀**
The **witch** has magic powers.
마녀는 마법의 힘을 가지고 있다.
Witches ride on broomsticks.
마녀는 빗자루를 타고 다닌다.

복수형 witch**es**

➕ **wizard** (남자) 마법사

＊with (wiTH, with) [wið, wiθ]

전치사 **1 ~와 함께**
Sally went to the dance **with** Tony.
샐리는 토니와 함께 댄스파티에 갔다.
He was **talking with** a friend on the phone.

Sally went to the dance **with** Tony.

그는 친구와 전화 통화 중이었다.
Do you want to **come with** us? 우리와 함께 갈래?
French fries **come with** all the hamburgers.
모든 햄버거에는 감자튀김이 따라 나온다.
Mix the flour **with** milk. 밀가루와 우유를 섞어라.
I **agree with** you. 나는 네 의견에 동의해.

2 ~으로, ~을 사용하여
I opened the door **with** my key.
나는 내 열쇠로 문을 열었다.
You can pay **with** a credit card.
신용 카드로 지불하실 수 있습니다.
He stirred his coffee **with** a spoon.
그는 스푼으로 커피를 저었다.

3 ~을 가지고 있는
a girl **with** blue eyes 눈이 파란 여자아이
I'm looking for a house **with** a garden.
나는 정원이 있는 집을 찾고 있다.
Do you **have** some money **with** you?
돈 좀 가지고 있니?

4 (맞서서) ~을 상대로, ~와
I don't want to argue **with** you.
난 너랑 논쟁하고 싶지 않아.
Sam **fought with** Tom over who would go first.
샘은 누가 먼저 갈 것인가를 가지고 톰과 싸웠다.
I played tennis **with** Tim. 나는 팀과 테니스를 쳤다.

5 ~ 때문에, ~으로 인해
I was **sick with** the flu. 나는 독감으로 아팠다.
His face was wet **with** sweat.
그의 얼굴은 땀으로 젖어 있었다.

French fries **come with** all the hamburgers.

You can pay **with** a credit card.

☑ a girl with blue eyes
= a girl who has blue eyes

☑ His face was wet with sweat.
= His face was wet because of sweat.

---

withdraw (wiTH-draw, with-draw) [wiðdrɔ́ː, wiθdrɔ́ː]

동사 1 기권하다, 탈퇴하다, 취소하다
John **withdrew** from the competition.
존은 시합을 기권했다.
Mary got angry and **withdrew** her offer to help us.
메리는 화가 나서 우리를 도와주겠다던 제의를 취소했다.

2 (군대 등을) 철수하다, 철수시키다
The army will have to **withdraw** from the city.
군대는 그 도시에서 철수해야 할 것이다.

3인칭단수현재 withdraw**s**
현재분사 withdraw**ing**
과거 with**drew**
과거분사 with**drawn**

➕ withdrawal 기권, 탈퇴, 취소; 철수

---

withdrawn (wiTH-drawn, with-drawn) [wiðdrɔ́ːn, wiθdrɔ́ːn]

동사 withdraw의 과거분사형

withdrew (wiTH-droo, with-droo) [wiðdrúː, wiθdrúː]

동사 withdraw의 과거형

within (wiTH-in, with-in) [wiðín, wiθín]

전치사 1 〖장소〗 ~ 안에 (≒ inside; ↔ outside)
The light brown rabbit stayed **within** the fence.
연한 갈색 토끼는 울타리 안에 머물러 있었다.
Within the book, you'll find all the information you need.
책 안에서 당신은 필요한 모든 정보를 찾을 수 있을 것이다.

2 〖시간〗 ~ 이내에
She will be back **within** an hour.
그녀는 한 시간 내로 돌아올 것이다.
Everything has to be done **within** a short amount of time.
모든 것은 짧은 시간 안에 행해져야 한다.

3 〖거리·범위〗 ~ 범위 안에, ~ 이내에
The school is **within** walking distance of our house.
우리 집에서 학교까지는 걸어 다닐 수 있는 거리이다.
You have to play **within** the rules.
너희들은 규칙 내에서 경기를 해야 한다.

• ***within sight of*** ~가〔이〕 보이는 곳, ~가〔이〕 보이는 곳에
I live **within sight of** Mt. Gwanak.
나는 관악산이 보이는 곳에 산다.

The light brown rabbit stayed **within** the fence.

☑ She will be back within an hour.
= She will be back in an hour or less.

☑ I live within sight of Mt. Gwanak.
= I can see Mt. Gwanak from my house.

without (wiTH-out, with-out) [wiðáut, wiθáut]

전치사 1 ~ 없이, ~이 없는
a world **without** war 전쟁 없는 세상
You can't get in **without** a ticket.
표 없이는 입장하실 수 없습니다.
They fought **without** fear. 그들은 두려움 없이 싸웠다.
Without a doubt, this is great food.
의심할 것 없이 이것은 훌륭한 음식이다.

2 ~하지 않고
Jane drove **without** break**ing** the speed limit.
제인은 제한 속도를 어기지 않고 운전했다.
Even **without** study**ing**, she passed the test.
공부도 하지 않고 그녀는 시험을 통과했다.

• ***do without*** ~ 없이 지내다
I don't know how we ever **did without** computers.
컴퓨터 없이 어떻게 지냈는지 모르겠다.

You can't get in **without** a ticket.

witness (wit-nis) [wítnis]

명사 1 ⓒ 목격자
The police asked the **witness to** the car accident about what happened.
경찰은 자동차 사고 목격자에게 무슨 일이 일어났는지 물었다.

2 ⓒ (법정의) 증인
I'd like to call my next **witness**, your honor.
다음 증인을 세우고 싶습니다, 재판관님.

동사 목격하다
No one **witnessed** the accident.
아무도 그 사고를 목격하지 않았다.

복수형	witnesses

➕ eyewitness 증인, 목격자
witness stand (법정의) 증인석

3인칭단수현재	witnesses
현재분사	witnessing
과거·과거분사	witnessed

wives (wyvez) [waivz]

명사 wife의 복수형

wizard (wiz-urd) [wízərd]

명사 ⓒ (남자) 마법사
Dorothy needs to find the **Wizard** of Oz so she can get back home.
도로시는 집으로 돌아가기 위해 오즈의 마법사를 찾아야 한다.

복수형	wizards

➕ witch 마녀

woke (woke) [wouk]

동사 wake의 과거형

woken (wo-kin) [wóukən]

동사 wake의 과거분사형

*wolf (wulf) [wulf]

명사 ⓒ 늑대
a pack of **wolves** 늑대 한 무리
The **wolf** is a wild animal that is related to the dog.
늑대는 개와 친척 관계인 야생 동물이다.
Wolves hunt in groups. 늑대는 떼를 지어 사냥을 한다.

복수형	wolves

❓ related 친척의

wolves (wulvz) [wulvz]

명사 wolf의 복수형

woman

*woman (wum-uhn) [wúmən]

명사 ⓒ (성인) 여자, 여성
men, **women**, and children 남녀노소
the first **woman** president 첫 여성 대통령
That **woman** is my mother.
저 여자분이 나의 어머니이시다.

복수형	women

women (wim-in) [wímin]

명사 woman의 복수형

won (wuhn) [wʌn]

동사 win의 과거·과거분사형

wonder (wuhn-dur) [wʌ́ndər]

동사 1 궁금하다, 알고 싶어 하다, 의아해하다
I **wonder** what is in that box.
나는 저 상자 안에 무엇이 있는지 궁금하다.
I **wonder** why Mary didn't come.
나는 메리가 왜 오지 않았는지 알고 싶다.
I **wonder** if Sally is coming to the party.
나는 샐리가 파티에 오는지 궁금하다.
- *I wonder if* [부탁·요청] ~할 수 있을까요? (≒ may I)
I **wonder** if I could use your pen.
펜 좀 빌릴 수 있을까요?

2 놀라다, 경탄하다
We **wondered at** how Tim could run so fast.
우리는 팀이 그렇게 빨리 달릴 수 있다는 데 놀랐다.

명사 1 ⓤ 놀라움, 경탄
I listened **in wonder** to the great opera singer.
나는 훌륭한 오페라 가수의 노래를 경탄하며 들었다.
The children looked up **in wonder** at the tall giraffe.
아이들은 놀라면서 키 큰 기린을 올려다보았다.
- *no wonder* 놀랄 일이 아닌, 당연한
It's **no wonder** you're hungry; you didn't have breakfast and lunch.
네가 배고픈 것은 당연해. 아침과 점심을 안 먹었잖아.

2 ⓒ 불가사의, 기적
The pyramid is one of the seven **wonders** of the world.
피라미드는 세계 7대 불가사의 중 하나이다.

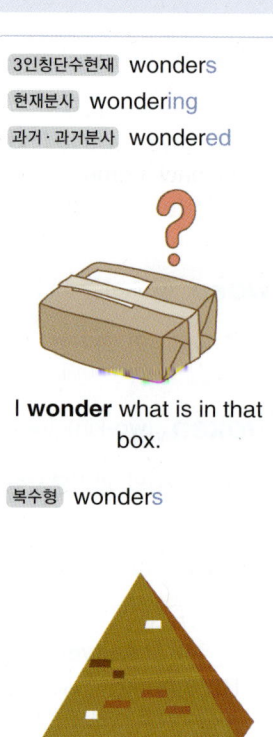

3인칭단수현재	wonders
현재분사	wondering
과거·과거분사	wondered

I **wonder** what is in that box.

| 복수형 | wonders |

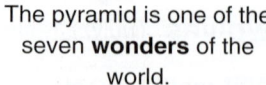

The pyramid is one of the seven **wonders** of the world.

*wonderful (wuhn-dur-fuhl) [wʌ́ndərfəl]

형용사 훌륭한, 놀라운, 멋진
This job is a **wonderful** opportunity for him.
이 일은 그에게 훌륭한 기회이다.
What a **wonderful** present! 정말 멋진 선물이야!
We had a **wonderful** time. 우리는 즐거운 시간을 보냈다.
It's **wonderful to** see you after all this time.
오랜만에 널 보니 정말 좋다.

| 비교급 | more wonderful |
| 최상급 | most wonderful |

❓ after all this time
오랜만에

won't (wohnt) [wɔːnt]

will not의 줄임말

*wood (wud) [wud]

명사 1 ⓒⓤ 나무, 목재
Sam is chopping **wood** for the fire.
샘은 불을 지피기 위해 나무를 쪼개고 있다.
This bookcase is made of **wood**.
이 책꽂이는 나무로 만들어졌다.

2 ⓒ ((the woods로도 쓰임)) 숲, 삼림
We saw a snake in **the woods**.
우리는 숲 속에서 뱀을 보았다.

복수형 wood**s**

➕ wood carving 목각
woodpecker 딱따구리

wood

wooden (wud-uhn) [wúdn]

형용사 나무로 만든, 목재의
The **wooden** building was falling apart.
그 목재 건물은 무너지고 있었다.
Use a **wooden** spoon to stir the soup.
수프를 저을 땐 나무 숟가락을 사용해라.

❓ fall apart 부서지다, 무너지다

wool (wul) [wul]

명사 ⓤ 양모, 양털, 울
This skirt is **wool**. 이 스커트는 양모이다.
She is wearing pure **wool** gloves.
그녀는 순모 장갑을 끼고 있다.

➕ woolen 양모의, 모직의
woolly 양모의, 털북숭이의

*word (wurd) [wəːrd]

명사 1 ⓒ 단어, 낱말
What is the meaning of that **word**?
그 단어의 의미가 무엇입니까?

복수형 word**s**

What is the Japanese **word** for apple?
사과를 일본어로 뭐라고 하지?
- ***in other words*** 바꿔 말하면, 즉
My dog sleeps all day—**in other words**, he's lazy.
내 개는 하루 종일 잠만 자. 즉, 게으르지.

2 ⓒ (간단한) 말, 이야기, 짧은 대화
Can I **have a word with** you, Sam?
잠깐 이야기 좀 할 수 있을까요, 샘?
Tim's **word of advice** turned into a 20-minute lecture.
팀의 조언은 20분짜리 강의가 되어 버렸다.

3 《단수로 쓰임》 소식, 뉴스, 정보
Have you gotten any **word from** headquarters?
본부로부터 소식이 있나요?
She **sent word** that she'd be late.
그녀는 늦을 것 같다고 알려 주었다.

4 《단수로 쓰임》 약속
He is a **man of his word**. 그는 약속을 지키는 사람이다.
You'd better **keep your word**.
약속을 지키는 게 좋을 거야.
Lisa **gave her word** that she would behave while her parents were out of town.
리사는 그녀의 부모님께서 멀리 가 계신 동안 잘 행동할 거라고 약속했다.

☑ What is the Japanese word for apple?
= How do you say "apple" in Japanese?

My dog sleeps all day— **in other words**, he's lazy.

☑ Can I have a word with you?
= Can I talk with you for a second?

☑ He is a man of his word.
= He always keeps his promises.

wore (wor) [wɔːr]

동사 wear의 과거형

*work (wurk) [wəːrk]

동사 **1** (돈을 벌기 위해) 일하다, 근무하다
She **works** forty hours a week.
그녀는 일주일에 40시간 일한다.
Mr. Brown **works** as a government employee.
브라운 씨는 공무원으로 일한다.

2 힘쓰다, 공부하다, 노력하다
Mary **worked** hard for the exam.
메리는 시험을 위해 열심히 공부했다.

3 (기계 등이 제대로) 작동하다, 작동시키다
Is this microphone **working**? 이 마이크는 잘 작동하나요?
My computer isn't **working**.
내 컴퓨터가 고장이 났다.

3인칭단수현재	work**s**
현재분사	work**ing**
과거·과거분사	work**ed**

➕ **worker** 근로자, 일꾼
working 일하는; 노동; 작용
workless 일이 없는, 실직한

Can you show me how to **work** this copy machine?
이 복사기를 어떻게 작동시키는지 보여 줄 수 있어?

4 효과가 있다, (약 등이) 듣다
His plan didn't **work** this time.
그의 계획이 이번에는 효과가 없었다.
These pills don't **work** for me.
이 알약들은 내겐 듣지 않는다.

- **work out** 1 (문제를) 풀다, 해결하다
Bella **worked out** what was wrong with her computer.
벨라는 자신의 컴퓨터에 생긴 문제를 **해결했다**.
2 운동하다
She **works out** at the health club every day.
그녀는 매일 헬스클럽에서 **운동한다**.

She **works out** at the health club every day.

명사 **1** Ⓤ (돈을 벌기 위한) 일, 직업
He is looking for **work** as a carpenter.
그는 목수 일을 찾고 있다.
A: What kind of **work** do you do? 어떤 일을 하세요?
B: I'm a nurse. 저는 간호사입니다.

2 Ⓤ 직장, 회사
Even though he was sick, he went to **work** on time.
그는 아팠지만 제시간에 회사에 갔다.
She **left work** a few minutes ago.
그녀는 몇 분 전에 퇴근했다.

3 Ⓤ (신체적·정신적 노력이 필요한) 일, 공부
Painting the house is **hard work**.
집을 페인트칠하는 것은 힘든 일이다.

4 Ⓒ (예술) 작품
the **works** of Beethoven 베토벤의 작품들
Eric's painting is a real **work of art**.
에릭의 그림은 진짜 예술 작품이다.

복수형 **work**s

➕ homework 숙제
housework 집안일
schoolwork 학교 공부

➕ workaholic 일벌레
workaholism 일중독
workbook 연습 문제집, 워크북
workday 근무일
work experience 실무 경험
working day 근무일

---

worker (wur-kur) [wə́ːrkər]

명사 Ⓒ 근로자, 종업원, 일꾼
He is a **factory worker**. 그는 공장 근로자이다.
She wants to have a job as a full-time **worker**.
그녀는 정규 사원으로 일하기를 원한다.

복수형 **worker**s

➕ skilled worker 숙련된 일꾼

---

*world (wurld) [wəːrld]

명사 **1** 《the world로 쓰임》 세계, 지구 (=the earth)
a map of **the world** 세계 지도

복수형 **world**s

I want to travel **the world**. 나는 세계 여행을 하고 싶다.
He is the smartest boy **in the world**.
그는 세계에서 가장 똑똑한 소년이다.
We traveled **all around the world**.
우리는 전 세계를 여행했다.
I met many people from **all over the world**.
나는 전 세계 사람들을 만났다.

- **(it's a) small world** 세상 참 좁다
You know Lisa, too? Wow, **it's a small world**.
너도 리사를 아니? 와, **세상 참 좁다**.

2 《단수로 쓰임》 세상 사람들
The world has to work together to solve global warming.
세상 사람들은 지구 온난화를 해결하기 위해 함께 노력해야 한다.
Show **the world** what you can do.
세상 사람들에게 네가 할 수 있는 것을 보여 주어라.

3 《단수로 쓰임》 세상, 사회
the history of **the world** 세계사
We can change **the world**. 우리가 세상을 바꿀 수 있다.

4 ⓒ (특정한) 세계
The animal **world** is full of wonders.
동물의 세계는 경이로움으로 가득 차 있다.

5 ⓒ (활동) 분야
Lisa is a leader in **the world of** fashion.
리사는 패션 분야의 선도자이다.

➕ **worldwide** 전 세계적인

☑ people from all over the world
= people from (all) around the world
= people from (all) across the world

The world has to work together to solve global warming.

 in the world에 다른 뜻도 있나요?

in the world는 what, where, who, how 등의 의문사 뒤에서 놀람이나 화남을 나타내는 표현으로 쓰여요.
 What in the world are you doing here? 너 도대체 여기서 뭐 하고 있니?
How in the world did you know that? 도대체 네가 어떻게 그것을 알았니?

---

worm (wurm) [wɔːrm]

명사 ⓒ 벌레, 지렁이
A **worm** lives in the soil. 지렁이는 땅속에 산다.

복수형 **worm**s

worn (worn) [wɔːrn]

동사 wear의 과거분사형

worried (wur-eed) [wə́ːrid, wʌ́rid]

형용사 걱정하는, 걱정스러워하는
Sally was **worried** she would miss the plane.
샐리는 비행기를 놓칠까 봐 걱정했다.

➕ **be worried sick** 굉장히 걱정하다

*worry (wur-ee) [wə́ːri]

동사 걱정하다, 걱정시키다
Don't **worry about** me. 내 걱정은 하지 마.
What's **worrying** you? 무슨 걱정 있어?

명사 1 ⓤ 걱정, 근심 (≒ anxiety)
His mother was **sick with worry**.
그의 어머니는 굉장히 걱정하셨다.

2 ⓒ 걱정거리
My real **worry** is the bad weather.
나의 진짜 걱정거리는 나쁜 날씨이다.

3인칭단수현재	worries
현재분사	worrying
과거·과거분사	worried
복수형	worries

worse (wurs) [wəːrs]

형용사 1 〖bad의 비교급〗 더 나쁜, 보다 나쁜 (↔ better)
His financial condition is **getting worse**.
그의 재정 상태는 더 나빠지고 있다.
Your idea is **even worse** than mine.
네 아이디어는 내 아이디어보다 훨씬 더 형편없어.

• *go from bad to worse* 점점 나빠지다
Things **went from bad to worse**. 상황이 점점 나빠졌다.

2 〖ill의 비교급〗 더 아픈, 더 나빠진
His lower back is **getting worse**.
그의 허리는 점점 더 나빠지고 있다.

부사 〖badly의 비교급〗 더 심하게, 더 나쁘게
He played **worse** in the concert.
그는 콘서트에서 더 형편없게 연주했다.

➕ **worsen** 악화되다, 악화시키다
❓ **financial** 금융의, 재정의

His financial condition is **getting worse**.

※ bad, ill, badly의 비교급과 최상급
bad (나쁜) – worse – worst
ill (아픈) – worse – worst
badly (나쁘게) – worse – worst

worship (wur-ship) [wə́ːrʃip]

동사 1 예배하다, 예배를 드리다
She **worships** at this church.
그녀는 이 교회에서 예배를 드린다.
We have the freedom to **worship** in the way we choose. 우리는 우리가 선택한 방식으로 예배할 자유가 있다.

2 열렬히 사랑하다, 숭배하다
As a kid I **worshipped** my grandfather.

3인칭단수현재	worships
현재분사	worshiping, worshipping
과거·과거분사	worshiped, worshipped

내가 아이였을 때 난 할아버지를 숭배했다.

명사 **1** ① 숭배
the media's **worship** of stars 언론의 스타 숭배

2 ① 예배
Most churches have **worship services** every Sunday.
대부분의 교회는 매주 일요일에 예배가 있다.

➕ **worshipper** 예배를 보는 사람; 숭배자

worst (wurst) [wəːrst]

형용사 〖bad의 최상급〗 가장 나쁜, 최악의 (↔best)
It was the **worst** book that I have ever read.
그것은 내가 읽었던 책 중 최악의 책이었다.
This is the **worst** experience in my life.
이것은 내 인생 최악의 경험이다.

부사 〖badly의 최상급〗 가장 나쁘게, 최악으로 (↔best)
She played **worst** in the concert.
그녀는 콘서트에서 연주를 가장 못했다.

➕ **worst of all** 무엇보다도 나쁜 것은

※ **bad, badly의 비교급과 최상급**
bad(나쁜) – worse – worst
badly(나쁘게) – worse – worst

worth (wurth) [wəːrθ]

형용사 ~의 가치가 있는, ~의 값어치가 있는
a painting **worth** seven million dollars
7백만 달러짜리 그림
It is a book **worth** read**ing**.
그 책은 읽을 가치가 있다.
It's not **worth** worry**ing** about.
그것은 걱정할 가치가 없다.

➕ **worthy** 가치가 있는, 훌륭한

a painting **worth** seven million dollars

worthless (wurth-lis) [wə́ːrθlis]

형용사 가치 없는, 쓸모없는
No person is **worthless**.
쓸모없는 사람은 없다.
Money is **worthless** to a dog.
개에게 돈은 쓸모없다.

비교급 more worthless
최상급 most worthless

worthwhile (wurth-wile) [wə́ːrθhwáil]

형용사 가치 있는, 보람 있는, ~할 가치가 있는
Planning ahead is **worthwhile**.
미리 계획을 짜는 것은 그럴 만한 가치가 있다.
Minsu thought the class was very **worthwhile**.
민수는 그 수업이 매우 들을 만한 가치가 있다고 생각했다.

비교급 more worthwhile
최상급 most worthwhile

worthy (wur-THee) [wə́ːrði]

형용사 1 《보통 of와 함께 쓰임》 ~을 받을 만한, ~ 자격이 있는
Police officers are **worthy of** our respect.
경찰관들은 존경을 받을 만하다.

2 훌륭한
I consider her a **worthy** opponent.
그녀는 훌륭한 내 맞수라고 생각한다.

비교급	worthier
최상급	worthiest

❓ opponent 상대, 적수

would (wud) [wud]

1 《누가 한 말·생각을 전달하는 문장에서 will의 과거형으로 쓰임》 ~할 것이다
He told me that he **would** leave today.
그는 나에게 오늘 떠날 것이라고 말했다.
We thought that it **would** rain this afternoon.
우리는 오늘 오후에 비가 올 것이라고 생각했다.

2 〖과거의 습관〗 ~하곤 했다
When I was young, I **would** go fishing.
나는 어렸을 때 낚시를 가곤 했다.

3 〖가정법〗 ~할 텐데, ~했을 텐데
If I were you, I **would** not do it.
내가 너라면 그것을 하지 않을 텐데.
What **would** you do if you won the lottery?
네가 만약 복권에 당첨된다면 무엇을 하겠니?

4 〖정중한 요청, 제의〗 ~해 주시겠습니까, ~하시겠습니까
Would you answer the phone?
전화 좀 받아 주시겠습니까?
Would you like some more coffee?
커피 더 드실래요?

5 ~했으면 좋겠다
I **would rather** go home. 나는 집에 가는 편이 좋겠다.
I **would like to** have some warm water.
따뜻한 물을 좀 마시고 싶다.

➕ he'd = he would, he had
I'd = I would, I had
she'd = she would, she had
they'd = they would, they had
we'd = we would, we had
you'd = you would, you had

When I was young, I **would** go fishing.

 would와 used to의 차이가 뭐예요?
would는 과거의 불규칙적인 습관을, used to는 과거의 규칙적인 습관을 나타낼 때 쓰여요.
◉ He **would** sometimes go fishing when he was a child.
그는 어렸을 때 가끔 낚시를 가곤 했다.
He **used to** go fishing every weekend. 그는 주말마다 낚시를 가곤 했다.

wound¹ (woond) [wuːnd]

명사 ⓒ 상처, 부상
The doctor examined the knife **wound**.
의사는 칼로 인한 상처를 살펴보았다.
The patient had a gunshot **wound**.
환자는 총상을 입었다.

동사 상처를 입히다
He had been **wounded in** the leg.
그는 다리에 부상을 입었다.
She **wounded** her knee by falling on a rock.
그녀는 바위 위에서 넘어져 무릎을 다쳤다.
Brian was **wounded by** his boss's criticism.
브라이언은 상사의 비판에 상처를 입었다.

복수형	wound**s**

➕ time heals all wounds
시간이 약이다

3인칭단수현재	wound**s**
현재분사	wound**ing**
과거·과거분사	wound**ed**

wound² (woond) [waund]

동사 wind²의 과거·과거분사형

wrap (rap) [ræp]

동사 싸다, 두르다, 포장하다 (↔ unwrap)
The clerk **wrapped** the fish in old newspaper.
점원은 오래된 신문으로 생선을 쌌다.
The nurse **wrapped** the baby in a blanket.
간호사는 아기를 담요에 쌌다.
Did you **wrap** Christmas presents?
크리스마스 선물 포장했니?

명사 ⓤ 포장지
Mina chose blue **gift wrap** for Harry's birthday present.
미나는 해리의 생일 선물을 포장하려고 파란색 포장지를 골랐다.

3인칭단수현재	wrap**s**
현재분사	wrap**ping**
과거·과거분사	wrap**ped**

➕ plastic wrap 식품 포장용 비닐 랩

gift wrap

wrestle (res-uhl) [résəl]

동사 1 몸싸움을 하다, 레슬링을 하다
They were **wrestling** with each other in the classroom.
그들은 교실에서 몸싸움을 하고 있었다.
My dad **wrestled** in high school.
나의 아버지께서는 고등학교 때 레슬링을 하셨다.

2 (힘든 문제 등과) 씨름하다, 힘겨워하다
He was **wrestling** with his big bicycle.
그는 큰 자전거와 씨름하고 있었다.

3인칭단수현재	wrestle**s**
현재분사	wrestl**ing**
과거·과거분사	wrestl**ed**

※ wrestle에서 't'는 발음하지 않아요.

Anne is **wrestling** with a difficult exam question.
앤은 어려운 시험 문제와 씨름하고 있다.

➕ **wrestler** 레슬링 선수

wrestling (**res**-ling) [réslɪŋ]

명사 ⓤ 레슬링
He was on the **wrestling** team. 그는 레슬링 부원이었다.
There is a **wrestling match** tonight.
오늘 밤에 레슬링 경기가 있다.

➕ **arm wrestling** 팔씨름
※ wrestling에서 't'는 발음하지 않아요.

wrinkle (**ring**-kuhl) [ríŋkəl]

명사 ⓒ 구김(살), 주름(살)
Anne's coat had **wrinkles** from being folded up.
앤의 코트는 개어져 있어서 구김이 생겼다.
We get **wrinkles** on our faces as we grow old.
우리는 나이가 들면서 얼굴에 주름살이 생긴다.
My mother says I give her **wrinkles**.
엄마는 나 때문에 주름살이 생긴다고 하신다.

동사 주름[구김]이 생기다, 주름[구김]이 생기게 하다, (얼굴을) 찡그리다
These pants **wrinkle** easily.
이 바지는 쉽게 구김이 생긴다.
The baby **wrinkled** her nose at the smell of fish.
아기는 생선 비린내에 코를 찡그렸다.
Try not to **wrinkle** your shirt.
네 셔츠에 구김이 생기지 않도록 해.

| 복수형 | wrinkles |

➕ **wrinkled** 주름진, 구김이 생긴
wrinkly 주름이 많은

3인칭단수현재	wrinkles
현재분사	wrinkling
과거·과거분사	wrinkled

wrist (rist) [rist]

명사 ⓒ 손목, 팔목
Mary's **wrist** was sore from playing tennis.
메리는 테니스를 쳐서 손목이 아팠다.
He is wearing a watch **on** his **wrist**.
그는 손목에 시계를 차고 있다.

| 복수형 | wrists |

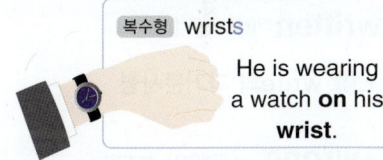
He is wearing a watch **on** his **wrist**.

*write (rite) [rait]

동사 1 (글자 등을) 쓰다
Please **write** your cell phone number on the paper.
종이에 휴대 전화 번호를 써 주세요.
The teacher **wrote** the answers on the blackboard.
선생님께서 칠판에 정답을 쓰셨다.

2 (시·소설 등을) 쓰다

3인칭단수현재	writes
현재분사	writing
과거	wrote
과거분사	written

Rudyard Kipling **wrote** poems, short stories, and novels.
러디어드 키플링은 시, 단편 소설, (장편) 소설을 썼다.
My uncle **writes** poems. He is a poet.
우리 삼촌은 시를 쓰신다. 그는(삼촌은) 시인이다.

3 편지를 보내다
Lisa **wrote** to say she couldn't attend the wedding.
리사는 결혼식에 참석할 수 없다고 알리기 위해 편지를 보냈다.
My aunt **wrote** me a letter.
우리 이모는 내게 편지를 쓰셨다.

➕ writing 쓰기, 작문; 글; 글자; 글씨체

☑ My aunt wrote me a letter.
= My aunt wrote a letter to me.

writer (rite-ur) [ráitər]

명사 ⓒ 글을 쓴 사람, 작가
I am the **writer** of this sentence.
내가 이 문장을 쓴 사람이다.
William Shakespeare is a famous **writer**.
윌리엄 셰익스피어는 유명한 작가이다.

복수형 writer**s**

writing (rye-ting) [ráitiŋ]

명사 **1** ⓤ 작문, 쓰기
He is good at **writing**.
그는 작문을 잘한다.

2 ⓤ 글씨, 글씨체
I couldn't recognize his **writing**.
나는 그의 글씨를 알아볼 수 없었다.
Whose **writing** is this?
이건 누구 글씨지?

➕ handwriting 글씨, 필체
writing desk 책상
writing paper 필기용지

Signature

Whose **writing** is this?

written (rit-in) [rítn]

동사 write의 과거분사형

*wrong (rawng) [rɔːŋ]

형용사 **1** 틀린, 잘못된 (≒ incorrect; ↔ right)
Your answer is **wrong**. The correct answer is 22.
너의 답은 잘못되었다. 맞는 답은 22이다.
He's **wrong**. I didn't go to Tony's birthday party.
그가 틀렸어. 난 토니의 생일 파티에 가지 않았어.
Sorry, but you **have the wrong number**.
전화 잘못 거셨어요.

2 《명사 앞에는 쓰이지 않음》 문제가 있는, 이상이 있는

☑ Your answer is wrong.
= Your answer is not correct.
= Your answer is not right.
= Your answer is incorrect.

A: **What's wrong**? You look unhappy.
무슨 일이야? 기분이 안 좋은 것 같은데.
B: I lost my cell phone again.
또 내 휴대 전화를 잃어버렸어.
There's something **wrong with** the computer.
컴퓨터에 무언가 이상이 있다.

3 나쁜, 옳지 못한
It's **wrong to** steal. 훔치는 것은 나쁜 일이다.
Cheating is **wrong**. 부정행위는 옳지 못하다.

부사 나쁘게, 틀리게 (↔ right)
You did it **wrong** again!
너 또 틀리게 했어!
His name was spelled **wrong**.
그의 이름이 잘못 써져 있었다.

● **get ~ wrong** ~을 오해하다, 잘못 이해하다
I think you've got it **wrong**.
나는 네가 **오해했다고** 생각해.
Don't **get me wrong**—I don't hate you.
나를 오해하지 마. 나는 너를 싫어하지 않아.

☑ What's wrong?
= What's the matter?

You did it **wrong** again!

---

wrote (rote) [rout]

동사 write의 과거형

WWW (**duhb**-uhl-*yoo* **duhb**-uhl-*yoo* **duhb**-uhl-*yoo*) [dʌ́bljùː)dʌ́bljùː)dʌ́bljùː)]

명사 월드 와이드 웹 (=the Web)
Visit our Web site at **www.bobmunsa.co.kr**.
저희 웹 사이트 www.bobmunsa.co.kr을 방문해 주세요.

※ WWW는 World Wide Web 의 줄임말이에요.

XxYyZz

On Xmas day, you can see yaks and Zebras wearing a Santa cap.

성탄절에는 산타 모자를 쓴 야크와 얼룩말을 볼 수 있어요.

Start Here

ZOO

xylophone

Xmas (eks-muhs, kris-muhs) [éksməs, krísməs]

명사 ⓒⓤ 크리스마스, 성탄절 (Christmas의 줄임말)
Merry **Xmas**! 즐거운 성탄절 보내세요!
Xmas decorations 크리스마스 장식품들

| 복수형 | Xmases |

 왜 Christmas를 Xmas라고도 하나요?
Xmas의 X는 그리스 어의 chi를 나타내요. X는 Christ(예수님)를 뜻하는 그리스 어의 첫 글자예요. 그리고 보통 X 혼자 쓰이면 Christ를 상징하는 의미가 되지요.

X-ray (eks-ray) [éksrèi]

명사 1 ⓒ 엑스레이 사진
The **X-ray** showed that my ankle was not broken.
엑스레이 사진은 내 발목이 부러지지 않았다는 것을 보여 주었다.
The doctor **took an X-ray** of my chest.
의사가 내 가슴의 엑스레이 사진을 찍었다.

2 《대개 복수로 쓰임》 엑스선, 엑스레이
an **X-ray** machine 엑스레이 기계
X-rays are used to take pictures of teeth, bones, and organs inside the body.
엑스레이는 치아, 뼈, 몸속 장기 사진을 찍는 데 사용된다.

동사 엑스레이를 찍다
The doctor **X-rayed** Tom's broken leg.
의사는 톰의 부러진 다리를 엑스레이로 찍었다.

| 복수형 | X-rays |

X-ray

❓ organ (인체의) 장기

3인칭단수현재	X-rays
현재분사	X-raying
과거·과거분사	X-rayed

xylophone (zye-luh-fone) [záiləfòun]

명사 ⓒ 실로폰
He plays the **xylophone** in his school band.
그는 학교 밴드에서 실로폰을 연주한다.

| 복수형 | xylophones |

xylophone

small drum

base drum

triangle

cymbals

tambourine

yacht

yacht (yaht) [jɑt]

명사 ⓒ 요트

He bought a **yacht** for his wife. It's a really, really big boat!
그는 부인을 위해 요트를 샀다. 요트는 진짜 진짜 큰 보트다!

복수형	yachts

yard (yahrd) [jɑːrd]

명사 1 ⓒ [길이의 단위] 야드 (줄임말 yd)
A **yard** is almost equal to one meter.
1야드는 1미터와 거의 같다.
A football field is 100 **yards** long.
미식축구장은 길이가 100야드이다.

2 ⓒ 뜰, 정원
Tim mowed the lawn in his front **yard**.
팀은 앞뜰에서 잔디를 깎았다.
The Robinsons have a swing set and a slide in their back **yard**.
로빈슨 가족은 뒤뜰에 그네와 미끄럼틀이 있다.

복수형 **yards**

❓ mow (잔디·풀 등을) 깎다
lawn 잔디, 잔디밭

> **Tip** 미국에서는 미터와 킬로미터를 사용하지 않나요?
> 물론 사용하긴 하지만 대부분의 경우 미국에서는 길이의 단위로 야드(yard), 피트(feet), 인치(inch)를 사용해요. 1야드는 약 90센티미터이고, 1피트는 약 30센티미터이며, 1인치는 약 2.5센티미터에 해당하지요.

yawn (yawn) [jɔːn]

동사 하품하다

The sleepy baby **yawned**. 졸린 아기는 하품을 했다.
She **yawned** and fell asleep.
그녀는 하품을 하고는 잠이 들었다.

명사 ⓒ 하품
I **swallowed a yawn** even though I was bored.
비록 지루하긴 했지만 나는 하품을 참았다.

3인칭단수현재	yawns
현재분사	yawning
과거·과거분사	yawned
복수형	yawns

*year (yeer) [jiər]

명사 1 ⓒ 연(年), 해, 1년
It takes one **year** for the earth to circle the sun.
지구가 태양을 도는 데 1년이 걸린다.
A lot can happen in a **year**.

복수형	years

한 해에 많은 일이 일어날 수 있다.
There are 52 weeks in a **year**. 1년에는 52주가 있다.
We last saw him three **years ago**.
우리는 그를 3년 전에 마지막으로 보았다.

2 ⓒ 나이, ~ 살, ~세
He is ten **years** old. 그는 열 살이다.

3 ⓒ 학년
She took world history (during) her freshman **year**.
그녀는 1학년 때 세계사를 들었다.
first-and second-**year** students 1~2학년 학생들

4 ⓒ (특별한) 해, 연도
The **school year** never seems to end.
그 학년은 결코 끝나지 않을 것 같아 보인다.

• *for years* 오랜 기간, 여러 해
I haven't seen Susan **for years**.
나는 오랫동안 수잔을 만나지 못했다.

➕ **yearly** 해마다
leap year 윤년
light-year 광년
yearbook 졸업 앨범
year-end 연말, 연말의
year-round 연중 계속되는

He is ten **years** old.

yell (yel) [jel]

동사 소리치다, 고함치다, 외치다
She **yelled for** help.
그녀는 도와 달라고 소리쳤다.
His mom **yelled at** him this morning.
오늘 아침 그의 엄마가 그에게 소리를 질렀다.

명사 ⓒ 고함, 외침
He **let out a yell**. 그는 고함을 질렀다.

3인칭단수현재	yell**s**
현재분사	yell**ing**
과거·과거분사	yell**ed**
복수형	yell**s**

*yellow (yel-oh) [jélou]

형용사 노란, 노란색의
The children all wore **yellow** raincoats.
어린이들은 모두 노란색 비옷을 입었다.
The police officer ordered the people to stay behind the **yellow** tape.
경찰은 사람들이 노란색 테이프 뒤에 있을 것을 지시했다.

명사 ⓒⓤ 노란색, 노랑
Yellow is my favorite color.
노란색은 내가 좋아하는 색이다.

비교급	yellow**er**, more yellow
최상급	yellow**est**, most yellow
복수형	yellow**s**

*yes (yes) [jes]

명사 1 《질문에 대답하여》 예, 네, 응, 그래 (↔no)
A: Is this your pencil? 이것이 네 연필이니?

➕ **yes-man** 무조건 예라고 하

B: **Yes**, it is. 응.
C: Are you Tom? 네가 톰이니?
D: **Yes**. 네.

2 《부르는 말에 대답하여》 예, 네, 응
A: Are you still there? 너 아직 거기 있니?
B: **Yes**. 네.

3 《상대방의 말에 동의하여》 예, 네, 그래, 응
A: She is a wonderful cook. 그녀는 훌륭한 요리사야.
B: **Yes**, she certainly is. 응, 정말 그래.

는 사람, 예스맨

※ 부정의문문에 답할 때
A: Aren't you Tom?
(네가 톰 아니지?)
B: Yes (I am Tom).
(아니, 내가 톰이야.)
No (I'm not Tom).
(응, 난 톰이 아니야.)

 yes, yeah, yep, yup은 다 비슷한 말인가요?
yes는 일상 대화에서, 친한 사이에는 보통 yeah, yep, yup을 써요.

---

* **yesterday** (**yes**-tur-*day*) [jéstərdèi]

부사 어제
Do you remember what I said **yesterday**?
너는 내가 어제 한 말을 기억하니?

명사 ⓤ 어제
Today is Monday, so that means **yesterday** was Sunday.
오늘은 월요일이다. 그것은 어제가 일요일이었다는 것을 의미한다.

➕ the day before yesterday
그저께
the day after tomorrow
모레

---

yet (yet) [jet]

부사 1 《부정문에서》 아직, 여태
We don't have any answers **yet**.
우리는 아직 답이 없다.
We're not ready to start **yet**.
우리는 아직 시작할 준비가 안 되었다.

2 《의문문에서》 이미, 벌써
Has she arrived **yet**? 그녀가 벌써 도착했니?
Have you done your homework **yet**?
너 벌써 숙제 다 했니?

접속사 그렇지만, 그런데도 (≒but)
The design is simple **yet** elegant.
그 디자인은 단순하지만 우아하다.
Yet, his followers still believe him.
그렇지만 그의 추종자들은 여전히 그를 믿는다.

We're not ready to start **yet**.

yield (yeeld) [ji:ld]

동사 1 (수익·결과 등을) 내다, 생산하다
This field **yields** grapes that will be made into wine.
이 땅은 포도주를 만드는 포도를 생산한다.
Our research has begun to **yield** important results.
우리 연구가 중요한 결과를 내기 시작했다.
Drilling for oil may **yield** great riches.
석유 시추는 거대한 부를 가져다줄 수도 있다.

2 항복하다, 굴복하다
He refused to **yield to** my demands.
그는 나의 요구를 들어주지 않았다.
I finally **yielded to** temptation and had some cake.
결국 나는 유혹에 굴복해서 케이크를 먹었다.

3 양보하다
Vehicles that fail to **yield** cause car accidents.
양보를 하지 않는 차량은 자동차 사고를 유발한다.

3인칭단수현재	**yield**s
현재분사	**yield**ing
과거·과거분사	**yield**ed

❓ 시추 지하자원을 탐사하거나 지층의 구조나 상태를 조사하기 위하여 땅속 깊이 구멍을 파는 일

yogurt (yoh-gurt) [jóugə:rt]

명사 ⓒⓤ 요구르트
Yogurt is made from milk.
요구르트는 우유로 만든다.
I like fruit **yogurt**. 나는 과일 요구르트를 좋아한다.

| 복수형 | **yogurt**s |

➕ **yoghurt** (영국영어) 요구르트

*you (yoo) [ju:]

대명사 1 〖2인칭단수·복수 주격〗 너, 너희(들), 당신(들)
A: Are **you** going to get a cup of coffee?
너 커피 한잔 하러 갈 거니?
B: Yes. Do you want to come along?
응. 너도 같이 갈래?
Why are **you** playing games? 너는 왜 게임을 하니?

2 〖2인칭단수·복수 목적격〗 너를, 너희를, 당신(들)을, 너에게, 너와
I hate **you**. 나는 너를 싫어한다.
I phoned **you** this morning.
나는 너에게 오늘 아침에 전화했다.
I hope to see both of **you** tomorrow.
나는 내일 너희들 둘 다 만났으면 좋겠어.

3 (일반적인) 사람
You have to follow the rules. 규칙을 따라야 한다.
Too much smoking is bad for **you**.
지나친 흡연은 건강에 좋지 않다.

| 복수형 | you |

➕ you 너; 너를, 너에게
your 너의
yours 너의 것
yourself 너 자신

➕ you'd = you had, you would
you'll = you will
you're = you are
you've = you have

*young (yuhng) [jʌŋ]

형용사 1 젊은, 어린 (↔old)
This book was written for **young** children.
이 책은 어린아이들을 위해 쓴 것이다.
It was the **young** woman's first job.
그것은 그 젊은 여성의 첫 번째 직업이었다.

2 역사가 짧은, 얼마 되지 않은
The United States of America is a **young** country.
미합중국은 역사가 짧은 나라이다.

| 비교급 | young**er** |
| 최상급 | young**est** |

➕ the young 젊은 사람들

old   **young**

your (yoor) [juər]

대명사 〖you의 소유격〗너의, 당신의, 너희의
When is **your** birthday? 너의 생일은 언제니?

➕ you 너; 너를, 너에게

yours (yoorz) [juərz]

대명사 〖you의 소유대명사〗너의 것, 당신의 것, 너희의 것
Is this pencil **yours**? 이 연필 네 것이니?

➕ you 너; 너를, 너에게

yourself (yoor-self) [juərsélf]

대명사 1 너 자신, 너 자신에게, 너 자신을
You'd better know **yourself**.
너 자신을 아는 것이 좋을 것이다.
Be careful or you might hurt **yourself**.
조심하지 않으면 다칠 수도 있어.

2 〖강조〗직접, 너 자신, 너 스스로
You **yourself** told them, remember?
기억해? 네가 직접 그들에게 말했잖아.
If you don't like it, do it **yourself**.
마음에 안 들면 네가 직접 해.

• **by yourself** 1 혼자서, 홀로 (≒alone)
Did you stay home **by yourself**?
혼자 집에 있었니?

2 (도움 없이) 혼자 힘으로, 혼자서
Can you fix the bike **by yourself**?
혼자 힘으로 자전거를 고칠 수 있겠니?

| 복수형 | your**selves** |

※ your(너의) + self(자신) →
yourself(너 자신)

➕ do-it-yourself (DIY) 손수 하는

☑ Can you fix the bike by yourself?
= Can you fix the bike on your own?

youth (yooth) [juːθ]

명사 1 ⓤ 젊은 시절, 청년기
He spent his **youth** in Africa.

| 복수형 | youth**s** |

그는 젊은 시절을 아프리카에서 보냈다.

2 ⓘ 젊음, 청춘
Enjoy your **youth** while it lasts.
젊은 동안에 젊음을 즐겨라.
She's 80 years old but still full of **youth**.
그녀는 80세이지만 여전히 젊다.

3 ⓒ 청년, 청소년
There were four **youths** in the parking lot.
주차장에 청소년 네 명이 있었다.

4 《the youth로 쓰임》 젊은이들 (≒young people)
The youth of today are part of the information age.
요즘 젊은이들은 정보 시대의 한 부분을 차지한다.

He spent his **youth** in Africa.

yummy (yuhm-ee) [jʌ́mi]

형용사 아주 맛있는 (≒delicious, tasty)
a **yummy** dessert 아주 맛있는 후식
These cookies are **yummy**. 이 쿠키들은 아주 맛있다.

비교급	yummier
최상급	yummiest

 영어로 '냠냠'을 어떻게 표현하나요?

맛있다고 냠냠 소리를 내는 것에 해당하는 표현으로는 yum, yum-yum이 있어요.
◎ **Yum**! This apple pie is delicious. 냠냠! 이 사과파이 맛있다.

*zebra (zee-bruh) [zíːbrə]

명사 ⓒ 얼룩말
Zebras look like a horse with black and white stripes.
얼룩말은 흑백 줄무늬가 있는 말처럼 생겼다.

| 복수형 | zebras, zebra |

zero (zeer-oh) [zíərou]

숫자 0, 영, 제로
She got a **zero** on her math exam.
그녀는 수학 시험에서 0점을 받았다.
They beat us ten to **zero**.
그들은 우리를 10 대 0으로 이겼다.
The temperature this morning was below **zero**.
오늘 아침 온도는 영하였다.

| 복수형 | zeros, zeroes |

➕ **nought** (숫자) 0, 영, 제로
(영국에서는 zero 대신 nought를 쓰기도 해요.)

zip (zip) [zip]

동사 지퍼를 채우다, 지퍼를 열다
Zip up your jacket. It's cold outside.
네 재킷의 지퍼를 올려. 밖은 추워.
She **zipped** the bag shut.
그녀는 가방의 지퍼를 채웠다.

명사 ⓒ (영국영어) 지퍼
The **zip** was stuck, and I couldn't open the bag.
지퍼가 물려서 나는 가방을 열 수 없었다.

3인칭단수현재	zips
현재분사	zipping
과거·과거분사	zipped

| 복수형 | zips |

➕ **zipper** (미국영어) 지퍼

zip code, ZIP code (zip-kode) [zip koud]

명사 ⓒ 우편 번호
My **zip code** is 32207. 내 우편 번호는 32207이다.
10019 is a New York City **zip code**.
10019는 뉴욕 시의 우편 번호이다.

| 복수형 | zip codes, ZIP codes |

➕ **postcode, postal code**
(영국영어) 우편 번호

zipper (zip-ur) [zípər]

명사 ⓒ 지퍼
Your **zipper** is undone. 너 지퍼가 열렸어.
The **zipper** on my pencil case is broken.
내 필통의 지퍼가 고장이 났다.
The **zipper** is stuck, and I can't open the bag.
지퍼가 물려서 가방을 못 열겠다.

| 복수형 | zippers |

➕ **zip** (영국영어) 지퍼

*zoo (zoo) [zuː]

명사 ⓒ 동물원
The rhinoceros is my favorite animal at the **zoo**.
코뿔소는 동물원에서 내가 가장 좋아하는 동물이다.

| 복수형 | **zoo**s |

➕ **zoo**keeper 동물원 사육사

zoom (zoom) [zuːm]

동사 붕(휙, 쌩)하고 빠르게 움직이다
A hummingbird **zoomed** past my ear.
벌새가 쌩하고 내 귓가를 스쳐 날아갔다.
The jet fighter **zoomed** high into the sky.
제트 전투기는 빠르게 하늘 높이 솟아올랐다.
A group of motorcycles **zoomed** by us on the highway.
오토바이 한 무리가 고속 도로에서 빠른 속도로 우리 옆을 지나갔다.

3인칭단수현재	**zoom**s
현재분사	**zoom**ing
과거·과거분사	**zoom**ed

- ***zoom in*** (줌 렌즈로 피사체를) 확대하다, 클로즈업하다, 줌 인 하다
  Zoom in on my face. 내 얼굴을 클로즈업해 줘.
  The TV cameras **zoomed in** on the gold medalist's face.
  텔레비전 카메라는 금메달 수상자의 얼굴을 클로즈업했다.

- ***zoom out*** (줌 렌즈로 피사체를) 축소하다, 줌 아웃하다
  The lens **zoomed out** to show the whole mountain.
  전체 산 모습이 보이도록 렌즈가 줌 아웃했다.

zoom in

zoom out

불규칙 동사 변화

*영국영어

현재		과거	과거분사
arise (문제 등이) 생기다		arose	arisen
awake 깨다, 깨우다		awoke	awoken
be ~이다	am	was	been
	are	were	been
	is	was	been
bear 참다, 견디다		bore	borne, born
beat 때리다, 이기다		beat	beaten
become ~이 되다		became	become
begin 시작하다		began	begun
bend 구부리다		bent	bent
bet 돈을 걸다, 내기하다		bet	bet
bind 묶다		bound	bound
bite 물다		bit	bitten
bleed 피가 나다		bled	bled
bless 축복하다		blessed	blessed
blow (바람이) 불다		blew	blown
break 깨지다, 깨다		broke	broken
bring 가져오다		brought	brought
broadcast 방송하다		broadcast	broadcast
build (건물 등을) 짓다		built	built
burn 타다, 태우다		burned	burned
		burnt	burnt
burst 터지다		burst	burst
buy 사다		bought	bought
can ~을 할 수 있다		could	
cast 배역을 맡기다		cast	cast
catch 잡다		caught	caught
choose 고르다		chose	chosen
come 오다, 가다		came	come
cost (값이) ~이다		cost	cost
cut 자르다		cut	cut
deal 다루다		dealt	dealt
dig (땅을) 파다		dug	dug

현재	과거	과거분사
do 하다	did	done
draw 그리다	drew	drawn
dream 꿈을 꾸다	dreamed	dreamed
	dreamt	dreamt
drink 마시다	drank	drunken
drive 운전하다	drove	driven
eat 먹다	ate	eaten
fall 떨어지다	fell	fallen
feed 음식을 주다	fed	fed
feel 느끼다	felt	felt
fight 싸우다	fought	fought
find (우연히) 찾아내다	found	found
fit 꼭 맞다	fit	fit
	*fitted	*fitted
fly 날다	flew	flown
forbid 금하다	forbade, forbad	forbidden
forecast 예측하다	forecast	forecast
	forecasted	forecasted
forget 잊다	forgot	forgotten
forgive 용서하다	forgave	forgiven
freeze 얼다, 얼리다	froze	frozen
get 얻다, 받다	got	gotten
	*got	*got
give 주다	gave	given
go 가다	went	gone
grow 커지다, 자라다	grew	grown
hang 걸다, 매달다	hung	hung
교수형에 처하다	hanged	hanged
have 가지고 있다	had	had
hear 듣다, 들리다	heard	heard
hide 숨기다, 숨다	hid	hidden
hit 치다	hit	hit
hold 들다, 쥐다	held	held
hurt 다치게 하다	hurt	hurt

현재	과거	과거분사
input 입력하다	inputted	inputted
	input	input
keep 가지고 있다, 유지하다	kept	kept
know 알다	knew	known
lay 놓다, 두다	laid	laid
lead 안내하다	led	led
lean 기대다	leaned	leaned
	*leant	*leant
learn 배우다	learned	learned
	*learnt	*learnt
leave 떠나다	left	left
lend 빌려 주다	lent	lent
let ~하게 하다	let	let
lie 눕다	lay	lain
light 불을 붙이다	lighted	lighted
	lit	lit
lose 잃어버리다	lost	lost
make 만들다	made	made
may ~일지도 모른다, ~해도 좋다	might	
mean 의미하다	meant	meant
meet 만나다	met	met
mistake 잘못 알다	mistook	mistaken
misunderstand 오해하다	misunderstood	misunderstood
overcome 극복하다	overcame	overcome
overhear 우연히 듣다	overheard	overheard
pay 지불하다	paid	paid
prove 증명하다	proved	proven
	*proved	*proved
put 놓다	put	put
quit 그만두다	quit	quit
	quitted	quitted
read 읽다	read	read
rid 없애다	rid	rid
	ridded	ridded
ride 타다	rode	ridden

현재	과거	과거분사
ring (종·벨 등이) 울리다	rang	rung
rise 올라가다, 일어서다	rose	risen
run 달리다	ran	run
say 말하다	said	said
see 보다	saw	seen
seek 찾다, 구하다	sought	sought
sell 팔다	sold	sold
send 보내다	sent	sent
set 놓다, 두다	set	set
shake 흔들다	shook	shaken
shall ~일 것이다, ~할까요?	should	
shine 빛나다	shone shined	shone shined
shoot 쏘다	shot	shot
show 보여 주다	showed	shown
shut 닫다	shut	shut
sing 노래하다	sang	sung
sink 가라앉다	sank	sunk
sit 앉다	sat	sat
sleep 자다	slept	slept
slide 미끄러지다	slid	slid
smell 냄새를 맡다, 냄새가 나다	smelled *smelt	smelled *smelt
speak 말하다	spoke	spoken
speed 빨리 가다	sped speeded	sped speeded
spell 철자를 쓰다	spelled *spelt	spelled *spelt
spend (돈을) 쓰다	spent	spent
spill 엎지르다	spilled *spilt	spilled *spilt
split 쪼개지다, 쪼개다	split	split
spoil 망쳐 놓다	spoiled *spoilt	spoiled *spoilt
spread 펼치다	spread	spread

현재	과거	과거분사
spring 튀다	sprang	sprung
stand 서다	stood	stood
steal 훔치다	stole	stolen
stick 붙다, 붙이다	stuck	stuck
strike 치다, 때리다	struck	struck
swear 맹세하다	swore	sworn
sweep (빗자루 등으로) 쓸다	swept	swept
swim 수영하다	swam	swum
swing 흔들리다, 흔들다	swung	swung
take 가져가다	took	taken
teach 가르치다	taught	taught
tear 찢다, 찢어지다	tore	torn
tell 말하다	told	told
think 생각하다	thought	thought
throw 던지다	threw	thrown
understand 이해하다	understood	understood
upset 화나게 하다	upset	upset
wake 잠에서 깨다, 깨우다	woke	woken
wear (옷 등을) 입고 있다	wore	worn
weep 울다	wept	wept
wet 적시다	wet	wet
	wetted	wetted
will ~할 것이다	would	
win 이기다	won	won
wind (실 등을) 감다	wound	wound
withdraw 기권하다	withdrew	withdrawn
write (글자를) 쓰다	wrote	written

엣센스
SMART 초등영어사전

2013년 1월 5일 초 판 발행
2026년 1월 10일 제14쇄 발행

엮은이	노 경 희 Brian Atwood Stokes	저자와의 협의하에 인지생략
펴낸이	김 철 환	
펴낸곳	사전전문 **민중서림**	

(10881) 경기도 파주시 회동길 37-29
(파주출판문화정보산업단지)
Tel _ 영업 : 031) 955-6500~6   편집 : 031) 955-6507
Fax _ 영업 : 031) 955-6525   편집 : 031) 955-6527
http://www.minjungdic.co.kr
등록 _ 1979. 7. 23. 제2-61호

ⓒ *Minjungseorim Co. 2026*
ISBN 978-89-387-0485-6   정가 34,000원

∗ 파본은 교환해 드립니다.
∗ 상호(商號)에 대한 주의 요망 ∗
  사전의 명문 민중서림은 유사 민중○○들과
  다른 회사입니다. 구매에 착오 없으시기 바랍니다.